Sidney Amorim

DIREITO ADMINISTRATIVO

ESQUEMATIZADO QUADRO A QUADRO

Sidney Amorim

DIREITO ADMINISTRATIVO

ESQUEMATIZADO QUADRO A QUADRO

ALUMNUS

Ficha Catalográfica elaborada pela bibliotecária Marjorie Gonçalves, CRB1 2704

A524d

Amorim, Sidney
Direito administrativo esquematizado quadro a quadro / Sidney Amorim. – Brasília : Alumnus, 2014.

400 p. 22,8 cm.

ISBN 978-85-65295-77-2

Direito Administrativo. 2. Administração Pública. 3. Controle Administrativo. I. Título.

CDU 35(81)

Diretoria Editorial: Engels Rego e Antonio Geraldo Pinto Maia Junior

Gerência Editorial: Mariana Carvalho

Produção Editorial: Equipe UnYLeYa

Capa (projeto gráfico, criação e ilustração): MSDE / Manu Santos Design Estratégico

www.alumnus.leya.com.br

facebook.com/leyaalumnus

@LeyaAlumnus

Àqueles que tudo sabem e que nos desafiam a cada dia com sua insondável sabedoria.

Ao Pai Celestial e a Seu Filho Jesus Cristo, pelo infinito amor que possuem por cada um de nós.

À minha esposa, Juliane, e à minha filha, Yasmin, flores no jardim da minha felicidade e inspiração para eu prosseguir com fé, esperança e caridade.

A todos os meus alunos, os que já conhecem e os que agora passam a conhecer meus rascunhos.

7. (CESPE – Técnico Administrativo ANS 2013) As fundações públicas [illegible] integrante da administração [illegible] e podem ser criadas para a exploração de atividades econômicas.

8. (CESPE – Técnico em Regulação ANS 2013) Uma ação de indenização civil contra uma empresa pública federal deve ser proposta perante a justiça federal.

9. (ESAF – Técnico Administrativo – DNIT 2013) A respeito das agências reguladoras e das agências executivas, analise as assertivas a seguir, classificando-as como Verdadeiras (V) ou Falsas (F). Ao final, assinale a opção que contenha a sequência correta.
( ) A agência executiva é uma nova espécie de entidade integrante da Administração Pública Indireta.
( ) O grau de autonomia da agência reguladora depende dos instrumentos específicos que a [illegible] estabelece.
( ) Ao contrário das agências reguladoras, as agências executivas não têm área específica de atuação.
( ) As agências executivas podem ser autarquias ou fundações públicas.

a) V, V, V, V
b) F, V, V, F
c) F, V, V, V
d) V, V, V, F
e) F, F, [illegible]

10. (FCC – Procurador Assembleia Legislativa-PB 2013) É característica do regime jurídico das entidades da Administração Indireta
a) a existência de entidades de Direito Público, como as autarquias e empresas públicas, [illegible] dos entes políticos.
b) a ausência de subordinação hierárquica entre as pessoas administrativas descentralizadas e os órgãos da Administração Direta responsáveis pela sua supervisão.
c) a obrigatoriedade de contratação de pessoal das entidades descentralizadas por meio do regime celetista.
d) [illegible] das entidades descentralizadas decorre da [illegible]
e) [illegible] a Lei Complementar 101/2000 (Lei de Responsabilidade Fiscal).

9. E
10. B

Sumário

Prefácio

Quando fui convidado pelo professor Sidney Amorim dos Santos para prefaciar sua obra, fiquei feliz e ao mesmo tempo lisonjeado por diversos motivos. Primeiro, por ser uma obra que foge da mesmice encontrada por aí. Não é mais um livro de Direito Administrativo, não é mais um resumo, não é mais um gripo de mapas mentais, na verdade, é tudo isso junto. Esta obra é uma das mais simples e didáticas que tive oportunidade de apreciar. Em segundo lugar minha alegria vem pela natureza de sua pessoa, pelo desejo de ser um bom pai e esposo e servir as pessoas a sua volta, pois sei que isso se reflete naquilo que ele se predispõe a fazer.

O mercado literário para concurso fica mais completo com esta obra. O que eu, particularmente, mais gostei foram os inúmeros quadro comparativos de praticamente todo Direito Administrativo, sem frescuras ou devaneios doutrinários. Ele vai ao ponto X da questão. Excelente para revisar e reciclar sem perder tempo.

O cuidado do professor Sidney Amorim em abordar todos esses assuntos de forma tão simples mostra o domínio do assunto, pois apenas quem sabe com profundidade pode simplificar o inalcançável para alguns iniciantes.

O mercado agora recebe esta obra diferenciada e extremamente útil para os iniciantes, assim como para aqueles que já estão no caminho há algum tempo. Parabéns a você estudante que terá mais este recurso como fator essencial para alavancar sua trajetória!

Franklin Andrejanini

Professor e Especialista em Direito Administrativo

Apresentação

Direito Administrativo Esquematizado é um livro que procura atender às necessidades dos concurseiros que buscam uma vaga no serviço público. Os quadros e os esquemas que são apresentados foram construídos de forma a resumir o conteúdo da matéria, de forma lúdica e prática, facilitando o seu entendimento e a sua memorização.

Para os iniciantes, este livro será extremamente recomendado após uma leitura inicial em um bom livro de doutrina, o qual contém um conteúdo contextualizado. O formato em esquemas, os textos curtos e muitos quadros sinópticos propiciam à fixação do conteúdo para aqueles que já possuem um contato anterior com a matéria. Obviamente, há aqueles prodígios que poderão dispensar qualquer leitura mais extensa, utilizando esta obra mais sintetizada, sem qualquer dificuldade.

Tendo sido inicialmente utilizada apenas para satisfazer interesses pessoais de um único *concurseiro de carteirinha*, a esquematização que ora se apresenta neste singelo trabalho ganhou contornos festivos ao adentrar nas salas de aula, fazendo parte da vida de milhares de candidatos que, atualmente, estão logrando sua aprovação e conquistando seu espaço nos mais variados órgãos públicos. Hoje, esses esquemas, que outrora foram meros manuscritos em papel rascunho, estão ocupando seu merecido espaço na mídia impressa e digital, com um único e promissor objetivo: fazer de você o próximo aprovado, nomeado, empossado e investido em um cargo público!

Parte 1

GERAL

CAPÍTULO 1
Introdução

CONSIDERAÇÕES GERAIS

NATUREZA JURÍDICA	CARACTERÍSTICA BÁSICA
A grande divisão do Direito: Público e Privado	Desigualdade nas relações
Ramo do Direito Público	Atuação sempre com alguma regra de Direito Público

CONCEITO DE DIREITO ADMINISTRATIVO

"É o conjunto harmônico de princípios jurídicos que regem os órgãos, os agentes e as atividades jurídicas tendentes a realizar direta, concreta e imediatamente os fins desejados pelo Estado." (Hely Lopes Meirelles)	
Obs.: 1 – Não restrito SÓ ao direito público	**Obs.: 2** – Não restrito SÓ ao Poder Executivo

FONTES DO DIREITO ADMINISTRATIVO

A LEI	A JURISPRUDÊNCIA	A DOUTRINA	OS COSTUMES
Fonte primária, baseada no princípio da legalidade.	Fonte secundária. São as reiteradas decisões judiciais em um mesmo sentido.	Fonte secundária. São as teses, os estudos e as teorias dos especialistas e estudiosos do Direito Administrativo.	Fonte secundária ou indireta. São regras não escritas, mas observadas pela sociedade e pela Administração.
ABRANGÊNCIA			
CF/1988, leis, atos normativos, decisões judiciais *erga omnes*, e súmulas vinculantes.	Decisões judiciais, acórdãos e súmulas.	Obras (Manuais e cursos de D. Administrativo), artigos, revistas etc.	

<table>
<tr><td rowspan="2"></td><th colspan="2">IMPORTÂNCIA</th><td rowspan="2"></td></tr>
<tr><td>Movimentam-se para consolidar entendimentos e para subsidiar a produção legislativa.</td><td>Movimentam-se para subsidiar o julgamento nos tribunais em temas administrativos.</td></tr>
<tr><td colspan="4">Obs.: Não existe uma CODIFICAÇÃO do Direito Administrativo no Brasil. As normas que regem a matéria estão na CF/1988 e na legislação esparsa (ex.: Decreto-Lei 200/1967, Lei 9.784/99, Lei 8.666/1993, Lei 8.987/1995, Lei 8.429/1992 etc.)</td></tr>
</table>

CAPÍTULO 2
Conceitos de Estado

Abordagem JURÍDICA	Abordagem CLÁSSICA
"O Estado é uma pessoa jurídica de direito público, territorial e soberana, formado por um povo, um território e um governo soberano, e que é capaz de adquirir direitos e contrair obrigações na ordem jurídica interna e internacional" (Marcelo Alexandre e Vicente Paulo).	"O Estado é um poder organizado, que reúne uma estrutura organizacional e política, fruto de um contrato social ou de um pacto político, que garante legitimidade ao governo, à propriedade e aos contratos" (Idalberto Chiavenatto).

ELEMENTOS DO ESTADO

POVO	GOVERNO
Massa de nacionais que vivem em dado território.	Formado por integrantes da elite política, oriundas da classe dominante.
TERRITÓRIO	**BUROCRACIA**
É uma determinada área geográfica no qual aquele povo reside.	Corpo de agentes públicos que se ocupa da Administração.
GOVERNO SOBERANO	**MILÍCIA**
Liderança política legitimada no poder pelo próprio povo.	Força militar e policial que se incumbe de defender o Estado de inimigos externos e garantir, no plano interno, a obediência às leis e à ordem instituída.
Abordagem JURÍDICA	**Abordagem CLÁSSICA**

PODERES DO ESTADO

LEGISLATIVO	EXECUTIVO	JUDICIÁRIO
Formado pelos parlamentares, atua no Congresso Nacional. Possui como função típica **legislar** sobre temas que dizem respeito à manutenção do Estado e também o de **fiscalizar** os atos do Poder Executivo.	Formado pelos governantes, atua na Administração Pública Federal. Possui como função típica a **execução** das políticas que o Governo estabelece.	Formado pelos magistrados, atua nos Tribunais Superiores. Possui como função típica a **resolução de** possíveis **conflitos** entre os dois outros Poderes, entre eles e os administrados.
São os chamados PODERES ESTRUTURAIS.		

<table>
<tr><th colspan="6">CINCO OBSERVAÇÕES IMPORTANTES SOBRE OS PODERES DO ESTADO</th></tr>
<tr><td colspan="2">São constitucionalmente independentes e harmônicos entre si.</td><td colspan="2">O Poder do Estado é uno, mas há uma tripartição ou separação do poder, de natureza flexível.</td><td colspan="2">Todos os Poderes possuem funções atípicas, pois todas elas legislam, administram e judicam.</td></tr>
<tr><td colspan="3">Possuem status constitucional de cláusulas pétreas: não é possível emendar a CF/1988 para extingui-los, exceto para instituir uma nova ordem constitucional.</td><td colspan="3">Não confundir com os Poderes da Administração Pública, os quais decorrem do princípio da supremacia do interesse público e são chamados de poderes instrumentais.</td></tr>
</table>

CAPÍTULO 3
Organização do Estado

É considerada uma matéria de cunho **constitucional**, pois trata:			
1. Da **divisão política** do território (União, estados, Distrito Federal e municípios).	**2.** Da **organização de seus poderes** (LEG / EXE / JUD, bem como do Ministério Público e a Defensoria Pública etc.).	**3.** Do modo de **aquisição do poder** pelos governantes (direitos políticos, aspectos eleitorais etc.).	**4.** Da **forma de governo** adotada (o federalismo, o regime de competências de cada ente etc.).

SISTEMAS DE GOVERNO	FORMAS DE GOVERNO
Tipo de relação existente entre os Poderes Executivo e Legislativo	Modo como se institui e se transmite o Poder no Estado
PRESIDENCIALISMO	**REPÚBLICA**
Há uma divisão de poderes.	Eletividade e temporalidade dos mandatos, e prestação de contas à sociedade.
PARLAMENTARISMO	**MONARQUIA**
Há uma colaboração entre os poderes.	Hereditariedade e vitaliciedade dos mandatos e sem prestação de contas à sociedade.

SISTEMAS DE ADMINISTRAÇÃO	FORMAS DE ADMINISTRAÇÃO
Opção do Estado pela força da Administração Pública no ordenamento jurídico.	**Modo** pelo qual se operam as inúmeras atividades administrativas no Estado.
SISTEMA FRANCÊS	**PATRIMONIALISMO**
É a **dualidade de jurisdição**, em que se tem a existência de Tribunais administrativos e Tribunais judiciários, ambos resolvendo suas demandas, de forma definitiva.	É o Estado a serviço das **elites dominantes**, que **se aproveitam do poder** para seus próprios interesses pessoais. É a corrupção e o nepotismo em vigor.
SISTEMA INGLÊS	**BUROCRACIA**
É a **unidade de jurisdição**, em que somente o Poder Judiciário pode resolver, definitivamente, os conflitos existentes no Estado.	É **o profissionalismo da Administração Pública,** que adota a formalidade, a impessoalidade e a hierarquia para combater o patrimonialismo.
Obs.: NO BRASIL, adota-se o **Sistema INGLÊS**, de acordo com a CF/1988, art. 5º, inciso XXXV: "A lei não excluirá, da apreciação do Poder Judiciário, lesão ou ameaça a direito".	**GERENCIALISMO** É **modelo privado** de Administração no Estado, **buscando a eficiência e a qualidade** como suas principais características.

CAPÍTULO 4
Governo *Versus* Administração Pública

GOVERNO	ADMINISTRAÇÃO PÚBLICA
Elementos DISTINTOS do Estado que se integram em suas funções, MAS NÃO SE CONFUNDEM em suas atividades.	
CONCEITOS	
Um conjunto de órgãos constitucionais responsável pela **função política do Estado**, e que abrange atribuições decorrentes e reguladas pela Constituição Federal.	Um conjunto de órgãos e entidades que exerce a **função administrativa**, subordinada ao governo e dependente do comando político exercido pelos governantes.
DIFERENÇAS	
Atividade essencial e **POLÍTICA.**	Atividade residual e **PROFISSIONAL.**
Conduta **INDEPENDENTE**, discricionária.	Conduta **HIERARQUIZADA**, vinculada.
O Governo **ELABORA** políticas de Estado.	A Administração **EXECUTA** políticas de Estado.

SENTIDOS DA ADMINISTRAÇÃO PÚBLICA

SENTIDO AMPLO	SENTIDO ESTRITO
Compreende os órgãos do Governo que exercem **função política** e os órgãos e entidades da Administração que exercem **função administrativa**.	Abrange **somente** os órgãos e as entidades que exercem a **função administrativa**.

SENTIDO FORMAL, SUBJETIVO OU ORGÂNICO	SENTIDO MATERIAL, OBJETIVO OU FUNCIONAL
Leva em consideração o fato de pertencerem ao Estado, formalmente, e não à natureza das atividades que exercem.	Leva em consideração a natureza PÚBLICA e de INTERESSE SOCIAL das atividades que exercem, ou seja, são ATIVIDADES ADMINISTRATIVAS.
A pergunta-chave é: QUEM ELA É?	**A pergunta-chave é: O QUE ELA FAZ?**

<table>
<tr><td colspan="2">Obs.: São consideradas atividades administrativas a fiscalização, os serviços públicos, o fomento e as intervenções no domínio econômico.</td></tr>
<tr><td>Exemplo: As Loterias da Caixa, embora não se qualifique como atividade administrativa, é integrante da CEF, uma entidade estatal.</td><td>Exemplo: As escolinhas do SESC, embora sejam atividades administrativas, não são Administração Pública formal, mas, sim, uma paraestatal.</td></tr>
</table>

EXERCÍCIOS – INTRODUÇÃO AO DIREITO ADMINISTRATIVO

1. **(CESPE – Analista Técnico Administrativo MIN 2013)** Os conceitos de governo e administração não se equiparam; o primeiro se refere a uma atividade essencialmente política, ao passo que o segundo, a uma atividade eminentemente técnica.

2. **(CESPE – Analista Técnico Administrativo MIN 2013)** Consoante às regras do Direito brasileiro, as funções administrativas, legislativas e judiciais distribuem-se entre os poderes estatais — Executivo, Legislativo e Judiciário, respectivamente —, que as exercem de forma exclusiva, segundo o princípio da separação dos poderes.

3. **(CESPE – Analista Técnico Administrativo MIN 2013)** Em sentido objetivo, a expressão administração pública denota a própria atividade administrativa exercida pelo Estado.

4. **(CESPE – Analista Judiciário CNJ 2013)** A função típica do Poder Judiciário é a jurisdicional, sendo-lhe vedada a prática das funções administrativa e legislativa, que são reservadas, por força do princípio da separação dos poderes, ao Poder Executivo e ao Poder Legislativo.

5. **(CESPE – Analista Administrativo CNJ 2013)** Uma súmula vinculante editada pelo STF terá efeito vinculante em relação aos demais órgãos do Poder Judiciário, não atingindo, pelo princípio da separação dos poderes, os Poderes Legislativo e Executivo, que possuem meios próprios de vinculação de seus atos.

6. **(CESPE – Analista Judiciário TJDFT 2013)** Administração Pública em sentido orgânico designa os entes que exercem as funções administrativas, compreendendo as pessoas jurídicas, os órgãos e os agentes incumbidos dessas funções.

7. **(CESPE – Analista Administrativo TRT-10 2013)** Em decorrência do princípio da legalidade, a lei é a mais importante de todas as fontes do Direito Administrativo.

8. **(CESPE - Assistente Técnico Adm. MIN 2013)** Os costumes, a jurisprudência, a doutrina e a lei constituem as principais fontes do Direito Administrativo.

9. **(CESPE - Analista Processual TJRR 2012)** Segundo a doutrina, no aspecto formal, a Administração Pública é compreendida como a manifestação do poder público mediante a prática de atos jurídico-administrativos dotados da propriedade de autoexecutoriedade.

10. **(FCC - Analista Judiciário TRE-PR 2012)** Com relação à conceituação da Administração Pública, considere as afirmativas a seguir:
I. É o conjunto de órgãos constitucionais responsáveis pela função política do Estado, ou seja, compreende as atividades típicas dos três Poderes, Executivo, Legislativo e Judiciário.
II. A Administração não pratica atos de governo; pratica tão somente atos de execução, com maior ou menor autonomia funcional, segundo a competência dos órgãos e de seus agentes.
III. A Administração Pública abrange as atividades exercidas por entidades, órgãos e agentes incumbidos de atender concretamente às necessidades coletivas.
IV. Os poderes da Administração Pública são eminentemente instrumentais, ou seja, são instrumentos conferidos à Administração e utilizados exclusivamente com a finalidade de satisfazer o interesse público.
V. À Administração Pública faculta-se agir somente de acordo com a lei ou maneira a não afrontá-la, isto é, pode fazer tudo o que a lei não proíbe.

Está correto o que se afirma em
a) II e V, apenas.
b) I, III e IV, apenas.
c) II, III e IV, apenas.
d) I, III, IV e V, apenas.
e) I, II, III e IV, apenas.

Gabarito

1. C	3. C	5. E	7. E	9. C
2. E	4. E	6. C	8. C	10. C

CAPÍTULO 5
Organização da Administração Pública

ENTIDADES POLÍTICAS	ENTIDADES ADMINISTRATIVAS	ENTIDADES PARAESTATAIS
Formam a chamada **Administração Direta**: a União, os estados, o Distrito Federal e os municípios.	Formam a chamada **Administração Indireta**: as autarquias, as fundações públicas, as empresas públicas e as sociedades de economia mista. Exercem atividade administrativa de forma descentralizada. **Obs.**: Os **consórcios públicos** são considerados integrantes da Adm. Indireta. **(NOVO!)**	**Não integram a Administração Pública** Direta nem Indireta: colaboradores do Estado no desempenho de atividades de interesse público, de natureza não lucrativa: são os serviços sociais autônomos (SESI, SENAI etc.), as organizações sociais (OS) e as organizações da sociedade civil de interesse público (OSCIP) e as entidades de apoio.
Características	**Características**	**Características**
1. Personalidade jurídica de Direito Público	1. Personalidade jurídica de Direito Público ou Privado.	1. Personalidade jurídica de Direito Privado.
2. Autonomia política	2. Criadas pelas entidades políticas.	2. Não integrantes da Administração Pública formal.
3. Capacidade legislativa	3. Integram a Administração Pública formal, **vinculadas** à Adm. Direta e não subordinada.	3. Colaboradores do Estado em atividade de interesse público NÃO LUCRATIVA.
	4. Possuem autonomia administrativa, financeira e orçamentária.	4. Formam o chamado TERCEIRO SETOR.
	5. NÃO possuem autonomia política nem capacidade legislativa.	

INSTITUIÇÃO DE ENTIDADES DA ADMINISTRAÇÃO INDIRETA (CF, ART. 37, XIX)

POR LEI ESPECÍFICA CRIADORA	POR LEI ESPECÍFICA AUTORIZATIVA
Para as **autarquias.**	Para as demais entidades (fundações públicas, empresas públicas e sociedades de economia mista).
Lei de iniciativa do Chefe do Poder. **A lei já cria a entidade**, constando no próprio corpo da lei a sua autonomia, seus bens, sua competência, sua organização e o mandato de seus gestores, entre outras particularidades.	**A lei apenas autoriza a criação**, sendo que o nascimento dela (autonomia, bens, competência, organização e gestão) se dará com a inscrição de seus atos constitutivos no cartório de registro competente.
	Obs.: Os **Consórcios Públicos** são criados por **contrato.**
Obs.: 1 – A **extinção** dessas entidades se dá pela mesma forma de sua criação: Princípio da Simetria das Formas.	
Obs.: 2 – Para as **fundações públicas**, a doutrina e a jurisprudência admitem a **criação**, também, **por lei específica criadora**, só que ela passará a ser uma espécie de autarquia: uma **autarquia fundacional** ou uma fundação autárquica.	

TÉCNICAS NA ORGANIZAÇÃO DA ADMINISTRAÇÃO PÚBLICA

CENTRALIZAÇÃO	DESCENTRALIZAÇÃO	DESCONCENTRAÇÃO
Execução direta dos seus serviços pela Administração Direta, por meio de seus órgãos e agentes.	Execução, por meio de outras pessoas jurídicas, de seus serviços. Pode se dar por outorga ou por delegação.	Distribuição interna de competências em uma mesma pessoa jurídica. Dá-se tanto na Adm. Direta quanto na Adm. Indireta.
	Formas de Descentralização	**Observação importante**
	1. Outorga – é a lei que cria ou autoriza a existência de entidade, **transferindo a titularidade** do serviço.	A **Concentração Administrativa** é o inverso: a PJ **extingue** os órgãos antes existentes em sua estrutura.
	2. Delegação – é um ato ou contrato que apenas **transfere a execução** do serviço.	

EXEMPLOS DE ENTIDADES ADMINISTRATIVAS				
AUTARQUIA	FUNDAÇÃO PÚBLICA	EMPRESA PÚBLICA	SOCIEDADE DE ECONOMIA MISTA	CONSÓRCIO PÚBLICO
FEDERAL				
INSS	CNPq	EBCT (Correios)	BANCO DO BRASIL	Autoridade Pública Olímpica – APO
BACEN	FUNASA	EMBRAPA	PETROBRAS	Área de saúde, Saneamento, transporte, ambiente etc.
CADE	IBGE	CEF	TELEBRAS	
ANVISA	UNIVERSIDADES	BNDES	ELETROBRAS	
DISTRITO FEDERAL (DF)				
PROCON	HEMOCENTRO	CAESB	BRB	Ainda não há
AGEFIS	ZOOLÓGICO	TERRACAP	CEB	
DETRAN	JARDIM BOTÂNICO	METRÔ	CEASA	

ENTIDADES DA ADMINISTRAÇÃO INDIRETA

AUTARQUIA	FUNDAÇÃO PÚBLICA	EMPRESA PÚBLICA	SOCIEDADE DE ECONOMIA MISTA
CONCEITO			
Entidade administrativa, autônoma e vinculada, **criada** por lei específica, com PJ D. **Público**, com patrimônio e receita **próprios**, para o desempenho de **atribuições típicas de Estado**.	Entidade administrativa, autônoma e vinculada, **autorizada** a sua criação por lei específica, com PJ D. **Privado**, com patrimônio e receita **públicos**, para o desempenho de atividades de **interesse social**.	Entidade administrativa, autônoma e vinculada, **autorizada** a sua criação por lei específica, com PJ D. **Privado** sob **qualquer** forma jurídica, com patrimônio e receita **públicos**, para a **exploração de atividade econômica ou** para a **prestação de serviço público**.	Entidade Administrativa, autônoma e vinculada, **autorizada** a sua criação por lei específica, com PJ D. **Privado** sob a forma de **S.A.**, com patrimônio e receita **mistos** e controle acionário do Poder Público, para a **exploração de atividade. econômica ou** para a **prestação de serviço público**.

<table>
<tr><th>PRERROGATIVAS</th><th>LIMITAÇÕES</th><th>ESPÉCIES</th><th>DUAS OBSERVAÇÕES:</th></tr>
<tr><td>1. Imunidade tributária</td><td>1. NÃO exercem o Poder de Império.</td><td>1. Unipessoal (formada por uma só pessoa política, a que a criou)</td><td>1. Exploram-se atividades econômicas, são regidas predominantemente pelo D. Privado.</td></tr>
<tr><td>2. Prerrogativas processuais</td><td>2. NÃO possuem Poder Normativo.</td><td>2. Pluripessoal (50% + 1 da pessoa política que a criou, e o restante de 1 ou + unidades administrativas)</td><td>2. Só gozam de benefícios fiscais se estes benefícios forem extensíveis ao setor privado.</td></tr>
<tr><td>3. Bens impenhoráveis</td><td rowspan="7">3. Bens penhoráveis? Só se for de Direito Privado e afetos à sua área-meio.</td><td colspan="2">3. Bens penhoráveis? Só se explorar atividades econômicas.</td></tr>
<tr><th>ESPÉCIES</th><th colspan="2">AS TRÊS PRINCIPAIS DIFERENÇAS ENTRE EP E SEM:</th></tr>
<tr><td rowspan="2">1. Autarquia Comum – É aquela prevista nos moldes do Dec.-Lei 200/1967.</td><td colspan="2">1. A forma jurídica</td></tr>
<tr><td colspan="2">2. A composição do capital</td></tr>
<tr><td>2. Autarquia em Regime Especial – É aquela que possui <u>mais poderes</u> que a prevista no Dec.-Lei 200/1967.</td><td colspan="2" rowspan="4">3. O foro processual: Empresa Pública na Justiça Federal; Sociedade de Economia Mista na Justiça Comum.</td></tr>
<tr><td>3. Autarquia Fundacional – É a fundação que foi <u>criada</u> por lei específica.</td></tr>
<tr><td>4. Autarquia Interfederativa – Para prestar serviços públicos/realizar obras de interesse comum da U-E-DF-M.</td></tr>
<tr><td>5. Autarquias Corporativas – Conselhos Profissionais (CRM, CREA etc.). OAB não.</td><td>6. Autarquia geográfica: Territórios Federais (CF, art. 18), caso criados.</td></tr>
</table>

AGÊNCIAS REGULADORAS	AGÊNCIAS EXECUTIVAS
É o adjetivo de algumas **Autarquias em Regime Especial** que possuem mais autonomia, mais poder que as autarquias comuns, e que atuam, geralmente, na regulação de certos setores econômicos.	É a qualificação das **Autarquias e Fundações Públicas** que celebram o chamado **Contrato de Gestão**, previsto na CF/1988, art. 37, §8º.
EXEMPLOS	
ANATEL, ANEEL, ANAC, ANVISA etc.	INMETRO, IBAMA, CADE, INPI etc.

EXERCÍCIOS – ORGANIZAÇÃO DA ADMINISTRAÇÃO PÚBLICA

1. **(CESPE – Analista Técnico Administrativo ANS 2013)** Na legislação brasileira, a ANS é instituída como um órgão de regulação, sendo-lhe conferida a competência para editar atos normativos que podem revogar leis e decretos presidenciais que disponham sobre assistência suplementar à saúde.

2. **(CESPE – Técnico Administrativo CNJ 2013)** A organização político-administrativa do Brasil compreende a União, os estados, o Distrito Federal, os municípios e os territórios.

3. **(CESPE – Analista Técnico Administrativo MIN 2013)** A desconcentração administrativa consiste no desmembramento de órgãos públicos, para criação de diversas pessoas jurídicas, às quais se distribuem competências, mantidas ligadas por um vínculo de subordinação ao órgão originário.

4. **(CESPE – Analista Administrativo CNJ 2013)** As empresas públicas, sejam elas exploradoras de atividade econômica ou prestadoras de serviços públicos, são entidades que compõem a administração indireta e por isso não se admite que seus atos e contratos sejam submetidos a regras do Direito Privado.

5. **(CESPE – Técnico Administrativo CNJ 2013)** As entidades políticas são pessoas jurídicas de direito público interno, como a União, os estados, o Distrito Federal e os municípios. Já as entidades administrativas integram a Administração Pública, mas não têm autonomia política, como as autarquias e as fundações públicas.

6. **(CESPE – Especialista ANS 2013)** As agências reguladoras têm a faculdade de legislarem, de forma independente, matérias relativas à sua área de atuação, e podem baixar normas unilaterais de conduta que afetem os direitos individuais, desde que essas normas assegurem o equilíbrio de forças no mercado.

7. **(CESPE - Técnico Administrativo ANS 2013)** As fundações públicas são entidades integrantes da administração direta e podem ser criadas para a exploração de atividade econômica.

8. **(CESPE - Técnico em Regulação ANS 2013)** Uma ação de indenização cível contra uma empresa pública federal deve ser proposta perante a justiça federal.

9. **(ESAF - Técnico Administrativo- DNIT 2013)** A respeito das agências reguladoras e das agências executivas, analise as assertivas a seguir, classificando-as como Verdadeiras (V) ou Falsas (F).
Ao final, assinale a opção que contenha a sequência correta.
( ) A agência executiva é uma nova espécie de entidade integrante da Administração Pública Indireta.
( ) O grau de autonomia da agência reguladora depende dos instrumentos específicos que a respectiva lei instituidora estabeleça.
( ) Ao contrário das agências reguladoras, as agências executivas não têm área específica de atuação.
( ) As agências executivas podem ser autarquias ou fundações públicas.

a) V, F, V, V
b) F, V, V, V
c) F, F, V, V
d) V, V, V, F
e) F, F, F, V

10. **(FCC – Procurador Assembleia Legislativa–PB 2013)** É característica do regime jurídico das entidades da Administração Indireta
a) a existência de entidades de Direito Público, como as autarquias e empresas públicas, dotadas de prerrogativas semelhantes às dos entes políticos.
b) a ausência de subordinação hierárquica entre as pessoas administrativas descentralizadas e os órgãos da Administração Direta responsáveis pela sua supervisão.
c) a obrigatoriedade de contratação de pessoal das entidades descentralizadas por meio do regime celetista.
d) que a existência legal das entidades descentralizadas decorra dirda promulgação de lei instituidora.
e) a obediência de todas as entidades descentralizadas à Lei Complementar 101/2000 (Lei de Responsabilidade Fiscal).

Gabarito

1. E	3. E	5. C	7. E	9. B
2. E	4. E	6. E	8. C.	10. B

CAPÍTULO 6
Órgãos Públicos

TEORIA DO ÓRGÃO		
Formulada pela doutrina para explicar como se atribui, ao Estado, os atos das pessoas humanas que agem em seu nome. Assim, o Estado, como PJD público, é formado por órgãos, que são titularizados por seus agentes, à semelhança de um corpo físico (o Estado) que só funciona graças ao trabalho de seus órgãos (rins, fígado etc.)		
O órgão é, portanto, parte do corpo da entidade - O Estado.	O Estado, portanto, manifesta sua vontade pelos seus órgãos.	Os atos praticados pelos órgãos são os atos do Estado.
ESTA É A TEORIA MAIS CONDIZENTE COM A REALIDADE NACIONAL.		

OUTRAS TEORIAS EXISTENTES	
TEORIA DO MANDATO	**TEORIA DA REPRESENTAÇÃO**
Considera o agente como um mandatário do Estado, à semelhança da relação de um advogado e seu cliente.	Considera o agente como um representante do Estado, à semelhança de um tutor ou curador de pessoas incapazes.
CRÍTICA - O Estado não tem vontade própria para outorgar nada a ninguém!	**CRÍTICA** - O Estado, uma vez incapaz, não tem como outorgar sua própria representação!

PREVISÃO CONSTITUCIONAL DOS ÓRGÃOS

Art. 37, § 8º - A autonomia gerencial, orçamentária e financeira dos órgãos e das entidades da Administração Direta e indireta poderá ser ampliada mediante contrato, a ser firmado entre seus administradores e o poder público, que tenha por objeto a fixação de metas de desempenho para o órgão ou a entidade.	
Os órgãos possuem autonomia Gerencial, Financeira e Orçamentária.	Os órgãos podem firmar contratos de gestão com o Poder Público.
Obs.: - Não possuem autonomia PATRIMONIAL, pois os bens dos órgãos pertencem à entidade.	

Art. 48, XI - Cabe ao Congresso Nacional, com a sanção do Presidente da República, dispor sobre todas as matérias de competência da União, especialmente sobre a criação e extinção de Ministérios e órgãos da Administração Pública.	
A criação e extinção dos órgãos dá-se por meio de lei ordinária.	A criação e extinção de órgãos é matéria de competência da União.

Art. 61, §1º, II, *e* – São de iniciativa privativa do Presidente da República as leis que disponham sobre a criação e extinção de Ministérios e órgãos da Administração Pública.	
A criação e extinção de órgãos origina-se em projeto de lei de iniciativa privativa do Presidente da República.	Os Ministérios são, igualmente, órgãos – e do primeiro escalão – do Poder Executivo.

Art. 84, VI – Compete privativamente ao Presidente da República dispor, mediante decreto, sobre a organização e funcionamento da Administração Federal, quando não implicar aumento de despesa nem criação ou extinção de órgãos públicos.	
É permitido **organizar e fazer funcionar** os órgãos, sem aumento de despesa, **por decreto.**	É vedado, expressamente, a criação e extinção de órgãos por decreto.

OUTRAS CARACTERÍSTICAS DOS ÓRGÃOS	
Não possuem personalidade jurídica.	Possuem, necessariamente, competência, funções cargos e agentes.
Não possuem capacidade processual para **estar** em juízo (exceção: relações de consumo – CDC e órgãos autônomos e independentes – classificação a seguir).	Não possuem patrimônio próprio, ou seja, sem autonomia patrimonial.

CONCEITOS DE ÓRGÃO	
Unidade de atuação integrante da estrutura da Administração Direta e Indireta.	Centros de competência, instituídos para o desempenho de funções estatais, por meio de seus agentes. (HELY LOPES MEIRELES)
CONCEITO JURÍDICO (Lei nº 9.784/1999)	CONCEITO DOUTRINÁRIO

CLASSIFICAÇÃO DOS ÓRGÃOS

QUANTO À ESTRUTURA	
SIMPLES	COMPOSTOS
Sem subordinados. Integram órgãos maiores.	Várias subdivisões, como ministérios e secretarias.
	Poder de avocação e revisão de atos das unidades menores, SALVO nos órgãos independentes.
QUANTO À ATUAÇÃO FUNCIONAL	
SINGULARES	COLEGIADOS
Órgãos unipessoais, com suas decisões concentradas em um único agente.	Órgãos pluripessoais, com suas decisões tomadas em conjunto por seus membros.

<table>
<tr><th colspan="2">QUANTO À POSIÇÃO ESTATAL</th></tr>
<tr><th>SUBALTERNOS</th><th>SUPERIORES</th></tr>
<tr><td>Subordinados a vários níveis hierárquicos, com reduzido poder decisório. Órgãos operacionais.</td><td>Órgãos consultivos, subordinados a uma chefia maior. Órgãos operacionais ou táticos.</td></tr>
<tr><td>Atribuições de execução, de rotinas e de atendimento ao público.</td><td>Possuem a preeminência hierárquica na sua área de atuação (RH, Patrimônio, Jurídico etc.)</td></tr>
<tr><td colspan="2">Os órgãos subalternos e superiores NÃO possuem autonomia administrativa nem financeira.</td></tr>
<tr><th>AUTÔNOMOS</th><th>INDEPENDENTES</th></tr>
<tr><td>Órgãos diretivos, que formam a cúpula da Administração Pública, prestando assistência e auxílio imediatos aos independentes. São órgãos táticos.</td><td rowspan="2">São aqueles oriundos da Constituição Federal, sem subordinação, com caráter político, como os 3 Poderes, Tribunais etc. Órgãos estratégicos.</td></tr>
<tr><td>Exercem as clássicas funções de planejamento, coordenação, supervisão e controle, como ministérios, secretarias, AGU etc.</td></tr>
</table>

<table>
<tr><th colspan="2">OUTRAS CLASSIFICAÇÕES EXISTENTES</th></tr>
<tr><th>ÓRGÃOS DE CONTROLE</th><th>ÓRGÃOS DE ASSESSORAMENTO</th></tr>
<tr><td>Controle interno de cada Poder, como a CGU, as corregedorias dos tribunais e dos parlamentos etc. e o controle externo, como os TC’s e os parlamentos.</td><td>Ligados ao Presidente da República, como o Conselho de Governo, Assessoria Especial do PR, Secretaria de Imprensa e Porta-Voz etc.</td></tr>
<tr><th>ÓRGÃOS DE SEGURANÇA PÚBLICA</th><th>ÓRGÃOS PERMANENTES</th></tr>
<tr><td>Previstos na CF, art. 144, como as Polícias Federal, Rodoviária Federal e Ferroviária Federal, a Polícia Civil e Polícia Militar e o Corpo de Bombeiros Militar.</td><td>Alguns dos órgãos de segurança pública previstos na CF, art. 144, que são as Polícias Federal, Rodoviária Federal e Ferroviária Federal.</td></tr>
</table>

EXERCÍCIOS – ÓRGÃOS PÚBLICOS

1. **(CESPE - Analista Judiciário TJDFT 2013)** Os órgãos públicos classificam-se, quanto à estrutura, em órgãos singulares, formados por um único agente, e coletivos, integrados por mais de um agente ou órgão.

2. **(CESPE - Analista Administrativo ANP 2012)** Uma unidade de atuação dotada de personalidade jurídica, nos termos do processo administrativo de que trata a Lei 9.784/1999, refere-se a órgãos da Administração Direta e Indireta.

3. **(FUNCAB - Delegado de Polícia/RJ 2013 - adaptado)** Por serem unidades despersonalizadas, os órgãos públicos não possuem capacidade para figurar como parte nos contratos administrativos típicos, muito embora, na prática, frequentemente assim ocorra.

4. **(FUNCAB – Delegado de Polícia/RJ 2013 – adaptado)** Excepcionalmente, doutrina e jurisprudência reconhecem capacidade processual a alguns órgãos públicos, para defesa em juízo de suas prerrogativas institucionais.

5. **(CESPE - Técnico Administrativo CNJ 2013)** Com o objetivo de organizar a administração federal, o presidente da República pode, mediante decreto, extinguir cargo público, quando vago, bem como órgão público.

6. **(FGV – Técnico Legislativo Senado Federal 2012)** A respeito dos órgãos públicos, assinale a alternativa INCORRETA.
   a) Quanto às funções que exercem, podem ser ativos, de controle ou consultivos.
   b) São integrados por servidores públicos, que desempenham as atribuições a eles cometidas.
   c) Podem ser classificados em simples e colegiados, no tocante à sua estrutura, conforme suas decisões sejam tomadas individualmente ou coletivamente.
   d) Podem, cm qualquer caso, ingressar de forma autônoma em juízo.
   e) São unidades de competência estatal, desprovidas de personalidade jurídica.

7. **(FCC - Procurador Assembleia Legislativa-PB 2013)** Em razão de nulidade constatada em concurso público, diversos servidores que trabalhavam com a expedição de certidões em repartição estadual tiveram suas nomeações e respectivos atos de posse anulados, embora não tivessem dado causa à nulidade do certame. Em vista dessa situação, as certidões por eles emitidas
   a) não podem ser atribuídas ao ente estatal, sendo nulas de pleno efeito, em face da teoria da usurpação de poder.
   b) são consideradas válidas, ressalvada a existência de outros vícios na sua produção, o que se explica pela teoria do órgão ou da imputação.
   c) são anuláveis, desde que os interessados exerçam a faculdade de impugná-las.
   d) são consideradas inválidas, o que se explica pela teoria dos motivos determinantes.
   e) são consideradas inexistentes, visto que sua produção se deu sem um dos elementos essenciais do ato administrativo, a saber, o agente competente.

8. **(FCC - Agente Fiscal de Rendas - SEFAZ/SP 2013)** No início de nova gestão do Estado, a equipe do Governo decidiu implementar ampla reestruturação na Secretaria da Fazenda, com o objetivo de aumentar a eficiência na arrecadação tributária e no controle de gastos públicos. Para tanto, foi contratada consultoria especializada, que identificou a necessidade de alteração de algumas estruturas organizacionais, realocação de servidores e revisão de processos de trabalho. De acordo com os princípios e as normas aplicáveis à Administração Pública,
   a) somente mediante lei poderão ser extintos cargos e funções vagas, podendo ser criados novos órgãos por decreto do Chefe do Executivo, desde que não importe aumento de despesa.
   b) a extinção de cargos, vagos ou não, bem como a criação de órgãos poderá ser efetuada por decreto do Chefe do Executivo e a revisão de processos de trabalho por ato do Secretário da Fazenda.
   c) poderão ser criados novos órgãos mediante decreto do Chefe de Executivo e extintos aqueles considerados desnecessários por ato do Secretário da Fazenda.
   d) os servidores somente poderão ser realocados por ato do Chefe do Executivo e os cargos vagos poderão ser extintos por ato do Secretário da Fazenda.
   e) o decreto do Chefe do Executivo poderá dispor sobre a organização e funcionamento da Secretaria, quando não implicar aumento de despesa nem criação ou extinção de órgãos.

9. **(ESAF - Técnico Administrativo - DNIT 2013)** Quanto à sua posição estatal, o órgão que possui atribuições de direção, controle e decisão, mas que sempre está sujeito ao controle hierárquico de uma chefia mais alta e não tem autonomia administrativa nem financeira, denomina-se:
   a) órgão subalterno.
   b) órgão autônomo.
   c) órgão singular.
   d) órgão independente.
   e) órgão superior.

10. **(FCC - Analista Legislativo Assembleia Legislativa-PB 2013)** Os órgãos públicos, quanto à posição estatal, classificam-se em independentes, autônomos, superiores e subalternos. Desta feita, as Secretarias de Estado e as Casas Legislativas são classificadas, respectivamente, em órgãos públicos:
    a) superiores e superiores.
    b) independentes e autônomos.
    c) independentes e superiores.
    d) superiores e autônomos.
    e) autônomos e independentes.

Gabarito

1. E	3. C	5. E	7. B	9. E
2. E	4. C	6. D	8. E	10. E

CAPÍTULO 7
Agentes Públicos

<table>
<tr><th colspan="4">AGENTES PÚBLICOS</th></tr>
<tr><td colspan="4">Toda pessoa física que exerça, ainda que transitoriamente ou sem remuneração, por eleição, nomeação, designação, contratação ou qualquer outra forma de investidura ou vínculo, mandato, cargo, emprego ou função pública. (Lei 8.429/1992- LIA)</td></tr>
<tr><th>MANDATO</th><th>CARGO</th><th>EMPREGO</th><th>FUNÇÃO PÚBLICA</th></tr>
<tr><td>Por eleição</td><td>Por nomeação</td><td>Por contratação</td><td>Por contratação ou designação</td></tr>
<tr><td colspan="4">Todos eles são ocupados pelos seguintes agentes públicos:</td></tr>
<tr><th>O POLÍTICO</th><th>O SERVIDOR PÚBLICO</th><th>O EMPREGADO PÚBLICO</th><th>O TEMPORÁRIO</th></tr>
<tr><td>Agente Político</td><td colspan="3">Agentes Administrativos</td></tr>
<tr><td>CF, art. 14</td><td colspan="2">CF, art. 37, I-II</td><td>CF, art. 37, IX</td></tr>
<tr><td>Dos Direitos Políticos</td><td colspan="2">“Os cargos, os empregos e as funções públicas são acessíveis aos (...) que preencham os requisitos estabelecidos em lei.”

“A investidura em cargo ou emprego público depende de aprovação prévia em concurso público (...) ressalvadas as nomeações para cargo em comissão.”</td><td>“A lei estabelecerá os casos de contratação por tempo determinado para atender a necessidade temporária de excepcional interesse público.”</td></tr>
<tr><td>Agente investido em cargo eletivo ou em comissão no 1º escalão do governo, assim como cargos eletivos da magistratura e do Ministério Público. Percebem subsídio.</td><td>Agente com relação funcional com o Estado, em regime estatutário, seja efetivo ou em comissão, sujeito ao regime de Direito Público. Percebem remuneração ou subsídio.</td><td>Agente com vínculo funcional com o Estado, em regime contratual trabalhista celetista (CLT), sujeito predominantemente ao regime de Direito Privado. Percebem salário.</td><td>Agente com vínculo contratual especial, com características celetistas (CLT), sem concurso público, não ocupante de cargo ou emprego público. Percebem salário.</td></tr>
</table>

OBSERVAÇÕES IMPORTANTES	
Obs.: 1 – A expressão FUNCIONÁRIO PÚBLICO é utilizada na **esfera penal** para referir-se aos agentes ADMINISTRATIVOS que cometem crimes contra a Administração Pública, como corrupção, peculato, concussão, prevaricação etc.	**Obs.: 2** – A expressão FUNÇÃO PÚBLICA pode ser tomada em SENTIDO AMPLO para referir-se a todos os agentes públicos que exercem alguma ocupação na Administração Pública.
Obs.: 3 – Não se pode confundir Função Pública com FUNÇÃO DE CONFIANÇA, que é a atribuição de chefia, direção ou assessoramento, exclusivas para servidores concursados. (art. 37, V)	**Obs.: 4** – Os cargos, os empregos e as funções públicas devem ser criados e extintos por lei, mas podem ser extintos por decreto autônomo, e somente se esses postos estiverem vagos. (CF, art. 84, VI)
Obs.: 5 – Enquanto órgão, função e cargo são criações abstratas da lei, o agente é a pessoa física, humana, real, que infunde vida, vontade e ação a essas abstrações legais.	**Obs.: 6** – Os agentes estatutários ocupam cargos na Adm. Direta, Autárquica e Fundacional, enquanto que os agentes celetistas ocupam empregos na Adm. Indireta de Direito Privado (EP E SEM).

CLASSIFICAÇÃO DOS AGENTES PÚBLICOS

AGENTES POLÍTICOS		
Alto escalão da República, com competências previstas na CF/1988, sem hierarquia funcional e, geralmente, investidos no mandato eletivo ou no cargo público por meio de eleição, nomeação ou designação.		
Recebem subsídio (art. 37, 4º).	Têm normas específicas para processo por crimes funcionais e de responsabilidade.	**Exemplos** – Chefes de Poder, ministros, secretários, promotores, magistrados etc.
Obs.: Estão isentos de responsabilidade **civil** por eventuais erros de atuação – exceto se agirem com culpa grosseira, má-fé ou abuso de poder.		

AGENTES ADMINISTRATIVOS		
Profissionais da atividade pública, que lidam com o cotidiano da Administração, sujeitos à hierarquia funcional e que exercem suas atribuições de forma remunerada.		
Recebem remuneração, subsídio ou salário.	Respondem sempre por danos causados à Adm. ou a terceiros, pois suas funções exigem perícia técnica e perfeição de ofício.	**Exemplos** – Servidores públicos, empregados públicos e temporários da Administração.
Obs.: Abrange, também, os **dirigentes** das empresas estatais, embora estejam no 2º escalão do Governo.		

<table>
<tr><th colspan="3">AGENTES DELEGADOS</th></tr>
<tr><td colspan="3">Particulares, pessoas físicas ou que agem para PJ's, contratados pelo Estado, incumbidos de realizarem atividades, obras ou serviços públicos em seu próprio nome e por sua própria conta e risco.</td></tr>
<tr><td>Recebem contraprestação pecuniária.</td><td>Respondem sob as mesmas normas da Adm. Pública quando lesam terceiros, tendo o Estado responsabilidade subsidiária.</td><td>Estão sob permanente fiscalização do Estado.</td></tr>
<tr><td>Podem ser pessoas físicas ou jurídicas.</td><td>Não são considerados representantes do Estado.</td><td>Exemplos – Os concessionários e permissionários, os cartorários, as empreiteiras, as ONG's etc.</td></tr>
<tr><td colspan="3">Obs.: O Estado não se responsabiliza por eventuais danos decorrentes de <u>atos negociais</u> entre o agente delegado e os particulares que com ele contratarem.</td></tr>
</table>

<table>
<tr><th colspan="2">AGENTES HONORÍFICOS</th></tr>
<tr><td colspan="2">Aqueles designados ou convocados transitoriamente para colaborarem com a AP, em virtude de sua condição técnica ou cívica, sem qualquer vínculo funcional ou empregatício com o Estado.</td></tr>
<tr><td>Em geral, não recebem remuneração.</td><td>Esses serviços constituem o chamado múnus público, ou seja, serviços públicos relevantes.</td></tr>
<tr><td>São os agentes eventuais do Poder Público, em serviços com objetivos cívicos, culturais, educacionais, científicos, recreativos ou de assistência social.</td><td>Exemplos – Jurados, mesários eleitorais, membro de comissão de estudos, comissários de menores, voluntários em grandes eventos públicos etc.</td></tr>
</table>

<table>
<tr><th colspan="2">AGENTES CREDENCIADOS</th></tr>
<tr><td colspan="2">Personalidades sociais consagradas pelo público, convidadas pelo Estado para representá-lo em eventos de grande apelo e alcance, mediante remuneração.</td></tr>
<tr><td>Recebem remuneração.</td><td>Exemplos – Artistas e esportistas, em campanhas de trânsito, de vacinação ou prevenção de doenças etc.</td></tr>
</table>

EXERCÍCIOS – AGENTES PÚBLICOS

1. **(CESPE – Analista Técnico Administrativo MIN 2013)** A ausência de previsão de acesso de estrangeiros a cargos públicos coaduna-se com a política de soberania do Estado brasileiro, que restringe as funções públicas aos brasileiros que gozam de direitos políticos.

2. **(CESPE - Analista Técnico Administrativo MIN 2013)** Nas empresas públicas e nas sociedades de economia mista, não existem cargos públicos, mas somente empregos públicos.

3. **(CESPE - Técnico Administrativo CNJ 2013)** Considere que determinado cidadão tenha sido convocado como mesário em um pleito eleitoral. Nessa situação hipotética, no exercício de suas atribuições, ele deve ser considerado agente político e, para fins penais, funcionário público.

4. **(CESPE - Técnico Administrativo ANS 2013)** Os ocupantes de cargo ou função em comissão são considerados agentes honoríficos.

5. **(CESPE - Técnico Administrativo MPU 2013)** Admite-se a realização, pela Administração Pública, de processo seletivo simplificado para contratar profissionais por tempo determinado para atender à necessidade temporária de excepcional interesse público.

6. **(CESPE - Técnico Administrativo ANS 2013)** Agente público é aquele que exerce emprego ou função pública mediante remuneração.

7. **(MPE-SC - Promotor de Justiça 2013)** Os agentes honoríficos não são servidores públicos, mas momentaneamente exercem uma função pública e, enquanto a desempenham, sujeitam-se à hierarquia e disciplina do órgão a que estão servindo, incidindo as proibições constitucionais de acumulação de cargos, funções ou empregos, tal como de mesário eleitoral e a função de jurado.

8. **(FCC - Técnico Administrativo DPE-RS 2013)** Sociedade de economia mista prestadora de serviço público precisa contratar 100 (cem) servidores para reforçar equipe de fiscalização de campo, a fim de se desincumbir de obrigações contratuais assumidas regularmente. Para tanto,
   a) poderá promover a contratação direta de servidores públicos, desde que sob regime celetista, para ocuparem emprego público.
   b) deverá submeter-se a obrigatoriedade do concurso público para a contratação de seus empregados.
   c) poderá promover a contratação para provimento de cargos em comissão, tendo em vista que não se submete a regime jurídico de Direito Público, prescindindo da realização de concurso público.

d) deverá realizar concurso público para a contratação de seus servidores, que se submetem a regime estatutário, embora o ente possua natureza jurídica de Direito Privado.
e) poderá firmar contrato direto de prestação de serviço de autônomos com os novos empregados, evitando a realização de concurso público e a formação de vínculo empregatício.

9. (ESAF - Técnico Administrativo - DNIT 2013) Correlacione os termos da Coluna I com as definições da Coluna II. Ao final, escolha a opção que contenha a sequência correta para a coluna II.

COLUNA I
(1) Servidor Público
(2) Agente Público
(3) Empregado Público

COLUNA II
( ) Toda pessoa física que manifesta, por algum tipo de vínculo, a vontade do Estado, nas três esferas de governo, nos três poderes do Estado.
( ) Sob o regime contratual, mantém vínculo funcional permanente com a Administração Pública.
( ) É a expressão utilizada para identificar aqueles que mantêm relação funcional com o Estado em regime legal. São titulares de cargos públicos.

a) 2 / 3 / 1
b) 1 / 2 / 3
c) 3 / 2 / 1
d) 2 / 1 / 3
e) 1 / 3 / 2

10. (ESAF - Técnico Administrativo - DNIT 2013) São direitos dos trabalhadores da iniciativa privada constitucionalmente estendidos aos servidores públicos, exceto:
a) remuneração do trabalho noturno superior ao diurno.
b) repouso semanal remunerado.
c) décimo terceiro salário.
d) FGTS.
e) redução de riscos inerentes ao trabalho.

Gabarito

1. E	3. E	5. C	7. E	9. a
2. C	4. E	6. E	8. b	10. d

CAPÍTULO 8
Princípios Básicos da Administração Pública

CONCEITO	DICA IMPORTANTE
São a ideia central de um sistema, possibilitando uma adequada compreensão de sua estrutura, balizando a interpretação e a própria produção normativa.	Os princípios fundamentais orientadores de toda a atividade da Administração Pública encontram-se, implícita e explicitamente, no texto da CF/1988, sendo os mais importantes aqueles encontrados no *caput* do art. 37. Existem outros princípios que se encontram na legislação infraconstitucional.

DOIS GRANDES PRINCÍPIOS - A GÊNESE	
PRINCÍPIO DA SUPREMACIA DO INTERESSE PÚBLICO	PRINCÍPIO DA INDISPONIBILIDADE DO INTERESSE PÚBLICO
Não presente em qualquer atuação da AP.	Presente em toda e qualquer atuação da AP.
O interesse público está acima de quaisquer outros interesses particulares ou empresariais.	O interesse público não está disponível, pois seu titular é a coletividade: à AP cabe a mera gestão da coisa pública.
Princípio implícito e não absoluto.	Princípio implícito e absoluto.
Não incide diretamente quando o Estado atua como agente econômico e nos seus atos de gestão ou de mero expediente.	Dele decorrem os princípios constitucionais referentes à AP, constantes no caput do art. 37.
Exemplos: Desapropriação, poder de polícia, cláusulas exorbitantes etc.	Exemplos: Vedação à renúncia receitas, vedação à alienação de bem público afetado (só se previsto em lei).

PRINCÍPIOS CONSTITUCIONAIS ESPECÍFICOS (ART. 37, *CAPUT*)

O PRINCÍPIO DA LEGALIDADE
Decorre do próprio Estado de Direito, do ordenamento jurídico, do 'Império da Lei'.

TRÊS OBSERVAÇÕES IMPORTANTES		
1. Aplica-se, de forma diferenciada, ao particular (autonomia de vontade) e ao agente público (só quando a lei determinar ou autorizar)	**2.** Aplica-se, igualmente, aos demais atos normativos, como decretos, portarias e regulamentos, com a diferença que estes não inovam no direito.	**3.** O Poder Executivo só inova no direito se for por meio de medidas provisórias, leis delegadas ou por decretos autônomos.

O PRINCÍPIO DA IMPESSOALIDADE	
Todos devem ser tratados igualmente, e o interesse público deve nortear toda atividade da Administração.	
1º PRISMA (ou sentido)	2º PRISMA (ou sentido)
Como a FINALIDADE de toda atuação da AP, visando a coibir perseguições, discriminações e favorecimentos. Decorre do princípio da isonomia.	Como VEDAÇÃO À PROMOÇÃO PESSOAL do agente público, visando a coibir a vinculação das realizações da AP com a pessoa do administrador. STF: nem *slogans* ou cores são permitidos.
EXEMPLOS POSITIVOS	
Concurso Público	Licitação Pública
EXEMPLOS NEGATIVOS	
Nepotismo	Corrupção

O PRINCÍPIO DA MORALIDADE		
Trata-se de uma atuação ética, de decoro e de boa-fé, em um padrão de conduta aceitável pela sociedade, pois nem tudo o que é legal é honesto. É a vedação ao exercício abusivo das atribuições do agente.		
3 OBSERVAÇÕES IMPORTANTES		
1. A moralidade não se confunde com o **mérito** administrativo, que é o juízo de conveniência e oportunidade da Administração.	**2.** A moralidade não se confunde com o **desvio de poder**, que é tido como conduta ilegal pela legislação administrativista.	**3.** Já há decisões judiciais condenando agentes por imoralidade no serviço público, baseadas na Ação Popular.

O PRINCÍPIO DA PUBLICIDADE	
Ampla divulgação dos atos praticados pela Administração, ressalvadas as hipóteses previstas em lei.	
1º PRISMA (ou sentido)	2º PRISMA (ou sentido)
A exigência de PUBLICAÇÃO como requisito de eficácia do ato, pois se não há publicação, não produz efeitos. Visa a coibir atos sigilosos ou confidenciais sem motivação plausível.	A exigência de TRANSPARÊNCIA da atuação administrativa. Seu controle é feito pelo povo e pela sociedade civil organizada: é a cidadania em ação!

Exemplos →	O Diário Oficial / Lei de Acesso à Informação – LAI
	A motivação dos atos administrativos
	O direito de petição e obtenção de certidões

O PRINCÍPIO DA EFICIÊNCIA	
Ideia da qualidade, da economicidade e da rapidez no desempenho e na realização de atividades públicas, visando ao bem-estar do povo, o qual pode exigir a efetividade de serviços como saúde, segurança, lazer etc.	
1º PRISMA (ou sentido)	2º PRISMA (ou sentido)
Do AGENTE PÚBLICO espera-se o melhor desempenho possível de suas atribuições.	Da ADMINISTRAÇÃO PÚBLICA espera-se o mais racional possível na prestação de serviços públicos.
Exemplos →	O estágio probatório pelo servidor público
	O orçamento-programa pelo Estado
	Parcerias do Estado com o Terceiro Setor

PRINCÍPIOS LEGAIS

PRINCÍPIOS DA RAZOABILIDADE E DA PROPORCIONALIDADE (art. 2º da Lei 9.784/1999)		
Princípios que combatem os abusos e as arbitrariedades, baseando-se no senso médio de pessoas equilibradas, de forma que o ato administrativo atenda, de fato, ao interesse público.		
RAZOABILIDADE	PROPORCIONALIDADE	
Analisa-se a ADEQUAÇÃO e a NECESSIDADE na conduta do agente público. Afere, portanto, a compatibilidade entre **os meios** empregados **e os fins** visados na prática de um ato.	Analisa-se a INTENSIDADE e a EXTENSÃO do ato praticado pelo agente público, que deve guardar proporção à lesividade e à gravidade da conduta a ser reprimida.	
EXEMPLOS		
1. Um fiscal da vigilância sanitária aplica sanção máxima de interdição por 15 dias a grande supermercado, por verificar alguns poucos produtos vencidos em uma de suas gôndolas de exposição.	**2.** Um concurso público para Técnico Administrativo exige, como requisito para sua nomeação, altura mínima de 1,80m, sexo masculino e residência no Distrito Federal.	
3 OBSERVAÇÕES IMPORTANTES		
1. São tidos como princípios gerais do direito em qualquer ramo da ciência jurídica.	**2.** São, às vezes, tratados como sinônimos, mas é mais usual a RAZOABILIDADE como gênero e a PROPORCIONALIDADE como espécie.	**3.** São muito exploradas no controle de atos discricionários que implique restrição de direitos ou imposição de sanções aos particulares.

<table>
<tr><th colspan="2">PRINCÍPIO DA AUTOTUTELA</th></tr>
<tr><td colspan="2">“ A Administração <u>deve</u> anular seus próprios atos, quando eivados de vício de legalidade e <u>pode</u> revogá-los por motivo de conveniência ou oportunidade, respeitados os direitos adquiridos.” (Lei 9.784/1999, art. 53)</td></tr>
<tr><td colspan="2">É a Administração controlando, protegendo e zelando pelos seus próprios atos, retirando aqueles ilegais ou inoportunos. Esvazia, também, o já congestionado Poder Judiciário, promovendo a eficiência administrativa.</td></tr>
<tr><td>Obs.: 1 – Esse princípio guarda semelhança com o princípio constitucional da Inafastabilidade de Jurisdição (art. 5º, XXXV), que neste caso se aplica tão somente ao particular.</td><td>Obs.: 2 – As Súmulas 346 e 473 do STF já previam essa possibilidade, o qual era tido como princípio jurisprudencial. Atualmente, além de estar previsto na jurisprudência, está também previsto na Lei 9.784/1999.</td></tr>
<tr><th colspan="2">2 DISTINÇÕES IMPORTANTES NO PRINCÍPIO DA AUTOTUTELA</th></tr>
<tr><td>1. Não confundir esse controle administrativo (autotutela) com o controle judicial, pois este precisa ser provocado, enquanto aquele, não.</td><td>2. Não confundir esse controle administrativo (autotutela) com a tutela administrativa usada no Controle Finalístico da Adm. Direta sobre a Indireta – também chamado de Supervisão Ministerial.</td></tr>
</table>

PRINCÍPIO DOUTRINÁRIO

<table>
<tr><th colspan="3">PRINCÍPIO DA CONTINUIDADE DOS SERVIÇOS PÚBLICOS
(Implícito na Lei 8.987/1995)</th></tr>
<tr><td colspan="3">Não pode haver interrupções nas atividades administrativas e na prestação de serviços à população que prejudiquem a coletividade e a satisfação do interesse público.</td></tr>
<tr><th colspan="3">DICA IMPORTANTE</th></tr>
<tr><td colspan="3">Aplica-se, também, aos particulares delegatários de serviços públicos, como os concessionários e permissionários.</td></tr>
<tr><th colspan="3">EXEMPLOS</th></tr>
<tr><td>Greve de servidores públicos.</td><td colspan="2">A inoponibilidade da exceção do contrato não cumprido.</td></tr>
<tr><th colspan="3">EXCLUEM-SE DESTE PRINCÍPIO</th></tr>
<tr><td>Atividades econômicas do Estado</td><td>Atividade política de governo</td><td>Atividade legislativa e judiciária típica</td></tr>
</table>

OUTROS PRINCÍPIOS EXISTENTES E APLICÁVEIS NA ADMINISTRAÇÃO PÚBLICA

CONSTITUCIONAIS	LEGAIS	DOUTRINÁRIOS
Probidade administrativa	Hierarquia	Presunção de legitimidade

Contraditório	Motivação	Especialidade
Ampla defesa	Modicidade	Controle ou Tutela
Devido processo legal	Oficialidade	Adjudicação compulsória
Gratuidade	Informalismo	Formalismo
	Segurança jurídica	Sindicabilidade

QUADRO-GERAL DOS PRINCÍPIOS BÁSICOS DA ADMINISTRAÇÃO PÚBLICA			
CONSTITUCIONAIS	LEGAIS	JURISPRUDENCIAIS	DOUTRINÁRIOS
Legalidade	Razoabilidade	Autotutela	Supremacia do interesse público
Impessoalidade	Proporcionalidade		Indisponibilidade do interesse público
Moralidade	Autotutela		Continuidade dosserviços públicos
Publicidade			
Eficiência			

EXERCÍCIOS – PRINCÍPIOS BÁSICOS DA ADMINISTRAÇÃO PÚBLICA

1. **(CESPE - Analista Administrativo TRT-10 2013)** O princípio da supremacia do interesse público é, ao mesmo tempo, base e objetivo maior do Direito Administrativo, não comportando, por isso, limites ou relativizações.

2. **(CESPE - Analista Processual TJ-RR 2012)** O princípio da supremacia do interesse público vincula a Administração Pública no exercício da função administrativa, assim como norteia o trabalho do legislador quando este edita normas de Direito Público.

3. **(CESPE - Assistente Técnico Administrativo MIN 2013)** Fere a moralidade administrativa a conduta do agente que se vale da publicidade oficial para autopromover-se.

4. **(CESPE - Assistente Técnico Administrativo MIN 2013)** Não viola o princípio da legalidade a exoneração de ofício de servidor público por abandono de cargo.

5. **(CESPE - Oficial de Justiça TJDFT 2013)** Haverá ofensa ao princípio da moralidade administrativa sempre que o comportamento da Administração, embora em consonância com a lei, ofender a moral, os bons costumes, as regras de boa administração, os princípios de justiça e a ideia comum de honestidade.

6. **(INSTITUTO CIDADES – Técnico de Nível Superior MINC 2013)** O Prefeito da cidade de Lilliput resolveu desapropriar um terreno de seu adversário político. Esta atitude viola, em tese, qual princípio Constitucional da Administração Pública?
   a) Impessoalidade
   b) Moralidade
   c) Legalidade
   d) Eficiência
   e) Publicidade

7. **(FADEMS – Procurador de Justiça MPE-MS 2013)** O princípio da finalidade da Administração Pública significa
   a) aquele que a norma de Direito indica, expressa ou virtualmente, como objetivo do ato.
   b) aquele que visa a propiciar o seu conhecimento e controle pelos interessados diretos e pelo povo em geral.
   c) o pressuposto de validade de todo ato da Administração Pública.
   d) que o Administrador Público está, em toda a sua atividade funcional, sujeito aos mandamentos da lei e às exigências do bem- comum.
   e) Todas as afirmativas estão corretas.

8. **(CETRO – Agente Administrativo CREF 2013)** São princípios constitucionais do Direito Administrativo brasileiro, conforme o art. 37 da Constituição Federal:
   a) legalidade, impessoalidade, imprescritibilidade, proporcionalidade, vedação de enriquecimento ilícito.
   b) legalidade, moralidade, publicidade, transparência, eficiência, razoabilidade e irretroatividade das leis.
   c) legalidade, impessoalidade, imperatividade, continuidade, supremacia do interesse público, da boa- fé.
   d) legalidade, prescritibilidade, moralidade, publicidade, razoabilidade, obrigatoriedade de concurso público.
   e) legalidade, impessoalidade, moralidade, publicidade e eficiência.

9. **(CETRO – Administrador Pref. Campinas 2012)** De acordo com os princípios da Administração Pública, assinale a alternativa correta.
   a) Segundo o Princípio da Legalidade, são permitidas as ações da Administração Pública que não forem proibidas pela lei.
   b) O Princípio da Eficiência refere-se tanto ao modo de organizar, estruturar e disciplinar a organização pública quanto à forma de atuação do agente público.

c) O Princípio da Publicidade refere-se apenas à exigência de transparência da atividade administrativa.
d) No Princípio da Impessoalidade, é defendido que existe não mais que um fim a ser perseguido pela Administração.

10. (FCC - Técnico Judiciário TRT-9 2013) Diante de uma situação de irregularidade, decorrente da prática de ato pela própria Administração Pública brasileira, é possível a esta restaurar a legalidade, quando for o caso, lançando mão de seu poder

a) de tutela, expressão de limitação de seu poder discricionário e corolário do Princípio da Legalidade.
b) de autotutela, que permite a revisão de ofício, de seus atos para sanar a ilegalidade.
c) de autotutela, expressão do Princípio da Supremacia do interesse público, que possibilita a alteração de atos por razões de conveniência e oportunidade, sempre que o interesse público assim recomendar.
d) disciplinar, que se expressa, nesse caso, por meio de medidas corretivas de atuação inadequada do servidor público que emitiu o ato.
e) de tutela disciplinar, em razão da atuação ilegal do servidor público, que faz surgir o dever da Administração de corrigir seus próprios atos.

Gabarito

1. E	3. C	5. C	7. a	9. b
2. C	4. E	6. a	8. e	10. b

CAPÍTULO 9

Poderes e Deveres Administrativos

DEVERES ADMINISTRATIVOS
São os comportamentos esperados dos agentes **administrativos**, impostos pelo regime jurídico.

DEVER-PODER DE AGIR	DEVER DE EFICIÊNCIA
Trata-se de um **dever** de exercício de suas funções públicas e, ao mesmo tempo, um **poder** para desempenhar essas mesmas funções (competência). Esse comportamento é irrenunciável, e a omissão do agente caracteriza abuso de poder e consequente responsabilização por eventuais danos causados.	É a exigência de um elevado padrão de qualidade na atividade administrativa, pautada por celeridade, **perfeição** técnica, economicidade, controle etc. É a marca da Administração Pública Gerencial, consagrada na Reforma Administrativa de 1995, que culminou nas mudanças feitas pela EC 19/1998.

DEVER DE PROBIDADE	DEVER DE PRESTAR CONTAS
É a exigência de um comportamento probo, honesto, ético e de boa-fé do agente administrativo, e que guarda consonância com o princípio da moralidade administrativa. A improbidade administrativa enseja crime de responsabilidade (Lei 1.079/1950) ou ato de improbidade administrativa (Lei 8.429/1992).	É inerente à função do administrador público que gerencia valores, bens e interesse públicos, e está previsto na CF/1988 art. 70. Essa fiscalização é feita por órgãos externos (TCU) e internos (CGU) e **é o único dever que se estende aos particulares** – desde que eles tenham gerenciado dinheiro e bens públicos.

PODERES ADMINISTRATIVOS
São os seis poderes **instrumentais**, à disposição dos três Poderes estruturais da República.

PODER VINCULADO	PODER DISCRICIONÁRIO
É um poder-dever, em que a Administração fica adstrita à lei, possuindo uma **liberdade reduzida**, ou mesmo inexistente, na sua atuação cotidiana, sem muito espaço para qualquer conveniência em suas decisões. A Administração, então, vincula-se à lei, obriga-se à lei, para praticar seus atos.	É um poder em que a Administração possui uma **maior liberdade** na tomada de decisões, baseado no chamado Mérito Administrativo (conveniência e oportunidade). A base continua sendo a lei, e o abuso desse poder é combatido aplicando-se os princípios da razoabilidade e da proporcionalidade.
Exemplos: Licença-maternidade, licença para dirigir veículo etc.	**Exemplos:** Licença-capacitação, aplicação de multas no comércio pela fiscalização etc.

PODER HIERÁRQUICO	PODER DISCIPLINAR
É o poder de comandar, de dar ordens, de controle direto da repartição e de seus agentes pelo chefe, que delega e avoca competências conforme o interesse público. Um poder que ocorre no **âmbito interno**, com caráter de subordinação.	É o poder de **aplicar sanções**, de **punir** por infrações funcionais ou administrativas. Alcança todos os que possuem vínculo com a Administração, sejam funcionais (servidores) ou contratuais (particulares). Não se trata do *jus puniendi* do Estado, pois isso é questão penal.
Exemplos: Uma portaria designando um subordinado, um rodízio pelo chefe etc.	**Exemplos:** Demissão de servidor, multa por inexecução contratual etc.

<table>
<tr><th colspan="2">PODER REGULAMENTAR</th></tr>
<tr><td colspan="2">É o poder para editar atos de caráter normativo, para regulamentar dispositivos de lei ou da própria CF/1988, para pormenorizar, detalhar os procedimentos da Administração Pública. Em regra, não inovam no ordenamento jurídico, ou seja, não criam direitos ou obrigações à coletividade.</td></tr>
<tr><td rowspan="4">Exemplos: Decretos, portarias, resoluções, instruções normativas, regulamentos, editais, ofícios, circulares, ordens de serviço, notificações, memorandos etc.</td><th>TRÊS OBSERVAÇÕES IMPORTANTES</th></tr>
<tr><td>1. <u>Decretos de Execução</u> – Não inovam no ordenamento jurídico, pois acontecem nos limites da lei existente.</td></tr>
<tr><td>2. <u>Decretos Autônomos</u> – Inovam no ordenamento jurídico, mas nos limites da CF, 84, VI.</td></tr>
<tr><td>3. <u>Agências Reguladoras</u> – Podem inovar no ordenamento jurídico, pois possuem perfil altamente técnico.</td></tr>
</table>

PODER DE POLÍCIA
É a faculdade da Administração para condicionar ou restringir o uso e gozo de bens, atividades e direitos individuais, em benefício da coletividade ou do próprio Estado. (CTN, art. 78). É um poder de uso exclusivo do Estado, indelegável ao particular, traduzida na chamada atividade de Polícia Administrativa, que **só incide na seara das infrações administrativas**, nos diversos ramos de atuação, como saúde, educação, trabalho, previdência etc. **Podem ser cobradas TAXAS** em razão do exercício do Poder de Polícia. (CF/1988, art. 145, II)
DISTINÇÃO IMPORTANTE
NÃO CONFUNDIR com Polícia Federal, Polícia Militar, Polícia Civil etc. Eles formam a chamada **Polícia Judiciária**, que **incide sobre as pessoas** em sua liberdade de ir, vir e permanecer, combatendo crimes previstos **no Código Penal**, o qual é realizado, privativamente, por essas corporações especializadas. Tem caráter mais **REPRESSIVO**.

CLASSIFICAÇÃO DO PODER DE POLÍCIA	
QUANTO À ORIGEM →	Poder de Polícia **ORIGINÁRIO** – Realizado pela Administração **DIRETA**.
	Poder de Polícia **DELEGADO** – Realizado pela Administração **INDIRETA** de Direito Público.
QUANTO AO MOMENTO →	Poder de polícia **PREVENTIVO** – Licenças para construir, para funcionar comércio, vistorias em veículos etc.
	Poder de Polícia **REPRESSIVO** – É a fiscalização pela regularidade e validade dessas licenças e vistorias.

SANÇÕES PREVISTAS NO PODER DE POLÍCIA	
MULTA →	Dívida Ativa. **Precisa ir ao Judiciário** para cobrar.
INTERDIÇÃO de estabelecimentos	Atributo da Autoexecutoriedade, **sem** ir ao Poder **Judiciário**.
SUSPENSÃO de atividades	
DEMOLIÇÃO de construções	
EMBARGOS de obras	
DESTRUIÇÃO de coisas	
APREENSÃO de coisas	

ATRIBUTOS DO PODER DE POLÍCIA
1. DISCRICIONARIEDADE
Presente na **maior parte** das atividades da Administração, mas **não em todas**.
EXEMPLO – **Autorização** para porte de arma e para circulação de veículos altos e pesados e **Licença** para construir em imóveis e para dirigir veículos.
Obs.: As licenças são vinculadas, mas as autorizações são discricionárias.

2. IMPERATIVIDADE	3. AUTOEXECUTORIEDADE	4. COERCIBILIDADE
Presente em **muitas ações** da Administração, é a imposição do ato administrativo ao particular, **sem** a sua **anuência** prévia.	Presente em **quase todas as ações** da Administração, é a possibilidade de praticar atos **sem** precisar ir ao **Judiciário.** A **exceção** é a aplicação da sanção de multa.	Presente **em algumas ações** da Administração, é a possibilidade do emprego da **força pública** para o cumprimento do ato, em caso de resistência do particular.
Obs.: A autoexecutoriedade, segundo Di Pietro, desmembra-se em EXIGIBILIDADE (quando a Adm. se impõe sem prévia autorização judicial) e em EXECUTORIEDADE (quando a Adm. vai à Justiça para poder executar suas medidas).		

EXEMPLOS		
Aplicação de sanções administrativas, desempenho de fiscalização sem aviso prévio, interdição de ruas para execução de obras, etc.	Após **a notificação** ao proprietário da falta de alvará de construção, a Fiscalização **impõe prazo** para sua regularização, **sob pena de demolição** da obra.	Após **vencido o prazo** para regularização, a Fiscalização comparece na obra e **procede a** sua **demolição**, pacificamente ou com o uso de força pública, se necessário.
Obs.: Pode-se afirmar que o Poder de Polícia é tanto discricionário quanto vinculado.		

USO E ABUSO DE PODER	
O **Uso de Poder** é o uso, de maneira ordinária, regular, lícita e cotidiana, pela Administração Pública, dos Poderes Instrumentais que ele tem à sua disposição, que são os 6 poderes administrativos já descritos (poderes vinculado, discricionário, hierárquico, disciplinar, regulamentar e de polícia).	
ABUSO DE PODER	
É o uso desmedido, irregular e, algumas vezes, ilícito, dos poderes administrativos.	
POR **EXCESSO DE PODER**	POR **DESVIO DE PODER**
É quando o agente atua FORA da área de sua competência legal, ou seja, **ALÉM das atribuições** regulares de seu cargo.	Ou Desvio de Finalidade. É quando o agente atua em sua competência, MAS COM **FINALIDADE DIVERSA** daquela expressamente prevista em lei para a sua regular atuação funcional.
Exemplo 1: Servidor punido com demissão pela chefia imediata ou mesmo pelo superior desta chefia.	**Exemplo 1**: Servidor removido da repartição pelo chefe imediato por questões pessoais, ciúmes ou vingança.
Exemplo 2: Agente de Fiscalização interdita açougue, que é competência do Chefe de Fiscalização.	**Exemplo 2**: Agente de Trânsito aplica multa a desafeto por uso de celular no interior de veículo estacionado.

EXERCÍCIOS – DEVERES E PODERES ADMINISTRATIVOS

1. **(CESPE - Analista Técnico Administrativo MIN 2013)** O poder de polícia, prerrogativa conferida à Administração Pública, para que possa praticar toda e qualquer ação restritiva em relação ao administrado em benefício do interesse público, é exercido pela polícia civil, no âmbito dos estados, e pela polícia federal, no âmbito da União.

2. **(CESPE - Analista Técnico Administrativo MIN 2013)** Considere que um servidor público, após regular processo administrativo disciplinar, seja suspenso por decisão da autoridade competente, por praticar irregularidades no exercício do cargo. Nessa situação, a imposição pela Administração Pública da sanção ao servidor, independentemente de decisão judicial, decorre do poder hierárquico.

3. **(CESPE - Analista Técnico Administrativo ANS 2013)** Configura exercício de poder **disciplinar** a edição pela ANS de ato normativo que discipline um aspecto da relação entre operadoras setoriais e consumidores.

4. **(CESPE - Analista Administrativo CNJ 2013)** O exercício do poder discricionário pode concretizar-se tanto no momento em que o ato é praticado, quanto posteriormente, como no momento em que a administração decide por sua revogação.

5. **(CESPE - Técnico Administrativo MPU 2013)** É denominado regulamento executivo o decreto editado pelo chefe do Poder Executivo federal para regulamentar leis.

6. **(ESAF - Técnico Administrativo - DNIT 2013)** O dever do agente público que decorre diretamente do princípio da indisponibilidade do interesse público, sendo inerente à função daquele que administra a coisa pública, denomina-se:
   a) Dever de eficiência.
   b) Dever de probidade.
   c) Dever de prestar contas.
   d) Poder dever de agir.
   e) Poder dever de fiscalizar.

7. **(FCC - Procurador Assembleia Legislativa-PB 2013)** O chamado poder regulamentar autônomo, trata de
   a) exercício de atividade normativa pelo Executivo, disciplinando matéria não regulada em lei, de controversa existência no direito nacional.

b) poder conferido aos entes federados para legislar em matéria administrativa de seu próprio interesse.
c) atividade normativa exercida pelas agências reguladoras, nos setores sob sua responsabilidade.
d) prerrogativa conferida a todos os Poderes para disciplinar seus assuntos *interna corporis*.
e) atividade normativa excepcional, conferida ao Conselho de Defesa Nacional, na vigência de estado de defesa ou estado de sítio.

8. **(FCC - Auditor Tribunal de Contas-SP 2013)** A respeito dos poderes da Administração Pública e os princípios a ela aplicáveis, é correto afirmar o seguinte.
a) O poder hierárquico contempla a sujeição de entidades integrantes da Administração Indireta ao ente instituidor, também denominado tutelar.
b) A autotutela corresponde ao poder da Administração de avocar competências atribuídas a ente descentralizado, quando verificado desvio de suas finalidades institucionais.
c) A tutela corresponde ao controle exercido pela Administração sobre entidade integrante da Administração Indireta, com o objetivo de garantir a observância de suas finalidades institucionais.
d) O poder regulamentar ou normativo enseja a prerrogativa da Administração de impor aos particulares, administrativamente, restrições ao exercício de direitos e atividades.
e) O poder disciplinar autoriza a Administração a aplicar a servidores e particulares, com ou sem vínculo com a Administração, penalidades e sanções previstas em lei.

9. **(FCC – Juiz do Trabalho TRT-3 2013)** Relativamente aos poderes administrativos é incorreto afirmar.
a) O poder discricionário confere ao administrador público liberdade de escolha da conveniência, da oportunidade e do conteúdo do ato.
b) O poder vinculado impõe ao agente público a restrição rigorosa aos preceitos legais, sem qualquer liberdade de ação.
c) O poder hierárquico tem por objetivo ordenar, controlar, coordenar e corrigir as atividades administrativas no âmbito interno da Administração pública.
d) O poder regulamentar é a faculdade de que dispõem os chefes do Executivo, em todas as esferas, de explicar a lei para a sua correta execução.
e) O poder de polícia é a faculdade punitiva interna da Administração e só abrange as infrações relacionadas com o serviço.

10. **(FCC - Técnico Judiciário TRT-1 2013)** Entre os poderes atribuídos à Administração Pública insere-se o denominado poder disciplinar, que corresponde ao poder de

a) impor restrições à atuação de particulares, em prol da segurança pública.
b) coordenar e controlar a atividade de órgãos inferiores, verificando a legalidade dos atos praticados.
c) editar normas para disciplinar a fiel execução da lei.
d) organizar a atividade administrativa, redistribuindo as unidades de despesas.
e) apurar infrações e aplicar penalidades aos servidores públicos.

Gabarito

1. E	3. E	5. C	7. a	9. e
2. E	4. C	6. c	8. c	10. e

CAPÍTULO 10
Atos Administrativos

<table>
<tr><th colspan="4">SITUAÇÃO JURÍDICA</th></tr>
<tr><td colspan="4">Os atos administrativos são aqueles praticados no regime jurídico de direito público.</td></tr>
<tr><td>Ato Jurídico</td><td>• De Direito Público
• De Direito Privado</td><td>Ato Jurídico de Direito Público</td><td>• Ato legislativo
• Ato judiciário
• Ato administrativo</td></tr>
<tr><td colspan="4">Cada Poder pratica atos de forma típica e atípica.</td></tr>
</table>

<table>
<tr><th colspan="3">CONCEITO DOUTRINÁRIO</th></tr>
<tr><td colspan="3">“É toda manifestação unilateral de vontade da Administração Pública que, agindo nessa qualidade, tenha por fim adquirir, resguardar, transferir, modificar, extinguir ou declarar direitos, ou impor obrigações aos administrados ou a si própria.”(Hely Lopes Meireles)</td></tr>
<tr><th colspan="3">NÃO CONFUNDIR COM</th></tr>
<tr><td>1. Contratos administrativos -atos jurídicos bilaterais.</td><td>2. Fatos administrativos -eventos posteriores ao ato, a sua consequência, a sua materialização.</td><td>3. Atos políticos -atos de Governo, isto é, da Adm. Pública em sentido amplo, como sanção, veto, orçamento etc.</td></tr>
<tr><td colspan="3">Obs.: O ato administrativo insere-se nos Atos da Administração, que são TODOS os atos praticados pela Administração Pública, sejam eles de Direito Público ou de Direito Privado.</td></tr>
</table>

ATRIBUTOS DO ATO ADMINISTRATIVO

<table>
<tr><th>PRESUNÇÃO DE LEGALIDADE</th><th>IMPERATIVIDADE</th><th>AUTOEXECUTORIEDADE</th><th>TIPICIDADE</th></tr>
<tr><td>Presente em todo ato.</td><td colspan="3">Não presente em todo ato.</td></tr>
<tr><td>É o fundamento para a agilidade da Adm. no exercício dos seus fins.</td><td>É o fundamento para obrigar ou restringir direitos do particular sem sua anuência</td><td>É o fundamento para a prática de seus atos sem prévia autorização judicial</td><td>É o fundamento para afastar atos arbitrários e abusivos, garantindo segurança jurídica a todos.</td></tr>
</table>

Obs.: 1 – A presunção **não é absoluta**, mas relativa, admitindo prova contrária.	**Obs.**: – É o chamado Poder de Império do Estado.	**Obs.: 1:** – **Só** se aplica quando a lei exigir e em casos de emergência.	**Obs.:** – Tipicidade significa previsão legal, ser típico, estar expresso na lei.
Obs.: 2 – Ainda que viciado, o ato seguirá produzindo efeitos até eventual invalidação.	**Exemplos:** Poder de polícia, interdições, apreensões etc.	**Obs.: 2** – **Não** se aplica às multas, aos atos de gestão e aos atos de mero expediente.	

ELEMENTOS DO ATO ADMINISTRATIVO

COMPETÊNCIA	FINALIDADE	FORMA	MOTIVO	OBJETO
É o **poder legal** conferido ao agente público para o desempenho de suas atribuições.	É o **propósito** com o qual o agente público praticou o ato previsto em lei, visando o interesse público.	É o **modo** de exteriorização do ato Adm.; como ele se manifesta no mundo físico.	É a **causa** do ato Adm., ou seja, a situação de fato ou de direito que autoriza ou determina a sua prática.	É o **efeito** jurídico imediato que o ato produz; é o conteúdo material do ato
ELEMENTOS **VINCULADOS**			ELEMENTOS **VINCULADOS OU DISCRICIONÁRIOS**	

DEFEITOS (OU VÍCIOS) NOS ELEMENTOS DO ATO ADMINISTRATIVO				
VÍCIO DE COMPETÊNCIA	**VÍCIO DE FINALIDADE**	**VÍCIO DE FORMA**	**VÍCIO DE MOTIVO**	**VÍCIO DE OBJETO**
1. Abuso de poder por **excesso** de poder	**1.** Abuso de poder por **desvio** de poder (ou desvio de finalidade)	**1. Ausência de motivação** onde for obrigatória	**1. Inexistência** de motivo ou de fato	**1.** Com conteúdo **violando** à lei (lato sensu)
EXEMPLOS:				
Policial excede o uso de força em uma abordagem.	Servidor removido de ofício por vingança ou ciúme.	Revogar ato Adm. sem expor os motivos	Licença-paternidade sem o nascimento do filho.	Município desapropria bem da União.
2. Função de fato[1].		**2. Inobservância** da forma legal.	**2. Ilegitimidade** de motivo ou de fato.	**2.** Com conteúdo **proibido** por lei.

[1] Agente com investidura irregular. **Ato válido** se praticado de boa-fé.

EXEMPLOS:				
Servidor no cargo após os 70 anos.		Carta-convite para a concorrência.	Suspensão de servidor por 120 dias.	Nomeação para cargo diverso do aprovado.
3. Usurpação de função[2].				**3.** Com conteúdo **não previsto** em lei.
EXEMPLOS:				
Falso PM, à paisana, aplicando multas de trânsito.				Multa de R$ 927 por excesso de velocidade.

CORREÇÃO (CONVALIDAÇÃO) DOS ELEMENTOS DOS ATOS ADMINISTRATIVOS VICIADOS				
COMPETÊNCIA	**FORMA**	**FINALIDADE**	**MOTIVO**	**OBJETO**
Podem convalidar		Não podem convalidar.		
EXCEÇÃO				
1. **Matéria** de competência **exclusiva.**	1. **Exigida em lei** por ser essencial.			
Exemplo: Min. Saúde pratica ato do Min. Fazenda.	**Exemplo**: O edital na concorrência.			
2. **Atribuição** de competência **exclusiva.**	2. Para **garantir direitos** individuais.			
Exemplo: Agente decide recurso Adm. s/ competência.	**Exemplo**: Cada caso concreto. Não há lei.			

DELEGAÇÃO DE COMPETÊNCIA

CONCEITO – DISTRIBUIÇÃO de atribuições, em caráter temporário, a outros órgãos ou agentes, para o seu regularr exercício, sendo revogável a qualquer tempo.

DISTINÇÃO IMPORTANTE – Não se trata de transferência (pois a competência é intransferível), nem significa renúncia (pois a delegação é revogável *ad nutum*).

AS TRÊS REGRAS BÁSICAS NA DELEGAÇÃO		
1. É livre a delegação de competência, VEDADA onde a lei indicar.	2. É possível delegar, mesmo SEM qualquer SUBORDINAÇÃO.	3. Só é possível delegar PARTE das competências existentes.

[2] Pessoa sem qualquer vínculo funcional com a Adm. Ato Inexistente. É crime.

AS TRÊS PROIBIÇÕES DE DELEGAÇÃO		
1. A edição de atos de caráter normativo	2. A decisão em recursos Adm.	3. As matérias de competência exclusiva

OUTRAS REGRAS SECUNDÁRIAS	
1. O **prazo** para a delegação **precisa** especificar a sua **duração**, podendo constar que seja por "prazo indeterminado".	2. Se, no ato de delegação, conter a chamada "Ressalva de exercício de atribuição delegada", a **atribuições** poderão ser exercidas, **concomitantemente, entre delegante e delegado**.
3. O ato de delegação e sua possível revogação devem ser **publicados** em meio oficial.	4. A prática do **ato sob delegação** deve ser feita de **forma expressa**, e a responsabilidade recai sobre o delegado.

AVOCAÇÃO DE COMPETÊNCIA		
CONCEITO – É a retomada das atribuições outrora delegadas, que volta para o órgão ou o agente delegante.		
TRÊS REGRAS BÁSICAS		
1. Permitido somente em **caráter excepcional** e por motivo relevante.	2. Permitido somente para órgãos e agentes **subordinados**.	3. Permitido só se **NÃO se tratar de competência exclusiva** do órgão agente.

MÉRITO ADMINISTRATIVO	
CONCEITO – É o poder conferido pela lei ao agente público para que ele decida sobre a **oportunidade** e a **conveniência** de praticar os atos discricionários da Administração.	
OPORTUNIDADE – Significa o melhor momento para satisfazer o interesse público.	**CONVENIÊNCIA** – Significa a própria satisfação do interesse público.
DUAS OBSERVAÇÕES IMPORTANTES	
Obs.: 1 – O mérito administrativo **só incide sobre o motivo e** sobre o **objeto** do ato administrativo, não incidindo sobre os outros 3 elementos do ato administrativo.	**Obs.: 2** – O Judiciário não julga mérito administrativo, MAS julga A LEGALIDADE dos atos discricionários relativos à sua razoabilidade e à sua proporcionalidade.

MOTIVAÇÃO DOS ATOS ADMINISTRATIVOS	
CONCEITO –Declaração escrita dos motivos que ensejaram a prática do ato administrativo.	
CARACTERÍSTICAS	
1. Previsão legal (art. 50 da Lei 9.784/1999).	2. Necessário em TODO ato vinculado.
TEORIA DOS MOTIVOS DETERMINANTES – Informa que, em um ato discricionário, em que a motivação não é obrigatória, se o agente decidir por motivar tal ato, ele ficará vinculado a essa motivação, ou seja, **motivou, vinculou**!	

ESPÉCIES DE ATOS ADMINISTRATIVOS

ATOS NORMATIVOS	ATOS ORDINATÓRIOS
São atos de caráter GERAL e ABSTRATO, sem destinatários específicos, que visam a detalhar e pormenorizar as leis que regulamentam. Decorrem do **Poder Normativo** e sujeitam-se à lei.	São atos de caráter INTERNO, que disciplinam o funcionamento da Adm. e a conduta funcional de seus agentes. Decorrem do **Poder Hierárquico** e sujeitam-se à disciplina dos atos normativos.
São os decretos, as resoluções, os regimentos, as instruções normativas, entre outros.	São as portarias, os despachos, as ordens de serviço, a circulares, os ofícios, os avisos, entre outros.

<table>
<tr><th colspan="2">ATOS ENUNCIATIVOS</th><th>ATOS PUNITIVOS</th></tr>
<tr><td colspan="2">São atos em que a Adm. emite um JUÍZO DE VALOR (opinião, sugestão ou recomendação) ou uma DECLARAÇÃO sobre certa situação fática ou jurídica. Decorre do Poder Vinculado ou Discricionário.</td><td>São atos sancionatórios que a Adm. aplica tanto aos seus agentes e delegatários quanto aos particulares, não se confundindo com o jus puniendi do Estado. Decorre do Poder Hierárquico, além do Vinculado ou Discricionário.</td></tr>
<tr><td colspan="2">São os pareceres, as certidões, os atestados, as apostilas, entre outros.</td><td>São as multas, as interdições, as cassações, as demolições, as suspensões, as apreensões etc.</td></tr>
<tr><td>CERTIDÃO - Cópia de <u>informação registrada</u> na Administração.</td><td>ATESTADO - <u>Declaração da</u> Adm. de <u>situação</u> decorrente de atuação de agente.</td><td>Obs.: 1 - A punição a agentes públicos e delegatários decorre do Poder Disciplinar (demissão, cassação etc.).</td></tr>
<tr><td>APOSTILA - Averbação. Aditamento de ato administrativo, que retifica, atualiza.</td><td>PARECER - Peça técnica e opinativa sobre determinado assunto requerido pela Adm.</td><td>Obs.: 2 - A punição aos particulares em geral, sem vínculo jurídico com a Adm., decorre do Poder de Polícia (multas, suspensões, interdições, demolições etc.)</td></tr>
</table>

<table>
<tr><th colspan="3">ATOS NEGOCIAIS</th></tr>
<tr><td colspan="3">Atos de caráter INDIVIDUAL e ESPECÍFICO, de interesse recíproco da Adm. e do particular, em que ele busca, da Adm., a sua prévia anuência para realizar uma atividade ou exercer um direito. São negócios administrativos.</td></tr>
<tr><td colspan="3">São as licenças, as autorizações e as permissões, entre outros.</td></tr>
<tr><td>LICENÇA - Ato <u>vinculado e definitivo</u>, no qual a Adm. não pode negar se o particular atender aos requisitos exigidos. Direito subjetivo do particular.</td><td>AUTORIZAÇÃO - Ato <u>discricionário e precário</u>, no qual a lei obriga o particular a buscar a anuência da Adm. para exercer sua atividade, podendo ou não ser deferida.</td><td>PERMISSÃO - Ato <u>discricionário e precário</u> em que a Adm. faculta ao particular a execução de um serviço de interesse coletivo ou o uso especial de um bem público.</td></tr>
</table>

Exemplos: O exercício de uma profissão, a construção em um terreno próprio, a direção de veículo automotor etc.	**Exemplos:** O porte de arma, a interdição de rua para uma feira-livre, a circulação de táxis, o funcionamento de escolas etc.	**Exemplos:** O transporte coletivo, o uso de terreno para construção de supermercados, o uso de ônibus da Adm. para transportar crianças etc.

CLASSIFICAÇÃO DOS ATOS ADMINISTRATIVOS

ATO VINCULADO OU DISCRICIONÁRIO	ATO GERAL OU INDIVIDUAL	ATO EXTERNO OU INTERNO
Vinculado – Praticado com pouca margem decisória, em que a lei determina o comportamento possível a ser obrigatoriamente adotado. **Exemplo:** Multa a comerciante sem alvará de funcionamento.	**Gerais** – Destina-se a todos. Genérico, abstrato e discricionários no conteúdo. Prevalece sobre Ato Individual. Revogável *ad nutum*. **Exemplos:** Decretos, resoluções, instruções normativas etc.	**Externo** – Alcança os particulares em geral, condicionando ou restringindo direitos e obrigações, ou declarando situações jurídicas diversas. **Exemplos:** Atos normativos, edital de licitação etc.
Discricionário – Praticado com margem decisória, segundo o privativo Mérito Administrativo, observado o interesse público. **Exemplo:** Autorização para feira-livre.	**Individuais** – Destinatários certos, podendo ser Singular (único destino) ou Plúrimo (vários destinatários). **Exemplos:** Nomeação, desapropriação, permissão, licença etc.	**Interno** – Alcança apenas seus órgãos e agentes, com efeitos apenas no âmbito da Administração. **Exemplos:** Portaria para remoção de servidor, para fazer curso etc.

ATO SIMPLES, COMPLEXO OU COMPOSTO		
Ato Simples – Decorre de UMA ÚNICA manifestação de vontade de UM ÚNICO ÓRGÃO. **É um só Ato.** **Exemplos:** Exoneração de servidor, decisão em processo Adm. etc.	**Ato Complexo** – Decorre de DUAS ou mais manifestações de vontade de DOIS ou mais órgãos ou autoridades. **É um só ato.** **Exemplo:** Portaria conjunta. Convênios. Aposentadoria.	**Ato Composto** – Decorre da manifestação de vontade de UM ÚNICO ÓRGÃO, mas depende de outro ato, meramente instrumental, que o aprove. **São DOIS ATOS**: um principal e outro acessório. **Exemplos:** Nomeação do PGR, de alguns ministros, e de diretores do BC.

ATO CONSTITUTIVO, EXTINTIVO, MODIFICATIVO OU DECLARATÓRIO			
Constitutivo – É aquele que CRIA uma nova situação jurídica ao particular. **Exemplos:** Nomeação de servidor, aplicação de multa etc.	**Extintivo** – É aquele que ENCERRA uma situação jurídica já existente. **Exemplos:** Demissão de servidor, anulação de multa etc.	**Modificativo** – É aquele que ALTERA uma situação jurídica já existente. **Exemplos:** Mudança de local de trabalho, do horário da repartição etc.	**Declaratório** – É aquele que AFIRMA a existência de uma situação jurídica em curso, reconhecendo-o. **Exemplos:** Certidão negativa de débitos, declaração de tempo de serviço etc.

ATO VÁLIDO, NULO, ANULÁVEL E INEXISTENTE			
Válido – Em conformidade com o Direito, sem vícios ou defeitos, respeitando os requisitos formais e materiais.	**Nulo** – Apresenta, defeitos ou vícios <u>insanáveis</u>, ilegais. Efeitos retroativos (*ex tunc*). Não prejudicam os terceiros de boa-fé. **Exemplos:** Atos com motivo inexistente, com objeto ilícito ou com forma proibida.	**Anulável** – Apresenta defeitos ou vícios <u>sanáveis</u>, corrigíveis, convalidáveis. **Exemplo:** Atos com vício de competência, com motivação ausente.	**Inexistente** – Praticado pelo usurpador de função, que se passa por agente público. Não protegem os terceiros de boa-fé. **Exemplo:** Favor de médico privado a médico público em seu horário de trabalho.

ATO PERFEITO, EFICAZ, PENDENTE E CONSUMADO			
Perfeito – É aquele que já concluiu o seu ciclo de formação. A sua elaboração foi regular.	**Ato Eficaz** – É ato perfeito e que já se encontra disponível para produzir efeitos, não sujeito a qualquer evento futuro. É **ato exequível**.	**Ato Pendente** – É ato perfeito, mas que <u>ainda não</u> se encontra <u>disponível</u> para produzir efeitos, pois está sujeito a um evento futuro qualquer.	**Ato Consumado** – É aquele que já produziu todos os efeitos que estava apto a produzir. É **ato exaurido**.
EXEMPLOS			
Edital de licitação pronto para a sua execução.	Licitação executada e pronta para homologação.	Licitação homologada, mas ainda não publicada.	Licitação homologada e publicada.

OBSERVAÇÕES			
O ato **imperfeito** é, portanto, aquele que AINDA não concluiu seu ciclo de formação.	O ato **ineficaz** é, portanto, aquele que não tenha condições efetivas de produzir efeitos. Assim são os atos imperfeitos, pendentes e consumados.	Não confundir com ato imperfeito!	É, também, chamado de ato **exaurido**.

ANÁLISE DAS CONFIGURAÇÕES

Um ato administrativo pode ser:	
Perfeito, válido e eficaz?	**Sim.** O ciclo de formação foi concluído, está conforme a lei e disponível para produzir os efeitos possíveis.
Perfeito, inválido e eficaz?	**Sim.** O ciclo de formação foi concluído e, apesar de estar fora da lei, ainda assim produz efeitos jurídicos.
Perfeito, válido e ineficaz?	**Sim.** O ciclo de formação foi concluído, e ainda que sem defeitos, está **pendente** de alguma autorização Administrativa.
Perfeito, inválido e ineficaz?	**Sim.** O ciclo de formação foi concluído, mas por conter vícios, os seus efeitos encontram-se suspensos.
Obs.: Assim, somente se o ato for IMPERFEITO é que as outras condições desta classificação não subsistirão.	

DISTINÇÕES IMPORTANTES		
ATO PERFEITO / IMPERFEITO	**ATO VÁLIDO / INVÁLIDO**	**ATO EFICAZ / INEFICAZ**
FORMAÇÃO do ato: completo ou incompleto?	VÍCIOS do ato após sua formação: com ou sem defeitos?	EFEITOS jurídicos produzíveis: está vivo ou morto?
Obs.: Para alguns doutrinadores, o Ato Eficaz pode se desdobrar em **Exequível** (sem qualquer pendência) ou **Inexequível** (com alguma pendência a resolver)		

CLASSIFICAÇÕES MENOS USUAIS

ATO DE IMPÉRIO, DE GESTÃO OU DE EXPEDIENTE		
De Império - Atos de autoridade, com supremacia, sem prévia anuência do particular, de forma coercitiva e impositiva.	**De Gestão** - Praticados sem supremacia, na qualidade de gestora dos bens e das atividades públicas.	**De Expediente** - Atos internos da repartição, de caráter rotineiro e cotidiano, sem conteúdo decisório.
Exemplos: Desapropriação, interdição, apreensão etc.	**Exemplos:** Aquisição e manutenção de bens, pagamentos diversos etc.	**Exemplos:** Atendimento ao público, almoxarifado etc.
Observação - Atualmente, sem utilidade prática alguma, com valor meramente histórico. Teve importância quando vigorava, no Brasil, a sua dupla personalidade estatal, em que os atos de império não tinham responsabilidade civil, mas somente os atos de gestão.		

ATO-REGRA, ATO SUBJETIVO E ATO-CONDIÇÃO		
Ato-regra - Criam situações gerais, abstratas e impessoais, modificáveis *ad nutum*, sem gerar direito adquirido.	**Ato subjetivo** - Criam situações particulares, concretas e pessoais, modificáveis por uma das partes, gerando direito adquirido.	**Ato-condição** - Praticado sob situações originárias de atos-regra.
Exemplo: O regulamento	**Exemplo:** O contrato	**Exemplo:** O termo de posse
Observação - Classificação não aceita e não adotada pela doutrina majoritária, pois não se trata de categoria exclusiva de atos administrativos, uma vez que são tidos também por atos jurídicos em geral.		

INVALIDAÇÃO DOS ATOS ADMINISTRATIVOS
É o seu desfazimento volitivo, em que a Administração os retira do mundo jurídico por alguma razão.

ANULAÇÃO	REVOGAÇÃO
Quando o ato apresentar vícios, defeitos de legalidade.	Quando o ato não interessar mais à Administração.
Opera efeitos retroativos (*ex tunc*).	Opera efeitos prospectivos (*ex nunc*).
Efetuada pela Adm (de ofício ou provocado) ou pelo JUD (provocado).	Efetuada somente pela Adm. (de ofício ou provocado).
Pode incidir sobre atos vinculados ou discricionários.	Só incide sobre os atos discricionários.
Pode ser **ato vinculado** (se o vício for insanável) **ou** ato **discricionário** (se o vício for sanável).	É um ato discricionário.

<table>
<tr><td>Protege os direitos adquiridos e os terceiros de boa-fé.</td><td>Protege os direitos adquiridos e terceiros de boa fé.</td></tr>
<tr><td>Prazo de 5 anos para anular ato administrativo se os efeitos forem favoráveis aos administrados.</td><td>Não há prazo para revogar atos administrativos, pois trata-se de mérito administrativo.</td></tr>
<tr><td colspan="2">Observação: Não confundir com SUSPENSÃO de ato. Nela, a Adm. apenas SUSTA, CESSA seus efeitos em certas circunstâncias e por certo tempo. O ato é mantido, e não retirado. Cabe à Adm. e, só via MS, ao Poder JUD.</td></tr>
</table>

<table>
<tr><th>ATOS NÃO ALCANÇADOS PELA ANULAÇÃO</th><th colspan="2">ATOS NÃO ALCANÇADOS PELA REVOGAÇÃO</th></tr>
<tr><td>Os atos praticados há longo tempo e que já produziram efeitos aos terceiros de boa-fé (segurança jurídica).</td><td>Os atos vinculados</td><td>Os atos consumados</td></tr>
<tr><td>Os atos defeituosos na sua tramitação interna (não obrigação do particular fiscalizar o poder público).</td><td>Os atos preclusos</td><td>Os atos declaratórios</td></tr>
<tr><td rowspan="2">Obs.: <u>A cassação</u> é uma forma de anulação, presente no ato negocial, o qual é concedido legalmente pela Adm., mas descumprido em sua execução pelo particular. Só a Adm tem o dever de cassá-los.</td><td colspan="2">Os atos que já geraram direitos adquiridos</td></tr>
<tr><td colspan="2">Obs.: A tendência moderna é tratar a irrevogabilidade do ato como regra, a fim de imprimir mais estabilidade e segurança jurídica ao administrado.</td></tr>
</table>

<table>
<tr><th colspan="5">CONVALIDAÇÃO DOS ATOS ADMINISTRATIVOS</th></tr>
<tr><td colspan="5">É a possibilidade de a Administração corrigir um ato que contenha algum vício sanável, desde a origem.</td></tr>
<tr><th colspan="5">REQUISITOS</th></tr>
<tr><td colspan="2">Não causar lesão ao interesse público.</td><td colspan="3">Não causar prejuízo a terceiros.</td></tr>
<tr><th colspan="5">PRINCIPAIS CARACTERÍSTICAS</th></tr>
<tr><td>É ato discricionário. (Di Pietro entende que é ato vinculado)</td><td>É mérito administrativo.</td><td>Opera efeitos retroativos (ex tunc).</td><td>Pode incidir sobre atos vinculados ou discricionários.</td><td>Efetuada só pela Adm. (de ofício ou provocado)</td></tr>
<tr><td colspan="5">Obs.: CONVALIDAÇÃO POR DECURSO DE PRAZO ou CONVALIDAÇÃO POR OMISSÃO – É quando a Administração perde o direito de anular os seus atos ilegais, que favoreçam apenas os administrados.</td></tr>
</table>

EXERCÍCIOS – ATOS ADMINISTRATIVOS

1. **(CESPE – Analista Técnico Administrativo MIN 2013)** A pavimentação de uma rua pela Administração Pública municipal representa um fato administrativo, atividade decorrente do exercício da função administrativa, que pode se originar de um ato administrativo.

2. **(CESPE – Analista Técnico Administrativo MIN 2013)** Suponha que determinada Secretaria de Estado edite ato administrativo cujo conteúdo seja manifestamente discriminatório. Nessa situação, podem os administrados recusar-se a cumpri-lo, independentemente de decisão judicial, dado que de ato ilegal não se originam direitos nem se criam obrigações.

3. **(CESPE – Analista Técnico Administrativo MIN 2013)** Todos os atos da administração pública que produzem efeitos jurídicos são considerados atos administrativos, ainda que sejam regidos pelo direito privado.

4. **(CESPE – Analista Técnico Administrativo ANS 2013)** Considere que a diretoria colegiada da ANS tenha indeferido, por intempestividade, recurso apresentado contra determinado ato administrativo e que tenha determinado, *ex officio*, a anulação do ato impugnado, em razão de reconhecer a sua ilegalidade. Nessa situação, a diretoria colegiada da ANS violou o princípio da presunção de legitimidade dos atos administrativos.

5. **(CESPE – Analista Judiciário CNJ 2013)** Todos os atos administrativos são imperativos e decorrem do que se denomina poder extroverso, que permite ao poder público editar provimentos que vão além da esfera jurídica do sujeito emitente, interferindo na esfera jurídica de outras pessoas, constituindo-as unilateralmente em obrigações.

6. **(CESPE – Analista Administrativo CNJ 2013)** A licença concedida ao administrado para o exercício de Direito poderá ser revogada pela Administração Pública por critério de conveniência e oportunidade.

7. **(CESPE – Analista Administrativo CNJ 2013)** É possível que o agente administrativo avoque para a sua esfera decisória a prática de ato de competência natural de outro agente de mesma hierarquia, para evitar a ocorrência de decisões eventualmente contraditórias.

8. **(INSTITUTO CIDADES – Técnico de Nível Superior MINC 2013)**
Verifique as proposições abaixo e, em seguida, assinale e marque V para verdadeiro e F para falso.

I. ( ) A Administração deve revogar seus próprios atos, quando eivados de vício de legalidade, e pode anulá-los por motivo de conveniência ou oportunidade, respeitados os direitos adquiridos.

II. ( ) Em decisão na qual se evidencie não acarretarem lesão ao interesse público nem prejuízo a terceiros, os atos que apresentarem defeitos sanáveis poderão ser convalidados pela própria Administração.

III. ( ) A revogação do procedimento licitatório por motivo de ilegalidade não gera obrigação de indenizar, ressalvado o dever de indenizar o contratado pelo que este houver executado até a data em que ela for declarada e por outros prejuízos regularmente comprovados, contanto que não lhe seja imputável, promovendo-se a responsabilidade de quem lhe deu causa.

IV. ( ) O direito da Administração de anular os atos administrativos de que decorram efeitos favoráveis para os destinatários decai em 5 anos, contados da data em que foram praticados, salvo comprovada má-fé.

Marque a alternativa correta:

a) I e II são verdadeiras e III e IV são falsas.
b) II e IV são verdadeiras e I e III são falsas.
c) I e IV são verdadeiras e II e III são falsas.
d) I e III são verdadeiras e II e IV são falsas.
e) Todas são falsas.

9. **(FCC – Consultor Legislativo Assembleia Legislativa-PB 2013)** Sobre o tema da convalidação do ato administrativo, é INCORRETO afirmar.

a) A convalidação se dá pela edição de um segundo ato administrativo, com o fito de corrigir o primeiro praticado com vício.
b) O ato administrativo com vício de finalidade pode, em regra, ser convalidado; assim, é possível corrigir um resultado que estava na intenção do agente que praticou o ato.
c) A convalidação produzirá efeitos *ex tunc*.
d) Não se pode convalidar um ato quando a sua repetição importe na reprodução do vício anterior.
e) A Administração não poderá convalidar seus atos administrativos se estes já tiverem sido impugnados pelo particular, exceto se tratar de irrelevante formalidade, pois neste caso os atos são sempre convalidáveis.

10. **(FCC - Técnico Judiciário TRT-9 2013)** A respeito dos atos administrativos, é correto afirmar que

a) o mérito do ato administrativo corresponde ao juízo de conveniência e oportunidade presente nos atos discricionários.

b) os atos vinculados comportam juízo de conveniência e oportunidade pela Administração, que pode revogá-los a qualquer tempo.

c) os atos discricionários não são passíveis de revogação pela Administração, salvo por vício de legalidade.

d) a discricionariedade corresponde ao juízo de conveniência e oportunidade presente nos atos vinculados.

e) os atos vinculados são passíveis de anulação pela Administração, de acordo com juízo de conveniência e oportunidade.

Gabarito

1. C	3. E	5. E	7. E	9. b
2. E	4. E	6. E	8. b	10. a

CAPÍTULO 11
Bens Públicos

CONCEITO

<table>
<tr><td colspan="2">São públicos os bens do domínio nacional pertencentes às pessoas jurídicas de direito público interno. (CÓDIGO CIVIL, art. 98)</td></tr>
<tr><td>Todos os outros bens são particulares, seja qual for a pessoa a que pertencerem</td><td>Os bens das PJD Privado da Adm. não são bens públicos, mas sujeitos ao regime próprio dos bens públicos quando utilizados na prestação de serviço público.</td></tr>
</table>

CLASSIFICAÇÃO

QUANTO À TITULARIDADE			
FEDERAL	ESTADUAL	DISTRITAL	MUNICIPAL

QUANTO À DESTINAÇÃO		
DE USO COMUM DO POVO	DE USO ESPECIAL	DOMINICAIS
Utilizável por todos, sem anuência da Adm., como rios, mares, estradas, ruas e praças.	Utilizados pela Adm. para seus serviços e serviços públicos, como prédios, escolas, hospitais, veículos e insumos.	Não utilizados. Sem destinação específica, como edifícios desativados e móveis inservíveis. Bens residuais.
Gratuidade relativizada pela Adm., que pode exigir retribuição pelo uso, como estacionamento rotativo.		Podem ser utilizados para fazer renda à Adm., como aluguéis, arrendamentos e vendas.

QUANTO À DISPONIBILIDADE		
INDISPONÍVEIS	PATRIMONIAIS INDISPONÍVEIS	PATRIMONIAIS DISPONÍVEIS
Natureza não patrimonial, insuscetível de alienação.	Valor patrimonial, mas indisponível por ter destinação específica.	Valor patrimonial e disponível para alienação, observadas as exigências da lei.

Em geral, **são os bens de uso comum** do povo, como ruas, estradas, mares, rios etc.	**São os bens afetados**, como os de uso especial: prédios da Adm., veículos oficiais etc.	**São os bens desafetados**, ou seja, liberados por lei para alienações.

CARACTERÍSTICAS

DUAS DICAS GERAIS	
É o chamado Regime Jurídico dos Bens Públicos, estejam eles afetados ou não.	Os bens públicos das estatais seguem PARCIALMENTE este regime quando estiverem prestando serviços públicos – especialmente a impenhorabilidade e a não onerabilidade.

INALIENABILIDADE	
Não é possível transferir a propriedade do bem público a terceiro, ou seja, alienar um bem público.	
São aplicados aos bens de uso comum e os de uso especial, enquanto afetados, na forma da lei.	É uma característica RELATIVA, ou seja, não se estende a todos os bens públicos.
Somente são ABSOLUTAMENTE inalienáveis os bens indisponíveis, ou seja, de natureza não patrimonial, como praias, rios e mares.	Os requisitos para alienação estão na Lei 8.666/1993: demonstração de interesse público, avaliação prévia, licitação e, caso seja bem imóvel, autorização legislativa.

IMPENHORABILIDADE	
Não é possível fazer esse tipo de constrição judicial (penhora) sobre o patrimônio público.	
Aplica-se a todos os bens públicos, independente de sua classificação.	Admite-se o sequestro de bens públicos em caso de preterição no pagamento de precatórios (CF, 100, §2º).

IMPRESCRITIBILIDADE	
Não é possível adquirir a posse ou a propriedade de um bem público pelo tempo de uso sobre ele.	
Os bens públicos não são alcançados pelo instituto da Usucapião, tal como ocorre com o particular, quer seja bem imóvel (urbano ou rural), quer seja bem móvel (CF, 183,§3º e 191 p.u; CC, 102).	A PRESCRIÇÃO, no caso de bens móveis e imóveis, é o tempo decorrido que a pessoa passou, ocupando aquele bem para valer-se do direito de posse ou propriedade sobre ele.
Há usucapião de bem privado, hipótese em que ocorrerá a PRESCRIÇÃO AQUISITIVA do direito de propriedade.	

NÃO ONERABILIDADE	
Não é possível destinar um bem público como garantia em qualquer negócio, como penhor e hipoteca.	
Aplica-se a todos os bens públicos.	O Estado não pode gravar nenhum bem público, sob pena de nulidade absoluta.

AFETAÇÃO E DESAFETAÇÃO

São institutos que indicam a DESTINAÇÃO, pública ou não, dos bens do Estado, para fins de alienação.

Código Civil, art. 100: "Os bens públicos de uso comum do povo e os de uso especial são inalienáveis ENQUANTO conservarem sua qualificação, na forma que a lei determinar."

BEM PÚBLICO AFETADO	BEM PÚBLICO DESAFETADO
É inalienável.	É alienável.
É todo aquele que está sendo destinado a certo fim público e, portanto, VEDADO a qualquer alienação.	É todo aquele que NÃO está servindo a qualquer finalidade pública específica e, portanto, LIBERADO para eventual alienação pela Adm.
São todos os bens de USO COMUM e os de USO ESPECIAL, enquanto destinados ao fim público.	São todos os bens DOMINICAIS e, quando desafetados, os de USO COMUM e de USO ESPECIAL.
É patrimônio INDISPONÍVEL.	É patrimônio DISPONÍVEL.

DUAS DICAS GERAIS	
A desafetação de bens públicos INALIENÁVEIS depende de lei.	A situação dos bens públicos e sua destinação, originária ou não, é sempre dinâmica e nunca estática, podendo ser afetados ou desafetados a qualquer tempo para atender aos interesses da Adm.

CASOS POSSÍVEIS		
Uma PRAÇA	**Uma ESCOLA**	**Um PRÉDIO PÚBLICO desocupado**
Bem de Uso Comum	Bem de uso Especial	Bem Dominical
é desativada (desafetada) para que a Adm. libere uma Permissão de Uso para a construção de um shopping.	é transferida para outro lugar (desafetada) e a Adm. aluga o espaço para o funcionamento de uma feira de artesanato.	é reativado (afetado) para que ali funcione uma determinada repartição pública.
Alienação Não Onerosa	Alienação Onerosa	Não houve alienação

ESPÉCIES

TERRAS DEVOLUTAS	
São as que pertencem ao domínio público da União ou aos estados-membros e que não são utilizadas nem destinadas a qualquer fim pela Adm.	
Pertencem à União as terras indispensáveis à defesa fronteiriça, das edificações militares, das vias federais de comunicação, e à preservação ambiental. As demais pertencem aos estados-membros (CF, 20, II; 26, IV).	São BENS DOMINICAIS DESAFETADOS, pois não possuem destinação específica.

TERRENOS DE MARINHA	TERRENOS ACRESCIDOS	TERRENOS RESERVADOS
São os que se estendem até 33 metros para dentro da área terrestre banhada pelo mar ou por rios navegáveis. São BENS DOMINICAIS e pertencem SOMENTE à União (CF, 20, VII).	São os que se agregam aos terrenos de marinha, formados natural ou artificialmente, para dentro do mar, rios ou lagos, e pertencem à União (CF, 20, VII).	São faixas de terras particulares marginais aos rios, lagos e canais públicos, com largura de 15 metros, onerados com servidão Administrativa do Poder Público.

TERRAS OCUPADAS PELOS ÍNDIOS	
São aquelas ocupadas, em caráter permanente, para a sua reprodução física e cultural (CF, 231).	
São bens pertencentes à União e, por terem destinação específica, são de USO ESPECIAL.	São terras inalienáveis, indisponíveis e imprescritíveis (CF, 231, §4º.)

PLATAFORMA CONTINENTAL	
É a extensão da área continental do País, sob o mar, até a profundidade de cerca de 200 metros.	
São bens pertencentes à União, também, todos os recursos naturais lá existentes.	Esse tipo de domínio é vital para proteger os recursos naturais dessa faixa.

ILHAS		
São as elevações de terras acima das águas e cercadas por ela em toda a sua extensão.		
Podem ser marítimas, fluviais ou lacustres, conforme sua localização (mar, rio ou lago).	As ilhas marítimas pertencem à União e as fluviais e lacustres aos estados-membros.	São bens DOMINICAIS, mas que podem ser de Uso Comum se tiverem essa destinação final.

FAIXA DE FRONTEIRA
É uma área de até 150km de largura, que corre paralelamente à linha terrestre que divide o País.

ÁGUAS PÚBLICAS	
São aquelas de que se compõem os mares, os rios e os lagos do domínio público.	
Podem se de Uso Comum ou Dominical	Pertencem aos estados-membros, exceto se banharem outro país ou fizerem divisa com outro estado-membro.

USO PRIVATIVO DE BEM PÚBLICO POR PARTICULARES

REGRAS IMPORTANTES	
Também chamado de OUTORGA de bem público a particular.	Aplica-se a qualquer categoria de bem público (Uso Comum, Especial ou Dominical).
Exige instrumento formal e condiciona-se ao juízo de oportunidade e conveniência da Adm.	Pode ser oneroso ao particular ou gratuito.

INSTRUMENTOS PARA A OUTORGA			
Autorização	Permissão	Concessão	
		De Direito Pessoal	De Direito Real

AUTORIZAÇÃO	PERMISSÃO	CONCESSÃO (pessoal)
Ato Administrativo	Ato Administrativo	Contrato Administrativo
Não há licitação.	Licitação prévia.	Licitação prévia.
Uso facultativo do bem pelo particular.	Utilização obrigatória do bem pelo particular, conforme a finalidade permitida.	Utilização obrigatória do bem pelo particular, conforme a finalidade concedida.
Interesse predominante do particular.	Equiponderância entre o interesse público e o do particular.	Interesse equivalente ou preponderante entre o interesse público e o particular.
Ato precário.	Ato precário.	Não há precariedade.
Sem prazo (regra geral).	Sem prazo (regra geral).	Prazo determinado.
Remunerada ou não.	Remunerada ou não.	Remunerada ou não.

Revogação a qualquer tempo e sem indenização, salvo se outorgada a prazo certo ou condicionada.	Revogação a qualquer tempo e sem indenização, salvo se outorgada a prazo certo ou condicionada.	Rescisão nas hipóteses previstas em lei, cabendo indenização se a culpa não for do particular.
Exemplo: Fechamento de uma rua para a festa junina do bairro.	**Exemplo:** Instalação de uma banca de jornal na calçada.	**Exemplo:** Explorar uma mina de água ou um estacionamento.

CONCESSÃO DE DIREITO REAL DE USO		
CARACTERÍSTICAS		
Contrato Administrativo	Prazo certo ou indeterminado	Oneroso ou gratuito
Licitação prévia por concorrência.	Admite hipóteses de dispensa de licitação.	Exige anuência prévia do Ministério da Defesa e da Presidência da República.
PREVISÃO		
Essa modalidade de uso privativo de bem público está previsto no Dec.-Lei 271/1967 e na Lei 11.481/2007.		
UTILIZAÇÃO		
Para fins específicos de regularização fundiária de interesse social.	Para urbanização, industrialização e edificação.	
Para cultivo da terra e aproveitamento sustentável das várzeas.	Outras áreas de interesse social em áreas urbanas.	

EXERCÍCIOS – BENS PÚBLICOS

1. **(CESPE – Analista Judiciário CNJ 2013)** A ocupação de bem público, ainda que dominical, não passa de mera detenção, caso em que se afigura inadmissível o pleito de proteção possessória contra o órgão público.

2. **(CESPE – Técnico Administrativo ANS 2013)** Os bens de uma autarquia não podem ser penhorados como garantia dos credores nem podem ser adquiridos por terceiros por meio de usucapião.

3. **(CESPE – Analista Judiciário TJDFT 2013)** Consideram-se bens públicos dominicais os que constituem o patrimônio das pessoas jurídicas de direito público, como objeto de direito pessoal ou real de cada uma delas, os quais se submetem a um regime de direito privado, pois a Administração Pública age, em relação a eles, como um proprietário privado.

4. **(CESPE - Delegado PC-AL 2012)** Os bens públicos, seja qual for a sua destinação, são insuscetíveis de aquisição por meio de usucapião.

5. **(CESPE - Delegado PC-AL 2012)** Os terrenos de marinha são exemplos de bens dominicais.

6. **(ESAF - Analista Técnico Administrativo MIN 2012)** Uma das características dos bens públicos é a sua imprescritibilidade, o que significa dizer que tais bens **não** podem
   a) ser alienados.
   b) ser usucapidos.
   c) ser penhorados.
   d) ter destinação para uso particular.
   e) ser objeto de ações por cobranças de dívidas.

7. **(FCC - Juiz do Trabalho TRT-1 2012)** Considerando o regime jurídico ao qual se submetem os bens públicos, os bens imóveis sem destinação de propriedade de sociedade de economia mista controlada pela União são
   a) impenhoráveis e inalienáveis.
   b) inalienáveis, porém passíveis de penhora.
   c) imprescritíveis e impenhoráveis, porém alienáveis, observadas as exigências legais.
   d) inalienáveis e impenhoráveis, salvo em função de dívidas trabalhistas.
   e) alienáveis e passíveis de penhora, observadas as exigências legais.

8. **(FUNCAB - Analista processual MPE-RO 2012)**
   Quanto aos bens Públicos, pode-se afirmar.
   a) As estradas são classificadas como bens públicos dominicais.
   b) São as escolas públicas bens públicos de uso comum.
   c) São inalienáveis, mas podem ser penhorados.
   d) Não podem ser objeto de prescrição aquisitiva.
   e) Os bens dominicais encontram-se afetados ao interesse público.

9. **(FCC - Juiz do Trabalho TRT-2 2012)** Observe as assertivas e ao final responda.
   I. Os bens dominicais, sob o aspecto jurídico, são de domínio privado do Estado.
   II. A inalienabilidade dos bens públicos é absoluta.
   III. Os terrenos destinados a serviço ou estabelecimento da administração municipal, inclusive os de suas autarquias, são considerados bens públicos de uso comum.

IV. Os bens públicos de uso comum não estão sujeitos à usucapião, enquanto que os dominicais sim.

V. Os imóveis da União podem ser cedidos a pessoas físicas, em se tratando de aproveitamento econômico de interesse nacional, desde que referida cessão seja autorizada pelo Ministro de Estado da Fazenda, por delegação do Presidente da República.

Estão **corretas** apenas as assertivas:

a) I e V;
b) II e III;
c) I e IV;
d) III e V;
e) II e V.

10. (ESAF – Técnico Adm. – DNIT 2013) Correlacione os bens constantes da Coluna I às nomenclaturas da Coluna II. Ao final, assinale a sequência correta para a Coluna I.

Coluna I	**Coluna II**
( ) Ruas e praças	1. Bens dominicais
( ) Escolas e hospitais públicos	2. Bens públicos de uso comum do povo
( ) Terrenos de marinha	3. Bens de uso especial
( ) Terras devolutas	
( ) Veículos oficiais	

a) 2 / 3 / 2 / 2 / 1
b) 2 / 3 / 2 / 2 / 3
c) 2 / 2 / 1 / 1 / 3
d) 3 / 2 / 1 / 1 / 2
e) 2 / 3 / 1 / 1 / 3

Gabarito

1. C	3. C	5. C	7. e	9. a
2. C	4. C	6. b	8. d	10. e

CAPÍTULO 12
Serviços Públicos

CONSIDERAÇÕES GERAIS

1. Não há conceito jurídico nem consenso doutrinário acerca do que seja, efetivamente, um serviço público.	2. A expressão "serviços públicos" é citada na CF/1988 em seu art.175, inserida NÃO no título acerca da organização do Estado, mas SIM no título acerca da ordem econômica e financeira.	3. Não existe uma lista taxativa de atividades que devam se exercidas a título de serviço público.

CONCEITOS

"Serviço público é toda atividade de oferecimento de **utilidade ou comodidade material fruível diretamente pelos administrados**, prestado diretamente pelo Estado ou por quem lhes faça as vezes, sob um regime de direito público - portanto carregado de prerrogativas de supremacia e de restrições especiais - instituído pelo Estado em favor dos interesses que houver definido como próprios no sistema normativo."(Celso Antônio Bandeira de Melo)	"Serviço público é **atividade administrativa concreta** traduzida em prestações que diretamente representem, em si mesmos, utilidades e comodidades materiais para a população em geral, executado sob regime jurídico de direito público pela Administração Pública ou, se for o caso, por particulares delegatários." (Marcelo Alexandrino e Vicente Paulo)

DISTINÇÃO IMPORTANTE

Não confundir os serviços públicos prestados pelas <u>empresas delegatárias</u> (concessionárias e permissionárias) com os serviços PRIVADOS de educação, saúde e assistência prestados por <u>empresas autorizadas</u> (sob o controle e fiscalização do Estado).

CLASSIFICAÇÃO DE SERVIÇOS PÚBLICOS

NOTA IMPORTANTE: Seguindo a tendência conceitual, há muita **discrepância doutrinária quanto às classificações** de serviços públicos, sendo que a classificação atualmente existente mais confunde do que auxilia na tarefa de tentar sistematizar a matéria e torná-la agradável, compreensível e de utilidade prática.

1. SERVIÇOS PÚBLICOS GERAIS E INDIVIDUAIS	
GERAIS – *Ut universi*. Indivisíveis. Prestados à coletividade, indistintamente. Os usuários são indeterminados e indetermináveis. Não é possível individualizar quem se beneficiou e, consequentemente, nem é possível taxá-los.	**INDIVIDUAIS** – *Ut singuli*. Divisíveis ou singulares. Prestados a beneficiários determinados. Os usuários são determináveis e a Adm. pode mensurar sua utilização separadamente e, consequentemente, taxá-los (se compulsórios) ou tarifá-los (se facultativos).
EXEMPLOS	
Iluminação pública, varreção de ruas, limpeza de praças, sinalização de trânsito e policiamento urbano.	Energia elétrica, água e gás encanado, telefonia, serviço postal, esgoto e coleta de lixo.
CARÁTER PRÁTICO! →	Por essa classificação, o Estado pode instituir taxas relativas à utilização, efetiva ou potencial, de serviços públicos específicos e divisíveis, prestados à população, conforme preceitua o art. 145, II, da CF/1988. Existe, aqui, **uma grande utilidade prática**.

2. SERVIÇOS PÚBLICOS DELEGÁVEIS E INDELEGÁVEIS	
DELEGÁVEIS – Prestados tanto pelo Estado, direta ou indiretamente (Adm. Direta e Indireta) quanto pelo particular, por meio de contrato (de concessão ou permissão) ou por ato (autorização).	**INDELEGÁVEIS** – Não podem ser prestados pelo particular, por se tratar de atividades exclusivas de Estado, exigindo, assim, o chamado 'Poder de Império'.
EXEMPLOS	
Energia elétrica, água e gás encanado, telefonia e transporte de passageiros.	Fiscalização (poder de polícia), moeda, segurança nacional e defesas fronteiriças.
CRÍTICA! →	**Classificação muito ampla** de serviço público, abrangendo poder de polícia, que não é, efetivamente, uma utilidade ou comodidade fruível pela população.

3. SERVIÇOS PÚBLICOS ADMINISTRATIVOS, SOCIAIS E ECONÔMICOS		
ADMINISTRATIVOS – São as atividades internas, **atividades-meio** da Adm. que, embora não representem uma prestação direta à população, é **preparatória** para uma fruição direta de serviços públicos à coletividade.	**SOCIAIS** – São aqueles previstos no art. 6º da CF/1988, que trata dos **direitos** sociais.	**ECONÔMICOS** – São aqueles previstos no art. 175 da CF/1988 a serem explorados pela **iniciativa privada,** por meio de concessões e permissões, ou seja, de forma INDIRETA, sob regime de direito privado.

EXEMPLOS		
Preparação de um contrato de concessão, análise técnica de uma autorização de feira-livre e transporte de fiscais para a operação de rotina em açougues.	Educação, alimentação, trabalho, moradia, lazer, segurança, saúde, previdência e assistência social.	Energia elétrica, água e gás encanado, telefonia, transporte coletivo e coleta de lixo.
CRÍTICA! →	Nos serviços públicos ECONÔMICOS, por ser prestado em regime de direito privado, **o ESTADO também deveria figurar nessa classificação**, pois ele também explora atividades econômicas, previstas na CF (173).	

4. SERVIÇOS PÚBLICOS PRÓPRIOS E IMPRÓPRIOS	
PRÓPRIOS – Prestados sob **regime de direito público**, seja diretamente pelo Estado (de forma centralizada ou descentralizada), ou indiretamente, significando aquele prestado pelo particular, por delegação do Estado.	**IMPRÓPRIOS** – Prestados sob **regime de direito privado**, sem delegação, mas sujeitos à fiscalização e controle estatais, em virtude do caráter privado, de **livre iniciativa** empresarial.
EXEMPLOS	
Energia elétrica, água encanada, telefonia e transporte coletivo.	Planos de saúde, hospitais e escolas particulares.
CRÍTICA! →	**Classificação inadequada**, pois os serviços impróprios não são serviços públicos, mas aquilo que a doutrina chama de serviços de utilidade pública.
CRÍTICA! →	Essa classificação **varia de autor para autor**. HLM, por exemplo, descreve-os com as mesmas conceituações do que é conhecido como serviços públicos delegáveis e indelegáveis.

REGULAMENTAÇÃO DOS SERVIÇOS PÚBLICOS	
É a normatização dos serviços públicos, a organização das diversas atividades do Estado, também chamada de REGULAÇÃO, que se dá por meio de leis, decretos, portarias, instruções normativas etc.	
COMPETÊNCIA	
A competência é, SEMPRE, do ENTE FEDERADO a que a CF/1988 atribuiu a titularidade daquele serviço.	É atividade **indelegável** do Estado.
EXEMPLO: Transporte coletivo de passageiros	Municipal – Municípios Estadual – Estados Interestadual e Internacional – União

Obs.: Assim, pelo princípio da **predominância de interesses** (geral, regional ou local), este acontece com os demais serviços de COMPETÊNCIA COMUM, tais como saúde, educação, habitação, cultura, meio ambiente e saneamento básico.

COMPETÊNCIAS DOS ENTES FEDERADOS NA CF/1988		
UNIÃO (art. 21)	ESTADOS (art. 25)	MUNICÍPIOS (art. 30)
Serviço postal, correio aéreo, telecomunicações, rádio, TV, energia e aeroportos.	Serviços locais de gás canalizado, e as que NÃO lhes sejam vedadas. Competência residual.	Assuntos de interesse local, transporte coletivo, educação infantil e fundamental, saúde, serviços funerários (STF).
DICA MAIS QUE IMPORTANTE		
A doutrina moderna defende a possibilidade da **regulamentação** ser feita, igualmente, **por** entes da Adm. Indireta, especialmente as autarquias em regime especial. Assim, as chamadas **AGÊNCIAS REGULADORAS** têm recebido, do legislador, um amplo poder normativo, situado no âmbito da denominada **discricionariedade técnica**.		

FORMAS E MEIOS NA PRESTAÇÃO DE SERVIÇOS PÚBLICOS

FORMAS	
PRESTAÇÃO DIRETA	PRESTAÇÃO INDIRETA
Prestado pelo Estado, de forma direta ou indireta, pela Adm. Direta ou Indireta.	**Prestado por particulares**, por delegação do Poder Público (ato ou contrato).

PRESTAÇÃO CENTRALIZADA	PRESTAÇÃO DESCENTRALIZADA	PRESTAÇÃO DESCONCENTRADA
Prestado de forma direta pela **Adm. Direta** (o ente federado).	Prestado por **pessoa diferente** do ente federado, por 2 meios.	Prestado **pelo órgão** que detém a titularidade do serviço, por 2 meios.
	MEIOS	
	1. Descentralizada **por serviços** – prestada pela Adm. Indireta. Por lei.	1. Prestação desconcentrada **centralizada** – prestado por órgão da Adm. Direta (de titularidade do ente federado).
	2. Descentralizada **por colaboração** – prestado por particulares. Por delegação.	2. Prestação desconcentrada **descentralizada** – prestado por órgão da Adm. Indireta.

REQUISITOS			
Pressupostos para a prestação de um serviço público que atenda plenamente a seus usuários.			
REQUISITO BÁSICO →→→		SERVIÇO ADEQUADO	
Um SERVIÇO ADEQUADO é aquele que satisfaz as **8 condições** previstas na Lei nº 8.987/1995:			
1. Regularidade	**2.** Continuidade	**3.** Eficiência	**4.** Segurança
5. Atualidade	**6.** Generalidade	**7.** Cortesia na prestação	**8.** Modicidade das tarifas

TRÊS OBSERVAÇÕES IMPORTANTES		
Obs.: 1 – A **interrupção** do serviço por razões de ordem técnica ou de segurança das instalações, nos casos de casos de emergência ou aviso prévio, **NÃO** CARACTERIZA A DESCONTINUIDADE DO SERVIÇO.	**Obs.: 2** – O **inadimplemento** do usuário **NÃO** CARACTERIZA A DESCONTINUIDADE DO SERVIÇO.	**Obs.: 3** – A condição de **atualidade** compreende a modernidade das técnicas e a conservação dos equipamentos e das instalações, bem com a melhoria e a expansão do serviço. É a cláusula de progresso.

DELEGAÇÃO DE SERVIÇOS PÚBLICOS

AUTORIZAÇÃO	
É um **ato administrativo** negocial, **requerido pelo particular** para a realização de certas atividades, para o exercício de certos direitos ou para a utilização de certo bem público.	
CARACTERÍSTICAS	
Ato discricionário e precário	Pode gerar indenização ao particular se a Adm. revogá-la antes de expirar seu prazo de validade.
DISTINÇÃO IMPORTANTE: Não se confunde com a **LICENÇA**, que é um ato administrativo negocial vinculado e definitivo, não passível de revogação, mas, sim, de cassação por irregularidade (Exemplo: alvará de construção, licença para dirigir etc.). É, também, direito subjetivo do particular, assim como a Autorização.	
Exemplos de Autorização de serviços públicos: táxis, vans de transporte coletivo etc.	

PERMISSÃO	
POR **ATO** ADMINISTRATIVO (doutrina)	POR **CONTRATO** ADMINISTRATIVO (CF-175 e Lei 8.987/1995)

PERMISSÃO POR ATO ADMINISTRATIVO
Destina-se **ao uso de certo bem público**, em que ao particular interessado é consentida alguma conduta de predominante interesse coletivo.

CARACTERÍSTICAS		
Delegação **unilateral**, precária e discricionária.	Pode ser **remunerado** pela Adm., gratuito, **ou** mesmo **oneroso** ao permissionário.	Só gera **indenização** ao particular **se for oneroso** e a Adm. revogá-la sem motivo.
Em geral, são as permissões de **USO DE BEM PÚBLICO**.		
EXEMPLOS		
Construções e investimentos privados em **terrenos públicos** (shoppings, supermercados, garagens etc.)	Uso de bens imóveis, como **espaços públicos** (bancas de jornais, pontos de táxi, quiosques etc.)	Uso de bens móveis, como **equipamentos públicos** (trator, ônibus etc.)

PERMISSÃO POR CONTRATO ADMINISTRATIVO		
É transferência de um serviço público ao particular, pessoa física ou jurídica, por meio de um contrato administrativo personalíssimo, precedido de licitação, para que o explore por sua própria conta e risco.		
CARACTERÍSTICAS		
Contrato de **adesão**.	Delegação **sem prazo** determinado.	**Qualquer** modalidade de **licitação**.
Delegação **contratual**, mas precária.	**Não admite consórcios** de PJ.	Sujeito à **fiscalização** da Administração, com a cooperação dos usuários.
Passível de **revogação contratual**, unilateral pela Administração.	Em geral, são as permissões de **SERVIÇO PÚBLICO**.	

CONCESSÃO		
É a transferência de um serviço público ao particular, pessoa jurídica ou consórcio de PJ, por meio de um contrato administrativo personalíssimo, precedido de licitação, para que o explore por sua própria conta e risco.		
CARACTERÍSTICAS		
Delegação **contratual** e não precária.	Delegação por **prazo determinado**.	Licitação só por **concorrência**.
Passível de **rescisão** contratual	**Não** admite **pessoas físicas**.	Sujeito à **fiscalização** da Administração, com a cooperação dos usuários.
Não passível de **revogação contratual**	Pode ser **precedida de OBRA** pública.	

DESFAZIMENTO DAS DELEGAÇÕES

AUTORIZAÇÕES E PERMISSÕES POR ATO ADMINISTRATIVO
Pode ser INVALIDADA por REVOGAÇÃO (conveniência) ou ANULAÇÃO (ilegalidades).

PERMISSÕES E CONCESSÕES		
Poderá ser EXTINTA em seis casos.		
1. **Reversão** – forma <u>ordinária</u>. Gera indenização.	2. **Encampação** – retomada do serviço público por <u>interesse público</u>. Precisa de lei autorizativa. Gera indenização prévia.	3. **Caducidade** – retomada do serviço público por <u>inexecução contratual</u> da concessionária. Ato discricionário. Gera indenização.
4. **Rescisão** – sempre por decisão judicial, por uma iniciativa da concessionária.	5. **Anulação** – decorrente de vícios, de ilegalidades.	6. **Falência / extinção da concessionária ou falência do titular de empresa individual.**

QUADRO-RESUMO DAS DELEGAÇÕES PÚBLICAS

DELEGAÇÕES POR ATO ADMINISTRATIVO		DELEGAÇÕES POR CONTRATO ADMINISTRATIVO	
AUTORIZAÇÃO	PERMISSÃO	PERMISSÃO	CONCESSÃO
Requerido pelo particular	Interesse público	Interesse público	
Atividades, direitos ou utilização de bem público	Uso de bem público	Prestação de serviço público	
Delegações de origem doutrinária		Delegações de origem constitucional e legal	
Ato administrativo negocial e discricionário		Contrato administrativo legal, vinculado e personalíssimo	
Precário		Precário	Não precário
Com prazo determinado		Silencia...	Com prazo determinado
Pessoas físicas ou jurídicas		Pessoas físicas ou jurídicas	Pessoas jurídicas ou consórcios
Não se aplica à licitação em atos administrativos		Qualquer licitação	Licitação por Concorrência

Controle Administrativo, pela Adm. e pelo particular	Fiscalização da Adm., com a cooperação dos usuários	
Revogação unilateral	Revogação unilateral	Rescisão
Atos administrativos	Contrato de adesão	Silencia (mas é adesão!)
São apenas para atividades, direitos ou uso de bens públicos	Silencia...	Precedida de obra pública
Invalidação: por revogação ou anulação	Extinção: por reversão, encampação, caducidade, rescisão, anulação e falência/extinção da empresa	

EXERCÍCIOS – SERVIÇOS PÚBLICOS

1. **(CESPE - Analista Técnico Administrativo MIN 2013)** O serviço público de iluminação urbana, por ser destinado a um número indeterminado de pessoas, classifica-se como serviço coletivo.

2. **(CESPE - Analista Administrativo CNJ 2013)** É permitido ao Estado delegar a prestação de determinados serviços públicos a particulares, competindo-lhe, todavia, o controle sobre sua execução.

3. **(CESPE - Analista Jurídico MPU 2013)** Por expressa determinação constitucional, devem, obrigatoriamente, ser diretamente prestados pelo Estado os serviços postal, de aproveitamento energético dos cursos de água e de transporte ferroviário e aquaviário entre portos brasileiros e fronteiras nacionais.

4. **(CESPE - Analista Processual TJ-RR 2012)** Na permissão de serviço público, o poder público transfere a outrem, pessoa física ou jurídica, a execução de serviço público, para que o exerça em seu próprio nome e por sua conta e risco, mediante tarifa paga pelo usuário.

5. **(CESPE - Analista Administrativo TRT-10)** Os serviços *uti singuli* são passíveis de ser exigidos judicialmente, gerando direito subjetivo quando o interessado se acha em condições técnicas de recebê-los.

6. **(CESPE - Analista Administrativo CNJ 2013)** Considera-se que há execução indireta de serviços públicos quando o Estado transfere a titularidade e os encargos da prestação a outras pessoas, abdicando de sua execução e controle.

7. **(FUNCAB - Agente de Trânsito DETRAN-PB 2013)** A respeito dos serviços públicos, é correto afirmar que
   a) não abrangem os serviços sociais.
   b) não comportam controle externo.
   c) podem sofrer interrupção, a qualquer tempo, no exclusivo interesse público primário.
   d) são indelegáveis.
   e) há serviços públicos atribuídos constitucionalmente a apenas uma das esferas da federação.

8. **(FGV - Técnico administrativo MPE-MS 2012)** Considerando os institutos da concessão, permissão e autorização de serviços públicos, analise os itens a seguir.
   I - A outorga de Licença é um ato discricionário da Administração Pública que confere ao interessado o consentimento para desempenho de certa atividade.
   II - Autorização é o ato por meio do qual o Poder Público faculta ao particular o exercício de atividade com interesse predominante do Estado.
   III - A concessão de serviço público, após a Constituição Federal de 1988, passou a ser mero ato administrativo, de caráter precário.

   Assinale:
   a) se somente o item I estiver incorreto.
   b) se somente o item II estiver incorreto.
   c) se somente o item III estiver incorreto.
   d) se somente os itens I e III estiverem incorretos.
   e) se todos os itens estiverem incorretos.

9. **(FGV - Delegado PC-MA 2012)** Tendo em vista a disciplina da Lei 8.987/1995 sobre os modos de extinção de concessões de serviços públicos, assinale a afirmativa correta.
   a) A concessão pode ser extinta pela caducidade, que ocorre com o advento do termo final do contrato.
   b) A concessão pode ser extinta pela encampação, que ocorre quando a concessionária não atender a intimação do poder concedente no sentido de regularizar a prestação do serviço, e independe de prévio pagamento de indenização.
   c) Na rescisão, o contrato pode ser extinto por iniciativa do concessionário em caso de descumprimento de normas contratuais pelo poder concedente, mediante notificação administrativa para que sejam sanadas as irregularidades.

d) A encampação consiste na retomada do serviço pelo poder concedente, durante o prazo de concessão, por motivo de interesse público, após prévio pagamento de indenização, independentemente de autorização legislativa.
e) A caducidade da concessão pode ser declarada quando a concessionária não cumprir tempestivamente as penalidades impostas por infrações.

10. (ESAF - Analista Técnico Administrativo MIN 2012) As concessões de serviço público, conforme previstas na Lei 8.987, de 1995, deverão ser precedidas de:
a) licitação, ou sua dispensa em alguma das hipóteses previstas em lei, ou o reconhecimento formal de sua inexigibilidade.
b) licitação ou o reconhecimento formal de sua inexigibilidade (na hipótese de inviabilidade de competição), não se admitindo a dispensa de certame.
c) licitação, em qualquer uma das modalidades existentes na legislação pátria, não se admitindo contratação mediante dispensa do certame ou reconhecimento formal de sua inexigibilidade.
d) licitação, apenas na modalidade concorrência.
e) licitação, apenas nas modalidades concorrência ou pregão.

Gabarito

1. C	3. E	5. C	7. e	9. c
2. C	4. C	6. E	8. e	10. d

CAPÍTULO 13
Controle da Administração Pública

É a faculdade de vigilância, orientação e correção que uma autoridade, órgão ou Poder exerce sobre a conduta funcional de outro.
É o princípio da **SINDICABILIDADE** (Do latim *Sindicare* - indagar, investigar, fazer sindicâncias).

QUADRO-GERAL DOS TIPOS DE CONTROLE	
QUANTO AO MOMENTO	CONTROLE PRÉVIO
	CONTROLE CONCOMITANTE
	CONTROLE POSTERIOR
QUANTO AO ALCANCE	CONTROLE INTERNO
	CONTROLE EXTERNO
QUANTO À FORMA	DE LEGALIDADE
	DE MÉRITO
QUANTO AO ÓRGÃO	CONTROLE ADMINISTRATIVO
	CONTROLE LEGISLATIVO
	CONTROLE JUDICIÁRIO

CONTROLE DA ADM. QUANTO AO MOMENTO

CONTROLE PRÉVIO	CONTROLE CONCOMITANTE	CONTROLE POSTERIOR
(*A priori* ou preventivo) Visa a impedir que certo ato administrativo seja praticado de forma ilegal ou contrário. ao interesse público.	(*Pari passu*) É o acompanhamento, em tempo real das atividades da Adm., no momento de sua execução.	(*A posteriori*) É a revisão de atos já praticados pela Adm., a fim de corrigi-los, desfazê-los ou confirmá-los.

EXEMPLOS		
1. A autorização do Congresso para o Presidente da República ausentar-se do País por mais de 15 dias. **2.** A aprovação do Senado, da escolha pelo Executivo, de certas autoridades, como ministros do TCU, PGR e presidente do BC.	**1.** A execução orçamentária pela auditoria. **2.** A fiscalização de obras e serviços públicos.	**1.** A homologação de um concurso público. **2.** A anulação de um contrato administrativo. **3.** revogação de uma portaria de desapropriação.

CONTROLE DA ADM. QUANTO AO ALCANCE

CONTROLE INTERNO	CONTROLE EXTERNO
É aquele que cada um dos Poderes exerce **sobre seus próprios atos** e agentes. **No Poder Executivo**, é feito pela Controladoria-Geral da União - **CGU**. A CF/1988 prevê que cada Poder deverá ter um sistema de controle interno (art. 71)	É aquele que é exercido **de um Poder sobre o outro**, bem como o controle da Adm. Direta sobre a Adm. Indireta. A CF/1988 prevê que **o controle externo é feito pelo Congresso Nacional,** com o auxílio do Tribunal de Contas (art. 70-74).
EXEMPLOS	
Os controles realizados pelos sistemas de auditoria no acompanhamento da execução orçamentária.	Os controles dos Tribunais de Contas sobre as obras e os serviços realizados pelo Poder Executivo.
Obs.: Existe o **Controle Externo POPULAR**, informando que as contas dos municípios ficam, por 60 dias, à disposição de qualquer contribuinte, para exame, apreciação e eventual questionamento nos termos da lei. (CF, art. 31, §3º).	

CONTROLE DA ADM. QUANTO À FORMA

CONTROLE DE LEGALIDADE		CONTROLE DE MÉRITO	
É o aspecto da atividade administrativa ligado à previsão legal dos atos praticados, e pode ser exercido pelos três Poderes.		É o aspecto da atividade administrativa ligado à conveniência e à oportunidade dos atos praticados, e só pode ser exercido **plenamente pelo Poder Executivo** e, com algumas limitações, ao Poder Legislativo. O JUD não exerce controle de mérito sobre os atos do EXE.	
OUTRAS FORMAS DE CONTROLE			
CONTÁBIL	FINANCEIRO		ORÇAMENTÁRIO
PATRIMONIAL		OPERACIONAL	
DE LEGITIMIDADE		DE ECONOMICIDADE	

> **Obs.:** Essas outras formas estão previstas, expressamente, na CF/1988, art. 70, a ser exercida **pelo Congresso Nacional**, mediante controle externo, **e pelo sistema de controle interno de cada Poder**.

CONTROLE DA ADM. QUANTO AO ÓRGÃO

CONTROLE ADMINISTRATIVO	CONTROLE LEGISLATIVO	CONTROLE JUDICIÁRIO
Controle INTERNO - Autotutela	Controle EXTERNO - Parlamentar.TCU	Controle EXTERNO - Quase sempre posterior.
Visa à legalidade e ao mérito administrativo.	Visa à legalidade + caráter político.	Visa SÓ à legalidade.
ESPÉCIES	Só nos casos previstos na CF/1988.	Sempre por provocação. Inércia Judicial.
PELA PRÓPRIA ADM	**PELO CONGRESSO NACIONAL**	**INSTRUMENTOS DE CONTROLE**
1. Controle Hierárquico (Subordinado)	1. Julgar contas do Presidente.	**1. Mandado de Segurança** (CF, art. 5º, LXIX): Proteger direito líquido e certo, lesado por ilegalidade/abuso de poder.
a) entre órgãos da Adm. Direta, escalonados <u>verticalmente</u>.	2. Sustar atos normativos que exorbitem do Poder Regulamentar.	
b) entre órgãos de cada ente da Adm. Indireta, escalonados <u>verticalmente</u>.	**PELO SENADO FEDERAL**	**2. Ação Popular** (CF, art. 5º, LXXIII): Anular ato lesivo de entidade estatal à moralidade Adm., entre outros.
2. Controle não hierárquico (Vinculado)	1. Processar e julgar o Presidente nos crimes de responsabilidade.	
a) entre órgãos da mesma PJ, com relação <u>horizontal</u>.	2. Aprovar a indicação de algumas autoridades para o Executivo. (52)	**3. Ação Civil Pública** (CF, art. 129, III): Proteger o patrimônio e o meio-ambiente, entre outros. Pelo MP.
b) Da ADM Direta para Indireta (Controle Finalístico / Supervisão Ministerial).	**PELA CÂMARA FEDERAL**	
PELO PARTICULAR	1. Convocar certas autoridades para prestar informações à Casa.	**OUTROS INSTRUMENTOS DO PODER JUDICIÁRIO**
Vários instrumentos (representação, reclamação, denúncia, revisão etc.).	2. Controlar os atos do Poder Executivo.	*Habeas corpus, habeas data,* ADIn, ADECON, ADPF etc.

Procedimentos mais detalhados na Lei 9.784/1999.	**PELAS COMISSÕES**	
	1. Apreciar obras e emitir pareceres.	
	2. Requisitar documentos de órgãos públicos.	

CONTROLE ADMINISTRATIVO

PELA ADMINISTRAÇÃO (De Ofício)		
Controle hierárquico (Subordinação)	Controle não hierárquico (Vinculação)	
PELO PARTICULAR (Provocado)		
INSTRUMENTOS		
1. Representação – Apuração de irregularidades na Adm., perante a Adm. Interesse **genérico.**	**2. Denúncia** – Apuração de conduta censurável do agente público. Interesse **genérico.**	**3. Reclamação** – Providência ante uma manifestação de discordância ante ato administrativo. Interesse **específico.**
4. Reconsideração – Solicitação de **reapreciação** de uma decisão administrativa.	**5. Recurso** – Solicitação de uma **nova decisão** administrativa em instâncias superiores pela irresignação do particular da decisão administrativa proferida em instâncias inferiores.	**6. Revisão** – Solicitação de uma **nova decisão** ADM em processo já apurado do qual resultou em sanção, em vista de surgimento de **fatos novos.**
Obs.: 1 – Os processos administrativos **cumprem uma DUPLA FUNÇÃO**: atendem a interesses privados e satisfazem o interesse público no sentido de forçar a Adm. a rever seus próprios atos.		

EXERCÍCIOS – CONTROLE DA ADMINISTRAÇÃO PÚBLICA

1. **(CESPE – Analista Administrativo CNJ 2013)** As decisões do Tribunal de Contas da União cujo objeto seja o julgamento de contas têm natureza jurisdicional.

2. **(CESPE – Analista Administrativo CNJ 2013)** O controle legislativo é a prerrogativa atribuída ao Poder Legislativo de fiscalizar e controlar os atos praticados pelas entidades integrantes da Administração Direta, não sendo cabível este tipo de controle em face dos entes que compõem a administração indireta.

3. **(CESPE – Analista Administrativo CNJ 2013)** Os órgãos administrativos do Poder Judiciário, no exercício do controle administrativo, podem confirmar ou rever condutas internas, conforme aspectos de legalidade ou de conveniência e oportunidade.

4. **(CESPE - Analista Jurídico MPU 2013)** No exercício do controle legislativo, compete ao Senado Federal, em caráter privativo, sustar os atos normativos do Poder Executivo que exorbitem do poder regulamentar, bem como os contratos que padeçam de ilegalidade, neste caso mediante solicitação da Comissão Mista de Orçamento do Congresso Nacional.

5. **(CESPE - Técnico Judiciário TRT-10 2013)** Os atos discricionários praticados pela Administração Pública estão sujeitos ao controle pelo Poder Judiciário quanto à legalidade formal e substancial, observada a vinculação da administração aos motivos embasadores dos atos por ela praticados, os quais conferem a eles legitimidade e validade.

6. **(FCC - Oficial de Justiça TRT-4 2012)** O controle legislativo da Administração é
   a) um controle externo e político, motivo pelo qual se pode controlar os aspectos relativos à legalidade e à conveniência pública dos atos do Poder Executivo que estejam sendo controlados.
   b) sempre um controle subsequente ou corretivo, mas restrito à conveniência e oportunidade dos atos do Poder Executivo objetos desse controle e de efeitos futuros.
   c) exercido pelos órgãos legislativos superiores sobre quaisquer atos praticados pelo Poder Executivo, mas vedado o referido controle por parte das comissões parlamentares.
   d) exercido sempre mediante provocação do cidadão ou legitimado, devendo ser submetido previamente ao Judiciário para fins de questões referentes à legalidade.
   e) próprio do Poder Público, visto seu caráter técnico e, subsidiariamente, político, com abrangência em todas as situações e sem limites de qualquer natureza legal.

7. **(UEG - Escrivão de polícia PC-GO 2013)** O controle que a própria Administração exerce sobre seus órgãos decorre
   a) do poder regulamentar.
   b) da atividade discricionária.
   c) da tutela.
   d) do poder de autotutela.

8. **(FCC - Oficial de Justiça TRT-1 2013)** A Administração Pública submete-se, nas suas atividades típicas, nos termos da lei, ao controle do
   a) Tribunal de Contas no que concerne ao juízo de oportunidade e conveniência, excluída apreciação de economicidade e legalidade, exclusivos do Poder Legislativo.
   b) Judiciário, no que concerne aos aspectos de oportunidade e conveniência, e do Legislativo no que concerne aos aspectos de legalidade.

c) Legislativo, com auxílio do Tribunal de Contas, que promove controle de legalidade e economicidade, entre outros aspectos, nos termos da lei.
d) Judiciário quanto aos aspectos de legalidade e discricionariedade, e da própria Administração, em nível superior, quanto aos aspectos de discricionariedade.
e) Legislativo, no que concerne ao juízo de oportunidade e conveniência, e ao Tribunal de Contas, no que concerne à legalidade de seus atos.

9. (FCC – Procurador Assembleia Legislativa-PB 2013) Sobre o controle jurisdicional da Administração Pública, é correto afirmar que
a) os membros do Poder Legislativo não podem ser apontados como autoridade coatora no mandado de segurança, uma vez que tal instrumento é voltado exclusivamente ao desempenho da função administrativa.
b) o direito de acesso à informação de interesse coletivo ou geral é tutelado por meio do instituto do *habeas data*.
c) o mandado de segurança coletivo pode ser impetrado por organização sindical, entidade de classe ou associação legalmente constituída e em funcionamento há, pelo menos, 1 (um) ano, em defesa de direitos líquidos e certos dos seus membros, mediante prévia autorização por assembleia geral da entidade.
d) na ação popular, o Ministério Público funciona como fiscal da lei, podendo, todavia, assumir o polo ativo em caso de desistência do autor popular.
e) por ser instrumento de tutela individual, destinado a garantir exercício dos direitos e liberdades constitucionais e das prerrogativas inerentes à nacionalidade, à soberania e à cidadania, ameaçados por omissão legislativa ou regulamentadora, o mandado de injunção não pode ser proposto como ação coletiva.

10. (ESAF – Auditor Fiscal Receita Federal 2012) A possibilidade jurídica de submeter-se efetivamente qualquer lesão de direito e, por extensão, as ameaças de lesão de direito a algum tipo de controle denomina-se
a) Princípio da legalidade.
b) Princípio da sindicabilidade.
c) Princípio da responsividade.
d) Princípio da sancionabilidade.
e) Princípio da subsidiariedade.

Gabarito

1. E	3. C	5. C	7. d	9. d
2. E	4. E	6. a	8. c	10. b

CAPÍTULO 14

Responsabilidade Civil do Estado

<table>
<tr><th colspan="3">CONCEITO</th></tr>
<tr><td colspan="3">Obrigação do Estado de indenizar, economicamente, danos patrimoniais e morais que seus agentes, atuando em seu nome, causem à esfera juridicamente tutelada do particular, e com tal reparação se exaure (doutrina).</td></tr>
<tr><td>Obs.: 1 - Esse pagamento de indenização pelo Estado se dá, geralmente, por meio de PRECATÓRIOS.</td><td>Obs.: 2 - Não se confunde com a responsabilidade administrativa ou penal, pois elas só se aplicam à pessoa do agente causador do dano.</td><td>Obs.: 3 - É a também chamada responsabilidade EXTRACONTRATUAL do Estado, já que a responsabilidade contratual opera na esfera dos contratos administrativos.</td></tr>
</table>

<table>
<tr><th colspan="2">CONDIÇÃO</th></tr>
<tr><td colspan="2">NEXO CAUSAL - É a ligação lógica entre a conduta (omissiva ou comissiva) e o dano efetivo.</td></tr>
<tr><td>EXEMPLO 1 - Pessoa atropelada por veículo oficial em condições normais de tráfego. Nexo causal configurado.</td><td>EXEMPLO 2 - Pessoa em estado terminal de saúde falece ao ingressar em hospital público. Nexo causal não configurado.</td></tr>
</table>

<table>
<tr><th colspan="3">EVOLUÇÃO</th></tr>
<tr><td colspan="3">1. IRRESPONSABILIDADE DO ESTADO - A figura do Rei. Regimes absolutistas. Valor histórico.</td></tr>
<tr><td colspan="3">2. RESPONSABILIDADE SUBJETIVA - Cabe ao particular o ônus da prova. Equipara o Estado ao particular.</td></tr>
<tr><td colspan="3">3. CULPA ADMINISTRATIVA OU ANÔNIMA - Dever do Estado em indenizar pela chamada FALTA OU CULPA DO SERVIÇO, cabendo ao particular, ainda, o ônus da prova. Aqui, não se identifica o agente público.</td></tr>
<tr><td colspan="3">MODALIDADES DE FALTA OU CULPA DO SERVIÇO (faute du service)</td></tr>
<tr><td>A. Inexistência do serviço</td><td>B. Mau funcionamento do serviço</td><td>C. Retardamento do serviço</td></tr>
<tr><td colspan="3">4. RISCO ADMINISTRATIVO - Basta a existência do dano para presumir a culpa do Estado e, consequentemente, o seu dever de indenizar o particular. O ônus da prova, agora, é do Estado. A sua culpa atenua-se se conseguir demonstrar a culpa concorrente do particular. Aqui, identifica-se o agente público.</td></tr>
</table>

5. **RISCO INTEGRAL** – O Estado indeniza mesmo se houver culpa do particular. Para alguns doutrinadores, é a exacerbação, o exagero da responsabilização do Estado.

APLICAÇÃO NO BRASIL		
Aplica-se a teoria do RISCO ADMINISTRATIVO, representada na RESPONSABILIDADE CIVIL **OBJETIVA**, tendo como fonte o art. 37, §6º, da CF/1988.		
"As pessoas jurídicas de direito público e as de direito privado prestadoras de serviços públicos responderão pelos danos que seus agentes, nessa qualidade, causarem a terceiros, assegurado o direito de regresso contra o responsável, nos casos de dolo ou culpa." (CF, art. 37, §6º)		
ABRANGÊNCIA	**CONDUTA**	**CIRCUNSTÂNCIAS**
Não alcançam as Empresas Públicas e as Sociedades de Economia Mista QUE EXPLOREM ATIVIDADES ECONÔMICAS.	**Só** alcança as **AÇÕES** dos agentes públicos **e não** os danos causados por suas **OMISSÕES.**	A responsabilidade do Estado **só se** caracteriza se o agente público que causou o dano **estiver** de serviço, **trabalhando**.
DIREITO DE REGRESSO	**RESPONSABILIDADE SUBJETIVA**	**ESPÉCIES DE DANO**
Contra o **responsável**, que pode ser tanto o **agente público** quanto o **particular** que, eventualmente, tenha concorrido para o dano.	O Estado responde objetivamente, mas o responsável pelo dano responde subjetivamente nos casos de dolo ou culpa.	Cabe tanto o dano **moral** quanto o dano **patrimonial.**
Obs.: Só se admite **responsabilidade INTEGRAL** em 2 casos:		
Danos nucleares (CF, art. 21, XXIII, *d*).	Dano ambiental (STJ).	

RESPONSABILIDADE CIVIL SUBJETIVA?		
Sem previsão constitucional nem legal, esse tipo de responsabilidade É ADMITIDA NA JURISPRUDÊNCIA, em casos específicos.		
1. Atos de terceiros (assaltos, arrastões, multidões etc.)	2. Fenômenos naturais (enchentes, vendavais, quedas de árvores etc.)	3. Omissão culposa – Quando o Estado estiver na situação de GARANTE (escolas, presídios, hospitais etc.)
EXCLUDENTES DESSAS RESPONSABILIDADES		
1. Culpa exclusiva do particular.	2. Caso fortuito ou motivo de força maior.	
IMPORTANTE: Ao particular que sofreu o dano cabe o ônus da prova, demonstrando que o Estado teve culpa (negligência, imprudência ou imperícia) ou dolo.		

<table>
<tr><th colspan="4">RESPONSABILIDADE DO ESTADO
POR ATOS LEGISLATIVOS E JURISDICIONAIS</th></tr>
<tr><th colspan="2">ATOS LEGISLATIVOS</th><th colspan="2">ATOS JURISDICIONAIS</th></tr>
<tr><td colspan="2">Em regra, NÃO ADMITEM responsabilidade, desde que respeitem a CF/1988: é um Poder soberano.</td><td colspan="2">Em regra, NÃO ADMITEM responsabilidade, desde que em sua função judicante: é um Poder soberano.</td></tr>
<tr><th colspan="2">EXCEÇÃO</th><th colspan="2">EXCEÇÃO</th></tr>
<tr><td rowspan="3">1. Leis inconstitucionais</td><td rowspan="3">2. Leis de efeitos concretos</td><td colspan="2">Erro judiciário (CF, art. 5º, LXXV) em questões criminais.</td></tr>
<tr><th colspan="2">NÃO CONFUNDIR COM</th></tr>
<tr><td>1. Juiz que, em caráter pessoal, protela ou embaraça o processo.</td><td>2. Indenização por prisão preventiva.</td></tr>
</table>

<table>
<tr><th colspan="2">DANOS DECORRENTES DE OBRAS PÚBLICAS</th></tr>
<tr><th>POR MÁ EXECUÇÃO DA OBRA</th><th>PELO SÓ FATO DA OBRA</th></tr>
<tr><td>Se executada pelo Estado, aplica-se a responsabilidade civil objetiva do Estado.</td><td rowspan="3">Significa que a obra foi entregue ao Estado sem qualquer irregularidade. Portanto, aplica-se a responsabilidade civil objetiva do Estado, mesmo que tenha sido executada por particular.</td></tr>
<tr><td>Se executada pelo particular, aplica-se a responsabilidade subjetiva do particular.</td></tr>
<tr><td>Obs.: Se a culpa for concorrente, haverá uma repartição de responsabilidades entre o Estado e o particular que executou a obra.</td></tr>
</table>

<table>
<tr><th colspan="3">DIREITO DE REGRESSO</th></tr>
<tr><td colspan="3">Direito do Estado de reaver o prejuízo sofrido, resultante da indenização, contra o responsável pessoal pelo dano, seja o agente público, seja o particular, precisando comprovar que ele atuou com dolo ou culpa.</td></tr>
<tr><th colspan="3">CARACTERÍSTICAS</th></tr>
<tr><td>1. Para o responsável, a responsabilidade é subjetiva.</td><td>2. Transmite-se aos herdeiros, até o limite do valor da herança.</td><td>3. É uma ação judicial que corre em uma Vara de Fazenda Pública.</td></tr>
<tr><td>4. O Estado só ajuíza a ação após a sua condenação definitiva.</td><td>5. Não pode ser simultânea à ação de indenização que o Estado sofre.</td><td>6. É uma ação imprescritível, previsto na CF, art. 37, §5º.</td></tr>
</table>

<table>
<tr><th colspan="3">RESPONSABILIDADE DO SERVIDOR PÚBLICO</th></tr>
<tr><td>ADMINISTRATIVA</td><td>CIVIL</td><td>PENAL</td></tr>
<tr><td colspan="3">São responsabilidades independentes e cumulativas.</td></tr>
<tr><td colspan="3">Existem duas ressalvas na ESFERA PENAL.</td></tr>
<tr><td>SE CONDENADO</td><td colspan="2">SE ABSOLVIDO</td></tr>
<tr><td rowspan="2">Há um reconhecimento automático da <u>condenação</u> nas esferas Administrativa e Civil.</td><td>1. Por NEGATIVA DE AUTORIA ou negativa de fato.</td><td>2. Por INSUFICIÊNCIA DE PROVAS ou ausência de culpabilidade.</td></tr>
<tr><td>Há um reconhecimento automático da <u>absolvição</u> nas esferas Administrativa e Civil.</td><td>Os processos Administrativo e Civil continuam correndo em suas respectivas esferas.</td></tr>
</table>

EXERCÍCIOS – RESPONSABILIDADE CIVIL DO ESTADO

1. **(CESPE – Analista Técnico Administrativo MIN 2013)** Considere que um particular, ao avançar o sinal vermelho do semáforo, tenha colidido seu veículo contra veículo oficial pertencente a uma autarquia que trafegava na contramão. Nessa situação, o Estado deverá ser integralmente responsabilizado pelo dano causado ao particular, dado que, no Brasil, se adota a teoria da responsabilidade objetiva e, de acordo com ela, a culpa concorrente não elide nem atenua a responsabilidade do Estado de indenizar.

2. **(CESPE – Analista Técnico Administrativo ANS 2013)** A competência da ANS de zelar pelo cumprimento das normas atinentes ao funcionamento das operadoras de planos privados de assistência à saúde torna essa Agência solidariamente responsável por danos que essas operadoras causem, em decorrência de atuação em desconformidade com as normas editadas pela própria ANS.

3. **(CESPE – Analista Judiciário CNJ 2013)** Se do atributo da executoriedade do ato administrativo resultar dano ao particular em razão de ilegitimidade ou abuso, o Estado estará obrigado a indenizar o lesado, uma vez configurados a conduta danosa, o dano e o nexo causal.

4. **(CESPE – Técnico Administrativo CNJ 2013)** No ordenamento jurídico brasileiro, a responsabilidade do poder público é objetiva, adotando-se a teoria do risco administrativo, fundada na ideia de solidariedade social, na justa repartição dos ônus decorrentes da prestação dos serviços públicos, exigindo-se a presença

dos seguintes requisitos: dano, conduta administrativa e nexo causal. Admite-se abrandamento ou mesmo exclusão da responsabilidade objetiva, se coexistirem atenuantes ou excludentes que atuem sobre o nexo de causalidade.

5. **(CESPE - Analista Adm. TRT-10 2013)** Pela teoria da *faute du service*, ou da culpa do serviço, eventual falha é imputada pessoalmente ao funcionário culpado, isentando a Administração da responsabilidade pelo dano causado.

6. **(CESPE - Analista Adm. TRT-10 2013)** O Poder Judiciário, no exercício da atividade administrativa, pode exercer controle administrativo, inclusive para revogar seus próprios atos administrativos.

7. **(FCC - Analista Processual Defensoria Pública-RS 2013)** A propósito da responsabilidade civil do Estado por atos praticados pelo Legislativo, pode-se afirmar que
   a) existe previsão legal expressa para responsabilização do Estado pelos atos do Legislativo, dada sua soberania.
   b) a edição das chamadas leis de efeitos concretos pode ensejar a responsabilização do Estado, tendo em vista que o conteúdo do ato tem, em verdade, natureza jurídica de ato administrativo.
   c) o Estado responde objetivamente pelos atos praticados na função típica legislativa, qualquer que seja a natureza do ato editado.
   d) a responsabilização do Estado pela prática de atos legislativos só tem lugar se for constatada inconstitucionalidade superveniente.
   e) a responsabilidade do Estado só tem lugar diante de omissão legislativa, desde que comprovados danos concretos ao particular.

8. **(FCC - Técnico Administrativo Defensoria Pública-RS 2013)** A responsabilidade civil do Estado, quando na modalidade objetiva, dispensa a comprovação de um elemento formador do liame de responsabilidade e exige a presença de outro, quais sejam:
   a) nexo de causalidade e força maior.
   b) culpa e nexo de causalidade.
   c) culpa e força maior.
   d) nexo de causalidade e dano.
   e) dano e culpa.

9. **(FCC - Defensor Público-AM 2013)** Paciente internada em UTI de hospital público municipal falece em razão da ocorrência de interrupção do fornecimento de energia elétrica, decorrente de uma tempestade na região, sendo que o referido hospital não possuía geradores de emergência. Em sua defesa, o município alega

que se trata de situação de força maior, o que afasta a responsabilidade estatal. Tal argumento não se sustenta, pois

a) a responsabilidade estatal na prestação de serviços públicos é baseada na teoria do risco administrativo, afastando as causas excludentes de responsabilidade.
b) a responsabilidade estatal na prestação de serviços públicos é baseada na teoria do risco integral, afastando as causas excludentes de responsabilidade.
c) não se trata de situação de força maior, mas, sim, de fato de terceiro, que não enseja o afastamento da responsabilidade estatal.
d) por se tratar de morte natural, decorrente de moléstia contraída antes da internação, o nexo causal não se encontra configurado, sendo desnecessário recorrer à excludente de força maior.
e) a situação ocorrida está no horizonte de previsibilidade da atividade, ensejando a responsabilidade subjetiva da entidade municipal, que tinha o dever de evitar o evento danoso.

10. (FCC – Juiz Substituto TJ-PE 2013) Considere este dispositivo constitucional:
Art. 37, § 6º: *As pessoas jurídicas de direito público e as de direito privado prestadoras de serviços públicos responderão pelos danos que seus agentes, nessa qualidade, causarem a terceiros, assegurado o direito de regresso contra o responsável nos casos de dolo ou culpa.*
Analise a seguinte sentença que contém duas asserções.
Caso um agente público, nessa qualidade, cause dolosamente dano a terceiro, o Estado responderá, mas o fundamento da responsabilidade civil do Estado não será o art. 37, § 6º, da Constituição Federal,
PORQUE
o art. 37, § 6º, da Constituição Federal, trata da responsabilidade objetiva do Estado.
É correto afirmar que

a) a primeira asserção está correta e a segunda está incorreta.
b) a primeira asserção está incorreta e a segunda está correta.
c) as duas asserções estão incorretas.
d) as duas asserções estão corretas e a segunda justifica a primeira.
e) as duas asserções estão corretas e a segunda não justifica a primeira.

Gabarito

1. E	3. C	5. E	7. b	9. e
2. E	4. C	6. C	8. b	10. b

Parte 2

LICITAÇÕES E CONTRATOS ADMINISTRATIVOS

Lei nº 8.666/1993

CAPÍTULO 15
Licitações Públicas

BASE CONSTITUCIONAL E LEGAL	ABRANGÊNCIA
CF/1988, art. 37, XXI. Lei 8.666/1993.	Lei federal e nacional. Alcança todos os poderes e esferas governamentais.

FINALIDADES		
1. Garantir a isonomia.	**2.** Selecionar a proposta mais vantajosa aos interesses da Adm.	**3.** Promover o desenvolvimento nacional sustentável (NOVO!)

CONCEITO
"Procedimento administrativo, de observância obrigatória pelas entidades governamentais, e de disputa isonômica, ao fim da qual será selecionada a proposta mais vantajosa aos interesses da Administração, com vistas à celebração de um contrato administrativo entre ela e o particular vencedor do certame, para a realização de obras, serviços, compras, alienações, locações, permissões e concessões." (Marcelo Alexandrino e Vicente Paulo)

PRINCÍPIOS EXPRESSOS					
LEGALIDADE	IMPESSOALIDADE	IGUALDADE	MORALIDADE	PUBLICIDADE	PROBIDADE ADM.
L	I	I	M	P	P
Obs.: Os princípios do LIIMPP SÃO GENÉRICOS, aplicáveis à toda a ADM.					

VINCULAÇÃO AO INSTRUMENTO CONVOCATÓRIO	JULGAMENTO OBJETIVO
Tanto o particular quanto a Adm. precisam obedecer ao Edital / Carta-convite. **É específico.**	Os critérios de julgamento não podem ser secretos, subjetivos ou 'de surpresa'. **É específico.**

PRINCÍPIOS IMPLÍCITOS ESPECÍFICOS	
COMPETITIVIDADE	**ADJUDICAÇÃO COMPULSÓRIA**
É a essência da licitação. É a garantia da Adm. para adquirir a proposta mais vantajosa.	É a garantia de que o vencedor será o primeiro a ser chamado.

INEXIGIBILIDADE DE LICITAÇÃO (art. 25)		
Acontece sempre que houver impossibilidade jurídica de competição. Sem competição, não há licitação!		
OS TRÊS EXEMPLOS DA LEI		
1. Fornecedor exclusivo.	2. Serviços técnicos profissionais de natureza singular e notória.	3. Artistas consagrados pela crítica especializada e pela opinião pública.
DUAS OBSERVAÇÕES IMPORTANTES		
1. Os casos de inexigibilidade **não se aplicam aos serviços de publicidade** propaganda.	2. **O rol legal é exemplificativo**, ou seja, pode haver mais casos se houver inviabilidade de competição.	

DISPENSA DE LICITAÇÃO	
São casos em que, embora exista a competitividade, a licitação não acontecerá ou não será obrigatória.	
LICITAÇÃO DISPENSADA	LICITAÇÃO DISPENSÁVEL
A lei determinou a **não realização** de licitação em certos casos.	A lei autorizou a **não realização** da licitação em certos casos.

LICITAÇÃO DISPENSADA (arts. 17 a 19)	
São os casos de **alienação** de bens móveis e imóveis.	
BENS IMÓVEIS	**BENS MÓVEIS**
1. Doação em pagamento.	1. Doação, **exclusivamente** de interesse social.
2. Doação à unidade administrativa (**exceto** programas habitacionais e de regularização fundiária).	2. Permuta, **exclusivamente** entre unidades administrativas.
3. Permuta por outro imóvel.	3. Venda de ações em bolsa de valores.
4. Investidura.	4. Venda de títulos.
5. Venda a outra unidade administrativa.	5. Venda de bens produzidos e comercializados por unidades administrativas em razão de suas finalidades.

LICITAÇÃO DISPENSÁVEL (art. 24)
São os 33 casos em que a licitação é possível, há ambiente competitivo, mas por conveniência e oportunidade, a Administração pode dispensar a licitação. É o que dá origem à contratação DIRETA. Os 12 casos mais relevantes são estes.

1. Obras e serviços de engenharia até 10% de um Convite (15 mil). É o DOBRO p/ EP, SEM, AE e CP.*	7. Contratação remanescente de O-S-F em razão de rescisão contratual.
2. Compras e outros serviços até 10% de um Convite (8 mil). É o DOBRO p/ EP, SEM, AE e CP.*	8. Aquisição ou restauração de obras de arte e objetos de valor histórico.
3. Guerra ou grave perturbação da ordem.	9. Compras de gêneros alimentícios perecíveis.
4. Emergência ou calamidade pública.	10. Contratos de EP e SEM com suas subsidiárias.
5. Licitação deserta.	11. Contratos com Organizações Sociais (OS's) para atividades contempladas no Contrato de Gestão
6. Quando a União intervir no domínio econômico para regular preços ou normalizar o abastecimento	12. Celebração de convênios administrativos.
* EP – Empresa pública. SEM – Sociedade de economia mista . AE – Agência executiva. CP – Consórcio público. OSF – Obra, serviço e fornecimento.	

FASES DA LICITAÇÃO				
1. Abertura	**2. Habilitação**	**3. Julgamento e Classificação**	**4. Homologação**	**5. Adjudicação**
É a publicação do edital.	É a verificação da documentação.*	É a verificação das propostas.	É controle administrativo da sua legalidade.	É a proclamação do vencedor.
* 1. Habilitação técnica 2. Qualificação jurídica 3. Qualificação econômico-financeira 4. Regularidade fiscal 5. Trabalho menorista				

ALGUNS INSTITUTOS IMPORTANTES

Audiência Pública*	Impugnação Administrativa	Comissão de Licitação
Obrigatório acima de 150 milhões.	Qualquer cidadão ou licitante pode requerer, no prazo**.	Mínimo 3 servidores efetivos, **exceto:** Convite ou pequena Unid. Adm.
* **Prazo de divulgação**: mínimo 10 dias úteis da realização. **Prazo de realização**: mínimo 15 dias úteis da publicação do edital.		
** **Prazo ao licitante:** 2 dias úteis da abertura dos envelopes de habilitação (Concorrência), ou da abertura do envelope das propostas (Convite, Tomada e Concurso), ou da realização do leilão. **Prazo ao cidadão:** 5 dias úteis da abertura dos envelopes de habilitação.		

Antecedência Mínima do Edital				
Prazo para que os licitantes providenciem a documentação exigida pelo edital e preparem suas propostas para o certame.				
45 DIAS	**30 DIAS**	**15 DIAS**	**5 DIAS**	**8 DIAS ÚTEIS**
Concorrência	Concorrência (Tipo Menor Preço)	Leilão	Convite	Pregão
Concurso	Tomada de Preços	Tomada de Preços (Tipo Menor Preço)		

TIPOS DE LICITAÇÃO			
1 **Tipo** **menor preço**	**2** **Tipo** **melhor técnica**	**3** **Tipo** **técnica e preço**	**4** **Tipo** **maior lance ou oferta**
Regra geral nas licitações.	**Exclusivo** para serviços de natureza intelectual.	Casos Tipo 2 e, **obrigatoriamente**, para bens e serviços de informática.	Para **venda** de bens pela Administração Pública.
Obs.: 1 – É VEDADO instituir outros tipos de licitação.			
Obs.: 2 – NÃO se aplica à modalidade CONCURSO.			

MODALIDADES DE LICITAÇÃO

CONCORRÊNCIA	TOMADA DE PREÇOS	CONVITE
Modalidade de licitação entre quaisquer interessados que, na fase inicial de habilitação preliminar, comprovem possuir os requisitos mínimos de qualificação exigidos no edital para execução de seu objeto.	Modalidade de licitação entre interessados devidamente cadastrados ou que atenderem a todas as condições exigidas para cadastramento até o terceiro dia anterior à data do recebimento das propostas, observada a necessária qualificação.	Modalidade de licitação entre interessados do ramo pertinente ao seu objeto, cadastrados ou não, escolhidos e convidados em número mínimo de 3 pela unidade administrativa, a qual afixará, em local apropriado, cópia do instrumento convocatório e o estenderá aos demais cadastrados na correspondente especialidade que manifestarem seu interesse com antecedência de até 24 (vinte e quatro) horas da apresentação das propostas.

VALORES					
PARA OBRAS E SERVIÇOS DE ENGE-NHARIA	PARA COMPRAS E OUTROS SERVIÇOS	PARA OBRAS E SERVIÇOS DE ENGE-NHARIA	PARA COMPRAS E OUTROS SERVIÇOS	PARA OBRAS E SERVIÇOS DE ENGE-NHARIA	PARA COMPRAS E OUTROS SERVIÇOS
Acima de 1,5 milhão	**Acima** de 650 mil	**Até** 1,5 milhão	**Até** 650 mil	**Até** 150 mil	**Até** 80 mil
A mais complexa de todas as modalidades.		Para celebrar contratos menos vultosos.		Possui os menores valores de contratação.	
Visualizam-se todas as etapas licitatórias, sem qualquer inversão.		O cadastro é uma habilitação prévia		O cadastro ou o convite é uma habilitação prévia.	
Licitações internacionais possíveis.		**Licitações internacionais** possíveis se houver alguém do exterior cadastrado.		**Licitações internacionais** possíveis se NÃO houver fornecedor no Brasil.	
				Possível com menos de 3, se houver limitações de mercado, ou por manifesto desinteresse.	
Obs.: 1 – A concorrência é aplicável em qualquer caso de licitação.					
Obs.: 2 – As três modalidades acima se encontram hierarquizadas.					

CONCURSO	LEILÃO
Modalidade de licitação entre quaisquer interessados para escolha de trabalho técnico, científico ou artístico, mediante a instituição de prêmios ou remuneração aos vencedores.	Modalidade de licitação entre quaisquer interessados para a venda de bens móveis inservíveis para a Administração ou de produtos legalmente apreendidos ou penhorados, ou para a alienação de bens imóveis decorrentes de procedimento judicial ou dação em pagamento, a quem oferecer o maior lance, igual ou superior ao valor da avaliação.
VALORES – Depende da premiação ou da remuneração definida em edital.	**VALORES** – Até 650 mil reais: após esse valor, é Concorrência.
COMISSÃO DE LICITAÇÃO – Não precisa ser servidor.	**Obs.:** Todo bem leiloado é **previamente avaliado** pela Administração para a fixação do preço mínimo de arrematação.

<table>
<tr><th colspan="3">PREGÃO</th></tr>
<tr><td colspan="3">Modalidade de licitação prevista na Lei 10.520/2005.</td></tr>
<tr><td colspan="3">CARACTERÍSTICAS PRINCIPAIS</td></tr>
<tr><td>Baixa complexidade, menor custo e maior rapidez.</td><td>Pode ter Pregão presencial ou Pregão eletrônico.</td><td>Só para bens e serviços comuns (aqueles encontrados no mercado).</td></tr>
<tr><td>Só pode licitar Pregão pelo Tipo Menor Preço.</td><td>Pode licitar Pregão em qualquer valor.</td><td>Princípios implícitos da Oralidade e do Informalismo.</td></tr>
<tr><td>Há uma dupla inversão de fases e um duplo julgamento.</td><td>A redução do preço das propostas iniciais por meio de lances verbais.</td><td>Validade das propostas: 60 dias, salvo se não houver outro no edital.</td></tr>
<tr><td>Proibido exigir habilitação prévia e garantias.</td><td>Proibido Pregão: obras/serviços de engenharia, locações imobiliárias e alienações.</td><td>Sanções mais rigorosas na inadimplência contratual.</td></tr>
</table>

<table>
<tr><th>CONSULTA</th></tr>
<tr><td>Modalidade de licitação aplicável somente às Agências Reguladoras, prevista na Lei 9.472/1997.</td></tr>
</table>

REGRA GERAL SOBRE AS MODALIDADES DE LICITAÇÃO

É **vedada a combinação** de qualquer modalidade para a aquisição de bens e serviços pelo Estado.

<table>
<tr><th colspan="4">ALIENAÇÃO DE BENS PELA ADMINISTRAÇÃO PÚBLICA</th></tr>
<tr><td colspan="3">Para
BENS IMÓVEIS</td><td>PARA
BENS MÓVEIS</td></tr>
<tr><td>1. Da Administração Direta, Autárquica e Fundacional (excluídos os do item 3)</td><td rowspan="2">2. Das EP's, SEM's, Paraestatais e Entidades controladas diretamente ou indiretamente pela U-E-DF-M (excluídos os do item 3)</td><td>3. Decorrentes de procedimento judicial ou dação em pagamento</td><td rowspan="2">1. Sem qualquer categorização</td></tr>
<tr><td>AUTORIZAÇÃO LEGISLATIVA</td><td rowspan="2">Comprovar necessidade e utilidade da alienação</td></tr>
<tr><td colspan="2">Interesse público devidamente justificado</td><td>Interesse público</td></tr>
<tr><td colspan="2">Avaliação prévia dos bens</td><td>Avaliação dos bens</td><td>Avaliação prévia</td></tr>
<tr><td colspan="2">Licitação por CONCORRÊNCIA</td><td>Licitação por CONCORRÊNCIA ou LEILÃO</td><td>Licitação</td></tr>
</table>

INVALIDAÇÃO DA LICITAÇÃO

<table>
<tr><th colspan="3">ANULAÇÃO</th><th colspan="3">REVOGAÇÃO</th></tr>
<tr><td colspan="6">De Ofício ou por provocação</td></tr>
<tr><th colspan="3">HIPÓTESES</th><th colspan="3">HIPÓTESES</th></tr>
<tr><td colspan="3">Quando houver vícios insanáveis, ou seja, ilegalidades que não comportam correção.</td><td colspan="2">1. Por motivo de ESPECIAL interesse público.</td><td>2. Quando o adjudicatário não assinar o contrato.</td></tr>
<tr><th colspan="6">3. OBSERVAÇÕES IMPORTANTES</th></tr>
<tr><td colspan="2">1. A nulidade da licitação provoca a nulidade do contrato.</td><td colspan="2">2. A nulidade da licitação não gera indenização.</td><td colspan="2">3. Em todos os casos de invalidação, é sempre assegurado o direito a recurso.</td></tr>
</table>

CONTRATOS ADMINISTRATIVOS

CONCEITO JURÍDICO	CONCEITO DOUTRINÁRIO
Todo e qualquer ajuste entre órgãos ou entidades da Administração Pública e particulares, em que haja um acordo de vontade para a formação de vínculo e a estipulação de obrigações recíprocas, seja qual for a denominação utilizada. (art. 2º, §único)	"É todo ajuste firmado pela Administração Pública, agindo nesta qualidade, com particulares ou com outras unidades administrativas, nos termos estipulados pela própria Administração Pública contratante, em conformidade com o interesse público e sob regência predominante do Direito Público." (Marcelo Alexandrino e Vicente Paulo)
Obs.: Importante diferenciar os contratos DA ADMINISTRAÇÃO dos CONTRATOS ADMINISTRATIVOS.	

PRAZO DAS PROPOSTAS
A Administração tem **60 dias** para convocar o adjudicatário para a contratação. Se não, o licitante fica liberado do compromisso assumido.

PRINCIPAIS CARACTERÍSTICAS

FORMALISMO	ADESÃO	PESSOALIDADE
Deve ser escrito e devidamente publicado. **EXCEÇÃO:** pequenas compras, de pronto pagamento, em regime de adiantamento, até 4 mil reais (5% do valor do Convite).	O particular já conhece suas cláusulas desde o edital, cabendo a ele aceitar ou não. Não é obrigado a aceitar, mas não poderá alterá-las, limitando-se a assinar o contrato.	Só o contratado pode executar o contrato, sob pena de rescisão. A subcontratação é só PARCIAL e nos limites previstos no edital. Em latim: *intuitu personae*.

Obs.: Outras características existentes nos contratos, em geral: Onerosidade (custos), Comutatividade (cláusulas comuns) e Mutabilidade (mudança contratual).

AS TREZE CLÁUSULAS NECESSÁRIAS		
O objeto e seus elementos característicos	O regime de execução ou a forma de fornecimento	O preço, as condições de pagamento, correções e reajustes
Os prazos de início da execução, conclusão, entrega e recebimento	O crédito orçamentário pelo qual ocorrerá a despesa	As garantias oferecidas, quando exigidas
Os direitos, as responsabilidades, as penalidades e as multas das partes	Os casos de rescisão	A obrigação de manter suas condições de habilitação/qualificação
As condições de importação e taxas de câmbio, se for o caso	A vinculação ao edital de licitação ou ao termo que a dispensou	A legislação aplicável à execução do contrato e dos casos omissos
O reconhecimento dos direitos da Administração em caso de rescisão por Inexecução total ou parcial do contrato.		

AS SETE CLÁUSULAS EXORBITANTES
SÃO AS **PRERROGATIVAS** DA ADMINISTRAÇÃO NOS CONTRATOS ADMINISTRATIVOS.

1. O PODER DE ALTERAÇÃO UNILATERAL DO CONTRATO	**2. O PODER DE RESCISÃO UNILATERAL DO CONTRATO**
25% do valor do contrato (acréscimo ou supressão) **Quantitativo** **50%** para reformas de edifícios/equipamentos (só acréscimo) **Qualitativo** (modificações no projeto) – Em decorrência do acréscimo/supressão quantitativa **NÃO É ALTERAÇÃO:** reajustes, atualizações, compensações, penalizações e créditos suplementares **Obs.:** É preciso manter o equilíbrio econômico-financeiro ou, então, fazer uma REVISÃO contratual.	São as 13 hipóteses previstas no art. 78 e estão ligadas, em sua maioria, a algum inadimplemento contratual por parte do contratado, notadamente as seguintes. **1.** Subcontratação sem previsão no edital **2.** Lentidão no cumprimento contratual **3.** Atraso injustificado do início da O-S-F **4.** Paralisação injustificada da O-S-F- e sem avisar a Adm. **5.** Alteração da Pessoa Jurídica que prejudique a execução

3. A FISCALIZAÇÃO DA EXECUÇÃO DO CONTRATO	4. A APLICAÇÃO DIRETA DE SANÇÕES
É considerado **um dever-poder** da Administração. É mais que uma prerrogativa. É realizado ou por um representante da **Adm. ou** por **terceiros** contratados para esse fim. A fiscalização da execução do contrato **não reduz nem exclui a responsabilidade do contratado** por eventuais vícios ou incorreções.	1. Multa de mora por atraso 2. Advertência 3. Multa por inexecução total ou parcial 4. Suspensão para licitar e impedimento para contratar 5. Declaração de inidoneidade para licitar e contratar **Obs.: 1** – São cumulativas e descontáveis da garantia. **Obs.: 2** – Assegurado o direito de recorrer.

5. A OCUPAÇÃO TEMPORÁRIA	6. AS RESTRIÇÕES À OPOSIÇÃO DA "EXCEÇÃO DO CONTRATO NÃO CUMPRIDO"
Somente nos casos de prestação de SERVIÇO ESSENCIAL, em 2 hipóteses. **1.** Como medida acautelatória para a apuração de irregularidades na execução do contrato. **2.** Imediatamente após a rescisão do contrato. **Obs.:** Refere-se a todos os recursos materiais e humanos do contratado, no local e estado em que se encontram.	É quando o particular precisar suportar eventuais atrasos de pagamento da Adm. por até 90 dias, sem poder rescindir o contrato. Se não, será sua a culpa rescisória. **Obs.: 1** – Cabe ao contratado pedir suspensão, rescisão amigável ou rescisão judicial. **Obs.: 2** – Em caso de contratos decorrentes de G-C-P, a **inoponibilidade** será **absoluta**, sem prazo para pagamentos. **Obs.: 3** – Cabe indenização por **danos emergentes**, mas não cabe indenização a título de **lucros cessantes**.

O-S-F – Obra, serviço ou fornecimento.

G-C-P – Guerra, calamidade pública ou grave perturbação da ordem interna do País.

7. AS EXIGÊNCIAS DE GARANTIA		
PERCENTUAIS	**LICITAÇÕES**	Até **1%** do valor do objeto, para obras, serviços e compras.
	CONTRATOS	Até **5%** do valor do contrato, para obras, serviços e compras. Até **10%** para obras, serviços e compras de grande vulto (complexidade técnica e riscos financeiros).

<table>
<tr><td rowspan="3">MODALIDADES → → → →</td><td>1. CAUÇÃO – Dinheiro ou títulos da dívida pública.</td></tr>
<tr><td>2. SEGURO-FIANÇA – Oferecido por empresas seguradoras.</td></tr>
<tr><td>3. FIANÇA BANCÁRIA – Oferecida por instituições financeiras (bancos).</td></tr>
<tr><td colspan="2">Obs.: 1 – A garantia é decisão discricionária, só exigida se prevista em edital.</td></tr>
<tr><td colspan="2">Obs.: 2 – A modalidade de garantia é opção do contratado.</td></tr>
</table>

PRAZOS DOS CONTRATOS ADMINISTRATIVOS

DURAÇÃO	PRORROGAÇÃO
Regra geral: Limitada à vigência dos créditos orçamentários. **EXCEÇÕES:**	**Regra geral**: Nos casos de INÍCIO das etapas de EXECUÇÃO, CONCLUSÃO e ENTREGA do objeto.
1. Projetos cujos produtos estejam no Plano Plurianual (PPA) e possuam previsão no edital.	Requisitos na Prorrogação:
2. Prestação de serviços de natureza continuada, limitada a 60 meses, prorrogável por até 12 meses.	**1.** Justificar por escrito e previamente autorizada pela autoridade competente.
3. Aluguel de equipamentos e utilização de programas de informática, limitado a 48 meses.	**2.** Preservar a manutenção do equilíbrio econômico-financeiro do contrato.
Vedação **expressa**: Prazo de vigência 'indeterminado'.	Vedação **implícita**: Prorrogação automática.

<table>
<tr><th colspan="3">RESPONSABILIDADE PELA EXECUÇÃO DO CONTRATO</th></tr>
<tr><td>1. Se houver VÍCIOS, DEFEITOS OU INCORREÇÕES:</td><td>2. Se houver DANOS causados à Administração e/ou terceiros:</td><td>3. Se houver DANOS pelo SÓ FATO DA OBRA:</td></tr>
<tr><td>Responsabilidade sumária do contratado.</td><td>Responsabilidade subjetiva do contratado.</td><td>Responsabilidade objetiva da Administração.</td></tr>
</table>

<table>
<tr><th colspan="2">RESPONSABILIDADE PELOS ENCARGOS DO CONTRATO</th></tr>
<tr><td colspan="2">ENCARGOS PREVISTOS NO CONTRATO</td></tr>
<tr><td>1. Previdenciários</td><td>3. Fiscais</td></tr>
<tr><td>2. Trabalhistas</td><td>4. Comerciais</td></tr>
<tr><td colspan="2">RESPONSABILIDADE PELO SEU RECOLHIMENTO</td></tr>
<tr><td colspan="2">TODOS os encargos são de responsabilidade do CONTRATADO.</td></tr>
</table>

Obs.: 1 – Se o contratado inadimplir nos encargos 2, 3 e 4, NÃO HÁ RESPONSABILIDADE da Administração por isso, nem restrição de regularização e uso de obras e edificações no cartório de registro de imóveis.
Obs.: 2 – Só há responsabilidade SOLIDÁRIA se o contratado inadimplir nos encargos PREVIDENCIÁRIOS.

RECEBIMENTO DO OBJETO DO CONTRATO	
REGRA GERAL	**EXCEÇÕES** (casos em que só se recebe no Definitivo)
RECEBIMENTO PROVISÓRIO – Para **verificar** se o objeto está conforme o contrato. Prazo: 15 dias.	1. Gêneros alimentícios e alimentação preparada **R**
RECEBIMENTO DEFINITIVO – Para **confirmar** que o objeto está conforme o contrato. Prazo: 90 dias.	2. Serviços técnicos profissionais especializados **TC**
	3. Obras e serviços até 80 mil, exceto equipamentos e instalações em que se precise verificar seu funcionamento **TC**

DOCUMENTAÇÃO UTILIZADA NO RECEBIMENTO DO OBJETO	
TERMO CIRCUNSTANCIADO – TC	**RECIBO – R**
Para obras e serviços	Para compras e locação de equipamentos
EXCEÇÃO	
Quando for dispensado do Recebimento Provisório: será por **Recibo** (casos 2 e 3).	Quando for uma compra de equipamento de grande vulto: será por **TC.**
Obs.: 1 – Em compras acima de 80 mil, o recebimento se dá por, no mínimo, 3 pessoas.	
Obs.: 2 – Grande vulto: são compras que excedem 25 x o valor da Concorrência (37,5 milhões).	

RESCISÕES CONTRATUAIS			
RESCISÃO UNILATERAL (14)			RESCISÃO AMIGÁVEL ou JUDICIAL (5)
COM CULPA DO **CONTRATADO** (12)			COM CULPA DA **ADMINISTRAÇÃO**
Descumprimento contratual	Cumprimento irregular	Lentidão no cumprimento	Suspensão contratual de OSF além do permitido em lei ou contrato
Trabalho irregular de menores			Suspensão contratual superior a 120 dias

Atraso injustificado do início da OSF[3]	Paralisação injustificada da OSF e sem avisar à Adm.	Atraso de pagamento superior a 90 dias, exceto GCP[4]
Subcontratação sem previsão no edital	Alteração da PJ que prejudique a execução	Não liberação de área, local ou objeto para a execução de OSF
Desatendimento das determinações da Fiscalização	Reiteração das faltas apontadas pela Fiscalização	Caso Fortuito ou Força Maior **impeditiva** da execução do contrato
Dissolução da sociedade ou falecimento do sócio	Falência ou insolvência	
SEM CULPA DO CONTRATADO		
Razões de interesse público, de alta relevância ou de amplo conhecimento		
SEM CULPA DE NINGUÉM		
Caso Fortuito ou Força Maior **impeditiva** da execução do contrato		

AS CONSEQUÊNCIAS DAS RESCISÕES			
COM CULPA DO **CONTRATADO** (5)		COM CULPA **DA ADMINISTRAÇÃO** (4) (ou sem culpa de ninguém)	
Assunção imediata do objeto do contrato	Execução da garantia, multas e indenizações	Indenização por danos emergentes	Devolução da garantia
Retenção dos créditos até o limite do prejuízo	Aplicação de eventuais sanções administrativas	Pagamentos devidos até a rescisão	Pagamento dos custos da desmobilização
Ocupação ou utilização do local, instalações, equipamentos, materiais e pessoal			

SANÇÕES ADMINISTRATIVAS	
NÃO CONFUNDIR com os **<u>crimes</u>** tipificados na própria Lei de Licitações.	As sanções previstas na lei podem cumular-se.

FALTA COMETIDA	**SANÇÃO POSSÍVEL**
1. Atraso injustificado na execução	Multa de mora
2. Inexecução total ou parcial do contrato	Advertência
	Multa
	Suspensão para licitar, até 2 anos
	Impedimento para contratar, até 2 anos
	Declaração de Inidoneidade para licitar e contratar

[3] Obra, serviço ou fornecimento.

[4] Guerra, calamidade pública ou grave perturbação do ordem interna do país.

Obs.: Rescisão contratual NÃO é sanção, mas, sim, consequência de seu descumprimento!

SOBRE AS MULTAS		
Existem 2 tipos de multa		**Obs.: 1** – Qualquer que seja o tipo de Multa, ela será descontada da Garantia e, se for maior que a Garantia, será descontada dos pagamentos. Em último caso, cobra-se judicialmente.
Multa de Mora	Multa por Inexecução	
É por dia de atraso	É um valor fixo	**Obs.: 2** – A aplicação da Multa de Mora NÃO impede que haja rescisão de contrato ou a aplicação de outras sanções legais.

SOBRE A DECLARAÇÃO DE INIDONEIDADE		
Ela só pode ser aplicada, exclusivamente, pelo Ministro de Estado ou Secretário Estadual ou Municipal.	O prejudicado pode oferecer defesa no prazo de 10 dias da abertura de vista.	A reabilitação só poderá ser requerida após 2 anos de sua aplicação.

DUAS OBSERVAÇÕES IMPORTANTES	
As suspensões, os impedimentos e a declaração de inidoneidade são aplicadas tanto para as empresas quanto para os profissionais inidôneos.	Em todos os casos de aplicação de sanções administrativas, SEMPRE será assegurado ao particular o direito de prévia defesa.

EXTINÇÃO DO CONTRATO				
ANULAÇÃO	**RESCISÃO**			
De ofício ou provocado	Unilateral	Amigável	Judicial	
Quando houver vícios insanáveis, ilegalidades. **Exceção:** quando a licitação for anulada.	**CONSEQUÊNCIAS AO CONTRATADO**			
	Ocupação temporária	Retenção dos créditos		
	Execução da garantia	Aplicação de sanções		
A nulidade do contrato não gera indenização SENÃO pelo que já tiver sido contratado, EXCETO se o próprio contratado deu causa.	**CONSEQUÊNCIAS À ADMINISTRAÇÃO**			
	Devolução da garantia	Pagamento de indenização	Pagamento dos custos da desmobilização	

TEORIA DA IMPREVISÃO	
São as hipóteses em que ocorrem situações extraordinárias, inviabilizando a execução contratual.	É também chamada de ÁLEA CONTRATUAL. Álea = aleatório ou imprevisível. É a inexequibilidade do contrato.

CASO FORTUITO	FORÇA MAIOR
Evento EXTERNO, imprevisível e inevitável, gerando excessiva onerosidade para o contratado.	Evento INTERNO, imprevisível e inevitável, gerando excessiva onerosidade para o contratado.
Ex.: Tempestades, greves, revoltas populares etc.	Ex.: Incêndios, sistema fora do ar etc.
FATO DO PRÍNCIPE	**FATO DA ADMINISTRAÇÃO**
É toda determinação ESTATAL GERAL, que onera excessivamente a execução contratual. Forma INDIRETA.	É toda ação/omissão do Estado, especificamente ligada ao contrato, que impede/retarda sua execução. Forma DIRETA.
Ex.: Aumento de tributo, edição de lei etc.	Ex.: Suspensão por + de 120 dias, atraso nos pagamentos etc.
INTERFERÊNCIAS IMPREVISTAS	
São dificuldades excepcionais PREEXISTENTES, mas descobertas somente DURANTE a execução contratual.	
Ex.: Encontro de terreno rochoso, existência de índios na região etc.	

ESPÉCIES DE CONTRATOS ADMINISTRATIVOS

1 CONTRATO DE OBRA PÚBLICA	2 CONTRATO DE SERVIÇO	3 CONTRATO DE FORNECIMENTO
Obs.: Todos eles regulamentados pela Lei 8.666/1993.		

4 CONTRATO DE CONCESSÃO				
COMUM			ESPECIAL	
CONCESSÃO DE SERVIÇO PÚBLICO	CONCESSÃO DE OBRA PÚBLICA	CONCESSÃO DE USO DE BEM PÚBLICO	CONCESSÃO ADMINISTRATIVA	CONCESSÃO PATROCINADA
Regulamentado pela Lei 8.987/1995	Regulamentados pela Lei 8.666/1993		Regulamentados pela Lei 11.079/2004 (Lei das PPP's)	

CONTRATO DE OBRA PÚBLICA		
CARACTERÍSTICAS		
Predomina o aspecto MATERIAL sobre a atividade em si.	Limitada no tempo.	Remunerado integralmente pelo Poder Público.

FORMAS DE EXECUÇÃO			
POR TAREFA	POR EMPREITADA		
Contratação de mão de obra para **pequenas obras,** com ou sem o fornecimento de materiais e equipamentos. **Ex.: Pintura.**	POR PREÇO INTEGRAL - Engloba **obras e serviços** de grande vulto e complexidade. **Ex.: Usina hidrelétrica.**	POR PREÇO GLOBAL - **Só p/ obras** em geral, com pagamento pela totalidade da obra. **Ex.: Edifício.**	POR PREÇO UNITÁRIO - Para **obras** que são **divididas** em etapas de execução. **Ex.: Estrada.**

CONTRATO DE SERVIÇO

CARACTERÍSTICAS		
Predomina a ATIVIDADE sobre o aspecto material.	Utilidade para a Administração e não para a população.	Remunerado integralmente pelo Poder Público.
EXEMPLOS		
Instalação de equipamentos de segurança predial.	Serviço de conservação predial.	Transporte de servidores.

CONTRATO DE FORNECIMENTO

CARACTERÍSTICAS		
Aquisição de coisas móveis necessárias à realização e manutenção de suas atividades.	Também chamado de Contrato de Compras.	Remunerado integralmente pelo Poder Público.
EXEMPLOS		
Aquisição de material hospitalar.	Aquisição de material escolar.	Entrega de merenda escolar.
TIPOS DE FORNECIMENTO		
Fornecimento INTEGRAL A coisa é entregue de uma só vez, em sua integralidade. Ex.: Equipamento de Raio X.	Fornecimento PARCELADO A coisa é entregue de forma fracionada, em prestações determinadas. Ex.: 10 lotes de cadeiras escolares.	Fornecimento CONTÍNUO A coisa é entregue para consumo habitual ou permanente, prolongando-se no tempo. Ex.: Verduras para merenda escolar.

CONTRATO DE CONCESSÃO		
ESPÉCIES		
DE SERVIÇO PÚBLICO	**DE OBRA PÚBLICA**	**DE USO DE BEM PÚBLICO**
CARACTERÍSTICAS		
Continuidade	Continuidade	Continuidade
Exploração por conta e risco do contratado.	Exploração por conta e risco do contratado.	Exploração por conta e risco do contratado.
Execução remunerada (onerosa) por **tarifa**.	Execução remunerada (onerosa) por **tarifa**.	Utilização, onerosa **ou gratuita**, por **tarifa**.
Regulado pela **Lei nº 8.987/1995**	Regulado pela **Lei 8.666/1993**	
Remunerado pelo **Estado**, pelo **usuário e** por **outras fontes** de iniciativa do concessionário.	Remunerado pelo **usuário e** por **outras fontes** de iniciativa do concessionário.	É a **utilização privativa de bem público**, para que a exerça conforme a sua destinação.
EXEMPLOS		
Água encanada, energia elétrica, esgoto, transporte público, telefonia, rádio e televisão etc.	Rodovias com pedágios, terminais rodoviários com tarifa de embarque etc.	Lojas em prédios públicos, hipermercados, estacionamentos e parques em terrenos públicos etc.
Obs.: Não há consenso entre os autores acerca das espécies de contratos de concessão.		

CONTRATO DE CONCESSÃO ESPECIAL	
Regulado pela Lei das **Parcerias Público-Privadas** (PPP's), Lei 11.079/2004. Tem o objetivo de atrair investimentos para projetos de **infraestrutura de grande vulto**, que excedem a capacidade financeira do Estado.	
MODALIDADES	
CONCESSÃO PATROCINADA	**CONCESSÃO ADMINISTRATIVA**
Obras ou **serviços** públicos que envolvem as **tarifas e** a **contraprestação** pecuniária do Estado.	**Serviços** de que a **Adm.** seja **usuária direta ou indireta**, ainda que envolva execução de obra ou fornecimento e instalação de bens, com **contraprestação** do Estado.
Obs.: 1 – Deve ser precedida de licitação na modalidade **concorrência.**	
Obs.: 2 – Não possuem delegação nas funções de regulação, jurisdição, poder de polícia e outras atribuições exclusivas de Estado.	
EXEMPLOS	
Uma usina hidroelétrica, uma rodovia com grande escoamento de trânsito etc.	Um hospital público, uma escola pública, uma estação rodoviária, uma linha férrea etc.

VEDAÇÕES ÀS PPP'S		
Contrato inferior a 20 milhões.	Contrato inferior a 5 anos e superior a 35 anos, incluindo eventuais prorrogações.	Contrato **somente** de execução de **obra**, fornecimento de **mão de obra** ou fornecimento e **instalação** de equipamentos.

EXERCÍCIOS – LICITAÇÕES E CONTRATOS ADMINISTRATIVOS

1. **(CESPE - Analista Técnico Administrativo ANS 2013)** A realização pela ANS de licitação para contratar empresa para prestação de serviço de segurança tem como requisito de validade a motivação explícita da necessidade da execução indireta desse serviço, pois autarquias federais somente podem terceirizar serviços em casos de manifesta excepcionalidade.

2. **(CESPE - Analista Técnico Administrativo ANS 2013)** Considere que o presidente de uma comissão especial de licitação de uma agência reguladora tenha sido excluído dessa função, a pedido, e que outro servidor tenha sido nomeado para presidir a referida comissão. Considere, ainda, que o novo presidente tenha anulado atos praticados anteriormente pela comissão, sob argumento de que não lhe é possível garantir a lisura de procedimentos praticados antes de sua designação para o cargo. Nessa situação, o referido ato de anulação seria ilícito.

3. **(CESPE - Analista Judiciário CNJ 2013)** O fato de o fornecedor deter a patente de um produto torna a licitação inexigível, conforme a lei de regência.

4. **(CESPE - Analista Administrativo CNJ 2013)** Caso o CNJ publique edital de licitação para aquisição de material de expediente, somente aos licitantes será conferida a faculdade de impugná-lo, por serem eles os legítimos interessados na contratação.

5. **(CESPE - Analista Administrativo CNJ 2013)** Em virtude do princípio do formalismo, os contratos administrativos devem ser formalizados por meio de instrumento escrito, salvo os de pequenas compras para pronto pagamento, em que se admite contrato verbal com a Administração Pública.

6. **(CESPE - Técnico Administrativo CNJ 2013)** Considere que determinado órgão público pretenda contratar consagrado profissional do setor artístico. Nessa situação hipotética, a licitação será inexigível, desde que esta consagração seja pela

crítica especializada ou até mesmo pela opinião pública, podendo a contratação ocorrer diretamente ou por meio de empresário exclusivo.

7. **(CESPE - Técnico Administrativo CNJ 2013)** Considere que uma sociedade empresária tenha celebrado contrato administrativo de prestação de serviço com determinado órgão público. Nessa situação hipotética, caso a administração julgue conveniente a substituição da garantia de execução, o contrato poderá ser alterado unilateralmente.

8. **(CESPE - Técnico Administrativo ANS 2013)** Apenas os interessados em participar do certame poderão impugnar edital de licitação.

9. **(CESPE - Técnico Administrativo ANS 2013)** A Administração Pública poderá exigir, no ato de convocação da licitação, que os licitantes possuam sede ou domicílio no local em que será realizado o certame.

10. **(CESPE - Técnico em Regulação ANS 2013)** A inexigibilidade de licitação ocorre sempre que houver impossibilidade jurídica de competição.

11. **(CESPE - Técnico em Regulação ANS 2013)** Se a União tiver que intervir no domínio econômico para regular preços, ocorrerá a inexigibilidade da licitação.

12. **(CESPE - Técnico em Regulação ANS 2013)** Ao se estabelecerem requisitos mínimos que tenham por finalidade garantir a execução adequada do contrato, fere-se o princípio da igualdade entre os licitantes.

13. **(CESPE - Técnico em Regulação ANS 2013)** O princípio da adjudicação obrigatória ao vencedor é a garantia da celebração do contrato com o vencedor da licitação.

14. **(CESPE - Oficial de Justiça TJDFT 2013)** Segundo a Lei 8.666/1993, a rescisão dos contratos administrativos pode ser judicial, amigável ou determinada por ato unilateral da Administração, não sendo cabível a rescisão unilateral apenas no caso de o inadimplemento contratual ser da administração pública, ou seja, nas hipóteses de rescisão decorrente de culpa da Administração.

15. **(CESPE - Técnico Administrativo MPU 2013)** É dispensável a licitação para a aquisição, com recursos concedidos, pelo Conselho Nacional de Desenvolvimento Científico e Tecnológico, de bens destinados exclusivamente à pesquisa científica e tecnológica.

16. **(MPE - Promotor de Justiça SC 2013)** De acordo o com a Lei 8.666/1993, constituem tipos de licitação, exceto na modalidade concorrência: a de menor preço - quando o critério de seleção da proposta mais vantajosa para a Administração determinar que será vencedor o licitante que apresentar a proposta de acordo com as especificações do edital ou convite e ofertar o menor preço; a de melhor técnica; a de técnica e preço; e a de maior lance ou oferta - nos casos de alienação de bens ou concessão de direito real de uso.

17. **(MPE - Promotor de Justiça SC 2013)** As disposições expressas na Lei 8.666/1993, de que quaisquer tributos ou encargos legais criados, alterados ou extintos, bem como a superveniência de disposições legais, quando ocorridas após a data da apresentação da proposta, de comprovada repercussão nos preços contratados, implicarão a revisão destes para mais ou para menos, conforme o caso, corresponda à teoria do fato do príncipe.

18. **(MPE - Promotor de Justiça SC 2013)** Na concessão patrocinada, que constitui modalidade de concessão de serviço público, instituída como forma de parceria público-privada, conjuga-se a tarifa paga pelos usuários e a contraprestação pecuniária do concedente (parceiro público) ao concessionário (parceiro privado).

19. **(CESPE - Técnico Judiciário TRT-10 2013)** Para os fins legais, somente será considerado contrato o ajuste firmado entre a Administração Pública e a Particular que seja assim expressamente denominado em documento formal por escrito.

20. **(MPE - Promotor de Justiça SC 2013)** A alienação de bem imóvel de propriedade de órgão da Administração Direta está subordinada ao interesse público e depende de autorização legislativa, de prévia avaliação e, em regra, de licitação na modalidade concorrência.

21. **(FCC - Analista Administrativo TRT-9 2013)** A União contratou, mediante procedimento licitatório, empresa para a construção de centro de pesquisa tecnológica. No curso da execução do contrato, constatou que seria necessária a modificação de algumas especificações técnicas, para melhor adequação aos seus objetivos. De acordo com as disposições da Lei 8.666/1993,

a) a União poderá alterar unilateralmente o contrato, desde que os encargos adicionais para o contratado não ultrapassem 25% do valor original atualizado monetariamente.

b) somente será possível alterar o contrato por acordo entre as partes e desde que não provoque desequilíbrio econômico-financeiro.

c) o contrato não poderá ser alterado, em face do princípio da vinculação ao instrumento convocatório, cabendo a rescisão unilateral pela Administração.
d) o contratado não estará obrigado a aceitar a modificação das especificações do objeto caso as estas ensejem aumento dos seus encargos, podendo rescindir o contrato.
e) a União poderá alterar unilateralmente o contrato, reestabelecendo, por aditamento, o seu equilíbrio econômico-financeiro quando ocorra aumento dos encargos do contratado.

22. **(FCC – Analista Judiciário TRT-9 2013)** A propósito dos contratos administrativos regidos pela Lei 8.666/1993, tem-se como necessário estipular cláusula que trate da vigência, sendo relevante destacar, quanto a esse aspecto a
a) vigência por prazo não superior a 24 meses, salvo exceções expressas, como na prestação de serviços contínuos, cuja duração pode ser por prazo indeterminado, devendo ser comprovada, anualmente, a existência de recursos orçamentários para realização das despesas.
b) regra geral de vigência dos contratos tendo termo final coincidindo com o término do exercício financeiro, salvo exceções expressas, como na prestação de serviços contínuos.
c) duração adstrita à vigência dos créditos orçamentários, salvo nas hipóteses de contratações de fornecimento por meio de pregão, cuja duração pode ser por prazo indeterminado, devendo ser comprovada, anualmente, a existência de recursos orçamentários para realização das despesas.
d) obrigação de vincular a duração das avenças à vigência dos créditos orçamentários autorizados para fazer frente às respectivas vigências, em especial quando se tratar de contratação de serviços contínuos, comprovando-se anualmente a existência de recursos para fazer frente às despesas previstas.
e) possibilidade de estabelecer a vigência por prazo indeterminado quando se tratar de contratação de serviços contínuos, devendo ser comprovada, anualmente, a existência de recursos orçamentários para realização das despesas.

23. **(FCC – Técnico Judiciário TRT-9 2013)** Considerando as disposições da Lei nº 8.666/1993, modalidade licitatória aplicável para
I. venda de produtos legalmente apreendidos ou penhorados.
II. aquisição de bens de natureza comum.
III. obras com valor da contratação estimado em até R$ 150.000,00, correspondem, respectivamente, a
a) pregão, leilão e tomada de preços.
b) leilão, pregão e convite.

c) leilão, convite e tomada de preços.
d) concorrência, pregão e convite.
e) convite, tomada de preços e concorrência.

24. **(FCC - Analista Processual DPE-RS 2013)** Considerando a mutabilidade dos contratos administrativos e os impactos que a utilização dessa prerrogativa pode causar na relação de equilíbrio econômico-financeiro do ajuste, analise as seguintes assertivas.
I. Álea empresarial decorre de intervenção da administração pública na área econômica, impactando financeiramente o retorno do contratado, razão pela qual o Poder Público deve recompor o equilíbrio econômico-financeiro do contrato.
II. Álea administrativa compreende as condutas da Administração Pública que podem tornar inexequíveis as disposições contratuais, podendo ensejar a recomposição do equilíbrio econômico-financeiro do contrato.
III. Álea econômica decorre de conduta ou descumprimento da Administração, como parte contratual, que cause desequilíbrio no contrato, dando lugar à aplicação da teoria do fato do príncipe.

Está correto o que se afirma em
a) I, apenas.
b) II e III, apenas.
c) I e III, apenas.
d) II, apenas.
e) I, II e III.

25. **(FADEMS - Procurador Assembleia Legislativa PB 2013)** A Lei Federal nº 8.666/1993 agasalha a presença de diversas cláusulas exorbitantes que caracterizam o regime jurídico dos contratos administrativos e excepcionam o regime contratual comum. NÃO merece a qualificação de cláusula exorbitante
a) o poder de rescisão unilateral do contrato, nos casos especificados na lei.
b) o poder de modificação do contrato, independente da vontade do contratado, para melhor adaptação às finalidades de interesse público, respeitados os direitos do contratado e os limites estabelecidos na lei.
c) a chamada *exceptio non adimpleti contractus* (exceção do contrato não cumprido).
d) a possibilidade de aplicar sanções ao contratado, de forma unilateral, pela inexecução parcial ou total do ajuste.
e) a prerrogativa de, nos casos de serviços essenciais, ocupar provisoriamente bens móveis, imóveis, pessoal e serviços vinculados ao objeto do contrato, na hipótese da necessidade de acautelar apuração administrativa de faltas contratuais pelo contratado, bem como na hipótese de rescisão do contrato administrativo.

26. (FADEMS - Procurador Assembleia Legislativa PB 2013) Nos processos licitatórios regulados pela Lei Federal 8.666/1993, é absolutamente vedada a

a) fixação de preferência a bens e serviços produzidos no país, em detrimento dos produzidos em país estrangeiro como critério de desempate.
b) realização de licitação cujo objeto inclua bens e serviços sem similaridade ou de marcas, características e especificações exclusivas.
c) contratação direta por inexigibilidade de licitação, quando se tratar de serviços de publicidade e divulgação.
d) utilização de moeda estrangeira para cotação dos preços constantes das propostas dos licitantes.
e) realização de diversos certames para parcelas de uma mesma obra ou serviço ou ainda para obras e serviços da mesma natureza e no mesmo local que possam ser realizadas conjunta e concomitantemente.

27. (FADEMS - Procurador de Justiça MPE-MS 2013) Em se tratando de alienação de imóvel da Administração Pública, havendo interesse público justificado, serão observadas as seguintes providências e normas.

a) Será precedida de avaliação e de autorização do Poder Executivo para órgãos da Administração Direta e entidades autárquicas e fundacionais.
b) Se for para todos, inclusive as entidades paraestatais, dependerá de avaliação prévia e, via- de regra, de licitação na modalidade de leilão.
c) Dependerá de avaliação prévia e licitação, na modalidade de tomada de preços, se a venda se dirigir a outro órgão ou entidade da Administração Pública, de qualquer esfera de governo.
d) Será dispensável a avaliação prévia e a licitação, na modalidade de leilão, se se tratar de permuta por outro imóvel que atenda aos requisitos do inciso X, do art. 24 da Lei 8.666/1993.
e) Será precedida de avaliação e de autorização do Poder Legislativo para órgãos da Administração Direta e entidades autárquicas e fundacionais.

28. (FADEMS - Procurador de Justiça MPE-MS 2013) No caso de contratação pela Administração Pública de serviço de coleta, processamento e comercialização de resíduos sólidos urbanos recicláveis, em áreas com sistema de coleta seletiva de lixo, efetuados por associações ou cooperativas formadas exclusivamente por pessoas físicas de baixa renda reconhecidas pelo poder público como catadores de materiais recicláveis, com o uso de equipamentos compatíveis com as normas técnicas, ambientais e de saúde, é **correto** afirmar que se trata de hipótese de

a) inexigibilidade de licitação.
b) exigibilidade de licitação.

c) vedação de licitação.
d) dispensa de licitação.
e) licitação deserta.

29. (ESAF - Técnico Administrativo - DNIT 2013) Quanto às modalidades de licitação, analise as afirmativas abaixo e, em seguida, assinale V para verdadeiro e F para falso.

I. Tomada de Preços é a modalidade de licitação entre quaisquer interessados que, na fase inicial de habilitação preliminar, comprovem possuir os requisitos mínimos de qualificação exigidos no edital para execução de seu objeto.

II. Concurso é a modalidade de licitação entre quaisquer interessados para escolha de trabalho técnico, científico ou artístico, mediante a instituição de prêmios ou remuneração aos vencedores, conforme critérios constantes de edital publicado na imprensa oficial, com antecedência mínima de 30 (trinta) dias.

III. Concorrência é a modalidade de licitação entre quaisquer interessados para a venda de bens móveis inservíveis para a Administração ou de produtos legalmente apreendidos ou penhorados, ou para a alienação de bens imóveis cuja aquisição derivar de procedimentos judiciais ou de dação em pagamento, a quem oferecer o maior lance, igual ou superior ao valor da avaliação.

IV. A Licitação para obras e serviços de engenharia até R$ 650.000,00 (seiscentos e cinquenta mil reais) deverá adotar a modalidade concorrência.

V. Convite é a modalidade de licitação entre interessados do ramo pertinente ao seu objeto, cadastrados ou não, escolhidos e convidados em número mínimo de 3 (três) pela unidade administrativa, a qual afixará, em local apropriado, cópia do instrumento convocatório e o estenderá aos demais cadastrados na correspondente especialidade que manifestarem seu interesse com antecedência de até 48 (quarenta e oito) horas da apresentação das propostas.

Marque a alternativa correta.
a) Apenas I, II, III e IV são verdadeiras.
b) Apenas II, III, IV e V são falsas.
c) Apenas I, II, III e IV são falsas.
d) Todas são falsas.
e) Todas são verdadeiras.

30. (ESAF - Técnico Administrativo - DNIT 2013) Assinale a exigência que, segundo a Lei 8.666/1993, é apresentada para a alienação de bens públicos imóveis das pessoas jurídicas de direito público que não está presente na alienação de bens imóveis pertencentes às empresas públicas.

Os bens imóveis aqui tratados não foram adquiridos por dação em pagamento.

a) Interesse público justificado

b) Licitação na modalidade de concorrência

c) Avaliação prévia

d) Autorização legislativa

e) Licitação na modalidade de leilão

Gabarito

1. E	6. C	11. E	16. E	21. e	26. c
2. C	7. E	12. E	17. C	22. b	27. e
3. E	8. E	13. E	18. C	23. b	28. d
4. E	9. E	14. C	19. E	24. d	29. d
5. C	10. C	15. C	20. C	25. c	30. d

Lei nº 8.666, de 21 de Junho de 1993[5]

CAPÍTULO I
Das Disposições Gerais

Seção I
Dos Princípios

Art. 1º Esta Lei estabelece normas gerais sobre licitações e contratos administrativos pertinentes a obras, serviços, inclusive de publicidade, compras, alienações e locações no âmbito dos Poderes da União, dos Estados, do Distrito Federal e dos Municípios.

Parágrafo único. Subordinam-se ao regime desta Lei, além dos órgãos da administração direta, os fundos especiais, as autarquias, as fundações públicas, as empresas públicas, as sociedades de economia mista e demais entidades controladas direta ou indiretamente pela União, Estados, Distrito Federal e Municípios.

Art. 2º As obras, os serviços, inclusive de publicidade, compras, alienações, concessões, permissões e locações da Administração Pública, quando contratadas com terceiros, serão necessariamente precedidas de licitação, ressalvadas as hipóteses previstas nesta Lei.

Parágrafo único. Para os fins desta Lei, considera-se contrato todo e qualquer ajuste entre órgãos ou entidades da Administração Pública e particulares, em que haja um acordo de vontades para a formação de vínculo e a estipulação de obrigações recíprocas, seja qual for a denominação utilizada.

Art. 3º A licitação destina-se a garantir a observância do princípio constitucional da isonomia, a seleção da proposta mais vantajosa para a administração e a promoção do desenvolvimento nacional sustentável e será processada e julgada em estrita conformidade com os princípios básicos da legalidade, da impessoalidade, da moralidade, da igualdade, da publicidade, da probidade administrativa, da vinculação ao instrumento convocatório, do julgamento objetivo e dos que lhes são correlatos. *(Redação dada pela Lei nº 12.349, de 2010)*

---

[5] BRASIL. **Lei nº 8.666, de 21 de junho de 1993**. Regulamenta o art. 37, inciso XXI, da Constituição Federal, institui normas para licitações e contratos da Administração Pública e dá outras providências. Brasília: Congresso Nacional, 1993. Disponível em: <http://www.planalto.gov.br/ccivil_03/leis/l8666cons.htm>.

§ 1º É vedado aos agentes públicos:

I – admitir, prever, incluir ou tolerar, nos atos de convocação, cláusulas ou condições que comprometam, restrinjam ou frustrem o seu caráter competitivo, inclusive nos casos de sociedades cooperativas, e estabeleçam preferências ou distinções em razão da naturalidade, da sede ou domicílio dos licitantes ou de qualquer outra circunstância impertinente ou irrelevante para o específico objeto do contrato, ressalvado o disposto nos §§ 5º a 12 deste artigo e no art. 3º da Lei nº 8.248, de 23 de outubro de 1991; *(Redação dada pela Lei nº 12.349, de 2010)*

II – estabelecer tratamento diferenciado de natureza comercial, legal, trabalhista, previdenciária ou qualquer outra, entre empresas brasileiras e estrangeiras, inclusive no que se refere à moeda, à modalidade e ao local de pagamentos, mesmo quando envolvidos financiamentos de agências internacionais, ressalvado o disposto no parágrafo seguinte e no art. 3º da Lei nº 8.248, de 23 de outubro de 1991.

§ 2º Em igualdade de condições, como critério de desempate, será assegurada preferência, sucessivamente, aos bens e serviços:

I – *(Revogado pela Lei nº 12.349, de 2010)*

II – produzidos no País;

III – produzidos ou prestados por empresas brasileiras.

IV – produzidos ou prestados por empresas que invistam em pesquisa e no desenvolvimento de tecnologia no País. *(Incluído pela Lei nº 11.196, de 2005)*

§ 3º A licitação não será sigilosa, sendo públicos e acessíveis ao público os atos de seu procedimento, salvo quanto ao conteúdo das propostas, até a respectiva abertura.

§ 4º *(Vetado). (Incluído pela Lei nº 8.883, de 1994)*

§ 5º Nos processos de licitação previstos no *caput*, poderá ser estabelecido margem de preferência para produtos manufaturados e para serviços nacionais que atendam a normas técnicas brasileiras. *(Incluído pela Lei nº 12.349, de 2010)*

§ 6º A margem de preferência de que trata o § 5º será estabelecida com base em estudos revistos periodicamente, em prazo não superior a 5 (cinco) anos, que levem em consideração. *(Incluído pela Lei nº 12.349, de 2010)*

I – geração de emprego e renda; *(Incluído pela Lei nº 12.349, de 2010)*

II – efeito na arrecadação de tributos federais, estaduais e municipais; *(Incluído pela Lei nº 12.349, de 2010)*

III – desenvolvimento e inovação tecnológica realizados no País; *(Incluído pela Lei nº 12.349, de 2010)*

IV – custo adicional dos produtos e serviços; *(Incluído pela Lei nº 12.349, de 2010)*

V – em suas revisões, análise retrospectiva de resultados. *(Incluído pela Lei nº 12.349, de 2010)*

§ 7º Para os produtos manufaturados e serviços nacionais resultantes de desenvolvimento e inovação tecnológica realizados no País, poderá ser estabelecido margem de preferência adicional àquela prevista no § 5º. *(Incluído pela Lei nº 12.349, de 2010)*

§ 8º As margens de preferência por produto, serviço, grupo de produtos ou grupo de serviços, a que se referem os §§ 5º e 7º, serão definidas pelo Poder Executivo federal, não podendo a soma delas ultrapassar o montante de 25% (vinte e cinco por cento) sobre o preço dos produtos manufaturados e serviços estrangeiros. *(Incluído pela Lei nº 12.349, de 2010)*

§ 9º As disposições contidas nos §§ 5º e 7º deste artigo não se aplicam aos bens e aos serviços cuja capacidade de produção ou prestação no País seja inferior: *(Incluído pela Lei nº 12.349, de 2010)*

I - à quantidade a ser adquirida ou contratada; *(Incluído pela Lei nº 12.349, de 2010)*

II - ao quantitativo fixado com fundamento no § 7º do art. 23 desta Lei, quando for o caso. *(Incluído pela Lei nº 12.349, de 2010)*

§ 10. A margem de preferência a que se refere o § 5º poderá ser estendida, total ou parcialmente, aos bens e serviços originários dos Estados Partes do Mercado Comum do Sul - Mercosul. *(Incluído pela Lei nº 12.349, de 2010)*

§ 11. Os editais de licitação para a contratação de bens, serviços e obras poderão, mediante prévia justificativa da autoridade competente, exigir que o contratado promova, em favor de órgão ou entidade integrante da administração pública ou daqueles por ela indicados a partir de processo isonômico, medidas de compensação comercial, industrial, tecnológica ou acesso a condições vantajosas de financiamento, cumulativamente ou não, na forma estabelecida pelo Poder Executivo federal. *(Incluído pela Lei nº 12.349, de 2010)*

§ 12. Nas contratações destinadas à implantação, manutenção e ao aperfeiçoamento dos sistemas de tecnologia de informação e comunicação, considerados estratégicos em ato do Poder Executivo federal, a licitação poderá ser restrita a bens e serviços com tecnologia desenvolvida no País e produzidos de acordo com o processo produtivo básico de que trata a Lei nº 10.176, de 11 de janeiro de 2001. *(Incluído pela Lei nº 12.349, de 2010)*

§ 13. Será divulgada na internet, a cada exercício financeiro, a relação de empresas favorecidas em decorrência do disposto nos §§ 5º, 7º, 10, 11 e 12 deste artigo, com indicação do volume de recursos destinados a cada uma delas. *(Incluído pela Lei nº 12.349, de 2010)*

Art. 4º Todos quantos participem de licitação promovida pelos órgãos ou entidades a que se refere o art. 1º têm direito público subjetivo à fiel observância do pertinente procedimento estabelecido nesta Lei, podendo qualquer cidadão acompanhar o seu desenvolvimento, desde que não interfira de modo a perturbar ou impedir a realização dos trabalhos.

Parágrafo único. O procedimento licitatório previsto nesta Lei caracteriza ato administrativo formal, seja ele praticado em qualquer esfera da Administração Pública.

Art. 5º Todos os valores, preços e custos utilizados nas licitações terão como expressão monetária a moeda corrente nacional, ressalvado o disposto no art. 42 desta

Lei, devendo cada unidade da Administração, no pagamento das obrigações relativas ao fornecimento de bens, locações, realização de obras e prestação de serviços, obedecer, para cada fonte diferenciada de recursos, a estrita ordem cronológica das datas de suas exigibilidades, salvo quando presentes relevantes razões de interesse público e mediante prévia justificativa da autoridade competente, devidamente publicada.

§ 1º Os créditos a que se refere este artigo terão seus valores corrigidos por critérios previstos no ato convocatório e que lhes preservem o valor.

§ 2º A correção de que trata o parágrafo anterior cujo pagamento será feito junto com o principal, correrá à conta das mesmas dotações orçamentárias que atenderam aos créditos a que se referem. *(Redação dada pela Lei nº 8.883, de 1994)*

§ 3º Observados o disposto no *caput*, os pagamentos decorrentes de despesas cujos valores não ultrapassem o limite de que trata o inciso II do art. 24, sem prejuízo do que dispõe seu parágrafo único, deverão ser efetuados no prazo de até 5 (cinco) dias úteis, contados da apresentação da fatura. *(Incluído pela Lei nº 9.648, de 1998)*

Seção II
Das Definições

Art. 6º Para os fins desta Lei, considera-se:

I – Obra – toda construção, reforma, fabricação, recuperação ou ampliação, realizada por execução direta ou indireta;

II – Serviço – toda atividade destinada a obter determinada utilidade de interesse para a Administração, tais como: demolição, conserto, instalação, montagem, operação, conservação, reparação, adaptação, manutenção, transporte, locação de bens, publicidade, seguro ou trabalhos técnico-profissionais;

III – Compra – toda aquisição remunerada de bens para fornecimento de uma só vez ou parceladamente;

IV – Alienação – toda transferência de domínio de bens a terceiros;

V – Obras, serviços e compras de grande vulto – aquelas cujo valor estimado seja superior a 25 (vinte e cinco) vezes o limite estabelecido na alínea *c* do inciso I do art. 23 desta Lei;

VI – Seguro-Garantia – o seguro que garante o fiel cumprimento das obrigações assumidas por empresas em licitações e contratos;

VII – Execução direta – a que é feita pelos órgãos e entidades da Administração, pelos próprios meios;

VIII – Execução indireta – a que o órgão ou a entidade contrata com terceiros sob qualquer dos seguintes regimes: *(Redação dada pela Lei nº 8.883, de 1994)*

a) empreitada por preço global – quando se contrata a execução da obra ou do serviço por preço certo e total;

b) empreitada por preço unitário – quando se contrata a execução da obra ou do serviço por preço certo de unidades determinadas;

c) (Vetado). (Redação dada pela Lei nº 8.883, de 1994)

d) tarefa – quando se ajusta mão de obra para pequenos trabalhos por preço certo, com ou sem fornecimento de materiais;

e) empreitada integral – quando se contrata um empreendimento em sua integralidade, compreendendo todas as etapas das obras, serviços e instalações necessárias, sob inteira responsabilidade da contratada até a sua entrega ao contratante em condições de entrada em operação, atendidos os requisitos técnicos e legais para sua utilização em condições de segurança estrutural e operacional e com as características adequadas às finalidades para que foi contratada;

IX – Projeto Básico – conjunto de elementos necessários e suficientes, com nível de precisão adequado, para caracterizar a obra ou serviço, ou complexo de obras ou serviços objeto da licitação, elaborado com base nas indicações dos estudos técnicos preliminares, que assegurem a viabilidade técnica e o adequado tratamento do impacto ambiental do empreendimento, e que possibilite a avaliação do custo da obra e a definição dos métodos e do prazo de execução, devendo conter os seguintes elementos:

a) desenvolvimento da solução escolhida de forma a fornecer visão global da obra e identificar todos os seus elementos constitutivos com clareza;

b) soluções técnicas globais e localizadas, suficientemente detalhadas, de forma a minimizar a necessidade de reformulação ou de variantes durante as fases de elaboração do projeto executivo e de realização das obras e montagem;

c) identificação dos tipos de serviços a executar e de materiais e equipamentos a incorporar à obra, bem como suas especificações que assegurem os melhores resultados para o empreendimento, sem frustrar o caráter competitivo para a sua execução;

d) informações que possibilitem o estudo e a dedução de métodos construtivos, instalações provisórias e condições organizacionais para a obra, sem frustrar o caráter competitivo para a sua execução;

e) subsídios para montagem do plano de licitação e gestão da obra, compreendendo a sua programação, a estratégia de suprimentos, as normas de fiscalização e outros dados necessários em cada caso;

f) orçamento detalhado do custo global da obra, fundamentado em quantitativos de serviços e fornecimentos propriamente avaliados.

X – Projeto Executivo – o conjunto dos elementos necessários e suficientes à execução completa da obra, de acordo com as normas pertinentes da Associação Brasileira de Normas Técnicas –ABNT;

XI – Administração Pública – a Administração Direta e Indireta da União, dos Estados, do Distrito Federal e dos Municípios, abrangendo inclusive as entidades com personalidade jurídica de direito privado sob controle do poder público e das fundações por ele instituídas ou mantidas;

XII – Administração – órgão, entidade ou unidade administrativa pela qual a Administração Pública opera e atua concretamente;

XIII – Imprensa Oficial – veículo oficial de divulgação da Administração Pública, sendo para a União o Diário Oficial da União, e, para os Estados, o Distrito Federal e os Municípios, o que for definido nas respectivas leis; *(Redação dada pela Lei nº 8.883, de 1994)*

XIV – Contratante – é o órgão ou entidade signatária do instrumento contratual;

XV – Contratado – a pessoa física ou jurídica signatária de contrato com a Administração Pública;

XVI – Comissão – comissão, permanente ou especial, criada pela Administração com a função de receber, examinar e julgar todos os documentos e procedimentos relativos às licitações e ao cadastramento de licitantes;

XVII – produtos manufaturados nacionais – produtos manufaturados, produzidos no território nacional de acordo com o processo produtivo básico ou com as regras de origem estabelecidas pelo Poder Executivo federal; *(Incluído pela Lei nº 12.349, de 2010)*

XVIII – serviços nacionais – serviços prestados no País, nas condições estabelecidas pelo Poder Executivo federal; *(Incluído pela Lei nº 12.349, de 2010)*

XIX – sistemas de tecnologia de informação e comunicação estratégicos – bens e serviços de tecnologia da informação e comunicação cuja descontinuidade provoque dano significativo à administração pública e que envolvam pelo menos um dos seguintes requisitos relacionados às informações críticas: disponibilidade, confiabilidade, segurança e confidencialidade. *(Incluído pela Lei nº 12.349, de 2010)*

Seção III
Das Obras e Serviços

Art. 7º As licitações para a execução de obras e para a prestação de serviços obedecerão ao disposto neste artigo e, em particular, à seguinte sequência:

I – projeto básico;

II – projeto executivo;

III – execução das obras e serviços.

§ 1º A execução de cada etapa será obrigatoriamente precedida da conclusão e aprovação, pela autoridade competente, dos trabalhos relativos às etapas anteriores, à exceção do projeto executivo, o qual poderá ser desenvolvido concomitantemente com a execução das obras e serviços, desde que também autorizado pela Administração.

§ 2º As obras e os serviços somente poderão ser licitados quando:

I – houver projeto básico aprovado pela autoridade competente e disponível para exame dos interessados em participar do processo licitatório;

II - existir orçamento detalhado em planilhas que expressem a composição de todos os seus custos unitários;

III - houver previsão de recursos orçamentários que assegurem o pagamento das obrigações decorrentes de obras ou serviços a serem executadas no exercício financeiro em curso, de acordo com o respectivo cronograma;

IV - o produto dela esperado estiver contemplado nas metas estabelecidas no Plano Plurianual de que trata o art. 165 da Constituição Federal, quando for o caso.

§ 3º É vedado incluir no objeto da licitação a obtenção de recursos financeiros para sua execução, qualquer que seja a sua origem, exceto nos casos de empreendimentos executados e explorados sob o regime de concessão, nos termos da legislação específica.

§ 4º É vedada, ainda, a inclusão, no objeto da licitação, de fornecimento de materiais e serviços sem previsão de quantidades ou cujos quantitativos não correspondam às previsões reais do projeto básico ou executivo.

§ 5º É vedada a realização de licitação cujo objeto inclua bens e serviços sem similaridade ou de marcas, características e especificações exclusivas, salvo nos casos em que for tecnicamente justificável, ou ainda quando o fornecimento de tais materiais e serviços for feito sob o regime de administração contratada, previsto e discriminado no ato convocatório.

§ 6º A infringência do disposto neste artigo implica a nulidade dos atos ou contratos realizados e a responsabilidade de quem lhes tenha dado causa.

§ 7º Não será ainda computado como valor da obra ou serviço, para fins de julgamento das propostas de preços, a atualização monetária das obrigações de pagamento, desde a data final de cada período de aferição até a do respectivo pagamento, que será calculada pelos mesmos critérios estabelecidos obrigatoriamente no ato convocatório.

§ 8º Qualquer cidadão poderá requerer à Administração Pública os quantitativos das obras e preços unitários de determinada obra executada.

§ 9º O disposto neste artigo aplica-se também, no que couber, aos casos de dispensa e de inexigibilidade de licitação.

Art. 8º A execução das obras e dos serviços deve programar-se, sempre, em sua totalidade, previstos seus custos atual e final e considerados os prazos de sua execução.

Parágrafo único. É proibido o retardamento imotivado da execução de obra ou serviço, ou de suas parcelas, se existente previsão orçamentária para sua execução total, salvo insuficiência financeira ou comprovado motivo de ordem técnica, justificados em despacho circunstanciado da autoridade a que se refere o art. 26 desta Lei. *(Redação dada pela Lei nº 8.883, de 1994)*

Art. 9º Não poderá participar, direta ou indiretamente, da licitação ou da execução de obra ou serviço e do fornecimento de bens a eles necessários:

I - o autor do projeto, básico ou executivo, pessoa física ou jurídica;

II – empresa, isoladamente ou em consórcio, responsável pela elaboração do projeto básico ou executivo ou da qual o autor do projeto seja dirigente, gerente, acionista ou detentor de mais de 5% (cinco por cento) do capital com direito a voto ou controlador, responsável técnico ou subcontratado;

III – servidor ou dirigente de órgão ou entidade contratante ou responsável pela licitação.

§ 1º É permitida a participação do autor do projeto ou da empresa a que se refere o inciso II deste artigo, na licitação de obra ou serviço, ou na execução, como consultor ou técnico, nas funções de fiscalização, supervisão ou gerenciamento, exclusivamente a serviço da Administração interessada.

§ 2º O disposto neste artigo não impede a licitação ou contratação de obra ou serviço que inclua a elaboração de projeto executivo como encargo do contratado ou pelo preço previamente fixado pela Administração.

§ 3º Considera-se participação indireta, para fins do disposto neste artigo, a existência de qualquer vínculo de natureza técnica, comercial, econômica, financeira ou trabalhista entre o autor do projeto, pessoa física ou jurídica, e o licitante ou responsável pelos serviços, fornecimentos e obras, incluindo-se os fornecimentos de bens e serviços a estes necessários.

§ 4º O disposto no parágrafo anterior aplica-se aos membros da comissão de licitação.

Art. 10. As obras e serviços poderão ser executados nas seguintes formas: *(Redação dada pela Lei nº 8.883, de 1994)*

I – execução direta;

II – execução indireta, nos seguintes regimes: *(Redação dada pela Lei nº 8.883, de 1994)*

a) empreitada por preço global;

b) empreitada por preço unitário;

c) (Vetado). (Redação dada pela Lei nº 8.883, de 1994)

d) tarefa;

e) empreitada integral.

Parágrafo único. *(Vetado). (Redação dada pela Lei nº 8.883, de 1994)*

Art. 11. As obras e serviços destinados aos mesmos fins terão projetos padronizados por tipos, categorias ou classes, exceto quando o projeto-padrão não atender às condições peculiares do local ou às exigências específicas do empreendimento.

Art. 12. Nos projetos básicos e projetos executivos de obras e serviços serão considerados principalmente os seguintes requisitos: *(Redação dada pela Lei nº 8.883, de 1994)*

I – segurança;

II – funcionalidade e adequação ao interesse público;

III – economia na execução, conservação e operação;

IV – possibilidade de emprego de mão-de-obra, materiais, tecnologia e matérias -primas existentes no local para execução, conservação e operação;

V – facilidade na execução, conservação e operação, sem prejuízo da durabilidade da obra ou do serviço;

VI – adoção das normas técnicas, de saúde e de segurança do trabalho adequadas; *(Redação dada pela Lei nº 8.883, de 1994)*

VII – impacto ambiental.

Seção IV
Dos Serviços Técnicos Profissionais Especializados

Art. 13. Para os fins desta Lei, consideram-se serviços técnicos profissionais especializados os trabalhos relativos a:

I – estudos técnicos, planejamentos e projetos básicos ou executivos;

II – pareceres, perícias e avaliações em geral;

III – assessorias ou consultorias técnicas e auditorias financeiras ou tributárias; *(Redação dada pela Lei nº 8.883, de 1994)*

IV – fiscalização, supervisão ou gerenciamento de obras ou serviços;

V – patrocínio ou defesa de causas judiciais ou administrativas;

VI – treinamento e aperfeiçoamento de pessoal;

VII – restauração de obras de arte e bens de valor histórico.

VIII – *(Vetado). (Incluído pela Lei nº 8.883, de 1994)*

§ 1º Ressalvados os casos de inexigibilidade de licitação, os contratos para a prestação de serviços técnicos profissionais especializados deverão, preferencialmente, ser celebrados mediante a realização de concurso, com estipulação prévia de prêmio ou remuneração.

§ 2º Aos serviços técnicos previstos neste artigo aplica-se, no que couber, o disposto no art. 111 desta Lei.

§ 3º A empresa de prestação de serviços técnicos especializados que apresente relação de integrantes de seu corpo técnico em procedimento licitatório ou como elemento de justificação de dispensa ou inexigibilidade de licitação, ficará obrigada a garantir que os referidos integrantes realizem pessoal e diretamente os serviços objeto do contrato.

Seção V
Das Compras

Art. 14. Nenhuma compra será feita sem a adequada caracterização de seu objeto e indicação dos recursos orçamentários para seu pagamento, sob pena de nulidade do ato e responsabilidade de quem lhe tiver dado causa.

Art. 15. As compras, sempre que possível, deverão:

I – atender ao princípio da padronização, que imponha compatibilidade de especificações técnicas e de desempenho, observadas, quando for o caso, as condições de manutenção, assistência técnica e garantia oferecidas;

II – ser processadas através de sistema de registro de preços;

III – submeter-se às condições de aquisição e pagamento semelhantes às do setor privado;

IV – ser subdivididas em tantas parcelas quantas necessárias para aproveitar as peculiaridades do mercado, visando economicidade;

V – balizar-se pelos preços praticados no âmbito dos órgãos e entidades da Administração Pública.

§ 1º O registro de preços será precedido de ampla pesquisa de mercado.

§ 2º Os preços registrados serão publicados trimestralmente para orientação da Administração, na imprensa oficial.

§ 3º O sistema de registro de preços será regulamentado por decreto, atendidas as peculiaridades regionais, observadas as seguintes condições:

I – seleção feita mediante concorrência;

II – estipulação prévia do sistema de controle e atualização dos preços registrados;

III – validade do registro não superior a um ano.

§ 4º A existência de preços registrados não obriga a Administração a firmar as contratações que deles poderão advir, ficando-lhe facultada a utilização de outros meios, respeitada a legislação relativa às licitações, sendo assegurado ao beneficiário do registro preferência em igualdade de condições.

§ 5º O sistema de controle originado no quadro geral de preços, quando possível, deverá ser informatizado.

§ 6º Qualquer cidadão é parte legítima para impugnar preço constante do quadro geral em razão de incompatibilidade deste com o preço vigente no mercado.

§ 7º Nas compras deverão ser observadas, ainda:

I – a especificação completa do bem a ser adquirido sem indicação de marca;

II – a definição das unidades e das quantidades a serem adquiridas em função do consumo e utilização prováveis, cuja estimativa será obtida, sempre que possível, mediante adequadas técnicas quantitativas de estimação;

III – as condições de guarda e armazenamento que não permitam a deterioração do material.

§ 8º O recebimento de material de valor superior ao limite estabelecido no art. 23 desta Lei, para a modalidade de convite, deverá ser confiado a uma comissão de, no mínimo, 3 (três) membros.

Art. 16. Será dada publicidade, mensalmente, em órgão de divulgação oficial ou em quadro de avisos de amplo acesso público, à relação de todas as compras feitas pela Administração Direta ou Indireta, de maneira a clarificar a identificação do bem comprado, seu preço unitário, a quantidade adquirida, o nome do vendedor e o valor total da operação, podendo ser aglutinadas por itens as compras feitas com dispensa e inexigibilidade de licitação. *(Redação dada pela Lei nº 8.883, de 1994)*

Parágrafo único. O disposto neste artigo não se aplica aos casos de dispensa de licitação previstos no inciso IX do art. 24. *(Incluído pela Lei nº 8.883, de 1994)*

Seção VI
Das Alienações

Art. 17. A alienação de bens da Administração Pública, subordinada à existência de interesse público devidamente justificado, será precedida de avaliação e obedecerá às seguintes normas:

I - quando imóveis, dependerá de autorização legislativa para órgãos da administração direta e entidades autárquicas e fundacionais, e, para todos, inclusive as entidades paraestatais, dependerá de avaliação prévia e de licitação na modalidade de concorrência, dispensada esta nos seguintes casos:

a) dação em pagamento;

b) doação, permitida exclusivamente para outro órgão ou entidade da administração pública, de qualquer esfera de governo, ressalvado o disposto nas alíneas *f*, *h* e *i*; *(Redação dada pela Lei nº 11.952, de 2009)*

c) permuta, por outro imóvel que atenda aos requisitos constantes do inciso X do art. 24 desta Lei;

d) investidura;

e) venda a outro órgão ou entidade da administração pública, de qualquer esfera de governo; *(Incluída pela Lei nº 8.883, de 1994)*

f) alienação gratuita ou onerosa, aforamento, concessão de direito real de uso, locação ou permissão de uso de bens imóveis residenciais construídos, destinados ou efetivamente utilizados no âmbito de programas habitacionais ou de regularização fundiária de interesse social desenvolvidos por órgãos ou entidades da Administração Pública; *(Redação dada pela Lei nº 11.481, de 2007)*

g) procedimentos de legitimação de posse de que trata o art. 29 da Lei nº 6.383, de 7 de dezembro de 1976, mediante iniciativa e deliberação dos órgãos da Administração Pública em cuja competência legal inclua-se tal atribuição; *(Incluído pela Lei nº 11.196, de 2005)*

h) alienação gratuita ou onerosa, aforamento, concessão de direito real de uso, locação ou permissão de uso de bens imóveis de uso comercial de âmbito local com área de até 25m^2 (duzentos e cinquenta metros quadrados) e inseridos no âmbito de programas de regularização fundiária de interesse social desenvolvidos por órgãos ou entidades da Administração Pública; *(Incluído pela Lei nº 11.481, de 2007) i)* alienação e concessão de direito real de uso, gratuita ou onerosa, de terras públicas rurais da União na Amazônia Legal onde incidam ocupações até o limite de 15 (quinze) módulos fiscais ou 1.500ha (mil e quinhentos hectares), para fins de regularização fundiária, atendidos os requisitos legais. *(Incluído pela Lei nº 11.952, de 2009)*

II – quando móveis, dependerá de avaliação prévia e de licitação, dispensada esta nos seguintes casos:

a) doação, permitida exclusivamente para fins e uso de interesse social, após avaliação de sua oportunidade e conveniência socioeconômica, relativamente à escolha de outra forma de alienação;

b) permuta, permitida exclusivamente entre órgãos ou entidades da Administração Pública;

c) venda de ações, que poderão ser negociadas em bolsa, observada a legislação específica;

d) venda de títulos, na forma da legislação pertinente;

e) venda de bens produzidos ou comercializados por órgãos ou entidades da Administração Pública, em virtude de suas finalidades;

f) venda de materiais e equipamentos para outros órgãos ou entidades da Administração Pública, sem utilização previsível por quem deles dispõe.

§ 1º Os imóveis doados com base na alínea *b* do inciso I deste artigo, cessadas as razões que justificaram a sua doação, reverterão ao patrimônio da pessoa jurídica doadora, vedada a sua alienação pelo beneficiário.

§ 2º A Administração também poderá conceder título de propriedade ou de direito real de uso de imóveis, dispensada licitação, quando o uso destinar-se: *(Redação dada pela Lei nº 11.196, de 2005)*

I – a outro órgão ou entidade da Administração Pública, qualquer que seja a localização do imóvel; *(Incluído pela Lei nº 11.196, de 2005)*

II – a pessoa natural que, nos termos da lei, regulamento ou ato normativo do órgão competente, haja implementado os requisitos mínimos de cultura, a ocupação mansa e pacífica e a exploração direta sobre área rural situada na Amazônia Legal, superior a 1 (um) módulo fiscal e limitada a 15 (quinze) módulos fiscais, desde que não exceda 1.500ha (mil e quinhentos hectares). *(Redação dada pela Lei nº 11.952, de 2009)*

§ 2º-A. As hipóteses do inciso II do § 2º ficam dispensadas de autorização legislativa, porém, submetem-se aos seguintes condicionamentos: *(Redação dada pela Lei nº 11.952, de 2009)*

I – aplicação exclusivamente às áreas em que a detenção por particular seja comprovadamente anterior a 1º de dezembro de 2004; *(Incluído pela Lei nº 11.196, de 2005)*

II – submissão aos demais requisitos e impedimentos do regime legal e administrativo da destinação e da regularização fundiária de terras públicas; *(Incluído pela Lei n] 11.196, de 2005)*

III - vedação de concessões para hipóteses de exploração nãocontempladas na lei agrária, nas leis de destinação de terras públicas, ou nas normas legais ou administrativas de zoneamento ecológico-econômico; *(Incluído pela Lei nº 11.196, de 2005)*

IV - previsão de rescisão automática da concessão, dispensada notificação, em caso de declaração de utilidade, ou necessidade pública ou interesse social. *(Incluído pela Lei nº 11.196, de 2005)*

§ 2º-B. A hipótese do inciso II do § 2º deste artigo: *(Incluído pela Lei nº 11.196, de 2005)*

I - só se aplica a imóvel situado em zona rural, não sujeito à vedação, impedimento ou inconveniente a sua exploração mediante atividades agropecuárias; *(Incluído pela Lei nº 11.196, de 2005)*

II - fica limitada a áreas de até quinze módulos fiscais, desde que não exceda mil e quinhentos hectares, vedada a dispensa de licitação para áreas superiores a esse limite; *(Redação dada pela Lei nº 11.763, de 2008)*

III - pode ser cumulada com o quantitativo de área decorrente da figura prevista na alínea g do inciso I do *caput* deste artigo, até o limite previsto no inciso II deste parágrafo. *(Incluído pela Lei nº 11.196, de 2005)*

IV - *(VETADO) (Incluído pela Lei nº 11.763, de 2008)*

§ 3º Entende-se por investidura, para os fins desta lei: *(Redação dada pela Lei nº 9.648, de 1998)*

I - a alienação aos proprietários de imóveis lindeiros de área remanescente ou resultante de obra pública, área esta que se tornar inaproveitável isoladamente, por preço nunca inferior ao da avaliação e desde que esse não ultrapasse a 50% (cinquenta por cento) do valor constante da alínea *a* do inciso II do art. 23 desta lei; *(Incluído pela Lei nº 9.648, de 1998)*

II - a alienação, aos legítimos possuidores diretos ou, na falta destes, ao Poder Público, de imóveis para fins residenciais construídos em núcleos urbanos anexos a usinas hidrelétricas, desde que considerados dispensáveis na fase de operação dessas unidades e não integrem a categoria de bens reversíveis ao final da concessão. *(Incluído pela Lei nº 9.648, de 1998)*

§ 4º A doação com encargo será licitada e de seu instrumento constarão, obrigatoriamente, os encargos, o prazo de seu cumprimento e cláusula de reversão, sob pena de nulidade do ato, sendo dispensada a licitação no caso de interesse público devidamente justificado. *(Redação dada pela Lei nº 8.883, de 1994)*

§ 5º Na hipótese do parágrafo anterior, caso o donatário necessite oferecer o imóvel em garantia de financiamento, a cláusula de reversão e demais obrigações serão garantidas por hipoteca em segundo grau em favor do doador. *(Incluído pela Lei nº 8.883, de 1994)*

§ 6º Para a venda de bens móveis avaliados, isolada ou globalmente, em quantia não superior ao limite previsto no art. 23, inciso II, alínea *b* desta Lei, a Administração poderá permitir o leilão. *(Incluído pela Lei nº 8.883, de 1994)*

§ 7º *(Vetado). (Incluído pela Lei nº 11.481, de 2007)*

Art. 18. Na concorrência para a venda de bens imóveis, a fase de habilitação limitar-se-á à comprovação do recolhimento de quantia correspondente a 5% (cinco por cento) da avaliação.

Parágrafo único. *(Revogado pela Lei nº 8.883, de 1994)*

Art. 19. Os bens imóveis da Administração Pública, cuja aquisição haja derivado de procedimentos judiciais ou de dação em pagamento, poderão ser alienados por ato da autoridade competente, observadas as seguintes regras:

I – avaliação dos bens alienáveis;

II – comprovação da necessidade ou utilidade da alienação;

III – adoção do procedimento licitatório, sob a modalidade de concorrência ou leilão. *(Redação dada pela Lei nº 8.883, de 1994)*

CAPÍTULO II
Da Licitação

Seção I
Das Modalidades, Limites e Dispensa

Art. 20. As licitações serão efetuadas no local onde se situar a repartição interessada, salvo por motivo de interesse público, devidamente justificado.

Parágrafo único. O disposto neste artigo não impedirá a habilitação de interessados residentes ou sediados em outros locais.

Art. 21. Os avisos contendo os resumos dos editais das concorrências, das tomadas de preços, dos concursos e dos leilões, embora realizados no local da repartição interessada, deverão ser publicados com antecedência, no mínimo, por uma vez: *(Redação dada pela Lei nº 8.883, de 1994)*

I – no Diário Oficial da União, quando se tratar de licitação feita por órgão ou entidade da Administração Pública Federal e, ainda, quando se tratar de obras financiadas parcial ou totalmente com recursos federais ou garantidas por instituições federais; *(Redação dada pela Lei nº 8.883, de 1994)*

II – no Diário Oficial do Estado, ou do Distrito Federal quando se tratar, respectivamente, de licitação feita por órgão ou entidade da Administração Pública Estadual ou Municipal, ou do Distrito Federal; *(Redação dada pela Lei nº 8.883, de 1994)*

III – em jornal diário de grande circulação no Estado e também, se houver, em jornal de circulação no município ou na região onde será realizada a obra, prestado o serviço, fornecido, alienado ou alugado o bem, podendo ainda a Administração, conforme o vulto da licitação, utilizar-se de outros meios de divulgação para ampliar a área de competição. *(Redação dada pela Lei nº 8.883, de 1994)*

§ 1º O aviso publicado conterá a indicação do local em que os interessados poderão ler e obter o texto integral do edital e todas as informações sobre a licitação.

§ 2º O prazo mínimo até o recebimento das propostas ou da realização do evento será:

I – quarenta e cinco dias para: *(Redação dada pela Lei nº 8.883, de 1994)*

a) concurso; *(Incluída pela Lei nº 8.883, de 1994)*

b) concorrência, quando o contrato a ser celebrado contemplar o regime de empreitada integral ou quando a licitação for do tipo "melhor técnica" ou "técnica e preço"; *(Incluída pela Lei nº 8.883, de 1994)*

II – trinta dias para: *(Redação dada pela Lei nº 8.883, de 1994)*

a) concorrência, nos casos não especificados na alínea *b* do inciso anterior; *(Incluída pela Lei nº 8.883, de 1994)*

b) tomada de preços, quando a licitação for do tipo "melhor técnica" ou "técnica e preço". *(Incluída pela Lei nº 8.883, de 1994)*

III – quinze dias para a tomada de preços, nos casos não especificados na alínea *b* do inciso anterior, ou leilão; *(Redação dada pela Lei nº 8.883, de 1994)*

IV – cinco dias úteis para convite. *(Redação dada pela Lei nº 8.883, de 1994)*

§ 3º Os prazos estabelecidos no parágrafo anterior serão contados a partir da última publicação do edital resumido ou da expedição do convite, ou ainda da efetiva disponibilidade do edital ou do convite e respectivos anexos, prevalecendo a data que ocorrer mais tarde. *(Redação dada pela Lei nº 8.883, de 1994)*

§ 4º Qualquer modificação no edital exige divulgação pela mesma forma que se deu o texto original, reabrindo-se o prazo inicialmente estabelecido, exceto quando, inquestionavelmente, a alteração não afetar a formulação das propostas.

Art. 22. São modalidades de licitação:

I - concorrência;

II - tomada de preços;

III - convite;

IV - concurso;

V - leilão.

§ 1º Concorrência é a modalidade de licitação entre quaisquer interessados que, na fase inicial de habilitação preliminar, comprovem possuir os requisitos mínimos de qualificação exigidos no edital para execução de seu objeto.

§ 2º Tomada de preços é a modalidade de licitação entre interessados devidamente cadastrados ou que atenderem a todas as condições exigidas para cadastramento até o terceiro dia anterior à data do recebimento das propostas, observada a necessária qualificação.

§ 3º Convite é a modalidade de licitação entre interessados do ramo pertinente ao seu objeto, cadastrados ou não, escolhidos e convidados em número mínimo de 3 (três) pela unidade administrativa, a qual afixará, em local apropriado, cópia do instrumento convocatório e o estenderá aos demais cadastrados na correspondente especialidade que manifestarem seu interesse com antecedência de até 24 (vinte e quatro) horas da apresentação das propostas.

§ 4º Concurso é a modalidade de licitação entre quaisquer interessados para escolha de trabalho técnico, científico ou artístico, mediante a instituição de prêmios ou remuneração aos vencedores, conforme critérios constantes de edital publicado na imprensa oficial com antecedência mínima de 45 (quarenta e cinco) dias.

§ 5º Leilão é a modalidade de licitação entre quaisquer interessados para a venda de bens móveis inservíveis para a administração ou de produtos legalmente apreendidos ou penhorados, ou para a alienação de bens imóveis, prevista no art. 19, a quem oferecer o maior lance, igual ou superior ao valor da avaliação. *(Redação dada pela Lei nº 8.883, de 1994)*

§ 6º Na hipótese do § 3º deste artigo, existindo na praça mais de 3 (três) possíveis interessados, a cada novo convite, realizado para objeto idêntico ou assemelhado, é obrigatório o convite a, no mínimo, mais um interessado, enquanto existirem cadastrados não convidados nas últimas licitações. *(Redação dada pela Lei nº 8.883, de 1994)*

§ 7º Quando, por limitações do mercado ou manifesto desinteresse dos convidados, for impossível a obtenção do número mínimo de licitantes exigidos no § 3º deste artigo, essas circunstâncias deverão ser devidamente justificadas no processo, sob pena de repetição do convite.

§ 8º É vedada a criação de outras modalidades de licitação ou a combinação das referidas neste artigo.

§ 9º Na hipótese do parágrafo 2º deste artigo, a administração somente poderá exigir do licitante não cadastrado os documentos previstos nos arts. 27 a 31, que comprovem habilitação compatível com o objeto da licitação, nos termos do edital. *(Incluído pela Lei nº 8.883, de 1994)*

Art. 23. As modalidades de licitação a que se referem os incisos I a III do artigo anterior serão determinadas em função dos seguintes limites, tendo em vista o valor estimado da contratação:

I – para obras e serviços de engenharia: *(Redação dada pela Lei nº 9.648, de 1998)*

a) convite - até R$ 150.000,00 (cento e cinqüenta mil reais); *(Redação dada pela Lei nº 9.648, de 1998)*

b) tomada de preços – até R$ 1.500.000,00 (um milhão e quinhentos mil reais); *(Redação dada pela Lei nº 9.648, de 1998)*

c) concorrência: acima de R$ 1.500.000,00 (um milhão e quinhentos mil reais). *(Redação dada pela Lei nº 9.648, de 1998)*

II – para compras e serviços não referidos no inciso anterior: *(Redação dada pela Lei nº 9.648, de 1998)*

a) convite – até R$ 80.000,00 (oitenta mil reais); *(Redação dada pela Lei nº 9.648, de 1998)*

b) tomada de preços – até R$ 650.000,00 (seiscentos e cinquenta mil reais); *(Redação dada pela Lei nº 9.648, de 1998)*

c) concorrência – acima de R$ 650.000,00 (seiscentos e cinquenta mil reais). *(Redação dada pela Lei nº 9.648, de 1998)*

§ 1º As obras, os serviços e as compras efetuadas pela Administração serão divididas em tantas parcelas quantas se comprovarem técnica e economicamente viáveis, procedendo-se à licitação com vistas ao melhor aproveitamento dos recursos disponíveis no mercado e à ampliação da competitividade sem perda da economia de escala. *(Redação dada pela Lei nº 8.883, de 1994)*

§ 2º Na execução de obras e serviços e nas compras de bens, parceladas nos termos do parágrafo anterior, a cada etapa ou conjunto de etapas da obra, serviço ou compra, há de corresponder licitação distinta, preservada a modalidade pertinente para a execução do objeto em licitação. *(Redação dada pela Lei nº 8.883, de 1994)*

§ 3º A concorrência é a modalidade de licitação cabível, qualquer que seja o valor de seu objeto, tanto na compra ou alienação de bens imóveis, ressalvado o disposto no art. 19, como nas concessões de direito real de uso e nas licitações internacionais, admitindo-se neste último caso, observados os limites deste artigo, a tomada de preços, quando o órgão ou entidade dispuser de cadastro internacional de fornecedores ou o convite, quando não houver fornecedor do bem ou serviço no País. *(Redação dada pela Lei nº 8.883, de 1994)*

§ 4º Nos casos em que couber convite, a Administração poderá utilizar a tomada de preços e, em qualquer caso, a concorrência.

§ 5º É vedada a utilização da modalidade "convite" ou "tomada de preços", conforme o caso, para parcelas de uma mesma obra ou serviço, ou ainda para obras e serviços da mesma natureza e no mesmo local que possam ser realizadas conjunta e concomitantemente, sempre que o somatório de seus valores caracterizar o caso de "tomada de preços" ou "concorrência", respectivamente, nos termos deste artigo, exceto para as parcelas de natureza específica que possam ser executadas por pessoas ou empresas de especialidade diversa daquela do executor da obra ou serviço. *(Redação dada pela Lei nº 8.883, de 1994)*

§ 6º As organizações industriais da Administração Federal direta, em face de suas peculiaridades, obedecerão aos limites estabelecidos no inciso I deste artigo também para suas compras e serviços em geral, desde que para a aquisição de materiais aplicados exclusivamente na manutenção, reparo ou fabricação de meios operacionais bélicos pertencentes à União. *(Incluído pela Lei nº 8.883, de 1994)*

§ 7º Na compra de bens de natureza divisível e desde que não haja prejuízo para o conjunto ou complexo, é permitida a cotação de quantidade inferior à demandada na licitação, com vistas a ampliação da competitividade, podendo o edital fixar quantitativo mínimo para preservar a economia de escala. *(Incluído pela Lei nº 9.648, de 1998)*

§ 8º No caso de consórcios públicos, aplicar-se-á o dobro dos valores mencionados no *caput* deste artigo quando formado por até 3 (três) entes da Federação, e o triplo, quando formado por maior número. *(Incluído pela Lei nº 11.107, de 2005)*

Art. 24. É dispensável a licitação: *(Vide Lei nº 12.188, de 2.010)*

I – para obras e serviços de engenharia de valor até 10% (dez por cento) do limite previsto na alínea *a*, do inciso I do artigo anterior, desde que não se refiram a parcelas de uma mesma obra ou serviço ou ainda para obras e serviços da mesma natureza e no mesmo local que possam ser realizadas conjunta e concomitantemente; *(Redação dada pela Lei nº 9.648, de 1998)*

II – para outros serviços e compras de valor até 10% (dez por cento) do limite previsto na alínea *a*, do inciso II do artigo anterior e para alienações, nos casos previstos nesta Lei, desde que não se refiram a parcelas de um mesmo serviço, compra ou alienação de maior vulto que possa ser realizada de uma só vez; *(Redação dada pela Lei nº 9.648, de 1998)*

III – nos casos de guerra ou grave perturbação da ordem;

IV – nos casos de emergência ou de calamidade pública, quando caracterizada urgência de atendimento de situação que possa ocasionar prejuízo ou comprometer a segurança de pessoas, obras, serviços, equipamentos e outros bens, públicos ou particulares, e somente para os bens necessários ao atendimento da situação emergencial ou calamitosa e para as parcelas de obras e serviços que possam ser concluídas no prazo máximo de 180 (cento e oitenta) dias consecutivos e ininterruptos, contados da ocorrência da emergência ou calamidade, vedada a prorrogação dos respectivos contratos;

V – quando não acudirem interessados à licitação anterior e esta, justificadamente, não puder ser repetida sem prejuízo para a Administração, mantidas, neste caso, todas as condições preestabelecidas;

VI – quando a União tiver que intervir no domínio econômico para regular preços ou normalizar o abastecimento;

VII – quando as propostas apresentadas consignarem preços manifestamente superiores aos praticados no mercado nacional, ou forem incompatíveis com os fixados pelos órgãos oficiais competentes, casos em que, observado o parágrafo único do art. 48 desta Lei e, persistindo a situação, será admitida a adjudicação direta dos bens ou serviços, por valor não superior ao constante do registro de preços, ou dos serviços; *(Vide § 3º do art. 48)*

VIII – para a aquisição, por pessoa jurídica de direito público interno, de bens produzidos ou serviços prestados por órgão ou entidade que integre a Administração

Pública e que tenha sido criado para esse fim específico em data anterior à vigência desta Lei, desde que o preço contratado seja compatível com o praticado no mercado; *(Redação dada pela Lei nº 8.883, de 1994)*

IX – quando houver possibilidade de comprometimento da segurança nacional, nos casos estabelecidos em decreto do Presidente da República, ouvido o Conselho de Defesa Nacional;

X – para a compra ou locação de imóvel destinado ao atendimento das finalidades precípuas da administração, cujas necessidades de instalação e localização condicionem a sua escolha, desde que o preço seja compatível com o valor de mercado, segundo avaliação prévia; *(Redação dada pela Lei nº 8.883, de 1994)*

XI – na contratação de remanescente de obra, serviço ou fornecimento, em conseqüência de rescisão contratual, desde que atendida a ordem de classificação da licitação anterior e aceitas as mesmas condições oferecidas pelo licitante vencedor, inclusive quanto ao preço, devidamente corrigido;

XII – nas compras de hortifrutigranjeiros, pão e outros gêneros perecíveis, no tempo necessário para a realização dos processos licitatórios correspondentes, realizadas diretamente com base no preço do dia; *(Redação dada pela Lei nº 8.883, de 1994)*

XIII – na contratação de instituição brasileira incumbida regimental ou estatutariamente da pesquisa, do ensino ou do desenvolvimento institucional, ou de instituição dedicada à recuperação social do preso, desde que a contratada detenha inquestionável reputação ético-profissional e não tenha fins lucrativos; *(Redação dada pela Lei nº 8.883, de 1994)*

XIV – para a aquisição de bens ou serviços nos termos de acordo internacional específico aprovado pelo Congresso Nacional, quando as condições ofertadas forem manifestamente vantajosas para o Poder Público; *(Redação dada pela Lei nº 8.883, de 1994)*

XV – para a aquisição ou restauração de obras de arte e objetos históricos, de autenticidade certificada, desde que compatíveis ou inerentes às finalidades do órgão ou entidade.

XVI – para a impressão dos diários oficiais, de formulários padronizados de uso da administração, e de edições técnicas oficiais, bem como para prestação de serviços de informática a pessoa jurídica de direito público interno, por órgãos ou entidades que integrem a Administração Pública, criados para esse fim específico; *(Incluído pela Lei nº 8.883, de 1994)*

XVII – para a aquisição de componentes ou peças de origem nacional ou estrangeira, necessários à manutenção de equipamentos durante o período de garantia técnica, junto ao fornecedor original desses equipamentos, quando tal condição de exclusividade for indispensável para a vigência da garantia; *(Incluído pela Lei nº 8.883, de 1994)*

XVIII – nas compras ou contratações de serviços para o abastecimento de navios, embarcações, unidades aéreas ou tropas e seus meios de deslocamento quando em estada eventual de curta duração em portos, aeroportos ou localidades diferentes de suas sedes, por motivo de movimentação operacional ou de adestramento, quando a exiguidade dos prazos legais puder comprometer a normalidade e os propósitos das operações e desde que seu valor não exceda ao limite previsto na alínea *a* do inciso II do art. 23 desta Lei: *(Incluído pela Lei nº 8.883, de 1994)*

XIX – para as compras de material de uso pelas Forças Armadas, com exceção de materiais de uso pessoal e administrativo, quando houver necessidade de manter a padronização requerida pela estrutura de apoio logístico dos meios navais, aéreos e terrestres, mediante parecer de comissão instituída por decreto; *(Incluído pela Lei nº 8.883, de 1994)*

XX – na contratação de associação de portadores de deficiência física, sem fins lucrativos e de comprovada idoneidade, por órgãos ou entidades da Admininistração Pública, para a prestação de serviços ou fornecimento de mão de obra, desde que o preço contratado seja compatível com o praticado no mercado; *(Incluído pela Lei nº 8.883, de 1994)*

XXI – para a aquisição de bens e insumos destinados exclusivamente à pesquisa científica e tecnológica com recursos concedidos pela Capes, pela Finep, pelo CNPq ou por outras instituições de fomento a pesquisa credenciadas pelo CNPq para esse fim específico; *(Redação dada pela Lei nº 12.349, de 2010)*

XXII – na contratação de fornecimento ou suprimento de energia elétrica e gás natural com concessionário, permissionário ou autorizado, segundo as normas da legislação específica; *(Incluído pela Lei nº 9.648, de 1998)*

XXIII – na contratação realizada por empresa pública ou sociedade de economia mista com suas subsidiárias e controladas, para a aquisição ou alienação de bens, prestação ou obtenção de serviços, desde que o preço contratado seja compatível com o praticado no mercado; *(Incluído pela Lei nº 9.648, de 1998)*

XXIV – para a celebração de contratos de prestação de serviços com as organizações sociais, qualificadas no âmbito das respectivas esferas de governo, para atividades contempladas no contrato de gestão; *(Incluído pela Lei nº 9.648, de 1998)*

XXV – na contratação realizada por Instituição Científica e Tecnológica - ICT ou por agência de fomento para a transferência de tecnologia e para o licenciamento de direito de uso ou de exploração de criação protegida. *(Incluído pela Lei nº 10.973, de 2004)*

XXVI – na celebração de contrato de programa com ente da Federação ou com entidade de sua administração indireta, para a prestação de serviços públicos de forma associada nos termos do autorizado em contrato de consórcio público ou em convênio de cooperação; *(Incluído pela Lei nº 11.107, de 2005)*

XXVII - na contratação da coleta, processamento e comercialização de resíduos sólidos urbanos recicláveis ou reutilizáveis, em áreas com sistema de coleta seletiva de lixo, efetuados por associações ou cooperativas formadas exclusivamente por pessoas físicas de baixa renda reconhecidas pelo poder público como catadores de materiais recicláveis, com o uso de equipamentos compatíveis com as normas técnicas, ambientais e de saúde pública; *(Redação dada pela Lei nº 11.445, de 2007).*

XXVIII - para o fornecimento de bens e serviços, produzidos ou prestados no País, que envolvam, cumulativamente, alta complexidade tecnológica e defesa nacional, mediante parecer de comissão especialmente designada pela autoridade máxima do órgão; *(Incluído pela Lei nº 11.484, de 2007).*

XXIX - na aquisição de bens e contratação de serviços para atender aos contingentes militares das Forças Singulares brasileiras empregadas em operações de paz no exterior, necessariamente justificadas quanto ao preço e à escolha do fornecedor ou executante e ratificadas pelo Comandante da Força; *(Incluído pela Lei nº 11.783, de 2008).*

XXX - na contratação de instituição ou organização, pública ou privada, com ou sem fins lucrativos, para a prestação de serviços de assistência técnica e extensão rural no âmbito do Programa Nacional de Assistência Técnica e Extensão Rural na Agricultura Familiar e na Reforma Agrária, instituído por lei federal; *(Incluído pela Lei nº 12.188, de 2.010)*

XXXI - nas contratações visando ao cumprimento do disposto nos arts. 3º, 4º, 5º e 20 da Lei nº 10.973, de 2 de dezembro de 2004, observados os princípios gerais de contratação dela constantes; *(Incluído pela Lei nº 12.349, de 2010)*

XXXII - na contratação em que houver transferência de tecnologia de produtos estratégicos para o Sistema Único de Saúde - SUS, no âmbito da Lei nº 8.080, de 19 de setembro de 1990, conforme elencados em ato da direção nacional do SUS, inclusive por ocasião da aquisição destes produtos durante as etapas de absorção tecnológica; *(Incluído pela Lei nº 12.715, de 2012)*

XXXIII - na contratação de entidades privadas sem fins lucrativos, para a implementação de cisternas ou outras tecnologias sociais de acesso à água para consumo humano e produção de alimentos, para beneficiar as famílias rurais de baixa renda atingidas pela seca ou falta regular de água. *(Incluído pela Lei nº 12.873, de 2013)*

§ 1º Os percentuais referidos nos incisos I e II do *caput* deste artigo serão 20% (vinte por cento) para compras, obras e serviços contratados por consórcios públicos, sociedade de economia mista, empresa pública e por autarquia ou fundação qualificadas, na forma da lei, como Agências Executivas. *(Incluído pela Lei nº 12.715, de 2012)*

§ 2º O limite temporal de criação do órgão ou entidade que integre a administração pública estabelecido no inciso VIII do *caput* deste artigo não se aplica aos órgãos ou entidades que produzem produtos estratégicos para o SUS, no âmbito da Lei nº 8.080, de 19 de setembro de 1990, conforme elencados em ato da direção nacional do SUS. *(Incluído pela Lei nº 12.715, de 2012)*

Art. 25. É inexigível a licitação quando houver inviabilidade de competição, em especial:

I – para aquisição de materiais, equipamentos, ou gêneros que só possam ser fornecidos por produtor, empresa ou representante comercial exclusivo, vedada a preferência de marca, devendo a comprovação de exclusividade ser feita através de atestado fornecido pelo órgão de registro do comércio do local em que se realizaria a licitação ou a obra ou o serviço, pelo Sindicato, Federação ou Confederação Patronal, ou, ainda, pelas entidades equivalentes;

II – para a contratação de serviços técnicos enumerados no art. 13 desta Lei, de natureza singular, com profissionais ou empresas de notória especialização, vedada a inexigibilidade para serviços de publicidade e divulgação;

III – para contratação de profissional de qualquer setor artístico, diretamente ou através de empresário exclusivo, desde que consagrado pela crítica especializada ou pela opinião pública.

§ 1º Considera-se de notória especialização o profissional ou empresa cujo conceito no campo de sua especialidade, decorrente de desempenho anterior, estudos, experiências, publicações, organização, aparelhamento, equipe técnica, ou de outros requisitos relacionados com suas atividades, permita inferir que o seu trabalho é essencial e indiscutivelmente o mais adequado à plena satisfação do objeto do contrato.

§ 2º Na hipótese deste artigo e em qualquer dos casos de dispensa, se comprovado superfaturamento, respondem solidariamente pelo dano causado à Fazenda Pública o fornecedor ou o prestador de serviços e o agente público responsável, sem prejuízo de outras sanções legais cabíveis.

Art. 26. As dispensas previstas nos §§ 2º e 4º do art. 17 e no inciso III e seguintes do art. 24, as situações de inexigibilidade referidas no art. 25, necessariamente justificadas, e o retardamento previsto no final do parágrafo único do art. 8º desta Lei deverão ser comunicados, dentro de 3 (três) dias, à autoridade superior, para ratificação e publicação na imprensa oficial, no prazo de 5 (cinco) dias, como condição para a eficácia dos atos. *(Redação dada pela Lei nº 11.107, de 2005)*

Parágrafo único. O processo de dispensa, de inexigibilidade ou de retardamento, previsto neste artigo, será instruído, no que couber, com os seguintes elementos:

I – caracterização da situação emergencial ou calamitosa que justifique a dispensa, quando for o caso;

II – razão da escolha do fornecedor ou executante;

III – justificativa do preço.

IV – documento de aprovação dos projetos de pesquisa aos quais os bens serão alocados. *(Incluído pela Lei nº 9.648, de 1998)*

Seção II
Da Habilitação

Art. 27. Para a habilitação nas licitações exigir-se-á dos interessados, exclusivamente, documentação relativa a:

I - habilitação jurídica;

II - qualificação técnica;

III - qualificação econômico-financeira;

IV - regularidade fiscal e trabalhista; *(Redação dada pela Lei nº 12.440, de 2011)*

V - cumprimento do disposto no inciso XXXIII do art. 7º da Constituição Federal. *(Incluído pela Lei nº 9.854, de 1999)*

Art. 28. A documentação relativa à habilitação jurídica, conforme o caso, consistirá em:

I - cédula de identidade;

II - registro comercial, no caso de empresa individual;

III - ato constitutivo, estatuto ou contrato social em vigor, devidamente registrado, em se tratando de sociedades comerciais, e, no caso de sociedades por ações, acompanhado de documentos de eleição de seus administradores;

IV - inscrição do ato constitutivo, no caso de sociedades civis, acompanhada de prova de diretoria em exercício;

V - decreto de autorização, em se tratando de empresa ou sociedade estrangeira em funcionamento no País, e ato de registro ou autorização para funcionamento expedido pelo órgão competente, quando a atividade assim o exigir.

Art. 29. A documentação relativa à regularidade fiscal e trabalhista, conforme o caso, consistirá em: *(Redação dada pela Lei nº 12.440, de 2011)*

I - prova de inscrição no Cadastro de Pessoas Físicas (CPF) ou no Cadastro Geral de Contribuintes (CGC);

II - prova de inscrição no cadastro de contribuintes estadual ou municipal, se houver, relativo ao domicílio ou à sede do licitante, pertinente ao seu ramo de atividade e compatível com o objeto contratual;

III - prova de regularidade para com a Fazenda Federal, Estadual e Municipal do domicílio ou sede do licitante, ou outra equivalente, na forma da lei;

IV - prova de regularidade relativa à Seguridade Social e ao Fundo de Garantia por Tempo de Serviço (FGTS), demonstrando situação regular no cumprimento dos encargos sociais instituídos por lei. *(Redação dada pela Lei nº 8.883, de 1994)*

V - prova de inexistência de débitos inadimplidos perante a Justiça do Trabalho, mediante a apresentação de certidão negativa, nos termos do Título VII-A da Consolidação das Leis do Trabalho, aprovada pelo Decreto-Lei nº 5.452, de 1º de maio de 1943. *(Incluído pela Lei nº 12.440, de 2011)*

Art. 30. A documentação relativa à qualificação técnica limitar-se-á a:

I – registro ou inscrição na entidade profissional competente;

II – comprovação de aptidão para desempenho de atividade pertinente e compatível em características, quantidades e prazos com o objeto da licitação, e indicação das instalações e do aparelhamento e do pessoal técnico adequados e disponíveis para a realização do objeto da licitação, bem como da qualificação de cada um dos membros da equipe técnica que se responsabilizará pelos trabalhos;

III – comprovação, fornecida pelo órgão licitante, de que recebeu os documentos, e, quando exigido, de que tomou conhecimento de todas as informações e das condições locais para o cumprimento das obrigações objeto da licitação;

IV – prova de atendimento de requisitos previstos em lei especial, quando for o caso.

§ 1º A comprovação de aptidão referida no inciso II do *caput* deste artigo, no caso das licitações pertinentes a obras e serviços, será feita por atestados fornecidos por pessoas jurídicas de direito público ou privado, devidamente registrados nas entidades profissionais competentes, limitadas as exigências a: *(Redação dada pela Lei nº 8.883, de 1994)*

I – capacitação técnico-profissional: comprovação do licitante de possuir em seu quadro permanente, na data prevista para entrega da proposta, profissional de nível superior ou outro devidamente reconhecido pela entidade competente, detentor de atestado de responsabilidade técnica por execução de obra ou serviço de características semelhantes, limitadas estas exclusivamente às parcelas de maior relevância e valor significativo do objeto da licitação, vedadas as exigências de quantidades mínimas ou prazos máximos; *(Incluído pela Lei nº 8.883, de 1994)*

II – *(Vetado). (Incluído pela Lei nº 8.883, de 1994)*

a) (Vetado). (Incluído pela Lei nº 8.883, de 1994)

b) (Vetado). (Incluído pela Lei nº 8.883, de 1994)

§ 2º As parcelas de maior relevância técnica e de valor significativo, mencionadas no parágrafo anterior, serão definidas no instrumento convocatório. *(Redação dada pela Lei nº 8.883, de 1994)*

§ 3º Será sempre admitida a comprovação de aptidão através de certidões ou atestados de obras ou serviços similares de complexidade tecnológica e operacional equivalente ou superior.

§ 4º Nas licitações para fornecimento de bens, a comprovação de aptidão, quando for o caso, será feita através de atestados fornecidos por pessoa jurídica de direito público ou privado.

§ 5º É vedada a exigência de comprovação de atividade ou de aptidão com limitações de tempo ou de época ou ainda em locais específicos, ou quaisquer outras não previstas nesta Lei, que inibam a participação na licitação.

§ 6º As exigências mínimas relativas a instalações de canteiros, máquinas, equipamentos e pessoal técnico especializado, considerados essenciais para o cumprimento do objeto da licitação, serão atendidas mediante a apresentação de relação explícita e da declaração formal da sua disponibilidade, sob as penas cabíveis, vedada as exigências de propriedade e de localização prévia.

§ 7º *(Vetado). (Redação dada pela Lei nº 8.883, de 1994)*

I - *(Vetado). (Incluído pela Lei nº 8.883, de 1994)*

II - *(Vetado). (Incluído pela Lei nº 8.883, de 1994)*

§ 8º No caso de obras, serviços e compras de grande vulto, de alta complexidade técnica, poderá a Administração exigir dos licitantes a metodologia de execução, cuja avaliação, para efeito de sua aceitação ou não, antecederá sempre à análise dos preços e será efetuada exclusivamente por critérios objetivos.

§ 9º Entende-se por licitação de alta complexidade técnica aquela que envolva alta especialização, como fator de extrema relevância para garantir a execução do objeto a ser contratado, ou que possa comprometer a continuidade da prestação de serviços públicos essenciais.

§ 10. Os profissionais indicados pelo licitante para fins de comprovação da capacitação técnico-profissional de que trata o inciso I do § 1º deste artigo deverão participar da obra ou serviço objeto da licitação, admitindo-se a substituição por profissionais de experiência equivalente ou superior, desde que aprovada pela administração. *(Incluído pela Lei nº 8.883, de 1994)*

§ 11. *(Vetado). (Incluído pela Lei nº 8.883, de 1994)*

§ 12. *(Vetado). (Incluído pela Lei nº 8.883, de 1994)*

Art. 31. A documentação relativa à qualificação econômico-financeira limitar-se-á a:

I – balanço patrimonial e demonstrações contábeis do último exercício social, já exigíveis e apresentados na forma da lei, que comprovem a boa situação financeira da empresa, vedada a sua substituição por balancetes ou balanços provisórios, podendo ser atualizados por índices oficiais quando encerrado há mais de 3 (três) meses da data de apresentação da proposta;

II – certidão negativa de falência ou concordata expedida pelo distribuidor da sede da pessoa jurídica, ou de execução patrimonial, expedida no domicílio da pessoa física;

III – garantia, nas mesmas modalidades e critérios previstos no *caput* e § 1º do art. 56 desta Lei, limitada a 1% (um por cento) do valor estimado do objeto da contratação.

§ 1º A exigência de índices limitar-se-á à demonstração da capacidade financeira do licitante com vistas aos compromissos que terá que assumir caso lhe seja adjudicado o contrato, vedada a exigência de valores mínimos de faturamento anterior, índices de rentabilidade ou lucratividade. *(Redação dada pela Lei nº 8.883, de 1994)*

§ 2º A Administração, nas compras para entrega futura e na execução de obras e serviços, poderá estabelecer, no instrumento convocatório da licitação, a exigência de capital mínimo ou de patrimônio líquido mínimo, ou ainda as garantias previstas no § 1º do art. 56 desta Lei, como dado objetivo de comprovação da qualificação econômico-financeira dos licitantes e para efeito de garantia ao adimplemento do contrato a ser ulteriormente celebrado.

§ 3º O capital mínimo ou o valor do patrimônio líquido a que se refere o parágrafo anterior não poderá exceder a 10% (dez por cento) do valor estimado da contratação, devendo a comprovação ser feita relativamente à data da apresentação da proposta, na forma da lei, admitida a atualização para esta data através de índices oficiais.

§ 4º Poderá ser exigida, ainda, a relação dos compromissos assumidos pelo licitante que importem diminuição da capacidade operativa ou absorção de disponibilidade financeira, calculada esta em função do patrimônio líquido atualizado e sua capacidade de rotação.

§ 5º A comprovação de boa situação financeira da empresa será feita de forma objetiva, através do cálculo de índices contábeis previstos no edital e devidamente justificados no processo administrativo da licitação que tenha dado início ao certame licitatório, vedada a exigência de índices e valores não usualmente adotados para correta avaliação de situação financeira suficiente ao cumprimento das obrigações decorrentes da licitação. *(Redação dada pela Lei nº 8.883, de 1994)*

§ 6º *(Vetado). (Redação dada pela Lei nº 8.883, de 1994)*

Art. 32. Os documentos necessários à habilitação poderão ser apresentados em original, por qualquer processo de cópia autenticada por cartório competente ou por servidor da administração ou publicação em órgão da imprensa oficial. *(Redação dada pela Lei nº 8.883, de 1994)*

§ 1º A documentação de que tratam os arts. 28 a 31 desta Lei poderá ser dispensada, no todo ou em parte, nos casos de convite, concurso, fornecimento de bens para pronta entrega e leilão.

§ 2º O certificado de registro cadastral a que se refere o § 1º do art. 36 substitui os documentos enumerados nos arts. 28 a 31, quanto às informações disponibilizadas em sistema informatizado de consulta direta indicado no edital, obrigando-se a parte a declarar, sob as penalidades legais, a superveniência de fato impeditivo da habilitação. *(Redação dada pela Lei nº 9.648, de 1998)*

§ 3º A documentação referida neste artigo poderá ser substituída por registro cadastral emitido por órgão ou entidade pública, desde que previsto no edital e o registro tenha sido feito em obediência ao disposto nesta Lei.

§ 4º As empresas estrangeiras que não funcionem no País, tanto quanto possível, atenderão, nas licitações internacionais, às exigências dos parágrafos anteriores mediante documentos equivalentes, autenticados pelos respectivos consulados e traduzidos por tradutor juramentado, devendo ter representação legal no Brasil com poderes expressos para receber citação e responder administrativa ou judicialmente.

§ 5º Não se exigirá, para a habilitação de que trata este artigo, prévio recolhimento de taxas ou emolumentos, salvo os referentes a fornecimento do edital, quando solicitado, com os seus elementos constitutivos, limitados ao valor do custo efetivo de reprodução gráfica da documentação fornecida.

§ 6º O disposto no § 4º deste artigo, no § 1º do art. 33 e no § 2º do art. 55, não se aplica às licitações internacionais para a aquisição de bens e serviços cujo pagamento seja feito com o produto de financiamento concedido por organismo financeiro internacional de que o Brasil faça parte, ou por agência estrangeira de cooperação, nem nos casos de contratação com empresa estrangeira, para a compra de equipamentos fabricados e entregues no exterior, desde que para este caso tenha havido prévia autorização do Chefe do Poder Executivo, nem nos casos de aquisição de bens e serviços realizada por unidades administrativas com sede no exterior.

Art. 33. Quando permitida na licitação a participação de empresas em consórcio, observar-se-ão as seguintes normas:

I – comprovação do compromisso público ou particular de constituição de consórcio, subscrito pelos consorciados;

II – indicação da empresa responsável pelo consórcio que deverá atender às condições de liderança, obrigatoriamente fixadas no edital;

III – apresentação dos documentos exigidos nos arts. 28 a 31 desta Lei por parte de cada consorciado, admitindo-se, para efeito de qualificação técnica, o somatório dos quantitativos de cada consorciado, e, para efeito de qualificação econômico-financeira, o somatório dos valores de cada consorciado, na proporção de sua respectiva participação, podendo a Administração estabelecer, para o consórcio, um acréscimo de até 30% (trinta por cento) dos valores exigidos para licitante individual, inexigível este acréscimo para os consórcios compostos, em sua totalidade, por micro e pequenas empresas assim definidas em lei;

IV – impedimento de participação de empresa consorciada, na mesma licitação, através de mais de um consórcio ou isoladamente;

V – responsabilidade solidária dos integrantes pelos atos praticados em consórcio, tanto na fase de licitação quanto na de execução do contrato.

§ 1º No consórcio de empresas brasileiras e estrangeiras a liderança caberá, obrigatoriamente, à empresa brasileira, observado o disposto no inciso II deste artigo.

§ 2º O licitante vencedor fica obrigado a promover, antes da celebração do contrato, a constituição e o registro do consórcio, nos termos do compromisso referido no inciso I deste artigo.

Seção III
Dos Registros Cadastrais

Art. 34. Para os fins desta Lei, os órgãos e entidades da Administração Pública que realizem frequentemente licitações manterão registros cadastrais para efeito de habilitação, na forma regulamentar, válidos por, no máximo, um ano.

§ 1º O registro cadastral deverá ser amplamente divulgado e deverá estar permanentemente aberto aos interessados, obrigando-se a unidade por ele responsável a proceder, no mínimo anualmente, através da imprensa oficial e de jornal diário, a chamamento público para a atualização dos registros existentes e para o ingresso de novos interessados.

§ 2º É facultado às unidades administrativas utilizarem-se de registros cadastrais de outros órgãos ou entidades da Administração Pública.

Art. 35. Ao requerer inscrição no cadastro, ou atualização deste, a qualquer tempo, o interessado fornecerá os elementos necessários à satisfação das exigências do art. 27 desta Lei.

Art. 36. Os inscritos serão classificados por categorias, tendo-se em vista sua especialização, subdivididas em grupos, segundo a qualificação técnica e econômica avaliada pelos elementos constantes da documentação relacionada nos arts. 30 e 31 desta Lei.

§ 1º Aos inscritos será fornecido certificado, renovável sempre que atualizarem o registro.

§ 2º A atuação do licitante no cumprimento de obrigações assumidas será anotada no respectivo registro cadastral.

Art. 37. A qualquer tempo poderá ser alterado, suspenso ou cancelado o registro do inscrito que deixar de satisfazer as exigências do art. 27 desta Lei, ou as estabelecidas para classificação cadastral.

Seção IV
Do Procedimento e Julgamento

Art. 38. O procedimento da licitação será iniciado com a abertura de processo administrativo, devidamente autuado, protocolado e numerado, contendo a autorização respectiva, a indicação sucinta de seu objeto e do recurso próprio para a despesa, e ao qual serão juntados oportunamente:

I – edital ou convite e respectivos anexos, quando for o caso;

II – comprovante das publicações do edital resumido, na forma do art. 21 desta Lei, ou da entrega do convite;

III – ato de designação da comissão de licitação, do leiloeiro administrativo ou oficial, ou do responsável pelo convite;

IV – original das propostas e dos documentos que as instruírem;

V – atas, relatórios e deliberações da Comissão Julgadora;

VI – pareceres técnicos ou jurídicos emitidos sobre a licitação, dispensa ou inexigibilidade;

VII – atos de adjudicação do objeto da licitação e da sua homologação;

VIII – recursos eventualmente apresentados pelos licitantes e respectivas manifestações e decisões;

IX – despacho de anulação ou de revogação da licitação, quando for o caso, fundamentado circunstanciadamente;

X – termo de contrato ou instrumento equivalente, conforme o caso;

XI – outros comprovantes de publicações;

XII – demais documentos relativos à licitação.

Parágrafo único. As minutas de editais de licitação, bem como as dos contratos, acordos, convênios ou ajustes devem ser previamente examinadas e aprovadas por assessoria jurídica da Administração. *(Redação dada pela Lei nº 8.883, de 1994)*

Art. 39. Sempre que o valor estimado para uma licitação ou para um conjunto de licitações simultâneas ou sucessivas for superior a 100 (cem) vezes o limite previsto no art. 23, inciso I, alínea *c* desta Lei, o processo licitatório será iniciado, obrigatoriamente, com uma audiência pública concedida pela autoridade responsável com antecedência mínima de 15 (quinze) dias úteis da data prevista para a publicação do edital, e divulgada, com a antecedência mínima de 10 (dez) dias úteis de sua realização, pelos mesmos meios previstos para a publicidade da licitação, à qual terão acesso e direito a todas as informações pertinentes e a se manifestar todos os interessados.

Parágrafo único. Para os fins deste artigo, consideram-se licitações simultâneas aquelas com objetos similares e com realização prevista para intervalos não superiores a 30 (trinta) dias e licitações sucessivas aquelas em que, também com objetos similares, o edital subsequente tenha uma data anterior a cento e vinte dias após o término do contrato resultante da licitação antecedente. *(Redação dada pela Lei nº 8.883, de 1994)*

Art. 40. O edital conterá no preâmbulo o número de ordem em série anual, o nome da repartição interessada e de seu setor, a modalidade, o regime de execução e o tipo da licitação, a menção de que será regida por esta Lei, o local, dia e hora para recebimento da documentação e proposta, bem como para início da abertura dos envelopes, e indicará, obrigatoriamente, o seguinte:

I – objeto da licitação, em descrição sucinta e clara;

II – prazo e condições para assinatura do contrato ou retirada dos instrumentos, como previsto no art. 64 desta Lei, para execução do contrato e para entrega do objeto da licitação;

III – sanções para o caso de inadimplemento;

IV – local onde poderá ser examinado e adquirido o projeto básico;

V - se há projeto executivo disponível na data da publicação do edital de licitação e o local onde possa ser examinado e adquirido;

VI - condições para participação na licitação, em conformidade com os arts. 27 a 31 desta Lei, e forma de apresentação das propostas;

VII - critério para julgamento, com disposições claras e parâmetros objetivos;

VIII - locais, horários e códigos de acesso dos meios de comunicação a distância em que serão fornecidos elementos, informações e esclarecimentos relativos à licitação e às condições para atendimento das obrigações necessárias ao cumprimento de seu objeto;

IX - condições equivalentes de pagamento entre empresas brasileiras e estrangeiras, no caso de licitações internacionais;

X - o critério de aceitabilidade dos preços unitário e global, conforme o caso, permitida a fixação de preços máximos e vedados a fixação de preços mínimos, critérios estatísticos ou faixas de variação em relação a preços de referência, ressalvado o dispossto nos parágrafos 1º e 2º do art. 48; *(Redação dada pela Lei nº 9.648, de 1998)*

XI - critério de reajuste, que deverá retratar a variação efetiva do custo de produção, admitida a adoção de índices específicos ou setoriais, desde a data prevista para apresentação da proposta, ou do orçamento a que essa proposta se referir, até a data do adimplemento de cada parcela; *(Redação dada pela Lei nº 8.883, de 1994)*

XII - *(Vetado). (Redação dada pela Lei nº 8.883, de 1994)*

XIII - limites para pagamento de instalação e mobilização para execução de obras ou serviços que serão obrigatoriamente previstos em separado das demais parcelas, etapas ou tarefas;

XIV - condições de pagamento, prevendo:

a) prazo de pagamento não superior a trinta dias, contado a partir da data final do período de adimplemento de cada parcela; *(Redação dada pela Lei nº 8.883, de 1994)*

b) cronograma de desembolso máximo por período, em conformidade com a disponibilidade de recursos financeiros;

c) critério de atualização financeira dos valores a serem pagos, desde a data final do período de adimplemento de cada parcela até a data do efetivo pagamento; *(Redação dada pela Lei nº 8.883, de 1994)*

d) compensações financeiras e penalizações, por eventuais atrasos, e descontos, por eventuais antecipações de pagamentos;

e) exigência de seguros, quando for o caso;

XV - instruções e normas para os recursos previstos nesta Lei;

XVI - condições de recebimento do objeto da licitação;

XVII - outras indicações específicas ou peculiares da licitação.

§ 1º O original do edital deverá ser datado, rubricado em todas as folhas e assinado pela autoridade que o expedir, permanecendo no processo de licitação, e dele extraindo-se cópias integrais ou resumidas, para sua divulgação e fornecimento aos interessados.

§ 2º Constituem anexos do edital, dele fazendo parte integrante:

I – o projeto básico e/ou executivo, com todas as suas partes, desenhos, especificações e outros complementos;

II – orçamento estimado em planilhas de quantitativos e preços unitários; *(Redação dada pela Lei nº 8.883, de 1994)*

III – a minuta do contrato a ser firmado entre a Administração e o licitante vencedor;

IV – as especificações complementares e as normas de execução pertinentes à licitação.

§ 3º Para efeito do disposto nesta Lei, considera-se como adimplemento da obrigação contratual a prestação do serviço, a realização da obra, a entrega do bem ou de parcela destes, bem como qualquer outro evento contratual a cuja ocorrência esteja vinculada a emissão de documento de cobrança.

§ 4º Nas compras para entrega imediata, assim entendidas aquelas com prazo de entrega até trinta dias da data prevista para apresentação da proposta, poderão ser dispensadas: *(Incluído pela Lei nº 8.883, de 1994)*

I – o disposto no inciso XI deste artigo; *(Incluído pela Lei nº 8.883, de 1994)*

II – a atualização financeira a que se refere a alínea *c* do inciso XIV deste artigo, correspondente ao período compreendido entre as datas do adimplemento e a prevista para o pagamento, desde que não superior a quinze dias. *(Incluído pela Lei nº 8.883, de 1994)*

Art. 41. A Administração não pode descumprir as normas e condições do edital, ao qual se acha estritamente vinculada.

§ 1º Qualquer cidadão é parte legítima para impugnar edital de licitação por irregularidade na aplicação desta Lei, devendo protocolar o pedido até 5 (cinco) dias úteis antes da data fixada para a abertura dos envelopes de habilitação, devendo a Administração julgar e responder à impugnação em até 3 (três) dias úteis, sem prejuízo da faculdade prevista no § 1º do art. 113.

§ 2º Decairá do direito de impugnar os termos do edital de licitação perante a administração o licitante que não o fizer até o segundo dia útil que anteceder a abertura dos envelopes de habilitação em concorrência, a abertura dos envelopes com as propostas em convite, tomada de preços ou concurso, ou a realização de leilão, as falhas ou irregularidades que viciariam esse edital, hipótese em que tal comunicação não terá efeito de recurso. *(Redação dada pela Lei nº 8.883, de 1994)*

§ 3º A impugnação feita tempestivamente pelo licitante não o impedirá de participar do processo licitatório até o trânsito em julgado da decisão a ela pertinente.

§ 4º A inabilitação do licitante importa preclusão do seu direito de participar das fases subseqüentes.

Art. 42. Nas concorrências de âmbito internacional, o edital deverá ajustar-se às diretrizes da política monetária e do comércio exterior e atender às exigências dos órgãos competentes.

§ 1º Quando for permitido ao licitante estrangeiro cotar preço em moeda estrangeira, igualmente o poderá fazer o licitante brasileiro.

§ 2º O pagamento feito ao licitante brasileiro eventualmente contratado em virtude da licitação de que trata o parágrafo anterior será efetuado em moeda brasileira, à taxa de câmbio vigente no dia útil imediatamente anterior à data do efetivo pagamento. *(Redação dada pela Lei nº 8.883, de 1994)*

§ 3º As garantias de pagamento ao licitante brasileiro serão equivalentes àquelas oferecidas ao licitante estrangeiro.

§ 4º Para fins de julgamento da licitação, as propostas apresentadas por licitantes estrangeiros serão acrescidas dos gravames consequentes dos mesmos tributos que oneram exclusivamente os licitantes brasileiros quanto à operação final de venda.

§ 5º Para a realização de obras, prestação de serviços ou aquisição de bens com recursos provenientes de financiamento ou doação oriundos de agência oficial de cooperação estrangeira ou organismo financeiro multilateral de que o Brasil seja parte, poderão ser admitidas, na respectiva licitação, as condições decorrentes de acordos, protocolos, convenções ou tratados internacionais aprovados pelo Congresso Nacional, bem como as normas e procedimentos daquelas entidades, inclusive quanto ao critério de seleção da proposta mais vantajosa para a administração, o qual poderá contemplar, além do preço, outros fatores de avaliação, desde que por elas exigidos para a obtenção do financiamento ou da doação, e que também não conflitem com o princípio do julgamento objetivo e sejam objeto de despacho motivado do órgão executor do contrato, despacho esse ratificado pela autoridade imediatamente superior. *(Redação dada pela Lei nº 8.883, de 1994)*

§ 6º As cotações de todos os licitantes serão para entrega no mesmo local de destino.

Art. 43. A licitação será processada e julgada com observância dos seguintes procedimentos:

I – abertura dos envelopes contendo a documentação relativa à habilitação dos concorrentes, e sua apreciação;

II – devolução dos envelopes fechados aos concorrentes inabilitados, contendo as respectivas propostas, desde que não tenha havido recurso ou após sua denegação;

III – abertura dos envelopes contendo as propostas dos concorrentes habilitados, desde que transcorrido o prazo sem interposição de recurso, ou tenha havido desistência expressa, ou após o julgamento dos recursos interpostos;

IV – verificação da conformidade de cada proposta com os requisitos do edital e, conforme o caso, com os preços correntes no mercado ou fixados por órgão oficial competente, ou ainda com os constantes do sistema de registro de preços, os quais deverão ser devidamente registrados na ata de julgamento, promovendo-se a desclassificação das propostas desconformes ou incompatíveis;

V – julgamento e classificação das propostas de acordo com os critérios de avaliação constantes do edital;

VI – deliberação da autoridade competente quanto à homologação e adjudicação do objeto da licitação.

§ 1º A abertura dos envelopes contendo a documentação para habilitação e as propostas serão realizadas sempre em ato público previamente designado, do qual se lavrará ata circunstanciada, assinada pelos licitantes presentes e pela Comissão.

§ 2º Todos os documentos e propostas serão rubricados pelos licitantes presentes e pela Comissão.

§ 3º É facultada à Comissão ou autoridade superior, em qualquer fase da licitação, a promoção de diligência destinada a esclarecer ou a complementar a instrução do processo, vedada a inclusão posterior de documento ou informação que deveria constar originariamente da proposta.

§ 4º O disposto neste artigo aplica-se à concorrência e, no que couber, ao concurso, ao leilão, à tomada de preços e ao convite. *(Redação dada pela Lei nº 8.883, de 1994)*

§ 5º Ultrapassada a fase de habilitação dos concorrentes (incisos I e II) e abertas as propostas (inciso III), não cabe desclassificá-los por motivo relacionado com a habilitação, salvo em razão de fatos supervenientes ou só conhecidos após o julgamento.

§ 6º Após a fase de habilitação, não cabe desistência de proposta, salvo por motivo justo decorrente de fato superveniente e aceito pela Comissão.

Art. 44. No julgamento das propostas, a Comissão levará em consideração os critérios objetivos definidos no edital ou convite, os quais não devem contrariar as normas e princípios estabelecidos por esta Lei.

§ 1º É vedada a utilização de qualquer elemento, critério ou fator sigiloso, secreto, subjetivo ou reservado que possa ainda que indiretamente elidir o princípio da igualdade entre os licitantes.

§ 2º Não se considerará qualquer oferta de vantagem não prevista no edital ou no convite, inclusive financiamentos subsidiados ou a fundo perdido, nem preço ou vantagem baseada nas ofertas dos demais licitantes.

§ 3º Não se admitirá proposta que apresente preços globais ou unitários simbólicos, irrisórios ou de valor zero, incompatíveis com os preços dos insumos e salários de mercado, acrescidos dos respectivos encargos, ainda que o ato convocatório da licitação não tenha estabelecido limites mínimos, exceto quando se referirem a materiais e instalações de propriedade do próprio licitante, para os quais ele renuncie a parcela ou à totalidade da remuneração. *(Redação dada pela Lei nº 8.883, de 1994)*

§ 4º O disposto no parágrafo anterior aplica-se também às propostas que incluam mão de obra estrangeira ou importações de qualquer natureza. *(Redação dada pela Lei nº 8.883, de 1994)*

Art. 45. O julgamento das propostas será objetivo, devendo a Comissão de licitação ou o responsável pelo convite realizá-lo em conformidade com os tipos de licitação, os critérios previamente estabelecidos no ato convocatório e de acordo com os fatores exclusivamente nele referidos, de maneira a possibilitar sua aferição pelos licitantes e pelos órgãos de controle.

§ 1º Para os efeitos deste artigo, constituem tipos de licitação, exceto na modalidade concurso: *(Redação dada pela Lei nº 8.883, de 1994)*

I – a de menor preço – quando o critério de seleção da proposta mais vantajosa para a Administração determinar que será vencedor o licitante que apresentar a proposta de acordo com as especificações do edital ou convite e ofertar o menor preço;

II – a de melhor técnica;

III – a de técnica e preço.

IV – a de maior lance ou oferta – nos casos de alienação de bens ou concessão de direito real de uso. *(Incluído pela Lei nº 8.883, de 1994)*

§ 2º No caso de empate entre duas ou mais propostas, e após obedecido o disposto no § 2º do art. 3º desta Lei, a classificação se fará, obrigatoriamente, por sorteio, em ato público, para o qual todos os licitantes serão convocados, vedado qualquer outro processo.

§ 3º No caso da licitação do tipo "menor preço", entre os licitantes considerados qualificados a classificação se dará pela ordem crescente dos preços propostos, prevalecendo, no caso de empate, exclusivamente o critério previsto no parágrafo anterior. *(Redação dada pela Lei nº 8.883, de 1994)*

§ 4º Para contratação de bens e serviços de informática, a administração observará o disposto no art. 3º da Lei nº 8.248, de 23 de outubro de 1991, levando em conta os fatores especificados em seu parágrafo 2º e adotando obrigatoriamento o tipo de licitação "técnica e preço", permitido o emprego de outro tipo de licitação nos casos indicados em decreto do Poder Executivo. *(Redação dada pela Lei nº 8.883, de 1994)*

§ 5º É vedada a utilização de outros tipos de licitação não previstos neste artigo.

§ 6º Na hipótese prevista no art. 23, § 7º, serão selecionadas tantas propostas quantas necessárias até que se atinja a quantidade demandada na licitação. *(Incluído pela Lei nº 9.648, de 1998)*

Art. 46. Os tipos de licitação "melhor técnica" ou "técnica e preço" serão utilizados exclusivamente para serviços de natureza predominantemente intelectual, em especial na elaboração de projetos, cálculos, fiscalização, supervisão e gerenciamento e de engenharia consultiva em geral e, em particular, para a elaboração de estudos técnicos preliminares e projetos básicos e executivos, ressalvado o disposto no § 4º do artigo anterior. *(Redação dada pela Lei nº 8.883, de 1994)*

§ 1º Nas licitações do tipo "melhor técnica" será adotado o seguinte procedimento claramente explicitado no instrumento convocatório, o qual fixará o preço máximo que a Administração se propõe a pagar:

I - serão abertos os envelopes contendo as propostas técnicas exclusivamente dos licitantes previamente qualificados e feita então avaliação e classificação destas propostas de acordo com os critérios pertinentes e adequados ao objeto licitado, definidos com clareza e objetividade no instrumento convocatório e que considerem a capacitação e a experiência do proponente, a qualidade técnica da proposta, compreendendo metodologia, organização, tecnologias e recursos materiais a serem utilizados nos trabalhos, e a qualificação das equipes técnicas a serem mobilizadas para a sua execução;

II - uma vez classificadas as propostas técnicas, proceder-se-á à abertura das propostas de preço dos licitantes que tenham atingido a valorização mínima estabelecida no instrumento convocatório e à negociação das condições propostas, com a proponente melhor classificada, com base nos orçamentos detalhados apresentados e respectivos preços unitários e tendo como referência o limite representado pela proposta de menor preço entre os licitantes que obtiveram a valorização mínima;

III - no caso de impasse na negociação anterior, procedimento idêntico será adotado, sucessivamente, com os demais proponentes, pela ordem de classificação, até a consecução de acordo para a contratação;

IV – as propostas de preços serão devolvidas intactas aos licitantes que não forem preliminarmente habilitados ou que não obtiverem a valorização mínima estabelecida para a proposta técnica.

§ 2º Nas licitações do tipo "técnica e preço" será adotado, adicionalmente ao inciso I do parágrafo anterior, o seguinte procedimento claramente explicitado no instrumento convocatório:

I – será feita a avaliação e a valorização das propostas de preços, de acordo com critérios objetivos preestabelecidos no instrumento convocatório;

II – a classificação dos proponentes far-se-á de acordo com a média ponderada das valorizações das propostas técnicas e de preço, de acordo com os pesos preestabelecidos no instrumento convocatório.

§ 3º Excepcionalmente, os tipos de licitação previstos neste artigo poderão ser adotados, por autorização expressa e mediante justificativa circunstanciada da maior autoridade da Administração promotora constante do ato convocatório, para fornecimento de bens e execução de obras ou prestação de serviços de grande vulto majoritariamente dependentes de tecnologia nitidamente sofisticada e de domínio restrito, atestado por autoridades técnicas de reconhecida qualificação, nos casos em que o objeto pretendido admitir soluções alternativas e variações de execução, com repercussões significativas sobre sua qualidade, produtividade, rendimento e durabilidade concretamente mensuráveis, e estas puderem ser adotadas à livre escolha dos licitantes, na conformidade dos critérios objetivamente fixados no ato convocatório.

§ 4º *(Vetado). (Incluído pela Lei nº 8.883, de 1994)*

Art. 47. Nas licitações para a execução de obras e serviços, quando for adotada a modalidade de execução de empreitada por preço global, a Administração deverá fornecer obrigatoriamente, junto com o edital, todos os elementos e informações necessários para que os licitantes possam elaborar suas propostas de preços com total e completo conhecimento do objeto da licitação.

Art. 48. Serão desclassificadas:

I - as propostas que não atendam às exigências do ato convocatório da licitação;

II - propostas com valor global superior ao limite estabelecido ou com preços manifestamente inexequiveis, assim considerados aqueles que não venham a ter demonstrada sua viabilidade através de documentação que comprove que os custos dos insumos são coerentes com os de mercado e que os coeficientes de produtividade são compatíveis com a execução do objeto do contrato, condições estas necessariamente especificadas no ato convocatório da licitação. *(Redação dada pela Lei nº 8.883, de 1994)*

§ 1º Para os efeitos do disposto no inciso II deste artigo consideram-se manifestamente inexequíveis, no caso de licitações de menor preço para obras e serviços de engenharia, as propostas cujos valores sejam inferiores a 70% (setenta por cento) do menor dos seguintes valores: *(Incluído pela Lei nº 9.648, de 1998)*

a) média aritmética dos valores das propostas superiores a 50% (cinqüenta por cento) do valor orçado pela administração; *(Incluído pela Lei nº 9.648, de 1998)*

b) valor orçado pela administração. *(Incluído pela Lei nº 9.648, de 1998)*

§ 2º Dos licitantes classificados na forma do parágrafo anterior cujo valor global da proposta for inferior a 80% (oitenta por cento) do menor valor a que se referem as alíneas *a* e *b*, será exigida, para a assinatura do contrato, prestação de garantia adicional, dentre as modalidades previstas no § 1º do art. 56, igual a diferença entre o valor resultante do parágrafo anterior e o valor da correspondente proposta. *(Incluído pela Lei nº 9.648, de 1998)*

§ 3º Quando todos os licitantes forem inabilitados ou todas as propostas forem desclassificadas, a administração poderá fixar aos licitantes o prazo de oito dias úteis para a apresentação de nova documentação ou de outras propostas escoimadas das causas referidas neste artigo, facultada, no caso de convite, a redução deste prazo para três dias úteis. *(Incluído pela Lei nº 9.648, de 1998)*

Art. 49. A autoridade competente para a aprovação do procedimento somente poderá revogar a licitação por razões de interesse público decorrente de fato superveniente devidamente comprovado, pertinente e suficiente para justificar tal conduta, devendo anulá-la por ilegalidade, de ofício ou por provocação de terceiros, mediante parecer escrito e devidamente fundamentado.

§ 1º A anulação do procedimento licitatório por motivo de ilegalidade não gera obrigação de indenizar, ressalvado o disposto no parágrafo único do art. 59 desta Lei.

§ 2º A nulidade do procedimento licitatório induz à do contrato, ressalvado o disposto no parágrafo único do art. 59 desta Lei.

§ 3º No caso de desfazimento do processo licitatório, fica assegurado o contraditório e a ampla defesa.

§ 4º O disposto neste artigo e seus parágrafos aplica-se aos atos do procedimento de dispensa e de inexigibilidade de licitação.

Art. 50. A Administração não poderá celebrar o contrato com preterição da ordem de classificação das propostas ou com terceiros estranhos ao procedimento licitatório, sob pena de nulidade.

Art. 51. A habilitação preliminar, a inscrição em registro cadastral, a sua alteração ou cancelamento, e as propostas serão processadas e julgadas por comissão permanente ou especial de, no mínimo, 3 (três) membros, sendo pelo menos 2 (dois) deles servidores qualificados pertencentes aos quadros permanentes dos órgãos da Administração responsáveis pela licitação.

§ 1º No caso de convite, a Comissão de licitação, excepcionalmente, nas pequenas unidades administrativas e em face da exiguidade de pessoal disponível, poderá ser substituída por servidor formalmente designado pela autoridade competente.

§ 2º A Comissão para julgamento dos pedidos de inscrição em registro cadastral, sua alteração ou cancelamento, será integrada por profissionais legalmente habilitados no caso de obras, serviços ou aquisição de equipamentos.

§ 3º Os membros das Comissões de licitação responderão solidariamente por todos os atos praticados pela Comissão, salvo se posição individual divergente estiver devidamente fundamentada e registrada em ata lavrada na reunião em que tiver sido tomada a decisão.

§ 4º A investidura dos membros das Comissões permanentes não excederá a 1 (um) ano, vedada a recondução da totalidade de seus membros para a mesma comissão no período subsequente.

§ 5º No caso de concurso, o julgamento será feito por uma comissão especial integrada por pessoas de reputação ilibada e reconhecido conhecimento da matéria em exame, servidores públicos ou não.

Art. 52. O concurso a que se refere o § 4º do art. 22 desta Lei deve ser precedido de regulamento próprio, a ser obtido pelos interessados no local indicado no edital.

§ 1º O regulamento deverá indicar:

I – a qualificação exigida dos participantes;

II – as diretrizes e a forma de apresentação do trabalho;

III – as condições de realização do concurso e os prêmios a serem concedidos.

§ 2º Em se tratando de projeto, o vencedor deverá autorizar a Administração a executá-lo quando julgar conveniente.

Art. 53. O leilão pode ser cometido a leiloeiro oficial ou a servidor designado pela Administração, procedendo-se na forma da legislação pertinente.

§ 1º Todo bem a ser leiloado será previamente avaliado pela Administração para fixação do preço mínimo de arrematação.

§ 2º Os bens arrematados serão pagos à vista ou no percentual estabelecido no edital, não inferior a 5% (cinco por cento) e, após a assinatura da respectiva ata lavrada no local do leilão, imediatamente entregues ao arrematante, o qual se obrigará ao pagamento do restante no prazo estipulado no edital de convocação, sob pena de perder em favor da Administração o valor já recolhido.

§ 3º Nos leilões internacionais, o pagamento da parcela à vista poderá ser feito em até vinte e quatro horas. *(Redação dada pela Lei nº 8.883, de 1994)*

§ 4º O edital de leilão deve ser amplamente divulgado, principalmente no município em que se realizará. *(Incluído pela Lei nº 8.883, de 1994)*

CAPÍTULO III
Dos Contratos

Seção I
Disposições Preliminares

Art. 54. Os contratos administrativos de que trata esta Lei regulam-se pelas suas cláusulas e pelos preceitos de direito público, aplicando-se-lhes, supletivamente, os princípios da teoria geral dos contratos e as disposições de direito privado.

§ 1º Os contratos devem estabelecer com clareza e precisão as condições para sua execução, expressas em cláusulas que definam os direitos, obrigações e responsabilidades das partes, em conformidade com os termos da licitação e da proposta a que se vinculam.

§ 2º Os contratos decorrentes de dispensa ou de inexigibilidade de licitação devem atender aos termos do ato que os autorizou e da respectiva proposta.

Art. 55. São cláusulas necessárias em todo contrato as que estabeleçam:

I – o objeto e seus elementos característicos;

II – o regime de execução ou a forma de fornecimento;

III – o preço e as condições de pagamento, os critérios, data-base e periodicidade do reajustamento de preços, os critérios de atualização monetária entre a data do adimplemento das obrigações e a do efetivo pagamento;

IV – os prazos de início de etapas de execução, de conclusão, de entrega, de observação e de recebimento definitivo, conforme o caso;

V – o crédito pelo qual correrá a despesa, com a indicação da classificação funcional programática e da categoria econômica;

VI – as garantias oferecidas para assegurar sua plena execução, quando exigidas;

VII – os direitos e as responsabilidades das partes, as penalidades cabíveis e os valores das multas;

VIII – os casos de rescisão;

IX – o reconhecimento dos direitos da Administração, em caso de rescisão administrativa prevista no art. 77 desta Lei;

X – as condições de importação, a data e a taxa de câmbio para conversão, quando for o caso;

XI – a vinculação ao edital de licitação ou ao termo que a dispensou ou a inexigiu, ao convite e à proposta do licitante vencedor;

XII – a legislação aplicável à execução do contrato e especialmente aos casos omissos;

XIII – a obrigação do contratado de manter, durante toda a execução do contrato, em compatibilidade com as obrigações por ele assumidas, todas as condições de habilitação e qualificação exigidas na licitação.

§ 1º *(Vetado). (Redação dada pela Lei nº 8.883, de 1994)*

§ 2º Nos contratos celebrados pela Administração Pública com pessoas físicas ou jurídicas, inclusive aquelas domiciliadas no estrangeiro, deverá constar necessariamente cláusula que declare competente o foro da sede da Administração para dirimir qualquer questão contratual, salvo o disposto no § 6º do art. 32 desta Lei.

§ 3º No ato da liquidação da despesa, os serviços de contabilidade comunicarão, aos órgãos incumbidos da arrecadação e fiscalização de tributos da União, Estado ou Município, as características e os valores pagos, segundo o disposto no art. 63 da Lei nº 4.320, de 17 de março de 1964.

Art. 56. A critério da autoridade competente, em cada caso, e desde que prevista no instrumento convocatório, poderá ser exigida prestação de garantia nas contratações de obras, serviços e compras.

§ 1º Caberá ao contratado optar por uma das seguintes modalidades de garantia: *(Redação dada pela Lei nº 8.883, de 1994)*

I – caução em dinheiro ou em títulos da dívida pública, devendo estes ter sido emitidos sob a forma escritural, mediante registro em sistema centralizado de liquidação e de custódia autorizado pelo Banco Central do Brasil e avaliados pelos seus valores econômicos, conforme definido pelo Ministério da Fazenda; *(Redação dada pela Lei nº 11.079, de 2004)*

II – seguro-garantia; *(Redação dada pela Lei nº 8.883, de 1994)*

III – fiança bancária. *(Redação dada pela Lei nº 8.883, de 8.6.94)*

§ 2º A garantia a que se refere o *caput* deste artigo não excederá a cinco por cento do valor do contrato e terá seu valor atualizado nas mesmas condições daquele, ressalvado o previsto no parágrafo 3º deste artigo. *(Redação dada pela Lei nº 8.883, de 1994)*

§ 3º Para obras, serviços e fornecimentos de grande vulto envolvendo alta complexidade técnica e riscos financeiros consideráveis, demonstrados através de parecer tecnicamente aprovado pela autoridade competente, o limite de garantia previsto no parágrafo anterior poderá ser elevado para até 10% (dez por cento) do valor do contrato. *(Redação dada pela Lei nº 8.883, de 1994)*

§ 4º A garantia prestada pelo contratado será liberada ou restituída após a execução do contrato e, quando em dinheiro, atualizada monetariamente.

§ 5º Nos casos de contratos que importem na entrega de bens pela Administração, dos quais o contratado ficará depositário, ao valor da garantia deverá ser acrescido o valor desses bens.

Art. 57. A duração dos contratos regidos por esta Lei ficará adstrita à vigência dos respectivos créditos orçamentários, exceto quanto aos relativos:

I – aos projetos cujos produtos estejam contemplados nas metas estabelecidas no Plano Plurianual, os quais poderão ser prorrogados se houver interesse da Administração e desde que isso tenha sido previsto no ato convocatório;

II – à prestação de serviços a serem executados de forma contínua, que poderão ter a sua duração prorrogada por iguais e sucessivos períodos com vistas à obtenção de preços e condições mais vantajosas para a administração, limitada a 60 (sessenta meses); *(Redação dada pela Lei nº 9.648, de 1998)*

III – *(Vetado). (Redação dada pela Lei nº 8.883, de 1994)*

IV – ao aluguel de equipamentos e à utilização de programas de informática, podendo a duração estender-se pelo prazo de até 48 (quarenta e oito) meses após o início da vigência do contrato;

V – às hipóteses previstas nos incisos IX, XIX, XXVIII e XXXI do art. 24, cujos contratos poderão ter vigência por até 120 (cento e vinte) meses, caso haja interesse da administração. *(Incluído pela Lei nº 12.349, de 2010)*

§ 1º Os prazos de início de etapas de execução, de conclusão e de entrega admitem prorrogação, mantidas as demais cláusulas do contrato e assegurada a manutenção de seu equilíbrio econômico-financeiro, desde que ocorra algum dos seguintes motivos, devidamente autuados em processo:

I – alteração do projeto ou especificações, pela Administração;

II – superveniência de fato excepcional ou imprevisível, estranho à vontade das partes, que altere fundamentalmente as condições de execução do contrato;

III – interrupção da execução do contrato ou diminuição do ritmo de trabalho por ordem e no interesse da Administração;

IV – aumento das quantidades inicialmente previstas no contrato, nos limites permitidos por esta Lei;

V – impedimento de execução do contrato por fato ou ato de terceiro reconhecido pela Administração em documento contemporâneo à sua ocorrência;

VI – omissão ou atraso de providências a cargo da Administração, inclusive quanto aos pagamentos previstos de que resulte, diretamente, impedimento ou retardamento na execução do contrato, sem prejuízo das sanções legais aplicáveis aos responsáveis.

§ 2º Toda prorrogação de prazo deverá ser justificada por escrito e previamente autorizada pela autoridade competente para celebrar o contrato.

§ 3º É vedado o contrato com prazo de vigência indeterminado.

§ 4º Em caráter excepcional, devidamente justificado e mediante autorização da autoridade superior, o prazo de que trata o inciso II do *caput* deste artigo poderá ser prorrogado por até doze meses. *(Incluído pela Lei nº 9.648, de 1998)*

Art. 58. O regime jurídico dos contratos administrativos instituído por esta Lei confere à Administração, em relação a eles, a prerrogativa de:

I – modificá-los, unilateralmente, para melhor adequação às finalidades de interesse público, respeitados os direitos do contratado;

II – rescindi-los, unilateralmente, nos casos especificados no inciso I do art. 79 desta Lei;

III – fiscalizar-lhes a execução;

IV – aplicar sanções motivadas pela inexecução total ou parcial do ajuste;

V – nos casos de serviços essenciais, ocupar provisoriamente bens móveis, imóveis, pessoal e serviços vinculados ao objeto do contrato, na hipótese da necessidade de acautelar apuração administrativa de faltas contratuais pelo contratado, bem como na hipótese de rescisão do contrato administrativo.

§ 1º As cláusulas econômico-financeiras e monetárias dos contratos administrativos não poderão ser alteradas sem prévia concordância do contratado.

§ 2º Na hipótese do inciso I deste artigo, as cláusulas econômico-financeiras do contrato deverão ser revistas para que se mantenha o equilíbrio contratual.

Art. 59. A declaração de nulidade do contrato administrativo opera retroativamente impedindo os efeitos jurídicos que ele, ordinariamente, deveria produzir, além de desconstituir os já produzidos.

Parágrafo único. A nulidade não exonera a Administração do dever de indenizar o contratado pelo que este houver executado até a data em que ela for declarada e por outros prejuízos regularmente comprovados, contanto que não lhe seja imputável, promovendo-se a responsabilidade de quem lhe deu causa.

Seção II
Da Formalização dos Contratos

Art. 60. Os contratos e seus aditamentos serão lavrados nas repartições interessadas, as quais manterão arquivo cronológico dos seus autógrafos e registro sistemático do seu extrato, salvo os relativos a direitos reais sobre imóveis, que se formalizam por instrumento lavrado em cartório de notas, de tudo juntando-se cópia no processo que lhe deu origem.

Parágrafo único. É nulo e de nenhum efeito o contrato verbal com a Administração, salvo o de pequenas compras de pronto pagamento, assim entendidas aquelas de valor não superior a 5% (cinco por cento) do limite estabelecido no art. 23, inciso II, alínea *a* desta Lei, feitas em regime de adiantamento.

Art. 61. Todo contrato deve mencionar os nomes das partes e os de seus representantes, a finalidade, o ato que autorizou a sua lavratura, o número do processo da licitação, da dispensa ou da inexigibilidade, a sujeição dos contratantes às normas desta Lei e às cláusulas contratuais.

Parágrafo único. A publicação resumida do instrumento de contrato ou de seus aditamentos na imprensa oficial, que é condição indispensável para sua eficácia, será providenciada pela Administração até o quinto dia útil do mês seguinte ao de sua assinatura, para ocorrer no prazo de 20 (vinte dias) daquela data, qualquer que seja o seu valor, ainda que sem ônus, ressalvado o disposto no art. 26 desta Lei. *(Redação dada pela Lei nº 8.883, de 1994)*

Art. 62. O instrumento de contrato é obrigatório nos casos de concorrência e de tomada de preços, bem como nas dispensas e inexigibilidades cujos preços estejam compreendidos nos limites destas duas modalidades de licitação, e facultativo nos demais em que a Administração puder substituí-lo por outros instrumentos hábeis, tais como carta-contrato, nota de empenho de despesa, autorização de compra ou ordem de execução de serviço.

§ 1º A minuta do futuro contrato integrará sempre o edital ou ato convocatório da licitação.

§ 2º Em "carta contrato", "nota de empenho de despesa", "autorização de compra", "ordem de execução de serviço" ou outros instrumentos hábeis aplica-se, no que couber, o disposto no art. 55 desta Lei. *(Redação dada pela Lei nº 8.883, de 1994)*

§ 3º Aplica-se o disposto nos arts. 55 e 58 a 61 desta Lei e demais normas gerais, no que couber:

I – aos contratos de seguro, de financiamento, de locação em que o Poder Público seja locatário, e aos demais cujo conteúdo seja regido, predominantemente, por norma de direito privado;

II – aos contratos em que a Administração for parte como usuária de serviço público.

§ 4º É dispensável o "termo de contrato" e facultada a substituição prevista neste artigo, a critério da Administração e independentemente de seu valor, nos casos de compra com entrega imediata e integral dos bens adquiridos, dos quais não resultem obrigações futuras, inclusive assistência técnica.

Art. 63. É permitido a qualquer licitante o conhecimento dos termos do contrato e do respectivo processo licitatório e, a qualquer interessado, a obtenção de cópia autenticada, mediante o pagamento dos emolumentos devidos.

Art. 64. A Administração convocará regularmente o interessado para assinar o termo de contrato, aceitar ou retirar o instrumento equivalente, dentro do prazo e condições estabelecidos, sob pena de decair o direito à contratação, sem prejuízo das sanções previstas no art. 81 desta Lei.

§ 1º O prazo de convocação poderá ser prorrogado uma vez, por igual período, quando solicitado pela parte durante o seu transcurso e desde que ocorra motivo justificado aceito pela Administração.

§ 2º É facultado à Administração, quando o convocado não assinar o termo de contrato ou não aceitar ou retirar o instrumento equivalente no prazo e condições estabelecidos, convocar os licitantes remanescentes, na ordem de classificação, para fazê-lo em igual prazo e nas mesmas condições propostas pelo primeiro classificado, inclusive quanto aos preços atualizados de conformidade com o ato convocatório, ou revogar a licitação independentemente da cominação prevista no art. 81 desta Lei.

§ 3º Decorridos 60 (sessenta) dias da data da entrega das propostas, sem convocação para a contratação, ficam os licitantes liberados dos compromissos assumidos.

Seção III
Da Alteração dos Contratos

Art. 65. Os contratos regidos por esta Lei poderão ser alterados, com as devidas justificativas, nos seguintes casos:

I - unilateralmente pela Administração:

a) quando houver modificação do projeto ou das especificações, para melhor adequação técnica aos seus objetivos;

b) quando necessária a modificação do valor contratual em decorrência de acréscimo ou diminuição quantitativa de seu objeto, nos limites permitidos por esta Lei;

II - por acordo das partes:

a) quando conveniente a substituição da garantia de execução;

b) quando necessária a modificação do regime de execução da obra ou serviço, bem como do modo de fornecimento, em face de verificação técnica da inaplicabilidade dos termos contratuais originários;

c) quando necessária a modificação da forma de pagamento, por imposição de circunstâncias supervenientes, mantido o valor inicial atualizado, vedada a antecipação do pagamento, com relação ao cronograma financeiro fixado, sem a correspondente contraprestação de fornecimento de bens ou execução de obra ou serviço;

d) para restabelecer a relação que as partes pactuaram inicialmente entre os encargos do contratado e a retribuição da administração para a justa remuneração da obra, serviço ou fornecimento, objetivando a manutenção do equilíbrio econômico-financeiro inicial do contrato, na hipótese de sobrevirem fatos imprevisíveis, ou previsíveis, porém de consequências incalculáveis, retardadores ou impeditivos da execução do ajustado, ou, ainda, em caso de força maior, caso fortuito ou fato do príncipe, configurando álea econômica extraordinária e extracontratual. *(Redação dada pela Lei nº 8.883, de 1994)*

§ 1º O contratado fica obrigado a aceitar, nas mesmas condições contratuais, os acréscimos ou supressões que se fizerem nas obras, serviços ou compras, até 25% (vinte e cinco por cento) do valor inicial atualizado do contrato, e, no caso particular de reforma de edifício ou de equipamento, até o limite de 50% (cinquenta por cento) para os seus acréscimos.

§ 2º Nenhum acréscimo ou supressão poderá exceder os limites estabelecidos no parágrafo anterior, salvo: *(Redação dada pela Lei nº 9.648, de 1998)*

I - *(Vetado). (Incluído pela Lei nº 9.648, de 1998)*

II – as supressões resultantes de acordo celebrado entre os contratantes. *(Incluído pela Lei nº 9.648, de 1998)*

§ 3º Se no contrato não houverem sido contemplados preços unitários para obras ou serviços, esses serão fixados mediante acordo entre as partes, respeitados os limites estabelecidos no § 1º deste artigo.

§ 4º No caso de supressão de obras, bens ou serviços, se o contratado já houver adquirido os materiais e posto no local dos trabalhos, estes deverão ser pagos pela Administração pelos custos de aquisição regularmente comprovados e monetariamente corrigidos, podendo caber indenização por outros danos eventualmente decorrentes da supressão, desde que regularmente comprovados.

§ 5º Quaisquer tributos ou encargos legais criados, alterados ou extintos, bem como a superveniência de disposições legais, quando ocorridas após a data da apresentação da proposta, de comprovada repercussão nos preços contratados, implicarão a revisão destes para mais ou para menos, conforme o caso.

§ 6º Em havendo alteração unilateral do contrato que aumente os encargos do contratado, a Administração deverá restabelecer, por aditamento, o equilíbrio econômico-financeiro inicial.

§ 7º *(Vetado)*

§ 8º A variação do valor contratual para fazer face ao reajuste de preços previsto no próprio contrato, as atualizações, compensações ou penalizações financeiras decorrentes das condições de pagamento nele previstas, bem como o empenho de dotações orçamentárias suplementares até o limite do seu valor corrigido, não caracterizam alteração do mesmo, podendo ser registrados por simples apostila, dispensando a celebração de aditamento.

Seção IV
Da Execução dos Contratos

Art. 66. O contrato deverá ser executado fielmente pelas partes, de acordo com as cláusulas avençadas e as normas desta Lei, respondendo cada uma pelas consequências de sua inexecução total ou parcial.

Art. 67. A execução do contrato deverá ser acompanhada e fiscalizada por um representante da Administração especialmente designado, permitida a contratação de terceiros para assisti-lo e subsidiá-lo de informações pertinentes a essa atribuição.

§ 1º O representante da Administração anotará em registro próprio todas as ocorrências relacionadas com a execução do contrato, determinando o que for necessário à regularização das faltas ou defeitos observados.

§ 2º As decisões e providências que ultrapassarem a competência do representante deverão ser solicitadas a seus superiores em tempo hábil para a adoção das medidas convenientes.

Art. 68. O contratado deverá manter preposto, aceito pela Administração, no local da obra ou serviço, para representá-lo na execução do contrato.

Art. 69. O contratado é obrigado a reparar, corrigir, remover, reconstruir ou substituir, às suas expensas, no total ou em parte, o objeto do contrato em que se verificarem vícios, defeitos ou incorreções resultantes da execução ou de materiais empregados.

Art. 70. O contratado é responsável pelos danos causados diretamente à Administração ou a terceiros, decorrentes de sua culpa ou dolo na execução do contrato, não excluindo ou reduzindo essa responsabilidade a fiscalização ou o acompanhamento pelo órgão interessado.

Art. 71. O contratado é responsável pelos encargos trabalhistas, previdenciários, fiscais e comerciais resultantes da execução do contrato.

§ 1º A inadimplência do contratado, com referência aos encargos trabalhistas, fiscais e comerciais não transfere à Administração Pública a responsabilidade por seu pagamento, nem poderá onerar o objeto do contrato ou restringir a regularização e o uso das obras e edificações, inclusive perante o Registro de Imóveis. *(Redação dada pela Lei nº 9.032, de 1995)*

§ 2º A Administração Pública responde solidariamente com o contratado pelos encargos previdenciários resultantes da execução do contrato, nos termos do art. 31 da Lei nº 8.212, de 24 de julho de 1991. *(Redação dada pela Lei nº 9.032, de 1995)*

§ 3º *(Vetado). (Incluído pela Lei nº 8.883, de 1994)*

Art. 72. O contratado, na execução do contrato, sem prejuízo das responsabilidades contratuais e legais, poderá subcontratar partes da obra, serviço ou fornecimento, até o limite admitido, em cada caso, pela Administração.

Art. 73. Executado o contrato, o seu objeto será recebido:

I – em se tratando de obras e serviços:

a) provisoriamente, pelo responsável por seu acompanhamento e fiscalização, mediante termo circunstanciado, assinado pelas partes em até 15 (quinze) dias da comunicação escrita do contratado;

b) definitivamente, por servidor ou comissão designada pela autoridade competente, mediante termo circunstanciado, assinado pelas partes, após o decurso do prazo de observação, ou vistoria que comprove a adequação do objeto aos termos contratuais, observado o disposto no art. 69 desta Lei.

II – em se tratando de compras ou de locação de equipamentos:

a) provisoriamente, para efeito de posterior verificação da conformidade do material com a especificação;

b) definitivamente, após a verificação da qualidade e quantidade do material e conseqüente aceitação.

§ 1º Nos casos de aquisição de equipamentos de grande vulto, o recebimento far-se-á mediante termo circunstanciado e, nos demais, mediante recibo.

§ 2º O recebimento provisório ou definitivo não exclui a responsabilidade civil pela solidez e segurança da obra ou do serviço, nem ético-profissional pela perfeita execução do contrato, dentro dos limites estabelecidos pela lei ou pelo contrato.

§ 3º O prazo a que se refere a alínea *b* do inciso I deste artigo não poderá ser superior a 90 (noventa) dias, salvo em casos excepcionais, devidamente justificados e previstos no edital.

§ 4º Na hipótese de o termo circunstanciado ou a verificação a que se refere este artigo não serem, respectivamente, lavrado ou procedido dentro dos prazos fixados, reputar-se-ão como realizados, desde que comunicados à Administração nos 15 (quinze) dias anteriores à exaustão dos mesmos.

Art. 74. Poderá ser dispensado o recebimento provisório nos seguintes casos:

I – gêneros perecíveis e alimentação preparada;

II – serviços profissionais;

III – obras e serviços de valor até o previsto no art. 23, inciso II, alínea *a*, desta Lei, desde que não se componham de aparelhos, equipamentos e instalações sujeitos à verificação de funcionamento e produtividade.

Parágrafo único. Nos casos deste artigo, o recebimento será feito mediante recibo.

Art. 75. Salvo disposições em contrário constantes do edital, do convite ou de ato normativo, os ensaios, os testes e as demais provas exigidos por normas técnicas oficiais para a boa execução do objeto do contrato correm por conta do contratado.

Art. 76. A Administração rejeitará, no todo ou em parte, obra, serviço ou fornecimento executado em desacordo com o contrato.

Seção V
Da Inexecução e da Rescisão dos Contratos

Art. 77. A inexecução total ou parcial do contrato enseja a sua rescisão, com as conseqüências contratuais e as previstas em lei ou regulamento.

Art. 78. Constituem motivo para rescisão do contrato:

I - o não cumprimento de cláusulas contratuais, especificações, projetos ou prazos;

II - o cumprimento irregular de cláusulas contratuais, especificações, projetos e prazos;

III - a lentidão do seu cumprimento, levando a Administração a comprovar a impossibilidade da conclusão da obra, do serviço ou do fornecimento, nos prazos estipulados;

IV - o atraso injustificado no início da obra, do serviço ou fornecimento;

V - a paralisação da obra, do serviço ou do fornecimento, sem justa causa e prévia comunicação à Administração;

VI - a subcontratação total ou parcial do seu objeto, a associação do contratado com outrem, a cessão ou transferência, total ou parcial, bem como a fusão, cisão ou incorporação, não admitidas no edital e no contrato;

VII - o desatendimento das determinações regulares da autoridade designada para acompanhar e fiscalizar a sua execução, assim como as de seus superiores;

VIII - o cometimento reiterado de faltas na sua execução, anotadas na forma do § 1º do art. 67 desta Lei;

IX - a decretação de falência ou a instauração de insolvência civil;

X - a dissolução da sociedade ou o falecimento do contratado;

XI - a alteração social ou a modificação da finalidade ou da estrutura da empresa, que prejudique a execução do contrato;

XII - razões de interesse público, de alta relevância e amplo conhecimento, justificadas e determinadas pela máxima autoridade da esfera administrativa a que está subordinado o contratante e exaradas no processo administrativo a que se refere o contrato;

XIII - a supressão, por parte da Administração, de obras, serviços ou compras, acarretando modificação do valor inicial do contrato além do limite permitido no § 1º do art. 65 desta Lei;

XIV - a suspensão de sua execução, por ordem escrita da Administração, por prazo superior a 120 (cento e vinte) dias, salvo em caso de calamidade pública, grave perturbação da ordem interna ou guerra, ou ainda por repetidas suspensões que totalizem o mesmo prazo, independentemente do pagamento obrigatório de indenizações pelas sucessivas e contratualmente imprevistas desmobilizações e mobilizações e outras previstas, assegurado ao contratado, nesses casos, o direito de optar pela suspensão do cumprimento das obrigações assumidas até que seja normalizada a situação;

XV – o atraso superior a 90 (noventa) dias dos pagamentos devidos pela Administração decorrentes de obras, serviços ou fornecimento, ou parcelas destes, já recebidos ou executados, salvo em caso de calamidade pública, grave perturbação da ordem interna ou guerra, assegurado ao contratado o direito de optar pela suspensão do cumprimento de suas obrigações até que seja normalizada a situação;

XVI – a não liberação, por parte da Administração, de área, local ou objeto para execução de obra, serviço ou fornecimento, nos prazos contratuais, bem como das fontes de materiais naturais especificadas no projeto;

XVII – a ocorrência de caso fortuito ou de força maior, regularmente comprovada, impeditiva da execução do contrato.

Parágrafo único. Os casos de rescisão contratual serão formalmente motivados nos autos do processo, assegurado o contraditório e a ampla defesa.

XVIII – descumprimento do disposto no inciso V do art. 27, sem prejuízo das sanções penais cabíveis. *(Incluído pela Lei nº 9.854, de 1999)*

Art. 79. A rescisão do contrato poderá ser:

I – determinada por ato unilateral e escrito da Administração, nos casos enumerados nos incisos I a XII e XVII do artigo anterior;

II – amigável, por acordo entre as partes, reduzida a termo no processo da licitação, desde que haja conveniência para a Administração;

III – judicial, nos termos da legislação;

IV – *(Vetado). (Redação dada pela Lei nº 8.883, de 1994)*

§ 1º A rescisão administrativa ou amigável deverá ser precedida de autorização escrita e fundamentada da autoridade competente.

§ 2º Quando a rescisão ocorrer com base nos incisos XII a XVII do artigo anterior, sem que haja culpa do contratado, será este ressarcido dos prejuízos regularmente comprovados que houver sofrido, tendo ainda direito a:

I – devolução de garantia;

II – pagamentos devidos pela execução do contrato até a data da rescisão;

III – pagamento do custo da desmobilização.

§ 3º *(Vetado). (Redação dada pela Lei nº 8.883, de 1994)*

§ 4º *(Vetado). (Redação dada pela Lei nº 8.883, de 1994)*

§ 5º Ocorrendo impedimento, paralisação ou sustação do contrato, o cronograma de execução será prorrogado automaticamente por igual tempo.

Art. 80. A rescisão de que trata o inciso I do artigo anterior acarreta as seguintes consequências, sem prejuízo das sanções previstas nesta Lei:

I – assunção imediata do objeto do contrato, no estado e local em que se encontrar, por ato próprio da Administração;

II – ocupação e utilização do local, instalações, equipamentos, material e pessoal empregados na execução do contrato, necessários à sua continuidade, na forma do inciso V do art. 58 desta Lei;

III – execução da garantia contratual, para ressarcimento da Administração, e dos valores das multas e indenizações a ela devidos;

IV – retenção dos créditos decorrentes do contrato até o limite dos prejuízos causados à Administração.

§ 1º A aplicação das medidas previstas nos incisos I e II deste artigo fica a critério da Administração, que poderá dar continuidade à obra ou ao serviço por execução direta ou indireta.

§ 2º É permitido à Administração, no caso de concordata do contratado, manter o contrato, podendo assumir o controle de determinadas atividades de serviços essenciais.

§ 3º Na hipótese do inciso II deste artigo, o ato deverá ser precedido de autorização expressa do Ministro de Estado competente, ou Secretário Estadual ou Municipal, conforme o caso.

§ 4º A rescisão de que trata o inciso IV do artigo anterior permite à Administração, a seu critério, aplicar a medida prevista no inciso I deste artigo.

CAPÍTULO IV
Das Sanções Administrativas e da Tutela Judicial

Seção I
Disposições Gerais

Art. 81. A recusa injustificada do adjudicatário em assinar o contrato, aceitar ou retirar o instrumento equivalente, dentro do prazo estabelecido pela Administração, caracteriza o descumprimento total da obrigação assumida, sujeitando-o às penalidades legalmente estabelecidas.

Parágrafo único. O disposto neste artigo não se aplica aos licitantes convocados nos termos do art. 64, § 2º desta Lei, que não aceitarem a contratação, nas mesmas condições propostas pelo primeiro adjudicatário, inclusive quanto ao prazo e preço.

Art. 82. Os agentes administrativos que praticarem atos em desacordo com os preceitos desta Lei ou visando a frustrar os objetivos da licitação sujeitam-se às sanções previstas nesta Lei e nos regulamentos próprios, sem prejuízo das responsabilidades civil e criminal que seu ato ensejar.

Art. 83. Os crimes definidos nesta Lei, ainda que simplesmente tentados, sujeitam os seus autores, quando servidores públicos, além das sanções penais, à perda do cargo, emprego, função ou mandato eletivo.

Art. 84. Considera-se servidor público, para os fins desta Lei, aquele que exerce, mesmo que transitoriamente ou sem remuneração, cargo, função ou emprego público.

§ 1º Equipara-se a servidor público, para os fins desta Lei, quem exerce cargo, emprego ou função em entidade paraestatal, assim consideradas, além das fundações, empresas públicas e sociedades de economia mista, as demais entidades sob controle, direto ou indireto, do Poder Público.

§ 2º A pena imposta será acrescida da terça parte, quando os autores dos crimes previstos nesta Lei forem ocupantes de cargo em comissão ou de função de confiança em órgão da Administração direta, autarquia, empresa pública, sociedade de economia mista, fundação pública, ou outra entidade controlada direta ou indiretamente pelo Poder Público.

Art. 85. As infrações penais previstas nesta Lei pertinem às licitações e aos contratos celebrados pela União, Estados, Distrito Federal, Municípios, e respectivas autarquias, empresas públicas, sociedades de economia mista, fundações públicas, e quaisquer outras entidades sob seu controle direto ou indireto.

Seção II
Das Sanções Administrativas

Art. 86. O atraso injustificado na execução do contrato sujeitará o contratado à multa de mora, na forma prevista no instrumento convocatório ou no contrato.

§ 1º A multa a que alude este artigo não impede que a Administração rescinda unilateralmente o contrato e aplique as outras sanções previstas nesta Lei.

§ 2º A multa, aplicada após regular processo administrativo, será descontada da garantia do respectivo contratado.

§ 3º Se a multa for de valor superior ao valor da garantia prestada, além da perda desta, responderá o contratado pela sua diferença, a qual será descontada dos pagamentos eventualmente devidos pela Administração ou ainda, quando for o caso, cobrada judicialmente.

Art. 87. Pela inexecução total ou parcial do contrato a Administração poderá, garantida a prévia defesa, aplicar ao contratado as seguintes sanções:

I – advertência;

II – multa, na forma prevista no instrumento convocatório ou no contrato;

III – suspensão temporária de participação em licitação e impedimento de contratar com a Administração, por prazo não superior a 2 (dois) anos;

IV – declaração de inidoneidade para licitar ou contratar com a Administração Pública enquanto perdurarem os motivos determinantes da punição ou até que seja promovida a reabilitação perante a própria autoridade que aplicou a penalidade, que será concedida sempre que o contratado ressarcir a Administração pelos prejuízos resultantes e após decorrido o prazo da sanção aplicada com base no inciso anterior.

§ 1º Se a multa aplicada for superior ao valor da garantia prestada, além da perda desta, responderá o contratado pela sua diferença, que será descontada dos pagamentos eventualmente devidos pela Administração ou cobrada judicialmente.

§ 2º As sanções previstas nos incisos I, III e IV deste artigo poderão ser aplicadas juntamente com a do inciso II, facultada a defesa prévia do interessado, no respectivo processo, no prazo de 5 (cinco) dias úteis.

§ 3º A sanção estabelecida no inciso IV deste artigo é de competência exclusiva do Ministro de Estado, do Secretário Estadual ou Municipal, conforme o caso, facultada a defesa do interessado no respectivo processo, no prazo de 10 (dez) dias da abertura de vista, podendo a reabilitação ser requerida após 2 (dois) anos de sua aplicação. *(Vide art 109 inciso III)*

Art. 88. As sanções previstas nos incisos III e IV do artigo anterior poderão também ser aplicadas às empresas ou aos profissionais que, em razão dos contratos regidos por esta Lei:

I - tenham sofrido condenação definitiva por praticarem, por meios dolosos, fraude fiscal no recolhimento de quaisquer tributos;

II - tenham praticado atos ilícitos visando a frustrar os objetivos da licitação;

III - demonstrem não possuir idoneidade para contratar com a Administração em virtude de atos ilícitos praticados.

Seção III
Dos Crimes e das Penas

Art. 89. Dispensar ou inexigir licitação fora das hipóteses previstas em lei, ou deixar de observar as formalidades pertinentes à dispensa ou à inexigibilidade:

Pena - detenção, de 3 (três) a 5 (cinco) anos, e multa.

Parágrafo único. Na mesma pena incorre aquele que, tendo comprovadamente concorrido para a consumação da ilegalidade, beneficiou-se da dispensa ou inexigibilidade ilegal, para celebrar contrato com o Poder Público.

Art. 90. Frustrar ou fraudar, mediante ajuste, combinação ou qualquer outro expediente, o caráter competitivo do procedimento licitatório, com o intuito de obter, para si ou para outrem, vantagem decorrente da adjudicação do objeto da licitação:

Pena - detenção, de 2 (dois) a 4 (quatro) anos, e multa.

Art. 91. Patrocinar, direta ou indiretamente, interesse privado perante a Administração, dando causa à instauração de licitação ou à celebração de contrato, cuja invalidação vier a ser decretada pelo Poder Judiciário:

Pena - detenção, de 6 (seis) meses a 2 (dois) anos, e multa.

Art. 92. Admitir, possibilitar ou dar causa a qualquer modificação ou vantagem, inclusive prorrogação contratual, em favor do adjudicatário, durante a execução dos contratos celebrados com o Poder Público, sem autorização em lei, no ato convocatório da licitação ou nos respectivos instrumentos contratuais, ou, ainda, pagar fatura com preterição da ordem cronológica de sua exigibilidade, observado o disposto no art. 121 desta Lei: *(Redação dada pela Lei nº 8.883, de 1994)*

Pena – detenção, de dois a quatro anos, e multa. *(Redação dada pela Lei nº 8.883, de 1994)*

Parágrafo único. Incide na mesma pena o contratado que, tendo comprovadamente concorrido para a consumação da ilegalidade, obtém vantagem indevida ou se beneficia, injustamente, das modificações ou prorrogações contratuais.

Art. 93. Impedir, perturbar ou fraudar a realização de qualquer ato de procedimento licitatório:

Pena – detenção, de 6 (seis) meses a 2 (dois) anos, e multa.

Art. 94. Devassar o sigilo de proposta apresentada em procedimento licitatório, ou proporcionar a terceiro o ensejo de devassá-lo:

Pena– detenção, de 2 (dois) a 3 (três) anos, e multa.

Art. 95. Afastar ou procura afastar licitante, por meio de violência, grave ameaça, fraude ou oferecimento de vantagem de qualquer tipo:

Pena – detenção, de 2 (dois) a 4 (quatro) anos, e multa, além da pena correspondente à violência.

Parágrafo único. Incorre na mesma pena quem se abstém ou desiste de licitar, em razão da vantagem oferecida.

Art. 96. Fraudar, em prejuízo da Fazenda Pública, licitação instaurada para aquisição ou venda de bens ou mercadorias, ou contrato dela decorrente:

I – elevando arbitrariamente os preços;

II – vendendo, como verdadeira ou perfeita, mercadoria falsificada ou deteriorada;

III – entregando uma mercadoria por outra;

IV – alterando substância, qualidade ou quantidade da mercadoria fornecida;

V – tornando, por qualquer modo, injustamente, mais onerosa a proposta ou a execução do contrato:

Pena – detenção, de 3 (três) a 6 (seis) anos, e multa.

Art. 97. Admitir à licitação ou celebrar contrato com empresa ou profissional declarado inidôneo:

Pena – detenção, de 6 (seis) meses a 2 (dois) anos, e multa.

Parágrafo único. Incide na mesma pena aquele que, declarado inidôneo, venha a licitar ou a contratar com a Administração.

Art. 98. Obstar, impedir ou dificultar, injustamente, a inscrição de qualquer interessado nos registros cadastrais ou promover indevidamente a alteração, suspensão ou cancelamento de registro do inscrito:

Pena – detenção, de 6 (seis) meses a 2 (dois) anos, e multa.

Art. 99. A pena de multa cominada nos arts. 89 a 98 desta Lei consiste no pagamento de quantia fixada na sentença e calculada em índices percentuais, cuja base corresponderá ao valor da vantagem efetivamente obtida ou potencialmente auferível pelo agente.

§ 1º Os índices a que se refere este artigo não poderão ser inferiores a 2% (dois por cento), nem superiores a 5% (cinco por cento) do valor do contrato licitado ou celebrado com dispensa ou inexigibilidade de licitação.

§ 2º O produto da arrecadação da multa reverterá, conforme o caso, à Fazenda Federal, Distrital, Estadual ou Municipal.

Seção IV
Do Processo e do Procedimento Judicial

Art. 100. Os crimes definidos nesta Lei são de ação penal pública incondicionada, cabendo ao Ministério Público promovê-la.

Art. 101. Qualquer pessoa poderá provocar, para os efeitos desta Lei, a iniciativa do Ministério Público, fornecendo-lhe, por escrito, informações sobre o fato e sua autoria, bem como as circunstâncias em que se deu a ocorrência.

Parágrafo único. Quando a comunicação for verbal, mandará a autoridade reduzi-la a termo, assinado pelo apresentante e por duas testemunhas.

Art. 102. Quando em autos ou documentos de que conhecerem, os magistrados, os membros dos Tribunais ou Conselhos de Contas ou os titulares dos órgãos integrantes do sistema de controle interno de qualquer dos Poderes verificarem a existência dos crimes definidos nesta Lei, remeterão ao Ministério Público as cópias e os documentos necessários ao oferecimento da denúncia.

Art. 103. Será admitida ação penal privada subsidiária da pública, se esta não for ajuizada no prazo legal, aplicando-se, no que couber, o disposto nos arts. 29 e 30 do Código de Processo Penal.

Art. 104. Recebida a denúncia e citado o réu, terá este o prazo de 10 (dez) dias para apresentação de defesa escrita, contado da data do seu interrogatório, podendo juntar documentos, arrolar as testemunhas que tiver, em número não superior a 5 (cinco), e indicar as demais provas que pretenda produzir.

Art. 105. Ouvidas as testemunhas da acusação e da defesa e praticadas as diligências instrutórias deferidas ou ordenadas pelo juiz, abrir-se-á, sucessivamente, o prazo de 5 (cinco) dias a cada parte para alegações finais.

Art. 106. Decorrido esse prazo, e conclusos os autos dentro de 24 (vinte e quatro) horas, terá o juiz 10 (dez) dias para proferir a sentença.

Art. 107. Da sentença cabe apelação, interponível no prazo de 5 (cinco) dias.

Art. 108. No processamento e julgamento das infrações penais definidas nesta Lei, assim como nos recursos e nas execuções que lhes digam respeito, aplicar-se-ão, subsidiariamente, o Código de Processo Penal e a Lei de Execução Penal.

CAPÍTULO V
Dos Recursos Administrativos

Art. 109. Dos atos da Administração decorrentes da aplicação desta Lei cabem:

I – recurso, no prazo de 5 (cinco) dias úteis a contar da intimação do ato ou da lavratura da ata, nos casos de:

a) habilitação ou inabilitação do licitante;

b) julgamento das propostas;

c) anulação ou revogação da licitação;

d) indeferimento do pedido de inscrição em registro cadastral, sua alteração ou cancelamento;

e) rescisão do contrato, a que se refere o inciso I do art. 79 desta Lei; *(Redação dada pela Lei nº 8.883, de 1994)*

f) aplicação das penas de advertência, suspensão temporária ou de multa;

II – representação, no prazo de 5 (cinco) dias úteis da intimação da decisão relacionada com o objeto da licitação ou do contrato, de que não caiba recurso hierárquico;

III – pedido de reconsideração, de decisão de Ministro de Estado, ou Secretário Estadual ou Municipal, conforme o caso, na hipótese do § 4º do art. 87 desta Lei, no prazo de 10 (dez) dias úteis da intimação do ato.

§ 1º A intimação dos atos referidos no inciso I, alíneas *a*, *b*, *c* e *e*, deste artigo, excluídos os relativos a advertência e multa de mora, e no inciso III, será feita mediante publicação na imprensa oficial, salvo para os casos previstos nas alíneas *a* e *b*, se presentes os prepostos dos licitantes no ato em que foi adotada a decisão, quando poderá ser feita por comunicação direta aos interessados e lavrada em ata.

§ 2º O recurso previsto nas alíneas *a* e *b* do inciso I deste artigo terá efeito suspensivo, podendo a autoridade competente, motivadamente e presentes razões de interesse público, atribuir ao recurso interposto eficácia suspensiva aos demais recursos.

§ 3º Interposto, o recurso será comunicado aos demais licitantes, que poderão impugná-lo no prazo de 5 (cinco) dias úteis.

§ 4º O recurso será dirigido à autoridade superior, por intermédio da que praticou o ato recorrido, a qual poderá reconsiderar sua decisão, no prazo de 5 (cinco) dias úteis, ou, nesse mesmo prazo, fazê-lo subir, devidamente informado, devendo, neste caso, a decisão ser proferida dentro do prazo de 5 (cinco) dias úteis, contado do recebimento do recurso, sob pena de responsabilidade.

§ 5º Nenhum prazo de recurso, representação ou pedido de reconsideração se inicia ou corre sem que os autos do processo estejam com vista franqueada ao interessado.

§ 6º Em se tratando de licitações efetuadas na modalidade de "carta convite" os prazos estabelecidos nos incisos I e II e no parágrafo 3º deste artigo serão de dois dias úteis. *(Incluído pela Lei nº 8.883, de 1994)*

CAPÍTULO VI
Disposições Finais e Transitórias

Art. 110. Na contagem dos prazos estabelecidos nesta Lei, excluir-se-á o dia do início e incluir-se-á o do vencimento, e considerar-se-ão os dias consecutivos, exceto quando for explicitamente disposto em contrário.

Parágrafo único. Só se iniciam e vencem os prazos referidos neste artigo em dia de expediente no órgão ou na entidade.

Art. 111. A Administração só poderá contratar, pagar, premiar ou receber projeto ou serviço técnico especializado desde que o autor ceda os direitos patrimoniais a ele relativos e a Administração possa utilizá-lo de acordo com o previsto no regulamento de concurso ou no ajuste para sua elaboração.

Parágrafo único. Quando o projeto referir-se a obra imaterial de caráter tecnológico, insuscetível de privilégio, a cessão dos direitos incluirá o fornecimento de todos os dados, documentos e elementos de informação pertinentes à tecnologia de concepção, desenvolvimento, fixação em suporte físico de qualquer natureza e aplicação da obra.

Art. 112. Quando o objeto do contrato interessar a mais de uma entidade pública, caberá ao órgão contratante, perante a entidade interessada, responder pela sua boa execução, fiscalização e pagamento.

§ 1º Os consórcios públicos poderão realizar licitação da qual, nos termos do edital, decorram contratos administrativos celebrados por órgãos ou entidades dos entes da Federação consorciados. *(Incluído pela Lei nº 11.107, de 2005)*

§ 2º É facultado à entidade interessada o acompanhamento da licitação e da execução do contrato. *(Incluído pela Lei nº 11.107, de 2005)*

Art. 113. O controle das despesas decorrentes dos contratos e demais instrumentos regidos por esta Lei será feito pelo Tribunal de Contas competente, na forma da legislação pertinente, ficando os órgãos interessados da Administração responsáveis pela demonstração da legalidade e regularidade da despesa e execução, nos termos da Constituição e sem prejuízo do sistema de controle interno nela previsto.

§ 1º Qualquer licitante, contratado ou pessoa física ou jurídica poderá representar ao Tribunal de Contas ou aos órgãos integrantes do sistema de controle interno contra irregularidades na aplicação desta Lei, para os fins do disposto neste artigo.

§ 2º Os Tribunais de Contas e os órgãos integrantes do sistema de controle interno poderão solicitar para exame, até o dia útil imediatamente anterior à data de recebimento das propostas, cópia de edital de licitação já publicado, obrigando-se os órgãos ou entidades da Administração interessada à adoção de medidas corretivas pertinentes que, em função desse exame, lhes forem determinadas. *(Redação dada pela Lei nº 8.883, de 1994)*

Art. 114. O sistema instituído nesta Lei não impede a pré-qualificação de licitantes nas concorrências, a ser procedida sempre que o objeto da licitação recomende análise mais detida da qualificação técnica dos interessados.

§ 1º A adoção do procedimento de pré-qualificação será feita mediante proposta da autoridade competente, aprovada pela imediatamente superior.

§ 2º Na pré-qualificação serão observadas as exigências desta Lei relativas à concorrência, à convocação dos interessados, ao procedimento e à analise da documentação.

Art. 115. Os órgãos da Administração poderão expedir normas relativas aos procedimentos operacionais a serem observados na execução das licitações, no âmbito de sua competência, observadas as disposições desta Lei.

Parágrafo único. As normas a que se refere este artigo, após aprovação da autoridade competente, deverão ser publicadas na imprensa oficial.

Art. 116. Aplicam-se as disposições desta Lei, no que couber, aos convênios, acordos, ajustes e outros instrumentos congêneres celebrados por órgãos e entidades da Administração.

§ 1º A celebração de convênio, acordo ou ajuste pelos órgãos ou entidades da Administração Pública depende de prévia aprovação de competente plano de trabalho proposto pela organização interessada, o qual deverá conter, no mínimo, as seguintes informações:

I - identificação do objeto a ser executado;

II - metas a serem atingidas;

III - etapas ou fases de execução;

IV - plano de aplicação dos recursos financeiros;

V - cronograma de desembolso;

VI - previsão de início e fim da execução do objeto, bem assim da conclusão das etapas ou fases programadas;

VII - se o ajuste compreender obra ou serviço de engenharia, comprovação de que os recursos próprios para complementar a execução do objeto estão devidamente assegurados, salvo se o custo total do empreendimento recair sobre a entidade ou órgão descentralizador.

§ 2º Assinado o convênio, a entidade ou órgão repassador dará ciência do mesmo à Assembleia Legislativa ou à Câmara Municipal respectiva.

§ 3º As parcelas do convênio serão liberadas em estrita conformidade com o plano de aplicação aprovado, exceto nos casos a seguir, em que as mesmas ficarão retidas até o saneamento das impropriedades ocorrentes:

I - quando não tiver havido comprovação da boa e regular aplicação da parcela anteriormente recebida, na forma da legislação aplicável, inclusive mediante procedimentos de fiscalização local, realizados periodicamente pela entidade ou órgão descentralizador dos recursos ou pelo órgão competente do sistema de controle interno da Administração Pública;

II – quando verificado desvio de finalidade na aplicação dos recursos, atrasos não justificados no cumprimento das etapas ou fases programadas, práticas atentatórias aos princípios fundamentais de Administração Pública nas contratações e demais atos praticados na execução do convênio, ou o inadimplemento do executor com relação a outras cláusulas conveniais básicas;

III – quando o executor deixar de adotar as medidas saneadoras apontadas pelo partícipe repassador dos recursos ou por integrantes do respectivo sistema de controle interno.

§ 4º Os saldos de convênio, enquanto não utilizados, serão obrigatoriamente aplicados em cadernetas de poupança de instituição financeira oficial se a previsão de seu uso for igual ou superior a 1 (um) mês, ou em fundo de aplicação financeira de curto prazo ou operação de mercado aberto lastreada em títulos da dívida pública, quando a utilização dos mesmos verificar-se em prazos menores que um mês.

§ 5º As receitas financeiras auferidas na forma do parágrafo anterior serão obrigatoriamente computadas a crédito do convênio e aplicadas, exclusivamente, no objeto de sua finalidade, devendo constar de demonstrativo específico que integrará as prestações de contas do ajuste.

§ 6º Quando da conclusão, denúncia, rescisão ou extinção do convênio, acordo ou ajuste, os saldos financeiros remanescentes, inclusive os provenientes das receitas obtidas das aplicações financeiras realizadas, serão devolvidos à entidade ou órgão repassador dos recursos, no prazo improrrogável de 30 (trinta) dias do evento, sob pena da imediata instauração de tomada de contas especial do responsável, providenciada pela autoridade competente do órgão ou entidade titular dos recursos.

Art. 117. As obras, os serviços,as compras e as alienações realizados pelos órgãos dos Poderes Legislativo e Judiciário e do Tribunal de Contas regem-se pelas normas desta Lei, no que couber, nas três esferas administrativas.

Art. 118. Os Estados, o Distrito Federal, os Municípios e as entidades da administração indireta deverão adaptar suas normas sobre licitações e contratos ao disposto nesta Lei.

Art. 119. As sociedades de economia mista, empresas e fundações públicas e demais entidades controladas direta ou indiretamente pela União e pelas entidades referidas no artigo anterior editarão regulamentos próprios devidamente publicados, ficando sujeitas às disposições desta Lei.

Parágrafo único. Os regulamentos a que se refere este artigo, no âmbito da Administração Pública, após aprovados pela autoridade de nível superior a que estiverem vinculados os respectivos órgãos, sociedades e entidades, deverão ser publicados na imprensa oficial.

Art. 120. Os valores fixados por esta Lei poderão ser anualmente revistos pelo Poder Executivo Federal, que os fará publicar no Diário Oficial da União, observando como limite superior a variação geral dos preços do mercado, no período. *(Redação dada pela Lei nº 9.648, de 1998)*

Art. 121. O disposto nesta Lei não se aplica às licitações instauradas e aos contratos assinados anteriormente à sua vigência, ressalvado o disposto no art. 57, nos parágrafos 1º, 2º e 8º do art. 65, no inciso XV do art. 78, bem assim o disposto no *caput* do art. 5º, com relação ao pagamento das obrigações na ordem cronológica, podendo esta ser observada, no prazo de noventa dias contados da vigência desta Lei, separadamente para as obrigações relativas aos contratos regidos por legislação anterior à Lei nº 8.666, de 21 de junho de 1993. *(Redação dada pela Lei nº 8.883, de 1994)*

Parágrafo único. Os contratos relativos a imóveis do patrimônio da União continuam a reger-se pelas disposições do Decreto-Lei nº 9.760, de 5 de setembro de 1946, com suas alterações, e os relativos a operações de crédito interno ou externo celebrados pela União ou a concessão de garantia do Tesouro Nacional continuam regidos pela legislação pertinente, aplicando-se esta Lei, no que couber.

Art. 122. Nas concessões de linhas aéreas, observar-se-á procedimento licitatório específico, a ser estabelecido no Código Brasileiro de Aeronáutica.

Art. 123. Em suas licitações e contratações administrativas, as repartições sediadas no exterior observarão as peculiaridades locais e os princípios básicos desta Lei, na forma de regulamentação específica.

Art. 124. Aplicam-se às licitações e aos contratos para permissão ou concessão de serviços públicos os dispositivos desta Lei que não conflitem com a legislação específica sobre o assunto. *(Redação dada pela Lei nº 8.883, de 1994)*

Parágrafo único. As exigências contidas nos incisos II a IV do § 2º do art. 7º serão dispensadas nas licitações para concessão de serviços com execução prévia de obras em que não foram previstos desembolso por parte da Administração Pública concedente. *(Incluído pela Lei nº 8.883, de 1994)*

Art. 125. Esta Lei entra em vigor na data de sua publicação. *(Renumerado por força do disposto no art. 3º da Lei nº 8.883, de 1994)*

Art. 126. Revogam-se as disposições em contrário, especialmente os Decretos -Leis nºs 2.300, de 21 de novembro de 1986, 2.348, de 24 de julho de 1987, 2.360, de 16 de setembro de 1987, a Lei nº 8.220, de 4 de setembro de 1991, e o art. 83 da Lei nº 5.194, de 24 de dezembro de 1966. *(Renumerado por força do disposto no art. 3º da Lei nº 8.883, de 1994)*

CAPÍTULO 16
Modalidade Pregão de Licitação

CONSIDERAÇÕES GERAIS

Instituída em 2000 por MP; à época aplicava-se somente no âmbito da União.	Convertida em Lei em 2002, sua abrangência ampliou-se para TODOS os entes federados.
É uma lei federal de alcance nacional.	A Lei do Pregão não obriga os entes federados a utilizá-la: essa obrigação está no Decreto 5.450/2005.
É uma modalidade de BAIXA COMPLEXIDADE, que possibilita uma maior celeridade na contratação de bens e serviços comuns, sendo comparativamente mais vantajosa que outras modalidades licitatórias.	

CONCEITOS

O Pregão destina-se a licitar com o intuito de adquirir **bens e serviços comuns** (simples, cotidianos etc.)	
BENS E SERVIÇOS COMUNS? - São aqueles cujos padrões de desempenho e qualidade possam ser objetivamente definidos no edital por meio de especificações usuais no mercado (art. 1º).	Existia uma lista exemplificativa (como nos exemplos abaixo) descrita no Decreto 3.555/2000, mas já se encontra REVOGADA pelo Decreto 7.174/2010.
EXEMPLOS	
BENS COMUNS DE CONSUMO	**SERVIÇOS COMUNS**
Água mineral, alimentos, combustível, material de expediente hospitalar, de laboratório e de limpeza etc	Vigilância, reprografia, garçom, digitação, assinatura de revistas, jornais e tv, secretária, motorista etc.
BENS COMUNS PERMANENTES	
Mobília, veículos, computadores, impressoras etc.	

PRINCÍPIOS

<table>
<tr><td colspan="6">Não há qualquer princípio específico expresso na Lei do Pregão, sendo aplicados aqueles afetos à Lei de Licitações.</td></tr>
<tr><td>LEGALIDADE</td><td>IMPESSOALIDADE</td><td>MORALIDADE</td><td>IGUALDADE</td><td>PUBLICIDADE</td><td>PROBIDADE ADMINISTRATIVA</td></tr>
<tr><td colspan="2">VINCULAÇÃO AO INSTRUMENTO CONVOCATÓRIO</td><td>JULGAMENTO OBJETIVO</td><td>COMPETITIVIDADE</td><td colspan="2">ADJUDICAÇÃO COMPULSÓRIA</td></tr>
<tr><td colspan="6">Obs.: 1 – O Decreto 3.555 elenca os princípios BÁSICOS: a legalidade, a impessoalidade, a moralidade, a igualdade, a publicidade, a probidade administrativa, a vinculação ao instrumento convocatório e o julgamento objetivo.</td></tr>
<tr><td colspan="6">Obs.: 2 – O Decreto 3.555 elenca, também, os princípios CORRELATOS: a celeridade, a finalidade, a razoabilidade, a proporcionalidade, a competitividade, o justo preço, a seletividade e a comparação objetiva das propostas.</td></tr>
</table>

EXISTEM DOIS PRINCÍPIOS IMPLÍCITOS FUNDAMENTAIS	
ORALIDADE	**INFORMALISMO**
Verificável no momento em que os licitantes estão fazendo seus lances verbais, no caso de sessão pública. Igualmente, quando o licitante interpõe recurso oral (para apresentação das razões em 3 dias)	Faz com que o Pregão seja mais enxuto na licitação, privilegiando um procedimento mais célere, com mais economia processual e financeira.

TRÊS PRINCIPAIS CARACTERÍSTICAS		
A redução do preço das propostas iniciais por meio de lances verbais	A não exigência de habilitação prévia e de garantias	Sanções mais rigorosas em casos de inadimplência contratual

DEZ PONTOS MAIS IMPORTANTES DO PREGÃO

1. SEIS TIPOS DE PRAZOS	
Para os Licitantes apresentarem suas propostas	Validade das propostas
Nunca inferior a **oito dias úteis**, a contar da data da publicação do aviso (resumo) do edital.	É de **60 dias**, salvo se outro prazo não estiver fixado no edital.

Para **manifestar a intenção** de recorrer contra o resultado.	Para **apresentar as razões** de recursos contra o resultado.	Para **apresentar as contrarrazões** de recursos contra o resultado.
É **imediatamente** após a declaração do vencedor.	É de **3 dias** após a declaração do vencedor, pelo recorrente.	É de **3 dias** após o prazo para recurso, pelos demais licitantes.

Cometer uma das sete infrações administrativas previstas na Lei do Pregão (art. 7º)
Ficará impedido de licitar e contratar com os entes federados e será descredenciado do SICAF pelo prazo de **até cinco anos.**

2. DUAS FORMAS POSSÍVEIS	
PREGÃO PRESENCIAL	**PREGÃO ELETRÔNICO**
Seu funcionamento está na própria Lei e no Decreto 3.555/2000.	Seu funcionamento está na própria Lei e no Decreto 5.450/2005.
	Esta é a forma mais moderna e de uso preferencial pela Administração Federal.

3. TIPO DE LICITAÇÃO
MENOR PREÇO
É OBRIGATÓRIA a utilização deste tipo de licitação na hora de julgar as propostas.

4. VALOR DE UM PREGÃO
NÃO HÁ!
Poderá ser contratado **qualquer valor** quando se tratar de bens e serviços comuns.
Obs.: Não confundir com os valores relacionados à PUBLICIDADE do Pregão, previstas no Decreto 3.555/2000.

5. "ESQUELETO" DO PREGÃO	
FASE INTERNA	**FASE EXTERNA**
Etapa preparatória, em que se definem a necessidade de contratação, o objeto do contrato (com padrões de qualidade e desempenho), as exigências de habilitação, o critério para aceitação de propostas e os prazos para o fornecimento.	Dá-se **a partir da publicação do edital**, em que será processado o julgamento, a classificação, a habilitação do vencedor, a adjudicação, os recursos e a homologação do certame.

6. DUPLO JULGAMENTO	
PROPOSTAS ESCRITAS	**LANCES VERBAIS E SUCESSIVOS**
1ª etapa – o pregoeiro pega a de menor valor e todas as outras com valor até 10% acima para poder participar da 2ª etapa. É preciso, ao menos 3 propostas, caso contrário, completa-se com uma que esteja além dos 10% acima do menor preço	**2ª etapa** – os licitantes que avançaram da 1ª etapa vão oferecendo seus lances oralmente, até o pregoeiro entender ter encontrado a proposta mais vantajosa, quando então declarará o vencedor.

7. DUPLA INVERSÃO DE FASES	
A CLASSIFICAÇÃO VEM ANTES DA HABILITAÇÃO	**A ADJUDICAÇÃO VEM ANTES DA HOMOLOGAÇÃO**
Somente quem vencer o Pregão, com o seu menor preço, deverá habilitar-se, posteriormente.	O pregoeiro primeiro declara o vencedor (se não houver recursos), e só após haverá a homologação.
Obs.: Essas inversões de fases FOI UM GRANDE AVANÇO para a economia de tempo e dinheiro, na Administração Pública, na hora de licitar, promovendo-se, assim, o princípio da eficiência.	

8. QUATRO PROIBIÇÕES	
É proibido cobrar GARANTIA para as propostas.	**É proibido** condicionar a participação no Pregão à aquisição de editais.

É proibido a cobrança de taxas e emolumentos, <u>**EXCETO**</u>:	
Se referente ao **fornecimento de edital**, <u>desde que</u> não seja superior aos custos de sua reprodução gráfica.	Se referente a custos de **utilização de recursos de tecnologia da informação**, quando for o caso.

É proibido fazer Pregão para contratar obras e serviços de engenharia, locações imobiliárias e alienações.
Obs.: Essa última proibição é a única que não está prevista na Lei do Pregão, mas no Decreto 5.450/2005.

9. AUTORIDADE COMPETENTE E PREGOEIRO	
A AUTORIDADE COMPETENTE	**O PREGOEIRO**
É quem **designa** um servidor para ser **o pregoeiro**, o qual precisa ter qualificação para isso.	**Cabe ao Pregoeiro**, outras coisas, coordenar o Pregão, receber, analisar e decidir propostas, lances, impugnações e possíveis recursos, declarar o vencedor e adjudicar objeto do Pregão. **Obs.:** <u>Pode ser ele um servidor comissionado!</u>
É quem **designa a equipe de apoio** do pregoeiro, o qual será integrado, na maioria, por servidores efetivos.	

Cabe à Autoridade Competente, entre outras coisas, abrir o Pregão, decidir recursos, adjudicar o objeto, homologar o resultado e celebrar o contrato.	
Obs.: 1 - Se algum licitante **interpor recurso** contra o resultado da decisão proferida pelo Pregoeiro, ele decidirá a respeito e, se mantiver a sua decisão, encaminhará o processo para a Autoridade Competente.	
Obs.: 2 - A Autoridade competente só decidirá recursos se o Pregoeiro mantiver sua decisão. E daí em diante, ele também se encarregará da adjudicação e dos atos consequentes (homologação e celebração do contrato).	

10. PUBLICIDADE		
Todo Pregão é publicado no **Diário Oficial** do ente federado.	Na falta de Diário Oficial, em **jornal** de grande circulação.	Facultativamente, por **meios eletrônicos,** conforme o vulto da licitação.

O Decreto 3.555/2000 elenca os canais de publicação do aviso, **a depender do valor.**	
VALOR DO PREGÃO	**CANAL DE PUBLICAÇÃO**
Até 160 mil	D.O.U. e Internet
Acima de 160 mil até 650 mil	D.O.U., Internet e jornal de grande circulação LOCAL
Acima de 650 mil	D.O.U., Internet e jornal de grande circulação REGIONAL ou NACIONAL

SETE INFRAÇÕES PREVISTAS NA LEI DO PREGÃO		
Licitante vencedor que, convocado, não celebra o contrato.	Deixar de entregar documentos exigidos ou entregá-los falsos.	Ensejar o retardamento da execução de seu objeto.
Não mantiver sua proposta.	Cometer fraude fiscal.	Comportar-se de modo inidôneo.
Falhar ou fraudar na execução do contrato.		

DUAS PENALIDADES PREVISTAS NA LEI DO PREGÃO	
Descredenciamento do SICAF ou sistemas de cadastramentos em estados e municípios.	Impedimento para licitar e contratar entes federados.
Obs.: Essas penalidades se dão sem prejuízo das multas previstas em edital e contrato, bem como em outras cominações legais, ou seja, de caráter criminal ou civil.	

EXERCÍCIOS – PREGÃO (LEI Nº10.520/2002)

1. **(CESPE – Analista Técnico Administrativo ANS 2013)** Seria ilícita a realização pela ANS de pregão para a contratação de empresa especializada na prestação de serviços de limpeza e conservação, porque essa modalidade licitatória é incompatível com a seleção de empresas especializadas.

2. **(CESPE – Analista Administrativo CNJ 2013)** No pregão, diversamente do que ocorre na concorrência, só haverá o exame dos documentos de habilitação do licitante que tiver apresentado a melhor proposta.

3. **(CESPE – Técnico Administrativo SERPRO 2013)** Caso uma empresa licitante impetre recurso questionando determinado ato de um pregão, o acolhimento desse recurso implicará a invalidação de todos os atos praticados até essa fase do processo licitatório.

4. **(CESPE – Técnico Administrativo SERPRO 2013)** Um licitante que tenha identificado, no início do pregão, um ato que julgou irregular, poderá, até a assinatura do contrato entre o vencedor e o órgão público, apresentar recurso administrativo à comissão responsável pela licitação.

5. **(CESPE – Técnico Administrativo SERPRO 2013)** Caso uma empresa não demonstre, previamente, estar em situação regular com o Fundo de Garantia do Tempo de Serviço – FGTS, ela não poderá participar da fase de oferecimento de lances no pregão.

6. **(CESPE – Técnico Administrativo SERPRO 2013)** Considere que, em um pregão, participem apenas três empresas, cujas propostas, na primeira rodada de ofertas, foram, respectivamente, R$ 1.000,00, R$ 700,00 e R$ 500,00. Nessa situação, todos os participantes do referido certame poderão oferecer novos lances, quaisquer que sejam os preços oferecidos.

7. **(CESPE – Técnico Administrativo SERPRO 2013)** No pregão, não é necessário que uma empresa licitante apresente os documentos de habilitação que já constam no Sistema de Cadastramento Unificado de Fornecedores – SICAF.

8. **(CESPE – Técnico Administrativo SERPRO 2013)** O gestor público poderá utilizar o pregão como modalidade de licitação para aquisição de bens e serviços comuns, não existindo limite quanto ao valor.

9. (**FCC - Analista Judiciário TRT-9 2013 - Adaptado**) A propósito dos contratos administrativos regidos pela Lei 8.666/1993, tem-se como necessário estipular cláusula que trate da vigência, sendo relevante destacar, quanto a esse aspecto, a duração adstrita à vigência dos créditos orçamentários, salvo nas hipóteses de contratações de fornecimento por meio de pregão, cuja duração pode ser por prazo indeterminado, devendo ser comprovada, anualmente, a existência de recursos orçamentários para realização das despesas.

10. (**VUNESP - Juiz de Direito TJ-MG 2012 - Adaptado**) Com relação ao Sistema de Registro de Preços, os preços registrados serão sempre selecionados por meio da modalidade concorrência, não se admitindo a modalidade pregão nessa hipótese.

11. (**CESPE - Analista Administrativo ANP 2013**) O pregão, sendo uma forma de aquisição de bens e serviços comuns, pode ser utilizado qualquer que seja o valor do bem ou serviço a ser adquirido.

12. (**FCC - Analista Judiciário TRT-18 2013**) Entre os benefícios e as vantagens advindos da utilização da modalidade de pregão, destaca-se a
   a) inversão de fases, com a análise da documentação pertinente à habilitação antes da análise das propostas.
   b) existência de uma sessão pública para julgamento e classificação das propostas, com imediata abertura dos envelopes, com combinação de lances verbais.
   c) possibilidade de escolha de mais de um vencedor, classificados pelo valor da proposta apresentada, para subsequente análise da documentação pertinente à habilitação.
   d) possibilidade de análise conjunta de todas as propostas e da documentação de habilitação dos licitantes, para definição do vencedor combinando-se critério de julgamento de preço e técnica.
   e) preferência pelo pregão eletrônico ao presencial, com inversão de fases, quando se tratar de aquisição de bens cuja especificidade demande demonstração e detalhamento técnico de maior complexidade.

13. (**FCC - Agente Administrativo MPE-AM 2013**) É INCORRETO afirmar que a modalidade licitatória pregão
   a) admite a exigência de garantia de proposta, limitada a 1% do valor estimado da contratação.
   b) destina-se à aquisição de bens e serviços comuns.
   c) deverá observar o prazo mínimo de 8 dias entre a publicação do aviso e a apresentação das propostas.

d) admite que os licitantes não apresentem os documentos de habilitação que já constem do Sistema Unificado de Fornecedores.

e) admite que o pregoeiro negocie diretamente com o autor da proposta classificada em primeiro lugar para que seja obtido preço menor.

14. (FCC – Técnico Judiciário TRT-18 2013) Determinado órgão da Administração precisa adquirir uma grande quantidade de cartuchos de impressora. Considerando que é possível especificar precisamente os cartuchos necessários, a Administração Pública

a) poderá realizar compra direta dos cartuchos, mediante dispensa ou inexigibilidade de licitação.

b) deverá realizar concorrência pública, em razão da natureza dos bens a serem adquiridos.

c) poderá realizar a aquisição por meio de pregão, em razão da natureza dos bens que serão adquiridos.

d) poderá realizar licitação, por qualquer das modalidades previstas na legislação vigente.

e) deverá realizar licitação sob a modalidade de leilão, eletrônico ou presencial.

15. (FCC – Analista Judiciário TRT-9 2013) Declarado o vencedor em procedimento licitatório na modalidade pregão, de acordo com as disposições da Lei 10.520/2002,

a) apenas os licitantes que apresentaram proposta até 10% superior à do vencedor poderão apresentar recurso, no prazo de 8 (oito) dias.

b) apenas o licitante classificado em segundo lugar poderá apresentar recurso, no prazo de 3 (três) dias, assegurando-se o mesmo prazo para apresentação de contra-razões.

c) os demais licitantes não poderão apresentar recursos, admitindo-se a impugnação por vício no procedimento, no prazo de 8 (oito) dias.

d) os demais licitantes poderão manifestar imediata e motivadamente a intenção de recorrer, apresentando as razões de recurso no prazo de 3 (três) dias.

e) os demais licitantes poderão manifestar a intenção de recorrer, cabendo ao pregoeiro, em face das razões apresentadas, conceder prazo de 3 (três) a 8 (oito) dias para apresentação de contra-razões.

16. (ESAF – Técnico Administrativo – DNIT 2013) Assinale a opção que contenha os termos adequados para o preenchimento das lacunas a seguir.

O art. 15, § 3º, inciso I da Lei 8.666/1993 determina que a modalidade de licitação para selecionar os potenciais fornecedores na sistemática de registro de preços deve ser ________________________. Entretanto, a Lei 10.520/2002, em seu art. 11, possibilita a utilização da modalidade ________________, quando o sistema de registro de preços se destinar às compras e contratações de ________________.

a) Concorrência, pregão, bens e serviços comuns.
b) Concorrência, tomada de preços, bens e serviços comuns.
c) Pregão, concorrência, bens comuns.
d) Concorrência, pregão, bens comuns.
e) Pregão, concorrência, bens e serviços comuns.

17. **(FUNCAB - Delegado PC-RJ 2012)** Tem início a fase externa do pregão presencial com a convocação dos interessados e deverá observar, entre outras, a seguinte regra.

a) A convocação dos interessados deverá ser efetuada por meio de intimação por via postal.
b) Não havendo pelo menos três ofertas com preços até 10% superiores à oferta de valor mais baixo, deverá ser o objeto do pregão adjudicado ao licitante com o menor lance.
c) O prazo fixado para a apresentação das propostas, contado a partir da publicação do aviso, não será inferior a 8 dias úteis.
d) O acolhimento de recurso importará a invalidação do certame.
e) Se o licitante vencedor, convocado dentro do prazo de validade da sua proposta, não celebrar o contrato no prazo, será excluído do certame, devendo reabrir-se o prazo para apresentação de propostas, por parte dos demais licitantes.

18. **(FCC - Analista Judiciário TRT-6 2012)** De acordo com a Lei 10.520/2002, que trata da modalidade licitatória pregão,

a) o pregoeiro poderá interromper a fase de lances, caso verificada que a menor proposta atingiu redução superior a 20% do valor de referência.
b) a fase da negociação com o autor da melhor proposta inicia-se após a verificação do atendimento das condições de habilitação previstas no edital.
c) no curso da sessão o autor da melhor oferta e daquelas com preços até 10% superiores àquela poderão fazer novos lances verbais e sucessivos, até a proclamação do vencedor.
d) encerrada a fase competitiva, se a oferta melhor classificada não for aceitável ou o seu autor desatender as exigências habilitatórias, o pregoeiro reabrirá a etapa de lances chamando os 3 licitantes melhor classificados.
e) declarado o vencedor do certame, será aberto o prazo de 8 dias para interposição de recursos, que suspenderá a adjudicação do objeto ao licitante vencedor.

19. (FCC - Analista Administrativo TRF-2 2013) 1179. No que diz respeito ao pregão, como modalidade de licitação, NÃO é vedada

a) a exigência de pagamento de emolumentos referentes ao fornecimento do edital, desde que não seja superior ao custo de sua reprodução gráfica.

b) a exigência de aquisição de edital pelos licitantes, como condição para participação no certame.

c) a exigência de garantia de proposta.

d) a quitação ou o pagamento de taxas exigidas para o custeio de todas as despesas do certame.

e) a prática de especificações excessivas da definição do objeto do certame, ainda que limitem a competição.

20. (FCC - Técnico Administrativo TRF-2 2012) Em matéria de pregão, analise.

I. As exigências de habilitação, os critérios de aceitação das propostas e as sanções por inadimplemento, entre outras providências.

II. Examinada a proposta classificada em primeiro lugar, quanto ao objeto e valor, caberá ao pregoeiro decidir motivadamente a respeito de sua aceitabilidade.

Tais situações ocorrem nas fases do pregão, respectiva e legalmente, denominadas como

a) executiva e preparatória.

b) externa e preparatória.

c) interna e executiva.

d) externa e interna.

e) preparatória e externa.

Gabarito

1. E	5. E	9. E	13. a	17. c
2. C	6. C	10. E	14. c	18. c
3. E	7. C	11. C	15. d	19. a
4. E	8. C	12. b	16. a	20. e

Lei nº 10.520, de 17 de Julho de 2002[6]

Art. 1º Para aquisição de bens e serviços comuns, poderá ser adotada a licitação na modalidade de pregão, que será regida por esta Lei.

Parágrafo único. Consideram-se bens e serviços comuns, para os fins e efeitos deste artigo, aqueles cujos padrões de desempenho e qualidade possam ser objetivamente definidos pelo edital, por meio de especificações usuais no mercado.

Art. 2º *(Vetado)*

§ 1º Poderá ser realizado o pregão por meio da utilização de recursos de tecnologia da informação, nos termos de regulamentação específica.

§ 2º Será facultado, nos termos de regulamentos próprios da União, Estados, Distrito Federal e Municípios, a participação de bolsas de mercadorias no apoio técnico e operacional aos órgãos e entidades promotores da modalidade de pregão, utilizando-se de recursos de tecnologia da informação.

§ 3º As bolsas a que se referem o § 2º deverão estar organizadas sob a forma de sociedades civis sem fins lucrativos e com a participação plural de corretoras que operem sistemas eletrônicos unificados de pregões.

Art. 3º A fase preparatória do pregão observará o seguinte:

I - a autoridade competente justificará a necessidade de contratação e definirá o objeto do certame, as exigências de habilitação, os critérios de aceitação das propostas, as sanções por inadimplemento e as cláusulas do contrato, inclusive com fixação dos prazos para fornecimento;

II - a definição do objeto deverá ser precisa, suficiente e clara, vedadas especificações que, por excessivas, irrelevantes ou desnecessárias, limitem a competição;

III - dos autos do procedimento constarão a justificativa das definições referidas no inciso I deste artigo e os indispensáveis elementos técnicos sobre os quais estiverem apoiados, bem como o orçamento, elaborado pelo órgão ou entidade promotora da licitação, dos bens ou serviços a serem licitados;

IV - a autoridade competente designará, dentre os servidores do órgão ou entidade promotora da licitação, o pregoeiro e respectiva equipe de apoio, cuja atribuição inclui,

---

[6] BRASIL. **Lei nº 10.520, de 17 de julho de 2002.** Institui, no âmbito da União, Estados, Distrito Federal e Municípios, nos termos do art. 37, inciso XXI, da Constituição Federal, modalidade de licitação denominada pregão, para aquisição de bens e serviços comuns, e dá outras providências. Brasília: Congresso Nacional, 2002. Disponível em: <http://www.planalto.gov.br/ccivil_03/leis/2002/l10520.htm>.

dentre outras, o recebimento das propostas e lances, a análise de sua aceitabilidade e sua classificação, bem como a habilitação e a adjudicação do objeto do certame ao licitante vencedor.

§ 1º A equipe de apoio deverá ser integrada em sua maioria por servidores ocupantes de cargo efetivo ou emprego da administração, preferencialmente pertencentes ao quadro permanente do órgão ou entidade promotora do evento.

§ 2º No âmbito do Ministério da Defesa, as funções de pregoeiro e de membro da equipe de apoio poderão ser desempenhadas por militares.

Art. 4º A fase externa do pregão será iniciada com a convocação dos interessados e observará as seguintes regras:

I – a convocação dos interessados será efetuada por meio de publicação de aviso em diário oficial do respectivo ente federado ou, não existindo, em jornal de circulação local, e facultativamente, por meios eletrônicos e conforme o vulto da licitação, em jornal de grande circulação, nos termos do regulamento de que trata o art. 2º;

II – do aviso constarão a definição do objeto da licitação, a indicação do local, dias e horários em que poderá ser lida ou obtida a íntegra do edital;

III – do edital constarão todos os elementos definidos na forma do inciso I do art. 3º, as normas que disciplinarem o procedimento e a minuta do contrato, quando for o caso;

IV – cópias do edital e do respectivo aviso serão colocadas à disposição de qualquer pessoa para consulta e divulgadas na forma da Lei nº 9.755, de 16 de dezembro de 1998;

V – o prazo fixado para a apresentação das propostas, contado a partir da publicação do aviso, não será inferior a 8 (oito) dias úteis;

VI – no dia, hora e local designados, será realizada sessão pública para recebimento das propostas, devendo o interessado, ou seu representante, identificar-se e, se for o caso, comprovar a existência dos necessários poderes para formulação de propostas e para a prática de todos os demais atos inerentes ao certame;

VII – aberta a sessão, os interessados ou seus representantes, apresentarão declaração dando ciência de que cumprem plenamente os requisitos de habilitação e entregarão os envelopes contendo a indicação do objeto e do preço oferecidos, procedendo-se à sua imediata abertura e à verificação da conformidade das propostas com os requisitos estabelecidos no instrumento convocatório;

VIII – no curso da sessão, o autor da oferta de valor mais baixo e os das ofertas com preços até 10% (dez por cento) superiores àquela poderão fazer novos lances verbais e sucessivos, até a proclamação do vencedor;

IX – não havendo pelo menos 3 (três) ofertas nas condições definidas no inciso anterior, poderão os autores das melhores propostas, até o máximo de 3 (três), oferecer novos lances verbais e sucessivos, quaisquer que sejam os preços oferecidos;

X – para julgamento e classificação das propostas, será adotado o critério de menor preço, observados os prazos máximos para fornecimento, as especificações técnicas e parâmetros mínimos de desempenho e qualidade definidos no edital;

XI – examinada a proposta classificada em primeiro lugar, quanto ao objeto e valor, caberá ao pregoeiro decidir motivadamente a respeito da sua aceitabilidade;

XII – encerrada a etapa competitiva e ordenadas as ofertas, o pregoeiro procederá à abertura do invólucro contendo os documentos de habilitação do licitante que apresentou a melhor proposta, para verificação do atendimento das condições fixadas no edital;

XIII – a habilitação far-se-á com a verificação de que o licitante está em situação regular perante a Fazenda Nacional, a Seguridade Social e o Fundo de Garantia do Tempo de Serviço – FGTS, e as Fazendas Estaduais e Municipais, quando for o caso, com a comprovação de que atende às exigências do edital quanto à habilitação jurídica e qualificações técnica e econômico-financeira;

XIV – os licitantes poderão deixar de apresentar os documentos de habilitação que já constem do Sistema de Cadastramento Unificado de Fornecedores – Sicaf e sistemas semelhantes mantidos por Estados, Distrito Federal ou Municípios, assegurado aos demais licitantes o direito de acesso aos dados nele constantes;

XV – verificado o atendimento das exigências fixadas no edital, o licitante será declarado vencedor;

XVI – se a oferta não for aceitável ou se o licitante desatender às exigências habilitatórias, o pregoeiro examinará as ofertas subseqüentes e a qualificação dos licitantes, na ordem de classificação, e assim sucessivamente, até a apuração de uma que atenda ao edital, sendo o respectivo licitante declarado vencedor;

XVII – nas situações previstas nos incisos XI e XVI, o pregoeiro poderá negociar diretamente com o proponente para que seja obtido preço melhor;

XVIII – declarado o vencedor, qualquer licitante poderá manifestar imediata e motivadamente a intenção de recorrer, quando lhe será concedido o prazo de 3 (três) dias para apresentação das razões do recurso, ficando os demais licitantes desde logo intimados para apresentar contra-razões em igual número de dias, que começarão a correr do término do prazo do recorrente, sendo-lhes assegurada vista imediata dos autos;

XIX – o acolhimento de recurso importará a invalidação apenas dos atos insuscetíveis de aproveitamento;

XX – a falta de manifestação imediata e motivada do licitante importará a decadência do direito de recurso e a adjudicação do objeto da licitação pelo pregoeiro ao vencedor;

XXI – decididos os recursos, a autoridade competente fará a adjudicação do objeto da licitação ao licitante vencedor;

XXII – homologada a licitação pela autoridade competente, o adjudicatário será convocado para assinar o contrato no prazo definido em edital;

XXIII – se o licitante vencedor, convocado dentro do prazo de validade da sua proposta, não celebrar o contrato, aplicar-se-á o disposto no inciso XVI.

Art. 5º É vedada a exigência de:

I – garantia de proposta;

II – aquisição do edital pelos licitantes, como condição para participação no certame;

III – pagamento de taxas e emolumentos, salvo os referentes a fornecimento do edital, que não serão superiores ao custo de sua reprodução gráfica, e aos custos de utilização de recursos de tecnologia da informação, quando for o caso.

Art. 6º O prazo de validade das propostas será de 60 (sessenta) dias, se outro não estiver fixado no edital.

Art. 7º Quem, convocado dentro do prazo de validade da sua proposta, não celebrar o contrato, deixar de entregar ou apresentar documentação falsa exigida para o certame, ensejar o retardamento da execução de seu objeto, não mantiver a proposta, falhar ou fraudar na execução do contrato, comportar-se de modo inidôneo ou cometer fraude fiscal, ficará impedido de licitar e contratar com a União, Estados, Distrito Federal ou Municípios e, será descredenciado no Sicaf, ou nos sistemas de cadastramento de fornecedores a que se refere o inciso XIV do art. 4º desta Lei, pelo prazo de até 5 (cinco) anos, sem prejuízo das multas previstas em edital e no contrato e das demais cominações legais.

Art. 8º Os atos essenciais do pregão, inclusive os decorrentes de meios eletrônicos, serão documentados no processo respectivo, com vistas à aferição de sua regularidade pelos agentes de controle, nos termos do regulamento previsto no art. 2º.

Art. 9º Aplicam-se subsidiariamente, para a modalidade de pregão, as normas da Lei nº 8.666, de 21 de junho de 1993.

Art. 10. Ficam convalidados os atos praticados com base na Medida Provisória nº 2.182-18, de 23 de agosto de 2001.

Art. 11. As compras e contratações de bens e serviços comuns, no âmbito da União, dos Estados, do Distrito Federal e dos Municípios, quando efetuadas pelo sistema de registro de preços previsto no art. 15 da Lei nº 8.666, de 21 de junho de 1993, poderão adotar a modalidade de pregão, conforme regulamento específico.

Art. 12. A Lei nº 10.191, de 14 de fevereiro de 2001, passa a vigorar acrescida do seguinte artigo:

> "Art. 2-A. A União, os Estados, o Distrito Federal e os Municípios poderão adotar, nas licitações de registro de preços destinadas à aquisição de bens e serviços comuns da área da saúde, a modalidade do pregão, inclusive por meio eletrônico, observando-se o seguinte:

I - são considerados bens e serviços comuns da área da saúde, aqueles necessários ao atendimento dos órgãos que integram o Sistema Único de Saúde, cujos padrões de desempenho e qualidade possam ser objetivamente definidos no edital, por meio de especificações usuais do mercado.
II - quando o quantitativo total estimado para a contratação ou fornecimento não puder ser atendido pelo licitante vencedor, admitir-se-á a convocação de tantos licitantes quantos forem necessários para o atingimento da totalidade do quantitativo, respeitada a ordem de classificação, desde que os referidos licitantes aceitem praticar o mesmo preço da proposta vencedora.
III - na impossibilidade do atendimento ao disposto no inciso II, excepcionalmente, poderão ser registrados outros preços diferentes da proposta vencedora, desde que se trate de objetos de qualidade ou desempenho superior, devidamente justificada e comprovada a vantagem, e que as ofertas sejam em valor inferior ao limite máximo admitido.

Art. 13. Esta Lei entra em vigor na data de sua publicação.

Parte 3

REGIME JURÍDICO DOS SERVIDORES PÚBLICS

Lei nº 8.112/1990

CAPÍTULO 17
Regime Jurídico dos Servidores da União

<table>
<tr><th colspan="3">ESTATUTO JURÍDICO DOS SERVIDORES PÚBLICOS CIVIS
DA UNIÃO, AUTARQUIAS E FUNDAÇÕES PÚBLICAS FEDERAIS</th></tr>
<tr><td>Estatuto Jurídico – Lei que rege toda uma matéria, cujo regime jurídico é, portanto, ESTATUTÁRIO.</td><td>≠</td><td>CLT – Consolidação das Leis do Trabalho, utilizado para empregos públicos e privados, cujo regime jurídico é, portanto, CELETISTA.</td></tr>
<tr><td colspan="3">Servidor Público Civil – Toda pessoa física que ocupa cargo público e exerce as funções que lhe são inerentes, de forma subordinada e mediante remuneração.</td></tr>
<tr><td colspan="3">Abrangência – Alcança as pessoas jurídicas de Direito Público na esfera federal, que são a União, as autarquias e as fundações públicas, não alcançando as empresas públicas e as sociedades de economia mista, que são celetistas.</td></tr>
<tr><td colspan="3">Cargo Público – Conjunto de atribuições e responsabilidades cometidas a um servidor, nos termos da lei.</td></tr>
<tr><td colspan="3">Obs.: não confundir com função pública, o qual não possui qualquer vínculo de definitividade com o cargo ou com o servidor.</td></tr>
</table>

ESPÉCIES DE CARGO PÚBLICO	
PROVIMENTO EFETIVO	**PROVIMENTO EM COMISSÃO**
Só por concurso público	**Sem** concurso público (*ad nutum*)
Permite a estabilidade	**Não** permite a estabilidade
Permanência, definitividade	Temporalidade, precariedade
Regime previdenciário próprio	Regime previdenciário público (RGPS)
Atribuições do cargo efetivo	Atribuições de CDA's[7]

PROVIMENTO

Instituto por meio do qual os cargos públicos são preenchidos, providos, ocupados.		
SEIS REQUISITOS BÁSICOS		
1. Nacionalidade brasileira	3. Quitação com obrigações militares e eleitorais	5. Idade mínima de 18 anos
2. Gozo dos direitos políticos	4. Nível de escolaridade exigido	6. Aptidão física e mental

[7] Cargos de chefia, direção ou assessoramento.

OBSERVAÇÕES IMPORTANTES	
Poderá haver **outros requisitos** por lei.	**Estrangeiros**: só para professores, técnicos e cientistas em universidades públicas federais.
Deficientes (PNE): até 20% das vagas efetivas.	**Aprovação** em concurso não é requisito básico.

AS SETE FORMAS DE PROVIMENTO		
ORIGINÁRIA – Pressupõe inexistência de vínculo anterior com o Estado.		
NOMEAÇÃO		
DERIVADA – Pressupõe existência de vínculo anterior com o Estado.		
READAPTAÇÃO	**REVERSÃO**	**REINTEGRAÇÃO**
RECONDUÇÃO	**PROMOÇÃO**	**APROVEITAMENTO**
Obs.: As formas Transferência, Ascensão e Acesso, previstas originalmente na lei, foram consideradas inconstitucionais pelo STF, em 1997.		

NOMEAÇÃO	POSSE	EXERCÍCIO
Ato unilateral que preenche o cargo público, designando o seu titular.	Ato bilateral pelo qual o nomeado é investido no cargo público.	Efetivo desempenho das atribuições de seu cargo ou sua função.
Ainda não há figura do servidor público.	Aqui, o nomeado torna-se um servidor.	Aqui, o empossado já está trabalhando na repartição.
Não produz qualquer obrigação para o nomeado.	Produz direitos e obrigações para o agora servido.	Início dos prazos de estágio probatório, estabilidade etc.
Prazo: não há obrigação do Estado para nomear aprovados.	**Prazo**: 30 dias da nomeação, improrrogáveis.	**Prazo**: 15 dias da posse.
	Se não tomar posse, **o ato** de nomeação **é tornado sem efeito.**	**Se não** entrar em exercício, o servidor será **exonerado.**
	Pode tomar posse por procuração.	**Não pode** entrar em exercício por procuração.
	Obs.: Se o nomeado for servidor e estiver gozando certas licenças, o prazo é **adiado** até o seu término. (Ver quadro-resumo)	**Obs.:** O prazo para entrar em exercício em **Função de Confiança é imediato**, sem nomeação ou posse, mas ato de designação.

QUADRO-RESUMO			
LICENÇAS E AFASTAMENTOS QUE ADIAM A POSSE DO NOMEADO			
LICENÇAS			
Para tratamento da própria saúde	Por acidente em serviço ou doença profissional	Por doença em pessoa da família	Para gestante, adotante e paternidade
Para deslocamento para nova sede	Para competição desportiva nacional	Para capacitação	Para serviço militar
AFASTAMENTOS			
Férias	Para programa de treinamento do órgão	Para júri e outros serviços obrigatórios por lei	

CONCURSO PÚBLICO		
É instituto constitucional para ingresso no serviço público em cargos de provimento efetivo.		
Exigidos **somente para** cargos de provimento **efetivo.**	É necessário que seja de provas ou de provas e títulos.	O prazo de validade é de até 2 anos, prorrogável 1x por igual período.
O **prazo** de validade inicia-se com a publicação da **homologação.**	A **prorrogação** do concurso é ato **discricionário** da Administração.	É **proibido** abrir **novo concurso** enquanto houver candidato aprovado no concurso em vigor (CF, 37, IV).

ESTÁGIO PROBATÓRIO		
Comprovação da aptidão e da capacidade do servidor para exercer seu **cargo.**		
Duração: 3 anos ou 36 meses de exercício no cargo (CF, art. 41 e MP 431).	**Realização**: por comissão especial, só para isso (antes, era só pela chefia imediata!).	**Fatores de avaliação**: assiduidade, disciplina, produtividade, iniciativa e responsabilidade.
Se reprovado, é reconduzido ao cargo anteriormente ocupado ou exonerado.	Reprovação não é penalidade!	**Se exonerado**, o servidor tem direito a um PAD[6] (STF).
O QUE É PERMITIDO AO SERVIDOR DURANTE O ESTÁGIO PROBATÓRIO?		
1. Exercer qualquer **CDA[8] no órgão** de origem.	2. Ser **cedido a outro órgão**/entidade se for ocupar CDA[9].	
3. **Gozar** certas **licenças e afastamentos.**		

[8] Processo Administrativo Disciplinar.

[9] Atribuição de chefia, direção e assessoramento.

LICENÇAS	AFASTAMENTOS
Para tratamento da própria saúde	Para servir em outro órgão ou entidade[11]
Por doença em pessoa da família[10]	Para exercício de mandato eletivo
Para atividade política[10]	Para servir em organismo internacional[10]
Por afastamento do cônjuge não servidor[10]	Para estudo ou missão no exterior
Para serviço militar	Para participar de curso de formação decorrente de aprovação em concurso para outro cargo federal[10]

ESTABILIDADE	
Vedação à dispensa do servidor sem justa causa, visando a garantir um desempenho isento de suas atribuições e livre de ingerências político-partidárias.	
É atributo exclusivo dos **cargos** de provimento **efetivo.**	É atributo pessoal do **servidor,** uma conquista dele **no serviço público.**
REQUISITOS PARA SUA AQUISIÇÃO	**HIPÓTESES PARA A SUA PERDA**
3 anos de efetivo exercício no cargo	**Demissão**, apurada em PAD ou via Judicial (CF, 41, §1º)
Aprovação em estágio probatório	**Exoneração por inabilitação** em avaliação periódica de desempenho (CF, 41, §1º)
Aprovação em avaliação especial de desempenho	**Exoneração por excesso** de despesa com pessoal (CF,169, §4º)

FORMAS DE PROVIMENTO DERIVADO	
READAPTAÇÃO	**REINTEGRAÇÃO**
É quando o servidor sofre uma **limitação física** ou mental e precisa ser investido em outro cargo equivalente.	É quando o servidor **estável** tem sua **demissão invalidada** por decisão administrativa ou JUD, sendo reinvestido no cargo.
Provimento derivado **horizontal** Obs.: Forma simultânea de Provimento e Vacância	Provimento derivado por **reingresso**

REVERSÃO	RECONDUÇÃO
É quando o servidor **aposentado retorna** à atividade, de ofício ou provocado, em virtude da cessação dos motivos que ensejaram a aposentadoria por invalidez, ou para conseguir uma aposentadoria mais vantajosa.	É quando o servidor **estável retorna ao seu cargo de origem**, em virtude de inabilitação em estágio probatório ou pela reintegração do anterior ocupante.
Provimento derivado por **reingresso.**	Provimento derivado por **reingresso.**

[10] Suspende o estágio probatório.

[11] Só para cargos em comissão ou função de confiança.

PROMOÇÃO	APROVEITAMENTO
É quando o servidor **ascende** a cargo de nível superior **na carreira** correspondente.	É quando o servidor **volta** do estado de **disponibilidade** em que se encontrava, ocupando novo cargo público.
Provimento derivado **vertical**	Provimento derivado por **reingresso**
Obs.: Forma simultânea de Provimento e Vacância	

VACÂNCIA	
Instituto por meio do qual os cargos públicos são desprovidos, desocupados, vagos.	
AS 7 FORMAS DE VACÂNCIA	
EXONERAÇÃO	**DEMISSÃO**
É a **perda do cargo** público, a pedido ou de ofício, **sem** qualquer caráter punitivo.	É a **perda do cargo** público, somente de ofício, **com** caráter punitivo.
Hipóteses de exoneração	Hipóteses de demissão
Inabilitação em E.P[12] de servidor não estável	Abandono de cargo
Reprovação em APD[13]	Inassiduidade habitual
Excesso de despesa com pessoal	Incontinência pública
Acumulação ilícita de cargos	Insubordinação grave em serviço
Empossado que não entra em exercício	Ofensa física em serviço, entre outras tantas
Cargos em comissão	**Obs.:** Uma **exoneração** poderá ser **convertida em demissão** se ele praticou, à época, uma falta demissível.
Ocorre uma **extinção** do vínculo funcional.	Ocorre uma **extinção** do vínculo funcional.

PROMOÇÃO	READAPTAÇÃO
São formas simultâneas de Provimento e Vacância.	
Ocorre uma **manutenção** do vínculo funcional.	Ocorre uma **alteração** do vínculo funcional.
POSSE EM OUTRO CARGO INACUMULÁVEL	**APOSENTADORIA**
É quando o servidor **deixa o cargo** que ocupa **para tomar posse em outro** cargo ou emprego público, em virtude de impedimento legal.	É quando o servidor **deixa o cargo**, a pedido ou de ofício, em virtude do cumprimento dos requisitos jurídicos **para aposentar-se**.
Ocorre uma **extinção e** a imediata **formação** de novo vínculo funcional.	Ocorre uma **alteração** do vínculo funcional.

[12] Estágio probatório.

[13] Avaliação periódica de desempenho.

FALECIMENTO
É forma de vacância com **extinção definitiva** do vínculo funcional.

REMOÇÃO	
É o deslocamento do SERVIDOR, a pedido ou de ofício, dentro do mesmo quadro funcional, com ou sem mudança de sede.	
De Ofício	
Feito pela própria Administração, no interesse desta, sem necessidade de anuência do servidor.	
A Pedido	
1. Por interesse pessoal, a critério da Administração	2. Para outra localidade, independente do interesse da Administração, em 3 casos.
	Para acompanhar cônjuge servidor deslocado pela ADM.
	Por motivo de saúde do servidor, cônjuge ou dependente.
	Por concurso de remoção.

REDISTRIBUIÇÃO	
Deslocamento do CARGO EFETIVO, ocupado ou vago, somente de ofício pela Administração, para outro órgão ou entidade do mesmo Poder, nos casos de reorganização, extinção ou criação de órgãos.	
Se **ocupado** o cargo redistribuído, poderá o servidor:	**Outras regras** importantes:
1. Deslocar-se, junto com o seu cargo.	É considerado um **ato conjunto** do SIPEC com o órgão redistribuidor.
2. Não se deslocar e ficar em Disponibilidade até seu Aproveitamento.	São **vários** os **requisitos** para sua efetivação, como equivalência de vencimentos, manutenção da essência das atribuições do cargo, mesma escolaridade etc.
3. Ficar em Exercício Provisório até posterior Aproveitamento.	

SUBSTITUIÇÃO	
Acumulação, pelo servidor substituto, das atribuições regulares de seu cargo, com as atribuições do cargo em comissão ou função de confiança, de titularidade do servidor titular.	
Por até 30 dias – o servidor substituto OPTA entre a sua remuneração e a do servidor titular.	**Por mais de 30 dias** – o servidor substituto receberá a remuneração ou a gratificação proporcional aos dias de efetiva substituição.
Obs.: Os substitutos são indicados no Regimento e, na sua omissão, pela autoridade máxima do órgão/da entidade.	

"MACETES" NA LEI Nº 8.112/1990

TORNADO SEM EFEITO	EXERCÍCIO PROVISÓRIO
1. **Ato de provimento** se não tomar posse (12,§6º)	1. O que **não** for **redistribuído** (37, §4º)
2. **Ato de designação** para FC, se não entrar em exercício (15, §2º	2. O que **não for para a disponibilidade** (37, §4º)
3. **Aproveitamento**, se não entrar em exercício (32)	3. O licenciado por **afastamento do cônjuge-servidor** (84, §2º)

EXCEDENTE	DISPONIBILIDADE
1. O **readaptando**, quando inexistir cargo vago (24,§2º)	1. O **reintegrado** que vê seu cargo extinto (28)
2. O **revertido** *ex officio*, quando inexistir cargos a prover (25,§3º)	2. O **reconduzido**, pela reintegração do anterior ocupante (28)
	3. O **não redistribuído**, nos casos de reorganização / extinção de órgãos, quando vê seu cargo extinto (37,§3º)

INVESTIDURA	REINVESTIDURA
1. Na **posse** (7)	1. Só na **reintegração** (28)
2. Na **readaptação** (24)	

RETORNO À ATIVIDADE	RETORNO AO CARGO
1. O **revertido** (25)	1. Só o **reconduzido** (29)
2. O **aproveitado** (30)	

SERVIDOR ESTÁVEL	
1. O **revertido** a pedido (art. 25 c/c STF)	2. O **reconduzido** (29)
2. O **reintegrado** (28)	4. O **redistribuído** (quando vai para a disponibilidade) (37, §3º)

EXERCÍCIOS – MOVIMENTAÇÃO DO SERVIDOR PÚBLICO

1. **(CESPE – Analista Administrativo CNJ 2013)** Suponha que um empregado público de uma empresa pública federal seja nomeado, após aprovação em concurso, para o cargo de Analista do CNJ. Nessa situação hipotética, o provimento no novo cargo será derivado, devido ao vínculo anterior que o empregado mantinha com a Administração Pública.

2. **(CESPE – Técnico Administrativo CNJ 2013)** Considere que determinado servidor público aposentado tenha se candidatado a deputado estadual. Nessa situação hipotética, caso seja eleito, ele poderá perceber simultaneamente os proventos de sua aposentadoria e os vencimentos de deputado.

3. **(CESPE – Analista MPU 2013)** São requisitos para a investidura em cargo público, entre outros, a idade mínima de 18 anos e a aptidão física e mental, podendo as atribuições do cargo justificar a exigência de outros requisitos estabelecidos em lei.

4. **(MPE – Promotor de Justiça SC 2013)** O provimento de cargos derivado somente se faz por transferência, promoção, remoção, reintegração, readmissão, enquadramento, aproveitamento ou reversão; e é sempre uma alteração na situação de serviço do provido.

5. **(CESPE – Técnico Judiciário TRT-10 2013)** A promoção constitui ato de investidura derivada, enquanto a nomeação consiste em ato de investidura originária.

6. **(FUNCAB – Delegado PC-RJ 2012)** No que diz respeito à aquisição da estabilidade do servidor público, assinale a alternativa correta.
   a) É exigido o requisito temporal de dois anos de efetivo exercício.
   b) Pode ser estendida aos titulares de cargo em comissão de livre nomeação e exoneração.
   c) Guarda correlação com o cargo e não com o serviço público.
   d) A avaliação negativa, pela Administração, do desempenho do servidor, pode excluí-lo do serviço público sem o ato de exoneração.
   e) O servidor que não satisfizer as condições do estágio probatório deverá ser exonerado, observadas as formalidades legais.

7. **(FUNCAB – Agente DETRAN- PB 2013)** A modalidade de provimento derivado por reingresso do servidor em cargo público denominada "recondução" corresponde ao
   a) retorno do servidor estável ao cargo que dantes ocupava, quer por ter sido inabilitado no estágio probatório relativo a outro cargo para o qual fora nomeado, quer por haver sido desalojado dele em decorrência de reintegração do anterior ocupante.
   b) reingresso do aposentado no serviço ativo, *ex officio* ou "a pedido", por não subsistirem, ou não mais subsistirem, as razões que lhe determinaram a aposentação.
   c) reingresso do servidor estável, que se encontrava em disponibilidade, no mesmo cargo dantes ocupado ou em cargo de equivalentes atribuições e vencimentos compatíveis.

d) retorno de servidor ilegalmente desligado de seu cargo ao mesmo, que dantes ocupava, ou, não sendo possível, ao seu sucedâneo ou equivalente, com integral reparação dos prejuízos que lhe advieram do ato injurídico que o atingira.
e) retorno de servidor a cargo mais compatível com sua posterior limitação de capacidade física ou mental, apurada em inspeção médica.

8. **(FCC – Analista Judiciário TRT-9 2013)** Saulo, ocupante de cargo efetivo do Poder Executivo federal, foi informado que seu cargo fora deslocado para outro órgão da Administração Direta federal, no qual deveria passar a atuar. De acordo com as disposições da Lei 8.112/1990, trata-se do instituto da
a) remoção, que somente pode ocorrer de ofício por inequívoca necessidade de serviço e observada a equivalência de vencimentos.
b) remoção de ofício, que pressupõe, entre outros requisitos, o mesmo nível de escolaridade, especialidade ou habilitação profissional.
c) redistribuição, que pressupõe, entre outros requisitos, a manutenção da essência das atribuições do cargo.
d) redistribuição, que, todavia, somente pode ser aplicada em relação a cargos vagos, assegurando a Saulo o direito de permanecer no órgão de origem.
e) redistribuição do servidor, que pode ser a pedido ou de ofício, pressupondo, entre outros requisitos, a compatibilidade de atribuições.

9. **(FCC – Técnico Judiciário TRT-9 2013)** Carlos, servidor público federal, ocupante de cargo efetivo, estável, é casado com Ana, também servidora pública, e ambos possuem a mesma localidade de exercício funcional. Ocorre que Ana foi deslocada para outra cidade, no interesse da Administração. De acordo com as disposições da Lei 8.112/1990, Carlos
a) pode ser removido a pedido, no interesse da Administração, desde que Ana tenha ingressado no serviço público antes dele.
b) possui direito à remoção a pedido, a critério da Administração, desde que Ana seja servidora federal.
c) pode ser removido de ofício, independentemente do interesse da Administração.
d) possui direito à remoção a pedido, mesmo que Ana seja servidora estadual ou municipal.
e) não pode ser removido a pedido, mas apenas de ofício e desde que conte com mais de cinco anos de serviço público.

10. **(INSTITUTO CIDADES Técnico de nível superior MINC 2013)** Analise as proposições a seguir e, em seguida, marque V para verdadeiro e F para falso.
( ) A reintegração é a reinvestidura do servidor estável no cargo anteriormente ocupado, ou no cargo resultante de sua transformação, quando invalidada a

sua demissão por decisão administrativa ou judicial, com ressarcimento de todas as vantagens.

( ) Reversão é o retorno do servidor estável ao cargo anteriormente ocupado e decorrerá de inabilitação em estágio probatório relativo a outro cargo e reintegração do anterior ocupante.

( ) Recondução é o retorno à atividade de servidor aposentado por invalidez, quando junta médica oficial declarar insubsistentes os motivos da aposentadoria; ou no interesse da administração.

( ) Readaptação é a investidura do servidor em cargo de atribuições e responsabilidades compatíveis com a limitação que tenha sofrido em sua capacidade física ou mental verificada em inspeção médica.

( ) Remoção é o deslocamento do servidor, a pedido ou de ofício, no âmbito do mesmo quadro, com ou sem mudança de sede.

Assinale a opção que corresponde à sequência correta:

a) F, V, F, F, V.
b) V, F, F, F, V.
c) V, F, F, V, V.
d) V, F, F, V, F.
e) F, F, F, V, V.

Gabarito

1. E	3. C	5. C	7. a	9. d
2. E	4. E	6. e	8. c	10. c

CAPÍTULO 18

Direitos e Vantagens do Servidor

<table>
<tr><th colspan="2">VENCIMENTO E REMUNERAÇÃO</th></tr>
<tr><th>VENCIMENTO</th><th>REMUNERAÇÃO</th></tr>
<tr><td>Retribuição pecuniária, a título de VALOR BÁSICO, pelo exercício do cargo, com valor fixado em lei.</td><td>Soma do vencimento acrescido das vantagens pecuniárias de caráter permanente.</td></tr>
<tr><td colspan="2">VANTAGEM PECUNIÁRIA PERMANENTE – É aquela que o servidor recebe pelo exercício ORDINÁRIO de suas atribuições, geralmente de forma mensal, fixadas em lei.</td></tr>
<tr><td colspan="2">VANTAGEM PECUNIÁRIA NÃO PERMANENTE – É aquela que o servidor recebe pelo exercício de suas atribuições em condições ESPECIAIS.</td></tr>
</table>

<table>
<tr><th colspan="6">SOBRE A REMUNERAÇÃO</th></tr>
<tr><th colspan="2">PISO REMUNERATÓRIO</th><th colspan="2">TETO REMUNERATÓRIO</th><th colspan="2">IRREDUTIBILIDADE</th></tr>
<tr><td colspan="2" rowspan="3">É vedado remuneração inferior a 1(um) salário- mínimo.</td><td colspan="2">É vedado remuneração superior ao subsídio dos ministros do STF.</td><td colspan="2" rowspan="3">Em regra, os VENCIMENTOS são irredutíveis (CF, art. 37, XV).</td></tr>
<tr><td colspan="2">Inclui qualquer espécie de vantagem pecuniária.</td></tr>
<tr><td colspan="2">CF/88, art. 37, XI</td></tr>
<tr><th colspan="3">DESCONTOS NA REMUNERAÇÃO</th><th colspan="3">DÉBITOS DO SERVIDOR COM O ERÁRIO</th></tr>
<tr><td colspan="3">Nenhum desconto incidirá sobre a remuneração do servidor, EXCETO:</td><td colspan="3">Indenização – É quando o servidor causou prejuízo à Administração ou a terceiros.</td></tr>
<tr><td rowspan="2">Autorização do servidor</td><td rowspan="2">Imposição legal</td><td rowspan="2">Mandado judicial</td><td colspan="3">Reposição – É quando o servidor receber pagamento indevido da Administração.</td></tr>
<tr><td colspan="3">Obs.: 1 – São previamente comunicados.</td></tr>
<tr><td rowspan="2">Ex.: Empréstimos</td><td rowspan="2">Ex.: IRPF</td><td rowspan="2">Ex.: Alimentos</td><td colspan="3">Obs.: 2 – Desconto mínimo de 10% da remuneração.</td></tr>
<tr><td colspan="3">Obs.: 3 – Se exonerado, demitido ou cassada a sua aposentadoria, tem 60 dias para quitar o débito.</td></tr>
</table>

VANTAGENS PECUNIÁRIAS		
Indenizações	**Gratificações**	**Adicionais**
Ajuda de custo	Retribuição do exercício de função	Insalubridade, periculosidade e penosidade
Diárias	Gratificação natalina	Adicional por serviço extraordinário
Indenização de transporte	Gratificação de curso e concurso	Adicional noturno
Auxílio-moradia		Adicional de férias

CARACTERÍSTICAS DAS VANTAGENS PECUNIÁRIAS	
INDENIZAÇÕES	GRATIFICAÇÕES E ADICIONAIS
Vantagem NÃO permanente	Vantagem permanente se prevista em lei
Não se incorporam à remuneração	Podem incorporar-se, se houver previsão legal
Caráter indenizatório, para RECOMPOR o seu patrimônio	Caráter remuneratório, para ACRESCER ao seu patrimônio
Ocorre PARA que o trabalho se realize	Ocorre PELO trabalho realizado
Pagamento antecipado	Pagamento posterior

INDENIZAÇÕES	
AJUDA DE CUSTO	DIÁRIAS
Instalação em nova sede, no interesse da Adm., em **caráter permanente**.	Deslocamento temporário do servidor, no interesse da Adm., em **caráter eventual**, para qualquer lugar.
Valor: até 3 vezes a sua remuneração.	Não se aplica às regiões metropolitanas, SALVO com pernoite.
Se falecer, serve para a família retornar, em 1 ano.	
Aplica-se ao servidor comissionado.	Se indenizar mas não se deslocar, restituir integralmente em 5 dias.
Não se aplica ao servidor-político.	
INDENIZAÇÃO DE TRANSPORTE	**AUXÍLIO-MORADIA**
São as despesas com a utilização de **meio próprio de locomoção** para serviços externos de interesse da Administração.	É o pagamento de despesas com aluguel e hospedagem do servidor CDA deslocado no interesse da Administração.
Não se confunde com o vale-transporte, que é um direito trabalhista aplicado no serviço público.	Há vários e rigorosos requisitos para a sua concessão, previstos nos arts. 60-A a 60-E.

GRATIFICAÇÕES		
RETRIBUIÇÃO PELO EXERCÍCIO DE FUNÇÃO DE CDA	**GRATIFICAÇÃO NATALINA**	**GRATIFICAÇÃO POR ENCARGO DE CURSO E CONCURSO**
Pago ao servidor pelo exercício de atribuições de maior responsabilidade no órgão.	É o chamado 13º do servidor público, pago até o dia 20/12.	Pago ao servidor que atua como instrutor em cursos oferecidos pela Adm., em caráter EVENTUAL.
Não se aplica aos Comissionados.	Corresponde a 1/12 da remuneração por mês de exercício naquele ano.	Pago, também, ao servidor que participa em banca, logística, aplicação e fiscalização de concurso público.
	Se exonerado, cabe pagamento proporcional.	

ADICIONAIS		
INSALUBRIDADE, PERICULOSIDADE E PENOSIDADE		
Insalubridade – Habitualidade laboral em locais insalubres ou em contato PERMANENTE com substâncias tóxicas ou radioativas.	**Periculosidade** – Habitualidade laboral em situações de risco de vida.	**Penosidade** – Exercício laboral em região de FRONTEIRAS ou em localidades que o justifiquem.

Obs.: 1 – Insalubridade e Periculosidade são INACUMULÁVEIS.	**Obs.: 2** – Penosidade é cumulável com a Insalubridade ou com a Periculosidade
Obs.: 3 – Esses adicionais CESSAM com a eliminação dessas condições e riscos.	**Obs.: 4** – GESTANTES e LACTANTES são afastadas e não recebem o adicional.

POR SERVIÇO EXTRAORDINÁRIO	ADICIONAL NOTURNO	ADICIONAL DE FÉRIAS
É a "hora- extra" do servidor público.	Entre 22h e 5h.	É devido ao servidor em virtude de seu período de descanso anual.
Máximo de 2 horas/dia, pagos a 50% da hora normal.	Acréscimo de 25% da hora diurna.	Valor: 1/3 da remuneração nesse período.
Só se aplica em casos EXCEPCIONAIS.	Se for junto com o serviço extraordinário, incidirá sobre o seu percentual.	O exercício de FC é computado no cálculo do adicional.
Não se aplica aos Comissionados e aos efetivos com CDA.		

<table>
<tr><th colspan="6">FÉRIAS</th></tr>
<tr><td colspan="3">É tido por tempo de EFETIVO EXERCÍCIO para todos os efeitos legais (estágio, estabilidade, aposentadoria etc.).</td><td colspan="3">Podem ser CUMULADAS, no interesse da Adm., por até 2 períodos.</td></tr>
<tr><td colspan="3">Pagamento: até 2 dias antes do gozo.</td><td colspan="3">Podem ser parceladas em até 3 etapas, mas recebe o valor do adicional sempre na primeira etapa.</td></tr>
<tr><td colspan="3">PRIMEIRAS FÉRIAS – São necessários 12 meses de exercício.</td><td colspan="3">DEMAIS FÉRIAS – Adquire o direito a novo período a cada 1º de janeiro de cada ano.</td></tr>
<tr><td colspan="6">Obs. : É vedado levar, à conta de férias, qualquer falta ao serviço, OU SEJA, não há desconto, nos dias ou na remuneração, quando o servidor sai de férias.</td></tr>
<tr><th colspan="6">SITUAÇÕES ESPECIAIS</th></tr>
<tr><td colspan="2">Servidor EXONERADO – Recebe indenização relativa ao período adquirido e ao período incompleto.</td><td colspan="2">Servidor DEMITIDO – A lei silencia...</td><td colspan="2">Servidor-operador de RAIO X – Goza 20 dias consecutivos, por semestre, vedada qualquer acumulação.</td></tr>
<tr><th colspan="6">INTERRUPÇÃO DAS FÉRIAS</th></tr>
<tr><td>Calamidade pública</td><td>Comoção interna</td><td colspan="2">Júri</td><td>Serviço Militar / Eleitoral</td><td>Necessidade do serviço</td></tr>
<tr><td colspan="3">Obs.: 1 – A necessidade do serviço precisa ser declarada pela autoridade máxima do órgão ou da entidade.</td><td colspan="3">Obs.: 2 – O restante do período interrompido será gozado de uma só vez, vedado uma segunda interrupção.</td></tr>
</table>

<table>
<tr><th colspan="3">LICENÇAS E AFASTAMENTOS</th></tr>
<tr><th>CONCEITO</th><th>DIFERENÇA</th><th>REGRA GERAL</th></tr>
<tr><td>São as hipóteses em que o servidor cessa, justificada e temporariamente, o EXERCÍCIO REGULAR das atribuições de seu cargo. São os IMPEDIMENTOS.</td><td>Não há diferença conceitual entre Licença e Afastamento: foi uma opção do legislador.</td><td>Toda LICENÇA, concedida em 60 dias do término da outra da mesma espécie, será considerada PRORROGAÇÃO da licença inicial.</td></tr>
</table>

<table>
<tr><th colspan="2">QUADRO-GERAL DE LICENÇAS E AFASTAMENTOS ESPECÍFICOS (arts. 81 a 96-A)</th></tr>
<tr><th>LICENÇAS</th><th>AFASTAMENTOS</th></tr>
<tr><td>Para Serviço Militar EP / NS / TS</td><td>Para mandato eletivo EP / NS / TS</td></tr>
<tr><td>Por doença em pessoa da família EP / TS[14]/ TAD</td><td>Para estudo ou missão no exterior EP / NS / TS</td></tr>
</table>

[14] Por até 30 dias a cada 12 meses. Após, só conta para TAD

Por afastamento do cônjuge **EP**	Para servir em outro órgão ou entidade **EP**[16] **/ NS / TS**
Para atividade política **EP / TAD**[15]	Para servir em organismo internacional **EP / TS**
Para mandato classista **TS**	Para pós-graduação *strictu sensu* **EF / TS**
Para tratar interesses particulares **EF**	
Para capacitação **TS**	

EP - Concedido em estágio probatório
NS - Não suspende o estágio probatório
TS - Conta como tempo de serviço (total ou parcial)
TAD - Só conta como tempo de serviço para efeitos de aposentadoria ou disponibilidade
EF - Só para servidores efetivos

LICENÇAS

PARA O SERVIÇO MILITAR	PARA TRATAR DOENÇA EM PESSOA DA FAMÍLIA
Ato vinculado	Ato discricionário
Não é o serviço militar originário, obrigatório, e sim uma convocação para a guerra, por exemplo.	**Quem são:** cônjuge, filhos, pais, padrastos enteados ou qualquer dependente em seu assentamento funcional.
Após encerrado, tem 30 dias para reassumir o cargo.	**Requisitos:** impossível compensar, incompatível com o exercício, indispensável a assistência.
Remuneração: na forma da lei.	**Remuneração:** até 60 dias, **com** remuneração. Após, por até 90 dias, **sem** remuneração.

POR AFASTAMENTO DO CÔNJUGE	PARA ATIVIDADE POLÍTICA
Ato vinculado	Ato vinculado
Obs.: 1 – Cônjuge não servidor: licença **sem remuneração** e por prazo indeterminado.	**1º período** – Da convenção partidária à véspera da candidatura: **sem remuneração.**
Obs.: 2 – Cônjuge servidor: se não quiser afastar-se, **poderá** haver exercício provisório, em cargo compatível, em órgão/entidade federal.	**2º período** – Da candidatura ao 10º dia pós -eleição: **remunerado** por 3 meses. Tempo só conta para TAD.
	É **obrigatório** o afastamento do cargo para a licença no 2ª período aos servidores CDA's que trabalhem nas áreas de fiscalização e arrecadação.

[15] Da candidatura até o 10º dia após a eleição
[16] Só para ocupar CDA

PARA MANDATO CLASSISTA	PARA TRATAR INTERESSE PARTICULAR
Ato vinculado	Ato discricionário
Para trabalhar em sindicatos e cooperativas de servidores, SÓ em cargos de direção e representação.	Por até 3 anos consecutivos, **sem remuneração**, e interrompida a QQ tempo, a pedido ou de ofício.
Sem remuneração, mas contado como tempo de efetivo exercício.	**Só para servidores efetivos e estáveis.**
Prazo: igual ao do mandato, permitido apenas por mais uma reeleição.	Poderá exercer comércio, gerência ou administração em sociedade privada.
PARA CAPACITAÇÃO	
Ato discricionário	Não são acumuláveis
Prazo: até 3 meses, **com remuneração.** Requisito: 5 anos de efetivo exercício.	Precisa capacitar-se na área relativa ao cargo.

AFASTAMENTOS ESPECÍFICOS

<table>
<tr><th colspan="2">PARA MANDATO ELETIVO</th><th>PARA ESTUDO OU MISSÃO NO EXTERIOR</th></tr>
<tr><td colspan="2">Ato vinculado</td><td>Ato discricionário (Estudo) ou vinculado (Missão)</td></tr>
<tr><td colspan="2">Se for no EXE/LEG, FED/EST/DF – Afasta-se do cargo público e recebe apenas o subsídio do mandato eletivo.</td><td>Prazo: Para estudo, até 4 anos e só com autorização do Chefe do Poder.</td></tr>
<tr><td colspan="2">Se for para PREFEITO / VICE – Afasta-se do cargo público e OPTA entre a remuneração e o subsídio.</td><td>Só será concedido um novo afastamento após decorrido o mesmo período.</td></tr>
<tr><td colspan="2">Se for para VEREADOR:</td><td>Remuneração: Conforme regulamento.</td></tr>
<tr><td>Compatibilidade de horário – ACUMULA o cargo e o mandato e recebe a remuneração e o subsídio</td><td>Incompatibilidade de horário – Afasta-se do cargo e OPTA entre a remuneração e o subsídio.</td><td>Não poderá exonerar-se nem licenciar-se por interesse particular quando voltar, EXCETO se ressarcir.</td></tr>
</table>

PARA SERVIR EM OUTRO ÓRGÃO OU ENTIDADE	PARA SERVIR EM ORGANISMO INTERNACIONAL
Ato Discricionário	Ato discricionário
Com remuneração:	**Sem remuneração**, a ser paga pela entidade cessionária.

1 – **Pelo cedente** se cedido para Adm. direta, autárquica ou fundacional federal.	O Brasil precisa ser **signatário** da entidade internacional.
2 – **Pelo cessionário** se cedido para EP[17] e SEM[18] federal.	Não significa, necessariamente, servir no exterior.
3 – **Pelo cessionário** se cedido para órgão/entidade dos estados, do DF e dos municípios.	**Exemplos:** ONU, OEA, Cruz Vermelha, OIT, FAO etc.

PARA CAPACITAÇÃO ESPECIAL	
Ato discricionário	Com remuneração
Só se aplica aos efetivos e estáveis	Só para pós-graduações *strictu sensu* – mestrado, doutorado e pós-doutorado
Há vários e rigorosos critérios para o servidor cumprir, antes e depois de sua concessão, previstos no art. 96-A.	

AFASTAMENTOS GENÉRICOS (ESPARSAS NA LEI)

Programa de treinamento no órgão	Competição desportiva nacional
Júri e outros serviços obrigatórios por lei	Afastamento preventivo (PAD)
Deslocamento para nova sede	Afastamento compulsório (atividade política)
Curso de formação decorrente de aprovação em concurso para outro cargo federal (**Suspende EP**)	

CONCESSÕES

É a ausência AUTORIZADA do serviço pelo servidor.	
PARA DOAR SANGUE – 1 dia	**PARA ALISTAMENTO ELEITORAL** – 2 dias
PARA CASAMENTO – 8 dias	**POR FALECIMENTO** – 8 dias (cônjuge, pais, irmãos, padrastos, filhos, enteados e menor sob guarda)
PARA HORÁRIO ESPECIAL	
DE SERVIDOR-ESTUDANTE	**DE SERVIDOR- INSTRUTOR**
Demonstrar a incompatibilidade com o serviço.	Para os servidores que receberem a gratificação por encargo de curso e concurso.
Compensação: na própria semana.	Compensação: em até 1 (um) ano.

[17] Empresa pública
[18] Sociedade de economia mista

DE SERVIDOR-DEFICIENTE	DE FAMILIAR DEFICIENTE
Aprovada por junta médica oficial.	Aprovada por junta médica oficial.
Compensação: não há.	Compensação: até o mês seguinte.
	Só para cônjuge, filho e dependente funcional.

TEMPO DE SERVIÇO

<table>
<tr><td colspan="3">Como funciona a contagem do tempo de serviço do servidor público para ter direito a férias, estabilidade, algumas licenças e afastamentos e aposentadoria.</td></tr>
<tr><th>PARA TODOS OS EFEITOS LEGAIS</th><th>SÓ PARA APOSENTADORIA E DISPONIBILIDADE</th><th>SEM QUALQUER EFEITO LEGAL</th></tr>
<tr><th>OS 17 CASOS DE AFASTAMENTO previstos no art. 102</th><th>OS SETE CASOS previstos no art. 103</th><th>OS TRÊS CASOS EM QUE NÃO HÁ REMUNERAÇÃO*</th></tr>
<tr><td>1. Licença para tratar a própria saúde (limitado a 24 meses ao longo do serviço)</td><td>1. Licença para tratar a própria saúde (que exceder a 24 meses)</td><td>1. Licença por afastamento do cônjuge</td></tr>
<tr><td>2. Licença para tratar saúde da família (que não exceder 30 dias em 12 meses)</td><td>2. Para tratar saúde da família (que exceder 30 dias em 12 meses)</td><td>2. Licença para tratar interesses particulares</td></tr>
<tr><td>3. Licença para capacitação</td><td>3. Licença para atividade política (da candidatura ao 10º dia após a eleição)</td><td>3. Licença para atividade política (da convenção à véspera da candidatura)</td></tr>
<tr><td>4. Licença gestante, adotante e paternidade</td><td>4. Tempo de serviço prestado aos estados, aos municípios e ao DF</td><td rowspan="2">* <u>Exceto</u> os dois casos abaixo.</td></tr>
<tr><td>5. Mandato Classista etc.</td><td>5. Tempo de serviço na iniciativa privada</td></tr>
<tr><td>TODAS AS CINCO CONCESSÕES previstas nos arts. 97 e 98</td><td>6. Tempo de serviço no tiro-de-guerra</td><td>Obs.: 1 – O Mandato Classista, sem remuneração, conta como tempo de efetivo exercício.</td></tr>
<tr><td>Doar sangue | Alistamento eleitoral | Horário especial
Casamento | Falecimento</td><td>7. Desempenho de mandato eletivo anterior ao ingresso no serviço público</td><td>Obs.: 2 – Servir em Organismo Internacional, sem remuneração, conta tempo de efetivo exercício.</td></tr>
</table>

OS 17 CASOS DE AFASTAMENTO previstos no art. 102 que contam tempo de serviço PARA TODOS OS EFEITOS LEGAIS	
1. Licença para tratar a própria saúde (limitado a 24 meses ao longo do serviço)	11. Deslocamento para nova sede
2. Licença por acidente em serviço ou doença profissional	12. Competição desportiva nacional
3. Licença para capacitação	13. Integrar representação desportiva nacional
4. Licença gestante, adotante e paternidade	14. Treinamento no próprio órgão
5. Mandato classista	15. Júri e outras obrigações legais
6. Desempenho de mandato eletivo	16. Cargo comissionado ou função de confiança em outro órgão ou entidade
7. Férias	17. Exercício de cargo ou função de governo
8. Serviço militar	
9. Servir em organismo internacional	
10. Missão ou estudo no exterior	

DIREITO DE PETIÇÃO DO SERVIDOR

TIPOS DE PETIÇÃO		
REQUERIMENTO (RQ)	PEDIDO DE RECONSIDERAÇÃO (PR)	RECURSO (RC)
Pedido inicial do servidor na defesa de um direito ou interesse.	Quando o RQ é indeferido.	Quando o PR ou um outro RC é indeferido.
Obs.: Para o exercício do direito de petição, é assegurada ao servidor ou a seu procurador a vista do processo na repartição.		

REQUERIMENTO		
Dirigido à Autoridade competente para DECIDIR.	Encaminhado pela Chefia Imediata.	Do indeferimento, cabe PR.
Despachado em 5 dias.	Decidido em 30 dias.	Prazos fatais e improrrogáveis, **salvo** motivo de força maior.

<table>
<tr><th colspan="5">PRESCRIÇÃO DO DIREITO DE REQUERER</th></tr>
<tr><th colspan="3">CINCO ANOS</th><th colspan="2">120 DIAS</th></tr>
<tr><td colspan="3">Atos de demissão, cassação de aposentadoria ou disponibilidade.</td><td colspan="2" rowspan="3">Demais casos, salvo quando outro prazo for fixado em lei.</td></tr>
<tr><td colspan="3">Atos que afetem:</td></tr>
<tr><td>Interesse patrimonial</td><td colspan="2">Créditos trabalhistas</td></tr>
<tr><td colspan="5">TRÊS DICAS SOBRE A PRESCRIÇÃO</td></tr>
<tr><td colspan="2">1 – Conta-se o prazo de prescrição a partir da data da publicação do ato impugnado ou da ciência pelo interessado.</td><td colspan="2">2 – A prescrição é interrompida quando for cabível a interposição de um PR ou um RC.</td><td>3 – A prescrição é instituto de ordem pública, não podendo ser relevada pela Adm., ou seja, esta não pode abrir mão de aplicar a prescrição.</td></tr>
</table>

<table>
<tr><th colspan="3">PEDIDO DE RECONSIDERAÇÃO</th></tr>
<tr><td>Dirigido à Autoridade que expediu o ato ou proferiu a 1ª decisão.</td><td>Prazo: 30 dias da ciência ou publicação.</td><td>Do indeferimento, cabe RC.</td></tr>
<tr><td>Despachado em 5 dias.</td><td>Decidido em 30 dias.</td><td>Prazos fatais e improrrogáveis, salvo motivo de força maior.</td></tr>
<tr><td colspan="3">Efeitos do Provimento – Retroagem à data do ato impugnado (ex tunc).</td></tr>
</table>

<table>
<tr><th colspan="3">RECURSO</th></tr>
<tr><td>Dirigido à Autoridade que expediu o ato ou proferiu a decisão, sucessivamente, às demais autoridades.</td><td>Encaminhado pela Chefia Imediata.</td><td>Prazo: 30 dias da ciência ou publicação.</td></tr>
<tr><td>Pode ter efeito suspensivo</td><td colspan="2">Efeitos do Provimento – Retroagem à data do ato impugnado (ex tunc).</td></tr>
</table>

<table>
<tr><th colspan="2">CABIMENTO</th></tr>
<tr><td colspan="2">São as hipóteses previstas na Lei para poder interpor um Recurso.</td></tr>
<tr><td>Indeferimento de um PR</td><td>Decisões de RC sucessivamente interpostos</td></tr>
</table>

EXERCÍCIOS – DIREITOS E VANTAGENS

1. **(CESPE – Analista Técnico Administrativo ANS 2013)** Considere que a diretoria colegiada da ANS determine que a concessão de afastamento para a participação

em programa de pós-graduação *stricto sensu* no País só pode ser dada, simultaneamente, para, no máximo, cinco servidores. Nessa situação, a determinação da diretoria colegiada da ANS é compatível com a legislação.

2. **(CESPE - Técnico Administrativo CNJ 2013)** Além do vencimento, o servidor público pode receber vantagens, como indenizações, gratificações e adicionais, sendo que as duas primeiras vantagens citadas incorporam-se ao vencimento ou provento.

3. **(CESPE - Analista MPU 2013)** O período em que o servidor estiver de licença para desempenhar mandato classista conta como tempo de serviço, sendo considerado de efetivo exercício, salvo para efeito de promoção por merecimento.

4. **(CESPE - Analista TRT-10 2013)** Ao servidor é facultado abater de suas férias as faltas injustificadas, de modo a preservar a remuneração referente aos dias em que deixar de comparecer ao serviço.

5. **(CESPE - Técnico TRT-10 2013)** O servidor público civil que fizer jus aos adicionais de insalubridade e periculosidade acumulará ambos os acréscimos sobre seu vencimento.

6. **(ESAF - Analista de Finanças e Controle CGU 2012)** Quanto ao sistema remuneratório do servidor público, assinale a opção incorreta.
   a) Vencimento é a retribuição pecuniária pelo exercício de cargo público, com valor fixado em lei.
   b) Remuneração é o vencimento do cargo efetivo, acrescido das vantagens pecuniárias permanentes estabelecidas em lei.
   c) O vencimento do cargo efetivo, acrescido das vantagens de caráter permanente, é irredutível.
   d) Nenhum servidor receberá remuneração inferior ao salário- mínimo.
   e) Em nenhuma hipótese poderá haver consignação em folha de pagamento em favor de terceiros, sendo o vencimento, a remuneração e os proventos do servidor público impenhoráveis.

7. **(ESAF - Analista Tributário RFB 2012)** Quanto às regras impostas aos servidores públicos federais, consoante disposição da Lei 8.112, de 11 de dezembro de 1990, é correto afirmar que
   a) para servir em organismo internacional de que o Brasil participe ou com o qual coopere, o afastamento do servidor dar-se-á sem prejuízo da remuneração.

b) o servidor não poderá ausentar-se do País para estudo ou missão oficial sem autorização do Presidente da República, Presidente dos Órgãos do Poder Legislativo e Presidente do Supremo Tribunal Federal.
c) para a participação do servidor em programa de pós-graduação *stricto sensu* em instituição de ensino superior no País, é necessária a compensação de horário, sem possibilidade de afastamento do exercício do cargo.
d) ainda que no estágio probatório, a critério da administração, poderão ser concedidas ao servidor ocupante de cargo efetivo licenças para o trato de assuntos particulares pelo prazo de até três anos consecutivos, sem remuneração.
e) durante o período que mediar entre a sua escolha em convenção partidária, como candidato a cargo eletivo, e a véspera do registro de sua candidatura perante a Justiça Federal, o servidor não terá direito à licença.

8. **(ESAF - Auditor Fiscal RFB 2012)** Determinado servidor público federal foi acometido de doença que, por recomendação de seu médico particular, devidamente atestada, render-lhe-ia quatro dias de licença para tratamento da própria saúde.
O referido servidor afastou-se de suas atividades laborais sem, todavia, entregar à chefia imediata o atestado médico para fins de homologação.
Também não compareceu ao serviço médico do seu local de trabalho durante o afastamento nem nos cinco dias subsequentes a ele.
Tendo em vista que o servidor não foi periciado, nem sequer apresentou atestado médico para que a licença médica pudesse ser formalizada, a chefia imediata efetuou o registro das faltas em sua folha de controle de frequência.
Ao final do mês, o referido servidor fora descontado da remuneração correspondente aos dias faltosos.

Considerando a legislação de pessoal em vigor e a recente jurisprudência do STJ, assinale a opção correta.
a) A limitação temporal para a apresentação do atestado médico para homologação não encontra fundamento na Lei 8.112/1990, não podendo ser estabelecida por meio de decreto.
b) Não é possível aplicar a penalidade da falta sem a instauração de prévio processo administrativo disciplinar.
c) O desconto pelos dias não trabalhados não pode ser realizado sem a prévia instauração do processo administrativo disciplinar.
d) É descabida a instauração de processo administrativo disciplinar quando não se colima a aplicação de sanção de qualquer natureza, mas o mero desconto da remuneração pelos dias não trabalhados.

e) A compensação de horário não é admitida, em nenhuma hipótese, pela Lei n. 8.112/1990.

9. **(FCC- Técnico Administrativo TRE-CE 2012)** Segundo o art. 104 da Lei 8.112/1990 "é assegurado ao servidor o direito de requerer aos Poderes Públicos, em defesa de direito ou interesse legítimo". A respeito do Direito de Petição, considere.
I. Cabe pedido de reconsideração à autoridade que houver expedido o ato ou proferido a primeira decisão, não podendo ser renovado.
II. Caberá das decisões sobre os recursos sucessivamente interpostos.
III. O direito de requerer prescreve em três anos quanto aos atos de demissão e de cassação de aposentadoria ou disponibilidade.
IV. Para o exercício do direito de petição, é assegurada vista do processo ou documento, na repartição, ao servidor ou a procurador por ele constituído.

Está correto o que se afirma APENAS em
a) II e IV.
b) I e II.
c) III e IV.
d) I, II e III.
e) I, II e IV.

10. **(ESAF - Analista de Finanças e Controle CGU 2012)** São direitos deferidos aos servidores públicos federais, além do vencimento e das vantagens, conforme requisitos estabelecidos em lei, exceto:
a) adicional pelo exercício de atividades insalubres, perigosas ou penosas.
b) fundo de garantia do tempo de serviço.
c) adicional noturno.
d) gratificação natalina.
e) gratificação por encargo de curso ou concurso.

Gabarito

1. C	4. C	5. E	7. b	9. e
2. E	4. E	6. e	8. d	10. b

CAPÍTULO 19
Regime Disciplinar

DEVERES	PROIBIÇÕES
1. Exercer com zelo e dedicação as atribuições do cargo.	1. Ausentar-se do serviço durante o expediente, sem prévia autorização do chefe imediato. **AS**
2. Ser leal às instituições a que servir.	2. Retirar, sem prévia anuência da autoridade competente, qualquer documento ou objeto da repartição. **AS**
3. Observar as normas legais e os regulamentares.	3. Recusar fé a documentos públicos. **AS**
4. Cumprir ordens superiores, <u>exceto</u> quando manifestamente ilegais.	4. Opor resistência injustificada ao andamento de documento e processo ou execução de serviço. **AS**
5. Atender com presteza ao público em geral, prestando as informações requeridas, <u>ressalvadas</u> as protegidas por sigilo.	5. Promover manifestação de apreço ou desapreço no recinto da repartição. **AS**
6. Atender com presteza à expedição de certidões requeridas para defesa de direito ou esclarecimento de situações pessoais.	6. Cometer a pessoa estranha à repartição, fora dos casos previstos em lei, o desempenho de atribuição que seja de sua responsabilidade/subordinado. **AS**
7. Atender com presteza às requisições para a defesa da Fazenda Pública.	7. Coagir ou aliciar subordinados no sentido de filiarem-se à associação profissional ou sindical, ou a partido político .**AS**
8. Levar à autoridade superior as irregularidades de que tiver ciência, em razão do cargo.	8. Manter, sob sua chefia imediata, em cargo ou função de confiança, cônjuge/companheiro/parente de 2ºgrau. **AS**
9. Zelar pela economia do material e a conservação do patrimônio público.	9. Recusar-se a atualizar os dados cadastrais quando for solicitado. **AS**
10. Guardar sigilo sobre assunto da repartição.	10. Cometer a outro servidor atribuições estranhas ao cargo que ocupa, **<u>exceto</u>** em situações de emergência/transitórias. **S**
11. Manter conduta compatível com a moralidade administrativa.	11. Exercer atividades incompatíveis com o cargo ou a função e com o horário de trabalho. **S**

12. Ser assíduo e pontual ao serviço.	12. Aceitar comissão, emprego ou pensão de estado estrangeiro. **D**
13. Tratar com urbanidade as pessoas.	13. Praticar usura, sob qualquer de suas formas .**D**
14. Representar contra ilegalidade/omissão/abuso de poder.	14. Proceder de forma desidiosa. **D**
AS - Penalizado com Advertência e, se incidir, Suspensão.	15. Utilizar pessoal/recursos materiais da repartição em serviços/atividades particulares. **D**
S - Penalizado com Suspensão, diretamente.	16. Participar de gerência ou administração de sociedade privada, exercer o comércio, exceto na qualidade de acionista, cotista ou comanditário. **D**
D - Penalizado com Demissão, diretamente.	17. Receber propina, comissão, presente ou vantagem de qualquer espécie, em razão de suas atribuições. **D**
D5 - Penalizado com Demissão + 5 anos de 'gancho', ou seja, não poderá retornar ao serviço público nesse período.	18. Atuar, como procurador ou intermediário, com repartições públicas, salvo se tratar de benefícios previdenciários/assistenciais de cônjuge/parentes de 2º grau. **D5**
	19. Valer-se do cargo para lograr proveito pessoal ou de outrem, em detrimento da dignidade da função pública. **D5**

PENALIDADES	
Advertência	Suspensão
Demissão	Cassação de aposentadoria ou disponibilidade
Destituição do Cargo em Comissão	Destituição da Função de Confiança

ADVERTÊNCIA	
Dá-se nos casos em que o servidor viola um dos 14 deveres do art. 116, ou 9 das 19 proibições do art. 117.	
DEVERES	**PROIBIÇÕES**
TODOS os 14 deveres	1. Ausentar-se do serviço durante o expediente, sem prévia autorização do chefe imediato.
	2. Retirar, sem prévia anuência da autoridade competente, qualquer documento ou objeto da repartição.
	3. Recusar fé a documentos públicos.

7. Coagir ou aliciar subordinados no sentido de filiarem-se à associação profissional ou sindical, ou a partido político.	4. Opor resistência injustificada ao andamento de documento e processo ou execução de serviço.
8. Manter, sob sua chefia imediata, em cargo ou função de confiança, cônjuge/companheiro/parente de 2ºgrau.	5. Promover manifestação de apreço ou desapreço no recinto da repartição.
9. Recusar-se a atualizar os dados cadastrais quando for solicitado.	6. Cometer a pessoa estranha à repartição, fora dos casos previstos em lei, o desempenho de atribuição que seja de sua responsabilidade/subordinado.
Obs.: A advertência sempre se dá **por escrito**, como resultado de uma sindicância ou PAD.	

SUSPENSÃO		
Dá-se nos casos de REINCIDÊNCIA dos casos de Advertência, e DE FORMA DIRETA, nos 3 casos a seguir.		
1. Recusar-se, **injustificadamente**, a ser submetido à inspeção médica determinada pela autoridade competente (até 15 dias). (art. 130, §1º)	2. Cometer a outro servidor atribuições estranhas ao cargo que ocupa, **exceto** em situações de emergência e transitórias. (art. 117, XVII)	3. Exercer atividades incompatíveis com o cargo ou a função e com o horário de trabalho. (art. 117, XVIII)
Obs.: 1 – A **duração máxima** da penalidade de Suspensão não pode exceder a **90 dias** (exceto o caso 1: só até 15dias).		
Obs.: 2 – A Suspensão poderá ser **convertida em multa** à base de 50% por dia, MAS MULTA NÃO É PENALIDADE!		

DEMISSÃO / DESTITUIÇÃO		
Se dá quando o servidor incide em um dos 12 casos do art. 132 ou 8 das 19 proibições do art. 117.		
SIMPLES (13)	**COM GANCHO DE 5 ANOS**	**COM BANIMENTO**
1. Abandono de cargo	1. Valer-se do cargo para lograr proveito pessoal ou de outrem, em detrimento da dignidade da função pública	1. Crime contra a administração pública
2. Inassiduidade habitual		2. Improbidade administrativa
3. Praticar usura, sob qualquer de suas formas	2. Atuar, como procurador ou intermediário, junto a repartições públicas, **salvo** benefícios previdenciários ou assistenciais de cônjuge / parente até 2º grau	3. Aplicação irregular de dinheiros
4. Utilizar pessoal ou recursos materiais da repartição em serviços/atividades particulares		4. Lesão aos cofres públicos e dilapidação do patrimônio nacional

5. Proceder de forma desidiosa		5. Corrupção
(VER OS OUTROS 8 CASOS NO QUADRO-GERAL)		

Obs.:1 – **Abandono de cargo** é ausência intencional por + de 30 dias consecutivos, e **Inassiduidade** habitual é a falta sem causa justificada, por 60 dias, interpoladamente, em um período de 12 meses.

Obs.: 2 – Os casos 2 a 5 da Demissão/Destituição + Banimento também implicarão, ao servidor , a indisponibilidade de seus bens e o ressarcimento ao erário, sem prejuízo da ação penal cabível.

CASSAÇÃO DE APOSENTADORIA OU DISPONIBILIDADE	
É a prática, NA ATIVIDADE, de infração passível de DEMISSÃO.	É considerada uma penalidade análoga à DEMISSÃO.

DESTITUIÇÃO DO CARGO EM COMISSÃO	
É a prática de infração passível de SUSPENSÃO ou DEMISSÃO.	É considerada uma penalidade análoga à DEMISSÃO.
Obs.: Não se aplica só aos Comissionados, mas também aos efetivos que ocupam um cargo comissionado.	

DESTITUIÇÃO DA FUNÇÃO DE CONFIANÇA	
Não há hipóteses na lei para a sua incidência!	É considerada uma penalidade análoga à DEMISSÃO.

JULGAMENTO (COMPETÊNCIA)	CANCELAMENTO DO REGISTRO	PRESCRIÇÃO DA AÇÃO DISCIPLINAR
Demissão ou Cassação: Chefe do Poder, indelegável	**Advertência:** 3 anos de efetivo exercício	**Demissão / Cassação/Destituição:** 5 anos
Suspensão + 30 dias: Autoridade inferior ao Chefe Poder	**Suspensão:** 5 anos de efetivo exercício	**Suspensão:** 2 anos
Suspensão até 30 dias / Advertência: Chefia imediata		**Advertência:** 180 dias **Obs.:1** – Conta da data em que a infração foi conhecida pela Adm.
Destituição de não efetivo: Autoridade que o nomeou		**Obs.:2** – O que prescreve NÃO É A INFRAÇÃO, mas o PAD.

QUADRO-GERAL DOS TREZE CASOS DE DEMISSÃO SIMPLES		
1. Abandono de cargo	6. Incontinência pública e conduta escandalosa, na repartição	
2. Inassiduidade habitual	7. Insubordinação grave em serviço	
3. Praticar usura, sob qualquer de suas formas	8. Ofensa física, em serviço, a servidor ou particular, **salvo** legítima defesa própria ou de outrem	
4. Utilizar pessoal ou recursos materiais da repartição em serviços/atividades particulares	9. Revelação de segredo do qual se apropriou em razão do cargo	
5. Proceder de forma desidiosa	10. Participar de gerência ou adm. de sociedade privada, exercer o comércio, **exceto** acionista, cotista ou comanditário	
11. Receber propina, comissão, presente ou vantagem de qualquer espécie, em razão de suas atribuições	**12.** Aceitar comissão, emprego ou pensão de estado estrangeiro	**13.** Acumulação ilegal de cargos, empregos ou funções públicas

ACUMULAÇÃO DE CARGOS	
REGRA GERAL 1	**REGRA GERAL 2**
É **vedada** a acumulação de cargos, empregos e funções públicas - servidor ATIVO	É **vedada** a acumulação de aposentadorias com a remuneração de cargos, empregos e funções públicas - servidor INATIVO
3 EXCEÇÕES (art. 37, XVI, *a*, *b* e *c*)	3 EXCEÇÕES
1. 2 Cargos de professor **2.** 1 Cargo de professor c/ outro, técnico ou científico	**1.** Os cargos acumuláveis previstos na CF/1988
3. 2 Cargos/empregos de profissionais de saúde + 3 EXCEÇÕES (esparsas na CF)	**2.** Os cargos eletivos
1. Servidor-vereador (CF, art. 38) **2.** Membro do JUD c/ outro de magistério (CF, art. 95)	**3.** Os cargos em comissão
3. Membro do MP c/ outro de magistério (CF, art. 128)	

RESPONSABILIDADES DO SERVIDOR PÚBLICO		
Esfera Administrativa	Esfera Civil	Esfera Penal
Referente às infrações da **Lei 8.112/1990**	Referente às infrações do **Código Civil**	Referente às infrações do **Código Penal**

OBSERVAÇÕES IMPORTANTES	
Sistema de Ação Regressiva na esfera civil	As responsabilidades são independentes e cumulativas

NA ESFERA CIVIL	NA ESFERA PENAL
Se for **doloso**, responde com seu **patrimônio.**	Se **condenado** – Haverá automática condenação também nas esferas administrativa e civil.
Se for **culposo**, responde na **remuneração.**	Se **absolvido**:
Se **falecer**, estende **aos sucessores** da herança recebida.	1. Por **negativa de autoria** ou de fato – Haverá automática absolvição também no administrativo e no civil.
	2. Por **insuficiência de provas** ou ausência de culpabilidade – As esferas Adm. e CIV prosseguem.

<table>
<tr><th colspan="3">PROCESSO ADMINISTRATIVO DISCIPLINAR</th></tr>
<tr><td colspan="3">São os instrumentos que a Adm. possui para apurar responsabilidade do servidor por infração praticada no exercício de suas atribuições, ou que tenha relação com as atribuições do cargo em que se encontre investido.</td></tr>
<tr><th colspan="3">INSTRUMENTOS</th></tr>
<tr><td rowspan="2">SINDICÂNCIA</td><td colspan="2">PROCESSO ADM. DISCIPLINAR</td></tr>
<tr><td>P.A.D. SUMÁRIO</td><td>P.A.D. ORDINÁRIO</td></tr>
</table>

<table>
<tr><th colspan="6">A SINDICÂNCIA</th></tr>
<tr><td colspan="6">Utilizado para apurar infração menos graves, dos quais resultem em:</td></tr>
<tr><th colspan="3">Advertência</th><th colspan="3">Suspensão de até 30 dias</th></tr>
<tr><th colspan="6">3 POSSÍVEIS RESULTADOS EM UMA SINDICÂNCIA</th></tr>
<tr><td colspan="2">Arquivamento</td><td colspan="2">Advertência / Suspensão até 30 dias</td><td colspan="2">Instauração de um P.A.D.</td></tr>
<tr><td colspan="6">Prazo: 30 dias, prorrogado por igual período a critério da autoridade superior.</td></tr>
</table>

<table>
<tr><th colspan="3">P.A.D. SUMÁRIO</th></tr>
<tr><td colspan="3">Realizado somente no caso destas três infrações.</td></tr>
<tr><td>Acumulação ilícita de cargos[Obs.]</td><td>Inassiduidade habitual</td><td>Abandono de cargo</td></tr>
<tr><td colspan="3">Obs.: Antes disso, o servidor é notificado para optar por um dos cargos, no prazo improrrogável de 10 dias.</td></tr>
</table>

FASES DO P.A.D. SUMÁRIO		
Instauração	**Instrução Sumária**	**Julgamento**
Comissão composta por 2 servidores estáveis	FASES: Indiciação (3 dias), Defesa (5 dias) e Relatório	Prazo de 5 dias

OBSERVAÇÕES IMPORTANTES	
Na Indiciação, é preciso que se indique a autoria e a materialidade da transgressão objeto da apuração.	**Na Defesa, se o servidor optar**, até o último dia de prazo, por um dos cargos acumulados ilicitamente, configurará sua boa-fé e a defesa **será** automaticamente **convertida em exoneração** do outro cargo.
Prazo: 30 dias, prorrogado por mais 15 dias quando as circunstâncias o exigirem.	

P.A.D. ORDINÁRIO			
Utilizado para apurar infrações mais graves, dos quais resultem em:			
Suspensão + 30 dias	Demissão	Cassação Apos. / Dispon.	Destituição

OBSERVAÇÕES IMPORTANTES		
Comissão Disciplinar – serão 3 servidores estáveis.	**Não pode** exonerar-se nem aposentar-se voluntariamente no PAD.	Cabe o **afastamento preventivo** do servidor, até 60 dias, prorrogável.
Prazo: 60 dias, prorrogável uma vez.		

FASES		
INSTAURAÇÃO	**INQUÉRITO ADMINISTRATIVO**	**JULGAMENTO**
	Instrução	
	Defesa	
	Relatório	

INSTAURAÇÃO
Resume-se à PUBLICAÇÃO do ato que constituir a Comissão Disciplinar.

INQUÉRITO		
INSTRUÇÃO	**DEFESA**	**RELATÓRIO**
É a **fase + importante** do PAD, também chamada Fase Probatória.	É quando a Instrução foi satisfatória, ficando evidenciada a infração cometida.	É o documento, CONCLUSIVO, que se manifesta quanto à inocência ou à responsabilidade do servidor.

É onde se promovem depoimentos, investigações, juntada de doctos, acareações, diligências etc.	Nesta fase, o servidor é um INDICIADO e será CITADO para apresentar a **defesa, em 10 dias**.	É remetido à **autoridade instauradora** do PAD, para fins de julgamento.
Se houver **sindicância pregressa, não vincula o PAD**, pois trata-se de mera peça informativa.	Se estiver em **local incerto** e não sabido, há publicação no **DOU**[19] **e em jornal**, com **15 dias para a defesa**.	Se incompetente para aplicar a penalidade, ele encaminha à **autoridade competente**.
Nesta fase, o servidor é um INVESTIGADO e será INTIMADO em eventual interrogatório.	Se não comparecer, será designado um **defensor dativo** para defendê-lo.	Encerram-se, no Relatório, as atividades da Comissão Disciplinar.
STF – O PAD não pode ser anulado pela **falta** de um advogado de defesa.	Se citado e o servidor não comparecer, será declarado REVEL, mas **não se aplicando seus efeitos.**[20]	

JULGAMENTO	
Prazo: 20 dias para proferir a decisão. Se julgado fora do prazo, NÃO IMPLICA A NULIDADE DO PAD.	Se houver **mais de um indiciado** ou diversidade de sanções, julga a autoridade da penalidade mais grave.
Se houver **vício insanável** do PAD, a autoridade instauradora ou superior ANULA-O e ordena novo PAD.	Se o Relatório for pela **inocência**, a autoridade instauradora **arquivará,** salvo se contrário aos autos.
A autoridade julgadora **acatará o Relatório**, salvo se contrário à prova dos autos.	**Se não acatar** o relatório, poderá, motivadamente, agravar, abrandar ou isentar de responsabilidade.

REVISÃO DO P.A.D.		
Poderá ser revisto **a qualquer tempo**, a pedido ou de ofício.	Poderá ser **requerido pelo familiar** em caso de falecimento do servidor ou de sua incapacidade mental.	Cabe ao requerente **o ônus da prova.**

REQUISITOS	
Fatos novos, ainda não apreciados no processo originário.	**Circunstâncias** que justifiquem a inocência do punido ou a inadequação da sanção aplicada.

[19] Diário Oficial da União;

[20] Presunção de veracidade dos fatos, confissão de culpa, renúncia a direitos etc.

OBSERVAÇÕES IMPORTANTES	
Realizado por uma **Comissão Revisora**, no **prazo de 60** dias.	O julgamento será realizado pela autoridade que aplicou a penalidade.
Se **deferida, a penalidade será declarada sem efeito** e serão restabelecidos os direitos do servidor.	Da revisão **JAMAIS caberá o agravamento** da penalidade.

EXERCÍCIOS – REGIME DISCIPLINAR

1. **(CESPE - Técnico Administrativo CNJ 2013)** Cabe ao presidente da República aplicar a penalidade de demissão ao servidor público, sendo essa competência não delegável.

2. **(CESPE - Técnico Judiciário TRT-10 2013)** A acumulação lícita de cargos públicos por parte do servidor é condicionada à demonstração de compatibilidade de horários.

3. **(CESPE - Técnico Judiciário TRT-10 2013)** Havendo conveniência para o serviço, a pena de suspensão pode ser convertida em multa correspondente à metade por dia do vencimento ou remuneração, ficando o servidor obrigado a permanecer no desempenho de suas atribuições.

4. **(CESPE - Técnico Judiciário TRT-10 2013)** Uma vez aplicadas ao servidor faltoso, as penalidades de advertência e de suspensão ficarão permanentemente registradas em seu assentamento funcional.

5. **(FCC - Analista Judiciário TRT-1 2013)** Ana, servidora pública ocupante de cargo efetivo e com função comissionada de chefia em órgão da Administração Pública federal recusou-se, injustificadamente, a atualizar seus dados cadastrais na forma regularmente solicitada pelo órgão de pessoal. Diante de tal conduta, sujeita-se à penalidade disciplinar de
   a) advertência, aplicada por escrito.
   b) suspensão, com prazo máximo de 15 (quinze) dias.
   c) destituição da função comissionada.
   d) suspensão da função comissionada, pelo prazo máximo de 15 (quinze) dias.
   e) suspensão ou, no caso de reincidência, demissão.

6. **(FCC - Oficial de Justiça TRT-1 2013)** Quando se determina ao servidor público que ele exerça com zelo e dedicação as atribuições de seu cargo e atenda com presteza o público, está-se diante de

a) obrigação legal implícita, na medida em que são decorrentes da interpretação dos direitos e deveres dos servidores que constam na legislação vigente.
b) deveres morais, que somente podem ser utilizados para punição disciplinar na hipótese de haver positivação da regra na unidade de classificação do servidor.
c) recomendação disciplinar implícita, punível, na reiteração, com demissão.
d) recomendação moral a todos os servidores públicos, não havendo possibilidade de punição disciplinar em decorrência do desatendimento, a não ser pela análise de desempenho.
e) deveres legalmente expressos, de modo que o desatendimento possibilita a adoção de providências por parte da Administração Pública.

7. **(FGV – Técnico Administrativo MPE-MS 2013)** José, dentista em hospital público, realizou concurso público para dentista de outro hospital público, no qual restou aprovado em todas as fases.
Considerando a situação e a existência de compatibilidade de horários, assinale a afirmativa correta.
a) José não pode acumular os dois cargos em hipótese alguma.
b) José não pode acumular, somente poderia se um cargo fosse de dentista e outro de professor.
c) José não pode acumular, somente poderia se ambos fossem cargos de professor.
d) José não pode acumular, somente poderia se ambos fossem cargos de médico.
e) José pode acumular ambos os cargos na hipótese tratada.

8. **(CESPE – Analista MME 2013)** A demissão poderá ocorrer quando o servidor público
a) coagir ou aliciar subordinados no sentido de filiarem-se a associação profissional ou sindical ou a partido político.
b) agir frequentemente de forma ímproba e desidiosa.
c) ausentar-se do serviço durante o expediente, sem prévia autorização do chefe imediato.
d) opuser resistência injustificada ao andamento de documento e processo ou execução de serviço.
e) promover manifestação de apreço ou desapreço no recinto da repartição.

9. **(CESPE – Técnico Administrativo MME 2013)** De acordo com a Lei 8.112/1990, o servidor público que se recuse, reiteradamente, a atualizar seus dados cadastrais, já tendo sido anteriormente advertido por esse fato, deverá ser punido com
a) suspensão.
b) destituição de cargo público.

c) perda de lotação funcional.
d) demissão.
e) cassação de cargo público.

10. (CETRO - Analista ANVISA 2013) Sobre o Regime Disciplinar dos Servidores Públicos Civis da União, disposto na Lei 8.112/1990, assinale a alternativa correta.
a) A absolvição criminal do servidor que negue a existência do fato ou autoria não afasta sua responsabilidade administrativa.
b) O cancelamento da penalidade surtirá efeitos retroativos, a fim de resguardar a imagem do servidor público.
c) A demissão ou a destituição de cargo em comissão, em quaisquer casos, implica a indisponibilidade dos bens e o ressarcimento ao erário, no prazo estipulado em lei.
d) Não poderá retornar ao serviço público federal o servidor que for demitido ou destituído do cargo em comissão nos casos de corrupção, improbidade administrativa, aplicação irregular de dinheiro público, crime contra a administração pública, lesão aos cofres públicos e dilapidação do patrimônio nacional.
e) A abertura de sindicância ou a instauração de processo disciplinar suspende a prescrição, até o trânsito em julgado da decisão final proferida por autoridade competente.

Gabarito

1. E	3. C	5. a	7. e	9. a
2. C	4. E	6. e	8. b	10. d

CAPÍTULO 20
Plano de Seguridade Social

CONCEITO	
Um conjunto de ações e benefícios à disposição do servidor e sua família, com o objetivo de cobrir os riscos sociais existentes, mediante o cumprimento dos devidos requisitos definidos em lei.	
BENEFÍCIOS AO SERVIDOR	**BENEFÍCIOS AOS DEPENDENTES**
1. Aposentadoria	1. Pensão vitalícia e temporária
2. Auxílio-natalidade	2. Auxílio-funeral
3. Salário-família	3. Auxílio-reclusão
4. Licença para tratamento de saúde	4. Assistência à saúde[21]
5. Licença-gestante / adotante / paternidade	
6. Licença por acidente em serviço	
7. Assistência à saúde[21]	

BENEFÍCIOS AO SERVIDOR		
AUXÍLIO NATALIDADE	**SALÁRIO-FAMÍLIA**	**LICENÇA PARA TRATAMENTO DE SAÚDE**
Pago por ocasião de nascimento de filho, mesmo natimorto.	Pago ao ativo ou inativo, por cada dependente econômico.	São as licenças médicas do servidor.
Valor: O menor vencimento que for pago no serviço público, acrescido de 50% por nascituro a mais.	Se for um casal de servidores, será pago somente a um deles.	É dispensada a perícia médica oficial se for inferior a 15 dias
O servidor tem direito mesmo quando a esposa não for servidora.	O afastamento do cargo efetivo, sem remuneração, não acarreta suspensão do pagamento.	As licenças que excederem 120 dias por ano só serão concedidas por Junta Médica Oficial.

[21] Único benefício que cabe ao Servidor Comissionado.

LICENÇA GESTANTE / ADOTANTE / PATERNIDADE	LICENÇA POR ACIDENTE EM SERVIÇO	ASSISTÊNCIA À SAÚDE
Pago à servidora gestante, por 180 dias consecutivos, com remuneração.	É o dano físico ou mental sofrido em serviço ou no percurso do trabalho.	Prestada ao servidor e sua família pelo SUS ou por plano de saúde privado mediante ressarcimento parcial do valor despendido pelo servidor.
Início: 1º dia do 9º mês de gestação, salvo prescrição médica ou prematuro.	Se precisar ser internado, poderá ser tratado na rede privada, à conta pública.	
Eventual **aborto** dará à servidora 30 dias de repouso remunerado.		
O servidor tem direito a 5 dias consecutivos.	A prova do acidente poderá ser feita em 10 dias, prorrogável quando as circunstâncias o exigirem.	As operadoras de planos de saúde privados serão contratadas pelo órgão ou a entidade mediante licitação, na forma daLei 8.666/1993.
Adoção de criança até 1 ano dá licença de 90 dias. Se for maior, licença de 30 dias.		

APOSENTADORIA			
MODALIDADES			
POR INVALIDEZ PERMANENTE	COMPULSÓRIA	VOLUNTÁRIA	
		Por Idade	Por Tempo de Contribuição
Obs.: A EC 41/03 (Reforma da Previdência) DEFASOU algumas regras do Estatuto, **exceto** para Aposentadoria Compulsória.			

APOSENTADORIA POR INVALIDEZ PERMANENTE		
Regra geral: dá-se com PROVENTOS PROPORCIONAIS ao tempo de contribuição		
EXCETO:		
Acidente em serviço	Moléstia profissional	Doença grave, contagiosa ou incurável
Obs.: Nesses três casos, os proventos serão INTEGRAIS.		
GERALMENTE precedida de licença para tratamento da saúde, por até 24 meses.	Expirada a licença, a junta médica oficial decidirá sobre a situação do servidor, podendo reassumir, readaptar ou aposentar	Pode ser convocado a qualquer momento pela Junta Médica Oficial.

APOSENTADORIA COMPULSÓRIA	
Regra geral: Dá-se com PROVENTOS PROPORCIONAIS ao tempo de contribuição.	
Aos 70 anos de idade	Não se aplica aos Comissionados, que recebem pelo teto do RGPS (R$ 4.159,00).

APOSENTADORIA VOLUNTÁRIA	
Por idade	Por tempo de contribuição

APOSENTADORIA VOLUNTÁRIA POR IDADE	
Regra geral: Dá-se com PROVENTOS PROPORCIONAIS ao tempo de contribuição.	
Do Servidor, exige-se:	Da servidora, exige-se:
10 anos de efetivo exercício no serviço público	
5 anos no último cargo efetivo	
65 anos de idade	**60** anos de idade

APOSENTADORIA VOLUNTÁRIA POR TEMPO DE CONTRIBUIÇÃO	
Regra geral: Dá-se com PROVENTOS PROPORCIONAIS ao tempo de contribuição COM VALOR SUPERIOR à proporcionalidade da aposentadoria por idade.	
Do Servidor, exige-se:	Da servidora, exige-se:
10 anos de efetivo exercício no serviço público	
5 anos no último cargo efetivo	
60 anos de idade	**55** anos de idade
35 anos de contribuição	**30** anos de contribuição
Obs: OS PROVENTOS PROPORCIONAIS são calculados tendo por base **a média** salarial correspondente ao valor integral **das 80 maiores contribuições do servidor**. Assim, alguns dizem que essa aposentadoria É INTEGRAL, pois é calculada em cima de média da remuneração integral do servidor.	

REGRAS DE TRANSIÇÃO PARA A APOSENTADORIA INTEGRAL E PARIDADE NOS REAJUSTES AOS EMPOSSADOS ATÉ A EMENDA CONSTITUCIONAL Nº 41/2003 (31/12)	
Do Servidor, exige-se:	Da servidora, exige-se:
20 anos de efetivo exercício no serviço público	
10 anos de carreira	
5 anos de efetivo exercício no último cargo, no qual se dará a aposentadoria	
60 anos de idade	**55** anos de idade
35 anos de contribuição	**30** anos de contribuição

MAIS TRÊS DESTAQUES		
As aposentadorias proporcionais **não** podem resultar em proventos **inferiores a 1/3** da remuneração. O TCU não aceita essas regras.	O aposentado tem **direito à gratificação natalina.**	O servidor **ex-combatente** da 2ª Guerra tem direito à **aposentadoria INTEGRAL** se contar 25 anos de efetivo exercício.

AUXÍLIO-FUNERAL	AUXÍLIO-RECLUSÃO	ASSISTÊNCIA À SAÚDE
BENEFÍCIOS AOS DEPENDENTES		
Pago à família do servidor falecido, ativo ou inativo, no prazo de 48 h.	Pago à família do servidor ATIVO que for preso.	Prestada ao servidor e sua família pelo SUS ou por plano de saúde privado, mediante ressarcimento parcial do valor despendido pelo servidor.
Valor: 1 mês de remuneração ou provento, mesmo se tiver 2 fontes.	**Valor 1** : ⅔ da remuneração se preso em flagrante ou preventivamente.	
Se falecido em serviço fora do local de trabalho ou no exterior, as despesas correm por conta da União.	**Valor 2**: ½ da remuneração se preso por condenação definitiva.	As operadoras de planos de saúde privados serão contratadas pelo órgão ou entidade mediante licitação, na forma da lei 8.666/93.
	O pagamento cessa no dia seguinte à liberdade, mesmo se for condicional.	
	Se absolvido do flagrante/ preventiva terá sua remuneração integralizada.	

PENSÃO	
MODALIDADES	
PENSÃO VITALÍCIA	PENSÃO TEMPORÁRIA
Obs.: A EC 41/03 (Reforma da Previdência) ALTEROU o cálculo das pensões previstos no Estatuto, valendo hoje o disposto na CF/1988, art. 40, §7º.	

VALOR DA PENSÃO
Equivale à integralidade da remuneração / provento até o teto do RGPS + 70% do que exceder esse valor.
EXEMPLO

Remuneração / provento –	5.000
Teto do RGPS –	4.000
Excedente –	1.000
70% do valor excedente –	700
VALOR DA PENSÃO –	4.700

PENSÃO VITALÍCIA
É uma cota ou cotas **permanentes**, que só se extinguem ou se revertem por **MORTE DO BENEFICIÁRIO.**

<table>
<tr><th colspan="6">BENEFICIÁRIOS</th></tr>
<tr><td colspan="2">1. Cônjuge</td><td colspan="2">2. Companheiro que comprove a união estável</td><td colspan="2">3. Desquitado, separado judicialmente ou divorciado que já receba Pensão Alimentícia</td></tr>
<tr><td colspan="3">4. Mãe ou pai que comprove DEPENDÊNCIA econômica – desde que não tenham cônjuges</td><td colspan="3">5. Maior de 60 anos ou deficiente que comprovem a DEPENDÊNCIA econômica – desde que não tenham cônjuges</td></tr>
<tr><td colspan="6">Obs.: A pensão concedida a cônjuge / companheiro <u>exclui</u> desse direito os beneficiários 4 e 5.</td></tr>
</table>

<table>
<tr><th colspan="3">PENSÃO TEMPORÁRIA</th></tr>
<tr><td colspan="3">É uma cota ou cotas temporárias aos beneficiários, que só se extinguem ou se revertem por:</td></tr>
<tr><td>CESSAÇÃO DA INVALIDEZ</td><td>MAIORIDADE</td><td>MORTE</td></tr>
</table>

BENEFICIÁRIOS			
1. Filhos / enteados até 21 anos, inválidos	2. Menor sob guarda / tutela até 21 anos	3. Irmão órfão até 21 anos ou inválido dependente – desde que não haja qualquer beneficiário 1 e 2	4. Qualquer pessoa até 21 anos, dependente, ou inválido – desde que não haja qualquer beneficiário 1 e 2.

MAIS TRÊS DESTAQUES		
Há regras de DISTRIBUIÇÃO e REVERSÃO das cotas das pensões (arts. 218 e 223).	Podem requerer pensão a qualquer tempo, **prescritas** as exigíveis **há mais de 5 anos.**	**PENSÃO PROVISÓRIA** – é a que se dá por **morte presumida**: após 5 anos, é transformada em pensão vitalícia ou temporária.

EXERCÍCIOS – PLANO DE SEGURIDADE SOCIAL

1. **(CESPE – Técnico Judiciário TRT-10 2013)** Os servidores ocupantes de cargo em comissão, declarado em lei de livre nomeação e exoneração, desde que não ocupem também cargo efetivo, submetem-se ao regime geral de previdência social.

2. **(CESPE – Analista Judiciário TJ-AL 2012 – Adaptado)** O pagamento de auxílio-reclusão à família do servidor público ativo cessará a partir do dia imediato

àquele em que o servidor for posto em liberdade, salvo em caso de liberdade condicional.

3. **(FCC – Agente Fiscal de Rendas SEFAZ-SP 2013 – Adaptado)** A aposentadoria compulsória do servidor ocupante de cargo efetivo dá-se aos setenta anos de idade, com proventos proporcionais ao tempo de contribuição.

4. **(CESPE – Técnico Judiciário TJ-AL 2012)** No que diz respeito à aposentadoria, assinale a opção correta, de acordo com o regime jurídico único dos servidores públicos federais.

a) O servidor será aposentado, compulsoriamente, aos setenta anos de idade com proventos integrais.
b) O servidor aposentado por invalidez permanente, ainda que decorrente de acidente em serviço, receberá proventos proporcionais ao tempo de serviço.
c) A aposentadoria por invalidez será precedida de licença para tratamento de saúde, por período não excedente a doze meses.
d) O desempenho de mandato eletivo federal, estadual ou municipal não será contado para fins de aposentadoria do servidor.
e) O servidor poderá aposentar-se voluntariamente aos sessenta e cinco anos de idade, se homem, e aos sessenta, se mulher, com proventos proporcionais ao tempo de serviço.

5. **(ESAF – Analista de Finanças e Controle CGU 2012)** São beneficiários de pensão vitalícia do servidor público, exceto:

a) o cônjuge.
b) a mãe e o pai que comprovem dependência econômica.
c) os filhos.
d) o companheiro ou companheira designado que comprove união estável como entidade familiar.
e) a pessoa designada, maior de 60 (sessenta) anos e a pessoa portadora de deficiência, que vivam sob a dependência econômica do servidor.

6. **(ESAF – Analista de Finanças e Controle CGU 2012)** Quanto à contagem do tempo de serviço federal, é correto afirmar que

a) a apuração do tempo de serviço é feita em meses, que serão convertidos em anos.
b) são considerados como de efetivo exercício para todos os efeitos os afastamentos, entre outros, em virtude de férias; de participação em programa de treinamento regularmente instituído; e de licença para tratamento de saúde de pessoal da família do servidor.

c) o tempo de serviço prestado concomitantemente em mais de um cargo ou função de órgão ou entidades dos Poderes da União, Estado, Distrito Federal e Município, autarquia, fundação pública, sociedade de economia mista e empresa pública será contado cumulativamente.
d) o tempo de serviço prestado às Forças Armadas é contado para todos os efeitos, inclusive, em dobro, o tempo em operações de guerra.
e) o tempo em que o servidor esteve aposentado será contado para todos os efeitos.

7. **(ESAF - Analista de Finanças e Controle CGU 2012)** Conta-se apenas para efeito de aposentadoria e disponibilidade, exceto:
a) o tempo de serviço público prestado aos estados, aos municípios e ao Distrito Federal.
b) o tempo correspondente ao desempenho de mandato eletivo federal, estadual, municipal ou distrital, anterior ao ingresso no serviço público federal.
c) o tempo de serviço em atividade privada, vinculada à Previdência Social.
d) o tempo de serviço relativo a tiro de guerra.
e) o tempo de missão ou estudo no exterior, quando autorizado o afastamento, conforme dispuser o regulamento.

8. **(ESAF - Analista de Finanças e Controle CGU 2012)** No tocante ao Plano de Seguridade Social do servidor público federal e de sua família, é incorreto afirmar que
a) ao servidor ocupante de cargo em comissão, ainda que não seja, simultaneamente, ocupante de cargo ou emprego efetivo na Administração Pública direta, autárquica e fundacional, são assegurados todos os benefícios do Plano de Seguridade Social.
b) o Plano de Seguridade Social visa a dar cobertura aos riscos a que estão sujeitos o servidor e sua família e compreende um conjunto de benefícios e ações.
c) ao servidor público são garantidos, entre outros, os benefícios da aposentadoria, do auxílio-natalidade, do salário-família e da licença por acidente em serviço.
d) ao dependente do servidor público são garantidos os benefícios de pensão vitalícia e temporária, auxílio-funeral, auxílio-reclusão e assistência à saúde.
e) ao servidor licenciado ou afastado sem remuneração é garantida a manutenção da vinculação ao regime do Plano de Seguridade Social do Servidor Público, mediante o recolhimento mensal da respectiva contribuição, no mesmo percentual devido pelos servidores em atividade, incidente sobre a remuneração total do cargo a que faz jus no exercício de suas atribuições.

9. **(ESAF – Analista de Finanças e Controle CGU 2012)** Quanto à aposentadoria do servidor público, pode-se afirmar corretamente que
   a) a aposentadoria por invalidez permanente dar-se-á com proventos integrais.
   b) aos oitenta anos de idade, o servidor será aposentado compulsoriamente com proventos proporcionais.
   c) ao servidor aposentado não é devida a gratificação natalina.
   d) a aposentadoria voluntária ou por invalidez vigorará a partir da data do pedido feito pelo servidor.
   e) a aposentadoria compulsória é automática e tem vigência a partir do dia imediato àquele em que o servidor atingir a idade-limite de permanência no serviço ativo.

10. **(FCC – Juiz Substituto TJ-PE 2013)** Os servidores titulares de cargos efetivos dos estados, que hoje ingressam no serviço, sujeitam-se a regras constitucionais que disciplinam sua aposentadoria. Considere, a respeito, os itens a seguir sobre hipóteses de aposentadoria e respectivo critério de cálculo de proventos:
    I. por invalidez permanente, com proventos integrais.
    II. compulsoriamente, aos setenta anos de idade, com proventos proporcionais ao tempo de serviço.
    III. voluntariamente, desde que cumprido tempo mínimo de dez anos de efetivo exercício no serviço público e cinco anos no cargo efetivo em que se dará a aposentadoria, observadas as seguintes condições: a) sessenta anos de idade e trinta e cinco de contribuição, se homem, e cinquenta e cinco anos de idade e trinta de contribuição, se mulher; b) sessenta e cinco anos de idade, se homem, e sessenta anos de idade, se mulher, com proventos proporcionais ao tempo de contribuição.

    Está harmônico com as regras gerais constantes da Constituição o que consta APENAS em
    a) III.
    b) I.
    c) II.
    d) II e III.
    e) I e II.

Gabarito

1. C	3. C	5. c	7. e	9. e
2. E	4. e	6. d	8. a	10. a

Lei nº 8.112, de 11 de Dezembro de 1990[22]

Publicação Consolidada da Lei nº 8.112, de 11 de dezembro de 1990, determinada pelo art. 13 da Lei nº 9.527, de 10 de dezembro de 1997.

TÍTULO I
CAPÍTULO ÚNICO
Das Disposições Preliminares

Art. 1º Esta Lei institui o Regime Jurídico dos Servidores Públicos Civis da União, das autarquias, inclusive as em regime especial, e das fundações públicas federais.

Art. 2º Para os efeitos desta Lei, servidor é a pessoa legalmente investida em cargo público.

Art. 3º Cargo público é o conjunto de atribuições e responsabilidades previstas na estrutura organizacional que devem ser cometidas a um servidor.

Parágrafo único. Os cargos públicos, acessíveis a todos os brasileiros, são criados por lei, com denominação própria e vencimento pago pelos cofres públicos, para provimento em caráter efetivo ou em comissão.

Art. 4º É proibida a prestação de serviços gratuitos, salvo os casos previstos em lei.

TÍTULO II
DO PROVIMENTO, VACÂNCIA, REMOÇÃO, REDISTRIBUIÇÃO E SUBSTITUIÇÃO

CAPÍTULO I
Do Provimento

Seção I
Disposições Gerais

Art. 5º São requisitos básicos para investidura em cargo público:

I – a nacionalidade brasileira;

---

[22] BRASIL. **Lei nº 8.112, de 11 de dezembro de 1990.** Dispõe sobre o regime jurídico dos servidores públicos civis da União, das autarquias e das fundações públicas federais. Brasília: Congresso Nacional, 1990. Disponível em: <http://www.planalto.gov.br/ccivil_03/leis/L8112compilado.htm>.

II – o gozo dos direitos políticos;

III – a quitação com as obrigações militares e eleitorais;

IV – o nível de escolaridade exigido para o exercício do cargo;

V – a idade mínima de 18 (dezoito) anos;

VI – aptidão física e mental.

§ 1º As atribuições do cargo podem justificar a exigência de outros requisitos estabelecidos em lei.

§ 2º Às pessoas portadoras de deficiência é assegurado o direito de se inscrever em concurso público para provimento de cargo cujas atribuições sejam compatíveis com a deficiência de que são portadoras; para tais pessoas serão reservadas até 20% (vinte por cento) das vagas oferecidas no concurso.

§ 3º As universidades e instituições de pesquisa científica e tecnológica federais poderão prover seus cargos com professores, técnicos e cientistas estrangeiros, de acordo com as normas e os procedimentos desta Lei. *(Incluído pela Lei nº 9.515, de 20/11/1997)*

Art. 6º O provimento dos cargos públicos far-se-á mediante ato da autoridade competente de cada Poder.

Art. 7º A investidura em cargo público ocorrerá com a posse.

Art. 8º São formas de provimento de cargo público:

I – nomeação;

II – promoção;

III – *(Revogado pela Lei nº 9.527, de 10/12/1997)*

IV – *(Revogado pela Lei nº 9.527, de 10/12/1997)*

V – readaptação;

VI – reversão;

VII – aproveitamento;

VIII – reintegração;

IX – recondução.

Seção II
Da Nomeação

Art. 9º A nomeação far-se-á:

I – em caráter efetivo, quando se tratar de cargo isolado de provimento efetivo ou de carreira;

II – em comissão, inclusive na condição de interino, para cargos de confiança vagos. *(Redação dada pela Lei nº 9.527, de 10/12/1997)*

Parágrafo único. O servidor ocupante de cargo em comissão ou de natureza especial poderá ser nomeado para ter exercício, interinamente, em outro cargo de confiança, sem prejuízo das atribuições do que atualmente ocupa, hipótese em que deverá optar pela remuneração de um deles durante o período da interinidade. *(Redação dada pela Lei nº 9.527, de 10/12/1997)*

Art. 10. A nomeação para cargo de carreira ou cargo isolado de provimento efetivo depende de prévia habilitação em concurso público de provas ou de provas e títulos, obedecidos a ordem de classificação e o prazo de sua validade.

Parágrafo único. Os demais requisitos para o ingresso e o desenvolvimento do servidor na carreira, mediante promoção, serão estabelecidos pela lei que fixar as diretrizes do sistema de carreira na Administração Pública Federal e seus regulamentos. *(Redação dada pela Lei nº 9.527, de 10/12/1997)*

Seção III
Do Concurso Público

Art. 11. O concurso será de provas ou de provas e títulos, podendo ser realizado em duas etapas, conforme dispuserem a lei e o regulamento do respectivo plano de carreira, condicionada a inscrição do candidato ao pagamento do valor fixado no edital, quando indispensável ao seu custeio, e ressalvadas as hipóteses de isenção nele expressamente previstas. *(Redação dada pela Lei nº 9.527, de 10/12/1997)*

Art. 12. O concurso público terá validade de até 2 (dois) anos, podendo ser prorrogado uma única vez, por igual período.

§ 1º O prazo de validade do concurso e as condições de sua realização serão fixados em edital, que será publicado no Diário Oficial da União e em jornal diário de grande circulação.

§ 2º Não se abrirá novo concurso enquanto houver candidato aprovado em concurso anterior com prazo de validade não expirado.

Seção IV
Da Posse e do Exercício

Art. 13. A posse dar-se-á pela assinatura do respectivo termo, no qual deverão constar as atribuições, os deveres, as responsabilidades e os direitos inerentes ao cargo ocupado, que não poderão ser alterados unilateralmente, por qualquer das partes, ressalvados os atos de ofício previstos em lei.

§ 1º A posse ocorrerá no prazo de trinta dias contados da publicação do ato de provimento. *(Redação dada pela Lei nº 9.527, de 10/12/1997)*

§ 2º Em se tratando de servidor, que esteja na data de publicação do ato de provimento, em licença prevista nos incisos I, III e V do art. 81, ou afastado nas hipóteses dos incisos I, IV, VI, VIII, alíneas *a, b, d, e* e *f*, IX e X do art. 102, o prazo será contado do término do impedimento. *(Redação dada pela Lei nº 9.527, de 10.12.97)*

§ 3º A posse poderá dar-se mediante procuração específica.

§ 4º Só haverá posse nos casos de provimento de cargo por nomeação. *(Redação dada pela Lei nº 9.527, de 10/12/1997)*

§ 5º No ato da posse, o servidor apresentará declaração de bens e valores que constituem seu patrimônio e declaração quanto ao exercício ou não de outro cargo, emprego ou função pública.

§ 6º Será tornado sem efeito o ato de provimento se a posse não ocorrer no prazo previsto no § 1º deste artigo.

Art. 14. A posse em cargo público dependerá de prévia inspeção médica oficial.

Parágrafo único. Só poderá ser empossado aquele que for julgado apto física e mentalmente para o exercício do cargo.

Art. 15. Exercício é o efetivo desempenho das atribuições do cargo público ou da função de confiança. *(Redação dada pela Lei nº 9.527, de 10/12/1997)*

§ 1º É de quinze dias o prazo para o servidor empossado em cargo público entrar em exercício, contados da data da posse. *(Redação dada pela Lei nº 9.527, de 10/12/1997)*

§ 2º O servidor será exonerado do cargo ou será tornado sem efeito o ato de sua designação para função de confiança, se não entrar em exercício nos prazos previstos neste artigo, observado o disposto no art. 18. *(Redação dada pela Lei nº 9.527, de 10/12/1997)*

§ 3º À autoridade competente do órgão ou entidade para onde for nomeado ou designado o servidor compete dar lhe exercício. *(Redação dada pela Lei nº 9.527, de 10/12/1997)*

§ 4º O início do exercício de função de confiança coincidirá com a data de publicação do ato de designação, salvo quando o servidor estiver em licença ou afastado por qualquer outro motivo legal, hipótese em que recairá no primeiro dia útil após o término do impedimento, que não poderá exceder a trinta dias da publicação. *(Incluído pela Lei nº 9.527, de 10/12/1997)*

Art. 16. O início, a suspensão, a interrupção e o reinício do exercício serão registrados no assentamento individual do servidor.

Parágrafo único. Ao entrar em exercício, o servidor apresentará ao órgão competente os elementos necessários ao seu assentamento individual.

Art. 17. A promoção não interrompe o tempo de exercício, que é contado no novo posicionamento na carreira a partir da data de publicação do ato que promover o servidor. *(Redação dada pela Lei nº 9.527, de 10/12/1997)*

Art. 18. O servidor que deva ter exercício em outro município em razão de ter sido removido, redistribuído, requisitado, cedido ou posto em exercício provisório terá, no mínimo, dez e, no máximo, 30 (trinta) dias de prazo, contados da publicação do ato, para a retomada do efetivo desempenho das atribuições do cargo, incluído nesse prazo o tempo necessário para o deslocamento para a nova sede. *(Redação dada pela Lei nº 9.527, de 10/12/1997)*

§ 1º Na hipótese de o servidor encontrar-se em licença ou afastado legalmente, o prazo a que se refere este artigo será contado a partir do término do impedimento. *(Parágrafo renumerado e alterado pela Lei nº 9.527, de 10/12/1997)*

§ 2º É facultado ao servidor declinar dos prazos estabelecidos no *caput*. *(Incluído pela Lei nº 9.527, de 10/12/1997)*

Art. 19. Os servidores cumprirão jornada de trabalho fixada em razão das atribuições pertinentes aos respectivos cargos, respeitada a duração máxima do trabalho semanal de quarenta horas e observados os limites mínimo e máximo de seis horas e oito horas diárias, respectivamente. *(Redação dada pela Lei nº 8.270, de 17/12/1991)*

§ 1º O ocupante de cargo em comissão ou função de confiança submete-se a regime de integral dedicação ao serviço, observado o disposto no art. 120, podendo ser convocado sempre que houver interesse da Administração. *(Redação dada pela Lei nº 9.527, de 10/12 /1997)*

§ 2º O disposto neste artigo não se aplica à duração de trabalho estabelecida em leis especiais. *(Incluído pela Lei nº 8.270, de 17/12/1991)*

Art. 20. Ao entrar em exercício, o servidor nomeado para cargo de provimento efetivo ficará sujeito a estágio probatório por período de 24 (vinte e quatro) meses, durante o qual a sua aptidão e capacidade serão objeto de avaliação para o desempenho do cargo, observados os seguinte fatores: *(vide EMC nº 19)*

I - assiduidade;

II - disciplina;

III - capacidade de iniciativa;

IV - produtividade;

V - responsabilidade.

§ 1º 4 (quatro) meses antes de findo o período do estágio probatório, será submetida à homologação da autoridade competente a avaliação do desempenho do servidor, realizada por comissão constituída para essa finalidade, de acordo com o que dispuser a lei ou o regulamento da respectiva carreira ou cargo, sem prejuízo da continuidade de apuração dos fatores enumerados nos incisos I a V do *caput* deste artigo. *(Redação dada pela Lei nº 11.784, de 2008)*

§ 2º O servidor não aprovado no estágio probatório será exonerado ou, se estável, reconduzido ao cargo anteriormente ocupado, observado o disposto no parágrafo único do art. 29.

§ 3º O servidor em estágio probatório poderá exercer quaisquer cargos de provimento em comissão ou funções de direção, chefia ou assessoramento no órgão ou entidade de lotação, e somente poderá ser cedido a outro órgão ou entidade para ocupar cargos de Natureza Especial, cargos de provimento em comissão do

Grupo-Direção e Assessoramento Superiores – DAS, de níveis 6, 5 e 4, ou equivalentes. *(Incluído pela Lei nº 9.527, de 10/1/1997)*

§ 4º Ao servidor em estágio probatório somente poderão ser concedidas as licenças e os afastamentos previstos nos arts. 81, incisos I a IV, 94, 95 e 96, bem assim afastamento para participar de curso de formação decorrente de aprovação em concurso para outro cargo na Administração Pública Federal. *(Incluído pela Lei nº 9.527, de 10/12/1997)*

§ 5º O estágio probatório ficará suspenso durante as licenças e os afastamentos previstos nos arts. 83, 84, § 1º, 86 e 96, bem assim na hipótese de participação em curso de formação, e será retomado a partir do término do impedimento. *(Incluído pela Lei nº 9.527, de 10/12/1997)*

Seção V
Da Estabilidade

Art. 21. O servidor habilitado em concurso público e empossado em cargo de provimento efetivo adquirirá estabilidade no serviço público ao completar 2 (dois) anos de efetivo exercício. (prazo 3 (três) anos – vide EMC nº 19)

Art. 22. O servidor estável só perderá o cargo em virtude de sentença judicial transitada em julgado ou de processo administrativo disciplinar no qual lhe seja assegurada ampla defesa.

Seção VI
Da Transferência

Art. 23. *(Revogado pela Lei nº 9.527, de 10/12/1997)*

Seção VII
Da Readaptação

Art. 24. Readaptação é a investidura do servidor em cargo de atribuições e responsabilidades compatíveis com a limitação que tenha sofrido em sua capacidade física ou mental verificada em inspeção médica.

§ 1º Se julgado incapaz para o serviço público, o readaptando será aposentado.

§ 2º A readaptação será efetivada em cargo de atribuições afins, respeitada a habilitação exigida, nível de escolaridade e equivalência de vencimentos e, na hipótese de inexistência de cargo vago, o servidor exercerá suas atribuições como excedente, até a ocorrência de vaga. *(Redação dada pela Lei nº 9.527, de 10/12/1997)*

Seção VIII
Da Reversão
(Regulamento Dec. nº 3.644, de 30.11.2000)

Art. 25. Reversão é o retorno à atividade de servidor aposentado: *(Redação dada pela Medida Provisória nº 2.225-45, de 4/9/2001)*

I – por invalidez, quando junta médica oficial declarar insubsistentes os motivos da aposentadoria; *(Incluído pela Medida Provisória nº 2.225-45, de 4/9/2001)*

II – no interesse da administração, desde que: *(Incluído pela Medida Provisória nº 2.225-45, de 4/9/2001)*

a) tenha solicitado a reversão; *(Incluído pela Medida Provisória nº 2.225-45, de 4/9/2001)*

b) a aposentadoria tenha sido voluntária; *(Incluído pela Medida Provisória nº 2.225-45, de 4/9/2001)*

c) estável quando na atividade; *(Incluído pela Medida Provisória nº 2.225-45, de 4/9/2001)*

d) a aposentadoria tenha ocorrido nos cinco anos anteriores à solicitação; *(Incluído pela Medida Provisória nº 2.225-45, de 4/9/2001)*

e) haja cargo vago. *(Incluído pela Medida Provisória nº 2.225-45, de 4/9/2001)*

§ 1º A reversão far-se-á no mesmo cargo ou no cargo resultante de sua transformação. *(Incluído pela Medida Provisória nº 2.225-45, de 4/9/2001)*

§ 2º O tempo em que o servidor estiver em exercício será considerado para concessão da aposentadoria. *(Incluído pela Medida Provisória nº 2.225-45, de 4/9/2001)*

§ 3º No caso do inciso I, encontrando-se provido o cargo, o servidor exercerá suas atribuições como excedente, até a ocorrência de vaga. *(Incluído pela Medida Provisória nº 2.225-45, de 4/9/2001)*

§ 4º O servidor que retornar à atividade por interesse da administração perceberá, em substituição aos proventos da aposentadoria, a remuneração do cargo que voltar a exercer, inclusive com as vantagens de natureza pessoal que percebia anteriormente à aposentadoria. *(Incluído pela Medida Provisória nº 2.225-45, de 4/9/2001)*

§ 5º O servidor de que trata o inciso II somente terá os proventos calculados com base nas regras atuais se permanecer pelo menos cinco anos no cargo. *(Incluído pela Medida Provisória nº 2.225-45, de 4/9/2001)*

§ 6º O Poder Executivo regulamentará o disposto neste artigo. *(Incluído pela Medida Provisória nº 2.225-45, de 4/9/2001)*

Art. 26. *(Revogado pela Medida Provisória nº 2.225-45, de 4/9/2001)*

Art. 27. Não poderá reverter o aposentado que já tiver completado 70 (setenta) anos de idade.

Seção IX
Da Reintegração

Art. 28. A reintegração é a reinvestidura do servidor estável no cargo anteriormente ocupado, ou no cargo resultante de sua transformação, quando invalidada a sua demissão por decisão administrativa ou judicial, com ressarcimento de todas as vantagens.

§ 1º Na hipótese de o cargo ter sido extinto, o servidor ficará em disponibilidade, observado o disposto nos arts. 30 e 31.

§ 2º Encontrando-se provido o cargo, o seu eventual ocupante será reconduzido ao cargo de origem, sem direito à indenização ou aproveitado em outro cargo, ou, ainda, posto em disponibilidade.

Seção X
Da Recondução

Art. 29. Recondução é o retorno do servidor estável ao cargo anteriormente ocupado e decorrerá de:

I – inabilitação em estágio probatório relativo a outro cargo;

II – reintegração do anterior ocupante.

Parágrafo único. Encontrando-se provido o cargo de origem, o servidor será aproveitado em outro, observado o disposto no art. 30.

Seção XI
Da Disponibilidade e do Aproveitamento

Art. 30. O retorno à atividade de servidor em disponibilidade far-se-á mediante aproveitamento obrigatório em cargo de atribuições e vencimentos compatíveis com o anteriormente ocupado.

Art. 31. O órgão Central do Sistema de Pessoal Civil determinará o imediato aproveitamento de servidor em disponibilidade em vaga que vier a ocorrer nos órgãos ou entidades da Administração Pública Federal.

Parágrafo único. Na hipótese prevista no § 3º do art. 37, o servidor posto em disponibilidade poderá ser mantido sob responsabilidade do órgão central do Sistema de Pessoal Civil da Administração Federal – SIPEC, até o seu adequado aproveitamento em outro órgão ou entidade. *(Parágrafo incluído pela Lei nº 9.527, de 10/12/1997)*

Art. 32. Será tornado sem efeito o aproveitamento e cassada a disponibilidade se o servidor não entrar em exercício no prazo legal, salvo doença comprovada por junta médica oficial.

CAPÍTULO II
Da Vacância

Art. 33. A vacância do cargo público decorrerá de:

I - exoneração;

II - demissão;

III - promoção;

IV - *(Revogado pela Lei nº 9.527, de 10/12/1997)*

V - *(Revogado pela Lei nº 9.527, de 10/12/1997)*

VI - readaptação;

VII - aposentadoria;

VIII - posse em outro cargo inacumulável;

IX - falecimento.

Art. 34. A exoneração de cargo efetivo dar-se-á a pedido do servidor, ou de ofício.

Parágrafo único. A exoneração de ofício dar-se-á:

I - quando não satisfeitas as condições do estágio probatório;

II - quando, tendo tomado posse, o servidor não entrar em exercício no prazo estabelecido.

Art. 35. A exoneração de cargo em comissão e a dispensa de função de confiança dar-se-á: *(Redação dada pela Lei nº 9.527, de 10/12/1997)*

I - a juízo da autoridade competente;

II - a pedido do próprio servidor.

Parágrafo único. *(Revogado pela Lei nº 9.527, de 10/12/1997)*

CAPÍTULO III
Da Remoção e da Redistribuição

Seção I
Da Remoção

Art. 36. Remoção é o deslocamento do servidor, a pedido ou de ofício, no âmbito do mesmo quadro, com ou sem mudança de sede.

Parágrafo único. Para fins do disposto neste artigo, entende-se por modalidades de remoção: *(Redação dada pela Lei nº 9.527, de 10/12/1997)*

I - de ofício, no interesse da Administração; *(Incluído pela Lei nº 9.527, de 10/12/1997)*

II - a pedido, a critério da Administração; *(Incluído pela Lei nº 9.527, de 10/12/1997)*

III - a pedido, para outra localidade, independentemente do interesse da Administração: *(Incluído pela Lei nº 9.527, de 10/12/1997) a)* para acompanhar cônjuge ou companheiro, também servidor público civil ou militar, de qualquer dos Poderes da União, dos Estados, do Distrito Federal e dos Municípios, que foi deslocado no interesse da Administração; *(Incluído pela Lei nº 9.527, de 10/12/1997)*

b) por motivo de saúde do servidor, cônjuge, companheiro ou dependente que viva às suas expensas e conste do seu assentamento funcional, condicionada à comprovação por junta médica oficial; *(Incluído pela Lei nº 9.527, de 10/12/1997)*

c) em virtude de processo seletivo promovido, na hipótese em que o número de interessados for superior ao número de vagas, de acordo com normas preestabelecidas pelo órgão ou entidade em que aqueles estejam lotados. *(Incluído pela Lei nº 9.527, de 10/12/1997)*

Seção II
Da Redistribuição

Art. 37. Redistribuição é o deslocamento de cargo de provimento efetivo, ocupado ou vago no âmbito do quadro geral de pessoal, para outro órgão ou entidade do mesmo Poder, com prévia apreciação do órgão central do SIPEC, observados os seguintes preceitos: *(Redação dada pela Lei nº 9.527, de 10/12/1997)*

I – interesse da administração; *(Incluído pela Lei nº 9.527, de 10/12 /1997)*

II – equivalência de vencimentos; *(Incluído pela Lei nº 9.527, de 10/12/1997)*

III – manutenção da essência das atribuições do cargo; *(Incluído pela Lei nº 9.527, de 10/12/1997)*

IV – vinculação entre os graus de responsabilidade e complexidade das atividades; *(Incluído pela Lei nº 9.527, de 10/12/1997)*

V – mesmo nível de escolaridade, especialidade ou habilitação profissional; *(Incluído pela Lei nº 9.527, de 10/12/1997)*

VI – compatibilidade entre as atribuições do cargo e as finalidades institucionais do órgão ou entidade. *(Incluído pela Lei nº 9.527, de 10/12/1997)*

§ 1º A redistribuição ocorrerá *ex officio* para ajustamento de lotação e da força de trabalho às necessidades dos serviços, inclusive nos casos de reorganização, extinção ou criação de órgão ou entidade. *(Incluído pela Lei nº 9.527, de 1/12/1997)*

§ 2º A redistribuição de cargos efetivos vagos se dará mediante ato conjunto entre o órgão central do SIPEC e os órgãos e entidades da Administração Pública Federal envolvidos. *(Incluído pela Lei nº 9.527, de 10/12/1997)*

§ 3º Nos casos de reorganização ou extinção de órgão ou entidade, extinto o cargo ou declarada sua desnecessidade no órgão ou entidade, o servidor estável que não for redistribuído será colocado em disponibilidade, até seu aproveitamento na forma dos arts. 30 e 31. *(Parágrafo renumerado e alterado pela Lei nº 9.527, de 10/12/1997)*

§ 4º O servidor que não for redistribuído ou colocado em disponibilidade poderá ser mantido sob responsabilidade do órgão central do SIPEC, e ter exercício provisório, em outro órgão ou entidade, até seu adequado aproveitamento. *(Incluído pela Lei nº 9.527, de 10/12/1997)*

CAPÍTULO IV
Da Substituição

Art. 38. Os servidores investidos em cargo ou função de direção ou chefia e os ocupantes de cargo de Natureza Especial terão substitutos indicados no regimento interno ou, no caso de omissão, previamente designados pelo dirigente máximo do órgão ou entidade. *(Redação dada pela Lei nº 9.527, de 10/12/1997)*

§ 1º O substituto assumirá automática e cumulativamente, sem prejuízo do cargo que ocupa, o exercício do cargo ou função de direção ou chefia e os de Natureza Especial, nos afastamentos, impedimentos legais ou regulamentares do titular e na vacância do cargo, hipóteses em que deverá optar pela remuneração de um deles durante o respectivo período. *(Redação dada pela Lei nº 9.527, de 10/12/1997)*

§ 2º O substituto fará jus à retribuição pelo exercício do cargo ou função de direção ou chefia ou de cargo de Natureza Especial, nos casos dos afastamentos ou impedimentos legais do titular, superiores a trinta dias consecutivos, paga na proporção dos dias de efetiva substituição, que excederem o referido período. *(Redação dada pela Lei nº 9.527, de 10/12/1997)*

Art. 39. O disposto no artigo anterior aplica-se aos titulares de unidades administrativas organizadas em nível de assessoria.

TÍTULO III
DOS DIREITOS E VANTAGENS

CAPÍTULO I
Do Vencimento e da Remuneração

Art. 40. Vencimento é a retribuição pecuniária pelo exercício de cargo público, com valor fixado em lei.

Parágrafo único. *(Revogado pela Lei nº 11.784, de 2008)*

Art. 41. Remuneração é o vencimento do cargo efetivo, acrescido das vantagens pecuniárias permanentes estabelecidas em lei.

§ 1º A remuneração do servidor investido em função ou cargo em comissão será paga na forma prevista no art. 62.

§ 2º O servidor investido em cargo em comissão de órgão ou entidade diversa da de sua lotação receberá a remuneração de acordo com o estabelecido no § 1º do art. 93.

§ 3º O vencimento do cargo efetivo, acrescido das vantagens de caráter permanente, é irredutível.

§ 4º É assegurada a isonomia de vencimentos para cargos de atribuições iguais ou assemelhadas do mesmo Poder, ou entre servidores dos três Poderes, ressalvadas as vantagens de caráter individual e as relativas à natureza ou ao local de trabalho.

§ 5º Nenhum servidor receberá remuneração inferior ao salário- mínimo. (Incluído pela Lei nº 11.784, de 2008

Art. 42. Nenhum servidor poderá perceber, mensalmente, a título de remuneração, importância superior à soma dos valores percebidos como remuneração, em espécie, a qualquer título, no âmbito dos respectivos Poderes, pelos Ministros de Estado, por membros do Congresso Nacional e Ministros do Supremo Tribunal Federal.

Parágrafo único. Excluem-se do teto de remuneração as vantagens previstas nos incisos II a VII do art. 61.

Art. 43. *(Revogado pela Lei nº 9.624, de 2.4.98) (Vide Lei nº 9.624, de 2/4/1998)*

Art. 44. O servidor perderá:

I – a remuneração do dia em que faltar ao serviço, sem motivo justificado; *(Redação dada pela Lei nº 9.527, de 10.12.97)*

II – a parcela de remuneração diária, proporcional aos atrasos, ausências justificadas, ressalvadas as concessões de que trata o art. 97, e saídas antecipadas, salvo na hipótese de compensação de horário, até o mês subseqüente ao da ocorrência, a ser estabelecida pela chefia imediata. *(Redação dada pela Lei nº 9.527, de 10/12/1997)*

Parágrafo único. As faltas justificadas decorrentes de caso fortuito ou de força maior poderão ser compensadas a critério da chefia imediata, sendo assim consideradas como efetivo exercício. *(Incluído pela Lei nº 9.527, de 10/12/1997)*

Art. 45. Salvo por imposição legal, ou mandado judicial, nenhum desconto incidirá sobre a remuneração ou provento.

Parágrafo único. Mediante autorização do servidor, poderá haver consignação em folha de pagamento em favor de terceiros, a critério da administração e com reposição de custos, na forma definida em regulamento.

Art. 46. As reposições e indenizações ao erário, atualizadas até 30 de junho de 1994, serão previamente comunicadas ao servidor ativo, aposentado ou ao pensionista, para pagamento, no prazo máximo de trinta dias, podendo ser parceladas, a pedido do interessado. *(Redação dada pela Medida Provisória nº 2.225-45, de 4/9/2001)*

§ 1º O valor de cada parcela não poderá ser inferior ao correspondente a dez por cento da remuneração, provento ou pensão. *(Redação dada pela Medida Provisória nº 2.225-45, de 4/9/2001)*

§ 2º Quando o pagamento indevido houver ocorrido no mês anterior ao do processamento da folha, a reposição será feita imediatamente, em uma única parcela. *(Redação dada pela Medida Provisória nº 2.225-45, de 4/9/2001)*

§ 3º Na hipótese de valores recebidos em decorrência de cumprimento a decisão liminar, a tutela antecipada ou a sentença que venha a ser revogada ou rescindida, serão eles atualizados até a data da reposição. *(Redação dada pela Medida Provisória nº 2.225-45, de 4/9/2001)*

Art. 47. O servidor em débito com o erário, que for demitido, exonerado ou que tiver sua aposentadoria ou disponibilidade cassada, terá o prazo de 60 (sessenta) dias para quitar o débito. *(Redação dada pela Medida Provisória nº 2.225-45, de 4/9/2001)*

Parágrafo único. A não quitação do débito no prazo previsto implicará sua inscrição em dívida ativa. *(Redação dada pela Medida Provisória nº 2.225-45, de 4/9/2001)*

Art. 48. O vencimento, a remuneração e o provento não serão objeto de arresto, seqüestro ou penhora, exceto nos casos de prestação de alimentos resultante de decisão judicial.

CAPÍTULO II
Das Vantagens

Art. 49. Além do vencimento, poderão ser pagas ao servidor as seguintes vantagens:

I - indenizações;

II - gratificações;

III - adicionais.

§ 1º As indenizações não se incorporam ao vencimento ou provento para qualquer efeito.

§ 2º As gratificações e os adicionais incorporam-se ao vencimento ou provento, nos casos e condições indicados em lei.

Art. 50. As vantagens pecuniárias não serão computadas, nem acumuladas, para efeito de concessão de quaisquer outros acréscimos pecuniários ulteriores, sob o mesmo título ou idêntico fundamento.

Seção I
Das Indenizações

Art. 51. Constituem indenizações ao servidor:

I - ajuda de custo;

II - diárias;

III - transporte.

IV - auxílio-moradia. *(Incluído pela Lei nº 11.355, de 2006)*

Art. 52. Os valores das indenizações estabelecidas nos incisos I a III do art. 51, assim como as condições para a sua concessão, serão estabelecidos em regulamento. *(Redação dada pela Lei nº 11.355, de 2006)*

Subseção I
Da Ajuda de Custo

Art. 53. A ajuda de custo destina-se a compensar as despesas de instalação do servidor que, no interesse do serviço, passar a ter exercício em nova sede, com mudança de domicílio em caráter permanente, vedado o duplo pagamento de indenização, a qualquer tempo, no caso de o cônjuge ou companheiro que detenha também a condição de servidor, vier a ter exercício na mesma sede. *(Redação dada pela Lei nº 9.527, de 10/12/1997)*

§ 1º Correm por conta da administração as despesas de transporte do servidor e de sua família, compreendendo passagem, bagagem e bens pessoais.

§ 2º À família do servidor que falecer na nova sede são assegurados ajuda de custo e transporte para a localidade de origem, dentro do prazo de 1 (um) ano, contado do óbito.

Art. 54. A ajuda de custo é calculada sobre a remuneração do servidor, conforme se dispuser em regulamento, não podendo exceder a importância correspondente a 3 (três) meses.

Art. 55. Não será concedida ajuda de custo ao servidor que se afastar do cargo, ou reassumi-lo, em virtude de mandato eletivo.

Art. 56. Será concedida ajuda de custo àquele que, não sendo servidor da União, for nomeado para cargo em comissão, com mudança de domicílio.

Parágrafo único. No afastamento previsto no inciso I do art. 93, a ajuda de custo será paga pelo órgão cessionário, quando cabível.

Art. 57. O servidor ficará obrigado a restituir a ajuda de custo quando, injustificadamente, não se apresentar na nova sede no prazo de 30 (trinta) dias.

Subseção II
Das Diárias

Art. 58. O servidor que, a serviço, afastar-se da sede em caráter eventual ou transitório para outro ponto do território nacional ou para o exterior, fará jus a passagens e diárias destinadas a indenizar as parcelas de despesas extraordinárias com pousada, alimentação e locomoção urbana, conforme dispuser em regulamento. *(Redação dada pela Lei nº 9.527, de 10/12/97)*

§ 1º A diária será concedida por dia de afastamento, sendo devida pela metade quando o deslocamento não exigir pernoite fora da sede, ou quando a União custear, por meio diverso, as despesas extraordinárias cobertas por diárias. *(Redação dada pela Lei nº 9.527, de 10/12/1997)*

§ 2º Nos casos em que o deslocamento da sede constituir exigência permanente do cargo, o servidor não fará jus a diárias.

§ 3º Também não fará jus a diárias o servidor que se deslocar dentro da mesma região metropolitana, aglomeração urbana ou microrregião, constituídas por municípios limítrofes e regularmente instituídas, ou em áreas de controle integrado mantidas com países limítrofes, cuja jurisdição e competência dos órgãos, entidades e servidores brasileiros considera-se estendida, salvo se houver pernoite fora da sede, hipóteses em que as diárias pagas serão sempre as fixadas para os afastamentos dentro do território nacional. *(Incluído pela Lei nº 9.527, de 10/12/1997)*

Art. 59. O servidor que receber diárias e não se afastar da sede, por qualquer motivo, fica obrigado a restituí-las integralmente, no prazo de 5 (cinco) dias.

Parágrafo único. Na hipótese de o servidor retornar à sede em prazo menor do que o previsto para o seu afastamento, restituirá as diárias recebidas em excesso, no prazo previsto no *caput*.

Subseção III
Da Indenização de Transporte

Art. 60. Conceder-se-á indenização de transporte ao servidor que realizar despesas com a utilização de meio próprio de locomoção para a execução de serviços externos, por força das atribuições próprias do cargo, conforme se dispuser em regulamento.

Subseção IV
Do Auxílio-Moradia

(Incluído pela Lei nº 11.355, de 2006)

Art. 60-A. O auxílio-moradia consiste no ressarcimento das despesas comprovadamente realizadas pelo servidor com aluguel de moradia ou com meio de hospedagem administrado por empresa hoteleira, no prazo de 1 (um) mês após a comprovação da despesa pelo servidor. *(Incluído pela Lei nº 11.355, de 2006)*

Art. 60-B. Conceder-se-á auxílio-moradia ao servidor se atendidos os seguintes requisitos: *(Incluído pela Lei nº 11.355, de 2006)*

I – não exista imóvel funcional disponível para uso pelo servidor; *(Incluído pela Lei nº 11.355, de 2006)*

II – o cônjuge ou companheiro do servidor não ocupe imóvel funcional; *(Incluído pela Lei nº 11.355, de 2006)*

III – o servidor ou seu cônjuge ou companheiro não seja ou tenha sido proprietário, promitente comprador, cessionário ou promitente cessionário de imóvel no Município aonde for exercer o cargo, incluída a hipótese de lote edificado sem averbação de construção, nos doze meses que antecederem a sua nomeação; *(Incluído pela Lei nº 11.355, de 2006)*

IV – nenhuma outra pessoa que resida com o servidor receba auxílio-moradia; *(Incluído pela Lei nº 11.355, de 2006)*

V – o servidor tenha se mudado do local de residência para ocupar cargo em comissão ou função de confiança do Grupo-Direção e Assessoramento Superiores – DAS, níveis 4, 5 e 6, de Natureza Especial, de Ministro de Estado ou equivalentes; *(Incluído pela Lei nº 11.355, de 2006)*

VI – o Município no qual assuma o cargo em comissão ou função de confiança não se enquadre nas hipóteses do art. 58, § 3º, em relação ao local de residência ou domicílio do servidor; *(Incluído pela Lei nº 11.355, de 2006)*

VII – o servidor não tenha sido domiciliado ou tenha residido no Município, nos últimos doze meses, aonde for exercer o cargo em comissão ou função de confiança, desconsiderando-se prazo inferior a sessenta dias dentro desse período; e *(Incluído pela Lei nº 11.355, de 2006)*

VIII – o deslocamento não tenha sido por força de alteração de lotação ou nomeação para cargo efetivo. *(Incluído pela Lei nº 11.355, de 2006)*

IX – o deslocamento tenha ocorrido após 30 de junho de 2006. *(Incluído pela Lei nº 11.490, de 2007)*

Parágrafo único. Para fins do inciso VII, não será considerado o prazo no qual o servidor estava ocupando outro cargo em comissão relacionado no inciso V. *(Incluído pela Lei nº 11.355, de 2006)*

Art. 60-C. O auxílio-moradia não será concedido por prazo superior a 8 (oito) anos dentro de cada período de 12 (doze) anos. (Incluído pela Lei nº 11.784, de 2008

Parágrafo único. Transcorrido o prazo de 8 (oito) anos dentro de cada período de 12 (doze) anos, o pagamento somente será retomado se observados, além do disposto no *caput* deste artigo, os requisitos do *caput* do art. 60-B desta Lei, não se aplicando, no caso, o parágrafo único do citado art. 60-B. (Incluído pela Lei nº 11.784, de 2008

Art. 60-D. O valor mensal do auxílio-moradia é limitado a 25% (vinte e cinco por cento) do valor do cargo em comissão, função comissionada ou cargo de Ministro de Estado ocupado. (Incluído pela Lei nº 11.784, de 2008

§ 1º O valor do auxílio-moradia não poderá superar 25% (vinte e cinco por cento) da remuneração de Ministro de Estado. (Incluído pela Lei nº 11.784, de 2008

§ 2º Independentemente do valor do cargo em comissão ou função comissionada, fica garantido a todos os que preencherem os requisitos o ressarcimento até o valor de R$ 1.800,00 (mil e oitocentos reais). (Incluído pela Lei nº 11.784, de 2008

Art. 60-E. No caso de falecimento, exoneração, colocação de imóvel funcional à disposição do servidor ou aquisição de imóvel, o auxílio-moradia continuará sendo pago por um mês. *(Incluído pela Lei nº 11.355, de 2006)*

Seção II
Das Gratificações e Adicionais

Art. 61. Além do vencimento e das vantagens previstas nesta Lei, serão deferidos aos servidores as seguintes retribuições, gratificações e adicionais: *(Redação dada pela Lei nº 9.527, de 10/12/1997)*

I – retribuição pelo exercício de função de direção, chefia e assessoramento; *(Redação dada pela Lei nº 9.527, de 10/12/1997)*

II – gratificação natalina;

III – *(Revogado pela Medida Provisória nº 2.225-45, de 4/9/2001)*

IV – adicional pelo exercício de atividades insalubres, perigosas ou penosas;

V – adicional pela prestação de serviço extraordinário;

VI – adicional noturno;

VII – adicional de férias;

VIII – outros, relativos ao local ou à natureza do trabalho.

IX – gratificação por encargo de curso ou concurso. *(Incluído pela Lei nº 11.314, de 2006)*

Subseção I
Da Retribuição pelo Exercício de Função de Direção, Chefia e Assessoramento
(Redação dada pela Lei nº 9.527, de 10/12/97)

Art. 62. Ao servidor ocupante de cargo efetivo investido em função de direção, chefia ou assessoramento, cargo de provimento em comissão ou de Natureza Especial é devida retribuição pelo seu exercício. *(Redação dada pela Lei nº 9.527, de 10/12/1997)*

Parágrafo único. Lei específica estabelecerá a remuneração dos cargos em comissão de que trata o inciso II do art. 9º. *(Redação dada pela Lei nº 9.527, de 10/12/1997)*

Art. 62-A. Fica transformada em Vantagem Pessoal Nominalmente Identificada – VPNI a incorporação da retribuição pelo exercício de função de direção, chefia ou assessoramento, cargo de provimento em comissão ou de Natureza Especial a que se referem os arts. 3º e 10 da Lei nº 8.911, de 11 de julho de 1994, e o art. 3º da Lei nº 9.624, de 2 de abril de 1998. *(Incluído pela Medida Provisória nº 2.225-45, de 4/9/2001)*

Parágrafo único. A VPNI de que trata o **caput** deste artigo somente estará sujeita às revisões gerais de remuneração dos servidores públicos federais. *(Incluído pela Medida Provisória nº 2.225-45, de 4/9/2001)*

Subseção II
Da Gratificação Natalina

Art. 63. A gratificação natalina corresponde a 1/12 (um doze avos) da remuneração a que o servidor fizer jus no mês de dezembro, por mês de exercício no respectivo ano.

Parágrafo único. A fração igual ou superior a 15 (quinze) dias será considerada como mês integral.

Art. 64. A gratificação será paga até o dia 20 (vinte) do mês de dezembro de cada ano.

Parágrafo único. *(Vetado).*

Art. 65. O servidor exonerado perceberá sua gratificação natalina, proporcionalmente aos meses de exercício, calculada sobre a remuneração do mês da exoneração.

Art. 66. A gratificação natalina não será considerada para cálculo de qualquer vantagem pecuniária.

Subseção III
Do Adicional por Tempo de Serviço

Art. 67. *(Revogado pela Medida Provisória nº 2.225-45, de 2001, respeitadas as situações constituídas até 8/3/1999)*

Subseção IV
Dos Adicionais de Insalubridade,
Periculosidade ou Atividades Penosas

Art. 68. Os servidores que trabalhem com habitualidade em locais insalubres ou em contato permanente com substâncias tóxicas, radioativas ou com risco de vida, fazem jus a um adicional sobre o vencimento do cargo efetivo.

§ 1º O servidor que fizer jus aos adicionais de insalubridade e de periculosidade deverá optar por um deles.

§ 2º O direito ao adicional de insalubridade ou periculosidade cessa com a eliminação das condições ou dos riscos que deram causa a sua concessão.

Art. 69. Haverá permanente controle da atividade de servidores em operações ou locais considerados penosos, insalubres ou perigosos.

Parágrafo único. A servidora gestante ou lactante será afastada, enquanto durar a gestação e a lactação, das operações e locais previstos neste artigo, exercendo suas atividades em local salubre e em serviço não penoso e não perigoso.

Art. 70. Na concessão dos adicionais de atividades penosas, de insalubridade e de periculosidade, serão observadas as situações estabelecidas em legislação específica.

Art. 71. O adicional de atividade penosa será devido aos servidores em exercício em zonas de fronteira ou em localidades cujas condições de vida o justifique, nos termos, condições e limites fixados em regulamento.

Art. 72. Os locais de trabalho e os servidores que operam com Raios X ou substâncias radioativas serão mantidos sob controle permanente, de modo que as doses de radiação ionizante não ultrapassem o nível máximo previsto na legislação própria.

Parágrafo único. Os servidores a que se refere este artigo serão submetidos a exames médicos a cada 6 (seis) meses.

Subseção V
Do Adicional por Serviço Extraordinário

Art. 73. O serviço extraordinário será remunerado com acréscimo de 50% (cinqüenta por cento) em relação à hora normal de trabalho.

Art. 74. Somente será permitido serviço extraordinário para atender a situações excepcionais e temporárias, respeitado o limite máximo de 2 (duas) horas por jornada.

Subseção VI
Do Adicional Noturno

Art. 75. O serviço noturno, prestado em horário compreendido entre 22 (vinte e duas) horas de um dia e 5 (cinco) horas do dia seguinte, terá o valor-hora acrescido de 25% (vinte e cinco por cento), computando-se cada hora como cinqüenta e dois minutos e trinta segundos.

Parágrafo único. Em se tratando de serviço extraordinário, o acréscimo de que trata este artigo incidirá sobre a remuneração prevista no art. 73.

Subseção VII
Do Adicional de Férias

Art. 76. Independentemente de solicitação, será pago ao servidor, por ocasião das férias, um adicional correspondente a 1/3 (um terço) da remuneração do período das férias.

Parágrafo único. No caso de o servidor exercer função de direção, chefia ou assessoramento, ou ocupar cargo em comissão, a respectiva vantagem será considerada no cálculo do adicional de que trata este artigo.

Subseção VIII
Da Gratificação por Encargo de Curso ou Concurso
(Incluído pela Lei nº 11.314, de 2006)

Art. 76-A. A Gratificação por Encargo de Curso ou Concurso é devida ao servidor que, em caráter eventual: *(Incluído pela Lei nº 11.314, de 2006)*

I – atuar como instrutor em curso de formação, de desenvolvimento ou de treinamento regularmente instituído no âmbito da administração pública federal; *(Incluído pela Lei nº 11.314, de 2006)*

II – participar de banca examinadora ou de comissão para exames orais, para análise curricular, para correção de provas discursivas, para elaboração de questões de provas ou para julgamento de recursos intentados por candidatos; *(Incluído pela Lei nº 11.314, de 2006)*

III – participar da logística de preparação e de realização de concurso público envolvendo atividades de planejamento, coordenação, supervisão, execução e avaliação de resultado, quando tais atividades não estiverem incluídas entre as suas atribuições permanentes; *(Incluído pela Lei nº 11.314, de 2006)*

IV – participar da aplicação, fiscalizar ou avaliar provas de exame vestibular ou de concurso público ou supervisionar essas atividades. *(Incluído pela Lei nº 11.314, de 2006)*

§ 1º Os critérios de concessão e os limites da gratificação de que trata este artigo serão fixados em regulamento, observados os seguintes parâmetros: *(Incluído pela Lei nº 11.314, de 2006)*

I – o valor da gratificação será calculado em horas, observadas a natureza e a complexidade da atividade exercida; *(Incluído pela Lei nº 11.314, de 2006)*

II – a retribuição não poderá ser superior ao equivalente a 120 (cento e vinte) horas de trabalho anuais, ressalvada situação de excepcionalidade, devidamente justificada e previamente aprovada pela autoridade máxima do órgão ou entidade, que poderá autorizar o acréscimo de até 120 (cento e vinte) horas de trabalho anuais; *(Incluído pela Lei nº 11.314, de 2006)*

III – o valor máximo da hora trabalhada corresponderá aos seguintes percentuais, incidentes sobre o maior vencimento básico da Administração Pública federal: *(Incluído pela Lei nº 11.314, de 2006)*

a) 2,2% (dois inteiros e dois décimos por cento), em se tratando de atividades previstas nos incisos I e II do *caput* deste artigo; *(Redação dada pela Lei nº 11.501, de 2007)*

b) 1,2% (um inteiro e dois décimos por cento), em se tratando de atividade prevista nos incisos III e IV do *caput* deste artigo. *(Redação dada pela Lei nº 11.501, de 2007)*

§ 2º A Gratificação por Encargo de Curso ou Concurso somente será paga se as atividades referidas nos incisos do *caput* deste artigo forem exercidas sem prejuízo das atribuições do cargo de que o servidor for titular, devendo ser objeto de compensação de carga horária quando desempenhadas durante a jornada de trabalho, na forma do § 4º do art. 98 desta Lei. *(Incluído pela Lei nº 11.314, de 2006)*

§ 3º A Gratificação por Encargo de Curso ou Concurso não se incorpora ao vencimento ou salário do servidor para qualquer efeito e não poderá ser utilizada como base de cálculo para quaisquer outras vantagens, inclusive para fins de cálculo dos proventos da aposentadoria e das pensões. *(Incluído pela Lei nº 11.314, de 2006)*

CAPÍTULO III
Das Férias

Art. 77. O servidor fará jus a trinta dias de férias, que podem ser acumuladas, até o máximo de dois períodos, no caso de necessidade do serviço, ressalvadas as hipóteses em que haja legislação específica. *(Redação dada pela Lei nº 9.525, de 10/12/97) (Férias de Ministro –Vide)*

§ 1º Para o primeiro período aquisitivo de férias serão exigidos 12 (doze) meses de exercício.

§ 2º É vedado levar à conta de férias qualquer falta ao serviço.

§ 3º As férias poderão ser parceladas em até três etapas, desde que assim requeridas pelo servidor, e no interesse da Administração Pública. *(Incluído pela Lei nº 9.525, de 10/12/1997)*

Art. 78. O pagamento da remuneração das férias será efetuado até 2 (dois) dias antes do início do respectivo período, observando-se o disposto no § 1º deste artigo. (Férias de Ministro - Vide)

§ 1° e § 2° *(Revogado pela Lei nº 9.527, de 10/12/1997)*

§ 3º O servidor exonerado do cargo efetivo, ou em comissão, perceberá indenização relativa ao período das férias a que tiver direito e ao incompleto, na proporção de um doze avos por mês de efetivo exercício, ou fração superior a quatorze dias. *(Incluído pela Lei nº 8.216, de 13/8/1991)*

§ 4º A indenização será calculada com base na remuneração do mês em que for publicado o ato exoneratório. *(Incluído pela Lei nº 8.216, de 13/8/1991)*

§ 5º Em caso de parcelamento, o servidor receberá o valor adicional previsto no inciso XVII do art. 7º da Constituição Federal quando da utilização do primeiro período. *(Incluído pela Lei nº 9.525, de 10/12/1997)*

Art. 79. O servidor que opera direta e permanentemente com Raios X ou substâncias radioativas gozará 20 (vinte) dias consecutivos de férias, por semestre de atividade profissional, proibida em qualquer hipótese a acumulação.

Parágrafo único. *(Revogado pela Lei nº 9.527, de 10/12/1997)*

Art. 80. As férias somente poderão ser interrompidas por motivo de calamidade pública, comoção interna, convocação para júri, serviço militar ou eleitoral, ou por necessidade do serviço declarada pela autoridade máxima do órgão ou entidade. *(Redação dada pela Lei nº 9.527, de 10/12/1997) (Férias de Ministro - Vide)*

Parágrafo único. O restante do período interrompido será gozado de uma só vez, observado o disposto no art. 77. *(Incluído pela Lei nº 9.527, de 10/12/1997)*

CAPÍTULO IV
Das Licenças

Seção I
Disposições Gerais

Art. 81. Conceder-se-á ao servidor licença:

I – por motivo de doença em pessoa da família;

II – por motivo de afastamento do cônjuge ou companheiro;

III – para o serviço militar;

IV – para atividade política;

V – para capacitação; *(Redação dada pela Lei nº 9.527, de 10/12/1997)*

VI – para tratar de interesses particulares;

VII – para desempenho de mandato classista.

§ 1º A licença prevista no inciso I do *caput* deste artigo bem como cada uma de suas prorrogações serão precedidas de exame por perícia médica oficial, observado o disposto no art. 204 desta Lei. *(Redação dada pela Lei nº 11.907, de 2009)*

§ 2º *(Revogado pela Lei nº 9.527, de 10/12/1997)*

§ 3º É vedado o exercício de atividade remunerada durante o período da licença prevista no inciso I deste artigo.

Art. 82. A licença concedida dentro de 60 (sessenta) dias do término de outra da mesma espécie será considerada como prorrogação.

Seção II
Da Licença por Motivo de Doença em Pessoa da Família

Art. 83. Poderá ser concedida licença ao servidor por motivo de doença do cônjuge ou companheiro, dos pais, dos filhos, do padrasto ou madrasta e enteado, ou dependente que viva a suas expensas e conste do seu assentamento funcional, mediante comprovação por perícia médica oficial. *(Redação dada pela Lei nº 11.907, de 2009)*

§ 1º A licença somente será deferida se a assistência direta do servidor for indispensável e não puder ser prestada simultaneamente com o exercício do cargo ou mediante compensação de horário, na forma do disposto no inciso II do art. 44. *(Redação dada pela Lei nº 9.527, de 10/12/1997)*

§ 2º A licença de que trata o *caput*, incluídas as prorrogações, poderá ser concedida a cada período de doze meses nas seguintes condições: *(Redação dada pela Lei nº 12.269, de 2010)*

I – por até 60 (sessenta) dias, consecutivos ou não, mantida a remuneração do servidor; *(Incluído pela Lei nº 12.269, de 2010)*

II – por até 90 (noventa) dias, consecutivos ou não, sem remuneração. *(Incluído pela Lei nº 12.269, de 2010)*

§ 3º O início do interstício de 12 (doze) meses será contado a partir da data do deferimento da primeira licença concedida. *(Incluído pela Lei nº 12.269, de 2010)*

§ 4º A soma das licenças remuneradas e das licenças não remuneradas, incluídas as respectivas prorrogações, concedidas em um mesmo período de 12 (doze) meses, observado o disposto no § 3º, não poderá ultrapassar os limites estabelecidos nos incisos I e II do § 2º. *(Incluído pela Lei nº 12.269, de 2010)*

Seção III
Da Licença por Motivo de Afastamento do Cônjuge

Art. 84. Poderá ser concedida licença ao servidor para acompanhar cônjuge ou companheiro que foi deslocado para outro ponto do território nacional, para o exterior ou para o exercício de mandato eletivo dos Poderes Executivo e Legislativo.

§ 1º A licença será por prazo indeterminado e sem remuneração.

§ 2º No deslocamento de servidor cujo cônjuge ou companheiro também seja servidor público, civil ou militar, de qualquer dos Poderes da União, dos Estados, do Distrito Federal e dos Municípios, poderá haver exercício provisório em órgão ou entidade da Administração Federal direta, autárquica ou fundacional, desde que para o exercício de atividade compatível com o seu cargo. *(Redação dada pela Lei nº 9.527, de 10/12/1997)*

Seção IV
Da Licença para o Serviço Militar

Art. 85. Ao servidor convocado para o serviço militar será concedida licença, na forma e condições previstas na legislação específica.

Parágrafo único. Concluído o serviço militar, o servidor terá até 30 (trinta) dias sem remuneração para reassumir o exercício do cargo.

Seção V
Da Licença para Atividade Política

Art. 86. O servidor terá direito a licença, sem remuneração, durante o período que mediar entre a sua escolha em convenção partidária, como candidato a cargo eletivo, e a véspera do registro de sua candidatura perante a Justiça Eleitoral.

§ 1º O servidor candidato a cargo eletivo na localidade onde desempenha suas funções e que exerça cargo de direção, chefia, assessoramento, arrecadação ou fiscalização, dele será afastado, a partir do dia imediato ao do registro de sua candidatura perante a Justiça Eleitoral, até o décimo dia seguinte ao do pleito. *(Redação dada pela Lei nº 9.527, de 10/12/1997)*

§ 2º A partir do registro da candidatura e até o décimo dia seguinte ao da eleição, o servidor fará jus à licença, assegurados os vencimentos do cargo efetivo, somente pelo período de três meses. *(Redação dada pela Lei nº 9.527, de 10/12/1997)*

Seção VI
Da Licença-Prêmio por Assiduidade
Da Licença para Capacitação

(Redação dada pela Lei nº 9.527, de 10/12/1997)

Art. 87. Após cada qüinqüênio de efetivo exercício, o servidor poderá, no interesse da Administração, afastar-se do exercício do cargo efetivo, com a respectiva remuneração, por até 3 (três) meses, para participar de curso de capacitação profissional. *(Redação dada pela Lei nº 9.527, de 10/12/1997)*

Parágrafo único. Os períodos de licença de que trata o *caput* não são acumuláveis. *(Redação dada pela Lei nº 9.527, de 10/12/1997)*

Art. 88. *(Revogado pela Lei nº 9.527, de 10/12/1997)*

Art. 89. *(Revogado pela Lei nº 9.527, de 10/12/1997)*

Art. 90. *(Vetado).*

Seção VII
Da Licença para Tratar de Interesses Particulares

Art. 91. A critério da Administração, poderá ser concedida ao servidor ocupante de cargo efetivo, desde que não esteja em estágio probatório, licenças para o trato de assuntos particulares pelo prazo de até 3 (três) anos consecutivos, sem remuneração. *(Redação dada pela Medida Provisória nº 2.225-45, de 4/9/2001)*

Parágrafo único. A licença poderá ser interrompida, a qualquer tempo, a pedido do servidor ou no interesse do serviço. *(Redação dada pela Medida Provisória nº 2.225-45, de 4/9/2001)*

Seção VIII
Da Licença para o Desempenho de Mandato Classista

Art. 92. É assegurado ao servidor o direito à licença sem remuneração para o desempenho de mandato em confederação, federação, associação de classe de âmbito nacional, sindicato representativo da categoria ou entidade fiscalizadora da profissão ou, ainda, para participar de gerência ou administração em sociedade cooperativa constituída por servidores públicos para prestar serviços a seus membros, observado o disposto na alínea "c" do inciso VIII do art. 102 desta Lei, conforme disposto em regulamento e observados os seguintes limites: *(Redação dada pela Lei nº 11.094, de 2005)*

I - para entidades com até 5.000 associados, um servidor; *(Inciso incluído pela Lei nº 9.527, de 10/12/1997)*

II – para entidades com 5.001 a 30.000 associados, dois servidores; *(Inciso incluído pela Lei nº 9.527, de 10/12/1997)*

III – para entidades com mais de 30.000 associados, três servidores. *(Inciso incluído pela Lei nº 9.527, de 10/12/97)*

§ 1º Somente poderão ser licenciados servidores eleitos para cargos de direção ou representação nas referidas entidades, desde que cadastradas no Ministério da Administração Federal e Reforma do Estado. *(Redação dada pela Lei nº 9.527, de 10/12/1997)*

§ 2º A licença terá duração igual à do mandato, podendo ser prorrogada, no caso de reeleição, e por uma única vez.

CAPÍTULO V
Dos Afastamentos

Seção I
Do Afastamento para Servir a Outro Órgão ou Entidade

Art. 93. O servidor poderá ser cedido para ter exercício em outro órgão ou entidade dos Poderes da União, dos Estados, ou do Distrito Federal e dos Municípios, nas seguintes hipóteses: *(Redação dada pela Lei nº 8.270, de 17/12/1991) (Vide Decreto nº 4.493, de 3/12/2002)*

I – para exercício de cargo em comissão ou função de confiança; *(Redação dada pela Lei nº 8.270, de 17/12/1991)*

II - em casos previstos em leis específicas. *(Redação dada pela Lei nº 8.270, de 17/12/1991)*

§ 1º Na hipótese do inciso I, sendo a cessão para órgãos ou entidades dos Estados, do Distrito Federal ou dos Municípios, o ônus da remuneração será do órgão ou da entidade cessionária, mantido o ônus para o cedente nos demais casos. *(Redação dada pela Lei nº 8.270, de 17/12/1991)*

§ 2º Na hipótese de o servidor cedido a empresa pública ou sociedade de economia mista, nos termos das respectivas normas, optar pela remuneração do cargo efetivo ou pela remuneração do cargo efetivo acrescida de percentual da retribuição do cargo em comissão, a entidade cessionária efetuará o reembolso das despesas realizadas pelo órgão ou entidade de origem. *(Redação dada pela Lei nº 11.355, de 2006)*

§ 3º A cessão far-se-á mediante Portaria publicada no Diário Oficial da União. *(Redação dada pela Lei nº 8.270, de 17/12/1991)*

§ 4º Mediante autorização expressa do Presidente da República, o servidor do Poder Executivo poderá ter exercício em outro órgão da Administração Federal direta que não tenha quadro próprio de pessoal, para fim determinado e a prazo certo. *(Incluído pela Lei nº 8.270, de 17/12/1991)*

§ 5º Aplica-se à União, em se tratando de empregado ou servidor por ela requisitado, as disposições dos §§ 1º e 2º deste artigo. *(Redação dada pela Lei nº 10.470, de 25/6/2002)*

§ 6º As cessões de empregados de empresa pública ou de sociedade de economia mista, que receba recursos de Tesouro Nacional para o custeio total ou parcial da sua folha de pagamento de pessoal, independem das disposições contidas nos incisos I e II e §§ 1º e 2º deste artigo, ficando o exercício do empregado cedido condicionado a autorização específica do Ministério do Planejamento, Orçamento e Gestão, exceto nos casos de ocupação de cargo em comissão ou função gratificada. *(Incluído pela Lei nº 10.470, de 25/6/2002)*

§ 7º O Ministério do Planejamento, Orçamento e Gestão, com a finalidade de promover a composição da força de trabalho dos órgãos e entidades da Administração Pública Federal, poderá determinar a lotação ou o exercício de empregado ou servidor, independentemente da observância do constante no inciso I e nos §§ 1º e 2º deste artigo. *(Incluído pela Lei nº 10.470, de 25/6/2002) (Vide Decreto nº 5.375, de 2005)*

Seção II
Do Afastamento para Exercício de Mandato Eletivo

Art. 94. Ao servidor investido em mandato eletivo aplicam-se as seguintes disposições:

I – tratando-se de mandato federal, estadual ou distrital, ficará afastado do cargo;

II – investido no mandato de Prefeito, será afastado do cargo, sendo-lhe facultado optar pela sua remuneração;

III – investido no mandato de vereador:

a) havendo compatibilidade de horário, perceberá as vantagens de seu cargo, sem prejuízo da remuneração do cargo eletivo;

b) não havendo compatibilidade de horário, será afastado do cargo, sendo-lhe facultado optar pela sua remuneração.

§ 1º No caso de afastamento do cargo, o servidor contribuirá para a seguridade social como se em exercício estivesse.

§ 2º O servidor investido em mandato eletivo ou classista não poderá ser removido ou redistribuído de ofício para localidade diversa daquela onde exerce o mandato.

Seção III
Do Afastamento para Estudo ou Missão no Exterior

Art. 95. O servidor não poderá ausentar-se do País para estudo ou missão oficial, sem autorização do Presidente da República, Presidente dos Órgãos do Poder Legislativo e Presidente do Supremo Tribunal Federal.

§ 1º A ausência não excederá a 4 (quatro) anos, e finda a missão ou estudo, somente decorrido igual período, será permitida nova ausência.

§ 2º Ao servidor beneficiado pelo disposto neste artigo não será concedida exoneração ou licença para tratar de interesse particular antes de decorrido período igual ao do afastamento, ressalvada a hipótese de ressarcimento da despesa havida com seu afastamento.

§ 3º O disposto neste artigo não se aplica aos servidores da carreira diplomática.

§ 4º As hipóteses, condições e formas para a autorização de que trata este artigo, inclusive no que se refere à remuneração do servidor, serão disciplinadas em regulamento. *(Incluído pela Lei nº 9.527, de 10/12/1997)*

Art. 96. O afastamento de servidor para servir em organismo internacional de que o Brasil participe ou com o qual coopere dar-se-á com perda total da remuneração. *(Vide Decreto nº 3.456, de 2000)*

Seção IV
(Incluído pela Lei nº 11.907, de 2009)

Do Afastamento para Participação em Programa de Pós-Graduação *Stricto Sensu* no País

Art. 96-A. O servidor poderá, no interesse da Administração, e desde que a participação não possa ocorrer simultaneamente com o exercício do cargo ou mediante compensação de horário, afastar-se do exercício do cargo efetivo, com a respectiva remuneração, para participar em programa de pós-graduação *stricto sensu* em instituição de ensino superior no País. *(Incluído pela Lei nº 11.907, de 2009)*

§ 1º Ato do dirigente máximo do órgão ou entidade definirá, em conformidade com a legislação vigente, os programas de capacitação e os critérios para participação em programas de pós-graduação no País, com ou sem afastamento do servidor, que serão avaliados por um comitê constituído para este fim. *(Incluído pela Lei nº 11.907, de 2009)*

§ 2º Os afastamentos para realização de programas de mestrado e doutorado somente serão concedidos aos servidores titulares de cargos efetivos no respectivo órgão ou entidade há pelo menos 3 (três) anos para mestrado e 4 (quatro) anos para doutorado, incluído o período de estágio probatório, que não tenham se afastado por licença para tratar de assuntos particulares para gozo de licença capacitação ou com fundamento neste artigo nos 2 (dois) anos anteriores à data da solicitação de afastamento. *(Incluído pela Lei nº 11.907, de 2009)*

§ 3º Os afastamentos para realização de programas de pós-doutorado somente serão concedidos aos servidores titulares de cargos efetivo no respectivo órgão ou entidade há pelo menos quatro anos, incluído o período de estágio probatório, e que não tenham se afastado por licença para tratar de assuntos particulares ou com fundamento neste artigo, nos quatro anos anteriores à data da solicitação de afastamento. *(Redação dada pela Lei nº 12.269, de 2010)*

§ 4º Os servidores beneficiados pelos afastamentos previstos nos §§ 1º, 2º e 3º deste artigo terão que permanecer no exercício de suas funções após o seu retorno por um período igual ao do afastamento concedido. *(Incluído pela Lei nº 11.907, de 2009)*

§ 5º Caso o servidor venha a solicitar exoneração do cargo ou aposentadoria, antes de cumprido o período de permanência previsto no § 4º deste artigo, deverá ressarcir o órgão ou entidade, na forma do art. 47 da Lei nº 8.112, de 11 de dezembro de 1990, dos gastos com seu aperfeiçoamento. *(Incluído pela Lei nº 11.907, de 2009)*

§ 6º Caso o servidor não obtenha o título ou grau que justificou seu afastamento no período previsto, aplica-se o disposto no § 5º deste artigo, salvo na hipótese comprovada de força maior ou de caso fortuito, a critério do dirigente máximo do órgão ou entidade. *(Incluído pela Lei nº 11.907, de 2009)*

§ 7º Aplica-se à participação em programa de pós-graduação no Exterior, autorizado nos termos do art. 95 desta Lei, o disposto nos §§ 1º a 6º deste artigo. *(Incluído pela Lei nº 11.907, de 2009)*

CAPÍTULO VI
Das Concessões

Art. 97. Sem qualquer prejuízo, poderá o servidor ausentar-se do serviço:

I – por 1 (um) dia, para doação de sangue;

II – por 2 (dois) dias, para se alistar como eleitor;

III – por 8 (oito) dias consecutivos em razão de :

a) casamento;

b) falecimento do cônjuge, companheiro, pais, madrasta ou padrasto, filhos, enteados, menor sob guarda ou tutela e irmãos.

Art. 98. Será concedido horário especial ao servidor estudante, quando comprovada a incompatibilidade entre o horário escolar e o da repartição, sem prejuízo do exercício do cargo.

§ 1º Para efeito do disposto neste artigo, será exigida a compensação de horário no órgão ou entidade que tiver exercício, respeitada a duração semanal do trabalho. *(Parágrafo renumerado e alterado pela Lei nº 9.527, de 10/12/1997)*

§ 2º Também será concedido horário especial ao servidor portador de deficiência, quando comprovada a necessidade por junta médica oficial, independentemente de compensação de horário. *(Incluído pela Lei nº 9.527, de 10/12/1997)*

§ 3º As disposições do parágrafo anterior são extensivas ao servidor que tenha cônjuge, filho ou dependente portador de deficiência física, exigindo-se, porém, neste caso, compensação de horário na forma do inciso II do art. 44. *(Incluído pela Lei nº 9.527, de 10/12/1997)*

§ 4º Será igualmente concedido horário especial, vinculado à compensação de horário a ser efetivada no prazo de até 1 (um) ano, ao servidor que desempenhe atividade prevista nos incisos I e II do *caput* do art. 76-A desta Lei. *(Redação dada pela Lei nº 11.501, de 2007)*

Art. 99. Ao servidor estudante que mudar de sede no interesse da administração é assegurada, na localidade da nova residência ou na mais próxima, matrícula em instituição de ensino congênere, em qualquer época, independentemente de vaga.

Parágrafo único. O disposto neste artigo estende-se ao cônjuge ou companheiro, aos filhos, ou enteados do servidor que vivam na sua companhia, bem como aos menores sob sua guarda, com autorização judicial.

CAPÍTULO VII
Do Tempo de Serviço

Art. 100. É contado para todos os efeitos o tempo de serviço público federal, inclusive o prestado às Forças Armadas.

Art. 101. A apuração do tempo de serviço será feita em dias, que serão convertidos em anos, considerado o ano como de trezentos e sessenta e cinco dias.

Parágrafo único. *(Revogado pela Lei nº 9.527, de 10/12/1997)*

Art. 102. Além das ausências ao serviço previstas no art. 97, são considerados como de efetivo exercício os afastamentos em virtude de:

I - férias;

II - exercício de cargo em comissão ou equivalente, em órgão ou entidade dos Poderes da União, dos Estados, dos Municípios e do Distrito Federal;

III – exercício de cargo ou função de governo ou administração, em qualquer parte do território nacional, por nomeação do Presidente da República;

IV – participação em programa de treinamento regularmente instituído ou em programa de pós-graduação stricto sensu no País, conforme dispuser o regulamento; *(Redação dada pela Lei nº 11.907, de 2009)*

V – desempenho de mandato eletivo federal, estadual, municipal ou do Distrito Federal, exceto para promoção por merecimento;

VI – júri e outros serviços obrigatórios por lei;

VII – missão ou estudo no exterior, quando autorizado o afastamento, conforme dispuser o regulamento; *(Redação dada pela Lei nº 9.527, de 10/12/1997)*

VIII – licença:

a) à gestante, à adotante e à paternidade;

b) para tratamento da própria saúde, até o limite de vinte e quatro meses, cumulativo ao longo do tempo de serviço público prestado à União, em cargo de provimento efetivo; *(Redação dada pela Lei nº 9.527, de 10/12/1997)*

c) para o desempenho de mandato classista ou participação de gerência ou administração em sociedade cooperativa constituída por servidores para prestar serviços a seus membros, exceto para efeito de promoção por merecimento; *(Redação dada pela Lei nº 11.094, de 2005)*

d) por motivo de acidente em serviço ou doença profissional;

e) para capacitação, conforme dispuser o regulamento; *(Redação dada pela Lei nº 9.527, de 10/12/97)*

f) por convocação para o serviço militar;

IX – deslocamento para a nova sede de que trata o art. 18;

X – participação em competição desportiva nacional ou convocação para integrar representação desportiva nacional, no País ou no exterior, conforme disposto em lei específica;

XI – afastamento para servir em organismo internacional de que o Brasil participe ou com o qual coopere. *(Incluído pela Lei nº 9.527, de 10/12/1997)*

Art. 103. Contar-se-á apenas para efeito de aposentadoria e disponibilidade:

I – o tempo de serviço público prestado aos Estados, Municípios e Distrito Federal;

II – a licença para tratamento de saúde de pessoal da família do servidor, com remuneração, que exceder a 30 (trinta) dias em período de 12 (doze) meses. *(Redação dada pela Lei nº 12.269, de 2010)*

III – a licença para atividade política, no caso do art. 86, § 2º;

IV – o tempo correspondente ao desempenho de mandato eletivo federal, estadual, municipal ou distrital, anterior ao ingresso no serviço público federal;

V – o tempo de serviço em atividade privada, vinculada à Previdência Social;

VI – o tempo de serviço relativo a tiro de guerra;

VII – o tempo de licença para tratamento da própria saúde que exceder o prazo a que se refere a alínea *b* do inciso VIII do art. 102. *(Incluído pela Lei nº 9.527, de 10/12/1997)*

§ 1º O tempo em que o servidor esteve aposentado será contado apenas para nova aposentadoria.

§ 2º Será contado em dobro o tempo de serviço prestado às Forças Armadas em operações de guerra.

§ 3º É vedada a contagem cumulativa de tempo de serviço prestado concomitantemente em mais de um cargo ou função de órgão ou entidades dos Poderes da União, Estado, Distrito Federal e Município, autarquia, fundação pública, sociedade de economia mista e empresa pública.

CAPÍTULO VIII
Do Direito de Petição

Art. 104. É assegurado ao servidor o direito de requerer aos Poderes Públicos, em defesa de direito ou interesse legítimo.

Art. 105. O requerimento será dirigido à autoridade competente para decidi-lo e encaminhado por intermédio daquela a que estiver imediatamente subordinado o requerente.

Art. 106. Cabe pedido de reconsideração à autoridade que houver expedido o ato ou proferido a primeira decisão, não podendo ser renovado. *(Vide Lei nº 12.300, de 2010)*

Parágrafo único. O requerimento e o pedido de reconsideração de que tratam os artigos anteriores deverão ser despachados no prazo de 5 (cinco) dias e decididos dentro de 30 (trinta) dias.

Art. 107. Caberá recurso: *(Vide Lei nº 12.300, de 2010)*

I – do indeferimento do pedido de reconsideração;

II – das decisões sobre os recursos sucessivamente interpostos.

§ 1º O recurso será dirigido à autoridade imediatamente superior à que tiver expedido o ato ou proferido a decisão, e, sucessivamente, em escala ascendente, às demais autoridades.

§ 2º O recurso será encaminhado por intermédio da autoridade a que estiver imediatamente subordinado o requerente.

Art. 108. O prazo para interposição de pedido de reconsideração ou de recurso é de 30 (trinta) dias, a contar da publicação ou da ciência, pelo interessado, da decisão recorrida. *(Vide Lei nº 12.300, de 2010)*

Art. 109. O recurso poderá ser recebido com efeito suspensivo, a juízo da autoridade competente.

Parágrafo único. Em caso de provimento do pedido de reconsideração ou do recurso, os efeitos da decisão retroagirão à data do ato impugnado.

Art. 110. O direito de requerer prescreve:

I – em 5 (cinco) anos, quanto aos atos de demissão e de cassação de aposentadoria ou disponibilidade, ou que afetem interesse patrimonial e créditos resultantes das relações de trabalho;

II – em 120 (cento e vinte) dias, nos demais casos, salvo quando outro prazo for fixado em lei.

Parágrafo único. O prazo de prescrição será contado da data da publicação do ato impugnado ou da data da ciência pelo interessado, quando o ato não for publicado.

Art. 111. O pedido de reconsideração e o recurso, quando cabíveis, interrompem a prescrição.

Art. 112. A prescrição é de ordem pública, não podendo ser relevada pela administração.

Art. 113. Para o exercício do direito de petição, é assegurada vista do processo ou documento, na repartição, ao servidor ou ao procurador por ele constituído.

Art. 114. A administração deverá rever seus atos, a qualquer tempo, quando eivados de ilegalidade.

Art. 115. São fatais e improrrogáveis os prazos estabelecidos neste Capítulo, salvo motivo de força maior.

TÍTULO IV
DO REGIME DISCIPLINAR

CAPÍTULO I
Dos Deveres

Art. 116. São deveres do servidor:

I – exercer com zelo e dedicação as atribuições do cargo;

II – ser leal às instituições a que servir;

III – observar as normas legais e regulamentares;

IV – cumprir as ordens superiores, exceto quando manifestamente ilegais;

V – atender com presteza:

a) ao público em geral, prestando as informações requeridas, ressalvadas as protegidas por sigilo;

b) à expedição de certidões requeridas para defesa de direito ou esclarecimento de situações de interesse pessoal;

c) às requisições para a defesa da Fazenda Pública.

VI - levar as irregularidades de que tiver ciência em razão do cargo ao conhecimento da autoridade superior ou, quando houver suspeita de envolvimento desta, ao conhecimento de outra autoridade competente para apuração; *(Redação dada pela Lei nº 12.527, de 2011)*

VII - zelar pela economia do material e a conservação do patrimônio público;

VIII - guardar sigilo sobre assunto da repartição;

IX - manter conduta compatível com a moralidade administrativa;

X - ser assíduo e pontual ao serviço;

XI - tratar com urbanidade as pessoas;

XII - representar contra ilegalidade, omissão ou abuso de poder.

Parágrafo único. A representação de que trata o inciso XII será encaminhada pela via hierárquica e apreciada pela autoridade superior àquela contra a qual é formulada, assegurando-se ao representando ampla defesa.

CAPÍTULO II
Das Proibições

Art. 117. Ao servidor é proibido: *(Vide Medida Provisória nº 2.225-45, de 4/9/2001)*

I - ausentar-se do serviço durante o expediente, sem prévia autorização do chefe imediato;

II - retirar, sem prévia anuência da autoridade competente, qualquer documento ou objeto da repartição;

III - recusar fé a documentos públicos;

IV - opor resistência injustificada ao andamento de documento e processo ou execução de serviço;

V - promover manifestação de apreço ou desapreço no recinto da repartição;

VI - cometer a pessoa estranha à repartição, fora dos casos previstos em lei, o desempenho de atribuição que seja de sua responsabilidade ou de seu subordinado;

VII - coagir ou aliciar subordinados no sentido de filiarem-se a associação profissional ou sindical, ou a partido político;

VIII - manter sob sua chefia imediata, em cargo ou função de confiança, cônjuge, companheiro ou parente até o segundo grau civil;

IX - valer-se do cargo para lograr proveito pessoal ou de outrem, em detrimento da dignidade da função pública;

X - participar de gerência ou administração de sociedade privada, personificada ou não personificada, exercer o comércio, exceto na qualidade de acionista, cotista ou comanditário; (Redação dada pela Lei nº 11.784, de 2008

XI - atuar, como procurador ou intermediário, junto a repartições públicas, salvo quando se tratar de benefícios previdenciários ou assistenciais de parentes até o segundo grau, e de cônjuge ou companheiro;

XII – receber propina, comissão, presente ou vantagem de qualquer espécie, em razão de suas atribuições;

XIII – aceitar comissão, emprego ou pensão de estado estrangeiro;

XIV – praticar usura sob qualquer de suas formas;

XV – proceder de forma desidiosa;

XVI – utilizar pessoal ou recursos materiais da repartição em serviços ou atividades particulares;

XVII – cometer a outro servidor atribuições estranhas ao cargo que ocupa, exceto em situações de emergência e transitórias;

XVIII – exercer quaisquer atividades que sejam incompatíveis com o exercício do cargo ou função e com o horário de trabalho;

XIX – recusar-se a atualizar seus dados cadastrais quando solicitado. *(Incluído pela Lei nº 9.527, de 10/12/97)*

Parágrafo único. A vedação de que trata o inciso X do *caput* deste artigo não se aplica nos seguintes casos: (Incluído pela Lei nº 11.784, de 2008

I – participação nos conselhos de administração e fiscal de empresas ou entidades em que a União detenha, direta ou indiretamente, participação no capital social ou em sociedade cooperativa constituída para prestar serviços a seus membros; *(Incluído pela Lei nº 11.784, de 2008)*

II – gozo de licença para o trato de interesses particulares, na forma do art. 91 desta Lei, observada a legislação sobre conflito de interesses. (Incluído pela Lei nº 11.784, de 2008

CAPÍTULO III
Da Acumulação

Art. 118. Ressalvados os casos previstos na Constituição, é vedada a acumulação remunerada de cargos públicos.

§ 1º A proibição de acumular estende-se a cargos, empregos e funções em autarquias, fundações públicas, empresas públicas, sociedades de economia mista da União, do Distrito Federal, dos Estados, dos Territórios e dos Municípios.

§ 2º A acumulação de cargos, ainda que lícita, fica condicionada à comprovação da compatibilidade de horários.

§ 3º Considera-se acumulação proibida a percepção de vencimento de cargo ou emprego público efetivo com proventos da inatividade, salvo quando os cargos de que decorram essas remunerações forem acumuláveis na atividade. *(Incluído pela Lei nº 9.527, de 10/12/1997)*

Art. 119. O servidor não poderá exercer mais de um cargo em comissão, exceto no caso previsto no parágrafo único do art. 9º, nem ser remunerado pela participação em órgão de deliberação coletiva. *(Redação dada pela Lei nº 9.527, de 10/12/1997)*

Parágrafo único. O disposto neste artigo não se aplica à remuneração devida pela participação em conselhos de administração e fiscal das empresas públicas e sociedades de economia mista, suas subsidiárias e controladas, bem como quaisquer empresas ou entidades em que a União, direta ou indiretamente, detenha participação no capital social, observado o que, a respeito, dispuser legislação específica. *(Redação dada pela Medida Provisória nº 2.225-45, de 4/9/2001)*

Art. 120. O servidor vinculado ao regime desta Lei, que acumular licitamente dois cargos efetivos, quando investido em cargo de provimento em comissão, ficará afastado de ambos os cargos efetivos, salvo na hipótese em que houver compatibilidade de horário e local com o exercício de um deles, declarada pelas autoridades máximas dos órgãos ou entidades envolvidos. *(Redação dada pela Lei nº 9.527, de 10/12/97)*

CAPÍTULO IV
Das Responsabilidades

Art. 121. O servidor responde civil, penal e administrativamente pelo exercício irregular de suas atribuições.

Art. 122. A responsabilidade civil decorre de ato omissivo ou comissivo, doloso ou culposo, que resulte em prejuízo ao erário ou a terceiros.

§ 1º A indenização de prejuízo dolosamente causado ao erário somente será liquidada na forma prevista no art. 46, na falta de outros bens que assegurem a execução do débito pela via judicial.

§ 2º Tratando-se de dano causado a terceiros, responderá o servidor perante a Fazenda Pública, em ação regressiva.

§ 3º A obrigação de reparar o dano estende-se aos sucessores e contra eles será executada, até o limite do valor da herança recebida.

Art. 123. A responsabilidade penal abrange os crimes e contravenções imputadas ao servidor, nessa qualidade.

Art. 124. A responsabilidade civil-administrativa resulta de ato omissivo ou comissivo praticado no desempenho do cargo ou função.

Art. 125. As sanções civis, penais e administrativas poderão cumular-se, sendo independentes entre si.

Art. 126. A responsabilidade administrativa do servidor será afastada no caso de absolvição criminal que negue a existência do fato ou sua autoria.

Art. 126-A. Nenhum servidor poderá ser responsabilizado civil, penal ou administrativamente por dar ciência à autoridade superior ou, quando houver suspeita de envolvimento desta, a outra autoridade competente para apuração de informação concernente à prática de crimes ou improbidade de que tenha conhecimento, ainda que em decorrência do exercício de cargo, emprego ou função pública. *(Incluído pela Lei nº 12.527, de 2011)*

CAPÍTULO V
Das Penalidades

Art. 127. São penalidades disciplinares:

I – advertência;

II – suspensão;

III – demissão;

IV – cassação de aposentadoria ou disponibilidade;

V – destituição de cargo em comissão;

VI – destituição de função comissionada.

Art. 128. Na aplicação das penalidades serão consideradas a natureza e a gravidade da infração cometida, os danos que dela provierem para o serviço público, as circunstâncias agravantes ou atenuantes e os antecedentes funcionais.

Parágrafo único. O ato de imposição da penalidade mencionará sempre o fundamento legal e a causa da sanção disciplinar. *(Incluído pela Lei nº 9.527, de 10/12/1997)*

Art. 129. A advertência será aplicada por escrito, nos casos de violação de proibição constante do art. 117, incisos I a VIII e XIX, e de inobservância de dever funcional previsto em lei, regulamentação ou norma interna, que não justifique imposição de penalidade mais grave. *(Redação dada pela Lei nº 9.527, de 10/12/1997)*

Art. 130. A suspensão será aplicada em caso de reincidência das faltas punidas com advertência e de violação das demais proibições que não tipifiquem infração sujeita a penalidade de demissão, não podendo exceder de 90 (noventa) dias.

§ 1º Será punido com suspensão de até 15 (quinze) dias o servidor que, injustificadamente, recusar-se a ser submetido a inspeção médica determinada pela autoridade competente, cessando os efeitos da penalidade uma vez cumprida a determinação.

§ 2º Quando houver conveniência para o serviço, a penalidade de suspensão poderá ser convertida em multa, na base de 50% (cinqüenta por cento) por dia de vencimento ou remuneração, ficando o servidor obrigado a permanecer em serviço.

Art. 131. As penalidades de advertência e de suspensão terão seus registros cancelados, após o decurso de 3 (três) e 5 (cinco) anos de efetivo exercício, respectivamente, se o servidor não houver, nesse período, praticado nova infração disciplinar.

Parágrafo único. O cancelamento da penalidade não surtirá efeitos retroativos.

Art. 132. A demissão será aplicada nos seguintes casos:

I – crime contra a administração pública;

II – abandono de cargo;

III – inassiduidade habitual;

IV – improbidade administrativa;

V – incontinência pública e conduta escandalosa, na repartição;

VI – insubordinação grave em serviço;

VII – ofensa física, em serviço, a servidor ou a particular, salvo em legítima defesa própria ou de outrem;

VIII – aplicação irregular de dinheiros públicos;

IX – revelação de segredo do qual se apropriou em razão do cargo;

X – lesão aos cofres públicos e dilapidação do patrimônio nacional;

XI – corrupção;

XII – acumulação ilegal de cargos, empregos ou funções públicas;

XIII – transgressão dos incisos IX a XVI do art. 117.

Art. 133. Detectada a qualquer tempo a acumulação ilegal de cargos, empregos ou funções públicas, a autoridade a que se refere o art. 143 notificará o servidor, por intermédio de sua chefia imediata, para apresentar opção no prazo improrrogável de dez dias, contados da data da ciência e, na hipótese de omissão, adotará procedimento sumário para a sua apuração e regularização imediata, cujo processo administrativo disciplinar se desenvolverá nas seguintes fases: *(Redação dada pela Lei nº 9.527, de 10/12/1997)*

I – instauração, com a publicação do ato que constituir a comissão, a ser composta por dois servidores estáveis, e simultaneamente indicar a autoria e a materialidade da transgressão objeto da apuração; *(Incluído pela Lei nº 9.527, de 10/12/1997)*

II – instrução sumária, que compreende indiciação, defesa e relatório; *(Incluído pela Lei nº 9.527, de 10/12/1997)*

III – julgamento. *(Incluído pela Lei nº 9.527, de 10/12/1997)*

§ 1º A indicação da autoria de que trata o inciso I dar-se-á pelo nome e matrícula do servidor, e a materialidade pela descrição dos cargos, empregos ou funções públicas em situação de acumulação ilegal, dos órgãos ou entidades de vinculação, das datas de ingresso, do horário de trabalho e do correspondente regime jurídico. *(Redação dada pela Lei nº 9.527, de 10/12/1997)*

§ 2º A comissão lavrará, até três dias após a publicação do ato que a constituiu, termo de indiciação em que serão transcritas as informações de que trata o parágrafo anterior, bem como promoverá a citação pessoal do servidor indiciado, ou por intermédio de sua chefia imediata, para, no prazo de 5 (cinco) dias, apresentar defesa escrita, assegurando-se-lhe vista do processo na repartição, observado o disposto nos arts. 163 e 164. *(Redação dada pela Lei nº 9.527, de 10/12/97)*

§ 3º Apresentada a defesa, a comissão elaborará relatório conclusivo quanto à inocência ou à responsabilidade do servidor, em que resumirá as peças principais dos autos, opinará sobre a licitude da acumulação em exame, indicará o respectivo dispositivo legal e remeterá o processo à autoridade instauradora, para julgamento. *(Incluído pela Lei nº 9.527, de 10/12/1997)*

§ 4º No prazo de 5 (cinco) dias, contados do recebimento do processo, a autoridade julgadora proferirá a sua decisão, aplicando-se, quando for o caso, o disposto no § 3º do art. 167. *(Incluído pela Lei nº 9.527, de 10/12/97)*

§ 5º A opção pelo servidor até o último dia de prazo para defesa configurará sua boa-fé, hipótese em que se converterá automaticamente em pedido de exoneração do outro cargo. *(Incluído pela Lei nº 9.527, de 10/12/1997)*

§ 6º Caracterizada a acumulação ilegal e provada a má-fé, aplicar-se-á a pena de demissão, destituição ou cassação de aposentadoria ou disponibilidade em relação aos cargos, empregos ou funções públicas em regime de acumulação ilegal, hipótese em que os órgãos ou entidades de vinculação serão comunicados. *(Incluído pela Lei nº 9.527, de 10/12/1997)*

§ 7º O prazo para a conclusão do processo administrativo disciplinar submetido ao rito sumário não excederá trinta dias, contados da data de publicação do ato que constituir a comissão, admitida a sua prorrogação por até quinze dias, quando as circunstâncias o exigirem. *(Incluído pela Lei nº 9.527, de 10/12/1997)*

§ 8º O procedimento sumário rege-se pelas disposições deste artigo, observando-se, no que lhe for aplicável, subsidiariamente, as disposições dos Títulos IV e V desta Lei. *(Incluído pela Lei nº 9.527, de 10/12/1997)*

Art. 134. Será cassada a aposentadoria ou a disponibilidade do inativo que houver praticado, na atividade, falta punível com a demissão.

Art. 135. A destituição de cargo em comissão exercido por não ocupante de cargo efetivo será aplicada nos casos de infração sujeita às penalidades de suspensão e de demissão.

Parágrafo único. Constatada a hipótese de que trata este artigo, a exoneração efetuada nos termos do art. 35 será convertida em destituição de cargo em comissão.

Art. 136. A demissão ou a destituição de cargo em comissão, nos casos dos incisos IV, VIII, X e XI do art. 132, implica a indisponibilidade dos bens e o ressarcimento ao erário, sem prejuízo da ação penal cabível.

Art. 137. A demissão ou a destituição de cargo em comissão, por infringência do art. 117, incisos IX e XI, incompatibiliza o ex-servidor para nova investidura em cargo público federal, pelo prazo de 5 (cinco) anos.

Parágrafo único. Não poderá retornar ao serviço público federal o servidor que for demitido ou destituído do cargo em comissão por infringência do art. 132, incisos I, IV, VIII, X e XI.

Art. 138. Configura abandono de cargo a ausência intencional do servidor ao serviço por mais de trinta dias consecutivos.

Art. 139. Entende-se por inassiduidade habitual a falta ao serviço, sem causa justificada, por 60 (sessenta) dias, interpoladamente, durante o período de 12 (doze) meses.

Art. 140. Na apuração de abandono de cargo ou inassiduidade habitual, também será adotado o procedimento sumário a que se refere o art. 133, observando-se especialmente que: *(Redação dada pela Lei nº 9.527, de 10/12/1997)*

I – a indicação da materialidade dar-se-á: *(Incluído pela Lei nº 9.527, de 10/12/1997)*

a) na hipótese de abandono de cargo, pela indicação precisa do período de ausência intencional do servidor ao serviço superior a trinta dias; *(Incluído pela Lei nº 9.527, de 10/12/1997)*

b) no caso de inassiduidade habitual, pela indicação dos dias de falta ao serviço sem causa justificada, por período igual ou superior a sessenta dias interpoladamente, durante o período de doze meses; *(Incluído pela Lei nº 9.527, de 10/12/1997)*

II – após a apresentação da defesa, a comissão elaborará relatório conclusivo quanto à inocência ou à responsabilidade do servidor, em que resumirá as peças principais dos autos, indicará o respectivo dispositivo legal, opinará, na hipótese de abandono de cargo, sobre a intencionalidade da ausência ao serviço superior a 30 (trinta) dias e remeterá o processo à autoridade instauradora para julgamento. *(Incluído pela Lei nº 9.527, de 10/12/1997)*

Art. 141. As penalidades disciplinares serão aplicadas:

I – pelo Presidente da República, pelos Presidentes das Casas do Poder Legislativo e dos Tribunais Federais e pelo Procurador-Geral da República, quando se tratar de demissão e cassação de aposentadoria ou disponibilidade de servidor vinculado ao respectivo Poder, órgão, ou entidade;

II – pelas autoridades administrativas de hierarquia imediatamente inferior àquelas mencionadas no inciso anterior quando se tratar de suspensão superior a 30 (trinta) dias;

III – pelo chefe da repartição e outras autoridades na forma dos respectivos regimentos ou regulamentos, nos casos de advertência ou de suspensão de até 30 (trinta) dias;

IV – pela autoridade que houver feito a nomeação, quando se tratar de destituição de cargo em comissão.

Art. 142. A ação disciplinar prescreverá:

I – em 5 (cinco) anos, quanto às infrações puníveis com demissão, cassação de aposentadoria ou disponibilidade e destituição de cargo em comissão;

II – em 2 (dois) anos, quanto à suspensão;

III – em 180 (cento e oitenta) dias, quanto à advertência.

§ 1º O prazo de prescrição começa a correr da data em que o fato se tornou conhecido.

§ 2º Os prazos de prescrição previstos na lei penal aplicam-se às infrações disciplinares capituladas também como crime.

§ 3º A abertura de sindicância ou a instauração de processo disciplinar interrompe a prescrição, até a decisão final proferida por autoridade competente.

§ 4º Interrompido o curso da prescrição, o prazo começará a correr a partir do dia em que cessar a interrupção.

TÍTULO V
DO PROCESSO ADMINISTRATIVO DISCIPLINAR

CAPÍTULO I
Disposições Gerais

Art. 143. A autoridade que tiver ciência de irregularidade no serviço público é obrigada a promover a sua apuração imediata, mediante sindicância ou processo administrativo disciplinar, assegurada ao acusado ampla defesa.

§ 1º *(Revogado pela Lei nº 11.204, de 2005)*

§ 2º *(Revogado pela Lei nº 11.204, de 2005)*

§ 3º A apuração de que trata o *caput*, por solicitação da autoridade a que se refere, poderá ser promovida por autoridade de órgão ou entidade diverso daquele em que tenha ocorrido a irregularidade, mediante competência específica para tal finalidade, delegada em caráter permanente ou temporário pelo Presidente da República, pelos presidentes das Casas do Poder Legislativo e dos Tribunais Federais e pelo Procurador-Geral da República, no âmbito do respectivo Poder, órgão ou entidade, preservadas as competências para o julgamento que se seguir à apuração. *(Incluído pela Lei nº 9.527, de 10/12/1997)*

Art. 144. As denúncias sobre irregularidades serão objeto de apuração, desde que contenham a identificação e o endereço do denunciante e sejam formuladas por escrito, confirmada a autenticidade.

Parágrafo único. Quando o fato narrado não configurar evidente infração disciplinar ou ilícito penal, a denúncia será arquivada, por falta de objeto.

Art. 145. Da sindicância poderá resultar:

I – arquivamento do processo;

II – aplicação de penalidade de advertência ou suspensão de até 30 (trinta) dias;

III – instauração de processo disciplinar.

Parágrafo único. O prazo para conclusão da sindicância não excederá 30 (trinta) dias, podendo ser prorrogado por igual período, a critério da autoridade superior.

Art. 146. Sempre que o ilícito praticado pelo servidor ensejar a imposição de penalidade de suspensão por mais de 30 (trinta) dias, de demissão, cassação de aposentadoria ou disponibilidade, ou destituição de cargo em comissão, será obrigatória a instauração de processo disciplinar.

CAPÍTULO II
Do Afastamento Preventivo

Art. 147. Como medida cautelar e a fim de que o servidor não venha a influir na apuração da irregularidade, a autoridade instauradora do processo disciplinar poderá determinar o seu afastamento do exercício do cargo, pelo prazo de até 60 (sessenta) dias, sem prejuízo da remuneração.

Parágrafo único. O afastamento poderá ser prorrogado por igual prazo, findo o qual cessarão os seus efeitos, ainda que não concluído o processo.

CAPÍTULO III
Do Processo Disciplinar

Art. 148. O processo disciplinar é o instrumento destinado a apurar responsabilidade de servidor por infração praticada no exercício de suas atribuições, ou que tenha relação com as atribuições do cargo em que se encontre investido.

Art. 149. O processo disciplinar será conduzido por comissão composta de três servidores estáveis designados pela autoridade competente, observado o disposto no § 3º do art. 143, que indicará, dentre eles, o seu presidente, que deverá ser ocupante de cargo efetivo superior ou de mesmo nível, ou ter nível de escolaridade igual ou superior ao do indiciado. *(Redação dada pela Lei nº 9.527, de 10/12/1997)*

§ 1º A Comissão terá como secretário servidor designado pelo seu presidente, podendo a indicação recair em um de seus membros.

§ 2º Não poderá participar de comissão de sindicância ou de inquérito, cônjuge, companheiro ou parente do acusado, consangüíneo ou afim, em linha reta ou colateral, até o terceiro grau.

Art. 150. A Comissão exercerá suas atividades com independência e imparcialidade, assegurado o sigilo necessário à elucidação do fato ou exigido pelo interesse da administração.

Parágrafo único. As reuniões e as audiências das comissões terão caráter reservado.

Art. 151. O processo disciplinar se desenvolve nas seguintes fases:

I – instauração, com a publicação do ato que constituir a comissão;

II – inquérito administrativo, que compreende instrução, defesa e relatório;

III – julgamento.

Art. 152. O prazo para a conclusão do processo disciplinar não excederá 60 (sessenta) dias, contados da data de publicação do ato que constituir a comissão, admitida a sua prorrogação por igual prazo, quando as circunstâncias o exigirem.

§ 1º Sempre que necessário, a comissão dedicará tempo integral aos seus trabalhos, ficando seus membros dispensados do ponto, até a entrega do relatório final.

§ 2º As reuniões da comissão serão registradas em atas que deverão detalhar as deliberações adotadas.

Seção I
Do Inquérito

Art. 153. O inquérito administrativo obedecerá ao princípio do contraditório, assegurada ao acusado ampla defesa, com a utilização dos meios e recursos admitidos em direito.

Art. 154. Os autos da sindicância integrarão o processo disciplinar, como peça informativa da instrução.

Parágrafo único. Na hipótese de o relatório da sindicância concluir que a infração está capitulada como ilícito penal, a autoridade competente encaminhará cópia dos autos ao Ministério Público, independentemente da imediata instauração do processo disciplinar.

Art. 155. Na fase do inquérito, a comissão promoverá a tomada de depoimentos, acareações, investigações e diligências cabíveis, objetivando a coleta de prova, recorrendo, quando necessário, a técnicos e peritos, de modo a permitir a completa elucidação dos fatos.

Art. 156. É assegurado ao servidor o direito de acompanhar o processo pessoalmente ou por intermédio de procurador, arrolar e reinquirir testemunhas, produzir provas e contraprovas e formular quesitos, quando se tratar de prova pericial.

§ 1º O presidente da comissão poderá denegar pedidos considerados impertinentes, meramente protelatórios, ou de nenhum interesse para o esclarecimento dos fatos.

§ 2º Será indeferido o pedido de prova pericial, quando a comprovação do fato independer de conhecimento especial de perito.

Art. 157. As testemunhas serão intimadas a depor mediante mandado expedido pelo presidente da comissão, devendo a segunda via, com o ciente do interessado, ser anexado aos autos.

Parágrafo único. Se a testemunha for servidor público, a expedição do mandado será imediatamente comunicada ao chefe da repartição onde serve, com a indicação do dia e hora marcados para inquirição.

Art. 158. O depoimento será prestado oralmente e reduzido a termo, não sendo lícito à testemunha trazê-lo por escrito.

§ 1º As testemunhas serão inquiridas separadamente.

§ 2º Na hipótese de depoimentos contraditórios ou que se infirmem, proceder-se-á à acareação entre os depoentes.

Art. 159. Concluída a inquirição das testemunhas, a comissão promoverá o interrogatório do acusado, observados os procedimentos previstos nos arts. 157 e 158.

§ 1º No caso de mais de um acusado, cada um deles será ouvido separadamente, e sempre que divergirem em suas declarações sobre fatos ou circunstâncias, será promovida a acareação entre eles.

§ 2º O procurador do acusado poderá assistir ao interrogatório, bem como à inquirição das testemunhas, sendo-lhe vedado interferir nas perguntas e respostas, facultando-se-lhe, porém, reinquiri-las, por intermédio do presidente da comissão.

Art. 160. Quando houver dúvida sobre a sanidade mental do acusado, a comissão proporá à autoridade competente que ele seja submetido a exame por junta médica oficial, da qual participe pelo menos um médico psiquiatra.

Parágrafo único. O incidente de sanidade mental será processado em autoapartado e apenso ao processo principal, após a expedição do laudo pericial.

Art. 161. Tipificada a infração disciplinar, será formulada a indiciação do servidor, com a especificação dos fatos a ele imputados e das respectivas provas.

§ 1º O indiciado será citado por mandado expedido pelo presidente da comissão para apresentar defesa escrita, no prazo de 10 (dez) dias, assegurando-se-lhe vista do processo na repartição.

§ 2º Havendo dois ou mais indiciados, o prazo será comum e de 20 (vinte) dias.

§ 3º O prazo de defesa poderá ser prorrogado pelo dobro, para diligências reputadas indispensáveis.

§ 4º No caso de recusa do indiciado em apor o ciente na cópia da citação, o prazo para defesa contar-se-á da data declarada, em termo próprio, pelo membro da comissão que fez a citação, com a assinatura de (2) duas testemunhas.

Art. 162. O indiciado que mudar de residência fica obrigado a comunicar à comissão o lugar onde poderá ser encontrado.

Art. 163. Achando-se o indiciado em lugar incerto e não sabido, será citado por edital, publicado no Diário Oficial da União e em jornal de grande circulação na localidade do último domicílio conhecido, para apresentar defesa.

Parágrafo único. Na hipótese deste artigo, o prazo para defesa será de 15 (quinze) dias a partir da última publicação do edital.

Art. 164. Considerar-se-á revel o indiciado que, regularmente citado, não apresentar defesa no prazo legal.

§ 1º A revelia será declarada, por termo, nos autos do processo e devolverá o prazo para a defesa.

§ 2º Para defender o indiciado revel, a autoridade instauradora do processo designará um servidor como defensor dativo, que deverá ser ocupante de cargo efetivo superior ou de mesmo nível, ou ter nível de escolaridade igual ou superior ao do indiciado. *(Redação dada pela Lei nº 9.527, de 10/12/1997)*

Art. 165. Apreciada a defesa, a comissão elaborará relatório minucioso, onde resumirá as peças principais dos autos e mencionará as provas em que se baseou para formar a sua convicção.

§ 1º O relatório será sempre conclusivo quanto à inocência ou à responsabilidade do servidor.

§ 2º Reconhecida a responsabilidade do servidor, a comissão indicará o dispositivo legal ou regulamentar transgredido, bem como as circunstâncias agravantes ou atenuantes.

Art. 166. O processo disciplinar, com o relatório da comissão, será remetido à autoridade que determinou a sua instauração, para julgamento.

Seção II
Do Julgamento

Art. 167. No prazo de 20 (vinte) dias, contados do recebimento do processo, a autoridade julgadora proferirá a sua decisão.

§ 1º Se a penalidade a ser aplicada exceder a alçada da autoridade instauradora do processo, este será encaminhado à autoridade competente, que decidirá em igual prazo.

§ 2º Havendo mais de um indiciado e diversidade de sanções, o julgamento caberá à autoridade competente para a imposição da pena mais grave.

§ 3º Se a penalidade prevista for a demissão ou cassação de aposentadoria ou disponibilidade, o julgamento caberá às autoridades de que trata o inciso I do art. 141.

§ 4º Reconhecida pela comissão a inocência do servidor, a autoridade instauradora do processo determinará o seu arquivamento, salvo se flagrantemente contrária à prova dos autos. *(Incluído pela Lei nº 9.527, de 10/12/1997)*

Art. 168. O julgamento acatará o relatório da comissão, salvo quando contrário às provas dos autos.

Parágrafo único. Quando o relatório da comissão contrariar as provas dos autos, a autoridade julgadora poderá, motivadamente, agravar a penalidade proposta, abrandá-la ou isentar o servidor de responsabilidade.

Art. 169. Verificada a ocorrência de vício insanável, a autoridade que determinou a instauração do processo ou outra de hierarquia superior declarará a sua nulidade, total ou parcial, e ordenará, no mesmo ato, a constituição de outra comissão para instauração de novo processo. *(Redação dada pela Lei nº 9.527, de 10/12/1997)*

§ 1º O julgamento fora do prazo legal não implica nulidade do processo.

§ 2º A autoridade julgadora que der causa à prescrição de que trata o art. 142, § 2º, será responsabilizada na forma do Capítulo IV do Título IV.

Art. 170. Extinta a punibilidade pela prescrição, a autoridade julgadora determinará o registro do fato nos assentamentos individuais do servidor.

Art. 171. Quando a infração estiver capitulada como crime, o processo disciplinar será remetido ao Ministério Público para instauração da ação penal, ficando trasladado na repartição.

Art. 172. O servidor que responder a processo disciplinar só poderá ser exonerado a pedido, ou aposentado voluntariamente, após a conclusão do processo e o cumprimento da penalidade, acaso aplicada.

Parágrafo único. Ocorrida a exoneração de que trata o parágrafo único, inciso I do art. 34, o ato será convertido em demissão, se for o caso.

Art. 173. Serão assegurados transporte e diárias:

I – ao servidor convocado para prestar depoimento fora da sede de sua repartição, na condição de testemunha, denunciado ou indiciado;

II – aos membros da comissão e ao secretário, quando obrigados a se deslocarem da sede dos trabalhos para a realização de missão essencial ao esclarecimento dos fatos.

Seção III
Da Revisão do Processo

Art. 174. O processo disciplinar poderá ser revisto, a qualquer tempo, a pedido ou de ofício, quando se aduzirem fatos novos ou circunstâncias suscetíveis de justificar a inocência do punido ou a inadequação da penalidade aplicada.

§ 1º Em caso de falecimento, ausência ou desaparecimento do servidor, qualquer pessoa da família poderá requerer a revisão do processo.

§ 2º No caso de incapacidade mental do servidor, a revisão será requerida pelo respectivo curador.

Art. 175. No processo revisional, o ônus da prova cabe ao requerente.

Art. 176. A simples alegação de injustiça da penalidade não constitui fundamento para a revisão, que requer elementos novos, ainda não apreciados no processo originário.

Art. 177. O requerimento de revisão do processo será dirigido ao Ministro de Estado ou autoridade equivalente, que, se autorizar a revisão, encaminhará o pedido ao dirigente do órgão ou entidade onde se originou o processo disciplinar.

Parágrafo único. Deferida a petição, a autoridade competente providenciará a constituição de comissão, na forma do art. 149.

Art. 178. A revisão correrá em apenso ao processo originário.

Parágrafo único. Na petição inicial, o requerente pedirá dia e hora para a produção de provas e inquirição das testemunhas que arrolar.

Art. 179. A comissão revisora terá 60 (sessenta) dias para a conclusão dos trabalhos.

Art. 180. Aplicam-se aos trabalhos da comissão revisora, no que couber, as normas e procedimentos próprios da comissão do processo disciplinar.

Art. 181. O julgamento caberá à autoridade que aplicou a penalidade, nos termos do art. 141.

Parágrafo único. O prazo para julgamento será de 20 (vinte) dias, contados do recebimento do processo, no curso do qual a autoridade julgadora poderá determinar diligências.

Art. 182. Julgada procedente a revisão, será declarada sem efeito a penalidade aplicada, restabelecendo-se todos os direitos do servidor, exceto em relação à destituição do cargo em comissão, que será convertida em exoneração.

Parágrafo único. Da revisão do processo não poderá resultar agravamento de penalidade.

TÍTULO VI
DA SEGURIDADE SOCIAL DO SERVIDOR

CAPÍTULO I
Disposições Gerais

Art. 183. A União manterá Plano de Seguridade Social para o servidor e sua família.

§ 1º O servidor ocupante de cargo em comissão que não seja, simultaneamente, ocupante de cargo ou emprego efetivo na administração pública direta, autárquica e fundacional não terá direito aos benefícios do Plano de Seguridade Social, com exceção da assistência à saúde. *(Redação dada pela Lei nº 10.667, de 14/5/2003)*

§ 2º O servidor afastado ou licenciado do cargo efetivo, sem direito à remuneração, inclusive para servir em organismo oficial internacional do qual o Brasil seja membro efetivo ou com o qual coopere, ainda que contribua para regime de previdência social no exterior, terá suspenso o seu vínculo com o regime do Plano de Seguridade Social do Servidor Público enquanto durar o afastamento ou a licença, não lhes assistindo, neste período, os benefícios do mencionado regime de previdência. *(Incluído pela Lei nº 10.667, de 14/5/2003)*

§ 3º Será assegurada ao servidor licenciado ou afastado sem remuneração a manutenção da vinculação ao regime do Plano de Seguridade Social do Servidor Público, mediante o recolhimento mensal da respectiva contribuição, no mesmo percentual devido pelos servidores em atividade, incidente sobre a remuneração total do cargo a que faz jus no exercício de suas atribuições, computando-se, para esse efeito, inclusive, as vantagens pessoais. *(Incluído pela Lei nº 10.667, de 14/5/2003)*

§ 4º O recolhimento de que trata o § 3º deve ser efetuado até o segundo dia útil após a data do pagamento das remunerações dos servidores públicos, aplicando-se os procedimentos de cobrança e execução dos tributos federais quando não recolhidas na data de vencimento. *(Incluído pela Lei nº 10.667, de 14.5.2003)*

Art. 184. O Plano de Seguridade Social visa a dar cobertura aos riscos a que estão sujeitos o servidor e sua família, e compreende um conjunto de benefícios e ações que atendam às seguintes finalidades:

I – garantir meios de subsistência nos eventos de doença, invalidez, velhice, acidente em serviço, inatividade, falecimento e reclusão;

II – proteção à maternidade, à adoção e à paternidade;

III – assistência à saúde.

Parágrafo único. Os benefícios serão concedidos nos termos e condições definidos em regulamento, observadas as disposições desta Lei.

Art. 185. Os benefícios do Plano de Seguridade Social do servidor compreendem:

I – quanto ao servidor:

a) aposentadoria;

b) auxílio-natalidade;

c) salário-família;

d) licença para tratamento de saúde;

e) licença à gestante, à adotante e licença-paternidade;

f) licença por acidente em serviço;

g) assistência à saúde;

h) garantia de condições individuais e ambientais de trabalho satisfatórias;

II – quanto ao dependente:

a) pensão vitalícia e temporária;

b) auxílio-funeral;

c) auxílio-reclusão;

d) assistência à saúde.

§ 1º As aposentadorias e pensões serão concedidas e mantidas pelos órgãos ou entidades aos quais se encontram vinculados os servidores, observado o disposto nos arts. 189 e 224.

§ 2º O recebimento indevido de benefícios havidos por fraude, dolo ou má-fé, implicará devolução ao erário do total auferido, sem prejuízo da ação penal cabível.

CAPÍTULO II
Dos Benefícios

Seção I
Da Aposentadoria

Art. 186. O servidor será aposentado: *(Vide art. 40 da Constituição)*

I – por invalidez permanente, sendo os proventos integrais quando decorrente de acidente em serviço, moléstia profissional ou doença grave, contagiosa ou incurável, especificada em lei, e proporcionais nos demais casos;

II – compulsoriamente, aos setenta anos de idade, com proventos proporcionais ao tempo de serviço;

III – voluntariamente:

a) aos 35 (trinta e cinco) anos de serviço, se homem, e aos 30 (trinta) se mulher, com proventos integrais;

b) aos 30 (trinta) anos de efetivo exercício em funções de magistério se professor, e 25 (vinte e cinco) se professora, com proventos integrais;

c) aos 30 (trinta) anos de serviço, se homem, e aos 25 (vinte e cinco) se mulher, com proventos proporcionais a esse tempo;

d) aos 65 (sessenta e cinco) anos de idade, se homem, e aos 60 (sessenta) se mulher, com proventos proporcionais ao tempo de serviço.

§ 1º Consideram-se doenças graves, contagiosas ou incuráveis, a que se refere o inciso I deste artigo, tuberculose ativa, alienação mental, esclerose múltipla, neoplasia maligna, cegueira posterior ao ingresso no serviço público, hanseníase, cardiopatia grave, doença de Parkinson, paralisia irreversível e incapacitante, espondiloartrose anquilosante, nefropatia grave, estados avançados do mal de Paget (osteíte deformante), Síndrome de Imunodeficiência Adquirida - AIDS, e outras que a lei indicar, com base na medicina especializada.

§ 2º Nos casos de exercício de atividades consideradas insalubres ou perigosas, bem como nas hipóteses previstas no art. 71, a aposentadoria de que trata o inciso III, *a* e *c*, observará o disposto em lei específica.

§ 3º Na hipótese do inciso I o servidor será submetido à junta médica oficial, que atestará a invalidez quando caracterizada a incapacidade para o desempenho das atribuições do cargo ou a impossibilidade de se aplicar o disposto no art. 24. *(Incluído pela Lei nº 9.527, de 10/12/1997)*

Art. 187. A aposentadoria compulsória será automática, e declarada por ato, com vigência a partir do dia imediato àquele em que o servidor atingir a idade-limite de permanência no serviço ativo.

Art. 188. A aposentadoria voluntária ou por invalidez vigorará a partir da data da publicação do respectivo ato.

§ 1º A aposentadoria por invalidez será precedida de licença para tratamento de saúde, por período não excedente a 24 (vinte e quatro) meses.

§ 2º Expirado o período de licença e não estando em condições de reassumir o cargo ou de ser readaptado, o servidor será aposentado.

§ 3º O lapso de tempo compreendido entre o término da licença e a publicação do ato da aposentadoria será considerado como de prorrogação da licença.

§ 4º Para os fins do disposto no § 1º deste artigo, serão consideradas apenas as licenças motivadas pela enfermidade ensejadora da invalidez ou doenças correlacionadas. *(Incluído pela Lei nº 11.907, de 2009)*

§ 5º A critério da Administração, o servidor em licença para tratamento de saúde ou aposentado por invalidez poderá ser convocado a qualquer momento, para avaliação das condições que ensejaram o afastamento ou a aposentadoria. *(Incluído pela Lei nº 11.907, de 2009)*

Art. 189. O provento da aposentadoria será calculado com observância do disposto no § 3º do art. 41, e revisto na mesma data e proporção, sempre que se modificar a remuneração dos servidores em atividade.

Parágrafo único. São estendidos aos inativos quaisquer benefícios ou vantagens posteriormente concedidas aos servidores em atividade, inclusive quando decorrentes de transformação ou reclassificação do cargo ou função em que se deu a aposentadoria.

Art. 190. O servidor aposentado com provento proporcional ao tempo de serviço se acometido de qualquer das moléstias especificadas no § 1º do art. 186 desta Lei e, por esse motivo, for considerado inválido por junta médica oficial passará a perceber provento integral, calculado com base no fundamento legal de concessão da aposentadoria. *(Redação dada pela Lei nº 11.907, de 2009)*

Art. 191. Quando proporcional ao tempo de serviço, o provento não será inferior a 1/3 (um terço) da remuneração da atividade.

Art. 192. *(Revogado pela Lei nº 9.527, de 10/12/1997)*

Art. 193. *(Revogado pela Lei nº 9.527, de 10/12/1997)*

Art. 194. Ao servidor aposentado será paga a gratificação natalina, até o dia vinte do mês de dezembro, em valor equivalente ao respectivo provento, deduzido o adiantamento recebido.

Art. 195. Ao ex-combatente que tenha efetivamente participado de operações bélicas, durante a Segunda Guerra Mundial, nos termos da Lei nº 5.315, de 12 de setembro de 1967, será concedida aposentadoria com provento integral, aos 25 (vinte e cinco) anos de serviço efetivo.

Seção II
Do Auxílio-Natalidade

Art. 196. O auxílio-natalidade é devido à servidora por motivo de nascimento de filho, em quantia equivalente ao menor vencimento do serviço público, inclusive no caso de natimorto.

§ 1º Na hipótese de parto múltiplo, o valor será acrescido de 50% (cinqüenta por cento), por nascituro.

§ 2º O auxílio será pago ao cônjuge ou companheiro servidor público, quando a parturiente não for servidora.

Seção III
Do Salário-Família

Art. 197. O salário-família é devido ao servidor ativo ou ao inativo, por dependente econômico.

Parágrafo único. Consideram-se dependentes econômicos para efeito de percepção do salário-família:

I – o cônjuge ou companheiro e os filhos, inclusive os enteados até 21 (vinte e um) anos de idade ou, se estudante, até 24 (vinte e quatro) anos ou, se inválido, de qualquer idade;

II – o menor de 21 (vinte e um) anos que, mediante autorização judicial, viver na companhia e às expensas do servidor, ou do inativo;

III – a mãe e o pai sem economia própria.

Art. 198. Não se configura a dependência econômica quando o beneficiário do salário-família perceber rendimento do trabalho ou de qualquer outra fonte, inclusive pensão ou provento da aposentadoria, em valor igual ou superior ao salário-mínimo.

Art. 199. Quando o pai e mãe forem servidores públicos e viverem em comum, o salário-família será pago a um deles; quando separados, será pago a um e outro, de acordo com a distribuição dos dependentes.

Parágrafo único. Ao pai e à mãe equiparam-se o padrasto, a madrasta e, na falta destes, os representantes legais dos incapazes.

Art. 200. O salário-família não está sujeito a qualquer tributo, nem servirá de base para qualquer contribuição, inclusive para a Previdência Social.

Art. 201. O afastamento do cargo efetivo, sem remuneração, não acarreta a suspensão do pagamento do salário-família.

Seção IV
Da Licença para Tratamento de Saúde

Art. 202. Será concedida ao servidor licença para tratamento de saúde, a pedido ou de ofício, com base em perícia médica, sem prejuízo da remuneração a que fizer jus.

Art. 203. A licença de que trata o art. 202 desta Lei será concedida com base em perícia oficial. *(Redação dada pela Lei nº 11.907, de 2009)*

§ 1º Sempre que necessário, a inspeção médica será realizada na residência do servidor ou no estabelecimento hospitalar onde se encontrar internado.

§ 2º Inexistindo médico no órgão ou entidade no local onde se encontra ou tenha exercício em caráter permanente o servidor, e não se configurando as hipóteses previstas nos parágrafos do art. 230, será aceito atestado passado por médico particular. *(Redação dada pela Lei nº 9.527, de 10/12/1997)*

§ 3º No caso do § 2º deste artigo, o atestado somente produzirá efeitos depois de recepcionado pela unidade de recursos humanos do órgão ou entidade. *(Redação dada pela Lei nº 11.907, de 2009)*

§ 4º A licença que exceder o prazo de 120 (cento e vinte) dias no período de 12 (doze) meses a contar do primeiro dia de afastamento será concedida mediante avaliação por junta médica oficial. *(Redação dada pela Lei nº 11.907, de 2009)*

§ 5º A perícia oficial para concessão da licença de que trata o *caput* deste artigo, bem como nos demais casos de perícia oficial previstos nesta Lei, será efetuada por cirurgiões-dentistas, nas hipóteses em que abranger o campo de atuação da odontologia. *(Incluído pela Lei nº 11.907, de 2009)*

Art. 204. A licença para tratamento de saúde inferior a 15 (quinze) dias, dentro de 1 (um) ano, poderá ser dispensada de perícia oficial, na forma definida em regulamento. *(Redação dada pela Lei nº 11.907, de 2009)*

Art. 205. O atestado e o laudo da junta médica não se referirão ao nome ou natureza da doença, salvo quando se tratar de lesões produzidas por acidente em serviço, doença profissional ou qualquer das doenças especificadas no art. 186, § 1º.

Art. 206. O servidor que apresentar indícios de lesões orgânicas ou funcionais será submetido à inspeção médica.

Art. 206-A. O servidor será submetido a exames médicos periódicos, nos termos e condições definidos em regulamento. *(Incluído pela Lei nº 11.907, de 2009)*

Seção V
Da Licença à Gestante, à Adotante e da Licença-Paternidade

Art. 207. Será concedida licença à servidora gestante por 120 (cento e vinte) dias consecutivos, sem prejuízo da remuneração. *(Vide Decreto nº 6.690, de 2008)*

§ 1º A licença poderá ter início no primeiro dia do nono mês de gestação, salvo antecipação por prescrição médica.

§ 2º No caso de nascimento prematuro, a licença terá início a partir do parto.

§ 3º No caso de natimorto, decorridos 30 (trinta) dias do evento, a servidora será submetida a exame médico, e se julgada apta, reassumirá o exercício.

§ 4º No caso de aborto atestado por médico oficial, a servidora terá direito a 30 (trinta) dias de repouso remunerado.

Art. 208. Pelo nascimento ou adoção de filhos, o servidor terá direito à licença -paternidade de 5 (cinco) dias consecutivos.

Art. 209. Para amamentar o próprio filho, até a idade de 6 (seis) meses, a servidora lactante terá direito, durante a jornada de trabalho, a uma hora de descanso, que poderá ser parcelada em dois períodos de meia hora.

Art. 210. À servidora que adotar ou obtiver guarda judicial de criança até 1 (um) ano de idade, serão concedidos 90 (noventa) dias de licença remunerada. *(Vide Decreto nº 6.691, de 2008)*

Parágrafo único. No caso de adoção ou guarda judicial de criança com mais de 1 (um) ano de idade, o prazo de que trata este artigo será de 30 (trinta) dias.

Seção VI
Da Licença por Acidente em Serviço

Art. 211. Será licenciado, com remuneração integral, o servidor acidentado em serviço.

Art. 212. Configura acidente em serviço o dano físico ou mental sofrido pelo servidor, que se relacione, mediata ou imediatamente, com as atribuições do cargo exercido.

Parágrafo único. Equipara-se ao acidente em serviço o dano:

I – decorrente de agressão sofrida e não provocada pelo servidor no exercício do cargo;

II – sofrido no percurso da residência para o trabalho e vice-versa.

Art. 213. O servidor acidentado em serviço que necessite de tratamento especializado poderá ser tratado em instituição privada, à conta de recursos públicos.

Parágrafo único. O tratamento recomendado por junta médica oficial constitui medida de exceção e somente será admissível quando inexistirem meios e recursos adequados em instituição pública.

Art. 214. A prova do acidente será feita no prazo de 10 (dez) dias, prorrogável quando as circunstâncias o exigirem.

Seção VII
Da Pensão

Art. 215. Por morte do servidor, os dependentes fazem jus a uma pensão mensal de valor correspondente ao da respectiva remuneração ou provento, a partir da data do óbito, observado o limite estabelecido no art. 42.

Art. 216. As pensões distinguem-se, quanto à natureza, em vitalícias e temporárias.

§ 1º A pensão vitalícia é composta de cota ou cotas permanentes, que somente se extinguem ou revertem com a morte de seus beneficiários.

§ 2º A pensão temporária é composta de cota ou cotas que podem se extinguir ou reverter por motivo de morte, cessação de invalidez ou maioridade do beneficiário.

Art. 217. São beneficiários das pensões:

I – vitalícia:

a) o cônjuge;

b) a pessoa desquitada, separada judicialmente ou divorciada, com percepção de pensão alimentícia;

c) o companheiro ou companheira designado que comprove união estável como entidade familiar;

d) a mãe e o pai que comprovem dependência econômica do servidor;

e) a pessoa designada, maior de 60 (sessenta) anos e a pessoa portadora de deficiência, que vivam sob a dependência econômica do servidor;

II – temporária:

a) os filhos, ou enteados, até 21 (vinte e um) anos de idade, ou, se inválidos, enquanto durar a invalidez;

b) o menor sob guarda ou tutela até 21 (vinte e um) anos de idade;

c) o irmão órfão, até 21 (vinte e um) anos, e o inválido, enquanto durar a invalidez, que comprovem dependência econômica do servidor;

d) a pessoa designada que viva na dependência econômica do servidor, até 21 (vinte e um) anos, ou, se inválida, enquanto durar a invalidez.

§ 1º A concessão de pensão vitalícia aos beneficiários de que tratam as alíneas *a* e *c* do inciso I deste artigo exclui desse direito os demais beneficiários referidos nas alíneas *d* e *e*.

§ 2º A concessão da pensão temporária aos beneficiários de que tratam as alíneas *a* e *b* do inciso II deste artigo exclui desse direito os demais beneficiários referidos nas alíneas *c* e *d*.

Art. 218. A pensão será concedida integralmente ao titular da pensão vitalícia, exceto se existirem beneficiários da pensão temporária.

§ 1º Ocorrendo habilitação de vários titulares à pensão vitalícia, o seu valor será distribuído em partes iguais entre os beneficiários habilitados.

§ 2º Ocorrendo habilitação às pensões vitalícia e temporária, metade do valor caberá ao titular ou titulares da pensão vitalícia, sendo a outra metade rateada em partes iguais, entre os titulares da pensão temporária.

§ 3º Ocorrendo habilitação somente à pensão temporária, o valor integral da pensão será rateado, em partes iguais, entre os que se habilitarem.

Art. 219. A pensão poderá ser requerida a qualquer tempo, prescrevendo tão-somente as prestações exigíveis há mais de 5 (cinco) anos.

Parágrafo único. Concedida a pensão, qualquer prova posterior ou habilitação tardia que implique exclusão de beneficiário ou redução de pensão só produzirá efeitos a partir da data em que for oferecida.

Art. 220. Não faz jus à pensão o beneficiário condenado pela prática de crime doloso de que tenha resultado a morte do servidor.

Art. 221. Será concedida pensão provisória por morte presumida do servidor, nos seguintes casos:

I – declaração de ausência, pela autoridade judiciária competente;

II – desaparecimento em desabamento, inundação, incêndio ou acidente não caracterizado como em serviço;

III – desaparecimento no desempenho das atribuições do cargo ou em missão de segurança.

Parágrafo único. A pensão provisória será transformada em vitalícia ou temporária, conforme o caso, decorridos 5 (cinco) anos de sua vigência, ressalvado o eventual reaparecimento do servidor, hipótese em que o benefício será automaticamente cancelado.

Art. 222. Acarreta perda da qualidade de beneficiário:

I – o seu falecimento;

II – a anulação do casamento, quando a decisão ocorrer após a concessão da pensão ao cônjuge;

III – a cessação de invalidez, em se tratando de beneficiário inválido;

IV – a maioridade de filho, irmão órfão ou pessoa designada, aos 21 (vinte e um) anos de idade;

V – a acumulação de pensão na forma do art. 225;

VI – a renúncia expressa.

Parágrafo único. A critério da Administração, o beneficiário de pensão temporária motivada por invalidez poderá ser convocado a qualquer momento para avaliação das condições que ensejaram a concessão do benefício. *(Incluído pela Lei nº 11.907, de 2009)*

Art. 223. Por morte ou perda da qualidade de beneficiário, a respectiva cota reverterá:

I – da pensão vitalícia para os remanescentes desta pensão ou para os titulares da pensão temporária, se não houver pensionista remanescente da pensão vitalícia;

II – da pensão temporária para os cobeneficiários ou, na falta destes, para o beneficiário da pensão vitalícia.

Art. 224. As pensões serão automaticamente atualizadas na mesma data e na mesma proporção dos reajustes dos vencimentos dos servidores, aplicando-se o disposto no parágrafo único do art. 189.

Art. 225. Ressalvado o direito de opção, é vedada a percepção cumulativa de mais de duas pensões.

Seção VIII
Do Auxílio-Funeral

Art. 226. O auxílio-funeral é devido à família do servidor falecido na atividade ou aposentado, em valor equivalente a um mês da remuneração ou provento.

§ 1º No caso de acumulação legal de cargos, o auxílio será pago somente em razão do cargo de maior remuneração.

§ 2º (Vetado).

§ 3º O auxílio será pago no prazo de 48 (quarenta e oito) horas, por meio de procedimento sumaríssimo, à pessoa da família que houver custeado o funeral.

Art. 227. Se o funeral for custeado por terceiro, este será indenizado, observado o disposto no artigo anterior.

Art. 228. Em caso de falecimento de servidor em serviço fora do local de trabalho, inclusive no exterior, as despesas de transporte do corpo correrão à conta de recursos da União, autarquia ou fundação pública.

Seção IX
Do Auxílio-Reclusão

Art. 229. À família do servidor ativo é devido o auxílio-reclusão, nos seguintes valores:

I - 2/3 (dois terços) da remuneração, quando afastado por motivo de prisão, em flagrante ou preventiva, determinada pela autoridade competente, enquanto perdurar a prisão;

II - metade da remuneração, durante o afastamento, em virtude de condenação, por sentença definitiva, a pena que não determine a perda de cargo.

§ 1º Nos casos previstos no inciso I deste artigo, o servidor terá direito à integralização da remuneração, desde que absolvido.

§ 2º O pagamento do auxílio-reclusão cessará a partir do dia imediato àquele em que o servidor for posto em liberdade, ainda que condicional.

CAPÍTULO III
Da Assistência à Saúde

Art. 230. A assistência à saúde do servidor, ativo ou inativo, e de sua família compreende assistência médica, hospitalar, odontológica, psicológica e farmacêutica, terá como diretriz básica o implemento de ações preventivas voltadas para a promoção da saúde e será prestada pelo Sistema Único de Saúde – SUS, diretamente pelo órgão ou entidade ao qual estiver vinculado o servidor, ou mediante convênio ou contrato, ou ainda na forma de auxílio, mediante ressarcimento parcial do valor despendido pelo servidor, ativo ou inativo, e seus dependentes ou pensionistas com planos ou seguros privados de assistência à saúde, na forma estabelecida em regulamento. *(Redação dada pela Lei nº 11.302, de 2006)*

§ 1º Nas hipóteses previstas nesta Lei em que seja exigida perícia, avaliação ou inspeção médica, na ausência de médico ou junta médica oficial, para a sua realização o órgão ou entidade celebrará, preferencialmente, convênio com unidades de atendimento do sistema público de saúde, entidades sem fins lucrativos declaradas de utilidade pública, ou com o Instituto Nacional do Seguro Social – INSS. *(Incluído pela Lei nº 9.527, de 10/12/1997)*

§ 2º Na impossibilidade, devidamente justificada, da aplicação do disposto no parágrafo anterior, o órgão ou entidade promoverá a contratação da prestação de serviços por pessoa jurídica, que constituirá junta médica especificamente para esses fins, indicando os nomes e especialidades dos seus integrantes, com a comprovação de suas habilitações e de que não estejam respondendo a processo disciplinar junto à entidade fiscalizadora da profissão. *(Incluído pela Lei nº 9.527, de 10/12/1997)*

§ 3º Para os fins do disposto no *caput* deste artigo, ficam a União e suas entidades autárquicas e fundacionais autorizadas a: *(Incluído pela Lei nº 11.302 de 2006)*

I – celebrar convênios exclusivamente para a prestação de serviços de assistência à saúde para os seus servidores ou empregados ativos, aposentados, pensionistas, bem como para seus respectivos grupos familiares definidos, com entidades de autogestão por elas patrocinadas por meio de instrumentos jurídicos efetivamente celebrados e publicados até 12 de fevereiro de 2006 e que possuam autorização de funcionamento do órgão regulador, sendo certo que os convênios celebrados depois dessa data somente poderão sê-lo na forma da regulamentação específica sobre patrocínio de autogestões, a ser publicada pelo mesmo órgão regulador, no prazo de 180 (cento e oitenta) dias da vigência desta Lei, normas essas também aplicáveis aos convênios existentes até 12 de fevereiro de 2006; *(Incluído pela Lei nº 11.302, de 2006)*

II – contratar, mediante licitação, na forma da Lei nº 8.666, de 21 de junho de 1993, operadoras de planos e seguros privados de assistência à saúde que possuam autorização de funcionamento do órgão regulador; *(Incluído pela Lei nº 11.302, de 2006)*

III – *(Vetado) (Incluído pela Lei nº 11.302, de 2006)*

§ 4º *(Vetado) (Incluído pela Lei nº 11.302, de 2006)*

§ 5º O valor do ressarcimento fica limitado ao total despendido pelo servidor ou pensionista civil com plano ou seguro privado de assistência à saúde. *(Incluído pela Lei nº 11.302, de 2006)*

CAPÍTULO IV
Do Custeio

Art. 231. *(Revogado pela Lei nº 9.783, de 28.01.99)*

TÍTULO VII
CAPÍTULO ÚNICO
Da Contratação Temporária de Excepcional Interesse Público

Art. 232. *(Revogado pela Lei nº 8.745, de 9/12/1993)*
Art. 233. *(Revogado pela Lei nº 8.745, de 9/12/1993)*
Art. 234. *(Revogado pela Lei nº 8.745, de 9/12/1993)*
Art. 235. *(Revogado pela Lei nº 8.745, de 9/12/1993)*

TÍTULO VIII
CAPÍTULO ÚNICO
Das Disposições Gerais

Art. 236. O Dia do Servidor Público será comemorado a vinte e oito de outubro.

Art. 237. Poderão ser instituídos, no âmbito dos Poderes Executivo, Legislativo e Judiciário, os seguintes incentivos funcionais, além daqueles já previstos nos respectivos planos de carreira:

I - prêmios pela apresentação de ideias, inventos ou trabalhos que favoreçam o aumento de produtividade e a redução dos custos operacionais;

II - concessão de medalhas, diplomas de honra ao mérito, condecoração e elogio.

Art. 238. Os prazos previstos nesta Lei serão contados em dias corridos, excluindo-se o dia do começo e incluindo-se o do vencimento, ficando prorrogado, para o primeiro dia útil seguinte, o prazo vencido em dia em que não haja expediente.

Art. 239. Por motivo de crença religiosa ou de convicção filosófica ou política, o servidor não poderá ser privado de quaisquer dos seus direitos, sofrer discriminação em sua vida funcional, nem eximir-se do cumprimento de seus deveres.

Art. 240. Ao servidor público civil é assegurado, nos termos da Constituição Federal, o direito à livre associação sindical e os seguintes direitos, entre outros, dela decorrentes:

a) de ser representado pelo sindicato, inclusive como substituto processual;

b) de inamovibilidade do dirigente sindical, até um ano após o final do mandato, exceto se a pedido;

c) de descontar em folha, sem ônus para a entidade sindical a que for filiado, o valor das mensalidades e contribuições definidas em assembléia geral da categoria.

d) (Revogado pela Lei nº 9.527, de 10/12/1997)

e) (Revogado pela Lei nº 9.527, de 10/12/1997)

Art. 241. Consideram-se da família do servidor, além do cônjuge e filhos, quaisquer pessoas que vivam às suas expensas e constem do seu assentamento individual.

Parágrafo único. Equipara-se ao cônjuge a companheira ou companheiro, que comprove união estável como entidade familiar.

Art. 242. Para os fins desta Lei, considera-se sede o município onde a repartição estiver instalada e onde o servidor tiver exercício, em caráter permanente.

TÍTULO IX
CAPÍTULO ÚNICO
Das Disposições Transitórias e Finais

Art. 243. Ficam submetidos ao regime jurídico instituído por esta Lei, na qualidade de servidores públicos, os servidores dos Poderes da União, dos ex-Territórios, das autarquias, inclusive as em regime especial, e das fundações públicas, regidos pela Lei nº 1.711, de 28 de outubro de 1952 - Estatuto dos Funcionários Públicos Civis da União, ou pela Consolidação das Leis do Trabalho, aprovada pelo Decreto-Lei nº 5.452, de 1º de maio de 1943, exceto os contratados por prazo determinado, cujos contratos não poderão ser prorrogados após o vencimento do prazo de prorrogação.

§ 1º Os empregos ocupados pelos servidores incluídos no regime instituído por esta Lei ficam transformados em cargos, na data de sua publicação.

§ 2º As funções de confiança exercidas por pessoas não integrantes de tabela permanente do órgão ou entidade onde têm exercício ficam transformadas em cargos em comissão, e mantidas enquanto não for implantado o plano de cargos dos órgãos ou entidades na forma da lei.

§ 3º As Funções de Assessoramento Superior – FAS, exercidas por servidor integrante de quadro ou tabela de pessoal, ficam extintas na data da vigência desta Lei.

§ 4º (Vetado).

§ 5º O regime jurídico desta Lei é extensivo aos serventuários da Justiça, remunerados com recursos da União, no que couber.

§ 6º Os empregos dos servidores estrangeiros com estabilidade no serviço público, enquanto não adquirirem a nacionalidade brasileira, passarão a integrar tabela em extinção, do respectivo órgão ou entidade, sem prejuízo dos direitos inerentes aos planos de carreira aos quais se encontrem vinculados os empregos.

§ 7º Os servidores públicos de que trata o *caput* deste artigo, não amparados pelo art. 19 do Ato das Disposições Constitucionais Transitórias, poderão, no interesse da Administração e conforme critérios estabelecidos em regulamento, ser exonerados mediante indenização de um mês de remuneração por ano de efetivo exercício no serviço público federal. *(Incluído pela Lei nº 9.527, de 10/12/1997)*

§ 8º Para fins de incidência do imposto de renda na fonte e na declaração de rendimentos, serão considerados como indenizações isentas os pagamentos efetuados a título de indenização prevista no parágrafo anterior. *(Incluído pela Lei nº 9.527, de 10/12/1997)*

§ 9º Os cargos vagos em decorrência da aplicação do disposto no § 7º poderão ser extintos pelo Poder Executivo quando considerados desnecessários. *(Incluído pela Lei nº 9.527, de 10/12/1997)*

Art. 244. Os adicionais por tempo de serviço, já concedidos aos servidores abrangidos por esta Lei, ficam transformados em anuênio.

Art. 245. A licença especial disciplinada pelo art. 116 da Lei nº 1.711, de 1952, ou por outro diploma legal, fica transformada em licença-prêmio por assiduidade, na forma prevista nos arts. 87 a 90.

Art. 246. (Vetado).

Art. 247. Para efeito do disposto no Título VI desta Lei, haverá ajuste de contas com a Previdência Social, correspondente ao período de contribuição por parte dos servidores celetistas abrangidos pelo art. 243. (Redação dada pela Lei nº 8.162, de 8/1/1991)

Art. 248. As pensões estatutárias, concedidas até a vigência desta Lei, passam a ser mantidas pelo órgão ou entidade de origem do servidor.

Art. 249. Até a edição da lei prevista no § 1º do art. 231, os servidores abrangidos por esta Lei contribuirão na forma e nos percentuais atualmente estabelecidos para o servidor civil da União conforme regulamento próprio.

Art. 250. O servidor que já tiver satisfeito ou vier a satisfazer, dentro de 1 (um) ano, as condições necessárias para a aposentadoria nos termos do inciso II do art. 184 do antigo Estatuto dos Funcionários Públicos Civis da União, Lei nº 1.711, de 28 de outubro de 1952, aposentar-se-á com a vantagem prevista naquele dispositivo. (Mantido pelo Congresso Nacional)

Art. 251. *(Revogado pela Lei nº 9.527, de 10.12.97)*

Art. 252. Esta Lei entra em vigor na data de sua publicação, com efeitos financeiros a partir do primeiro dia do mês subseqüente.

Art. 253. Ficam revogadas a Lei nº 1.711, de 28 de outubro de 1952, e respectiva legislação complementar, bem como as demais disposições em contrário.

Brasília, 11 de dezembro de 1990; 169º da Independência e 102º da República.

LEI Nº 8.112, DE 11 DE DEZEMBRO DE 1990

Partes vetadas pelo Presidente da República e mantidas pelo Congresso Nacional, do Projeto que se transformou na Lei n.º 8.112, de 11 de dezembro de 1990, que "dispõe sobre o Regime Jurídico dos Servidores Públicos Civis da União, das autarquias e das fundações públicas federais".

O PRESIDENTE DO SENADO FEDERAL:

Faço saber que o CONGRESSO NACIONAL manteve, e eu, MAURO BENEVIDES, Presidente do Senado Federal, nos termos do § 7º do art. 66 da Constituição, promulgo as seguintes partes da Lei nº 8.112, de 11 de dezembro de 1990:

> "Art. 87 ....
>
> § 1º ....
>
> § 2º Os períodos de licença-prêmio já adquiridos e não gozados pelo servidor que vier a falecer serão convertidos em pecúnia, em favor de seus beneficiários da pensão.
>
> **Art. 192.** O servidor que contar tempo de serviço para aposentadoria com provento integral será aposentado:
>
> I – com a remuneração do padrão de classe imediatamente superior àquela em que se encontra posicionado;

II – quando ocupante da última classe da carreira, com a remuneração do padrão correspondente, acrescida da diferença entre esse e o padrão da classe imediatamente anterior.

Art. 193. O servidor que tiver exercido função de direção, chefia, assessoramento, assistência ou cargo em comissão, por período de 5 (cinco) anos consecutivos, ou 10 (dez) anos interpolados, poderá aposentar-se com a gratificação da função ou remuneração do cargo em comissão, de maior valor, desde que exercido por um período mínimo de 2 (dois) anos.

§ 1° Quando o exercício da função ou cargo em comissão de maior valor não corresponder ao período de 2 (dois) anos, será incorporada a gratificação ou remuneração da função ou cargo em comissão imediatamente inferior dentre os exercidos.

§ 2° A aplicação do disposto neste artigo exclui as vantagens previstas no art. 192, bem como a incorporação de que trata o art. 62, ressalvado o direito de opção.

Art. 231. ....

§ 1° ....

§ 2º O custeio da aposentadoria é de responsabilidade integral do Tesouro Nacional.

Art. 240. ....

a) ....

b) ....

c) ....

d) de negociação coletiva;

e) de ajuizamento, individual e coletivamente, frente à Justiça do Trabalho, nos termos da Constituição Federal.

Art. 250. O servidor que já tiver satisfeito ou vier a satisfazer, dentro de 1 (um) ano, as condições necessárias para a aposentadoria nos termos do inciso II do art. 184 do antigo Estatuto dos Funcionários Públicos Civis da União, Lei nº 1.711, de 28 de outubro de 1952, aposentar-se-á com a vantagem prevista naquele dispositivo."

Senado Federal, 18 de abril de 1991. 170º da Independência e 103º da República.

Parte 4

IMPROBIDADE ADMINISTRATIVA

Lei nº 8.429/1992

CAPÍTULO 21
Improbidade Administrativa

DISPOSIÇÕES GERAIS	
Regulamenta os atos de improbidade administrativa previstos no **art. 37**, §4°, da CF/1988.	É uma LEI NACIONAL, pois alcança os agentes públicos das três esferas (FED / EST/ MUN).
PRINCÍPIOS EXPRESSOS - LIMP: **Legalidade. Impessoalidade. Moralidade. Publicidade.**	**Alcança**, também, **os sucessores** do agente nos casos de enriquecimento ilícito e dano ao erário.

AMBIENTES DE ATUAÇÃO DO AGENTE PÚBLICO ÍMPROBO			
Administração Direta e Indireta.	Empresas incorporadas ao patrimônio público.	Entidade de que o Estado participe no patrimônio ou na sua receita anual.	Entidade que receba subvenção, benefício ou incentivo, fiscal ou creditício, do Estado.
Obs.: 1 - Alcança, também, **o particular**, pessoa física ou jurídica, que induza ou concorra para o ato de improbidade ou dele se beneficie. O particular, **sozinho, não pratica** ato de **improbidade**.			
Obs.: 2 - NÃO ALCANÇA os agentes políticos, em relação aos atos de improbidade para cujos fatos haja norma específica que os defina como crimes de responsabilidade[23]. A ideia é evitar o *bis in iden.* (STF)			

CONCEITO DE AGENTE PÚBLICO
É todo aquele que exerce, ainda que transitoriamente ou sem remuneração, por eleição, nomeação, designação, contratação ou qualquer outra forma de investidura ou vínculo, mandato, cargo, emprego ou função na Administração Pública e nas entidades acima mencionadas (ambientes).

ESPÉCIES DE ATOS DE IMPROBIDADE		
Os que importam em enriquecimento ilícito (12)	Os que causem prejuízo ao Erário (15)	Os que atentam contra os princípios da Adm. Pública (7)

[23] A Lei 1.079/1950 define os crimes de responsabilidade e seus agentes responsáveis, que são o Presidente da República e seus ministros de Estado, o Governador e seus secretários de Estado, o Procurador-Geral da República e os ministros do STF.

DESTAQUES		
1. **Receber** comissão, gratificação ou presente por quem tenha interesse.	1. **Celebrar** contrato sem observar a lei ou sem dotação orçamentária.	1. **Revelar** fato ou circunstância de que tem ciência e que deva manter em segredo.
2. **Receber** vantagem para TOLERAR a exploração de QQ atividade ilícita.	2. **Permitir, facilitar** ou **concorrer** para que terceiro enriqueça ilicitamente.	2. **Revelar** ou permitir o "vazamento" do teor de medidas políticas ou econômicas.
3. **Aceitar** emprego de PF ou PJ interessada no ato do agente ATIVO.	3. **Doar** bens e valores, AINDA QUE COM FINS EDUCATIVOS OU ASSISTENCIAIS, sem observar as formalidades legais.	3. **Deixar de** prestar contas, quando estiver obrigado a fazê-lo.
4. **Usar**, em proveito próprio, bens e valores integrantes do acervo da Administração.	4. **Frustrar** a licitude de uma licitação ou dispensá-la indevidamente.	4. **Frustrar** a licitude de concurso público.
5. **Utilizar** máquinas, veículos, material ou equipamento em obra ou serviço particular.	5. **Permitir** a utilização de máquinas, veículos, material ou equipamento em obra ou serviço particular.	5. **Retardar** indevidamente ato de ofício.
Obs.: 1 – Todos os atos de improbidade previstos na LIA formam uma lista EXEMPLIFICATIVA.		
Obs.: 2 – Assim como na Responsabilidade Civil do Estado, é pressuposto necessário à demonstração do NEXO CAUSAL.		

ELEMENTOS SUBJETIVOS NO ATO DE IMPROBIDADE		
ENRIQUECIMENTO ILÍCITO	**PREJUÍZO AO ERÁRIO**	**ATENTADO A PRINCÍPIOS ADMINISTRATIVOS**
AÇÕES	AÇÕES OU OMISSÕES	
DOLOSAS	CULPOSAS E DOLOSAS	DOLOSAS
Trata-se de vantagem patrimonial indevida, em razão do cargo.	Trata-se de dano ao patrimônio público.	Trata-se de violação aos deveres públicos de honestidade e lealdade.

PENALIDADES	
NA CF/1988 (art. 37, §4º)	**NA LIA (art. 12)**
Suspensão dos direitos políticos	Suspensão dos direitos políticos
Perda da função pública	Perda da função pública
Indisponibilidade dos bens	Perda de bens e valores acrescidos ilicitamente
Ressarcimento ao Erário	Ressarcimento integral do dano
	Pagamento de multa civil
	Proibição de contratar com a Administração e receber benefícios

Obs.: 1 – A perda de bens é, na verdade, uma DEVOLUÇÃO ao patrimônio público do que lhe foi subtraído. (STF)

Obs.: 2 – A perda de bens e/ou valores é, na verdade, uma espécie de ressarcimento ao Erário.

QUADRO-RESUMO DAS PENALIDADES			
	ENRIQUECIMENTO ILÍCITO	**PREJUÍZO AO ERÁRIO**	**ATENTADO AOS PRINCÍPIOS DA ADM.**
Suspensão dos direitos políticos	De 8 a 10 anos	De 5 a 8 anos	De 3 a 5 anos
Perda da função pública	SIM	SIM	SIM
Perda de bens e valores acrescidos ilicitamente	SIM	SIM, se concorrer essa circunstância	NÃO
Ressarcimento integral do dano	SIM, quando houver	SIM	SIM, quando houver
Pagamento de multa civil	De até 3x o valor do acréscimo patrimonial	De até 2x o valor do dano	De até 100x o valor da remuneração do agente
Proibição de contratar com a Adm. e receber benefícios	Pelo prazo de 10 anos	Pelo prazo de 5 anos	Pelo prazo de 3 anos
Obs.: Essas penalidades **são cumulativas com outras sanções** penais, civis e administrativas cabíveis.			

CAPÍTULO 22
Procedimento Administrativo e Processo Judicial

<table>
<tr><th colspan="5">VIA ADMINISTRATIVA</th></tr>
<tr><td>1. Qualquer pessoa →</td><td colspan="2">REPRESENTAÇÃO →</td><td>Autoridade Adm. →</td><td>Investigação p/ apurar ATO de Improb. Adm.</td></tr>
<tr><td rowspan="3">2. MP ↗ →</td><td colspan="4">De Ofício</td></tr>
<tr><td rowspan="2">Requerimento (RQ)</td><td rowspan="2">Qualquer pessoa ou autorid. adm</td><td rowspan="2">Instauração de</td><td>Inquérito Policial</td></tr>
<tr><td>Proced. Adm.</td></tr>
<tr><td colspan="5">Obs. : Se a pessoa frustrar-se com a via ADM., poderá procurar diretamente o MP para fazer a denúncia por ato de improbidade.</td></tr>
</table>

<table>
<tr><th colspan="3">REPRESENTAÇÃO (RP)</th></tr>
<tr><th>Requisitos</th><th colspan="2">Resultados</th></tr>
<tr><td>Qualificação do representante</td><td rowspan="2">Rejeitada:</td><td rowspan="2">Acolhida:</td></tr>
<tr><td>Informações sobre o fato e sua autoria</td></tr>
<tr><td>Provas de que tenha conhecimento</td><td rowspan="2">Por ausência dos requisitos</td><td rowspan="2">Apuração pela COMISSÃO PROCESSANTE[Obs1]</td></tr>
<tr><td>Por escrito e assinada</td></tr>
<tr><td colspan="3">Obs.: 1 - Na 8.112, vira um PAD.</td></tr>
</table>

<table>
<tr><th colspan="3">COMISSÃO PROCESSANTE (CP)</th></tr>
<tr><td>1. Oficia ao MP e TC para informar sobre a RP. É obrigatório.</td><td>2. O MP e o TC, por RQ, designam representante para acompanhar o PA. É facultativo.</td><td>3. Havendo indícios de responsabilidade, a CP entra com RP ao MP ou Procuradoria para que peçam o <u>sequestro dos bens</u> ao Juízo.[Obs2-4]</td></tr>
<tr><td colspan="3">Obs.: 2 - NÃO é a CP que pede o <u>sequestro</u> ao Juízo, mas o MP ou a Procuradoria.</td></tr>
<tr><td colspan="3">Obs.: 3 - O <u>sequestro</u> NÃO se aplica aos atos que atentam aos princípios da administração.</td></tr>
<tr><td colspan="3">Obs.: 4 - O <u>sequestro</u> de bens no exterior é possível, respeitados os tratados internacionais.</td></tr>
</table>

VIA JUDICIAL		
AÇÃO DE IMPROBIDADE ADMINISTRATIVA		
LEGITIMADOS	**PRAZO**	**RITO**
MP e/ou PJ interessada	30 dias da medida cautelar de sequestro dos bens	Ordinário
NATUREZA	**VEDAÇÃO**	**MP**
Ação Cível	Proibida a transação, o acordo e a conciliação	SEMPRE atua: ou como Autor ou Fiscal da Lei, sob pena de nulidade

Observação 1	Observação 2
Se o MP for Autor e a PJ interessada quiser entrar no feito, o <u>MP pode aceitar seu ingresso</u>, em litisconsórcio facultativo, caso tal medida seja útil ao processo.	A Fazenda Pública promoverá as ações[Obs3] necessárias à complementação do ressarcimento, se houver.
Obs.: 3 – Essas "ações" da Fazenda Pública NÃO SÃO outras ações por improbidade, mas procedimentos de natureza fiscal, como o não recolhimento do IR, por exemplo.	

REGRA IMPORTANTE
A ação precisa conter um mínimo de documentos que justifiquem a existência de ato de improbidade, ou conter as razões fundamentadas de sua inexistência, sob pena de **responsabilidade por dano processual**, especialmente a **litigância de má-fé,** previsto no CPC.

ATOS DO JUIZ			
1. NOTIFICAÇÃO	Ao requerido	Para oferecer <u>Manifestação</u> por escrito	Em 15 dias
2. DECISÃO (Em 30 dias) →	Receber a Inicial	Citação	Cabe Recurso de Agravo
→	Rejeitar a Inicial, se convencido da:	1. Inexistência do ato de improbidade	
		2. Improcedência da Ação	
		3. Inadequação da via eleita	
3. CITAÇÃO	Ao réu	Para apresentar <u>Contestação</u>	Não há prazo expresso na LIA
Obs.: Em qualquer fase do processo, o juiz pode extinguir a ação sem resolução do mérito, se for reconhecida a inadequação da ação de improbidade.			
4. SENTENÇA	Se procedente para Reparação do Dano, deve determinar o seu pagamento à PJ prejudicada.		
	Se procedente para a Perda de Bens, deve determinar a sua reversão à PJ prejudicada.		

ALGUNS EXEMPLOS DE REJEIÇÃO DA INICIAL		
1. Inexistência do ato de improbidade	**2. Improcedência da ação**	**3. Inadequação da via eleita**
O juiz entende que se trata de **mera irregularidade administrativa**, como acúmulo indevido de cargos públicos, quando o agente efetivamente trabalhou (REsp 1245622-RS).	O juiz entende que o prefeito não foi desonesto, mas inábil e despreparado na conduta de um concurso público (REsp 2139940-MG).	O juiz entende que o terceiro particular não praticou ato de improbidade em concurso com o agente, devendo tal ação ser deslocada para a esfera penal.

SUJEITOS E POLOS NA LEI DE IMPROBIDADE			
ATO DE IMPROBIDADE		**AÇÃO** DE IMPROBIDADE	
SUJEITO ATIVO	**SUJEITO PASSIVO**	**PÓLO ATIVO**	**PÓLO PASSIVO**
O agente público e o terceiro concorrente	Os entes jurídicos prejudicados	Os entes jurídicos prejudicados	O agente público e o terceiro concorrente

DISPOSIÇÕES PENAIS	
A **litigância de má-fé é crime (detenção + multa)** e sujeita o autor a indenizar o denunciado por perdas e danos (materiais/morais/imagem) que houver provocado.	A perda da função pública e a suspensão dos direitos políticos **só** se efetivam **com o trânsito em julgado** da sentença condenatória.
É possível o **afastamento cautelar** do agente público, pela autoridade adm. ou jud., quando a medida se fizer necessária à instrução processual.	As sanções da LIA **independem** de efetiva ocorrência de dano ao patrimônio público e da aprovação ou rejeição das contas pelo TC.
Só há crime na LIA para o Autor da denúncia quando ele sabe que o denunciado é inocente. A pena é de detenção de 6 a 10 meses e multa + eventual indenização.	

PRESCRIÇÃO		
Agentes ocupantes de Mandatos, Cargos Comissionados e Funções de Confiança	**Agentes ocupantes de Cargos Efetivos e Empregos Públicos**	**Terceiros que induzam, concorram ou se beneficiem**
5 ANOS, contados após o término de seus exercícios.	Prazo prescricional previsto em lei específica para faltas disciplinares, puníveis com demissão a bem do serviço público.	5 ANOS após o término do exercício do agente público (STF)
Obs.: A prescrição **não se aplica às ações de ressarcimento** de danos causados ao erário ou ao patrimônio público, pois **SÃO IMPRESCRITÍVEIS** (CF/1988, ART.37, §5º).		

OBSERVAÇÕES GERAIS	
A LIA prevê **pena de demissão**, a bem do serviço público, ao agente que se recusa a prestar sua declaração de bens ou a prestar falsa.	Aplica-se o **instituto de PREVENÇÃO** nas ações de improbidade, evitando decisões contraditórias em causas iguais que tramitam em varas diferentes, promovendo o princípio da economia processual. Ela se dá a contar da propositura da ação nos feitos que possuam a mesma causa de pedir OU o mesmo objeto.

ALGUMAS EXPRESSÕES CURIOSAS	
EXPRESSÃO	**SIGNIFICADO**
LENOCÍNIO	Prostituição
USURA	Agiotagem
MALBARATAMENTO ou MALBARATEAMENTO	Prejuízo, desperdício, esbanjamento
DILAPIDAÇÃO	Arruinamento, destruição, desaparecimento

EXERCÍCIOS – IMPROBIDADE (LEI Nº 8.429/1992)

1. **(CESPE – Analista Técnico Administrativo ANS 2013)** Caso procedimento administrativo da ANS identifique a prática de ato de improbidade administrativa por um servidor da Agência, essa entidade não poderá ajuizar ação judicial de improbidade administrativa contra o referido servidor, uma vez que cabe exclusivamente ao Ministério Público propor esse tipo de ação.

2. **(CESPE – Analista Judiciário CNJ 2013)** Segundo jurisprudência do Superior Tribunal de Justiça (STJ), o reconhecimento de ato de improbidade administrativa, nos moldes previstos pela Lei de Improbidade Administrativa (Lei n.º 8.429/1992), requer o exercício de função específica (administrativa), não se admitindo sua extensão à atividade judicante.

3. **(CESPE – Analista Administrativo CNJ 2013)** Constituem improbidade administrativa não apenas os atos que geram enriquecimento ilícito, mas também os que atentam contra os princípios da Administração Pública.

4. **(CESPE – Analista Jurídico MPU 2013)** A perda da função pública é sanção aplicável àqueles que pratiquem atos de improbidade administrativa, que importem

enriquecimento ilícito ou que gerem lesão ao erário, mas não aos que pratiquem atos de improbidade que atentem contra os princípios da Administração Pública.

5. **(CESPE - Analista Jurídico MPU 2013)** A lei caracteriza como ato de improbidade administrativa que importa enriquecimento ilícito a conduta do servidor público que implique o uso, em proveito próprio, de bens, rendas, verbas ou valores integrantes do acervo patrimonial de órgãos e entidades da Administração Pública.

6. **(CESPE - Oficial de Justiça 2013)** O oficial de justiça que, no exercício do cargo público, aufira vantagem patrimonial indevida estará sujeito, além das sanções penais, civis e administrativas previstas na legislação específica, às cominações arroladas na Lei 8.429/1992, por configurar a situação ato de improbidade administrativa que importa enriquecimento ilícito.

7. **(CESPE - Técnico Judiciário TJDFT 2013)** O servidor que estiver sendo processado judicialmente pela prática de ato de improbidade somente perderá a função pública após o trânsito em julgado da sentença condenatória.

8. **(CESPE - Técnico Judiciário TJDFT 2013)** As penalidades aplicadas ao servidor ou a terceiro que causar lesão ao patrimônio público são de natureza pessoal, extinguindo-se com a sua morte.

9. **(CETRO - Tabelião TJ-RJ 2013)** A respeito da moralidade na Administração Pública, analise as assertivas abaixo.
I. Responde nos termos da Lei de Improbidade as pessoas que, mesmo não sendo agentes públicos, induzam ou concorram para a prática do ato de improbidade ou dele se beneficie sob qualquer forma direta ou indireta.
II. Para os fins de aplicação da Lei de Improbidade, reputa-se agente público todo aquele que exerce, por eleição, nomeação, designação, contratação ou qualquer outra forma de investidura ou vínculo, mandato, cargo, emprego ou função nas entidades da Administração direta, indireta ou fundacional, salvo se transitoriamente ou sem remuneração.
III. A responsabilidade pela lesão ao patrimônio público não se estende a herdeiros.

É correto o que se afirma em
a) I, apenas.
b) II, apenas.
c) III, apenas.

d) I e III, apenas.
e) I, II e III.

10. (FCC – Fiscal de rendas SEFAZ-SP 2013) Determinado agente fiscal de rendas revelou, a dono de posto de gasolina com quem mantinha relação de amizade, informação sigilosa da qual tinha conhecimento em razão das suas atribuições, consistente em operação de fiscalização extraordinária que seria realizada em determinada data, sem prévio aviso, para apurar um esquema de fraude fiscal em operações de comercialização de combustíveis. De acordo com as disposições da Lei de Improbidade Administrativa, a conduta do agente fiscal

a) configura ato de improbidade administrativa que atenta contra os princípios da Administração Pública, sendo passível da aplicação, entre outras, da pena de perda da função pública.
b) somente configura ato de improbidade administrativa se comprovado o recebimento de vantagem ilícita, sujeitando o agente, entre outras, à pena de demissão.
c) não configura ato de improbidade administrativa, salvo se comprovado dano ao erário, situação em que sujeita o agente, entre outras, à pena de ressarcimento integral do dano e multa de até duas vezes o valor do dano.
d) configura ato de improbidade administrativa que causa prejuízo ao erário, sujeitando o agente, entre outras, à pena de suspensão dos direitos políticos de cinco a dez anos.
e) somente configura ato de improbidade administrativa, se ensejar, cumulativamente, dano ao erário e enriquecimento ilícito, sujeitando o agente, entre outras, à pena de demissão, ressarcimento integral do dano e multa.

11. (FADEMS – Procurador de Justiça MPE-MS 2013) A ação civil de improbidade administrativa por infringência aos arts. 9, 10 e 11, da Lei 8.429/1992, prescreve em:

a) até três anos, após o término de mandato, de cargo em comissão ou de função de confiança.
b) até cinco anos, após o término de mandato, de cargo em comissão ou de função de confiança.
c) Até oito anos, após o término de mandato, de contrato, de cargo em comissão ou de função de confiança.
d) Até dez anos, após o término de mandato, de cargo efetivo ou comissão ou de função temporária de confiança.
e) Até vinte anos, após o término de mandatos, exercício de cargos ou funções públicas.

12. **(FCC – Consultor Assembleia Legislativa PB 2013)** Considere a seguinte situação hipotética: o Ministério Público do Estado da Paraíba ajuizou ação de improbidade administrativa contra o Governador do Estado e uma determinada empresa, alegando a ocorrência de ato ímprobo causador de lesão ao erário. Atribuiu à causa o valor de dois milhões de reais, pleiteando, portanto, o ressarcimento desse montante aos cofres públicos. No curso da demanda, o Governador veio a falecer, razão pela qual, seu único filho, João, passou a integrar o polo passivo da ação. Saliente-se que o falecido era solteiro e tinha um patrimônio de um milhão de reais. Caso a ação de improbidade seja julgada procedente, João

a) não responderá por qualquer condenação pecuniária, vez que a Lei de Improbidade não prevê tal hipótese.
b) responderá pela condenação pecuniária até o montante de dois milhões de reais.
c) responderá pela condenação pecuniária até o montante de um milhão de reais.
d) responderá pela condenação pecuniária até o montante de quinhentos mil reais.
e) não responderá por qualquer condenação, vez que o falecimento transfere a responsabilidade pelo ato ímprobo ao outro corréu, no caso, a empresa.

13. **(INSTITUTO CIDADES – Técnico de nível superior MINC 2013)** Assinale a assertiva correta.

a) Não está sujeito às disposições da Lei de Improbidade Administrativa aquele que não seja agente público, mesmo que tenha concorrido para a prática do ato ímprobo.
b) O agente público que causar lesão ao erário, mesmo sem que tenha havido intenção de causá-lo, poderá ser responsabilizado, admitindo-se, legalmente, assim, a forma culposa do ato ímprobo.
c) Os atos de improbidade administrativa não importarão a suspensão dos direitos políticos.
d) Não há improbidade administrativa quando o sujeito "deixar de prestar contas quando esteja obrigado a fazê-lo" (art. 11, inciso VI, da Lei 8.429/1992), mas o Tribunal de Contas ainda assim as aprovar, ou, mesmo, o respectivo Poder Legislativo as aprovar.
e) A improbidade administrativa é considerada crime comum.

14. **(FCC – Técnico Judiciário TRT-9 2013)** Felipe, servidor público ocupante de cargo em comissão no âmbito do Ministério da Fazenda, revelou a empresários, com os quais mantinha relações profissionais anteriormente ao ingresso no serviço público, teor de medida econômica prestes a ser divulgada pelo Ministério,

tendo em vista que a mesma impactaria diretamente os preços das mercadorias comercializadas pelos referidos empresários. A conduta de Felipe

a) somente é passível de caracterização como ato de improbidade administrativa se comprovado que recebeu vantagem econômica direta ou indireta, em decorrência da revelação.
b) não é passível de caracterização como ato de improbidade administrativa, tendo em vista o agente não ser ocupante de cargo efetivo.
c) é passível de caracterização como ato de improbidade administrativa que atenta contra os princípios da Administração, independentemente de eventual enriquecimento ilícito.
d) é passível de caracterização como ato de improbidade administrativa, desde que comprovado efetivo prejuízo ao erário.
e) não é passível de caracterização como ato de improbidade administrativa, podendo, contudo, ensejar a responsabilização administrativa do servidor por violação do dever de sigilo funcional.

15. **(CESPE – Técnico Administrativo MME 2013)** De acordo com a Lei 8.429/1992, constituem atos de improbidade administrativa que causam lesão ao erário e importam enriquecimento ilícito, respectivamente,

a) frustrar a licitude de processo licitatório e receber vantagem econômica por omitir ato de ofício.
b) realizar operações financeiras ilegais e locar bem público por valor inferior ao de mercado.
c) negar publicidade aos atos oficiais e facilitar vantagem econômica de terceiros.
d) frustrar a licitude de concursos públicos e utilizar bens públicos para destinação particular.
e) não prestar contas e liberar verba pública sem observância aos preceitos legais e constitucionais.

Gabarito

1. E	4. E	7. C	10. a	13. b
2. E	5. C	8. E	11. b	14. c
3. C	6. C	9. a	12. c	15. a

Lei nº 8.429, de 2 de Junho de 1992[24]

CAPÍTULO I
Das Disposições Gerais

Art. 1º Os atos de improbidade praticados por qualquer agente público, servidor ou não, contra a administração direta, indireta ou fundacional de qualquer dos Poderes da União, dos Estados, do Distrito Federal, dos Municípios, de Território, de empresa incorporada ao patrimônio público ou de entidade para cuja criação ou custeio o erário haja concorrido ou concorra com mais de 50% (cinquenta por cento) do patrimônio ou da receita anual, serão punidos na forma desta Lei.

Parágrafo único. Estão também sujeitos às penalidades desta lei os atos de improbidade praticados contra o patrimônio de entidade que receba subvenção, benefício ou incentivo, fiscal ou creditício, de órgão público bem como daquelas para cuja criação ou custeio o erário haja concorrido ou concorra com menos de `50% (cinquenta por cento) do patrimônio ou da receita anual, limitando-se, nestes casos, a sanção patrimonial à repercussão do ilícito sobre a contribuição dos cofres públicos.

Art. 2º Reputa-se agente público, para os efeitos desta lei, todo aquele que exerce, ainda que transitoriamente ou sem remuneração, por eleição, nomeação, designação, contratação ou qualquer outra forma de investidura ou vínculo, mandato, cargo, emprego ou função nas entidades mencionadas no artigo anterior.

Art. 3º As disposições desta lei são aplicáveis, no que couber, àquele que, mesmo não sendo agente público, induza ou concorra para a prática do ato de improbidade ou dele se beneficie sob qualquer forma direta ou indireta.

Art. 4° Os agentes públicos de qualquer nível ou hierarquia são obrigados a velar pela estrita observância dos princípios de legalidade, impessoalidade, moralidade e publicidade no trato dos assuntos que lhe são afetos.

Art. 5º Ocorrendo lesão ao patrimônio público por ação ou omissão, dolosa ou culposa, do agente ou de terceiro, dar-se-á o integral ressarcimento do dano.

---

[24] BRASIL. **Lei nº 8.429, de 2 de junho de 1992.** Dispõe sobre as sanções aplicáveis aos agentes públicos nos casos de enriquecimento ilícito no exercício de mandato, cargo, emprego ou função na Administração Pública direta, indireta ou fundacional e dá outras providências. Brasília: Congresso Nacional, 1992. Disponível em: < http://www.planalto.gov.br/ccivil_03/leis/L8429compilado.htm> .

Art. 6º No caso de enriquecimento ilícito, perderá o agente público ou terceiro beneficiário os bens ou valores acrescidos ao seu patrimônio.

Art. 7º Quando o ato de improbidade causar lesão ao patrimônio público ou ensejar enriquecimento ilícito, caberá à autoridade administrativa responsável pelo inquérito representar ao Ministério Público, para a indisponibilidade dos bens do indiciado.

Parágrafo único. A indisponibilidade a que se refere o *caput* deste artigo recairá sobre bens que assegurem o integral ressarcimento do dano, ou sobre o acréscimo patrimonial resultante do enriquecimento ilícito.

Art. 8º O sucessor daquele que causar lesão ao patrimônio público ou se enriquecer ilicitamente está sujeito às cominações desta lei até o limite do valor da herança.

CAPÍTULO II
Dos Atos de Improbidade Administrativa

Seção I
Dos Atos de Improbidade Administrativa que Importam Enriquecimento Ilícito

Art. 9º Constitui ato de improbidade administrativa importando enriquecimento ilícito auferir qualquer tipo de vantagem patrimonial indevida em razão do exercício de cargo, mandato, função, emprego ou atividade nas entidades mencionadas no art. 1° desta Lei, e notadamente:

I – receber, para si ou para outrem, dinheiro, bem móvel ou imóvel, ou qualquer outra vantagem econômica, direta ou indireta, a título de comissão, percentagem, gratificação ou presente de quem tenha interesse, direto ou indireto, que possa ser atingido ou amparado por ação ou omissão decorrente das atribuições do agente público;

II – perceber vantagem econômica, direta ou indireta, para facilitar a aquisição, permuta ou locação de bem móvel ou imóvel, ou a contratação de serviços pelas entidades referidas no art. 1° por preço superior ao valor de mercado;

III – perceber vantagem econômica, direta ou indireta, para facilitar a alienação, permuta ou locação de bem público ou o fornecimento de serviço por ente estatal por preço inferior ao valor de mercado;

IV – utilizar, em obra ou serviço particular, veículos, máquinas, equipamentos ou material de qualquer natureza, de propriedade ou à disposição de qualquer das entidades mencionadas no art. 1° desta lei, bem como o trabalho de servidores públicos, empregados ou terceiros contratados por essas entidades;

V – receber vantagem econômica de qualquer natureza, direta ou indireta, para tolerar a exploração ou a prática de jogos de azar, de lenocínio, de narcotráfico, de contrabando, de usura ou de qualquer outra atividade ilícita, ou aceitar promessa de tal vantagem;

VI – receber vantagem econômica de qualquer natureza, direta ou indireta, para fazer declaração falsa sobre medição ou avaliação em obras públicas ou qualquer outro serviço, ou sobre quantidade, peso, medida, qualidade ou característica de mercadorias ou bens fornecidos a qualquer das entidades mencionadas no art. 1º desta Lei;

VII – adquirir, para si ou para outrem, no exercício de mandato, cargo, emprego ou função pública, bens de qualquer natureza cujo valor seja desproporcional à evolução do patrimônio ou à renda do agente público;

VIII – aceitar emprego, comissão ou exercer atividade de consultoria ou assessoramento para pessoa física ou jurídica que tenha interesse suscetível de ser atingido ou amparado por ação ou omissão decorrente das atribuições do agente público, durante a atividade;

IX – perceber vantagem econômica para intermediar a liberação ou aplicação de verba pública de qualquer natureza;

X – receber vantagem econômica de qualquer natureza, direta ou indiretamente, para omitir ato de ofício, providência ou declaração a que esteja obrigado;

XI – incorporar, por qualquer forma, ao seu patrimônio bens, rendas, verbas ou valores integrantes do acervo patrimonial das entidades mencionadas no art. 1° desta Lei;

XII – usar, em proveito próprio, bens, rendas, verbas ou valores integrantes do acervo patrimonial das entidades mencionadas no art. 1° desta Lei.

Seção II
Dos Atos de Improbidade Administrativa que Causam Prejuízo ao Erário

Art. 10. Constitui ato de improbidade administrativa que causa lesão ao erário qualquer ação ou omissão, dolosa ou culposa, que enseje perda patrimonial, desvio, apropriação, malbaratamento ou dilapidação dos bens ou haveres das entidades referidas no art. 1º desta Lei, e notadamente:

I – facilitar ou concorrer por qualquer forma para a incorporação ao patrimônio particular, de pessoa física ou jurídica, de bens, rendas, verbas ou valores integrantes do acervo patrimonial das entidades mencionadas no art. 1º desta Lei;

II – permitir ou concorrer para que pessoa física ou jurídica privada utilize bens, rendas, verbas ou valores integrantes do acervo patrimonial das entidades mencionadas no art. 1º desta Lei, sem a observância das formalidades legais ou regulamentares aplicáveis à espécie;

III – doar à pessoa física ou jurídica bem como ao ente despersonalizado, ainda que de fins educativos ou assistências, bens, rendas, verbas ou valores do patrimônio de qualquer das entidades mencionadas no art. 1º desta Lei, sem observância das formalidades legais e regulamentares aplicáveis à espécie;

IV – permitir ou facilitar a alienação, permuta ou locação de bem integrante do patrimônio de qualquer das entidades referidas no art. 1º desta Lei, ou ainda a prestação de serviço por parte delas, por preço inferior ao de mercado;

V – permitir ou facilitar a aquisição, permuta ou locação de bem ou serviço por preço superior ao de mercado;

VI – realizar operação financeira sem observância das normas legais e regulamentares ou aceitar garantia insuficiente ou inidônea;

VII – conceder benefício administrativo ou fiscal sem a observância das formalidades legais ou regulamentares aplicáveis à espécie;

VIII – frustrar a licitude de processo licitatório ou dispensá-lo indevidamente;

IX – ordenar ou permitir a realização de despesas não autorizadas em lei ou regulamento;

X – agir negligentemente na arrecadação de tributo ou renda, bem como no que diz respeito à conservação do patrimônio público;

XI – liberar verba pública sem a estrita observância das normas pertinentes ou influir de qualquer forma para a sua aplicação irregular;

XII – permitir, facilitar ou concorrer para que terceiro se enriqueça ilicitamente;

XIII – permitir que se utilize, em obra ou serviço particular, veículos, máquinas, equipamentos ou material de qualquer natureza, de propriedade ou à disposição de qualquer das entidades mencionadas no art. 1° desta Lei, bem como o trabalho de servidor público, empregados ou terceiros contratados por essas entidades.

XIV – celebrar contrato ou outro instrumento que tenha por objeto a prestação de serviços públicos por meio da gestão associada sem observar as formalidades previstas na lei; *(Incluído pela Lei nº 11.107, de 2005)*

XV – celebrar contrato de rateio de consórcio público sem suficiente e prévia dotação orçamentária, ou sem observar as formalidades previstas na lei. *(Incluído pela Lei nº 11.107, de 2005)*

Seção III
Dos Atos de Improbidade Administrativa que Atentam Contra os Princípios da Administração Pública

Art. 11. Constitui ato de improbidade administrativa que atenta contra os princípios da administração pública qualquer ação ou omissão que viole os deveres de honestidade, imparcialidade, legalidade, e lealdade às instituições, e notadamente:

I – praticar ato visando fim proibido em lei ou regulamento ou diverso daquele previsto, na regra de competência;

II – retardar ou deixar de praticar, indevidamente, ato de ofício;

III – revelar fato ou circunstância de que tem ciência em razão das atribuições e que deva permanecer em segredo;

IV – negar publicidade aos atos oficiais;

V – frustrar a licitude de concurso público;

VI – deixar de prestar contas quando esteja obrigado a fazê-lo;

VII – revelar ou permitir que chegue ao conhecimento de terceiro, antes da respectiva divulgação oficial, teor de medida política ou econômica capaz de afetar o preço de mercadoria, bem ou serviço.

CAPÍTULO III
Das Penas

Art. 12. Independentemente das sanções penais, civis e administrativas previstas na legislação específica, está o responsável pelo ato de improbidade sujeito às seguintes cominações, que podem ser aplicadas isolada ou cumulativamente, de acordo com a gravidade do fato: *(Redação dada pela Lei nº 12.120, de 2009).*

I – na hipótese do art. 9°, perda dos bens ou valores acrescidos ilicitamente ao patrimônio, ressarcimento integral do dano, quando houver, perda da função pública, suspensão dos direitos políticos de oito a dez anos, pagamento de multa civil de até três vezes o valor do acréscimo patrimonial e proibição de contratar com o Poder Público ou receber benefícios ou incentivos fiscais ou creditícios, direta ou indiretamente, ainda que por intermédio de pessoa jurídica da qual seja sócio majoritário, pelo prazo de dez anos;

II – na hipótese do art. 10, ressarcimento integral do dano, perda dos bens ou valores acrescidos ilicitamente ao patrimônio, se concorrer esta circunstância, perda da função pública, suspensão dos direitos políticos de cinco a oito anos, pagamento de multa civil de até duas vezes o valor do dano e proibição de contratar com o Poder Público ou receber benefícios ou incentivos fiscais ou creditícios, direta ou indiretamente, ainda que por intermédio de pessoa jurídica da qual seja sócio majoritário, pelo prazo de cinco anos;

III – na hipótese do art. 11, ressarcimento integral do dano, se houver perda da função pública, suspensão dos direitos políticos de 3 (três) a 5 (cinco) anos, pagamento de multa civil de até cem vezes o valor da remuneração percebida pelo agente e proibição de contratar com o Poder Público ou receber benefícios ou incentivos fiscais ou creditícios, direta ou indiretamente, ainda que por intermédio de pessoa jurídica da qual seja sócio majoritário, pelo prazo de 3 (três) anos.

Parágrafo único. Na fixação das penas previstas nesta lei o juiz levará em conta a extensão do dano causado, assim como o proveito patrimonial obtido pelo agente.

CAPÍTULO IV
Da Declaração de Bens

Art. 13. A posse e o exercício de agente público ficam condicionados à apresentação de declaração dos bens e valores que compõem o seu patrimônio privado, a fim de ser arquivada no serviço de pessoal competente.

§ 1° A declaração compreenderá imóveis, móveis, semoventes, dinheiro, títulos, ações, e qualquer outra espécie de bens e valores patrimoniais, localizado no País ou no exterior, e, quando for o caso, abrangerá os bens e valores patrimoniais do cônjuge ou companheiro, dos filhos e de outras pessoas que vivam sob a dependência econômica do declarante, excluídos apenas os objetos e utensílios de uso doméstico.

§ 2º A declaração de bens será anualmente atualizada e na data em que o agente público deixar o exercício do mandato, cargo, emprego ou função.

§ 3º Será punido com a pena de demissão, a bem do serviço público, sem prejuízo de outras sanções cabíveis, o agente público que se recusar a prestar declaração dos bens, dentro do prazo determinado, ou que a prestar falsa.

§ 4º O declarante, a seu critério, poderá entregar cópia da declaração anual de bens apresentada à Delegacia da Receita Federal na conformidade da legislação do Imposto sobre a Renda e proventos de qualquer natureza, com as necessárias atualizações, para suprir a exigência contida no *caput* e no § 2° deste artigo.

CAPÍTULO V
Do Procedimento Administrativo e do Processo Judicial

Art. 14. Qualquer pessoa poderá representar à autoridade administrativa competente para que seja instaurada investigação destinada a apurar a prática de ato de improbidade.

§ 1º A representação, que será escrita ou reduzida a termo e assinada, conterá a qualificação do representante, as informações sobre o fato e sua autoria e a indicação das provas de que tenha conhecimento.

§ 2º A autoridade administrativa rejeitará a representação, em despacho fundamentado, se esta não contiver as formalidades estabelecidas no § 1º deste artigo. A rejeição não impede a representação ao Ministério Público, nos termos do art. 22 desta Lei.

§ 3º Atendidos os requisitos da representação, a autoridade determinará a imediata apuração dos fatos que, em se tratando de servidores federais, será processada na forma prevista nos arts. 148 a 182 da Lei nº 8.112, de 11 de dezembro de 1990 e, em se tratando de servidor militar, de acordo com os respectivos regulamentos disciplinares.

Art. 15. A comissão processante dará conhecimento ao Ministério Público e ao Tribunal ou Conselho de Contas da existência de procedimento administrativo para apurar a prática de ato de improbidade.

Parágrafo único. O Ministério Público ou Tribunal ou Conselho de Contas poderá, a requerimento, designar representante para acompanhar o procedimento administrativo.

Art. 16. Havendo fundados indícios de responsabilidade, a comissão representará ao Ministério Público ou à procuradoria do órgão para que requeira ao juízo competente a decretação do sequestro dos bens do agente ou terceiro que tenha enriquecido ilicitamente ou causado dano ao patrimônio público.

§ 1º O pedido de seqüestro será processado de acordo com o disposto nos arts. 822 e 825 do Código de Processo Civil.

§ 2º Quando for o caso, o pedido incluirá a investigação, o exame e o bloqueio de bens, contas bancárias e aplicações financeiras mantidas pelo indiciado no exterior, nos termos da lei e dos tratados internacionais.

Art. 17. A ação principal, que terá o rito ordinário, será proposta pelo Ministério Público ou pela pessoa jurídica interessada, dentro de trinta dias da efetivação da medida cautelar.

§ 1º É vedada a transação, acordo ou conciliação nas ações de que trata o *caput*.

§ 2º A Fazenda Pública, quando for o caso, promoverá as ações necessárias à complementação do ressarcimento do patrimônio público.

§ 3º No caso de a ação principal ter sido proposta pelo Ministério Público, aplica-se, no que couber, o disposto no § 3º do art. 6º da Lei nº 4.717, de 29 de junho de 1965. *(Redação dada pela Lei nº 9.366, de 1996)*

§ 4º O Ministério Público, se não intervir no processo como parte, atuará obrigatoriamente, como fiscal da lei, sob pena de nulidade.

§ 5º A propositura da ação prevenirá a jurisdição do juízo para todas as ações posteriormente intentadas que possuam a mesma causa de pedir ou o mesmo objeto. *(Incluído pela Medida provisória nº 2.180-35, de 2001)*

§ 6º A ação será instruída com documentos ou justificação que contenham indícios suficientes da existência do ato de improbidade ou com razões fundamentadas da impossibilidade de apresentação de qualquer dessas provas, observada a legislação vigente, inclusive as disposições inscritas nos arts. 16 a 18 do Código de Processo Civil. *(Incluído pela Medida Provisória nº 2.225-45, de 2001)*

§ 7º Estando a inicial em devida forma, o juiz mandará autuá-la e ordenará a notificação do requerido, para oferecer manifestação por escrito, que poderá ser instruída com documentos e justificações, dentro do prazo de quinze dias. *(Incluído pela Medida Provisória nº 2.225-45, de 2001)*

§ 8º Recebida a manifestação, o juiz, no prazo de trinta dias, em decisão fundamentada, rejeitará a ação, se convencido da inexistência do ato de improbidade, da improcedência da ação ou da inadequação da via eleita. *(Incluído pela Medida Provisória nº 2.225-45, de 2001)*

§ 9º Recebida a petição inicial, será o réu citado para apresentar contestação. *(Incluído pela Medida Provisória nº 2.225-45, de 2001)*

§ 10. Da decisão que receber a petição inicial, caberá agravo de instrumento. *(Incluído pela Medida Provisória nº 2.225-45, de 2001)*

§ 11. Em qualquer fase do processo, reconhecida a inadequação da ação de improbidade, o juiz extinguirá o processo sem julgamento do mérito. *(Incluído pela Medida Provisória nº 2.225-45, de 2001)*

§ 12. Aplica-se aos depoimentos ou inquirições realizadas nos processos regidos por esta Lei o disposto no art. 221, *caput* e § 1º, do Código de Processo Penal. *(Incluído pela Medida Provisória nº 2.225-45, de 2001)*

Art. 18. A sentença que julgar procedente ação civil de reparação de dano ou decretar a perda dos bens havidos ilicitamente determinará o pagamento ou a reversão dos bens, conforme o caso, em favor da pessoa jurídica prejudicada pelo ilícito.

CAPÍTULO VI
Das Disposições Penais

Art. 19. Constitui crime a representação por ato de improbidade contra agente público ou terceiro beneficiário, quando o autor da denúncia o sabe inocente.

Pena – detenção de seis a dez meses e multa.

Parágrafo único. Além da sanção penal, o denunciante está sujeito a indenizar o denunciado pelos danos materiais, morais ou à imagem que houver provocado.

Art. 20. A perda da função pública e a suspensão dos direitos políticos só se efetivam com o trânsito em julgado da sentença condenatória.

Parágrafo único. A autoridade judicial ou administrativa competente poderá determinar o afastamento do agente público do exercício do cargo, emprego ou função, sem prejuízo da remuneração, quando a medida se fizer necessária à instrução processual.

Art. 21. A aplicação das sanções previstas nesta Lei independe:

I – da efetiva ocorrência de dano ao patrimônio público, salvo quanto à pena de ressarcimento; (Redação dada pela Lei nº 12.120, de 2009)

II – da aprovação ou rejeição das contas pelo órgão de controle interno ou pelo Tribunal ou Conselho de Contas.

Art. 22. Para apurar qualquer ilícito previsto nesta lei, o Ministério Público, de ofício, a requerimento de autoridade administrativa ou mediante representação formulada de acordo com o disposto no art. 14, poderá requisitar a instauração de inquérito policial ou procedimento administrativo.

CAPÍTULO VII
Da Prescrição

Art. 23. As ações destinadas a levar a efeitos as sanções previstas nesta lei podem ser propostas:

I - até 5 (cinco) anos após o término do exercício de mandato, de cargo em comissão ou de função de confiança;

II - dentro do prazo prescricional previsto em lei específica para faltas disciplinares puníveis com demissão a bem do serviço público, nos casos de exercício de cargo efetivo ou emprego.

CAPÍTULO VIII
Das Disposições Finais

Art. 24. Esta Lei entra em vigor na data de sua publicação.

Art. 25. Ficam revogadas as Leis nº 3.164, de 1° de junho de 1957 , e 3.502, de 21 de dezembro de 1958 e demais disposições em contrário.

Parte 5

PROCESSO ADMINISTRATIVO

Lei nº 9.784/1999

CAPÍTULO 23
Processo Administrativo

ABRANGÊNCIA E APLICAÇÃO	
Aplica-se à Administração federal direta e indireta e aos Poderes LEG e JUD no desempenho de suas funções administrativas.	Possui caráter supletivo, subsidiário, processos administrativos já regulados por lei específica, como o PAD (Lei 8.112/1990) e o PTF (Lei 9.430/1996).
NÃO é lei nacional: não obriga estados, DF e municípios como o faz, por exemplo, a Lei 8.666/1993 (Licitações) e a Lei 8.987/1995 (Concessões).	

DISTINÇÕES IMPORTANTES	
PROCESSO ADMINISTRATIVO	**PROCESSO JUDICIAL**
Não precisa de advogado	Necessita de advogado
De ofício ou provocado	Só por provocação
Relação bilateral (autor e réu)	Relação trilateral (autor, réu e juiz)
Gratuidade	Onerosidade
NÃO faz coisa julgada	FAZ coisa julgada

PRINCÍPIOS EXPRESSOS			
LEGALIDADE	**FINALIDADE**	**MORALIDADE**	**EFICIÊNCIA**
Só fazer o que estiver prescrito em lei.	Tratar a todos igualmente, com impessoalidade.	Atuação ética. Bons costumes. Que não escandalize o povo.	Relação custo / benefício.
RAZOABILIDADE	**PROPORCIONALIDADE**	**AMPLA DEFESA**	**CONTRADITÓRIO**
Adequação e necessidade na prática do ato.	Intensidade e extensão na aplicação da medida.	Produzir todas as provas em seu favor para defender-se.	Rebater todas as acusações alegadas em seu desfavor.

SEGURANÇA JURÍDICA	INTERESSE PÚBLICO	MOTIVAÇÃO
Respeito às decisões judiciais e administrativas já proferidas em casos semelhantes.	Agir em benefício da coletividade. Conceito jurídico indeterminado.	Declaração escrita dos motivos do ato. Transparência. Publicidade.

<table>
<tr><th colspan="6">PRINCÍPIOS IMPLÍCITOS</th></tr>
<tr><th colspan="2">OFICIALIDADE</th><th colspan="2">INFORMALISMO</th><th colspan="2">VERDADE MATERIAL</th></tr>
<tr><td colspan="2">Impulso oficial. É a Administração que movimenta o processo.</td><td colspan="2">Formas simples. Sem advogado. Só é formal se a lei exigir.</td><td colspan="2">Buscar os fatos efetivamente ocorridos, mesmo após os prazos probatórios.</td></tr>
<tr><th colspan="3">INSTRUMENTALIDADE DAS FORMAS</th><th colspan="3">GRATUIDADE</th></tr>
<tr><td colspan="3">Alcançar os objetivos do ato, não importando a forma.</td><td colspan="3">Não há qualquer custo para o particular interessado.</td></tr>
</table>

CONCEITOS IMPORTANTES		
ÓRGÃO – Unidade de atuação integrante da estrutura da Administração Direta e Indireta.	**ENTIDADE** – Unidade de atuação dotada de personalidade jurídica.	**AUTORIDADE** – Servidor ou agente público dotado de poder de decisão.

CAPÍTULO 24
Direitos e Deveres dos Administrados

DIREITOS	DEVERES
Ciência dos atos do processo	Expor os fatos conforme a verdade
Vista dos autos	Proceder com lealdade, urbanidade e boa-fé
Cópia de documentos	Prestar as informações solicitadas
Conhecer as decisões proferidas	Colaborar para o esclarecimento dos fatos
Ser assistido por advogado quando a lei exigir	**Não agir de modo temerário**

INÍCIO DO PROCESSO E LEGITIMADOS	
INÍCIO DO PROCESSO	**LEGITIMADOS**
De ofício ou provocado	Os maiores de 18 anos
A pedido, por requerimento escrito, **vedada a recusa imotivada** da Administração.	Pessoas físicas ou jurídicas
É possível a **solicitação oral** para o início de um processo.	Organizações e associações representativas de direitos e interesses coletivos ou difusos.
É possível requerimento subscrito por vários interessados, com pedidos idênticos.	O Ministério Público não é legitimado. Ele possui ações próprias como a Ação Civil Pública.

<table>
<tr><th colspan="5">COMPETÊNCIA</th></tr>
<tr><td colspan="5">Poder legal conferido ao agente/órgão para o desempenho específico das atribuições de seu cargo.</td></tr>
<tr><th colspan="5">CARACTERÍSTICAS</th></tr>
<tr><td>IRRENUNCIÁVEL</td><td>IMPRESCRITÍVEL</td><td>INTRANSFERÍVEL</td><td>IMODIFICÁVEL pelo agente</td><td>DE OBSERVÂNCIA OBRIGATÓRIA para órgãos e agentes</td></tr>
<tr><th colspan="5">DELEGAÇÃO DE COMPETÊNCIA</th></tr>
<tr><td>Precário</td><td>Revogável</td><td>Parcial</td><td colspan="2">Livre</td></tr>
<tr><th colspan="5">PROIBIDO</th></tr>
<tr><td colspan="2">Edição de atos de caráter normativo</td><td colspan="2">Decisão em recursos administrativos</td><td>Matérias de competência exclusiva</td></tr>
</table>

IMPORTANTE – Se não houver competência legal específica, o PA deverá ser iniciado perante a autoridade de MENOR grau hierárquico para decidir.

AVOCAÇÃO DE COMPETÊNCIA		
É a retomada das atribuições delegadas, que volta para o órgão ou agente delegante.		
Caráter excepcional	Somente dos subordinados	Proibido em atribuições exclusivas

MOTIVAÇÃO	
Declaração escrita dos motivos que ensejaram a prática do ato administrativo, sendo **OBRIGATÓRIA nos 8 casos** a seguir.	
Negar, limitar ou afetar direitos ou interesses.	Decisão em recursos administrativos.
Impor ou agravar deveres, encargos ou sanções.	Anulação, revogação, suspensão ou convalidação.
Decisão em processos administrativos de concurso público.	Deixar de aplicar jurisprudência firmada.
Dispensa ou inexigibilidade de processo licitatório.	Divergir de pareceres, laudos e relatórios oficiais.

ANULAÇÃO, REVOGAÇÃO E CONVALIDAÇÃO		
ANULAÇÃO	**REVOGAÇÃO**	**CONVALIDAÇÃO**
É a retirada de atos com vícios, ilegais. Efeitos *ex tunc*: retrospectivos, resguardando efeitos já produzidos aos terceiros de boa-fé. Praticado de ofício ou pelo judicial.	É discricionária, nos casos de conveniência e oportunidade, respeitados os direitos adquiridos. Efeitos *ex nunc*: prospectivos. Só a Administração pode revogar. É mérito.	É ato discricionário de saneamento, de correção de atos com vícios sanáveis, que não acarrete lesão ao interesse público nem prejuízo a terceiros. Só a Administração pode convalidar. É mérito.
Obs.: 1 – Se os atos anuláveis forem **favoráveis aos destinatários**, decai em 5 anos o prazo para a Adminisração anulá-los, contados da data em que foram praticados, salvo comprovada má-fé.	**Obs.: 2** – Se os atos anuláveis **decorrerem de efeitos patrimoniais contínuos**, decai em 5 anos o prazo para a Administração anulá-los, contados da percepção do primeiro pagamento.	

IMPEDIMENTO E SUSPEIÇÃO	
São os casos em que o agente não poderá atuar no processo administrativo.	
IMPEDIMENTO	SUSPEIÇÃO
Interesse direto ou indireto na matéria.	**Amizade íntima** com o interessado, seu cônjuge ou seu parente até 3º grau.

Dele participou, ou o cônjuge ou parente até 3º grau*.	**Inimizade notória** com o interessado, seu cônjuge ou seu parente até 3º grau.
Estiver litigando JUD. ou ADM. com interessado / cônjuge	
OBSERVAÇÕES	
O agente PRECISA declarar-se impedido, sob pena de falta grave.	O agente NÃO precisa declarar-ser suspeito: alguém precisa alegar a suspeição.
É obrigatório pelo agente.	É faculdade do interessado.
* Como perito / testemunha / representante	Se indeferido, cabe recurso, SEM efeito suspensivo.

FORMA, TEMPO E LUGAR DOS ATOS DO PROCESSO		
FORMA	**TEMPO**	**LUGAR**
Reconhecimento de firma – Somente com previsão legal ou dúvida de autenticidade.	Realizado somente em dias úteis.	Deve ser realizado, **preferencialmente**, na sede do órgão, cientificando o interessado se outro for o local de realização.
Cópia autenticada – Não é necessária.	Podem ser concluídas **após o expediente se causar prejuízo** ao processo ou dano ao interessado.	
	Prazo genérico de 5 dias, prorrogável.	Pode ser realizado **fora da sede**

INTIMAÇÃO DO INTERESSADO		
Obrigatória em atos que resultem imposição de deveres ou restrição de direitos ou atividades.	Intimação para comparecer ao órgão precisa ser com, no mínimo, 3 dias de antecedência.	Intimando e não comparecendo, **não há presunção de culpa**, de confissão, ou renúncia a direito do interessado.
Pode ser pessoal, por AR, telegrama, ou qualquer meio que assegure a certeza da ciência.	**Deve ser** feito em meio oficial nos casos de interessados indeterminados ou com endereço desconhecido.	
Intimações que desatendam prescrições legais são nulas, mas **supridas com o comparecimento** do interessado.	**Não há preclusão** do direito de defesa, podendo apresentar-se documentos até a decisão.	

INSTRUÇÃO E DECISÃO	
INSTRUÇÃO	**DECISÃO**
É a **fase probatória** do processo, em que se juntam documentos para subsidiar a decisão administrativa.	Concluída a instrução, a Administração tem **até 30 dias**, prorrogáveis, para proferir a decisão.
Fatos e dados registrados na Administração deverão ser providenciados **de ofício**, se requeridos pelo interessado.	

Só haverá **recusa** se os documentos probatórios forem ilícitos, impertinentes, desnecessários ou protelatórios.	Se o agente não for competente, deverá encaminhar os autos à autoridade competente para decidir.
Se o interessado **não apresentar os documentos** solicitados, a Administração poderá arquivar o processo se não conseguir suprir de ofício essa falta de documentos.	
É possível, à Administração, adotar providências acauteladoras **sem prévia manifestação do particular**, em caso de risco iminente.	

DESISTÊNCIA E EXTINÇÃO DO PROCESSO	
DESISTÊNCIA	**EXTINÇÃO**
O interessado pode **desistir**, total ou parcialmente, **ou renunciar** a direitos disponíveis.	Somente em 2 situações.
Obs.: 1 – A desistência ou renúncia **não prejudica o prosseguimento do PA** se a Administração perceber o interesse público da demanda.	Quando sua finalidade foi atingida.
Obs.: 2 – Se houver mais interessados, a renúncia de um deles só tem efeito para aquele que desistiu.	Se o objeto da decisão se tornar impossível, inútil ou prejudicado por fato superveniente.

RECURSO ADMINISTRATIVO	
PRAZO PARA INTERESSADO	10 dias da ciência, **salvo** disposição legal. Se não, nem é conhecido.
EFEITO	DEVOLUTIVO, **salvo** disposição legal em contrário.
EFEITO SUSPENSIVO	Somente se existir justo receio de prejuízo irreparável ou de difícil reparação.
DESTINO	Dirigido à autoridade que proferiu a decisão, para a sua reconsideração.
RECONSIDERAÇÃO	Possível, no prazo de 5 dias.
LIMITE	3 instâncias administrativas, **salvo** disposição legal.
CUSTAS	Não cabe caução ou depósito, **salvo** disposição legal (STF – inconstitucional).
PRAZO PARA A ADMINISTRACÃO	30 dias do recebimento dos autos pelo órgão competente (prazo **dilatório**).

<table>
<tr><td>CONSEQUÊNCIAS</td><td colspan="2">A autoridade competente poderá: confirmar, modificar, anular ou revogar a decisão.</td></tr>
<tr><td>SÚMULA VINCULANTE</td><td colspan="2">Se a decisão violou SV, cabe reclamação no STF após esgotar as vias administrativas.</td></tr>
<tr><td>REFORMATIO IN PEJUS</td><td colspan="2">Possível, após a ciência do interessado para apresentar alegações finais.</td></tr>
<tr><td rowspan="2">LEGITIMADOS</td><td>Titulares de direitos e interesses que forem parte no processo</td><td>Todos que tiveram direitos/interesses indiretamente afetados pela decisão.</td></tr>
<tr><td>Organizações/associações no tocante a direitos e interesses coletivos.</td><td>Cidadãos ou associações quanto a direitos ou interesses difusos</td></tr>
</table>

REVISÃO ADMINISTRATIVA	
PRAZO	A qualquer tempo.
LEGITIMADOS	A pedido ou de ofício.
CABIMENTO	Apenas em PA's que resultem sanções.
CONDIÇÃO	Fatos novos ou circunstâncias relevantes, suscetíveis de justificar a inadequação da sanção aplicada.
REFORMATIO IN PEJUS	Impossível. Da revisão não cabe agravamento da sanção aplicada.

<table>
<tr><th colspan="6">CONTAGEM DE PRAZOS</th></tr>
<tr><td colspan="2">Exclui-se o dia do começo e inclui-se o do vencimento.</td><td colspan="2">Se o vencimento cair em dia que não houver expediente, o prazo vai até o dia útil seguinte.</td><td colspan="2">Só se suspendem por motivo de força maior, devidamente comprovado.</td></tr>
<tr><td colspan="3">Prazo em dias: são dias corridos.</td><td colspan="3">Prazos em meses e anos são de data a data, mas, se no mês de vencimento não houver o dia do início do prazo, considera-se o último dia do mês.</td></tr>
</table>

SANÇÕES PREVISTAS		
Natureza pecuniária	Obrigação de fazer	Obrigação de **não** fazer

PRIORIDADE NA TRAMITAÇÃO DE PA's		
Pessoa igual ou superior a 60 anos	Portador de deficiência física ou mental	Portador de moléstias graves ou incuráveis

EXERCÍCIOS – PROCESSO ADMINISTRATIVO (LEI Nº 9.784/1999)

1. **(CESPE – Analista Técnico Administrativo MIN 2013)** Um dos princípios do processo administrativo, a oficialidade refere-se às formalidades legais adotadas pela Administração Pública, a fim de garantir segurança jurídica ao administrado.

2. **(CESPE – Técnico Judiciário TJDFT 2013)** O servidor que estiver litigando judicialmente contra a companheira de um interessado em determinado processo administrativo estará impedido de atuar nesse processo.

3. **(CESPE – Analista Técnico Administrativo ANS 2013 – Adaptado)** Após ter apreciado o recurso apresentado pela empresa A, a ANS não precisará intimar esta empresa para que ela tome ciência da decisão, dado que é dever dos interessados acompanhar o trâmite dos recursos administrativos.

4. **(CESPE – Técnico Judiciário TJDFT 2013)** O processo administrativo pode ser iniciado a pedido do interessado, mediante formulação escrita, não sendo admitida solicitação oral.

5. **(CESPE – Analista Técnico Administrativo ANS 2013 – Adaptado)** Caso uma empresa tenha alegado, em seu favor, que a decisão recorrida viola enunciado de súmula vinculante editada pelo Supremo Tribunal Federal, decisão da ANS que venha a indeferir o recurso deverá explicitar, obrigatoriamente, as razões da inaplicabilidade da súmula ao caso.

6. **(CESPE – Analista Técnico Administrativo ANS 2013 – Adaptado)** A empresa A recorreu perante a ANS contra uma multa que lhe foi imposta. A empresa B, por sua vez, solicitou à ANS o ingresso no processo da empresa A na qualidade de interessada, argumentando que foi autuada em situação semelhante à dessa empresa e que a decisão do referido recurso será um precedente que poderá influenciar o julgamento futuro do recurso que pretende interpor.
   Com base na situação hipotética acima apresentada e na legislação sobre o processo administrativo no âmbito da Administração Pública, o pedido da empresa B deve ser indeferido, já que, no processo administrativo, são consideradas partes interessadas somente as pessoas titulares dos direitos e interesses que dão origem ao processo.

7. **(CESPE – Analista Administrativo CNJ 2013)** As normas básicas do processo administrativo não se aplicam ao Poder Judiciário da União, pois, no desempenho da função administrativa, devem ser observadas as regras dispostas nos regimentos internos de cada órgão integrante da sua estrutura.

8. **(CESPE - Analista Administrativo CNJ 2013)** As atividades desenvolvidas na fase instrutória do processo administrativo destinam-se a averiguar e a comprovar os dados necessários à tomada de decisão e são realizadas pela administração em observância ao princípio da oficialidade, não competindo ao administrado a proposição de atos probatórios.

9. **(FCC - Consultor Assembleia Legislativa PB 2013)** Segundo a Lei 9.784/1999, que regula o processo administrativo no âmbito da Administração Pública Federal, a aplicação retroativa de nova interpretação e a cobrança de despesas processuais são, respectivamente,
   a) vedada e admitida em situações excepcionais previstas em lei.
   b) admitida excepcionalmente e vedada.
   c) permitida como regra e permitida em qualquer hipótese.
   d) vedada e vedada em qualquer hipótese.
   e) permitida como regra e admitida em situações excepcionais previstas em lei.

10. **(FCC - Técnico Judiciário TRT-9 2013)** De acordo com a Lei 9.784/1999, que regula o processo administrativo no âmbito da Administração Pública Federal,
   a) os atos administrativos são sigilosos no decorrer da fase probatória.
   b) é vedada a cobrança de despesas processuais, salvo as previstas em lei.
   c) os interessados deverão ser representados por advogado, salvo se hipossuficientes.
   d) aplica-se o princípio do formalismo, dispensada a indicação dos pressupostos de fato da decisão.
   e) é vedada a impulsão de ofício, cabendo ao interessado indicar os fundamentos de direito da decisão.

11. **(FCC - Técnico Administrativo TRT-9 2013)** As normas sobre processo administrativo postas na Lei 9.784/99 aplicam-se aos
   a) órgãos do Poder Legislativo e do Poder Judiciário da União, no que se referir ao desempenho de funções administrativas atípicas.
   b) órgãos do Poder Executivo e aos servidores integrantes do quadro da Administração Direta, excluídos os afastados e os órgãos dos demais Poderes.
   c) órgãos dos Poderes Executivo, Legislativo e Judiciário, no exercício de suas funções típicas.
   d) servidores dos Poderes Executivo e Legislativo, na realização de suas funções típicas, excluído o Poder Judiciário em razão de sua competência judicante.
   e) órgãos do Poder Executivo integrantes da Administração Direta ou Indireta, excluídos os órgãos do Poder Legislativo e do Poder Judiciário quando se tratar de realização de função administrativa.

12. **(FCC – Técnico Administrativo TRT-1 2013)** Em processo administrativo, tendo por objeto reconhecimento de pretensão de administrado em face de órgão da Administração Pública Federal, foi proferida decisão negando o pleito. O interessado apresentou recurso, tempestivamente, porém o fez perante autoridade incompetente. De acordo com as disposições da Lei 9.784/1999, o recurso
   a) deverá ser recebido e conhecido, em face do princípio da economia processual.
   b) não poderá ser recebido, vedada a possibilidade de a Administração rever o ato de ofício, ainda que não operada a preclusão administrativa.
   c) deverá ser recebido, porém não conhecido, cabendo à autoridade à qual o mesmo foi endereçado encaminhá-lo à autoridade competente para seu julgamento.
   d) não será conhecido, salvo se a Administração considerar que as razões de fato e de direito são suficientes para justificar a modificação da decisão.
   e) não será conhecido, sendo indicado ao recorrente a autoridade competente e devolvido o prazo para apresentar o recurso.

13. **(FCC – Analista Administrativo TRT-1 2013)** No curso de processo administrativo, a autoridade responsável pela condução do mesmo deixou de dar-lhe regular andamento. O interessado, com o objetivo de entender as razões da paralisação, solicitou cópia dos principais documentos integrantes dos autos. De acordo com as disposições da Lei 9.784/1999,
   a) o impulso do processo deve se dar de ofício, não cabendo ao interessado provocar seu andamento.
   b) os atos do processo são sigilosos, cabendo ao interessado comprovar o efetivo interesse para obter os documentos solicitados.
   c) o interessado deve constituir advogado para obter vista dos autos e tomar conhecimento de todos os atos praticados.
   d) o interessado pode formular alegações e apresentar documentos, os quais serão objeto de consideração pelo órgão competente.
   e) cabe à autoridade explicitar as razões de fato e de direito da sua conduta, desde que provocada pelo interessado, vedada a impulsão do processo de ofício.

14. **(FCC – Analista Administrativo TER-SP 2012)** Determinado cidadão apresentou requerimento a órgão público, que restou indeferido pela autoridade competente, de forma fundamentada e observado o prazo legal para o exame do pleito. Ao tomar ciência da decisão, o cidadão, de acordo com a Lei 9.784/1999, que regula o processo administrativo no âmbito federal,
   a) não possui direito a recurso, podendo, contudo, impugnar o ato judicialmente, com a interposição de mandado de segurança.

b) poderá apresentar recurso, dirigido ao superior hierárquico daquele que proferiu a decisão, mediante o oferecimento de caução.
c) poderá apresentar recurso, dirigido à autoridade que proferiu a decisão, que poderá reconsiderá-la, no prazo de 5 dias, ou, em caso negativo, encaminhá-lo à autoridade superior.
d) não possui direito a recurso, mas apenas a pedido de reconsideração, dirigido à autoridade que praticou o ato, desde que fundamentado em elementos novos ou adicionais em relação àqueles que foram considerados na decisão original.
e) poderá apresentar recurso ou pedido de reconsideração, no prazo de 5 dias, à autoridade que proferiu o ato ou ao superior hierárquico, respectivamente, ao qual será atribuído efeito suspensivo mediante o recolhimento de caução.

15. (FCC - Juiz Substituto TJ-PE 2013) Considere a seguinte afirmação quanto a um ato administrativo:

"Nada impede a autoridade competente para a prática de um ato de motivá-lo mediante remissão aos fundamentos de parecer ou relatório conclusivo elaborado por autoridade de menor hierarquia. Indiferente que o parecer a que se remete a decisão também se reporte a outro parecer: o que importa é que haja a motivação eficiente, controlável *a posteriori*."

Tal afirmação, no contexto do Direito brasileiro, é

a) correta, pois motivar ou não, em todo caso, é faculdade discricionária da autoridade administrativa.
b) equivocada, pois a Lei Federal sobre processo administrativo veda que pareceres sejam invocados como motivos suficientes para a prática de atos.
c) equivocada, pois a Constituição Federal exige a motivação como elemento a constar textualmente dos atos administrativos.
d) correta, compreendendo a motivação como elemento necessário ao controle do ato administrativo, porém sem exageros de mera formalidade.
e) equivocada, pois a Lei Federal sobre processo administrativo exige que todo ato administrativo seja motivado pela autoridade que o edita.

Gabarito

1. E	4. E	7. E	10. b	13. d
2. C	5. C	8. E	11. a	14. c
3. E	6. E	9. a	12. e	15. d

Lei nº 9.784, de 29 de Janeiro de 1999[25]

CAPÍTULO I
Das Disposições Gerais

Art. 1º Esta Lei estabelece normas básicas sobre o processo administrativo no âmbito da Administração Federal direta e indireta, visando, em especial, à proteção dos direitos dos administrados e ao melhor cumprimento dos fins da Administração.

§ 1º Os preceitos desta Lei também se aplicam aos órgãos dos Poderes Legislativo e Judiciário da União, quando no desempenho de função administrativa.

§ 2º Para os fins desta Lei, consideram-se:

I – órgão – a unidade de atuação integrante da estrutura da Administração direta e da estrutura da Administração indireta;

II – entidade – a unidade de atuação dotada de personalidade jurídica;

III – autoridade – o servidor ou agente público dotado de poder de decisão.

Art. 2º A Administração Pública obedecerá, dentre outros, aos princípios da legalidade, finalidade, motivação, razoabilidade, proporcionalidade, moralidade, ampla defesa, contraditório, segurança jurídica, interesse público e eficiência.

Parágrafo único. Nos processos administrativos serão observados, entre outros, os critérios de:

I – atuação conforme a lei e o Direito;

II – atendimento a fins de interesse geral, vedada a renúncia total ou parcial de poderes ou competências, salvo autorização em lei;

III – objetividade no atendimento do interesse público, vedada a promoção pessoal de agentes ou autoridades;

IV – atuação segundo padrões éticos de probidade, decoro e boa-fé;

V – divulgação oficial dos atos administrativos, ressalvadas as hipóteses de sigilo previstas na Constituição;

VI – adequação entre meios e fins, vedada a imposição de obrigações, restrições e sanções em medida superior àquelas estritamente necessárias ao atendimento do interesse público;

VII – indicação dos pressupostos de fato e de direito que determinarem a decisão;

[25] BRASIL. **Lei nº 9.784, de 29 de janeiro de 1999**. Regula o processo administrativo no âmbito da Administração Pública Federal. Brasília: Congresso Nacional, 1999. Disponível em: <http://www.planalto.gov.br/ccivil_03/leis/L9784.htm>.

VIII - observância das formalidades essenciais à garantia dos direitos dos administrados;

IX - adoção de formas simples, suficientes para propiciar adequado grau de certeza, segurança e respeito aos direitos dos administrados;

X - garantia dos direitos à comunicação, à apresentação de alegações finais, à produção de provas e à interposição de recursos, nos processos de que possam resultar sanções e nas situações de litígio;

XI - proibição de cobrança de despesas processuais, ressalvadas as previstas em lei;

XII - impulsão, de ofício, do processo administrativo, sem prejuízo da atuação dos interessados;

XIII - interpretação da norma administrativa da forma que melhor garanta o atendimento do fim público a que se dirige, vedada aplicação retroativa de nova interpretação.

CAPÍTULO II
Dos Direitos dos Administrados

Art. 3º O administrado tem os seguintes direitos perante a Administração, sem prejuízo de outros que lhe sejam assegurados:

I - ser tratado com respeito pelas autoridades e servidores, que deverão facilitar o exercício de seus direitos e o cumprimento de suas obrigações;

II - ter ciência da tramitação dos processos administrativos em que tenha a condição de interessado, ter vista dos autos, obter cópias de documentos neles contidos e conhecer as decisões proferidas;

III - formular alegações e apresentar documentos antes da decisão, os quais serão objeto de consideração pelo órgão competente;

IV - fazer-se assistir, facultativamente, por advogado, salvo quando obrigatória a representação, por força de lei.

CAPÍTULO III
Dos Deveres do Administrado

Art. 4º São deveres do administrado perante a Administração, sem prejuízo de outros previstos em ato normativo:

I - expor os fatos conforme a verdade;

II - proceder com lealdade, urbanidade e boa-fé;

III - não agir de modo temerário;

IV - prestar as informações que lhe forem solicitadas e colaborar para o esclarecimento dos fatos.

CAPÍTULO IV
Do Início do Processo

Art. 5º O processo administrativo pode iniciar-se de ofício ou a pedido de interessado.

Art. 6º O requerimento inicial do interessado, salvo casos em que for admitida solicitação oral, deve ser formulado por escrito e conter os seguintes dados:

I – órgão ou autoridade administrativa a que se dirige;

II – identificação do interessado ou de quem o represente;

III – domicílio do requerente ou local para recebimento de comunicações;

IV – formulação do pedido, com exposição dos fatos e de seus fundamentos;

V – data e assinatura do requerente ou de seu representante.

Parágrafo único. É vedada à Administração a recusa imotivada de recebimento de documentos, devendo o servidor orientar o interessado quanto ao suprimento de eventuais falhas.

Art. 7º Os órgãos e entidades administrativas deverão elaborar modelos ou formulários padronizados para assuntos que importem pretensões equivalentes.

Art. 8º Quando os pedidos de uma pluralidade de interessados tiverem conteúdo e fundamentos idênticos, poderão ser formulados em um único requerimento, salvo preceito legal em contrário.

CAPÍTULO V
Dos Interessados

Art. 9º São legitimados como interessados no processo administrativo:

I – pessoas físicas ou jurídicas que o iniciem como titulares de direitos ou interesses individuais ou no exercício do direito de representação;

II – aqueles que, sem terem iniciado o processo, têm direitos ou interesses que possam ser afetados pela decisão a ser adotada;

III – as organizações e associações representativas, no tocante a direitos e interesses coletivos;

IV – as pessoas ou as associações legalmente constituídas quanto a direitos ou interesses difusos.

Art. 10. São capazes, para fins de processo administrativo, os maiores de dezoito anos, ressalvada previsão especial em ato normativo próprio.

CAPÍTULO VI
Da Competência

Art. 11. A competência é irrenunciável e se exerce pelos órgãos administrativos a que foi atribuída como própria, salvo os casos de delegação e avocação legalmente admitidos.

Art. 12. Um órgão administrativo e seu titular poderá, se não houver impedimento legal, delegar parte da sua competência a outros órgãos ou titulares, ainda que estes não lhe sejam hierarquicamente subordinados, quando for conveniente, em razão de circunstâncias de índole técnica, social, econômica, jurídica ou territorial.

Parágrafo único. O disposto no *caput* deste artigo aplica-se à delegação de competência dos órgãos colegiados aos respectivos presidentes.

Art. 13. Não podem ser objeto de delegação:

I – a edição de atos de caráter normativo;

II – a decisão de recursos administrativos;

III – as matérias de competência exclusiva do órgão ou autoridade.

Art. 14. O ato de delegação e sua revogação deverão ser publicados no meio oficial.

§ 1º O ato de delegação especificará as matérias e poderes transferidos, os limites da atuação do delegado, a duração e os objetivos da delegação e o recurso cabível, podendo conter ressalva de exercício da atribuição delegada.

§ 2º O ato de delegação é revogável a qualquer tempo pela autoridade delegante.

§ 3º As decisões adotadas por delegação devem mencionar explicitamente esta qualidade e considerar-se-ão editadas pelo delegado.

Art. 15. Será permitida, em caráter excepcional e por motivos relevantes devidamente justificados, a avocação temporária de competência atribuída a órgão hierarquicamente inferior.

Art. 16. Os órgãos e entidades administrativas divulgarão publicamente os locais das respectivas sedes e, quando conveniente, a unidade fundacional competente em matéria de interesse especial.

Art. 17. Inexistindo competência legal específica, o processo administrativo deverá ser iniciado perante a autoridade de menor grau hierárquico para decidir.

CAPÍTULO VII
Dos Impedimentos e da Suspeição

Art. 18. É impedido de atuar em processo administrativo o servidor ou autoridade que:

I – tenha interesse direto ou indireto na matéria;

II – tenha participado ou venha a participar como perito, testemunha ou representante, ou se tais situações ocorrem quanto ao cônjuge, companheiro ou parente e afins até o terceiro grau;

III – esteja litigando judicial ou administrativamente com o interessado ou respectivo cônjuge ou companheiro.

Art. 19. A autoridade ou servidor que incorrer em impedimento deve comunicar o fato à autoridade competente, abstendo-se de atuar.

Parágrafo único. A omissão do dever de comunicar o impedimento constitui falta grave, para efeitos disciplinares.

Art. 20. Pode ser argüida a suspeição de autoridade ou servidor que tenha amizade íntima ou inimizade notória com algum dos interessados ou com os respectivos cônjuges, companheiros, parentes e afins até o terceiro grau.

Art. 21. O indeferimento de alegação de suspeição poderá ser objeto de recurso, sem efeito suspensivo.

CAPÍTULO VIII
Da Forma, Tempo e Lugar dos Atos do Processo

Art. 22. Os atos do processo administrativo não dependem de forma determinada senão quando a lei expressamente a exigir.

§ 1º Os atos do processo devem ser produzidos por escrito, em vernáculo, com a data e o local de sua realização e a assinatura da autoridade responsável.

§ 2º Salvo imposição legal, o reconhecimento de firma somente será exigido quando houver dúvida de autenticidade.

§ 3º A autenticação de documentos exigidos em cópia poderá ser feita pelo órgão administrativo.

§ 4º O processo deverá ter suas páginas numeradas seqüencialmente e rubricadas.

Art. 23. Os atos do processo devem realizar-se em dias úteis, no horário normal de funcionamento da repartição na qual tramitar o processo.

Parágrafo único. Serão concluídos depois do horário normal os atos já iniciados, cujo adiamento prejudique o curso regular do procedimento ou cause dano ao interessado ou à Administração.

Art. 24. Inexistindo disposição específica, os atos do órgão ou autoridade responsável pelo processo e dos administrados que dele participem devem ser praticados no prazo de 5 (cinco) dias, salvo motivo de força maior.

Parágrafo único. O prazo previsto neste artigo pode ser dilatado até o dobro, mediante comprovada justificação.

Art. 25. Os atos do processo devem realizar-se preferencialmente na sede do órgão, cientificando-se o interessado se outro for o local de realização.

CAPÍTULO IX
Da Comunicação dos Atos

Art. 26. O órgão competente perante o qual tramita o processo administrativo determinará a intimação do interessado para ciência de decisão ou a efetivação de diligências.

§ 1º A intimação deverá conter:

I - identificação do intimado e nome do órgão ou entidade administrativa;

II - finalidade da intimação;

III - data, hora e local em que deve comparecer;

IV - se o intimado deve comparecer pessoalmente, ou fazer-se representar;

V - informação da continuidade do processo independentemente do seu comparecimento;

VI - indicação dos fatos e fundamentos legais pertinentes.

§ 2º A intimação observará a antecedência mínima de 3 (três) dias úteis quanto à data de comparecimento.

§ 3º A intimação pode ser efetuada por ciência no processo, por via postal com aviso de recebimento, por telegrama ou outro meio que assegure a certeza da ciência do interessado.

§ 4º No caso de interessados indeterminados, desconhecidos ou com domicílio indefinido, a intimação deve ser efetuada por meio de publicação oficial.

§ 5º As intimações serão nulas quando feitas sem observância das prescrições legais, mas o comparecimento do administrado supre sua falta ou irregularidade.

Art. 27. O desatendimento da intimação não importa o reconhecimento da verdade dos fatos, nem a renúncia a direito pelo administrado.

Parágrafo único. No prosseguimento do processo, será garantido direito de ampla defesa ao interessado.

Art. 28. Devem ser objeto de intimação os atos do processo que resultem para o interessado em imposição de deveres, ônus, sanções ou restrição ao exercício de direitos e atividades e os atos de outra natureza, de seu interesse.

CAPÍTULO X
Da Instrução

Art. 29. As atividades de instrução destinadas a averiguar e comprovar os dados necessários à tomada de decisão realizam-se de ofício ou mediante impulsão do órgão responsável pelo processo, sem prejuízo do direito dos interessados de propor atuações probatórias.

§ 1º O órgão competente para a instrução fará constar dos autos os dados necessários à decisão do processo.

§ 2º Os atos de instrução que exijam a atuação dos interessados devem realizar-se do modo menos oneroso para estes.

Art. 30. São inadmissíveis no processo administrativo as provas obtidas por meios ilícitos.

Art. 31. Quando a matéria do processo envolver assunto de interesse geral, o órgão competente poderá, mediante despacho motivado, abrir período de consulta pública para manifestação de terceiros, antes da decisão do pedido, se não houver prejuízo para a parte interessada.

§ 1º A abertura da consulta pública será objeto de divulgação pelos meios oficiais, a fim de que pessoas físicas ou jurídicas possam examinar os autos, fixando-se prazo para oferecimento de alegações escritas.

§ 2º O comparecimento à consulta pública não confere, por si, a condição de interessado do processo, mas confere o direito de obter da Administração resposta fundamentada, que poderá ser comum a todas as alegações substancialmente iguais.

Art. 32. Antes da tomada de decisão, a juízo da autoridade, diante da relevância da questão, poderá ser realizada audiência pública para debates sobre a matéria do processo.

Art. 33. Os órgãos e entidades administrativas, em matéria relevante, poderão estabelecer outros meios de participação de administrados, diretamente ou por meio de organizações e associações legalmente reconhecidas.

Art. 34. Os resultados da consulta e audiência pública e de outros meios de participação de administrados deverão ser apresentados com a indicação do procedimento adotado.

Art. 35. Quando necessária à instrução do processo, a audiência de outros órgãos ou entidades administrativas poderá ser realizada em reunião conjunta, com a participação de titulares ou representantes dos órgãos competentes, lavrando-se a respectiva ata, a ser juntada aos autos.

Art. 36. Cabe ao interessado a prova dos fatos que tenha alegado, sem prejuízo do dever atribuído ao órgão competente para a instrução e do disposto no art. 37 desta Lei.

Art. 37. Quando o interessado declarar que fatos e dados estão registrados em documentos existentes na própria Administração responsável pelo processo ou em outro órgão administrativo, o órgão competente para a instrução proverá, de ofício, à obtenção dos documentos ou das respectivas cópias.

Art. 38. O interessado poderá, na fase instrutória e antes da tomada da decisão, juntar documentos e pareceres, requerer diligências e perícias, bem como aduzir alegações referentes à matéria objeto do processo.

§ 1º Os elementos probatórios deverão ser considerados na motivação do relatório e da decisão.

§ 2º Somente poderão ser recusadas, mediante decisão fundamentada, as provas propostas pelos interessados quando sejam ilícitas, impertinentes, desnecessárias ou protelatórias.

Art. 39. Quando for necessária a prestação de informações ou a apresentação de provas pelos interessados ou terceiros, serão expedidas intimações para esse fim, mencionando-se data, prazo, forma e condições de atendimento.

Parágrafo único. Não sendo atendida a intimação, poderá o órgão competente, se entender relevante a matéria, suprir de ofício a omissão, não se eximindo de proferir a decisão.

Art. 40. Quando dados, atuações ou documentos solicitados ao interessado forem necessários à apreciação de pedido formulado, o não atendimento no prazo fixado pela Administração para a respectiva apresentação implicará arquivamento do processo.

Art. 41. Os interessados serão intimados de prova ou diligência ordenada, com antecedência mínima de 3 (três) dias úteis, mencionando-se data, hora e local de realização.

Art. 42. Quando deva ser obrigatoriamente ouvido um órgão consultivo, o parecer deverá ser emitido no prazo máximo de quinze dias, salvo norma especial ou comprovada necessidade de maior prazo.

§ 1º Se um parecer obrigatório e vinculante deixar de ser emitido no prazo fixado, o processo não terá seguimento até a respectiva apresentação, responsabilizando-se quem der causa ao atraso.

§ 2º Se um parecer obrigatório e não vinculante deixar de ser emitido no prazo fixado, o processo poderá ter prosseguimento e ser decidido com sua dispensa, sem prejuízo da responsabilidade de quem se omitiu no atendimento.

Art. 43. Quando por disposição de ato normativo devam ser previamente obtidos laudos técnicos de órgãos administrativos e estes não cumprirem o encargo no prazo assinalado, o órgão responsável pela instrução deverá solicitar laudo técnico de outro órgão dotado de qualificação e capacidade técnica equivalentes.

Art. 44. Encerrada a instrução, o interessado terá o direito de manifestar-se no prazo máximo de dez dias, salvo se outro prazo for legalmente fixado.

Art. 45. Em caso de risco iminente, a Administração Pública poderá motivadamente adotar providências acauteladoras sem a prévia manifestação do interessado.

Art. 46. Os interessados têm direito à vista do processo e a obter certidões ou cópias reprográficas dos dados e documentos que o integram, ressalvados os dados e documentos de terceiros protegidos por sigilo ou pelo direito à privacidade, à honra e à imagem.

Art. 47. O órgão de instrução que não for competente para emitir a decisão final elaborará relatório indicando o pedido inicial, o conteúdo das fases do procedimento e formulará proposta de decisão, objetivamente justificada, encaminhando o processo à autoridade competente.

CAPÍTULO XI
Do Dever de Decidir

Art. 48. A Administração tem o dever de explicitamente emitir decisão nos processos administrativos e sobre solicitações ou reclamações, em matéria de sua competência.

Art. 49. Concluída a instrução de processo administrativo, a Administração tem o prazo de até trinta dias para decidir, salvo prorrogação por igual período expressamente motivada.

CAPÍTULO XII
Da Motivação

Art. 50. Os atos administrativos deverão ser motivados, com indicação dos fatos e dos fundamentos jurídicos, quando:

I – neguem, limitem ou afetem direitos ou interesses;

II – imponham ou agravem deveres, encargos ou sanções;

III – decidam processos administrativos de concurso ou seleção pública;

IV – dispensem ou declarem a inexigibilidade de processo licitatório;

V – decidam recursos administrativos;

VI – decorram de reexame de ofício;

VII – deixem de aplicar jurisprudência firmada sobre a questão ou discrepem de pareceres, laudos, propostas e relatórios oficiais;

VIII – importem anulação, revogação, suspensão ou convalidação de ato administrativo.

§ 1º A motivação deve ser explícita, clara e congruente, podendo consistir em declaração de concordância com fundamentos de anteriores pareceres, informações, decisões ou propostas, que, neste caso, serão parte integrante do ato.

§ 2º Na solução de vários assuntos da mesma natureza, pode ser utilizado meio mecânico que reproduza os fundamentos das decisões, desde que não prejudique direito ou garantia dos interessados.

§ 3º A motivação das decisões de órgãos colegiados e comissões ou de decisões orais constará da respectiva ata ou de termo escrito.

CAPÍTULO XIII
Da Desistência e Outros Casos de Extinção do Processo

Art. 51. O interessado poderá, mediante manifestação escrita, desistir total ou parcialmente do pedido formulado ou, ainda, renunciar a direitos disponíveis.

§ 1º Havendo vários interessados, a desistência ou renúncia atinge somente quem a tenha formulado.

§ 2º A desistência ou renúncia do interessado, conforme o caso, não prejudica o prosseguimento do processo, se a Administração considerar que o interesse público assim o exige.

Art. 52. O órgão competente poderá declarar extinto o processo quando exaurida sua finalidade ou o objeto da decisão se tornar impossível, inútil ou prejudicado por fato superveniente.

CAPÍTULO XIV
Da Anulação, Revogação e Convalidação

Art. 53. A Administração deve anular seus próprios atos, quando eivados de vício de legalidade, e pode revogá-los por motivo de conveniência ou oportunidade, respeitados os direitos adquiridos.

Art. 54. O direito da Administração de anular os atos administrativos de que decorram efeitos favoráveis para os destinatários decai em 5(cinco) anos, contados da data em que foram praticados, salvo comprovada má-fé.

§ 1º No caso de efeitos patrimoniais contínuos, o prazo de decadência contar-se-á da percepção do primeiro pagamento.

§ 2º Considera-se exercício do direito de anular qualquer medida de autoridade administrativa que importe impugnação à validade do ato.

Art. 55. Em decisão na qual se evidencie não acarretarem lesão ao interesse público nem prejuízo a terceiros, os atos que apresentarem defeitos sanáveis poderão ser convalidados pela própria Administração.

CAPÍTULO XV
Do Recurso Administrativo e da Revisão

Art. 56. Das decisões administrativas cabe recurso, em face de razões de legalidade e de mérito.

§ 1º O recurso será dirigido à autoridade que proferiu a decisão, a qual, se não a reconsiderar no prazo de 5 (cinco) dias, o encaminhará à autoridade superior.

§ 2º Salvo exigência legal, a interposição de recurso administrativo independe de caução.

§ 3º Se o recorrente alegar que a decisão administrativa contraria enunciado da súmula vinculante, caberá à autoridade prolatora da decisão impugnada, se não a reconsiderar, explicitar, antes de encaminhar o recurso à autoridade superior, as razões da aplicabilidade ou inaplicabilidade da súmula, conforme o caso. *(Incluído pela Lei nº 11.417, de 2006).*

Art. 57. O recurso administrativo tramitará no máximo por três instâncias administrativas, salvo disposição legal diversa.

Art. 58. Têm legitimidade para interpor recurso administrativo:

I – os titulares de direitos e interesses que forem parte no processo;

II – aqueles cujos direitos ou interesses forem indiretamente afetados pela decisão recorrida;

III – as organizações e associações representativas, no tocante a direitos e interesses coletivos;

IV – os cidadãos ou associações, quanto a direitos ou interesses difusos.

Art. 59. Salvo disposição legal específica, é de 10 (dez0 dias o prazo para interposição de recurso administrativo, contado a partir da ciência ou divulgação oficial da decisão recorrida.

§ 1º Quando a lei não fixar prazo diferente, o recurso administrativo deverá ser decidido no prazo máximo de 30 (trinta) dias, a partir do recebimento dos autos pelo órgão competente.

§ 2º O prazo mencionado no parágrafo anterior poderá ser prorrogado por igual período, ante justificativa explícita.

Art. 60. O recurso interpõe-se por meio de requerimento no qual o recorrente deverá expor os fundamentos do pedido de reexame, podendo juntar os documentos que julgar convenientes.

Art. 61. Salvo disposição legal em contrário, o recurso não tem efeito suspensivo.

Parágrafo único. Havendo justo receio de prejuízo de difícil ou incerta reparação decorrente da execução, a autoridade recorrida ou a imediatamente superior poderá, de ofício ou a pedido, dar efeito suspensivo ao recurso.

Art. 62. Interposto o recurso, o órgão competente para dele conhecer deverá intimar os demais interessados para que, no prazo de cinco dias úteis, apresentem alegações.

Art. 63. O recurso não será conhecido quando interposto:

I – fora do prazo;

II – perante órgão incompetente;

III – por quem não seja legitimado;

IV – após exaurida a esfera administrativa.

§ 1º Na hipótese do inciso II, será indicada ao recorrente a autoridade competente, sendo-lhe devolvido o prazo para recurso.

§ 2º O não conhecimento do recurso não impede a Administração de rever de ofício o ato ilegal, desde que não ocorrida preclusão administrativa.

Art. 64. O órgão competente para decidir o recurso poderá confirmar, modificar, anular ou revogar, total ou parcialmente, a decisão recorrida, se a matéria for de sua competência.

Parágrafo único. Se da aplicação do disposto neste artigo puder decorrer gravame à situação do recorrente, este deverá ser cientificado para que formule suas alegações antes da decisão.

Art. 64-A. Se o recorrente alegar violação de enunciado da súmula vinculante, o órgão competente para decidir o recurso explicitará as razões da aplicabilidade ou inaplicabilidade da súmula, conforme o caso. *(Incluído pela Lei nº 11.417, de 2006).*

Art. 64-B. Acolhida pelo Supremo Tribunal Federal a reclamação fundada em violação de enunciado da súmula vinculante, dar-se-á ciência à autoridade prolatora e ao órgão competente para o julgamento do recurso, que deverão adequar as futuras decisões administrativas em casos semelhantes, sob pena de responsabilização pessoal nas esferas cível, administrativa e penal. *(Incluído pela Lei nº 11.417, de 2006).*

Art. 65. Os processos administrativos de que resultem sanções poderão ser revistos, a qualquer tempo, a pedido ou de ofício, quando surgirem fatos novos ou circunstâncias relevantes suscetíveis de justificar a inadequação da sanção aplicada.

Parágrafo único. Da revisão do processo não poderá resultar agravamento da sanção.

CAPÍTULO XVI
Dos Prazos

Art. 66. Os prazos começam a correr a partir da data da cientificação oficial, excluindo-se da contagem o dia do começo e incluindo-se o do vencimento.

§ 1º Considera-se prorrogado o prazo até o primeiro dia útil seguinte se o vencimento cair em dia em que não houver expediente ou este for encerrado antes da hora normal.

§ 2º Os prazos expressos em dias contam-se de modo contínuo.

§ 3º Os prazos fixados em meses ou anos contam-se de data a data. Se no mês do vencimento não houver o dia equivalente àquele do início do prazo, tem-se como termo o último dia do mês.

Art. 67. Salvo motivo de força maior devidamente comprovado, os prazos processuais não se suspendem.

CAPÍTULO XVII
Das Sanções

Art. 68. As sanções, a serem aplicadas por autoridade competente, terão natureza pecuniária ou consistirão em obrigação de fazer ou de não fazer, assegurado sempre o direito de defesa.

CAPÍTULO XVIII
Das Disposições Finais

Art. 69. Os processos administrativos específicos continuarão a reger-se por lei própria, aplicando-se-lhes apenas subsidiariamente os preceitos desta Lei.

Art. 69-A. Terão prioridade na tramitação, em qualquer órgão ou instância, os procedimentos administrativos em que figure como parte ou interessado: *(Incluído pela Lei nº 12.008, de 2009).*

I – pessoa com idade igual ou superior a 60 (sessenta) anos; *(Incluído pela Lei nº 12.008, de 2009).*

II – pessoa portadora de deficiência, física ou mental; *(Incluído pela Lei nº 12.008, de 2009).*

III – *(Vetado) (Incluído pela Lei nº 12.008, de 2009).*

IV – pessoa portadora de tuberculose ativa, esclerose múltipla, neoplasia maligna, hanseníase, paralisia irreversível e incapacitante, cardiopatia grave, doença de Parkinson, espondiloartrose anquilosante, nefropatia grave, hepatopatia grave, estados avançados da doença de Paget (osteíte deformante), contaminação por radiação, síndrome de imunodeficiência adquirida, ou outra doença grave, com base em conclusão da medicina especializada, mesmo que a doença tenha sido contraída após o início do processo. *(Incluído pela Lei nº 12.008, de 2009).*

§ 1º A pessoa interessada na obtenção do benefício, juntando prova de sua condição, deverá requerê-lo à autoridade administrativa competente, que determinará as providências a serem cumpridas. *(Incluído pela Lei nº 12.008, de 2009).*

§ 2º Deferida a prioridade, os autos receberão identificação própria que evidencie o regime de tramitação prioritária. *(Incluído pela Lei nº 12.008, de 2009).*

§ 3º *(Vetado) (Incluído pela Lei nº 12.008, de 2009).*

§ 4º *(Vetado) (Incluído pela Lei nº 12.008, de 2009).*

Art. 70. Esta Lei entra em vigor na data de sua publicação.

Parte 6

LEI DE ACESSO À INFORMAÇÃO

Lei nº 12.527/2010

CAPÍTULO 25
Lei de Acesso à Informação

CONSIDERAÇÕES GERAIS

PREVISÃO CONSTITUCIONAL DA LAI		
Regulamenta 3 dispositivos da Constituição Federal de 1988.		
Art. 5º, XXXIII	**Art. 37, §3º, II**	**Art. 216, §2º**
"Todos têm direito a receber dos órgãos públicos **informações** de seu interesse **particular**, ou de interesse **coletivo ou geral**, que serão prestadas no prazo da lei, sob pena de responsabilidade, ressalvadas aquelas cujo sigilo seja imprescindível à segurança da sociedade e do Estado."	"A lei disciplinará as formas de participação do usuário na Administração Pública Direta e Indireta, regulando (...) o **acesso** dos usuários a registros administrativos e **a informações** sobre atos de governo."	"Cabem à Administração Pública, na forma da lei, a gestão da documentação governamental e as providências para franquear sua consulta a quantos dela necessitem."
Obs.: 1 – O acesso à informação é considerado pela LAI um DIREITO FUNDAMENTAL.		
Obs.: 2 – A LAI não prejudica eventual impetração de *habeas data* para a busca de informações.		

ABRANGÊNCIA DA LAI	
É uma lei federal, de âmbito nacional, ou seja, obriga estados, DF e municípios a observá-la.	É considerada uma lei geral, e os estados, o DF e os municípios poderão ter sua lei específica.
Alcança os Três Poderes dos Estado (EXE – LEG – JUD), além dos TC's e MP's.	Alcança, também, as entidades privadas SEM fins lucrativos (Paraestatais) que recebam recursos públicos.

PRINCÍPIOS E DIRETRIZES DA LAI
A LAI é executada em conformidade com os princípios BÁSICOS da Administração Pública e de acordo com **CINCO DIRETRIZES**.

1	2	3	4	5
Publicidade como preceito geral e sigilo como exceção.	Divulgação de informações de interesse público independente de solicitação.	Utilização de meios viabilizados pela Tecnologia da Informação.	Promover a cultura da transparência na Administração.	Promover o controle social da Administração.

CONCEITOS DEFINIDOS NA LAI

INFORMAÇÃO	INFORMAÇÃO SIGILOSA	INFORMAÇÃO PESSOAL
Dados, processados ou não, que podem ser utilizados para produção e transmissão de conhecimento, contidos em qualquer meio, suporte ou formato.	Aquela submetida, temporariamente, à restrição de acesso público em razão de sua imprescindibilidade para a segurança da sociedade e do Estado.	Aquela relacionada à pessoa natural, identificada ou identificável.

DOCUMENTO	TRATAMENTO DA INFORMAÇÃO
Unidade de registro de informações, qualquer que seja o suporte ou formato.	Conjunto de ações referentes a: produção, recepção, classificação, utilização, acesso, reprodução, transporte, transmissão, distribuição, arquivamento, armazenamento, eliminação, avaliação, destinação ou controle da informação.

QUATRO QUALIDADES DA INFORMAÇÃO

DISPONIBILIDADE	AUTENTICIDADE	INTEGRIDADE	PRIMARIEDADE
Informação conhecível e utilizável por indivíduos, equipamentos ou sistemas autorizados.	Informação produzida, expedida, recebida ou modificada por certo indivíduo, equipamento ou sistema.	Informação NÃO modificada, mesmo quanto à origem, ao trânsito e ao destino.	Informação NÃO modificada, coletada na fonte, com o máximo de detalhamento possível.

Obs.: O acesso à informação dá-se por procedimentos OBJETIVOS, ágeis, de forma transparente e clara, e em linguagem de fácil compreensão.

ACESSO À INFORMAÇÃO

<table>
<tr><td colspan="4">Significa o direito de obter</td></tr>
<tr><td>1</td><td>2</td><td>3</td><td>4</td></tr>
<tr><td rowspan="2">Orientação para conseguir a informação</td><td colspan="3">Informação sobre:</td></tr>
<tr><td>PF-PJ com vínculo com a Adminitração, mesmo se já cessado.</td><td>A política, a organização e os serviços da entidade / do órgão.</td><td>O resultado de auditorias, TC do Controle Interno, inclusive anos anteriores.</td></tr>
<tr><td colspan="4">Obs.: Não alcança os projetos de pesquisa e desenvolvimento científico e tecnológico sigilosos.</td></tr>
</table>

TRÊS DICAS IMPORTANTES		
É possível o acesso à informação **parcialmente sigilosa**, ou seja, acesso parcial à informação requerida	A **negativa** do acesso à informação deve ser **fundamentada**, sob pena de responsabilidade do agente	O **extravio da informação** é passível de **sindicância**, a pedido do interessado, e o responsável tem 10d para justificá-lo

DUAS RESTRIÇÕES IMPORTANTES	
Se a informação requerida versar sobre:	
TUTELA ADMINISTRATIVA OU JUDICIAL DE DIREITOS FUNDAMENTAIS:	VIOLAÇÃO DE DIREITOS HUMANOS POR AGENTES PÚBLICOS:
A Administração **não** poderá negar o acesso.	**Não** haverá restrição de acesso pela Administração.

DIVULGAÇÃO DA INFORMAÇÃO

Se a informação é de interesse COLETIVO ou GERAL:		
É um **DEVER** a sua divulgação por órgãos e entidades.	**INDEPENDE** de qualquer requerimento particular.	É **OBRIGATÓRIO** sua divulgação **pela Internet** (**exceção**: cidades até 10 mil hab.)

Na divulgação das informações, em geral, deve constar, NO MÍNIMO:		
Competências, organogramas, endereços, telefones e horários de atendimento.	Respostas e perguntas mais frequentes.	Dados gerais para acompanhar programas, projetos e obras.
Registro de repasses ou transferência de recursos financeiros.	Registro de despesas.	Informação de licitações e contratos.

Nos sites da Internet, DEVE constar:				
Ferramentas de pesquisa	Informações atualizadas	Contatos telefônicos e eletrônicos	Acesso à gravação de relatórios, planilhas e textos	Garantia de acesso aos deficientes

É DEVER, também, a criação de um SERVIÇO DE INFORMAÇÃO AO CIDADÃO, que:		
Faça atendimento ao público.	Informe a tramitação de processos.	Protocole requerimentos de acesso à informação.

PROCEDIMENTOS DE ACESSO À INFORMAÇÃO

TRÊS REGRAS IMPORTANTES		
Qualquer interessado pode requerer, desde que se identifique e especifique a informação requerida.	A Administração **não pode exigir a motivação** do interessado nos requerimentos de informação de interesse público.	A Administração **deve oferecer** alternativa de **requerimento via Internet.**

PRAZO
O prazo é de até **20 dias**, prorrogáveis por + 10 dias; justificar e cientificar o interessado.
Obs.: Se a informação está disponível, a ADMINISTRAÇÃO deverá autorizar ou conceder seu **acesso imediato.**

DECISÃO
Decisão, pela Administração, do pedido de acesso à informação.

DEFERIDO	DEFERIDO EM PARTE
Neste caso, deverá comunicar data, local e modo para se realizar a consulta ou efetuar a reprodução ou obter a certidão	Neste caso, deverá indicar as razões de fato ou de direito da recusa PARCIAL do acesso pretendido.

INDEFERIDO SEM MÉRITO	INDEFERIDO COM MÉRITO
Neste caso, a Administração não possui a informação, e poderá indicar onde obtê-la ou remeter o requerimento para o órgão/a entidade que a possui, cientificando o interessado.	Neste caso, deverá indicar as razões de fato ou de direito da recusa TOTAL do acesso pretendido.

Obs.: 1 Se deferido, eventual reprodução de documentos fica às expensas do requerente, **exceto** se comprometer o sustento de sua família.	**Obs.: 2** Se a Administração já reproduziu os documentos, poderá cobrar do interessado os custos dos serviços e materiais utilizados.	**Obs.: 3** Se indeferido com mérito ou deferido em parte, **o requerente será informado**, na decisão, **sobre** a possibilidade de **recurso**, seus prazos e suas condições e a autoridade competente para apreciá-lo.

RECURSOS

PRAZO
O prazo é de 10 dias, contados a partir da ciência do requerente.

1º RECURSO	2º RECURSO
Dirigido à autoridade hierarquicamente superior.	Dirigido à Controladoria-Geral da União - CGU.
Prazo: 5 dias	Prazo: 5 dias
Obs. : O **Poder Judiciário e o Ministério Público** regularão seus recursos e informarão, ao CNJ e ao CNMP, as decisões que, em grau de recurso, NEGAREM o acesso à informação de interesse público.	

Recurso à CGU – só cabe em 4 casos.			
1. O acesso à informação não classificada como sigilosa for negado.	2. Os procedimentos de classificação sigilosa não forem observados.	3. Outros procedimentos e prazos não forem cumpridos.	4. A decisão que indeferiu total/parcialmente o pedido não indicar a autoridade competente para apreciar o recurso.
Obs.: 1 – Se **deferido**, a CGU oficiará para que as providências sejam tomadas e a LAI cumprida.			
Obs.: 2 – Se **indeferido**, cabe recurso à Comissão Mista de Reavaliação de Informações – CMRI.			

MAIS DUAS REGRAS IMPORTANTES	
Se for indeferido pedido de DESCLASSIFICAÇÃO de informação no EXECUTIVO FEDERAL, cabe recurso ao Ministro de Estado da área SOMENTE depois de apreciado por autoridade superior à que exarou a decisão impugnada.	Se for indeferido RECURSO ao Ministro de Estado sobre DESCLASSIFICAÇÃO de informação SECRETA ou ULTRASSECRETA, cabe recurso à CMRI.
Obs.: Sem prejuízo da COMIRI e da CGU.	

REVISÃO
Aplica-se, subsidiariamente, a Lei 9.784/1999 nas revisões da LAI.

CLASSIFICAÇÃO
É o GRAU DE SIGILO que cada informação detém, levando em conta sua **imprescindibilidade** para a segurança da sociedade e do Estado, utilizando o critério MENOS restritivo possível.

São passíveis de imprescindibilidade as informações que possam			
Pôr em risco:			
A defesa e a soberania, e a integridade do território nacional.	A condução de negociações ou relações internacionais do País.	A vida, a segurança ou a saúde da população.	A segurança de instituições e altas autoridades nacionais e estrangeiras e seus familiares.
Prejudicar ou causar risco:		Oferecer elevado risco à estabilidade financeira, econômica e monetária do País.	Comprometer atividades de inteligência, investigação e fiscalização de infrações.
A planos ou operações estratégicos das Forças Armadas.	A projetos de pesquisa e desenvolvimento científico ou tecnológico.		

	PRAZO DO SIGILO	INÍCIO DO PRAZO	COMPETÊNCIA
RESERVADAS	5 ANOS[26]	Contados de sua produção	Altas autoridades abaixo + agentes com função de direção, comando ou chefia.
SECRETAS	15 ANOS[26]		Altas autoridade abaixo + titulares de Aut. / F.Pbcas / Empesas Públicas e Sociedade de Economia Mista.
ULTRASSECRETAS	25 ANOS[26]		Pres. / Vice / Ministros / Status de Ministro/ Comand. MAE[27] / Chf. Miss. Dipl.

Obs.: 1 – As competências em informações SECRETA e ULTRASSECRETA são delegáveis, vedada subdelegação.	**Obs.: 2** – A classificação feita por Comandante da MAE precisa ser RATIFICADA pelo Ministro, no prazo regulamentar.

Obs.: 3 – A classificação de informações em sigilosas será formalizada em DECISÃO[28], o qual **deverá** conter:

[26] Ou algum evento determinado (o que vier primeiro)

[27] Marinha, Exército e Aeronáutica

[28] Essa decisão tem o mesmo grau de sigilo da informação classificada.

O ASSUNTO sobre o qual versa a informação.	O FUNDAMENTO da classificação.
Indicação do PRAZO DE SIGILO.	Indicação da AUTORIDADE que a classificou.

MAIS DUAS REGRAS IMPORTANTES	
Transcorridos os prazos, a informação será, AUTOMATICAMENTE, de acesso público.	Informações que põe em risco a segurança do PR / Vice + familiares são RESERVADAS, e sob sigilo até o término do mandato.

PROTEÇÃO E CONTROLE

TRÊS REGRAS IMPORTANTES	
O acesso à informação sigilosa cria, para quem a obteve, a obrigação de resguardar o sigilo.	
O acesso, a divulgação e o tratamento de informação sigilosa são restritos aos que tenham NECESSIDADE de conhecê-la e CREDENCIADAS para isso, na forma regulamentar, SEM PREJUÍZO das atribuições dos agentes públicos autorizados por lei.	**O tratamento de informação sigilosa** poderá ser **executada por PF ou entidade privada** em razão de um vínculo qualquer com o Poder Público, os quais estarão sob as mesmas responsabilidades dos agentes públicos com relação à segurança da informação.

DESCLASSIFICAÇÃO
Haverá uma REAVALIAÇÃO das informações, a pedido ou pela autoridade classificadora ou hierarquicamente superior, para eventual DESCLASSIFICAÇÃO ou REDUÇÃO do prazo do sigilo.
Obs.: Se for pela REDUÇÃO, o novo prazo de sigilo manterá, por termo inicial, a data de sua produção.

PUBLICAÇÕES OBRIGATÓRIAS		
A autoridade máxima DEVERÁ publicar, ANUALMENTE, no site do órgão ou entidade.		
1	2	3
Rol das informações DESCLASSIFICADAS nos últimos 12 meses.	Rol dos documentos CLASSIFICADOS por grau de sigilo.	Relatório estatístico com nº de pedidos recebidos, atendidos e indeferidos.

INFORMAÇÕES PESSOAIS
São aquelas relativas à intimidade, à vida privada, à honra e à imagem das pessoas.

<table>
<tr><th colspan="2">REGRA GERAL:</th></tr>
<tr><td colspan="2">O acesso é RESTRITO a agentes públicos legalmente autorizados.</td></tr>
<tr><th colspan="2">EXCEÇÃO:</th></tr>
<tr><td>Processo de apuração de irregularidade em que a pessoa estiver envolvida.</td><td>Ações voltadas para recuperação de fatos históricos relevantes.</td></tr>
</table>

DUAS CARACTERÍSTICAS	
São informações SIGILOSAS por até 100 anos.	Podem ter qualquer classificação.

<table>
<tr><th colspan="6">ACESSO A TERCEIROS? SÓ EM DOIS CASOS</th></tr>
<tr><td colspan="3">Com o CONSENTIMENTO expresso da pessoa.</td><td colspan="3">Diante de PREVISÃO LEGAL.</td></tr>
<tr><td colspan="6">Obs.: O Consentimento NÃO SERÁ exigido em 5 casos.</td></tr>
<tr><td colspan="2">Ordem Judicial</td><td colspan="2">Defesa de Direitos Humanos</td><td colspan="2">Proteção do interesse público</td></tr>
<tr><td colspan="3">Prevenção e diagnóstico médico de pessoa física ou legalmente incapaz e tratamento médico</td><td colspan="3">Realização de estatísticas e pesquisas científicas de interesse público ou geral previstos em lei, vedada a identificação da pessoa a que a informação referir</td></tr>
</table>

RESPONSABILIDADES

<table>
<tr><th colspan="2">Sete condutas ilícitas que ensejam responsabilidade do agente público ou militar.</th></tr>
<tr><td>Recusar-se a fornecer informação requerida nos termos da LAI, retardar deliberadamente o seu fornecimento ou fornecê-la intencionalmente de forma incorreta, incompleta ou imprecisa.</td><td>Utilizar indevidamente, bem como subtrair, destruir, inutilizar, desfigurar, alterar ou ocultar, total ou parcialmente, informação que se encontre sob sua guarda ou a que tenha acesso ou conhecimento em razão do exercício das atribuições do cargo.</td></tr>
<tr><td>Agir com dolo ou má-fé na análise das solicitações de acesso à informação.</td><td>Divulgar ou acessar indevidamente informação sigilosa ou informação pessoal.</td></tr>
<tr><td>Impor sigilo à informação para obter proveito pessoal ou de terceiro, ou para fins de ocultação de ato ilegal cometido por si ou por outrem.</td><td>Ocultar da revisão de autoridade superior informação sigilosa para beneficiar a si ou a outrem, ou em prejuízo de terceiros.</td></tr>
<tr><td colspan="2">Destruir ou subtrair, por qualquer meio, documentos concernentes a possíveis violações de direitos humanos por parte de agentes do Estado.</td></tr>
</table>

PENALIDADES

Para os MILITARES,considera-se **transgressão média ou grave.**	Para os CIVIS sujeitos à Lei 8.112/1990, considera-se infração administrativa apenada, no mínimo, com **suspensão.**
Obs.: Os **órgãos e as entidades respondem objetivamente** se houver danos causados aos titulares das informações sigilosas ou pessoais que tiveram sua divulgação não autorizada ou sua utilização indevida.	

DICA IMPORTANTE				
Para **PF ou PJ que detém a informação** em virtude de vínculo de qualquer natureza com o poder público, estará sujeito a **5 SANÇÕES.**				
Advertência	Multa	Rescisão do vínculo	Suspensão em licitação e impedimento para contratar até 2 anos	Declaração de inidoneidade para licitar e contratar até sua reabilitação
Obs. : Na aplicação dessas sanções é assegurado o direito de defesa, em 10 dias.				

TRÊS REGRAS SOBRE AS SANÇÕES		
Advertência, Rescisão e Suspensão podem ser aplicadas juntamente com a Multa.	A Declaração de Inidoneidade só é aplicada pela autoridade máxima do órgão / da entidade com defesa em 10 dias. COMPETÊNCIA EXCLUSIVA	A reabilitação só se efetiva após o ressarcimento dos prejuízos e após decorrido o prazo da Suspensão.

DISPOSIÇÕES FINAIS

CRIAÇÃO DE DOIS ÓRGÃOS

NÚCLEO DE SEGURANÇA E CREDENCIAMENTO (NUSC)
É um órgão subordinado ao Gabinete de Segurança Institucional da PR, com a missão de promover o credenciamento das pessoas, que tratarão as informações sigilosas, e garantir a sua segurança.

COMISSÃO MISTA DE REAVALIAÇÃO DE INFORMAÇÕES (COMIRI)
É um órgão de controle dos atos de classificação de informações no âmbito do Executivo Federal.

TRÊS COMPETÊNCIAS DO COMIRI		
Requisitar esclarecimentos das autoridades que classificarem as informações.	**Rever a classificação** de informações secretas ou ultrassecretas, de ofício ou provocado.	**Prorrogar o sigilo** das informações ultrassecretas, sempre por prazo determinado, por segurança nacional.
	Obs.: Se De ofício, a revisão deverá ocorrer, no máximo, a cada 4 anos.	**Obs.:** Esse prazo é limitado a uma única renovação.

Obs.: A composição, a organização e o funcionamento do COMIRI e do NUSC estão regulamentados, respectivamente, nos Decretos 7724 e 7845/2012.

REAVALIAÇÃO	
Os órgãos e as entidades DEVERÃO reavaliar as informações secretas e ultrassecretas no prazo máximo de 2 anos da vigência da LAI.	
DUAS REGRAS IMPORTANTES	
A COMIRI poderá, a qualquer tempo, REVER a Reavaliação feita por esses órgãos e essas entidades.	Caso não seja reavaliada no prazo, serão consideradas, AUTOMATICAMENTE, de acesso público.

AUTORIDADE ADMINISTRADORA DA LAI			
Cada órgão ou entidade TERÁ uma autoridade, designada pelo dirigente máximo daquela unidade, para administrar o fiel cumprimento da LAI.			
QUATRO ATRIBUIÇÕES DO ADMINISTRADOR			
Assegurar o cumprimento das normas relativas ao acesso à informação, de forma eficiente e adequada.	Monitorar a implementação da LAI e apresentar relatórios periódicos desse cumprimento.	Recomendar as medidas indispensáveis à implementação e aperfeiçoamento da LAI.	Orientar as respectivas unidades no que se refere ao cumprimento da LAI e seus regulamentos.

EXERCÍCIOS – ACESSO À INFORMAÇÃO (LEI Nº 12.527/2010)

1. (**CESPE – Analista Administrativo CNJ 2013**) No âmbito da Administração Pública Federal, a classificação de informações como ultrassecretas é de competência exclusiva e indelegável das seguintes autoridades: presidente da República; vice-presidente da República; ministros de Estado e autoridades com as mesmas prerrogativas destes; comandantes da Marinha, do Exército e da Aeronáutica; chefes de missões diplomáticas e consulares permanentes no exterior.

2. **(CESPE – Analista Administrativo CNJ 2013)** Os órgãos ou as entidades públicas deverão autorizar ou conceder acesso imediato a toda e qualquer informação contida em seus arquivos, quando requerida pelo cidadão.

3. **(CESPE – Analista Administrativo CNJ 2013)** Informações classificadas como sigilosas por serem imprescindíveis à segurança da sociedade ou do Estado se subdividem, quanto ao grau de sigilo, em: ultrassecretas, secretas e confidenciais.

4. **(CESPE – Analista Administrativo CNJ 2013)** Negado o pedido de acesso à informação que estiver sob custódia de unidade vinculada à Secretaria-Geral do CNJ por ser classificada como sigilosa, poderá o requerente interpor recurso a essa secretaria. Mantida a negação de acesso, o cidadão poderá recorrer à Controladoria-Geral da União, a qual competirá deliberar a respeito da questão.

5. **(CESPE – Analista Administrativo CNJ 2013)** O acesso à informação compreende, entre outros direitos: orientação sobre como e onde obtê-la e acesso imediato à informação contida em documentos produzidos, acumulados ou custodiados por órgãos públicos, pessoa física ou entidade privada que tenham vínculos com o poder público, ainda que esses documentos tenham sido recolhidos a arquivos públicos.

6. **(CESPE – Técnico Judiciário TJ-AL 2012)** Assinale a opção em que são apresentadas informações que não se submetem à Lei de Acesso à Informação brasileira.
   a) Informação sobre projetos de pesquisa relacionados ao desenvolvimento científico ou tecnológico, assim como a sistemas, bens, instalações ou áreas de interesse estratégico nacional.
   b) Informação resultante de inspeções, auditorias, prestações e tomadas de contas realizadas pelos órgãos de controle interno e externo, incluindo prestações de contas relativas a exercícios anteriores.
   c) Informação contida em registros ou documentos, produzidos ou acumulados por seus órgãos ou entidades, recolhidos ou não a arquivos públicos.
   d) Informação sobre atividades exercidas pelos órgãos e entidades, inclusive as relativas a sua política, sua organização e seus serviços.
   e) Informação referente à implementação, ao acompanhamento e aos resultados de programas, projetos e ações dos órgãos e entidades públicas, bem como às metas e aos indicadores propostos.

7. **(CESPE – Técnico Judiciário TJ-AL 2012)** O acesso restrito a um documento ultrassecreto deve ser mantido por

a) 10 anos.
b) 15 anos.
c) 20 anos.
d) 25 anos.
e) 5 anos.

8. **(ESAF – Analista de Finanças e Controle – STN 2013)** A chamada Lei de Acesso à Informação (Lei. 12.527, de 18 de novembro de 2011) foi um marco nas relações entre cidadão e Estado. Ela estabelece que as informações de interesse coletivo ou geral deverão ser divulgadas de ofício pelos órgãos públicos, espontânea e proativamente, independentemente de solicitações. Sinteticamente, estabelece que o acesso à informação pública é a regra, e o sigilo, a exceção. Sobre esta lei, avalie os itens a seguir e assinale a opção incorreta.
a) São estabelecidos prazos para que sejam repassadas as informações ao solicitante. A resposta deve ser dada imediatamente, se estiver disponível, ou em até 20 dias, prorrogáveis por mais 10 dias.
b) Justificado o pedido e identificado o requerente, o serviço de busca e fornecimento das informações é gratuito, salvo cópias de documentos.
c) Nos casos em que a informação estiver sob algum tipo de sigilo previsto em lei, é direito do requerente obter o inteiro teor da negativa de acesso.
d) Quando a informação for parcialmente sigilosa, fica assegurado o acesso, por meio de certidão, extrato ou cópia, com a ocultação da parte sob sigilo.
e) Informações sob a guarda do Estado que dizem respeito à intimidade, honra e imagem das pessoas, por exemplo, não são públicas e só podem ser acessadas pelos próprios indivíduos e por terceiros, apenas em casos excepcionais previstos na lei.

9. **(ESAF – Analista Administrativo DNIT 2013)** 35 Acerca dos novos conceitos trazidos pela Lei do Acesso à Informação, correlacione as colunas e, ao final, assinale a opção que contenha a sequência correta para a Coluna II.

COLUNA I	**COLUNA II**
(1) Documento	( ) Qualidade do que foi coletado na fonte, sem modificações.
(2) Primariedade	( ) Unidade de registro de informações, qualquer que seja o suporte ou formato.
(3) Integridade	( ) Qualidade daquilo que não foi modificado, inclusive quanto à origem, ao trânsito e ao destino.

a) 1 / 2 / 3
b) 3 / 2 / 1
c) 2 / 1 / 3
d) 3 / 1 / 2
e) 1 / 3 / 2

10. **(ESAF - Analista Tributário RFB 2012)** Previsto no inciso XXXIII do art. 5º, no inciso II do §3º do art. 37 e no §2º do art. 216 da Constituição Federal, o direito ao acesso a informações públicas foi regulado pela Lei 12.527, de 18 de novembro de 2011. Quanto ao procedimento de pedido de acesso, é incorreto afirmar que

a) qualquer interessado poderá apresentar pedido de acesso a informações aos órgãos e entidades referidos na lei, por qualquer meio legítimo, devendo o pedido conter a identificação do requerente e a especificação da informação requerida.
b) os órgãos e as entidades do poder público devem viabilizar alternativa de encaminhamento de pedidos de acesso a informações por meio de seus sítios oficiais na Internet.
c) sob pena de indeferimento do pedido, os motivos determinantes da solicitação de acesso às informações de interesse público devem ser apresentados pelo cidadão requerente.
d) quando não for autorizado o acesso por se tratar de informação total ou parcialmente sigilosa, o requerente deverá ser informado sobre a possibilidade de recurso, prazos e condições para sua interposição, devendo, ainda, ser-lhe indicada a autoridade competente para sua apreciação.
e) o serviço de busca e fornecimento da informação é gratuito, salvo nas hipóteses de reprodução de documentos pelo órgão ou pela entidade pública consultada, situação em que poderá ser cobrado exclusivamente o valor necessário ao ressarcimento do custo dos serviços e materiais utilizados.

Gabarito

1. E	3. E	5. C	7. d	9. c
2. E	4. E	6. a	8. b	10. c

Lei nº 12.527, de 18 de Novembro de 2011[29]

CAPÍTULO I
Disposições Gerais

Art. 1º Esta Lei dispõe sobre os procedimentos a serem observados pela União, Estados, Distrito Federal e Municípios, com o fim de garantir o acesso a informações previsto no inciso XXXIII do art. 5º, no inciso II do § 3º do art. 37 e no § 2º do art. 216 da Constituição Federal.

Parágrafo único. Subordinam-se ao regime desta Lei:

I – os órgãos públicos integrantes da administração direta dos Poderes Executivo, Legislativo, incluindo as Cortes de Contas, e Judiciário e do Ministério Público;

II – as autarquias, as fundações públicas, as empresas públicas, as sociedades de economia mista e demais entidades controladas direta ou indiretamente pela União, pelos estados, pelo Distrito Federal e pelos municípios.

Art. 2º Aplicam-se as disposições desta Lei, no que couber, às entidades privadas sem fins lucrativos que recebam, para realização de ações de interesse público, recursos públicos diretamente do orçamento ou mediante subvenções sociais, contrato de gestão, termo de parceria, convênios, acordo, ajustes ou outros instrumentos congêneres.

Parágrafo único. A publicidade a que estão submetidas as entidades citadas no *caput* refere-se à parcela dos recursos públicos recebidos e à sua destinação, sem prejuízo das prestações de contas a que estejam legalmente obrigadas.

Art. 3º Os procedimentos previstos nesta Lei destinam-se a assegurar o direito fundamental de acesso à informação e devem ser executados em conformidade com os princípios básicos da administração pública e com as seguintes diretrizes:

I – observância da publicidade como preceito geral e do sigilo como exceção;

II – divulgação de informações de interesse público, independentemente de solicitações;

III – utilização de meios de comunicação viabilizados pela tecnologia da informação;

---

[29] BRASIL. **Lei nº 12.527, de 18 de novembro de 2011.** Regula o acesso a informações previsto no inciso XXXIII do art. 5º, no inciso II do § 3º do art. 37 e no § 2º do art. 216 da Constituição Federal; altera a Lei nº 8.112, de 11 de dezembro de 1990; revoga a Lei nº 11.111, de 5 de maio de 2005, e dispositivos da Lei nº 8.159, de 8 de janeiro de 1991; e dá outras providências. Brasília: Congresso Nacional, 2011. Disponível em: <http://www.planalto.gov.br/ccivil_03/_ato2011-2014/2011/lei/l12527.htm>.

IV – fomento ao desenvolvimento da cultura de transparência na administração pública;

V – desenvolvimento do controle social da administração pública.

Art. 4º Para os efeitos desta Lei, considera-se:

I – informação: dados, processados ou não, que podem ser utilizados para produção e transmissão de conhecimento, contidos em qualquer meio, suporte ou formato;

II – documento: unidade de registro de informações, qualquer que seja o suporte ou formato;

III – informação sigilosa: aquela submetida temporariamente à restrição de acesso público em razão de sua imprescindibilidade para a segurança da sociedade e do Estado;

IV – informação pessoal: aquela relacionada à pessoa natural identificada ou identificável;

V – tratamento da informação: conjunto de ações referentes à produção, recepção, classificação, utilização, acesso, reprodução, transporte, transmissão, distribuição, arquivamento, armazenamento, eliminação, avaliação, destinação ou controle da informação;

VI – disponibilidade: qualidade da informação que pode ser conhecida e utilizada por indivíduos, equipamentos ou sistemas autorizados;

VII – autenticidade: qualidade da informação que tenha sido produzida, expedida, recebida ou modificada por determinado indivíduo, equipamento ou sistema;

VIII – integridade: qualidade da informação não modificada, inclusive quanto à origem, trânsito e destino;

IX – primariedade: qualidade da informação coletada na fonte, com o máximo de detalhamento possível, sem modificações.

Art. 5º É dever do Estado garantir o direito de acesso à informação, que será franqueada, mediante procedimentos objetivos e ágeis, de forma transparente, clara e em linguagem de fácil compreensão.

CAPÍTULO II
Do Acesso a Informações e da sua Divulgação

Art. 6º Cabe aos órgãos e entidades do poder público, observadas as normas e procedimentos específicos aplicáveis, assegurar a:

I – gestão transparente da informação, propiciando amplo acesso a ela e sua divulgação;

II – proteção da informação, garantindo-se sua disponibilidade, autenticidade e integridade;

III – proteção da informação sigilosa e da informação pessoal, observada a sua disponibilidade, autenticidade, integridade e eventual restrição de acesso.

Art. 7º O acesso à informação de que trata esta Lei compreende, entre outros, os direitos de obter:

I – orientação sobre os procedimentos para a consecução de acesso, bem como sobre o local onde poderá ser encontrada ou obtida a informação almejada;

II – informação contida em registros ou documentos, produzidos ou acumulados por seus órgãos ou entidades, recolhidos ou não a arquivos públicos;

III – informação produzida ou custodiada por pessoa física ou entidade privada decorrente de qualquer vínculo com seus órgãos ou entidades, mesmo que esse vínculo já tenha cessado;

IV – informação primária, íntegra, autêntica e atualizada;

V – informação sobre atividades exercidas pelos órgãos e entidades, inclusive as relativas à sua política, organização e serviços;

VI – informação pertinente à administração do patrimônio público, utilização de recursos públicos, licitação, contratos administrativos; e

VII – informação relativa:

a) à implementação, acompanhamento e resultados dos programas, projetos e ações dos órgãos e das entidades públicas, bem como metas e indicadores propostos;

b) ao resultado de inspeções, auditorias, prestações e tomadas de contas realizadas pelos órgãos de controle interno e externo, incluindo prestações de contas relativas a exercícios anteriores.

§ 1º O acesso à informação previsto no *caput* não compreende as informações referentes a projetos de pesquisa e desenvolvimento científicos ou tecnológicos cujo sigilo seja imprescindível à segurança da sociedade e do Estado.

§ 2º Quando não for autorizado acesso integral à informação por ser ela parcialmente sigilosa, é assegurado o acesso à parte não sigilosa por meio de certidão, extrato ou cópia com ocultação da parte sob sigilo.

§ 3º O direito de acesso aos documentos ou às informações neles contidas utilizados como fundamento da tomada de decisão e do ato administrativo será assegurado com a edição do ato decisório respectivo.

§ 4º A negativa de acesso às informações objeto de pedido formulado aos órgãos e entidades referidas no art. 1º, quando não fundamentada, sujeitará o responsável a medidas disciplinares, nos termos do art. 32 desta Lei.

§ 5º Informado do extravio da informação solicitada, poderá o interessado requerer à autoridade competente a imediata abertura de sindicância para apurar o desaparecimento da respectiva documentação.

§ 6º Verificada a hipótese prevista no § 5º deste artigo, o responsável pela guarda da informação extraviada deverá, no prazo de 10 (dez) dias, justificar o fato e indicar testemunhas que comprovem sua alegação.

Art. 8º É dever dos órgãos e entidades públicas promover, independentemente de requerimentos, a divulgação em local de fácil acesso, no âmbito de suas competências, de informações de interesse coletivo ou geral por eles produzidas ou custodiadas.

§ 1º Na divulgação das informações a que se refere o *caput*, deverão constar, no mínimo:

I – registro das competências e estrutura organizacional, endereços e telefones das respectivas unidades e horários de atendimento ao público;

II – registros de quaisquer repasses ou transferências de recursos financeiros;

III – registros das despesas;

IV – informações concernentes a procedimentos licitatórios, inclusive os respectivos editais e resultados, bem como a todos os contratos celebrados;

V – dados gerais para o acompanhamento de programas, ações, projetos e obras de órgãos e entidades;

VI – respostas a perguntas mais frequentes da sociedade.

§ 2º Para cumprimento do disposto no *caput*, os órgãos e entidades públicas deverão utilizar todos os meios e instrumentos legítimos de que dispuserem, sendo obrigatória a divulgação em sítios oficiais da rede mundial de computadores (Internet).

§ 3º Os sítios de que trata o § 2º deverão, na forma de regulamento, atender, entre outros, aos seguintes requisitos:

I – conter ferramenta de pesquisa de conteúdo que permita o acesso à informação de forma objetiva, transparente, clara e em linguagem de fácil compreensão;

II – possibilitar a gravação de relatórios em diversos formatos eletrônicos, inclusive abertos e não proprietários, tais como planilhas e texto, de modo a facilitar a análise das informações;

III – possibilitar o acesso automatizado por sistemas externos em formatos abertos, estruturados e legíveis por máquina;

IV – divulgar em detalhes os formatos utilizados para estruturação da informação;

V – garantir a autenticidade e a integridade das informações disponíveis para acesso;

VI – manter atualizadas as informações disponíveis para acesso;

VII – indicar local e instruções que permitam ao interessado comunicar-se, por via eletrônica ou telefônica, com o órgão ou entidade detentora do sítio;

VIII – adotar as medidas necessárias para garantir a acessibilidade de conteúdo para pessoas com deficiência, nos termos do art. 17 da Lei nº 10.098, de 19 de dezembro de 2000, e do art. 9º da Convenção sobre os Direitos das Pessoas com Deficiência, aprovada pelo Decreto Legislativo nº 186, de 9 de julho de 2008.

§ 4º Os municípios com população de até 10.000 (dez mil) habitantes ficam dispensados da divulgação obrigatória na internet a que se refere o § 2º, mantida a obrigatoriedade de divulgação, em tempo real, de informações relativas à execução orçamentária e financeira, nos critérios e prazos previstos no art. 73-B da Lei Complementar nº 101, de 4 de maio de 2000 (Lei de Responsabilidade Fiscal).

Art. 9º O acesso a informações públicas será assegurado mediante:

I – criação de serviço de informações ao cidadão, nos órgãos e entidades do poder público, em local com condições apropriadas para:

a) atender e orientar o público quanto ao acesso a informações;

b) informar sobre a tramitação de documentos nas suas respectivas unidades;

c) protocolizar documentos e requerimentos de acesso a informações; e

II – realização de audiências ou consultas públicas, incentivo à participação popular ou a outras formas de divulgação.

CAPÍTULO III

Do Procedimento de Acesso à Informação

Seção I

Do Pedido de Acesso

Art. 10. Qualquer interessado poderá apresentar pedido de acesso a informações aos órgãos e entidades referidos no art. 1º desta Lei, por qualquer meio legítimo, devendo o pedido conter a identificação do requerente e a especificação da informação requerida.

§ 1º Para o acesso a informações de interesse público, a identificação do requerente não pode conter exigências que inviabilizem a solicitação.

§ 2º Os órgãos e as entidades do poder público devem viabilizar alternativa de encaminhamento de pedidos de acesso por meio de seus sítios oficiais na Internet.

§ 3º São vedadas quaisquer exigências relativas aos motivos determinantes da solicitação de informações de interesse público.

Art. 11. O órgão ou entidade pública deverá autorizar ou conceder o acesso imediato à informação disponível.

§ 1º Não sendo possível conceder o acesso imediato, na forma disposta no *caput*, o órgão ou entidade que receber o pedido deverá, em prazo não superior a 20 (vinte) dias:

I – comunicar a data, local e modo para se realizar a consulta, efetuar a reprodução ou obter a certidão;

II – indicar as razões de fato ou de direito da recusa, total ou parcial, do acesso pretendido; ou

III – comunicar que não possui a informação, indicar, se for do seu conhecimento, o órgão ou a entidade que a detém, ou, ainda, remeter o requerimento a esse órgão ou entidade, cientificando o interessado da remessa de seu pedido de informação.

§ 2º O prazo referido no § 1º poderá ser prorrogado por mais 10 (dez) dias, mediante justificativa expressa, da qual será cientificado o requerente.

§ 3º Sem prejuízo da segurança e da proteção das informações e do cumprimento da legislação aplicável, o órgão ou entidade poderá oferecer meios para que o próprio requerente possa pesquisar a informação de que necessitar.

§ 4º Quando não for autorizado o acesso por se tratar de informação total ou parcialmente sigilosa, o requerente deverá ser informado sobre a possibilidade de recurso, prazos e condições para sua interposição, devendo, ainda, ser-lhe indicada a autoridade competente para sua apreciação.

§ 5º A informação armazenada em formato digital será fornecida nesse formato, caso haja anuência do requerente.

§ 6º Caso a informação solicitada esteja disponível ao público em formato impresso, eletrônico ou em qualquer outro meio de acesso universal, serão informados ao requerente, por escrito, o lugar e a forma pela qual se poderá consultar, obter ou reproduzir a referida informação, procedimento esse que desonerará o órgão ou entidade pública da obrigação de seu fornecimento direto, salvo se o requerente declarar não dispor de meios para realizar por si mesmo tais procedimentos.

Art. 12. O serviço de busca e fornecimento da informação é gratuito, salvo nas hipóteses de reprodução de documentos pelo órgão ou entidade pública consultada, situação em que poderá ser cobrado exclusivamente o valor necessário ao ressarcimento do custo dos serviços e dos materiais utilizados.

Parágrafo único. Estará isento de ressarcir os custos previstos no *caput* todo aquele cuja situação econômica não lhe permita fazê-lo sem prejuízo do sustento próprio ou da família, declarada nos termos da Lei nº 7.115, de 29 de agosto de 1983.

Art. 13. Quando se tratar de acesso à informação contida em documento cuja manipulação possa prejudicar sua integridade, deverá ser oferecida a consulta de cópia, com certificação de que esta confere com o original.

Parágrafo único. Na impossibilidade de obtenção de cópias, o interessado poderá solicitar que, a suas expensas e sob supervisão de servidor público, a reprodução seja feita por outro meio que não ponha em risco a conservação do documento original.

Art. 14. É direito do requerente obter o inteiro teor de decisão de negativa de acesso, por certidão ou cópia.

Seção II
Dos Recursos

Art. 15. No caso de indeferimento de acesso a informações ou às razões da negativa do acesso, poderá o interessado interpor recurso contra a decisão no prazo de 10 (dez) dias a contar da sua ciência.

Parágrafo único. O recurso será dirigido à autoridade hierarquicamente superior à que exarou a decisão impugnada, que deverá se manifestar no prazo de 5 (cinco) dias.

Art. 16. Negado o acesso a informação pelos órgãos ou entidades do Poder Executivo Federal, o requerente poderá recorrer à Controladoria-Geral da União, que deliberará no prazo de 5 (cinco) dias se:

I – o acesso à informação não classificada como sigilosa for negado;

II – a decisão de negativa de acesso à informação total ou parcialmente classificada como sigilosa não indicar a autoridade classificadora ou a hierarquicamente superior a quem possa ser dirigido pedido de acesso ou desclassificação;

III – os procedimentos de classificação de informação sigilosa estabelecidos nesta Lei não tiverem sido observados;

IV – estiverem sendo descumpridos prazos ou outros procedimentos previstos nesta Lei.

§ 1º O recurso previsto neste artigo somente poderá ser dirigido à Controladoria-Geral da União depois de submetido à apreciação de pelo menos uma autoridade hierarquicamente superior àquela que exarou a decisão impugnada, que deliberará no prazo de 5 (cinco) dias.

§ 2º Verificada a procedência das razões do recurso, a Controladoria-Geral da União determinará ao órgão ou entidade que adote as providências necessárias para dar cumprimento ao disposto nesta Lei.

§ 3º Negado o acesso à informação pela Controladoria-Geral da União, poderá ser interposto recurso à Comissão Mista de Reavaliação de Informações, a que se refere o art. 35.

Art. 17. No caso de indeferimento de pedido de desclassificação de informação protocolado em órgão da administração pública federal, poderá o requerente recorrer ao Ministro de Estado da área, sem prejuízo das competências da Comissão Mista de Reavaliação de Informações, previstas no art. 35, e do disposto no art. 16.

§ 1º O recurso previsto neste artigo somente poderá ser dirigido às autoridades mencionadas depois de submetido à apreciação de pelo menos uma autoridade hierarquicamente superior à autoridade que exarou a decisão impugnada e, no caso das Forças Armadas, ao respectivo Comando.

§ 2º Indeferido o recurso previsto no *caput* que tenha como objeto a desclassificação de informação secreta ou ultrassecreta, caberá recurso à Comissão Mista de Reavaliação de Informações prevista no art. 35.

Art. 18. Os procedimentos de revisão de decisões denegatórias proferidas no recurso previsto no art. 15 e de revisão de classificação de documentos sigilosos serão objeto de regulamentação própria dos Poderes Legislativo e Judiciário e do Ministério Público, em seus respectivos âmbitos, assegurado ao solicitante, em qualquer caso, o direito de ser informado sobre o andamento de seu pedido.

Art. 19. (Vetado).

§ 1º (Vetado).

§ 2º Os órgãos do Poder Judiciário e do Ministério Público informarão ao Conselho Nacional de Justiça e ao Conselho Nacional do Ministério Público, respectivamente, as decisões que, em grau de recurso, negarem acesso a informações de interesse público.

Art. 20. Aplica-se subsidiariamente, no que couber, a Lei nº 9.784, de 29 de janeiro de 1999, ao procedimento de que trata este Capítulo.

CAPÍTULO IV
Das Restrições de Acesso à Informação

Seção I
Disposições Gerais

Art. 21. Não poderá ser negado acesso à informação necessária à tutela judicial ou administrativa de direitos fundamentais.

Parágrafo único. As informações ou documentos que versem sobre condutas que impliquem violação dos direitos humanos praticada por agentes públicos ou a mando de autoridades públicas não poderão ser objeto de restrição de acesso.

Art. 22. O disposto nesta Lei não exclui as demais hipóteses legais de sigilo e de segredo de justiça nem as hipóteses de segredo industrial decorrentes da exploração direta de atividade econômica pelo Estado ou por pessoa física ou entidade privada que tenha qualquer vínculo com o poder público.

Seção II
Da Classificação da Informação quanto ao Grau e Prazos de Sigilo

Art. 23. São consideradas imprescindíveis à segurança da sociedade ou do Estado e, portanto, passíveis de classificação as informações cuja divulgação ou acesso irrestrito possam:

I – pôr em risco a defesa e a soberania nacionais ou a integridade do território nacional;

II – prejudicar ou pôr em risco a condução de negociações ou as relações internacionais do País, ou as que tenham sido fornecidas em caráter sigiloso por outros Estados e organismos internacionais;

III – pôr em risco a vida, a segurança ou a saúde da população;

IV – oferecer elevado risco à estabilidade financeira, econômica ou monetária do País;

V – prejudicar ou causar risco a planos ou operações estratégicos das Forças Armadas;

VI – prejudicar ou causar risco a projetos de pesquisa e desenvolvimento científico ou tecnológico, assim como a sistemas, bens, instalações ou áreas de interesse estratégico nacional;

VII – pôr em risco a segurança de instituições ou de altas autoridades nacionais ou estrangeiras e seus familiares; ou

VIII – comprometer atividades de inteligência, bem como de investigação ou fiscalização em andamento, relacionadas com a prevenção ou repressão de infrações.

Art. 24. A informação em poder dos órgãos e entidades públicas, observado o seu teor e em razão de sua imprescindibilidade à segurança da sociedade ou do Estado, poderá ser classificada como ultrassecreta, secreta ou reservada.

§ 1º Os prazos máximos de restrição de acesso à informação, conforme a classificação prevista no *caput*, vigoram a partir da data de sua produção e são os seguintes:

I – ultrassecreta: 25 (vinte e cinco) anos;

II – secreta: 15 (quinze) anos;

III – reservada: 5 (cinco) anos.

§ 2º As informações que puderem colocar em risco a segurança d'o Presidente e Vice-Presidente da República e respectivos cônjuges e filhos(as) serão classificadas como reservadas e ficarão sob sigilo até o término do mandato em exercício ou do último mandato, em caso de reeleição.

§ 3º Alternativamente aos prazos previstos no § 1º, poderá ser estabelecida como termo final de restrição de acesso a ocorrência de determinado evento, desde que este ocorra antes do transcurso do prazo máximo de classificação.

§ 4º Transcorrido o prazo de classificação ou consumado o evento que defina o seu termo final, a informação tornar-se-á, automaticamente, de acesso público.

§ 5º Para a classificação da informação em determinado grau de sigilo, deverá ser observado o interesse público da informação e utilizado o critério menos restritivo possível, considerados:

I – a gravidade do risco ou dano à segurança da sociedade e do Estado;

II – o prazo máximo de restrição de acesso ou o evento que defina seu termo final.

Seção III
Da Proteção e do Controle de Informações Sigilosas

Art. 25. É dever do Estado controlar o acesso e a divulgação de informações sigilosas produzidas por seus órgãos e entidades, assegurando a sua proteção.

§ 1º O acesso, a divulgação e o tratamento de informação classificada como sigilosa ficarão restritos a pessoas que tenham necessidade de conhecê-la e que sejam devidamente credenciadas na forma do regulamento, sem prejuízo das atribuições dos agentes públicos autorizados por lei.

§ 2º O acesso à informação classificada como sigilosa cria a obrigação para aquele que a obteve de resguardar o sigilo.

§ 3º Regulamento disporá sobre procedimentos e medidas a serem adotados para o tratamento de informação sigilosa, de modo a protegê-la contra perda, alteração indevida, acesso, transmissão e divulgação não autorizados.

Art. 26. As autoridades públicas adotarão as providências necessárias para que o pessoal a elas subordinado hierarquicamente conheça as normas e observe as medidas e procedimentos de segurança para tratamento de informações sigilosas.

Parágrafo único. A pessoa física ou entidade privada que, em razão de qualquer vínculo com o poder público, executar atividades de tratamento de informações sigilosas adotará as providências necessárias para que seus empregados, prepostos ou representantes observem as medidas e procedimentos de segurança das informações resultantes da aplicação desta Lei.

Seção IV
Dos Procedimentos de Classificação, Reclassificação e Desclassificação

Art. 27. A classificação do sigilo de informações no âmbito da administração pública federal é de competência:

I – no grau de ultrassecreto, das seguintes autoridades:

a) Presidente da República;

b) Vice-Presidente da República;

c) Ministros de Estado e autoridades com as mesmas prerrogativas;

d) Comandantes da Marinha, do Exército e da Aeronáutica;

e) Chefes de Missões Diplomáticas e Consulares permanentes no exterior;

II – no grau de secreto, das autoridades referidas no inciso I, dos titulares de autarquias, fundações ou empresas públicas e sociedades de economia mista;

III – no grau de reservado, das autoridades referidas nos incisos I e II e das que exerçam funções de direção, comando ou chefia, nível DAS 101.5, ou superior, do Grupo-Direção e Assessoramento Superiores, ou de hierarquia equivalente, de acordo com regulamentação específica de cada órgão ou entidade, observado o disposto nesta Lei.

§ 1º A competência prevista nos incisos I e II, no que se refere à classificação como ultrassecreta e secreta, poderá ser delegada pela autoridade responsável a agente público, inclusive em missão no exterior, vedada a subdelegação.

§ 2º A classificação de informação no grau de sigilo ultrassecreto pelas autoridades previstas nas alíneas *d* e *e* do inciso I deverá ser ratificada pelos respectivos Ministros de Estado, no prazo previsto em regulamento.

§ 3º A autoridade ou outro agente público que classificar informação como ultrassecreta deverá encaminhar a decisão de que trata o art. 28 à Comissão Mista de Reavaliação de Informações, a que se refere o art. 35, no prazo previsto em regulamento.

Art. 28. A classificação de informação em qualquer grau de sigilo deverá ser formalizada em decisão que conterá, no mínimo, os seguintes elementos:

I – assunto sobre o qual versa a informação;

II – fundamento da classificação, observados os critérios estabelecidos no art. 24;

III – indicação do prazo de sigilo, contado em anos, meses ou dias, ou do evento que defina o seu termo final, conforme limites previstos no art. 24;

IV – identificação da autoridade que a classificou.

Parágrafo único. A decisão referida no *caput* será mantida no mesmo grau de sigilo da informação classificada.

Art. 29. A classificação das informações será reavaliada pela autoridade classificadora ou por autoridade hierarquicamente superior, mediante provocação ou de ofício, nos termos e prazos previstos em regulamento, com vistas à sua desclassificação ou à redução do prazo de sigilo, observado o disposto no art. 24.

§ 1º O regulamento a que se refere o *caput* deverá considerar as peculiaridades das informações produzidas no exterior por autoridades ou agentes públicos.

§ 2º Na reavaliação a que se refere o *caput*, deverão ser examinadas a permanência dos motivos do sigilo e a possibilidade de danos decorrentes do acesso ou da divulgação da informação.

§ 3º Na hipótese de redução do prazo de sigilo da informação, o novo prazo de restrição manterá como termo inicial a data da sua produção.

Art. 30. A autoridade máxima de cada órgão ou entidade publicará, anualmente, em sítio à disposição na internet e destinado à veiculação de dados e informações administrativas, nos termos de regulamento:

I – rol das informações que tenham sido desclassificadas nos últimos 12 (doze) meses;

II – rol de documentos classificados em cada grau de sigilo, com identificação para referência futura;

III – relatório estatístico contendo a quantidade de pedidos de informação recebidos, atendidos e indeferidos, bem como informações genéricas sobre os solicitantes.

§ 1º Os órgãos e entidades deverão manter exemplar da publicação prevista no *caput* para consulta pública em suas sedes.

§ 2º Os órgãos e entidades manterão extrato com a lista de informações classificadas, acompanhadas da data, do grau de sigilo e dos fundamentos da classificação.

Seção V
Das Informações Pessoais

Art. 31. O tratamento das informações pessoais deve ser feito de forma transparente e com respeito à intimidade, vida privada, honra e imagem das pessoas, bem como às liberdades e garantias individuais.

§ 1º As informações pessoais, a que se refere este artigo, relativas à intimidade, vida privada, honra e imagem:

I – terão seu acesso restrito, independentemente de classificação de sigilo e pelo prazo máximo de 100 (cem) anos a contar da sua data de produção, a agentes públicos legalmente autorizados e à pessoa a que elas se referirem; e

II – poderão ter autorizada sua divulgação ou acesso por terceiros diante de previsão legal ou consentimento expresso da pessoa a que elas se referirem.

§ 2º Aquele que obtiver acesso às informações de que trata este artigo será responsabilizado por seu uso indevido.

§ 3º O consentimento referido no inciso II do § 1º não será exigido quando as informações forem necessárias:

I – à prevenção e diagnóstico médico, quando a pessoa estiver física ou legalmente incapaz, e para utilização única e exclusivamente para o tratamento médico;

II – à realização de estatísticas e pesquisas científicas de evidente interesse público ou geral, previstos em lei, sendo vedada a identificação da pessoa a que as informações se referirem;

III – ao cumprimento de ordem judicial;

IV – à defesa de direitos humanos;

V – à proteção do interesse público e geral preponderante.

§ 4º A restrição de acesso à informação relativa à vida privada, honra e imagem de pessoa não poderá ser invocada com o intuito de prejudicar processo de apuração de irregularidades em que o titular das informações estiver envolvido, bem como em ações voltadas para a recuperação de fatos históricos de maior relevância.

§ 5º Regulamento disporá sobre os procedimentos para tratamento de informação pessoal.

CAPÍTULO V
Das Responsabilidades

Art. 32. Constituem condutas ilícitas que ensejam responsabilidade do agente público ou militar:

I – recusar-se a fornecer informação requerida nos termos desta Lei, retardar deliberadamente o seu fornecimento ou fornecê-la intencionalmente de forma incorreta, incompleta ou imprecisa;

II – utilizar indevidamente, bem como subtrair, destruir, inutilizar, desfigurar, alterar ou ocultar, total ou parcialmente, informação que se encontre sob sua guarda ou a que tenha acesso ou conhecimento em razão do exercício das atribuições de cargo, emprego ou função pública;

III – agir com dolo ou má-fé na análise das solicitações de acesso à informação;

IV – divulgar ou permitir a divulgação ou acessar ou permitir acesso indevido à informação sigilosa ou informação pessoal;

V – impor sigilo à informação para obter proveito pessoal ou de terceiro, ou para fins de ocultação de ato ilegal cometido por si ou por outrem;

VI – ocultar da revisão de autoridade superior competente informação sigilosa para beneficiar a si ou a outrem, ou em prejuízo de terceiros; e

VII – destruir ou subtrair, por qualquer meio, documentos concernentes a possíveis violações de direitos humanos por parte de agentes do Estado.

§ 1º Atendido o princípio do contraditório, da ampla defesa e do devido processo legal, as condutas descritas no *caput* serão consideradas:

I – para fins dos regulamentos disciplinares das Forças Armadas, transgressões militares médias ou graves, segundo os critérios neles estabelecidos, desde que não tipificadas em lei como crime ou contravenção penal;

II – para fins do disposto na Lei nº 8.112, de 11 de dezembro de 1990, e suas alterações, infrações administrativas, que deverão ser apenadas, no mínimo, com suspensão, segundo os critérios nela estabelecidos.

§ 2º Pelas condutas descritas no *caput*, poderá o militar ou agente público responder, também, por improbidade administrativa, conforme o disposto nas Leis nºs 1.079, de 10 de abril de 1950, e 8.429, de 2 de junho de 1992.

Art. 33. A pessoa física ou entidade privada que detiver informações em virtude de vínculo de qualquer natureza com o poder público e deixar de observar o disposto nesta Lei estará sujeita às seguintes sanções:

I - advertência;

II - multa;

III – rescisão do vínculo com o poder público;

IV – suspensão temporária de participar em licitação e impedimento de contratar com a administração pública por prazo não superior a 2 (dois) anos;

V – declaração de inidoneidade para licitar ou contratar com a administração pública, até que seja promovida a reabilitação perante a própria autoridade que aplicou a penalidade.

§ 1º As sanções previstas nos incisos I, III e IV poderão ser aplicadas juntamente com a do inciso II, assegurado o direito de defesa do interessado, no respectivo processo, no prazo de 10 (dez) dias.

§ 2º A reabilitação referida no inciso V será autorizada somente quando o interessado efetivar o ressarcimento ao órgão ou entidade dos prejuízos resultantes e após decorrido o prazo da sanção aplicada com base no inciso IV.

§ 3º A aplicação da sanção prevista no inciso V é de competência exclusiva da autoridade máxima do órgão ou entidade pública, facultada a defesa do interessado, no respectivo processo, no prazo de 10 (dez) dias da abertura de vista.

Art. 34. Os órgãos e entidades públicas respondem diretamente pelos danos causados em decorrência da divulgação não autorizada ou utilização indevida de informações sigilosas ou informações pessoais, cabendo a apuração de responsabilidade funcional nos casos de dolo ou culpa, assegurado o respectivo direito de regresso.

Parágrafo único. O disposto neste artigo aplica-se à pessoa física ou entidade privada que, em virtude de vínculo de qualquer natureza com órgãos ou entidades, tenha acesso a informação sigilosa ou pessoal e a submeta a tratamento indevido.

CAPÍTULO VI
Disposições Finais e Transitórias

Art. 35. (Vetado).

§ 1º É instituída a Comissão Mista de Reavaliação de Informações, que decidirá, no âmbito da administração pública federal, sobre o tratamento e a classificação de informações sigilosas e terá competência para:

I - requisitar da autoridade que classificar informação como ultrassecreta e secreta esclarecimento ou conteúdo, parcial ou integral da informação;

II - rever a classificação de informações ultrassecretas ou secretas, de ofício ou mediante provocação de pessoa interessada, observado o disposto no art. 7º e demais dispositivos desta Lei;

III - prorrogar o prazo de sigilo de informação classificada como ultrassecreta, sempre por prazo determinado, enquanto o seu acesso ou divulgação puder ocasionar ameaça externa à soberania nacional ou à integridade do território nacional ou grave risco às relações internacionais do País, observado o prazo previsto no § 1º do art. 24.

§ 2º O prazo referido no inciso III é limitado a uma única renovação.

§ 3º A revisão de ofício a que se refere o inciso II do § 1º deverá ocorrer, no máximo, a cada 4 (quatro) anos, após a reavaliação prevista no art. 39, quando se tratar de documentos ultrassecretos ou secretos.

§ 4º A não deliberação sobre a revisão pela Comissão Mista de Reavaliação de Informações nos prazos previstos no § 3º implicará a desclassificação automática das informações.

§ 5º Regulamento disporá sobre a composição, organização e funcionamento da Comissão Mista de Reavaliação de Informações, observado o mandato de 2 (dois) anos para seus integrantes e demais disposições desta Lei.

Art. 36. O tratamento de informação sigilosa resultante de tratados, acordos ou atos internacionais atenderá às normas e recomendações constantes desses instrumentos.

Art. 37. É instituído, no âmbito do Gabinete de Segurança Institucional da Presidência da República, o Núcleo de Segurança e Credenciamento (NSC), que tem por objetivos:

I – promover e propor a regulamentação do credenciamento de segurança de pessoas físicas, empresas, órgãos e entidades para tratamento de informações sigilosas;

II – garantir a segurança de informações sigilosas, inclusive aquelas provenientes de países ou organizações internacionais com os quais a República Federativa do Brasil tenha firmado tratado, acordo, contrato ou qualquer outro ato internacional, sem prejuízo das atribuições do Ministério das Relações Exteriores e dos demais órgãos competentes.

Parágrafo único. Regulamento disporá sobre a composição, organização e funcionamento do NSC.

Art. 38. Aplica-se, no que couber, a Lei nº 9.507, de 12 de novembro de 1997 , em relação à informação de pessoa, física ou jurídica, constante de registro ou banco de dados de entidades governamentais ou de caráter público.

Art. 39. Os órgãos e entidades públicas deverão proceder à reavaliação das informações classificadas como ultrassecretas e secretas no prazo máximo de 2 (dois) anos, contado do termo inicial de vigência desta Lei.

§ 1º A restrição de acesso a informações, em razão da reavaliação prevista no *caput*, deverá observar os prazos e condições previstos nesta Lei.

§ 2º No âmbito da administração pública federal, a reavaliação prevista no *caput* poderá ser revista, a qualquer tempo, pela Comissão Mista de Reavaliação de Informações, observados os termos desta Lei.

§ 3º Enquanto não transcorrido o prazo de reavaliação previsto no *caput*, será mantida a classificação da informação nos termos da legislação precedente.

§ 4º As informações classificadas como secretas e ultrassecretas não reavaliadas no prazo previsto no *caput* serão consideradas, automaticamente, de acesso público.

Art. 40. No prazo de 60 (sessenta) dias, a contar da vigência desta Lei, o dirigente máximo de cada órgão ou entidade da administração pública federal direta e indireta designará autoridade que lhe seja diretamente subordinada para, no âmbito do respectivo órgão ou entidade, exercer as seguintes atribuições:

I – assegurar o cumprimento das normas relativas ao acesso à informação, de forma eficiente e adequada aos objetivos desta Lei;

II – monitorar a implementação do disposto nesta Lei e apresentar relatórios periódicos sobre o seu cumprimento;

III - recomendar as medidas indispensáveis à implementação e ao aperfeiçoamento das normas e procedimentos necessários ao correto cumprimento do disposto nesta Lei;

IV - orientar as respectivas unidades no que se refere ao cumprimento do disposto nesta Lei e seus regulamentos.

Art. 41. O Poder Executivo Federal designará órgão da administração pública federal responsável:

I - pela promoção de campanha de abrangência nacional de fomento à cultura da transparência na administração pública e conscientização do direito fundamental de acesso à informação;

II - pelo treinamento de agentes públicos no que se refere ao desenvolvimento de práticas relacionadas à transparência na administração pública;

III - pelo monitoramento da aplicação da lei no âmbito da administração pública federal, concentrando e consolidando a publicação de informações estatísticas relacionadas no art. 30;

IV - pelo encaminhamento ao Congresso Nacional de relatório anual com informações atinentes à implementação desta Lei.

Art. 42. O Poder Executivo regulamentará o disposto nesta Lei no prazo de 180 (cento e oitenta) dias a contar da data de sua publicação.

Art. 43. O inciso VI do art. 116 da Lei nº 8.112, de 11 de dezembro de 1990, passa a vigorar com a seguinte redação:

> "Art. 116. ....
>
> ....
>
> VI - levar as irregularidades de que tiver ciência em razão do cargo ao conhecimento da autoridade superior ou, quando houver suspeita de envolvimento desta, ao conhecimento de outra autoridade competente para apuração;
>
> ...." (NR)

Art. 44. O Capítulo IV do Título IV da Lei nº 8.112, de 1990, passa a vigorar acrescido do seguinte art. 126-A:

> "Art. 126-A. Nenhum servidor poderá ser responsabilizado civil, penal ou administrativamente por dar ciência à autoridade superior ou, quando houver suspeita de envolvimento desta, a outra autoridade competente para apuração de informação concernente à prática de crimes ou improbidade de que tenha conhecimento, ainda que em decorrência do exercício de cargo, emprego ou função pública."

Art. 45. Cabe aos Estados, ao Distrito Federal e aos Municípios, em legislação própria, obedecidas as normas gerais estabelecidas nesta Lei, definir regras específicas, especialmente quanto ao disposto no art. 9º e na Seção II do Capítulo III.

Art. 46. Revogam-se:

I – a Lei nº 11.111, de 5 de maio de 2005;

II – os arts. 22 a 24 da Lei nº 8.159, de 8 de janeiro de 1991.

Art. 47. Esta Lei entra em vigor 180 (cento e oitenta) dias após a data de sua publicação.

A sombra da guilhotina

HILARY MANTEL

A sombra da guilhotina

Tradução de
VERA WHATELY

EDITORA RECORD
RIO DE JANEIRO • SÃO PAULO
2009

CIP-Brasil. Catalogação-na-fonte
Sindicato Nacional dos Editores de Livros, RJ

Mantel, Hilary, 1952-
M25s A sombra da guilhotina / Hilary Mantel; tradução de Vera Whately. – Rio de Janeiro: Record, 2009.

Tradução de: A place of greater safety
ISBN 978-85-01-08303-6

1. Romance inglês. I. Whately, Vera. II. Título.

CDD – 823
09-2228 CDU – 821.111-3

Título original em inglês:
A PLACE OF GREATER SAFETY

Texto revisado segundo o Novo Acordo Ortográfico da Língua Portuguesa.

Editoração Eletrônica: Abreu's System

Impresso no Brasil

ISBN 978-85-01-08303-6

PEDIDOS PELO REEMBOLSO POSTAL
Caixa Postal 23.052
Rio de Janeiro, RJ – 20922-970

Para Clare Boylan

Sumário

PARTE QUATRO

PARTE CINCO

Nota da autora

Este romance é sobre a Revolução Francesa. Quase todos os personagens são reais, e os relatos são bastante fiéis aos fatos históricos — desde que esses fatos sejam aceitos como verdadeiros. Não se trata de uma visão geral ou de uma descrição completa da Revolução. A história é ambientada em Paris; o que ocorre nas províncias está fora de seu escopo, assim como a maior parte das ocorrências militares.

Meus personagens principais só se tornaram famosos com a Revolução, não se sabe muito sobre o início de suas vidas. Usei o que existe em registros históricos e tirei conclusões fundamentadas do resto.

Mas não é um relato imparcial. Tentei ver o mundo como os ingleses viam, com seus próprios preconceitos e opiniões. Sempre que pude, usei as palavras reais — extraídas de discursos registrados ou de escritos preservados — e entremeei essas palavras com meus próprios diálogos. A meu ver, se algo chega a ser registrado, é porque provavelmente já havia sido expresso muitas vezes, informalmente.

Há um personagem que poderá deixar o leitor intrigado, por seu papel tangencial peculiar neste livro. Todos já ouviram falar de Jean-Paul Marat, que morreu esfaqueado na banheira por uma bela mulher. Temos certeza das circunstâncias de sua morte, mas o resto de sua vida é sujeito a interpretação. Dr. Marat era vinte anos mais velho que meus personagens principais, e sua carreira pré-revolucionária foi longa e interessante. Senti que não poderia tratar disso sem desequilibrar este livro, portanto fiz dele meu convidado especial — suas aparições são poucas, porém provocativas. Espero escrever sobre o Dr. Marat no futuro. Qualquer romance sobre ele subverteria a visão histórica que ofereço aqui. Ao longo deste livro me perguntei várias vezes o que a história realmente é. Mas é preciso apresentar-se uma ideia antes de poder denunciá-la.

As ocorrências deste livro são complexas, daí a necessidade de dramatização e explicação. Qualquer um que escreva um romance desse tipo fica sujeito a críticas daqueles que exigem exatidão. Dois pequenos pontos ilustrarão como eu tentei simplificar algumas descrições, sem deturpá-las.

Primeiro, quando descrevo a Paris pré-revolucionária falo da "polícia", o que é uma simplificação. Havia vários organismos encarregados do cumprimento da lei. Mas seria maçante interromper o relato de uma rebelião para informar ao leitor que tipo de organismo estava em cena.

Um segundo ponto: meus personagens jantam e ceiam em horas variadas. O parisiense refinado almoçava entre 15 e 17 horas, e ceava às 22 ou 23 horas. Mas quando esta última refeição tinha certo grau de formalidade, eu chamei de "jantar". Em termos gerais, os personagens deste livro são notívagos.

Tenho plena consciência de que um romance é um esforço cooperativo, uma parceria entre escritor e leitor. Eu apresento minha própria versão das ocorrências, mas os fatos mudam conforme o ponto de vista. É claro que meus personagens não tiveram a bênção da percepção tardia; viveram dia após dia da melhor forma que puderam. Não estou tentando persuadir o leitor a ver as ocorrências de forma específica, ou tirar algumas lições específicas delas. Tentei escrever um romance oferecendo às pessoas a possibilidade de mudar de opiniões, mudar de simpatias; um livro para vivenciar e refletir. Como diferenciar, então, o fato da ficção? O recurso, *grosso modo*, é que qualquer coisa que pareça particularmente inverossímil provavelmente é verdadeira.

Lista de personagens

PARTE I

Em Guise:
Jean-Nicolas Desmoulins, um advogado
Madeleine, sua esposa
Camille, seu filho mais velho (nascido em 1760)
Elisabeth, sua filha
Henriette, sua filha (morta aos 9 anos)
Armand, seu filho
Anne-Clothilde, sua filha
Clément, seu filho mais novo.

Adrien de Viefville e Jean-Louis de Viefville, seus parentes esnobes

Príncipe de Condé, primeiro nobre do distrito e cliente de Jean-Nicolas Desmoulins

Em Arcis-sur-Aube:
Marie-Madeleine Danton, viúva, que se casa com
Jean Recordain, um inventor
Georges-Jacques, filho dela (nascido em 1759)
Anne Madeleine, filha dela
Pierrette, filha dela
Marie-Cécile, filha dela, que se torna freira

Em Arras:
François de Robespierre, um advogado
Maximilien, seu filho (nascido em 1758)
Charlotte, sua filha
Henriette, sua filha (morta aos 19 anos)
Augustin, seu filho mais novo
Jacqueline, sua esposa, *née* Carraut, morta ao dar à luz o quinto filho
Avô Carraut, um cervejeiro
Tia Eulalie e tia Henriette, suas irmãs

Em Paris, em Louis-le-Grand:
Padre Poignard, o diretor — homem de espírito liberal
Padre Proyart, o suplente do diretor — homem de espírito nada liberal
Padre Herivaux, um professor de línguas clássicas
Louis Suleau, um estudante
Stanislas Fréron, um estudante muito bem relacionado, conhecido como "Coelho".

Em Troyes:
Fabre d'Églantine, um gênio desempregado

PARTE II

Em Paris:
Maître Vinot, um advogado de cuja banca de advocacia Georges-Jacques Danton é pupilo
Maître Perrin, um advogado de cuja banca de advocacia Camille Desmoulins é pupilo
Jean-Marie Hérault de Séchelles, um jovem nobre e dignitário legal

François-Jérôme Charpentier, proprietário de um café e inspetor de impostos
Angélique (Angelica), sua esposa italiana
Gabrielle, sua filha

Françoise-Julie Duhauttoir, amante de Georges-Jacques Danton

Na rue Condé:
Claude Duplessis, servidor público sênior
Annette, sua esposa

Adèle e Lucile, suas filhas
Abade Laudréville, confessor de Annette, um intermediário

Em Guise:
Rose-Fleur Godard, noiva de Camille Desmoulins

Em Arras:
Joseph Fouché, um professor, namorado de Charlotte de Robespierre
Lazare Carnot, um engenheiro militar, amigo de Maximilien de Robespierre
Anaïs Deshorties, uma jovem cujos parentes querem casar com Maximilien de Robespierre
Louise de Kéralio, uma romancista que vai para Paris, casa-se com
François Robert e edita um jornal
Hermann, um advogado, amigo de Maximilien de Robespierre

Os orleanistas:
Philippe, duque de Orléans, primo do rei Luís XVI
Félicité de Genlis, uma autora, sua ex-amante, mais tarde governanta dos seus filhos
Charles-Alexis Brulard de Sillery, conde de Genlis — marido de
Félicité, ex-oficial da marinha, um apostador
Pierre Choderlos de Laclos, um romancista, secretário do duque
Agnès de Buffon, amante do duque
Grace Elliot, ex-amante do duque, espiã do Ministério Britânico de Relações Exteriores.
Axel von Fersen, amante da rainha

Na banca de advocacia de Danton:
Jules Paré, seu funcionário
François Deforgues, seu funcionário
Billaud-Varennes, seu funcionário de meio expediente, homem de humor ácido.

Na Cour du Commerce:
Mme. Gély, que vive no andar acima do apartamento de Georges-Jacques e
Gabrielle Danton
Antoine, seu marido
Louise, sua filha
Catherine e Marie, criadas de Danton

Legendre, mestre-açougueiro, vizinho dos Danton
François Robert, professor de direito; casa-se com Louise de Kéralio, abre uma delicatessen e mais tarde torna-se um jornalista radical
René Hébert, bilheteiro de teatro
Anne Théroigne, uma cantora

Na Assembleia Nacional:
Antoine Barnave, um deputado, de início radical, mais tarde monarquista
Jérôme Pétion, um deputado radical, mais tarde chamado "brissotista"
Dr. Guillotin, um especialista em saúde pública
Jean-Sylvain Bailly, um astrônomo, mais tarde prefeito de Paris
Honoré-Gabriel Riquetti, conde de Mirabeau, aristocrata renegado da Câmara dos Comuns, ou Terceiro Estado
Teutch, criado de Mirabeau
Clavière, Dumont, Duroveray, seus "escravos", políticos genebrinos exilados
Jean-Pierre Brissot, um jornalista
Momoro, um tipógrafo
Réveillon, proprietário de uma fábrica de papel de parede
Hanriot, proprietário de uma usina de salitre
De Launay, governador da Bastilha

PARTE III

M. Soulès, governador interino da Bastilha
Marquês de Lafayette, comandante da Guarda Nacional
Jean-Paul Marat, um jornalista, editor de *O Amigo do Povo*
Arthur Dillon, governador de Tobago e general do exército francês, amigo de Camille Desmoulins
Louis-Sébastien Mercier, um autor famoso
Collot d'Herbois, um dramaturgo
Padre Pancemont, um padre truculento
Padre Bérardier, um padre ingênuo
Caroline Rémy, uma atriz
Père Duchesne, um fabricante de fornalhas; nome fictício adotado por René Hébert, bilheteiro que se tornou jornalista
Antoine Saint-Just, um poeta contestador, conhecido ou parente de Camille Desmoulins
Jean-Marie Roland, um ex-servidor público idoso
Manon Roland, sua jovem esposa, escritora

François-Léonard Buzot, um deputado, membro do Clube dos Jacobinos e amigo dos Roland
Jean-Baptiste Louvet, um romancista, jacobino, amigo dos Roland

PARTE IV

Na rue Saint-Honoré:
Maurice Duplay, um mestre-carpinteiro
Françoise Duplay, sua esposa
Eléonore, uma estudante de arte, sua filha mais velha
Victoire, sua filha
Elisabeth (Babette), sua filha mais nova
Charles Dumouriez, um general, mais tarde ministro de Relações Exteriores
Antoine Fouquier-Tinville, um advogado, primo de Camille Desmoulins
Jeanette, criada dos Desmoulins

PARTE V

Políticos descritos como "brissotistas" ou "girondinos":
Jean-Pierre Brissot, um jornalista
Jean-Marie e Manon Roland
Pierre Vergniaud, membro da Convenção Nacional, famoso como orador
Jérôme Pétion
François-Léonard Buzot
Jean-Baptiste Louvet
Charles Barbaroux, um advogado de Marselha, e muitos outros
Albertine Marat, irmã de Marat
Simone Evrard, esposa consuetudinária de Marat
Defermon, um deputado, mais tarde presidente da Convenção Nacional
Jean-François Lacroix, um deputado moderado, que vai "em missão" à Bélgica com Danton em 1792 e 1793
David, um pintor
Charlotte Corday, uma assassina
Claude Dupin, um jovem burocrata que propõe casamento a Louise Gély, vizinha de Danton
Souberbielle, médico de Robespierre
Renaudin, um fabricante de violinos, propenso a violência

Padre Kéravenen, um padre marginal
Chauveau-Lagarde, um advogado, conselheiro de Maria Antonieta
Philippe Lebas, um deputado de esquerda, mais tarde membro do Comitê de Segurança Geral, ou Comitê de Polícia; casa-se com Babette Duplay
Vadier, conhecido como "O Inquisidor", membro do Comitê de Polícia

Implicados na fraude da Companhia das Índias Orientais:
Chabot, um deputado, ex-frade capuchinho
Julien, um deputado, ex-pastor protestante
Proli, secretário de Hérault de Séchelles, considerado espião austríaco
Emmanuel Dobruska e Siegmund Gotleb, conhecidos como Emmanuel e Junius Frei, especuladores
Guzman, um político de segunda, nascido na Espanha
Diedrichsen, um "homem de negócios" dinamarquês
Abade d'Espanac, um empreiteiro trapaceiro do exército
Basire e Delaunay, deputados

Cidadão de Sade, um escritor, ex-marquês

Pierre Philippeaux, um deputado; escreve um panfleto contra o governo durante o Terror

Alguns membros do Comitê de Segurança Pública:
Saint-André
Barère
Couthon, paraplégico, amigo de Robespierre
Robert Lindet, um advogado da Normandia, amigo de Danton

Etienne Panis, um deputado de esquerda, amigo de Danton

No julgamento dos dantonistas:
Hermann (oriundo de Arras), presidente do Tribunal Revolucionário
Dumas, seu assistente
Fouquier-Tinville, então promotor público
Fleuriot e Liendon, advogados de acusação
Fabricius Pâris, um funcionário do Tribunal
Laflotte, um prisioneiro informante

Henri Sanson, carrasco público

Mapa da Paris Revolucionária

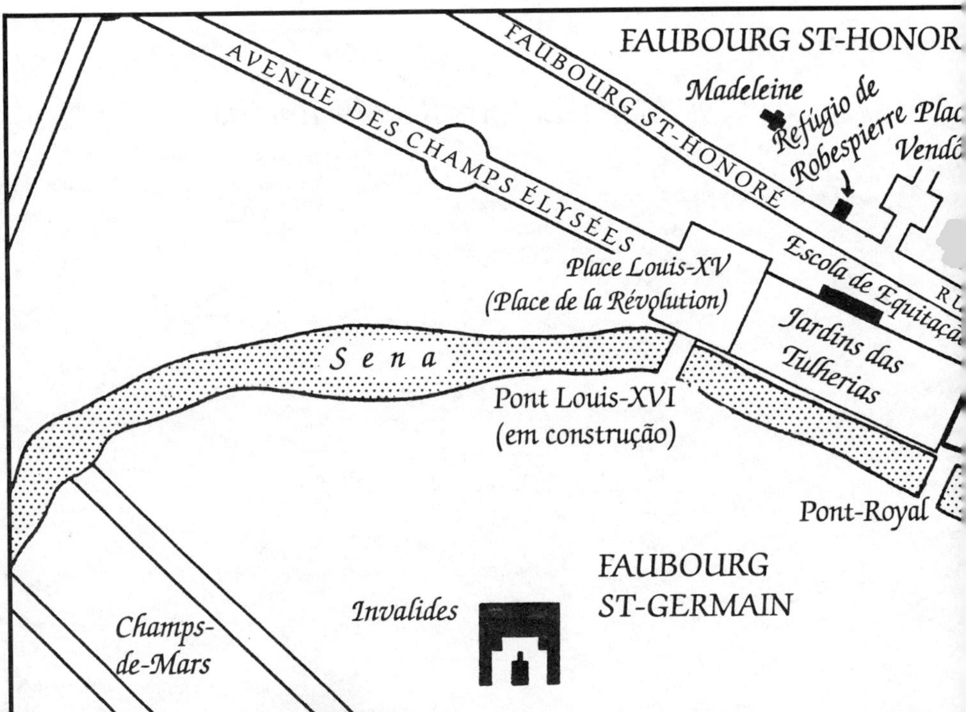
FAUBOURG ST-HONOR
AVENUE DES CHAMPS ÉLYSÉES
FAUBOURG ST-HONORÉ
Madeleine
Refúgio de Robespierre
Plac Vend
Place Louis-XV (Place de la Révolution)
Escola de Equitaçã
RU
Jardins das Tulherias
Sena
Pont Louis-XVI (em construção)
Pont-Royal
FAUBOURG ST-GERMAIN
Invalides
Champs-de-Mars
RUE DE SÈVRES
Paris Revolucionária
FAUBOURG ST-MICHEL

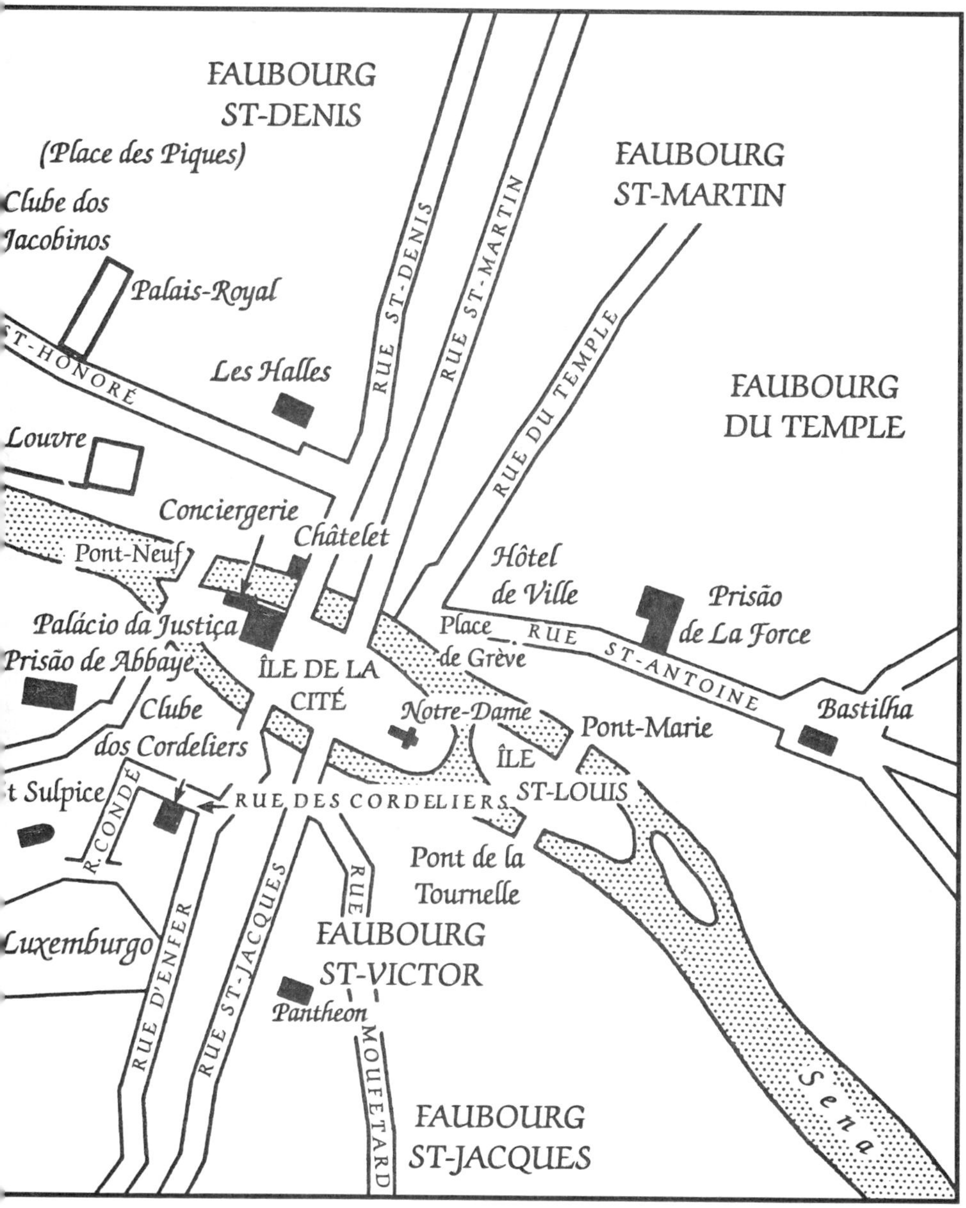

FAUBOURG
ST-DENIS
(Place des Piques)
Clube dos
Jacobinos
Palais-Royal
ST-HONORÉ
Les Halles
RUE ST-DENIS
RUE ST-MARTIN
FAUBOURG
ST-MARTIN
RUE DU TEMPLE
FAUBOURG
DU TEMPLE
Louvre
Conciergerie
Châtelet
Pont-Neuf
Hôtel
de Ville
Prisão
de La Force
Palácio da Justiça
Place
de Grève
RUE ST-ANTOINE
Prisão de Abbaye
ÎLE DE LA
CITÉ
Bastilha
Clube
dos Cordeliers
Notre-Dame
Pont-Marie
ÎLE
ST-LOUIS
R. CONDÉ
RUE DES CORDELIERS
t Sulpice
Pont de la
Tournelle
RUE
Luxemburgo
RUE D'ENFER
RUE ST-JACQUES
FAUBOURG
ST-VICTOR
Pantheon
RUE MOUFFETARD
Sena
FAUBOURG
ST-JACQUES

PARTE UM

Luís XV é chamado de Bem-Amado. Depois de dez anos, as mesmas pessoas acreditam que o Bem-Amado se banha em sangue humano... Evitando Paris, sempre confinado em Versalhes, ele descobre que mesmo lá há gente demais, claridade demais. Seu sonho é viver uma vida retraída, na sombra.

Em um ano de escassez (que não era raro então), durante uma caçada na floresta de Sénart, encontrou um camponês carregando um caixão e perguntou:

— Para onde está levando o caixão?

— Para um lugar tal.

— Era homem ou mulher?

— Homem.

— De que ele morreu?

— De fome.

Jules Michelet

I. A vida é um campo de batalha

(1763-1774)

AGORA QUE A POEIRA BAIXOU, podemos começar a ver nossa situação. Agora que o último ladrilho vermelho foi colocado no telhado da casa nova, agora que o contrato de casamento tem quatro anos. A cidade cheira a verão; não é muito agradável, mas é o mesmo que no ano anterior, o mesmo que nos anos que virão. A casa nova cheira a resina e a cera; tem o odor sulfuroso de brigas de família em fermentação.

O estúdio de maître Desmoulins fica do outro lado do pátio, na casa antiga que dá frente para a rua. Da Place des Armes, olhando a fachada branca e estreita, pode-se vê-lo oculto por trás das cortinas no primeiro andar. Parece olhar para a rua, mas está a quilômetros de distância, dizem os observadores. É verdade, e sua locação é muito precisa: mentalmente, está em Paris.

Fisicamente, neste momento, sobe as escadas seguido pelo filho de 3 anos. Como sabe que deverá ser seguido por ele pelos próximos vinte anos, é inútil reclamar. O calor da tarde desce nas ruas. Os bebês, Henriette e Elisabeth, dormem nos berços. Madeleine briga com a lavadeira com uma desenvoltura e uma pestilência incompatíveis com sua gravidez e sua educação refinada. Ele fecha a porta.

Assim que se senta na escrivaninha, lhe vem uma lembrança perdida de Paris. Isso acontece com frequência. Ele se permite certa indulgência: imagina-se nos degraus do tribunal do Châtelet depois de uma absolvição difícil, recebendo congratulações dos colegas. Dá a seus companheiros nomes e rostos. Onde estará Perrin nesta tarde? E Vinot? Hoje em dia ele visita a cidade duas vezes por ano, e Vinot, com quem costumava discutir seu plano de vida quando eram estudantes, passou certo dia por ele na Place Dauphine e não o reconheceu.

Isso foi no ano anterior, agora é agosto, ano da Graça de 1763. Ele está em Guise, na Picardia; tem 33 anos, é marido, pai, advogado, conselheiro da cidade, funcionário do distrito, um homem com grande responsabilidade.

Pega seus livros contábeis. Só dois meses atrás é que a família de Madeleine compareceu com a última parcela de seu dote. Eles alegaram, sabendo que ele não os contestaria, que fora uma espécie de descuido, que um homem em sua posição, com uma renda fixa, mal notaria as últimas centenas.

Era um típico truque dos De Viefville, e não havia nada a fazer. Tinham-no prendido no mastro da família e ele, constrangido, lhes passou os pregos. Voltou de Paris a pedido deles, para ajeitar as coisas com Madeleine. Não sabia que ela teria completado 30 anos antes que a família considerasse a situação dele minimamente satisfatória.

Os De Viefville comandam tudo: pequenas cidades, grandes escritórios de advocacia. Têm primos por todo o distrito de Laon, por toda a Picardia — um bando de tratantes, sempre falando. Um De Viefville é prefeito de Guise, o outro é membro do augusto corpo judicial, o Parlamento de Paris. Os De Viefville em geral casam-se com os Godard; Madeleine é uma Godard, pelo lado paterno. Os Godard não têm no sobrenome a cobiçada partícula "de" que indica nobreza, por isso precisam se ajeitar na vida; quando há um evento musical, um funeral ou um jantar da Ordem dos Advogados, em Guise ou nas cercanias, há sempre um deles presente para receber homenagens.

As senhoras da família acreditam em produção anual, e o início tardio de Madeleine pouco a desanima. Daí a casa nova.

Seu filho mais velho atravessa agora a sala e refestela-se no banco da janela. Sua primeira reação quando ele nasceu foi achar que não era seu. A explicação foi dada no batizado pelos tios sorridentes e tias alcoviteiras: ele não é um pequeno Godard da cabeça aos pés? São três os desejos para a criança, Jean-Nicolas pensou irritado: tornar-se um magistrado, casar-se com uma prima, prosperar na vida.

O menino recebeu uma fileira de nomes, pois os padrinhos não chegavam a um acordo. Jean-Nicolas vociferou o nome de sua preferência, ao que a família respondeu: você pode chamá-lo de Lucien se quiser, mas nós o chamaremos de Camille.

Depois do nascimento de Camille, ele sentiu-se em um pântano de areia movediça, debatendo-se, sem esperança de ser salvo. Não se tratava de não querer assumir a responsabilidade; ele foi tragado pela perplexidade da vida, paralisado pela certeza de que não havia nada de construtivo a ser feito em qualquer situação. Seu filho, em particular, era um problema insolúvel. Parecia não seguir os processos de raciocínio legal. Ele sorria para o filho, que aprendeu a lhe sorrir de volta. Não o risinho alegre da maior parte dos bebês, mas um sorriso que ao pai parecia zombeteiro. Ele sempre soube que os olhos dos bebês não focalizavam com precisão, mas os do filho — sem dúvida era imaginação sua — pareciam olhá-lo com certa frieza, o que o deixava pouco à vontade. Ele tinha medo, do fundo do coração, que um dia, no meio de todos, o bebê se sentasse, olhasse fixamente para ele, e depois de avaliá-lo dissesse: "Seu imbecil".

Agora, de pé no banco da janela, Camille debruça-se para olhar a praça e faz comentários sobre os passantes.

— Lá vai o cura, lá vai M. Saulce. Está passando um rato. Lá vem o cachorro do M. Saulce. Ai, pobre rato.

— Camille — diz seu pai —, desça daí. Se cair nas pedras e destruir seu cérebro nunca será um magistrado. — Ou talvez até fosse, quem notaria?

Enquanto ele soma as contas dos fornecedores, o filho debruça-se ao máximo na janela, procurando mais novidades. O cura atravessa a praça de novo, o cachorro dorme ao sol. Um menino passa com uma coleira e uma corrente, prende o cachorro e leva-o para casa. Finalmente Jean-Nicolas levanta os olhos.

— Quando eu terminar de pagar o telhado desta casa — diz —, ficarei sem um centavo. Está me ouvindo? Enquanto seus tios continuarem a tirar tudo de mim menos o pouco que ganho com meus trabalhos jurídicos no distrito, não poderei deixar de fazer retiradas no dote de sua mãe todos os meses, dote este que deveria ser reservado para pagar sua educação. As meninas ficarão bem, podem bordar, talvez o próprio charme lhes baste para arranjar um casamento. Mas não podemos esperar que você se arrume da mesma forma.

— Lá vem o cachorro de novo — diz o menino.

— Faça o que eu disse, saia dessa janela. E não seja infantil.

— Por que não? — Camille pergunta. — Eu sou uma criança, não sou?

Seu pai atravessa a sala, pega o menino e desengancha seus dedos da janela. O menino arregala os olhos de espanto ao ser levado dali por essa força superior. Tudo o espanta: as diatribes do pai, os furinhos na casca de um ovo, os chapéus das mulheres, os patos do lago.

Jean-Nicolas tira-o da sala. Quando você tiver 30 anos, pensa, irá sentar-se nessa mesa, passar dos livros contábeis a pífios trabalhos locais, fazer a minuta — talvez pela décima vez em sua carreira — de um contrato de hipoteca do palacete em Wiège, e isso vai apagar esse ar de espanto do seu rosto. Quando tiver 40, já encanecendo, e preocupadíssimo com seu filho mais velho, eu terei 70. E então ficarei sentado ao sol, observando as peras amadurecerem, vendo M. Saulce e o cura passarem e levantarem o chapéu para mim.

O QUE PENSAMOS dos pais? São importantes ou não? Vejam o que diz Rousseau:

> A sociedade mais antiga, e a única natural, é a família, porém os filhos só permanecem presos ao pai enquanto precisam dele para seu sustento... A família pode ser vista como o primeiro modelo de sociedade política. O chefe de Estado representa a imagem do pai, o povo, a imagem dos filhos.

Aqui estão mais algumas histórias de família.

M. Danton tinha quatro filhas e um filho caçula. Não possuía ligação alguma com esse filho, mas sentia-se aliviado por ele ser homem. Aos 40 anos M. Danton morreu. Sua viúva estava grávida, mas perdeu o bebê.

Quando ficou mais velho, o menino Georges-Jacques achava que se lembrava do pai. Em sua família, os mortos eram muito discutidos. Ele absorveu o conteúdo dessas conversas e as transformou em memórias. Deu certo. Os mortos não voltam para criticar ou corrigir.

M. Danton trabalhara em um dos tribunais locais. Deixou algum dinheiro, algumas casas e terras, com o que Madame sobrevivia. Ela era uma mulherzinha autoritária e invasiva. Os maridos de suas irmãs apareciam todos os domingos e lhe davam conselhos.

Com o tempo, as crianças tornaram-se terríveis. Quebravam as cercas dos vizinhos, perseguiam os carneiros e criavam vários problemas. Quando confrontadas, reagiam. Tinham o hábito de jogar no rio crianças de outras famílias.

— Como essas meninas se comportam mal! — disse M. Camus, irmão de Mme. Danton.

— Não são as meninas — disse Madame. — É Georges-Jacques. Mas, eles têm de sobreviver.

— Mas isto não é uma selva — disse M. Camus. — Não é a Patagônia. É Arcis-sur-Aube.

Arcis é verde, a terra em volta é plana e amarela. A vida segue a passos lentos. M. Camus olha pela janela e vê o sobrinho jogando pedras no estábulo.

— Esse menino é selvagem e grande demais — diz. — Por que está com essa atadura na cabeça?

— Por que eu lhe contaria? Você só irá criticá-lo!

Dois dias antes, uma das meninas trouxe-o para casa ao cair da noite. Tinham estado no campo dos touros, ela disse, brincando de mártires cristãos. Este foi, talvez, o toque inocente que Anne Madeleine deu ao ocorrido; era improvável que os mártires da Igreja concordassem em ser chifrados, e que alguns, como Georges-Jacques, se armassem com varas pontiagudas. Metade de seu rosto foi rasgada pelo chifre do touro. Em pânico, sua mãe pegou a cabeça do filho e juntou o couro cabeludo, na esperança de que colasse. Colocou uma atadura apertada ali e outra em volta da cabeça para cobrir os cortes da testa. Durante dois dias ele ficou em casa com aquele capacete e um ar agressivo, queixando-se de dor de cabeça. Aquele era o terceiro dia.

Vinte e quatro horas depois de M. Camus despedir-se, Mme. Danton estava na mesma janela e viu, como que em um sonho terrível e recorrente, os restos do filho sendo carregados pelo campo. Um trabalhador da fazenda trazia nos braços o corpo pesado, com os joelhos dobrados pelo peso. Dois cachorros corriam atrás dele com o rabo entre as pernas, seguindo Anne Madeleine, que berrava de raiva e desespero.

Quando a mãe os alcançou, viu que o homem tinha lágrimas nos olhos.

— Aquele maldito touro terá de ser sacrificado — disse.

Foram para a cozinha. Havia sangue por todo lado, na camisa do homem, no pelo dos cachorros, no avental de Anne Madeleine e até mesmo em seu cabelo. Ela procurou alguma coisa — um cobertor, um pano limpo — onde pudesse colocar o cadáver de seu único filho. O trabalhador, exausto, encostou-se na parede, deixando-a marcada com um longo risco vermelho.

— Ponham o menino no chão — ela disse.

Quando seu rosto tocou os ladrilhos frios, ele gemeu baixinho; só então a mãe percebeu que não estava morto. Anne Madeleine repetia o *De profundis* em um ritmo monótono: "Da vigília da manhã até a noite, que Israel tenha fé no Senhor." Sua mãe deu-lhe um tapa na orelha para que se calasse. Uma galinha voou para a porta e caiu em seu pé.

— Não bata na menina — disse o trabalhador. — Foi ela quem o livrou do touro.

Georges-Jacques abriu os olhos e vomitou. Fizeram-no ficar quieto e tentaram encontrar fraturas. O nariz estava quebrado, e ele respirava bolhas de sangue.

— Não assoe o nariz ou seu cérebro vai escorrer — disse o homem.

— Fique quieto, Georges-Jacques — disse Anne Madeleine. — Você deu uma lição naquele touro. Ele vai correr e esconder-se quando o vir de novo.

— Eu gostaria de ter um marido — disse a mãe.

NINGUÉM PRESTARA atenção no nariz dele antes do acidente, portanto ninguém podia dizer se um traço nobre fora prejudicado. Mas o lugar rasgado pelo chifre do touro deixou uma grande cicatriz: uma linha arroxeada descendo do lado da bochecha até o lábio superior.

No ano seguinte ele teve varíola e as meninas também, mas nenhum deles morreu. A mãe não achava que as marcas o rebaixavam. "Se você vai ser feio, melhor assumir de uma vez." Mas as pessoas viravam o rosto quando Georges passava.

Quando ele tinha 10 anos, sua mãe casou-se de novo, com Jean Recordain, um mercador da cidade; era um viúvo, com um filho (calmo) para criar. Ele tinha algumas excentricidades, mas ela achou que os dois se dariam bem. Georges cursava a pequena escola local. Assim que descobriu que podia aprender qualquer coisa sem o mínimo esforço, não permitiu que a escola invadisse sua vida. Um dia foi atacado por uma vara de porcos, sofreu cortes e ganhou mais duas cicatrizes, escondidas sob o cabelo grosso.

— Esta é a última vez que serei pisoteado por qualquer animal, seja de quatro ou de duas patas — ele disse.

— Que Deus o permita — desejou seu padrasto, piedosamente.

PASSOU-SE UM ANO. Um dia Georges-Jacques teve de repente uma febre altíssima, de bater o queixo. Tossia catarro misturado com sangue, e seu peito roncava tanto que todos podiam ouvir no quarto.

— Os pulmões não estão bons — disse o médico. — Sinto muito, minha querida. É melhor chamar um padre.

O padre veio e lhe deu a extrema-unção. Mas o menino não morreu naquela noite. Três dias depois continuava em estado comatoso, entre a vida e a morte. Sua irmã Marie-Cécile organizou um ciclo de orações; seu turno era o mais pesado, das 2 horas da manhã até o raiar do dia. A sala de visitas encheu-se de parentes tentando dizer algo que servisse de alento. Outros ficavam em silêncio, bocejando, ouvindo o som desesperado de todos falando ao mesmo tempo. Cada respiração era noticiada de um quarto para outro.

No quarto dia ele sentou-se e reconheceu a família. No quinto dia começou a contar piadas e exigiu comida em quantidade.

Foi considerado fora de perigo.

Já tinham planejado cavar uma sepultura e enterrá-lo ao lado do pai. O caixão, colocado no banheiro fora da casa, foi devolvido. Por sorte, tinham feito apenas o depósito pelo esquife.

Enquanto Georges-Jacques convalescia, seu padrasto fez uma viagem a Troyes. Na volta, anunciou que conseguira um lugar para o menino no seminário.

— Seu tolo — disse a esposa. — Confesse que quer ver o menino fora desta casa.

— Como posso ter tempo para minhas invenções? — argumentou Recordain. — Eu vivo em um campo de batalha. Quando não são os porcos que o pisoteiam são os pulmões que roncam. Quem entra no rio em novembro? Quem toma banho de rio? O povo de Arcis não precisa saber nadar. Esse menino é levado demais.

— Ele bem poderia ser padre — disse Madame em tom conciliatório.

— Oh, sim — retrucou tio Camus —, posso imaginá-lo cuidando de seu rebanho. Talvez o mandem em uma Cruzada.

— Não sei de onde ele tirou essa inteligência — disse Madame. — Não há ninguém inteligente na família.

— Obrigado — disse seu irmão.

— Só pelo fato de ele ir para o seminário não quer dizer que tenha de ser padre. Pode ser advogado. Nós temos advogados na família.

— E se ele não gostar do veredicto? Ele pode se recusar.

— De qualquer forma — disse Madame —, deixe-me ficar por mais um ou dois anos com ele em casa, Jean. Georges-Jacques é meu único filho. É um conforto para mim.

— Se isso a deixa feliz... — disse Jean Recordain. Ele era um homem tranquilo, que tinha prazer em fazer tudo o que sua mulher quisesse; a maior parte do tempo passava em um canto distante da fazenda, inventando uma máquina de tecer algodão que, segundo ele, mudaria o mundo.

Seu enteado tinha 14 anos quando foi para a antiga cidade de Troyes, com sua linda catedral. Troyes era uma cidade organizada. A criação de gado era uma atividade rara, e os padres não permitiam a natação. Parecia haver uma chance de Georges-Jacques sobreviver ali.

Mais tarde, quando se lembrava da infância, descrevia-a como extraordinariamente feliz.

EM UMA LUZ MAIS FRACA que a luz do norte, é celebrado um casamento. É dia 2 de janeiro, e a congregação fria e rarefeita está pronta para cumprimentar uns aos outros pela estação.

O caso amoroso de Jacqueline Carraut foi o acontecimento da primavera e do verão de 1757, e na celebração de são Miguel ela descobriu que estava grávida. Jacqueline nunca tinha cometido erros. Ou pelo menos grandes erros, a seu ver.

Como o amante se distanciara um pouco e seu pai era um homem colérico, ela começou a soltar as costuras dos vestidos e ficou quieta em casa. Quando se sentava à mesa do pai e não conseguia comer, dava a comida para o cachorro embaixo da mesa. Chegou a época do Advento.

— Se você tivesse me contado mais cedo — disse seu amante —, seria apenas a filha de um cervejeiro casando-se com um membro da família De Robespierre. Mas agora, com a barriga crescendo, teremos um escândalo.

— Um filho do amor — retrucou Jacqueline. Ela não era romântica por natureza, mas forçou essa postura. Manteve-se de cabeça erguida no altar, e olhou nos olhos da família o dia inteiro. Isto é, sua própria família, pois os De Robespierre ficaram em casa.

François tinha 26 anos. Era a estrela em ascensão da Ordem dos Advogados local e um dos solteiros mais cobiçados do distrito. A família De Robespierre vivia havia trezentos anos em Arras. Eles não tinham dinheiro, mas eram muito orgulhosos. Jacqueline espantou-se com a casa em que foi recebida. Na casa de seu pai, onde o cervejeiro brigava o dia inteiro e berrava com os empregados, vinham para a mesa grandes porções de carne. Os De Robespierre eram gentis uns com os outros, mas a sopa era rala.

Como a consideravam uma moça simples e robusta, enchiam-na de comida. Ofereciam-lhe até a cerveja do pai. Mas Jacqueline não era robusta. Era doentia e frágil. Foi bom ter se casado com alguém de família nobre, diziam com despeito. Ela não *trabalhava*. Era um enfeite de louça, uma peça de porcelana, com o corpo fino distorcido pela gravidez.

François cumprira sua obrigação diante do padre, mas quando tocou o corpo dela sob os lençóis, sentiu mais uma vez a antiga paixão visceral. Sentiu-se atraído pelo novo coração que batia dentro dela, pela curva de suas costelas. Ficou encantado com aquela pele translúcida, com os pulsos de veias esverdeadas como mármore. Sentiu-se fascinado por seus olhos verdes míopes, bem abertos, que se tornavam suaves ou afiados como os olhos de um gato. Quando ela falava, suas frases pareciam garras.

— Eles têm essa sopa salgada correndo nas veias — dizia ela. — Se fossem cortadas verteriam boas maneiras, não sangue. Amanhã, se Deus quiser, estaremos em nossa própria casa.

Foi um inverno desconcertante e difícil. As duas irmãs de François andavam pela casa e levavam recados, com medo de falar demais. O filho de Jacqueline nasceu no dia 6 de maio, às 2 horas da manhã. Naquele mesmo dia, a família encontrou-se na pia batismal. O pai de François foi o padrinho e o bebê recebeu seu nome, Maximilien. Era um nome antigo de família, ele disse à mãe de Jacqueline, da família boa e antiga à qual Jacqueline pertencia agora.

O casal teve mais três filhos nos cinco anos seguintes. A certa altura, a condição natural de Jacqueline era de doença, medo e dor. Ela não se lembrava de outro tipo de vida.

NAQUELE DIA TIA EULALIE leu uma história para eles, chamada *A raposa e o gato*. Leu muito depressa, virando as páginas sem prestar atenção. Se fosse uma criança teria levado um tapa, Maximilien pensou. E aquele livro era seu favorito.

Ela era a própria raposa, levantando o queixo para ouvir, juntando as sobrancelhas. Ignorado, ele arrastou-se pelo chão brincando com a renda do punho da tia. Sua mãe fazia renda.

Ele era uma criança muito reprimida. Não lhe permitiam sentar-se no chão para não sujar a roupa.

A tia parava no meio das frases, tentando ouvir alguma coisa. Lá em cima, Jacqueline estava morrendo, mas seus filhos não sabiam ainda.

A parteira foi expulsa porque não trabalhou direito. Estava na cozinha agora comendo queijo, passando a casca no molho, assustando a empregada com justificativas. Mandaram chamar o cirurgião, e no alto da escada François discutia com ele. Tia Eulalie subiu e fechou a porta, mas mesmo assim dava para ouvi-los. Ela desceu e continuou a ler com um tom peculiar, balançando o berço de Augustin com a mão fina e branca.

— Não vejo outra forma de fazer o parto — o homem dizia — a não ser cortando-a. — Dava para ver que François não gostara da palavra, mas o cirurgião teve de usá-la. — Talvez possamos salvar a criança.

— Salve a mãe — disse François.

— Se eu não fizer nada, ambas morrerão.

— Deixe a criança morrer, mas salve a mãe.

Eulalie apertou o punho no berço, e Augustin gritou com o solavanco. Feliz era Augustin, que já tinha nascido.

Os dois discutiam. O cirurgião estava impaciente com a dificuldade de compreensão do leigo.

— Então, talvez seja melhor chamar o açougueiro! — François gritou.

Tia Eulalie levantou-se, o livro escorregou-lhe dos dedos, desceu pela saia e caiu aberto no chão. Ela subiu as escadas correndo.

— Pelo amor de Deus. Vocês estão falando alto. As crianças podem ouvir.

As páginas viraram. A raposa e o gato, a tartaruga e a lebre, o corvo sabido de olhar brilhante, o urso do mel debaixo da árvore. Maximilien pegou-o e alisou os cantos das páginas. Colocou as mãos gordinhas da irmã no berço e mostrou como balançá-lo.

— Assim.

Ela levantou o rostinho infantil.

— Por quê?

Tia Eulalie passou sem ver as crianças, suando sobre o lábio superior. Ele subiu as escadas. Seu pai estava dobrado em uma cadeira, chorando, com o braço sobre os olhos. O cirurgião olhou dentro de sua maleta.

— Meu fórceps — disse. — Devo ao menos tentar. A técnica é, às vezes, eficaz.

O menino empurrou a porta um pouquinho e passou pela brecha. As janelas estavam fechadas, bloqueando o início do verão, bloqueando a fragrância dos jardins e dos campos. A lareira estava acesa, e havia mais lenha na cesta. O calor era visível. Sua mãe, com o corpo branco como cera, apoiava as costas em almofadas, o cabelo preso para trás da testa. Virou os olhos para ele, não a cabeça, e deu um resquício de sorriso. A pele em volta de sua boca estava cinzenta.

Em breve, parecia dizer, você e eu nos separaremos.

Ao ver aquilo ele virou-se para sair. Na porta levantou a mão para ela, um pequeno gesto adulto de solidariedade. Lá fora, o cirurgião, com o sobretudo sobre o braço, esperava que alguém aparecesse para pendurá-lo.

— Se tivessem me chamado algumas horas antes... — falou, para ninguém em particular. A cadeira de François estava vazia. Ao que parecia, ele tinha saído.

O padre chegou.

— Se a cabeça do bebê aparecer eu o batizo — disse.

— Se a cabeça aparecer não há mais problema — respondeu o cirurgião.

— Ou uma perna — o padre falou esperançoso. — Já serviria para a Igreja.

Eulalie voltou para o quarto, e quando abriu a porta sentiu uma lufada de calor.

— Isso é bom para ela? Não há ar lá dentro.

— Calafrios são desastrosos — o cirurgião explicou. — Mas de qualquer forma...

— Então a extrema-unção — sugeriu o padre. — Espero que haja uma mesa apropriada.

Tirou da mala um pano branco de altar e procurou as velas. A graça de Deus, portátil, levada para sua família e para sua casa.

O cirurgião olhou para o alto da escada.

— Levem esse menino daqui — disse.

Eulalie pegou-o nos braços: o filho do amor. Quando o levou para baixo, o tecido de seu vestido raspou-lhe o rosto.

Eulalie enfileirou as crianças na porta da frente.

— As luvas. Os chapéus.

— Está quente — disse o menino. — Não precisamos de luvas.

— Não importa — ela insistiu, estremecendo.

A ama de leite passou por eles carregando o bebê por cima do ombro como se fosse um saco.

— Cinco filhos em seis anos — disse para Eulalie —, o que se podia esperar? A sorte dela acabou, só isso.

As crianças foram para a casa do avô Carraut. Mais tarde tia Eulalie voltou e disse-lhes que rezassem pelo irmãozinho. A avó Carraut perguntou:

— Foi batizado?

Tia Eulalie sacudiu a cabeça e olhou para as crianças, com aquele olhar de quem não pode falar. Mas disse para a avó:

— Nasceu morto.

Ele estremeceu, e tia Eulalie inclinou-se para beijá-lo.

— Quando posso voltar para casa? — perguntou o menino.

— Você vai ficar bem com a vovó por alguns dias, até sua mãe sentir-se melhor — Eulalie disse.

Mas ele se lembrou da pele cinzenta em volta da boca da mãe e compreendeu o que ela tinha lhe dito. "Em breve estarei em meu caixão e em breve serei enterrada."

Ficou se perguntando por que mentiam assim.

E contou os dias. Tia Eulalie e tia Henriette andavam para cima e para baixo. Perguntavam se ele não queria saber como estava passando sua mãe. Tia Henriette disse para a avó:

— Maximilien não pergunta como vai a mãe dele.

— Ele ainda é muito pequeno — a avó replicou.

Ele contou os dias até que decidiram lhes dizer a verdade. Nove tinham se passado. Era hora do café da manhã. Quando estavam comendo pão e tomando leite, a avó entrou.

— Você tem de ser muito corajoso — disse. — Sua mãe foi para os braços de Jesus.

Menino Jesus, ele pensou. E então falou:

— Eu sei.

Quando isso tudo aconteceu ele tinha apenas 6 anos. Uma cortina branca esvoaçava na brisa da janela aberta e os pardais chilreavam no parapeito. Deus, o Senhor, em nuvens de glória olhava de um quadro na parede.

DOIS DIAS DEPOIS a irmã, Charlotte, apontava para o caixão, e a irmãzinha menor, Henriette, resmungava em um canto, sozinha.

— Eu leio para você — o menino disse para Charlotte. — Mas não aquele livro de bichos. É muito infantil para mim.

Pouco depois sua tia Henriette, tremendo, levantou-o para que olhasse dentro do caixão antes que o fechassem.

— Eu não queria mostrar a ele, mas o avô Carraut disse que era preciso. — Ele compreendeu muito bem que era sua mãe, aquele corpo com mãos brancas como papel.

Tia Eulalie saiu correndo para a rua, dizendo:

— François, eu suplico. — Maximilien correu atrás dela, agarrou sua saia, e viu que seu pai não olhou para trás. Desceu a rua e foi para a cidade. Tia Eulalie levou as crianças de volta para casa. — Ele precisa assinar o atestado de óbito, mas disse que não vai pôr seu nome nesse papel. O que vamos fazer? — ela perguntou.

No dia seguinte François voltou cheirando a conhaque, e o avô Carraut disse que era óbvio que estivera com uma mulher.

Nos meses seguintes François passou a beber muito. Negligenciou seus clientes e eles se tornaram escassos. Certa vez desapareceu por um tempo maior, até que um dia pegou sua mala e disse que ia embora para sempre.

A avó e o avô Carraut disseram que nunca tinham gostado dele. Disseram que não queriam briga com os De Robespierre, pois eram pessoas decentes, mas que ele não era decente. De início mantiveram uma fantasia de que seu pai estava ocupado com um caso longo e prestigioso em outra cidade. Ele voltava de tempos em tempos, em geral para pedir dinheiro emprestado. O mais velho dos De Robespierre não tinha intenção de dar um lar para as crianças "a essa altura da vida", como dizia. O avô Carraut ficou com os dois meninos, Maximilien e Augustin. Tia Eulalie e tia Henriette, que eram solteiras, disseram que cuidariam das menininhas.

Em certo ponto de sua infância, Maximilien descobriu, ou lhe disseram, que havia sido concebido fora do casamento. Possivelmente interpretou mal essas circunstâncias, pois durante o resto da vida nunca mencionou seus pais a ninguém.

*

EM 1768 FRANÇOIS de Robespierre apareceu em Arras, depois de uma ausência de dois anos. Disse que estivera no exterior, mas não disse onde nem como vivia. Foi à casa do avô Carraut e pediu para ver seu filho. Maximilien estava no corredor e ouviu os dois gritando por trás de uma porta fechada.

— Você diz que nunca superou a morte dela — disse o avô Carraut —, mas algum dia parou para pensar se seu filho superou? O menino é a imagem dela, não é forte; ela não era forte, você sabia disso quando a obrigava a aceitá-lo depois de cada parto. É graças a mim que eles têm o que vestir e são cristãos.

Seu pai saiu do cômodo, o viu, e disse que ele estava magro e que era pequeno para sua idade. Passou alguns minutos conversando com o filho de forma tensa e embaraçosa. Ao sair, inclinou-se para beijá-lo na testa. Seu hálito era ácido. O filho do amor pôs a cabeça para trás, com uma expressão adulta de repugnância. François pareceu desapontado. Será que pretendia ganhar um abraço, um beijo, ou girar o filho no ar?

Depois, o menino, que aprendera a conter suas emoções, ficou sem saber se devia sentir pena do pai.

— Meu pai veio aqui só para me ver? — perguntou ao avô.

O velho resmungou e foi saindo.

— Ele veio pedir dinheiro emprestado de novo. Não se iluda.

Maximilien nunca deu trabalho algum aos avós. Mal se notava que ele estava em casa, diziam. Seus interesses eram ler e cuidar de um pombal no jardim. As irmãs eram trazidas todos os domingos para brincar. Ele as deixava acariciar os pombos com muito cuidado, só com um dedo.

Um dia as meninas pediram para levar um deles para casa, mas Maximilien disse que depois de pouco tempo elas se cansariam de cuidar do pombo, e que ele não era uma boneca. Mas elas não desistiram; todo domingo choramingavam para conseguir o que queriam. Enfim ele foi persuadido, e tia Eulalie comprou uma bela gaiola dourada.

Semanas depois o pobre pombo estava morto. Tinham esquecido a gaiola fora de casa durante uma tempestade. Ele imaginou o pássaro debatendo-se em pânico contra as grades, com as asas quebradas, ouvindo os trovões. Charlotte disse que tinha soluçado de remorso, mas ele sabia que cinco minutos depois ela teria brincado e esquecido de tudo.

— Nós pusemos a gaiola fora de casa para ele sentir-se livre — ela falou, fungando.

— Ele não era uma ave livre. Precisava ser cuidado. Eu avisei. Eu estava certo.

Mas o fato de estar certo não lhe deu prazer. Deixou-lhe um gosto amargo na boca.

Seu avô declarou que quando o neto tivesse idade suficiente, começaria a trabalhar com ele. Levava o menino à cervejaria para ver os diversos processos e conversar com os empregados. Mas ele interessava-se só por gentileza. Então o avô falou que como ele era mais ligado aos livros que às coisas práticas, talvez gostasse de ser padre.

— Augustin pode cuidar da cervejaria. Ou podemos vender o negócio. Não sou um sentimental. Há outros negócios além da cerveja.

Quando Maximilien tinha 10 anos, o abade de Saint-Waast interessou-se pela família. Entrevistou Maximilien em pessoa, mas não se encantou muito por ele. Apesar de seu ar humilde, o menino não pareceu se impressionar com as opiniões do abade, como se estivesse preocupado com altos assuntos e tivesse muitos problemas para resolver. Mas ficou claro que sua inteligência não podia ser desperdiçada. O abade percebeu que ele não era culpado por suas desventuras, e que merecia ajuda. Tinha estudado três anos na escola de Arras e seus professores elogiavam seu progresso e suas aptidões.

O próprio abade lhe conseguiu uma bolsa de estudos. Quando disse "Vou ajudar você", pensou em algo substancial. Ele iria para Louis-le-Grand, a melhor escola do país, onde estudavam os filhos da aristocracia; uma escola interessada em talentos, onde um menino sem dinheiro podia ser aproveitado. Acima de tudo, recomendou-lhe trabalho árduo, obediência cega, gratidão inabalável.

Maximilien disse à sua tia Henriette:

— Quando eu for embora, quero que você me escreva.

— É claro.

— E quero que Charlotte e Henriette me escrevam também, por favor.

— Vou fazer com que escrevam.

— Em Paris vou fazer muitas novas amizades.

— Espero que sim.

— E quando crescer, poderei sustentar minhas irmãs e meu irmão. Ninguém vai precisar se preocupar com isso.

— E suas velhas tias?

— Vocês também. Vamos morar todos em uma casa grande. E não vai haver brigas de espécie alguma.

É improvável, ela pensou. Não estava bem certa se ele devia sair de casa. Aos 12 anos era ainda um menino pequeno, discreto e de fala suave, talvez não cuidassem bem dele.

Mas é claro que devia ir. Oportunidades como aquela eram raras; ele precisava ingressar no mundo, não podia ficar agarrado à saia das tias. Maximilien lembrava a mãe às vezes, com aqueles olhos cor do mar que pareciam captar a luz. Eu nunca desgostei de Jacqueline, tia Eulalie pensou, ela tinha bom coração.

No verão de 1769 Maximilien estudou para progredir em latim e em grego. Pediu à filha da vizinha, uma menina pouco mais velha que ele, que cuidasse de seus pombos, e em outubro saiu de casa.

EM GUISE, sob a supervisão de De Viefville, a carreira de maître Desmoulins progrediu. Ele tornou-se magistrado. À noite, depois do jantar, ele e Madeleine ficavam em casa. O dinheiro era sempre pouco.

Em 1767, quando Armand começou a andar e Anne-Clothilde era o bebê da casa, Jean-Nicolas disse à esposa:

— Camille precisa ir para a escola.

Camille tinha 7 anos na época. Ainda seguia o pai pela casa e falando sem parar, à maneira dos De Viefville.

— Seria bom que ele fosse para Cateau-Cambrésis — disse Jean-Nicolas — e estudasse com os primos. Não é longe daqui.

Madeleine estava muito ocupada. A filha mais velha vivia enferma, os empregados não a atendiam, e o orçamento da casa exigia grandes economias. Jean-Nicolas era muito exigente, e ainda queria que ela compreendesse seus sentimentos.

— Ele não é novo demais para arcar com suas ambições frustradas? — ela perguntou.

Pois Jean-Nicolas estava insatisfeito, embora se disciplinasse para não entrar em devaneios. Em poucos anos, os jovens esperançosos da Ordem dos Advogados de Guise perguntariam como um homem com talentos indubitáveis contentava-se com uma vida tão limitada. E ele replicaria que sua província lhe bastava e devia bastar a eles também.

CAMILLE FOI MANDADO para Cateau-Cambrésis em outubro. Logo antes do Natal receberam uma carta efusiva do diretor falando do fantástico progresso que o menino fazia.

— Eu não falei? Sabia que tínhamos feito a coisa certa — disse Jean-Nicolas à esposa.

Mas Madeleine ficou preocupada com a carta.

— É como se estivessem dizendo: "Como seu filho é atraente e inteligente, mesmo com uma perna só".

Jean-Nicolas considerou a observação de Madeleine espirituosa. No dia anterior ela dissera que ele não tinha imaginação nem senso de humor.

Pouco depois Camille os visitou. Tinha desenvolvido uma espantosa gagueira, e era difícil persuadi-lo a dizer qualquer coisa. Madeleine trancou-se no quarto e pediu que lhe servissem as refeições lá. Camille disse que os padres tinham sido muito bons para ele e que essa falha era culpa sua. Seu pai argumentou, para animá-lo, que não era uma falha, mas uma inconveniência. Ele insistiu em assumir a culpa, e perguntou friamente em que data poderia voltar para a escola, pois lá não se preocupavam com isso nem tocavam no assunto o tempo todo. Jean-Nicolas entrou em contato com Cateau-Cambrésis em tom beligerante, perguntando por que seu filho se tornara gago. Os padres disseram que ele já chegara gago, e Jean-Nicolas assegurou que não; concluiu-se então que a fluência de Camille desaparecera durante a viagem de carruagem, assim como desaparece uma valise ou um par de luvas. Não era culpa de ninguém, era apenas uma dessas coisas que acontecem.

No ano de 1770, quando Camille tinha 10 anos, os padres aconselharam seu pai a retirá-lo da escola, pois não podiam dar a atenção que seu progresso merecia.

— Talvez fosse melhor arranjar um preceptor para ele — Madeleine sugeriu.

— Você está louca? — disse o marido aos gritos. — Pensa que sou um duque? Pensa que sou um barão inglês do algodão? Pensa que tenho uma mina de carvão? Pensa que tenho servos?

— Não — respondeu Madeleine —, eu sei quem você é. Não tenho mais ilusões sobre isso.

Foi um De Viefville que encontrou a solução.

— Seria uma pena — ele disse — deixar um filho tão inteligente tornar-se um sujeito qualquer por causa de uma pequena quantia de dinheiro. Afinal — prosseguiu com rudeza —, você nunca será um homem de sucesso. — Pensou mais um pouco e continuou: — Ele é um menino encantador, decerto vai superar essa gagueira. Precisamos pensar em uma bolsa de estudos. Se pudéssemos mandá-lo para Louis-le-Grand, a despesa para a família seria mínima.

— Eles os receberiam lá?

— Pelo que ouvi dizer, ele é extraordinariamente brilhante. Quando se formar em Direito será uma glória para a família. Na próxima vez que meu irmão for a Paris, pedirei que se esforce para ajudá-lo. Isso não é o bastante?

A EXPECTATIVA DE VIDA na França aumentou para quase 29 anos.

O COLÉGIO Louis-le-Grand era uma fundação antiga. Tinha sido dirigida por jesuítas, mas quando eles foram expulsos da França a direção foi assumida por oratorianos, uma ordem mais esclarecida. Seus ex-alunos eram famosos e diversificados; Voltaire, então no exílio, estudara lá, bem como o marquês de Sade, que agora vivia em um de seus castelos enquanto a esposa lutava pela comutação de sua pena recente por envenenamento e sodomia.

O colégio ficava na rue Saint-Jacques, isolado da cidade por muros altos e sólidos e portões de ferro. O prédio só era aquecido quando a água benta da fonte da capela gelava; no inverno, era comum os alunos acordarem cedo para pegar pingentes de gelo e levar para a fonte, na esperança de que o diretor pensasse no aquecimento. Os quartos eram varridos pelas correntes de ar penetrantes e impregnados pelo som abafado de tagarelices em línguas mortas.

Maximilien de Robespierre estava lá havia um ano.

Quando chegou, disseram que teria de estudar muito, em atenção ao abade, pois era a ele que devia aquela grande oportunidade. Disseram que talvez sentisse falta de casa, mas que isso passaria. Assim que entrou no quarto, sentou-se para anotar tudo o que tinha visto durante a viagem, para cumprir seu dever e manter a cabeça funcionando. Os verbos eram conjugados da mesma forma em Paris e em Artois. Se ele se concentrasse nos verbos, tudo daria certo. E deveria prestar atenção às aulas. Seus professores eram muito bons, mas ele não fez amigos.

Um dia um aluno mais velho aproximou-se dele puxando pela mão um menino pequeno.

— Chegamos, Coisa — disse. (Eles gostavam de fingir que não sabiam os nomes.)

Maximilien ficou apavorado. Não se virou imediatamente.

— Quer falar comigo? — perguntou, de forma agradável, mas um tanto ofensiva, o que sabia fazer bem.

— Quero que cuide desta criança que foi mandada para cá inadvertidamente. Ele é de sua região, Guise, acredito.

Esses parisienses ignorantes não sabem diferenciar um lugar de outro, pensou Maximilien.

— Guise é na PICARDIA. Eu venho de ARRAS. ARRAS é em ARTOIS — disse com muita calma.

— Não faz diferença, não é? Espero que arranje tempo durante seus estudos muito avançados, segundo dizem, para ajudar esta criança a chegar ao quarto.

— Está bem. — Virou-se e olhou para a suposta criança. Era um menino muito bonito e muito moreno.

— Para onde você quer ir? — perguntou.

Naquele momento o padre Herivaux apareceu, tremendo de frio pelo corredor.

— Ah, você chegou, Camille Desmoulins.

Padre Herivaux era um renomado classicista, que se gabava de saber tudo. Mas a erudição não afastava o frio do outono, e o pior ainda estava por vir.

— Creio que você tem só 10 anos — disse o padre

O menino levantou os olhos e fez que sim.

— E que está muito adiantado para sua idade.

— Sim — respondeu o menino. — Isso mesmo.

Padre Herivaux mordeu o lábio e saiu apressado. Maximilien tirou os óculos que era obrigado a usar e esfregou o canto dos olhos.

— Tente responder "Sim, padre" — sugeriu. — Eles esperam ser tratados assim. Não deve menear a cabeça em sinal de assentimento, eles não gostam. Além disso, quando o padre perguntou se você era inteligente, você deveria ter sido mais modesto. Deveria ter dito: "Eu faço o que posso, padre." Esse tipo de coisa.

— Você é subserviente, Coisa? — o menino perguntou.

— É só uma ideia. Só estou lhe passando minha experiência. — Recolocou os óculos e viu que o menino o observava com seus olhos escuros. Por um instante lembrou-se dos pombos presos na gaiola. Era como se sentisse as penas nas mãos, macias e mortas, os ossinhos sem pulsação. Esfregou a mão no casaco.

O menino era gago, o que o deixou constrangido. Aliás, havia alguma coisa em toda a situação que o desconcertava. Sentiu que o *modus vivendi* ao qual chegara estava ameaçado, que a vida se tornaria mais complexa, e que as coisas tinham mudado para pior.

QUANDO MAXIMILIEN RETORNOU a Arras para as férias de verão, Charlotte disse:

— Você não cresceu muito, não é?

E disse a mesma coisa ano após ano.

Seus professores o estimavam. Não é *brilhante,* diziam, mas sempre fala a verdade.

Maximilien não sabia bem o que os colegas pensavam dele. Se lhe perguntassem que tipo de pessoa ele considerava ser, diria que era capaz, sensível, paciente e pouco charmoso. Mas talvez essa avaliação diferisse da opinião dos que o rodeavam; como podemos ter certeza de que os outros pensam o mesmo que nós?

Ele não recebia muitas cartas de casa. Charlotte enviava com bastante frequência relatos infantis e de pouco interesse. Ele guardava essas cartas por um ou dois dias para lê-las de novo, depois jogava fora.

Camille Desmoulins recebia cartas duas vezes por semana, cartas enormes que se tornaram uma diversão pública. Ele explicava que fora mandado para o colégio aos 7 anos, portanto conhecia sua família melhor no papel que na vida real. Os acontecimentos eram verdadeiros capítulos de um romance, e como ele lia em voz alta para todos, seus amigos passaram a considerar aquela família como "personagens". Às vezes seus colegas morriam de rir com algumas frases como "Sua mãe espera que você tenha se confessado", e a repetiam uns para os outros durante dias, com lágrimas nos olhos. Camille explicava que seu pai estava escrevendo uma *Enciclopédia de Direito*. A seu ver, esse projeto era uma desculpa para não ter de conversar com sua mãe todas as noites. Chegou a sugerir que o pai se isolava com a *Enciclopédia* e depois lia o que o padre Proyart chamava de "livros ruins".

As respostas de Camille eram de páginas e páginas, com uma caligrafia estranha. Guardava a correspondência para que pudesse ser publicada mais tarde.

— Tente aprender esta verdade, Maximilien — disse o padre Herivaux:
— A maioria das pessoas é preguiçosa, e o considerará como você próprio se considera. Portanto, tenha-se em alta consideração.

Para Camille isso nunca foi problema. Ele sabia meter-se entre os alunos mais velhos e bem relacionados, e sabia fazer-se popular. Fez amizade com Stanislas Fréron, cinco anos mais velho que ele, que se chamava assim em homenagem a seu padrinho, o rei da Polônia. A família de Fréron era rica e culta, seu tio era um conhecido inimigo de Voltaire. Aos 6 anos ele foi levado a Versalhes e recitou um poema para as madames Adelaide, Sophie e Victoire, filhas do velho rei, que ficaram encantadas com ele e lhe deram doces. Fréron disse a Camille:

— Quando você ficar mais velho, vou apresentá-lo à sociedade e cuidar de sua carreira.

Camille era grato a ele? Não muito. Desprezava as ideias de Fréron, e começou a chamá-lo de "Coelho". Fréron era muito sensível. Ficava diante do espelho examinando seu rosto, vendo se os dentes eram projetados para a frente ou se suas feições denotavam timidez.

Havia também Louis Suleau, um menino irônico que sorria quando os jovens aristocratas denegriam seu *status quo*. É incrível, dizia, ver as pessoas minarem o próprio chão onde pisam. Vai haver uma guerra em nosso tempo, disse a Camille, e você e eu estaremos em lados opostos. Então, sejamos amigos enquanto podemos.

Camille disse ao padre Herivaux:

— Não vou mais me confessar. Se o senhor me forçar, vou fingir ser outra pessoa. Vou inventar pecados de outro e confessá-los.

— Seja razoável — pediu o padre. — Quando você tiver 16 anos poderá abandonar a fé. É a idade certa para fazer isso.

Mas aos 16 anos Camille praticava outras deserções. Maximilien de Robespierre vivia aflito com ele.

— Como você consegue sair? — perguntava.

— Aqui não é a Bastilha, é? Às vezes é possível sair. Ou pular o muro. Quer que eu mostre onde? Não, é melhor que você não saiba.

Dentro dos muros havia uma comunidade intelectual razoável. Do lado de fora, animais se aglomeravam nos portões de ferro. Como se os seres humanos estivessem engaiolados e os animais fossem livres e tivessem ocupações humanas. A cidade cheirava a riqueza e corrupção; mendigos sentavam-se nas ruas imundas, o carrasco realizava torturas públicas, havia espancamentos e roubos em plena luz do sol. O que Camille descobriu do lado de fora dos muros o excitava e horrorizava. Era uma cidade ignorante, dizia, esquecida por Deus, um lugar de depravação espiritual insidiosa. A sociedade à qual Fréron propunha introduzi-lo era um imenso organismo venenoso caminhando para a própria morte; somente pessoas como você, dizia a Maximilien, podem comandar um país.

Camille dizia também:

— Quando o padre Proyart for nomeado diretor, nós todos seremos pisoteados. — E seus olhos arregalavam-se com esse prognóstico.

A filosofia peculiar de Camille, pensava Maximilien, era: quanto mais as coisas pioram, melhores se tornam. Ninguém mais pensava dessa forma.

MAS ACONTECEU que o padre Proyart foi preterido. O novo diretor era o padre Poignard d'Enthienloye, um homem calmo, liberal e talentoso, que alarmou-se com o espírito que se desenvolvera ali.

— Padre Proyart me contou que você tem um "grupo" — disse a Maximilien. — E que eles são todos anarquistas e puritanos.

— Padre Proyart não gosta de mim — Maximilien retorquiu. — E creio que exagera o caso.

— É claro que exagera. Vamos conversar um pouco? Só preciso ler meu ofício daqui a meia hora.

— Nós somos puritanos? Ele deveria alegrar-se com isso.

— Se falassem de mulheres o tempo todo ele saberia o que fazer, mas diz que vocês só falam de política.

— É verdade — Maximilien respondeu, disposto a levar em consideração os problemas dos mais velhos. — Ele tem medo de que os muros altos não evitem as ideias americanas. E é claro que tem razão.

— Cada geração tem suas paixões. O professor sabe disso. Às vezes acho nosso sistema totalmente impensado. Roubamos as infâncias de vocês, impomos nossas ideias neste ar de estufa e depois os fazemos hibernar em clima de despotismo. — Tendo declarado isso, o padre suspirou. Suas metáforas o deprimiram.

Maximilien pensou por um instante em dirigir a cervejaria, o que exigiria um mínimo de educação clássica.

— O senhor acha melhor que nossas esperanças não sejam despertadas? — perguntou.

— Acho uma pena desenvolver o talento de vocês e depois dizer: — o padre ergueu a mão — vão só até aqui, não podem seguir adiante. Não podemos dar a um menino como você privilégios como berço e riqueza.

— Sim — disse o menino sorrindo, um pequeno sorriso, embora genuíno. — Eu sei disso.

O diretor não compreendia a prevenção do padre Proyart contra aquele menino. Ele não era agressivo, não parecia querer aproveitar-se dos outros.

— Então, o que você vai estudar quando crescer, Maximilien? Ou melhor, o que pretende estudar? — Ele sabia que sua bolsa de estudos dava direito a medicina, teologia ou jurisprudência. — Ao que pensam, você vai dedicar-se à Igreja.

— É o que pensam. — O tom de Maximilien foi muito respeitoso, pensou o diretor, ele leva em consideração as opiniões dos outros, mas não as segue. — Meu pai tinha um escritório de advocacia. Espero fazer o mesmo. Preciso voltar para casa. Sou o filho mais velho.

O padre sabia disso, é claro; sabia que os parentes mesquinhos do menino complementavam com uma ninharia o que a bolsa de estudos não supria, e que ele tinha plena consciência de seu nível social. No ano anterior o diretor tivera de dar um jeito de lhe comprarem um novo sobretudo.

— Uma carreira em sua província — ele disse. — Será que isso vai lhe satisfazer?

— Vou me movimentar dentro do meu ambiente. — Seria um sarcasmo? Talvez. — Mas, padre, o senhor estava preocupado com o tom moral deste lugar. Não quer conversar com Camille? Ele é muito mais interessado nesse tópico.

— Lamento essa convenção de um nome só — disse o padre. — Como se ele fosse famoso! Será que pretende passar a vida com um nome só? Não tenho boa opinião sobre seu amigo. E não me diga que você não é seu defensor.

— Creio que sou. — Ele pensou por um instante. — Vamos, padre, o senhor deve ter boa opinião sobre ele, não é?

O padre riu.

— Padre Proyart diz que vocês não são apenas puritanos e anarquistas, são também posudos, presunçosos, vaidosos... e o menino Suleau está incluído nisso. Mas vejo que você não é assim.

— O senhor acha que eu deveria ser eu mesmo?

— Por que não?

— Muitas vezes tenho grande dificuldade de fazer isso. — Mais tarde, pondo o breviário de lado, o padre ficou ruminando sobre a conversa. E pensou: esse menino será muito infeliz. Vai voltar para sua província e nunca realizará nada.

ANO DE 1774. Posudos ou não, é hora de crescer. É hora de ingressar na esfera pública, no mundo de atos públicos e atitudes públicas. Tudo o que ocorrer agora, ocorrerá à luz da História. Não é um sol do meio-dia, mas um fogo-fátuo do intelecto; na melhor das hipóteses, uma luz lunar fraca, capaz de gerar erros e imprecisões.

Camille Desmoulins, 1793: "Eles creem que ter liberdade é como crescer, é preciso sofrer."

Maximilien Robespierre, 1793: "A História é uma ficção."

II. Fogo-fátuo

(1774-1780)

LOGO APÓS A PÁSCOA, o rei Luís XV contraiu varíola. Desde o berço seu mundo foi cercado de cortesãos; sua ascensão ao trono foi uma cerimônia marcada por etiqueta complexa e rígida; seus jantares aconteciam em público, centenas de pessoas boquiabertas a cada garfada sua. Cada evacuação, cada ato sexual, cada respiração era objeto de comentário público; depois veio sua morte.

Ele teve de interromper a caçada, e foi levado ao palácio, fraco e febril. Tinha 64 anos, e desde o início souberam que morreria. Quando a erupção brotou, ele tremeu de medo, pois sabia que morreria e iria para o inferno.

O delfim e sua esposa mantiveram-se em seus quartos, com medo do contágio. Quando as bolhas supuraram, as janelas e portas foram abertas, mas o odor exalado era insuportável. O corpo apodrecido foi entregue aos médicos e padres nas últimas horas. A carruagem de Mme. du Barry, a última amante do rei, deixou Versalhes para sempre; só depois que ela partiu e ele sentiu-se sozinho é que os padres lhe deram a absolvição. Ele mandou buscá-la, mas disseram que Madame já havia partido.

— Já — ele disse.

A corte reuniu-se na antecâmara conhecida como Oeil de Boeuf, para esperar os acontecimentos. A 10 de maio, às 15h15, uma vela na janela do enfermo foi apagada.

De repente um ruído explodiu como um trovão vindo do céu claro. Eram a pressa e a desordem de centenas de pés em movimento. Em peso, a corte deixou o Oeil de Boeuf e passou à Grande Galeria para saudar o novo rei.

O NOVO REI tem 19 anos; sua consorte, a princesa austríaca Maria Antonieta, é um ano mais moça. O rei é um jovem grande, pio e consciencioso;

fleumático, dedicado à caçada e aos prazeres da mesa; é considerado incapaz de apreciar os prazeres da carne em razão de um prepúcio muito apertado. A rainha é uma mocinha egoísta, enérgica e pouco culta. Tem pele clara e é bonita, porque aos 18 anos quase todas as moças são bonitas, mas o queixo grande e arrogante dos Habsburgo já se faz notar, em conflito com seu mundo de sedas, diamantes e inocência.

As esperanças para o novo reinado são altas. Sobre a estátua do grande Henrique IV, a mão de um otimista desconhecido escreveu "*Resurrexit*".

QUANDO O TENENTE de polícia chega à sua mesa de trabalho — hoje, no ano anterior, todo ano — a primeira informação que exige é o preço do pão nas padarias de Paris. Se Les Halles tiver bom suprimento de farinha, os padeiros da cidade e das cercanias satisfarão seus clientes e os milhares de padeiros itinerantes levarão pão para os mercados do Marais, de Saint-Paul, do Palais-Royal e do próprio Les Halles.

Em tempos fáceis, um pão preto custa de 8 a 9 *sous*. O ganho diário de um trabalhador sem especialização é de 20 *sous*; um pedreiro pode ganhar 40 *sous*, um hábil serralheiro ou marceneiro pode chegar a 50. Os artigos mais consumidos são: aluguel, velas, gordura de cozinha, legumes, vinho. A carne é para ocasiões especiais. O pão é a principal preocupação.

As linhas de suprimento são precisas, monitoradas. As sobras dos padeiros no final do dia devem ser vendidas a baixo preço; os indigentes só comem quando a noite cai nos mercados.

Tudo vai bem, mas quando há problemas nas colheitas, como em 1770, 1772 ou 1774, tem início uma alta de preços inexorável; no outono de 1774, um pão de 100 gramas custa 11 *sous* em Paris, mas na primavera seguinte o preço chega a 14. Os salários não sobem. Os operários estão sempre em turbulência, assim como os tecelões, os encadernadores e (pobres almas) os chapeleiros, mas as greves raramente são por aumento de salário e sim contra cortes de salário. A rebelião do pão é o recurso mais familiar do trabalhador urbano, portanto, a temperatura e a quantidade de chuva em um campo de milho distante ligam-se diretamente às dores de cabeça causadas por tensão do tenente da polícia.

Sempre que há escassez de grão o povo grita: "Um pacto contra a fome!" Eles culpam os especuladores e os estoquistas. Os moleiros, dizem, conspiram para deixar na miséria os serralheiros, chapeleiros, encadernadores e seus filhos. Na década de 1770 os defensores da reforma econômica introduzem o livre comércio do grão, para que as regiões mais destituídas do país possam competir no mercado aberto. Mas depois de uma ou duas rebeliões, os controles são restabelecidos. Em 1770, o abade Terray, controlador-geral de finanças, atuou rapidamente para impor novo controle de preços, arrecadações, restrições sobre o movimento do grão. Não pediu opiniões, simplesmente atuou por decreto. "Despotismo!", gritaram os que tinham comido naquele dia.

O pão é o principal ponto a ser compreendido: a base de especulação, o alimento de todas as teorias sobre o que acontece em seguida. Em 15 anos, no dia da queda da Bastilha, o preço do pão em Paris será o mais alto em sessenta anos. Vinte anos depois (quando tudo está terminado), uma mulher da capital dirá: "Com Robespierre o sangue corria, mas o povo tinha pão. Talvez para termos pão seja necessário derramar mais sangue."

O REI CHAMOU para o ministério um homem chamado Turgot, para ser o controlador-geral de finanças. Turgot tinha 48 anos, era um homem jovem, racionalista, discípulo do *laissez-faire*, enérgico, transbordando de ideias sobre as reformas necessárias para que o país sobrevivesse. Na própria opinião, era o homem adequado à época. Uma de suas primeiras ações foi exigir corte de gastos em Versalhes. A corte ficou chocada. Malesherbes, membro da corte do rei, aconselhou o ministro a ser mais cauteloso em suas manobras, estava fazendo muitos inimigos.

— As necessidades do povo são enormes — disse Turgot bruscamente —, e na minha família se morre aos 50.

Na primavera de 1775 houve várias rebeliões nas cidades mercantis, especialmente na Picardia. Em Versalhes, 8 mil pessoas juntaram-se diante do palácio, olhando esperançosas para as janelas reais. Como sempre, achavam que a intervenção pessoal do monarca poderia solucionar todos os seus problemas. O governador de Versalhes prometeu que o preço do trigo seria congelado. O novo rei foi levado ao balcão para dirigir-se ao povo. Depois disso, eles se dispersaram sem violência.

Em Paris, multidões saquearam as padarias da Rive Gauche. A polícia fez algumas prisões, agindo com calma, evitando choques; 162 pessoas foram processadas. Dois saqueadores, um deles um menino de 16 anos, foram enforcados na Place de Grève, no dia 11 de maio, às 15 horas, como exemplo.

EM JULHO DE 1775 foi combinado que o jovem rei e sua bela rainha fariam uma visita ao Colégio Louis-le-Grand. Era um tipo de visita tradicional após as coroações, mas eles não se demorariam lá, pois tinham coisas mais divertidas a fazer. Foi planejado que o rei, a rainha e seu séquito seriam recebidos no portão principal, desceriam da carruagem e o aluno mais aplicado e de maior merecimento do colégio leria para eles um discurso de lealdade. No dia marcado, o tempo não estava bom.

Uma hora e meia antes de os convidados chegarem, os estudantes e o corpo docente reuniram-se no portão da rue Saint-Jacques. Um grupo de oficiais surgiu a cavalo, afastando-os e reorganizando-os sem muita gentileza. As poucas gotas de chuva transformaram-se em um chuvisco estável. Depois vieram os atendentes, guarda-costas e criados da corte; quando as coisas se organizaram, estavam todos molhados e com frio, e pararam de acotovelar-se para conseguir um lugar melhor. Os estudantes reuniram-se em pequenos grupos e esperaram. Quando um saía da linha por um instante, os oficiais empurravam-no para trás, mostrando as armas.

Finalmente a carruagem real aproximou-se. Os estudantes puseram-se nas pontas dos pés, esticando os pescoços, os mais jovens reclamando que não era justo não conseguirem ver nada depois de uma espera tão longa. Padre Poignard, o diretor, aproximou-se e fez uma reverência. Começou a dizer as palavras que tinha preparado, na direção da carruagem real.

A boca do menino da bolsa de estudos ficou seca. Suas mãos tremiam. Como o discurso seria lido em latim, ninguém detectaria seu sotaque provinciano.

A rainha pôs a linda cabeça para fora por um curto instante. O rei acenou e murmurou uma ordem a um homem de libré, que a transmitiu com um sorriso de escárnio para uma linha de oficiais, que a transmitiu à criadagem. Ficou claro que eles não desceriam. Suas Majestades ouviriam o discurso de lealdade dentro da carruagem.

A cabeça do padre Poignard girava. Ele deveria ter providenciado tapetes e dosséis, deveria ter erigido um pavilhão temporário, adornado com laços verdes no estilo rústico da moda, talvez com as armas reais ou com monogramas dos monarcas entrelaçados com flores. Sua expressão era distante, uma expressão de mágoa. Felizmente o padre Herivaux lembrou-se de fazer um sinal com a cabeça para o menino que ia ler a mensagem.

O menino começou a ler, de início com voz hesitante, mas fortalecida depois das primeiras frases. Padre Herivaux se tranquilizou; ele escrevera o discurso e treinara o menino. Estava satisfeito, tinha se saído bem.

Alguém viu a rainha arrepiar-se. "Oh! ela ficou arrepiada" exclamaram os circunstantes. Meio segundo depois ela bocejou. O rei virou-se, atento. O que era aquilo? O cocheiro estava juntando as rédeas! O importante *entourage* começou a movimentar-se. Estavam partindo. As boas-vindas não reconhecidas, o discurso lido pela metade.

O menino não notou o que acontecia e continuou a discursar. Seu rosto estava pálido, e ele olhava para a frente. Decerto não percebeu que eles já desciam a rua.

O ar estava pesado de sentimentos não verbalizados. Durante todo o semestre planejamos isso... A multidão dispersou-se, sem rumo. A chuva caía com mais força. Parecia rude esquecer a hierarquia e correr para um lugar abrigado, mas não tão rude quanto a atitude do rei e da rainha, que foram embora sem mais nem menos, deixando o Coisa falando no meio da rua.

— Não foi nada pessoal. Nós não fizemos nada de errado. Sua Majestade estava apenas cansada — padre Poignard disse.

— Não faria diferença se tivéssemos discursado em japonês, suponho — disse o estudante a seu lado.

— Camille, desta vez você está certo — padre Poignard respondeu.

O menino da bolsa de estudos estava concluindo o discurso. Sem um sorriso, despediu-se com lealdade dos monarcas que não estavam mais à vista, desejando que o colégio tivesse a honra, no futuro...

Uma mão pousou em seu ombro.

— Não importa, De Robespierre, poderia ter acontecido a qualquer um.

Então, finalmente, o menino sorriu.

ISSO OCORREU EM PARIS, em julho de 1775. Em Troyes, Georges-Jacques Danton já cumprira metade de seu tempo de vida. Seus parentes não sabiam disso, naturalmente. Ele ia bem na escola, embora não pudesse ser considerado integrado. Seu futuro era objeto de discussão familiar.

CERTO DIA, EM TROYES, perto da catedral, um homem desenhava retratos. Tentava captar os transeuntes, dando olhadas ocasionais para o céu e cantarolando para si mesmo. O ambiente era popular e interessante.

Ninguém queria ser retratado, todos passavam apressados. Mas ele não pareceu se incomodar, era essa sua ocupação e a tarde estava bonita e agradável. O homem era de fora — vestia-se como um dândi, em estilo parisiense. Georges-Jacques Danton parou diante dele, hesitante. Queria ver o trabalho do homem e puxar conversa. Falava com todo mundo, especialmente com estranhos. Gostava de saber tudo sobre a vida dos outros.

— Você está disposto a ser retratado? — perguntou o homem sem levantar os olhos, colocando uma nova folha de papel no cavalete.

O menino hesitou.

— Você é estudante e não tem dinheiro. Eu sei. Mas seu rosto... meu Deus, você teve muitos problemas na vida? Nunca vi tantas cicatrizes. Fique quieto para que eu faça dois retratos em carvão, um deles será seu — o artista disse.

Georges-Jacques ficou bem quieto para ser retratado, observando o homem com o canto do olho.

— Não fale — disse o artista. — Franza a sobrancelha, assim, deixe que eu falo com você. Meu nome é Fabre, Fabre d'Églantine. Nome engraçado, você vai dizer. Por que d'Églantine?, vai perguntar. Bem, já que perguntou, no concurso literário de 1771 ganhei uma coroa de rosas *églantine* da Academia de Toulouse. Um sinal memorável e cobiçado de honra, sabia? Isso mesmo, eu preferia ter ganhado uma barrinha de ouro, mas o que se pode fazer? Meus amigos insistiram para que eu acrescentasse o sufixo "d'Églantine" a meu nome sem graça, em comemoração ao evento. Vire um pouco a cabeça. Não, para o outro lado. Então, você vai dizer, se esse sujeito ganhou um prêmio literário, por que está fazendo desenhos na rua?

— Você deve ser um homem versátil — disse Georges-Jacques.

— Alguns dos seus dignitários locais me convidaram para ler meu trabalho — disse Fabre. — Mas não funcionou, sabe? Eu briguei com meus patrocinadores. Você deve ter ouvido falar que os artistas fazem esse tipo de coisa.

Georges-Jacques observou-o o melhor que pôde sem virar a cabeça. Fabre devia ter entre 20 e 30 anos, não era alto, tinha o cabelo preto e curto. Seu paletó era bem escovado, mas brilhante nos punhos, com ar de gasto. Ele dizia coisas ao mesmo tempo muito sérias e nada sérias. Várias expressões passavam-lhe pelo rosto.

Fabre pegou outro lápis.

— Vire um pouco para a esquerda. Você disse que eu devo ser versátil. Na verdade, eu sou dramaturgo, diretor e retratista, como você vê. Sou também pintor de paisagens, compositor, músico, poeta e coreógrafo. Escrevo ensaios sobre todos os assuntos de interesse público, e falo várias línguas. Gostaria de tentar fazer paisagismo, mas ninguém me pagaria. O mundo não parece estar pronto para mim. Até a semana passada estava viajando como ator, mas deixei minha trupe.

Quando terminou, pôs o lápis de lado, segurou o papel e esticou o braço para apreciar os dois desenhos a distância.

— Aí está! Este é o melhor, fique com ele.

Danton viu seu rosto feio, com a grande cicatriz, o nariz torto, o cabelo grosso.

— Quando você ficar famoso — disse —, este retrato vai valer dinheiro.

— O que aconteceu com os outros atores? Vocês iam apresentar uma peça?

Ele gostaria de ser assim. Sua vida era calma e monótona.

Abruptamente, Fabre levantou-se do tamborete e fez um gesto obsceno na direção do Bar-sur-Seine.

— Dois de nossos artistas dramáticos mais famosos foram parar na masmorra de algum vilarejo, acusados de desordem e embriaguez. A artista principal engravidou de algum valentão local, e agora só serve para papéis vulgares em comédias de baixo nível. Nós nos dispersamos. Temporariamente. — Sentou-se de novo. — E você? — Seus olhos iluminaram-se, interessados. — Você se proporia a fugir de casa para se tornar ator?

— Acho que não. Minha família espera que eu me torne padre.

— Desista disso — disse Fabre. — Sabe como eles escolhem os bispos? Pelo pedigree. Você tem pedigree? Dá para ver que é um menino do campo. De que adianta seguir uma profissão se não puder chegar ao topo?

— E posso chegar ao topo se me tornar um ator itinerante? — Perguntou com muita gentileza, como se estivesse preparado para considerar qualquer coisa.

Fabre riu.

— Você pode fazer papel de vilão. Seria bem aceito. Tem uma boa voz em potencial. — Bateu no peito. — A voz tem de vir daqui. — Depois colocou o punho abaixo do diafragma. — A respiração tem de vir daqui. Pense em sua respiração como um rio. Deixe-a fluir, fluir. O truque está na respiração. É só descontrair o corpo, colocar os ombros para trás, e respirar *por aqui*. Pode fazer isso durante horas.

— Não posso imaginar o que eu faria com isso — disse Danton.

— Eu sei o que você pensa. Pensa que os atores são desprezíveis, não é? Pensa que os atores são merda ambulante. Como os protestantes. Como os judeus. Então me diga, menino, o que torna sua posição tão brilhante? Nós somos todos vermes, somos todos uma merda. Já pensou que você pode ser preso amanhã, pelo resto da vida, se o rei apenas puser seu nome em um pedaço de papel que *nunca nem ao menos lê*?

— Não sei por que ele faria isso — disse Danton. — Eu não dei nenhum motivo. Tudo que faço é ir à escola.

— Exatamente — disse Fabre. — Tente viver os próximos quarenta anos sem chamar a atenção. Ele não precisa conhecê-lo, essa é a *questão*. Meu Deus, o que ensinam aos alunos nos dias de hoje? Qualquer pessoa, *qualquer pessoa* que não goste de você e queira afastá-lo do caminho pode ir ao rei com um documento e dizer: "Assine aqui, Vossa Imbecilidade". E lá vai você para a Bastilha, acorrentado 5 metros abaixo da rue Saint-Antoine, na companhia de um bando de ossos. Sabia que eles têm lá uma criação especial de ratos que comem os prisioneiros vivos?

— Pedacinho por pedacinho?

— Exatamente — disse Fabre. — Primeiro um dedo mínimo. Depois um dedo do pé...

Viu os olhos assustados de Danton e gargalhou; fez uma bola de um pedaço de papel usado e jogou por cima dos ombros.

— Que droga, é um trabalho e tanto educar vocês, provincianos. Não sei por que não vou a Paris para fazer dinheiro.

Georges-Jacques disse:

— Espero ir a Paris o mais cedo possível. — A voz morreu em sua garganta; ele não sabia que queria aquilo até então, as palavras vieram de forma imprevista. — Talvez me encontre com você quando estiver lá.

— Talvez não — disse Fabre, segurando seu desenho, o que tinha uma ligeira imperfeição. — Seu rosto está registrado aqui. Vou procurar você.

O menino estendeu a mão.

— Meu nome é Georges-Jacques Danton.

Fabre levantou os olhos.

— Adeus, Georges-Jacques. Você deve estudar Direito. O Direito é uma arma.

DURANTE TODA AQUELA SEMANA Danton pensou em Paris. O artista premiado não saía de seu pensamento. Talvez ele fosse só uma merda ambulante — mas pelo menos estivera em algum lugar e talvez fosse para outro. Respire *por aqui*, ficou dizendo a si mesmo. E tentou. Sim, era verdade. Sentiu que podia falar durante dias.

QUANDO M. de VIEFVILLE des Essarts ia a Paris, visitava o sobrinho no Colégio Louis-le-Grand para ver como ele estava se saindo. Desta vez, tinha graves reservas quanto ao futuro do menino. A dificuldade para falar não tinha diminuído, talvez estivesse até maior. Quando conversou com ele, um sorriso ansioso pairou sobre seus lábios. Quando o menino gaguejava e parava no meio de uma frase, era constrangedor e, às vezes, desolador. Seria até possível ajudá-lo a dizer o que queria. O problema é que nunca se podia saber o que Camille estava pensando. Suas frases podiam começar de forma trivial e terminar não se sabe onde.

De certa forma, Camille parecia incapaz para a vida que lhe haviam planejado. Era tão agitado que quase se podia ouvir as batidas de seu coração.

De ossatura pequena, leve e pálido, com uma cabeleira escura e basta, olhava para o tio por trás das longas pestanas e seu olhar esvoaçava pela sala, como se estivesse longe dali. Pobre menino, o tio pensou.

Mas quando a visita terminou e ele se viu novamente na rua, a solidariedade evaporou-se. Ele se sentia literalmente dividido. Não era justo. Era como ser jogado na sarjeta por um aleijado: tinha vontade de reclamar, mas diante das circunstâncias, achava que não deveria.

O objetivo básico de Monsieur ao visitar a capital era ir ao Parlamento de Paris. Os parlamentos do reino não eram constituídos por membros eleitos. Os De Viefville tinham comprado sua parte e passavam a seus herdeiros; para Camille, talvez, se tivesse um comportamento melhor. Os parlamentos ouviam os casos e sancionavam os editos do rei. Ou seja, confirmavam que eles eram a lei.

Ocasionalmente os parlamentos tornavam-se complicados. Apresentavam protestos sobre a situação da nação, mas só quando sentiam seus interesses ameaçados ou quando viam que estes podiam ser atendidos. M. de Viefville pertencia ao grupo das classes médias que não desejavam destruir a nobreza, pelo contrário: esperavam emergir com ela. Cargos, posições, monopólios, tudo tinha seu preço, e muitos davam direito a um título.

Os parlamentares preocupavam-se muito quando a coroa começava a fazer valer seus direitos, publicar decretos que nunca tinham sido publicados antes, ter ideias novas e brilhantes sobre como o país deveria ser dirigido. Muitas vezes se opunham aos monarcas; como qualquer resistência à autoridade era arriscada, conseguiam a façanha de ser ao mesmo tempo arquiconservadores e heróis populares.

Em janeiro de 1776 o ministro Turgot propôs a abolição do direito feudal denominado *corvée*, um sistema de trabalho forçado nas estradas e pontes. Ele achava que as estradas seriam melhores se fossem construídas e mantidas por empreiteiros privados, e não por camponeses arrancados dos campos. Mas isso teria um custo. Então, talvez se pudesse criar um imposto sobre as propriedades. Assim, todo homem que tivesse bens pagaria esse imposto — não apenas os comuns, mas também a nobreza.

O parlamento não aceitou o projeto. Depois de outra discussão acalorada, o rei forçou-os a registrar a abolição da *corvée*. Turgot estava fazendo inimigos por toda parte. A rainha e seu círculo entraram em campanha contra ele. O rei não gostava de se impor, e era sujeito a pressões. Em maio demitiu Turgot. O trabalho forçado estava reinstalado.

Assim, um ministro veio abaixo, e o truque repetiu-se. Disse o conde d'Artois: "Agora finalmente teremos algum dinheiro para gastar."

Quando o rei não estava caçando, fechava-se em sua oficina e ocupava-se da funilaria. Acreditava que se não tomasse decisões, evitaria cometer erros; que se não interferisse, as coisas continuariam como sempre tinham sido.

Depois que Turgot foi afastado, Malesherbes apresentou sua demissão.

— Você tem sorte — lamentou Luís —, eu gostaria de poder me demitir.

1776: UMA DECLARAÇÃO do Parlamento de Paris:

A primeira regra de justiça é preservar para cada indivíduo aquilo que lhe pertence. É uma regra fundamental da lei natural, dos direitos humanos e do governo civil; uma regra que consiste não só em manter os direitos de propriedade, como os direitos conferidos ao indivíduo e originados de prerrogativas de nascimento e posição social.

QUANDO M. de VIEFVILLE voltava para casa, passava por um conjunto de ruas estreitas da cidade e se obrigava a visitar Jean-Nicolas em sua casa branca e alta cheia de livros, na Place des Armes. Maître Desmoulins tinha uma obsessão agora, e para De Viefville era constrangedor encontrá-lo, olhar em seus olhos zombeteiros e ouvir de novo a pergunta que ninguém podia responder: o que acontecera com a criança bela e gentil que fora mandada para Cambrésis havia nove anos?

No aniversário de 16 anos de Camille, seu pai andava pela casa.

— Às vezes eu acho — dizia — que tenho nas mãos um monstrinho depravado sem sentimentos e sem juízo. — Ele tinha escrito aos padres em Paris, perguntando o que tinham ensinado a seu filho; perguntando por que ele tinha um ar tão descuidado, e por que em sua última visita à família tinha seduzido a filha do conselheiro da cidade, "um homem que eu vejo todos os dias no trabalho".

Na verdade, Jean-Nicolas não esperava respostas a essas perguntas. Suas objeções reais ao filho eram bem diferentes. Por que, queria saber, ele era tão sensível? Onde tinha buscado a capacidade de contagiar os outros de emoção: agitá-los, confundi-los, sacudi-los? Conversas ordinárias, na presença de Camille, tomavam tangentes peculiares ou tornavam-se discussões inflamadas. As convenções da vida social assumiam um ar de perigo. Não se podia, pensava Desmoulins, deixá-lo sozinho com ninguém.

Não diziam mais que o filho era um pequeno Godard. Nem os De Viefville empenhavam-se em solicitá-lo. Seus irmãos prosperavam, suas irmãs floresciam, mas quando Camille entrava pela porta da casa antiga, parecia que estava vindo do Hospital dos Enjeitados.

Quando crescesse, talvez se tornasse um desses meninos que os pais pagam para manter afastados de casa.

ALGUNS NOBRES na França haviam descoberto que seus melhores amigos eram seus advogados. Com a renda das terras caindo sem parar e os preços subindo, os pobres ficavam mais pobres e os ricos também ficavam mais pobres. Tornou-se necessário assegurar certos privilégios que haviam se perdido ao longo dos anos. Muitas vezes, o que era devido a alguém não era pago durante toda uma geração; mas a tolerância e a benevolência dos nobres precisavam cessar. Seus ancestrais tinham permitido que parte de suas propriedades se tornassem "terras comunitárias", uma expressão sem fundamento legal.

Foram dias dourados para Jean-Nicolas; se ele tinha preocupações particulares, ao menos prosperava profissionalmente. Maître Desmoulins não era bajulador, tinha um forte senso de sua própria dignidade, e era sobretudo um liberal, defensor de reformas na maior parte das esferas da vida nacional. Lia Diderot depois do jantar, e assinou a reedição genebrina da *Enciclopédia*, que recebia em fascículos. Entretanto, viu-se muito ocupado com registros de propriedades e buscas de escrituras. Dois baús antigos foram levados para seu escritório, e quando foram abertos, cheiravam a mofo.

— Então este é o cheiro da tirania — disse Camille.

Seu pai pôs o trabalho de lado e examinou os baús, levando com cuidado os papéis velhos e amarelados à luz. Clément, seu filho menor, pensou que o pai estivesse procurando um tesouro enterrado.

O príncipe de Condé, nobre mais importante do distrito, foi procurar pessoalmente maître Desmoulins em sua casa alta, branca, muito humilde e cheia de livros, na Place des Armes. Normalmente teria mandado seu corretor, mas estava muito curioso para conhecer o homem que fazia um trabalho tão eficiente para ele. Além disso, honrado com a visita, ele não ousaria lhe mandar uma conta.

Era final de uma tarde de outono. Esquentando nas mãos um copo de vinho tinto suave, consciente de sua condescendência, o príncipe sentou-se confortavelmente, iluminado pela luz de uma vela; a noite avizinhava-se, criando sombras nos cantos da sala.

— O que vocês *querem*? — perguntou.

— Bem... — Maître Desmoulins considerou essa grande pergunta. — Homens como eu, de classes profissionais, gostariam de um pouco mais de, digamos... vou me explicar melhor, gostaríamos de ter oportunidade de servir. — É um pedido justo, pensou; com o rei anterior, os nobres nunca eram ministros, mas cada vez mais os ministros eram nobres. — De ter igualdade civil — completou. — Igualdade fiscal.

O conde ergueu as sobrancelhas.

— Querem que a nobreza pague os impostos de vocês?

— Não, *monseigneur*, queremos que paguem seus próprios impostos.

— Eu pago impostos — disse Condé. — Pago meu imposto de capitação, não é? Esse imposto sobre propriedade é um disparate. E o que mais?

Desmoulins fez um gesto que esperava que fosse eloquente.

— Queremos chances iguais. Apenas isso. Chances iguais de promoção no exército ou na Igreja... — Estou explicando da forma mais simples possível, pensou, uma aspiração básica.

— Chances iguais? Isso me parece ir contra a natureza.

— Outras nações se conduzem de forma diferente. Veja o exemplo da Inglaterra. Não se pode dizer que é uma característica humana ser oprimido.

— Oprimido? É o que vocês pensam que são?

— Eu me sinto assim, e se me sinto oprimido, como o senhor acha que os pobres se sentem?

— Os pobres não sentem nada — disse o príncipe. — Não seja sentimental. Eles não estão interessados na arte de governar. Só se preocupam com seus estômagos.

— Mesmo preocupando-se só com o estômago...

— E você não está interessado nos pobres — disse Condé —, a não ser quando eles lhe pagam para cuidar de seus interesses. Vocês, advogados, querem apenas concessões para si mesmos.

— Não é uma questão de concessões. É uma questão de direitos naturais dos seres humanos.

— Belas frases. Você as usa muito livremente comigo.

— Liberdade de pensamento, liberdade de expressão, é pedir demais?

— É pedir muito, e você sabe disso — disse Condé taciturno. — O pior é ouvir tal coisa de meus pares. Ideias elegantes para uma reorganização social. Planos agradáveis para uma "comunidade da razão". E o rei Luís é um fraco. Se ele permitir, surgirá um Cromwell. Isso acabará em revolução. E não será brincadeira.

— É claro que não — disse Jean-Nicolas. Um ligeiro movimento nas sombras chamou sua atenção. — Meu Deus, o que você está fazendo aí? — perguntou.

— Escutando a conversa — disse Camille. — Se tivesse olhado, veria que eu estava aqui.

Maître Desmoulins ficou vermelho.

— Este é meu filho — apresentou.

O príncipe meneou a cabeça. Camille chegou perto da luz.

— Você aprendeu alguma coisa? — perguntou o príncipe. Ficou claro por seu tom de voz que pensou que Camille tivesse menos idade. — Como conseguiu ficar quieto por tanto tempo?

— Acho que o senhor congelou meu sangue — Camille respondeu, olhando o príncipe de alto a baixo, como um carrasco tirando medidas. — É claro que haverá uma revolução — disse. — Vocês estão criando uma nação de Cromwells. Mas nós iremos além de Cromwell, espero. Dentro de 15 anos vocês, tiranos e parasitas, terão desaparecido. Nós construiremos uma República, no mais puro modelo romano.

— Ele estuda em um colégio em Paris — Jean-Nicolas disse, desesperado. — E tem essas ideias.

— E suponho que pense que é novo demais para arrepender-se delas — disse Condé, virando-se para o menino. — O que é isso?

— O clímax de sua visita, *monseigneur.* O senhor deveria viajar pelo país para ver como seus servos educados vivem, e divertir-se trocando ideias banais com eles. — Começou a tremer, visivelmente angustiado. — Eu o detesto.

— Não posso ser ofendido dessa maneira — Condé murmurou. — Desmoulins, tire esse seu filho da minha frente. — Procurou um lugar para pôr o copo e acabou entregando-o para o dono da casa. Maître Desmoulins acompanhou-o até a escada.

— *Monseigneur...*

— Fiz mal em ser complacente. Devia ter mandado meu corretor.

— Minhas desculpas.

— Não precisa pedir desculpas. Não me senti ofendido. Não está em minha natureza.

— Posso continuar o trabalho?

— Pode continuar o trabalho.

— Não está realmente ofendido?

— Seria indelicadeza minha ofender-me com uma coisa que não pode ser levada a sério.

Na porta da frente, seu pequeno *entourage* reuniu-se rapidamente. O príncipe olhou para Jean-Nicolas e disse:

— Eu pedi que seu filho saísse da minha frente, e quero que saia mesmo.

Quando o príncipe foi embora, Jean-Nicolas subiu as escadas e voltou ao escritório.

— E então, Camille? — Sua voz denotava uma calma perversa, e ele respirava profundamente O silêncio prolongou-se. A última vela tinha se extinguido, e a lua crescente iluminou a praça. Camille voltou para a sombra, como que se sentindo mais seguro ali.

— Aquela conversa foi muito estúpida e presunçosa — disse Camille finalmente. — Todos sabem dessas coisas. Ele não é um débil mental. Eles não são, nem todos eles.

— É mesmo? Eu vivo fora da sociedade.

— Gostei das palavras dele "esse seu filho". Como se fosse uma excentricidade sua ter-me como filho.

— Talvez seja — disse Jean-Nicolas. — Se eu fosse um cidadão do mundo antigo, teria olhado para você e o deixado em um lugar nas montanhas para que se arrumasse como pudesse.

— Talvez alguma loba que passasse por ali gostasse de mim — disse Camille.

— Camille, quando você estava falando com o príncipe, parou de gaguejar.

— Hum. Não se preocupe. A gagueira voltou.

— Pensei que ele fosse bater em você.

— E eu também.

— Devia ter batido. Se você continuar assim, meu coração vai parar — estalou os dedos — de repente.

— Oh, não — Camille sorriu. — Você é muito forte. Sua única mazela são as pedras nos rins, segundo o médico.

Jean-Nicolas teve vontade de abraçar o filho. Mas foi um impulso irracional, logo reprimido.

— Você foi ofensivo — disse. — Prejudicou nosso futuro. A pior coisa que fez foi olhar o príncipe de alto a baixo, sem dizer nada.

— É verdade — Camille concordou, distante. — Eu sou bom em termos de insolência muda. Pratico muito, por motivos óbvios. — Sentou-se na cadeira do pai, compondo-se para dialogar mais, tirando o cabelo dos olhos.

Jean-Nicolas sabia que era um homem de dignidade glacial, quase inacessível por sua retidão e rigidez. Sua vontade era gritar e quebrar as janelas, pular lá de cima e morrer rapidamente na rua.

O PRÍNCIPE LOGO ESQUECERÁ tudo isso em sua pressa de voltar a Versalhes.

O jogo da moda é o faraó, mas o rei o proíbe porque as perdas são muito altas. Mas o rei é um homem de hábitos regulares que se recolhe cedo, e quando vai para o quarto as apostas começam na mesa da rainha.

"Pobre homem", é como ela se refere ao marido.

A rainha comanda a moda. Seus vestidos, cerca de 150 por ano, são confeccionados por Rose Bertin, uma modista cara, mas necessária, com ateliê na rue Saint-Honoré. Os vestidos das mulheres da corte são verdadeiras prisões portáteis, com barbatanas, armações, caudas, brocados duros e guarnições reforçadas. Os penteados e chapéus são extravagantes e sensíveis ao *caprice du moment*: tropas de George Washington, durante a batalha, oscilam em torres de vaselina, e jardins ingleses informais são dispostos em cachos trançados. Decerto a rainha gostaria de quebrar esses hábitos e instituir a era da liberdade, com gazes e musselinas mais finas e macias, fitas simples e modelos vaporosos. É incrível descobrir que a simplicidade, quando concebida com gosto requintado, custa tanto quanto veludos e cetins. A rainha diz que adora tudo o que é *natural* nas roupas e na etiqueta. Mas o que adora mais ainda são os diamantes; suas encomendas na firma de Paris de Böhmer e Bassenge causam escândalo. Em seus aposentos ela joga fora móveis, rasga tapeçarias e encomenda novas. Depois muda-se para outro lugar.

— Tenho horror à monotonia — diz.

Ela não tem filhos. Panfletos distribuídos em Paris acusam-na de relações promíscuas com seus cortesãos, de atos lésbicos com suas criadas favoritas. Em 1776, quando aparece no camarote do Opéra, é recebida com um silêncio hostil, que ela não compreende. Dizem que chora a portas fechadas em seu quarto. "O que eu fiz contra eles? O que eu fiz?" E pergunta a si mesma: "Se há tanta coisa errada, será justo culpar uma só mulher por seus prazeres triviais?"

Seu irmão, o imperador da Áustria, escreve de Viena: "Em longo prazo, a situação não pode continuar como está... A revolução será cruel, e terá sido obra sua."

EM 1778 VOLTAIRE retornou a Paris, com 84 anos de idade, ar cadavérico e cuspindo sangue. Atravessou a cidade em uma carruagem azul coberta de estrelas douradas. As ruas foram ladeadas de multidões histéricas, gritando *"Vive Voltaire"*. O velho declarou: "Haveria o mesmo número de pessoas para ver minha execução." A academia reuniu-se para cumprimentá-lo; Franklin compareceu, Diderot compareceu. Durante a apresentação de sua tragédia *Irène*, os atores coroaram sua estátua com louros e as galerias apinhadas aplaudiram-no de pé, em delírio e adoração.

Em maio ele morreu. Paris recusou-lhe um funeral cristão, com medo de que os inimigos de Voltaire profanassem seus restos mortais. O corpo foi tirado da cidade à noite e colocado sentado em uma carruagem, sob a lua cheia, parecendo vivo.

*

UM HOMEM CHAMADO NECKER, um banqueiro suíço milionário, protestante, foi chamado para assumir os cargos de ministro de finanças e mestre de milagres da corte. Necker sozinho conseguiu manter o navio do Estado flutuando. O segredo, disse ele, era fazer empréstimos. Com impostos mais altos e cortes nos gastos vocês mostraram à Europa que estavam em más condições. Mas se fizerem empréstimos mostrarão que têm visão, que são empreendedores, enérgicos; demonstrando confiança, mais confiança será criada. Quanto mais empréstimos fizerem, mais efeito conseguirão. M. Necker era um otimista.

Essa política pareceu funcionar. Em maio de 1781, quando os grupos reacionários e antiprotestantes derrubaram o ministro, o país sentiu saudade daquela época próspera. Mas o rei sentiu-se aliviado, e comprou para Maria Antonieta alguns diamantes para comemorar.

Georges-Jacques Danton já decidira ir para Paris.

De início, o afastamento foi difícil. Parecia que ele estava indo para a América, ou para a Lua, disse Anne Madeleine. Primeiro fizeram conselhos de família, e os tios vinham com alguma cerimônia para apresentar seus pontos de vista. Tinham desistido da vida eclesiástica para Georges-Jacques. Durante um ou dois anos ele trabalhou em pequenos escritórios de advocacia dos tios e dos amigos. Era uma modesta tradição familiar. Porém, se tinha certeza do que queria...

Sua mãe sentiria sua falta, mas ele tinha sido criado longe de casa. Ela era uma mulher inculta, de visão estreita. A única indústria de Arcis-sur-Aube era a fabricação de toucas de dormir, como ele podia explicar a ela que isso lhe parecia uma afronta pessoal?

Em Paris ele receberia um modesto salário de funcionário na banca de advocacia onde estudaria para tornar-se mestre; mais tarde precisaria de dinheiro para estabelecer seu próprio escritório. As invenções de seu padrasto tinham drenado o dinheiro da família; seu novo tear, especialmente, era propenso ao desastre. Desnorteados com o barulho e rangido dos fusos em movimento, eles ficavam no estábulo olhando a máquina, esperando que o fio se rompesse de novo. M. Danton, morto havia 18 anos, deixara um pouco de dinheiro para quando seu filho crescesse.

— Você vai precisar para suas invenções — disse Georges-Jacques. — Vou me sentir mais feliz pensando que estou começando do zero.

Naquele verão ele visitou a família. Mas o menino agressivo e enérgico que foi para Paris nunca mais voltaria. A não ser para visitas, como um homem distante e bem-sucedido. Era importante fazer essas visitas, não deixar ninguém de fora, nenhum primo distante ou viúva de um tio-avô. Nas frias casas de fazenda, muito semelhantes umas às outras, ele esticava as pernas e dizia o que queria da vida, submetendo seus planos à compreensão deles. Passava longas tardes nas salas de visitas dessas viúvas e tias solteironas, com senhoras de idade meneando a cabeça sob a suave luz do sol, enquanto a poeira girava em torno delas. Nunca achou que não tinha o que lhes dizer; não era esse tipo de pessoa. Mas a cada visita sentia que se afastava para mais e mais longe.

Só faltava uma visita: Marie-Cécile, que vivia em um convento. Georges-Jacques seguiu a chefe das noviças por um corredor mortalmente silencioso; sentiu-se absurdamente grande, masculino demais, e teve vontade de se desculpar por isso. As freiras passavam com roupas escuras, olhos grudados ao chão, mãos ocultas nas mangas. Ele não quisera que sua irmã fosse para lá. E pensou que preferia morrer a ser uma mulher.

A freira parou e mostrou-lhe uma porta.

— É uma inconveniência nossa sala de visitas ser tão pouco acessível. Construiremos uma perto do portão quando tivermos verba.

— Eu pensei que sua ordem fosse rica, irmã.

— Então está mal informado. Algumas de nossas postulantes trazem dotes que mal bastam para comprar o tecido de seus hábitos.

Marie-Cécile estava sentada atrás de uma grade. Ele não podia tocá-la nem beijá-la. Parecia pálida, mas talvez fosse o véu branco e áspero de noviça que não lhe caísse bem. Seus olhos azuis eram pequenos e firmes, como os dele.

Os dois conversaram, com certa timidez e constrangimento. Ele contou as novidades da família e discorreu sobre seus planos.

— Você virá assistir à cerimônia do hábito, quando eu fizer meus votos finais? — ela perguntou.

— Sim — ele mentiu —, se puder.

— Paris é uma cidade muito grande. Você não vai se sentir sozinho lá?

— Duvido muito.

Ela olhou-o, séria.

— O que você deseja da vida?

— Quero progredir.

— O que isso significa?

— Significa que desejo ter uma boa posição e dinheiro, e ser respeitado pelos outros. Desculpe, mas não vejo sentido em esconder isso. Eu quero ser alguém.

— Todo mundo é alguém aos olhos de Deus.

— Essa sua vida tornou-a piedosa.

Eles riram.

— Você pensa na salvação de sua alma entre os planos que faz? — ela perguntou.

— Por que eu iria pensar em minha alma se tenho uma irmã freira preguiçosa, que não faz nada a não ser rezar por mim o dia todo? — Levantou os olhos e continuou. — E você, está... feliz?

Ela suspirou.

— Pense na economia que fizemos, Georges-Jacques. O casamento custa dinheiro. Há muitas mulheres em nossa família. Creio que, de certa forma, fui mandada para o convento por causa disso. Mas agora que estou aqui, sinto-me em paz. Existem compensações, mas não espero que as reconheça. Acho que você, Georges-Jacques, não nasceu para os caminhos calmos da vida.

Ele sabia que alguns fazendeiros no distrito teriam se casado com ela pelo pequeno dote que foi entregue ao convento, e que teriam ficado contentes com uma esposa robusta, saudável e alegre. Não teria sido impossível encontrar um homem trabalhador, que a tratasse de forma decente e lhe desse filhos. Para ele, todas as mulheres deviam ter filhos.

— Você ainda pode sair daqui? — perguntou. — Se eu ganhar dinheiro, posso cuidar de você, podemos lhe arranjar um marido, ou pode preferir não se casar. Eu tomaria conta de você.

Ela levantou a mão.

— Eu já disse, não é? Estou... feliz. Estou contente.

— Fico triste de ver que seu rosto perdeu a cor.

Ela olhou para o lado.

— É melhor ir embora antes que eu me entristeça. Penso sempre naqueles dias, quando vivíamos no campo. Mas isso acabou. Que Deus o proteja.

— Que Deus a proteja também.

Você confia nisso, pensou, mas eu, não.

III. Em casa de maître Vinot

(1780)

SIR FRANCIS BURDETT, embaixador britânico, em Paris: "É a cidade mais mal planejada, mais mal construída, mais suja e fedorenta que se possa imaginar; e seus habitantes são dez vezes mais desagradáveis que os habitantes de Edimburgo."

GEORGES-JACQUES desceu da carruagem na Cour des Messageries. A viagem foi animada. Vinha a bordo uma moça, Françoise-Julie. Françoise-Julie Duhauttoir, de Troyes. Ele não a conhecia pessoalmente, teria se lembrado, mas já ouvira falar dela. Era o tipo de moça que suas irmãs não aprovariam. Naturalmente: era bonita, vivaz, rica, não tinha pais, e passava seis meses por ano em Paris. Durante a viagem divertiu-o imitando suas tias: "A juventude não dura para sempre", "A boa reputação é dinheiro no banco", "Não acha que é hora de voltar para Troyes onde estão todos os seus parentes e arranjar um marido antes que fique velha?" Como se fosse haver uma escassez repentina de homens, zombava Françoise-Julie.

Georges-Jacques não imaginava que pudesse haver escassez para uma moça como ela. Françoise-Julie flertou com ele sem se importar com a cicatriz de seu rosto. Parecia ter sido presa e amordaçada durante meses e estar sendo libertada. As palavras atropelavam-se em sua boca enquanto tentava falar sobre a cidade, sobre sua vida, sobre seus amigos. Quando a carruagem parou, não esperou que ele a ajudasse a descer, ela pulou.

Ele ouviu um burburinho de repente. Dois dos homens que tinham vindo cuidar dos cavalos começaram a brigar. Foi a primeira coisa que ouviu, uma torrente de obscenidades no sotaque duro da capital.

Com as malas a seus pés, Françoise-Julie lhe deu o braço. Riu, encantada por estar de volta.

— O que eu gosto em Paris é a permanente mudança — disse. — Estão sempre demolindo alguma coisa e construindo outra.

Rabiscou seu endereço em um pedaço de papel e enfiou no bolso dele.

— Posso ajudá-la em alguma coisa? — ele perguntou. — Posso acompanhá-la até seu apartamento?

— Cuide de si próprio. Eu *moro* aqui, ficarei bem. — Deu uma orientação sobre sua bagagem e distribuiu algumas moedas. — Você tem para onde ir, não é? Espero vê-lo daqui a uma semana. Se não aparecer, vou procurá-lo. — Pegou a mala menor, esticou o corpo e lhe deu um beijo repentino no rosto. Depois desapareceu no meio da multidão.

Ele tinha apenas uma valise, cheia de livros. Ergueu-a, colocou-a no chão de novo e pegou no bolso o pedaço de papel escrito pelo padrasto:

The Black Horse
Rue Geoffroy l'Asnier
paróquia de Saint-Gervais.

Os sinos da igreja começaram a tocar à sua volta, e ele praguejou em voz baixa. Quantos sinos havia na cidade e como, em nome de Deus, poderia distinguir o sino da paróquia de Saint-Gervais? Amassou o papel e jogou-o fora.

Quase todos os passantes pareciam perdidos. Era possível perambular para sempre naquelas vielas e becos; havia ruas sem nome, calçadas com cascalho e fogueiras nas ruas. Velhos tossiam e cuspiam, mulheres levantavam as saias para passar pela lama amarela, crianças corriam nuas como se estivessem no campo. Era ao mesmo tempo igual e muito diferente de Troyes. Ele levava no bolso uma carta de apresentação a um advogado da Île Saint-Louis chamado Vinot. Teria de encontrar um lugar para passar a noite. No dia seguinte se apresentaria.

Uma multidão gritava para um vendedor ambulante que anunciava remédios para dor de dente.

— Mentiroso! — gritou uma mulher. — O único jeito é tirar os dentes. — Antes de afastar-se dali, viu os olhos selvagens, enlouquecidos, urbanos dela.

MAÎTRE VINOT era um homem polêmico, rechonchudo e de mãos gordas. Dava a ideia de ser turbulento como um estudante.

— Bem, podemos fazer uma experiência com você. Mas nada mais... que uma... experiência.

Eu posso tentar, pensou Georges-Jacques.

— Uma coisa é certa, sua caligrafia é atroz. O que ensinam no colégio nos dias de hoje? Espero que seu latim seja razoável.

— Maître Vinot — disse Danton —, trabalhei por dois anos em um escritório, o senhor acha que vim aqui para copiar cartas?

Maître Vinot olhou para ele.

— Meu latim é bom. Meu grego também é bom. Além disso, falo inglês fluentemente e um pouco de italiano. Se lhe interessa saber.

— Onde aprendeu tudo isso?

— Aprendi sozinho.

— Que ótimo. Se tivermos problemas com estrangeiros já temos um intérprete — disse, observando Danton. — Você gostaria de viajar?

— Gostaria, se tivesse oportunidade. Gostaria de ir à Inglaterra.

— Você admira a Inglaterra? Admira suas instituições?

— Nós precisamos de um parlamento, não acha? Isto é, de uma representação adequada, não arruinada pela corrupção como a deles. E também da separação entre legislativo e executivo. Eles pecam nesse setor.

— Agora preste atenção — disse maître Vinot. — Vou lhe dizer uma coisa e espero que não precise repetir. Não vou interferir em suas opiniões. Embora você as considere especiais — disse —, são as opiniões mais comuns, meu cocheiro pensa da mesma forma. Não persigo meus funcionários inquirindo sobre sua moral e mandando-os ir à missa, mas esta cidade não é segura. Há todo tipo de livros circulando sem o selo da censura, e em alguns cafés, nos elegantes também, as fofocas são traiçoeiras. Não vou lhe pedir o impossível, não vou lhe pedir que se afaste de tudo isso, mas peço que tenha cuidado ao escolher as pessoas com quem vai se misturar. Não vou aceitar rebeliões, pelo menos não em meu escritório. Não pense que poderá discutir suas ideias em particular, ou com quem confie, pois sempre haverá alguém pronto para denunciá-lo às autoridades. Isso mesmo, você vai aprender algumas coisinhas em sua profissão. Os jovens têm de aprender a manter a boca fechada.

— Está bem, maître Vinot — disse Georges-Jacques com humildade.

Um homem enfiou a cabeça pela porta.

— Maître Perrin mandou perguntar se você vai contratar o filho de Jean-Nicolas — ele disse.

— Oh, meu Deus — gemeu Maître Vinot —, você *viu* o filho de Jean-Nicolas? Quer dizer, já teve o prazer de conversar com ele?

— Não — disse o homem —, só sei que é filho de um velho amigo. E dizem que é um rapaz brilhante.

— Dizem mesmo? Não é só isso o que dizem. Não, vou empregar este aqui, esse jovem de Troyes. Ele já mostrou ser um linguarudo e um rebelde, mas o que é isso comparado aos perigos de se trabalhar com o jovem Desmoulins?

— Não se preocupe. Perrin encantou-se pelo rapaz.

— Posso imaginar. Jean-Nicolas não ouve os comentários sobre o filho? Imagino que não, ele sempre foi obtuso. Mas não é problema meu, que Perrin fique com ele. Viver e deixar viver é meu lema — disse maître Vinot a Danton. — Maître Perrin é um velho colega meu, muito bom em receita pública; dizem que é um sodomita, mas o que eu tenho com isso?

— Um vício particular — disse Danton.

— Exatamente. — Olhou para Danton e perguntou: — Eu me expliquei bem, não é?

— Sim, maître Vinot, eu diria que o senhor enfiou tudo na minha cabeça.

— Ótimo. Não adianta mandá-lo para o escritório se ninguém conseguir ler o que escreve, então é melhor começar a cuidar do outro lado, "cobrir os tribunais", como dizemos. Você vai fazer uma averiguação diária de cada caso de interesse do escritório; vai andar por aí, em King's Bench, na divisão de chancelaria, no Châtelet. Gosta da área eclesiástica? Nós não cuidamos disso, mas podemos mandá-lo para quem cuida. Meu conselho é o seguinte: — fez uma pausa — não tenha muita pressa. Comece devagar, qualquer um que trabalhe com persistência pode ter um sucesso modesto, persistência é o que conta. Você precisa dos contatos certos, é claro, e isso é o que meu escritório vai lhe proporcionar. Tente preparar para si próprio um plano de vida. Há muito trabalho onde você mora. Dentro de cinco anos estará pronto para voltar.

— Eu gostaria de fazer carreira em Paris.

Maître Vinot sorriu.

— Isso é o que todos os jovens dizem. Muito bem, venha aqui amanhã para ter uma ideia das coisas.

Os dois apertaram-se as mãos, formalmente, como se fossem ingleses. Georges-Jacques desceu as escadas e saiu à rua. Pensava em Françoise-Julie, a todo momento ela lhe vinha à cabeça. Sabia seu endereço, rue de la Tixanderie, onde quer que isso ficasse. Terceiro andar, ela disse, não é uma maravilha, mas é meu. Imaginou se Françoise-Julie iria para a cama com ele. Era provável. Coisas impossíveis em Troyes pareciam ser perfeitamente possíveis ali.

DURANTE O DIA TODO, e até tarde da noite, ele ouviu o ruído incessante do tráfego pelas ruas estreitas e congestionadas. As carruagens imprensavam-no contra os muros; os brasões e escudos de seus donos brilhavam em matizes heráldicas grosseiras; cavalos de focinhos aveludados fincavam suas patas na imundície da cidade. Dentro dos coches, seus proprietários iam recostados com olhar distante. Nas pontes e cruzamentos, carruagens, carroças e carrinhos de verduras esbarravam-se e engatavam as rodas umas nas outras. Lacaios de libré vinham pendurados na parte traseira dos veículos, trocando insultos com carvoeiros e padeiros ambulantes. Os problemas causados por acidentes eram solucionados rapidamente, com dinheiro. Havia tarifas convencionadas para braços, pernas e mortes, aos olhos indiferentes da polícia.

Na Pont-Neuf os escritores de cartas trabalhavam em cabines, e os vendedores expunham suas mercadorias no chão e em barracas caindo aos pedaços. Georges-Jacques revirou as cestas onde vendiam livros usados: um romance sentimental, uma obra de Ariosto, um livro novo publicado em Edimburgo, e *Les chaînes de l'esclavage* de Jean-Paul Marat. Comprou meia dúzia por 2 *sous* cada. Cachorros corriam em bando pelo mercado.

Todos que ele encontrava pareciam operários cobertos de poeira de argamassa. A cidade era um canteiro de obras. Em alguns distritos punham abaixo ruas inteiras e construíam novas casas. Pequenas multidões juntavam-se para observar os trabalhos mais espetaculares. Os operários eram trabalhadores temporários e pobres. Recebiam um bônus se terminassem as tarefas antes do prazo, por isso trabalhavam demais, o ar pesado por suas imprecações e pelo suor escorrendo-lhes das costas esqueléticas. O que maître Vinot diria? "Não tenham pressa."

Na rua, viu um cantor com voz cansada de barítono. Seu rosto era terrivelmente deformado, com uma cicatriz cobrindo a órbita vazia. Trazia um cartaz que dizia: HERÓI DA LIBERTAÇÃO AMERICANA. Ele cantava músicas sobre a corte e descrevia a rainha comprazendo-se com vícios inexistentes em Arcis-sur-Aube. Nos jardins de Luxemburgo, uma linda mulher loura olhou-o de cima abaixo e afastou-se.

Ele foi a Saint-Antoine e ficou observando as oito torres da Bastilha. Esperava ver muros como rochedos escarpados. A torre mais alta devia ter... quanto? Pouco mais de 20 metros de altura.

— As paredes têm quase 3 metros de espessura — disse-lhe um passante.

— Pensei que as torres fossem mais altas.

— São altas o suficiente — disse o homem em tom ácido. — Você não gostaria de estar lá. Há quem entre na Bastilha e não saia nunca mais.

— Você é da cidade?

— Sou. Nós sabemos tudo sobre esse lugar. Há celas subterrâneas por onde corre água e cheias de ratos.

— Eu ouvi falar dos ratos.

— E há celas sob o telhado, não estou brincando. Fervem no verão e congelam no inverno. Essas são as piores. Há também presos que são tratados com decência, dependendo de quem forem. Têm camas com mosquiteiros e podem criar seu próprio gato para manter os ratos afastados.

— O que os presos comem?

— É variável, eu suponho. Depende de quem sejam, como já disse. Acontecem lá coisas muito peculiares. Há alguns anos, um vizinho meu jurou que viu entrar uma mesa de bilhar. É como qualquer outra coisa na vida — disse o homem. — Existem vencedores e perdedores, só isso.

Georges-Jacques olhou para cima e imaginou todo aquele horror. Era impenetrável, não havia dúvida. Essas pessoas passam a vida dentro desses muros. Depois de algum tempo não os notam mais; os muros continuam ali, mas é como se não existissem. O que realmente importa não é a altura das torres, são as imagens que fazemos; vítimas enlouquecidas de tanta solidão, lajes empapadas de sangue, crianças nascendo em camas de palha. Ninguém reorganiza seu mundo interior por ter conversado com um homem na rua. Mas parece não existir nada sagrado. Como se os rios fossem tingidos e suas águas corressem amarelas, ou azuis.

Ao cair da tarde os funcionários civis voltavam para casa, os joalheiros da Place Dauphine pegavam suas chaves e começavam a trancar os diamantes para a noite. Não havia o gado voltando para o curral ou a penumbra nos campos; acabou o sentimentalismo. Na rue Saint-Jacques um grupo de sapateiros reunia-se para uma bebedeira. Em um apartamento no terceiro andar da rue de la Tixanderie, uma jovem abria a porta para seu novo amante e despia-se. Na Île Saint-Louis, em um escritório vazio, o filho do maître Desmoulins via-se, com a boca seca, diante do charme de seu novo patrão. Chapeleiros que trabalhavam 15 horas por dia, com luz fraca, esfregavam os olhos vermelhos e rezavam por suas famílias no campo. Ferrolhos eram passados, lâmpadas eram acesas. Atores pintavam o rosto para a apresentação.

PARTE DOIS

Nós só fazemos grande progresso em momentos de melancolia — quando, descontentes com o mundo real, somos forçados a nos tornar mais toleráveis.

Théorie de L'ambition et autres essais
Jean-Marie Hérault de Séchelles

I. A teoria da ambição

(1784-1787)

O CAFÉ DU PARNASSE era conhecido por seus clientes como Café de l'École, porque dava para o cais com esse nome. Das janelas podia-se ver o rio e a Pont-Neuf, e a distância, as torres dos tribunais. O café era de propriedade de M. Charpentier, um inspetor de impostos, que fazia daquilo seu hobby. Quando as sessões dos tribunais terminavam e a casa ficava cheia, ele punha um guardanapo sobre o braço e servia às mesas: quando havia pouca gente, pegava um copo de vinho e sentava-se com os fregueses regulares para trocar ideias. Muitas das conversas no Café de l'École eram de natureza legal, mas o lugar não era frequentado apenas por homens. Havia algumas damas também, alvos de elogios discretos pelas mesas de tampos de mármore.

A esposa de Monsieur, Angélique, fora Angelica Soldini antes de se casar. Não seria difícil imaginar que a noiva italiana mantivesse uma vida secreta por trás do frio aspecto de senhora parisiense. E, de fato, Angélique conservou seu modo de falar rápido e exuberante, os vestidos escuros inconfundivelmente estrangeiros, as explosões periódicas de piedade e sensualidade; debaixo daqueles traços atraentes florescia sua verdadeira personalidade, uma mulher prudente, econômica e forte como granito. Ela ia ao café todos os dias. Perfeitamente casada, rechonchuda, olhos de veludo; de quando em vez alguém lhe escrevia um soneto e lhe fazia uma reverência.

— Vou ler mais tarde — dizia, dobrando o papel com cuidado, os olhos faiscando.

Sua filha, Antoinette Gabrielle, tinha 17 anos quando foi pela primeira vez ao café. Mais alta que a mãe, tinha testa fina e olhos castanhos muito graves. Seus sorrisos eram súbitos, mostrando rapidamente os dentes brancos antes de virar a cabeça ou girar o corpo em outra direção, como se a alegria tivesse objetivos secretos. Seu cabelo castanho, brilhante de tanto ser escovado, caía pelos ombros como uma capa de pele esvoaçante e exótica; nos dias frios servia-lhe de abrigo.

Gabrielle não era elegante como a mãe. Quando prendia o cabelo, o peso dos fios fazia os grampos escorregarem. Dentro de uma sala, andava como se estivesse na rua. Dava grandes suspiros e corava facilmente; suas conversas eram inconsequentes, e seus conhecimentos, irregulares, católicos e pitorescos. Tinha a energia bruta de uma lavadeira e, segundo a opinião geral, uma pele de seda.

Mme. Charpentier levou Gabrielle ao café para mostrá-la a homens que poderiam lhe propor casamento. Tinha mais dois filhos: Antoine, que estudava Direito, e Victor, que era casado e progredia na vida como escrivão. Só faltava arranjar casamento para a filha. Tudo indicava que Gabrielle se casaria com um dos advogados que frequentavam o café. Ela curvara-se docilmente ao destino, mas afligia-se com as dificuldades que teria de enfrentar mais adiante. Seu marido seria, provavelmente, bem mais velho. E ela esperava que fosse um homem bonito e estabelecido na vida, além de generoso, atencioso; em suma, que fosse um homem especial. Quando a porta se abriu um dia para maître d'Anton, um obscuro advogado das províncias, ela não imaginou de forma alguma que ele seria seu futuro marido.

LOGO DEPOIS da chegada de Georges-Jacques à capital, a França regozijava-se com o novo diretor-geral das finanças, M. Joly de Fleury, famoso por ter aumentado os impostos sobre alimentos em dez por cento. A sobrevivência de Georges-Jacques não era fácil, mas se não tivesse problemas financeiros ficaria desapontado; não teria nada para recordar no futuro de prosperidade.

Maître Vinot fazia-o trabalhar duro, mas manteve suas promessas.

— Use o nome d'Anton — aconselhou. — Soa melhor. — Para quem? Decerto, não para a nobreza real; mas muitos litígios civis são pressionados pelas categorias dos socialmente inseguros. — Não importa se souberem que é um nome espúrio. Isso mostra o tipo certo de necessidade. Tenha ambições abrangentes, meu caro menino. Assim se sentirá confortável.

Quando chegou a hora de fazer os exames finais, maître Vinot recomendou-lhe a Universidade de Rheims, onde os examinadores eram considerados pouco exigentes. Maître Vinot tentou lembrar-se de alguém que tivesse sido rejeitado pela universidade, mas não conseguiu.

— É claro que, com sua capacidade, você poderia fazer os exames aqui em Paris, mas... — Não terminou a frase e fez um gesto com uma das mãos, como que se referindo à busca intelectual exaustiva característica da banca de advocacia de maître Perrin. D'Anton foi para Rheims, qualificou-se e foi aceito como advogado do Parlamento de Paris. Para começar, foi colocado no nível mais baixo dos advogados. Subir não era bem uma questão de mérito, mas de dinheiro.

Depois que saiu da Île Saint-Louis instalou-se em casas e em escritórios com diversos graus de conforto, preparando petições que variavam em tamanho e qualidade. Dedicou-se a causas da baixa nobreza, envolvendo comprovação de títulos e direitos de propriedade. O ascendente social que regularizava sua documentação recomendava-o aos amigos. A massa de detalhes, intrincados, mas simples, não o absorvia por completo. Depois que encontrou a fórmula do sucesso, grande parte de seu cérebro ficou ociosa. Talvez assumisse esses casos para ter tempo de pensar em outras coisas. Ele não era introspectivo nessa época. Ficara surpreso, depois irritado, ao perceber que as pessoas com quem convivia eram muito menos inteligentes que ele. Incompetentes como Vinot tinham altos postos e prosperavam. "Até logo", diziam. "Não foi uma má semana. Até terça-feira." E lá iam eles passar o fim de semana no campo. Um dia ele compraria um lugar para si próprio, uma cabana com alguns acres serviria. Talvez isso o deixasse mais calmo.

Ele sabia do que precisava: de dinheiro, de um bom casamento, de colocar a vida em ordem. Precisava de capital para ter um escritório melhor. Tinha 28 anos e parecia um carregador bem-sucedido. Era difícil imaginá-lo sem as cicatrizes, sem elas poderia até ser um homem vistoso, mas teria sempre um ar rude. Seu italiano já era fluente, praticava-o com Angelica, indo ao café todos os dias depois do trabalho. Deus lhe dera uma voz poderosa, modulada, ressonante para compensar o rosto deformado; sua voz causava frisson nas mulheres. Ele lembrava sempre daquele ganhador do prêmio e seguia seu conselho: extrair a voz da parte posterior das costelas. Ainda não atingira a perfeição, faltava uma vibração extra, um pouco mais de colorido ao tom. Mas sua voz já se tornara um recurso profissional.

A aparência não é tudo, pensava Gabrielle. E dinheiro não é tudo, ela também pensava. Tinha de pensar dessa maneira o tempo todo. Mas, comparados e ele, todos os outros homens do café lhe pareciam pequenos, insípidos, fracos. No inverno de 1786, olhou-o de forma mais íntima, e na primavera deu-lhe um beijo casto de lábios fechados. E M. Charpentier achou que ele tinha futuro.

O problema é que fazer carreira como iniciante na Ordem dos Advogados exigia um servilismo que o esgotava. Às vezes, os sinais de tensão eram visíveis em seu rosto em geral animado.

*

MAÎTRE DESMOULINS estava advogando havia seis meses. Suas idas ao tribunal eram raras e, assim como muitas outras coisas raras, atraíam eruditos, cada vez mais desconfiados à medida que as semanas se passavam. Um grupo de estudantes o seguia como se ele fosse um grande jurista; observavam seu progresso contra a gagueira e seus esforços enraivecidos para superar o problema. Notavam também seu modo arrogante de tratar os fatos de um caso, e a capacidade de transformar as sentenças judiciais mais mundanas no veredicto de algum tirano cuja fortaleza ele, e só ele, tinha o dever de assaltar. Era o modo especial de um rebelde olhar o mundo.

O caso daquele dia referia-se a uma questão de direito de pastagem, com precedências informais locais, sem jurisprudência. Maître Desmoulins juntou seus papéis, deu um sorriso radiante para o juiz e saiu do tribunal com a alegria de um prisioneiro libertado, o cabelo comprido caindo nas costas.

— Volte aqui! — d'Anton gritou. Desmoulins parou e virou-se e d'Anton se aproximou. — Percebi que você não está acostumado a vencer. Você deve se compadecer de seu opositor.

— Por que me compadeceria? Você recebeu seus honorários. Venha, vamos dar uma volta, não gosto de ficar por aqui.

D'Anton não desistia facilmente.

— É uma hipocrisia decente. São as regras.

Camille Desmoulins virou a cabeça enquanto caminhava, e olhou-o desconfiado.

— Está dizendo que posso me vangloriar?

— Se quiser.

— Posso dizer: "Então é isso que aprendem na banca de advocacia de maître Vinot?"

— Se precisar. Meu primeiro caso — disse d'Anton — era semelhante a esse. Eu defendia um pastor de ovelhas contra seu senhor.

— Mas você progrediu um pouco desde então.

— Não moralmente, se é o que está pensando. Você abriu mão de seus honorários? Sim, achei que sim. E odeio você por isso.

Desmoulins parou.

— Está falando sério, maître d'Anton?

— Oh, meu Deus, por favor! Eu pensei apenas que você gostasse de palavras fortes. Houve muitos sentimentos fortes no tribunal. Você foi bem com o juiz, parou no momento em que ia começar a insultá-lo pessoalmente.

— Sim, mas nem sempre é assim. Não tenho muita prática em vencer, como você disse. O que você pensaria, d'Anton? Que sou um advogado muito ruim ou que meus casos são impossíveis de ganhar?

— Como assim, "o que eu pensaria"?

— Se fosse um observador imparcial.

— Como posso ser imparcial? — Todo mundo *conhece* você, pensou. — Em minha opinião, seria melhor que você aceitasse mais trabalhos, comparecesse sempre que fosse necessário, e cobrasse honorários como qualquer advogado normal.

— Muito gratificante — zombou Camille. — Uma preleção completa. Maître Vinot não teria feito melhor. Em breve você vai estar dando tapinhas nessa barriga incipiente e me recomendando um plano de vida. Nós sempre tivemos uma noção do que acontecia na banca de vocês. Tínhamos nossos espiões.

— Mas eu estou certo.

— Há muita gente que precisa de um advogado, mas não pode pagar os honorários.

— Sim, mas esse é um problema social pelo qual você não é responsável.

— Nós devemos ajudar as pessoas.

— Devemos mesmo?

— Sim. Já ouvi a argumentação contrária, que em termos filosóficos devemos deixá-las apodrecer; mas quando as coisas dão errado para elas debaixo de nossos narizes, acho que devemos, sim.

— À sua própria custa?

— Não é possível ser à custa de outra pessoa.

D'Anton olhou para ele. Ninguém, pensou, poderia querer ser assim.

— Você deve achar censurável que eu tente ganhar meu sustento.

— Sustento? Isso não é sustento, é pilhagem, é saque, e você sabe disso. Realmente, maître d'Anton, você se coloca em um papel ridículo com essa postura venal. Vai haver uma revolução e você terá de decidir de que lado estará.

— Essa revolução... vai nos dar um sustento?

— Esperamos que sim. Agora preciso ir, vou visitar um cliente que vai ser enforcado amanhã.

— Isso é comum?

— Meus clientes são sempre enforcados. Mesmo nos casos de propriedade e matrimônio.

— E essas visitas são comuns? Ele vai gostar de vê-lo? Talvez ache que você falhou de alguma forma.

— Pode ser. Mas visitar o preso é um Trabalho Corporal de Misericórdia. Você sabe disso, não sabe, d'Anton? Não foi educado na Igreja? Estou colecionando indulgências e outras coisas porque acho que posso morrer a qualquer hora.

— Onde está seu cliente?

— No Châtelet.

— Você sabe que está seguindo o caminho errado, não é?

Maître Desmoulins olhou-o, como se ele tivesse dito uma bobagem.

— Não pensei em chegar lá por nenhum caminho específico. — Hesitou e continuou: — D'Anton, por que está perdendo tempo com este diálogo trivial? Por que não sai por aí fazendo seu nome?

— Talvez porque eu precise de umas férias — disse d'Anton. Os olhos escuros e luminosos do colega tinham a timidez das vítimas naturais, a exaustão fatal da presa fácil. Ele inclinou-se para a frente e disse: — Camille, o que o pôs nesse estado tão terrível?

Os olhos de Camille Desmoulins eram bastante separados, e o que d'Anton considerou ser uma revelação de caráter era, na verdade, uma característica anatômica. Mas ele só perceberia isso muitos anos depois.

E ESSA CONVERSA CONTINUOU, uma daquelas conversas de fim de noite, com longas pausas.

— Afinal — disse d'Anton —, o que é isso? — Depois do anoitecer e de alguns copos de bebida ele estava ainda mais ressentido. — Por que tenho de passar a vida atendendo aos caprichos de um idiota como Vinot?

— Seu plano de vida vai além disso?

— Precisamos ultrapassar tudo, precisamos ir até o topo.

— Eu também tenho algumas ambições — disse Camille. — Sabe que estive em uma escola onde morríamos de frio e a comida era horrível? Isso de certa forma se tornou parte de mim; se eu sinto frio, aceito, o frio passa a ser natural, e no correr dos dias mal penso em comer. Mas é claro que se eu me aquecer ou se alguém me alimentar bem, sinto-me pateticamente grato; e imagino que seria bom viver de forma confortável, ter uma lareira crepitante e sair para jantar todas as noites. É claro que só penso assim em meus momentos de fraqueza. Penso também em acordar de manhã com uma pessoa querida a meu lado, em vez de me torturar com perguntas como: "Oh, meu Deus, o que aconteceu na noite passada, como eu me meti nisso?"

— Não é querer muito — disse Georges-Jacques.

— Mas quando finalmente se consegue alguma coisa, aquilo se torna cansativo. Pelo menos, essa é a voz corrente. Como eu nunca consegui nada, não posso dizer.

— Você precisa se organizar, Camille.

— Meu pai queria que eu fosse advogar em minha cidade quando terminasse meu aprendizado, queria que eu trabalhasse em seu escritório. Mas, novamente, ele não... Arranjaram um casamento para mim com uma prima. Todos nos casamos com primos para que o dinheiro não saia da família.

— E você não quer?

— Não me importo. Não faz diferença com quem eu me case.

— Não faz? — Ele pensava exatamente o oposto.

— Mas Rose-Fleur terá de vir para Paris, eu não posso voltar para lá.

— Como ela é?

— Não sei muito bem, nós pouco nos vimos. De aparência, você quer dizer? É bastante bonita.

— Você diz que não se importa com quem se case, mas nunca pensou em amar alguém?

— É claro que sim. Mas seria uma grande coincidência casar-se com a mulher que se ama.

— E seus pais? Como eles são?

— Parece que não falam um com o outro atualmente. Há uma tradição familiar de casar-se com alguém que não se possa tolerar. Dizem que meu primo Antoine, um dos primos Fouquier-Tinville, matou a primeira esposa.

— E ele foi processado por isso?

— Foi apenas sentenciado pelos fofoqueiros. Não havia provas suficientes para levá-lo a julgamento. Mas como Antoine também é advogado, não haveria julgamento de qualquer maneira. Imagino que ele seja bom em esconder provas. Essa história abalou a família, e eu sempre o considerei, como posso dizer — fez uma pausa melancólica —, uma espécie de herói. Qualquer um que ofenda seriamente os De Viefville é um herói para mim. Outro caso é o de Antoine Saint-Just, sei que somos aparentados, mas não imagino como, eles vivem em Noyon. Ele fugiu recentemente com o dinheiro da família, e sua mãe, que é viúva, conseguiu uma *lettre de cachet* e ele foi preso. Quando sair, terão de soltá-lo um dia, suponho, vai estar tão furioso que nunca os perdoará. Antoine é um rapaz grande, forte, vaidoso e cheio de si, provavelmente vai remoer sua raiva a cada minuto e pensar em uma forma de se vingar. Ele tem apenas 19 anos, então, talvez acabe seguindo carreira no crime, e isso desviará a atenção de mim.

— Não sei por que você não escreve para encorajá-lo.

— Talvez escreva. Concordo que não posso continuar assim. Publicaram alguns versos meus, nada demais, só um começo. Eu gostaria de escrever, mais que qualquer outra coisa na vida. Bem, como você pode imaginar, com minha deficiência é um alívio não ter de falar. Quero uma vida muito calma, de preferência em um lugar quente, e quero que me deixem em paz para que eu possa escrever alguma coisa que valha a pena.

D'Anton não acreditava. Reconhecia com repúdio que Camille diria isso de tempos em tempos, na esperança de disfarçar o fato de que era um rebelde inveterado.

— Você não gosta de ninguém respeitável? — perguntou.

— Oh, sim, gosto de meu amigo De Robespierre, mas ele mora em Arras, nunca o vejo. E maître Perrin tem sido gentil.

D'Anton olhou para ele. Não entendia como ele podia dizer: "Maître Perrin tem sido gentil."

— Você não se importa?

— Com o que dizem? Bom — Camille falou com suavidade —, eu preferia não ser objeto de ódio geral, mas não chego a ponto de deixar que minhas preferências alterem minha conduta.

— Eu só gostaria de saber, quer dizer, se há alguma verdade nisso.

— Porque o sol vai sair em uma hora e você acha que eu irei aos tribunais contar a todos que passei a noite com você?

— Alguém me disse... entre outras coisas... que você está envolvido com uma mulher casada.

— De certa forma, sim.

— Você tem mesmo uma interessante variedade de problemas.

Quando o relógio deu 4 horas, d'Anton sentiu que sabia muita coisa sobre Camille, mais do que gostaria. Olhou para ele através de uma névoa de álcool e fadiga, o clima que viveriam nos anos futuros.

— Eu poderia falar com você sobre Annette Duplessis — disse Camille —, mas a vida é muito curta.

— É mesmo? — D'Anton nunca tinha pensado nisso. Seu futuro às vezes parecia muito, muito distante.

EM JULHO DE 1786 nasceu a filha do rei e da rainha.

— Ambos passam bem — disse Angélique Charpentier —, mas creio que ela precisará de mais diamantes para consolar-se por não ter mais um lindo corpo.

— Como podemos saber se o corpo dela mudou? — perguntou seu marido. — Nós nunca vemos a rainha. Ela nunca aparece. Deve ter alguma coisa contra Paris. — Isso lhe causava tristeza. — Creio que não confia em nós, talvez por não ser francesa e estar muito longe de casa.

— Eu também estou longe de casa — disse Angélique impiedosamente. — Mas não levo a nação a endividamento por causa disso.

O endividamento, o déficit, eram palavras que viviam nos lábios dos clientes do café. Na opinião deles, só poucas pessoas tinham a capacidade de lidar com dinheiro nessa escala; era preciso uma capacidade especial, que M. Calonne, o novo diretor-geral das finanças, não tinha. M. Calonne era um cortesão perfeito, usava punhos de renda e água de lavanda, bengala com ponta de ouro, e era louco por trufas de Perigord. Como M. Necker, ele fazia empréstimos; os clientes do café achavam que os empréstimos de M. Necker tinham sido úteis, mas os de M. Calonne originavam-se de uma falta de imaginação e do desejo de manter as aparências.

Em agosto de 1786 o diretor-geral das finanças apresentou ao rei uma proposta de reformas. Havia uma razão forte e premente para a ação: metade das rendas do ano seguinte já fora gasta. A França era um país rico, M. Calonne dizia ao soberano, poderia produzir muito mais renda que produzia então. E isso não seria acrescentado à glória e ao prestígio da monarquia? Luís ficou em dúvida. Glória e prestígio, muito bem, mas ele só queria fazer o que era certo, e produzir essa renda exigiria mudanças substanciais, não é?

Na verdade, o ministro lhe disse que dali em diante todos, nobres, clero, comuns, deveriam pagar imposto sobre propriedade. O sistema pernicioso de isenção de impostos precisava terminar. O comércio livre era necessário, as alfândegas internas tinham de ser abolidas. Devia haver concessões à opinião liberal e era imprescindível que a *corvée* fosse extinta por completo. O rei franziu as sobrancelhas. Sentiu que já passara por tudo aquilo antes. Lembrou-se de M. Necker. Se tivesse pensado bem, teria se lembrado de M. Turgot, mas naquele momento estava confuso.

O problema era, disse ao ministro, que embora ele fosse pessoalmente a favor dessas medidas, os parlamentos nunca concordariam.

Era uma argumentação altamente convincente, disse M. Calonne. Com sua costumeira e infalível exatidão, Sua Majestade detectara o problema com precisão.

Mas se Sua Majestade sentia que essas medidas eram necessárias, ele se permitiria ser refutado pelos parlamentos? Por que não tomar a iniciativa?

Hum..., disse o rei, mexendo-se na cadeira inquieto, olhando pela janela para ver como estava o tempo.

O que ele devia fazer, disse Calonne, era convocar uma Assembleia dos Notáveis. Uma o quê?, perguntou o rei. Calonne continuou a pressioná-lo. Os Notáveis se entusiasmariam imediatamente com a realização do plano econômico no país, e apoiariam quaisquer medidas que o rei julgasse necessárias. Seria um golpe audacioso, assegurou ao monarca, criar um corpo inerentemente superior aos parlamentos, um corpo com liderança própria. O tipo de coisa que Henrique IV teria feito.

O rei ponderou. Henrique IV fora o mais sábio e popular dos soberanos, e também aquele a quem ele, Luís, mais desejava se igualar.

O rei colocou a cabeça entre as mãos. Parecia uma boa ideia, da forma como Calonne expunha, mas todos os seus ministros eram muito persuasivos e as coisas nunca eram tão simples quanto diziam. Além do mais, a rainha e sua corte... Levantou os olhos. Na opinião da rainha, ele disse, na próxima vez em que os parlamentos lhe criassem problemas, deveriam ser simplesmente dissolvidos. Os parlamentos de Paris e todos os parlamentos das províncias deveriam ser extintos, continuou o rei. Todos eles.

M. Calonne tremeu ao ouvir essa argumentação. Qual seria a consequência disso senão um panorama de relações cáusticas, uma década de disputas, de vinganças, de rebeliões? Precisamos interromper esse ciclo, majestade, ele disse. Creia em mim, por favor, creia em mim, as coisas nunca estiveram tão ruins.

GEORGES-JACQUES foi a M. Charpentier e pôs as cartas na mesa.

— Eu tenho um filho bastardo de 4 anos. Creio que já deveria ter-lhe dito isso.

— Por quê? — retrucou M. Charpentier, perspicaz. — Surpresas agradáveis devem ser preservadas.

— Eu me sinto um hipócrita — disse d'Anton. — Acabei de falar sobre isso com o jovem Camille.

— Continue, Georges-Jacques. Você me deixou curioso.

Eles tinham se conhecido na carruagem, ele contou, no dia em que chegou a Paris. Ela deu seu endereço e ele a visitou dias depois. E as coisas foram acontecendo, como M. Charpentier podia bem imaginar. Não, ele não tinha mais envolvimento com ela, estava tudo acabado. O menino morava no campo com uma ama.

— Você ofereceu casamento a ela, suponho.

D'Anton fez que sim.

— E por que ela não se casou com você?

— Acho que se cansou de minha aparência.

Lembrou-se de Françoise enraivecida no quarto, horrorizada por ser submetida às mesmas leis das outras mulheres: só quero me casar com alguém que valha a pena, não quero me ligar a um funcionário, a um ninguém, ou a você, com suas paixões e sua vaidade, correndo atrás de outras mulheres. Mesmo quando o bebê chutava dentro dela, ele via aquilo como uma contingência, que podia acontecer ou não. Muitos bebês nasciam mortos ou morriam nos primeiros dias; ele não desejava que isso acontecesse, mas sabia que era possível.

Mas o bebê desenvolveu-se normalmente e nasceu. "Pai desconhecido", ela escreveu na certidão de nascimento. Françoise finalmente encontrou o homem com quem queria se casar: maître Huet de Paisy, conselheiro do rei. Maître Huet estava pensando em vender seu cargo, tinha outros planos em mente, mas d'Anton não perguntou o que era. Então ofereceu o cargo para d'Anton.

— E quanto ele quer por isso?

D'Anton lhe informou o valor. Depois do segundo choque da tarde, Charpentier disse:

— Mas é um verdadeiro absurdo.

— Sim, eu sei que é um exagero, mas representa o acordo que fiz com relação à criança. Maître Huet vai reconhecer a paternidade, será tudo feito conforme a lei e esse problema será esquecido.

— A família de Françoise deveria obrigá-la a se casar com você. Que tipo de gente é esse? Em certo sentido você vai se desobrigar do problema, mas vai contrair dívidas. Não sei como poderá levantar essa quantia toda. — Pegou um pedaço de papel. — Isso é o que posso lhe dar, chamemos de empréstimo por enquanto, mas quando o contrato de casamento for assinado eu perdoo a dívida. — D'Anton inclinou a cabeça. — Preciso casar Gabrielle, ela é minha única filha, quero fazer o possível por ela. Sua família pode contribuir com... quanto? Está bem, mas isso é muito pouco. — Anotou os números. — Como poderemos cobrir o déficit?

— Com empréstimos, como diria Calonne.

— Não vejo outra solução

— Há outro lado nessa negociação de que você talvez não goste. A própria Françoise ofereceu-se para me emprestar o dinheiro. Ela tem uma vida confortável. Não entramos em detalhes, mas creio que a taxa de juros me será favorável.

— Isso é uma iniquidade. Meu Deus, que cadela! Você não teve vontade de estrangular essa mulher?

D'Anton sorriu.

— Tive, sim.

— Espero que tenha certeza de que o menino é seu.

— Ela não mentiria para mim. Não teria essa coragem.

— Homens gostam de pensar que... — Olhou para d'Anton. Não, essa não era a saída. Muito bem, então o filho era dele. — É muito dinheiro —

disse. — Pelo trabalho de uma noite há cinco anos parece desproporcional. Isso vai atormentá-lo durante anos.

— Ela quer tirar o que puder de mim. Você entende isso, creio. — Afinal, foi ela que teve as dores, foi ela que caiu em desgraça, ele pensou. — Pretendo deixar tudo resolvido dentro de dois meses. Quero começar com Gabrielle sem amarras.

— Eu não diria exatamente sem amarras, pelo contrário — Charpentier falou gentilmente. — Você está hipotecando todo o seu futuro. Você não pode...

— Não, não posso ir contra Françoise. Eu gostava dela. E penso no menino também. Seja franco, se eu tivesse outra atitude, seria o tipo de homem que você iria querer para genro?

— Eu sei disso, não me entenda mal, mas é que estou velho e calejado e me preocupo com você. Quando essa mulher quer receber o pagamento final?

— Em 1791, no início do primeiro trimestre. Você acha que devo contar a Gabrielle?

— Você é quem decide. Até o dia de seu casamento, pode tentar ser cuidadoso?

— Veja, eu tenho quatro anos para pagar. Vou conseguir.

— Decerto você poderá ganhar dinheiro como conselheiro do rei. Não nego isso. — M. Charpentier pensou: ele é jovem, é inexperiente, tem muito a aprender, e não pode estar tão seguro de si quanto parece. Sentiu vontade de confortá-lo. — Segundo maître Vinot, tempos turbulentos estão a nossa frente, e em épocas de problemas, as questões judiciais aumentam. — Juntou os pedaços de papel. — A meu ver, alguma coisa vai acontecer até 1791 que lhe trará grandes oportunidades.

DOIS DE MARÇO DE 1787. Camille estava completando 27 anos, e ninguém tinha notícias dele havia uma semana. Talvez tivesse se mudado de novo.

A Assembleia dos Notáveis chegara a um impasse. O café estava lotado e barulhento.

— O que foi que o marquês de Lafayette disse?

— Disse que os Estados Gerais deveriam ser convocados.

— Mas os Estados são uma relíquia. Não se reúnem desde...

— Desde 1614.

— Obrigado, d'Anton — disse maître Perrin. — Como podem atender às nossas necessidades? O clero irá debater em uma câmara, os nobres, em outra e os comuns, em uma terceira, e qualquer proposta apresentada pelos comuns será derrotada pelos outros dois. Então que progresso...

— Escutem — interrompeu d'Anton —, até mesmo uma instituição antiga pode assumir uma nova forma. Não é preciso agir como da última vez.

O grupo olhou para ele.

— Lafayette é um homem *jovem* — disse maître Perrin.

— Mais ou menos da sua idade, Georges.

Sim, pensou d'Anton, e enquanto eu queimava as pestanas nos livros do escritório de Vinot, ele comandava exércitos. Hoje, eu sou um advogado pobre e ele é o herói da França e da América. Lafayette pode aspirar a ser o chefe da nação, e eu posso aspirar a me ajeitar na vida. Hoje esse homem *jovem*, de aparência comum, magro, de ralos cabelos louros, tinha sua plateia e estava propondo uma ideia; e ele, d'Anton, que sentia uma antipatia irracional pelo sujeito, era obrigado a defendê-lo.

— Os Estados são nossa única esperança — disse. — Seria uma bela representação para nós, os comuns, o Terceiro Estado. Fica bem claro que a nobreza, no fundo, não pensa no bem-estar do rei, então ele estaria cometendo uma estupidez se defendesse os interesses dessa nobreza. Ele deve convocar os Estados e conferir poder real ao Terceiro Estado. Não só de expressão, não só de consulta, mas também de ação.

— Só acreditarei nisso quando vir — disse Charpentier.

— Nunca acontecerá — disse Perrin. — O que mais me interessa é a proposta de Lafayette de investigar as fraudes de impostos.

— E especulações clandestinas — disse d'Anton. — A corrupção do mercado como um todo.

— Sempre essa veemência — disse Perrin — entre aqueles que não têm vínculos e gostariam de ter.

Alguma coisa distraiu M. Charpentier. Ele olhou por cima do ombro de d'Anton e sorriu.

— Aqui está um homem que pode nos esclarecer essas coisas. — Deu um passo adiante e estendeu a mão. — M. Duplessis, o senhor se tornou um estranho, nós nunca o vemos. Ainda não conheceu o noivo de minha filha. M. Duplessis é um velho amigo meu, trabalha no Tesouro.

— Para mal de meus pecados — disse M. Duplessis, com um sorriso sepulcral. Cumprimentou d'Anton de longe, como se já tivesse ouvido seu nome. Ele era um homem alto, por volta dos 50 anos, ainda com boa aparência; vestia-se com esmero e simplicidade. Seu olhar parecia pousar mais adiante, como se sua visão estivesse obstruída pelas mesas de tampo de mármore, cadeiras douradas e calças pretas dos advogados.

— Então Gabrielle vai se casar. Quando será o grande dia?

— Ainda não decidimos. Maio ou junho.

— Como o tempo voa.

Falou de trivialidades, lembrou-se das crianças fazendo bolos de lama e fez força para sorrir mais uma vez.

M. Charpentier lhe ofereceu uma xícara de café.

— Sinto muito pelo que houve com o marido de sua filha.

— Sim, foi uma ocorrência infeliz. Minha filha Adèle casou-se e enviuvou ainda muito nova. — Dirigiu-se a Charpentier, olhando por cima do ombro esquerdo. — Vamos manter Lucile em casa durante mais tempo. Embora tenha apenas 15 ou 16 anos, é uma mocinha. As filhas são uma preocupação. Os filhos também, ainda que eu não tenha nenhum. Genros são uma preocupação, morrendo como morrem. Mas não o senhor, maître d'Anton. O senhor não será uma preocupação decerto. Tem um ar bastante saudável. Aliás, saudável demais.

Como ele pode ser tão digno, pensou d'Anton, com essa conversa a esmo? Teria sempre sido assim ou a situação do momento, o déficit, ou seus problemas domésticos o deixaram assim?

— E sua querida esposa? — perguntou M. Charpentier. — Como vai?

M. Duplessis pensou para responder, como se não conseguisse lembrar-se do rosto dela. Finalmente disse:

— Como sempre.

— Vocês não querem vir jantar conosco uma noite dessas? As meninas também, é claro, se quiserem.

— Eu iria, você sabe... mas a pressão do trabalho... tenho estado muito em Versalhes durante a semana, só hoje vim resolver algumas coisas... às vezes trabalho nos fins de semana também. — Virou-se para d'Anton e disse: — Trabalhei no Tesouro durante toda a vida. É uma carreira gratificante, mas a cada dia se torna mais difícil. Se ao menos o abade Terray...

Charpentier abafou um bocejo. Já tinha ouvido aquilo antes, todos tinham. O abade Terray era o eterno inspetor-chefe de Duplessis, seu herói fiscal.

— Se Terray tivesse ficado poderia ter nos salvado; todos os projetos criados nos últimos anos, todas as soluções já tinham sido previstas por ele há anos. — Isso quando ele era jovem e as filhas eram bebês, ele tinha prazer em ir trabalhar pois era uma aventura e um progresso a cada dia. Mas os parlamentos opuseram-se ao abade, acusaram-no de especular com grãos e induziram as pessoas ignorantes a renegá-lo. — Isso foi antes de a situação piorar; os problemas na época eram contornáveis. Hoje eles vêm com as mesmas ideias antigas e brilhantes... — Fez um gesto de desespero. M. Duplessis preocupava-se muito com o estado do Tesouro real, e desde a partida do abade Terray seu trabalho se tornara uma espécie de sofrimento oficial diário.

Inclinou-se para servir-se de mais café.

— Preciso ir embora, trouxe trabalho para fazer em casa. Vamos aceitar seu convite assim que esta crise terminar.

Pegou o chapéu, fez uma reverência e saiu porta afora.

— Quando a crise terminará? — perguntou Charpentier. — Não se pode imaginar.

Angélique apareceu.

— Eu vi você rindo quando perguntou sobre a esposa dele — disse ao marido. — E você — deu um tapinha no ombro de d'Anton —, ficou azul tentando não rir. De que estavam falando?

— Eram só fofocas, minha querida.

— *Só* fofocas? O que mais existe na vida?

— Estávamos falando do amigo cigano de Georges, aquele que arranjou um meio de entrar para a sociedade.

— Quem? Camille? Está brincando comigo. Só está dizendo isso para testar minha ingenuidade. — Olhou em volta para os outros clientes. — Com Annette Duplessis? — perguntou. — Annette Duplessis?

— Ouça bem. É complicado, é circunstancial, não se sabe como vai acabar. Alguns compram entradas para a temporada no Opéra, outros gostam de romances de Mr. Fielding. Eu me entretenho com assuntos caseiros, nada mais divertido que a vida na rue Condé hoje em dia. Para o conhecedor da loucura humana...

— Jesus, Maria, José! Acabe logo com isso — disse Angélique.

II. Rue Condé: quinta-feira à tarde

(1787)

ANNETTE DUPLESSIS era uma mulher inteligente. Lidava elegantemente com o problema que a preocupava havia quatro anos. Naquela tarde iria resolvê-lo. Desde o meio-dia soprava um vento frio que criava correntezas no apartamento e entrava pelos buracos das fechaduras e por baixo das portas, atiçando as bandeiras nebulosas da crise próxima. Preocupada com a silhueta, Annette tomou um copo de vinagre de cidra.

Claude Duplessis, com quem se casara havia muitos anos, era bem mais velho que ela, mas agora parecia ser seu pai. Por que se casara com ele?, perguntava-se sempre. Só podia concluir que tinha sido uma criança séria, mas que se entregara à frivolidade com o passar dos anos.

Quando se conheceram, Claude era funcionário público e se preocupava em chegar ao topo de sua carreira. Através de diferentes graus e variantes de funcionalismo, passaria de empregado subalterno a empregado intermediário, então a funcionário de alto nível, funcionário sênior, funcionário confidencial, funcionário extraordinário, funcionário *in excelsis*, funcionário acima de todos os outros. Sua inteligência chamara a atenção de Annette, e também sua perseverança e dedicação aos problemas da nação. Seu pai era um ferreiro próspero, mas desde o nascimento do filho não se aproximava pessoalmente de uma forja. O sucesso profissional de Claude era motivo de admiração.

Quando as dificuldades iniciais foram superadas e ele decidiu se casar, viu-se cercado de um mar desanimador de futilidade. Annette era uma jovem rica e cortejada, por quem, sem nenhuma razão evidente, ele se encantou e a quem, finalmente, se afeiçoou. A própria diferença entre eles mostrava que haveria um longo caminho a ser trilhado; os amigos previam um casamento fora do comum.

Claude não falou muito quando lhe propôs casamento. Sua especialidade eram os números. De qualquer forma, ela acreditou que as emoções eram mais fortes que as palavras. Seu rosto e suas esperanças eram mantidos sob controle, como arames de aço tensionados; ela imaginava que as inseguranças dele deviam rolar por sua cabeça como contas de um ábaco.

Seis meses depois, por mais bem-intencionada que estivesse, ela sentiu-se sufocada. Certa noite correu para o jardim, chorando entre as macieiras e as estrelas e gritando: "Claude, você é entediante." Lembrava-se da grama úmida sob os pés, e de tremer ao olhar para trás e ver as luzes da casa. Tinha se casado para livrar-se da rigidez dos pais, mas agora era cativa de Claude. Você nunca vai sair dessa prisão, disse a si mesma, essas coisas terminam mal. Voltou para casa, lavou os pés e tomou um chá quente de ervas para apaziguar suas esperanças frustradas.

Depois daquilo Claude a tratou com reserva e desconfiança durante meses. Mesmo agora, se ela se mostrava indisposta ou distante, ele aludia ao episódio, dizendo que aprendera a viver com a natureza instável dela, mas que no início tinha sido apanhado de surpresa.

Depois que as meninas nasceram ela teve um pequeno caso. Era um amigo do marido, advogado, um homem louro e correto. Veio a saber que vivia em Toulouse com uma esposa inchada de rosto vermelho, e que tinha cinco filhas estudando em um convento. Ela não repetiu a experiência do adultério. Claude nunca soube de nada. Do contrário, alguma coisa teria mudado, mas como não descobriu, não adiantava ter outro caso.

Então, para o tempo passar mais depressa, e para pensar em algo que não caísse na categoria de "caso amoroso", afeiçoou-se a Camille, quando este tinha 22 anos. Stanislas Fréron, cuja família conhecia a dela, levou-o à sua casa um dia. Camille parecia ter 17 anos. Isso ocorreu quatro anos antes de ele ter idade para estagiar em uma banca advocatícia. Sua conversa resumia-se a uma série de pequenos suspiros, hesitações e contestações. Às vezes suas mãos tremiam. Ele não olhava ninguém de frente.

Camille é brilhante, disse Stanislas Fréron. Vai se tornar famoso. Embora a presença e a casa dela parecessem deixá-lo apavorado, ele não se afastou.

LOGO NO INÍCIO Claude convidou-o para jantar. Era uma lista bem escolhida de convidados, e uma bela oportunidade para ele expor sua previsão econômica para os próximos cinco lúgubres anos e falar sobre o abade Terray. Camille sentou-se em silêncio, pedindo ocasionalmente, com sua voz suave, que M. Duplessis fosse mais preciso, lhe explicasse e provasse como tinha chegado àqueles números. Claude pediu uma pena, papel e tinta. Pôs alguns pratos de lado, abaixou a cabeça e a refeição terminou para os dois. Os demais convidados olharam perplexos para eles e continuaram a conversar uns com os outros gentilmente. Enquanto Claude murmurava e rabiscava alguns números, Camille olhava por cima do ombro, tentando ver suas simplificações, e fazendo perguntas mais longas e mais irrefutáveis. Claude fechou os olhos por alguns minutos. Os números espalhavam-se na ponta de sua pena como estorninhos na neve.

Annette inclinou-se por cima da mesa.

— Querido, você não...

— Um minuto.

— Se é tão complicado assim...

— Aqui, está vendo?

— ...não pode explicar isso mais tarde?

Claude balançou o papel no ar.

— Vagamente — disse. — Não mais que vagamente. Mas os diretores-gerais das finanças são vagos, e isso lhe dá uma ideia.

Camille pegou o papel, olhou rapidamente, e ao erguer a cabeça seus olhos cruzaram com os dela. Annette ficou assustada e chocada com a emoção que sentiu. Desviou o olhar e passou a ocupar-se dos outros convidados com muita solicitude. Camille falou que não entendia a relação de um ministério com o outro e como todos conseguiam suas verbas, e disse que talvez estivesse sendo muito estúpido. Claude disse que não era estupidez alguma, e que podia demonstrar isso.

Empurrou a cadeira para trás e levantou-se da cabeceira da mesa. Os convidados levantaram os olhos.

— Podemos todos aprender muito, tenho certeza — falou um subsecretário, com ar bastante dúbio, ao ver Claude atravessar a sala. Nesse momento Annette estendeu a mão para detê-lo. — Eu só vou precisar da travessa de frutas — disse, como se aquilo fosse razoável.

Pegou a fruteira, voltou para seu lugar e colocou-a no centro da mesa. Uma laranja caiu e ficou rodando lentamente sobre a toalha, à vista dos convidados atônitos. Camille, com os olhos fixos em Claude, fez a laranja parar, deu-lhe um pequeno empurrão e rolou-a para Annette, do outro lado da mesa. Encantada, ela pegou a fruta, observada pelos convidados, e corou como se tivesse 15 anos. Seu marido tirou a sopeira de uma mesa lateral e um prato de legumes da mão de um criado que o levava para a cozinha.

— A fruteira representa a receita — disse.

Claude tornou-se alvo de admiração. A conversa parou.

— E a sopeira representa o ministro da Justiça, que também é, naturalmente, o guarda-selos.

— Claude... — disse Annette.

Ele mandou-a calar-se. Fascinados, paralisados, os convidados seguiam o movimento da comida na mesa; habilmente, Claude tirou o copo de vinho da mão do subsecretário. Com a mão estendida e a expressão séria, esse funcionário parecia imitar um harpista em uma pantomima.

— Digamos que este saleiro seja o secretário do ministro.

— Muito menor — disse Camille encantado. — Nunca soube que eles fossem tão baixos.

— E que essas colheres sejam as garantias do Tesouro. Agora...

Sim, disse Camille, mas pediu que ele esclarecesse, e voltasse ao que estava dizendo; sim, Claude anuiu, você precisa entender tudo muito bem. E pegou uma jarra de água para retificar as proporções. Seu rosto brilhava.

— Isto é melhor que o espetáculo de marionetes com Mr. Punch — alguém sussurrou.

— Talvez a sopeira fale com voz esganiçada daqui a pouco.

Por piedade, Annette rezou: faça com que ele pare de fazer perguntas. Mas com um pequeno floreio aqui e outro ali, Camille continuava a comandar Claude, e os convidados que, de boca aberta na mesa desordenada, com os copos vazios, sem talheres, sem sobremesa, entreolhavam-se, contendo o riso. Isso será contado pela cidade inteira, de ministério a ministério, nos tribunais, e todos se divertirão com a história deste jantar, Annette pensou. Por piedade, faça com que ele pare, faça com que alguma coisa o detenha. Mas que coisa seria essa? Talvez um pequeno incêndio.

Enquanto ela se agitava, bebendo um copo de vinho atrás do outro e secando os lábios com um lenço, os olhos incendiários de Camille queimavam-na por cima do arranjo de flores. Finalmente, desculpando-se com um gesto da cabeça e abafando um sorriso que os convidados notaram, ela levantou-se e saiu da sala. Sentou-se durante dez minutos diante da penteadeira e estremeceu com o rumo tomado por seus próprios pensamentos. Precisava retocar a maquiagem, mas não queria ver a expressão perdida em seus olhos. Fazia anos que ela e Claude não dormiam juntos; o que importava isso, por que estava fazendo esse tipo de cálculo, será que pretendia pedir papel e tinta para escrever o déficit de sua própria vida? Claude diz que se as coisas continuarem assim até 1789, o país irá por água abaixo e nós todos iremos também. No espelho vê grandes olhos azuis cheios de lágrimas, que ela seca como secou antes o vinho tinto dos lábios; talvez eu tenha bebido demais, talvez nós todos tenhamos bebido demais, a não ser aquele menino venenoso. Nunca o perdoarei por ter estragado minha festa e feito Claude de bobo. Por que estou segurando esta laranja?, perguntou a si mesma. Olhou para sua mão, como Lady Macbeth. O quê, em nossa casa?

Quando voltou para a sala, com o sangue perfumado da fruta sob as unhas, a performance tinha terminado, e os convidados comiam *petits fours*. Claude olhou-a como que perguntando onde ela estivera. Parecia contente. Camille, com os olhos fixos na mesa, não conversava mais. Se visse aquela expressão em uma de suas filhas, a teria classificado como séria. Todos os outros pareciam deslocados e tensos. O café foi servido, café amargo e preto como as chances desperdiçadas.

NO DIA SEGUINTE CLAUDE referiu-se ao acontecido. Disse que a ocasião fora estimulante, muito melhor que os jantares triviais de sempre. Se a vida social deles fosse sempre assim, não se queixaria tanto; ela precisava convidar de novo aquele rapaz cujo nome lhe escapava no momento. Era um rapaz encantador, interessado, pena que fosse gago e tivesse a compreensão um pouco lenta. Esperava não ter dado impressões erradas sobre os trabalhos do Tesouro.

Como é torturante, ela pensou, a situação dos tolos que sabem que são tolos; e como é agradável a condição de Claude, em comparação.

NA VEZ SEGUINTE em que Camille os visitou, olhou-a de forma mais discreta, como se tivessem combinado que nada deveria ser precipitado. Interessante, ela pensou. Interessante.

Ele disse a ela que não queria seguir uma carreira legal, mas o que mais poderia fazer? Que estava preso à sua bolsa de estudos. Como Voltaire, não queria ter uma profissão, queria ser um homem de letras.

— Oh, Voltaire — ela falou. — Estou cansada desse nome. Homens de letras serão um luxo nos próximos anos. Todos nós teremos de trabalhar muito, sem nos distrair. Teremos de imitar Claude.

Camille pôs o cabelo para trás. Ela gostou do gesto; bastante ensaiado e inútil, mas cativante.

— Você está dizendo isso, mas no fundo do coração não acredita. No fundo do coração, pensa que as coisas vão continuar como estão.

— Permita-me conhecer meu próprio coração — Annette disse.

Conforme as visitas se sucediam, ela foi notando a inadequação daquela amizade. Não era apenas a idade dele, mas sua orientação de vida. Os amigos eram atores desempregados ou vinham de tipografias obscuras. Tinham filhos ilegítimos e opiniões subversivas, e quando eram procurados pela polícia fugiam para o exterior. Ele tinha uma vida de fachada, e outra velada. Achou melhor não fazer perguntas sobre isso.

CAMILLE CONTINUOU A IR aos jantares, mas não houve outros incidentes. Às vezes Claude convidava-o para passar o fim de semana com um grupo em Bourg-la-Reine, onde eles tinham terras e uma confortável casa de fazenda. As meninas tinham gostado dele, pensou Annette.

DURANTE CERCA DE DOIS ANOS eles se viram com frequência. Uma de suas amigas, que parecia entender desse tipo de coisa, disse que ele era homossexual. Annette não acreditou, mas lembrou-se disso para usar como defesa, caso seu marido reclamasse. Mas por que reclamaria? Ele era apenas mais um convidado da casa. Não havia nada entre eles.

UM DIA ANNETTE LHE PERGUNTOU:

— Você sabe muita coisa sobre flores silvestres?

— Não especialmente.

— É que Lucile colheu uma flor em Bourg-la-Reine e perguntou que flor era aquela; eu não tinha a menor ideia e disse que você decerto sabia. Guardei-a... dentro de meu livro, e disse que lhe perguntaria.

Foi sentar-se ao lado dele segurando o grande dicionário onde punha cartas, listas de compras e qualquer outra coisa que quisesse guardar em segurança. Abriu-o com cuidado para que os papéis não caíssem pelo chão. Ele examinou a flor, virando-a delicadamente com a unha sob uma das folhas, e franziu as sobrancelhas.

— Provavelmente é alguma planta daninha extremamente comum — disse.

Pôs o braço em volta dela e tentou beijá-la. Mais por surpresa que por intenção, ela deu um pulo, deixando cair o dicionário e seu conteúdo. Poderia ter-lhe dado um tapa, mas seria um clichê e, além do mais, despropositado. Ela sempre quis dar um tapa em alguém, mas preferiria um homem mais robusto. E entre um pensamento e outro, o momento passou. Ela apoiou-se no sofá e levantou-se, desequilibrada.

— Desculpe-me — ele disse. — Fui pouco sutil.

Camille tremia um pouco.

— Como você teve a coragem?

Ele levantou a palma da mão.

— Oh, porque, Annette, eu quero você.

— Isso está fora de questão — ela falou, afastando os pés dos papéis espalhados. Alguns versos que ele tinha escrito estavam sobre o tapete, dobrados ao lado da conta de um chapéu que escondera de Claude. Camille nunca faria perguntas sobre o preço de chapéus femininos. Seria um assunto além dele, além e abaixo dele. Precisou olhar pela janela (embora fosse um dia escuro de inverno) e morder os lábios para que eles não tremessem.

As coisas se arrastavam assim havia um ano.

ELES CONVERSAVAM sobre teatro, sobre livros e sobre as pessoas que conheciam; mas a conversa mais constante era se ela iria para a cama com ele. Annette dava as respostas apropriadas. Ele retrucava dizendo que seus argumentos eram velhos e que era o que as pessoas sempre diziam, primeiro por medo de si próprias, segundo por medo de tentarem ser felizes e depois serem punidas por Deus, tomadas de puritanismo e culpa.

Annette achava (particularmente) que ele tinha mais medo de si próprio que qualquer outra pessoa que ela conhecia, e que seu medo não era infundado.

Ela disse que não mudaria de opinião, e que aquela argumentação se prolongaria indefinidamente.

— Não indefinidamente — replicou Camille—, só até sermos tão velhos que o assunto não nos interessará mais. Os ingleses fazem isso na Câmara dos Comuns. — Annette levantou o rosto, chocada, e Camille explicou que não era disso que estava falando. — Na Câmara dos Comuns, quando uma medida proposta desagrada a um membro, ele tem direito de levantar-se e iniciar uma polêmica sem fim, com os prós e os contras, até todos se cansarem e irem para casa, ou até a sessão terminar e não haver mais tempo. Esse processo pode durar anos. Em nosso caso, como eu gosto de conversar com você, seria uma forma agradável de passar a vida. Mas o fato é que eu quero você agora.

DEPOIS DESSA PRIMEIRA OCASIÃO ela passou a se comportar com frieza, evitando-o com muita habilidade. Não que ele a tivesse tocado novamente. Ele mal a deixava tocá-lo. Se ele esbarrava nela, mesmo acidentalmente, pedia desculpas. Era melhor assim, dizia, considerando a natureza humana como é, e as tardes, longas como são; as meninas visitando amigas, as ruas desertas, a sala silenciosa a não ser pelo tique-taque dos relógios e as batidas de seus corações.

A intenção de Annette era cortar esse vínculo com calma, em seu próprio ritmo, embora a convivência entre eles tivesse possibilitado momentos especiais. Então, obviamente, Camille falou sobre isso com alguém, ou um dos amigos de seu marido os viu, e todos souberam. Claude tinha inúmeros conhecidos interessados. A questão era debatida nos vestiários (esmiuçada no Châtelet, mas apresentada nos tribunais como o escândalo do ano, entre os escândalos da classe média), circulava nos cafés mais seletos e era comentada no ministério. Para os fofoqueiros não havia nenhuma dúvida, não era uma questão de tentação, angústia moral ou escrúpulos. Ela era atraente, entediada, não era mais uma menina. Ele era jovem e persistente. É claro que os dois... era o que todos pensavam. E se perguntavam: desde quando? E quando Duplessis decidiria saber?

Claude podia ser surdo, podia ser mudo, mas não era santo nem mártir. Adultério era uma palavra terrível. Estava na hora de acabar com aquilo, pensou Annette, hora de acabar com o que nunca havia começado.

Lembrou-se, por alguma razão, de uma ou duas ocasiões em que achou que estava grávida de novo, antes de Claude e ela passarem a dormir em quartos separados. Pensou que estivesse, teve aquela sensação estranha, mas quando vieram as regras viu que se enganara. Uma semana, uma quinzena de sua vida tinham se passado, uma nova vida foi considerada, um fluxo de amor começou, da cabeça para o corpo e para o mundo e os anos futuros. Depois terminou, ou não chegou a acontecer: um aborto de amor. O bebê continuou em sua imaginação. Teria olhos azuis? Como teria sido sua personalidade?

FINALMENTE CHEGOU O DIA. Annette estava sentada na penteadeira enquanto a camareira penteava seu cabelo.

— Assim, não — disse. — Não gosto do cabelo desse jeito. Faz-me parecer mais velha.

— Não! — a camareira falou, fingindo horror. — Nem um dia mais que 38 anos.

— Não gosto do número 38. Prefiro números redondos, como o 35.

— Quarenta também é um número redondo.

Annette tomou um gole de vinagre de cidra e fez uma careta.

— Sua visita chegou — disse a camareira.

A chuva batia em rajadas na janela.

EM OUTRA SALA, a filha de Annette, Lucile, abriu seu diário novo de lombada vermelha e papel acetinado, com uma fita para marcar a página.

"Anne Lucile Philippa Duplessis", escreveu. Estava tentando mudar sua letra mais uma vez. "Diário de Lucile Duplessis, nascida - 1770, morta - ? Volume III. Ano de 1786."

"Nesta época de minha vida", continuou, "penso muito em como seria ser uma rainha. Não a nossa rainha, alguma outra mais trágica. Penso em Maria Tudor, que disse: Quando eu morrer e abrirem meu peito, encontrarão o nome "Calais" gravado em meu coração. Se eu, Lucile, fosse morta e me abrissem o peito, encontrariam gravada a palavra "*Tédio*".

"Na verdade, prefiro Maria Stuart. É minha favorita. Foi rainha durante longo tempo. Penso em sua beleza eletrizante no meio daqueles escoceses bárbaros. Penso nas muralhas de Fotheringay, fechadas como um túmulo. É realmente uma pena que ela não tenha morrido jovem. É sempre melhor quando as pessoas morrem jovens, pois se mantêm radiantes, não são lembradas sofrendo de reumatismo ou engordando.

Lucile pulou uma linha. Respirou fundo e recomeçou.

"Ela passou sua última noite escrevendo cartas. Mandou um diamante para Mendoza e um para o rei de Espanha. Quando as cartas estavam seladas, sentou-se com os olhos abertos enquanto suas camareiras rezavam.

"Às 8 horas, o oficial de justiça veio buscá-la. Em seu genuflexório, leu com voz calma as orações para os mortos. Membros de sua corte ajoelharam-se quando ela saiu para o Grande Hall, vestida de preto, com um crucifixo de marfim nas mãos.

"Trezentas pessoas reuniram-se para vê-la morrer. Ela entrou por uma pequena porta lateral, e surpreendeu-as. Tinha uma expressão contida. O patíbulo era todo preto, com uma almofada preta para que ela se ajoelhasse. Mas quando os carrascos se aproximaram e tiraram o manto preto de seus ombros, viram que a rainha estava inteiramente vestida de escarlate, a cor do sangue.

Nesse ponto Lucile pôs a pena em cima da mesa e começou a pensar em sinônimos. Vermelhão. Purpúreo. Sanguíneo.

Pegou a pena novamente.

"Em que teria pensado ao apoiar a cabeça no bloco enquanto esperava, enquanto o carrasco ficava em posição? Segundos passaram-se, e esses segundos lhe pareceram anos.

"O primeiro golpe do machado cortou-lhe a nuca. O segundo não chegou a separar o pescoço do corpo, mas cobriu o chão com o sangue real. O terceiro golpe fez a cabeça rolar pelo patíbulo. O carrasco pegou-a e mostrou aos circunstantes. Era possível notar que os lábios ainda se moviam, e continuaram a se mover por um quarto de hora.

"Mas se alguém ficou ao lado dos restos mortais com um relógio, isso eu não saberia dizer.

*

ADÈLE, SUA IRMÃ, entrou.

— Está escrevendo seu diário? Posso ler?

— Pode, mas não deve.

— Oh, Lucile — disse a irmã, rindo.

Adèle sentou-se, e com certa dificuldade Lucile voltou ao presente e olhou para a irmã. Ela está regredindo, pensou. Se eu fosse uma mulher casada, mesmo que por pouco tempo, não passaria as tardes na casa de meus pais.

— Estou me sentindo muito solitária — disse Adèle. — Estou entediada. Não posso ir a lugar algum, pois ainda é muito cedo para sair e tenho de usar esse luto horrível.

— Também estou entediada — disse Lucile.

— Mas é o tédio de sempre, não é?

— A única diferença é que Claude fica cada vez menos em casa. E isso dá oportunidade a Annette de ficar com seu Amigo.

Era hábito delas, quando estavam sozinhas, chamar os pais pelo nome.

— E como vai o Amigo? — Adèle inquiriu. — Ainda estuda latim com você?

— Eu não estudo mais latim na escola.

— Que pena. Não tem mais pretexto para ficar perto dele.

— Eu detesto você, Adèle.

— É claro que detesta — falou a irmã, de bom humor. — Pense como sou adulta. Pense em todo o dinheiro que meu pobre marido me deixou. Pense em todas as coisas que eu *sei*, e que você não sabe. Pense em como vou me divertir quando acabar meu luto. Pense em todos os homens que há no mundo! Mas, não. Você só pensa em um.

— Eu não penso nele — disse Lucile.

— Claude suspeita do que está germinando aqui, o que existe entre ele e Annette e entre ele e você?

— Não há nada germinando aqui. Você não percebe? O problema é que não há nada acontecendo.

— Talvez não no sentido técnico e cru — disse Adèle. — Mas acho que Annette não vai aguentar por muito tempo, mesmo que seja por puro cansaço. E você, você tinha 12 anos quando o viu pela primeira vez. Eu me lembro da ocasião. Seus olhos de porquinho iluminaram-se.

— Eu não tenho olhos de porquinho. E eles não se iluminaram.

— Mas ele é exatamente o que você quer. É claro que não ele não se encaixaria na vida de Maria Stuart. Mas é o que você precisa para jogar na cara dos outros.

— Ele nunca olha para mim, de qualquer forma — disse Lucile. — Pensa que eu sou uma criança. Nem percebe a minha presença.

— Percebe, sim. Por que não vai até lá? — Fez um gesto em direção à porta fechada da sala de visitas. — Depois me conte. Mas duvido que você vá.

— Não posso simplesmente entrar lá.

— Por que não? Se eles só estiverem conversando não há mal algum, não é? E se não estiverem... bem, é isso o que queremos saber, não é?

— Por que você não vai, então?

Adèle olhou-a como se ela fosse uma simplória.

— Porque a suposição mais inocente é a que se espera que seja feita.

Lucile entendeu, e não resistiu ao desafio. Adèle viu-a sair para a sala, pisando sobre o tapete com as silenciosas sapatilhas de cetim. O rosto estranho de Camille flutuava em sua mente. Se ele não é nossa condenação, pensou, vou quebrar minha bola de cristal e começar a fazer tricô.

CAMILLE FOI PONTUAL, chegou às 14 horas, como Annette pediu. Logo depois ela perguntou se ele não tinha nada melhor para fazer com suas tardes. Ele achou que não valia a pena responder, mas sentiu alguma coisa no ar.

Annette decidira mostrar aquele seu lado que as amigas chamavam de Mulher Esplêndida. Ficou andando pela sala e sorrindo maliciosamente.

— Você não está seguindo as regras. Andou falando sobre nós com alguém.

— Ah — disse Camille, mexendo no cabelo —, se ao menos houvesse algo de que falar.

— Claude vai descobrir.

— Ah, se ao menos houvesse algo a ser descoberto — repetiu, olhando de forma desinteressada para o teto. — Como *está* Claude? — perguntou finalmente.

— Irritado. Terrivelmente irritado — Annette respondeu, distraída. — Investiu muito dinheiro no projeto hidráulico dos irmãos Périer, o conde de Mirabeau escreveu um panfleto contra o projeto e as ações despencaram.

— Mas Mirabeau deve ter feito isso para o bem público. Eu o admiro.

— É claro. Basta que um homem vá à falência e seja um notório imoral... Não me distraia, Camille.

— Pensei que você quisesse ser distraída — ele falou, em um tom sombrio.

Annette estava mantendo certa distância entre eles, reforçando sua resolução.

— Temos de parar com isso. Você precisa parar de vir aqui. As pessoas estão falando, estão fazendo suposições. E Deus sabe que estou cansada disso. O que fez você achar, para início de conversa, que eu abriria mão da segurança de meu casamento feliz para ter um caso furtivo com você?

— Eu apenas achei que você queria, nada mais.

— Acha que estou apaixonada por você, não é? Você é um monstro vaidoso...

— Annette, vamos fugir hoje à noite?

Ela quase aceitou.

Camille levantou-se, como se fosse sugerir que começassem a fazer as malas. Ela parou de andar e postou-se diante dele. Descansou os olhos em seu rosto e ajeitou a saia com uma das mãos. Com a outra, tocou o ombro dele.

Camille aproximou-se e a enlaçou pela cintura. Seus corpos se tocaram. O coração dele batia descompassado. Ele vai morrer, Annette pensou, com um coração assim. Olhou-o dentro dos olhos. Seus lábios encontraram-se. Depois de alguns segundos, Annette passou as unhas na nuca e no cabelo do amante e puxou sua cabeça para mais perto.

Nesse momento ouviram um rangido vindo de trás.

— Muito bem — disse uma vozinha —, então é verdade o que dizem. E "no sentido técnico e cru", como disse Adèle.

Annette afastou-se dele e girou nos calcanhares, lívida. Camille olhou para a menina com mais interesse que surpresa, mas corou. Lucile estava chocada, sem dúvida; sua voz denotava susto e ela parecia estar pregada ao chão.

— Não houve nada de cru — disse Camille. — Você achou isso, Lucile? Que pena.

Lucile virou as costas e saiu da sala. Annette respirou fundo. Mais alguns minutos, pensou, e só Deus sabe o que poderia acontecer. Que mulher ridícula e estúpida eu sou. — Muito bem, saia da minha casa, Camille. Se chegar perto de mim mais uma vez, vou mandar prendê-lo.

Camille ficou estupefato. Foi andando de costas, como se estivesse saindo de uma audiência real. Ela teve vontade de gritar:

— Em que está pensando agora? — Mas estava intimidada, como ele, sentindo que um desastre se aproximava.

— ESSA SERÁ SUA ÚLTIMA INSANIDADE? — D'Anton perguntou a Camille. — Ou você pretende inventar mais alguma coisa?

De alguma forma, não sabia como, ele se tornara confidente de Camille. O que acabara de ouvir era irreal e perigoso e um tanto, ele gostava da palavra, depravado.

— Você disse — Camille protestou — que quando quis aproximar-se de Gabrielle fez amizade com a mãe dela. É verdade, todos viram você fazer isso, conversar em italiano, revirar os olhos e fazer sua tempestuosa personificação do sulista.

— Sim, claro, mas isso é o que as pessoas fazem. É uma convenção inocente, necessária e socialmente aceita. Não é como o que você está sugerindo. Você, segundo compreendi, está se aproximando da filha para chegar à mãe.

— Eu não estou me "aproximando" — disse Camille —, seria melhor se eu me casasse com ela. Seria mais definitivo, não é? E eu entraria para a família. Annette não poderia mandar me prender se eu fosse seu genro.

— Você deveria mesmo ser preso — disse d'Anton humildemente. — Deveria ser trancafiado. — E sacudiu a cabeça..

NO DIA SEGUINTE Lucile recebeu uma carta. Nunca soube como chegou, veio da cozinha. Talvez tivesse sido entregue a uma das criadas. Normalmente teria sido passada diretamente para Madame, mas havia uma nova criada, uma menininha, que ela ainda não conhecera.

Depois de ler a carta, alisou o papel com as mãos. Releu metodicamente, dobrou-a e enfiou em um livro de versos pastorais. Imediatamente achou que não dera o devido valor à carta; tirou-a daquele livro e colocou-a dentro de *Cartas persas* de Montesquieu. A sua era tão estranha que também podia ter vindo da Pérsia.

Assim que guardou o livro na estante teve vontade de ter novamente a carta nas mãos. Queria sentir o papel, passar os olhos nas frases. Camille escreve *lindamente,* pensou, *lindamente.* Algumas frases fizeram-na perder o fôlego. Sentenças que pareciam voar da página. Parágrafos inteiros que absorviam a luz, depois espalhavam-na; cada palavra presa a um fio, cada palavra, um diamante.

Meu Deus, pensou. Lembrou-se de seus diários com vergonha. E *eu* achava que escrevia bem...

Durante todo o tempo evitou pensar no conteúdo da carta. Não conseguia acreditar que fosse destinada a ela, embora a lógica lhe dissesse que uma coisa dessa ordem não seria extraviada.

Não, fora ela mesma, sua alma, seu rosto, seu corpo, que tinha dado origem àquelas palavras. Não era possível examinar sua alma para ver a confusão causada, mesmo um exame do corpo e do rosto era difícil de ser feito. Os espelhos da casa eram altos demais, seu pai era quem tinha marcado o lugar para serem pendurados. Só se podia ver a cabeça, o que causava um efeito curioso. Era preciso ficar na ponta dos pés para ver o pescoço. Ela fora uma criança bonita, sabia disso. Ela e Adèle haviam sido crianças bonitas, do tipo que encanta os pais. Mas no ano anterior houvera aquela mudança.

Lucile sabia que para muitas mulheres a beleza exigia esforço, grande exercício de paciência e perspicácia. Exigia dedicação, uma curiosa honestidade e ausência de pudor. Não era exatamente uma virtude, e sim, um mérito.

Mas ela não teria esse mérito.

Às vezes irritava-se com a situação, como alguém se irrita por ser preguiçoso ou por roer as unhas. Gostaria de cuidar de sua aparência, mas não precisava. Sentia-se afastada dos outros, como se estivesse sendo julgada por sua beleza natural. Uma amiga de sua mãe disse (sem saber que ela escutava por trás da porta): "Meninas que têm essa aparência na idade dela não são *nada* quando chegam aos 25 anos." Mas Lucile não conseguia imaginar-se aos 25 anos. Ainda tinha 16, a beleza era tão definitiva quanto uma marca de nascença.

Como sua pele era pálida e delicada como a de uma mulher em uma torre de marfim, Annette persuadiu-a a empoar seu cabelo escuro e prendê-lo com fitas e flores para mostrar os ossos perfeitos de seu rosto. Por sorte seus olhos escuros não podiam ser tirados e substituídos por olhos azuis, ou Annette talvez quisesse fazê-lo. Ela desejava ver seu próprio rosto de boneca refletido. Mais de uma vez Lucile imaginou ser uma boneca de louça da infância da mãe, enrolada em papel de seda e colocada em uma prateleira alta; uma boneca frágil e valiosa demais para ser dada a crianças levadas.

Sua vida era quase sempre tediosa. Ela se lembrava de um tempo em que sua maior alegria era ir a um piquenique, a um passeio no campo, ou dar uma volta de barco no rio em uma tarde quente. Quebrar a rotina de estudos e esquecer qual era o dia da semana. Esperava essas ocasiões com uma ansiedade muito semelhante ao medo, acordando cedo para olhar o céu e prever o tempo. Havia momentos em que achava que "a vida era realmente assim": parecia ser feliz, e era mesmo. Mas quando voltava à noite, cansada, as coisas continuavam como antes. E ela dizia a si mesma: "Na semana passada, quando fui ao campo, eu estava feliz."

Agora não se divertia mais com os passeios dos domingos; o rio parecia sempre o mesmo, e se chovesse e tivesse de ficar dentro de casa, não era um grande desastre. Depois de sua infância (depois que dissera a si mesma: "Minha infância terminou") os acontecimentos de sua imaginação tornaram-se mais interessantes que qualquer coisa que acontecesse na casa dos Duplessis. Quando sua imaginação falhava, ela andava pelos quartos, desatenta e infeliz, com pensamentos destrutivos lhe ocupando a cabeça. Ficava contente quando chegava a hora de ir para a cama e relutava em se levantar pela manhã. A vida era assim. Punha de lado seus diários, consumida pelo horror de seus dias informes, pelo tempo desperdiçado diante dela.

Ou então pegava a pena e escrevia: "Anne Lucile Philippa, Anne Lucile. Como sou infeliz ao me ver escrevendo assim. Que infelicidade uma jovem com minha educação e refinamento não ter nada melhor para ocupar seu tempo, não estudar música, não bordar, não caminhar à tarde, ter somente esses desejos mortais, essas fantasias mórbidas, esses desejos de sangue, essas *imagens*, Deus, de cordas, facas e do amante de sua mãe com aquele ar lânguido e aquela boca sensual. Anne Lucile. Anne Lucile Duplessis. Mude o nome e não a letra, mude para pior, pois é muito menos insípido que para melhor". Olhava-se e sorria, depois jogava a cabeça para trás, mostrando o longo pescoço branco que a mãe achava que partiria o coração de seus admiradores.

No dia anterior Adèle teve uma conversa extraordinária com ela. Depois ela foi à sala de visitas e viu a mãe enfiando a língua por entre os dentes do amante, passando-lhe os dedos pelos cabelos, corando e tremendo ao sentir-lhe as mãos elegantes e finas. Lembrou-se daquelas mãos, o indicador no papel, tocando sua caligrafia, enquanto ele dizia: "Lucile, minha querida, isso deveria estar no caso ablativo, creio que Júlio César nunca sequer *imaginou* o que sua tradução sugere".

No dia seguinte o amante de sua mãe lhe propôs casamento. Quando algo — abençoado acontecimento, embora estranho — vem nos tirar da monotonia, deveria vir sozinho.

CLAUDE:

— É claro que esta é minha última palavra sobre o assunto. Espero que ele tenha o bom-senso de aceitá-la. Não sei por que ele pediu você em casamento, para início de conversa. Você sabe, Annette? Antes, era uma história diferente. Quando o conheci, tenho de admitir que gostei dele. Muito inteligente... mas de que serve a inteligência se ele não tem moral? Se é basicamente um mau-caráter? Ele tem uma *reputação* extraordinária... não, não, não. Nem quero ouvir falar no assunto.

— Imagino que não — disse Annette.

— Francamente, que coragem a dele, estou surpreso.

— Eu também.

Claude pensou em mandar Lucile passar algum tempo com parentes. Mas as pessoas poderiam pensar o pior, talvez achassem que ela fizera alguma coisa que não devia.

— E se...?

— Se? — Annette perguntou.

— Se eu a apresentasse a um ou dois bons pretendentes?

— Dezesseis anos é muito pouca idade para se casar. E ela já é vaidosa o suficiente. Claude, você deve fazer o que achar melhor. Você é o chefe da casa. E é o pai da menina.

ANNETTE mandou buscar a filha, depois de fortificar-se com um grande copo de conhaque.

— A carta — pediu, estalando os dedos.

— Eu não a trouxe.

— Onde está, então?

— Dentro de *Cartas persas*.

Uma alegria irrefletida tomou conta de Annette.

— Talvez você preferisse guardar dentro do meu exemplar de *Ligações perigosas*.

— Não sabia que você tinha esse livro. Posso ler?

— Não. Talvez eu siga o conselho do prefácio e lhe dê um exemplar na noite de seu casamento. Quando seu pai e eu encontrarmos um noivo para você.

Lucile não fez nenhum comentário. Como ela dissimula bem, pensou, com a ajuda de um copo de conhaque, o golpe mortal em seu orgulho. Teve vontade de congratular a mãe.

— Ele veio ver seu pai — disse Annette. — Falou que tinha lhe mandado uma carta. Você não vai mais vê-lo. Se receber mais cartas, entregue-as diretamente a mim.

— E ele aceitou essa situação?

— Isso não importa.

— Não seria apropriado que meu pai me consultasse?

— Por que você seria consultada? Você é uma criança.

— Eu poderia ter uma conversa com meu pai. Sobre certas coisas que vi.

Annette sorriu.

— Você é impiedosa, não é, minha querida?

— Parece uma troca justa. — A garganta de Lucile estava contraída. Essas novas negociações lhe tiravam a fala. — Dê-me tempo para pensar. É só o que peço.

— E em troca você me promete sua discrição infantil? O que você pensa que sabe, Lucile?

— Afinal, eu nunca vi meu pai beijar você assim. Nunca vi ninguém beijar ninguém assim. Deve ter tornado sua semana maravilhosa.

— Ao que parece, deixou a sua maravilhosa. — Annette levantou-se, atravessou a sala e foi até um vaso com flores. Tirou as flores e começou a recolocá-las uma a uma. — Você devia ter ido para um convento. Não é tarde demais para terminar sua educação.

— Mas um dia eu sairia de lá.

— Sim, mas enquanto estivesse cantando com as freiras não estaria espionando as pessoas e praticando a arte de manipulação. — Deu uma risada, dessa vez sem alegria. — Talvez você pensasse, até entrar na sala naquele dia, que eu era sofisticada e experiente. Que nunca tinha feito nada errado.

— Oh, não. Até então eu pensava que sua vida era monótona.

— Eu gostaria de lhe pedir para esquecer as ocorrências dos últimos dias — disse Annette, com uma rosa na mão. — Mas você não vai fazer isso porque é teimosa e arrogante, e agarra-se ao que acha, erradamente, que lhe trará vantagem.

— Eu não espionei você. — Ela queria muito dizer o que acontecera. — Adèle me desafiou a ir até a sala. E se eu disser que quero me casar com ele?

— Isso é impensável — disse sua mãe, deixando cair uma rosa branca no tapete.

— Não, não é. O cérebro humano é surpreendente.

Lucile pegou a rosa pela haste e entregou-a de volta à mãe, chupando uma gota de sangue do dedo. Talvez eu faça isso, pensou, talvez não. De qualquer forma, receberei mais cartas. Não usaria o Montesquieu novamente, guardaria as cartas dentro do discurso de Mably de 1768: *Doutes proposées aux philosophes économistes sur l' Ordre naturel et essentiel des sociétés politiques*. Essas dúvidas tornaram-se subitamente consideráveis.

III. Maximilien: vida e época

(1787)

MERCURE DE FRANCE, junho de 1783: "M. de Robespierre, jovem advogado de grande mérito, mostrou nessa questão, relacionada às artes e às ciências, a eloquência e sabedoria que dão a mais alta indicação de seus talentos."

> "Vejo o espinho da rosa
> Nesses buquês que você me oferece..."
>
> Maximilien de Robespierre, *Poemas*

O recorte de jornal estava amarelando de tanto ser manuseado. Ele tentava preservá-lo e mantê-lo limpo, mas a folha já estava gasta nas pontas. Sabia o texto de cor, mas se repetisse para si mesmo acharia que tinha inventado. Porém, quando o lia, com o papel nas mãos, via que se tratava da opinião de outra pessoa, escrita por um jornalista de Paris e montada pelos tipógrafos. Não se podia dizer que aquilo não acontecera.

Havia um longo relatório sobre o caso. Era, naturalmente, uma questão de interesse público. Tudo começou quando certo M. de Vissery de Saint-Omer instalou em sua casa um condutor de raios, observado por uma triste multidão de simplórios; terminado o trabalho, eles foram à municipalidade e reclamaram que aquela coisa atraía raios e devia ser destruída. Por que M. de Vissery queria atrair raios? Será que tinha pacto com o diabo?

Portanto, era preciso criar uma lei com relação ao direito do indivíduo de ter um condutor de raios. O chefe de família agravado consultou maître De Buissart, figura importante na Ordem dos Advogados de Arras, homem com grande pendor científico. Maximilien dava-se bem com De Buissart, na época. O colega estava muito animado.

— Como você vê, há um princípio em jogo; há gente tentando bloquear o progresso, opor-se à disseminação dos benefícios da ciência; não podemos ficar indiferentes a isso, se nos consideramos homens esclarecidos. Você poderia passar a vista no processo e escrever algumas cartas por mim? Acha que deveríamos escrever a Benjamin Franklin?

Sugestões, conselhos e comentários científicos abundaram. Papéis espalhavam-se pela casa toda.

— Esse homem, Marat — disse De Buissart —, foi muito gentil em dar-se a tanto trabalho, mas não vamos levar suas hipóteses tão a sério. Ouvi dizer que ele não tem bom trânsito entre os cientistas da Academia.

Quando, finalmente, o caso foi ao Conselho de Arras, De Buissart ficou de lado e deixou De Robespierre fazer os discursos. Não tinha percebido, quando o caso teve início, que sua memória e seus poderes organizacionais estariam sujeitos a grande tensão. Mas seu colega não sentiu essa tensão, o que De Buissart atribuiu à juventude.

No final, os vencedores deram uma festa. Cartas de congratulações foram recebidas; seria exagero dizer que choveram cartas, mas não havia dúvida de que o caso atraíra atenção. Maximilien ainda tinha todos os papéis, a evidência volumosa do Dr. Marat, seu próprio discurso conclusivo com as emendas de último instante. Durante meses, quando suas tias recebiam visitas pegavam o jornal e diziam:

— Vocês leram sobre o caso do condutor de raios? Dizem que Maximilien se saiu muito bem.

Max é quieto, calmo e de fácil convívio; tem um porte elegante e olhos grandes e claros, que mudam do azul para o verde. Sua boca mostra humor, a pele é pálida, e suas belas roupas lhe caem bem. O cabelo escuro está sempre penteado e empoado; como antes não tinha dinheiro para manter as aparências, hoje as aparências são seu único luxo.

Sua casa é organizada. Ele acorda às 6 horas e trabalha em seus papéis até as 8, quando chega o barbeiro. Depois toma um café da manhã leve, pão fresco e um copo de leite. Às 10 horas, normalmente já está no tribunal. Depois das sessões tenta evitar os colegas, e segue para casa o mais rápido possível. Seu estômago fica embrulhado devido aos conflitos da manhã; ele come frutas, toma uma xícara de café e um pouco de vinho tinto diluído. Como seus colegas conseguem sair do tribunal tão alvoroçados, dando-se tapinhas nas costas, depois de gritarem uns com os outros durante toda a manhã? E depois vão para casa, comem grossas fatias de carne e bebem. Ele nunca conseguiu fazer isso.

Depois da refeição Maximilien sai para caminhar, esteja o dia bonito ou não, pois seu cachorro Brount não se importa com o tempo e cria problemas se ficar muito tempo fechado em casa. Brount arrasta-o pelas ruas, bosques e campos, e eles voltam para casa com um ar não tão respeitável quanto o que tinham quando saíram. A irmã Charlotte diz:

— *Não* traga esse cachorro enlameado para dentro de casa.

Brount fica arranhando a porta de seu quarto. Ele fecha a porta e trabalha até as 19 ou 20 horas, ou ainda mais, se tiver um caso importante no dia seguinte. Quando finalmente põe os papéis de lado, fica mastigando a pena e tentando fazer um verso para a próxima reunião da sociedade literária. Não é poesia, ele admite, é algo sem seriedade. Às vezes, bem pouca seriedade, considerando-se, por exemplo, sua "Ode às tortas de geleia".

Ele lê muito; uma vez por semana há uma reunião na Academia de Arras. O propósito é discutir História, Literatura, tópicos científicos, assuntos correntes. Além disso, na Academia são trocadas fofocas, arranjados casamentos e criadas pequenas desavenças.

Em outras noites ele escreve cartas. Com frequência Charlotte insiste em fazer as contas da casa. As tias se ofendem se não forem visitadas uma vez por semana. Elas moram em casas separadas agora, o que lhe toma duas noites.

Houve algumas mudanças quando ele voltou de Paris para Arras, com o novo diploma de advogado e as esperanças ampliadas. Em 1776, o ano da guerra americana, tia Eulalie, para assombro de todos, anunciou que ia se casar. Há esperança para todas nós, disseram as solteironas da paróquia. Tia Henriette disse que Eulalie tinha perdido a cabeça: Robert Deshorties era um viúvo com vários filhos e uma filha, Anaïs, quase em idade de se casar. Mas seis meses depois, o despeito de tia Henriette se dissolveu em rubores secretos e em um alvoroço inadequado. No ano seguinte, ela casou-se com Gabriel du Rut, um homem barulhento de 53 anos. Maximilien deu graças a Deus por estar em Paris e não poder comparecer ao casamento.

Para a afilhada de tia Henriette não houve casamento nem celebração. Sua sobrinha, também Henriette, nunca fora forte. Não respirava nem comia bem; vivia ouvindo repreensões aos gritos, e estava sempre com o nariz enfiado em um livro. Certa manhã — Max recebeu essa notícia com uma semana de atraso, por carta — foi encontrada morta, o travesseiro ensopado de sangue. Teve uma hemorragia enquanto as tias jogavam cartas no andar de baixo com Charlotte e faziam uma ceia leve. Seu coração simplesmente parou, aos 19 anos. Maximilien amara muito a irmã e tinha esperado que se tornassem amigos.

Dois anos depois dos espantosos casamentos, o avô Carraut morreu. Deixou a cervejaria para tio Augustin Carraut, e uma herança para cada um dos netos sobreviventes, Maximilien, Charlotte e Augustin.

Por cortesia do abade, o jovem Augustin usou a bolsa de estudos do irmão em Louis-le-Grand. Ele se tornara um menino amável, sem maiores atributos, razoavelmente consciente, mas não especialmente inteligente. Maximilien preocupou-se quando Augustin foi para Paris, pois talvez achasse o padrão de lá muito rigoroso. Sempre soube que alguém com a herança social deles tinha pouco a oferecer, a não ser que fosse inteligente. E supôs que Augustin estivesse descobrindo isso.

Quando Maximilien voltou para Arras foi passar um tempo com tia Henriette e o marido barulhento, que o lembrou, antes do fim da semana, que ele lhes devia dinheiro. Para ser exato, era seu pai François quem devia, para tia Henriette, tia Eulalie, e avô Carraut, mas ele não ousou pedir detalhes. A herança do avô foi gasta com as dívidas de seu pai. Por que faziam isso com ele? Era uma falta de tato, uma mesquinharia. Podiam ter lhe dado um ano de prazo, até que ganhasse o próprio dinheiro. Mas ele não reclamou. Pagou e foi embora para poupar tia Henriette de mais vergonha.

Se fossem eles que lhe devessem, jamais teria cobrado o dinheiro. Agora falavam a toda hora de François — seu pai era desse jeito, seu pai era daquele jeito, seu pai sempre fazia isso e aquilo em sua idade. Pelo amor de Deus, ele pensou, eu não sou meu pai. Depois de algum tempo Augustin voltou de Louis-le-Grand, repentina e decisivamente crescido. Tinha pouca cautela com as palavras, desperdiçava seu tempo, e era um mulherengo ávido, embora inepto. As tias diziam com certa admiração:

— Ele realmente se parece com o pai.

Charlotte saiu do convento e voltou para casa, e os dois foram morar na rue des Rapporteurs. Maximilien ganhava dinheiro, Augustin perambulava pela rua, Charlotte cuidava da casa e fazia observações cortantes sobre os dois.

Durante as férias de Louis-le-Grand, Maximilien nunca deixara de fazer suas visitas obrigatórias. Uma visita ao bispo, uma ao abade, uma aos professores de sua primeira escola para dizer como estava indo. Não que tivesse encanto por essas pessoas, mas sabia que mais tarde precisaria contar com a boa vontade delas. Quando voltou para casa, essa atitude foi recompensada. A família tinha uma opinião, mas a cidade tinha outra. Maximilien foi chamado para a Ordem de Advogados de Arras e muito bem recebido. Pois ele, obviamente, não era o pai, e o mundo havia progredido; era sóbrio, elegante e meticuloso, uma honra para a cidade, uma honra para o abade, e uma honra para os parentes respeitados que o haviam criado.

Mas aquele inominável Gabriel du Rut não lhe saía da lembrança. Gostaria de poder impedir que certas conversas, certas alusões e certos pensamentos não o deixassem nauseado. Como se fosse culpado de um crime. Afinal, ele não era um criminoso, mas um juiz.

EM SEU PRIMEIRO ANO de trabalho, Maximilien teve 15 casos, o que era considerado acima da média. Em geral seus papéis eram preparados com uma semana de antecedência, mas na véspera da primeira audiência ele podia continuar trabalhando até a meia-noite ou até a madrugada, se preciso. Esquecia de tudo o que tinha feito até então, punha os papéis de lado, reexaminava os fatos e reconstruía o caso mais uma vez, com o maior cuidado, desde o fundamento. Sua cabeça era como o cofre de um avarento, depois que um fato entrava, não saía mais. Ele sabia que intimidava os colegas, mas o que podia fazer? Será que não imaginavam que ele seria um advogado excepcional?

Começou a aconselhar os clientes a resolver suas questões longe do tribunal sempre que pudessem. Isso trazia pouco lucro para ele ou para seu adversário, mas poupava os clientes de tempo e despesas.

— Outras pessoas não seriam tão escrupulosas — dizia Augustin.

Depois de quatro meses de prática ele foi nomeado para um cargo judicial de meio expediente. Era uma honra que essa nomeação viesse tão cedo, mas imediatamente ele se perguntou se não seria uma faca de dois gumes. Nas primeiras semanas conscientizou-se das coisas erradas que havia ali e manifestou-se contra, naturalmente. M. Liborel, que o ajudara a entrar para a Ordem dos Advogados, achou que ele cometera uma série de gafes, e disse (todos diziam):

— É claro, nós concordamos com a necessidade de certo grau de reforma, mas em Artois preferimos que as coisas sejam feitas aos poucos.

Dessa forma começaram as desavenças. Só Deus sabia que ele não tinha intenção de insultar ninguém, mas decerto insultou. E não estava certo se esse cargo judicial lhe fora dado por seu próprio mérito, se fora um suborno, uma forma de turvar seu julgamento, um prêmio, um favor, ou até mesmo uma compensação... Mas compensação por uma ofensa ainda não cometida?

CHEGOU O DIA em que Maximilien faria seu primeiro julgamento. Sentou-se, abriu as venezianas e ficou observando o céu noturno. Alguém colocara uma bandeja com o jantar entre seus papéis. Ele levantou-se e trancou a porta. Não tocou na comida. Imaginou a comida apodrecendo diante de seus olhos, e olhou para a casca fina e verde de uma maçã no prato como se já estivesse podre.

Sua morte poderia ser como a de sua mãe, uma morte nunca comentada; mas ele se lembrava do rosto dela apoiado nos travesseiros, esperando para ser cortada, e lembrou-se de que uma das criadas disse que iam queimar os lençóis. Ou podia morrer também como Henriette: sozinha, o sangue escorrendo pelo linho branco, sem conseguir chamar ninguém, sem conseguir se mover, paralisada, enquanto lá embaixo as tias conversavam sobre trivialidades e serviam-se de bolinhos. Ou como o avô Carraut, paralítico e decrépito, sem memória, queixando-se do testamento, conversando com seu subgerente sobre a idade da madeira dos barris; ou interrompendo a conversa para repreender a família por faltas cometidas trinta anos antes e xingando a linda filha morta por sua gravidez vergonhosa. Não era culpa do avô. Era a idade. Mas Maximilien não podia imaginar-se velho. Não podia imaginar-se chegando à velhice.

E quem era enforcado? Não queria pensar nisso. A morte de um criminoso podia levar meia hora.

Tentou rezar, passando as contas do rosário para manter a cabeça em ordem. Mas as contas escorregando por entre seus dedos lhe fizeram lembrar uma corda, e ele deixou o rosário cair delicadamente no chão. Rezou: "*Pater noster, qui es in coeli, Ave Maria, Ave Maria*" e o adendo piedoso: "*Gloria Patri, et Filio, et Spiritui Sancto, Amen*". As abençoadas sílabas corriam juntas. Formavam palavras sem sentido, invertiam-se, ganhavam e perdiam o sentido. Mas afinal, o que é o sentido? Deus não vai lhe dizer o que fazer. Deus não vai ajudá-lo. Ele não acredita em um Deus desse tipo. Ele não é ateu, diz a si mesmo, é apenas adulto.

De madrugada ouviu o barulho de rodas debaixo da janela, o rangido de arreios e o bufar do cavalo puxando uma carroça abarrotada de legumes para aqueles que ainda estariam vivos na hora do jantar. Os padres limpavam os cálices para a primeira missa e, no andar térreo, a casa acordava, fervendo água e acendendo a lareira. Em Louis-le-Grand, ele estaria indo para a primeira aula agora. Onde estariam aquelas crianças que conhecera? Onde estaria Louis Suleau? Seguindo o caminho do sarcasmo. Onde estaria Fréron? Causando boa impressão na sociedade. E Camille ainda estaria dormindo naquela manhã, aninhado ao coração negro da cidade; inconsciente de sua alma talvez maldita, envolta em músculos e ossos.

Brount ganiu junto à porta. Charlotte apareceu e mandou-o embora. As patas relutantes do cão desceram as escadas.

Maximilien destrancou a porta para o barbeiro entrar. O homem olhou o rosto do cliente regular e amável, e percebeu que não devia tentar conversar com ele. O relógio caminhava inexoravelmente para as 10 horas.

Ocorreu a Maximilien, no último instante, que não precisava ir; podia ficar sentado ali e dizer que não iria ao tribunal naquele dia. Eles o esperariam por dez minutos, mandariam um funcionário olhar na rua, enviariam uma mensagem e ele responderia que não iria à corte naquele dia.

Não poderiam arrastá-lo para lá, não poderiam carregá-lo, não é? Não poderiam forçá-lo a proferir uma sentença.

Mas era a lei, pensou, exausto, e se ele não pudesse cumpri-la, deveria demitir-se, deveria ter se demitido no dia anterior.

ÀS 15 HORAS, a consequência. Maximilien achou que vomitaria ali mesmo, na rua. Curvou as costas, molhadas de suor, ajoelhou-se e teve ânsia de vômito. Os olhos estavam anuviados e a garganta doía. Mas não havia nada em seu estômago, ele não comia havia 24 horas.

Estendeu a mão, levantou-se e aprumou o corpo. Gostaria que alguém segurasse sua mão, não deixasse que ele tremesse, mas quando se está doente ninguém vem ajudar.

Se o vissem perceberiam que ele estava cambaleando. Tentou conscientemente manter-se ereto e caminhar em linha reta, mas suas pernas falhavam. Todo o seu corpo vil lhe ensinava mais uma vez: seja honesto consigo mesmo.

Esse era Maximilien de Robespierre, advogado: solteiro, de personalidade agradável, um jovem com toda a vida pela frente. Naquele dia, contra suas mais profundas convicções, tinha seguido o curso da lei e sentenciado um criminoso à morte. E agora pagava por isso.

O HOMEM SOBREVIVE, ele sobreviveu. Mesmo ali em Arras era possível encontrar aliados, se não amigos. Joseph Fouché ensinava na Congregação do Oratório. Tinha pensado em ser padre, mas com o tempo desistira. Ensinava Física, e interessava-se por tudo o que era novo. Fouché jantava com eles com frequência, a convite de Charlotte. Ele tinha lhe proposto casamento, ou, pelo menos, tinham chegado a um entendimento. Max ficou surpreso de uma moça sentir-se atraída por Fouché, com aquelas pernas frágeis e finas, e olhos quase sem cílios. Mas, e daí? Ele não gostava de Fouché, na verdade, mas Charlotte tinha sua própria vida.

Havia também Lazare Carnot, um capitão de engenharia da guarnição, mais velho que Maximilien, reservado, um tanto amargo por não ter oportunidades, por ser um plebeu nas tropas de Sua Majestade. Carnot ia com Maximilien às reuniões da Academia, revirando as fórmulas na cabeça enquanto discutiam a forma do soneto. Às vezes fazia um discurso sobre o deplorável estado do exército, e os membros da Academia entreolhavam-se, divertidos.

Só Maximilien ouvia com seriedade, mesmo ignorante em questões militares e um pouco intimidado.

Quando Mlle. de Kéralio foi votada pela Academia, o primeiro membro feminino, ele fez um discurso em sua homenagem sobre o espírito das mulheres e o papel delas na Literatura e nas Artes. Depois disso, ela disse:

— Por que não me chama de Louise?

Louise escrevia romances, milhares de palavras por semana. Ele invejava sua facilidade.

— Ouça isto — ela dizia —, e me diga o que acha.

Mas não dava opinião alguma, os autores são muito sensíveis. Louise era bonita, e seus dedos estavam sempre sujos de tinta.

— Vou para Paris, uma pessoa não pode ficar estagnada neste lugar atrasado — ela declarou, batendo com um manuscrito enrolado nas costas de uma cadeira. — Oh, solene e maravilhoso Maximilien de Robespierre, por que você não vai para Paris também? Não? Então vamos ao menos fazer um piquenique à tarde? Ou que tal provocarmos um boato?

— Pobre Maximilien. Nada vai acontecer entre os dois — diziam as tias. Louise pertencia à nobreza.

— Nobre ou não — disse Charlotte —, essa jovem é uma imoral. Queria que meu irmão fosse para Paris com ela, imaginem! — Imaginem mesmo. Louise fez as malas e foi arriscar o futuro. Ele teve uma vaga impressão de que perdera um momento de decisão; uma dessas encruzilhadas na estrada da qual nos lembramos no futuro quando nos sentimos perdidos.

Além disso, havia a enteada de tia Eulalie, Anaïs. As duas tias tinham preferência por ela dentre todas as outras candidatas, apreciavam suas belas maneiras.

CERTO DIA, LOGO DEPOIS DISSO, a mãe de um pobre cordoeiro apareceu na porta de Maximilien contando uma história sobre o filho que estava na prisão porque os monges beneditinos de Anchin tinham-no acusado de furto. Segundo ela, a acusação era falsa e maldosa; o tesoureiro da abadia, Dom Brognard, era um notório gatuno e, além disso, tentara levar a irmã do cordoeiro para a cama, e ela não era a primeira moça...

— Sim — disse Maximilien. — Acalme-se e sente-se. Vamos começar do início.

Esse era o tipo de cliente que ele atendia no início. Um homem comum, ou frequentemente uma mulher, sem bens. Naturalmente, não havia esperança de receber um honorário.

A história do cordoeiro parecia ruim demais para ser verdade. Mas ele prometeu que o tiraria da prisão. Um mês depois, Dom Brognard começou a ser investigado, e o cordoeiro processou a abadia por danos morais. Quando os beneditinos quiseram contratar um advogado, quem chamaram? M. Liborel, o antigo protetor de Maximilien. Ele declarou que a gratidão não interferia nesse momento, em que a verdade era o mais importante.

Pequenas palavras ocas ecoaram pela cidade. Todos tomaram partidos, e a maioria dos estabelecimentos legais ficou a favor de Liborel. Começou uma briga suja e, no final, naturalmente, fizeram o que Maximilien imaginava: ofereceram mais dinheiro ao cordoeiro do que ele ganhava em anos para que ficasse calado e resolvesse a questão fora do tribunal.

As coisas mudaram depois disso. Maximilien não se esqueceu de que tinham se juntado, conspirado contra ele e o taxado na imprensa local de criador de caso, contrário ao clero. *Ele?* O protegido do abade? O menino de ouro do bispo? Muito bem. Se era assim que queriam vê-lo, não se preocuparia dali em diante em facilitar as coisas para seus colegas, em ser gentil e prestativo. Era uma falha, aquele desejo persistente de que o tivessem em boa conta.

A Academia de Arras elegeu-o presidente, mas ele cansou-os com seus discursos sobre os direitos de filhos ilegítimos. Parecia não haver outro assunto no universo, reclamou um dos membros da Academia.

"*Se sua mãe e seu pai tivessem se conduzido adequadamente, você nunca teria nascido*", dissera o avô Carraut.

CHARLOTTE pegou seus livros contábeis e observou que o custo do altruísmo de Maximilien aumentava a cada mês.

— É claro que aumenta — ele disse. — O que você esperava?

De tempos em tempos ela fazia essas reclamações, provando a ele que não o compreendiam nem mesmo em sua própria casa.

— Esta casa não é um *lar* — disse ela. — Nós nunca tivemos um lar. Há dias em que você está tão preocupado que mal fala. Tanto faria se eu não estivesse presente. Eu sou uma boa dona de casa, mas você não se importa. Eu cozinho bem, mas você não se interessa por comida. Eu convido amigos para vir aqui, e quando vamos jogar cartas ou começamos a conversar, você vai ler do outro lado da sala.

Ele esperou que a raiva dela amainasse. Era compreensível, a raiva naqueles dias era sua condição normal. Fouché lhe propusera casamento, ou algo do gênero, mas a abandonara depois, deixando-a humilhada. Maximilien pensou se devia tomar alguma atitude a respeito, mas convenceu-se de que em longo prazo ela estaria melhor sem ele.

— Desculpe — ele disse. — Vou tentar ser mais sociável. É que tenho tido muito trabalho.

— Sim, mas você será pago por esse trabalho? — Charlotte disse que em Arras ele tinha reputação de não se interessar por dinheiro e de ter coração mole, o que o surpreendeu, pois se considerava um homem de princípios, não um tolo. Ela acusou-o de afastar-se de pessoas que podiam ter promovido sua carreira, e ele explicou mais uma vez que precisara rejeitar a ajuda delas quando teve de cumprir sua obrigação e fazer o que devia ser feito. Charlotte exagerava a situação, ele pensou. Afinal, havia dinheiro para pagar as contas e para pôr comida na mesa.

Mas ela voltava ao assunto a toda hora. Mais cedo ou mais tarde teria uma crise de choro. E então vinha à superfície o que a estava realmente preocupando.

— Você vai se casar com Anaïs. Vai se casar com Anaïs e me deixar sozinha — ela dizia.

NO TRIBUNAL ele começou a fazer o que chamavam de "discursos políticos". Como não? Tudo era política. O sistema era corrupto. A justiça estava à venda.

30 DE JUNHO DE 1787:

Ordena-se que as palavras contra a autoridade da justiça e a lei, injuriosas para os juízes, publicadas e assinadas por "De Robespierre, advogado", sejam suprimidas. Este decreto será divulgado na cidade de ARRAS.

POR ORDEM DOS MAGISTRADOS DE BÉTHUNE

MUITAS VEZES havia um ponto de luz na escuridão geral. Certo dia, quando Maximilien saía do tribunal, um jovem advogado chamado Hermann abordou-o e disse:

— Sabe, De Robespierre, estou começando a achar que você está certo.

— Certo a respeito de quê?

O jovem pareceu surpreso.

— A respeito de tudo.

MAXIMILIEN ESCREVEU UM ENSAIO PARA A ACADEMIA DE METZ:

A fonte principal de energia em uma República é a *vertu*, o amor à lei e ao país; assim sendo, por sua própria natureza, todos os interesses privados e todas as relações pessoais devem dar lugar ao bem geral... Todo cidadão tem uma participação no poder soberano... portanto, não pode inocentar seu querido amigo se a segurança do Estado exigir sua punição.

DEPOIS DE ESCREVER ISSO, Maximilien pôs a pena de lado, releu o texto e pensou: muito bom, mas é fácil dizer isso, pois não tenho nenhum amigo querido. Depois pensou melhor: Tenho, sim, tenho Camille.

Procurou a última carta dele. Era muito confusa, escrita em grego, alguma coisa sobre uma mulher casada. Ao usar a língua morta, Camille fugia da infelicidade, da confusão e do sofrimento; ao forçar o outro a traduzir, mostrava que sua vida era uma diversão elitista, que só existia quando escrita e enviada por correio. Max pousou a mão sobre a carta. Se ao menos sua vida desse certo, Camille. Se sua cabeça fosse mais fresca e sua pele mais grossa, e se ao menos eu pudesse vê-lo de novo... Se ao menos todas as coisas existissem para o bem.

Agora, seu trabalho diário era particularizar, item por item, as iniquidades do sistema, as pequenas manifestações de tirania em Arras. Deus sabia que ele tinha tentado aquietar-se para ajustar-se à cidade. Mantinha-se sóbrio e se tornara um conformista, respeitoso com os colegas experientes. Quando falava em tom violento, era apenas na tentativa de levá-los a boas ações; ele próprio não era de forma alguma violento. Mas estava pedindo o impossível: que eles admitissem que o sistema no qual tinham trabalhado durante toda a vida era falso, mal fundamentado e perverso.

Às vezes, quando se via diante de um adversário mentiroso ou de um magistrado pomposo, reprimia o impulso de dar-lhe um soco na cara, e a repressão era tanta que seu pescoço e ombros chegavam a doer. Todas as manhãs abria os olhos e dizia:

— Meu Deus, ajude-me a aguentar o dia de hoje. — E rezava para que alguma coisa, qualquer coisa, acontecesse para livrá-lo da dissipação de sua juventude, perspicácia e coragem. Max, você não pode devolver os honorários daquele homem. Mas ele é pobre, preciso fazer isso. Max, o que quer comer no jantar? Não tenho ideia. Max, o que você chama de dia feliz? Ele sonhava em afogar-se em um mar gelado.

Tentava não ofender ninguém. Gostava de considerar-se razoável e era conciliatório por natureza. Podia se omitir, prevaricar, evitar o assunto. Podia sorrir de forma enigmática e recusar-se a tomar partido. Podia sofismar e apoiar-se na semântica. Isso era viver, pensava, mas não era. Pois vinha sempre a pergunta ousada, a escolha a ser feita: você quer uma revolução, M. de Robespierre? Sim, danem-se vocês, danem-se vocês todos, eu quero, nós precisamos, e é isso que vamos ter.

IV. Um casamento, um tumulto, um príncipe de sangue

(1787-1788)

LUCILE não disse sim. Ela não disse não. Só disse que pensaria no assunto.

ANNETTE: Sua primeira reação foi de pânico, e a segunda, de raiva. Quando a crise imediata estava terminada e ela já não via Camille havia um mês, começou a abreviar seus compromissos sociais e a passar as noites sozinha, preocupada com a situação como um cachorro se preocupa com o osso.

Era ruim o suficiente pensarem que ela fora seduzida. Mas pior ainda era pensarem que havia sido abandonada. E trocada pela filha adolescente. Sua dignidade não poderia estar mais abalada.

Desde que o rei demitira o ministro Calonne, Claude passou a ir ao gabinete todas as noites a fim de preparar memorandos.

Na primeira noite Annette não dormiu. Rolou na cama por horas, planejando uma vingança. Pensou em forçar Camille a sair de Paris. Às 4 horas da madrugada não conseguiu mais ficar deitada. Levantou-se, pôs um cobertor sobre os ombros e ficou vagando pela casa no escuro; andava descalça como uma penitente, pois a última coisa que queria era fazer barulho, acordar a criada, acordar a filha — que sem dúvida dormia o sono casto e pacífico dos déspotas emocionais. Ao raiar da manhã, tremia de frio ao lado de uma janela aberta. Sua resolução parecia uma fantasia ou um pesadelo, uma ideia barroca monstruosa sonhada por outra pessoa. Vamos, foi um incidente, disse a si mesma, só isso. E entregou-se à tristeza e à sensação de perda.

Lucile passou a olhá-la com cautela, sem saber o que lhe passava pela cabeça. Elas não se falavam mais, cumprimentavam-se apenas. Se houvesse alguém presente, trocavam poucas palavras sem grande significado, mas se estivessem sozinhas sentiam um constrangimento mútuo.

LUCILE: Passava o tempo todo sozinha, relendo *Júlia ou A nova Heloísa*. Um ano antes, quando pegara o livro pela primeira vez, Camille disse que um amigo seu, de nome esquisito, começado por R, considerava esse livro a obra-prima da época. Esse amigo era um arquissentimental, ele e Lucile se dariam bem caso se conhecessem um dia. Ela entendeu que o próprio Camille não gostava muito do livro, mas queria influenciá-la. Lembrou-se dele conversando com sua mãe sobre *As confissões* de Rousseau, outro daqueles livros que seu pai não permitia que ela lesse. Camille falou que o autor não tinha senso de delicadeza e que certas coisas não deviam ser escritas, e dali em diante ela passou a ter muito cuidado com o que escrevia em seu diário. Lembrou que a mãe riu e disse que, nesse caso, era possível se fazer qualquer coisa desde que houvesse delicadeza. Camille fez alguma observação que ela mal ouviu, sobre a estética do pecado, e a mãe riu de novo e acariciou-lhe o cabelo. Ela devia ter percebido naquele dia o que se passava entre os dois.

Lembrava-se de incidentes como esse e punha-os de lado. Sua mãe parecia negar, se é que se podia entender o que ela dizia, ter ido para a cama com Camille. Mas provavelmente estava mentindo.

Annette foi compreensiva com ela, pensou Lucile, considerando as circunstâncias. Um dia lhe disse que o tempo resolve quase todas as situações, sem que seja preciso intervir. Pareceu-lhe uma forma passiva de abordar a vida. Alguém sairá magoado, ela pensou, mas de qualquer forma eu saio vencedora. Sou agora uma pessoa consequente; os resultados são uma consequência de minhas ações.

Rememorou aquela cena crucial. Após a tempestade, um raio de sol tardio iluminava uma mecha de cabelo da nuca de sua mãe. As mãos dele, confiantes, enlaçavam sua cintura. Quando Annette se virou seu rosto se desfigurou, como se alguém tivesse lhe batido com força. Camille deu um meio sorriso, o que ela achou *estranho*. Por um instante ele segurou sua mãe pelo pulso, como que a reservando para outro dia.

Então veio o choque, o choque terrível de congelar o coração; mas por que ficou tão chocada se isso era exatamente o que ela e Adèle esperavam ver?

Sua mãe saía pouco, e sempre de carruagem. Talvez tivesse medo de encontrar Camille por acaso. Seu rosto andava sério, como se ela tivesse envelhecido.

MAIO CHEGOU com fins de tarde longos e leves e noites curtas; mais de uma vez Claude trabalhou a noite toda, tentando dar um cunho de novidade às propostas do novo controlador-geral. Mas o Parlamento de Paris não se deixou lograr, era o mesmo imposto sobre as terras. E quando o Parlamento de Paris mostrava-se obstinado, a providência real de sempre era afastá-lo para as províncias. Naquele ano o rei enviou o parlamento para Troyes, e cada membro recebeu ordem de dirigir-se para lá por meio de uma *lettre de cachet* individual. Empolgante para Troyes, disse Georges-Jacques d'Anton.

Em 14 de junho ele casou-se com Gabrielle na igreja de Saint-Germain l'Auxerrois. Ela tinha 24 anos, e esperara pacientemente que o pai e o noivo resolvessem diversos problemas antes do casamento. Passava as tardes aprendendo a cozinhar e provando suas criações, gostava de chocolate e creme, e, sem perceber, punha açúcar no café forte do pai. Riu quando sua mãe a ajudou a abotoar o vestido de noiva, e pensou na hora em que seu futuro marido a despiria. Estava entrando em outra fase de vida. Quando saiu à luz do sol, agarrada ao braço de Georges com mais força do que permitiam as convenções, pensou: estou salva agora, tenho a vida diante de mim e sei como será, e não trocaria minha vida nem pela de uma rainha. Corou um pouco com o sentimentalismo de seus próprios pensamentos; os doces que comi viraram geleia em meu cérebro, pensou, sorrindo abertamente para os convidados do casamento, sentindo o corpo quente dentro do vestido justo. Aliás, ela não queria ser rainha, tinha visto a rainha passando pelas ruas com uma expressão de desdém no rosto, e os diamantes faiscando em suas espáduas nuas.

A casa que alugaram era perto demais do mercado de Les Halles.

— Mas eu gostei — disse. — A única coisa que me incomoda são os porcos de ar selvagem correndo para cima e para baixo na rua. — E sorriu para ele. — Imagino que eles não signifiquem nada para você.

— São porcos muito pequenos. Inofensivos. Mas você está certa, deveríamos ter notado essas desvantagens.

— Mas o lugar é lindo. Estou feliz, a não ser por esses porcos, a lama e a linguagem que as mulheres do mercado usam. Podemos nos mudar quando tivermos mais dinheiro; e com seu novo cargo de conselheiro do rei, não vai demorar muito.

É claro que ela não sabia sobre as dívidas. Georges-Jacques pensou em lhe contar quando a vida deles se estabelecesse. Mas logo depois do casamento ela engravidou — ao que parece, na própria noite — e vivia entre o café e sua casa, com uma expressão boba, inconsequente e eufórica, cheia de planos e perspectivas. Depois de conhecê-la melhor, percebeu que ela era exatamente como ele pensara, como desejara que ela fosse: inocente, convencional, com um traço piedoso. Seria um crime terrível permitir que alguma coisa estragasse sua felicidade. O tempo passou e ele acabou não lhe contando nada. A gravidez lhe fez bem, seu cabelo engrossou, a pele tornou-se brilhante. Seu corpo se tornou exuberante, opulento, quase exótico. A grande onda de otimismo que pairava sobre os dois manteve-se assim até o meio do verão.

— MAÎTRE d'ANTON, pode me dar um instante de atenção? — Eles estavam bem em frente ao tribunal. D'Anton virou-se. Hérault de Séchelles, um juiz com a sua idade, era um aristocrata sério e muito rico. Bem, Georges-Jacques pensou, estou subindo na vida.

— Minhas congratulações por sua recepção no Conselho Real. Seu discurso foi muito bom. — D'Anton inclinou a cabeça. — Você esteve no tribunal hoje de manhã?

D'Anton mostrou-lhe uma pasta.

— No caso do marquês de Chayla. A prova do direito dele de manter seu título.

— Você parece já ter provado isso em sua cabeça — Camille resmungou.

— Olá. Não o tinha visto aqui, maître Desmoulins — disse Hérault.

— É claro que me viu, mas gostaria de não ter visto.

— Ora, ora — disse Hérault, rindo com seus dentes brancos e perfeitos.

O que será que ele queria?, d'Anton pensou. Mas Hérault parecia tranquilo e cordial, pronto para falar sobre o assunto do momento.

— O que você acha que acontecerá com o afastamento do parlamento? — perguntou.

Por que estará me perguntando?, d'Anton pensou. Considerou sua resposta e disse:

— O rei precisa de dinheiro. O parlamento declarou que só os Estados podem conceder-lhe um subsídio, e acredito que essa declaração será seguida à risca. Quando o rei recorrer a eles no outono, repetirão o que disseram e, finalmente, pressionado, ele convocará os Estados.

— Você é a favor da vitória do parlamento?

— Não sou a favor de nada — d'Anton respondeu secamente. — Simplesmente comento. Particularmente, acho que o rei deveria convocar os Estados, mas creio que alguns dos nobres que estão fazendo campanha para que isso aconteça pretendem simplesmente usar os Estados para reduzir o poder do rei e aumentar o deles próprios.

— Acho que você está certo — disse Hérault.

— Você deve saber se estou ou não.

— E por quê?

— Dizem que você é um *habitué* do círculo da rainha.

Hérault riu de novo.

— Não precisa representar o democrata rude comigo, d'Anton. Desconfio de que estamos mais em concordância do que você pensa. Sua Majestade me permite o privilégio de tirar seu dinheiro na mesa real de cartas. Mas a verdade é que a corte é cheia de homens de boa vontade. Há mais deles na corte que no parlamento.

Ele faz discursos com facilidade, pensou d'Anton. E quem não faz? Mas com um charme tão profissional! Com uma suavidade tão profissional!

— Eles têm boa vontade com as próprias famílias — interrompeu Camille. — As pensões das famílias são generosas. A família Polignac recebe 700 mil *livres* por ano, creio eu. E você não é um Polignac? Então por que se contenta com um cargo judicial? Por que não compra todo o sistema legal e acaba com ele?

Hérault de Séchelles era um homem de bom gosto, um colecionador. Viajaria por toda a Europa para comprar uma escultura, um relógio, a primeira edição de um livro. Olhou para Camille como se tivesse vindo de longe só para vê-lo e descoberto que ele era uma fraude. Virou-se para d'Anton.

— O que me espanta é essa ideia curiosa existente entre almas simples; a ideia de que como o parlamento se opõe ao rei, de certa forma está a favor dos interesses do povo. Na verdade, é o rei quem tenta impor um sistema igualitário de impostos.

— Isso não me importa — disse Camille. — Só quero ver essa gente se desentendendo, pois quanto mais isso ocorrer, mais depressa tudo entrará em colapso e mais depressa a República se instalará. Se eu tomar partido nesse meio tempo, será para ajudar o conflito.

— Que ponto de vista excêntrico — disse Hérault. — Para não dizer perigoso. — Por um instante ele pareceu confuso, cansado, desatento. — As coisas não continuarão como estão. E eu ficarei feliz, realmente.

— Está entediado? — perguntou d'Anton. Uma pergunta muito direta, mas assim que lhe passou pela cabeça, voou diretamente para sua boca, o que não era comum.

— Talvez seja isso — disse Hérault em um tom lamentoso. — Mas eu gostaria de ter intenções mais... nobres. Gostaria de pensar nas mudanças como uma solução para os problemas da França, e não como o resultado de pequenos desentendimentos.

Muito estranho, em poucos minutos todo o curso da conversa tinha mudado. Hérault falara com eles em confiança, como se os conhecesse bem, baixando a voz, deixando de lado o ar de oratória. Até mesmo Camille olhou-o com certa simpatia.

— Ah, o fardo de sua riqueza e de seus títulos — disse Camille. — Maître d'Anton e eu nos compadecemos de sua situação.

— Eu sempre soube que vocês eram homens de sensibilidade — disse Hérault. — Agora preciso ir para Versalhes, estão me esperando para jantar. Até mais ver, d'Anton. Você se casou, não é? Meus cumprimentos à sua esposa.

D'Anton olhou-o ir com uma expressão especulativa.

ELES COMEÇARAM A frequentar o Café du Foy, no Palais-Royal. O ambiente ali era menos formal que no café de M. Charpentier, e os clientes eram diferentes. O melhor de tudo é que não haveria chance de Camille encontrar Claude.

Quando chegaram, um homem estava de pé em cima de uma cadeira declamando versos. Fazia gestos amplos com os braços, com um papel em uma das mãos, apertando o peito em uma agonia dramática. D'Anton olhou-o sem interesse e virou as costas.

— A corte o está observando para ver se você lhes pode ser útil de alguma forma — Camille sussurrou. — Vão lhe oferecer um cargo, Georges-Jacques. Você vai virar um funcionário. Se receber dinheiro deles, vai acabar como Claude.

— Claude ia bem — disse d'Anton —, até você entrar na vida dele.

— Mas ir bem não é o suficiente, é?

— Não é? Não sei. — Desviou os olhos de Camille e olhou para o ator. — Finalmente o homem terminou de declamar. Engraçado, eu podia jurar que...

Em vez de descer da cadeira, o homem olhou diretamente para os dois.

— Não posso acreditar! — Pulou para o chão e atravessou o salão, tirando alguns cartões do bolso e jogando-os em d'Anton. — Entradas de teatro para você — disse. — Como vai, Georges-Jacques? — perguntou muito feliz, rindo. — Não está se lembrando de mim, não é?

— O ganhador do prêmio? — disse d'Anton.

— O próprio. Fabre d'Églantine, seu humilde criado. Ora, ora! — Bateu no ombro de d'Anton com o punho fechado em um gesto teatral. — Você seguiu meu conselho, não foi? É um advogado. Deve estar indo muito bem, ou gastando mais do que pode, ou chantageando seu alfaiate. E está com aparência de homem casado.

D'Anton divertia-se.

— Mais alguma coisa?

Fabre apertou-lhe a barriga.

— Está começando a engordar.

— E você, onde esteve? O que fez?

— Levei a vida. A nova trupe à qual me liguei fez muito sucesso na temporada do ano passado.

— Mas não aqui, não é? Já teríamos nos encontrado, estou sempre no teatro.

— Não aqui. Em Nîmes. Confesso que nosso sucesso foi moderado. Desisti da ideia de ser paisagista. Tenho escrito peças e viajado com a trupe. E tenho composto músicas. — Interrompeu a conversa e começou a assobiar, fazendo com que os outros se virassem para escutá-lo. — Todo mundo canta essa música. Fui eu que escrevi. Sim, desculpe, eu causo embaraço às vezes. Escrevi muitas dessas músicas que andam por sua cabeça, o que me faz muito bem. Depois vim para Paris. Gosto de vir a este café para ensaiar meus rascunhos. As pessoas têm a cortesia de me ouvir e depois dar opiniões honestas. Essas entradas são para *Augusta*. Está no Italiens. É uma tragédia, em vários sentidos. Creio que será apresentada na próxima semana. Os críticos estão querendo meu sangue.

— Eu vi *Les gens de lettres* — disse Camille. — Era seu, Fabre?

Fabre virou-se, pegou o *lorgnette* e examinou Camille.

— Quanto menos falarem dessa peça, melhor. Foi um silêncio de pedra. Depois vieram as vaias.

— Você deve esperar isso, escrevendo uma peça sobre os críticos. Muitas peças de Voltaire foram vaiadas. As primeiras noites dele em geral terminavam em tumulto.

— É verdade — disse Fabre. — Mas Voltaire não tinha de se preocupar com suas próximas refeições.

— Eu conheço sua obra — Camille insistiu. — Você é um satírico. Se quiser continuar, tente bajular um pouco mais a corte.

Fabre baixou seu *lorgnette*. Sentia-se imensamente grato e envaidecido pela frase "Eu conheço sua obra". Passou uma das mãos pelo cabelo.

— Vender-me? Acho que não. Admito que gosto de conforto. Tento conseguir um dinheiro fácil. Mas existem limites.

D'Anton encontrou uma mesa para eles.

— Há quanto tempo foi nosso encontro? — disse Fabre, sentando-se. — Dez anos? Mais? As pessoas dizem "nos encontraremos um dia" mesmo sem acreditar nisso.

— Os homens esclarecidos estão se unindo — disse Camille. — É possível saber quem são, é como se usassem uma cruz na testa. Por exemplo, eu vi Brissot na semana passada. — D'Anton não perguntou quem era Brissot. Camille tinha uma multidão de conhecidos. — E entre eles, agora também Hérault. Eu sempre detestei Hérault, mas meu sentimento por ele tem mudado. A contragosto, é verdade.

— Hérault é um juiz do parlamento — disse d'Anton a Fabre. — Vem de uma família imensamente rica e antiga. Não tem mais que 30 anos, é um homem de aparência impecável, viajado e requestado por todas as damas da corte.

— Que coisa doentia — falou Fabre.

— Estamos perplexos, ele acabou de conversar conosco durante dez minutos. Dizem que se considera um grande orador, e que passa horas falando sozinho em frente ao espelho. Mas como se pode saber, se ele está sozinho? — disse d'Anton com uma risadinha.

— Sozinho, mas há sempre os criados — disse Camille. — Como os aristocratas não consideram os criados como pessoas de verdade, não se importam de mostrar suas fraquezas diante deles.

— Ele está praticando para quê? — Fabre perguntou. — Para o que chamam de Estados?

— Supomos que sim — respondeu d'Anton. — Ele provavelmente se vê como um líder da Reforma. Tem ideias avançadas. Pelo menos é o que diz.

— Muito bem — disse Camille. — "Sua prata e seu ouro serão incapazes de livrá-los no dia da ira do Senhor." Está tudo no Livro de Ezequiel, é bem claro para quem lê em hebraico. E sobre como a lei se afastará dos padres e o poder deixará as mãos dos antigos: "O rei panteará, o príncipe se vestirá de desespero..." Tenho certeza de que isso vai acontecer, e muito rapidamente, se eles continuarem agindo como agem hoje.

Alguém da outra mesa disse:

— É bom baixar a voz, ou a polícia ouvirá seus sermões.

Fabre deu um soco na mesa e levantou-se, com o rosto vermelho.

— Danem-se, não é uma ofensa citar as Sagradas Escrituras, em contexto algum. — Alguém riu. — Não sei quem você é — falou para Camille com veemência —, mas estou do seu lado.

— Oh, meu Deus — d'Anton murmurou. — Não o encoraje. — Como não era possível sair sem ser notado, em razão de seu tamanho, fingiu que não estava com eles. A última coisa que você precisa, pensou, é de encorajamento, vive criando problemas porque não sabe fazer outra coisa. Gosta de pensar em destruição porque se sente destruído. Virou a cabeça para a porta e olhou na direção da cidade. Há milhões de indivíduos nesta cidade cujas opiniões não conheço, pensou. Pessoas apressadas e impulsivas, pessoas sem princípios, mecanizadas, calculistas, e também pessoas boas. Há as capazes de interpretar o hebraico e as que não sabem contar, bebês mexendo-se como peixinhos no calor do útero da mãe e mulheres velhas desafiando o tempo com uma maquiagem que escorre depois da meia-noite e deixa ver, a princípio, a pele enrugada e, depois, os ossos amarelos e brilhantes. Freiras de hábito. Annette Duplessis suportando Claude. Prisioneiros na Bastilha chorando pela liberdade. Pessoas deformadas ou desfiguradas, crianças abandonadas chorando por atenção. Cortesãos, como Hérault, jogando cartas com Antonieta. Prostitutas. Fabricantes de perucas e escreventes, escravos libertos tremendo de frio nas praças, cobradores de pedágio nos postos das alfândegas nas muralhas de Paris. Homens que foram coveiros a vida toda. Homens cujos pensamentos seguem uma linha estranha, de quem nada se sabe, e nada se pode saber. Ele olhou para Fabre.

— Minha maior obra ainda está por vir — disse Fabre, mostrando no ar, com um gesto, as dimensões do futuro trabalho. Provavelmente será alguma fraude, pensou d'Anton. Fabre era um homem ágil, tensionado como um brinquedo de corda, e Camille observava-o como uma criança que ganhou um presente inesperado. O peso do mundo antigo é sufocante, e o simples fato de pensar em tirar esse peso da vida é cansativo. A constante exposição de opiniões é cansativa, assim como os papéis embaralhados nas mesas, o golpe na lógica e o cuidado com as atitudes. Deve haver em algum lugar um mundo mais simples, mais violento.

LUCILE: A inércia tem suas vantagens sutis, mas a certa altura ela achou que era hora de um pouco de ação. Seus dias de infância com bonecas de louça e coração de palha tinham ficado para trás. Maître Desmoulins e sua mãe agiam como se tivessem quebrado sua boneca de louça. Desde *aquele* dia, os corpos eram mais reais. Os deles, e o dela. Eram sólidos e substanciais. Com tristeza, sentiu a superioridade deles; ela sofria na própria carne.

No meio do verão, Brienne, o diretor-geral das finanças, fez um empréstimo de 12 milhões de *livres* na municipalidade de Paris. "Uma gota no oceano", disse M. Charpentier. E decidiu pôr à venda o café e sair do país com Angélique. Annette aproveitou o bom tempo para fazer passeios nos jardins de Luxemburgo, onde antes costumava caminhar com as filhas e Camille. Nessa primavera as flores tinham cheiro ligeiramente ácido, como se estivessem exauridas.

Lucile passava muito tempo ocupada com seu diário, arquitetando um plano. "Naquela sexta-feira, que começou como qualquer outra, meu destino foi trazido da cozinha e entregue em minhas ignorantes mãos. Naquela noite, de sexta para sábado, retirei a carta do esconderijo e a pressionei contra o frio e amarrotado linho de minha camisola, sobre meu coração palpitante; o papel amassado, a vela tremulante e minhas pobres emoções. Eu sabia que em setembro minha vida estaria completamente mudada."

— Decidi que vou me casar com maître Desmoulins — declarou. Com olhos clínicos, observou placas vermelhas surgirem no rosto da mãe, demonstrando a raiva e o medo.

Teve de se preparar para os conflitos que viriam adiante. O primeiro confronto com o pai a fez subir para o quarto em lágrimas. As semanas se passaram e seus sentimentos tornaram-se mais selvagens, assim como os acontecimentos na cidade.

A MANIFESTAÇÃO começou diante dos tribunais. Os advogados recolheram seus papéis e ficaram em dúvida se deveriam permanecer ali ou tentar passar pela multidão. Mas houvera mortes, pelo menos uma, talvez duas. Então acharam mais seguro ficar lá dentro até a área estar completamente livre. D'Anton xingou os colegas e saiu para atravessar o campo de batalha.

Inúmeras pessoas pareciam estar feridas, a maioria fora pisoteada, e algumas poucas haviam entrado em brigas corpo a corpo com os guardas. Um homem bem-vestido andava no meio da multidão mostrando um buraco de bala no casaco. Uma mulher, sentada no calçamento de pedra, perguntava: "Quem abriu fogo, quem ordenou os tiros, quem os mandou fazer isso?", exigindo explicações em tom histérico. Havia também vários esfaqueamentos sem explicação.

D'Anton encontrou Camille ajoelhado ao lado de um muro, anotando uma espécie de testemunho. O homem com quem falava estava deitado no chão apoiado nos cotovelos, com as roupas em frangalhos e o rosto encardido. D'Anton não conseguiu ver seus ferimentos, mas percebeu a expressão entorpecida e os olhos vidrados de dor ou surpresa.

— Camille! — D'Anton gritou.

Camille olhou primeiro para os sapatos, depois levantou os olhos. Seu rosto estava branco como giz. Pôs o papel no chão e parou de tentar seguir as divagações do homem. Mostrou um sujeito a poucos metros de distância, de braços cruzados, com as pernas curtas separadas, olhos no chão. Com um tom uniforme de voz, disse:

— Vê aquele homem? É Marat.

D'Anton não levantou os olhos. Alguém apontou para Camille e falou:

— Os guardas franceses o jogaram no chão e chutaram suas costelas.

Camille sorriu, com ar infeliz.

— Eu devia estar incomodando muito alguém, não é mesmo?

D'Anton tentou ajudá-lo a se levantar, mas Camille disse:

— Eu posso fazer isso sozinho, deixe-me em paz.

D'Anton levou-o para casa. Camille dormiu na cama do casal, parecendo muitíssimo doente.

— BOM, UMA COISA É CERTA — disse Gabrielle para o marido à noite —, se tivessem chutado as *suas* costelas as botas deles teriam saído dos pés.

— Eu já falei que estava no escritório. Camille estava do lado de fora, no meio do tumulto. Não aprovo essas brincadeiras bobas.

— Mas isso me preocupa.

— Foi só uma escaramuça. Alguns soldados entraram em pânico. Ninguém sabe do que se tratava.

Foi difícil consolar Gabrielle. Ela fizera planos para a casa, para os bebês, para o grande sucesso que o marido teria. Temia qualquer tipo de tumulto, civil ou emocional; temia que esses tumultos furtivos passassem da rua para a porta de seu coração.

Quando eles tinham convidados para jantar, seu marido falava de modo familiar sobre as pessoas do governo, como se os conhecesse. Quando falava do futuro, acrescentava: "Se as coisas continuarem como estão."

— Como eu já disse, recebi recentemente muito trabalho de M. Barentin, o presidente do Departamento de Impostos. Portanto, meu trabalho me leva necessariamente aos gabinetes do governo. E quando se conhece os dirigentes do país — sacudiu a cabeça —, começa-se a julgar a competência deles. É impossível não julgar.

— Mas eles são indivíduos — ela falou, querendo pedir desculpas por se intrometer no que não entendia. — É necessário questionar o próprio sistema? Isso é procedente?

— A pergunta é uma só — Georges-Jacques respondeu. — Isso pode durar? E a resposta é: não. Dentro de 12 meses, a meu ver, nossas vidas estarão muito diferentes.

Depois fechou a boca resolutamente, ao perceber que tinha tocado em assuntos que não interessavam às mulheres. Não pretendia aborrecê-la nem incomodá-la.

PHILIPPE, o duque de Orléans, estava ficando calvo. Seus amigos, ou os que pretendiam ser seus amigos, rasparam o cabelo da testa a fim de agradá-lo, para que a calvície do duque parecesse uma moda, ou um capricho. Mas não havia bajulação que disfarçasse o fato em si.

O duque Philippe tinha 40 anos, e era considerado o homem mais rico da Europa. Os Orléans eram o ramo jovem da família real, e seus príncipes raramente viam os primos mais velhos. O duque Philippe não concordava com o rei Luís em nada.

Sua vida até aquele ponto não fora bem-sucedida. Recebera uma educação tão fraca, com resultados tão negativos, que era possível pensar que tivesse sido proposital, com o fim de corrompê-lo, invalidá-lo, incapacitá-lo para qualquer tipo de atividade política. Quando se casou e foi com a nova duquesa ao Opéra, viu as galerias apinhadas de prostitutas vestindo luto.

Philippe não era burro, mas era suscetível a modas e caprichos. Naquela época, tinha muitos motivos de queixa. O rei interferia todo o tempo em sua vida privada. Suas cartas eram abertas e ele era seguido por policiais e espiões do rei. Tentaram destruir sua amizade com o querido príncipe de Gales e proibi-lo de ir à Inglaterra, de onde importava lindas mulheres e cavalos de corrida. Era continuamente difamado e caluniado pelos adeptos da rainha, que pretendiam fazer dele um objeto de ridículo. Seu grande crime, é claro, era estar muito próximo ao trono. Philippe d'Orléans tinha dificuldade de concentrar-se por longos períodos de tempo e não era capaz de avaliar o destino da nação pelos relatórios financeiros, mas sabia muito bem que não havia liberdade na França.

Dentre as várias mulheres de sua vida, destacou-se uma, que não era a duquesa. Félicité de Genlis tornou-se sua amante em 1772, e para provar seus sentimentos por ela, o duque mandou fazer uma tatuagem no braço. Félicité era uma mulher de índole doce e vontade férrea, e escrevia livros. Havia poucas áreas do conhecimento humano nas quais não se aventurasse com seu pedantismo irritante. Impressionado, perplexo e escravizado, o duque colocou-a a cargo da educação dos próprios filhos. Os dois tiveram uma filha, Pamela, uma criança bonita e talentosa, que fingiam ser órfã.

Do duque, e de seus filhos, Félicité exigia respeito, obediência e adoração; da duquesa, uma tímida aquiescência a seu status e seus poderes. Félicité tinha um marido, é claro, Charles-Alexis Brulard de Sillery, conde de Genlis, um belo oficial reformado da marinha, com uma folha de serviço exemplar. Era íntimo de Philippe, um dos elementos de seu pequeno e bem treinado exército de organizadores e bajuladores. Seu casamento com Félicité era considerado um casamento de amor; mas depois de 25 anos, ainda bonito e refinado, Charles-Alexis passou a entregar-se dia e noite à sua paixão: o jogo.

Félicité, de certa forma, educou o duque. Moderou alguns de seus excessos mais ferozes, e orientou seu dinheiro e sua energia para caminhos mais apropriados. Com 40 anos bem preservados, era uma mulher alta e esguia, tinha cabelo louro-escuro, olhos castanhos cativantes e expressão decidida. Sua intimidade física com o duque cessou, mas ela passou a escolher suas amantes e a lhes dizer como se portar. Habituou-se a estar no centro das decisões, a ser consultada, a dar conselhos. E não gostava da esposa do rei, Maria Antonieta.

A frivolidade da corte deixava certo hiato, certa carência de um centro cultural para a nação. Félicité decidiu então que Philippe e *sua* corte supririam essa carência. Não que tivesse ambições políticas para ele, mas acontecia que os vários intelectuais, artistas e eruditos, gente que ansiava por cultura, eram homens de espírito liberal, homens esclarecidos, homens que ansiavam por uma nova organização. E o duque tinha a simpatia de todos. No ano de 1787, reuniam-se à volta dele inúmeros jovens, na maior parte aristocratas, todos ambiciosos e todos com um vago sentimento de que suas ambições haviam sido frustradas, que suas vidas eram insatisfatórias. Foi então resolvido que o duque, que sentia isso com mais intensidade que a maioria, seria o líder deles.

Ele desejava ser um homem do povo, especialmente do povo de Paris; desejava conhecer seus humores e preocupações. Ele mantinha sua corte no centro da cidade, no Palais-Royal. Facultou os jardins ao público e transformou os prédios em lojas, bordéis, cafés e cassinos; portanto, no epicentro da fornicação da nação, dos boatos maliciosos, dos furtos e brigas nas ruas estava Philippe: o Bom Duque Philippe, o Pai do Povo. Mas ninguém dizia isso, ainda não era um movimento organizado.

No verão de 1787, Philippe equipou-se e deu início a manobras experimentais. Em novembro, o rei decidiu reunir o obstrutivo parlamento em uma Sessão Real para obter registro de editos sancionando um empréstimo para o Estado. Se não fosse atendido, seria forçado a convocar os Estados Gerais. Philippe preparou-se para confrontar a autoridade real, como De Sillery teria dito, de frente.

CAMILLE viu Lucile rapidamente em frente à Saint-Sulpice, onde ela fora assistir à bênção.

— A carruagem está logo ali — ela disse. — Nosso criado, Théodore, está do meu lado, mas virá me buscar em poucos minutos. Temos de conversar depressa.

— Sua mãe está na carruagem? — ele perguntou, alarmado.

— Não, está se escondendo em casa. A propósito, ouvi dizer que você participou de um tumulto.

— Como soube disso?

— Correm boatos. Claude conhece um homem chamado Charpentier, não é? Pode imaginar, Claude está impressionado.

— Você não deveria estar aqui — ele disse. — O dia está horrível. Vai se molhar.

Ela teve a clara impressão de que ele gostaria de colocá-la dentro da carruagem e mandá-la para casa.

— Às vezes eu sonho — disse — em morar em um lugar quente, onde haja sol todos os dias. A Itália deve ser um bom lugar. Depois penso: não, fique em casa e tirite de frio. Não vou deixar escorrer pelos dedos todo o dinheiro que meu pai reservou para meu dote. Seria uma grande ingratidão deixar isso para trás. Nós devemos nos casar aqui — fez um gesto com uma das mãos —, em uma data de nossa escolha. Mais tarde podemos passar férias na Itália. Precisaremos de férias depois de lutar contra eles e vencer. Podemos alugar elefantes e atravessar os Alpes.

— Então está decidida a se casar comigo?

— Oh, sim — disse ela, olhando-o atônita. Como se esquecera de contar a única coisa em que pensava havia semanas? Talvez tivesse pensado que os boatos cuidariam desse detalhe também. Mas como não cuidaram... Será que ele tinha *se esquecido disso*? — Camille...

— Muito bem. Mas só lidarei com elefantes se você me prometer uma coisa. Terá de fazer um juramento solene. Terá de dizer: "Pelos ossos do abade Terray."

Ela riu.

— Nós sempre levamos o abade Terray muito a sério.

— É a isso que me refiro, um juramento solene.

— Como você quiser. Pelos ossos do abade Terray, juro que vou me casar com você, aconteça o que acontecer, não importa o que disserem, mesmo que o céu desabe sobre minha cabeça. Acho que deveríamos nos beijar, mas — disse, estendendo a mão — só vou permitir que beije minha mão. Senão Théodore terá uma crise de consciência e virá imediatamente.

— Você deve tirar a luva — ele falou. — Já seria um começo.

Lucile tirou a luva e lhe estendeu a mão. Achou que beijaria a ponta de seus dedos, mas na verdade ele virou sua mão e segurou a palma contra a boca por um instante. E foi apenas isso. Ela estremeceu.

— Você sabe das coisas, não é? — disse.

Nesse momento a carruagem chegou. Os cavalos resfolegavam pacientemente. Théodore manteve-se de costas para eles, olhando a rua com profundo interesse.

— Agora, preste atenção — disse Lucile. — Temos o hábito de vir aqui porque minha mãe tem uma amizade especial com um dos clérigos. Acha-o espiritualmente fino, elevado.

Théodore virou-se e abriu a porta da carruagem, mas ela lhe deu as costas.

— O nome dele é abade Laudréville. Ele nos visita sempre que minha mãe precisa falar sobre sua alma, e isso ocorre atualmente pelo menos três vezes por semana. Ele considera meu pai um homem sem sensibilidade alguma. Então, escreva para mim. — Bateu a porta da carruagem e continuou a falar da janela. — Acredito que você tenha talento para lidar com velhos padres. Se escrever as cartas, ele as levará para mim. Se for à missa da tarde, encontrará minhas respostas. — Théodore segurou as rédeas e ela pôs a cabeça para dentro. — A devoção tem algum propósito — murmurou.

NOVEMBRO. Camille está no Café du Foy, incapaz de fazer as palavras saírem com velocidade suficiente.

— Meu primo De Viefville falou comigo *em público*, estava muito ansioso para contar a alguém o que havia acontecido: o rei entrou e afundou-se na cadeira, quase dormindo, como sempre. O guarda-selos disse que os Estados seriam convocados, mas só em 1792, uma data muito distante...

— A culpa é da rainha.

— Shhh — fez um cliente do café.

— Isso levou a algum protesto, depois houve uma discussão sobre os editos que o rei deseja registrar. Quando chegou a hora de votar, o guarda-selos foi falar em particular com o rei; o rei cortou a conversa e disse que os editos tinham de ser registrados. Ordenou que se fizesse isso.

— Mas como ele pode...

— Shhh.

Camille olhou em volta. Percebeu que um acontecimento singular ocorrera mais uma vez: a gagueira desaparecera.

— Então Orléans se levantou e todos voltaram-se para olhá-lo, ele ficou absolutamente branco, segundo De Viefville. E falou: "Vossa Alteza não pode fazer isso. É ilegal." O rei ficou transtornado e gritou: "É legal porque eu assim desejo."

Camille parou, e ouviu-se um zumbido de protesto, de horror simulado, de especulação. De súbito sentiu a terrível necessidade de destruir seu próprio caso; talvez estivesse agindo como advogado, ou talvez estivesse sendo honesto demais.

— Ouçam todos, por favor, isso foi o que De Viefville *disse* que o rei disse. Mas não estou certo de que devemos acreditar nele, não é oportuno demais? Quero dizer, se quisessem criar uma crise constitucional, não seria exatamente isso o que esperariam que De Viefville dissesse? Talvez, pois o rei não é um mau homem, o rei... creio que ele provavelmente não disse nada disso, provavelmente foi uma brincadeira boba.

D'Anton notou que Camille não gaguejara, e que falava para cada pessoa na sala lotada como se estivesse falando só para ela. Então alguém gritou:

— Continue!

— Os editos foram registrados. O rei saiu. Assim que pisou do outro lado da porta, os editos foram anulados e riscados dos livros. Dois membros do parlamento foram presos por *lettres de cachet*. O duque de Orléans foi exilado para suas terras em Villers-Cotterêts. Ah, e eu fui convidado para jantar com meu estimado primo De Viefville.

O OUTONO PASSOU. Se o teto desabasse, dizia Annette, alguém se embrenharia nos escombros para retirar os objetos de valor. Ninguém ficaria parado ao lado do desastre se lamentando. A perspectiva do que Camille faria com ela e com sua filha parecia horrível demais para resistir. Ela aceitou a ideia como uma pessoa que se resigna ao longo de uma doença terminal; mas às vezes desejava morrer.

V. Uma nova profissão

(1788)

NADA MUDA. Nada de novo. A mesma atmosfera sombria de crise. A sensação de que a situação não pode piorar muito sem que alguma coisa aconteça. Mas nada acontece. Ruína, colapso, falência do Estado; o ponto sem volta, o equilíbrio instável, o edifício desabando e as areias do tempo. Só o clichê floresce.

Em Arras, Maximilien de Robespierre enfrenta o ano-novo atroz e desanimador. Ele está em guerra com o judiciário local. Não tem dinheiro. Desistiu da sociedade literária porque a poesia se tornou irrelevante. Está tentando restringir sua vida social, pois acha difícil ser cortês com os presunçosos, interesseiros, mentirosos — uma boa descrição da gentil sociedade de Arras. Cada vez mais, as conversas informais voltam-se para questões banais, e ele reprime o desejo de sorrir e deixar as coisas passarem, lutando para erradicar esse vestígio conciliatório. Então, qualquer desentendimento torna-se uma afronta, qualquer ponto concedido no tribunal torna-se uma derrota. Há leis contra duelos, mas não contra duelos mentais. Não se pode separar a visão política dos políticos, ele dizia ao irmão Augustin; quem faz isso mostra que não leva a política a sério.

Os pensamentos parecem estampar-se em seu rosto, mas mesmo assim ele faz parte das listas de convidados para passeios no campo e saraus no teatro. Ninguém percebe que ele não tem óleo suficiente para lubrificar as rodas do intercâmbio social. A pressão das expectativas alheias força-o cada vez mais a um pouco de tato, a uma resposta suave; não é fácil comportar-se como o bom menino que ele sempre foi.

Tia Henriette e tia Eulalie o rodeiam com aquele tipo de tato sufocante que têm, sempre desejando fazer o melhor por ele. Tia Eulalie lhe diz que sua enteada, Anaïs, é muito bonita e gosta muito dele. Por que ele não a corteja? Por que não começar logo? Porque, ele responde, em desespero, no próximo ano talvez os Estados sejam convocados e ele tenha de sair de Arras.

NO NATAL os Charpentier estavam bem instalados em sua nova casa em Fontenay-sous-Bois. Sentem falta do café, mas não da lama da cidade, do barulho, dos atendentes rudes das lojas. O ar campestre os faz sentir-se dez anos mais moços. Gabrielle e Georges-Jacques vão visitá-los aos domingos. É muito gratificante ver como estão felizes. O bebê terá cueiros suficientes para sete crianças, e mais atenção que um delfim. Georges-Jacques parece preocupado e pálido depois do longo inverno. Precisa de um mês de descanso em sua casa de Arcis, mas não pode tirar tanto tempo de folga. Está a cargo dos trabalhos legais do Departamento de Impostos, mas diz que precisa de outra fonte de renda. Gostaria de comprar terras, mas não tem capital. Há um limite para as realizações de um homem, ele diz, mas sem dúvida está se preocupando sem necessidade. Eles todos têm muito orgulho de Georges.

NO TESOURO PÚBLICO, Claude Duplessis comporta-se da forma mais jovial possível, dadas as circunstâncias. No ano anterior, durante cinco meses, a França teve três ministros consecutivos, todos fazendo as mesmas perguntas bobas e exigindo informações inúteis. Ele precisa lembrar, quando acorda de manhã, para quem trabalha no momento. Sem dúvida, em breve M. Necker será convidado a voltar, para regalar o povo com mais de seus placebos e ideias sobre confiança pública. E se as pessoas desejam pensar em Necker como uma espécie de messias, quem somos nós, amanuenses, meros funcionários... Ninguém do Tesouro Público acha que a situação pode ser corrigida.

Claude confidencia a um colega que sua linda filha quer se casar com um advogado provinciano que gagueja e mal aparece no tribunal, e que não parece ter bom caráter. Não entende por que seu colega dá um sorriso comprometedor.

O déficit chega a 160 milhões de *livres*.

CAMILLE DESMOULINS estava morando na rue Sainte-Anne com uma moça cuja mãe pintava retratos.

— Você deveria visitar sua família, pelo menos no ano-novo — ela lhe disse, examinando-o com cuidado para poder retratá-lo, seguindo os passos da mãe. Mas Camille era difícil de ser retratado, seria mais fácil usar como modelos os homens admirados da época, rosados e gordos, com postura rígida e cabelos recém-cortados. Camille movimentava-se depressa demais mesmo para um esboço rápido; ela sabia que ele não ficaria por muito tempo e queria, se fosse possível, lhe facilitar as coisas antes da partida.

A *diligence* rolava para Guise por estradas sulcadas e alagadas pelas chuvas de janeiro. Quando Camille se aproximou de casa começou a se lembrar de sua irmã Henriette e da morte lenta que teve. Dias inteiros, semanas inteiras passaram-se sem que pudessem ver a irmã, viam apenas o rosto pálido da mãe e o médico entrando e saindo da casa. Ele foi mandado para a escola, em Cateau-Cambrésis, e às vezes acordava no meio da noite e pensava: Por que ela não está tossindo? Quando voltou para casa, foi levado ao quarto dela, e lhe permitiram permanecer cinco minutos junto à sua cama. Ela tinha pontos transparentes sob os olhos, a pele azulada, e os ombros ossudos projetados para a frente pelos travesseiros. Henriette morreu no ano em que Camille foi estudar em Paris, no dia em que choveu sem parar, formando canais escuros pelas ruas da cidade.

Seu pai deu ao padre e ao médico um copo de conhaque, como se eles não estivessem habituados à morte, como se precisassem de apoio. Ele sentou-se discretamente em um canto, e os outros, muito constrangidos, desviaram para Camille a atenção da conversa.

— Você gostaria de ir para Louis-le-Grand?

— Eu já decidi que vou — Camille respondeu.

— Não sentirá falta de seus pais?

— Não se esqueça de que eles me mandaram para a escola há três anos, quando eu tinha 7 anos de idade, portanto não sentirei a mínima falta deles, nem eles a minha.

— Ele está apenas nervoso — disse o padre apressadamente. — Mas, Camille, sua irmãzinha está no Céu.

— Não, padre — ele retrucou —, somos forçados a acreditar que Henriette está no purgatório agora, atormentada. Esse é o consolo que nossa religião nos concede quando perdemos alguém.

Agora, quando chegasse em casa, lhe ofereceriam conhaque e seu pai perguntaria, como sempre perguntava, como tinha sido a viagem. Mas ele estava acostumado a essa viagem. O pai diria que os cavalos podiam ter caído, que ele podia ter sido envenenado *en route* ou incomodado por um viajante. Certa vez ele dissera que tudo dera certo, que não falara com ninguém e que durante a viagem toda tivera maus pensamentos. A viagem toda? Mas isso era antes da *diligence*. Ele tinha muita energia aos 16 anos.

Antes de sair de Paris, Camille releu as cartas recentes do pai. Eram incisivas, não autoritárias, humilhantes. Nas entrelinhas percebeu que os Godard queriam romper seu noivado com a prima Rose-Fleur. Aquele noivado fora resolvido quando ela ainda estava no berço, como podiam saber como as coisas decorreriam?

Era sexta-feira à noite quando chegou em casa. No dia seguinte haveria visitas a fazer, reuniões que ele não pôde evitar. Rose-Fleur fingiu ser tímida demais para falar com ele, mas o pretexto não se encaixava em sua imagem vigorosa. Seu olhar era cheio de vida, e o cabelo era pesado e escuro como o dos Godard; olhava-o a toda hora, fazendo-o sentir-se como uma figura estranha.

No domingo foi à missa com a família. Nas ruas estreitas e molhadas de chuva, era objeto de curiosidade. Na igreja olhavam-no como se ele tivesse vindo de uma região mais quente que Paris.

— Estão dizendo que você é ateu — sua mãe sussurrou.

— É isso que dizem que sou?

Clément falou:

— Talvez você faça como aquele diabo de Anjou que desapareceu durante a consagração em uma nuvem de fumaça.

— Seria um acontecimento — disse Anne-Clothilde. — Nosso calendário social anda muito monótono.

Camille não examinou a congregação, sabia que estava sendo estudado. Viu M. Saulce e a esposa, e viu também o médico atarracado que cuidara de Henriette até ela morrer.

— Lá está sua antiga namorada — disse Clément. — Nós não deveríamos saber, mas sabemos.

Sophie tornara-se uma matrona de papada. Olhou-o como se seus ossos fossem de vidro. Camille achou que talvez fossem mesmo; até as pedras pareciam derreter naquele lugar eclesiástico sombrio e aromatizado. Seis pontos de luz brilhavam no altar, e suas sombras tremulavam sobre carne e pedra, pão e vinho. Os poucos comungantes se mesclavam à escuridão. Era a festa da Epifania, quando os moradores dos burgos surgiam, a luz azul do dia iluminando seus crânios, congelando-lhes as feições e descarnando-os.

Camille foi ao escritório do pai e remexeu a correspondência até encontrar a carta que queria, a missiva de seu tio Godard. O pai entrou como se o estivesse vigiando.

— O que está fazendo? — Ele não tentou esconder a carta. — Dessa vez você passou dos limites — disse Jean-Nicolas.

— Sim — Camille sorriu, virando a página. — Mas agora você sabe que sou cruel e capaz de grandes crimes. — Levou o papel até a luz e leu: — A conhecida instabilidade de Camille e as ameaças que podemos prever quanto à felicidade e durabilidade da união. — Pôs a carta na mesa com as mãos trêmulas. — Eles pensam que sou um louco? — perguntou ao pai.

— Eles pensam...

— O que mais pode significar "instabilidade"?

— Está reclamando da escolha de palavras deles? — perguntou Jean-Nicolas, esfregando as mãos diante da lareira. — Aquela maldita igreja estava congelada. Eles podiam ter usado outros termos, mas é claro que não querem se comprometer em uma carta. Estavam se referindo a um relacionamento seu com um colega, que eu sempre tive em considerável...

Camille olhou fixamente para ele.

— Mas isso aconteceu há anos.

— Não é muito fácil tocar nesse assunto — disse Jean-Nicolas. — Você deseja que eu diga às pessoas que você nega?

O vento lançava gotas de chuva nas janelas, e entrava pelas chaminés e pelos beirais. Jean-Nicolas levantou os olhos, apreensivo.

— Nós perdemos telhas em novembro. O que está acontecendo com o tempo? Não costumava ser assim.

— O que quer que tenha acontecido foi... ah, em uma época em que o sol brilhava o tempo todo. Há seis anos, no mínimo. E não foi culpa minha. — Camille disse.

— O que você está alegando? Que meu amigo Perrin, um pai de família que conheço há 35 anos, respeitado no Departamento da Chancelaria e líder maçom, um dia, sem mais nem menos, encontrou-se com você, deixou-o inconsciente e o levou para a cama? Bobagem. Ouça. — Seu pai gritava. — Está ouvindo esse barulho estranho? Acha que é uma goteira?

— Pergunte a qualquer um — disse Camille.

— Sobre o quê?

— Sobre Perrin. Ele tinha essa reputação. Eu era apenas uma criança e, bem, você me conhece, nunca sei ao certo como me envolvo nas coisas.

— Isso não serve de desculpa. Você não pode esperar que essa explicação baste para os Godard — disse, olhando para o teto. — Acho que é uma goteira. — Virou-se de novo para o filho e continuou: — E eu só toquei no assunto para ilustrar *um* exemplo do tipo de história que se conta sobre você.

Começou a nevar, o céu estava opaco e soturno. O vento parou de repente. Camille pôs a testa no vidro frio e ficou observando a neve cair na praça. Sentiu-se fraco. Sua respiração embaçava a vidraça, o fogo crepitava atrás dele e as gaivotas passavam gritando no céu. Clément entrou.

— Que barulho estranho é esse? Será uma goteira? Parece que parou agora. — Olhou para o outro lado da sala. — Você está bem, Camille?

— Creio que sim. Pode-se dizer a um condenado que sua pena foi suspensa de novo?

Dois dias depois ele estava de volta a Paris, na rue Sainte-Anne.

— Vou me mudar — disse à amante.

— Faça como achar melhor. E se deseja saber, acho desprezível que você tenha um caso secreto com minha mãe. Talvez seja mesmo melhor mudar-se.

CAMILLE acordou sozinho, coisa que detestava. Tocou as pálpebras cerradas. Seus sonhos não prestavam a discussão. Sua vida não era realmente o que as pessoas imaginavam, pensou. A longa luta por Annette destruíra seus nervos. Como gostaria de estar vivendo com ela! Não desejava nada de ruim a Claude, mas seria bom se ele deixasse de existir. Não queria que ele sofresse, tentou pensar em um precedente, talvez nas Escrituras. Qualquer coisa podia acontecer, essa era sua experiência.

Lembrou-se, o que acontecia todas as manhãs, de que ia se casar com a filha de Annette, que a fizera jurar que se casaria com ele. Que situação complexa. Seu pai dissera nas entrelinhas que ele arruinava a vida dos outros. E Camille estava perplexo por constatar que era verdade. Não tinha estuprado ninguém nem cometido um crime, e os outros deveriam aprender a superar os acontecimentos e a continuar com a vida, como ele sempre fazia.

Recebeu uma carta de casa, mas não teve vontade de abrir. Só abriu ao pensar que alguém poderia ter morrido. Dentro havia uma nota bancária e algumas palavras de seu pai, não de desculpas, mas de resignação. Isso já acontecera antes, eles passavam por um ciclo de ofensas, aversão, fuga e reconciliação. Em certo ponto o pai percebia que passara dos limites. Ele tinha um impulso, um desejo de controlar; se o filho parasse de escrever e deixasse de visitar a família, ele perderia o controle. Eu deveria devolver esta nota bancária, pensou Camille. Mas, como sempre, precisava de dinheiro, e seu pai sabia. Pai, Camille pensou: você bem poderia atormentar seus outros filhos.

Vou sair para ver d'Anton, ele pensou. Georges-Jacques sempre conversa comigo e não se importa com meus vícios. Aliás, talvez até goste deles. O dia abrilhantou-se.

Estavam todos ocupados no escritório de d'Anton. O conselheiro do rei empregava dois funcionários. Um deles chamava-se Jules Paré, seu colega de colégio, bem mais velho que ele, mas isso não parecia estranho naqueles dias. E também Deforgues, outro velho conhecido de d'Anton. Havia ainda um frequentador habitual chamado Billaud-Varennes, que aparecia de vez em quando para fazer minutas de petições e os trabalhos de rotina. Billaud estava no escritório, um funcionário de reserva, pouco atraente, que jamais tinha uma palavra agradável para dizer sobre ninguém. Quando Camille entrou, ele juntava papéis na mesa de Paré e queixava-se de que sua esposa estava engordando. Camille achou-o especialmente ressentido naquela manhã; ali estava ele, andrajoso e deprimido, e ali estava Georges-Jacques, com o casaco de casimira fina bem escovado, gravata simples branca, com sua voz forte e aspecto de homem rico.

— Por que está se queixando de Anna se na verdade deveria se queixar de maître d'Anton? — Camille perguntou.

Billaud levantou os olhos.

— Não estou me queixando.

— Então você tem sorte. Deve ser o único homem da França sem queixas. Por que está mentindo?

— Vá embora, Camille. — D'Anton pegou os papéis que Billaud levara. — Estou trabalhando.

— Quando você foi recebido na Ordem dos Advogados, não foi ao padre da paróquia pedir um certificado de que você era um bom católico? — D'Anton resmungou e enfiou a cabeça nos papéis. — Isso não ficou atravessado em sua garganta?

— Paris vale uma missa* — disse d'Anton.

— É claro, por isso é que maître Billaud-Varennes não sai de sua posição atual. Ele também gostaria de ser conselheiro do rei, mas não consegue. Detesta os padres, não é?

— Sim — disse Billaud. — Já que estamos no campo das citações, vou fazer uma para você: "Eu gostaria, e este será o último e o mais ardente dos meus desejos, eu gostaria que o último rei fosse estrangulado com as tripas do último padre."

Depois de uma pausa, Camille olhou para Billaud. Não suportava o homem, mal tolerava dividir com ele a mesma sala. Billaud lhe dava nojo e uma apreensão que não sabia explicar. Mas mesmo assim ali estavam os dois frente a frente. Camille procurava a companhia de gente que não lhe agradava, de forma compulsiva. Olhava para certas pessoas e sentia que as conhecera sempre, como se lhe pertencessem de alguma forma, como se fossem seus parentes.

— Como vai seu panfleto subversivo? — perguntou a Billaud. — Já encontrou alguém para publicá-lo?

* Citando o rei Henrique IV, quando este tornou-se católico por conveniência, temendo ser destronado. *(N. do E.)*

D'Anton olhou por cima de seus papéis.

— Por que gasta seu tempo escrevendo coisas que não podem ser publicadas, Billaud? Não o estou criticando, só quero saber.

O rosto de Billaud ficou vermelho.

— Porque não posso me comprometer.

— Pelo amor de Deus — disse d'Anton. — Não seria melhor... não, já falamos sobre isso uma vez. Você também deveria tentar fazer panfletos, Camille. Tente escrever prosa em vez de poesia.

— O panfleto dele chama-se: "Um último golpe contra o preconceito e a superstição" — disse Camille. — Mas não parece ser bem o último golpe, não é? Parece que terá tanto sucesso quanto todas as peças horríveis que ele escreveu.

— No dia em que você... — Billaud começou.

D'Anton cortou-o:

— Vamos acalmar os ânimos. — Mostrou algumas petições para Billaud. — O que é este lixo?

— Está me ensinando a trabalhar, maître d'Anton?

— E por que não, se você não trabalha direito? — Jogou os papéis na mesa. — Como vai sua prima Rose-Fleur, Camille? Não responda agora, estou até aqui de trabalho. — E fez um gesto com a mão na altura do queixo.

— É difícil ser respeitável? — Camille lhe perguntou. — É realmente extenuante?

— Ah, esse seu comportamento, maître Desmoulins, me deixa doente, ano após ano — disse Billaud.

— Você também me deixa doente, seu homem detestável. Deve haver alguma saída para seus talentos que não o Direito. Talvez gemer em câmaras mortuárias lhe sirva. Ou dançar sobre sepulturas, está na moda.

Camille foi embora.

— Qual seria a saída para os talentos dele? — perguntou Jules Paré. — Somos educados demais para conjecturar.

NO THÉÂTRE DES VARIÉTÉS o porteiro disse a Camille:

— Você está atrasado, meu caro.

Camille não compreendeu. Na bilheteria dois homens discutiam sobre política, e um deles praguejou contra a aristocracia. Era um homem gorducho, sem qualquer osso visível no corpo, o tipo de pessoa que, em tempos normais, grita em defesa do *status quo*.

— Hébert, Hébert — disse seu opositor —, você vai ser enforcado, Hébert.

É possível sentir a tensão no ar, pensou Camille.

— Depressa — falou o porteiro. — Ele está de péssimo humor. Vai gritar com você.

Dentro do teatro o ambiente era hostil e sombrio. Atores desconsolados pulavam de um lado para o outro tentando aquecer-se. Philippe Fabre d'Églantine postou-se na frente do palco e da dançarina que acabara de fazer um teste.

— Creio que você precisa de férias, Anne. Sinto muito, minha querida, mas você não foi bem. O que fez com sua garganta? Começou a fumar cachimbo?

A moça cruzou os braços no peito, como quem vai cair em lágrimas.

— Então me ponha no coro, Fabre — ela pediu. — Por favor.

— Lamento, mas não posso. Você parece estar cantando dentro de um prédio em chamas.

— Você não lamenta coisa nenhuma, seu cretino — a moça falou.

Camille foi até Fabre e falou em seu ouvido:

— Você é casado?

Fabre levou um susto e virou-se.

— O quê? Não, nunca.

— Nunca — disse Camille, impressionado.

— Bom, de certa forma, sou — Fabre explicou.

— Não tenho intenção de fazer chantagem com você.

— Está bem, está bem. Então, sou. Ela está... viajando. Espere meia hora por mim, está bem? Vou terminar aqui o mais rápido possível. Detesto este tipo de trabalho, Camille. Meu gênio está sendo esmagado. Meu tempo está sendo desperdiçado. — Acenou para o palco, para as dançarinas e para o gerente do teatro, que tinha a expressão insatisfeita. — O que fiz para merecer isso?

— Todos estão descontentes hoje. Na bilheteria estão discutindo sobre a composição dos Estados Gerais.

— Ah, René Hébert, um sujeito beligerante. O que realmente o incomoda é que seu destino triunfal é ser o encarregado da bilheteria.

— Eu vi Billaud esta manhã. Ele está descontente também.

— Não me fale daquele imbecil — disse Fabre. — Está tentando tirar o pão da boca dos escritores. Ele tem uma profissão, por que não se atém a isso? Seu caso é diferente — ele adicionou, com gentileza. — Eu não me importaria se resolvesse escrever uma peça, pois você é um absoluto fracasso como advogado. Eu penso, Camille querido, que nós dois poderíamos colaborar em algum projeto.

— Eu gostaria de colaborar para uma revolução violenta e sangrenta. Alguma coisa que causasse ofensa a meu pai.

— Eu estava pensando em algo em curto prazo, que nos desse dinheiro — disse Fabre, em tom reprovador.

Camille foi para um canto e ficou observando Fabre. A cantora aproximou-se dele e afundou em uma cadeira com a cabeça caída, virando o queixo de um lado para o outro a fim de relaxar os músculos do pescoço; depois colocou nos ombros um xale de seda com franjas um tanto desgastado. Ela própria parecia desgastada, mal-humorada e tinha uma expressão dura. Virou-se para Camille e perguntou.

— Eu conheço você?

Camille olhou-a. Deve ter cerca de 27 anos, pensou. Ossos pequenos, cabelo castanho-escuro, nariz arrebitado. Bonita, mas havia algo em seu rosto, como se ainda se recuperasse de uma surra do passado. Ela repetiu a pergunta.

— Admiro sua abordagem direta — disse Camille.

A moça sorriu, um sorriso carnudo e oferecido, e massageou a garganta.

— Eu realmente achei que conhecia você.

— Isso me aflige também. Ultimamente tenho a impressão de que conheço todos em Paris. É como uma série de alucinações.

— Mas você conhece Fabre. Pode fazer um favor para mim? Converse com ele, quem sabe seu mau humor melhora. — Depois sacudiu a cabeça. — Não, esqueça. Ele tem razão, minha voz acabou. Eu estudei na Inglaterra, pode acreditar? Tinha grandes ideais. Não sei o que vou fazer agora.

— O que você fazia entre um emprego e outro?

— Dormia com um marquês.

— E então?

— Não sei. Tenho a impressão de que os marqueses não têm mais tanto dinheiro. E eu não tenho mais tanto a oferecer. Mas preciso seguir em frente. Acho que vou tentar ganhar a vida em Gênova, tenho contatos lá.

Camille gostou da voz dela, do sotaque estrangeiro, e manteve-a falando.

— De onde você vem?

— De perto de Liège. Eu viajei muito. — Pôs a mão no rosto. — Meu nome é Anne Théroigne. Meu Deus, como estou cansada — disse, fechando os olhos e mexendo os ombros magros cobertos pelo xale, tentando relaxar as costas.

NA RUE CONDÉ, Claude estava em casa.

— Que surpresa ver você — disse, sem de forma alguma parecer surpreso. — Já lhe dei minha resposta. Definitivamente, não. Nunca.

— Você é imortal? — Camille perguntou, sentindo-se pronto para uma briga.

— Está por acaso me ameaçando? — perguntou Claude.

— Preste atenção. Dentro de cinco anos não haverá mais nada disso. Não haverá mais funcionários do Tesouro nem aristocratas, todos se casarão com quem quiserem, não haverá monarquia nem parlamentos, e você não poderá dizer o que posso fazer.

Nunca na vida ele falara assim com quem quer que fosse. Era um alívio, pensou. Quem sabe poderia seguir a carreira de bandido.

Annette estava sentada, imóvel, na outra sala. Em seis meses era a primeira vez que Claude voltava para casa cedo, portanto, Camille não podia ter ensaiado aquelas palavras, era um improviso. Ele quer se casar com minha filha, Annette pensou, *só porque alguém está lhe dizendo que não pode.* Durante anos ela alimentou esse ego raro e feroz em sua própria sala de visitas, como uma planta de estufa peculiar, tomando café mocha e ouvindo pequenas confidências.

— Lucile — ela disse —, continue sentada, não ouse sair desta sala. Não vou tolerar que você zombe da autoridade de seu pai.

— Você chama a isso autoridade? — perguntou Lucile. Amedrontada, levantou-se e saiu da sala. Camille estava branco de raiva, com os olhos abertos como se fossem manchas escuras. Lucile se postou à sua frente. — Vocês devem saber — disse a quem interessasse — que pretendo levar uma vida diferente da que planejaram para mim. Camille, tenho horror a ser comum. Tenho horror a me sentir entediada.

Ele passou os dedos pela mão dela, frios como gelo, girou nos calcanhares e saiu, batendo a porta. Tudo o que Lucile guardou dele foi a sensação daqueles dedos em sua pele. Ouviu a mãe chorando alto, arfando e soluçando, e o pai dizendo:

— Nunca, nunca em vinte anos ouviu-se uma única palavra inadequada nesta casa, nunca houve transtornos como esse, minhas filhas nunca me ouviram elevar a voz com raiva.

Adèle apareceu.

— Então agora estamos vivendo no mundo real — disse.

Claude torceu as mãos. Elas nunca o tinham visto fazer isso antes.

O FILHO DE D'ANTON era um bebê robusto, de pele morena, cabelo escuro e farto, e tinha os olhos do pai, surpreendentemente azuis. Os Charpentier debruçaram-se no berço, mostrando as semelhanças e dizendo como ele seria. Gabrielle estava feliz. Queria amamentar o bebê, não aceitava uma ama de leite.

— Dez anos atrás — disse sua mãe — isso seria impensável para uma mulher de sua posição, esposa de um advogado. — Sacudiu a cabeça, desaprovando as maneiras modernas. Gabrielle disse que havia algumas mudanças para melhor. Mas afora essa mudança, não podia pensar em nenhuma outra.

Era agora maio de 1788. O rei anunciara a suspensão dos parlamentos. Alguns dos membros foram presos. A receita do país era de 503 milhões, e os gastos, de 629 milhões. Na rua um dos porcos perseguia uma criança e pulou em cima dela, bem debaixo da janela de Gabrielle. Esse incidente deixou-a nauseada. Depois que teve o filho, não desejava ver a vida como um desafio.

Então mudaram-se para um apartamento no primeiro andar, na esquina da rue des Cordeliers com a Cour du Commerce. Logo depois da mudança ela achou que não conseguiriam manter o apartamento. Precisariam de mais móveis para preencher o espaço, era a casa de um homem bem estabelecido.

— Georges-Jacques tem gostos caros — disse sua mãe.

— Imagino que sua carreira esteja indo bem.

— Tão bem assim? Minha querida, eu sempre recomendei que você fosse obediente. Mas não imbecil.

Gabrielle perguntou ao marido.

— Nós estamos endividados?

— Isso é problema meu, está bem? — foi a resposta.

No dia seguinte, na porta da frente da nova casa, d'Anton viu uma mulher de mãos dadas com uma garotinha de 9 ou 10 anos, e se apresentaram. Ela era Mme. Gély, seu marido Antoine era funcionário da corte do Châtelet. Talvez M. d'Anton o conhecesse. Ele conhecia. O bebê que tiveram era o primeiro? Esta é Louise, minha filha única. Louise, por que essa cara feia?

— Por favor, diga a Mme. d'Anton que, se precisar de alguma ajuda, é só pedir. Na semana que vem, quando já estiverem organizados, venham jantar conosco.

A menina Louise subiu as escadas atrás da mãe, olhando para d'Anton por cima do ombro.

D'Anton encontrou Gabrielle sentada sobre uma mala, juntando duas metades de um prato.

— Foi só isso que quebrou — disse, levantando-se e beijando-o. — Nossa nova cozinheira está preparando o almoço. Contratei uma empregada hoje de manhã chamada Catherine Motin, jovem e bem barata.

— Eu acabei de conhecer a vizinha do andar de cima. Muito elegante e gentil. Tem uma menininha, mais ou menos desse tamanho, que me olhou desconfiada.

Gabrielle juntou as mãos na nuca dele.

— Você não está com uma cara muito boa. O caso terminou?

— Sim. E eu ganhei.

— Você sempre ganha.

— Nem sempre.

— Posso fingir que ganha.

— Como quiser.

— Então não se importa se eu adorar você?

— Depende, disseram-me que é difícil aguentar o peso das expectativas de uma mulher. E que não devo me pôr em uma posição em que tenha de estar sempre certo.

— Quem disse isso?

— Camille, é claro.

O bebê estava chorando. Gabrielle afastou-se. Aquele dia e aquela conversa voltariam à mente de d'Anton nos anos seguintes: o bebê recém-nascido chorando, os seios de Gabrielle cheios de leite, o ar doce da inconsequência que aquele dia carregava. E o cheiro de cera, de tinta e do tapete novo; uma pilha de contas em cima da escrivaninha, e o verão nas árvores do lado de fora da janela.

Inflação de preços 1785-1789

Trigo	*66%*
Centeio	*71%*
Carne	*67%*
Lenha	*91%*

STANISLAS FRÉRON era um antigo colega de colégio de Camille, um jornalista. Morava na esquina próxima e publicava um jornal literário. Contava piadas picantes e era muito preocupado com roupas, mas Gabrielle tolerava-o porque ele era afilhado da realeza.

— Suponho que este seja seu salão, Mme. d'Anton — disse ele, afundando-se em uma das poltronas roxas. — Não fique assustada. Por que a esposa de um conselheiro do rei não teria um salão?

— Não é assim que eu me vejo.

— Entendi, então você é que é o problema. Pensei que talvez fôssemos nós. Pensei que nos considerasse homens de segunda classe. — Ela sorriu educadamente. — É claro que alguns *são* de segunda classe. E Fabre, por exemplo, é de terceira. — Fréron inclinou-se para a frente e cruzou as mãos. — Todos os homens que admirávamos quando éramos jovens estão mortos, senis ou aposentaram-se com pensões que a corte lhes concedeu para manterem o fogo de sua ira queimando baixo; embora eu ache que é uma ira simulada, para início de conversa. Você deve lembrar-se do tumulto que houve quando M. Beauharnais quis apresentar suas peças no palco, e nosso rei gordo e pouco letrado proibiu-as pessoalmente porque subvertiam a boa ordem do Estado. Mas depois foi provado que a ambição de M. Beauharnais era ter a casa mais opulenta de Paris, que agora está construindo bem perto da Bastilha, sentindo o cheiro de um dos prédios mais detestáveis da cidade. Então... é melhor parar, eu poderia multiplicar os exemplos. As ideias que eram consideradas perigosas há vinte anos são agora lugares-comuns nos discursos, porém ainda se morre de frio e de fome nas ruas no inverno. E nós, por nossa vez, militamos contra a ordem existente só porque não conseguimos galgar sua sórdida escada. Se Fabre, por exemplo, fosse eleito para a Academia amanhã, sua ânsia pela revolução social se tornaria da noite para o dia uma doce concordância.

— Lindo discurso, Coelho — disse d'Anton.

— Espero que Camille não me chame assim — disse Fréron com uma raiva controlada. — Agora todo mundo me chama de Coelho.

D'Anton sorriu.

— Continue. Fale mais sobre essas pessoas.

— Então... você conheceu Brissot? Creio que ele está na América no momento, dando assessoria por lá. Camille recebeu uma carta dele. Brissot é um grande teórico, um grande filósofo político, mas não tem dinheiro. Assessora todos esses profissionais americanos, profissionais irlandeses, profissionais genoveses, todos os governos do exílio, e os aproveitadores, escritores e advogados medíocres, todos os homens que declaram detestar o que na verdade mais desejam.

— Você pode dizer isso. Sua família é privilegiada, seu jornal é favorecido pelos censores. Uma opinião radical é um luxo que você pode se permitir.

— Você me denigre, d'Anton.

— E você denigre seus amigos.

Fréron esticou as pernas.

— Fim da discussão — disse, franzindo as sobrancelhas. — Sabe por que ele me chama de Coelho?

— Não posso imaginar — respondeu Gabrielle.

Fréron virou-se novamente para ela.

— Então, Mme. d'Anton, por que não organizar um sarau? Pode contar comigo, com François Robert e sua esposa Louise Robert, que tem vontade de escrever um romance sobre Annette Duplessis e a *débâcle* da rue Condé, mas teme que Camille seja inverossímil como personagem de ficção.

Os Robert eram recém-casados, ainda muito apaixonados, e terrivelmente empobrecidos. Ele tinha 28 anos, era professor de Direito, corpulento, afável e aberto a sugestões. Louise, Mlle. de Kéralio quando solteira, fora criada em Artois, filha de um censor real. O pai aristocrata fora contra o casamento, e ela o enfrentara. Em consequência da briga com a família, Louise ficou sem dinheiro algum e todos os caminhos profissionais de François foram barrados; então o casal alugou uma loja na rue Condé e abriu uma delicatessen especializada em produtos das colônias. Louise Robert sentava-se por trás da caixa registradora, com os olhos em um livro de Rousseau e os ouvidos atentos aos clientes e aos boatos de uma subida de preço do melado. À noite preparava o jantar para o marido e examinava cuidadosamente as contas do dia, os ombros rígidos, somando os recibos. Quando terminava, conversava calmamente com François sobre o jansenismo, a administração da justiça, a estrutura do romance moderno, depois ficava deitada no escuro com o nariz frio por cima dos lençóis, rezando para não ter filhos.

Georges-Jacques dizia:

— Eu me sinto em casa aqui. — Habituou-se a caminhar pelo distrito à noite, tirando o chapéu para as mulheres, conversando com os maridos e voltando sempre com notícias novas. Legendre, o mestre-açougueiro, era um bom sujeito e seu negócio era rendoso. O homem de aspecto grosseiro que morava em frente era na verdade um marquês, o marquês de Saint-Huruge, contrário ao Regime. Fabre contava uma história incrível sobre isso, sobre uma união incompatível e uma *lettre de cachet.*

Eu gostaria de ter mais sossego, dizia Georges-Jacques, mas o apartamento vivia repleto de pessoas que o casal mal conhecia. Eles nunca conseguiam jantar sozinhos. O escritório fora transferido para o apartamento, ocupando um pequeno estúdio e o cômodo que teria sido a sala de jantar. Durante o dia os funcionários Paré e Deforgues iam conversar com Gabrielle. E rapazes que ela nunca tinha visto apareciam na porta perguntando-lhe se sabia onde Camille estava morando. Uma vez ela perdeu a paciência e disse:

— Tão perto que não faz diferença: aqui mesmo.

Sua mãe a visitava uma ou duas vezes por semana para brincar com o bebê e criticar as criadas.

— Você me conhece, minha filha, não gosto de interferir. — Gabrielle fazia suas próprias compras, pois era exigente com as verduras e gostava de conferir o troco. A filha da vizinha, Louise Gély, saía com ela sob pretexto de ajudá-la a carregar as sacolas pesadas. Mme. Gély advertia-a sobre os comerciantes locais e fazia comentários sobre as pessoas que encontravam nas ruas. Ela gostava de Louise: expressão franca, alerta, às vezes pensativa, com a precocidade da filha única.

— Sua casa é sempre tão barulhenta, com todas essas senhoras e senhores entrando e saindo. Você não se importa se eu vier aqui às vezes? — a menina perguntou.

— Desde que se comporte e fique sentada quieta. E que eu esteja aqui.

— Eu não pensaria em vir sem você. Tenho medo de maître d'Anton. Ele sempre tem uma expressão fechada.

— Mas na verdade é um homem muito bom.

A menina pareceu duvidar, depois seu rosto iluminou-se.

— Pretendo me casar com o primeiro homem que me pedir. Vou ter montes de filhos e dar festas todas as noites.

Gabrielle riu.

— Por que a pressa? Você tem apenas 10 anos.

Louise Gély olhou-a de lado.

— Não quero esperar até ficar velha.

NO DIA 13 DE JULHO houve tempestades de granizo; na verdade o granizo caiu como se o desprezo de Deus tivesse congelado. Deu-se todo tipo de violência e de acidentes inexplicáveis nas ruas. Os pomares foram devastados, e as colheitas, arrasadas nos campos. Durante o dia inteiro as pedras de gelo martelaram janelas e portas, algo que não figurava sequer na memória dos mais velhos. Na noite de 13 para 14, a população foi dormir apreensiva. Todos acordaram em silêncio, e a vida pareceu levar muito tempo para voltar a fluir na cidade; estava quente e as pessoas pareciam atordoadas pela luz do sol, como se toda a França tivesse sido empurrada para dentro da água.

A um ano do cataclismo: Gabrielle estava diante do espelho ajeitando o chapéu. Ia comprar alguns metros de lã de boa qualidade para os vestidos de inverno de Louise. Mme. Gély não se preocupava com essas bobagens, mas Louise gostava de ter roupas de inverno no armário desde o final do verão porque não sabia como o tempo ficaria; se de repente esfriasse, suas roupas do ano anterior não lhe caberiam mais. Não que eu vá a algum lugar no inverno, ela dizia, mas talvez Gabrielle me leve a Fontenay para conhecer a mãe dela. Fontenay ficava no campo.

Alguém bateu à porta.

— Entre, Louise — Gabrielle falou, mas ninguém entrou. A criada, Catherine, estava ninando o bebê, então ela própria correu para a porta, de chapéu na mão. Uma moça que não conhecia olhou para ela e para o chapéu, e deu um passo para trás.

— Você vai sair? — perguntou.

— Está precisando de alguma coisa?

A moça olhou por cima do ombro.

— Posso entrar por cinco minutos? Sei que parece estranho, mas tenho certeza de que os criados receberam ordem de me seguir.

Gabrielle deixou a moça entrar. Ela tirou o chapéu de aba larga e sacudiu o cabelo escuro. Usava uma jaqueta de linho azul, justa, que deixava ver sua cintura e a linha do corpo. Passou uma das mãos pelos cabelos, levantou o queixo com determinação e viu sua imagem no espelho. Gabrielle sentiu-se de repente gorda e malvestida, com o corpo ainda deformado pela gravidez.

— Imagino que você seja Lucile — disse.

— Vim porque as coisas estão muito ruins e preciso desesperadamente conversar com alguém; Camille me disse que você é boa e compreensiva, e que nós duas nos daríamos bem.

Gabrielle recuou e pensou: que golpe mesquinho, baixo e desprezível. Se ele disse isso de mim, como posso dizer a ela o que penso dele? Colocou o chapéu na cadeira.

— Catherine, vá lá em cima e diga que vou me atrasar. Depois traga uma limonada para nós, por favor. O dia está quente, não é? — Lucile olhou-a de novo, seus olhos pareciam damas-da-noite. — Bem, Mlle. Duplessis, você brigou com seus pais?

Lucile sentou-se.

— Meu pai anda pela casa e diz: "A autoridade de pai não vale nada?" Entoa essas palavras como se fossem um canto fúnebre. Minha irmã o imita direitinho e me faz rir.

— E não vale?

— Eu acredito no direito de resistir à autoridade mal-orientada.

— O que a sua mãe diz?

— Quase nada. Ela anda muito quieta. Sabe que eu recebo cartas, mas finge que não sabe.

— Parece-me pouco sensato da parte dela.

— Eu deixo as cartas onde ela possa ler.

— Isso não ajuda nenhuma das duas.

— Não. Piora tudo.

Gabrielle sacudiu a cabeça.

— Não posso acobertar isso. Eu nunca desafiaria meus pais. Nem os enganaria.

Lucile disse em tom apaixonado:

— Você não acha que as mulheres devem escolher seus maridos?

— Oh, sim. Dentro do razoável. Mas não é razoável você se casar com maître Desmoulins.

— Você não se casaria? — Lucile parecia hesitante. Pegou uma ponta da saia e enrolou o tecido nos dedos. — O problema é que estou apaixonada por ele, Mme. d'Anton.

— Eu duvido. Você está passando por uma fase, quer se apaixonar por alguém.

Lucile olhou-a com curiosidade.

— Antes de conhecer seu marido, você vivia apaixonando-se pelos homens?

— Para ser franca, não. Eu não era esse tipo de menina.

— Então o que lhe faz pensar que eu sou? Os mais velhos dizem que estou passando por uma fase achando que têm o direito de me olhar do alto de um pedestal e julgar minha vida.

— Minha mãe, que é uma mulher de certa experiência, diria que é uma paixão passageira.

— Imagine ter uma mãe com esse tipo de experiência. Bem como a minha.

Gabrielle sentiu-se desanimada. Problemas, em sua própria casa. Como posso fazer esta mocinha entender? Será que não consegue entender mais nada, será que seu bom-senso se foi para sempre ou ela nunca o teve?

— Minha mãe me aconselha a não criticar os amigos de meu marido. Mas nesse caso... vou dizer que por vários motivos não o admiro...

— Isso está claro.

Gabrielle lembrou-se de si própria vagando pela casa antes de o bebê nascer. Sua gravidez, cujo resultado era delicioso, foi em certo sentido uma provação e um constrangimento. No final do terceiro mês, já volumosa, as pessoas a avaliavam sem disfarçar, e depois do parto contavam os meses nos dedos. Conforme as semanas se passavam, Georges-Jacques passou a tratá-la como uma estranha. As conversas do casal não iam muito além de assuntos estritamente domésticos. Ela sentia falta do café, mais do que ele poderia imaginar, sentia falta da companhia masculina sem exigências, das conversas despreocupadas sobre o mundo.

Então... de que adiantava Georges trazer seus amigos para casa? Camille estava sempre chegando ou quase saindo. Se ele sentava-se em uma cadeira, era sempre na ponta e, se permanecia ali por mais de trinta segundos, era porque estava profundamente fatigado. Uma nota de pânico nos olhos velados de Camille lhe transmitia uma nota correspondente ao corpo pesado.

O bebê nasceu, o peso dispersou-se, mas uma angústia inexplicável permaneceu.

— Camille é uma nuvem em meu céu — disse. — É um espinho em minha carne.

— Meu Deus, Mme. d'Anton, são essas as metáforas que a senhora se sente forçada a usar? — disse Lucile.

— Para começar... você sabe que ele não tem dinheiro?

— Sei, mas eu tenho.

— Ele não pode viver com seu dinheiro.

— Muitos homens vivem do dinheiro das mulheres. É um hábito muito respeitável, em alguns círculos isso sempre acontece.

— E esse problema com sua mãe, de que talvez os dois tenham sido... não sei como dizer.

— Eu também não. Existem termos para isso, mas não me sinto forte o suficiente para proferi-los hoje.

— Você precisa descobrir a verdade.

— Minha mãe não fala comigo. Eu poderia perguntar a Camille, mas por que fazê-lo mentir para mim? Então, prefiro ignorar esse problema. Considero o assunto encerrado. Penso em Camille o dia inteiro. Sonho com ele... não podem me culpar por isso. Escrevo para ele, mas rasgo todas as cartas. Imagino que nos encontramos na rua por acaso... — Interrompeu o que estava falando, levantou a mão e tirou uma mecha imaginária de cabelo da testa. Gabrielle observou-a com horror. É uma obsessão, pensou, essa imitação gestual. Lucile deve ter percebido o que estava fazendo; olhou-se no espelho e pensou: é uma evocação.

Catherine pôs a cabeça pela porta.

— Monsieur chegou mais cedo.

Gabrielle deu um pulo e Lucile sentou-se, com os braços apoiados nos braços da poltrona, flexionando os dedos como um gato que testa suas garras. D'Anton entrou. Enquanto tirava o sobretudo, disse:

— Há uma multidão em frente ao tribunal; estou aqui porque você me pediu que não entrasse em agitações. Estão soltando fogos e gritando por Orléans. Os guardas não mostram interesse em fazê-los debandar... — Nesse momento viu Lucile. — Ah, pelo que vejo, a agitação chegou até aqui. Camille está falando com Legendre, depois virá diretamente para cá. Legendre — explicou, sem a menor necessidade — é nosso açougueiro.

Quando Camille chegou, Lucile levantou-se devagar, atravessou a sala e beijou-o na boca. Olhou-se no espelho e olhou-o. Ele tirou as mãos de Lucile de seus ombros com delicadeza e cruzou-as, como que para fazê-la rezar. Notou que o cabelo dela não estava empoado, o que a deixava muito diferente; quão dramático e perfeitamente pálido era seu rosto. Sentiu Gabrielle um pouco menos hostil a ele. Viu-a olhar para o marido, que olhava para Lucile. D'Anton pensou um instante, e pela primeira vez não mentiu nem exagerou. Disse que Lucile era bonita, e era mesmo. Tudo isso levou um segundo. Camille sorriu. Sabia que todos esses descuidos poderiam ser desculpados se ele estivesse profundamente apaixonado por Lucile; as pessoas emotivas o desculpariam, e ele sabia como encorajar as emoções. Achava que talvez estivesse profundamente apaixonado; caso contrário, como explicar esse ar angustiado que via no rosto de Lucile e que se refletia em seu próprio rosto?

O que a teria levado a tal estado? Deviam ser as cartas dele. De repente lembrou-se do que Georges dissera: "Tente escrever em prosa." Talvez tivesse razão. Ele tinha muito a dizer, e se podia resumir seus sentimentos complexos e penosos sobre a família Duplessis a algumas poucas páginas convincentes e efetivas, seria uma brincadeira de criança analisar a situação da nação. Além do mais, se sua vida era ridícula, boba e digna de chacota, seus escritos eram elegantes e impiedosos, e faziam os leitores irem às lágrimas ou rangerem os dentes.

Durante trinta segundos Lucile esqueceu-se de olhar no espelho. Pela primeira vez sentiu que sua vida estava sob controle, ela não era mais uma mera espectadora. Mas quanto tempo esse sentimento duraria? A presença física e real dele, pela qual tanto ansiava, agora lhe era penosa. Queria que ele fosse embora para poder imaginá-lo de novo, mas não sabia como lhe pedir isso sem parecer uma louca. Camille imaginou as primeiras e últimas frases de um panfleto político, mas seus olhos não deixaram o rosto dela; como era extremamente míope, seu olhar dava a impressão de uma intensa concentração que a deixou com os joelhos bambos. Com objetivos muito diferentes, os dois mantiveram-se ali, como que hipnotizados, até o momento passar.

— Então esta é a criatura que perturba e suborna os criados e os clérigos — disse d'Anton. — Minha querida, você conhece as comédias do escritor inglês Mr. Sheridan?

— Não.

— Por acaso acha que a vida deve imitar a arte?

— Se imitar a vida já é o bastante para mim — disse Lucile, olhando o relógio assustada. — Eles vão me matar!

Jogou um beijo para todos, pegou o chapéu de plumas e desceu as escadas correndo. Na pressa, quase deu um encontrão em uma menininha que parecia estar ouvindo atrás da porta, e que lhe falou:

— Gostei de sua jaqueta.

Naquela noite, na cama, ela sentiu ter conquistado aquele homem grande e feio.

NO DIA 8 DE AGOSTO o rei fixou uma data para a assembleia dos Estados: 1º de maio de 1789. Uma semana depois, o diretor-geral das finanças, Brienne, descobriu (ou era o que diziam) que a receita dos cofres do Estado correspondia a um quarto dos gastos de um dia. Declarou a suspensão de todos os pagamentos de responsabilidade do governo. A França estava falida. O rei continuou a fazer suas caçadas e, se falhava, registrava em seu diário: *rien, rien, rien.* Brienne foi demitido.

A ROTINA era tão pouco observada naqueles dias que Claude podia ser visto em Paris quando devia estar em Versalhes. No meio da manhã caminhava no ar quente de agosto até o Café du Foy. Em outros dias sentava-se junto a uma janela aberta em sua casa de campo em Bourg-la-Reine.

— Bom dia, maître d'Anton — disse. — Maître Desmoulins. Não sabia que vocês se conheciam — disse com tristeza. — O que vocês acham? As coisas não podem continuar assim.

— O senhor deve saber melhor que nós, M. Duplessis — disse Camille. — O que acha da volta de M. Necker?

— O que importa? — Claude respondeu. — Creio que até mesmo o abade Terray acharia a situação insustentável.

— Alguma novidade de Versalhes? — perguntou d'Anton.

— Alguém me disse — Camille interrompeu — que quando o rei não pode caçar, vai para os telhados de Versalhes e atira nos gatos das damas da corte. O senhor acha que há alguma verdade nisso?

— Não seria de surpreender — disse Claude.

— Muita gente fica intrigada ao ver como as coisas se deterioraram depois que Necker deixou o gabinete. Se lembrarmos de 1781, em termos de contabilidade pública, os registros revelavam um saldo positivo.

— Foram adulterados — disse Claude em tom desolador.

— Verdade?

— E bem adulterados.

— Necker está acabado — disse d'Anton.

— Mas não foi um crime tão grande — sugeriu Camille —, se ele pensou que a confiança pública fosse o principal.

— Jesuíta — disse d'Anton.

Claude virou-se para ele.

— Tenho ouvido coisas, d'Anton, palavras ao vento. Seu patrão Barentin vai mudar do Departamento de Impostos para o Ministério da Justiça no novo governo. — Deu um sorriso, com um ar muito cansado. — Será um triste dia para mim. Eu teria dado tudo para deter essa mudança. E isso deve dar estímulo a maus elementos. — Olhou para Camille, que estava muito cortês naquele dia, muito bem-comportado. Mesmo assim, Claude não tinha dúvidas de que ele era um mau elemento. — Maître Desmoulins, espero que o senhor não esteja mais alimentando a ideia de casar-se com minha filha.

— Estou.

— O senhor poderia tentar ver a coisa do meu ponto de vista.

— Não, creio que só consigo ver do meu.

M. Duplessis virou-se, e d'Anton pôs a mão em seu braço.

— Quanto a Barentin... pode me dizer mais alguma coisa?

Claude levantou o dedo indicador.

— Quanto menos eu falar, melhor. Espero não ter falado fora de hora. Espero vê-lo em breve. Indicou Camille com desânimo e completou: — E ele também.

Depois que ele saiu, Camille falou:

— "Palavras ao vento." Já ouviu alguém dizer tanta bobagem? Vamos arranjar um concurso de clichês para ele com maître Vinot. Ah! — disse de repente. — Sei o que ele quis dizer. Quis dizer que vão lhe oferecer um trabalho.

QUANDO SUBIU AO PODER, Necker começou a negociar um empréstimo no exterior. Os parlamentos foram reabertos. O preço do pão subiu em 2 *sous*. Em 29 de agosto, uma multidão queimou os postos da guarda na Pont-Neuf. O rei conseguiu dinheiro para mandar tropas para a capital. Os soldados abriram fogo contra seiscentas pessoas; sete ou oito foram mortas e inúmeras foram feridas.

M. Barentin foi nomeado ministro da Justiça e guarda-selos. A multidão fez um boneco de palha representando seu predecessor e ateou fogo a ele na Place de Grève sob vaias, zombarias, fogos de artifício e a aquiescência embriagada dos soldados da Guarda Francesa, atados permanentemente à capital, que gostavam desse tipo de coisa.

D'ANTON expôs suas razões de forma precisa, não acalorada, mas não equivocada; tinha preparado de antemão o que diria para que ficasse perfeitamente claro. A oferta que Barentin lhe fez de um cargo de secretário se tornaria rapidamente conhecida por todos no Hôtel de Ville e pelos ministros. Fabre sugeriu que ele levasse flores para Gabrielle e lhe desse a notícia com calma.

Quando chegou em casa, encontrou Mme. Charpentier, e também Camille. Todos pararam de falar assim que o viram. O ambiente estava tenso, mas Angélique aproximou-se sorrindo e lhe deu dois beijos no rosto.

— Querido filho Georges, nossos calorosos parabéns — disse.

— Por quê? — ele perguntou. — Meu caso não foi adiante. Na verdade, o processo da justiça caminha com muita morosidade nos dias de hoje.

— Nós soubemos — disse Gabrielle — que lhe ofereceram um cargo no governo.

— É verdade, mas não de grande importância, e eu recusei.

— Eu não disse? — Camille falou.

Angélique levantou-se.

— Já vou indo então.

— Eu levo você até a porta — disse formalmente Gabrielle, com o rosto ardendo. Levantou-se, e as duas saíram aos sussurros.

— Angélique vai fazer com que ela se comporte — disse d'Anton. Camille sentou-se e olhou para ele.

— Você se contenta com pouco — falou Gabrielle.

— Volte aqui, acalme-se e feche a porta — disse d'Anton para a esposa. — Por favor, tente compreender que eu estou agindo da forma certa.

— Quando ele disse — e apontou para Camille — que você recusaria o cargo, perguntei se ele me achava uma idiota.

— Esse governo não vai durar um ano. Isso não me serve, Gabrielle.

Ela olhou-o, chocada.

— Então o que vai fazer? Vai abrir mão de seu escritório porque o estado da lei não lhe serve? Você era ambicioso, costumava dizer...

— E agora é mais ambicioso ainda — Camille interrompeu. — Só que é bom demais para trabalhar como subalterno de Barentin. Provavelmente será agraciado com o cargo de guarda-selos um dia.

D'Anton riu.

— Se isso acontecer, passo o cargo para você. Prometo.

— Isso é provavelmente traição — disse Gabrielle. Seu cabelo estava escorrido, como acontecia quando ficava nervosa.

— Não confunda as coisas — disse Camille. — Georges-Jacques será um grande homem, por mais lento que seja.

— Você é louco — disse Gabrielle, sacudindo a cabeça e deixando cair uma chuva de grampos no chão. — O que eu detesto, George, é ver você seguir a opinião dos outros.

— Eu? Você acha que faço isso?

— Não — disse Camille rapidamente —, ele não faz isso.

— Ele ouve você, e não me ouve de forma alguma.

— Mas é porque... — Camille parou. Não podia pensar em nenhuma razão delicada para dar, então virou-se para d'Anton. — Posso levar você ao Café du Foy hoje à noite? Devem estar esperando um discurso seu, se não se importar, é claro.

Gabrielle levantou os olhos do chão, com um grampo na mão.

— Pelo que entendi, isso deixou-o de certa forma glorificado, não é?

— Eu não diria "glorificado", mas é um começo. — Camille respondeu, com ar modesto.

— Você se importa? — perguntou d'Anton.— Não vou demorar muito. Quando voltar para casa, explico melhor. Gabrielle, deixe os grampos aí, Catherine pode pegá-los para você.

Gabrielle sacudiu a cabeça de novo. Ele não explicaria, e se pedisse a Catherine para se arrastar pelo chão catando grampos, ela provavelmente pediria demissão. Ele não percebia disso?

Os dois desceram, e Camille falou:

— Acho que é minha existência que incomoda Gabrielle. Mesmo depois de minha noiva desesperada aparecer em sua porta, ela ainda pensa que estou tentando convencê-lo a ir para a cama comigo.

— E não está?

— É hora de pensar em coisas mais importantes. Estou muito satisfeito. Andam dizendo que as mudanças vão chegar, que o país será virado do avesso. Eles apenas dizem, mas você acredita. E age em função dessas mudanças. Suas ações são notórias.

— Houve um papa, esqueci qual, que dizia a todos que o mundo ia acabar. Eles puseram suas terras à venda, o papa comprou-as e ficou rico.

— É uma ótima história — disse Camille. — Você não é o papa, mas não importa, creio que vai se sair muito bem.

ASSIM QUE OUVIRAM em Arras que haveria eleições, Maximilien começou a pôr seus negócios em ordem.

— Como sabe que será eleito? — perguntou seu irmão Augustin. — Talvez armem uma conspiração contra você. É muito provável.

— Então terei de ser mais moderado até as eleições — ele disse. — Aqui nas províncias quase todos votam. Por essa razão não vão poder me deixar de fora — ele disse.

Sua irmã Charlotte opinou:

— Eles serão umas bestas ingratas se não o elegerem. Depois de tudo o que fez pelos pobres! Você merece.

— Isso não é um prêmio.

— Você trabalhou tanto, e não por dinheiro nem por reconhecimento. Não precisa fingir que não se ressente disso. Você não é obrigado a ser santo.

Ele suspirou. Charlotte tinha um jeito de cortá-lo até o osso, de retalhá-lo com a faca da família.

— Eu sei o que você acha, Max — ela disse. — Não acredita que voltará de Versalhes dentro de seis meses ou um ano. Acha que isso vai alterar sua vida. Quer que eles façam uma revolução só para agradá-lo?

— NÃO ME IMPORTA o que os Estados Gerais façam — disse Philippe d'Orléans — desde que eu esteja lá quando tratarem da liberdade individual; quero usar meu poder e passar uma lei que me dê certeza de que quando eu quiser dormir em Raincy ninguém poderá me obrigar a ir para Villers-Cotterêts.

Perto do final de 1788 o duque nomeou um novo secretário particular. Ele gostava de constranger as pessoas, e talvez tenha sido essa a razão de sua escolha. O acréscimo a seu *entourage* era um oficial do exército chamado Laclos, um homem de mais de 40 anos, alto e anguloso, de feições finas e olhos azuis frios. Tinha ingressado no exército aos 18 anos, mas nunca serviu na ativa. Isso o entristeceu no início, mas depois de vinte anos em cidades com guarnição provincial passou a uma indiferença profunda e filosófica. Para divertir-se, escreveu versos leves e o libreto de uma ópera, que não teve sucesso. E observava as pessoas, registrava suas manipulações, seu poder de influência. Durante vinte anos não teve mais nada para fazer. Aprendeu que as pessoas reprovam o que mais invejam e admiram, e que desejam apenas o que não podem ter.

Seu primeiro romance, *Ligações perigosas*, foi publicado em Paris em 1782. A primeira edição esgotou-se em poucos dias. Os editores esfregaram as mãos de contentamento e disseram que se o público queria aquele livro cínico e chocante, quem eram eles para censurá-lo? A segunda edição esgotou-se. As matronas e os bispos expressaram seu repúdio. Um exemplar com lombada branca foi encomendado para a biblioteca particular da rainha. As portas fechavam-se para o autor, o que significava que ele era um sucesso.

Sua carreira militar parecia estar terminada. De qualquer forma, sua crítica às tradições militares tornou sua posição insustentável.

— Creio que esse homem pode me ser útil — disse o duque. — Todas as pretensões humanas são um livro aberto para ele. — Quando Félicité de Genlis ouviu falar na nomeação, ameaçou demitir-se do cargo de educadora dos filhos do duque. Mas Laclos ainda propiciaria desastres maiores.

Foi uma época crucial nos negócios do duque. Para aproveitar os tempos instáveis, precisava ter uma organização, uma base de poder. Sua grande popularidade em Paris devia ser aproveitada. Teria de recrutar homens para servi-lo, investigar seus passados e planejar seus futuros. A lealdade precisava ser explorada. O dinheiro tinha de mudar de mãos.

Laclos examinou a situação e pôs para funcionar sua inteligência fria. Começou a investigar escritores sobre os quais a polícia tinha informações. Fazia discretas indagações entre franceses que viviam no exterior para saber qual era a razão do exílio. Arranjou um grande mapa de Paris e marcou com círculos azuis os pontos que podiam ser fortificados. Ficava acordado à noite folheando as páginas dos panfletos publicados naquele dia nas gráficas de Paris; não havia mais censura. Estava em busca de escritores mais audaciosos e mais sinceros, depois faria suas propostas. Poucos deles tinham escritos de sucesso.

Laclos se tornou o braço direito do duque. Lacônico em suas declarações, distante e reservado, era o tipo de homem cujo primeiro nome ninguém conhece. Mas mesmo assim, observava homens e mulheres com um furtivo interesse profissional, e anotava em pedaços de papel todos os pensamentos que lhe vinham à cabeça.

Em dezembro de 1788 o duque vendeu o acervo de sua magnífica galeria de arte do Palais-Royal, e usou o dinheiro em prol dos pobres. A imprensa noticiou que ele distribuiria 500 quilos de pão diariamente, que custearia as despesas de mulheres indigentes acamadas (até mesmo, diziam, as que ele não engravidara), e que revogaria as leis de caça e abriria mão das dízimas arrecadadas sobre os grãos em todas as suas terras.

Esse era o programa de Félicité para o bem do país. E para o bem de Philippe.

RUE CONDÉ.

— Embora a censura esteja extinta — disse Lucile —, ainda há sanções criminais.

— Felizmente — disse seu pai.

O primeiro panfleto de Camille estava em cima da mesa, dentro da capa de papel. O segundo, em manuscrito, estava ao lado. Os gráficos ainda não tinham tocado nele; esperariam até a situação piorar.

Os dedos de Lucile acariciavam o papel e a tinta:

"FOI RESERVADO para nossos dias assistir à volta da liberdade entre os franceses... há quarenta anos a filosofia vem sendo minada em suas bases pelo despotismo, e como Roma antes de César já era escravizada por seus vícios, a França antes de Necker já era emancipada por sua inteligência... O patriotismo espalha-se dia a dia, com a rapidez devoradora de uma grande conflagração. Os jovens exaltam-se; os velhos cessam, pela primeira vez, de lamentar o passado. Agora, envergonham-se dele."

VI. Últimos dias de Titonville

(1789)

UM DEPOIMENTO para os Estados Gerais:

"A comunidade de Chaillevois é composta de cerca de duzentas pessoas. A maior parte dos habitantes não tem propriedade alguma, e alguns têm posses tão pequenas que não são levadas em consideração. O alimento básico é o pão embebido em água salgada. Carne não se come nunca, a não ser no domingo de Páscoa, terça-feira gorda e na festa do santo patrono... Às vezes pode-se comer feijão se o senhor das terras não proibir sua plantação entre os vinhedos... É assim que o povo comum vive sob a égide do melhor dos reis."

Honoré-Gabriel Riquetti, conde de Mirabeau:
"Meu lema será o seguinte: Faça parte dos Estados a qualquer preço."

ANO-NOVO. Alguém que saísse pelas ruas poderia pensar que finalmente chegara o colapso, o fim do mundo. Fazia mais frio do que em qualquer outra época do passado. O rio se transformara em um sólido lençol de gelo. Na primeira manhã foi uma novidade. As crianças corriam e gritavam, arrastando as mães para ver o espetáculo. Era possível até esquiar, diziam. Após uma semana cansaram-se do gelo e começaram a manter as crianças dentro de casa. Debaixo das pontes, em fogos fracos e precários, os indigentes esperavam a morte. Um pedaço de pão valia 14 *sous* no ano-novo.

Esses indigentes tinham deixado seus abrigos, cabanas e cavernas e abandonado os campos pedregosos e cobertos de neve, pois não acreditavam que alguma coisa ainda cresceria por ali. Arranjando em um saco de pano alguns pedaços de pão ou talvez castanhas, juntavam feixes de lenha e pegavam a estrada sem se despedir. Saíam em bandos para maior segurança, às vezes só homens, às vezes famílias, sempre com gente de seu próprio distrito, que falava a mesma língua. De início cantavam e contavam histórias. Depois de dois ou três dias, passavam a caminhar em silêncio. A procissão que marchava se dispersava. Com sorte, era possível encontrar um abrigo para passar a noite. As mulheres velhas eram acordadas com dificuldade de manhã, e algumas perdiam o juízo. Crianças pequenas eram abandonadas nas portas dos vilarejos. Algumas morriam, outras eram adotadas e cresciam com nomes diferentes.

Os que chegavam a Paris ainda com saúde saíam em busca de emprego. Mas os empregos eram preenchidos pelos moradores locais, não havia chance para gente de fora. Como o rio estava congelado, as mercadorias não chegavam à cidade; não havia tecido para ser tingido, nem peles para curtir, nem milho. Os barcos estavam presos no gelo, os grãos apodreciam nos porões.

Os errantes congregavam-se em pontos abrigados sem discutir a situação, porque não havia nada a discutir. De início ficavam em volta dos mercados no final da tarde, pois a essa hora o pão que sobrava era vendido barato, ou dado; mas as rudes e ferozes mulheres parisienses chegavam antes. Mais tarde o pão passou a acabar ao meio-dia. Disseram que o bom duque de Orléans estava distribuindo mil pães a pedintes como eles. Mas os mendigos de Paris não se importavam com aquelas pessoas magras e calejadas, davam informações erradas e passavam por cima daqueles que caíam pelo chão. Esses errantes juntavam-se em ruelas, portais de igrejas, em qualquer lugar protegido do vento. Os muito jovens e os muito velhos eram levados para os hospitais. Monges e freiras aflitos tentaram conseguir lençóis extras e um suprimento de pão fresco, mas concluíram que eles teriam de se arranjar com lençóis sujos e pão velho. Diziam que os desígnios do Senhor eram maravilhosos, pois se o tempo esquentasse haveria uma epidemia. As mulheres choravam de pavor quando davam à luz.

Mesmo os ricos tinham a sensação de desordem. Dar esmolas não parecia o bastante; havia corpos congelados nas ruas elegantes. Quando desciam das carruagens, cobriam o rosto com as capas para proteger-se do frio e da visão daquelas pessoas miseráveis.

— VOCÊ VAI PARA CASA nas eleições? — Fabre perguntou. — Camille, você não pode me deixar assim, com o romance pela metade.

— Não crie caso — respondeu Camille. — Quando eu voltar, é possível que não tenhamos de escrever pornografia para ganhar a vida. Talvez tenhamos outras fontes de renda.

Fabre riu.

— Pensa que as eleições são uma mina de ouro? Estou gostando de você agora, está frágil e ardente, falando como um personagem de livro. Está tuberculoso? Tem tido uma febre incipiente? — Pôs a mãos na testa de Camille. — Será que você vai durar até maio?

Quando Camille acordava de manhã, tinha vontade de cobrir a cabeça com o lençol. Sentia dor de cabeça o tempo todo e parecia não compreender o que as pessoas diziam.

Duas coisas, a revolução e Lucile, pareciam mais distantes que nunca. Ele sabia que uma opunha-se à outra. Não vira Lucile por uma semana, e então, se encontraram brevemente, e ela parecera fria. Tinha dito:

— Não tenho intenção de parecer fria, mas eu... — deu um sorriso triste — não ouso demonstrar minhas dolorosas emoções.

Em seus momentos mais calmos ele falava com todos sobre a reforma pacífica, professava o republicanismo, mas dizia que não tinha nada contra o rei Luís, que o considerava um homem bom. Falava da mesma forma que os demais. Mas d'Anton lhe disse:

— Eu o conheço, você quer violência, você gosta disso.

Foi visitar Claude Duplessis e declarou que seu futuro estava resolvido. Mesmo que a Picardia não o elegesse deputado para os Estados (ele fingia pensar que isso era provável), certamente elegeria seu pai. Claude falou:

— Não sei que tipo de homem é seu pai, mas se tiver bom-senso se desligará de você quando estiver em Versalhes para não sofrer constrangimento. — Olhou fixamente para um ponto da parede, depois seu olhar desceu para o rosto de Camille, que pareceu considerar o gesto como ofensivo. — Você é um impostor. Minha filha é uma moça elegante, idealista e inocente. Não sabe o significado de penúria ou preocupação. Talvez pense que sabe o que quer, mas não sabe. Quem sabe o que ela quer sou eu.

Camille foi embora. Os dois só iriam encontrar-se meses depois. Ficou em pé na rue Condé, olhando para as janelas do primeiro andar, esperando ver Annette. Mas não viu ninguém. Foi mais uma vez procurar os editores em quem ainda depositava esperanças, como se, desde a semana anterior, eles tivessem abandonado a prudência e se tornado irresponsáveis. As gráficas andavam ocupadas dia e noite, e seus proprietários avaliavam o risco: a literatura inflamada estava em alta, mas nenhum deles queria ver suas prensas apreendidas e seus operários demitidos.

— É muito simples, eu publico isso e vou para a cadeia — disse o gráfico Momoro. — Você não poderia amenizar o tom?

— Não — Camille respondeu. Ele não podia comprometer-se, como costumava dizer Billaud-Varennes. Sacudiu a cabeça. Seu cabelo estava comprido e quando a cabeça era sacudida com força, ondas escuras dançavam de forma teatral. Ele gostava desse efeito. Não era de espantar que tivesse dor de cabeça.

O gráfico perguntou:

— Como vai o romance obsceno que você está escrevendo como M. Fabre? Não se interessa muito por ele, não é?

— Depois que Camille partir — Fabre disse para d'Anton — vou revisar o manuscrito e deixar a heroína exatamente igual a Lucile Duplessis.

Se a Assembleia dos Estados Gerais ocorrer, conforme promessa do rei... não há dúvida de que alguma revolução será realizada no governo. Será adotada uma Constituição, provavelmente semelhante à da Inglaterra, e o poder da coroa será reduzido.

J.C. Villiers, membro do Parlamento de Old Sarum

GABRIEL RIQUETTI, conde de Mirabeau, completava 40 anos naquele dia. Aproveitando o aniversário, examinou-se em um espelho alto. A proporção e vivacidade da imagem pareciam ridicularizar a moldura de filigrana.

Histórico familiar: no dia em que nasceu, o obstetra aproximou-se de seu pai com o bebê enrolado em um pano e disse:

— Não se alarme...

Ele não era exatamente uma beleza. Tinha 40 anos, mas aparentava 50. Uma ruga por sua falência não decretada, a única, ele nunca se preocupava com dinheiro. Uma ruga por cada mês desesperador na prisão estatal de Vincennes. Uma ruga por cada filho bastardo. Você viveu, disse a si mesmo, como esperar que a vida não deixasse marcas?

Quarenta anos é uma idade decisiva, disse a si mesmo. *Não olhe para trás.* Lembrava-se de cenas domésticas infernais, das brigas e dos gritos, dos dias de lábios selados, do silêncio criminoso. E do dia em que se colocou entre a mãe e o pai; e ela atirou contra sua cabeça. Tinha apenas 14 anos e o que seu pai lhe disse? *Eu vi o rosto da besta.* Depois vieram o exército, os duelos de rotina, fases de libertinagem e uma raiva cega e obstinada. A vida continuou. A prisão. O irmão Bonifácio embebedando-se todos os dias, seu corpo aumentando de volume até tornar-se uma dessas aberrações apresentadas em parques de diversões. *Não olhe para trás.* E quase incidentalmente, de forma furtiva, uma falência e um casamento: a pequena Émilie, a herdeira, o pequeno pacote de veneno a quem jurou amor eterno. Por onde andaria Emily agora?

Feliz aniversário, Mirabeau. Avalie seus recursos e aprume o corpo. Ali estava ele, um homem alto, poderoso, de peito grande e pulmões amplos.

Seu rosto horrível, marcado pela varíola, não parecia afastar as mulheres. Virou ligeiramente a cabeça para poder estudar a curva aquilina do nariz. A boca era fina, intimidadora, um tanto cruel. Em suma, um rosto de homem, pleno de vigor e de alta linhagem. Com alguns acréscimos à verdade, sua família era uma das mais antigas e mais nobres da França. Quem se importava com acréscimos? Só os pedantes, os genealogistas. Os outros nos valorizam conforme nossa própria valorização, disse a si mesmo.

Mas agora a nobreza, o Segundo Estado do reino, o renegava. Ele não teria assento. Ele não teria voz. *Ou assim pensavam eles.*

Tudo se complicou quando no verão anterior surgiu um livro escandaloso chamado *História secreta da corte de Berlim.* O livro tratava com detalhes da casta mais baixa da organização prussiana e das predileções sexuais de seus membros proeminentes. Por mais que Mirabeau negasse a autoria, era óbvio para todos que o livro baseava-se em suas observações durante o tempo em que fora diplomata. (Diplomata, ele? Que piada.) A rigor, a culpa não era sua; ele entregara o manuscrito à sua secretária, com ordens de não ser mostrado a ninguém, nem a ele próprio. Como podia saber que sua amante do momento, esposa do editor, tinha por hábito forçar as fechaduras e abrir a gaveta da mesa da secretária dele? Mas essa desculpa não satisfez o governo. Especialmente porque em agosto ele estava com pouquíssimo dinheiro.

O governo deveria ter sido mais compreensivo. Se tivessem lhe dado um emprego no ano anterior, em vez de ignorá-lo, alguma coisa digna de seus talentos, como, por exemplo, embaixador em Constantinopla ou São Petersburgo, ele teria queimado *História secreta...* ou jogado em um lago. Se tivessem seguido seu conselho, ele não estaria se aprontando agora para lhes dar uma boa lição.

A nobreza renegou-o. Muito bem. Três dias atrás ele fora a Aix-en-Provence como candidato dos comuns, o Terceiro Estado. E qual foi sua recepção? Cenas de entusiasmo frenético, o povo chamando-o de "pai do país", ele era popular lá. Ao chegar a Paris os sinos de Aix ainda soavam em comemoração, o céu noturno do sul ainda era riscado de fogos de artifício dourados. *Fogo vivo.* Ele iria para Marselha (sem correr riscos) e seria recepcionado da mesma forma barulhenta e esplêndida. Para garantir isso, distribuiria na cidade um panfleto anônimo em louvor a seu próprio caráter e seus atributos.

Então, como agir com aqueles vermes de Versalhes? Conciliação? Calúnia? Eles o prenderiam no meio de uma eleição geral?

UM PANFLETO do abade Sieyès, 1789:

O que é o Terceiro Estado?
Tudo.
O que tem sido até agora?
Nada.
Qual é sua intenção?
Tornar-se alguma coisa.

A PRIMEIRA assembleia eleitoral do Terceiro Estado de Guise, no distrito de Laon, em 5 de março de 1789. Maître Jean-Nicolas Desmoulins presidindo, como tenente-geral do distrito de Vermandois, assistido por M. Saulce, procurador, e M. Marriage, secretário: 292 pessoas presentes.

Em deferência à solenidade da ocasião, o filho do maître Desmoulins prendeu o cabelo para trás com uma grande fita verde. A fita era preta de manhã, mas ele lembrou-se a tempo de que preto era a cor dos Habsburgo e de Maria Antonieta, e esse não era o tipo de partidarismo que desejava exibir. Mas verde era a cor da liberdade e da esperança. Seu pai esperou-o na porta da frente, furioso com o atraso, usando um chapéu novo.

— Eu nunca soube por que a esperança é considerada uma virtude — disse Camille. — Parece muito subserviente.

O dia estava feio e tempestuoso. Na rue Grand-Pont, Camille parou e tocou no braço do pai.

— Venha para Laon comigo, para a assembleia do distrito. Fale por mim. Por favor.

— Você acha que eu falaria por você? — perguntou Jean-Nicolas. — Os traços que os eleitores preferem em mim não são os que você herdou. Sei que há certas pessoas em Laon fazendo barulho em seu nome, dizendo que você conhece seu caminho, e outras coisas mais. Espere até eles o conhecerem, é só o que digo. Espere até terem uma conversa normal com você. Espere até *olharem bem para você*. Não, Camille, de forma alguma eu o imporei ao eleitorado. — Camille abriu a boca para replicar, mas seu pai continuou: — Você acha uma boa ideia discutir no meio da rua?

— Acho, por que não?

Jean-Nicolas puxou o filho pelo braço. Não era muito digno arrastá-lo para a reunião, mas ele faria isso se fosse necessário. Podia sentir o vento penetrando por suas roupas e espalhando dores por todo o seu corpo.

— Vamos, antes que desistam de nos esperar.

— Ah, finalmente — disseram os primos De Viefville.

O pai de Rose-Fleur olhou para Camille com antipatia.

— Eu esperava não vê-lo por aqui, mas suponho que você seja um membro da Ordem dos Advogados local, e seu pai disse que não poderíamos ignorá-lo. Afinal, talvez essa seja sua única chance de tomar parte nos negócios da nação. Ouvi dizer que está escrevendo. Panfletos. Não é, se me permite dizer, um método cavalheiresco de persuasão.

Camille deu seu melhor e mais cordial sorriso para M. Godard.

— Maître Perrin mandou lembranças — disse.

Depois da reunião, Jean-Nicolas não teve outro recurso senão ir a Laon receber um endosso formal. Adrien de Viefville, prefeito de Guise, os acompanhou até em casa. Jean-Nicolas parecia estonteado com sua vitória fácil; teria de começar a fazer as malas para Versalhes. Parou quando cruzaram a Place des Armes e ficou olhando para sua casa.

— O que está fazendo? — perguntou seu primo.

— Inspecionando as calhas — explicou Jean-Nicolas.

Na manhã seguinte, tudo desmoronou. Maître Desmoulins não apareceu para o café da manhã. Madeleine tinha imaginado o tilintar festivo das xícaras de café, congratulações por todos os lados, talvez até gargalhadas. Mas os filhos que ainda moravam em casa estavam resfriados e encolhidos nas camas, e ela teve de sentar-se à mesa apenas com Camille, com quem não sabia bem o que falar e que não tomava café da manhã.

— Será que ele está mal-humorado? — ela perguntou. — Não pensei que fosse ficar de mau humor logo hoje. Esse é o resultado de imitar a realeza e dormir em quartos separados. Nunca sei o que o cretino está pensando.

— Eu posso procurar meu pai — sugeriu Camille.

— Não, não se preocupe. Tome um pouco mais de café. Ele provavelmente vai me mandar um bilhete.

Madeleine examinou o rosto do filho mais velho e mordeu um brioche, que ficou entalado em sua garganta.

— O que aconteceu conosco? — disse, com lágrimas rolando pelo rosto. — O que aconteceu com você? — Sua vontade era encostar a cabeça na mesa e começar a gritar.

Em certo momento foram avisados de que Jean-Nicolas não se sentia bem, estava com dores. O médico chegou e mandou-o ficar na cama. Uma mensagem foi enviada à casa do prefeito.

— É meu coração? — Desmoulins perguntou, com voz fraca. Se fosse, estava pronto a dizer que a culpa era de Camille.

— Já lhe disse muitas vezes onde fica o coração e onde ficam os rins, e qual é o estado de cada um deles — o médico respondeu. — Embora o coração esteja perfeitamente bem, ir a Versalhes com os rins nessas condições é loucura. Você vai completar 60 dentro de dois anos se, e só se, viver uma vida calma. Além do mais...

— Sim? O que está querendo dizer?

— Os acontecimentos em Versalhes terão mais probabilidade de lhe causar um ataque cardíaco que qualquer coisa que seu filho já tenha feito.

Jean-Nicolas deixou a cabeça cair nos travesseiros. Seu rosto estava amarelo de dor e decepção. Os De Viefville reuniram-se na sala de visitas no andar de baixo, assim como os Godard e todos os membros do eleitorado. Camille seguiu o médico.

— Diga que é dever dele ir a Versalhes — pediu —, mesmo que isso o mate.

— Você sempre foi um menino sem coração — disse M. Saulce.

Camille virou-se e encarou os De Viefville.

— Mandem-me no lugar dele.

Jean-Louis de Viefville des Essarts, advogado, parlamentar, examinou-o através do *lorgnette*.

— Camille, eu não o mandaria nem ao mercado para comprar alfaces.

ARTOIS: Os três Estados reuniram-se separadamente, e tanto a assembleia do clero quanto a da nobreza declararam que, em uma época de crise nacional como aquela, estariam preparados para sacrificar alguns de seus mais antigos privilégios. O Terceiro Estado começou a propor um voto efusivo de agradecimento.

Um rapaz de Arras tomou a palavra. Era baixo, franzino, e vestia um casaco bem cortado e uma camisa imaculada. Seu rosto era inteligente e sério, com um queixo estreito e grandes olhos azuis ocultos por trás dos óculos. Sua voz não impressionava, e no meio do discurso ficou tão baixa que a plateia teve de inclinar-se para a frente e consultar os vizinhos para saber o que ele dizia. Mas não foi a voz que causou consternação. Ele declarou que o clero e a nobreza não haviam feito nada de valor, haviam meramente prometido corrigir seus exageros. Portanto, não havia necessidade de agradecer-lhes.

Entre os que não eram de Arras e não o conheciam, houve quem se surpreendesse quando ele foi eleito um dos oito deputados do Terceiro Estado em Artois. Ele parecia fechado, *insuscetível*, e não possuía, em absoluto, habilidade ou estilo como orador.

— EU NOTEI que você quitou suas dívidas com o alfaiate — disse sua irmã Charlotte. — E com o fabricante de luvas. Além de ter dito que ele é um ótimo profissional. Espero que não saia pela cidade agindo como se tivesse decidido ir embora para sempre.

— Você gostaria que eu descesse pela janela durante a noite com todas as minhas posses guardadas em um lenço? Assim poderia dizer-lhes que eu tinha fugido.

Mas Charlotte não se deixou abrandar. Charlotte, a faca da família.

— Eles vão querer que você resolva seus problemas antes de partir.

— Está se referindo a Anaïs? — Levantou os olhos da carta que escrevia para um antigo colega de colégio. — Ela disse que me esperará com prazer.

— Ela não vai esperar. Eu sei como são as jovens. Siga meu conselho, esqueça Anaïs.

— Estou sempre disposto a seguir seus conselhos.

Charlotte ergueu a cabeça e olhou-o, para ver se sua expressão era de sarcasmo. Mas o rosto do irmão expressava preocupação com ela. Logo depois ele voltou a concentrar-se em sua carta.

Meu querido Camille,

Senti-me envaidecido por você não se surpreender ao saber que estou a caminho de Versalhes. Não posso dizer o quanto anseio por isso...

MAXIMILIEN de Robespierre, 1789, no caso de Dupond:

A recompensa do homem virtuoso é a certeza de ter desejado o bem do próximo; depois disso vê o reconhecimento das nações que rodeiam sua memória, e as honras que lhe são prestadas por contemporâneos... Eu gostaria de comprar essas recompensas a preço de uma vida laboriosa, ou ao preço de uma morte prematura.

PARIS: No dia 1º de abril, d'Anton saiu para votar na igreja dos franciscanos, a quem os parisienses chamavam cordeliers. Foi acompanhado de Legendre, o mestre-açougueiro, um homem rude, grande, autodidata, que tinha o hábito de concordar com qualquer coisa que d'Anton dissesse.

— Um homem como você... — dissera Fréron, em um tom cuidadosamente bajulador.

— Um homem como eu não pode dar-se ao luxo de candidatar-se — disse d'Anton. — Estão pagando aos deputados 18 francos por sessão, não é? E eu teria de viver em Versalhes. Tenho uma família para manter, não posso largar meus clientes.

— Mas você está descontente — sugeriu Fréron.

— Talvez.

Os eleitores não voltaram para casa, permaneceram agrupados em frente à igreja dos Cordeliers, fofocando e fazendo previsões. Fabre não votou porque não pagava impostos suficientes, o que o deixou rancoroso.

— Por que não podemos ter o mesmo direito de voto que as províncias? — Perguntou. — É porque consideram Paris uma cidade perigosa que têm medo do que poderia acontecer se todos votássemos. — Engajou-se em uma conversa agitada com o truculento marquês de Saint-Huruge.

Louise Robert fechou a loja e saiu de braço com François, usando ruge e um vestido antigo de seus dias melhores.

— Pensem no que aconteceria se as mulheres votassem — ela falou, olhando para d'Anton. — Maître d'Anton acredita que as mulheres têm muito a contribuir para a vida política, não é?

— Não — disse ele com cortesia.

— A cidade inteira está na rua — falou Legendre, contente. Tinha passado a juventude no mar, agora queria sentir que pertencia a algum lugar.

No meio da tarde surgiu um visitante imprevisto: Hérault de Séchelles.

— Pensei em vir até aqui para ver como os cordeliers estão votando — disse, mas d'Anton teve a impressão de que ele fora procurá-lo. Hérault tirou uma pitada de rapé de uma caixinha com o retrato de Voltaire na tampa. Girou a caixa nos dedos e ofereceu a Legendre.

— Este é nosso açougueiro — d'Anton apresentou, observando o efeito.

— Encantado — falou Hérault, sem o menor sinal de surpresa no rosto amável. Mas d'Anton notou que ele checou discretamente os punhos para ver se não estavam sujos de sangue ou vísceras. Virou-se para d'Anton. — Você esteve no Palais-Royal hoje?

— Não, ouvi dizer que houve certa confusão...

— Isso mesmo, fique longe disso — murmurou Louise Robert.

— Então não viu Camille?

— Ele está em Guise.

— Não, já voltou. Eu o vi ontem em companhia daquele verme, Jean-Paul Marat. Ah, você não conhece o doutor? Não perde nada, ele tem a ficha suja em metade dos países da Europa.

— Não acuse o homem por isso — disse d'Anton.

— Mas ele tem uma longa história de abusar das pessoas. Foi médico das tropas do conde d'Artois, e dizem que era amante de uma marquesa.

— É claro que você não acredita nisso.

— Eu não tenho culpa de ter berço — disse Hérault, um tanto irritado. — Tento compensar isso; talvez você pense que eu deva imitar Mlle. de Kéralio e abrir uma loja. Ou talvez seu açougueiro queira me empregar para esfregar o chão. — De repente, mudou de assunto: — Não deveríamos estar falando assim, com tanta irritação. Deve ser o ar desta cidade. Tenha cuidado, Marat deve estar querendo mudar-se para cá.

— Mas por que esse cavalheiro é um verme? Você disse isso no sentido figurativo?

— Disse em sentido literal. Ele abandonou a mulher e foi viver como um vagabundo. — Hérault estremeceu, essa história tomava grandes proporções em sua imaginação.

— O que ele faz?

— Ao que parece, dedica-se à destruição de tudo.

— Ah, a destruição de tudo. Negócio lucrativo. Ótima carreira para um filho.

— Tudo o que eu disse é absolutamente verdadeiro, mas não foi para isso que vim aqui. Vim pedir que você faça alguma coisa sobre Camille, com urgência...

— Oh, Camille — disse Legendre, acrescentando uma frase que não usava desde seus dias na marinha mercante

— É mais ou menos isso — disse Hérault. — Mas ninguém quer que ele seja preso. O Palais-Royal está cheio de gente em cima das cadeiras fazendo discursos inflamados. Não sei se ele está lá agora, mas estava ontem e anteontem...

— Camille está fazendo um *discurso*?

Parecia improvável, porém era possível. Uma imagem veio à cabeça de d'Anton, de algumas semanas antes, tarde da noite. Fabre tinha bebido. Eles todos tinham bebido. Fabre disse que eles se tornariam homens públicos. E perguntou:

— D'Anton, você se lembra do que eu falei sobre sua voz no dia em que nos conhecemos, quando você era ainda um menino? Falei que você teria de aprender a falar durante horas, que teria de tirar sua voz daqui, daqui... Você é bom, mas ainda não é bom o bastante. Os tribunais são uma coisa, mas nós iremos além dos tribunais. — Fabre levantou-se e colocou os dedos nas têmporas de d'Anton. — Ponha seus dedos aqui — disse. — Sinta a ressonância. Ponha-os aqui e aqui. — Segurou o rosto de d'Anton abaixo dos malares e do lado do queixo. — Vou ensiná-lo a ser um ator. Esta cidade é nosso palco.

Camille disse:

— Livro de Ezequiel: "Essa cidade é um caldeirão, e nós somos a carne."

Fabre virou-se.

— Essa gagueira! *Você não precisa gaguejar.*

Camille cobriu os olhos com as mãos.

— Deixe-me em paz.

— Vou ensinar você também — disse, com o rosto afogueado.

Deu um pulo para a frente, arrancou Camille da cadeira, puxou-o pelos ombros e sacudiu-o.

— Você vai falar direito, mesmo que um de nós tenha de morrer.

Camille pôs as mãos na cabeça para proteger-se, mas Fabre continuou a falar em tom violento. D'Anton estava cansado demais para intervir.

Agora, sob o sol brilhante de uma manhã de agosto, ele ficou imaginando se aquela cena tinha realmente ocorrido. E começou a andar.

OS JARDINS do Palais-Royal transbordavam de gente. Parecia mais quente ali que em qualquer outro lugar, como se fosse o auge do verão. As lojas das galerias estavam abertas, com comércio ativo, os passantes discutiam e riam; os corretores da bolsa tinham tirado as gravatas e bebiam limonada, e os clientes dos cafés espalhavam-se pelo jardim, abanando-se com os chapéus. Algumas jovens tinham vindo tomar um pouco de ar, exibir os vestidos de verão e comparar-se com as prostitutas, que tiravam proveito daquele movimento no meio do dia para trabalhar. Cachorros perdidos corriam por ali, vendedores de tabloides gritavam. Parecia feriado, um feriado perigoso.

Camille subiu em uma cadeira, com os cabelos esvoaçando ao vento. Segurava uma folha de papel e lia o que parecia ser um arquivo de polícia. Quando terminou, estendeu a folha e deixou-a voar para o chão. A multidão vaiou e riu. Dois homens entreolharam-se e sumiram no meio da multidão.

— Informantes — disse Fréron.

Camille falou da rainha com um desdém cordial e a multidão assobiou e gritou; falou em proteger o rei dos maus conselheiros, elogiou M. Necker, e a multidão bateu palmas. Falou do bom duque Philippe e de sua preocupação com o povo, e a multidão jogou os chapéus para o alto e aplaudiu.

— Ele vai ser preso — disse Hérault.

— O quê? Diante dessa multidão? — Fabre falou.

— Vão pegá-lo depois.

D'Anton tinha um ar grave. A multidão aumentava. A voz de Camille chegava até eles sem qualquer traço de hesitação. Por acaso, ou de propósito, ele adquirira um forte sotaque parisiense. As pessoas andavam de um lado para o outro nos jardins. Da janela do segundo andar de uma joalheria, o braço direito do duque, Laclos, olhava para baixo com frieza, tomando de instante a instante um gole de água e fazendo anotações para seus arquivos. O dia estava quente, cada vez mais quente, só Laclos permanecia frio. Camille passou os dedos na testa para limpar o suor. Começou a falar sobre a especulação dos grãos. Laclos escreveu: "O melhor da semana."

— Que bom que você nos avisou, Hérault — disse d'Anton. — Mas não vejo como tirar Camille dali agora.

— Foi tudo por minha causa — disse Fabre, com uma expressão de prazer no rosto. — Eu disse que é preciso ter pulso firme com Camille, ser duro com ele.

NAQUELA NOITE, quando Camille saiu do apartamento de Fréron, dois cavalheiros o interceptaram e pediram gentilmente que ele os acompanhasse até a casa do duque de Biron. Uma carruagem esperava por eles. No caminho, ninguém disse uma só palavra.

Camille ficou contente por não ter de falar. Sua garganta doía, e a gagueira tinha voltado. Às vezes, no tribunal, conseguia falar normalmente quando ficava entusiasmado com um caso. Quando ficava possuído pela raiva, a gagueira também desaparecia, mas voltava mais tarde. Agora tinha voltado, e ele precisava usar sua velha tática: não terminar uma frase sem pensar nas quatro a cinco seguintes, para saber que palavras não conseguiria pronunciar; pensar nos sinônimos — os mais peculiares às vezes — ou simplesmente alterar o que ia dizer. Lembrou-se de Fabre batendo sua cabeça contra o braço da poltrona com toda a força.

O duque de Biron fez apenas uma breve aparição; cumprimentou Camille com um meneio de cabeça e desapareceu por uma galeria que dava no interior da casa. O ar estava pesado, castiçais difundiam a luz. Os tapetes que forravam as paredes eram decorados com figuras indistintas de deusas, cavalos, homens. Braços de lã e patas de lã desprendendo um odor de cânfora e umidade. O tema era a emoção da caçada: cães de caça com as bocas pingando, caçadores com vestes antigas e um cervo encurralado em um regato. Camille foi tomado de um pânico súbito, ansioso para escapulir dali, mas um dos homens pegou-o gentilmente pelo braço e obrigou-o a continuar em frente.

Laclos esperava por ele em uma pequena sala com paredes forradas de seda verde.

— Sente-se — disse. — Fale sobre você. Diga o que passava por sua cabeça quando subiu naquela mesa e começou a falar. — Contido e constrangido, Camille não conseguia imaginar como alguém era capaz de causar tal efeito em seus nervos.

Um amigo do duque, De Sillery, entrou e ofereceu-lhe uma taça de champanhe. Não havia caçada naquela noite, e ele estava entediado; não lhe parecia uma má ideia conversar com aquele extraordinário agitador.

— Suponho que você tenha problemas financeiros — disse Laclos. — Nós podemos cuidar disso.

Quando juntou as informações que desejava sobre Camille, fez um sinal imperceptível, os dois cavalheiros silenciosos reapareceram e o escoltaram até a saída. Ele sentiu a frieza do mármore sob os pés, o murmúrio de vozes por trás das portas fechadas, as súbitas risadas e a música vinda das salas a distância. Notou que as tapeçarias tinham bordas de lírios, rosas e peras azuis. Do lado de fora não estava frio. Um lacaio segurava uma tocha. A carruagem estava de volta à porta.

Camille encostou a cabeça nas almofadas do coche. Um de seus acompanhantes puxou uma cortina de veludo para ocultar seus rostos dos passantes. Laclos não quis jantar e voltou a seus papéis. O duque está bem servido de agitadores, disse, de devassos desequilibrados como esse.

NA NOITE DE 22 de abril, uma quarta-feira, o filho de 1 ano de Gabrielle recusou a comida, empurrou a colher e ficou choramingando no berço. Ela levou-o para sua cama e ele dormiu, mas de madrugada sua testa ardia em febre.

Catherine correu ao Dr. Souberbielle.

— Está tossindo? — ele perguntou. — Ainda não está comendo? Não se preocupe. Esta época do ano não é saudável. Tente descansar um pouco, minha querida — disse, dando uma palmadinha na mão dela.

À noite o estado do menino não melhorou. Gabrielle dormiu por uma ou duas horas, depois mandou Catherine para a cama. Ajeitou-se em uma cadeira de espaldar alto para ouvir a respiração do bebê. A toda hora tocava o rosto e o peito congestionado da criança com a ponta do dedo.

Às 4 horas ele parecia melhor. A temperatura caiu, as mãozinhas se descontraíram, as pálpebras se fecharam. Ela recostou-se, aliviada, com as pernas moles de cansaço.

Logo depois ouviu o relógio bater 5 horas. Sonhando, mexeu-se na cadeira e quase caiu no chão. Levantou-se, com frio, apoiou a mão no berço e debruçou-se sobre o filho, que estava de bruços, muito quieto. Gabrielle soube, mesmo antes de tocá-lo, que estava morto.

NO CRUZAMENTO da rue Montreuil com o faubourg Saint-Antoine havia uma casa grande, conhecida pelas redondezas como Titonville. No primeiro andar ficavam os apartamentos (suntuosos, ao que diziam) ocupados por certo M. Réveillon. No subsolo as vastas adegas, onde notáveis vindimas eram apreciadas ao anoitecer. No andar térreo encontrava-se a fonte da riqueza de M. Réveillon: uma fábrica de papéis de parede, com 350 empregados.

M. Réveillon adquirira Titonville quando o proprietário original, que tinha um próspero comércio de exportação, falira. Era um homem rico, um dos maiores empregadores de Paris, e naturalmente apoiava os Estados Gerais. A 24 de abril, muito esperançoso, foi participar das eleições no distrito de Sainte-Marguerite, onde seus vizinhos ouviram-no com grande deferência. Bom homem esse Réveillon. Conhecia bem sua área.

M. Réveillon declarou que o preço do pão estava alto demais. Houve um murmúrio de concordância e um pequeno aplauso de bajulação, como se a declaração fosse original. Se o preço do pão baixasse, disse ele, os salários dos empregados poderiam ser reduzidos para que houvesse uma diminuição no preço dos artigos manufaturados. Caso contrário, onde isso iria terminar? Preços subindo, salários subindo, preços subindo, salários subindo...

M. Hanriot, proprietário de uma usina de salitre, apoiou calorosamente essas observações. As pessoas agrupavam-se perto da porta e passavam as notícias aos não eleitores que ficavam do lado de fora.

Apenas uma parte do discurso de M. Réveillon chamou a atenção do público: sua proposta de reduzir os salários. A população de Saint-Antoine foi às ruas.

De Crosne, tenente da polícia, já avisara que poderia haver distúrbio no distrito. O lugar estava fervendo de operários migrantes, o desemprego era alto, os ânimos estavam inflamados. A notícia espalhou-se lentamente pela cidade; mas o povo de Saint-Marcel ouviu, e um grupo de manifestantes começou uma marcha na direção do rio. Um tambor vinha à frente, fazendo o acompanhamento do refrão de morte:

> Morte aos ricos
> Morte aos aristocratas
> Morte aos açambarcadores
> Morte aos padres.

Vinham carregando uma forca feita em cinco minutos por um aprendiz de carpinteiro, ansioso por agradar; pendurados na forca viam-se dois bonecos de palha, sem olhos, com pernas de palha saindo de roupas velhas, com os nomes escritos em giz no peito: Hanriot e Réveillon. Os lojistas fecharam as persianas quando eles passaram, e os bonecos foram executados em cerimônia completa na Place de Grève.

Nada disso era fora do comum. Até então, os agitadores não tinham matado sequer um gato. As execuções simuladas eram um ritual, disseminavam a raiva. O coronel da Guarda Francesa enviou cinquenta homens para que se mantivessem em alerta perto de Titonville, caso a raiva não fosse bem dissipada. Mas não cuidou da casa de Hanriot, na rue Cotte, à qual um grupo de agitadores dirigiu-se, arrombou a porta e ateou fogo. M. Hanriot saiu ileso. Não houve mortes. M. Réveillon foi eleito deputado.

Mas na segunda-feira a situação tornou-se mais séria. Novas multidões apareceram na rue Saint-Antoine e um grupo vindo de Saint-Marcel. Quando os manifestantes marcharam pelo aterro, juntaram-se a eles os estivadores, os trabalhadores dos depósitos de lenha e os indigentes que dormiam sob as pontes; os operários da fábrica real de vidro destruíram as ferramentas e saíram às ruas. Outros duzentos soldados da Guarda Francesa foram enviados à área, posicionaram-se em frente a Titonville e confiscaram carroças para usar como barricadas. A essa altura, os oficiais entraram em pânico. Eram cerca de 5 mil pessoas nas ruas, ou talvez 10 mil, não se podia precisar. Houvera ocorrências sérias nos últimos meses, mas nada como aquilo.

Ocorreu que naquele dia havia uma corrida de cavalos em Vincennes. Quando as elegantes carruagens atravessaram o faubourg de Saint-Antoine, senhoras e cavalheiros nervosos, vestidos *à l'Anglais,* foram obrigados a sair para a rua imunda e a gritar: "Abaixo os aproveitadores." Depois foram levados de volta a seus lugares. Muitos cavalheiros distribuíram dinheiro para aplacar os ânimos, e algumas senhoras tiveram de beijar aprendizes imundos e carroceiros fedorentos em sinal de solidariedade. Quando a carruagem do duque de Orléans apareceu, ouviram-se vivas. O duque desceu, disse algumas palavras confortantes e esvaziou a bolsa no meio da multidão. As carruagens que vinham atrás foram obrigadas a parar.

— O duque está passando revista em suas tropas — disse uma voz, em tom extremamente aristocrático.

Os guardas carregaram as armas e esperaram. A multidão perambulava em torno deles, aproximando-se das carroças para falar com os soldados, mas sem demonstrar qualquer intenção de atacar as barricadas. Em Vincennes, os anglófilos torciam por seus cavalos favoritos. E assim foi pela tarde toda.

Houve algumas tentativas de desviar as carruagens que voltavam da corrida, mas quando o coche da duquesa de Orléans apareceu, a situação tornou-se difícil. Ela queria atravessar para o outro lado e mandou o cocheiro passar pelas barricadas. O problema foi explicado, mas a duquesa não mudou suas ordens. Era o confronto entre a etiqueta e a subordinação. A etiqueta prevaleceu. Os soldados e os circunstantes começaram a derrubar as barricadas. O humor alterou-se, a calma da tarde dissipou-se, lemas foram gritados e as armas reapareceram. A multidão engoliu a carruagem da duquesa. Depois de alguns minutos, nada restou para ser queimado, roubado ou destruído em Titonville.

Quando a cavalaria chegou, a turba já saqueava as lojas da rue Montreuil. Os soldados foram obrigados a apear dos cavalos. Chegou a infantaria, as ordens ressoaram no ar e os soldados abriram fogo. Eram balas de festim, mas antes que alguém se desse conta disso, um soldado foi atingido por uma telha caída do alto; ao virar o rosto para ver de onde vinha a telha, o arruaceiro jogou outra em cima dele, que lhe arrancou um dos olhos.

Em um instante os amotinados quebraram portas e destruíram fechaduras, subiram nos telhados da rue Montreuil e destelharam as casas. Os soldados protegeram-se, cobrindo o rosto e a cabeça, com sangue escorrendo entre os dedos, tropeçando nos corpos de homens que tinham caído. Então abriram fogo. Eram 18h30.

Às 20 horas mais tropas chegaram. Os arruaceiros foram contidos. Os feridos que podiam andar foram levados dali. As mulheres apareceram nas ruas, com xales na cabeça e baldes de água para banhar os feridos e dar de beber àqueles que tinham perdido muito sangue. As vitrines das lojas foram quebradas, portas foram arrancadas de suas dobradiças, casas foram deixadas apenas nos tijolos; havia telhas esmagadas e vidros estilhaçados, sangue derramado, pequenas chamas queimando na madeira calcinada. Em Titonville as adegas foram saqueadas e os homens e mulheres que tinham destruído os barris e quebrado os gargalos das garrafas jaziam semiconscientes no chão, sufocados pelo próprio vômito. A Guarda Francesa, por vingança, espancou os corpos que não ofereciam resistência. Um pequeno regato de vinho escorria pelo calçamento de pedra. Às 21 horas a cavalaria chegou com força total. A Guarda Suíça trouxe oito canhões. O dia estava terminado. Havia trezentos cadáveres para retirar das ruas.

ATÉ O DIA do funeral de seu filho, Gabrielle não saiu de casa. Trancada no quarto, rezava pela pequena alma já carregada de pecado, pois se mostrara pouco moderada, exigente e ávida de leite durante sua estada de um ano naquele corpo. Mais tarde iria à igreja acender velas para os santos inocentes. Mas naquele momento, lágrimas enormes e lentas rolavam por seu rosto.

Louise Gély desceu, e fez o que as empregadas não pensaram em fazer: juntou as roupas e mantas do bebê, a bola e a boneca de trapo e carregou tudo para cima. Seu rostinho estava sério, como se ela tivesse o hábito de ajudar os desvalidos e soubesse que não devia entregar-se às emoções. Sentou-se ao lado de Gabrielle e cobriu sua mão roliça com a mãozinha infantil e ossuda.

— É sempre assim — disse maître d'Anton —, quando achamos que finalmente a vida está correndo bem, a sabedoria do maldito Todo-Poderoso... — As duas levantaram os olhos, chocadas, e ele franziu as sobrancelhas. — Essa religião não me traz mais consolo.

Depois do enterro do bebê, os pais de Gabrielle foram ficar com ela.

— Olhe para o futuro — Angélique a animava. — Você pode ter outros dez filhos. — D'Anton olhava para o espaço com ar desesperado. M. Charpentier andava pela casa suspirando, sentindo-se inútil. Foi até a janela olhar a rua enquanto Gabrielle era persuadida a comer alguma coisa.

No meio da tarde, o ambiente mudou: a vida precisava continuar.

— É uma situação difícil, ser pego assim de surpresa — falou M. Charpentier, indicando com um sinal que as mulheres gostariam de ficar um pouco sozinhas.

Georges-Jacques levantou-se com relutância. Os dois puseram o chapéu e andaram pelas ruas apinhadas e barulhentas a caminho do Palais-Royal e do Café du Foy. M. Charpentier tentou conversar com o genro, mas não conseguiu. D'Anton olhava adiante fixamente. A matança na cidade não lhe importava, via apenas sua infelicidade.

Quando entraram no café, Charpentier disse:

— Não conheço essas pessoas.

D'Anton olhou em volta e ficou admirado ao perceber que conhecia muitas delas.

— É aqui que a Sociedade Patriótica do Palais-Royal faz suas reuniões.

— Quem são eles?

— Um grupo de desocupados.

Billaud-Varennes vinha na direção dos dois. Fazia semanas que d'Anton não lhe dava nenhuma tarefa; seu rosto amarelado o irritava, e Paré dissera que ele não devia continuar empregando todos os preguiçosos do distrito.

— O que você pensa de tudo isso? — Os olhos de Billaud, lembrando frutinhas azedas, davam sinal de amadurecer com a expectativa. — Desmoulins declarou sua tendência finalmente. Tem andado com o pessoal de Orléans. Foi comprado. — Olhou por cima do ombro. — Por falar no diabo...

Camille entrou sozinho e olhou em volta com cautela.

— Georges-Jacques, por onde você andou? Não o vejo há uma semana. O que você achou de Réveillon?

— Vou dizer o que eu achei — falou Charpentier. — Mentiras e distorções. Réveillon é o melhor empregador desta cidade. Pagou seus homens durante todo o tempo de inatividade no inverno passado.

— Então você o considera um filantropo? — Camille perguntou. — Com licença, preciso falar com Brissot.

D'Anton não vira Brissot até então, a menos que tivesse visto sem notar, o que não seria difícil. Brissot virou-se para Camille, meneou a cabeça e virou-se novamente para seu grupo, dizendo:

— Não, não, não, puramente legislativo. — Virou-se de novo e estendeu a mão para Camille. Era um homem magro e franzino, com feições que lembravam as de um rato, ombros estreitos e muito curvos, quase deformados. A pobreza e a saúde fraca o faziam aparentar muito mais que seus 35 anos, mas naquele dia o rosto doentio e os olhos pálidos estavam esperançosos como os de uma criança no primeiro dia de aula.

— Camille, estou pensando em abrir um jornal.

— É bom tomar cuidado — disse d'Anton. — A polícia não está fechando os olhos como parece. Talvez vocês tenham dificuldade de distribuição.

Os olhos de Brissot passaram pelo rosto de d'Anton e por sua cicatriz. Não pediu para ser apresentado.

— A princípio pensei em começar em 1º de abril com duas publicações por semana, depois achei melhor adiar para o dia 20, com quatro publicações por semana, e acabei resolvendo esperar até a próxima semana, quando os Estados vão se reunir, essa é a hora de fazer furor. Quero juntar todas as notícias, de Versalhes a Paris, e os fatos das ruas. A polícia talvez me apanhe, mas o que importa? Já estive na Bastilha uma vez, posso voltar para lá. Não tenho tempo a perder, ajudei nas eleições no distrito de Filles-Saint-Thomas, eles estão desesperados por minhas informações...

— As pessoas sempre estão — disse Camille. — Ou pelo menos é o que você me diz.

— Não seja desagradável — reclamou Brissot gentilmente. As linhas em volta de seus olhos denotavam impaciência. — Sei que você acha que não tenho chance de manter um jornal, mas não podemos nos poupar agora. Quem pensaria, um mês atrás, que avançaríamos a esse ponto?

— Esse homem chama trezentos mortos de avanço — falou Charpentier.

— Eu acho... — Brissot interrompeu. — Vou lhe dizer em particular o que acho. Talvez haja informantes da polícia por aqui.

— Você é um deles — disse uma voz atrás dele.

Brissot estremeceu, mas não se virou. Olhou para Camille para ver se ele tinha ouvido aquelas palavras.

— Foi Marat que espalhou essa mentira — murmurou. — Depois de tudo o que fiz para promover a carreira dele e defender sua reputação, o que ganho são difamações e insinuações; aqueles que eu chamava de camaradas me trataram pior que a polícia.

— Seu problema é mudar de posição — Camille disse. — Ouvi você dizer que os Estados salvariam o país. Há dois anos disse que nada seria possível se antes não nos livrássemos da monarquia. Em que você acredita afinal? Não, não responda. Haverá uma investigação a respeito da causa desses tumultos? Não. Algumas pessoas serão enforcadas, nada mais. Por quê? Porque ninguém ousa perguntar o que aconteceu. Nem o rei Luís nem Necker, nem mesmo o próprio duque. Mas todos sabemos que o principal crime de Réveillon foi apoiar os Estados contra o candidato apresentado pelo duque de Orléans.

Fez-se silêncio.

— Devíamos ter pensado nisso — disse Charpentier.

— Ninguém previu que a situação chegaria a esse ponto — Brissot sussurrou. — Foi tudo planejado e as pessoas foram pagas, mas não 10 mil pessoas. Nem mesmo o duque poderia pagar a 10 mil pessoas. Essa gente agiu por conta própria.

— E isso atrapalha seus planos?

— Essas pessoas precisam ser dirigidas — Brissot balançou a cabeça. — Nós não queremos anarquia. Eu estremeço quando me vejo na presença de certas pessoas que temos de usar... — Fez um gesto na direção de d'Anton, que saía com M. Charpentier. — Olhe aquele sujeito. Pela forma como se veste, deve ser um cavalheiro de respeito. Mas é visível que seria mais feliz com uma lança na mão.

Camille arregalou os olhos.

— Aquele é maître d'Anton, conselheiro do rei. Não tire conclusões apressadas. Para sua informação, maître d'Anton poderia estar no gabinete do governo, mas ele sabe onde está seu futuro. De qualquer forma, Brissot, por que está tão acovardado? Tem medo de um homem do povo?

— Eu sou ligado ao povo — disse Brissot com reverência. — À alma pura e elevada do povo.

— Não é, não. Você olha-o com desprezo porque cheira mal e não fala grego. — Saiu da sala e foi ao encontro de d'Anton. — Ele pensou que você fosse um criminoso — disse contente. — Brissot casou-se com Mlle. Dupont, que fazia serviços domésticos para Félicité de Genlis — explicou para Charpentier. — Foi assim que se envolveu com Orléans. Eu o respeito. Ele passou anos no exterior, escrevendo, falando sobre isso. Ele merece uma revolução. É filho de um pasteleiro, mas é muito culto, e tem esse ar afetado porque sofreu muito.

M. Charpentier estava intrigado e zangado.

— Você, Camille, que está recebendo dinheiro do duque, admite para nós que Réveillon foi uma vítima...

— Oh, Réveillon não deve ser levado em consideração agora. Se ele não disse aquelas coisas, poderia ter dito. Talvez estivesse pensando nelas. A verdade literal não importa mais. O que importa é o que pensam nas ruas.

— Deus sabe que não sou a favor da presente situação, mas tenho medo de pensar no que acontecerá se o processo da reforma cair em mãos como as suas — disse Charpentier.

— Reforma? — perguntou Camille. — Não estou falando em reforma. A cidade vai explodir neste verão.

D'Anton foi tomado de um espasmo de sofrimento. Teve vontade de chamar Camille de lado e contar sobre seu filho. Isso o faria parar com suas ideias. Mas Camille estava tão feliz conjecturando o massacre iminente que ele pensou: quem sou eu para estragar a semana dele?

VERSALHES: O préstito foi uma manifestação elaborada. Ninguém se levantou espontaneamente e andou.

A nação está esperançosa. O dia tão esperado chegou. Mil e duzentos deputados dos Estados fazem um préstito até a igreja de Saint-Louis, onde monsenhor de la Fare, bispo de Nancy, fará um sermão abençoando o empreendimento.

Entra o clero, o Primeiro Estado; a luz dos primeiros lampejos de maio incide sobre as mitras congregadas e cintila em seus mantos adornados de joias. A nobreza os segue; os mesmos lampejos de luz sobre trezentos punhos de espadas se refletem alegremente nas costas cobertas de seda de trezentos homens. Trezentas plumas brancas dos chapéus agitam-se na brisa.

Enfim vêm os comuns, o Terceiro Estado, comandados pelo mestre de cerimônias, com mantos escuros simples; seiscentos homens fortes, marchando como um imenso verme negro. Por que não vesti-los com trajes de camponês e mandar que entrassem mastigando talos de palha? Mas à medida que eles marcham, seu ar humilhado ganha novo aspecto. Os mantos de luto são um emblema de solidariedade. Eles estão ali, afinal, para assistir à extinção do Antigo Regime, não para um baile de máscaras. Acima das gravatas lisas nota-se certo orgulho nos rostos lustrosos. Somos homens com um objetivo, adeus ao estilo pomposo.

Maximilien de Robespierre entrou com um contingente de sua região, entre dois fazendeiros; se virasse a cabeça poderia ver os deputados bretões. Todos caminhavam ombro a ombro. Ele olhava para a frente, resistindo à vontade de examinar as multidões que os aclamavam, ladeando as ruas. Não havia ninguém que ele conhecesse, ninguém o aplaudindo em especial.

No meio da multidão, Camille encontrou o abade De Bourville.

— Você não está me reconhecendo — o abade queixou-se, saindo para a calçada. — Nós estudamos juntos.

— Sim, mas naquela época você vivia azulado de frio.

— Eu o reconheci imediatamente. Você não mudou nada, parece ter 19 anos.

— Você se tornou piedoso, De Bourville?

— Não em especial. Você nunca vê Louis Suleau?

— Nunca. Mas espero que ele venha hoje.

Os dois voltaram para o préstito. Por um instante, De Bourville teve a certeza irracional de que Camille organizara tudo aquilo, que os Estados marchavam sob seu comando, que toda Paris e Versalhes giravam em torno dele.

— Lá está Orléans — De Bourville puxou o braço de Camille. — Veja, ele insiste em caminhar com o Terceiro Estado. O mestre de cerimônias está discutindo com ele. O duque está empapado de suor. Olhe, o duque de Biron.

— Eu o conheço. Estive em sua casa.

— Aquele é Lafayette. — O herói americano apareceu de repente, de colete prateado. Seu rosto jovem estava pálido, sério e um tanto apreensivo, e sua peculiar cabeça pontuda, escondida sob um chapéu de três bicos *à la* Henrique IV. — Você o conhece também?

— Conheço apenas a reputação — Camille murmurou. — O *pot-au-feu* de Washington.

Bourville riu.

— Você deve escrever isso.

— Eu escrevi.

Na igreja de Saint-Louis, De Robespierre arranjou um bom lugar. Um bom lugar para poder circular durante o sermão, para estar próximo dos grandes. Muito próximo. O mar episcopal dividiu-se por um segundo, e entre os mantos violeta e as mangas fartas o rei olhou diretamente para ele, como se por acaso, o rei, soterrado pelo pesado manto bordado em ouro; quando a rainha virou a cabeça, as plumas de garça em seu cabelo pareceram cumprimentá-lo com cortesia. O Santo Sacramento, no ostensório crivado de pedras, era um pequeno sol queimando nas mãos de um bispo. Eles tomaram seus lugares sobre o estrado, sob uma cobertura de veludo bordada com flores-de-lis em ouro. Depois veio o coro.

O salutaris hostia
Se você pôde vender as joias da coroa o que poderia comprar para a França?
Quae coeli pandis ostium,
O rei está quase dormindo.
Bella premunt hostilia,
A rainha é orgulhosa.
Da robur, fer auxilium.
Ela é como os Habsburgo.

Uni trinoque Domino,
Madame Déficit.
Sit sempiterna gloria,
Lá fora as mulheres gritavam por Orléans.
Qui vitam sine termino,
Não há ninguém aqui que eu conheça.
Nobis donet in patria.
Camille podia estar por aqui. Em algum lugar.
Amen.

— OLHE, OLHE — disse Camille para Bourville. — Maximilien.

— É mesmo. Nosso querido Coisa. Não é de surpreender.

— Eu devia estar naquele préstito. De Robespierre é inferior a mim intelectualmente.

— O quê? — O abade virou-se, espantado, e teve vontade de rir. — Luís XVI pela graça de Deus é inferior a você em termos intelectuais. E, sem dúvida, nosso Santo Padre, o papa, também. O que você gostaria de ser, além de deputado? — Camille não respondeu. — Querido, querido. — O abade fingiu secar os olhos.

— Lá está Mirabeau — disse Camille. — Está começando um jornal. Vou escrever para ele.

— Como conseguiu isso?

— Ainda não consegui. Vou cuidar disso amanhã.

De Bourville olhou-o de lado. Camille é um mentiroso, pensou, sempre foi. Não, isso é duro demais, ele romanceia a vida, digamos.

— Bem, boa sorte para você — disse De Bourville. — Viu como a rainha foi recebida? Muito desagradável, não é? Mas eles ovacionaram Orléans. E Lafayette. E Mirabeau.

— E d'Anton — disse Camille para si mesmo, tentando ouvir o som de suas palavras. D'Anton estava trabalhando em um grande caso, não viria apreciar o préstito. — E Desmoulins — acrescentou. Desmoulins foi o mais ovacionado de todos. Camille sentiu uma sombria pontada de decepção.

Chovera a noite toda. Às 10 horas, quando o préstito começou, as ruas fumegavam sob o sol, mas ao meio-dia o chão estava novamente quente e seco.

CAMILLE programara passar a noite em Versalhes no apartamento do primo; decidira pedir esse favor diante de várias pessoas, para que o deputado não pudesse recusar com dignidade. Era bem mais que meia-noite quando ele chegou.

— Onde você esteve todo esse tempo? — perguntou De Viefville.

— Com o duque de Biron. E com o conde de Genlis — Camille murmurou.

— Ah, *entendo*. — De Viefville estava irritado porque não sabia se devia acreditar nele ou não. Além disso, havia uma terceira pessoa presente, o que impediu uma possível discussão entre os dois.

O rapaz levantou-se de uma cadeira ao lado da lareira.

— Já vou indo, M. de Viefville. Mas pense no que falei.

De Viefville não fez apresentações, mas o rapaz disse a Camille:

— Meu nome é Barnave, talvez já tenha ouvido falar em mim.

— Todo mundo já ouviu falar em você.

— Talvez ache que sou um mero encrenqueiro, mas espero mostrar que sou mais que isso. Boa noite, messieurs.

Fechou a porta ao sair. Camille teve vontade de ir atrás dele e lhe fazer algumas perguntas, tentar consolidar esse encontro, mas já se deslumbrara demais naquele dia. Barnave era o homem que em Dauphiné criara resistência aos editos reais. Era chamado de Tigre, um apelido irônico, Camille percebia agora, para um jovem advogado simples, agradável, de nariz arrebitado.

— O que aconteceu? — perguntou De Viefville. — Está desapontado? Não era o que você pensava?

— O que ele queria?

— Apoio para suas medidas. Só pôde me dar 15 minutos de seu tempo, assim mesmo tarde da noite.

— E você sentiu-se insultado?

— Você verá todos eles amanhã, manobrando para conseguir vantagens. Estão nisso somente pelo que podem abocanhar, se quer minha opinião.

— Nada abala suas convicções provincianas? — Camille perguntou. — Você é pior que meu pai.

— Camille, se eu fosse seu pai teria torcido esse seu pescocinho há muitos anos.

No palácio e por toda a cidade, os relógios começaram a bater as horas, em uma concordância fúnebre; De Viefville virou-se, saiu da sala e foi para a cama. Camille pegou a minuta de seu panfleto "La France Libre", leu todas as páginas com cuidado, rasgou tudo e jogou no fogo. O panfleto estava defasado com relação à situação. Na semana seguinte, *deo volente*, no mês seguinte, escreveria outro. Nas chamas, viu a imagem de si próprio escrevendo, a tinta escorrendo do papel, a mão tirando o cabelo da testa. Quando o ruído do tráfego cessou debaixo da janela ele enroscou-se em uma cadeira e caiu no sono em frente à lareira em brasas. Às 5 horas da manhã a luz atravessou as venezianas e a primeira carroça passou, carregando pão preto azedo para o mercado de Versalhes. Ele acordou e ficou olhando a sala estranha, sentindo uma apreensão doentia como uma chama percorrer seu corpo, lenta e fria.

O CRIADO, que mais parecia um guarda-costas, perguntou:

— O senhor escreveu isso?

Trazia na mão um exemplar do primeiro panfleto de Camille, "Uma filosofia para o povo francês". Brandia o panfleto no ar como se fosse uma intimação.

Camille deu um passo para trás. Eram 8 horas e a antecâmara de Mirabeau estava apinhada. Toda Versalhes queria uma entrevista, toda Paris. Ele sentiu-se pequeno, insignificante, completamente diminuído pela agressão do homem.

— Sim — respondeu. — Meu nome está na capa.

— Meu Deus, o conde está à sua procura. — O criado pegou-o pelo cotovelo. — Venha comigo.

Nada tinha sido fácil até então, por isso ele não podia acreditar que o que tinha pela frente seria. O conde de Mirabeau estava enrolado em um robe de seda carmim que lembrava uma cortina antiga, como se fosse um garçom em uma festa de escultores. Com a barba por fazer, seu rosto esbranquiçado e marcado pela varíola brilhava de suor.

— Então, encontrei o filósofo — disse. — Teutch, dê-me um pouco de café. — Virou-se com um ar determinado e disse: — Venha cá. — Camille hesitou. Sentiu falta de uma rede e um tridente. — Eu disse para você vir aqui — repetiu o conde com energia. — Não sou perigoso. Pelo menos não a essa hora. — E deu um bocejo. O escrutínio do conde era uma verdadeira agressão física, planejada para intimidar. — Eu pretendia surpreendê-lo em um lugar público e trazê-lo para cá. Infelizmente desperdicei meu tempo esperando que o rei me chamasse.

— Ele o chamará, monsieur.

— Você é partidário meu?

— Eu tive a honra de argumentar a partir de suas premissas.

— Oh, que bom ouvir isso — disse Mirabeau com ar de zombaria. — Gosto muito de bajuladores, maître Desmoulins.

Camille não entendia a forma como o pessoal de Orléans o olhava, a forma como Mirabeau o olhava agora, como se tivessem planos para ele. Ninguém fizera planos para ele desde a decepção que causara aos padres no colégio.

— Desculpe minha aparência — disse o conde gentilmente. — Mas meus negócios me mantêm acordado até tarde. Não sempre, devo dizer, apenas os negócios políticos.

Isso é uma tolice, Camille percebeu de imediato. Se lhe servisse aos propósitos, o conde receberia seus admiradores barbeado e sóbrio. Mas tudo o que ele fazia tinha um efeito calculado, e com seu aspecto descuidado e suas desculpas, pretendia dominar e afrontar os homens bem-cuidados e ansiosos que o bajulavam. O conde olhou para o criado impassível, Teutch, e deu uma grande risada, como se o homem tivesse feito uma piada.

— Eu gosto do que você escreve, maître Desmoulins. Muita emoção, muito coração.

— Eu costumava escrever poesia, mas vejo agora que não tenho talento para isso.

— Há restrições suficientes sem a métrica, creio eu.

— Eu não pretendia pôr minha emoção nos textos. Minha intenção era usar uma linguagem de estadista.

— Deixe isso para os mais velhos — disse o conde, segurando o panfleto. — Você conseguiria escrever outro semelhante?

— Ah, isso... sim, é claro. — Ele desprezava aquele primeiro panfleto, e estendia esse desprezo àqueles que o admiravam. — É fácil para mim como... respirar. Mais fácil que falar, por razões óbvias.

— Mas você falou, maître Desmoulins. Falou no Palais-Royal.

— Eu me forcei a falar.

— A natureza fez de mim um demagogo. — Virou a cabeça e mostrou seu melhor perfil. — Há quanto tempo você tem essa gagueira?

— Há muito tempo. Desde os 7 anos. Desde a primeira vez em que saí de casa — Camille respondeu.

— Você sofreu tanto assim ao separar-se de sua família?

— Não me lembro mais. Suponho que sim. A não ser que fosse uma forma de pedir ajuda.

— Ah, esse tipo de família — disse Mirabeau sorrindo. — Eu conheço bem todas as facetas das dificuldades domésticas, desde o mau humor na mesa do café da manhã até as consequências de um incesto. — Esticou a mão e levou Camille para seu quarto. — O rei, o falecido rei, costumava dizer que deveria haver uma Secretaria de Estado com a única função de arbitrar as brigas entre meus parentes. Minha família, como você sabe, é muito antiga. Muito grandiosa.

— Verdade? A minha só finge ser.

— Qual é a ocupação de seu pai?

— Ele é um magistrado. — Por honestidade, acrescentou: — Creio que sou uma grande decepção para ele.

— Não me diga. Nunca conseguirei compreender a classe média. Por que não se senta? Preciso saber mais sobre sua formação. Diga, onde você foi educado?

— Em Louis-le-Grand. Pensou que eu tivesse sido educado pelo cura local?

Mirabeau pôs a xícara de café na mesa.

— De Sade estudou lá.

— Ele não pode ser considerado um aluno típico.

— Eu tive a má sorte de conviver com De Sade na prisão, e disse a ele: Monsieur, não desejo associar-me a alguém que pica mulheres em pedaços. Desculpe-me, estou divagando. — Afundou-se em uma cadeira, um aristocrata mal-educado que não se desculpava por nada. Camille observou-o, monstruosamente vaidoso e arrogante, comportando-se como um grande homem. Quando falava, andava de um lado para o outro e rugia. Quando parava, parecia um leão empalhado em um museu de história natural: morto, mas não tão morto como deveria estar. — Continue — disse ele.

— Por quê?

— Quer saber por que o estou aborrecendo? Pensa que quero deixar seus pequenos talentos para o bando do duque? Vou lhe dar um bom conselho. O duque lhe deu um bom conselho?

— Não. Ele nunca falou comigo.

— Você diz isso em tom patético. É claro que não falou. Mas eu estou interessado. Tenho homens de talento trabalhando para mim. Chamo-os de escravos. E quero que todos sejam felizes em suas fazendas. Sabe o que sou, não é?

Camille lembrou-se do que Annette falava de Mirabeau: um homem falido, um imoral. A lembrança de Annette parecia descabida naquele quarto abafado, abarrotado de móveis, velhas tapeçarias nas paredes, o tique-taque dos relógios, e o conde coçando o queixo. O quarto era repleto de evidências de uma boa vida. Por que dizemos "boa vida"?, ele pensou, quando seriam mais apropriados os termos extravagância, gula, preguiça. A despeito da falência não decretada, o conde continuava a adquirir objetos caros, entre os quais talvez ele estivesse incluído. Quanto à imoralidade, não fazia questão de ocultá-la. Os seres selvagens que sua ambição colecionava curvavam-se servilmente em um canto, famintos, na ponta da corrente.

— Bem, você teve bastante tempo para pensar. — O conde levantou-se com um movimento rápido e abriu a cortina. Pôs um dos braços sobre os ombros de Camille e levou-o para junto da luz vinda da janela. Seu hálito cheirava a bebida. — Preciso lhe dizer que gosto de ter à minha volta homens com passado complicado e sórdido. Assim fico à vontade. E você, Camille, com os impulsos e emoções que tem vendido no Palais-Royal como buquês envenenados... — Tocou o cabelo de Camille. — E sua ambivalência sexual interessante, leve, mas perceptível...

— O senhor sempre analisa as pessoas dessa forma?

— Eu gosto de você — disse Mirabeau secamente — porque você nunca nega nada. — Afastou-se. — Há um texto manuscrito circulando por aí chamado "La France Libre". É seu?

— Sim. O senhor pensou que esse panfleto medíocre que está aí fosse minha única produção?

— Não, maître Desmoulins, não pensei, e vejo que você também tem seus escravos e copistas. Fale sobre sua política, em uma só palavra.

— Republicano.

Mirabeau ficou indignado.

— A monarquia é um ato de fé para mim. Preciso da monarquia, pretendo me afirmar por meio dela. Você tem muitos conhecidos subversivos que pensam assim?

— Não tantos. Na verdade, creio que o senhor não encontraria mais de meia dúzia de republicanos em todo o país.

— E por que supõe que seja assim?

— Porque as pessoas não aguentam muita realidade, creio. Pensam que o rei vai tirá-las da sarjeta e as nomeará ministros. Mas esse mundo todo será destruído.

Mirabeau chamou o criado.

— Teutch, separe minhas roupas. Algo esplêndido.

— Preto — disse Teutch, entrando no quarto. — O senhor é um deputado.

— É verdade, eu tinha me esquecido. — Fez um gesto com a cabeça na direção da antecâmara. — Parece que estão um pouco impacientes lá fora. Mande todos entrarem ao mesmo tempo, será divertido. Ah, lá vem o governador genebrino exilado. Bom dia, M. Duroveray, M. Dumont, M. Clavière — disse. E cochichou para Camille. — Esses são escravos. Clavière quer ser ministro da França. Qualquer país serve para ele. Uma ambição muito peculiar.

Brissot entrou depressa.

— Eu fui excluído — disse. E parecia mesmo excluído.

— Que tristeza — disse Mirabeau.

O quarto foi ficando repleto: os genebrinos de seda clara e os deputados de preto com pastas debaixo do braço; Brissot com o casaco marrom surrado e o cabelo fino e não empoado caindo na testa, à moda antiga.

— Pétion, um deputado? Bom dia para o senhor — disse Mirabeau. — Vem de onde? De Chartres? Muito bem. Obrigado pela visita.

Virou-se e começou a falar com três pessoas ao mesmo tempo. Alguns mantinham-no interessado, outros, não. O deputado Pétion não conseguiu interessá-lo. Era um homem grande, de olhar bondoso. Olhou em volta da sala com um sorriso, e seus preguiçosos olhos azuis focalizaram Camille.

— Ah, o infame Camille.

Camille se surpreendeu. Teria preferido ouvir seu nome sem o prefixo. Mas aquilo era um começo.

— Fiz uma visita a Paris — Pétion explicou — e ouvi seu nome nos cafés. Depois o deputado De Robespierre fez uma descrição sua, e quando o vi soube imediatamente que era você.

— O senhor conhece De Robespierre?

— Bastante bem.

Duvido, pensou Camille.

— Foi uma descrição favorável?

— Ele lhe fez os maiores elogios. — Pétion sorriu. — Todos o elogiam — disse, rindo. — Não precisa duvidar de mim.

A voz de Mirabeau encheu a sala.

— Brissot, como foi no Palais-Royal hoje? — Não esperou a resposta e continuou. — Intrigas sujas como sempre, suponho; todos exceto o bom duque Philippe, que é simples demais para intrigas. Vagina, vagina, vagina, é só nisso que ele pensa.

— Por favor — disse Duroveray. — Por favor, meu caro conde.

— Mil desculpas — o conde falou. — Esqueci que o senhor vem da terra de Calvino. Mas é verdade. Teutch é mais estadista que ele. Muito mais.

Brissot mudou de posição.

— Não fale mal do duque — cochichou. — Laclos está aqui.

— Eu juro que não o vi — disse o conde com voz aveludada. — Está aqui para colher fofocas? Como vai o mercado de livros sórdidos?

— O que está fazendo aqui? — Brissot perguntou a Camille, em voz baixa. — Como chegou a tanta intimidade com ele?

— Eu mal sei.

— Cavalheiros, sua atenção, por favor. — Mirabeau empurrou Camille para a frente e pôs as mãos grandes e cheias de anéis em seus ombros. O conde se comportava como um outro tipo de animal selvagem agora: impetuoso e perigoso, um urso saído da gruta. — Esta é minha nova aquisição, M. Desmoulins.

O deputado Pétion sorriu amavelmente. Laclos olhou-o e virou-se.

— Agora, cavalheiros, se vocês puderem sair por um instante para que eu me vista. Teutch, abra a porta para os cavalheiros. Estarei logo com os senhores. — Eles começaram a deixar a sala. — Você fica — disse para Camille.

Houve um silêncio súbito. O conde passou a mão no rosto.

— Que farsa — disse ele.

— Parece uma perda de tempo. Mas não sei como essas coisas são conduzidas.

— Há muita coisa que você não sabe, meu caro, mas isso não impede que tenha suas pequenas opiniões. — Mirabeau andou pelo quarto com os braços esticados. — A ascensão e ascensão do conde de Mirabeau. Eles precisam me ver, precisam ver o ogro. Laclos vem aqui com o nariz em pé. Brissot, idem. Ele me cansa, esse Brissot, não consegue ficar parado. Não que fique andando pela sala como você, mas se mexe o tempo todo. A propósito, você está recebendo dinheiro de Orléans, não é? Muito bem. É preciso sobreviver, e se possível à custa dos outros. Teutch, pode me barbear, mas não ponha espuma em minha boca. Eu quero falar.

— Como se isso fosse novidade — disse o criado. Seu patrão inclinou-se para a frente e lhe deu um tapa nas costelas. Teutch derramou um pouco de água quente, mas não foi mais incomodado.

— Estou precisando de patriotas — disse Mirabeau. — Patriotas! Já notou que não falamos um parágrafo sem usar essa palavra? Seu panfleto sairá em um ou dois meses.

Camille sentou-se e olhou-o de maneira sombria. Sentia-se calmo, como se estivesse à deriva no mar.

— Os editores são uns covardes — disse o conde. — Se a ordem e a distribuição do inferno dependessem de mim, eu teria um círculo especial para que eles torrassem lentamente em prensas incandescentes.

Camille observou o rosto de Mirabeau, e percebeu pela expressão tensa das feições que não era o único maldito ali.

— Você é casado? — o conde perguntou de repente.

— Não, mas estou noivo.

— Ela tem dinheiro?

— Bastante.

— A cada resposta, gosto mais de você. — Fez um sinal para Teutch sair. — Creio que seria bom você mudar-se para cá, pelo menos quando estiver em Versalhes. Não tenho certeza de que está apto a viver solto por aí. — Puxou a gravata. Seu humor estava alterado. — Sabe de uma coisa, Camille? Talvez você não saiba bem como veio parar aqui, mas eu penso a mesma coisa sobre mim... estar em Versalhes, esperando diariamente uma convocação do palácio, baseado na força de meus escritos, de meus discursos, e do apoio que tenho do povo... exercer finalmente meu papel natural neste reinado... porque o rei deve me convocar, não é? Depois que todas as antigas soluções forem tentadas e falharem.

— Creio que sim. Mas você deve mostrar claramente a ele que pode ser um opositor perigoso.

— Sim... mas esse será outro jogo. Você já tentou se matar?

— Essa ideia me vem à cabeça de tempos em tempos.

— Tudo é uma brincadeira — disse o conde. — Espero que você seja loquaz quando estiver no banco dos réus por traição. — Baixou a voz de novo. — Sim, eu o entendo, o suicídio é uma opção. As pessoas dizem que não têm arrependimentos, gabam-se disso, mas eu tenho arrependimentos: as dívidas que acumulo e renovo diariamente, as mulheres que arruinei e abandonei, minha própria natureza, que não consigo dominar, que nunca aprendi a dominar, uma natureza que nunca aprendeu a esperar o momento propício. Sim, eu lhe digo, a morte teria sido um alívio, teria me livrado de mim mesmo. Mas eu era um tolo. Agora quero estar vivo, então... — Interrompeu a frase. Ele gostaria de dizer que nascera para sofrer, que percebera seus próprios erros, que fora minado, sufocado, diminuído.

— Para quê?

Mirabeau riu.

— Para infernizá-los.

O SALÃO dos Pequenos Prazeres, como era chamado, servira até então para armazenar os cenários das apresentações teatrais do palácio. Os dois fatos seguintes deram margem a comentários.

Quando o rei decidiu que esse salão era um ponto de encontro apropriado para os Estados Gerais, mandou vir carpinteiros e pintores. Eles penduraram cortinas de veludo e borlas, erigiram colunas falsas e pintaram as paredes de dourado. O salão ficou apresentável e a reforma custou pouco. Havia lugares à direita e à esquerda do trono para o Primeiro e o Segundo Estados, os comuns ocupariam bancos duros de madeira nos fundos.

A reunião começou mal. Depois da entrada solene do rei, ele observou-os com um sorriso bobo e tirou o chapéu. Depois sentou-se e recolocou o chapéu. Mantos brilhantes e casacos de seda farfalharam em seus lugares. Trezentas plumas foram erguidas e recolocadas em trezentas cabeças nobres. Mas o protocolo ditava que na presença do monarca os comuns permaneciam sem chapéu e de pé.

Um instante depois, um homem de rosto vermelho afundou o chapéu simples na cabeça e sentou-se com o máximo de barulho que pôde fazer. Em uníssono, todo o Terceiro Estado sentou-se. O conde de Mirabeau ajeitou-se em seu banco com os demais.

Sem se abalar, Sua Majestade levantou-se para fazer o discurso. Não era razoável, pensava pessoalmente, manter os pobres homens de pé a tarde toda, pois já haviam esperado por três horas antes de entrar no salão. Eles tinham tomado a iniciativa, ele não contestaria. Começou a falar. Um instante depois as filas de trás inclinaram-se sobre as filas da frente. O quê? O que ele disse?

Imediatamente tornou-se claro que só gigantes com pulmões de aço prosperariam naquele salão. Sendo um deles, Mirabeau sorriu.

O rei disse muito pouco, na verdade. Falou do ônus da dívida da guerra americana. Falou que o sistema de impostos poderia ser remodelado, mas não disse como. M. Barentin, ministro da Justiça e guarda-selos, falou em seguida. Advertiu contra uma ação precipitada, uma inovação perigosa; convidou os Estados a reunirem-se em separado no dia seguinte, a fim de eleger funcionários e redigir os procedimentos. E sentou-se.

Era desejo dos comuns que os Estados se reunissem como um só corpo, e que os votos fossem contados individualmente, por cabeça. Caso contrário, os clérigos e nobres se associariam contra os comuns; a generosa concessão de dupla representação — seus seiscentos contra trezentos dos nobres e trezentos do clero — não serviria de nada. Melhor seria voltarem para casa.

Mas não antes do discurso de Necker. O diretor-geral das finanças levantou-se e fez-se silêncio de expectativa; Maximilien de Robespierre mudou discretamente de posição no banco. Necker começou. Dava para ouvi-lo melhor do que se ouvira Barentin. Falou de números, números, números.

Depois de dez minutos os olhos de Maximilien de Robespierre seguiram os olhos dos outros homens no salão. As senhoras da corte estavam sentadas, como louças em uma prateleira, rígidas e apertadas dentro dos vestidos. Mantinham a postura ereta, mas quando se cansavam recostavam-se nos joelhos das senhoras de trás. Depois de dez minutos aqueles joelhos começavam a flexionar-se e as senhoras da frente voltavam à posição ereta. Em seguida inclinavam-se, bocejavam, encolhiam-se e mexiam-se no pequeno espaço a que tinham direito; sussurravam, gemiam em silêncio e rezavam para aquela tortura ter fim. A vontade de todas era debruçar-se para a frente e deixar a cabeça cair sobre os joelhos! Mas o orgulho as mantinha mais ou menos empertigadas. Pobrezinhas, ele pensou. Pobres criaturas. Vão sair daqui com a espinha quebrada.

A primeira meia hora passou. Necker decerto tinha estado lá antes para testar a voz no salão, pois foi ouvido com muita clareza; era uma pena que suas palavras não fizessem sentido algum. Nós queríamos uma orientação, Max pensou, queríamos... frases bonitas, suponho. Ou talvez inspiração. Necker lutava para continuar. Sua voz sumia. Obviamente, aquilo fora previsto, pois um substituto, que estava ao lado, recebeu suas anotações e começou a falar com uma voz que lembrava o rangido de uma ponte levadiça.

Max voltou sua atenção para uma mulher em especial: a rainha. Quando seu marido falou, ela tentou concentrar-se. Quanto Barentin se levantou, ela baixou os olhos, depois olhou em volta, examinando os bancos dos comuns. Ao sentir-se observada, olhou para o colo e mexeu ligeiramente os dedos, fazendo os diamantes faiscarem. Ergueu a cabeça e virou-se, com a cara fechada. Parecia estar procurando, procurando. O que seria? Um rosto por cima dos mantos pretos...? Um inimigo? Um amigo? O leque se sacudia em sua mão como um passarinho vivo.

Três horas depois, estonteados, os deputados saíram ao sol. Um grande grupo reuniu-se em volta de Mirabeau, que dissecava o discurso de M. Necker.

— É o discurso, cavalheiros, que se pode esperar de um funcionário de banco com alguma capacidade... Quanto ao déficit, é nosso melhor amigo. Se o rei não precisasse levantar fundos, nós estaríamos aqui?

— Não adianta estarmos aqui se não pudermos votar individualmente — disse um deputado. Mirabeau bateu no ombro do homem, fazendo-o perder o equilíbrio.

Max manteve-se fora de alcance. Não queria se arriscar, mesmo que por acidente, a levar um tapa como aquele nas costas, e Mirabeau costumava distribuí-los livremente. De repente sentiu baterem-lhe no ombro. Virou-se e viu um dos deputados bretões.

— Conferência sobre tática hoje à noite em meus aposentos, às 20 horas, você pode ir?

Max fez que sim. *Estratégia*, ele quer dizer: a arte de impor ao inimigo a hora, o lugar e as condições de luta.

O deputado Pétion apareceu.

— Por que esconder-se com tanta modéstia, De Robespierre? Encontrei um amigo para você. — Meteu-se no grupo que rodeava Mirabeau e voltou em um segundo seguido de Camille Desmoulins. Pétion era um homem sentimental; gratificado, ficou de lado observando o encontro. Mirabeau continuava a conversar animadamente, agora com Barnave. Camille apertou a mão fria, firme e seca do amigo De Robespierre e sentiu o coração bater lentamente. Olhou para Mirabeau por cima do ombro, e viu o conde sob uma luz diferente: um nobre indecente em um melodrama ruidoso. Nesse momento teve vontade de sair do teatro.

NO DIA 6 DE MAIO o clero e a nobreza reuniram-se em separado nas câmaras destinadas a eles. Mas com exceção do Salão dos Pequenos Prazeres, não havia um lugar grande o bastante para o Terceiro Estado. Então tiveram permissão de ficar onde estavam.

— O rei cometeu um erro — disse De Robespierre. — Deixou-nos com a posse do solo. — Ele mesmo surpreendeu-se, talvez tivesse aprendido alguma coisa depois de suas conversas com Lazare Carnot, o engenheiro militar. Em breve, teria de enfrentar o difícil empreendimento de dirigir-se a essa grande assembleia. Arras parecia longe, muito longe dali.

O Terceiro Estado não podia realmente negociar nada, é claro. Fazê-lo seria aceitar sua condição de assembleia separada. E não aceitavam. Pediram que os outros dois Estados se juntassem a eles. Mas a nobreza e o clero recusaram-se. Era um impasse.

— AGORA, ANOTEM TUDO que vou dizer:

Os escravos genebrinos sentaram-se com folhas de papel sobre os livros apoiados nos joelhos. Os papéis do conde cobriam toda superfície que pudesse ser usada como escrivaninha. A toda hora eles entreolhavam-se, como os experientes revolucionários veteranos que eram. O conde andava de um lado para o outro, gesticulando com um maço de anotações na mão. Usava seu robe carmim, e os anéis nas mãos grandes e cabeludas reluziam à luz das velas no salão fechado. Era 1 hora da manhã. Teutch entrou.

TEUTCH: Monsieur...

MIRABEAU: Saia.

[*Teutch fechou a porta ao sair.*]

MIRABEAU: Então, a nobreza não deseja juntar-se a nós. Eles votaram contra nossa proposta, por 100 votos. O clero não deseja juntar-se a nós, mas os votos foram de 133 contra 114, certo?

GENEBRINOS: Certo.

MIRABEAU: Então está bastante próximo. Isso indica alguma coisa.

[*Começa a andar de um lado para o outro. Os genebrinos escrevem. São 2h15. Teutch entra.*]

TEUTCH: Monsieur, um homem com um nome muito difícil está esperando desde as 23 horas para falar-lhe.

MIRABEAU: Como assim, um nome difícil?

TEUTCH: Não entendi o nome dele.

MIRABEAU: Peça para ele escrever em um pedaço de papel e traga aqui, seu imbecil.

[*Teutch sai.*]

MIRABEAU [*fazendo uma digressão*]: Necker. Quem é Necker, em nome de Deus? Quais são suas qualificações para o cargo? O que faz com que ele *pareça tão bom*? Vou dizer quem ele é: um sujeito sem dívidas e sem amantes. Será isso o que as pessoas desejam nos dias de hoje? Um suíço avarento, sem colhões? Não, Dumont, não escreva isso.

DUMONT: Você parece estar com inveja de Necker, Mirabeau, por ele ser ministro.

[*2h45. Teutch entra com um pedaço de papel. Mirabeau lhe toma o papel e guarda no bolso.*]

MIRABEAU: Esqueçam Necker. Todos esquecerão, de qualquer forma. Voltemos ao que interessa. Ao que parece, o clero é nossa maior esperança. Se conseguirmos persuadi-los a juntarem-se a nós...

[*Às 3h15, tira o papel do bolso.*]

MIRABEAU: De Robespierre. Sim, é um nome peculiar... Agora, tudo depende desses 19 clérigos. Preciso fazer um discurso que não só os convide como os inspire a juntar-se a nós. Não um discurso banal, mas um grande discurso. Um discurso que estabeleça claramente o interesse e o dever diante deles.

DUROVERAY: E que leve o nome de Mirabeau à glória eterna.

MIRABEAU: Isso mesmo.

[*Teutch entra.*]

MIRABEAU: Oh, meu Deus, vou ter de aguentar você entrando e saindo por esta porta a cada dois minutos? M. de Robespierre ainda está lá?

TEUTCH: Está, monsieur.

MIRABEAU: Ele deve ser muito paciente. Eu gostaria de ter esse tipo de paciência. Bem, sirva ao bom deputado uma xícara de chocolate, Teutch, por caridade cristã, e diga que o verei dentro em pouco.

[*4h30. Mirabeau continua a falar. Ocasionalmente, para em frente a um espelho para tentar um gesto de efeito. M. Dumont caiu no sono.*]

MIRABEAU: M. de Robespierre ainda está lá?

(*5 horas da manhã. A fronte leonina abranda-se*)

MIRABEAU: Meus agradecimentos a todos vocês. Não tenho palavras suficientes para agradecer-lhes. É a combinação de sua erudição, meu caro Duroveray, e de seus roncos, meu caro Dumont, de todos os seus talentos singulares, unidos por minha genialidade de orador.

[*Teutch enfia a cabeça pela porta.*]

TEUTCH: O senhor terminou? Ele ainda está aqui.

MIRABEAU: Nosso grande trabalho foi concluído. Mande-o entrar, mande-o entrar.

[*O dia está raiando quando o deputado de Arras pisa na saleta abafada. A fumaça do tabaco faz seus olhos lacrimejarem. Ele sente-se pouco à vontade porque suas roupas estão amassadas e as luvas, sujas; deveria ter ido até sua casa mudar de roupa. Mirabeau, em desalinho, examina-o: jovem, anêmico, cansado. De Robespierre esforça-se para sorrir, esticando a mão pequena de unhas roídas.*

Mirabeau não lhe dá a mão, toca-o no ombro.]

MIRABEAU: Meu caro M. Robispère, sente-se. Não temos uma cadeira aqui?

DE ROBESPIERRE: Não se preocupe, fiquei sentado durante muito tempo.

MIRABEAU: Sinto muito. A pressão dos negócios...

DE ROBESPIERRE: Não faz mal.

MIRABEAU: Sinto muito. Tento estar disponível a qualquer deputado que quiser me ver.

DE ROBESPIERRE: Não vou tomar muito de seu tempo.

[*Pare de desculpar-se, Mirabeau diz a si mesmo. Ele não se importa, acabou de dizer que não se importa.*]

MIRABEAU: Algum assunto específico, M. Robertspierre?

[*O deputado tira do bolso alguns papéis dobrados e os entrega a Mirabeau.*]

DE ROBESPIERRE: É o texto de um discurso que pretendo fazer amanhã. O senhor poderia olhar e fazer alguns comentários? Sei que é um tanto longo, e o senhor provavelmente quer ir para a cama...

MIRABEAU: É claro que vou olhar. Não é problema. Qual é o assunto do discurso, M. de Robespère?

DE ROBESPIERRE: No meu discurso, convido o clero a juntar-se ao Terceiro Estado.

[Mirabeau vira-se e fecha o punho sobre os papéis. Duroveray põe as mãos na cabeça e solta um gemido discreto.

Mas quando o conde vira-se novamente e olha para Robespierre, suas feições estão recompostas e a voz, acetinada.]

MIRABEAU: M. de Robinpère, minhas congratulações. O senhor concentrou-se no ponto que deveria nos ocupar amanhã. Precisamos assegurar o sucesso de sua proposta, não é?

DE ROBESPIERRE: Certamente.

MIRABEAU: Mas não lhe ocorreu que outros membros de nossa assembleia talvez tenham se concentrado nesse mesmo ponto?

DE ROBESPIERRE: Sim, seria estranho se ninguém tocasse no assunto. Vim vê-lo porque imaginei que o senhor soubesse dos planos, e para que um número grande de pessoas não diga a mesma coisa.

MIRABEAU: Para seu conhecimento, eu mesmo preparei um pequeno discurso sobre esse tópico. [*Mirabeau fala, enquanto lê.*] Não acha que esta questão seria melhor proposta por uma pessoa conhecida de nossos colegas deputados, um orador de experiência? O clero talvez esteja menos inclinado a ouvir alguém que ainda precise, como eu diria... que ainda precise revelar seus notáveis talentos.

DE ROBESPIERRE: Revelar? Nós não somos mágicos, monsieur. Não estamos aqui para tirar coelhos de cartolas.

MIRABEAU: Não esteja tão certo disso.

DE ROBESPIERRE: Supondo que uma pessoa tenha talentos notáveis, poderia haver um momento melhor para revelá-los?

MIRABEAU: Entendo seu ponto de vista, mas sugiro que você ceda nesta ocasião, para o bem comum. Tenho certeza de que terei sucesso com minha plateia. Às vezes, quando um nome famoso liga-se a uma causa...

[Mirabeau para abruptamente. Ele pode notar no rosto delicado e triangular do rapaz traços de desprezo, embora seu tom continue respeitoso.]

DE ROBESPIERRE: Meu discurso é bastante bom, abrange todos os pontos relevantes.

MIRABEAU: Sim, mas é o orador... Vou falar com franqueza, M. de Robertpère, passei a noite toda trabalhando em meu discurso e pretendo discursar, e com a maior cordialidade e amizade peço que o senhor encontre outra ocasião para sua estreia, ou limite-se a umas poucas palavras em meu apoio.

DE ROBESPIERRE: Não estou preparado para fazer isso.

MIRABEAU: Não está preparado? [*Ele vê com prazer que o deputado esquiva-se quando ele eleva a voz.*] Sou influente em nossas reuniões. O senhor é um desconhecido. Eles nem sequer pararão de conversar para ouvi-lo. Seu discurso é prolixo, exagerado, o senhor será vaiado.

DE ROBESPIERRE: É inútil tentar me amedrontar. [*Mirabeau o examina. A experiência ensinou-lhe que ele pode amedrontar a maior parte das pessoas.*] Não estou lhe pedindo que não faça seu discurso. Se quiser, faça o seu, e depois farei o meu.

MIRABEAU: Que diabo, homem, eles dizem exatamente a mesma coisa.

DE ROBESPIERRE: Eu sei, mas pensei que com sua fama de demagogo talvez não acreditem no senhor.

MIRABEAU: Demagogo?

DE ROBESPIERRE: Político.

MIRABEAU: E o senhor, o que é?

DE ROBESPIERRE: Uma pessoa comum.

[*O rosto do conde fica vermelho de raiva e ele passa as mãos pelos cabelos, deixando-os de pé.*]

MIRABEAU: Você vai servir de chacota.

DE ROBESPIERRE: Deixe que eu me preocupe com isso.

MIRABEAU: Talvez esteja acostumado a ser alvo de zombaria.

[*Vira-se de costas. Pelo espelho, Duroveray volta à vida.*]

DUROVERAY: Posso sugerir um acordo?

DE ROBESPIERRE: Não. Eu ofereci um acordo, mas ele não aceitou.

[*Faz-se silêncio. O conde suspira. Controle-se, Mirabeau, diz a si mesmo. Agora, concilie-se.*]

MIRABEAU: M. de Robinspère, isso tudo foi um mal-entendido. Não devemos brigar.

[*De Robespierre tira os óculos e coça os olhos com os dedos. Mirabeau vê sua pálpebra esquerda tremer em um espasmo nervoso. Vitória, pensa.*]

DE ROBESPIERRE: Preciso ir embora. O senhor deve querer ir para a cama descansar por uma ou duas horas.

[*Mirabeau sorri. De Robespierre olha para o tapete onde as páginas de seu discurso estão amassadas e rasgadas.*]

MIRABEAU: Sinto muito sobre isso. Um sintoma de raiva infantil. [*De Robespierre abaixa-se e pega os papéis com um movimento rápido, sem demonstrar cansaço algum.*] Quer que eu ponha no fogo? [*De Robespierre entrega os papéis com docilidade. Os músculos do conde se descontraem visivelmente.*] Venha jantar comigo uma noite dessas, de Robertpère.

DE ROBESPIERRE: Obrigado, será um prazer. Não se preocupe com os papéis, tenho o rascunho para basear o discurso mais tarde. Sempre guardo os rascunhos.

[*Pelo canto do olho, Mirabeau vê Duroveray levantar-se, arrastar a cadeira e levar a mão ao coração discretamente.*]

MIRABEAU: Teutch.

DE ROBESPIERRE: Não incomode seu criado, eu encontro a saída. A propósito, meu nome é Robespierre.

MIRABEAU: Pensei que fosse "De Robespierre".

ROBESPIERRE: Não, é apenas um nome comum.

D'ANTON foi ouvir o discurso de Camille no Palais-Royal. Ficou no fundo e tentou encontrar um lugar onde pudesse se apoiar e cruzar os braços enquanto observava os preparativos com um sorriso neutro. Camille lhe disse:

— Você não pode passar a vida toda sem se pronunciar. Chegou a hora de tomar uma atitude.

— Está se referindo a assumir uma posição? — D'Anton perguntou.

Camille estava agora constantemente na companhia de Mirabeau. Seu primo, De Viefville, mal o via durante o dia. Em Versalhes os deputados debatiam, como se houvesse alguma utilidade em debater. Quando o conde pediu a palavra, ouviu-se um murmúrio de desaprovação. A corte ainda não o mandara chamar; à noite ele precisava de companhia para manter-se animado. Conversara com Lafayette e implorara a ele que trouxesse os nobres liberais. Pediu ao abade Sieyès que persuadisse os curas do campo, pois o coração deles estava com os homens do povo, não com os bispos. O abade era um homem frágil, quieto e pálido, mas as palavras saíam de sua boca como se fossem escritas em granito; um homem que nunca brincava, nunca discutia. A política, dizia ele, é uma ciência que conheço à perfeição.

Ao lado do conde, tamborilando na mesa de M. Bailly, o presidente dos comuns apresentou suas convincentes sugestões. M. Bailly olhou-o com ar grave; ele era um famoso astrônomo, e sua cabeça, como diziam, fixava-se mais nas revoluções celestes que nas terrestres. Pois "revolução" era a palavra do momento, não apenas no Palais-Royal, mas também ali, entre borlas e tinta dourada. A palavra foi ouvida dos lábios do deputado Pétion quando ele inclinou a poderosa cabeça para o deputado Buzot, um advogado jovem e agradável de Evreux. Estavam ali vinte ou trinta homens que se sentavam sempre juntos, murmurando e às vezes rindo. O discurso inaugural do deputado Robespierre foi excluído por uma questão técnica.

Perguntou-se o que ele teria feito para irritar Mirabeau a esse ponto. Mirabeau chamou-o de “cordeiro enfurecido”.

O ARCEBISPO DE AIX foi ao Terceiro Estado levando um pedaço velho de pão preto e chorando lágrimas de crocodilo. Exortou os deputados a não gastarem mais tempo em debates inúteis. O povo estava morrendo de fome, e aquilo era tudo o que tinham para comer. Levantou o pão delicadamente entre o polegar e o indicador, para ser examinado; tirou um lenço bordado com seu brasão e raspou o mofo azulado do pão. Os deputados sentiram-se enojados. A melhor coisa que poderiam fazer, disse o arcebispo, era esquecer as disputas processuais e formar um comitê conjunto com os outros dois Estados para discutir o problema da fome.

Robespierre levantou-se e dirigiu-se à tribuna. Receando que alguém tentasse detê-lo, ao ver que alguns indivíduos levantaram-se para chegar antes dele, baixou sua pequena e elegante cabeça como se fosse um touro pronto para dar uma marrada e continuou em frente. Se eles se juntassem aos outros Estados, mesmo que fosse por uma única sessão, para um único voto, o Terceiro Estado perderia o caso. Era um truque do arcebispo. Os poucos degraus da tribuna lhe pareceram um imenso campo aberto, e Robespierre teve a sensação de estar tentando transpor a lama e gritando inutilmente para o vento: “Não, não!” Seu coração parecia querer pular do peito e colar na garganta, do tamanho do pão preto que o arcebispo tinha na mão. Ao virar-se, viu centenas de rostos inexpressivos voltados para ele e ouviu sua voz quebrar o silêncio, dura e coerente.

— Eles que vendam suas carruagens e deem o dinheiro para os pobres.

Houve um momento de incompreensão. Não houve aplausos, mas um murmúrio curioso. Todos se levantaram para ver melhor. Robespierre corou ligeiramente ao sentir a atenção voltada para ele. Foi ali que tudo começou: às 15 horas do dia 6 de junho de 1789.

NA TARDE DO DIA 6 DE JUNHO Lucile Duplessis escreveu em seu diário:

Será que teremos de rastejar para sempre? Quando encontraremos a felicidade que todos buscamos? O homem impressiona-se facilmente. Quando se descuida dos próprios problemas, pensa que é feliz. Não há felicidade na terra, isso é uma quimera. Só haverá felicidade quando o mundo não mais existir, mas como poderá ser destruído? Dizem que não restará nada. Nada. O sol perderá seu fulgor, não brilhará mais. O que acontecerá então? Como o sol vai se pôr se não existir?

Sua pena paira e sublinha a palavra *nada*. Mas não é preciso sublinhar, é?

Seu pai diz:

— Você não tem comido direito, Lucile. Está murchando. O que está acontecendo com minha menina linda?

A menina linda está fenecendo. Seu corpo está ossudo. Sob os olhos, olheiras profundas. Ela não prende mais o cabelo. O olhar, antes vivo e arguto, é hoje concentrado e fixo.

Sua mãe diz:

— Lucile, pare de mexer no cabelo. Isso me lembra... isso me irrita.

Saia da sala então, mãe, ela pensa, ou desvie o olhar.

Seu coração deve estar empedrado, pois parece que não vai quebrar. Todas as manhãs ela se redescobre vivendo e respirando, e começa o dia cercada pelas expressões duras dos pais. Ao olhar para a mãe pensa em uma mulher jovem e feliz, perto dos 30 anos, com duas filhinhas lindas grudadas à saia; e por trás vê um homem resoluto e honrado, com um casaco elegante e uma expressão nebulosa. Ela não lhes dará essa satisfação. Pensa em suicidar-se. Mas isso seria pôr fim a tudo, e a verdadeira paixão não acaba nunca. Melhor encontrar um convento, sufocar esse desejo metafísico sob uma touca engomada. Ou sair porta afora sem destino certo, viver na pobreza.

Srta. Lânguida, como d'Anton a chamava. Esse nome teria a ver com as peças inglesas que ele lia?

A 12 DE JUNHO três curas do campo entraram para o Terceiro Estado. Até o dia 17 mais 16 se juntariam a eles. O Terceiro Estado passa a chamar-se "Assembleia Nacional". A 20 de junho a Assembleia Nacional encontrou a porta do salão trancada. Disseram que estava fechado para reformas.

M. Bailly apareceu com ar solene entre as risadas sardônicas, com gotas de chuva de verão escorrendo pelo chapéu, acompanhado do Dr. Guillotin, seu colega acadêmico.

— Que tal aquela quadra de tênis lá no final da rua?

Os que estavam por perto riram.

— Não está trancada, eu sei que não teríamos muito espaço, mas... Bom, alguém tem uma sugestão melhor?

Na quadra de tênis colocaram o presidente Bailly no alto de uma mesa. Fizeram um juramento de não se separarem enquanto não criassem uma Constituição para a França. Tomado de emoção, o cientista assumiu uma pose antiga. Foi um momento romano.

— Veremos se eles se manterão juntos quando as tropas atacarem — disse o conde de Mirabeau.

Três dias depois, quando foram readmitidos ao salão, já com novas resoluções, o rei apareceu. Com voz hesitante anulou as medidas que haviam tomado. Declarou que ele, e só ele, criaria um programa de reforma. Em silêncio diante do rei, os homens pareciam estar posando para seus próprios monumentos, com mantos pretos, gravatas claras, rostos de pedra. O rei ordenou que todos se dispersassem e saíssem em fila.

Mirabeau levantou-se imediatamente. Atento à sua própria lenda, olhou em volta em busca dos estenógrafos e da imprensa.O mestre de cerimônias interrompeu pedindo que a assembleia fosse encerrada conforme ordem do rei.

MIRABEAU: Se você recebeu ordem para nos tirar do salão, terá de pedir permissão para usar de força. Só levantaremos de nossas cadeiras sob a ponta de baionetas. O rei pode mandar nos matar, mas diga a ele que nós todos esperamos a morte. Não nos separaremos, em hipótese alguma, antes de criar uma Constituição.

Em tom mais baixo, para que apenas seu vizinho ouvisse, acrescentou:

— Se eles vierem, correremos daqui o mais depressa possível.

Por um instante ficaram todos em silêncio: os cínicos, os detratores, aqueles que não deixavam morrer o passado. Os deputados aplaudiram-no. Mais tarde recuaram para deixá-lo passar, olhando para a invisível coroa de louros pousada sobre seu cabelo em desalinho.

— A RESPOSTA É A MESMA, Camille — disse Momoro, o dono da gráfica. — Se eu publicar isso nós dois acabaremos na Bastilha. Não adianta revisar se cada versão fica ainda pior.

Camille suspirou e pegou o manuscrito.

— Eu voltarei. Ou melhor, talvez volte.

Na Pont-Neuf, naquela manhã, uma mulher ofereceu-se para ler sua sorte. Disse o de sempre: riqueza, poder, sucesso em assuntos amorosos. Mas quando ele perguntou se teria vida longa, ela olhou novamente a palma de sua mão e devolveu-lhe o dinheiro.

D'Anton estava em seu escritório com uma grande pilha de papéis em cima da mesa.

— Venha me ver no tribunal hoje à tarde — disse a Camille. — Vou destruir seu amigo Perrin.

— Você não consegue ter malícia alguma além da que usa contra seus adversários no tribunal?

— Malícia? — D'Anton perguntou surpreso. — Isso não é malícia. Eu me dou muito bem com Perrin. Mas não tão bem quanto você.

— Só não posso entender por que você permanece preso a essas preocupações triviais.

— O fato — disse d'Anton lentamente — é que preciso ganhar a vida. Gostaria de ir a Versalhes e ver o que está acontecendo, mas maître Perrin e um grupo de litigantes estão me esperando às 14 horas em ponto.

— Georges-Jacques, o que você quer?

D'Anton deu um riso forçado.

— Você sabe o que eu quero.

— Dinheiro. Está bem. Vou conseguir isso para você.

CAFÉ DU FOY. A Sociedade Patriótica do Palais-Royal está em sessão. As notícias de Versalhes chegam a cada meia hora. O clero está aderindo *en masse*. Amanhã, dizem eles, serão cinquenta nobres liderados por Orléans.

Estabelece-se, para a satisfação da Sociedade, um plano contra a fome. Os grandes açambarcadores estão fazendo o povo passar fome para torná-lo submisso. Deve ser verdade: o preço do pão sobe a cada dia.

O rei traz tropas da fronteira; milhares e milhares de mercenários alemães estão em marcha. Mas o perigo imediato são as Brigadas, como todos as chamam. Eles acampam fora dos muros da cidade, e por mais precauções que se tomem, alguns conseguem entrar a cada noite. São os refugiados das províncias empobrecidas, dos campos assolados pelas tempestades de granizo e pelos invernos anteriores; famintos e violentos, andam pelas ruas parecendo profetas, segurando cajados, as costelas aparentes por entre os rasgos das roupas. Mulheres desacompanhadas não saem à rua. Os mestres armam seus aprendizes com machados. Os lojistas instalam novas fechaduras. As criadas que fazem fila para comprar pão escondem facas de cozinha nos aventais. Que as Brigadas têm seu uso, é um fato percebido apenas pelos mais atentos: a Sociedade Patriótica do Palais-Royal.

— Então eles souberam de suas façanhas em Guise? — Fréron perguntou a Camille.

— Sim, meu pai me enviou graves repreensões. E esta carta chegou também — disse, mostrando a Fréron a carta de seu pretenso parente, Antoine Saint-Just, o conhecido delinquente juvenil de Noyon. — Leia. Leia alto para todos.

Fréron pegou a carta, escrita com uma letra difícil.

— Por que você não lê?

Camille sacudiu a cabeça. Não estava disposto a falar em salas pequenas. ("*Por que não?*", lembrou do rosto de Fabre de madrugada a seu lado, enraivecido. "*Como pode ser mais difícil do que falar para uma multidão? Como é possível?*")

— Muito bem — disse Fréron. Não lhe convinha pessoalmente que Camille se tornasse apto demais para coisas ordinárias.

A carta continha notícias interessantes: tumultos por toda a Picardia, o povo nas ruas, prédios queimando, moleiros e senhores de terras ameaçados de morte. O tom era de alegria dissimulada.

— Eu gostaria de conhecer seu primo! Ele parece um jovem agradável e pacífico.

— Meu pai não mencionou isso — disse Camille, pegando a carta de volta. — Você acha que Antoine exagerou? — Franziu a testa ao olhar a carta. — Oh, meu Deus, a ortografia dele não melhora... Ele quer que alguma coisa aconteça, sua vida está vazia... A pontuação da carta é estranha, e ele usa letras maiúsculas a toda hora... Creio que vou até Les Halles conversar com os homens do mercado.

— Mais um de seus maus hábitos, Camille? — Fabre perguntou. — São todos da Picardia lá. — Fréron tocou a pistola que estava no bolso de seu casaco. — Diga-lhes que Paris precisa deles. Diga que saiam às ruas.

— Mas Antoine me espanta — Camille falou. — Enquanto você está sentado aí, deplorando a violência exagerada da forma convencional, para ele o sangue desses comerciantes é como...

— Como é para você — disse Fabre. — Leite e mel, Camille. Em julho você terá sua terra prometida.

VII. Hora de matar

(1789)

3 DE JULHO DE 1789: De Launay, governador da Bastilha, para monsieur de Villedeuil, ministro de Estado:

Tenho a honra de vos informar ter sido obrigado, pelas circunstâncias atuais, a suspender os exercícios nas torres, privilégio que o senhor concedera graciosamente ao marquês de Sade, por ter ele ontem gritado ao meio-dia, a plenos pulmões, para ser ouvido por todos os passantes e por toda a vizinhança, que estava sendo assassinado, que os prisioneiros da Bastilha estavam sendo mortos, e pedindo que viessem socorrê-los. Está fora de questão permitir que ele se exercite nas torres, seria perigosíssimo, pois os canhões estão carregados. Toda a equipe ficaria grata se o marquês de Sade fosse transferido para qualquer outro local sem demora.

(assinado) De Launay

P.S.: Ele ameaça recomeçar a gritaria.

NA PRIMEIRA SEMANA de julho, Laclos saiu para uma busca. Havia apenas alguns nomes a adicionar à folha de pagamento naquele último minuto.

Nesse mesmo dia, ouviu o discurso de Camille Desmoulins no Palais-Royal; uma cópia de seu panfleto não publicado, que circulava em forma de manuscrito, chegou às mãos do duque. O duque declarou que o panfleto fez seus olhos arderem, mas disse:

— Quem escreveu isso pode vir a nos ser útil, não é?

— Eu o conheço — disse Laclos.

— Oh, meu bom homem. Então vá buscá-lo, por favor.

Laclos não podia imaginar por que o duque pensava que Desmoulins devia ser um velho conhecido seu.

No Café du Foy, Fabre d'Églantine lia em voz alta seu último trabalho, que não parecia promissor. Laclos achou que ele decerto precisaria de mais dinheiro em breve. Não tinha Fabre em bom conceito, mas pensou consigo mesmo que para certos trabalhos seria necessário um bobo.

Camille veio discretamente até ele, disposto a não ser atendido.

— Vai ser no dia 12? — perguntou.

Laclos ficou surpreso com sua atitude direta, como se ele não visse a infinita paciência, a infinita complexidade...

— No dia 12 não será mais possível. Estamos planejando para o dia 15.

— Mirabeau disse que no dia 13 as tropas suíças e alemãs estarão aqui.

— Teremos de nos arriscar quanto a isso. O que me preocupa é a comunicação. É possível massacrar a população inteira de um distrito sem que a um quilômetro de distância se saiba de nada. — Tomou um gole de café. — Andam falando sobre formação de uma milícia de cidadãos.

— Mirabeau disse que os lojistas estão mais preocupados com os bandidos que com as tropas, por isso querem a milícia.

— Pode parar de citar Mirabeau? — disse Laclos com uma ponta de irritação. — Não preciso ouvir sua opinião de segunda mão quando posso ouvir ele próprio gritando todos os dias na Assembleia. O problema com você é ficar obcecado pelas pessoas.

Laclos só o conhecia havia algumas semanas e já vinha com "O problema com você é...". Não haveria fim para isso?

— Você está com raiva porque não conseguiu comprar Mirabeau para o duque — disse Camille.

— Estou certo de que em breve chegaremos a um preço. Dizem que Lafayette, o *pot-au-feu* de Washington, como você o chama, será convocado para chefiar essa milícia de cidadãos. Não preciso lhe dizer que isso não bastará.

— É claro que não. Lafayette é tão rico que poderia comprar o próprio duque.

— Isso não lhe diz respeito — Laclos disse friamente. — Quero que você me fale sobre Robespierre.

— Nem pensar — disse Camille.

— Ele pode ser útil na Assembleia. Concordo que ainda não teve um desempenho muito elegante e que é motivo de chacota às vezes, mas está melhorando, está melhorando.

— Não questiono a utilidade dele, mas sei que você não conseguirá comprá-lo. E ele não aceitará uma aliança por amor ao duque. Não está interessado em facções.

— Então em que está interessado? Se você me disser, farei os arranjos. Só preciso saber quais são as fraquezas do homem. Quais são seus vícios.

— Ele não tem fraquezas, ao que eu saiba. E, definitivamente, não tem vícios.

Laclos ficou perturbado.

— Todo mundo tem.

— Talvez em seu livro.

— Isso é certamente mais estranho que ficção. Está querendo dizer que esse homem não precisa de dinheiro? De um emprego? De uma mulher?

— Não sei nada sobre a situação financeira dele. Se ele quiser uma mulher, creio que poderá conseguir por conta própria.

— Ou talvez... vocês se conhecem há muito tempo, não é? Ele não tem outras *tendências*?

— Oh, não, meu Deus — disse Camille, pondo a xícara em cima da mesa. — Absolutamente.

— Eu concordo que é difícil imaginar isso — disse Laclos, franzindo as sobrancelhas. Ele sabia bem imaginar o que se passava na cama dos outros, afinal era esse seu talento. Porém o deputado de Artois tinha uma inocência curiosa. Para Laclos, ele ia para a cama a fim de dormir. — Deixe isso para depois. Ao que parece, M. Robespierre é mais problema que vantagem. Fale sobre Legendre, esse açougueiro; todos me dizem que o homem fala qualquer coisa, e que tem pulmões fantásticos.

— Não pensei que ele seria levado em consideração. O duque deve estar desesperado.

Laclos lembrou-se do rosto brando e eternamente desatento do duque.

— São tempos desesperados, meu caro — disse com um sorriso.

— Se quiser alguma coisa no distrito dos Cordeliers, há alguém muito melhor que Legendre. Alguém com pulmões treinados.

— Está se referindo a Georges d'Anton? Sim, ele está na lista. É o conselheiro do rei que recusou um bom cargo junto a Barentin no ano passado. Estranho que você me recomende alguém que recomenda a si próprio a Barentin. Ele recusou outra oferta mais tarde, não lhe contou? Você deveria ser onisciente, como eu. Bem, que tal ele?

— D'Anton conhece todo mundo no distrito. É extremamente articulado e tem uma personalidade muito forte. Suas opiniões não são... extremadas. Ele pode ser persuadido a canalizá-las.

Laclos levantou os olhos.

— Pelo que vejo, você o tem em grande conta.

Camille corou como se tivesse sido apanhado em um erro banal. Laclos olhou-o com seus astuciosos olhos azuis, a cabeça virada para o lado.

— Eu me lembro de d'Anton. Um homem feio e rude. Uma espécie de Mirabeau dos pobres, não é? Realmente, Camille, por que você tem um gosto tão peculiar?

— Não posso responder a todas as suas perguntas de uma vez só, Laclos. Maître d'Anton está endividado.

Laclos deu um sorriso satisfeito, como se tivesse tirado um peso da cabeça. Segundo seus princípios operacionais, um homem endividado podia ser seduzido por pequenas quantias, enquanto um homem bem-sucedido seria tentado apenas por somas que dessem uma nova dimensão à sua avareza. Os cofres do duque eram bem supridos, e ele recebera recentemente uma prova de boa vontade do embaixador da Prússia, cujo rei estava sempre pronto a perturbar o monarca francês reinante. Porém esse dinheiro não era inesgotável, e Laclos se divertia fazendo pequenas economias. Considerou d'Anton com especial interesse.

— Quanto pela boa vontade dele?

— Vou negociar com Georges-Jacques — disse Camille animado. — A maioria das pessoas pediria uma comissão, mas neste caso vou me abster em razão de minha estima pelo duque.

— Você é muito confiante — disse Laclos irritado. — Não vou pagar nada até ter certeza de que ele está conosco.

— Mas nós somos corruptíveis, não somos? Ou pelo menos é o que você diz. Ouça, Laclos, mexa-se antes que a situação seja tirada de nossas mãos. Se a corte cair em si e começar a pagar, seus amigos o abandonarão.

— Parece que você não é tão dedicado aos interesses do duque — Laclos observou.

— Alguns de nós vêm discutindo os planos que você teria, mais tarde, para aqueles não tão dedicados.

Camille esperou. Laclos pensou. Que tal uma passagem só de ida para a Pensilvânia? Ele gostaria de viver entre os quakers? Ou que tal um mergulho profundo no Sena?

— É melhor você ficar com o duque, meu jovem. Garanto que vai sair ganhando.

— Esteja certo de que vou sair ganhando. — Camille recostou-se na cadeira. — Já lhe ocorreu, Laclos, que você poderia estar me ajudando em minha revolução, e não o contrário? Poderia ser como um desses romances em que os personagens assumem o controle e deixam o autor para trás.

Laclos deu um soco na mesa e elevou a voz.

— Você quer sempre pressionar, não é? Quer sempre ter a última palavra.

— Laclos, estão todos olhando para você.

Era impossível continuar. Laclos desculpou-se quando eles se separaram. Estava irritado consigo mesmo por ter perdido a cabeça com um reles panfletário, e as desculpas eram sua penitência. Foi andando, tentando recompor-se, até chegar à sua expressão usual de civilidade. Camille observou-o ir. É inútil, pensou. Se as coisas continuarem assim, não terei ninguém para vender quando me fizerem uma oferta realmente justa. Saiu depressa para contar a d'Anton a excelente notícia de que ele seria subornado em breve.

11 DE JULHO: Camille foi procurar Robespierre em seu quarto em Versalhes.

— Mirabeau aconselhou o rei a retirar as tropas de Paris — disse. — Luís não aceitou a ideia, mas essas tropas não são confiáveis. O grupo secreto da rainha está tentando demitir Necker. E agora o rei diz que vai enviar a Assembleia para as províncias.

Robespierre interrompeu a carta que estava escrevendo para Augustin e Charlotte.

— Ele ainda chama a Assembleia de Estados Gerais.

— Eu sei. Vim ver se você já começou a fazer as malas.

— Longe disso. Estou me instalando aqui.

Camille andou pelo quarto.

— Você está muito calmo.

— Estou aprendendo a ter paciência, ouvindo a baboseira diária da Assembleia.

— Você não tem seus colegas em alta conta. E detesta Mirabeau.

— Não exagere por mim. — Robespierre depôs a pena na mesa. — Camille, venha cá, quero olhar para você.

— Não. Por quê? — Camille perguntou, nervoso. — Max, diga o que devo fazer. Minhas opiniões estão perdendo a força. O conde ri da República. Ele me faz escrever, diz o que devo escrever, e não me perde de vista. Eu me sento ao lado dele todas as noites na mesa de jantar. A comida é boa, assim como o vinho e a conversa. — Balançou as mãos. — Ele está me corrompendo.

— Não seja tão puritano — disse Robespierre inesperadamente. — Ele pode levá-lo para o mundo, e é disso que você precisa no momento. Precisa estar lá, não aqui. Não posso lhe dar o que ele pode.

Robespierre sabe, ele quase sempre sabe, exatamente o que vai acontecer. Camille é arguto e inteligente, mas não dá prova alguma de autopreservação. Ele viu Mirabeau com Camille em público, o braço sobre seus ombros, como se ele fosse um idiota apanhado no Palais-Royal. Tudo isso é repugnante, e os maiores motivos do conde, suas mais amplas ambições, são tão evidentes quanto as entranhas dos cadáveres na mesa de dissecação do Dr. Guillotin. Por enquanto Camille está se divertindo, seus talentos estão sendo descobertos pelo conde. Ele gosta da bajulação e do alvoroço, mas depois se sente culpado e quer ser absolvido. A relação dos dois voltou ao que era antes, como se a última década tivesse passado em um piscar de olhos. Robespierre sabe da grande desilusão que Camille terá um dia, mas não adianta tentar convencê-lo; ele terá de enfrentá-la sozinho. É como nas decepções do amor: todos têm de passar por isso. Ou pelo menos é o que lhe dizem.

— Eu lhe contei sobre Anaïs, minha pretensa noiva? Augustin me disse que surgiram rivais.

— Depois que você foi embora?

— Parece que sim. Ela não se deixou abater, não é mesmo?

— Você ficou magoado?

Robespierre considerou a pergunta.

— Você sabe que eu sempre tive muito *amour propre*, não é? Não... — disse com um sorriso. — Anaïs é uma boa moça, mas nada brilhante. A verdade é que esse casamento foi arranjado por outras pessoas.

— Por que você aceitou?

— Para ter uma vida tranquila.

Camille andou pelo quarto, abriu um pouco mais a janela e olhou para fora.

— O que vai acontecer? A revolução é inevitável.

— É, sim. Mas Deus atua por intermédio dos homens.

— E daí?

— Alguém precisa acabar com o impasse entre a Assembleia e o rei.

— Mas no mundo real, de ações reais?

— E terá de ser Mirabeau, suponho. É verdade que ninguém confia nele, mas se ele deu o sinal...

— Impasse. Sinal. — Camille fechou a janela e atravessou o quarto. Robespierre tirou o tinteiro do caminho para não ser derrubado. — Para dar um sinal balançamos os braços? — Ao dizer isso, caiu de joelhos. Robespierre ajudou-o a levantar-se. — Bem, isto é real — disse Camille. — Estou ajoelhado no chão e você está tentando me levantar. Não é metafórico, é real — disse, afastando-se do amigo. — Agora eu caí de cara no chão. Isso é ação.

Você pode distinguir o que acabou de acontecer do que acontece quando alguém diz "o país está de joelhos?".

— É claro que posso. Por favor, levante-se.

Camille levantou-se e tirou a poeira das roupas com as mãos.

— Você ma apavora — disse Robespierre, virando-se e voltando à mesa onde estava escrevendo a carta. Tirou os óculos, pousou os cotovelos sobre a madeira e cobriu os olhos com as pontas dos dedos. — Metáforas são boas. Eu gosto de metáforas. Metáforas não matam as pessoas.

— Elas estão me matando. Se eu ouvir outra menção a levantes populares ou queda de edifícios, atiro-me pela janela. Não aguento mais esse tipo de conversa. Estive com Laclos no outro dia. Fiquei tão enojado que vi finalmente que terei de fazer alguma coisa por mim mesmo.

Robespierre pegou a pena e acrescentou uma frase na carta.

— Temo a desordem civil — ele disse.

— Você teme? Eu espero uma desordem civil. Mirabeau tem seus próprios interesses, mas se tivéssemos um líder com o nome absolutamente limpo...

— Não sei se existe um homem assim na Assembleia.

— Esse homem é você — disse Camille.

— Verdade? — Pensou antes de dizer a frase seguinte. — Eles chamam Mirabeau de "Tocha da Provence". E sabe como me chamam? "A vela de Arras."

— Mas com o tempo, Max...

— Sim, com o tempo. Eles pensam que eu deveria conviver com viscondes e cultivar floreios retóricos. Não. *Com o tempo* talvez possam me respeitar. Mas não quero jamais que me aprovem, pois se me aprovarem estarei liquidado. Não quero reações violentas, nem promessas, nem reuniões de líderes políticos, nem sangue em minhas mãos. Creio que não sou o predestinado deles.

— Mas você se considera o predestinado?

Robespierre baixou os olhos e olhou o pós-escrito da carta. Pegou a pena e disse:

— Não mais que você.

DOMINGO, 12 DE JULHO: 5 horas da manhã.

— Camille, não há respostas para essas perguntas — disse d'Anton.

— Não?

— Não. Mas olhe, a aurora rompeu. É um novo dia. Você conseguiu.

As perguntas de Camille eram as seguintes: supondo que eu me case com Lucile, como vou viver sem Annette? Por que eu nunca levei nada a cabo? Por que não publicam meus panfletos? Por que meu pai me detesta?

— Está bem — disse d'Anton. — Respostas curtas são melhores. Por que você tem de viver sem Annette? Vá para a cama com as duas, você é capaz disso, não seria a primeira vez na história da humanidade.

Camille olhou-o hesitante.

— Nada o choca atualmente, não é?

— Posso continuar? Você nunca leva nada a cabo porque está sempre na horizontal. Vou explicar melhor. Você está indo para um lugar, mas não chega lá, e as pessoas dizem: "Meu Deus como ele é distraído". Mas eu sei a verdade, você começa o dia com boas intenções, tem intenção de ir a algum lugar, mas encontra alguém no meio do caminho, e o que acontece? Você termina na cama com essa pessoa.

— E lá se vai o dia — disse Camille. — Sim, você tem razão, você tem razão.

— Que tipo de base para qualquer carreira... esqueça. O que eu estava dizendo? Eles só vão publicar seus panfletos quando a situação melhorar um pouco. Quanto a seu pai, ele provavelmente o ama demais, como eu e muitas outras pessoas. Meu Deus, você me deixou exausto!

D'Anton estivera no tribunal durante o dia inteiro na sexta-feira e trabalhara muito no sábado. Seu rosto estava marcado pela exaustão.

— Faça-me um favor. — Levantou-se e foi até a janela. — Se pretende cometer suicídio, pode deixar para quarta-feira, quando meu caso terminar?

— Vou voltar para Versalhes agora — disse Camille. — Preciso conversar com Mirabeau.

— Pobre sujeito! — D'Anton estava quase dormindo àquela altura. — Hoje vai ser um dia mais quente ainda. — Abriu a veneziana toda e o quarto iluminou-se.

A DIFICULDADE DE CAMILLE não era manter-se acordado; era pôr em dia seus assuntos pessoais. Fazia algum tempo que não tinha endereço fixo. Perguntava-se se d'Anton conseguia realmente entender suas dificuldades. Quando alguém vai inesperadamente a um lugar onde morou, é muito difícil dizer: "Eu vim só pegar uma camisa limpa." As pessoas não acreditam. Pensam que é um pretexto.

Mais uma vez ele está em trânsito. Pode levar três horas de Paris a Versalhes. Apesar de suas dificuldades, chega à casa de Mirabeau na hora em que pessoas normalmente tomam o café da manhã; está de barba feita, mudou de roupa, escovou o cabelo. Na própria opinião, é a imagem do advogado modesto esperando pelo grande homem.

Teutch revirou os olhos e imprensou-o contra a porta.

— Formaram um novo gabinete, e ELE não está incluído — disse.

Mirabeau andava pela sala, o rosto afogueado e uma veia dilatada na testa. Parou de andar por um instante.

— Ah, até que enfim você chegou. Estava com aquele maldito Philippe?

Na sala repleta, a expressão de todos era de raiva e angústia. O deputado Pétion pôs a mão suada em seu ombro.

— Você está ótimo, Camille. Eu fiquei acordado a noite toda. Sabia que demitiram Necker? O novo gabinete reúne-se esta manhã, se puderem encontrar um ministro de finanças. Três pessoas já recusaram o cargo. Necker é popular, eles passaram dos limites desta vez.

— Foi culpa de Maria Antonieta?

— Dizem que sim. Alguns deputados pensaram que seriam presos na noite passada.

— Há tempo para prisões.

— Creio que alguns de nós deveríamos ir para Paris. Você não acha, Mirabeau? — perguntou Pétion.

Mirabeau olhou fixamente para ele. Ele é muito audacioso, pensou, interrompendo-me dessa forma.

— Por que você não vai? — Fingiu ter esquecido o nome de Pétion.

Assim que a notícia chegar ao Palais-Royal, pensou Camille... Atravessou a sala e se aproximou do conde.

— Gabriel, preciso ir agora.

Mirabeau puxou Camille de lado, com um sorriso de escárnio. Por que seria? Não ficou claro. Agarrou-o e, com uma das mãos, tirou o cabelo de sua testa, um dos anéis arranhou o canto de sua boca.

— Maître Desmoulins quer presenciar o tumulto. É uma manhã de domingo, Camille, por que você não está na missa?

Camille afastou-se e saiu da sala. Desceu as escadas correndo, e quando chegou à rua, viu que Teutch vinha em seu encalço. Parou e o criado olhou-o sem dizer nada.

— O conde mandou algum recado para mim?

— Mandou, mas eu esqueci. Ah, sim. Disse para você não se deixar matar.

A TARDE ESTÁ NA METADE, são quase 15 horas, quando a notícia da demissão de Necker chega ao Palais-Royal. A reputação do gentil banqueiro suíço foi construída com grande constância, especialmente na semana anterior, quando sua queda parecia iminente.

O povo sai às ruas e praças sob o calor escaldante, lota os jardins públicos, com avenidas de castanheiros e conexões orleanistas. O preço do pão acaba de subir. Tropas estrangeiras estão acampadas fora da cidade. A ordem é uma mera lembrança, a lei, uma aplicação tênue. A Guarda Francesa desertou dos postos e bandeou-se para a causa dos trabalhadores, os clandestinos saíram de seus esconderijos e encontram-se à vista de todos. Seus rostos fechados e anêmicos são marcados por fantasias noturnas de enforcamento e de outras agonias públicas e soluções finais. Acima disso tudo o sol é um ferimento, um olho tropical fervente.

Sob esse olho tropical derrama-se bebida, e os humores exaltam-se. Peruqueiros e funcionários, aprendizes de todas as profissões, contrarregras, pequenos lojistas, cervejeiros, cortineiros, curtidores de couro, amoladores de facas, cocheiros e prostitutas; todos remanescentes de Titonville. A multidão movimenta-se para a frente e para trás, amedrontada com os boatos, andando em círculos; e enquanto isso o relógio começa a bater as horas.

Até então tudo tinha sido uma brincadeira, um esporte sangrento, um concurso de luta livre. A multidão está repleta de mulheres e crianças. As ruas fedem. Por que a corte respeitaria o processo político? Por essas vielas as pessoas podem ser conduzidas como porcos e massacradas nas ruas de trás por alemães montados. Eles vão esperar que isso aconteça? O rei profanará o domingo? O dia seguinte é um feriado, o povo pode morrer quando seu dia chegar. Os relógios terminam de bater as horas. É a hora da crucificação, como todos sabemos. É necessário que um homem morra pelo povo. Em 1757, antes do nascimento desta geração, um homem chamado Damiens feriu o antigo rei com um golpe de faca, e até hoje se fala em sua execução; foi um dia de entretenimento, uma festa de tormento. Passaram-se 32 anos, e agora aqui estão os pupilos do carrasco, prontos para um jubileu de sangue.

A entrada precipitada de Camille na história ocorreu da seguinte forma: ele estava na porta do Café du Foy, acalorado, exultante, ligeiramente amedrontado pela pressão do povo. Alguém lhe disse que ele poderia tentar dirigir-se às multidões, e uma mesa foi empurrada para fora do café. Por um instante ele se sentiu fraco. Apoiou-se na mesa, encurralado pelos corpos que passavam. Perguntou-se se d'Anton estaria de ressaca. O que dera nele para ficar acordado a noite toda? Gostaria de estar agora em um quarto escuro sozinho, mas, como disse d'Anton, na horizontal. Seu coração acelerou. Tentou lembrar se tinha comido alguma coisa naquele dia. Achava que não. Sentiu que ia entrar em uma crise de suor, lágrimas e medo.

Três rapazes abriram caminho, lado a lado, pela multidão. Tinham um ar determinado, caminhavam de braços dados, tentando provocar alguma coisa; a essa altura Camille já presenciara muitas dessas manifestações e compreendia suas consequências em termos de mortes. Reconheceu dois dos homens, mas não sabia quem era o terceiro, que gritou: "Às armas!" Os outros repetiram o grito.

— Que armas? — perguntou Camille, tirando uma mecha de cabelo da testa e esticando as mãos, em sinal inquisitivo. Então alguém lhe entregou uma pistola.

Camille olhou a arma como se tivesse caído do céu.

— Está carregada?

— É claro que sim — disse um homem, passando-lhe outra pistola. O choque foi tão grande que se ele não tivesse segurado a arma, Camille a teria deixado cair no chão. Essa é a consequência do rigor intelectual, não aceitar lemas baratos.

— Pelo amor de Deus, segure a pistola com firmeza, ou pode acabar atirando em seu próprio rosto — disse o homem.

Será certamente esta noite, ele pensou; as tropas sairão do Champs-de-Mars, haverá prisões, perseguições, execuções exemplares. De repente compreendeu como a situação avançara desde a última semana, desde o dia anterior; e como avançara desde a última meia hora. Certamente será esta noite, e é bom que saibam. Chegamos ao fim da linha.

Ele tinha pensado tanto nesse momento que agiu de forma automática, com fluidez e perfeitamente sincronizado, como se estivesse sonhando. Já falara muitas vezes na porta do café. Teria de dizer a primeira frase, a primeira sentença para depois agir; sabia que poderia fazer isso melhor que qualquer outro, pois era o papel que Deus reservara para ele, como o último pedaço de carne em um prato.

Colocou o joelho na mesa e ergueu o corpo. Levantou as armas, já cercado por sua plateia, como uma multidão em um anfiteatro. Naquele momento compreendeu o significado da frase "mar de rostos"; era um mar vivo de rostos em pânico, lutando para respirar enquanto a corrente humana tentava engoli-los. Havia gente pendurada nas janelas do segundo andar do café e nos prédios ao redor, e a multidão crescia sem parar. Camille não estava alto o suficiente, visível o suficiente, mas ninguém parecia perceber do que ele precisava. Só se faria ouvir se começasse a falar de forma adequada. Transferiu as duas pistolas para uma das mãos e alinhou-as do lado do corpo; se disparassem, ele estaria perdido, mas sentiu que não poderia desfazer-se delas nem por um instante. Com a mão esquerda acenou para alguém dentro do café. Então foi passada uma cadeira e colocada em cima da mesa.

— Pode segurar aqui? — ele pediu. Passou uma das pistolas para a mão esquerda. Eram 15h02.

Quando subiu na cadeira, sentiu-a escorregar um pouco. Seria espantoso se ele caísse, mas as pessoas diriam que era bem típico dele. Sentiu que alguém a mantinha firme. Era uma cadeira comum de assento de palha. Se ele fosse Georges-Jacques, seu corpo a rasgaria.

Camille estava agora bem acima da multidão. Uma brisa fétida passou pelos jardins. Passaram-se mais 15 segundos. Ele conseguiu identificar certas feições, e piscou de surpresa. UMA PALAVRA, pensou. Ali estava a polícia e também espiões e informantes, homens que o observavam havia semanas, colegas e cúmplices dos homens que poucos dias antes tinham sido encurralados e surrados pelas multidões e jogados nas fontes. Chegara a hora de matar; havia homens armados por trás deles. Apavorado, ele começou.

Indicou os policiais, identificou-os para a multidão. Desafiou-os a se aproximar e atirar nele, ou a tentar levá-lo vivo. O que estava sugerindo à multidão era uma insurreição armada, a transformação da cidade em um campo de batalha. Às 15h04 Camille já era culpado de uma série de ofensas capitais, se a multidão deixasse a polícia levá-lo, estaria perdido. Portanto, se os policiais se aproximassem, ele certamente atiraria em um deles e depois em si próprio, esperando morrer depressa. E a revolução começaria. Essa decisão levou meio segundo, entremeada pelas palavras que dizia. Eram 15h05. A forma exata das frases não importava mais. Alguma coisa estava acontecendo sob seus pés, a terra estava cedendo. O que a multidão queria? Gritar. Quais eram seus maiores objetivos? Nenhuma resposta coerente. Quem eram aquelas pessoas? Nenhum nome. A multidão queria apenas crescer, fundir-se, reunir-se, dissolver-se, expressar-se a plenos pulmões. Se ele não estivesse de pé ali, estaria morrendo de qualquer forma, morrendo entre as páginas de suas cartas. Se sobrevivesse, se sua morte fosse adiada, teria de escrever sobre tudo isso, a vida que alimentava a escrita que alimentava a vida por vir; e já tinha medo de não conseguir descrever o calor, as folhas verdes dos castanheiros, a poeira sufocante, o cheiro de sangue e a selvageria de sua plateia. Seria uma viagem à hipérbole, uma odisseia de mau gosto. Gritos, gemidos e promessas sangrentas circulavam por sua cabeça, uma nuvem escarlate, um novo elemento puro e fino no qual ele flutuava. Por um instante pôs uma das mãos no rosto e sentiu no canto da boca o ponto ferido pelo anel do duque naquela manhã; só isso, e nada mais, lhe dizia que ainda estava ali em carne e osso.

A polícia recebera uma informação. Dias antes, naquele local, Camille dissera: "O animal está no laço, acabem com ele". Referia-se ao animal do Antigo Regime, o sistema no qual vivera a vida toda. Mas agora via outro animal: a turba. A turba não tinha alma, não tinha consciência, só patas, garras e dentes. Lembrou-se do cachorro de M. Saulce na Place des Armes; ele, com 3 anos de idade, debruçado na janela da casa antiga, vendo o cachorro atirar um rato no ar e despedaçar sua garganta. Ninguém o tiraria daquele espetáculo agora. Ninguém prenderia o cachorro, ninguém o levaria para casa. Dirigiu-se à multidão, debruçando-se sobre ela com uma das mãos estendida, palma para cima, seduzindo, persuadindo, incitando. Tinha perdido uma das pistolas, não sabia como, mas não importava. O sangue tornou-se mármore em suas veias. Ele pretendia viver para sempre.

Àquela altura, a multidão estava rouca e convulsionava, enlouquecida. Ele pulou da mesa. Uma centena de mãos agarrou suas roupas, sua pele e sua carne. As pessoas gritavam, praguejavam, repetiam lemas. Seu nome estava em todas as bocas, eles o conheciam. O barulho era apocalíptico, os elementos do inferno estavam à solta nas ruas. O relógio bateu o quarto de hora, mas ninguém ouviu. As pessoas choravam. Ele foi carregado nos ombros pelos jardins. Uma voz gritou que chegara a hora das lanças, e fumaça subiu entre as árvores. A distância, um tambor começou a soar; a nota não era profunda, não era ressoante, era dura, seca e feroz.

CAMILLE DESMOULINS para Jean-Nicolas Desmoulins, em Guise:

Você cometeu um erro quando não foi a Laon recomendar-me às pessoas que teriam me nomeado. Mas não importa agora. Escrevi meu nome em nossa Revolução com letras maiores que as de todos os deputados da Picardia.

QUANDO ANOITECEU, M. Duplessis saiu com alguns amigos que queriam satisfazer sua curiosidade. Levou uma bengala forte, com a qual pretendia repelir os moleques da classe trabalhadora. Mme. Duplessis pediu-lhe que não fosse.

O rosto de Annette estava contraído de ansiedade. As criadas tinham passado boatos horríveis, e ela temia que houvesse alguma verdade neles. Lucile estava certa de que havia. Sentou-se na sala com calma e recato, como se tivesse ganhado na loteria.

Adèle estava em casa. Agora quase sempre estava, a não ser quando ia a Versalhes fazer visitas e fofocar. Conhecia alguns deputados e suas esposas, sabia de todas as conversas do café e de todas as estratégias de votação na Assembleia Nacional.

Lucile foi a seu quarto, pegou pena e tinta, um pedaço de papel, e escreveu: "Adèle está apaixonada por Maximilien Robespierre." Rasgou a tira de papel e amassou-a entre os dedos.

Pegou um bordado e começou a trabalhar lentamente, muito concentrada no que estava fazendo. Pretendia mostrar aos outros o trabalho meticuloso que fizera naquela tarde, entre 17h15 e 18h15. Pensou em praticar algumas escalas ao piano. Quando eu estiver casada, pensou, terei um piano, e haverá outras inovações.

Quando Claude chegou em casa foi diretamente para seu escritório, ainda de sobretudo e bengala, e bateu a porta. Annette achou que ele precisava de um tempo para recuperar-se.

— Creio que seu pai recebeu más notícias — disse.

— Como, se ele só foi ver o que estava acontecendo? — disse Adèle. — Não serão más notícias de alguém em especial, não é?

Annette bateu de leve na porta. As meninas ficaram a seu lado.

— Saia, ou vamos entrar — disse.

— O ministro já não importa mais — Claude falou.

— Necker — Adèle corrigiu. — Ele não é mais ministro.

— Não. — Claude estava indeciso entre se manter leal ao chefe do departamento ou verbalizar seus pensamentos. — Você sabe que eu nunca tive simpatia por esse homem. Ele é um charlatão. Mas merece certo respeito.

— Meu querido — disse Annette —, há três mulheres aqui em considerável agonia. Você não pode ser um pouco mais específico em sua descrição dos acontecimentos?

— Há uma rebelião nas ruas — disse Claude simplesmente. — A demissão de M. Necker causou furor. Estamos mergulhados em um estado de anarquia, e anarquia não é uma palavra que eu use.

— Sente-se, meu querido — disse Annette.

Claude sentou-se e passou uma das mãos sobre os olhos. Na parede, via-se o antigo rei observando-os; a rainha atual em uma impressão barata, com penas no cabelo e o queixo erguido; um busto de gesso do rei Luís parecendo um ajudante de cocheiro; e o abade Terray, de frente e de perfil.

— A cidade encontra-se em estado de insurreição. Estão pondo fogo nas barreiras da alfândega. Fecharam os teatros e invadiram o museu de cera.

— Invadiram o museu de cera? — Annette tinha consciência do sorriso idiota em seu rosto. — Por que fizeram isso?

— Como posso saber? — disse Claude, elevando a voz. — Como posso saber por que estão fazendo tudo isso? São 5 ou 6 mil pessoas marchando para as Tulherias. Essa é apenas uma das passeatas, outras mais virão. Estão destruindo a cidade.

— Mas onde estão os soldados?

— Onde estão? O próprio rei gostaria de saber, tenho certeza. Podem muito bem estar ladeando a estrada e aplaudindo a situação, eles não servem para nada. Graças a Deus o rei e a rainha encontram-se em Versalhes, ninguém sabe o que pode acontecer, afinal o líder dos rebelados é... — As palavras lhe falharam. — É aquela pessoa.

— Não acredito — falou Annette em voz calma, apenas por educação, pois sabia que era verdade.

— Mas acredite. Você vai ler nos jornais da manhã, se houver jornal. Ao que parece, ele fez um discurso no Palais-Royal que teve certo efeito e tornou-se uma espécie de herói para essa gente. Ou melhor, para a turba popular. A polícia tentou prendê-lo e ele imprudentemente os manteve afastados com uma arma.

— Não tenho certeza se foi imprudente — disse Adèle —, considerando o resultado que produziu.

— Eu devia ter tomado providências, devia ter mandado vocês duas para longe daqui — disse Claude. — O que fiz para merecer isso, uma filha íntima dos radicais e a outra planejando casar-se com um criminoso.

— Criminoso? — Lucile perguntou, surpresa.

— Sim. Ele infringiu a lei.

— A lei será modificada.

— Meu Deus. Você acha mesmo? As tropas vão esmagar essas pessoas.

— Você parece surpreso com o que está acontecendo — disse Lucile. — Não, pai, deixe-me falar, eu tenho o direito de falar, pois sei melhor que você o que está ocorrendo. Você disse que há milhares de amotinados, não sabe bem quantos milhares, mas a Guarda Francesa não atacará o próprio povo, e a maioria já desertou. Se eles se organizarem de forma apropriada, em breve terão armas suficientes para absorver o resto das tropas. As tropas reais alemãs serão dominadas, pois estão em número muito menor.

Claude olhou para ela, perplexo.

— Agora é tarde para tomar quaisquer medidas — disse sua esposa em voz baixa.

Lucile limpou a garganta. Estava praticamente fazendo um discurso. Suas mãos tremiam. Imaginou se ele teria tido muito medo, se, empurrado e levado pelas multidões, teria se esquecido da calma no olho da tempestade, do lugar seguro no núcleo vivo de todas as ideias.

— Tudo isso estava planejado. Eu sei que há reforços, mas eles terão de atravessar o rio — disse Lucile, andando até a janela. — Olhe. Não há Lua hoje. Quanto tempo levarão para atravessar no escuro, os comandantes desentendendo-se uns com os outros? Eles só sabem lutar nos campos de batalha, não sabem lutar nas ruas. Amanhã de manhã, se conseguirem permanecer agora na Place Louis XV, as tropas serão retiradas do centro da cidade.

E os Eleitores de Paris terão sua milícia nas ruas, poderão solicitar armas no Hôtel de Ville. Há 40 mil mosquetes nos Invalides...

— Campo de batalha? — disse Claude. — Reforços? Como você sabe de tudo isso? Onde aprendeu essas coisas?

— Onde você acha que foi? — ela perguntou friamente.

— Eleitores? Milícia? Mosquetes? Você por acaso sabe onde vão conseguir a pólvora? — perguntou com um sarcasmo histérico.

— Sei, sim. Na Bastilha.

VERDE FOI A COR escolhida para a identificação, verde, a cor da esperança. No Palais-Royal uma menina tinha dado a Camille algumas fitas verdes. A partir de então, o povo invadiu as lojas à procura delas, e metros e metros de fitas verdes, esmeralda, sálvia, limão estenderam-se pelas ruas empoeiradas, indo parar nas sarjetas. No Palais-Royal arrancaram folhas dos castanheiros para colocar nos chapéus e nas lapelas. O cheiro das folhas cortadas impregnou a tarde.

À noite eles eram um exército, marchando sob seus próprios estandartes. Embora já estivesse escuro, o calor não cedeu; em certo momento caiu uma tempestade e o estrondo dos trovões passou a competir com o ribombar da artilharia e com o barulho de vidros sendo estilhaçados. O povo cantava, as ordens eram gritadas na escuridão, e durante a noite toda ouviu-se o ruído surdo das botas nos calçamentos de pedra. Relâmpagos iluminavam as ruas devastadas, e a fumaça das barricadas ardentes era levada pelo vento. À meia-noite um granadeiro disse a Camille:

— Eu conheço você de algum lugar.

De madrugada, na chuva, ele encontrou-se com Hérault Séchelles, mas a essa altura não se surpreendia mais e não fazia nenhum comentário, nem mesmo se por acaso encontrasse a própria Mme. du Barry. O rosto do juiz estava sujo e o casaco, rasgado nas costas. Em uma das mãos carregava uma bela pistola de duelo, uma peça valiosa feita para Maurice de Saxe, e na outra, um cutelo de açougueiro.

— Mas quanto desperdício, quanta irresponsabilidade! — disse Hérault. — Saquearam o mosteiro de Saint-Lazare. Todos aqueles móveis magníficos, meu Deus, e as pratas. Invadiram as adegas e estão vomitando nas ruas agora. O que você disse? Versalhes? Você disse "acabem com isso" ou "acabem com eles"? Se for assim, é melhor eu mudar de roupa, detestaria aparecer no palácio deste jeito. Ah, isso é bem melhor que trabalho burocrático, não é? — Pegou o cutelo e desapareceu no meio da multidão. Ele nunca fora tão feliz na vida.

*

O DUQUE PHILIPPE tinha passado o dia 12 em seu castelo em Raincy, na floresta de Bondy. Ao ouvir as ocorrências de Paris declarou-se "muito surpreso e chocado". O que, segundo sua ex-amante, Mrs. Elliot, "parecia ser verdade".

Na recepção do rei na manhã do dia 13, Philippe a princípio foi ignorado, depois Sua Majestade lhe perguntou (em tom rude) o que ele queria ali. E disse:

— Volte para o lugar de onde veio. — Philippe foi para sua casa em Mousseaux de muito mau humor, e jurou (segundo Mrs. Elliot) "que nunca mais se aproximaria deles".

À TARDE Camille voltou para o distrito dos Cordeliers. O granadeiro bêbado continuava a seguir seus passos e a repetir: "Eu conheço você de algum lugar." Encontrou lá quatro soldados da Guarda Francesa, assassinos, mas sóbrios, ameaçados de linchamento caso alguma coisa lhe acontecesse, e diversos prisioneiros foragidos de La Force. Viu uma vendedora ambulante de saia listrada, gorro de lã, uma faca de cozinha na mão, falando em linguagem de baixo calão.

— Gostei de você, de agora em diante você não irá a lugar algum sem mim — ela disse. E viu também uma moça bonita, com uma pistola no cinto da calça de montaria e o cabelo castanho preso para trás com uma fita vermelha e outra azul.

— O que aconteceu com a fita verde? — Camille perguntou.

— Alguém lembrou que verde é a cor do conde d'Artois. Não podemos usar essa cor, então usaremos as cores de Paris: vermelho e azul. — Sorriu para ele como se fossem velhos amigos. — Anne Théroigne — disse. — Nós nos conhecemos no ensaio de teatro de Fabre. Lembra-se?

Sua expressão era luminosa sob a chuva, e ela estava encharcada, tremendo de frio.

— A chuva desabou, e outras coisas mais — ela disse.

Na Cour du Commerce, o *concierge* manteve as portas fechadas, e ele teve de falar com Gabrielle pela janela. Seu rosto estava lívido e o cabelo, despenteado.

— Georges saiu com nosso vizinho, M. Gély, para recrutar a milícia dos cidadãos. Há poucos minutos, maître Lavaux, você sabe quem é, ele mora do outro lado da rua, passou por aqui e me disse: "Estou muito preocupado com Georges, ele está em cima de uma mesa, gritando para protegermos nossas casas dos militares e das brigadas". — Olhou espantada para as pessoas que vinham atrás de Camille e perguntou: — Quem são eles? Estão com você?

Louise Gély apareceu e encostou o rosto no ombro de Gabrielle.

— Olá. Você vai entrar ou vai ficar na rua?

Gabrielle passou o braço em volta dela e apertou-a.

— A mãe dela está aqui comigo, muito nervosa. Georges disse a maître Lavaux: "Venha juntar-se a nós, você perdeu seu cargo, a monarquia terminou." Por quê, por quê, por que ele disse isso? — Falou, agarrada ao parapeito da janela. — Quando ele vai voltar? O que devo fazer?

— O que ele disse é verdade — disse Camille. — Georges não vai demorar. Deixe a porta trancada.

O granadeiro bêbado cutucou-o.

— Essa é sua esposa?

Camille deu um passo atrás e olhou para o homem, espantado. Nesse momento começou a sentir um estalo muito forte dentro da cabeça, e percebeu que o encostavam a uma parede e lhe davam um pouco de conhaque. Depois disso, nada mais fez muito sentido.

Outra noite nas ruas. Às 5 horas ouviu-se o sino e o canhão de alarme.

— Agora a coisa está séria — disse Anne Théroigne. Ela tirou as fitas do cabelo e colocou-as na lapela do casaco dele. Vermelho e azul. — Vermelho como o sangue e azul como o céu — disse. As cores de Paris: céu de sangue.

Às 6 horas estavam no quartel dos Invalides, negociando armas. Alguém virou Camille gentilmente e mostrou-lhe os primeiros raios de sol brilhando nas baionetas fixas no Champs-de-Mars.

— Eles não virão — ele disse. E não foram. Ouviu sua própria voz dizendo palavras sensatas com muita calma, enquanto olhava as bocas dos canhões e os soldados postados com fachos de luz nas mãos. Não sentiu medo. Quando a negociação terminou houve correria e gritos: o chamado assalto aos Invalides. Então, pela primeira vez, sentiu medo. Quanto tudo terminou, encostou-se à parede, e a moça de cabelos castanhos entregou-lhe uma baioneta. Ele tocou na lâmina e perguntou, por mera curiosidade:

— É difícil de usar?

— É fácil — disse o granadeiro bêbado. — Agora me lembro de onde vi você. Em frente ao tribunal durante um pequeno tumulto, há cerca de dois anos. O dia estava bonito. Eu o joguei no chão e chutei suas costelas. Desculpe. Estava cumprindo minha obrigação. Pelo visto, isso não lhe causou nenhum mal.

Camille olhou-o com firmeza. Suas roupas estavam imundas, cobertas de sangue, e o cabelo, grudado à cabeça. Enquanto o observava, ele girou nos calcanhares e começou a dançar, com os braços ensanguentados estendidos para o alto.

— A Bastilha, hein? — cantou. — Agora para a Bastilha, a Bastilha, a Bastilha.

DE LAUNAY, o governador da Bastilha, não era militar, quando se rendeu usava uma sobrecasaca cinzenta. Logo depois tentou matar-se com a própria espada, mas foi impedido.

A multidão à sua volta gritava: "Matem o homem." Os membros da Guarda Francesa tentaram protegê-lo, escudando-o com seus corpos. Mas perto da igreja de Saint-Louis algumas pessoas puxaram-no, cuspiram nele, jogaram-no ao chão a pauladas e chutaram seu corpo. Quando os guardas o tiraram dali, seu rosto estava empapado de sangue, tufos de seu cabelo tinham sido arrancados, e ele mal podia andar.

Ao aproximarem-se do Hôtel de Ville o caminho deles foi bloqueado. Houve uma discussão entre os que desejavam julgar De Launay antes de enforcá-lo e os que queriam terminar com ele imediatamente. Em pânico, De Launay estendeu os braços, que foram agarrados dos dois lados e ele não pôde mais limpar o sangue que escorria do couro cabeludo para os olhos. Atormentado, atacou os homens com os pés e atingiu a virilha de um deles, chamado Desnot. Desnot, um cozinheiro desempregado, gritou de dor e agonia, caindo de joelhos com o corpo curvado.

Um desconhecido veio por trás dele e olhou para o prisioneiro. Após um segundo de hesitação, deu um passo à frente e enfiou a baioneta em sua barriga. Quando a baioneta foi retirada, De Launay caiu para a frente na ponta de mais seis armas. Alguém deu várias pancadas em sua nuca com um pedaço de madeira. Seus protetores recuaram quando ele foi arrastado para a sarjeta, onde morreu. Vários tiros foram dados no corpo esmagado e contorcido. Desnot aproximou-se da sarjeta, mancando, e alguém disse: "Ele é todo seu." Enfiou a mão no bolso, com o rosto ainda contorcido de dor, e ajoelhou-se sobre o corpo. Passando os dedos pelo que restou do cabelo do prisioneiro, pegou uma faca pequena, virou o corpo de barriga para cima e começou a cortar-lhe a garganta. Alguém lhe ofereceu uma espada, mas ele não sabia manejá-la. Seu rosto traía algo mais que apenas desconforto; com determinação continuou a cortar a cabeça com a faca.

CAMILLE DORMIU. Sonhou com áreas rurais verdes, regadas de água cristalina. Só no final as águas tornaram-se escuras e viscosas, esgotos abertos e gargantas cortadas.

— Oh, meu Deus — disse uma voz de mulher, sufocada em lágrimas. A cabeça dele apoiava-se em um seio não muito maternal. — Estou no auge de fortes emoções — disse Louise Robert.

— Você andou chorando — Camille disse. Ele atestou o óbvio. Quanto tempo ele tinha dormido? Uma hora ou meio dia? Não podia entender como fora parar na cama de Robert. Não se lembrava de como chegara lá. — Que horas são? — perguntou a ela.

— Sente-se. Sente-se e ouça o que vou dizer. — Ela era uma moça pequena, pálida, de ossos miúdos. — Esta Revolução não é nossa. Não é nossa, nem de Brissot, nem de Robespierre — disse, andando de um lado para o outro no quarto. De repente parou. — Eu conheci Robespierre. Creio que poderia ter sido Mme. Vela de Arras se quisesse. Seria bom para mim?

— Realmente não sei.

— Esta Revolução é de Lafayette — ela disse. — E de Bailly e daquele maldito Philippe. Mas é um começo. — Olhou bem para ele, com as mãos no pescoço. — Logo você, quem diria!

— Volte aqui — ele disse, estendendo-lhe a mão. Sentiu que tinha tocado um mar de gelo, muito além do contato humano. Ela sentou-se ao lado dele e ajeitou a saia. — Eu baixei as venezianas da loja. Ninguém está interessado em iguarias das colônias. Ninguém faz compras há dois dias.

— Talvez não haja mais colônias. Nem escravos.

Ela riu.

— Daqui a algum tempo. Não desvie minha atenção. Eu tenho de fazer meu trabalho. Não posso deixar que você se aproxime da Bastilha, caso sua sorte se esgote.

— Não é sorte. — Mal acordara e já maquinava sua história.

— Talvez você ache que não — disse Louise.

— Se eu fosse à Bastilha e me matassem, viraria personagem de livros, não é?

— Sim — ela respondeu, olhando-o com um ar estranho. — Mas você não vai a lugar algum para ser morto.

— A não ser que seu marido volte para casa e me mate — disse Camille, referindo-se à situação deles.

— Ah, sim. — Ela sorriu, com ar distante. — Na verdade, pretendo ser fiel a François. Creio que temos um futuro juntos.

Nós todos temos um futuro agora. Não era um acidente, ele pensou, não era sorte. Ele vê seu corpo magro, as mãos tateando o rosto branco e leitoso do futuro, sente seu próprio rosto encostado na rocha e o abandono volúvel da vertigem, como se estivesse sempre subindo. Louise segurou-o com força. Ele arqueou-se sobre ela.

— Um verdadeiro *coup de théâtre* — ela murmurou, afagando seu cabelo.

Depois lhe trouxe um pouco de café.

— Fique quieto, bem quieto — ela disse. Camille viu o café esfriar. O ar em volta estava elétrico. Examinou a palma de sua mão direita, e ela passou o dedo sobre o corte fino como um fio de cabelo.

— Como será que arranjei este corte? Não me lembro, mas no contexto, com toda aquela gente sendo esmagada e pisoteada...

— Creio que você tem uma vida encantada — ela disse. — Mas só agora desconfiei disso.

François Robert chegou em casa. Parou na porta do quarto e beijou a esposa na boca. Tirou o casaco e entregou a ela. Postou-se diante de um espelho e penteou o cabelo preto e crespo, com a cabeça de Louise junto de seu ombro. Quando terminou, falou:

— A Bastilha foi tomada. — Atravessou o quarto e olhou para Camille. — Embora você estivesse aqui, também esteve lá. Algumas testemunhas o viram, você foi um dos esteios da ação. O segundo homem era Hérault de Séchelles. — Afastou-se um pouco e continuou: — Ainda sobrou um pouco de café? A vida cotidiana está paralisada — disse, como se falasse com um idiota ou uma criança pequena. Tirou as botas. — Tudo será muito diferente daqui em diante.

— Você acha? — disse Camille, cansado. Não conseguiu entender completamente o que lhe foi dito. A força da gravidade continuava a existir, o solo estava minado. Mesmo no alto do rochedo havia passagens e precipícios, desfiladeiros com laterais semelhantes às laterais de um túmulo. — Eu sonhei que estava morto — disse. — Eu sonhei que tinha sido enterrado. — Há um caminho estreito para o centro das montanhas, pedregoso, ambivalente, a região tediosa da mente. Mais uma de suas mentiras, disse a si mesmo. Eu não sonhei com isso, sonhei com água, sonhei que estava sangrando nas ruas. — Até parece que minha gagueira desapareceu — disse. — Mas a vida não é tão charmosa assim. Pode me dar um pedaço de papel? Preciso escrever para meu pai.

— Está bem, Camille — disse François. — Diga a seu pai que você é famoso agora.

PARTE TRÊS

Diga aos outros que sua reputação é grande; eles repetirão isso, e essas repetições farão sua reputação.

Quero viver depressa...

Théorie de L'ambition et autres essais
Jean-Marie Hérault de Séchelles

I. Virgens

(1789)

MONSIEUR SOULÈS, Eleitor de Paris, estava sozinho nos muros da Bastilha. Foram buscá-lo no início da noite, dizendo que Lafayette queria vê-lo. De Launay fora assassinado, diziam, e ele seria o governador *pro tem.*

— Oh, não — ele disse —, por que eu?

— Controle-se, homem — disseram-lhe —, não vai haver mais conturbação alguma.

Três horas da madrugada, nos muros. Soulès tinha mandado de volta seu acompanhante, exausto. A noite estava escura como o breu. Em Saint-Antoine, um cachorro uivava aflito para as estrelas. Ao longe, à esquerda, uma tocha tremulava na escuridão em um suporte de parede, iluminando as pedras úmidas, os fantasmas lamentosos.

Jesus, Maria, José, rogai por nós, agora e na hora da nossa morte.

Soulès olhou para o peito de um homem, e viu que ele estava armado com um mosquete.

Eu deveria pedir uma explicação, pensou aflito, deveria perguntar: "Quem vem lá, amigo ou inimigo?" E se dissessem: "inimigo", e viessem em sua direção?

— Quem é você? — o homem perguntou.

— Sou o governador.

— O governador está morto, retalhado em pedaços.

— Foi o que ouvi dizer. Eu sou o novo governador. Lafayette me mandou para cá.

— É mesmo? Foi Lafayette quem o mandou — disse o homem para um grupo, e ouviram-se risadas na escuridão. — Quero ver sua nomeação.

Soulès procurou no casaco e lhe passou um pedaço de papel guardado junto do coração durante aquelas horas nervosas.

— Como espera que eu leia com esta luz? — Ele ouviu o ruído de papel sendo amassado. — Está bem — disse o homem em tom condescendente. — Eu sou o capitão d'Anton, do batalhão dos Cordeliers da milícia de cidadãos, e vou prendê-lo porque você parece um homem suspeito. Cidadãos, cumpram seu dever.

Soulès abriu a boca.

— Não adianta gritar. Eu inspecionei os guardas. Estão todos bêbados e dormindo como os mortos. Vamos levá-lo para o quartel-general de nosso distrito.

Soulès olhou para a escuridão. Havia pelo menos quatro homens armados por trás do capitão d'Anton, ou talvez mais.

— Por favor, não pense em resistir.

O capitão tinha uma voz refinada e precisa. Pequeno consolo. Mantenha a calma, disse Soulès a si mesmo, apavorado.

O SINO DE ALARME FOI TOCADO em Saint-André-des-Arts, e em poucos minutos mais de cem pessoas apareceram nas ruas. Um distrito vivo, como d'Anton sempre dizia.

— Todo o cuidado é pouco — disse Fabre. — Talvez fosse melhor dar um tiro nele.

Soulès disse mais de uma vez:

— Eu exijo ser levado ao Hôtel de Ville.

— Você não exige nada — d'Anton retrucou. Mas, de súbito, lhe passou uma ideia pela cabeça. — Está bem. Vamos ao Hôtel de Ville.

Foi um percurso cheio de ocorrências. Tiveram de pegar uma carruagem aberta, pois não havia nada mais disponível. Já (ou ainda) havia gente nas ruas, e ficou óbvio para eles que os cidadãos do Cordeliers precisavam de ajuda. Corriam junto à carruagem, gritando: "Enforquem o homem."

Quando chegaram, d'Anton disse:

— É bem como eu pensei. O governo da cidade está nas mãos de qualquer um que apareça e diga: "Estou no comando." Durante algumas semanas, um corpo não oficial de eleitores começou a chamar-se de Comuna, o governo da cidade; M. Bailly, da Assembleia Nacional, que presidira as eleições de Paris, era o espírito organizador. É verdade que havia um superintendente de Paris até o dia anterior, nomeado pelo rei, mas ele fora morto pelo povo rebelado, quando também mataram De Launay. Quem governa a cidade agora? Quem guarda os selos? Essa é uma pergunta para ser feita durante o dia. Um funcionário presente informou que o marquês de Lafayette fora para casa dormir.

— Uma boa hora para dormir! Mande-o vir para cá. O que podemos pensar? Uma patrulha de cidadãos sai da cama para inspecionar a Bastilha, livre dos tiranos a um enorme preço, encontra os guardas bêbados, e este homem, que não consegue se explicar, dizendo que está no comando. — Vira-se para sua patrulha. — Alguém deve uma explicação ao povo. Há esqueletos a contar. E talvez ainda haja vítimas indefesas nos calabouços.

— Eles já foram contados — disse o funcionário. — Encontramos apenas sete pessoas lá.

Entretanto, pensou d'Anton, as celas sempre estariam disponíveis.

— E os bens dos prisioneiros? — perguntou. — Eu mesmo ouvi falar de uma mesa de bilhar que entrou há vinte anos e nunca mais saiu.

Os homens que estavam atrás riram. O funcionário olhou-o com ar agressivo. D'Anton ficou sério de repente, e disse:

— Mande buscar Lafayette.

Jules Paré, liberado do serviço burocrático, deu um risinho no escuro. As luzes brilhavam na Place de Grève. Os olhos de M. Soulès foram atraídos para a Lanterna: um grande suporte de ferro do qual pendia um lampião. Naquele lugar, poucas horas antes, a cabeça cortada do marquês de Launay fora chutada no meio da multidão.

— Reze, M. Soulès — sugeriu d'Anton em tom agradável.

JÁ ERA MADRUGADA quando Lafayette chegou. D'Anton, desapontado, notou que sua roupa estava irrepreensível. Mas o rosto recém-barbeado estava vermelho nas bochechas.

— Sabe que horas são?

— Cinco horas? — disse d'Anton. — Não sei ao certo. Sempre achei que os soldados não têm hora para se levantar.

Lafayette virou as costas e ergueu os olhos para o céu avermelhado. Quando se voltou novamente para d'Anton, sua voz estava revigorada e gentil.

— Desculpe. Esse não é o cumprimento que você merece. Capitão d'Anton, não é? Dos cordeliers?

— Um grande admirador seu, general — disse d'Anton.

— Que gentileza! — Lafayette olhou para aquele subordinado surgido no mundo novo, aquele homem alto, de ombros largos e cicatriz no rosto. — Não sei se era necessário me chamar, mas suponho que o senhor esteja fazendo o melhor possível.

— Tentaremos fazer nosso melhor ser bom o bastante — disse o capitão d'Anton, obstinado.

Por um instante o general suspeitou de que estivesse sento vítima de uma brincadeira de mau gosto.

— Esse é M. Soulès. Eu o identifico formalmente. M. Soulès tem meu pleno apoio. É claro que darei a ele um novo documento. Isso basta?

— Está ótimo — disse o capitão prontamente. — Sua palavra basta para mim a qualquer hora, general.

— Agora vou voltar para casa, capitão d'Anton. Se não precisar mais de mim.

O capitão não entendeu o sarcasmo.

— Durma bem — disse.

Lafayette virou-se, pensando se deveriam bater continência. D'Anton mandou sua patrulha de volta para o rio, com os olhos brilhando. Gabrielle esperava-o em casa.

— Por que você fez isso?

— Mostra iniciativa, não é?

— Você deixou Lafayette aborrecido.

— Era isso o que eu queria.

— É o tipo de jogo de que as pessoas daqui gostam — disse Paré. — Creio que vão fazer de você um capitão da milícia, d'Anton. E creio também que vão elegê-lo presidente do distrito. Afinal, todos o conhecem.

— Lafayette me conhece — disse d'Anton.

NOTÍCIA DE VERSALHES: M. Necker é reconvocado. M. Bailly é nomeado prefeito de Paris. Momoro, o tipógrafo, trabalha a noite toda na publicação do panfleto de Camille. Empreiteiros são chamados para demolir a Bastilha, as pedras são levadas pelo povo como souvenir.

Tem início a emigração. O príncipe de Condé abandona o país às pressas, deixando para trás contas e vários outros assuntos pendentes. O conde d'Artois, irmão do rei, emigra, assim como os Polignac, favoritos da rainha.

A 17 de julho, o prefeito Bailly sai de Versalhes em uma carruagem ornamentada com flores, chega ao Hôtel de Ville às 10 horas da manhã e volta imediatamente, rodeado de dignitários que vão se reunir com o rei. O prefeito, os eleitores, os guardas, e as chaves da cidade, em um escrínio de prata, estão ao reservatório de água de Chaillot, onde se encontram com trezentos deputados e o cortejo real, vindos da direção oposta.

— Eu trouxe para Vossa Majestade as chaves de sua boa cidade de Paris — diz o prefeito Bailly. — São as mesmas que foram apresentadas a Henrique IV, que reconquistou seu povo, e aqui o povo reconquistou seu rei.

Uma declaração sem tato, mas com boa intenção. O aplauso é espontâneo. Os homens da milícia alinham-se na estrada. O marquês de Lafayette anda à frente da carruagem do rei. Ouvem-se salvas de canhões. Sua Majestade sai da carruagem e aceita do prefeito Bailly a nova roseta tricolor da nação: o branco da monarquia foi acrescentado ao vermelho e ao azul. Prende a roseta no chapéu e a multidão começa a aplaudir. (Ele fez seu testamento antes de sair de Versalhes.) Sobe as escadas do Hôtel de Ville sob um arco de espadas. A multidão delirante se empurra à sua volta, tentando tocá-lo para ver se ele sente o mesmo que os outros.

— Longa vida ao rei — gritam. (A rainha não achou que ele voltaria vivo.)

— Deixem-nos em paz — diz o rei aos soldados. — Acredito que eles me amem de verdade.

Aparentemente, a vida volta ao normal. As lojas reabrem. Um velho curvado e ossudo, com uma longa barba branca, desfila pela cidade acenando para as multidões que ainda se encontram nas ruas. Seu nome é major Whyte, deve ser inglês ou, quem sabe, irlandês. Ninguém sabe quanto tempo ele foi mantido preso na Bastilha. Parece gostar da atenção que está recebendo, mas quando lhe perguntam sobre as circunstâncias de seu encarceramento, ele chora. Em um mau dia, ele não sabe quem é. Em dias bons, diz que é Júlio César.

INTERROGATÓRIO de Desnot, julho de 1789, Paris:

Ao ser perguntado se foi com aquela faca que ele mutilou a cabeça de Sieur de Launay, ele respondeu que foi com uma faca preta, pequena; e quando lhe disseram que era impossível cortar cabeças com um instrumento tão pequeno e tão fraco, ele respondeu que era cozinheiro e aprendera a retalhar carne.

18 de agosto de 1789
No anfiteatro de Astley, na ponte de Westminster
(após a dança da corda, executada pelo Signior Spinacuta)
Um espetáculo inteiramente novo e esplêndido

A REVOLUÇÃO FRANCESA
De domingo 12 de julho a quarta-feira 15 de julho (inclusive)
sob o título de

PARIS EM TUMULTO
Apresentando um dos maiores e mais extraordinários
entretenimentos do mundo
baseado em
Fatos Verídicos

FRISA 3s., PLATEIA 2s., GALERIA 1s., GALERIA LATERAL 6d.
As portas serão abertas às 17h30, e o espetáculo
terá início às 18h30 em ponto.

CAMILLE ERA AGORA *persona non grata* na rue Condé. Teve de contar com Stanislas Fréron para ir e vir, levar-lhe notícias, e enviar recomendações (e cartas) a Lucile.

— Se eu entendi bem — disse-lhe Fréron —, ela gostava de você por suas boas qualidades espirituais. Porque você era muito sensível, muito elevado. Porque, como ela acreditava, você vivia em um planeta diferente do nosso, que é composto de mortais mais grosseiros. Mas então você se tornou um homem que sai pelas ruas coberto de lama e sangue, incitando o morticínio.

D'Anton disse que Fréron estava "tentando dar uma chance a si próprio, de uma forma ou de outra". Seu tom era cínico. Citou a observação de Voltaire sobre o pai de Coelho: "Se uma cobra mordesse Fréron, ela morreria."

A verdade era que Lucile estava cada vez mais apaixonada, mas Fréron não mencionou isso. Claude Duplessis estava convencido de que se apresentasse a filha ao homem certo ela se livraria da obsessão. Mas não conseguia encontrar alguém por quem ela se interessasse, ainda que remotamente; quando aparecia um candidato que ele aprovava, ela desaprovava. Tudo sobre Camille deixava-a excitada: sua pouca respeitabilidade, seus pequenos maneirismos *faux-naïf,* seu intelecto inseguro. Acima de tudo, o fato de ele ter se tornado famoso de repente.

Fréron, o velho amigo da família, notou a mudança em Lucile. A mocinha ingênua tornara-se uma mulher vistosa, usando jargões políticos com o olhar iluminado. Ela vai ser boa na cama quando chegar a hora, pensou Fréron. Sua esposa era do tipo doméstico, mal fazia parte de sua vida. Qualquer coisa é possível nos dias de hoje, pensou.

Infelizmente, Lucile adquiriu a mania ridícula de chamá-lo de "Coelho".

*

CAMILLE não dormia muito, não tinha tempo. Quando dormia, seus sonhos o exauriam. Ele sonhava, *inter alia*, que o mundo inteiro tinha ido a uma festa. O cenário variava entre a Place de Grève, a sala de visitas de Annette, o Salão dos Pequenos Prazeres. Todos estavam na festa. Angélique Charpentier falava com Hérault de Séchelles, os dois comparavam anotações sobre Camille, criticando seus escritos. Sophie de Guise, com quem ele foi para a cama quando tinha 16 anos, contava tudo para Laclos; Laclos anotava em seu caderno, e maître Pérrin, a seu lado, exigia atenção aos brados. O afetado deputado Pétion estava de braços dados com o diretor morto da Bastilha. De Launay movimentava-se pela sala sem a cabeça. Seu antigo colega de colégio, Louis Suleau, discutia na rua com Anne Théroigne. Fabre e Robespierre faziam uma brincadeira de criança: se paralisavam como estátuas quando a discussão parava.

Ele teria se preocupado com esses sonhos, mas saía para jantar todas as noites. Sabia que os sonhos continham uma verdade, todas as pessoas de sua vida juntavam-se neles.

— O que você acha de Robespierre? — perguntou a d'Anton.

— Max? Um sujeitinho esplêndido.

— Você não deve falar assim. Ele se incomoda por ser baixo. Pelo menos era assim quando estávamos no colégio.

— Meu Deus — disse d'Anton. — Então vamos tirar o "sujeitinho" da frase, deixemos apenas o "esplêndido". Não tenho tempo para me preocupar com a vaidade alheia.

— E você ainda diz que eu não tenho tato.

— Está tentando criar uma discussão?

Assim, ele nunca soube o que d'Anton pensava de Robespierre.

Um dia perguntou a Robespierre:

— O que você acha de d'Anton? — Robespierre tirou os óculos, limpou-os, e meditou sobre a resposta.

— Muito agradável — disse lentamente.

— Mas o que pensa dele realmente? Você está sendo evasivo. Não pode achar alguém só agradável, é só isso o que acha? Tem certeza?

— Oh, Camille, isso é tudo — disse Robespierre gentilmente.

Assim, ele nunca soube o que Robespierre pensava de d'Anton.

O EX-MINISTRO FOULON dissera uma vez, em um tempo de escassez de víveres, que se as pessoas tivessem fome poderiam comer mato. Pelo menos era essa a voz corrente. Foi por isso, e não sem motivo, que a 22 de julho ele se apresentou na Place de Grève.

Estava sob escolta, mas parecia que a multidão, pequena, porém feia, tinha planos de destruí-lo. Lafayette chegou e falou com eles. Sua intenção não era intrometer-se na justiça do povo, mas Foulon deveria ao menos ter um julgamento justo.

— De que adianta um julgamento — gritou alguém — se esse homem está condenado há trinta anos?

Foulon estava velho, fazia muitos anos que pronunciara aquela frase infeliz. Para escapar a seu destino, escondeu-se e espalhou o boato da própria morte. Diziam que no funeral o caixão estava cheio de pedras. Mas ele foi procurado, preso, e agora olhava para o general com ar de súplica. Das ruas estreitas adiante do Hôtel de Ville veio um ruído surdo, que Paris já sabia identificar como o povo em marcha.

— Eles estão convergindo — disse um ajudante de ordens do general. — Do Palais-Royal de um lado, e de Saint-Antoine do outro.

— Eu sei — disse o general. — Posso ouvir os dois lados em minha cabeça. Quantos serão?

Ninguém sabia calcular. Muitos. Olhou para Foulon sem muita simpatia. Não tinha forças disponíveis, se as autoridades da cidade quisessem protegê-lo teriam de fazê-lo por conta própria. Olhou para seu ajudante de ordens e encolheu os ombros.

Os manifestantes cobriram as costas e a boca de Foulon com mato.

— Coma esse mato bom — disseram. Cuspindo os talos, ele foi arrastado pela Place de Grève e uma corda foi jogada sobre o suporte de ferro da Lanterna. Por alguns momentos o velho girou onde, no crepúsculo, o lampião giraria. A corda se partiu e ele caiu no meio da multidão. Surrado e chutado, foi erguido de novo no ar. E mais uma vez a se corda partiu. A turba agarrou-o, cuidando para não lhe dar o *coup de grace*. Um terceiro nó foi colocado em seu pescoço lívido. Dessa vez a corda aguentou. Quando ele estava morto, ou quase, cortaram-lhe a cabeça e espetaram-na em uma estaca.

Ao mesmo tempo, o genro de Foulon, Berthier, intendente de Paris, foi preso em Compiègne e levado ao Hôtel de Ville, os olhos vidrados de terror. Foi amarrado e alvejado pela multidão com crostas de pão preto azedo. Logo depois foi desamarrado, a caminho da prisão de Abbaye; em seguida foi amarrado até morrer, estrangulado talvez, ou morto por uma bala de fuzil. Quem saberia? Talvez ainda não estivesse morto quando uma espada começou a cortar seu pescoço. Sua cabeça também foi espetada em uma estaca. Os dois grupos se encontraram e as estacas oscilaram juntas, as cabeças cortadas olhando uma para a outra.

— Beije o papai! — alguém gritou.

O peito de Berthier estava serrado e aberto, expondo o coração. O coração foi espetado na ponta de uma espada durante a marcha para o Hôtel de Ville e jogado na mesa de Bailly. O prefeito quase teve um colapso. O coração foi levado ao Palais-Royal. O sangue foi retirado, colocado em um copo e bebido pela multidão, que cantava:

Uma festa não é uma festa
Se o coração não estiver lá.

AS NOTÍCIAS DO LINCHAMENTO em Paris causaram consternação em Versalhes, onde a Assembleia estava concentrada em um debate sobre direitos humanos. Todos ficaram chocados, sentiram-se ultrajados e protestaram. Onde estava a milícia quando isso ocorreu? Diziam que Foulon e seu genro eram especuladores de grãos, mas os deputados, movimentando-se entre o Salão dos Pequenos Prazeres e as despensas bem estocadas de suas casas, tinham perdido contato com o chamado sentimento popular. Enojado com a hipocrisia deles, o deputado Barnave perguntou: "Esse sangue que jorrou era puro?" Revoltados, mandaram-no calar a boca e passaram a considerá-lo perigoso. O debate prosseguiu, a intenção era criar uma "Declaração dos direitos do homem". Alguns ouviram dizer que a Assembleia faria uma Constituição primeiro, pois os direitos existem em virtude das leis; mas a jurisprudência é um assunto muito tedioso, e a liberdade, muito empolgante.

Na noite de 4 de agosto o sistema feudal deixou de existir na França. O visconde de Noailles levantou-se e, com a voz trêmula de emoção, abriu mão de todas as suas posses. Não era muito, pois seu apelido era "Pouca terra". A Assembleia Nacional pôs-se de pé em uma orgia de magnanimidade. Abriram mão dos servos, das leis de caça, dos dízimos, das cortes senhoriais, com lágrimas escorrendo pelo rosto. Um membro passa uma nota para o presidente, dizendo: "Encerre a sessão, eles perderam o controle". Mas a mão dos céus não conseguiu detê-los. Naquele pandemônio, disputavam quem seria o mais patriota, abriam mão do que lhes pertencia e, com ansiedade ainda maior, desejavam que os outros fizessem o mesmo. Na semana seguinte, é claro, tentaram voltar atrás, mas já era tarde.

E Camille movimentava-se por Versalhes, espalhando papéis, gerando no silêncio das noites de verão a prosa que não desprezava mais...

Foi nessa noite, mais que no Sábado Santo, que nos livramos do miserável cativeiro do Egito... Nessa noite foram restaurados aos franceses os direitos do homem, e foi declarado que todos os cidadãos eram iguais, que podiam ser igualmente admitidos em quaisquer escritórios, locais e empregos públicos; mais uma vez, nessa noite, foram anuladas todas as funções civis, eclesiásticas e militares conforme a riqueza, o berço e a realeza, e entregues à nação como um todo com base no mérito. Nessa noite foi retirada de Mme. d'Epr sua pensão de 20 mil *livres* por ter dormido com um ministro. O comércio com as Índias foi aberto a todos. Quem desejasse podia abrir uma loja. O mestre-alfaiate, o mestre-sapateiro, o mestre-peruqueiro talvez chorassem, mas os assalariados se alegraram, e havia luzes nas janelas dos sótãos... Oh, noite desastrosa para a Grande Câmara, os funcionários, os bailios, os advogados, os criados, os secretários, os subsecretários, todos os saqueadores... Mas, oh, noite maravilhosa, *vera beata nox,* feliz para todos, pois as barreiras que excluíam tantos da honra e do emprego foram derrubadas para sempre, e deixou de existir entre os franceses qualquer distinção, a não ser de virtude e talento.

UM CANTO ESCURO em um bar escuro: Dr. Marat debruçou-se sobre uma mesa e disse que o 4 de agosto tinha sido uma piada de mau gosto.

Franziu a cara para o manuscrito à sua frente.

— *Vera beata nox.* Eu gostaria que fosse verdade, Camille. Mas você está criando um mito, não vê? Está fazendo uma lenda do que está acontecendo, uma lenda da Revolução. Quer que haja talento artístico onde há apenas a necessidade... — Interrompeu a frase. Seu corpo pequeno parecia contrair-se de dor.

— Você está doente?

— Você está?

— Não, eu só bebi um pouco demais.

— Com seus novos amigos, suponho. — Marat ajeitou-se no banco, com a mesma expressão de tensão e desconforto, e examinou Camille, tamborilando com os dedos no tampo da mesa. — Está se sentindo seguro?

— Não especialmente. Fui avisado de que posso ser preso.

— Não espere que o tribunal se baseie em formalidades. Um homem com uma faca pode fazer um bom trabalho em você. Ou em mim. Tomei a decisão de mudar-me para o distrito dos Cordeliers. Para algum lugar onde possa pedir ajuda. Por que você não se muda também? — Marat deu um riso forçado, deixando ver seus dentes horríveis. — Todos os vizinhos juntos. Muito aconchegante. — Voltou sua cabeça para os papéis, os remexeu e apontou com o dedo indicador. — O que você diz em seguida, eu aprovo. Em qualquer outro tempo teriam sido necessários anos de guerra civil para nos livrarmos de inimigos como Foulon. E nas guerras, milhares de pessoas morrem, não é? Portanto, os linchamentos até que são aceitáveis. São a alternativa humana. Você pode vir a sofrer por esse sentimento, mas não tenha medo de levá-lo à tipografia. — Pensativo, o doutor esfregou o osso do nariz. Um gesto prosaico. — O que temos de fazer, Camille, é cortar cabeças. Quanto mais demorarmos, mais gente terá de ser decapitada. Escreva o que eu digo. Precisamos matar, cortar cabeças.

PRIMEIROS SONS RASCANTES DE UM VIOLINO. Um, dois. Os dedos de d'Anton tocaram o gume de seu sabre. Os vizinhos corriam e gritavam debaixo de sua janela, procurando lugares para se sentar. A orquestra da Real Academia de Música afinava seus instrumentos. Boa ideia sua contratá-los para dar mais brilho à ocasião. Eles também tinham uma banda militar, é claro. Como presidente do distrito e capitão da Guarda Nacional (como a milícia passara a chamar-se) ele era responsável por todos os planejamentos do dia.

— Você está ótima — disse d'Anton à esposa, sem olhar para ela. Ele suava dentro do novo uniforme: calça branca até os joelhos, botas pretas de cano longo, túnica azul forrada de branco e colarinho vermelho muito apertado. Lá fora o sol brilhava com intensidade.

— Convidei o amigo de Camille, Robespierre, para a festa — disse. — Mas ele não pode ausentar-se da Assembleia. É muito consciencioso.

— Pobre rapaz — disse Angélique. — Não posso imaginar de que tipo de família ele vem. Perguntei se não estava com saudades de casa, se não sentia falta dos amigos, e ele me respondeu, em tom muito sério: "Bem, Mme. Charpentier, sinto falta de meu cachorro".

— Eu gosto dele — disse Charpentier. — Como ele se misturou com Camille não posso imaginar. Agora — disse, esfregando as mãos —, qual é a ordem do dia?

— Lafayette estará aqui dentro de 15 minutos. Primeiro vamos à missa para que o padre abençoe nosso novo estandarte, depois vamos desfilar e marchar. Lafayette nos acompanhará, se portando como comandante. Presumo que ele espere ser ovacionado. Talvez haja idiotas suficientes para fazer um alarido respeitável, mesmo nesse distrito cínico.

— Acho que ainda não entendi bem — disse Gabrielle angustiada. — A milícia está do lado do rei?

— Nós todos estamos do lado do rei — disse seu marido. — Só não aceitamos seus ministros, criados, irmãos e esposa. O rei é um bobo desajeitado, mas é bom.

— Mas por que dizem que Lafayette é republicano?

— Na América ele é republicano.

— E há algum republicano aqui?

— Poucos.

— Eles matariam o rei?

— Oh, não. Nós deixamos esse tipo de coisa para os ingleses.

— Eles o manteriam preso?

— Não sei. Pergunte à Mme. Robert quando a vir. Ela é uma das extremistas. Ou para Camille.

— Então se a Guarda Nacional está do lado do rei...

— Do lado do rei — ele interrompeu —, desde que ele não tente voltar para onde estávamos antes de julho.

— Isso eu entendo. Do lado do rei e contra os republicanos. Mas Camille, Louise e François são republicanos, não é? Então, se Lafayette mandar você prendê-los, você faria isso?

— Meu Deus, não. Não vou fazer o trabalho sujo dele.

Além disso, pensou, nós poderíamos ser nossa própria lei neste distrito. Eu posso não ser o comandante do batalhão, mas ele está sob minhas ordens.

Camille chegou, arfando e entusiasmado.

— As notícias não poderiam ser melhores — disse. — Em Toulouse meu novo panfleto foi queimado pelo carrasco público. Foi uma ajuda para nós, a publicidade certamente significará uma segunda edição. E em Oléron, uma livraria que vendia meu panfleto foi atacada por *monges*, que jogaram todo o estoque em uma fogueira e trucidaram o vendedor.

— Não vejo graça nisso — disse Gabrielle.

— Não. Na verdade é bastante trágico.

Uma fábrica de cerâmica nas cercanias de Paris estava gravando o retrato de d'Anton em uma louça grossa vitrificada em amarelo e azul. É isso o que acontece quando alguém se torna uma figura pública: fica visível até na hora do jantar.

Não havia sequer uma brisa no ar quando a nova bandeira foi hasteada; a bandeira manteve-se no mastro como uma língua tricolor indolente. Gabrielle permaneceu entre o pai e a mãe. Seus vizinhos, os Gély, ficaram à sua esquerda; a pequena Louise usava um chapéu novo do qual muito se orgulhava. Gabrielle tinha consciência dos olhos do povo sobre ela, como se dissesse: "Aquela é a esposa de d'Anton". Ela ouviu alguém dizer: "Como ela é bonita, eles têm filhos?" Olhou para o marido, que estava nos degraus da igreja — um homem alto e rude ao lado de Lafayette, que era magro como um caniço. Sentiu certo desprezo pelo general, reflexo do desprezo do marido, mas os dois estavam se tratando de forma educada. O comandante do batalhão levantou o chapéu no ar e gritou o nome de Lafayette. A multidão aplaudiu, e o general agradeceu com um sorriso forçado. Gabrielle protegeu os olhos do sol, e ouviu a voz de Camille vinda de trás, conversando com Louise Robert como se ela fosse um homem. Falou sobre os deputados da Bretanha e a iniciativa da Assembleia; falou também que teve vontade de ir a Versalhes logo depois da queda da Bastilha — e Mme. Robert concordou com uma voz abafada — e que precisava ir o mais depressa possível. Ele está falando de outra rebelião, pensou Gabrielle, outra Bastilha. Depois disso ouviu um grito: "*Vive d'Anton*".

Virou-se, espantada e gratificada. O grito foi seguido de outros.

— Por enquanto são apenas alguns cordeliers — disse Camille, desculpando-se. — Mas em breve será a cidade toda.

Minutos depois, a cerimônia terminou e a festa pôde começar. Georges levou-a para o meio da multidão e abraçou-a.

— Eu estive pensando — disse Camille. — Já é hora de você tirar a apóstrofe de seu nome. Não fica bem nos dias de hoje.

— Você tem razão — d'Anton falou. — Vou fazer isso aos poucos, não vale a pena anunciar.

— Não, faça de uma vez, para que todos saibam qual é sua posição.

— Boa ideia! — falou Georges-Jacques. Ele também estava aderindo à síndrome do confronto. — Você se importa? — perguntou à esposa.

— Faça o que achar melhor, o que achar que é certo — ela respondeu.

— E se essas duas ideias não coincidirem? Isto é, o que ele achar melhor e o que achar que é certo? — Camille perguntou a ela.

— Mas vão coincidir — ela respondeu, confusa. — Georges-Jacques é um homem bom.

— É uma resposta profunda. Ele vai desconfiar de que você anda pensando quando ele está ausente.

Camille tinha passado o dia anterior em Versalhes, e à noite foi com Robespierre a uma reunião no Clube Bretão. O clube era agora o fórum dos deputados liberais, os que tendiam à causa popular e suspeitavam da corte. Alguns nobres estavam presentes; o frenético 4 de agosto fora calculado cuidadosamente lá. Os que não eram deputados eram bem-vindos, se fossem patriotas notórios.

E quem poderia ser mais patriota que Camille? Robespierre sugeriu que ele falasse. Mas Camille estava nervoso e teve dificuldade de se fazer ouvir, gaguejou muito. A plateia impacientou-se e concluiu que ele não passava de um orador para multidões, um anarquista. Em suma, foi uma experiência terrível. Robespierre manteve-se de cabeça baixa, olhando para as botas. Quando ele voltou da tribuna e sentou-se a seu lado, Robespierre não levantou a cabeça; virou os olhos claros para o lado e sorriu, com ar pensativo. Não era de surpreender que não soubesse o que dizer: sempre que Robespierre falava na Assembleia, membros indisciplinados da nobreza fingiam apagar velas, ridicularizando-o com grande estardalhaço; alguns deles até faziam a imitação de um cordeiro enfurecido. Não fazia sentido dizer: "Você se saiu bem, Camille." Não fazia sentido dizer mentiras confortadoras.

No final da reunião, Mirabeau subiu à tribuna e fez para seus simpatizantes e difamadores uma imitação do prefeito Bailly tentando decidir se era segunda-feira ou terça-feira, depois examinando as luas de Júpiter para encontrar a resposta, e finalmente admitindo (com um floreio obsceno) que seu telescópio era muito pequeno. Camille não achou muita graça naquilo, teve vontade de chorar. Terminados os aplausos, o conde desceu da tribuna, deu alguns passos, e apertou a mão de vários presentes. Robespierre sugeriu:

— Vamos embora daqui?

Tarde demais. O conde avistara Camille. Deu-lhe um forte abraço e falou:

— Você estava ótimo. Ignore esses provincianos. Deixe-os com seus padrões medíocres. Nenhum deles poderia ter feito o que você fez. Nenhum deles. Na verdade, você os aterroriza.

Robespierre estava nos fundos da sala de reunião, tentando abrir caminho. Camille sentiu-se muito animado, deliciado com a perspectiva de aterrorizar as pessoas. Por que ele não pôde dizer o que Mirabeau disse?, pensou Robespierre. Era tudo perfeitamente verdadeiro. E ele queria fazer o que era certo para Camille, queria cuidar dele. Quase vinte anos antes, na escola, prometera cuidar dele, e nada indicava que não precisasse mais cumprir sua promessa. Mas ele não tinha o dom de dizer a coisa certa. As necessidades e desejos de Camille eram um livro fechado, um volume escrito em uma língua que ele não conhecia.

— Venha jantar conosco — ouviu o conde dizer. — Vamos levar o cordeiro também, por que não? Vamos lhe oferecer um pouco de carne vermelha.

Eram 14 pessoas à mesa. O menu principal constava de carne macia e sangrenta. Quando Turbot cortou seu pedaço, o ar impregnou-se do aroma de folhas de louro e tomilho. Barquetes de berinjela misturavam-se à carne cremosa.

O conde vivia muito bem naqueles dias. Era difícil dizer se estava contraindo novas dívidas ou se de repente seu dinheiro passara a ser suficiente para tudo aquilo, embora não se soubesse como. Mirabeau tinha uma correspondência secreta vinda de vários lugares. Suas declarações públicas eram ao mesmo tempo sonoras e enigmáticas, e ele comprara um diamante a crédito para sua amante, a esposa do editor. Naquela noite foi muito gentil com o jovem deputado Robespierre. Por quê? Gentileza não custava nada, ele pensou. Mas nas últimas semanas tinha observado o deputado e notado seu tom seco, a (aparente) indiferença à opinião dos outros sobre ele, o brilho das ideias naquele cérebro de advogado.

Durante toda a noite conversou com o Vela de Arras em um tom baixo e confidencial. *Grosso modo*, não havia muita diferença entre política e sexo, tudo se resumia a poder, pensou, sabendo bem que não era a primeira pessoa do mundo a observar isso. Era uma questão de sedução, e podia ser levada a cabo com muita rapidez. Se Camille era como uma mulher que não conseguia equilibrar seu orçamento, ou melhor, se era absolutamente influenciável, Robespierre era como uma carmelita com a ideia fixa de tornar-se madre superiora. Como uma freira incorruptível, mesmo que lhe pusessem um pênis debaixo do nariz, não se sentiria chocada ou interessada. E por que se interessaria, se não tinha a mais remota ideia do que fazer com aquilo?

Eles falaram sobre o rei, se ele deveria ter direito de veto à legislação criada pela Assembleia. Robespierre achava que não. Mirabeau achava que sim, ou pensava que podia achar que sim, se valesse a pena. Falaram do modo como essas coisas eram tratadas na Inglaterra. Robespierre corrigiu os argumentos dele de forma apressada e divertida. Mirabeau aceitou a correção, e quando foi recompensado com um sorriso, sentiu um alívio extraordinário.

Onze horas da noite: o cordeiro enfurecido desculpou-se e saiu da sala. É bom saber que ele é mortal, que tem de urinar como todos os homens, pensou Mirabeau. Sentiu-se estranho, inusitadamente sóbrio, inusitadamente frio. Olhou para um dos genebrinos da mesa e disse:

— Aquele rapaz vai longe. Acredita em tudo o que diz.

Brulard de Sillery, conde de Genlis, levantou-se, bocejou e espreguiçou-se.

— Obrigado, Mirabeau. É hora de tomarmos algumas bebidas fortes. Camille, você vem conosco?

O convite parecia ser para todos, excluindo duas pessoas: o Vela de Arras (que no momento estava ausente) e o Tocha da Provence. Os genebrinos excluíram-se do convite, fizeram uma reverência e despediram-se. Dobraram os guardanapos, pegaram os chapéus, ajeitaram as gravatas e puxaram as meias para cima. De repente Mirabeau sentiu asco deles. Detestou aquelas sobrecasacas cinzentas, a atitude rastejante e a aprovação de todas as suas exigências. Sua vontade era afundar os chapéus deles até os olhos, e sair noite afora com um braço em volta de seu panfletário e o outro em volta do romancista famoso. Uma vontade realmente estranha, pois não suportava Laclos e detestaria embebedar-se com Camille. Achou que tais sentimentos extravagantes só podiam ser produto de uma noite bem comportada e abstêmia, com a atenção voltada para Maximilien Robespierre.

Quando Robespierre voltou, a sala já estava vazia. Os dois apertaram-se as mãos à moda inglesa. Cuide-se, Vela. Você também, Tocha.

ELES TINHAM DE jogar cartas, é claro; De Sillery não conseguiria ir para a cama se não jogassem. Depois que aceitou perder, sentou-se na cadeira e começou a rir.

— Como Mr. Miles e os Elliot se aborreceriam se soubessem o que eu fiz com o dinheiro do rei da Inglaterra.

— Creio que eles sabem muito bem o que você faz com esse dinheiro — disse Laclos empurrando as cartas. — Não acham que você faz donativos para obras de caridade.

— Quem é Mr. Miles? — Camille perguntou.

Laclos e De Sillery entreolharam-se.

— É bom contar a ele — disse Laclos. — Camille não pode viver como um rei descuidado, sem a menor ideia de onde o dinheiro vem.

— É muito complicado. — Com relutância, De Sillery pôs as cartas viradas para baixo na mesa. — Você conhece Mrs. Elliot, a charmosa Grace? Sem dúvida já a viu borboleteando pela cidade para saber dos mexericos políticos. Ela faz isso porque trabalha para o governo inglês. Suas várias ligações puseram-na nessa posição interessante. Ela era amante do príncipe de Gales antes de Philippe trazê-la para a França. Agora, é claro, a amante dele é Agnès de Buffon (minha esposa Félicité é quem arranja essas coisas), mas Grace e o duque continuam em bons termos. — Fez uma pausa e esfregou a testa em sinal de cansaço. — Mrs. Elliot tem dois cunhados, Gilbert e Hugh. Hugh mora em Paris, Gilbert vem aqui a toda hora. Há ainda outro inglês a quem eles são ligados, Mr. Miles. São todos agentes do Ministério Britânico das Relações Exteriores. Estão aqui para observar os acontecimentos, fazer relatórios e transferir fundos para nós.

— Muito bem, Charles-Alexis — disse Laclos. — Admiravelmente lúcido. Mais clarete?

Camille perguntou:

— Por quê?

— Porque os ingleses estão profundamente interessados em nossa Revolução — disse De Sillery. — Sim, pode passar a garrafa, Laclos. Talvez você pense que eles queiram que sejamos abençoados com um parlamento e uma Constituição como a deles, mas não é bem isso; a Inglaterra está interessada em qualquer coisa que prejudique a posição do rei Luís. E Berlim também.

E Viena. Seria excelente para os ingleses se nos descartássemos do rei Luís e o substituíssemos pelo rei Philippe.

O deputado Pétion levantou os olhos lentamente. Seu rosto grande e bonito mostrava escrúpulo.

— Você nos trouxe aqui para nos sobrecarregar com essa informação?

— Não — disse Camille. — Ele está nos contando isso porque bebeu demais.

— Não é uma sobrecarga — disse Charles-Alexis. — Muita gente sabe disso. Pergunte a Brissot.

— Eu tenho muito respeito por Brissot — insistiu o deputado Pétion.

— Tem mesmo? — murmurou Laclos.

— Ele não me parece o tipo de homem que cometeria uma desonestidade como essa.

— Nosso querido Brissot! — disse Laclos. — Ele precisa ser muito ingênuo para pensar que o dinheiro aparece em seu bolso por geração espontânea. Ele sabe, mas não admite que sabe. Tem o cuidado de não fazer perguntas. Se você quiser lhe dar um susto, Camille, chegue ao ouvido dele e diga: "William Augustus Miles".

— Se posso dar uma opinião — disse Pétion—, Brissot não parece receber dinheiro. Ele sempre usa o mesmo casaco, que está bastante gasto nos cotovelos.

— Oh, nós não pagamos muito a ele — Laclos falou. — Ele não saberia o que fazer com tanto dinheiro. Ao contrário da presente companhia, que aprecia as coisas mais finas da vida. Você ainda não acredita nisso, Pétion? Diga a ele, Camille.

— É provavelmente verdade — Camille falou. — Ele recebia dinheiro da polícia. Tem conversas informais com os amigos, e reporta as opiniões políticas deles.

— Você me deixou chocado — disse Pétion, mas seu tom de voz controlado não refletia as palavras.

— De que outra forma ele iria viver? — Laclos perguntou.

Charles-Alexis riu.

— Todos esses escritores sabem o bastante da vida dos outros para viver de chantagem e ficar ricos. Não é, Camille? Só desistem se tiverem medo de ser chantageados também.

— Mas vocês estão me envolvendo em algo... — Por um instante Pétion pareceu sóbrio. Recostou a testa na palma da mão. — Se ao menos eu pudesse pensar sobre isso de uma forma honesta...

— Isso não permite um pensamento honesto — disse Camille. — Tente algum outro tipo.

Pétion disse:

— Será muito difícil manter qualquer tipo de... integridade.

Laclos ofereceu-lhe mais um drinque. Camille disse:

— Eu quero fundar um jornal.

— E quem seria seu patrocinador? — perguntou Laclos com toda a calma. Gostava de ouvir as pessoas admitirem que precisavam do dinheiro do duque.

— O duque terá sorte se eu usar seu dinheiro — Camille respondeu —, pois tenho várias outras fontes de patrocínio. Talvez precisemos dele, mas o duque precisará muito mais de nós.

— Em termos coletivos, talvez precise de vocês — Laclos falou no mesmo tom. — Mas em termos individuais não precisa de forma alguma. Individualmente, vocês todos podem se jogar da Pont-Neuf e se afogar no rio. Individualmente, vocês podem ser substituídos.

— É isso o que você pensa?

— É, Camille, é isso o que eu penso. Você tem uma ideia exagerada de sua posição na atual circunstância.

Charles-Alexis inclinou-se para a frente e pôs uma das mãos no braço de Laclos.

— Cuidado, meu velho. Vamos mudar de assunto? — Laclos engoliu em seco. Sentou-se em silêncio, e animou-se um pouco quando De Sillery contou histórias de sua esposa. Félicité guardava pilhas de cadernos de anotações sob a cama do casal. Às vezes pegava-os quando o duque estava em cima dela, tentando atingir o clímax. Será que ele ainda achava isso tão provocante quanto ele sempre achara?

— Sua esposa é uma mulher fatigante — disse Laclos. — E Mirabeau diz que esteve com ela.

— É muito provável, muito provável — disse De Sillery. — Ele esteve com muitas outras. Porém ela atualmente não sai muito com homens. Sente-se mais feliz agenciando encontros para outras pessoas. Quando eu penso, meu Deus, quando volto atrás em minha vida... — E entrou em um curto devaneio. — Nunca imaginei que acabaria casado com a cafetina mais conhecida da Europa.

— A propósito, Camille — disse Laclos —, Agnès de Buffon foi arrebatada por seu último panfleto. Por seu estilo. Ela se considera uma conhecedora do assunto. Precisamos apresentá-lo a ela.

— E a Grace Elliot — disse De Sillery. Ele e Laclos riram.

— Elas vão comer você vivo — disse Laclos.

De madrugada Laclos abriu uma janela e debruçou o corpo elegante sobre a cidade, inspirando o ar do rei.

— Ninguém em Versalhes está tão inebriado quanto nós. Vou dizer a vocês, minha equipe pirata, todos têm sua vez, e a vez de Philippe está prestes a chegar, em agosto, setembro ou outubro.

O NOVO PANFLETO DE CAMILLE saiu em setembro, sob o título de "Uma palestra para os parisienses, junto à Lanterna" e a seguinte epígrafe de são Mateus: "*Qui male agit odit lucem.*" Traduzido livremente pelo autor: "Os patifes abominam a Lanterna". A forca de ferro na Place de Grève dizia-se pronta para mais fardos. E sugeria os nomes. O nome do autor não aparecia, ele assinava: "O senhor Procurador-Geral da Lanterna".

Em Versalhes, Maria Antonieta leu as duas primeiras páginas apenas.

— Em uma época normal — disse para o rei — esse escritor ficaria preso por muito tempo.

O rei estava lendo um livro de geografia e levantou os olhos.

— Então suponho que devemos consultar Lafayette.

— Você está louco? — disse ela friamente. Os dois tinham desenvolvido, naquelas circunstâncias, uma maneira bastante vulgar de falar um com o outro. — O marquês é nosso inimigo mortal. Paga a criaturas assim para nos difamar.

— E o duque também — disse o rei, em tom baixo. Tinha dificuldade de pronunciar o nome de Philippe.

— Nosso primo vermelho — a rainha o chamava. — Qual deles é mais perigoso?

Os dois ponderaram. Para a rainha, era Lafayette.

LAFAYETTE leu o panfleto, murmurou alguma coisa para si mesmo, e levou-o para o prefeito Bailly.

— Muito perigoso — disse o prefeito.

— Eu concordo.

— Quero dizer, prendê-lo seria muito perigoso. Ele mudou-se para o distrito dos Cordeliers.

— Com todo o respeito, M. Bailly, esse panfleto incita à traição.

— Eu só posso dizer, general, que a situação ficou difícil no mês passado quando o marquês de Saint-Huruge me enviou uma carta aberta dizendo que se eu não me opusesse ao veto do rei, seria linchado. Como o senhor sabe, quando prendemos o homem, os cordeliers criaram tantos problemas que pensei que seria melhor soltá-lo. Não gosto disso, mas aí está. Aquele distrito todo está ansioso para lutar. O senhor conhece um homem chamado Danton, o presidente dos cordeliers?

— Conheço — disse Lafayette.

Bailly sacudiu a cabeça.

— Devemos ser cuidadosos. Não podemos ter mais rebeliões. Não precisamos criar mártires.

— Sou obrigado a admitir — disse Lafayette — que faz sentido o que você diz. Se todas as pessoas que Desmoulins ameaça fossem enforcadas amanhã, dificilmente seria um Massacre dos Inocentes. Então não faremos nada. Mas nossa posição se tornará impossível, pois seremos acusados de compactuar com a lei do povo.

— Então o que o senhor gostaria de fazer?

— Gostaria... — Lafayette fechou os olhos. — Gostaria de mandar três ou quatro sujeitos fortes para o outro lado do rio com ordens de reduzir Meu Senhor Promotor a uma mancha vermelha na parede.

— Meu caro marquês!

— Você sabe que não estou falando sério — disse Lafayette arrependido. — Mas às vezes gostaria de não ser um cavalheiro tão honrado. Às vezes penso qual seria o resultado de métodos civilizados para lidar com essas pessoas.

— O senhor é o cavalheiro mais honrado da França — disse o prefeito em tom resoluto. — Isso é de conhecimento geral. — De conhecimento universal, ele teria dito, se não fosse um astrônomo.

— Por que acha que temos tantos problemas com o distrito dos Cordeliers? — Lafayette perguntou. — Eles têm esse homem Danton, aquele aborto, Marat, e... — indicou o panfleto. — A propósito, quando esse escritor vai a Versalhes, hospeda-se com Mirabeau, o que nos revela algo sobre Mirabeau.

— Vou me lembrar disso. Bem... — o prefeito abrandou o tom — mas em termos de literatura, o panfleto é admirável.

— Não me fale em literatura — Lafayette disse. Estava pensando no corpo de Berthier, com os intestinos saindo do abdômen rasgado. Inclinou-se para a frente e levantou o panfleto com as pontas dos dedos. — Você conhece Camille Desmoulins? Já o viu? Ele é um desses advogadozinhos novos. A coisa mais perigosa que já usou na vida foi uma faca de cortar papel. — Sacudiu a cabeça, pensativo. — De onde vêm essas pessoas? Eles são virgens. Nunca estiveram na guerra. Nunca estiveram em uma caçada. Nunca mataram um animal sequer, muito menos, um homem. Mas são *entusiastas* de assassinatos.

— Desde que eles próprios não participem disso, suponho — disse o prefeito. Lembrou do coração dissecado em cima de sua mesa, um monte terrível de carne de açougueiro.

EM GUISE.

— Como posso manter a cabeça erguida na rua? — Jean-Nicolas perguntou retoricamente. — O pior de tudo é que meu filho acha que eu devia sentir orgulho dele. Diz que é conhecido em todo lugar, e que janta com aristocratas todas as noites.

— Pelo menos está comendo — disse Mme. Desmoulins. O comentário, vindo de sua própria boca, surpreendeu-a. A maternidade nunca a interessara muito. E Camille, por sua vez, nunca tivera muito interesse por comida.

— Não sei como vou poder olhar para os Godard. Eles devem ter lido isso. Mas uma coisa é certa: aposto como Rose-Fleur está contente por terem-na obrigado a romper o noivado com Camille.

— Como você entende pouco as mulheres! — disse a esposa.

Rose-Fleur Godard guardou o panfleto na mesa de costura, e citava-o a toda hora para irritar M. Tarrieux de Tailland, seu noivo.

D'ANTON tinha lido o panfleto e entregado a Gabrielle.

— É bom que você leia. Todos estão falando sobre isso.

Gabrielle leu metade e pôs o panfleto de lado. Seu raciocínio era o seguinte: como ela tinha de conviver com Camille, preferia não saber muito sobre suas opiniões. Estava calma agora, tateando seu caminho dia a dia, como uma cega em uma casa nova. Nunca perguntou a Georges o que acontecia nas reuniões da Assembleia do distrito. Quando gente nova aparecia para jantar, ela simplesmente colocava mais pratos na mesa e tentava manter a conversa amena. Estava grávida de novo. Ninguém esperava muito dela. Ninguém esperava que se preocupasse com a situação da nação.

O FAMOSO ESCRITOR Mercier introduziu Camille aos salões de Paris e Versalhes.

— Dentro de vinte anos — previu — ele será nosso homem de letras mais proeminente.

Vinte anos? Camille não pode esperar vinte minutos.

O humor de Camille, nessas reuniões, mudava violentamente de instante a instante. Às vezes se divertia, às vezes sentia que estava ali por falsos pretextos. As anfitriãs, que haviam se empenhado tanto em convidá-lo, tinham de fingir que não sabiam quem ele era. A ideia era que sua identidade fosse conhecida aos poucos, para que aqueles que quisessem sair o fizessem sem a necessidade de uma cena. Mas as anfitriãs queriam Camille em suas reuniões, precisavam do frisson, do choque. Uma festa não é uma festa...

Sua dor de cabeça voltara, talvez fosse de tanto sacudir o cabelo. O melhor dessas festas é que ele não tinha de falar nada. Os outros falavam à sua volta. Sobre ele.

Na sexta-feira, ao final da noite, a casa da condessa de Beauharnais estava repleta de jovens poetas aduladores e creoles das colônias, ricos e interessantes. As salas arejadas fervilhavam. Fanny de Beauharnais tomou o braço de Camille como se fosse sua proprietária, situação bem diferente da época em que ninguém queria assumi-lo.

— Arthur Dillon — murmurou. — Você não o conhece? Ele é filho do undécimo visconde de Dillon. Representa a Martinica na Assembleia.

Um toque, um sussurro, um farfalhar de seda.

— General Dillon? Vou lhe mostrar alguém que suscitará sua curiosidade.

Dillon virou-se. Era um homem de cerca de 40 anos, de maneiras singulares e refinadas, quase uma caricatura de aristocrata, de nariz fino e boca vermelha e pequena.

— O Procurador-Geral da Lanterna — Fanny disse baixinho. — Não diga isso a todos. Não imediatamente.

Dillon olhou para Camille.

— Você é justamente como eu esperava. — Fanny afastou-se deixando uma nuvem de perfume em seu rastro. Dillon fixou o olhar nele, fascinado. — Os tempos mudam, e nós mudamos com eles — disse em latim. Passou a mão no ombro de Camille e falou: — Venha conhecer minha esposa.

Laure Dillon estava sentada em uma chaise longue, com um vestido branco de musselina salpicado de lantejoulas prateadas e um turbante de gaze de seda com as mesmas cores. Reclinada, Laure praticava seu vício: tinha sempre consigo um toco de vela de cera e, quando não estava ocupada, o mordiscava.

— Minha querida — disse Dillon —, este é o Procurador-Geral da Lanterna.

Laure mexeu-se na cadeira.

— Quem?

— O homem que começou as rebeliões antes da queda da Bastilha. O homem que manda enforcar gente e cortar cabeças.

— Oh — Laure levantou os olhos. Seus brincos de argola prateados cintilaram sob a luz. Seus belos olhos passearam por Camille. — Encantada — disse.

Arthur deu um risinho.

— Minha esposa não é muito dada à política.

Laure tirou dos lábios macios o pedaço quente de cera, deu um suspiro e tocou a fita no decote do vestido.

— Venha jantar conosco — disse.

Quando Dillon e ele atravessaram de volta o salão, Camille viu-se no espelho, um rosto pálido, sombrio e duro. Os relógios bateram as 23 horas.

— Quase hora do jantar — disse Dillon. E ao ver a expressão sincera de perplexidade no rosto do Procurador-Geral da Lanterna, acrescentou: — Não fique assim. É o *poder.* Você agora tem poder. Isso muda as coisas.

— Eu sei. Mas não consigo me acostumar.

Onde quer que ele fosse percebia que as pessoas baixavam o tom de voz e olhavam-no por cima dos ombros. Quem? Aquele? Verdade?

Logo depois, o general observou-o no meio de um grupo de mulheres. Ele parecia ter se tornado bastante conhecido. O rosto das mulheres afogueava-se, os lábios entreabriam-se e os pulsos aceleravam-se à sua aproximação. Um espetáculo nada edificante, pensou o general, mas assim eram as mulheres. Três meses antes, elas não tomariam conhecimento daquele rapaz.

O general era um homem bom. Daquela noite em diante passou a preocupar-se com Camille, a intervalos, nos cinco anos seguintes. Quando pensava nele tinha vontade de protegê-lo, por mais idiota que isso pudesse parecer.

O REI LUÍS tem o poder de vetar as ações da Assembleia Nacional?

"Mme. Veto" era o novo apelido da rainha nas ruas.

Se não houvesse veto, disse Mirabeau obscuramente, seria melhor viver em Constantinopla. Mas como o povo de Paris era absolutamente contra o veto (muita gente pensava que fosse um novo imposto), Mirabeau preparou para a Assembleia um discurso que falava de tudo para todos, mais parecendo um contorcionista em uma feira de diversões que um estadista em uma tribuna. No final chegaram a um acordo: o rei teria o poder de adiar a legislação, mas não de bloqueá-la. Ninguém ficou feliz.

A confusão pública aumentou. Em Paris, um orador de rua declarou:

— Na semana passada foram dados aos aristocratas esses vetos suspensivos, e eles já os estão usando para comprar todo o grão e despachá-lo para o campo. É por isso que temos pouco pão.

OUTUBRO. Ninguém sabia se o rei pensava em resistir ou fugir. Havia novos regimentos em Versalhes, e quando o Regimento de Flandres chegou, a escolta do rei ofereceu-lhes um banquete no palácio.

Foi um evento suntuoso, de mau gosto, que os panfletários chamaram de bacanal.

Quando o rei chegou com a esposa e o pequeno delfim, animou-se com o eco das vozes dos militares embriagados. O menino foi colocado em cima da mesa, rindo com a brincadeira. Copos foram erguidos para a confusão dos rebeldes. A roseta tricolor foi atirada no chão e pisada pelos cavalheiros.

Isso ocorreu no sábado, 3 de outubro: Versalhes banqueteava-se enquanto Paris passava fome.

Às 17 horas, naquele mesmo dia, o presidente Danton falou na Assembleia do Distrito, batendo com o punho na mesa.

— Os cidadãos do distrito dos Cordeliers vão fazer uma manifestação na cidade — disse. — Vão vingar-se desse insulto aos patriotas. Vão salvar Paris da ameaça real. O batalhão convocará os irmãos de armas de todos os distritos, e será o primeiro na estrada. Levarão o rei à força para Paris, e o manterão sob vigia. — Se tudo mais falhar, é claro que o próprio Danton marchará sozinho até lá e trará Luís de volta. — Não estou mais com o rei — disse o conselheiro do rei.

Stanislas Maillard, um dignitário da corte do Châtelet, falou para as vendedoras ambulantes. Referiu-se, sem necessidade, a seus filhos famintos. Formou-se uma passeata. Maillard era muito alto e magro, como a imagem da Morte. À sua direita vinha uma funileira, uma mendiga conhecida nas redondezas como Rainha da Hungria. À esquerda vinha um louco fugido de um hospício, segurando uma garrafa de bebida barata. O líquido escorria-lhe da boca até o queixo, e os olhos eram absolutamente inexpressivos. Domingo.

Segunda-feira de manhã.

— Por acaso vocês planejam ir a algum lugar? — perguntou Danton a seus funcionários.

Na verdade, eles tinham pensado em passar o dia em Versalhes.

— Isto é um escritório de advocacia ou um quartel-general?

Mais tarde, naquela mesma manhã, Paré disse a Camille:

— Danton está ocupado com um caso importante da marinha mercante. Não pode ser incomodado. Você não estava pensando em ir lá pessoalmente, não é?

— É que ele deu a impressão, na Assembleia do Distrito... não, não estava pensando. A propósito, esse é o mesmo caso da marinha mercante no qual ele estava trabalhando quando a Bastilha foi tomada?

— Agora é o recurso — disse Danton, por trás da porta fechada.

SANTERRE, comandante do batalhão da Guarda Nacional, chefia um assalto ao Hôtel de Ville; algum dinheiro é roubado e papéis são rasgados. As vendedoras ambulantes correm pelas ruas, incitando as mulheres que encontram e ameaçando-as. Na Place de Grève a multidão está pegando em armas. Querem que a Guarda Nacional vá a Versalhes com eles, tendo Lafayette à frente. De 9 às 11 horas da manhã o marquês discute com eles. Um rapaz lhe diz:

— O governo está nos enganando, temos de trazer o rei para Paris. Se ele for o imbecil que dizem, seu filho será o rei, o senhor será o regente, e tudo irá melhorar.

Às 11 horas Lafayette vai discutir com o Comitê da Polícia. Passa a tarde toda trancado com eles, mas as notícias que tem são fragmentadas. Mas às 17 horas parte para Versalhes, chefiando 15 mil soldados da Guarda Nacional. A multidão é incontável. Chove.

Um grupo de mulheres já invadiu a Assembleia. Estão sentadas nos bancos dos deputados, com as saias encharcadas levantadas e as pernas abertas, empurrando os deputados e fazendo piadas, exigindo a presença de Mirabeau. Uma pequena delegação feminina é levada à presença do rei, e ele lhes promete todo o pão que puderem encontrar. Pão ou sangue? Théroigne está do lado de fora, falando com os soldados. Ela usa uma roupa de montaria escarlate e tem um sabre na mão. A chuva estragou as plumas de seu chapéu.

Chega uma mensagem para o general Lafayette na estrada: o rei decidiu aceitar a Declaração dos Direitos Humanos. Para o general, exausto e desanimado, com as mãos geladas por cima do arreio e a chuva escorrendo pelo nariz pontudo, não é uma notícia das mais relevantes.

PARIS. Fabre conversa nos cafés, formando opinião.

— A questão é que aquele que inicia uma coisa assim deve ser reconhecido — disse. — Quem pode negar que a iniciativa foi tomada pelo presidente Danton e seu distrito? Quanto à marcha em si, quem melhor que as mulheres de Paris para incumbirem-se disso? Ninguém vai atirar em mulheres.

Fabre não ficou decepcionado por Danton ter ficado em casa, sentiu alívio. Aos poucos, começou a perceber o curso dos acontecimentos. Camille estava certo: em público, diante de sua plateia apropriada, Danton tinha uma aura de grandeza. Dali em diante Fabre passaria a recomendar que ele pensasse em sua segurança física.

NOITE. Ainda chovendo. Os homens de Lafayette esperam na escuridão enquanto ele é interrogado pela Assembleia. Qual é a razão dessa inconveniente demonstração militar?

Lafayette leva no bolso uma nota desesperada do presidente dessa mesma Assembleia, pedindo que ele marche a Versalhes com seus homens para salvar o rei. Tem vontade de enfiar a mão no bolso para assegurar-se de que a mensagem não é um sonho, mas não pode fazer isso diante da Assembleia, pois considerariam uma falta de respeito. O que Washington faria?, pergunta a si mesmo, sem resultado. Só lhe resta permanecer ali, respingado de lama até os ombros, respondendo a essas perguntas estranhas o melhor que pode, justificando-se para a Assembleia com uma voz cada vez mais rouca: o rei, para evitar uma série de problemas, não poderia ser persuadido a fazer um discurso curto a favor das novas cores nacionais?

Pouco depois, exausto, ele é levado à presença do monarca e, ainda coberto de lama, dirige-se à Sua Majestade, ao irmão de Sua Majestade, o conde de Provence, ao arcebispo de Bordeaux e a M. Necker.

— Bem — diz o rei — suponho que o senhor tenha feito o que pôde.

O general põe as mãos no peito, em postura digna de uma pintura, e oferece sua vida pela segurança do rei; ele é também o dedicado servo da Constituição, e diz que alguém vem pagando muito dinheiro.

A rainha permaneceu na sombra, olhando-o com desagrado.

Lafayette saiu, distribuiu as patrulhas no palácio e na cidade, viu de uma janela o fogo baixo das tochas e ouviu o canto dos bêbados trazido pelo vento da noite. Baladas, sem dúvida, referentes à vida na corte. Foi tomado de melancolia, de uma espécie de nostalgia do heroísmo. Inspecionou as patrulhas e visitou os apartamentos reais mais uma vez. Mas não foi admitido: todos já tinham se retirado para dormir.

Perto da madrugada, jogou-se em uma cama completamente vestido e fechou os olhos. General Morfeu, chamaram-no mais tarde.

Nascer do sol. Soar de tambores. Um pequeno portão é deixado aberto por negligência ou traição; os tiros começam, a escolta é dominada, e em questão de minutos há cabeças espetadas em estacas. A turba popular está no palácio. Mulheres armadas de facas e maças correm pelas galerias em busca de suas vítimas.

O general acorda e movimenta-se às pressas. Antes de chegar ao castelo, a turba já alcançou a porta do Salão *Oeil de Boeuf* e é repelida pela Guarda Nacional.

— Quero o fígado da rainha. Vou fazer um fricassé com ele — grita uma mulher.

Lafayette, a pé, sem poder esperar que selem um cavalo, ainda do lado de fora do palácio, tenta abrir caminho entre a multidão, que já colocou cordas em torno dos pescoços dos guarda-costas. A família real está segura, por pouco, dentro do salão. As crianças choram. A rainha está descalça. Escapou da morte pelo fato de a porta ser muito forte e espessa.

Lafayette chega e seus olhos encontram os daquela mulher descalça, a mulher que um dia expulsou-o da corte, que um dia ridicularizou suas maneiras e riu de seu modo de dançar. Agora exige dele mais que as habilidades de um cortesão. A multidão fervilha embaixo das janelas. Lafayette aponta para o balcão.

— É necessário — ele diz.

O rei vai até o balcão. O povo grita: "Para Paris." Agitam lanças no ar e apontam as armas. Eles chamam a rainha.

Dentro do salão, o general faz um gesto para que ela se junte ao marido.

— Não está ouvindo o que o povo grita? — ela diz. — Não está vendo os gestos deles?

— Sim — diz Lafayette com os dedos na garganta. — Mas ou Vossa Majestade vai ao balcão ou eles virão buscá-la. Saia, madame.

Seu rosto congela, ela pega as crianças pelas mãos e faz o que ele sugere. "Sem as crianças!", grita o povo. A rainha solta as mãos dos dois e o delfim e a irmã voltam para o salão.

Maria Antonieta fica sozinha. A cabeça de Lafayette gira, pensando nas consequências; o inferno será liberado, haverá uma guerra total ao cair da noite. Sai do salão e se posta ao lado dela no balcão, pretendendo escudá-la com seu corpo se o pior... A multidão uiva... e então... como um perfeito cortesão, ele toma a mão da rainha, levanta-a, inclina-se e beija as pontas de seus dedos.

De súbito há uma mudança na atitude geral. "*Vive Lafayette!*" Ele estremece ao sentir a volubilidade do povo. "*Vive la reine*", alguém grita. "*Vive la reine!*" Esse grito não era ouvido havia uma década. Os punhos da rainha estão cerrados e a boca entreaberta; Lafayette sente-a apoiar-se nele, aliviada. Um guarda da escolta aparece para assisti-la, com uma roseta tricolor no chapéu. A multidão aplaude. A rainha é levada para dentro. O rei declara que irá a Paris.

Isso leva o dia inteiro.

Lafayette cavalga junto à carruagem do rei a caminho de Paris, sem dar uma palavra. Acha que não haverá mais escoltas depois disso, a não ser as que ele providenciar. Tenho de proteger a nação do rei, e agora tenho de proteger o rei do povo. Salvei a vida dela. Lembra-se do rosto lívido, dos pés descalços e do corpo apoiado nele enquanto a multidão aplaude. Sabe que a rainha nunca se esquecerá dele. As forças armadas estão agora à minha disposição, minha posição deveria ser inatacável... mas desfilando na semiescuridão estão os anônimos, o Povo. "*Nós temos todos eles*", gritam, "*o padeiro, a mulher do padeiro, e o pequeno aprendiz de padeiro*". A Guarda Nacional e a escolta trocam de chapéus entre si, ganhando uma aparência ridícula; porém mais ridículas ainda são as cabeças ensanguentadas e desfiguradas que balançam, légua após légua, à frente da carruagem real.

Isso ocorreu em outubro.

A ASSEMBLEIA seguiu o rei a Paris, e ocupou acomodações temporárias no palácio do arcebispo. O Clube Bretão passou a fazer suas reuniões no refeitório de um convento vazio na rue Saint-Jacques. Os inquilinos anteriores, os dominicanos, sempre foram chamados pelo povo de "jacobinos", e esse nome estendeu-se aos deputados, jornalistas e homens de negócios que debatiam ali como em uma segunda Assembleia. Quando o número cresceu, eles se mudaram para a biblioteca, e finalmente, para a antiga capela, que tinha uma galeria para o público.

Em novembro a Assembleia mudou-se para um local onde funcionava anteriormente uma escola de equitação. O salão era apertado e mal iluminado, com um formato inconveniente, que dificultava os discursos. Os membros se sentavam frente a frente em um corredor. Em um canto do salão ficavam a cadeira do presidente e a mesa do secretário, no outro, a tribuna do orador. Os defensores mais ferrenhos do poder real sentavam-se à direita do corredor. Os patriotas, como em geral se chamavam, à esquerda.

O calor era gerado por um fogão no meio do salão, e a ventilação era precária. Por sugestão do Dr. Guillotin, vinagre e ervas eram borrifados duas vezes ao dia. As galerias públicas eram apertadas também, e os trezentos espectadores eram organizados e policiados, não necessariamente pelas autoridades.

A partir dali os parisienses passaram a chamar a Assembleia de "Escola de Equitação".

RUE CONDÉ. Perto do final do ano, Claude permitiu uma trégua. Annette deu uma festa, suas filhas convidaram os amigos e esses amigos convidaram outros amigos.

— Se houvesse um incêndio, grande parte da Revolução viraria fumaça — disse Annette.

Antes de os convidados chegarem, houve a briga de sempre com Lucile. Nada acontecia agora sem brigas.

— Deixe-me prender seu cabelo para cima com flores, como você sempre usou — Annette disse.

Lucile falou com grande veemência que preferia morrer a pentear o cabelo assim. Não queria presilhas, fitas, flores, enfeites. Queria usar o cabelo solto para poder mover a cabeça, se quisesse, e deixar talvez alguns cachos caídos.

— Francamente — disse a mãe, zangada —, se você pretende imitar Camille, pelo menos o faça de forma apropriada. Desse jeito, vai acabar com câimbras no pescoço. — Adèle cobriu a boca com a mão, em um riso provocativo. — Você tem de fazer assim — Annette disse, demonstrando o trejeito. — Você não pode jogar a cabeça para trás *ao mesmo tempo* que tira o cabelo dos olhos. São movimentos distintos.

Lucile tentou, sorrindo com afetação.

— Talvez você tenha razão, Adèle. Agora, você. Mas é preciso ficar de pé para conseguir o efeito.

As três mulheres se acotovelaram diante do espelho.

— E também há este — disse Lucile. — Saiam da frente, tolas, vou mostrar. — Parou de sorrir, olhou-se no espelho de forma narcisista e tirou um fio imaginário de cabelo da testa com um piparote.

— Imbecil — disse a mãe. — O pulso está no ângulo errado. Você não vê?

Lucile arregalou os olhos e observou-a, com um olhar como o de Camille.

— Você tem mais experiência do que eu — disse.

Adèle e a mãe ficaram andando pelo quarto. Adèle caiu na cama de Annette e soluçou no travesseiro.

— Oh, pare com isso, pare com isso — disse Annette. Seu cabelo se desprendera e lágrimas escorriam-lhe pelas bochechas cobertas de ruge.

Lucile abaixou-se e bateu no tapete com os punhos.

— Acho que vou morrer — disse.

Ah, que alívio! Durante meses as três mal tinham se falado! Mãe e filhas tentaram se recompor, mas quando pegaram o pó de arroz e o perfume, não conseguiram evitar novas gargalhadas. Durante a noite toda se portaram de forma estranha.

— Maître Danton, conhece Maximilien Robespierre? — Annette perguntou e afastou-se, pois as lágrimas começavam a escorrer-lhe dos olhos, os lábios tremiam e ela estava prestes a dar uma risada. Maître Danton tinha o hábito agressivo de pôr uma das mãos no quadril e franzir as sobrancelhas quando falava sobre o tempo ou algum outro assunto rotineiro. O deputado Maximilien Robespierre tinha uma forma curiosa de olhar fixamente, sem piscar, e de andar em volta dos móveis. Annette largou os dois homens com sua importância e foi rir lá dentro.

— Onde você está morando agora? — perguntou Danton.

— Na rue Saintonge, no Marais.

— É confortável?

Robespierre não respondeu. Não podia imaginar qual seria o padrão de conforto de Danton, portanto nada que dissesse faria sentido. Escrúpulos assim sempre o deixavam atrapalhado nas conversas mais simples. Por sorte, Danton não parecia interessado na resposta.

— A maioria dos deputados não parece querer mudar-se para Paris.

— A maioria não fica em Paris todo o tempo. E os que ficam, não se concentram no que fazem. Conversam uns com os outros sobre vinhos e criação de porcos.

— Estão pensando nas próprias casas. Afinal, é uma mudança na vida deles.

Robespierre deu um sorriso sem graça. Ele não era arrogante, só achava aquela uma forma peculiar de ver as coisas.

— Mas aqui é a vida deles.

— Mesmo assim é preciso compreendê-los; eles pensam nas plantações da fazenda, nos filhos crescendo e na esposa indo para a cama com todo o mundo. São seres humanos.

Robespierre olhou-o de esguelha.

— Na verdade, Danton, nos tempos de hoje creio que todos nós devemos tentar ser um pouco maiores que isso.

Annette movimentava-se entre os convidados com um sorriso social. De certa forma, não parecia mais possível ver os homens que estavam ali como eles gostariam de ser vistos. O deputado Pétion (com um sorriso afetado) parecia gentil, assim como Brissot (cheio de tiques). Danton observava-a do outro lado da sala. Em que estaria pensando? Ela teve uma ideia maldosa. Imaginou maître Danton falando com seu jeito arrastado: "É uma mulher bonita, considerando sua idade". Fréron estava sozinho, absolutamente sozinho, e seguia Lucile com os olhos.

Camille, como sempre, tinha uma plateia.

— O que temos de fazer é escolher o nome — disse. — E organizar assinaturas nas províncias. Vai sair todos os sábados, ou com mais frequência quando for necessário. Vai ser composto in-octavo, com capa de papel pardo. Brissot escreverá para nós, e também Fréron e Marat. Aceitaremos intercâmbio com os leitores. Daremos ênfase especial a críticas de teatro. O universo e todas as suas loucuras serão englobados nas páginas desse jornal supercrítico.

— E a revista dará dinheiro? — Claude perguntou.

— De forma alguma — Camille respondeu, feliz. — Não espero sequer cobrir os custos. A ideia é manter o preço o mais baixo possível para que quase todos possam comprar os exemplares.

— Então como vai pagar a impressão?

Camille assumiu um ar misterioso.

— Há formas de fazer isso. A ideia, na verdade, é que sejamos pagos para escrever o que escreveríamos de qualquer modo.

— Você me assusta — disse Claude. — Parece não ter qualquer senso moral.

— O resultado final será bom. Não terei de escrever mais que algumas colunas para elogiar meus patrocinadores. O resto do jornal poderá ser usado para fazer publicidade do deputado Robespierre.

Claude olhou em volta, amedrontado, e viu o deputado Robespierre conversando com sua filha Adèle. Pareciam falar em segredo, de forma quase íntima. Ele admitia que se pudesse separar os discursos do deputado na Escola de Equitação de sua pessoa física, o saldo era positivo. Robespierre era um rapaz de bom aspecto, quieto e parecia moderado, tranquilo e responsável. Adèle sempre citava seu nome nas conversas, provavelmente sentia alguma coisa por ele. A pena era sua falta de dinheiro, mas não se podia ter tudo. Já seria uma boa coisa ter um genro que não fosse fisicamente violento, pensou Claude.

Adèle foi aproximando-se aos poucos de Robespierre. De que estariam falando? De Lucile.

— É terrível — ela dizia. — Hoje... bem, hoje foi diferente, demos boas risadas. — Não vou dizer sobre o que rimos, decidiu. — Mas em geral o ambiente é muito tenso. Lucile tem personalidade forte, discute o tempo todo. E está realmente determinada a ficar com ele.

— Acho que seu pai está cedendo aos poucos, pois o convidou para vir aqui hoje.

— Também acho. Mas olhe a cara dele. — Os dois olharam furtivamente para Claude do outro lado da sala e menearam a cabeça. — Mesmo assim, os dois vão acabar fazendo o que quiserem, ambos são do tipo de pessoa que faz o que quer — Adèle opinou. — O que me preocupa é que tipo de vida eles terão.

— A verdade é que todos parecem ver Camille como um problema. Mas para mim ele não é. É o melhor amigo que já tive na vida.

— É muita gentileza sua dizer isso. — E era mesmo. Quem mais ousaria dar uma declaração tão franca naqueles dias complicados? — Olhe ali — ela disse. — Camille e minha mãe estão falando sobre nós.

Eles estavam muito juntos, como nos velhos tempos.

— Planejar casamentos é ocupação de solteironas — dizia Annette.

— Você não conhece alguém que possa convidar? Gosto das coisas feitas com certa formalidade.

— Mas ele vai levá-la para longe. Para Artois.

— E daí? Nós podemos ir até lá. Até parece que existe um penhasco íngreme em volta de Paris e que Chaillot é o fim do mundo. Além disso, creio que ele não voltará mais para casa.

— Mas e quando a Constituição for aprovada e a Assembleia for dissolvida?

— Creio que as coisas não vão funcionar assim.

Lucile observava os dois. Oh, mãe, por que não chega um pouco mais perto? Por que não se agarra com ele no tapete e termina logo com isso? A leveza que sentia poucas horas antes se evaporou. Não queria mais ficar no meio de toda aquela gente. Olhou em volta, em busca de um canto bem sossegado. Fréron seguiu-a.

Ela sentou-se e deu um sorriso forçado. Ele passou o braço pelas costas da cadeira dela e começou a conversar, com os olhos no salão e não nela. A toda hora olhava para baixo. Finalmente, perguntou em tom suave e insinuador:

— Você continua virgem, Lucile?

Lucile corou e baixou a cabeça, como convinha a uma senhorita bem comportada.

— Evidentemente.

— Esse não é o Camille que eu conheço.

— Camille está esperando até o casamento.

— Está muito bem para ele, creio. Ele tem... válvulas de escape, não é?

— Não quero ouvir sobre isso — disse Lucile.

— É melhor não ouvir mesmo. Mas você já é uma menina crescida. Não acha que as delícias de seu estado de solteira estão se tornando insípidas?

— O que sugere que eu faça, Coelho? Que oportunidades acha que tenho?

— Eu sei que você encontra maneiras de vê-lo. Sei que escapole de vez em quando. Decerto vai à casa dos Danton. Ele e Gabrielle não são excessivamente moralistas.

Lucile olhou-o de lado, com o ar mais inexpressivo possível. Não devia ter tido aquela conversa, mas era um alívio doloroso falar de seus sentimentos, mesmo com alguém tão inoportuno. Por que o Coelho estava caluniando Gabrielle? Logo depois ele próprio percebeu que tinha ido longe demais, sua expressão o traía. *Imagine*, Lucile pensou, perguntar a Gabrielle se ela emprestaria sua cama para eles. Gabrielle morreria de vergonha.

Lucile admitia que pensar na cama dos Danton lhe dava uma sensação muito estranha. Na verdade, uma sensação indescritível. Passou-lhe pela cabeça que Camille não a machucaria quando chegasse o dia, *mas Danton, sim,* se a situação fosse diferente. E seu coração bateu forte. Ela corou de novo, com mais intensidade; não queria pensar naquilo, nem sabia de onde lhe vinha essa ideia.

— Está preocupada com alguma coisa? — perguntou Fréron.

— Você deveria ter vergonha — ela respondeu. Ainda assim, não conseguiu apagar a imagem de sua cabeça: aquela energia beligerante, aquelas mãos enormes, aquele peso. A mulher que tem uma imaginação limitada, disse para si mesma, deveria agradecer a Deus.

O JORNAL mudou de nome várias vezes. Começou chamando-se *Courier du Brabant*; havia uma revolução na fronteira também, e Camille achou que valia a pena incluí-la. Depois chamou-se *Révolutions de France et du Brabant*, e acabou simplesmente como *Révolutions de France*. É claro que Marat continuava o mesmo, mudava seu título a toda hora, por várias razões obscuras. Anteriormente intitulava-se "Jornalista Parisiense" e agora "Amigo do Povo". Um título, segundo o *Révolutions*, de uma ridícula *naïveté*, que mais soava como um nome de remédio para gonorreia.

Todos estavam fundando jornais, inclusive gente que não sabia escrever e que, segundo Camille, tampouco sabia pensar. O *Révolutions* fez sucesso e impôs um hábito. O fato de a equipe ser pequena, temporária e um tanto desorganizada não importava; se trabalhasse muito, Camille podia escrever o jornal inteiro sozinho. O que eram 32 páginas (in-octavo) para um homem com tanto a dizer?

Às segundas e terças-feiras eles iam à redação cedo para preparar a edição da semana. Na quarta-feira o material estava quase pronto para ser impresso. Nesse mesmo dia chegavam os processos referentes às calúnias do sábado anterior; as vítimas traziam seus advogados do campo no domingo de manhã para preparar os processos até a terça-feira. Desafios para duelos chegavam esporadicamente durante a semana.

Quinta-feira era o dia do prelo. Feitas as correções de última hora, os manuscritos eram entregues ao tipógrafo, M. Laffrey, que trabalhava no Quai des Augustins. Ao meio-dia Laffrey e o distribuidor, M. Garnery, chegavam, arrancando os cabelos.

— Você quer ver as prensas apreendidas, quer nos ver na cadeia?

— Sentem-se, bebam alguma coisa — dizia Camille.

Ele raramente aceitava mudanças, quase nunca. E eles sabiam que, quanto maior o risco, mais exemplares seriam vendidos.

René Hébert entrava na redação: pele rosada, desagradável. Fazia piadas de mau gosto sobre a vida particular de Camille; todas as suas frases tinham *double-entendre.* Camille contou a seus auxiliares que Hébert trabalhava na bilheteria de um teatro, mas descobriram que ele roubava o caixa e o demitiram.

— Como você aguenta esse homem? — perguntavam. — Devemos expulsá-lo na próxima vez que entrar aqui?

Assim eram no *Révolutions*, sempre esperando por uma ocupação menos sedentária.

— Ah, não, deixem o homem em paz — disse Camille. — Ele sempre foi agressivo, faz parte de sua natureza.

— Eu quero abrir meu próprio jornal, diferente desse — disse Hébert.

Brissot estava na redação naquele dia, debruçado sobre a mesa, todo curvado.

— Mas não deixe que seja diferente demais — disse Brissot. — O *Révolutions* é um grande sucesso.

Brissot e Hébert não se gostavam.

— Você e Camille escrevem para a elite intelectual — Hébert disse. — Assim como Marat. Eu não vou fazer isso.

— Vai abrir um jornal para analfabetos? — Camille perguntou gentilmente. — Desejo a você grande sucesso.

— Vou escrever para o povo. Com a linguagem que eles falam.

— Então uma a cada duas palavras será uma obscenidade — disse Brissot, torcendo o nariz.

— Precisamente — Hébert falou.

Brissot era o editor do *Patriota francês* (jornal diário de quatro páginas, in-quarto, maçante). Era também um colaborador muito generoso, caprichoso e inventivo de outros jornais. Aparecia na redação quase todas as manhãs, o rosto fino e ossudo brilhando com uma nova ideia. Dizia que tinha rastejado a vida toda para os editores, que suas ideias haviam sido roubadas e seus manuscritos, plagiados. Não parecia notar que sua triste história se repetia: 11h30 da manhã, escritório de outro editor, ele torcendo nas mãos o empoeirado chapéu estilo quaker, apresentando suas ideias que seriam novamente roubadas.

— Minha família era muito pobre e ignorante. Você entende, Camille? Queriam que eu fosse monge, era a melhor vida que podiam imaginar para mim. Quando lhes contei que tinha perdido a fé, é claro que não compreenderam. Era como se falássemos línguas diferentes. Como se eles fossem suecos e eu, italiano. Havia uma distância enorme entre mim e eles. Depois decidiram que eu devia ser advogado. Um dia um dos vizinhos me mostrou na rua um advogado barrigudo com um ar estúpido, andando com o trabalho do dia debaixo do braço, e disse: "Lá vem M. Janvier voltando do tribunal. Se você trabalhar bastante, será como ele um dia." Meu coração afundou. Eu sei que é uma figura de linguagem, mas juro que afundou mesmo e foi bater na barriga. Disse a mim mesmo que eu podia passar por muitas dificuldades, podia até ser preso, mas não seria daquele jeito. Na verdade, o homem não parecia tão estúpido assim, tinha dinheiro, era respeitado, não oprimia os pobres, e acabara de se casar pela segunda vez com uma jovem muito bonita. Por que, então, não me senti tentado a seguir seus passos? Talvez aquela vida não fosse de todo ruim. Mas dinheiro certo e vida fácil nem sempre bastam, não é?

Um dos assistentes de Camille enfiou a cabeça pela porta.

— Camille, uma mulher veio falar com você. Como de hábito.

Théroigne entrou, com um vestido banco e uma faixa tricolor na cintura. Por cima dos ombros finos e quadrados usava uma túnica da Guarda Nacional, desabotoada. Seu cabelo castanho parecia uma cascata de cachos formados pelo vento; estivera em um desses cabeleireiros caros que faziam as mulheres parecerem naturalmente despenteadas.

— Olá, como estão? — disse. Seu aspecto não condizia com essa saudação democrática; ela irradiava energia e um entusiasmo quase sexual.

Brissot levantou-se prontamente, tirou a túnica dos ombros dela, dobrou-a com cuidado e colocou-a sobre uma cadeira vazia. Assim, Théroigne ficou reduzida a uma moça bonita de vestido branco, o que a desagradou. Havia um peso no bolso de sua túnica.

— Está carregando uma arma? — Brissot perguntou surpreso.

— Consegui essa pistola quando invadimos os Invalides. Lembra-se, Camille? — Disse, atravessando a sala. — Você não tem sido visto com frequência nas ruas ultimamente.

— Eu não conseguiria causar tão boa impressão quanto você — Camille murmurou.

Théroigne pegou a mão dele e virou a palma para cima. O corte de baioneta feito no dia 13 de julho, fino como um fio de cabelo, ainda era visível. Théroigne passou o dedo indicador pela cicatriz, pensativa. Brissot entreabriu a boca.

— Estou atrapalhando?

— É claro que não. — A última coisa que Camille queria era que chegassem aos ouvidos de Lucile boatos sobre Théroigne. Ao que ele soubesse, Anne estava vivendo uma vida casta e irrepreensível; o curioso era que fazia de tudo para dar a impressão contrária. Os jornais sensacionalistas da realeza usavam qualquer notícia com a máxima rapidez. Théroigne era uma dádiva de Deus para eles.

— Posso escrever para você, meu querido? — ela perguntou.

— Pode tentar. Mas meus padrões são muito altos.

— Você recusaria meus artigos? — ela perguntou.

— Creio que sim. A verdade é que tenho ofertas demais.

— Só precisamos nos entender — ela disse, tirando a túnica da cadeira. E como que por um perverso ato de caridade, beijou a bochecha encovada de Brissot.

Ao sair deixou um rastro de água de lavanda misturada a suor feminino.

— Calonne usava água de lavanda, lembra? — Brissot perguntou.

— Eu não frequentava esses círculos.

— Mas Calonne, sim.

Brissot sabia. Ele sabia tudo, com certeza. Acreditava na Fraternidade do Homem. Acreditava que todos os homens esclarecidos da Europa deviam juntar-se para tentar estabelecer um bom governo e desenvolver as ciências e as artes. Conhecia Jeremy Bentham e Joseph Priestley, dirigia um grupo antiescravagista e escrevia sobre jurisprudência, sistema parlamentar inglês e epístolas de são Paulo. Priestley tinha ido a seu apartamento pequeno da rue de Grétry, depois de passar por Suíça, Estados Unidos, uma cela na Bastilha e um apartamento na Brompton Road. Tom Paine era um grande amigo seu (ele dizia) e George Washington mais de uma vez lhe pedira conselhos. Brissot era um otimista. Acreditava que o bom-senso e o amor à liberdade sempre prevaleciam. Era um homem bom, prestativo e protegia Camille. Gostava de falar sobre sua vida passada, e esperava melhores dias à frente.

A visita de Théroigne, especialmente por causa do beijo que ela lhe deu, deixou-o confuso. E continuou sua história.

— Eu tive uma vida difícil. Meu pai morreu, e logo depois minha mãe se tornou violentamente insana.

Camille baixou a cabeça sobre a mesa e riu tanto que acharam que ele estava louco.

Às sextas-feiras em geral, Fréron permanecia na redação. Camille saía para almoçar e ficava fora durante horas. Depois eles faziam uma reunião para decidir se deveriam desculpar-se pelas reclamações recebidas. Como Camille nunca voltava completamente sóbrio, jamais se desculpavam. A equipe do *Révolutions* não tinha descanso. Eles pulavam da cama a qualquer hora quando lhes ocorria uma ideia sensacional, estavam habituados a ser hostilizados nas ruas. Todas as semanas, quando o jornal estava composto, Camille dizia que aquela seria a última edição, que definitivamente não continuaria a trabalhar naquilo. Mas no sábado seguinte o jornal saía outra vez, pois Camille não admitia que ninguém pensasse que ELES o assustavam com ameaças, insultos e desafios, com seu dinheiro, suas espadas e seus amigos da corte. Quando pegava a pena para escrever, não pensava nas consequências, só pensava no estilo. Não sei por que eu me preocupava tanto com sexo, pensava; não há nada tão gratificante neste mundo quanto um ponto e vírgula colocado com arte. Quando tinha papel e tinta à mão, não havia jeito de apelar para seu bom-senso, dizer que ele estava comprometendo reputações e arruinando vidas. Um doce veneno corria por suas veias, mais suave que o mais fino dos conhaques, e de efeito mais rápido. Assim como certas pessoas ansiavam por ópio, ele ansiava pela oportunidade de exercer sua sofisticada arte do escárnio, da vituperação e do abuso; o láudano podia acalmar os sentidos, mas um editorial lhe dava um nó na garganta e acelerava seu coração. Escrever era como descer uma montanha correndo sem conseguir parar.

ALGUMAS INTRIGAS BAIXAS para fechar o *annus mirabilis*... Lafayette disse ao duque Philippe que estava procurando provas de seu envolvimento nos tumultos de outubro e que se encontrasse iria... instaurar um processo. O general queria o duque fora do país, mas Mirabeau, considerando-o essencial para seus planos, queria-o em Paris.

— Diga quem o está pressionando — Mirabeau implorou, embora pudesse imaginar quem fosse.

O duque estava confuso. Já deveria ser rei a essa altura, mas não era.

— Tudo o que alcanço, os outros me tiram das mãos — queixou-se para De Sillery.

— Não é uma navegação simples, é? — disse Charles-Aléxis.

— Por favor — pediu o duque — poupe-me de suas metáforas navais esta manhã.

O duque estava com medo, medo de Mirabeau e de Lafayette, principalmente deste último. E também do deputado Robespierre, que se opunha na Assembleia a tudo e a todos, não elevava a voz, não perdia a cabeça, com aqueles olhos implacáveis por trás dos óculos.

Depois dos acontecimentos de outubro, Mirabeau concebeu um plano de fuga para a família real; era necessário falar agora em termos de "fuga". A rainha o detestava, mas ele tentou manipular a situação para que a corte o considerasse necessário. E ele desprezava Lafayette, mas acreditava que este poderia ser de alguma ajuda; o general tinha acesso à verba do Serviço Secreto, o que não era pouco quando se tinha de criar entretenimentos, pagar secretários, e ajudar os rapazes necessitados que punham seus talentos à disposição.

— Eles podem me pagar — disse o conde —, mas não me compraram. Se alguém confiasse em mim, eu não precisaria ser tão manipulador.

— Sim, monsieur — disse Teutch friamente. — Eu não espalharia isso se fosse você, monsieur.

NESSE MEIO-TEMPO, o general Lafayette dizia a si mesmo:

— Mirabeau é um charlatão. Se eu expusesse seus planos poderia acabar com ele. Entregar-lhe um ministério é impensável. Ele é um absoluto corrupto. É incrível ver como a popularidade desse homem sobrevive. Eu diria que até mesmo que aumenta. Aumenta, sim. Vou lhe oferecer um cargo, uma embaixada, para tirá-lo da França. — Passou os dedos pelo cabelo louro e escasso. Felizmente Mirabeau tinha dito um dia, em público, que não aceitaria Philippe nem como seu criado. Porque, se eles se aliassem... não, é impensável. — Orléans precisa sair da França, Mirabeau precisa ser comprado, o rei e a rainha precisam ser protegidos dia e noite por seis homens da Guarda Nacional. Hoje à noite vou jantar com Mirabeau e lhe oferecer... — Lafayette foi tomado desses pensamentos silenciosos. Não importava onde suas frases começavam e acabavam, pois estava falando consigo mesmo, em quem mais poderia confiar? Olhou-se no espelho, viu o rosto fino e claro, e o cabelo com grandes entradas que os panfletários cordeliers tanto ridicularizavam, e saiu da sala vazia, suspirando.

DO CONDE DE MIRABEAU para o conde de la Marck:

Ontem, tarde da noite, estive com Lafayette. Ele me falou do lugar e do pagamento; eu recusei, preferi uma promessa escrita da embaixada; deverei receber uma parte do pagamento amanhã. Lafayette está muito preocupado com o duque de Orléans... Se mil *luíses* lhe parecerem muito, não peça, mas é a quantia de que preciso com urgência...

ORLÉANS partiu para Londres com Laclos, com uma expressão irritada. "Uma missão diplomática", dizia o comunicado oficial. Camille estava com Mirabeau quando chegaram as más notícias. Segundo ele, o conde andava de um lado para o outro, praguejando.

Outro desgosto do conde: no início de novembro, a Assembleia apresentou uma moção proibindo os deputados de se tornarem ministros.

— Eles se uniram para me pôr no ostracismo — Mirabeau gritou. — Isso é obra de Lafayette, de Lafayette.

— Nos preocupamos com sua saúde quando você tem esses ataques de raiva — disse o escravo Clavière.

— Isso mesmo, que me menosprezem, me ridicularizem, me abandonem — disse o conde aos berros. — Aproveitadores. Amigos só nas horas boas. Porcos bajuladores.

— Essa medida foi tomada contra você, sem dúvida.

— Vou arrebentar esse cretino. Quem ele pensa que é? Cromwell?

TRÊS DE DEZEMBRO DE 1789. Maître Georges-Jacques Danton pagou a maître Huet de Paisy e a Mlle. Françoise Duhauttoir a soma de 12 mil *livres*, acrescida de 1.500 *livres* de juros.

Achou que devia contar a Charpentier, tiraria um peso da consciência do sogro.

— Mas você pagou 16 meses antes! — ele falou, somando de cabeça, calculando renda e despesas. Depois sorriu e engoliu em seco. — Agora vai se sentir mais estável.

Mas disse a si mesmo que isso era impossível. Em nome de Deus, o que Georges-Jacques estaria tramando?

II. Liberdade, alegria, real democracia

(1790)

— NOSSA NATUREZA faz nosso destino — disse Félicité de Genlis. — Por essa razão, pessoas comuns não têm destino, vivem ao acaso. A mulher bonita e inteligente com ideias originais deve ter uma vida repleta de acontecimentos extraordinários.

ESTAMOS AGORA EM 1790. Certas coisas ocorrem com Gabrielle, algumas delas extraordinárias.

EM MAIO DESTE ANO dei um filho a meu marido, e o chamamos de Antoine. Parece um bebê forte, mas o primeiro também parecia. Nós nunca mais falamos no assunto, mas às vezes sei que Georges pensa nele, pois lhe vêm lágrimas aos olhos.

Vou contar o que mais aconteceu no mundo. Em janeiro Georges-Jacques foi eleito para a Comuna, assim como Legendre, nosso açougueiro. Eu não fiz comentário algum, nunca comento nada atualmente, mas fiquei surpresa por ele ter assumido o gabinete, pois critica a Comuna o tempo todo, e critica principalmente o prefeito Bailly.

Logo antes de meu marido assumir o cargo, houve um problema com o Dr. Marat. Marat insultou tanto as autoridades que recebeu ordem de prisão. Ele estava morando no Hôtel de la Fautrière, localizado em nosso distrito. Foram enviados quatro funcionários para prendê-lo, mas uma mulher avisou-o a tempo e ele fugiu.

Não compreendo por que Georges-Jacques se preocupa com Marat. Em geral traz para casa o jornal editado por ele, e no meio da leitura grita: "Ralé, ralé, ralé!" e joga as folhas no chão ou no fogo, se estiver perto da lareira.

Mas de qualquer forma, diz que é uma questão de princípios. Ele falou na Assembleia do Distrito que ninguém seria preso em nosso distrito sem sua permissão.

— Aqui é minha competência — disse.

Dr. Marat escondeu-se. Eu achei que seria o fim do jornal por algum tempo, que teríamos um pouco de paz. Mas Camille falou:

— Acho que devemos ajudar uns aos outros, tenho certeza de que o próximo número sairá a tempo. — O número seguinte insultou ainda mais os funcionários do Hôtel de Ville.

A 21 de janeiro M. Villette, atualmente comandante de nosso batalhão, veio a nossa casa e pediu para falar com Georges-Jacques com urgência. Meu marido saiu de seu escritório e M. Villette mostrou-lhe uma parte do jornal.

— Ordem de Lafayette. Prender Marat, prioridade máxima. Como devo agir? — perguntou.

— Ponha um cordão de isolamento em volta do Hôtel de la Fautrière, — disse Georges-Jacques.

Logo depois os funcionários do delegado vieram novamente com a ordem por escrito... e mil homens.

Georges enfureceu-se e disse que aquilo era uma invasão de tropas estrangeiras. O distrito inteiro foi para as ruas. Georges procurou o comandante e falou:

— Que diabo, para que essas tropas? Vou dar o toque de alarme. Vou convocar o povo de Saint-Antoine. Posso pôr 20 mil homens armados nas ruas *assim* — e estalou os dedos debaixo do nariz do homem.

— PONHA A CABEÇA para fora da janela e veja se consegue ouvir o que Danton está dizendo — disse Marat. — Eu poria a minha, mas alguém pode atirar.

— Ele está dizendo: "Onde está aquele maldito comandante do batalhão?"

— Eu escrevi para Mirabeau e Barnave. — Virou-se para Camille com os olhos cansados. — Achei que eles precisavam de um esclarecimento.

— Espero que não respondam.

— Não, eu renuncio à moderação — disse Marat.

— A moderação renuncia a você.

— Está bem.

— Danton está arriscando o pescoço por você.

— Que expressão curiosa — disse Marat.

— É verdade, não sei de onde as tiro.

— Por que eles nunca tentam prender você? Eu tenho fugido desde outubro. — Marat andou pelo quarto, monologando e coçando-se. — Isso tudo pode ser obra de Danton. Faltam-nos bons homens. Se explodíssemos a Escola de Equitação não perderíamos muito. Há só meia dúzia de deputados que prestam. Buzot tem algumas ideias boas, mas é muito orgulhoso. Pétion é um idiota. Tenho esperanças em Robespierre.

— Eu também. Mas creio que nenhuma medida que ele propôs foi aceita. Só o fato de ele apoiar uma moção é suficiente para a maioria dos deputados votar contra.

— Mas Robespierre é perseverante — disse Marat. — E a Escola de Equitação não é a França. Quanto a você, seu coração está no lugar certo, mas você é maluco. Danton, eu estimo. Ele fará alguma coisa. O que eu gostaria de ver... — parou e puxou um lenço imundo amarrado em volta do pescoço — eu gostaria de ver o povo livrar-se do rei, da rainha, dos ministros, de Bailly, de Lafayette, da Escola de Equitação... e gostaria de ver o país governado por Danton e Robespierre. E eu estaria lá para vigiá-los. — Deu um sorriso. — Sonhar não é proibido.

GABRIELLE. Durante o resto do dia nossos homens cercaram o prédio. Dr. Marat estava lá dentro e as tropas de Lafayette tiveram ordem de permanecer em volta do cordão de isolamento. Georges-Jacques veio para casa para ver se estávamos seguros; ele parecia calmo, mas cada vez que ia à rua voltava tomado de raiva. Fez um discurso para as tropas, e disse:

— Podem ficar aqui até amanhã se quiserem, mas isso não vai levá-los a nenhum maldito lugar.

Não houve muita preocupação com a linguagem naquele dia.

No final da manhã nossos homens e os homens deles conversavam uns com os outros. Havia tropas regulares e de voluntários, e eles diziam que, afinal, aqueles homens eram seus irmãos de outros distritos e que não teriam coragem de lutar contra eles. Camille falou que não teriam coragem de prender Marat, pois ele era o Amigo do Povo.

Georges-Jacques foi para a Assembleia. Não deixaram que falasse e passaram uma moção dizendo que o distrito dos Cordeliers devia respeitar a lei. Ele esteve fora durante horas, e eu tentei me manter ocupada. Quem se casa com um advogado, acaba descobrindo que vive em um campo de batalha.

— AQUI ESTÃO AS ROUPAS, Dr. Marat — disse François Robert. — M. Danton espera que caibam.

— Não sei — Marat falou. — Eu estava pretendendo fugir em um balão. Faz muito tempo que desejo andar de balão.

— Não conseguimos arranjar um. O tempo era muito curto.

— Aposto que não tentaram — Marat falou.

Lavou-se, barbeou-se, vestiu uma sobrecasaca e penteou o cabelo. Ao olhar para ele, François Robert disse:

— Que espanto!

— Eu andava bem vestido em outros tempos na alta sociedade.

— O que aconteceu?

— Tornei-me o Amigo do Povo — disse, com ar sério.

— Mas você poderia vestir-se normalmente, não é? Por exemplo, você sabe que o deputado Robespierre é um patriota, e ele está sempre muito elegante.

— Há um toque de frivolidade em M. Robespierre — Marat falou secamente. — Quanto a mim, não tenho tempo para luxos, penso na Revolução 24 horas por dia. Se você quiser ter sucesso, fará o mesmo. Agora, vou atravessar o cordão de isolamento e passar pelas tropas de Lafayette. Vou sair sorrindo, o que admito não fazer com frequência, com ar de janota, balançando esta elegante bengala que M. Danton teve a gentileza de mandar. Como em um livro de histórias, não é? Depois vou para a Inglaterra até essa agitação acabar. O que será um alívio para todos vocês, eu sei.

GABRIELLE. Quando bateram na porta eu não sabia o que fazer. Mas era só a pequena Louise lá de cima.

— Eu fui lá fora, Mme. Danton.

— Oh, Louise, você não devia ter feito isso.

— Não estou com medo. Além do mais, está tudo terminado. As tropas estão se dispersando. Lafayette perdeu a calma. E vou contar um segredo, Mme. Danton, que M. Desmoulins me pediu que lhe contasse. Marat não está mais lá dentro. Saiu há uma hora, disfarçado de ser humano.

Alguns minutos depois Georges-Jacques voltou para casa, e naquela noite deu uma festa.

No dia seguinte foi assumir sua cadeira no Hôtel de Ville. Houve outro tumulto. Algumas pessoas tentaram detê-lo, dizendo que ele não tinha direito de se tornar membro da Comuna porque não respeitava a lei nem a ordem. Disseram que ele agia como um rei em seu distrito. Diziam coisas horríveis de Georges naquela época: que ele recebia dinheiro dos ingleses para continuar a Revolução, e que recebia dinheiro da corte para não tornar a Revolução pior. Um dia o deputado Robespierre apareceu, e quando eles falavam sobre esses comentários maldosos contra meu marido, o deputado disse que ele não estava sozinho. Entregou-lhe uma carta de seu irmão Augustin, de Arras, contando que o povo de Arras afirmava que Robespierre era ateu e que queria matar o rei, o que é uma calúnia. Nunca conheci um ser humano tão gentil quanto o deputado. Senti pena dele. Chegaram a publicar o que Georges chama de "trapos dos monarquistas", uma declaração idiota de que ele descendia de Damiens, o homem que tentou matar o antigo rei. Escreveram seu nome errado, propositalmente, para insultá-lo. Quando ele foi eleito presidente do Clube dos Jacobinos, Lafayette saiu às ruas em protesto.

Depois que Antoine nasceu, a mãe de Georges veio conhecer o neto. O padrasto de Georges queria vir também, mas não pôde porque está inventando máquinas de tecelagem, ou pelo menos foi o que disseram. Mas o pobre homem deve ter ficado contente por passar alguns dias sozinho. Foi horrível. Detesto dizer isso, mas Mme. Recordain é a mulher mais desagradável que conheci na vida.

A primeira coisa que disse foi:

— Paris é uma cidade imunda, como se pode criar um filho aqui? Não é de surpreender que você tenha perdido o primeiro. É melhor mandar esse para Arcis depois que ele desmamar.

Que boa ideia! Ele seria ferido por um touro e teria uma cicatriz para o resto da vida, pensei.

Então minha sogra olhou em volta e falou:

— Esse papel de parede deve ter custado caro.

Na primeira refeição queixou-se dos legumes e perguntou quanto eu pagava à nossa cozinheira.

— Isso é demais. Aliás, de onde vem todo esse dinheiro? — Eu expliquei que Georges trabalhava muito, mas ela resmungou. Disse que tinha uma ideia de quanto os advogados ganhavam na idade dele, e que esse dinheiro não era suficiente para manter uma casa que mais parecia um palácio e uma esposa cheia de luxos.

É em um palácio que ela pensa que estou.

Quando a levei para fazer compras, ela achou os preços um insulto pessoal. Teve de admitir que a carne era boa, mas disse que Legendre era vulgar, e que ela não educara Georges *com todo o cuidado* para vê-lo associado a um açougueiro. Que espanto! Como se Legendre ainda trabalhasse ali empacotando carne. Ninguém o via de avental, ele usava sempre um paletó preto como o dos advogados e tinha uma cadeira no Hôtel de Ville com Georges-Jacques.

Madame Recordain dizia de manhã:

— É claro que não preciso ir a lugar algum. — Mas se não saíssemos, ela dizia à noite: — Eu viajei muito tempo para ficar sentada aqui entre quatro paredes.

Levei-a para conhecer Louise Robert, já que Madame é tão esnobe e Louise, tão bem-nascida. Louise comportou-se com toda a discrição, não falou uma só palavra sobre a República, nem sobre Lafayette ou o prefeito Bailly. Mostrou a Madame todo o seu estoque, explicou de onde vinham as especiarias, como eram cultivadas e preparadas e para que serviam, e ofereceu-se para fazer um embrulho para ela. Mas dez minutos depois Sua Alteza amarrou a cara, e eu tive de pedir desculpas a Louise e segui-la. Na rua ela disse:

— É uma desgraça para uma mulher se casar com alguém de um nível abaixo do seu. Mostra pouca ambição. E eu não me surpreenderia se descobrisse que eles não são casados de fato.

Georges-Jacques me disse:

— O fato de minha mãe estar aqui não quer dizer que eu não possa ver meus amigos. Convide algumas pessoas para o jantar. Alguém de quem ela vá gostar. Que tal os Gély e a pequena Louise?

Eu sabia que era um sacrifício da parte dele, pois não simpatizava com Mme. Gély; na verdade, sua expressão já estava tensa. E eu tive de dizer:

— Não, elas já se conheceram. Sua mãe achou Mme. Gély afetada e ridícula, disse que ela se veste muito mal e que Louise é precoce e precisa de boas palmadas.

— Oh, querida — disse Georges, com uma suavidade que não era do seu feitio. — Deve haver alguém agradável, não é?

Mandei um recado para Annette Duplessis, perguntando se Lucile poderia vir jantar conosco. A mãe de Georges estaria lá, seria perfeitamente apropriado, ela não ficaria sozinha com... Então Lucile teve permissão de vir. Apareceu vestida de branco com fitas azuis, comportou-se como um anjo, e fez todo tipo de perguntas inteligentes para Madame sobre a vida em Champagne. Camille foi muito gentil, como quase sempre era, a não ser em seu jornal, cujos exemplares eu escondera. Convidei Fabre também, pois ele sabe manter a conversa fluindo. Embora tentasse agradar Madame, ela tratou-o com rudeza, e no final ele desistiu e passou a olhá-la através de seu *lorgnette*, o que eu lhe pedira insistentemente para não fazer.

Madame saiu da sala quando estávamos tomando café, e eu a encontrei em nosso quarto passando um dedo no parapeito da janela, procurando poeira. Perguntei muito gentilmente se havia acontecido alguma coisa. E ela respondeu no tom mais ácido possível:

— Acontecerá muita coisa se você não tomar cuidado com aquela mulher e seu marido.

Por um instante não percebi a quem ela estava se referindo.

— E ainda vou dizer mais. É bom tomar cuidado também com aquele rapaz e seu marido. Ele vai se casar com aquela mulher, não é? Eles se merecem.

Um dia conseguimos ingressos para a galeria pública na Escola de Equitação, mas o debate foi muito monótono. Georges disse que a qualquer momento eles falariam sobre a transferência das terras da Igreja para a nação, e que, se sua mãe ainda estivesse presente, causaria uma confusão e seríamos expulsas do recinto. Mesmo assim Madame chamou-os de vilões e ingratos, e disse que não ganhariam nada com aquilo. M. Robespierre nos viu e veio falar conosco por alguns minutos. Foi muito gentil, e nos mostrou todas as pessoas importantes que se encontravam ali, inclusive Mirabeau. E Madame disse:

— Aquele homem irá diretamente para o inferno quando morrer.

M. Robespierre olhou-me de esguelha, sorriu e falou para Madame:

— Então, minha jovem dama, nossa opinião é a mesma. — Isso deixou-a calma pelo resto do dia.

Durante todo o verão as consequências daquele problema do Dr. Marat pareceram pesar sobre nós. Sabíamos que havia um mandado de prisão para Georges mofando dentro de uma gaveta do Hôtel de Ville. E todos os dias eu pensava: e se hoje decidirem tirar o mandado da gaveta? Nós tínhamos planos. Se ele fosse preso eu faria as malas e iria imediatamente para a casa de minha mãe, entregaria as chaves do apartamento para Fabre e deixaria tudo com ele. Não sei por que Fabre, talvez porque ele esteja sempre por aqui.

Nessa época a vida de Georges era muito complicada. Ele não ficava muito tempo no escritório. Imagino que Jules Paré seja competente, pois o dinheiro continua entrando.

No início do ano aconteceu algo que, segundo Georges, mostrava que as autoridades tinham muito medo dele. Aboliram nosso distrito e todos os outros, e reorganizaram a cidade em áreas de votação. Dali em diante não poderia haver reuniões públicas dos cidadãos em um distrito específico, a não ser para uma eleição. Não podíamos mais chamar nosso batalhão da Guarda Nacional de "Batalhão dos Cordeliers". Seríamos chamados simplesmente de "Número 3".

Georges disse que seria preciso muito mais que isso para acabar com os cordeliers. Teríamos um clube, como os jacobinos, mas bem melhor. Qualquer pessoa da cidade poderia frequentar esse clube para que não se pudesse dizer que era ilegal. O nome criado foi Clube dos Amigos dos Direitos Humanos, mas desde o início foi chamado de Clube dos Cordeliers. As primeiras reuniões foram realizadas em um salão de baile. Tentaram usar o antigo mosteiro dos Cordeliers, mas o Hôtel de Ville interditou o prédio. Um dia, sem explicação, a interdição foi suspensa e eles mudaram-se para lá. Louise Robert disse que o responsável fora o duque de Orléans.

Era difícil entrar para o Clube dos Jacobinos. A anuidade era muito alta, e para ser aceito era necessário o respaldo de vários outros membros. As reuniões eram muito formais. No dia em que Georges fez uma palestra lá, voltou aborrecido para casa pois foi maltratado.

No Cordeliers qualquer um podia falar. Havia lá muitos atores, advogados e comerciantes, mas também pessoas mais rudes, oriundas das ruas. É claro que eu nunca ia ao clube quando havia reunião, mas sabia como era a capela: muito soturna e nua. Quando alguma vidraça era quebrada, levavam semanas para consertar. E eu pensei: os homens são muito estranhos, em casa querem todo o conforto, mas fora de casa fingem que não se importam com isso. A mesa do presidente era um banco de marceneiro que encontraram jogado no chão durante a mudança. Georges não teria muito que conversar com um marceneiro, não fossem as atuais reviravoltas sociais. A tribuna do orador era feita de quatro vigas grosseiras, com uma prancha de madeira atravessada no meio. Na parede prenderam um painel de tecido com um lema pintado em vermelho: *Liberdade, Igualdade, Fraternidade.*

Depois do tempo difícil que tivemos com a mãe de Georges, fiquei infeliz quando ele disse que queria passar alguns dias em Arcis. Para meu grande alívio, ficamos hospedados com sua irmã Anne Madeleine, e para minha surpresa fomos recebidos por todos com grande deferência e respeito. Os amigos de Anne Madeleine estiveram a ponto de me fazer reverência. De início pensei que o povo local tivesse ouvido falar no sucesso de Georges como presidente do distrito, mas logo percebi que eles não recebiam jornais de Paris e não se importavam com o que se passava lá. As pessoas me faziam perguntas estranhas, como "Qual é a cor favorita da rainha? O que ela gosta de comer?" Até que certo dia, finalmente compreendi.

— Georges — eu disse —, eles acham que, como você é conselheiro do rei, é chamado todos os dias à presença dele.

Por um instante ele ficou surpreso, depois riu.

— Acham mesmo? Deus os abençoe. E eu tenho de morar em Paris com todos aqueles cínicos e velhacos. Em quatro ou cinco anos, Gabrielle, vou voltar para cá e me tornar fazendeiro. Vamos sair de Paris para sempre. Você gostaria disso?

Eu não soube o que responder. Por um lado, seria maravilhoso afastar-me dos jornais, das vendedoras de peixe, dos crimes e da escassez de artigos nas lojas. Por outro, eu teria de ver Mme. Recordain todos os dias. Resolvi não dizer nada, mesmo porque percebi que era apenas um sonho. Georges abriria mão do Clube dos Cordeliers? Abriria mão da Revolução? Ele começou a ficar irrequieto, e uma noite me disse:

— Voltaremos para Paris amanhã.

Mesmo assim passou muito tempo com seu padrasto visitando propriedades, e perguntou a um tabelião local quais eram os procedimentos para comprar uma terra. M. Recordain dizia:

— Está indo bem, filho, não é? — Georges só sorria.

Creio que aquele verão ficará para sempre gravado em minha memória. Meu coração estava inquieto, pois eu acreditava que a despeito do que acontecesse, devíamos ser leais ao rei, à rainha e à Igreja. Mas logo, se algumas pessoas tivessem sucesso, a Escola de Equitação seria mais importante que o rei, e a Igreja não passaria de um departamento do governo. Eu sabia que devíamos obedecer às autoridades, e que Georges muitas vezes zombava delas. Devia fazer parte de sua natureza, pois Paré me disse que na escola costumavam chamá-lo de "o antissuperior". É claro que se deve tentar superar os piores pontos da própria natureza, mas até que ele conseguisse, como eu deveria me comportar? Porque devo obedecer a meu marido, a não ser que ele me mande cometer um pecado. Será pecado receber convidados que falam em mandar a rainha de volta para a Áustria? Quando pedi orientação a meu confessor, ele disse que eu deveria manter uma atitude de obediência conjugal e tentar levar meu marido de volta à fé católica. Isso não serviu de nada. Então, para todos os efeitos, acato as opiniões de Georges, mas em meu *coração* tenho reservas e rezo todos os dias para que ele mude algumas dessas opiniões.

Mesmo assim, tudo parece estar indo muito bem para nós. Há sempre algo a comemorar. No aniversário da queda da Bastilha, todas as cidades da França enviaram delegações a Paris. Um grande anfiteatro foi construído no Champs-de-Mars, onde foi colocado um altar que se chamou Altar da Pátria. O rei esteve presente e jurou defender a Constituição, e o bispo de Autun rezou a missa. (É uma pena que ele seja ateu.) Nós não fomos porque Georges negou-se a ver o povo beijar as botas de Lafayette. Houve dança no lugar onde existia a Bastilha. Fomos de uma festa a outra, e ficamos acordados a noite toda. Eu me embriaguei, e todos riram de mim. Tinha chovido o dia inteiro, e alguém fez um verso dizendo que isso provava que Deus era um aristocrata. Nunca me esquecerei da ideia ridícula de tentarem soltar fogos sob um temporal, e de Georges me levando para casa apoiada em seu braço, o calçamento molhado e a manhã raiando sobre as ruas. No dia seguinte vi que meus sapatos novos de cetim estavam encharcados, completamente estragados.

Vocês deveriam nos ver hoje, bem diferentes do ano passado. Algumas senhoras elegantes pararam de empoar o cabelo, e passaram a usá-lo solto, com cachos caindo nos ombros. Muitos cavalheiros também suprimiram esse hábito, e deixaram de usar tantas rendas. Está muito fora de moda a mulher pintar o rosto. Não sei se as mulheres da corte aderiram ao costume, mas Louise Robert é a única mulher que conheço que ainda usa ruge. Talvez porque seu rosto seja muito pálido. Nossos vestidos são de tecidos simples, e as cores em voga são as nacionais: azul, branco e vermelho. Mme. Gély diz que a nova moda não favorece as mulheres mais velhas, e minha mãe concorda com ela.

— Mas você — diz minha mãe — pode se vestir sem rendas ou espartilho. — Não concordo com ela. Meu corpo nunca voltou ao que era, depois que Antoine nasceu.

A joia da moda este ano é uma lasca de pedra da Bastilha, encastoada em um broche ou usada em uma corrente. Félicité de Genlis tem um broche com a palavra LIBERDADE escrita em diamantes. Foi o deputado Pétion quem me contou. Não se usam mais leques elaborados, os leques agora são feitos de varetas baratas e papel pregueado, com uma cena patriótica retratada em cores brilhantes. Tenho de tomar muito cuidado para não usar uma cena que meu marido desaprove. Não pode ser o prefeito Bailly coroado de louros, nem Lafayette em seu cavalo branco; pode ser o duque Philippe, a queda da Bastilha, ou Camille fazendo seu discurso no Palais-Royal. Mas por que eu teria um leque com o retrato dele se já o vejo tanto em pessoa?

Lembro de Lucile em nosso apartamento na manhã das comemorações da queda da Bastilha, com fitas das três cores molhadas de chuva na bainha do vestido. O tecido de musselina colou-se a seu corpo e ela não parecia estar usando roupa de baixo. Imaginem o que a mãe de Georges teria dito! Fui muito severa com ela; acendi o fogo, tirei suas roupas e embrulhei-a no cobertor mais quente que encontrei. Infelizmente, Lucile ficou muito bonita naquele cobertor, sentada por cima dos pés descalços cruzados, como uma gata.

— Como você é infantil — eu disse. — Fico surpresa por sua mãe deixá-la sair vestida assim.

— Ela diz que preciso aprender com meus erros. — Livrou os braços muito alvos do cobertor. — Posso pegar o bebê?

Entreguei a ela meu pequeno Antoine. Ela o acariciou e murmurou para ele por alguns minutos.

— Faz um ano que Camille se tornou famoso, e não está pensando em nosso casamento — disse ela, desanimada. — Se eu engravidasse talvez ele mudasse de ideia. Mas não consigo levá-lo para a cama. Você não tem ideia de como ele é quando tem essas crises de retidão. John Knox é um principiante perto dele.

— Você é uma menina má — repreendi, mais por simples formalidade que qualquer outra coisa. Eu gostava dela, não conseguia evitar. Mas não era completamente idiota, pois sabia que Georges a olhava muito, e todos os outros homens, também. Camille está morando na esquina de nossa casa agora. Seu apartamento é muito bonito, e ele tem uma empregada de cara amarrada chamada Jeanette. Não sei onde a encontrou, mas ela é uma boa cozinheira, e vem aqui ajudar com o maior prazer quando temos convidados para o jantar. Hérault de Séchelles tem vindo com frequência ultimamente, e nessas ocasiões faço um esforço especial. Ele é muito educado, bem diferente dos amigos do teatro de Fabre. Vários deputados e jornalistas aparecem a toda hora, e tenho várias opiniões a respeito deles, que em geral não expresso. Para Georges, a personalidade não importa muito quando se é patriota. Meu marido diz isso, mas noto que tenta sempre evitar a companhia de Billaud-Varennes, que trabalhou com ele. Desde a Revolução, Billaud demonstra um ar mais animado. Parece que, de alguma forma, o conflito lhe deu um emprego fixo.

Certa noite, em julho, um homem chamado Collot d'Herbois veio jantar. Não sei qual era seu primeiro nome, todos o chamavam de Collot. Ele era ator e dramaturgo assim como Fabre, fora gerente de teatro, e tinha mais ou menos a mesma idade que Fabre. Naquela época estavam encenando uma peça sua, *A família patriótica,* no Théâtre de Monsieur. A peça teve um sucesso repentino, e nós passamos a noite toda evitando o fato de que ainda não a tínhamos assistido. Apesar de toda essa fama, Collot não era uma companhia agradável. Insistiu em nos contar a história de sua vida, disse que nada dera certo para ele até então, e que desconfiava até mesmo de seu sucesso. Quando era jovem, contou, vivia frustrado porque os outros o desprezavam, e aos poucos percebeu que tinham inveja de seu talento. Achava que não tinha sorte, e que todos conspiravam contra ele. (Quando disse isso, Fabre fez sinais para mim, como que dizendo que ele era um lunático.) Todo assunto que vinha à tona tinha alguma associação amarga para Collot; seu rosto tornava-se congestionado de raiva e ele fazia gestos violentos, como se estivesse falando na Escola de Equitação. Fiquei preocupada com minha louça.

Mais tarde eu disse a Georges:

— Não gostei de Collot. Ele é mais ácido que sua mãe. E tenho certeza de que a peça dele é insuportável.

— Uma observação tipicamente feminina — disse Georges. — Não vejo nada de errado com Collot, exceto por ele ser maçante. Suas opiniões são... — Fez uma pausa e sorriu. — Eu ia dizer que são corretas, mas é claro que quero dizer que são iguais às minhas.

No dia seguinte Camille disse:

— Esse Collot é revoltante. A pior pessoa do mundo. Aposto como sua peça é insuportável.

Georges disse calmamente:

— Sei que você está certo.

No final do ano Georges falou na Assembleia. Dias depois o ministério caiu, e disseram que Georges fora o causador. Minha mãe constatou que eu era casada com um homem poderoso.

A ASSEMBLEIA NACIONAL em sessão: lorde Mornington, setembro de 1790.

Eles não têm uma forma regular de debater problemas comuns; uns falam sentados, outros, de pé, há os que falam da mesa, e alguns, da tribuna... o tumulto é tão grande que é difícil entender o que está sendo dito. Tenho certeza de que havia mais de cem se dirigindo à Assembleia ao mesmo tempo, todos insistindo em falar, e muitos outros replicando em diferentes partes da Casa; então o presidente bateu palmas e pediu ordem, como se estivesse chamando uma carruagem... bateu na mesa... no peito... torceu as mãos, e acho que chegou a praguejar... as galerias aprovavam e desaprovavam, gritando e batendo palmas.

Fui à corte hoje pela manhã nas Tulherias, e achei todos muito deprimidos... O rei parecia bem, mas seus modos eram absolutamente humildes, diferentes dos modos do rei que eu conhecia; hoje ele faz reverência a todos, o que não era hábito dos Bourbon antes da Revolução.

O ANO DE LUCILE: Já tenho dois cadernos de anotações agora. Um para pensamentos puros e elevados, e outro para o que realmente está acontecendo.

Eu vivia como Deus, em diferentes Pessoas. Agia dessa forma porque a vida era muito monótona. Eu fingia ser Maria Stuart e, para falar com franqueza, ainda finjo, em nome dos velhos tempos. Não é fácil libertar-se desses hábitos. Todas as pessoas com quem eu convivia tinham um papel, em geral como damas de companhia, e eu as detestava quando não atuavam de forma apropriada. Quando me cansava de Maria Stuart, fazia o papel de Julia em *Júlia ou A nova Heloísa.* Naquela época não sabia qual era meu relacionamento com Maximilien Robespierre. Estou vivendo dentro do romance favorito dele.

Preciso empregar alguma fantasia para manter a realidade brutal sob controle. O ano começou com Camille sendo processado por calúnia por M. Sanson, o carrasco público. Estranho, nunca pensamos que um carrasco vá recorrer à lei, nunca pensamos que eles tenham alguma hostilidade sobrando.

Felizmente a lei é lenta, os processos são complicados, e quando os danos são avaliados o duque está pronto para pagar a conta. Não, não é o tribunal que me preocupa. Todas as manhãs acordo e penso: Camille ainda estará vivo?

Ele é atacado na rua. É denunciado na Assembleia. É desafiado a duelos embora os patriotas tenham feito um pacto de não agressão. Há lunáticos por toda a cidade, gabando-se de estar esperando uma oportunidade para esfaqueá-lo. Camille recebe cartas desses loucos, cartas tão dementes e tão revoltantes que ele próprio nem lê. Diz que basta uma rápida observação para saber que tipo de carta é. Às vezes são identificáveis pela caligrafia no envelope. Ele tem uma caixa onde joga essa correspondência. Outras pessoas têm de ler as cartas para ver se contêm ameaças específicas como "vou matá-lo em tal lugar, em tal hora".

Meu pai é estranho. Cerca de duas vezes por mês me proíbe terminantemente de ver Camille. Mas todas as manhãs pega o jornal e diz: "Alguma notícia, alguma notícia?" Será que quer saber se Camille foi encontrado no rio com a garganta cortada? Creio que não. Acho que meu pai não acharia tanta graça na vida se não fosse por ele. Minha mãe brinca com ele com uma frieza surpreendente:

— Admita, Claude, Camille é o filho que você nunca teve.

Às vezes Claude traz rapazes para jantar conosco, na esperança de que eu me encante por um deles. Funcionários públicos. Oh, Deus.

Às vezes esses rapazes me escrevem poesias, adoráveis sonetos, típicos de funcionários públicos. Adèle e eu os lemos com expressões sentimentais apropriadas. Reviramos os olhos, colocamos as mãos sobre o coração e suspiramos. Depois os transformamos em bolinhas de papel e jogamos uma na outra. Nossos ânimos andam altos. Vivemos os dias em uma espécie de alegria doentia. É nossa única alternativa para as lágrimas, pressentimentos e medos. Nós preferimos rir. Preferimos fazer piadas terríveis.

Minha mãe, ao contrário, anda nervosa e triste, mas acho que em termos gerais sofre menos que eu. Provavelmente porque é mais velha e aprendeu a se controlar.

— Camille vai sobreviver — ela diz. — Por que acha que ele anda na companhia de homens tão grandes?

— Mas ele pode levar um tiro ou ser esfaqueado.

— Esfaqueado? Já imaginou alguém tentando esfaquear M. Danton? Cortando todos aqueles músculos?

— Você quer que eu acredite que ele se interporia entre o agressor e Camille?

— Camille é perito em exigir sacrifícios humanos, não é? Olhe para mim. E olhe para você.

Nós esperamos ouvir a comunicação do noivado de Adèle a qualquer momento. Max veio aqui e elogiou gratuitamente o abade Terray. Disse que muito do que o abade realizou não foi compreendido. Depois dessas declarações, Claude não se importou mais com o fato de Max ter apenas um salário de deputado e de precisar sustentar um irmão mais novo e uma irmã.

Como será a vida de Adèle? Robespierre recebe cartas também, mas não são as mesmas que Camille recebe. Vêm de todas as partes da cidade, são cartas de pessoas simples que caíram nas mãos das autoridades ou se acham em algum tipo de problema, e pensam que ele pode aceitar o caso e resolver tudo. Ele tem de levantar às 5 horas da manhã para responder a essas cartas. De certa forma, creio que os padrões de conforto de Max são bastante baixos. Suas exigências de recreação e diversão parecem ser nulas. Então me pergunto: Adèle conseguirá se adaptar?

ROBESPIERRE. Não é só Paris que ele deve considerar. As cartas vêm de todo o país. As cidades das províncias criaram seus Clubes dos Jacobinos, e o Comitê de Correspondência do clube de Paris envia-lhes notícias, avaliações, diretrizes. Eles escrevem de volta, distinguindo entre os irmãos de Paris o deputado Robespierre, fazendo-lhe elogios e agradecimentos. É uma vitória, depois da difamação dos monarquistas. Dentro de seu exemplar de *O contrato social* ele guarda a carta de um jovem da Picardia, um entusiasta chamado Antoine Saint-Just. "Eu o conheço, Robespierre, como conheço Deus, por seus atos." Quando ele sente dor no peito e falta de ar, e sente cada vez mais, e quando seus olhos parecem cansados de focalizar a página impressa, a lembrança da carta exige de sua carne fraca mais atos.

Todos os dias vai à Assembleia e todas as noites, ao Clube dos Jacobinos. Sempre que pode vai à casa dos Duplessis, e janta ocasionalmente com Pétion, a negócios. Durante a temporada, vai ao teatro uma ou duas vezes, sem grande prazer, lamentando o tempo perdido. As pessoas esperam para vê-lo em frente à Escola de Equitação, em frente ao clube, em frente à sua casa.

Todas as noites, sente-se exausto, e dorme assim que sua cabeça toca o travesseiro, um sono sem sonhos, um mergulho na escuridão, como se caísse dentro de um poço. Para Robespierre, o mundo noturno é real, e as manhãs, com sua luz e ar, são povoadas de sombras e fantasmas. Ele acorda antes do raiar do sol para apanhá-los de surpresa.

WILLIAM AUGUSTUS MILES, observando a situação em nome do governo de Sua Majestade (britânica):

O homem menos considerado da Assembleia Nacional será em breve o primeiro. É um homem sério, de princípios rígidos, simples, sem afetação em suas maneiras e roupas, certamente acima da corrupção, um homem que despreza riquezas e não tem a volubilidade de caráter dos franceses. Nada que o rei pudesse oferecer o afastaria de seu propósito. Eu o observo de perto todas as noites. É realmente um personagem a ser levado em conta; está crescendo a olhos vistos, mas, por estranho que pareça, a Assembleia Nacional não o valoriza, considera-o insignificante; quando eu disse que ele seria o homem de maior influência dentro de pouco tempo e que comandaria milhões de franceses, riram de mim.

NO INÍCIO DO ANO Lucile foi apresentada a Mirabeau. Ela nunca se esqueceria desse homem, de pé sobre um belo tapete persa em uma sala decorada com péssimo gosto. Ele tinha lábios finos, corpo volumoso e pele marcada pela varíola. Olhou-a de alto a baixo.

— Seu pai é funcionário do governo, não é? — perguntou, inclinando o rosto para ela e endereçando-lhe um olhar malicioso.

Mirabeau parecia consumir todo o ar disponível na sala. E parecia também consumir o cérebro de Camille. Era extraordinário como este alimentava ilusões; não, *é claro* que Mirabeau não estava na folha de pagamento da corte, isso era calúnia. *É claro* que Mirabeau era um patriota perfeito. Quando não pôde mais sustentar aquelas crenças excêntricas, Camille teve vontade de cometer suicídio. Por pouco não houve jornal naquela semana.

— Max o alertou, mas ele não ouviu — disse Adèle. — Mirabeau chamou aquela prostituta austríaca mal-educada de "uma grande mulher". E mesmo assim, para o povo das ruas ele ainda é um deus, o que mostra o quão facilmente eles podem ser enganados.

Claude pôs a cabeça entre as mãos.

— Será que a toda hora do dia e da noite teremos de ouvir essa blasfêmia e sublevação da boca de jovens em nossa própria casa?

— Estive pensando — disse Lucile. — Acho que Mirabeau deve ter suas razões para manter-se em contato com a corte. Mas agora perdeu a confiança dos patriotas.

— Razões? Dinheiro é a razão dele, e ânsia de poder. Ele quer salvar a monarquia para que lhe sejam gratos e ligados a ele para sempre.

— Salvar a monarquia? — disse Claude. — De quê? De quem?

— Pai, o rei solicitou da Assembleia uma soma de 25 milhões, e os idiotas servis lhe concederam. Você conhece a situação da nação. Eles querem sugar nosso sangue. Pense bem, acha que isso pode durar?

Claude olhou para as filhas para ver se reconhecia as crianças do passado. Sentiu-se forçado a argumentar.

— Mas se o povo não tivesse o rei, ou Lafayette, ou Mirabeau, ou os ministros, e ouvi vocês falarem contra todos eles, quem sobraria para governar a nação?

Elas entreolharam-se e disseram:

— Nossos amigos.

Camille atacou Mirabeau no jornal com uma selvageria da qual ele próprio não se sabia capaz; mas constatou que era capaz, estava em seu sangue, a raiva matava até mesmo sua fome. Durante algum tempo Mirabeau continuou a falar em seu favor, defendendo-o da direita quando tentaram silenciá-lo. "Meu pobre Camille" era como o chamava. Com o tempo passaria para o rol de seus inimigos.

— Sou verdadeiramente cristão — Camille dizia. — Eu *amo* meus inimigos. — E era verdade, seus inimigos o definiam. Ele podia ler seus propósitos nos olhos deles.

Ao afastar-se de Mirabeau, Camille tornou-se mais próximo de Robespierre e deu início a uma vida diferente. Passava as noites com papéis em cima da mesa, quebrando o silêncio apenas para murmurar uma consulta, ouvindo o raspar da pena no papel e o tique-taque do relógio. Para estar com Robespierre, Camille tinha de cobrir-se de seriedade, como faria com um manto no inverno.

— Ele é tudo o que eu deveria ser — disse a Lucile. — Max não se importa com fracasso ou sucesso. Não se importa com o que as pessoas falam sobre ele ou com a opinião que têm a respeito de seus atos. Se achar em seu íntimo que está certo, isso lhe basta, isso o guia. Ele é um dos poucos homens, um dos únicos, para quem só o testemunho de sua própria consciência é necessário.

Mas no dia anterior Danton disse a Lucile:

— Ah, Maximilien é bom demais para ser verdade. Não consigo decifrá-lo.

Afinal, Robespierre estava certo a respeito de Mirabeau. Por mais que não se quisesse admitir, ele estava quase sempre certo.

EM MAIO, Théroigne deixou Paris. Ela não tinha dinheiro e estava cansada de ver os jornais monarquistas chamarem-na de prostituta. Os momentos tenebrosos de seu passado foram expostos, um a um. A época que passou em Londres com um cavalheiro sem um tostão. Seu relacionamento mais vantajoso com o marquês de Persan. Sua estada em Gênova com um cantor italiano. As semanas, logo que chegou a Paris, em que se apresentou na sociedade como a condessa de Campinado, uma grande dama que atravessava dificuldades. Nada criminoso nem muito exagerado, o tipo de coisa que todos faziam quando pressionados pela necessidade. Quem, ela perguntou quando estava fazendo as malas, sairia ileso do tipo de investigação pelo qual passei? Ela pretendia voltar alguns meses depois, quando a imprensa já tivesse novos alvos.

Théroigne deixou um vazio, é claro. Era uma figura familiar na Escola de Equitação, sentada na galeria pública com o casaco escarlate, cercada por seu grupo de admiradores; ou passeando pelo Palais-Royal com uma pistola no cinto. Segundo as notícias, ela desaparecera de casa em Liège, e seus irmãos pensaram que tivesse fugido com algum homem, mas logo depois ouviram dizer que fora sequestrada pelos austríacos.

Espero que a mantenham por lá, pensou Lucile, que tinha ciúmes de Théroigne. O que lhe dava o direito de ser um pseudo-homem, aparecendo no Cordeliers e exigindo falar na tribuna? Danton ficava maluco. Era engraçado ver a raiva que ele sentia. Seu tipo de mulher era o das que conhecia nos jantares do duque: Agnès de Buffon, que lhe dirigia ridículos olhares lânguidos, e a inglesa loura Grace Elliot, com suas misteriosas conexões políticas e piscadelas de olho. Lucile estivera na casa do duque e observara Danton. Supunha que ele soubesse o que estava acontecendo, que soubesse por que Laclos lhe oferecia essas mulheres. A alcoviteira Félicité, Danton deixou para Camille, que não se importava de ter conversas inteligentes com mulheres. Parecia até gostar. Uma de suas perversões, dizia Danton.

Naquele verão o ex-inimigo de colégio de Camille, Louis Suleau, foi a Paris. Vinha da Picardia, preso, acusado de escritos sediciosos e anticonstitucionais. Sua sedição era diferente da de Camille, ele era mais monarquista que o próprio rei. Foi absolvido, e na noite em que saiu da prisão conversou com Camille até alta madrugada. Uma conversa muito boa, muito articulada, muito erudita, cujo santo patrono era Voltaire.

— Preciso manter Louis longe de Robespierre — Camille disse a Lucile. — Louis é uma das melhores pessoas do mundo, mas tenho medo de que Maximilien não enxergue isso.

Lucile achou Louis um cavalheiro. Tinha vigor, talento e presença. E, em pouco tempo, tinha também uma plataforma política: unira-se a um jornal sensacionalista monarquista chamado *Atos dos Apóstolos*. Os deputados que se sentavam à esquerda gostavam de chamar-se de "Apóstolos da Liberdade", e Louis achou que essa pompa devia ser punida. Quem eram os colaboradores do jornal? Um bando de dissolutos exaustos e padres destituídos de seus privilégios, diziam os patriotas mal-humorados. Como conseguiam escrever o jornal? O *Atos* realizava "jantares evangélicos" no Restaurant du Mais e no Beauvillier, onde trocavam informações e planejavam a próxima edição. Convidavam seus oponentes e os manipulavam com bebida para ver o que eles diriam. Camille compreendeu o princípio: boa comida, troca de informações e diversão ruidosa à custa dos tolos e maçantes que tentavam ocupar uma posição intermediária. Em geral, ditos espirituosos que não interessavam ao *Révolutions* encontravam lugar no *Atos*.

— Meu caro Camille — disse Louis —, você deveria juntar-se a nós. Um dia, tenho certeza, estaremos de acordo. Esqueça essa bobagem de "Liberdade, Igualdade, Fraternidade". Você conhece nosso manifesto? "Liberdade, Alegria, Real Democracia." Na verdade, nós dois queremos o mesmo, queremos que o povo seja feliz. De que adianta sua Revolução se ela produzir descontentes? De que adianta uma revolução dirigida por homens infelizes em salas deprimentes?

Liberdade, Alegria, Real Democracia. As mulheres Duplessis orientaram suas costureiras para a moda do outono de 1790. De vestidos de seda preta com faixas escarlate na cintura e casacas debruadas nas três cores elas compareceriam aos primeiros saraus, jantares e reuniões da estação, e conheceriam novas pessoas...

Mas ainda era verão quando Antoine Saint-Just foi para Paris. Não para ficar, só para visitar. Lucile estava ansiosa para vê-lo. Tinha ouvido a história de como ele fugira com a prata da família e gastara o dinheiro em 15 dias. Estava totalmente preparada para gostar de Antoine.

Ele tinha 22 anos. O episódio da prata ocorrera três anos antes. Camille teria inventado aquilo? Era difícil crer que uma pessoa pudesse mudar tanto. Ela olhou para Saint-Just e notou-lhe a espantosa neutralidade na expressão. Eles foram apresentados, e Antoine olhou-a sem interesse algum. Estava com Robespierre, ao que parecia os dois se correspondiam. Muito estranho, Lucile pensou, quase todos os homens ficavam ansiosos para que ela lhes oferecesse mais que uma afabilidade educada. Não que isso depusesse contra ele, mas era uma forma diferente de agir.

Saint-Just era bonito. Tinha olhos aveludados e um sorriso indolente; movimentava seu corpo esguio com o cuidado próprio dos homens altos. A pele era clara, e o cabelo, castanho-escuro; a única falha em seu rosto era o queixo muito grande e comprido, que lhe desequilibrava as feições sob certos ângulos.

Camille estava com Lucile, é claro, em um dia de mau humor, implicando com tudo e pronto para uma briga.

— Fez mais poesias? — perguntou. No ano anterior Saint-Just publicara um poema épico e pedira sua opinião: era interminável, violento e ligeiramente obsceno.

— Por quê? Quer ler meus poemas? — perguntou Saint-Just esperançoso.

Camille sacudiu a cabeça lentamente.

— A tortura foi abolida — respondeu.

Saint-Just apertou os lábios.

— Creio que meu poema o ofendeu. Talvez o tenha achado pornográfico.

— Minha opinião não foi tão favorável assim — respondeu Camille, rindo.

Os olhos dos dois encontraram-se.

— Meu poema tinha uma intenção séria. Você acha que eu perderia meu tempo? — disse Saint-Just.

— Não sei se perderia ou não.

A boca de Lucile ficou seca ao observar os dois homens se digladiarem: Saint-Just maleável, passivo, esperando os resultados, e Camille nervoso e agressivo, com os olhos brilhando. Isso não tem a ver com o poema, ela pensou. Robespierre também ficou um pouco alarmado.

— Você está sendo severo, Camille. Certamente o trabalho dele tem algum mérito — disse.

— Nenhum, nenhum. Mas se você quiser, Antoine, posso trazer alguns de meus primeiros trabalhos para diverti-lo nas horas vagas. Você é provavelmente melhor poeta que eu era, e certamente será um político superior. Tem autocontrole. Gostaria de bater em mim, mas não vai.

As feições de Saint-Just escureceram, seus pensamentos eram indecifráveis.

— Eu ofendi você? — Camille tentou parecer arrependido.

— Profundamente — respondeu Saint-Just com um sorriso. — Estou magoado até o âmago do meu ser. Não está evidente que prezo mais sua opinião que a de qualquer ser humano? Você, a peça indispensável em um jantar aristocrata?

Saint-Just virou-se para falar com Robespierre.

— Por que não foi gentil com ele? — Lucile sussurrou.

Camille deu de ombros.

— Como amigo eu tenho sido gentil. Mas ele estava falando com um editor, não com um amigo. Queria que eu escrevesse uma matéria elogiando seu talento. Não queria minha opinião pessoal, queria a profissional. E teve.

— O que aconteceu? Pensei que você gostasse dele.

— Ele era uma boa pessoa. Mas mudou. Estava sempre tramando esquemas insanos e tendo problemas com mulheres. Mas tornou-se solene. Gostaria que Louis Suleau pudesse vê-lo, é o fino exemplo de um revolucionário infeliz. Considera-se um republicano. Eu não gostaria de viver em sua República.

— Talvez ele não o deixasse viver lá.

Mais tarde ouviu Saint-Just dizer a Robespierre:

— Ele é um frívolo.

Lucile pensou na palavra. Sempre a associara a piqueniques animados de verão ou a jantares com fofocas de teatro, regados a champanhe; atrizes muito pintadas sentadas a seu lado dizendo: vejo que você está apaixonada, ele é bonito, espero que sejam felizes. Ela nunca ouvira aquela palavra como uma acusação, carregada de ameaça e desprezo.

NAQUELE ANO a Assembleia transferiu bispos e padres para a categoria de funcionários públicos, pagos pelo Estado e sujeitos a eleições. Com o tempo, também exigiu que eles prestassem juramento à nova Constituição. Para alguns, parecia um erro forçar os padres a uma escolha inflexível, mas quem se recusasse era considerado desleal e perigoso. Todos concordavam (nas reuniões vespertinas da mãe de Lucile) que conflitos religiosos eram a força mais perigosa que poderia se abater sobre uma nação.

De tempos em tempos sua mãe suspirava ao ouvir os novos desdobramentos da questão.

— A vida vai se tornar muito prosaica — queixava-se. — A Constituição, os altos princípios, e os chapéus quakers.

— O que você prefere, minha querida? — Danton perguntou. — Plumas e grandes paixões na Escola de Equitação? Violência física na municipalidade? Amor e morte?

— Não ria. Nossas aspirações românticas foram atingidas em cheio. Aí está a Revolução, o espírito de Rousseau em carne e osso, nós pensávamos...

— E é apenas M. Robespierre, com sua visão precária e seu sotaque provinciano.

— É apenas um bando de pessoas discutindo seus saldos bancários.

— Quem andou falando com você sobre meus negócios?

— As paredes e os portões falam sobre você, M. Danton. — Annette fez uma pausa e tocou o braço dele. — Diga-me uma coisa. Você tem antipatia por Max?

— Antipatia? — Perguntou Danton, surpreso. — Não. Ele me deixa um pouco inquieto, nada mais. Estabelece altos padrões para todos. Você poderá manter esses padrões quando for sogra dele?

— Bom... isso ainda não está certo.

— Adèle não consegue se decidir?

— É que o pedido não foi feito.

— Então ele deve imaginar que está subentendido — falou Danton.

— Não tenho certeza se Max acha que perguntou a ela... não, não vou fazer comentários. Não precisa levantar as sobrancelhas assim. Como uma mera mulher pode tentar avaliar as ações de um deputado?

— Oh, nós não temos mais "meras mulheres". Na semana passada seus dois genros em perspectiva me derrotaram em uma discussão. Disseram que as mulheres são iguais aos homens sob todos os aspectos. Só estão esperando uma oportunidade.

— Sim. Tudo isso começou com aquela mulherzinha obstinada, Louise Robert, que não mede as consequências de seus atos. Não vejo por que os homens devam perder tempo discutindo sobre a igualdade das mulheres. O tema parece ir contra os interesses deles.

— Robespierre é desinteressado, como sempre. E Camille diz que teremos de permitir que as mulheres votem. Em breve haverá mulheres na Escola de Equitação, usando chapéus pretos, carregando pastas de documentos e falando sobre o sistema tributário.

— A vida seria ainda mais prosaica se isso acontecesse.

— Não se preocupe — disse ele. — Ainda assim poderemos ter nossas pequenas tragédias.

SERÁ QUE ESSA REVOLUÇÃO tem uma filosofia?, Lucile se pergunta. Tem um futuro?

Não ousava perguntar a Robespierre, ou ele lhe faria uma longa preleção sobre a vontade geral; nem a Camille, temendo passar duas horas ouvindo sobre o desenvolvimento da República Romana. Então, perguntou a Danton.

— Creio que tem uma filosofia — disse ele, sério. — Pegue o que puder e fuja enquanto é possível.

DEZEMBRO DE 1790. Claude mudou de ideia em um agourento dia de dezembro, quando nuvens cor de chumbo impregnadas de neve se alastravam entre os telhados e as chaminés da cidade.

— Não aguento mais — disse. — Eles que se casem, conseguiram me vencer pelo cansaço. Ameaças, lágrimas, promessas, ultimatos... eu não aguentaria mais um ano disso, nem mais uma semana. Eu devia ter sido mais firme há muito tempo, mas agora é tarde. Vamos tirar o melhor partido disso, Annette.

Annette foi ao quarto da filha e encontrou-a escrevendo alguma coisa. Ela levantou os olhos, de susto e de culpa, e cobriu o papel com uma das mãos, manchando a página de tinta.

Quando Annette lhe deu a notícia, ela olhou para o rosto da mãe arregalando os olhos escuros sem compreender.

— Simples assim? — sussurrou. — Claude simplesmente muda de ideia e tudo dá certo? Estava começando a pensar que seria muito mais difícil. — Virou a cabeça e começou a chorar, deixando as lágrimas escorrerem sobre as palavras proibidas do diário, salgando os parágrafos e derretendo as palavras. — Oh, que alívio. Que alívio — disse.

A mãe permaneceu a seu lado, segurou-a pelos ombros e lhe deu um beliscão leve, mas vingativo.

— Então, conseguiu o que queria. Está na hora de parar com suas bobagens com M. Danton também. Comporte-se agora.

— Vou ser um exemplo de perfeição — ela disse, limpando as lágrimas do rosto com as mãos. — Vamos nos organizar. Quero me casar imediatamente.

— Imediatamente? Pense no que as pessoas vão dizer! Além do mais, é época do Advento. Ninguém se casa no Advento.

— Podemos conseguir uma dispensa. Quanto ao que as pessoas vão dizer, é problema delas. Não vou me preocupar com isso. Está além do meu controle.

Lucile deu um salto. Não conseguia mais conter-se em termos civilizados. Correu pela casa rindo e chorando ao mesmo tempo, batendo as portas. Camille chegou e ficou confuso.

— Por que ela tem tinta na testa? — perguntou.

— Creio que é como um segundo batismo — disse Annette. — Ou o equivalente republicano da unção com óleo santo. Afinal, meu querido, há muita tinta na vida de vocês.

E, de fato, havia uma mancha no punho de Camille. Ele acabara de escrever um editorial e estava preocupado com os possíveis erros do tipógrafo. Lembrou-se do dia em que quis se referir a Marat como "um apóstolo da liberdade", e saiu no jornal "um apóstata da liberdade". Marat fora à redação fumegando de raiva.

— M. Duplessis, tem certeza do que está dizendo? — Camille perguntou a Claude. — Coisas boas como esta não costumam me acontecer. Não será um engano? Uma espécie de erro de impressão?

Imagens passavam pela cabeça de Annette, embora ela fizesse força para afastá-las. O ruge-ruge de suas saias quando entrou naquela mesma sala e disse a Camille para sair de sua vida. A chuva batendo nas janelas. E aquele beijo, aquele beijo de dez segundos, que teria acabado, não fosse a entrada repentina de Lucile, a portas fechadas com uma indigna satisfação na chaise longue. Olhou para o móvel, agora com o veludo azul desbotado.

— Annette, por que está com essa expressão zangada? — perguntou Claude.

— Não estou zangada, querido — ela respondeu. — Estou tendo um dia adorável.

— Verdade? Se você diz... Ah, as mulheres! — disse, olhando para Camille em busca de cumplicidade. Camille olhou-o com frieza. Eu disse a coisa errada outra vez, pensou Claude, não levei em consideração a opinião dele sobre as mulheres. — Lucile também parece confusa com relação a seus sentimentos. Espero... — Aproximou-se de Camille. Pensou em pôr uma das mãos em seu ombro, mas deixou-a cair de lado. — Bem, espero que vocês sejam felizes.

— Camille, meu querido, seu apartamento é muito bonito, mas seria melhor que se mudassem para um maior — Annette disse. — Vão precisar de mais móveis, gostaria de levar a chaise longue? Sei que você sempre a admirou.

Camille baixou os olhos.

— Admirei, Annette? Eu sonhava com ela.

— Eu poderia mandar fazer um novo estofo.

— Por favor, nem pense nisso — disse Camille. — Deixe exatamente como está.

Claude parecia ligeiramente confuso.

— Vou deixar vocês, então, se quiserem falar de móveis. — Deu um sorriso gentil. — Devo dizer, meu querido rapaz, que você não para de me surpreender.

O DUQUE DE ORLÉANS falou:

— Vão mesmo? Não é maravilhoso? Sabe de uma coisa? Não tenho recebido boas notícias ultimamente. — Alguns meses antes havia conhecido Lucile e a aprovara. Ela tinha classe, quase tanta quanto uma inglesa; era agradável vê-la no campo durante as caçadas. Andava de cabeça erguida e tinha uma bela postura. Vou dar a eles um bom presente, decidiu. — Laclos, aquela casa antiga de esquina que eu tinha, uma com jardim e 12 quartos, continua vazia?

— QUE MARAVILHA! — disse Camille. — Mal posso esperar para saber o que meu pai vai dizer! Vamos ganhar essa casa fantástica! Com muito espaço para a chaise longue.

Annette pôs a cabeça entre as mãos.

— Às vezes eu perco a esperança — disse. — O que aconteceria se as pessoas não tomassem conta de você? Pense, Camille. Como pode aceitar uma casa do duque? É o suborno mais visível que ele poderia oferecer. Não seria uma forma de compromisso? Não levaria a um ou dois pequenos parágrafos na imprensa monarquista?

— Imagino que sim — disse Camille.

Ela suspirou.

— Peça dinheiro a ele, simplesmente. Por falar em casas, venha ver esta. — Desdobrou uma planta de sua propriedade em Bourg-la-Reine. — Fiz os esboços de uma casinha que gostaria de construir para vocês. Pensei neste ponto, no fundo da alameda de tílias.

— Por quê?

— Por quê? Porque gosto das minhas férias, e não pretendo ter você e Claude na mesma casa zombando um do outro e criando silêncios significativos. Seria como fazer excursões de férias ao purgatório. — Olhou de novo para seus desenhos. — Sempre quis projetar uma casa de campo romântica. É claro que talvez meu entusiasmo de amadora deixe lacunas vitais. Não se preocupe, vou me lembrar de programar um belo quarto para o casal. E vocês não ficarão exilados. Vou visitá-los sempre que tiver vontade.

Ela sorriu. Como ele era ambivalente, apanhado entre o terror e o prazer. Os próximos anos serão interessantes, ela pensou, de uma forma ou de outra. Camille tem olhos extraordinários: de um cinza muito escuro, tão próximos ao preto quanto podem ser os olhos de um ser humano, a íris praticamente se funde com a pupila. Olhos que parecem olhar para o futuro.

— NA SAINT-SULPICE — disse Annette —, as confissões acontecem às 15 horas.

— Eu sei — disse Camille. — Já está tudo combinado. Mandei uma mensagem ao padre Pancemont. Achei que devia avisá-lo. Disse que vou chegar às 15 horas em ponto, que não faço esse tipo de coisa todos os dias e que não quero ficar esperando. Vamos?

— Vou chamar a carruagem.

DO LADO DE FORA DA IGREJA Annette dirigiu-se ao cocheiro:

— Nós vamos... — E virou-se para Camille. — Quanto tempo vamos ficar? Sua confissão vai ser longa?

— Na verdade, não vou confessar nada. Talvez alguns pecadilhos. Trinta minutos.

Nos fundos da igreja, um homem de paletó escuro andava de um lado para o outro com uma pasta de documentos debaixo do braço. O relógio bateu as horas. O homem aproximou-se.

— Exatamente 15 horas, M. Desmoulins. Vamos entrar?

— Este é meu advogado — disse Camille.

— O quê?

— Meu advogado, meu tabelião. É especialista em lei canônica. Foi indicação de Mirabeau.

O homem parecia satisfeito. Que interessante, Annette pensou, Camille ainda se encontrar com Mirabeau. Mas não estava entendendo bem a situação e perguntou:

— Camille, você vai levar seu advogado para a confissão?

— Uma precaução sensata. Nenhum pecador sério deveria negligenciar esse cuidado.

Arrastou-a pela igreja em passos rápidos.

— Vou me ajoelhar — ela disse, virando para afastar-se dele. A igreja estava silenciosa; um grupo de senhoras rezava para os tempos antigos voltarem. Um cachorrinho se enroscara ao lado delas e ressonava.

O padre pareceu não ver razão para baixar a voz.

— É você, não é? — perguntou.

Camille disse ao tabelião:

— Anote tudo.

— Pensei que não viesse. Quando recebi sua mensagem pensei que fosse uma brincadeira.

— Certamente não é uma brincadeira. Preciso entrar em estado de graça como todos os demais, não é?

— Você é católico?

Fez-se uma curta pausa.

— Por que pergunta?

— Porque se não for católico não posso lhe administrar os sacramentos.

— Está bem, então. Eu sou católico.

— Você não disse... — o padre pigarreou — ...não disse em seu jornal que a religião de Maomé é tão válida quanto a de Jesus Cristo?

— O senhor lê meu jornal? — Camille pareceu gratificado. Silêncio. — Então não vai nos casar?

— Não até que você faça uma confissão pública da fé católica.

— O senhor não tem o direito de me pedir isso. Precisa aceitar minha palavra. Mirabeau disse...

— Desde quando Mirabeau é Pai da Igreja?

— Ah, ele vai gostar de ouvir isso. Mas mude de ideia, padre, estou terrivelmente apaixonado e não posso esperar, é melhor casar do que ficar queimando de desejo.

— A despeito da citação de são Paulo — disse o padre — quero lembrar-lhe que os poderes existentes são ordenados por Deus. E quem resistir ao poder resiste à ordem de Deus, e quem resistir a esta será condenado à danação eterna.

— Sim, terei de correr o risco — disse Camille. — Como o senhor sabe muito bem, segundo o versículo 14, o marido incrédulo é santificado pela esposa. Se o senhor criar objeções, terei de levá-lo a uma comissão eclesiástica. O senhor está tentando bloquear o caminho de seu irmão. O senhor não deve ser julgado, deve ser espoliado. Veja o capítulo 6.

— Esse capítulo é sobre ser julgado pelos ateus. O vigário-geral da diocese de Sens não é um ateu.

— O senhor sabe que está errado — disse Camille. — Onde pensa que eu fui educado? Pensa que pode se livrar dizendo essas besteiras para mim? Não precisa anotar essa parte — disse ao advogado.

Eles saíram do confessionário.

— Risque isso — disse Camille. — Eu agi de forma apressada. — O advogado parecia assustado. — Escreva no alto da página: "Sobre a celebração do casamento de L.C. Desmoulins, advogado". Isso mesmo, sublinhe algumas vezes. — Pegou o braço de Annette. — Você estava rezando?

— perguntou. — Leve isso para a comissão imediatamente — disse por cima do ombro.

— NADA DE IGREJA — disse Lucile. — Nada de padres. Maravilhoso.

— O vigário-geral da diocese de Sens disse que sou responsável pela perda de metade da renda anual dele — falou Camille. — Declarou que foi por minha causa que seu castelo foi incendiado. Adèle, pare de rir.

Estavam sentados na sala de visita de Annette.

— Bem, Maximilien, você é bom para resolver problemas do povo. Resolva esse — disse Camille.

Adèle tentou se recompor.

— Você não conhece um padre inofensivo? Alguém com quem tenha estudado?

Robespierre levantou os olhos.

— Decerto o padre Bérardier poderia ser persuadido. Foi nosso último diretor — explicou — no Louis-le-Grand e participa da Assembleia agora. Claro, Camille... ele sempre gostou de você.

— Quando nos encontramos hoje em dia, ele sorri, como se dissesse: "Eu previ como você seria". Dizem que se recusará a prestar juramento à Constituição.

— Isso não importa — Lucile falou. — Se houver alguma chance...

— SOB ESSAS CONDIÇÕES — disse Bérardier. — Você terá de fazer uma confissão pública de fé em seu jornal. Terá de parar de zombar do clero e erradicar o habitual tom de blasfêmia da publicação.

— Então como vou ganhar a vida? — Camille perguntou.

— Foi tolice sua não prever esse problema quando decidiu procurar a Igreja. Mas você nunca planejou sua vida mais que dez minutos adiante.

— Nas condições estipuladas — disse padre Pancemont —, vou permitir que padre Bérardier o case na Saint-Sulpice. Mas eu não o casaria por nada deste mundo, e acho que o padre está cometendo um erro.

— Ele é uma criatura impulsiva — explicou Bérardier. — Um dia seus impulsos o levarão ao caminho certo. Não é, Camille?

— O problema é que eu não estava pensando em publicar uma nova edição do jornal antes do ano-novo.

Os padres entreolharam-se.

— Então esperamos ver essa declaração no primeiro exemplar de 1791.

Camille assentiu.

— Promete? — disse Bérardier.

— Prometo.

— Você sempre mentiu com uma facilidade espantosa.

— NÓS NÃO FAREMOS ISSO — disse o padre Pancemont. — Devíamos ter dito que a publicação viria antes, e o casamento, depois.

Bérardier suspirou.

— De que adiantaria? A consciência não pode ser forçada.

— O deputado Robespierre foi seu aluno também?

— Por pouco tempo.

Padre Pancemont olhou para ele como se o outro dissesse que estivera em Lisboa no ano do terremoto.

— Você desistiu de ensinar? — perguntou.

— Oh, veja bem... há pessoas piores.

— Não consigo pensar em nenhuma — o padre falou.

AS TESTEMUNHAS do casamento foram: Robespierre, Pétion, o escritor Louis-Sébastien Mercier e o amigo do duque, o marquês de Sillery. Uma seleção diplomática representando a ala esquerda da Assembleia, a instituição literária e a conexão orleanista.

— Você não se importa, não é? — Camille perguntou a Danton. — Na verdade eu queria Lafayette, Louis Suleau, Marat e o carrasco público.

— É claro que não me importo. — Afinal, pensou, serei testemunha de todo o resto. — Você vai ser rico agora?

— O dote é de 100 mil *livres.* E alguma prata bastante valiosa também. Não me olhe assim. Tive de lutar por isso.

— E vai ser fiel a ela?

— É claro — respondeu, chocado. — Que pergunta é essa? Eu amo Lucile.

— Só estava pensando. Achei que talvez fosse bom fazer uma declaração de intenção.

ELES FORAM para um apartamento de primeiro andar na rue des Cordeliers, ao lado da casa dos Danton; e a 30 de dezembro ofereceram um café da manhã de casamento para cem convidados, o dia frio e escuro os observando com hostil curiosidade pelas janelas iluminadas. À 1 hora da madrugada ficaram finalmente sozinhos. Lucile ainda estava com o vestido de casamento rosa, agora amarrotado e com uma marca pegajosa no ponto onde derramara um copo de champanhe algumas horas antes. Afundou-se na chaise longue azul e tirou os sapatos.

— Que dia! Já houve algo parecido nos anais do santo matrimônio? Meu Deus, filas de pessoas fungando e gemendo, minha mãe chorando, meu pai chorando, o velho Bérardier o repreendendo publicamente daquela maneira, e você chorando. E a metade de Paris que não estava chorando dentro da igreja, estava nas ruas gritando lemas e fazendo comentários obscenos. E...

— Sua voz foi desaparecendo. O peso da excitação do dia foi abatendo-se sobre ela aos poucos, em ondas. Provavelmente, pensou, é assim que as pessoas se sentem no mar. Camille parecia estar falando com ela de muito longe.

— Eu nunca pensei que este tipo de felicidade pudesse acontecer comigo; há dois anos eu não tinha nada e agora tenho você, tenho dinheiro para viver bem, e sou famoso...

— Eu bebi demais — disse Lucile.

Quando pensou na cerimônia, tudo apareceu envolto em névoa, e achou que talvez na hora do casamento também estivesse bêbada. Pensou, em um pânico momentâneo, se eles estariam devidamente casados. A embriaguez é uma incapacidade? E na semana passada, quando procurávamos o apartamento, eu estava sóbria? Onde é mesmo o apartamento?

— Pensei que eles nunca fossem embora — disse Camille.

Lucile olhou para ele. Tudo o que queria dizer, todos os ensaios que fizera para aquele momento durante quatro anos esvaíram-se. Agora conseguia apenas sorrir. Tentou manter os olhos abertos para o quarto parar de girar, fechou-os de novo e deixou girar. Rolou na chaise longue, ajeitou os joelhos confortavelmente e deu um gemido de contentamento, como o cachorro da Saint-Sulpice. E dormiu. Seu marido colocou uma das mãos sob seu rosto e depois a substituiu por uma almofada.

— OUÇAM o que serei se não apoiar o juramento à Constituição dos pobres bispos — disse o rei. Ajeitou os óculos e leu: — ...inimigo da liberdade pública, conspirador traiçoeiro, o mais covarde dos perjúrios, príncipe sem honra, sem-vergonha, o mais baixo dos homens... — Interrompeu a leitura, pôs o jornal na mesa e assoou o nariz com vigor em um lenço bordado com as armas reais, o último que teria daquele tipo. — Um ano-novo feliz para o senhor também, Dr. Marat — disse.

III. O Bem-Amado

(1791)

1791.

— Lafayette está seguindo mais de perto os passos de Cromwell do que convém a seu recato natural — diz Mirabeau à rainha.

Nós estamos acabados, diz Marat, não temos mais nada; o grupo de Maria Antonieta está ligado à Áustria, os monarcas estão traindo a nação. Vinte mil cabeças devem ser cortadas.

A França será invadida pelo Reno. Em junho o irmão do rei, Artois, terá um exército em Coblenz. O antigo cliente de maître Desmoulins, o príncipe de Condé, comandará uma força em Worms. Uma terceira força, em Colmar, estará sob o comando do irmão mais moço de Mirabeau, conhecido como Barril Mirabeau, por sua forma e por certas predisposições.

Barril passou seus últimos meses na França perseguindo o Procurador-Geral da Lanterna no tribunal. Agora espera persegui-lo, com uma força armada, pelas ruas. Os *émigrés* querem o Antigo Regime de volta, sem nenhuma alteração, e um pelotão de fuzilamento para Lafayette. Eles pedem, por direito, o apoio dos poderes da Europa.

Porém os poderes têm suas próprias ideias. Esses revolucionários são perigosos, sem dúvida, nos ameaçam da forma mais terrível. Mas o rei Luís não está morto nem deposto; embora os equipamentos e as acomodações das Tulherias não se comparem aos de Versalhes, o rei não está seriamente preocupado. Em tempos melhores, quando a Revolução terminar, talvez admita que essa dura lição lhe fez bem. Nesse meio-tempo é um segredo, um prazer estranho observar um vizinho rico lutando com impostos não recolhidos, um exército alugado pelos amotinados, os dirigentes dos democratas fazendo papéis ridículos. A ordem estabelecida por Deus deve ser mantida na Europa, mas não há necessidade, no presente, de valorizar as flores-de-lis dos Bourbon.

Os *émigrés* aconselham o rei Luís a dar início a uma campanha de resistência passiva. À medida que os meses se passam, eles começam a desesperar-se com ele. Lembram-se uns aos outros da máxima do conde de Provence: "Quem pode segurar de uma vez só várias bolas de marfim escorregadias, talvez saiba o que fazer com o rei." Eles se enfurecem ao perceber que todos os pronunciamentos de Luís tendem à nova ordem, enquanto recebem em segredo sua garantia de que tudo o que diz significa o exato oposto. Não podem entender que alguns desses monstros, desses patifes, desses bárbaros da Assembleia Nacional se interessem verdadeiramente pelo rei.

A rainha tampouco compreende a situação: "Eu só os vejo, ou tenho qualquer contato com eles, com a intenção de usá-los; essa gente me inspira um horror grande demais para que eu me envolva com eles." E você também inspira, Mirabeau. É possível que Lafayette tivesse uma ideia mais clara do valor da rainha. Ele declarou pessoalmente a ela (segundo dizem) que pretende provar sua culpa de adultério e mandá-la de volta à Áustria. Com essa finalidade, deixa todas as noites uma porta sem sentinela para que seu suposto amante, Axel von Fersen, possa entrar. "A conciliação não é mais possível. Só uma força armada pode reparar o dano causado", ela escreve.

Diz Catarina, a czarina:

— Estou fazendo o possível para estimular as cortes de Viena e Berlim a engajarem-se nos assuntos da França para que eu tenha as mãos livres.

— As mãos de Catarina estão livres, como sempre, para sufocar a Polônia. Ela fará sua contrarrevolução em Varsóvia, e deixará os alemães fazerem a deles em Paris. Leopoldo, da Áustria, está ocupado com os assuntos da Polônia, Bélgica e Turquia; William Pitt está pensando na Índia e em reformas financeiras. Eles observam e esperam que a França se enfraqueça (como pensam) com a luta e as dissensões até que não seja mais uma ameaça a seus planos.

Frederico Guilherme, da Prússia, pensa de forma um pouco diferente: quando for iniciada a guerra com a França, como ele sabe que vai acontecer, pretende sair-se bem. Tem agentes em Paris com ordens de instigar o ódio a Maria Antonieta e aos austríacos, estimular o uso de força, desequilibrar a situação, e provocar um final violento. O real entusiasta da contrarrevolução é Gustavo, da Suécia, que pretende varrer Paris da face da terra. O mesmo Gustavo que pagou 1,5 milhão de *livres* por ano sob o Antigo Regime, Gustavo e seu exército imaginário. E de Madri, os fervorosos sentimentos reacionários de um rei imbecil.

Esses revolucionários, dizem, são a escória da humanidade. Eu me mobilizarei contra eles se vocês desejarem.

De Paris o futuro parece precário. Marat vê conspiradores por todo lado, traição na brisa que agita a bandeira tricolor do lado de fora da janela do rei. Por trás dessa fachada, patrulhada pela Guarda Nacional, o rei come, bebe, engorda, e raramente se sente nervoso. "Meu maior defeito", escreveu certa vez, "é uma lentidão de espírito que torna meus esforços mentais cansativos e penosos".

Na imprensa da esquerda, referem-se agora a Lafayette, não por seu título, mas por seu nome de família: Mottier. Referem-se ao rei como Luís Capeto. E à rainha, como "a esposa do rei".

Há dissensão religiosa. Cerca de metade dos curas da França concorda em prestar juramento à Constituição. O restante é chamado de padres refratários. Apenas sete bispos apoiam a nova ordem. Em Paris, freiras são atacadas por vendedoras ambulantes. Na Saint-Sulpice, onde fica o obstinado padre Pancemont, uma multidão de vagabundos caminha pela nave cantando: "*Ça ira, ça ira, les aristocrats à la Lanterne.*"* As tias do rei, madames Adelaide e Victoire, partem para Roma às escondidas. Os patriotas exigem saber se as duas senhoras levaram com elas o delfim. O papa considera a Constituição como dissidente. A cabeça de um policial é jogada na carruagem do núncio papal.

Em uma tenda no Palais-Royal, um homem e uma mulher "selvagens" exibem-se nus. Comem pedras, falam em uma língua desconhecida e copulam por algumas moedas.

Barnave, no verão: "O próximo passo para a liberdade será destruir a monarquia, o próximo passo para a igualdade será destruir a propriedade privada."

Desmoulins, no outono: "Nossa Revolução de 1789 foi uma questão arranjada entre o governo inglês e uma minoria da nobreza, preparada por alguns na esperança de expulsar a aristocracia de Versalhes e tomar posse de seus castelos, casas e escritórios; por outros, para pôr no comando um novo mestre; e por todos, para nos dar duas Casas e uma Constituição como a da Inglaterra."

O ano de 1791: 18 meses de Revolução e seguramente sob o jugo de uma nova tirania.

— Aquele que alega que eu sempre advoguei a desobediência às leis é um mentiroso! — diz Robespierre.

JANEIRO, EM BOURG-LA-REINE. Annette Duplessis ficou na janela olhando os galhos da nogueira que sombreava o pátio. Dali não se viam as

* *Ça ira*, do francês "assim será": título de uma canção popular durante a Revolução Francesa. (*N. do E.*)

fundações da nova casa de campo; tanto melhor, pois pareciam ruínas melancólicas. Suspirou, exasperada com o silêncio da sala. Todos deviam querer que ela se virasse e fizesse alguma observação. Se saísse da sala, ao voltar os encontraria tensos. Mas tomar chocolate no meio da manhã não seria esforço demais, não é?

Claude lia o jornal *Cidade e corte*, um jornal sensacionalista de direita. Seu ar era desafiador. Camille olhava para a esposa, como sempre fazia. (Depois de dois dias de casado ela descobriu, chocada, que aqueles olhos profundos e escuros eram míopes e sugeriu que ele usasse óculos. Mas Camille era vaidoso demais.) Lucile lia uma tradução de *Clarissa,* com pouca atenção. De instante a instante seus olhos fugiam da página para o rosto do marido.

Annette imaginou se seria aquele o motivo do desconforto de Claude: o ar de triunfo sexual da menina, suas bochechas rosadas quando se encontravam pela manhã. Ele gostaria que a filha ainda tivesse 9 anos de idade e se satisfizesse com suas bonecas, ela pensou. Ela examinava a cabeça curvada do marido, as mechas de cabelo bem penteadas e empoadas; Claude não fazia concessões a interlúdios rurais. Camille, a pouca distância, parecia um cigano procurando o violino perdido em uma sebe; era um desafio para o dispendioso alfaiate, vestindo-se em concordância com a ordem social em colapso.

Claude deixou o jornal cair no chão. Camille saiu de seu devaneio e virou a cabeça.

— O que aconteceu? Eu disse que se você lesse essas coisas ficaria chocado.

Claude não conseguia falar. Apontou para a página e Annette teve a impressão de que o marido lastimava-se. Camille estendeu uma das mãos para pegar a folha, mas Claude segurou-a contra o peito.

— Não seja tolo, Claude — disse Annette, como se fala com uma criança. — Entregue o jornal a Camille.

Camille passou os olhos pela página.

— Vocês vão gostar disso. Lolotte, quer sair um instante?

— Não.

Onde ela arranjara esse apelido de animal de estimação? Annette achava que Danton era o responsável. Um pouco íntimo demais, pensou; e agora Camille a chamava assim.

— Faça o que ele mandou — disse Annette.

Lucile não se moveu. Sou casada agora, pensou, não tenho de fazer o que me mandam.

— Então fique — falou Camille. — Eu só queria poupar seus sentimentos. De acordo com o que dizem aqui, você não é filha de seu pai.

— Não diga isso, queime o jornal — falou Claude.

— Lembra das palavras de Rousseau? "Queimar não é a solução" — disse Annette em um tom soturno.

— Então, de quem sou filha? — Lucile perguntou. — Sou filha de minha mãe ou sou uma criança enjeitada?

— Você é filha de sua mãe, mas seu pai é o abade Terray.

Lucile deu um risinho.

— Lucile, eu ainda posso lhe dar um tapa — disse sua mãe.

— Portanto, o dinheiro do dote — disse Camille — vem da especulação com grãos em tempos de fome.

— O abade não especulava com grãos — disse Claude, olhando com raiva para Camille.

— Não estou dizendo que especulava. Estou apenas repetindo o que o jornal diz.

— Sim... claro — disse Claude, desviando o olhar.

— Você conhecia Terray? — Camille perguntou para a sogra.

— Acho que o vi uma vez, trocamos duas ou três palavras.

— Você sabe que Terray tinha reputação de ser mulherengo — disse Camille para Claude.

— Não era culpa dele — falou Claude, ainda com raiva. — Ele nunca quis ser padre, foi forçado pela família.

— Acalme-se — disse Annette.

Claude arqueou as costas e apertou as mãos entre os joelhos.

— Terray era nossa maior esperança. Ele trabalhava muito. Tinha energia. As pessoas o temiam. — Parou, ao perceber que pela primeira vez em anos acrescentara à sua opinião sobre Terray um ponto final, uma *coda*.

— Você temia Terray? — Camille perguntou, por mera curiosidade.

Claude considerou:

— Talvez.

— Eu em geral temo as pessoas — confessou Camille. — É terrível admitir isso, não é?

— E quem, por exemplo? — Lucile perguntou.

— Fabre, principalmente. Quando ele me ouve gaguejar, me sacode, me puxa pelos cabelos e bate com minha cabeça na parede.

— Annette — falou Claude —, houve outras acusações. Em outros jornais. — Olhou de esguelha para Camille. — Mas resolvi ignorá-las.

Annette não fez comentário algum. Camille jogou o *Cidade e corte* no chão da sala.

— Vou processá-los — disse.

Claude levantou os olhos.

— Vai fazer o quê?

— Vou processá-los por difamação.

Claude levantou-se.

— Você? Você vai processar alguém por difamação? — Saiu da sala e eles ouviram-no rir ao subir as escadas.

FEVEREIRO. Lucile estava mobiliando o apartamento. Ela queria almofadas de seda cor-de-rosa, e Camille imaginou como essas almofadas estariam em poucos meses, com os cordeliers sujos recostados nelas. Não fez qualquer comentário quando viu o conjunto de gravuras da vida e morte de Maria Stuart. Não gostava de olhar para as gravuras. Bothwell tinha uma expressão impiedosa e marcial no olhar, lembrando-lhe Antoine Saint-Just. Servos volumosos com bizarras mantas escocesas erguiam as espadas; cavalheiros vestidos com kilts, deixando à mostra os joelhos gordos, ajudavam a infeliz rainha dos escoceses a entrar em um barco a remo. Em sua execução, Maria usava uma roupa que realçava seu corpo de mulher de 23 anos.

— Muito romântico, não é? — disse Lucile.

Depois que se mudaram, Camille passou a escrever o *Révolutions* em casa. Homens mal-humorados, sujos de tinta e com uma maneira robusta de falar, subiam e desciam as escadas com perguntas que esperavam que ela soubesse responder. Provas ainda não corrigidas se acumulavam sem ordem aos pés da mesa. Oficiais de justiça sentavam-se junto à porta da rua, jogando cartas e dados para passar o tempo. Exatamente como na casa de Danton, que ficava no mesmo prédio, na esquina; completos estranhos entrando e saindo o dia inteiro, a sala de jantar colonizada por homens rabiscando, o quarto do casal transformado em sala de visitas e passagem.

— Precisamos encomendar mais estantes — disse Lucile. — Você não pode deixar seus papéis em pilhas pela casa toda, eu escorrego neles quando saio da cama de manhã. Precisa mesmo de todos esses jornais velhos, Camille?

— Preciso, para pesquisar as inconsistências de meus opositores. Para poder persegui-los quando eles mudam de opinião.

Levantou um jornal de uma pilha.

— É de Hébert — ela disse. — Isto é lixo.

René Hébert propagava suas opiniões personificado em um homem do povo com cachimbo na boca, um fabricante fictício de fornalhas chamado Père Duchesne. O jornal era vulgar em todos os sentidos, uma prosa simplória impregnada de obscenidades.

— Père Duchesne é um grande monarquista, não é? — Camille marcou um trecho do artigo. — Talvez eu o acuse por isso, Hébert.

— Hébert é realmente como Père Duchesne? Ele realmente fuma cachimbo e pragueja?

— De forma alguma. É um homem pequeno e alquebrado, que mexe com as mãos o tempo todo. Mãos peculiares, que parecem essas coisas que vivem debaixo de pedras. Lolotte, você está feliz?

— Completamente.

— Tem certeza? Gosta do apartamento? Quer se mudar daqui?

— Não, não quero me mudar. Gosto do apartamento. Gosto de tudo. Estou muito feliz. — Suas emoções agora pareciam estar abaixo da superfície, arranhando a pele delicada. — Só tenho medo de que aconteça alguma coisa.

— O que poderia acontecer? — (Ele sabia o que poderia acontecer.)

— Os austríacos podem chegar e fuzilar você. A corte pode mandar assassiná-lo. Você pode ser sequestrado e morto em alguma prisão, e eu nem saberia onde procurar.

Ela cobriu a boca com uma das mãos, como se pudesse deter os medos que sentia.

— Não sou tão importante assim — ele disse. — Eles têm coisas mais importantes a fazer do que arranjar assassinos para mim.

— Eu vi uma dessas cartas com ameaças de morte.

— É isso que acontece com quem lê a correspondência alheia. Descobre coisas que não deveria saber.

— Quem nos obriga a viver assim? — Sua voz foi abafada no ombro dele. — Em breve teremos de viver em um porão, como Marat.

— Seque suas lágrimas. Está chegando alguém.

Robespierre entrou encabulado.

— Sua empregada disse que eu podia entrar.

— Não se preocupe — disse Lucile, mostrando o quarto com a mão. — Não é exatamente um ninho de amor, como você vê. Sente-se na cama, se quiser. Fique à vontade. Metade de Paris esteve aqui hoje de manhã enquanto eu tentava me vestir.

— Não consigo encontrar nada desde que me mudei — disse Camille. — E você não tem ideia de como a vida de casado toma tempo. Preciso tomar decisões sobre as coisas mais banais: se os tetos devem ser pintados, por exemplo. Sempre achei que a tinta simplesmente crescia nos tetos, você não?

Robespierre não quis se sentar.

— Não vou me demorar... só vim ver se você tinha escrito aquele artigo que prometeu, comentando meu panfleto sobre a Guarda Nacional. Achei que seria publicado no último número.

— Meu Deus — disse Camille. — Pode estar em qualquer lugar por aqui. Seu panfleto, quero dizer. Você tem outro exemplar? Por que você mesmo não escreve o artigo? Seria mais rápido.

— Mas, Camille, eu posso apresentar a seus leitores minhas ideias, mas esperava algo mais... você poderia dizer se acha minhas ideias coerentes, lógicas, bem expressas. Não posso escrever um artigo me elogiando, não é?

— Não vejo qual é a dificuldade.

— Não seja petulante. Não tenho tempo a perder.

— Desculpe. — Camille pôs o cabelo para trás e sorriu. — Mas você representa nossa posição editorial, sabia? Você é nosso herói. — Atravessou o quarto e tocou o ombro de Robespierre com delicadeza. — Nós admiramos seus princípios em geral, e apoiamos suas ações e seus escritos em particular. Portanto, como poderíamos deixar de lhe dar publicidade?

— Mas deixou, não é? — Robespierre deu um passo para trás, irritado. — Você precisa aprender a cumprir suas obrigações. É muito desatento, muito pouco confiável.

— Sim, desculpe.

Lucile ficou ligeiramente exasperada.

— Max, ele não é um menino de colégio.

— Vou escrever o artigo hoje à tarde — disse Camille.

— E esteja na reunião do Jacobinos à noite.

— Sim, é claro.

— Você é terrivelmente ditatorial — Lucile reclamou.

— Não, Lucile. — Robespierre olhou-a muito sério, e falou com voz mais suave. — É que alguém precisa repreender Camille, ele é muito sonhador. Tenho certeza de que se eu tivesse acabado de me casar com você, ficaria tentado a não cuidar tanto de meu trabalho como deveria — disse, baixando os olhos. — E Camille não sabe resistir à tentação, nunca soube. Mas eu não sou ditatorial, não diga isso.

— Está bem — ela falou —, você é amigo dele há muito tempo. Mas é seu tom. Sua maneira de falar. Deveria falar assim com os grupos de direita. Deveria fazer *essa gente* recuar.

A expressão de Robespierre se endureceu, defensiva. Ela entendeu por que Camille preferia sempre desculpar-se.

— Camille gosta de ser pressionado. Faz parte de seu caráter. É o que Danton diz. Até logo. Escreva o artigo hoje à tarde, sim? — acrescentou gentilmente.

Camille e Lucile entreolharam-se.

— Ele foi muito direto, não é? O que quis dizer?

— Nada. Só ficou irritado porque você o criticou.

— Mas ele não pode ser criticado?

— Não. Max sofre muito com as coisas, fica arrasado. Além do mais, ele tinha razão. Eu devia ter me lembrado do panfleto. Não seja tão dura com ele. É a timidez que o deixa rude.

— Ele precisa superar isso. As pessoas não são desculpadas por suas falhas. Além do mais, você me disse uma vez que ele não tinha fraquezas.

— Ele tem apenas as fraquezas do dia a dia. Mas, no final, não tem fraqueza alguma.

— Talvez você me deixe um dia por outra pessoa — disse ela de repente.

— Por que está imaginando isso?

— Fico pensando no que pode acontecer. Nunca supus que eu pudesse ser tão feliz, que tudo pudesse dar certo.

— Você acha que teve uma vida infeliz?

A aparência a contradizia, mas ela respondeu com sinceridade.

— Acho.

— Eu também. Mas não depois que nos casamos.

— Você pode ser morto em um acidente na rua. Pode morrer de alguma doença. Sua irmã Henriette morreu tuberculosa. — Examinou-o como se quisesse ver o tecido sob a pele e preparar-se para as contingências.

Camille afastou-se, não podia aguentar aquilo. Temia que a felicidade pudesse ser um hábito, uma qualidade atada ao temperamento ou algo que se aprende na infância, uma espécie de linguagem, mais difícil que latim ou grego, que já se deve dominar aos 7 anos de idade. E se ele não tivesse dominado? E se estivesse tendo uma felicidade idiota, uma felicidade cega? Ocorreu-lhe que certas pessoas, envergonhadas do próprio analfabetismo, fingem saber ler. Mais cedo ou mais tarde são descobertas, é claro. Mas é sempre possível que, enquanto fingem, consigam aprender e se salvem. Por analogia, é possível que enquanto uma pessoa infeliz esteja tentando usar expressões básicas, como as que se veem em livros de viagem para estrangeiros, a gramática e a sintaxe dessa língua negligenciada se revelem. Muito bem, pensou, mas esse processo poderia levar anos. Então compreendeu o problema de Lucile: como sabemos se viveremos tempo suficiente para sermos fluentes?

O AMIGO DO POVO. Nº 497, J.P. Marat, editor:

...indiquem imediatamente um tribunal militar, um ditador supremo... vocês estarão irremediavelmente perdidos se continuarem a seguir seus líderes atuais, que continuarão a lisonjeá-los e adulá-los até os inimigos chegarem a seus muros...

...Chegou a hora de cortar as cabeças de Mottier, de Bailly... de todos os traidores na Assembleia Nacional... dentro de poucos dias Luís XVI avançará à frente de todos os descontentes e das legiões austríacas... Cem bocas ferozes ameaçarão destruir a cidade se vocês oferecerem a menor resistência... todos os patriotas serão presos, os escritores populares serão arrastados às masmorras... mais alguns dias de indecisão e será tarde demais para se livrar da letargia; a morte os surpreenderá durante seu sono.

DANTON na casa de Mirabeau.

— E então? — perguntou o conde.

Danton meneou a cabeça.

— Estou muito curioso — disse Mirabeau rindo. — Você é totalmente cínico, Danton, ou alimenta ideais criminosos? De que lado está? Vamos, estou ansioso para saber. Está do lado do rei Luís ou de Philippe?

Danton não respondeu.

— Ou talvez de nenhum. Você é republicano, Danton?

— Robespierre diz que não é o rótulo descritivo do governo que importa, mas sua natureza, a forma como ele opera, se é um governo para o povo. A República de Cromwell, por exemplo, não era um governo popular. Eu concordo com ele. Em minha opinião, não importa se chamamos o governo de monarquia ou de república.

— Você diz que a natureza do governo é o que importa, mas não diz que natureza você prefere.

— Meu silêncio serve de resposta.

— Tenho certeza que sim. Podemos ocultar muita coisa por trás de lemas. *Liberdade, Igualdade, Fraternidade*, sem dúvida.

— Eu defendo esses valores.

— Ouvi dizer que foi você quem inventou esse lema. Mas, o que você entende por liberdade?

— Preciso definir para você? Você deveria saber.

— Isso é sentimentalismo — disse Mirabeau.

— Eu sei. Sentimentalismo tem seu lugar na política, assim como no quarto.

O conde levantou os olhos.

— Discutiremos os quartos mais tarde. Vamos aos temas práticos? A Comuna deve ser modificada, haverá eleições. O cargo abaixo do prefeito será o de administrador. Haverá 16 administradores. Você deseja ser um deles, como disse. Por quê, Danton?

— Desejo servir à cidade.

— Sem dúvida. Meu lugar está assegurado. Entre seus colegas você pode contar com Sieyès e Talleyrand. Vejo pela expressão de seu rosto que os considera tergiversadores, e que vai se sentir em casa com eles. Mas se eu tiver de apoiar você, preciso de uma garantia de sua conduta moderada.

— Você a tem.

— De sua moderação? Está me entendendo bem?

— Sim.

— Completamente?

— Sim.

— Danton, eu o conheço. Sei que você é como eu. Por que outro motivo você imagina que começaram a chamá-lo de Mirabeau dos pobres? Você não tem um só grama de moderação no corpo.

— Creio que nossas semelhanças são superficiais.

— Você se considera um moderado?

— Não sei. Talvez. Quase tudo é possível.

— Você pode desejar conciliar, mas é contra sua natureza. Você não trabalha *com* as pessoas, trabalha *acima* delas.

Danton fez que sim. Acatou a afirmação de Mirabeau.

— Eu levo as pessoas aonde quero — disse. — À moderação ou aos extremos.

— Sim, mas a dificuldade é que a moderação se assemelha à fraqueza, não é? Eu sei, Danton, estou aqui há mais tempo que você, seguindo este caminho peculiar. E por falar em extremismo, não me importo com os ataques feitos a mim por seus jornalistas cordeliers.

— A imprensa é livre. Eu não determino a produção dos artigos de meu distrito.

— Nem a do escritor que mora ao lado de sua casa? Pensei que determinasse.

— Camille tem de estar à frente da opinião pública o tempo todo.

— Ainda me lembro dos dias em que não tínhamos opinião pública — disse Mirabeau. — Ninguém ouvira falar de algo assim. — Esfregou o queixo, pensando. — Muito bem, Danton, considere-se eleito. Vou aceitar sua promessa de moderação, e espero seu apoio. Agora, conte as últimas novidades. Como vai o casamento?

LUCILE olhou para o tapete. Era um bom tapete, estava contente por ter gastado dinheiro com ele. Na verdade, não tinha a intenção de admirar a aquisição naquele momento, mas não podia confiar na expressão de seu rosto.

— Caro, não sei por que você está me dizendo tudo isso.

Caroline Rémy pôs os pés sobre a chaise longue azul. Era uma mulher jovem e bonita, atriz da companhia do Théâtre Montansier. Tinha dois amantes, Fabre d'Églantine e Hérault de Séchelles.

— Para protegê-la. Para que você não ouça o que estou lhe dizendo da boca de pessoas que terão o maior prazer em deixá-la constrangida, e que irão divertir-se com sua ingenuidade. — Virou a cabeça de lado e enrolou uma mecha de cabelo no dedo. — Vejamos, quantos anos você tem, Lucile?

— Vinte.

— Minha querida. Vinte anos! — Ela não podia ser muito mais velha que isso, pensou Lucile. Mas tinha um ar gasto, o que não era de surpreender. — Creio, minha querida, que você não conhece nada do mundo.

— Não. Todos têm me dito isso ultimamente. Imagino que tenham razão. (Capitulou por culpa. Camille, na semana anterior, tentara ensiná-la: "Lolotte, nada se torna verdade pela mera força de repetição." Mas como ser gentil diante dessa insistência universal?)

— O que me surpreende é que sua mãe não lhe tenha advertido — disse Caro. — Tenho certeza de que ela sabe tudo o que é possível saber sobre Camille. Mas se eu tivesse tido coragem, e me censuro por não ter tido, de falar com você antes do Natal e contar, por exemplo, sobre maître Perrin, qual seria sua reação?

Lucile olhou para cima.

— Caro, eu teria continuado firme.

Não era a resposta que Caro esperava.

— Você é uma mulher estranha. — Sua expressão dizia claramente que a estranheza de Lucile não lhe era vantajosa. — Precisa preparar-se para o que terá de enfrentar.

— Imagino que sim — disse Lucile. Queria que a porta se abrisse de repente e um dos assistentes de Camille entrasse voando, começasse a lhe fazer perguntas e a procurar por um papel perdido. Mas naquele dia a casa estava silenciosa; só se ouvia a voz bem impostada e rouca de Caro, de uma vibração dramática.

— Você pode tolerar a infidelidade. Nos círculos que frequentamos, essas falhas são aceitas. — Fez um gesto com os dedos elegantes para indicar a louvável correção, estética e social, de um pequeno adultério. — Acaba-se encontrando um *modus vivendi.* Tenho certeza de que você sabe se divertir. Podemos aceitar outras mulheres, desde que não morem perto demais de casa...

— É melhor parar por aqui. A que está se referindo?

Caro arregalou os olhos.

— Camille é um homem atraente. Eu sei do que estou falando.

— Não vejo cabimento nesse tipo de comentário — murmurou Lucile. — Se você foi para a cama com ele, prefiro não saber.

— Por favor, considere-me como uma amiga — sugeriu Caro, mordendo o lábio. Pelo menos tinha descoberto que Lucile não estava grávida. A razão do casamento às pressas não era essa. Devia ser ainda mais interessante, gostaria de saber o quê. Ajeitou o cabelo e levantou-se da chaise longue. — Preciso ir. Tenho um ensaio agora.

Acho que você não precisa de nenhum ensaio, disse Lucile a si mesma. Você é perfeita.

DEPOIS QUE CARO saiu, Lucile recostou-se na cadeira e tentou respirar fundo para acalmar-se. A empregada, Jeanette, entrou e a examinou.

— Tente comer uma omelete — sugeriu.

— Não me incomode. Não sei por que você acha que comida pode resolver tudo.

— Quer que eu chame sua mãe?

— Eu só preciso pensar um pouco. Acho que na minha idade não preciso de minha mãe para isso — respondeu Lucile.

Ela aceitou um copo de água. Estava tão gelada que fez sua mão doer e deixou-a fria por dentro. Camille chegou às 17h15 e ficou procurando pena e tinta pela sala.

— Preciso estar na reunião do Jacobinos às 18 horas. — Lucile ficou a seu lado observando a caligrafia feia cobrir a página. — Não tenho tempo sequer para corrigir — e continuou a escrever. — Lolotte... o que aconteceu?

Lucile sentou-se e riu de maneira forçada.

— Não foi nada.

— Você é uma péssima mentirosa — disse, riscando algumas palavras. — Você não sabe mentir.

— Caroline Rémy esteve aqui.

— Ah! — disse, com certo desprezo.

— Quero lhe fazer uma pergunta. Entendo que pode ser difícil de responder.

— Tente — ele falou, sem levantar os olhos do papel.

— Você teve um caso com ela?

Ele franziu as sobrancelhas.

— Isso não é justo. — Suspirou, escrevendo na lateral do papel. — Eu tive casos com muita gente, você não sabia disso?

— Mas quero saber.

— Por quê?

— Por quê?

— Por que quer saber?

— Não sei, sinceramente.

Ele rasgou o papel e começou a escrever em outro.

— Não é uma conversa muito inteligente — falou, ainda escrevendo. — Ela disse que tivemos um caso?

— Não com todas as letras.

— E por que você imaginou isso? — Olhou para o teto, pensando em um sinônimo, e ao baixar a cabeça a luz avermelhada do inverno iluminou seu cabelo.

— Porque ela sugeriu.

— Talvez você tenha entendido mal.

— Então por que não nega?

— É bem provável que em alguma época eu tenha passado uma noite com ela, mas não me lembro com clareza. — Encontrara a palavra, e pegou outro pedaço de papel.

— Como pode não se lembrar? É impossível que não se lembre.

— Impossível por quê? Nem todos acham que essa é a mais importante atividade humana.

— Suponho que não se lembrar seja o cúmulo do desprezo.

— Suponho que sim. Você sabe onde está o último artigo de Brissot?

— Está ali. Você colocou seu jornal por cima.

— Ah, é mesmo.

— Então você realmente não se lembra?

— Sou muito distraído, todos sabem disso. Talvez não tenha sido uma noite. Talvez tenha sido uma tarde. Ou simplesmente alguns minutos, ou nada. Talvez eu achasse que ela era outra pessoa. Ou talvez estivesse pensando em outras coisas.

Lucile riu.

— Não sei se você deve achar graça nisso. Deveria estar chocada.

— Ela o acha muito atraente.

— Que boa notícia. Eu me consumiria de angústia se ela não achasse. Era esta a página que estava faltando. Devo ter jogado no fogo em um acesso de raiva. Mirabeau chamou Brissot de jóquei literário. Não sei bem o que ele quer dizer com isso, mas deve ser muito ofensivo.

— Ela me contou uma coisa sobre um advogado que você conhecia.

— Qual dos quinhentos?

Mas ele estava na defensiva agora. Ela não respondeu. Camille limpou a pena com cuidado e colocou-a sobre a mesa. Olhou para Lucile de esguelha, cautelosamente, e deu um leve sorriso.

— Oh, meu Deus, não me olhe assim — ela disse. — Você parece estar prestes a me contar o quanto foi bom. As pessoas sabem?

— Algumas pessoas, obviamente.

— Minha mãe sabe?

Nenhuma resposta.

— Por que eu não sabia?

— Não sei. Possivelmente porque você tinha 10 anos na época. Nós não nos conhecíamos. Não posso imaginar por que este assunto ressurgiu.

— Ah, ela não mencionou que tinha acontecido há muito tempo.

— Não, tenho certeza de que ela disse exatamente o que lhe convinha. Lolotte, isso é assim tão importante?

— Não. Imagino que ele fosse uma boa pessoa.

— Era, sim. — Que alívio dizer isso. — Foi extremamente bom comigo. E de certa forma, bem, na época não pareceu tão sério.

Lucile olhou fixamente para Camille. Ele é singular, pensou.

— Mas agora... — e de repente percebeu a importância daquilo — agora você é uma pessoa pública. O que faz importa a todos.

— E agora sou casado com você. E ninguém jamais poderá me censurar por nada, exceto por amar demais minha esposa e por não dar aos outros nada do que falar. — Empurrou a cadeira para trás e continuou: — Os jacobinos podem esperar. Acho que não quero ouvir discursos hoje à noite. Prefiro escrever uma crítica de teatro. Que tal? Gosto de levar você ao teatro. Gosto de sair em público com você. Sou invejado. Sabe de que gosto realmente? Gosto de ver as pessoas olhando para você e perguntando: ela é casada? Sim. Ficam de queixo caído, mas pensam que mesmo assim... bem, casada com quem? E quando alguém responde casada com o Procurador-Geral da Lanterna, eles afastam-se com o olhar vidrado.

Lucile foi depressa vestir-se para ir ao teatro. Quando se lembrou da discussão, foi obrigada a admirar a forma com que Camille encerrara o assunto.

UMA MULHER PEQUENA, a esposa de Roland, saiu da Escola de Equitação de braço com Pétion.

— Paris mudou muito desde que estive aqui, há seis anos — disse. — Nunca me esquecerei daquela visita. Íamos todas as noites ao teatro. Foi uma época maravilhosa de minha vida.

— Esperamos lhe dar tanto prazer desta vez como antes — disse Pétion, em tom galante. — Mas meu amigo Brissot disse que você é parisiense, não é?

Você está exagerando no charme, Jérôme, pensou seu amigo Brissot.

— Sou, mas os negócios de meu marido nos mantiveram tanto tempo nas províncias, que creio não poder mais ser chamada de parisiense. Sempre tenho vontade de voltar, e agora aqui estou eu, graças aos negócios da municipalidade de Lyon.

Brissot achou que ela falava como um personagem de romance.

— Tenho certeza de que seu marido é um valioso representante — disse Pétion —, mas esperamos, veladamente, que ele não conclua os negócios de Lyon rápido demais. Detestaríamos perder tão depressa seus benéficos conselhos e o encanto de sua companhia.

Ela olhou-o e sorriu. Era o tipo de mulher de que ele gostava: delicada, levemente rechonchuda, olhos castanho-claros e cabelo castanho-avermelhado, emoldurando o rosto oval. Mas talvez fosse bem mais velha que ele, devia ter cerca de 35 anos. Pensou na possibilidade de enterrar a cabeça naqueles seios fartos, em outra ocasião, é claro.

— Brissot me falou muitas vezes de sua correspondente de Lyon, de sua "Dama Romana"; eu li todos os artigos dela e passei a admirar as frases elegantes e as ideias nobres que os inspiravam; mas confesso que nunca imaginei ver beleza e inteligência tão perfeitamente unidas.

O sorriso ligeiramente rígido dela mostrou-lhe que passara dos limites.

— Então, o que achou da Assembleia Nacional, madame? — perguntou.

— Talvez já não seja de tanta utilidade, é o melhor que se pode dizer. E que grupo desordeiro! As sessões não são sempre como a de hoje, são?

— Em geral, são.

— Eles perdem tempo demais brigando como colegiais. Eu esperava um tom mais elevado.

— Imagino que os jacobinos a tenham agradado mais. É uma reunião mais sóbria.

— Pelo menos se preocupam com assuntos relevantes. Estou certa de que há patriotas na Assembleia, mas fiquei chocada por ver adultos serem ludibriados com tanta facilidade. — Era possível ver o desagrado nos olhos dela. — Creio que alguns deles têm prazer em ser tapeados. Outros, decerto, venderam-se para a corte. Caso contrário, nosso progresso não seria tão lento. Será que não compreendem que para haver liberdade na Europa precisamos nos livrar de todos os monarcas?

Danton passou por eles, estava resolvendo negócios na cidade. Virou-se, levantou uma das sobrancelhas, tirou o chapéu e cumprimentou-os laconicamente.

— Bom dia, Mme. Revolucionária, messieurs.

— Meu Deus, quem era aquele?

— M. Danton — disse Pétion em voz baixa. — Uma das curiosidades da capital.

— Muito bem. — Com relutância, tirou os olhos das costas de Danton. — Onde ele arranjou essas cicatrizes?

— Ninguém sabe ao certo — respondeu Brissot.

— Ele parece um bruto!

Pétion sorriu.

— É um homem muito culto, advogado e patriota ferrenho. Na verdade, é um dos administradores da cidade. Sua aparência é enganosa.

— Espero que sim.

— Quem Madame viu no Jacobinos? — Brissot perguntou. — Que amigos nossos conheceu?

— Ela conheceu o marquês de Condorcet... desculpe, não deveria ter dito "marquês", e o deputado Buzot. Madame recorda-se daquele homenzinho baixo da reunião dos jacobinos de quem não gostou?

Que grosseria, pensou Brissot, eu também sou baixo, o que é preferível a ser gordo, como você.

— Aquele homem vaidoso e sarcástico que olhava para todos através de um *lorgnette*?

— Sim. Seu nome é Fabre d'Églantine, grande amigo de Danton.

— Que par estranho eles fazem — disse, virando-se. — Aí está meu marido, finalmente. — Fez as apresentações. Pétion e Brissot, com perplexidade mal disfarçada, olharam para aquele homem calvo, de rosto grave, pele amarelada e envelhecida, alto e descarnado. Poderia ser o pai dela, pensaram, entreolhando-se.

— Bem, minha querida — disse Roland —, espero que tenha se divertido.

— Eu preparei os resumos que você pediu. Os números foram todos checados, e rascunhei várias possibilidades para seu depoimento na Assembleia. Escolha o que preferir e depois darei a forma final. Está tudo em ordem.

— Minha pequena secretária — disse, beijando-lhe a mão. — Senhores, vejam a sorte que tenho. Eu estaria perdido sem ela.

— Então, Madame — disse Brissot —, gostaria de ter um pequeno sarau? Não precisa corar, a senhora tem qualificações para isso. Nós, que debatemos as grandes questões do momento, precisamos fazer essas apresentações sob alguma influência feminina. (Idiota pomposo, pensou Pétion.) Ou talvez com o apoio de alguns cavalheiros do mundo das artes, para tornar o tom mais leve.

— Não — disse Brissot, surpreso com a firmeza do próprio tom. — Não devemos ter artistas, poetas ou atores, pelo bem deles. Precisamos estabelecer a seriedade de nosso propósito. Mas se forem patriotas, é claro que serão bem-vindos.

— Você está se intrometendo, como sempre — disse Pétion. (E você se intrometeria se pudesse, pensou Brissot.) — Seria bom falar com o deputado Buzot. Madame gostou dele, não é?

— Gostei. Ele me pareceu um jovem de grande integridade, um valioso patriota. E com força moral.

(E uma beleza melancólica, pensou Pétion, o que sem dúvida lhe dá charme; Deus ajude a pobre Mme. Buzot se François-Léonard cair nas garras dessa mulherzinha determinada.)

— Devo convidar Louvet?

— Não tenho certeza se Louvet seria a pessoa certa. Ele não escreveu um livro impróprio? — Pétion olhou-a com ar de pena. — Vocês estão rindo de mim porque sou provinciana — ela falou. — Mas certos padrões são necessários.

— É claro, mas *A vida do cavaleiro de Faublas* é um livro inofensivo. — Sorriu involuntariamente, como todos faziam ao tentar imaginar Jean-Baptiste escrevendo um sucesso audacioso. Segundo diziam, era um livro autobiográfico.

— E Robespierre? — Brissot insistiu.

— Sim, levem Robespierre. Ele me interessa. É muito reservado. Eu gostaria conhecê-lo melhor.

Quem sabe, pensou Pétion, será você a mulher que conseguirá conhecê-lo?

— Robespierre está sempre ocupado. Não tem tempo para a vida social.

— Meu sarau não será parte da vida social de ninguém — ela corrigiu gentilmente. — Será um fórum de discussões sérias confrontando os interesses de patriotas e republicanos.

Eu gostaria que ela não falasse tanto sobre a República, Brissot pensou. É um assunto que exige cautela. Vou lhe dar uma lição.

— Se madame deseja falar sobre republicanos, posso levar Camille.

— Quem é ele?

— Camille Desmoulins, ninguém o mostrou no Jacobinos?

— Um jovem moreno, irritado, de cabelo comprido — disse Pétion. — Que gagueja. Não, naquele dia ele não falou. — Olhou para Brissot e continuou. — Sentou-se ao lado de Fabre e ficou cochichando com ele.

— Eles são inseparáveis — disse Brissot. — Grandes patriotas, mas não exatamente exemplos de virtudes cívicas. Camille casou-se há poucas semanas e já...

— Senhores — Roland interrompeu —, esta conversa é apropriada para os ouvidos de minha esposa? — Eles tinham esquecido que Roland estava ali, uma presença muito vaga e opaca ao lado da esposa alegre e viva. — M. Desmoulins, minha querida, é um jornalista jovem, inteligente e escandaloso, chamado às vezes de Procurador-Geral da Lanterna — ele disse.

Ela corou ligeiramente de novo; seu sorriso desaparecia com grande rapidez, deixando a boca dura.

— Não vejo razão para conhecer esse homem.

— Mas todo o mundo o conhece.

— E daí?

— Afinal de contas — disse Pétion —, padrões são necessários.

Brissot prendeu o riso.

— Madame não se interessou pelo círculo de amizades de Danton.

— Ela não é a única — Pétion falou para Roland. — Danton é um homem com qualidades, mas não tem escrúpulos para certos assuntos; é descuidado com dinheiro, extravagante, e não se conhece bem sua origem. Os antecedentes de Fabre são extremamente dúbios. E Camille, bem, Camille é inteligente, posso garantir, e popular, mas não se mantém em sua meta.

— Eu sugiro — continuou Brissot — que Madame abra seu apartamento aos patriotas entre o término das sessões da Assembleia, que acontece por volta das 16 horas, em um dia normal, e a reunião do Jacobinos, que começa às 18 horas. — (E pode abrir as pernas aos patriotas um pouco mais tarde, pensou Pétion.) — Será um entra e sai interessante de pessoas.

— E útil — ela acrescentou.

— Creio, senhores — disse Roland —, que vocês vão se congratular a respeito dessa iniciativa. Como veem, minha esposa é uma mulher de cultura e sensibilidade. — Olhou-a, gratificado, como se ela fosse uma filha dando os primeiros passos.

O rosto dela brilhava de alegria.

— Estar aqui... finalmente — disse. — Durante anos observei, estudei, discuti. Comigo mesma, é claro. Esperei, ansiei, e se tivesse alguma fé, teria rezado; todas as minhas preocupações diziam respeito ao estabelecimento de uma República na França. Agora estou aqui, em Paris, e as coisas vão acontecer. — Sorriu para os três homens, mostrando os dentes alvos e bonitos, dos quais muito se orgulhava. — E em breve.

DANTON viu Mirabeau no Hôtel de Ville. Eram 15 horas no final de março. O conde estava encostado na parede, com a boca ligeiramente aberta como se estivesse recuperando-se de um esforço. Danton parou, e notou que o conde tinha mudado desde o último encontro dos dois. E ele não era de notar esses detalhes.

— Mirabeau...

Mirabeau deu um sorriso triste.

— Você não deve mais me chamar assim. Meu nome agora é Riquetti. Os títulos de nobreza foram abolidos pela Assembleia. O decreto foi apoiado por Marie Joseph Paul Yves Roch Gilbert du Mottier, *ci-devant** marquês de Lafayette, e rejeitado pelo abade Maury, filho de um sapateiro.

— Você está bem?

— Sim. Não, não. Para dizer a verdade, Danton, estou doente. Tenho uma dor aqui, e minha vista está fraca.

— Já foi a um médico?

— Diversos. Eles falaram de meu humor colérico, e me sugeriram compressas. Sabe em que tenho pensado nesses dias, Danton? — Sua expressão estava agitada.

— Você deve descansar. Ao menos procure uma cadeira para se sentar — Danton falou, inadvertidamente, como se falasse com uma criança ou um velho.

— Não preciso de cadeira, ouça o que vou dizer — disse, pousando uma das mãos no braço de Danton. — Estou pensando na morte do antigo rei. Quando ele morreu, disseram-me, não se conseguiu encontrar ninguém para vestir o corpo. O fedor era tão atroz e o cadáver era tão medonho que todos da família temiam contagiar-se, e os servos simplesmente se recusaram. No final levaram alguns trabalhadores pobres ao quarto do rei e lhes pagaram para colocar o corpo no caixão. Foi esse o fim do rei. Dizem que um dos homens morreu. Não sei se é verdade. Quando levavam o caixão para a cripta, as pessoas foram para a estrada e começaram a cuspir e gritar obscenidades. "Lá vai o Bem-Amado", diziam. — Levantou o rosto ultrajado para Danton. — Meu Deus, e eles se consideravam invulneráveis. Porque reinam pela graça de Deus pensam que têm Deus no bolso. Ignoram meus conselhos, meus bem inten-

**Ci-devant*: Termo usado durante a Revolução Francesa para designar os nobres que perderam seus títulos.

cionados e honestos conselhos. Quero salvá-los, e sou o único homem que pode fazer isso. Eles pensam que podem ignorar o senso comum, a humanidade comum. — Mirabeau parecia velho; o rosto marcado pela varíola estava avermelhado de emoção, mas por baixo daquele rubor, estava branco como cera. — E eu me sinto mortalmente cansado. Meu tempo acabou. Danton, se eu acreditasse em venenos lentos, diria que alguém me envenenou, pois me sinto como se estivesse morrendo aos poucos. — Ele piscou. Havia lágrimas em seus olhos. Sacudia-se como um cachorro. — Minhas recomendações a sua querida esposa. E ao pobre Camille. Vá trabalhar — disse a si mesmo.

A 27 DE MARÇO o *ci- devant* de Mirabeau sentiu de súbito muita dor e foi levado para sua casa na rue Chaussée-de-l'Antin. Morreu em coma em 2 de abril, às 8h30 da manhã.

ULTIMAMENTE CAMILLE recolhia-se na chaise longue azul, rodeado de livros, com as pernas longas encolhidas como se tentasse fugir da profusão de tapetes de Lucile. Era fim da tarde. A luz se esvaía, e a rua estava quase deserta. Naquele dia as lojas estavam fechadas, em sinal de respeito. O funeral seria à noite, à luz de tochas.

Camille estivera na casa de Mirabeau.

— Ele está sentindo muita dor. Não pode vê-lo agora.

— Não levará mais que um minuto — ele implorou. — Por favor, por favor.

— Ponha seu nome no livro de visitas — disseram. — Ali, ao lado da porta.

Então um genebrino lhe disse, tarde demais:

— Mirabeau chamou por você, no final. Mas tivemos de dizer que você não estava lá.

A corte pedia notícias dele duas vezes por dia. Na época em que Mirabeau podia ajudá-los, eles não mandaram buscá-lo. Mas agora estava tudo esquecido, a desconfiança, as evasivas, o orgulho; a mão egoísta sobre o futuro da nação, esquadrinhando as circunstâncias como se esquadrinhasse um maço engordurado de notas promissórias. Estranhos paravam-se nas ruas, dizendo-se compadecidos e expressando o medo do futuro.

Na mesa de Camille havia um papel todo escrito, quase ilegível. Danton pegou-o.

— "Vão, então, seu bando de idiotas, prostrar-se diante do túmulo desse deus..." O que mais está escrito?

— "...desse deus de mentirosos e ladrões."

Danton largou o papel, apavorado.

— Você não pode escrever isso. Todos os jornais do país o estão louvando. Barnave, que era seu mais feroz opositor, pronunciou seu elogio no Jacobinos. Hoje à noite a Comuna e toda a Assembleia participarão da procissão do enterro dele. Seus inimigos mais renitentes o estão elogiando. Camille, se você publicar esse texto, talvez seja feito em pedaços na próxima vez em que aparecer em público. Literalmente.

— Eu posso escrever o que quiser — disse Camille rapidamente. — A opinião é livre. Porque as demais pessoas do mundo são hipócritas e iludidas, serei obrigado a mudar minha forma de pensar porque o homem está morto?

— Jesus Cristo — disse Danton, horrorizado, e saiu.

Já era quase noite. Lucile fora à rue Condé. Dez minutos se passaram e Camille continuava sentado no quarto escuro. Jeanette pôs a cabeça pela porta.

— Não quer falar com ninguém?

— Não.

— O deputado Robespierre está aqui.

— Oh, sim, quero falar com Robespierre.

Ele podia ouvir a voz educada da mulher do lado de fora. Eu vivo no meio de mães, ele pensou; mães e amigos.

Robespierre parecia abatido e inquieto, com o rosto amarelado. Puxou uma cadeira dura e sentou-se em frente a Camille.

— Você tem dormido? — Camille perguntou.

— Muito mal nessas últimas noites. Tenho um pesadelo e quando acordo sinto dificuldade para respirar. — Ao dizer isso pôs a mão no peito. Ele temia o verão iminente, a sufocante conjunção de paredes, ruas e prédios públicos. — Eu gostaria de ter uma saúde melhor. O trabalho está esgotando minhas forças.

— Vamos abrir uma garrafa de alguma coisa e beber ao morto sensacional?

— Não, obrigado. Tenho bebido demais — ele desculpou-se. — Preciso tentar me manter sóbrio à tarde.

— Mas já é quase noite — disse Camille. — Max, o que vai acontecer agora?

— A corte vai procurar um novo conselheiro. E a Assembleia, um novo mestre. Ele era um mestre, e eles têm uma natureza submissa, pelo menos é o que Marat diz. — Robespierre pôs a cadeira um pouco mais à frente. A cumplicidade era total; eles, e somente eles, haviam compreendido Mirabeau. — Barnave vai crescer agora. Mas ele não chega aos pés de Mirabeau.

— Você o detestava, Max.

— Não — disse ele, olhando para cima. — Eu não detesto ninguém. Detestar anuvia o julgamento.

— Eu não faço julgamentos.

— Não. É por isso que eu tento guiá-lo. Você consegue julgar os eventos, mas não os homens. Você era muito ligado a Mirabeau, o que era perigoso.

— Sim. Mas eu gostava dele.

— Eu sei. Entendo que ele foi generoso com você, e ganhou sua confiança. Chego a achar... que ele queria ser um pai para você.

Meu Deus, pensou Camille, será essa a impressão que você tem? Creio que meus sentimentos não eram inteiramente filiais.

— Pais podem ser criaturas enganosas — replicou.

Max ficou calado por um instante, depois disse:

— No futuro, precisamos ter cuidado com ligações pessoais. Talvez tenhamos de nos apartar dessas ligações... — Parou, consciente de que dissera de repente o que viera dizer.

Camille olhou-o sem dar uma palavra. Um instante depois falou:

— Talvez você não tenha vindo falar sobre Mirabeau. Posso estar errado, mas talvez você tenha resolvido vir aqui para me contar que não pretende se casar com Adèle.

— Não quero magoar ninguém. Esse é o motivo.

Robespierre evitou os olhos de Camille. Os dois permaneceram ali em silêncio. Jeanette entrou, sorriu para ambos, e acendeu as lâmpadas. Quando saiu, Camille levantou-se.

— Sua justificativa não me convence. — Estava muito zangado.

— É difícil explicar. Tenha um pouco de paciência.

— Você quer que eu conte a ela, não é?

— Eu esperava que sim. Honestamente, não sei o que eu diria. Você precisa entender, sinto que mal conhece Adèle.

— Você sabia o que estava fazendo.

— Não grite comigo. Não há arranjo definitivo de espécie alguma, nada ficou estabelecido. E eu não posso levar isso adiante. Quanto mais demorar, pior. Há muitos homens querendo se casar com ela, homens melhores do que eu. Nem sei como tudo começou. Tenho condições de me casar?

— Por que não?

— Porque... porque eu trabalho o tempo todo. Trabalho porque é meu dever, é o que sinto. Não tenho tempo para dedicar a uma família.

— Mas você precisa comer, Max, precisa dormir em algum lugar, precisa ter uma casa. Você precisa até mesmo ter uma folga ocasionalmente. Adèle sabe o que a espera.

— Mas não é só isso. Talvez eu tenha de fazer sacrifícios pela Revolução. Eu faria isso com prazer, é o que...

— Que tipo de sacrifícios?

— Suponha que fosse necessário que eu morresse?

— De que você está falando?

— Ela se tornaria viúva pela segunda vez.

— Você andou falando com Lucile? Ela já imaginou todas as desgraças. Que poderia haver um surto de peste bubônica. Que alguém poderia ser atropelado por uma carruagem. Ou morto a tiros pelos austríacos, o que, aliás, é bem provável. Um dia você vai morrer. Mas se todos se fizessem suposições como as suas, a raça humana terminaria, pois ninguém teria filhos.

— Sim, eu sei — disse ele, constrangido. — Você fez bem em se casar, embora sua vida talvez esteja em perigo. Mas não seria bom para mim. Não é a coisa certa para mim.

— Os padres agora se casam. Você fez campanha na Assembleia para lhes dar esse direito. Mas age em oposição ao espírito da época.

— O que os padres fazem e o que eu faço são duas coisas separadas. A maioria deles não observava o celibato, nós acabamos com um abuso.

— Você acha o celibato tão fácil?

— Se é fácil, não vem ao caso.

— E aquela moça de Arras? Anaïs, não é? Você teria se casado com ela se as coisas tivessem sido diferentes?

— Não.

— Então o problema não é Adèle?

— Não.

— Você simplesmente não quer se casar?

— Isso mesmo.

— Mas não pelas razões que me deu.

— Não me intimide, não estou sendo julgado no tribunal. — Robespierre levantou-se, muito aflito. — Você me acha insensível, mas não sou. Quero tudo o que todos querem, mas comigo é diferente. Não posso me comprometer sabendo, quero dizer, temendo, o que o futuro me reserva.

— Você tem medo das mulheres?

— Não.

— Considere o problema com honestidade.

— Eu sempre tento ser honesto.

— Em termos práticos — disse Camille em tom sarcástico —, a vida será difícil para você agora. Pode ser desagradável, mas o fato é que as mulheres o consideram atraente. Quando estão em sua companhia se jogam para você de forma sedutora. Há um ar de concupiscência nas galerias públicas quando você discursa. Como você era comprometido, elas mantinham-se longe. Mas e agora? Vão persegui-lo em locais públicos e arrancar suas roupas. Pense nisso.

Robespierre tinha se sentado de novo, o rosto congelado de consternação e aversão.

— Continue. Diga qual é a verdadeira razão.

— Você já entendeu. Não posso explicar mais. — Em um canto obscuro de sua cabeça veio a imagem de uma mulher de lábios apertados, cabelo preso para trás em um coque, a explosão de fogos de artifício, o zumbido de moscas. Ele levantou os olhos, indefeso. — Ou você compreende, ou não. Eu tinha mais alguma coisa a dizer... mas você mostrou-se tão enraivecido que não consigo me lembrar do que era. Porém, preciso de sua ajuda.

Camille afundou-se em uma cadeira e olhou para o teto, com os braços pendendo abandonados.

— Está bem. Vou pôr minhas ideias em ordem. Não pense mais nisso. Seu medo é acabar amando Adèle se casar-se com ela. Se tiverem filhos você irá amá-los mais que tudo neste mundo, mais que o patriotismo, mais que a democracia. Se seus filhos se tornassem traidores do povo quando crescessem, você teria coragem de exigir a morte deles, como os romanos faziam? Talvez sim, mas talvez não tenha essa coragem. Você teme que, se amar alguém, acabe por desviar-se de seu dever. Mas é por causa de outro tipo de amor, não é?, que seu dever se tornou tão presente. Na verdade, a culpa é minha, minha e de Annette. Nós gostamos da ideia, e ajeitamos as coisas. Você foi muito gentil, não quis estragar nossos planos. Você nunca sequer beijou Adèle. É claro que não beijaria. Eu entendo, você tem seu trabalho. Ninguém mais vai fazer o que você pretende fazer, por isso chegou a ponto de renunciar, o máximo possível, às necessidades e fraquezas humanas. Eu gostaria... gostaria de poder ajudá-lo mais.

Robespierre perscrutou o rosto de Camille tentando achar alguma malícia ou leviandade, mas não percebeu nada.

— Na infância a vida não foi particularmente fácil para nós dois, não é? — disse. — Mas conseguimos sobreviver. Os anos em Arras foram os piores para mim. Agora não estou mais tão sozinho.

— Mmm... — murmurou Camille, procurando uma frase que refreasse o que seu instinto rejeitava. — A Revolução é sua noiva — disse. — Como a Igreja é a noiva de Cristo.

— MUITO BEM — DISSE ADÈLE. — Agora Jérôme Pétion vai tentar me conquistar murmurando frases sentimentais em meu ouvido. Camille, eu já vinha notando a situação há semanas. Que lhe sirva de lição para não fazer planos.

Camille ficou surpreso com a reação tranquila de Adèle.

— Você vai para seu quarto chorar?

— Não, só vou... repensar as coisas.

— Há muitos homens além dele, Adèle.

— Você acha que eu não sei disso?

— Não vai mais querer ver Robespierre?

— É claro que vou. Podemos ser amigos, não é? Creio que é isso o que ele deseja.

— Com certeza. Fico contente, de outro modo as coisas se tornariam difíceis para mim.

Adèle olhou para Camille.

— Você é um idiota egoísta, não é, Camille?

DANTON começou a rir.

— Eunuco. Adèle deve estar contente por ele não levar a farsa adiante. Eu devia ter adivinhado.

— Não é preciso tanto júbilo assim — disse Camille abatido. — Tente compreender.

— Compreender? Eu compreendo perfeitamente. É fácil.

Danton foi ao Café des Arts e contou a todos que o deputado Robespierre era impotente sexualmente. Contou aos amigos do Hôtel de Ville, e a alguns deputados conhecidos seus; e também às atrizes do Théâtre Montansier, e a quase todos os membros do Clube dos Cordeliers.

ABRIL DE 1791. O deputado Robespierre opôs-se à exigência de posse de terras para a qualificação de futuros deputados, e defendeu a liberdade de expressão. Em maio apoiou a liberdade da imprensa, falou contra a escravatura e defendeu os direitos civis para os mulatos das colônias. Ao ser discutida a criação de uma nova legislação, ele propôs que os membros da Assembleia não fossem reelegíveis, deviam ceder o lugar a novos membros. Foi ouvido durante duas horas, em respeitoso silêncio, e sua moção foi aceita. Na terceira semana de maio ele caiu doente em razão de excesso de trabalho e tensão nervosa.

No final de maio defendeu a abolição da pena de morte, sem sucesso.

A 10 de junho foi eleito promotor público. O magistrado-chefe da cidade preferiu pedir demissão a trabalhar com ele. Foi substituído por Pétion. Aos poucos, o povo foi tomando o poder que sempre pensou que lhe era devido.

IV. Mais atos dos apóstolos

(1791)

FINAL DA QUARESMA. O rei não deseja que um padre "constitucional" lhe dê a comunhão no Domingo de Páscoa. Também não quer ser motivo de protestos e raiva nos patriotas.

Resolve então passar a Páscoa tranquilamente em Saint-Cloud, longe dos olhos críticos da cidade.

Seu plano se torna conhecido.

DOMINGO DE RAMOS: Hôtel de Ville.

— Lafayette.

Essa era a voz que o general agora associava à calamidade. Danton falou com ele de perto, forçando-o a olhar para seu rosto cheio de cicatrizes.

— Lafayette, hoje pela manhã um padre refratário, um jesuíta, rezou a missa nas Tulherias.

— Você está mais bem informado que eu — disse Lafayette, sentindo a boca seca.

— É inadmissível — Danton falou. — O rei aceitou as mudanças na Igreja. Ele assinou. Se burlar a lei, vai haver represálias.

— Quando a família real partir para Saint-Cloud — disse Lafayette —, a Guarda Nacional isolará a área por onde vão passar e, se houver necessidade, enviarei uma escolta para eles. Não se intrometa, Danton.

Danton tirou do paletó, não uma arma, como Lafayette temeu, mas um pedaço de papel enrolado.

— Este é um cartaz feito pelo batalhão dos Cordeliers. Quer ler?

Lafayette esticou uma das mãos.

— Um dos ataques instantâneos de M. Desmoulins? — Continuou a ler. — Você está convocando a Guarda Nacional para evitar a partida do rei das Tulherias — disse, examinando a expressão de Danton. — Eu me oporei. É uma espécie de motim o que está incitando.

— Pode ser — respondeu Danton, observando com cuidado o rosto do general à espera de um leve rubor que traísse o esgotamento de suas forças.

— Eu não sabia que a intolerância religiosa era um de seus vícios, Danton. Não lhe diz respeito quem cuida das necessidades espirituais do rei. Compete a ele salvar a própria alma. Não a você.

— A questão passa a me dizer respeito quando Luís não cumpre suas promessas e infringe a lei. Ele pode estar planejando sair de Paris, seguir até Saint-Cloud e atravessar a fronteira para pôr-se à frente dos *émigrés*.

— Quem disse que é essa a intenção do rei?

— Eu posso imaginar.

— Você soa como Marat.

— Sinto muito que você pense assim.

— Vou convocar uma reunião de emergência da Comuna, e pedir a instauração da lei marcial.

— Vá em frente — disse Danton irritado. — Sabe como Camille Desmoulins o chama? Dom Quixote dos Capeto.

SESSÃO DE EMERGÊNCIA. M. Danton obteve maioria contra a lei marcial, através dos pacifistas e dos influenciáveis. Lafayette, ofendido, apresentou sua demissão ao prefeito Bailly. M. Danton lhe fez ver que o prefeito não tinha competência para aceitar a demissão; se o general quisesse demitir-se, teria de ir a cada uma das 48 sessões e declarar sua intenção.

Além disso, chamou o general Lafayette de covarde.

TULHERIAS, segunda-feira da Semana Santa, 11h30.

— É uma loucura — disse o prefeito Bailly — trazer o batalhão dos Cordeliers para cá.

— Você quer dizer o Batalhão nº 3 — Lafayette falou, fechando os olhos, que doíam.

A família real teve permissão de entrar na carruagem, mas lá ficou. A Guarda Nacional desobedeceu às ordens, não permitindo que os portões fossem abertos. A multidão impediu que a carruagem passasse. A Guarda Nacional não dispersou a multidão, que começou a cantar o “Ça Ira”. O camareiro-chefe dos aposentos reais foi agredido. O delfim caiu em lágrimas.

No ano anterior, ou antes, isso poderia ter causado alguma consternação. Mas se não quisessem que o menino passasse por essa experiência penosa, deveriam tê-lo levado de volta para o palácio.

Lafayette xingou os homens. Tremendo de fúria, montou seu cavalo branco, que arrancou com impaciência.

O prefeito pediu ordem, mas sua voz foi sobrepujada pelos gritos. Dentro da carruagem, o casal real entreolhava-se.

— Seu porco — gritou um homem para o rei. — Nós lhe pagamos 25 milhões por ano, faça o que mandarmos.

— Instaure a lei marcial — disse Lafayette para Bailly. Bailly não olhou para ele. — Faça!

— Não posso.

A situação exigia paciência. Depois de quase duas horas, os monarcas se cansaram. Quando voltaram para as Tulherias, a rainha virou-se para falar com Lafayette por cima dos gritos da multidão.

— Ao menos admita que não estamos mais livres.

Eram 13h15.

EPHRAIM, um agente do serviço de Frederico Guilherme da Prússia, escreveu a Laclos, a serviço do duque de Orléans:

Durante algumas horas nossa posição foi brilhante. Cheguei a pensar que seu querido patrão fosse substituir o primo no trono; mas agora minhas expectativas são outras. O único prazer que resulta de tudo isso é que acabamos com Lafayette, uma grande façanha. Nossas 500 mil *livres* foram de certo modo gastas em vão, o que me deixa muito infeliz; não é sempre que teremos essa soma à disposição, e o rei da Prússia se cansará de pagar.

*

EM UM BELO DIA de junho, Philippe estava com Agnès de Buffon na estrada de Vincennes em sua pequena carruagem inglesa, quando passou por ele, a certa velocidade, um veículo muito grande e novo, conhecido como berlinda.

O duque fez sinal para que ele parasse com um estalo do chicote.

— Olá, Fersen. Tentando quebrar o pescoço, meu caro?

O amante da rainha, o conde sueco de rosto fino, falou:

— Estou experimentando minha nova carruagem de viagem, meu senhor.

— É mesmo? — Philippe notou as rodas elegantes e o interior verde-escuro com acabamento em nogueira. — Vai viajar? É um pouco grande, não é? Está levando todas as meninas do coro do Opéra?

— Não, meu senhor — disse Fersen, inclinando-se respeitosamente —, deixo todas elas para o senhor.

O duque observou a berlinda seguir em velocidade pela estrada.

— Fico imaginando... Seria bastante típico de Luís escolher algo ostensivo para fugir até a fronteira — disse para Agnès.

Ela virou-se com um sorriso desagradável e forçado; tinha medo de pensar que Philippe poderia em breve ser o rei.

— E você pode tirar essa expressão de piedade do rosto, Fersen — disse o duque para a poeira da estrada. — Nós todos sabemos como usa seu tempo quando não está nas Tulherias. Sua mais nova amante é uma acrobata de circo. Pelo visto, aquela austríaca ossuda não é consolo suficiente para homem nenhum. — Ele pegou as rédeas de sua carruagem.

O BEBÊ, ANTOINE, acordou às 6 horas e ficou deitado observando a luz do sol se infiltrar pelas persianas. Quando se cansou, gritou pela mãe.

Em um instante Gabrielle estava a seu lado, sonolenta.

— Criança tirana — sussurrou. O bebê ergueu os braçinhos para ser tirado do berço. Entre afagos, ela carregou-o para o grande quarto de dormir. Uma alcova acortinada, com duas camas, separava seu território privado do circo patriótico que o quarto se tornara. Lucile tinha o mesmo problema. Talvez fosse melhor mudar-se para um lugar maior. Mas todos conheciam a casa de Danton, ele não queria se mudar. Seria uma conturbação.

Gabrielle subiu na cama e ajeitou o corpinho quente do bebê junto ao seu. Na outra cama, o pai dormia com o rosto afundado no travesseiro.

Às 7 horas a campainha tocou. Seu coração deu um pulo de apreensão. Era cedo demais para ser alguma notícia boa. Ouviu Catherine protestar, e a porta do quarto ser aberta.

— Fabre — ela disse. — Meu Deus, o que aconteceu? Os austríacos estão aqui?

Fabre sacudiu Danton e ele voltou à vida.

— Danton, eles saíram no meio da noite. O rei, a rainha, a irmã dele, o delfim, todo o maldito grupo.

Danton acordou imediatamente e sentou-se. Talvez, nem sequer tivesse dormido.

— Lafayette estava encarregado da segurança. Ou ele se vendeu para a corte e nos traiu ou é um idiota incompetente. — Deu um soco no ombro de Fabre. — Agora ele está onde eu queria. Catherine, prepare as roupas para mim, sim?

— Aonde vamos?

— Primeiro ao Cordeliers, procurar Legendre e dizer-lhe para reunir pessoas. Depois ao Hôtel de Ville, e por último, à Escola de Equitação.

— E se eles não forem apanhados? — Fabre perguntou.

Danton passou uma das mãos pelo queixo.

— Não importa. Desde que gente suficiente veja a família real fugindo.

Suas respostas eram prontas, exatas.

— Você sabia que isso ia acontecer? — perguntou Fabre. — Queria que acontecesse?

— De qualquer forma, eles serão apanhados. Eles serão trazidos à força dentro de uma semana. Luís estraga tudo. Pobre-diabo — disse, pensativo. — Sinto pena dele às vezes.

GRACE ELLIOT:

— Não tenho dúvida de que Lafayette estava informado dessa tentativa e, por medo, os traiu.

GEORGES-JACQUES DANTON, ao Clube dos Cordeliers:

— Ao defender a monarquia hereditária, a Assembleia Nacional reduziu a França à escravidão. Vamos abolir, de uma vez por todas, o nome e a função de rei; vamos tornar esse reinado uma República.

*

ALEXANDRE DE BEAUHARNAIS, presidente da Assembleia:

— Senhores, o rei fugiu durante a noite. Vamos proceder à ordem do dia.

QUANDO DANTON CHEGOU à Escola de Equitação, com uma pequena escolta militar, a multidão aglomerada aplaudiu-o. "Longa vida a nosso pai Danton", alguém gritou. Ele ficou atônito por um instante.

Mais tarde, naquele mesmo dia, M. Laclos foi à rue des Cordeliers e observou Gabrielle com cuidado, não com intenções lúbricas, mas como se estivesse avaliando se era adequada a alguma função. Ela corou ligeiramente, e desviou o olhar. Achou que todos notavam que estava mais gorda. Laclos suspirou.

— Os dias têm estado quentes, não é, Mme. Danton? — Permaneceu na sala de visitas e tirou as luvas, dedo por dedo, levantando os olhos para Danton. — Precisamos discutir alguns assuntos — falou, em um tom agradável.

Três horas depois, recolocou as luvas com o mesmo cuidado e saiu.

*

PARIS SEM O REI. Alguém colocou um cartaz no gradil das Tulherias, dizendo: PRÉDIO PARA ALUGAR. Danton falava sobre a República por toda a cidade. No Clube dos Jacobinos, Robespierre levantou-se para contestá-lo, ajeitando a gravata com os dedos pequenos de unhas roídas.

— O que é uma República? — perguntou.

Danton sabe que precisa definir seus termos. Maximilien de Robespierre precisa de tudo bem esclarecido.

O DUQUE socou uma mesa frágil, ornada de rosas, fitas e violinos.

— Não fale comigo como se eu fosse um menino de 3 anos — rosnou.

Félicité de Genlis era uma mulher paciente. Deu um leve sorriso. Estava preparada para discutir o dia todo, se fosse necessário.

— A Assembleia pediu que você aceite o trono, caso fique vago — ela disse.

— Você está falando disso outra vez — o duque gritou. — Nós já resolvemos a questão, não é? Todos estamos cientes. Você é uma mulher cansativa.

— Não grite, meu querido. Primeiro, deixe-me dizer que é improvável que o trono fique vago. Soube que a viagem de seu primo foi interrompida. Ele está a caminho de Paris.

— Sim — disse o duque com satisfação. — Aquele idiota. Acabou sendo apanhado. Mandaram Barnave e Pétion para trazê-los de volta. Espero que o deputado Pétion seja bastante rude com eles durante a viagem.

Félicité tinha certeza de que ele seria.

— Como você sabe, a nova Constituição está pronta, falta apenas a assinatura do rei. A Assembleia está ansiosa pela estabilidade. A mudança foi tão longe e tão depressa, que acredito que o povo esteja ansioso pela volta da ordem. É possível que daqui a um mês Luís volte ao trono como se nada tivesse acontecido.

— Droga, mas ele *fugiu*. Ele deveria ser o rei deste país e estava *fugindo* daqui.

— A Assembleia talvez não interprete os atos do rei dessa forma.

— Qual seria a outra interpretação? Desculpe-me, sou um homem simples...

— Mas eles não são. São bastante engenhosos. Principalmente os advogados.

— Não confie neles como uma casta — disse Philippe.

— Pense, meu querido; se Luís for restaurado, pense em como ele se sentirá hostilizado se você parecer muito ansioso para ocupar o trono.

— Mas eu estou, não estou? — perguntou Philippe, olhando-a perplexo. O que ela estava tentando fazer? Não era esse o objetivo de toda a consternação dos últimos três anos ou mais? Não era pensando em se tornar rei que ele aceitava a companhia de homens que não eram cavalheiros, que não caçavam, que não entendiam de cavalos de corrida? Não era pensando em ser rei que se permitira ser patrocinado por Laclos? Não era para ser rei que aguentava Danton, aquele bandido com a cicatriz no rosto, em sua mesa de jantar, flertando abertamente com sua amante Agnès e com a ex-amante Grace? Não era para ser rei que ele pagara, pagara e pagara?

Félicité fechou os olhos. Cuidado, pensou. Fale com cuidado, mas fale, pela nação e pelos filhos desse homem, que eu criei. E por nossas vidas.

— Pense — ela disse.

— Pense! — O duque explodiu. — Muito bem, você não confia em meus partidários. Nem eu. Sei onde estou pisando.

— Eu duvido.

— Acha que eu deixaria esses homens baixos me pressionarem?

— Philippe, você não vai conseguir estabelecer limites para a ambição deles. Eles vão engolir você e seus filhos, e todos e tudo que você preza. Não está vendo que quem pode destruir um rei pode destruir outro? Acha que eles teriam escrúpulos se você não fizesse exatamente o que quisessem? E você seria, na melhor das hipóteses, uma figura temporária até que sentissem que poderiam continuar sozinhos, que não precisavam de rei algum. — Félicité parou um instante para respirar. — Olhe para trás, Philippe, para antes da queda da Bastilha. Luís costumava lhe dar ordens: venha aqui, vá ali, volte para Versalhes, mantenha-se longe de Versalhes. Lembra-se de como era? Você dizia que não tinha vida própria. Não tinha liberdade. Agora, quando você diz: "Sim, eu quero ser rei", está abrindo mão de sua liberdade. Se chegar a ser rei se tornará um prisioneiro. Não será uma prisão com grades e correntes, mas uma cadeia agradável criada por M. Danton. Uma cadeia com uma lista de despesas, protocolos e justificativas, e as mais charmosas ocasiões sociais, balés, bailes de máscaras e até mesmo corridas de cavalo.

— Não gosto de balé — disse o duque. — Fico entediado.

Félicité ajeitou a saia e olhou para suas mãos. As mãos de uma mulher mostram sua idade, pensou, são denunciadoras. Antigamente havia esperança. Havia a promessa de um mundo mais bonito, mais limpo, e ninguém esperara e trabalhara mais por isso que ela.

— Uma prisão — Félicité continuou. — Vão tapeá-lo, distraí-lo e ocupá-lo enquanto dividem o país entre eles. É esse o objetivo deles.

Philippe olhou-a, como se fosse seu filho de meia-idade.

— Você acha que eles são mais espertos que eu, não é?

— Muito mais, meu querido. Muito, muito mais.

Ele evitou seu olhar.

— Eu sempre soube de minhas limitações.

— E isso o torna mais sensato que a maioria dos homens. Mais sensato que esses manipuladores pensam que é.

Esse comentário agradou-o. Teve a vaga noção de que talvez pudesse derrotá-los. Félicité falara com muita suavidade, como se a ideia fosse dele próprio.

— Qual é a melhor coisa a fazer? Diga-me, Félicité, por favor.

— Desligue-se deles. Mantenha seu nome limpo. Recuse-se a ser o bobo da corte.

— Então você quer que eu... — lutou com as palavras — vá à Assembleia e diga: não, não quero o trono, vocês pensaram que eu queria, mas não era essa a minha intenção?

— Pegue um papel, sente-se e escreva o que vou ditar.

Félicité recostou-se na cadeira. As palavras estavam preparadas em sua cabeça. É uma situação precária, pensou. Gostaria de poder afastá-lo da influência dos outros, mas era impossível. Foi sorte conseguir ficar uma hora sozinha com ele.

Depressa, antes que ele mude de ideia.

— Agora ponha sua assinatura aqui. Pronto, está feito.

Philippe pôs a pena de lado, e a tinta pingou sobre as rosas, as fitas, os violinos. Deu um tapa na testa.

— Laclos vai me matar — resmungou.

Félicité acalmou-o, como se faz com uma criança que sente dor, e pegou o papel da mão de Philippe para corrigir a pontuação.

QUANDO O DUQUE informou Laclos de sua decisão, este fez um movimento imperceptível com os ombros.

— Como desejar, milord — disse, e retirou-se. Não sabia por que tinha falado com o duque em inglês. Ao chegar em casa, virou-se para a parede e tomou uma garrafa de conhaque, com uma expressão de ódio.

No apartamento de Danton, ele procurou uma cadeira confortável, passando de uma para outra em movimentos que lembraram os de um marinheiro.

— Tenha paciência — disse. — A qualquer momento vou lhes revelar uma grave informação.

— Eu já vou indo — disse Camille. Não sabia ao certo se queria ouvir o que Laclos tinha a dizer. Preferia não saber os detalhes dos emaranhados de Danton; e embora soubesse que Philippe era visto apenas como o meio para atingir um fim, era difícil agir assim com alguém que sempre o tratara com gentileza. Toda as vezes que cordeliers idiotas entravam em seu apartamento gritando pelas salas, ele se lembrava da casa de 12 quartos que o duque pensara em lhe dar como presente de casamento, e tinha vontade de chorar.

— Sente-se, Camille — disse Danton.

— Você pode ficar, mas deve manter segredo, ou eu o mato — Laclos falou.

— É claro que ele vai manter segredo. Vá em frente — disse Danton.

— Minha informação divide-se em três partes. Primeira: Philippe é um imbecil e um covarde. Segunda: Félicité é uma meretriz detestável e tão asquerosa que tenho vontade de vomitar em sua presença.

— Está bem — Danton interrompeu. — E a terceira parte de sua informação?

— Um *coup d'état* — Laclos declarou, olhando para Danton sem levantar a cabeça.

— Ora, não exagere.

— Force Philippe a cumprir seu dever. Ponha-o em uma posição que... — A mão direita de Laclos fazia movimentos lânguidos de quem corta alguma coisa.

Danton aproximou-se dele.

— O que exatamente você tem em mente?

— A Assembleia decidirá restaurar o rei Luís. Porque precisam dele para que a Constituição seja válida. Porque são homens do rei, Danton, porque o maldito Barnave foi comprado. — Laclos soluçou. — Se não foi comprado antes, foi agora, nessa viagem de volta da fronteira com a prostituta austríaca. Mesmo agora estão elaborando mentiras de um absurdo atroz. Você viu a declaração de Lafayette: "Os inimigos da Revolução apoderaram-se da pessoa do rei". Estão falando de *sequestro* — disse, dando um soco no braço da cadeira —, estão dizendo que aquele gordo idiota foi carregado até a fronteira contra a vontade. Dirão qualquer coisa, qualquer para se salvar. Diga-me, Danton, com tais mentiras sendo impostas ao povo, não é hora de derramar um pouco de sangue?

Laclos olhava para os pés. Estava sóbrio e discursivo.

— A Assembleia deve ser influenciada, precisa ser influenciada pela vontade do povo. O povo nunca perdoará Luís por tê-lo abandonado. Portanto, *digem um et justum est, aequum et salutare* que a Escola de Equitação faça o que mandarmos. Nós apresentaremos uma petição. Alguém sem escrúpulos como Brissot pode prepará-la. Pediremos a deposição do rei. Os cordeliers vão defender a causa. Os jacobinos talvez sejam persuadidos a assinar, talvez. No dia 17 de julho toda a cidade vai reunir-se no Champs-de-Mars para as celebrações da Bastilha. Milhares de pessoas assinarão nossa petição, que será então levada à Assembleia. Se eles a recusarem, o povo invadirá a Assembleia. A doutrina por trás da ação será elaborada quando tivermos tempo.

— Está sugerindo que usemos as forças armadas contra a Assembleia?

— Estou.

— Contra nossos representantes?

— Eles não representam nada.

— Possivelmente um derramamento de sangue?

— Que droga! — disse Laclos, com o rosto fino avermelhado. — Chegamos até aqui para ficar de mãos atadas, para nos transformar em humanitários, agora que tudo está a nosso favor? — Esticou os dedos, com as palmas das mãos para cima. — Podemos fazer uma revolução sem sangue?

— Eu nunca disse que podíamos.

— Então! Nem mesmo Robespierre acha que poderíamos.

— Eu só queria compreender suas ideias com clareza.

— Entendo.

— E se conseguirmos depor Luís?

— Então, Danton, dividiremos o espólio.

— E dividiremos com Philippe?

— Sim, ele recusou o trono uma vez. Mas entenderá que é seu dever, mesmo que eu tenha de estrangular Félicité com minhas próprias mãos, o que seria emocionante, acredite. Veja, Danton, nós vamos dirigir o país. Robespierre será o ministro de Finanças, dizem que ele é honesto. Repatriaremos Marat para que negocie com os suíços. Nós...

— Laclos, você não está falando sério.

— Eu sei. — Laclos levantou-se. — Eu sei o que você quer. Um mês depois da ascensão de Philippe, o Ingênuo, M. Laclos é encontrado morto em uma sarjeta. A causa: um acidente no trânsito. Dois meses depois o rei Philippe é encontrado morto em uma sarjeta. É realmente um trecho muito perigoso da estrada. Os herdeiros de Philippe terão, por coincidência, morrido também. Será o fim da monarquia e o início do reinado de M. Danton.

— Como sua imaginação é fértil.

— Dizem que quem bebe muito começa a ver serpentes — Laclos falou. — Grandes serpentes, dragões e monstros. Você faria isso, Danton? Se arriscaria comigo?

Danton não respondeu.

— Faria sim, faria. — Laclos levantou-se, um pouco desequilibrado, e estendeu os braços. — Triunfo e glória. — Deixou os braços caírem de lado. — E então talvez você me mate. Vou arriscar tudo por uma nota de rodapé nos livros de História. Tenho horror à obscuridade, entende? À velhice pobre e sem recompensas, ao final insignificante e medíocre, *sans* tudo, como disse o poeta inglês. "Lá está o pobre e velho Laclos, ele escreveu um livro, mas o título me escapa." Agora vou — disse com dignidade. — Só peço que você pense sobre isso. — Encaminhou-se para a porta e deparou-se com Gabrielle, que entrava. Uma bela mulher, disse a si mesmo, e desceu as escadas aos tropeções.

— Pensei que você quisesse saber — disse ela. — Eles voltaram.

— A família Capeto? — perguntou Camille.

— A família real. Sim. — Retirou-se da sala e fechou a porta com cuidado. Calor e silêncio baixaram sobre a cidade.

— Eu gosto de crises — disse Camille. Fez-se uma pequena pausa. Danton não olhava para ele, mas através dele. — Quero que você aja conforme suas recentes declarações republicanas. Estava pensando sobre isso enquanto Laclos falava; sinto muito, mas acho que Philippe terá de partir. Você poderá usá-lo e se livrar dele mais tarde.

— Você tem tanto sangue frio quanto... — Danton parou. Não podia imaginar o que teria tanto sangue frio quanto Camille, jogando o cabelo para trás com um meneio do pulso e dizendo: *Você poderá usá-lo e se livrar dele mais tarde.* — Esse gesto é natural ou você o aprendeu com alguma meretriz?

— Primeiro livre-se do rei, depois discutiremos isso.

— Talvez percamos tudo — disse Danton. Mas fizera seus cálculos; sempre que ele parecia inflamar-se por alguma agressão sem razão, sua cabeça trabalhava com frieza, com calma, seguia certa direção. Agora estava decidido. Faria o que era necessário.

A FAMÍLIA REAL foi interceptada em Varennes depois de viajar mais de 200 quilômetros, desde o início conflitante até o fim desastroso. Seis mil pessoas rodearam as duas carruagens no primeiro estágio da viagem de volta. Um dia depois o grupo foi acrescido de três deputados da Assembleia Nacional. Barnave e Pétion viajaram dentro da berlinda com os monarcas. O delfim gostou de Barnave. Conversou com ele e brincou com os botões de seu paletó, lendo as palavras inscritas: "Viva livre ou morra".

— Devemos mostrar dignidade — repetiu a rainha várias vezes.

No final da viagem, o futuro do deputado Barnave tornou-se claro. Com Mirabeau morto, ele o substituiria como consultor secreto da corte. Pétion acreditava que a rechonchuda irmã do rei, Mme. Elisabeth, apaixonara-se por ele porque durante a longa volta dormira com a cabeça encostada a seu ombro. Ele falou incessantemente sobre isso por um ou dois meses.

Em um dia de calor ardente, o rei chegou a Paris. Multidões silenciosas alinhavam-se nas ruas. A berlinda estava coberta de poeira da estrada, e na janela apareceu o rosto desgastado de uma mulher grisalha: Antonieta. Chegaram às Tulherias. Depois que foram instalados, Lafayette colocou seus guardas a postos e foi falar com o rei.

— Quais são as ordens de Vossa Majestade para o dia?

— Ao que parece, estou mais às suas ordens que você às minhas — o rei respondeu.

Conforme cruzavam a cidade, as fileiras de soldados apresentaram armas com a culatra para baixo, como se fosse um funeral. De certa forma, era.

CAMILLE DESMOULINS, *Révolutions de France,* nº 83

Quando Luís XVI voltou a seu apartamento das Tulherias, jogou-se em uma poltrona, dizendo: "Está um calor insuportável"; depois: "Foi uma... viagem. Mas eu sonhava com essa viagem há muito tempo". Em seguida, olhando para os soldados da Guarda Nacional que estavam em volta, falou: "Cometi uma tolice, admito. Mas posso fazer minhas loucuras como qualquer outra pessoa, não é? Vamos, tragam-me uma galinha." Um de seus criados entrou. "Aí está você", ele disse, "e aqui estou eu." Levaram-lhe a galinha e Luís XVI comeu e bebeu com um apetite que honraria o rei da Cocanha.

E HÉBERT mudou suas opiniões sobre os monarquistas:

Vamos interná-lo em Charenton, e sua prostituta, no Hôpital. Quando estiverem finalmente por trás das grades, vocês dois, e não tiverem mais o que gastar, aposto como não poderão fugir.

Père Duchesne, nº 61

DALI, recostado em sua cadeira, Danton podia ver Louise Robert discutindo, quase chorando, mas contendo as lágrimas. Seu marido fora preso.

— Exijam que ele seja libertado — dizia. — Forcem a situação.

Danton falou com ela do outro lado da sala.

— Não restou muito da republicana ferrenha, não é?

Ela lhe lançou um olhar que o surpreendeu pela intensidade da raiva.

— Deixe-me pensar — disse ele. — Apenas deixe-me pensar.

Com os olhos semicerrados, observou a sala. Lucile girava a aliança no dedo, com sinais de tensão em seu rosto infantil. Ultimamente vinha pensando nela, era sempre a primeira pessoa que via quando entrava em uma sala. Culpava-se por isso, achava uma grande deslealdade com a mãe de seus filhos.

(FRÉRON: Amei-a durante anos.

DANTON: Bobagem.

FRÉRON: Talvez seja. Como pode dizer?

DANTON: Eu o conheço.

FRÉRON: Mas você também parece ter certas expectativas. Pelo menos, é o que todos comentam.

DANTON: Eu não diria a ela que a amo. Diria algo muito mais cru. Seria mais honesto que você.

FRÉRON: Você faria isso se pudesse?

DANTON: É claro.

FRÉRON: Mas Camille...

DANTON: Eu conseguiria acalmar Camille. É preciso agarrar-se às oportunidades para se conseguir o que se quer na vida.

FRÉRON: Eu sei.)

Fréron observava-o, tentando ler seus pensamentos. O plano dera errado, era conhecido no Hôtel de Ville. Félicité, que sempre descobria o que estava acontecendo, provavelmente falara com Lafayette. Ele estava mandando tropas para as Tulherias; o louro tolo e intocável ainda tinha homens, armas e poder. Mandou colocar um cordão de isolamento em volta da Escola de Equitação para proteger os deputados de alguma invasão, fez soar o sinal de alarme e ordenou o toque de recolher. Os jacobinos, com a usual moderação e timidez, recusaram-se a apoiar a petição.

Fréron gostaria de esquecer aquilo tudo, e por isso dizia:

— Danton, acho que não conseguiremos recuar agora.

— É tão difícil assim convencer-se, Coelho? Tem de declarar isso a toda hora? — A sala inteira virou-se para ele ao ouvir sua voz, todos muito tensos. — Camille, fale de novo com os jacobinos.

— Eles não me ouvem. Dizem que a lei não lhes permite apoiar uma petição como essa, que a deposição do rei é da alçada da Assembleia. O que mais eu posso dizer? Robespierre está lá, mas o lugar está repleto de partidários de Lafayette, não podemos fazer nada. Mesmo que ele quisesse nos apoiar... — Camille baixou a voz. — Robespierre quer agir dentro da lei.

— E eu não tenho prazer algum em infringir a lei — disse Danton. Dois dias de discussão deram em nada. A petição foi examinada pela Assembleia, pelos jacobinos e pelos cordeliers, foi impressa, sofreu emendas (algumas veladas) e foi reimpressa. Eles esperavam: três mulheres, Fréron, Fabre, Legendre e Camille. Danton lembrou-se de Mirabeau falando no Hôtel de Ville: "Você não trabalha *com* as pessoas, Danton, trabalha *acima* delas." Mas como poderia saber, perguntou-se, se o povo estaria pronto para receber ordens? No início de sua vida, nunca duvidara disso. — Desta vez nós lhe daremos apoio — ele disse a Camille. — Fréron, junte cem homens. E que estejam armados.

— Os cidadãos deste distrito nunca estão longe de suas lanças.

Danton não gostou da interrupção. Camille ficava constrangido com os comentários de Fréron, com seu falso bom humor e sua avidez suspeita.

— Lanças — murmurou Fabre. — Espero que diga isso como figura de retórica. Eu estou muito longe de minha lança. Eu sequer tenho uma.

— Você acha, Coelho, que nós vamos cravar os jacobinos em seus bancos? — perguntou Camille.

— Que seja uma mostra de determinação — disse Danton —, não uma mostra de força. Não queremos irritar Robespierre. Mas, Coelho... — a voz de Danton o fez parar quando já estava na porta. — Dê 15 minutos para Camille tentar persuadi-los. Um intervalo decoroso.

À sua volta a sala fervilhava de atividades. As mulheres levantavam-se, ajeitando as saias, com os rostos desesperados e os lábios apertados. Gabrielle tentou encontrar os olhos do marido por um instante. A apreensão dava um tom amarelado à sua pele, Danton pensou. Um dia notara, como se nota uma nuvem no céu, ou a hora no relógio, que não a amava mais.

NOITE. A Guarda Nacional tirou o povo das ruas. Os batalhões voluntários chegaram, mas muitas companhias regulares de Lafayette se fizeram notar.

— Imagine — disse Danton —, há patriotas entre os soldados, mas é difícil quebrar o antigo hábito da obediência cega. — E talvez tenhamos de contar com ele, pensou, se o resto da Europa marchar contra nós. Tentou não pensar no assunto, no momento o problema era outro. Teve de limitar seu pensamento às 24 horas seguintes.

Gabrielle foi para a cama depois da meia-noite, mas não conseguiu dormir. Ouviu passos de cavalos nas ruas. Ouviu a campainha do portão da Cour du Commerce e o murmúrio de vozes de gente entrando e saindo. Deviam ser 2 horas, ou talvez 2h30 quando desistiu de dormir; sentou-se, acendeu uma vela e olhou para a cama de Georges. Estava vazia, não fora desfeita. Continuava muito quente, sua camisola se colava ao corpo. Saiu da cama, tirou a roupa e lavou-a em água que deveria estar fria, mas estava morna. Pegou uma camisola limpa. Sentou-se diante da penteadeira e molhou as têmporas e o pescoço com água de colônia. Seus seios doíam. Destrançou o cabelo escuro e comprido, penteou as ondas e trançou-o de novo. Seu rosto parecia cavado e sombrio à luz da vela. Foi até a janela. Nada: a rue des Cordeliers estava vazia. Calçou as pantufas, saiu do quarto e entrou na sala de jantar escura. Abriu a persiana, deixando entrar a luz da Cour du Commerce lá embaixo. Sombras pareciam mover-se por trás dela; a sala, de forma octogonal, estava coberta de papéis espalhados, que esvoaçavam na brisa noturna. Debruçou-se na janela para sentir a brisa no rosto. Não havia ninguém à vista, mas ela podia ouvir um som abafado e monótono. É a prensa de Guillaume Brune, pensou. Ou a de Marat. O que estariam fazendo àquela hora? Eles vivem das palavras, não precisam dormir.

Fechou as persianas e foi para o quarto no escuro. Ouviu a voz do marido por trás da porta fechada do escritório.

— Sim, compreendo o que você diz. Nós tentamos nossa força, Lafayette tenta a dele. Ele é quem tem as armas.

O outro homem falou, mas ela não reconheceu a voz.

— É apenas um aviso. Bem intencionado.

Georges disse:

— Bom, são 3 horas da madrugada. Não vou sair por aí agora como se tivesse uma dívida a pagar. Podemos nos encontrar aqui no raiar do dia. Então veremos.

TRÊS HORAS. François Robert estava afundado em uma deprimida letargia. Não era o pior tipo de cela (não havia evidência de ratos e, pelo menos, estava fresco), mas ele preferiria estar em outro lugar. Não sabia por que estava ali, só falara sobre a petição. Ele e Louise tinham um jornal para publicar, o *Mercure Nationale* precisava ir para as ruas de qualquer jeito. Provavelmente Camille veria se ela precisava de ajuda. Ela nunca pediria.

Meu Deus, o que será isso? Alguém usando botas com pontas de aço parecia estar chutando a porta. Outras botas pisando no chão, depois uma voz muito alta dizendo: "Alguns desses merdas têm facas." Passos de novo e a voz monótona de um bêbado cantando versos de uma das canções populares de Fabre; o homem esquecia as palavras e recomeçava. Mais uma vez as botas com bico de aço na porta, alguns segundos de silêncio, e o lema: "Para a Lanterna."

François Robert estremeceu. Procurador-Geral da Lanterna, você deveria estar aqui, pensou.

— Morte à puta austríaca — disse o cantor bêbado. — Enforquem a vagabunda de Luís Capeto. Enforquem a besta da Babilônia, cortem seus seios.

François Robert ouviu uma conversa por trás das paredes. Uma voz jovem riu, com uma risada estridente e histérica.

— Longa vida ao Amigo do Povo.

Depois veio uma voz que ele não conseguiu distinguir, e outra mais perto.

— Ele disse que está com 17 prisioneiros e não tem lugar para colocar todos.

— Bom, bom. Isso é sempre engraçado — disse a voz jovem.

Um segundo depois a cela foi iluminada por uma tocha. Ele levantou-se. Cabeças se enfiaram pela porta. Para seu alívio, ainda presas aos corpos.

— Pode sair agora.

— Posso sair mesmo?

— Sim, sim — disse uma voz irritada. — Tenho mais de cem pessoas para acomodar, gente da rua sem desculpa legal. Podemos pegar você de novo em alguns dias.

— O que você fez? — perguntou o rapaz de voz estridente.

— Ele é professor de Direito — informou o homem de botas com pontas de aço, que também estava bêbado. — Não é, professor? Um companheiro meu. — Passou o braço no ombro de Robert e encostou-se nele, soltando-lhe um hálito azedo no rosto. — E Danton? Ele é ótimo.

— Se você acha... — disse Robert.

— No dia em que vi Danton — falou o homem das botas para seus colegas —, ele me disse: como você sabe tudo sobre prisões, quando eu for o chefe desta cidade você ficará encarregado de pegar todos os aristocratas e cortar suas cabeças. Por isso vai receber um bom pagamento, pois estará fazendo um serviço público.

— Continue — disse o menino. — Danton nunca falou com você, seu bêbado velho. M. Sanson é o carrasco público. O pai dele era carrasco e o avô também. Você não vai tirar o emprego dele, vai? Danton nunca lhe disse isso.

FRANÇOIS ROBERT está de volta a sua casa. Suas mãos continuam trêmulas, fazendo a xícara de café bater contra o pires.

— Quem pensaria que o episódio me deixaria neste estado? — Tentou sorrir, mas seu rosto se contraiu. — Ser solto foi tão ruim quanto ser preso. Louise, nos esquecemos do quanto as pessoas são ignorantes e violentas, e da rapidez com que tiram conclusões.

Ela pensou em Camille, dois anos antes; os heróis da Bastilha nas ruas, o café esfriando na cama, o pânico revelado em seus olhos frios e afastados.

— Os jacobinos se dividiram — ela disse. — A direita saiu. Vai formar outro clube. Todos os amigos de Lafayette sumiram, todos os que costumavam dar apoio a Mirabeau. Pétion ficou, e também Buzot, Robespierre e outros.

— O que Robespierre disse?

— Que está contente com a cisão dos jacobinos. Que vai recomeçar, desta vez com os patriotas.

Louise pegou a xícara da mão dele, puxou sua cabeça e acariciou-lhe o cabelo.

— Robespierre vai ao Champs-de-Mars. Vai se expor, pode estar certo. Mas eles não vão, os que estão com Danton.

— Então quem vai apresentar a petição? Quem vai representar os cordeliers?

Oh, não, ele pensou.

Era madrugada e Danton batia em suas costas.

— Bom menino. Não se preocupe, nós cuidaremos de sua esposa. François, os cordeliers não se esquecerão disso.

DE MADRUGADA ELES SE ENCONTRARAM no escritório vermelho de Danton. Os empregados ainda dormiam no mezanino. O sono dos justos, pensou Gabrielle. Levou café para os homens, evitando olhar para eles. Danton passou a Fabre um exemplar de *O Amigo do Povo*, apontando um artigo.

— Diz aqui, Deus sabe com que fundamento, que Lafayette pretende atirar contra o povo. "Então", diz Marat, "eu pretendo assassinar o general". Na noite em que fomos informados...

Gabrielle interrompeu-o:

— Você não pode deter isso? Não pode evitar que aconteça?

— Mandar a multidão para casa? É tarde demais. Eles estão nas ruas para celebrar. Para eles, a petição é só parte de um todo. E eu não posso responder por Lafayette.

— Então devemos nos preparar para partir, Georges? Eu não me importo, só quero saber o que tenho de fazer. Diga o que está acontecendo.

Danton tinha um ar evasivo. Seu instinto dizia: a situação ficará insustentável, fuja enquanto pode. Olhou em volta da sala procurando alguém que desse voz a seu instinto. Fabre ia abrir a boca quando Camille disse:

— Dois anos atrás, Danton, foi aceitável que você trancasse a porta e trabalhasse em seu caso de transporte de mercadorias. Mas agora é diferente.

Danton olhou para ele, considerou, e assentiu. Então eles esperaram. Já estava claro, começava outro dia ensolarado, que deveria ser abafado e muito quente, quase insuportável.

CHAMPS-DE-MARS, dia da celebração: uma multidão nas ruas em roupas de domingo. Mulheres com sombrinhas e cachorros nas coleiras. Crianças com dedos pegajosos agarradas às mães, pessoas comprando cocos sem saber o que fazer com eles. Depois o brilho das baionetas, gente dando-se as mãos, crianças confusas empurrando e gritando alarmadas ao se separarem das famílias. Algum engano, deve haver algum engano. A bandeira vermelha da lei marcial é desfraldada. Por que uma bandeira em um dia de celebração? Então, o horror da primeira salva de tiros. Por trás, pessoas tropeçando, sangue espalhado pela grama, dedos esmagados sob a debandada em pânico, patas estilhaçando ossos. Tudo termina em minutos. Foi dado o exemplo. Um soldado desce do cavalo e vomita.

NO MEIO DA MANHÃ chegou a notícia; cerca de cinquenta mortos, talvez mais. Qualquer que fosse a contagem, era difícil acreditar. A sala de papel de parede vermelho parecia pequena agora, e abafada. O mesmo cadeado está sendo usado na porta, como há dois anos antes, quando as mulheres marcharam para Versalhes.

— Me desculpem pela sinceridade — disse Danton —, mas não deveríamos ter ficado. Quando a Guarda Nacional perceber o que fizeram, vai procurar alguém a quem culpar. Vão pensar em acusar os autores da petição, e os autores somos nós — terminou com voz grave, olhando para cima. — Alguém atirou do meio da multidão? Foi isso? Houve pânico?

— Não — disse Camille. — Eu acredito em Marat. Acredito nas informações dele, acho que foi tudo planejado.

Danton sacudiu a cabeça. Era difícil aceitar. Tantas frases construídas, a elaboração das cláusulas, a redação da petição, a indecisão dos jacobinos e da Assembleia, para acabar assim: uma cena rápida, imbecil e sangrenta. Ele achava que a tática dos advogados poderia vencer; talvez houvesse violência, mas *só como último recurso*. Agira conforme as regras, quase sempre. Mantivera-se dentro da lei. Esperava que Lafayette e Bailly agissem dentro da lei, contendo a multidão e a deixando em paz. Mas entravam agora em um mundo onde as regras eram diferentes. Devia-se esperar o pior.

Camille disse:

— Os patriotas viam a petição como uma oportunidade. Ao que parece, Lafayette também. Viu como a oportunidade de um massacre.

Sabiam que aquela era uma linguagem jornalística. A vida real nunca era tão clara. Mas a definição seria para sempre "O massacre no Champs-de-Mars".

Danton sentiu uma onda de ódio.

— Na próxima vez — disse —, vamos usar a tática do touro, a tática do leão, mas por enquanto nossa única opção é a tática do rato em fuga.

FINAL DA TARDE. Angélique Charpentier estava em seu jardim em Fontenay-sous-Bois com uma cesta de flores no braço. Tentava comportar-se com decoro, mas na verdade tinha vontade de afundar os joelhos nos canteiros e usar de violência contra as lesmas. Tempo quente, trovões no ar: nós não somos nós mesmos.

— Angélique? — Ela viu uma sombra escura contra o sol.

— Camille? O que está fazendo aqui?

— Podemos entrar? Várias outras pessoas estarão aqui dentro de uma hora. Talvez não seja um prazer para você, mas Georges-Jacques achou que este lugar seria seguro. Houve um massacre. Lafayette atirou contra o povo na celebração da Bastilha.

— Georges está ferido?

— É claro que não. Você conhece Georges. Mas a Guarda Nacional está à nossa procura.

— Eles não virão aqui?

— Não por algumas horas. A cidade está um caos.

Angélique segurou-o pelo braço. Essa não era a vida que eu queria ter, pensou; não era a vida que eu queria para Gabrielle.

Quando entraram às pressas na casa, ela tirou o pano branco de linho que usava para proteger o pescoço do sol e ajeitou o cabelo. Quantos viriam para o jantar? Seria preciso alimentá-los. A cidade ficava a 1.500 quilômetros de distância. Estavam naquela hora da tarde em que os passarinhos silenciavam e o jardim ficava impregnado de aromas pesados e puros.

Seu marido, François, apareceu com ar alarmado. Apesar da temperatura alta, vestia-se com o mesmo esmero de sempre: de peruca, sem paletó, mas com o nó da gravata perfeito. Só faltava um guardanapo por cima do braço.

— Camille? — ele chamou.

Camille lembrou-se de que havia se passado meia década desde o último encontro deles. Gostaria de estar no Café de l'École, fresco e fervilhando de gente; o café forte, Angélique, com sua figura esguia, maître Vinot aborrecendo a todos com seu plano de vida.

— Que droga — murmurou. — Não sei onde vamos parar.

AO LONGO DA TARDE, os outros foram chegando aos poucos. Camille estava em posição mais vantajosa que eles; quando Danton chegou, encontrou-o no terraço, lendo o Novo Testamento e bebendo limonada.

Fabre contou que tinham visto François Robert com vida. Legendre disse que viu patrulhas por todo o distrito dos Cordeliers, que as prensas das gráficas tinham sido destruídas, e que uma quantidade de carcaças havia sido levada de sua loja por abutres que vieram no encalço das patrulhas.

— Há dias em que meu amor pelo povo soberano se abate. — Vira também um jovem jornalista, Prudhomme, ser espancado por soldados da Guarda Nacional e arrastado pela rua, em mau estado. — Eu teria voltado para buscá-lo. Mas você disse para não nos arriscarmos, não é, Danton? — Seus olhos buscavam aprovação.

Danton fez que sim, sem comentário.

— Para que eles querem Prudhomme?

— Porque no meio do alvoroço devem tê-lo confundido com Camille — disse Fabre.

— Eu teria voltado por Camille — Legendre acrescentou.

Camille tirou os olhos do Evangelho de são Mateus.

— Aposto que não.

Gabrielle, com ar assustado, chegou com várias malas para enfrentar o cerco.

— Vamos para a cozinha — disse Angélique, tirando as malas de suas mãos. — Precisamos preparar os legumes. Você tem cinco minutos para se limpar, depois apresente-se para o serviço. — Era melhor parecer enérgica, disse a si mesma; ela precisava conversar e manter-se ocupada.

Mas Gabrielle não era talhada para trabalhos domésticos. Sentou-se à mesa da cozinha com Antoine no colo, e caiu em lágrimas.

— Ele está seguro — disse sua mãe. — Está fazendo planos. O pior já passou. — Mas Gabrielle ainda chorava. — Você está grávida de novo, não é? — Angélique perguntou. Abraçou a filha, que soluçou contra seu peito, alisou-lhe o cabelo e sentiu a pele do rosto dela queimando sob sua mão, como se estivesse febril. Que hora para descobrir uma gravidez, pensou. O bebê Antoine começou a choramingar. Os homens riam no terraço.

Eram risadas nervosas. Com exceção de Georges, nenhum dos outros tinha muito apetite. O pato quase não foi tocado, o molho esfriou, os legumes ficaram nos pratos. Fréron foi o último a chegar; estava devastado, machucado, trêmulo, incoerente. Precisou beber um pouco antes de conseguir contar a história toda. Fora apanhado na Pont-Neuf e espancado. Alguns homens do batalhão dos Cordeliers apareceram, e quando o reconheceram investiram contra os soldados para lhe dar tempo de fugir. Caso contrário, estaria morto agora.

— Alguém viu Robespierre? — perguntou Camille. Todos sacudiram a cabeça. Camille pegou uma faca de cozinha e passou o dedo em volta do gume, pensativo. Lucile devia estar na rue Condé, imaginou; não cometeria a loucura de ficar no apartamento deles sozinha. Dois dias antes ela dizia: "Sabe, Camille, nós temos mesmo de decidir sobre o papel de parede... Devemos comprar treliças?" Ela interpelou-a: *Lucile, faça-me alguma pergunta realista.* Agora, ele sentia que havia feito uma pergunta realista. — Vou voltar para Paris — falou, levantando-se.

Fez-se silêncio por um instante.

— É melhor ir à cozinha e cortar sua própria garganta — disse Fabre. — Nós podemos enterrá-lo no jardim.

— Que péssima ideia, Camille — disse Angélique em tom reprovador. Debruçou-se sobre a mesa e segurou seu pulso.

— Preciso fazer um discurso — ele declarou. — Para os jacobinos, ou para o que restou deles. Só para estabelecer nossa posição e entender o que está acontecendo. Além do mais, preciso procurar minha esposa, e também Robespierre. Estarei de volta antes que alguma coisa errada aconteça. Conheço as trilhas de fuga de Marat.

Todos olharam para ele, mudos, de queixo caído. Era realmente difícil lembrar, entre crises, que ele detivera a polícia no Palais-Royal, que agitara uma pistola no ar e ameaçara matar-se. Ele próprio achava difícil lembrar, entre crises. Mas era verdade. Ele era o Procurador-Geral da Lanterna. Estava preso a um papel, fazia parte de um elenco, não gaguejaria se seguisse o roteiro. Danton disse:

— Quero ter uma palavra com você, a sós. — E indicou com a cabeça a porta que levava ao jardim.

— Segredos na confraria? — disse Fréron em um tom malicioso.

Ninguém respondeu. Em silêncio, respeitando o abatimento de todos, Angélique começou a juntar os pratos. Gabrielle murmurou alguma coisa e saiu da sala.

— PARA ONDE VOCÊ VAI? — Camille perguntou.

— Para Arcis.

— Eles irão atrás de você.

— Eu sei.

— E depois?

— Para a Inglaterra.

— E quando pretende voltar?

— Assim que... — Danton praguejou em voz baixa. — Sejamos honestos, provavelmente nunca. Não volte a Paris. Fique aqui esta noite; temos de arriscar porque precisamos dormir um pouco. Escreva a seu sogro e peça-lhe para pôr seus negócios em ordem. Você fez um testamento?

— Não.

— Então faça agora, e escreva para Lucile. Amanhã de madrugada partiremos para Arcis. Podemos nos esconder lá por uma semana ou pouco mais, até que seja seguro fugir para a costa.

— Minha geografia não é muito boa — disse Camille —, mas não seria melhor fugir daqui?

— Tenho assuntos para resolver, papéis para assinar.

— Se você não vai voltar, para que cuidar disso?

— Não perca tempo discutindo comigo. As mulheres poderão encontrar-se conosco na Inglaterra assim que for praticável. Você poderá até mandar buscar sua sogra se realmente sentir que não sabe viver sem ela.

— E você pensa que os ingleses terão prazer em nos ver? Pensa que nos receberão em Dover com um banquete cívico e uma banda militar?

— Nós temos contatos.

— Temos, sim, mas... onde está Grace Elliot quando você precisa dela? — Camille disse, em um tom irônico.

— Não precisamos viajar com nossos nomes verdadeiros. Já tenho meus papéis, posso arranjar para você também. Para todos os efeitos somos homens de negócios. Eu me arrisco a dizer que sei tudo o que se pode saber sobre fiação de algodão. Uma vez lá, entraremos em contato com nossos simpatizantes, procuraremos um lugar para morar. Dinheiro não deve ser problema. O que foi?

— Quando você engendrou tudo isso?

— Quando vinha para cá.

— Mas já está tudo decidido em sua cabeça; pelo amor de Deus, essa foi sempre sua ideia, não foi? Tirar proveito dos momentos de glória e fugir assim que a situação ficasse difícil? Quer viver em Hampshire brincando de ser fazendeiro? É essa a última de suas grandes ambições?

— Qual é a alternativa? — Ele sentia dor de cabeça, que Camille ajudava a piorar. Teve vontade de dizer que conhecia muito bem os medos e fraquezas de Camille.

— Não posso acreditar — a voz de Camille tremia agora — que você fugiria.

— Mas se formos para a Inglaterra podemos começar tudo de novo. Podemos fazer planos.

Camille olhou-o com tristeza. Sua expressão mostrava mais que tristeza, mas Danton não conseguiu analisá-la; ficava exausto só de pensar em começar tudo de novo.

— Então vá — disse Camille. — Mas eu fico. Vou me esconder pelo tempo que for preciso. Quando a cidade estiver mais segura, eu aviso. E então espero que você volte. Não sei se vai voltar, mas terei de acreditar se você disser que sim. Não há outra saída. Caso contrário, talvez eu vá à Inglaterra. Não tenho intenção de continuar aqui sem você.

— Tenho mulher e filho, e eu...

— Eu sei. E vai ter outro filho em breve.

— Ela lhe contou?

— Não. Gabrielle e eu não temos essa intimidade.

— Que bom. Porque ela não me contou.

Camille indicou a casa.

— Vou entrar agora e fazer com que eles sintam vergonha de si próprios. Vão lamuriar-se e dizer que têm de voltar a Paris hoje à noite, pode estar certo. Eles podem ser uma distração, o que lhe dará uma chance, pois você é o mais importante de todos. Entendo melhor agora, não devia ter lhe dito o que disse há pouco. Vou pedir a Fabre que leve Lucile a Bourg-la-Reine, e ele próprio poderá esconder-se lá por uma ou duas semanas.

— Não tenho certeza se confiaria em Fabre para proteger minha mulher.

— Quem então? O Coelho? Nosso corajoso açougueiro?

Os dois riram. Seus olhos se encontraram.

— Você sabe o que Mirabeau costumava dizer? — Camille perguntou. — "Nós vivemos em um tempo de grandes acontecimentos e de pequenos homens."

— Então tome cuidado — disse Danton. — Ah, e faça seu testamento. E, Camille, deixe sua esposa comigo.

Camille riu. Danton virou as costas. Não queria vê-lo partir.

ROBESPIERRE ficou imprensado contra uma barreira quando a luta começou. O choque foi maior que a dor. Viu corpos mortos, e quando as tropas recuaram, viu os feridos serem carregados e os detritos absurdos do campo da batalha civil: chapéus floridos, sapatos sem par, bonecas e piões girando.

Começou a andar. Deve ter andado durante horas. Não sabia ao certo que caminho tomara, mas achou necessário voltar para a rue Saint-Honoré, para o Jacobinos, tomar posse da área. Estava quase lá. De repente alguém barrou seu caminho.

Era um homem com a camisa rasgada na gola, um boné empoeirado, e o que sobrara do uniforme da Guarda Nacional.

O mais estranho é que o homem ria, com os dentes arreganhados como os de um cão.

Tinha um sabre na mão e uma fita tricolor amarrada no pulso.

Por trás dele vinham três outros homens. Dois com baionetas.

Robespierre ficou imóvel. Nunca tivera uma pistola na vida, apesar de Camille insistir que comprasse uma.

— Camille — ele dizia —, eu nunca usaria a pistola. Nunca atiraria em ninguém.

Era verdade. E agora era tarde demais.

Será que morreria de forma rápida ou lenta? Cabia ao outro decidir, não havia como influenciar essa decisão. Seus esforços estavam terminados.

Em um instante vou descansar. Em um instante estarei dormindo.

A calma terrível em seu coração invadiu-lhe o rosto.

Com um movimento vagaroso, o homem-cão aproximou-se e pegou-o pela frente do paletó.

— Ajoelhe-se — ordenou.

Alguém o empurrou por trás. Ele caiu de joelhos.

Robespierre fechou os olhos.

Será assim, pensou.

Em uma rua pública.

ENTÃO ELE OUVIU chamarem seu nome: não na eternidade, mas nos próprios ouvidos.

Dois pares de mãos levantaram-no.

Ele ouviu o tecido de seu paletó se rasgar, depois ouviu xingamentos, um grito e um soco. Quando abriu os olhos viu o homem-cão com o nariz sangrando e uma mulher tão alta quanto ele com sangue escorrendo da boca. Ela disse:

— Ataquem mulheres se tiverem coragem. Venha cá, filho, vamos ver o que eu posso cortar com isso. — E tirou da saia o que parecia ser uma tesoura de alfaiate. Outra mulher, atrás dela, segurava uma machadinha de cortar lenha.

Quando ele voltou a respirar normalmente, outras dez mulheres saíram de trás de uma porta com pés-de-cabra, lanças e facas na mão, gritando "*Robespierre*", e as pessoas saíam das lojas e casas para ver o que estava acontecendo.

Os homens com as baionetas tinham sido espancados. O homem-cão cuspiu e seu sangue e saliva escorreram pelo rosto da general.

— Cuspa, aristocrata — gritou ela. — Onde está Lafayette? Vou abrir a barriga dele e encher de castanhas. "*Robespierre*" — gritou de novo. — Se somos obrigados a ter um rei, que seja ele.

— Rei Robespierre — as mulheres gritaram. — Rei Robespierre.

De súbito apareceu um homem alto e calvo, com um avental de algodão limpo e um martelo em uma das mãos. Balançando o braço livre, forçava passagem através da multidão.

— Eu sou a favor de vocês — berrou. — Minha casa é ali. — As mulheres afastaram-se.

— É o carpinteiro Duplay — disse uma delas. — Um bom patriota e um bom mestre.

Duplay sacudiu o martelo para o soldado da Guarda Nacional e as mulheres aplaudiram.

— Escória — disse para os homens. — Para trás, escória. — Pegou Robespierre pelo braço e disse: — Minha casa é aqui, meu bom cidadão, depressa. Venha.

As mulheres dispersaram-se, tocando Robespierre quando passavam. Ele seguiu Duplay e passou por uma portinhola recortada em um portão alto e sólido. O portão foi trancado.

No pátio, operários estavam agrupados. Mais um minuto, obviamente, e teriam se juntado a seu mestre nas ruas.

— Voltem ao trabalho, meus rapazes — disse Duplay. — E vistam as camisas em sinal de respeito.

— Oh, não. — Robespierre olhou para Duplay. Eles não deviam alterar a rotina porque ele estava ali. Um tordo cantou em um arbusto junto ao portão. O ar tinha o doce odor da madeira nova. Do outro lado do pátio ficava a casa. Ele sabia o que encontraria por trás daquela porta. O carpinteiro Duplay estendeu uma das mãos e segurou-o pelo ombro.

— Você está seguro agora — disse, sem se mover.

Uma mulher alta e simples, com um vestido escuro, apareceu na porta lateral.

— Pai, o que aconteceu? Ouvimos tiros, há algum tumulto na rua? — perguntou.

— Eléonore, entre e diga à sua mãe que o Cidadão Robespierre veio ficar conosco finalmente.

NO DIA 18 DE JULHO um destacamento da polícia marchou pela rue des Cordeliers com ordem de fechar o jornal *Révolutions de France.* Não encontraram o editor, mas encontraram seu assistente, que mostrou uma arma. Tiros foram trocados. O assistente do editor foi dominado, espancado e levado para a prisão.

Quando a polícia chegou à casa dos Charpentier em Fontenay-sous-Bois, encontrou apenas um homem que, pela idade, podia ser Georges-Jacques Danton. Era Victor Charpentier, irmão de Gabrielle. Ele já estava ferido e jogado em uma poça de sangue quando a polícia percebeu o engano, mas naqueles dias não se dava valor à boa conduta. Mandados de prisão foram expedidos para Danton, advogado; Desmoulins, jornalista; Fréron, jornalista; e Legendre, mestre-açougueiro.

Camille Desmoulins estava escondido perto de Versalhes. Em Arcis, Danton resolveu seus assuntos. Ele entregara uma procuração a seu cunhado, autorizando-o *inter alia* a vender seus móveis e cancelar o aluguel do apartamento em Paris, se julgasse conveniente. Assinou a escritura de compra de uma mansão perto do rio, instalou sua mãe lá e deixou-lhe uma pensão vitalícia. No início de agosto partiu para a Inglaterra.

LORDE GOWER, embaixador britânico, em seus despachos:

Danton fugiu, e o próprio M. Robespierre, o grande *denunciateur* e por profissão *accusateur publique*, está prestes a ser *denoncé.*

RÉVOLUTIONS de Paris:

O que será da liberdade? Alguns dizem que está terminada.

PARTE QUATRO

Camille Desmoulins:

O rei apontou uma pistola para a nação, mas errou a mira; agora é a vez de a nação apontar para ele.

Lucile Desmoulins:

Nós queremos ser livres, mas meu Deus, a que preço.

I. Uma mão de sorte

(1791)

MANON ROLAND sentou-se junto à janela, virando o rosto para tomar um pouco do sol fraco do final de outubro, e enfiou a agulha com determinação no tecido gasto. Mesmo nas circunstâncias do momento ainda havia empregadas domésticas para esses serviços, mas ela achava que fazia o trabalho melhor que ninguém. O que poderia ser mais reconfortante e mais trivial em um mundo fragmentado que cerzir um lençol de linho? Agora, "depois do golpe", como dizia seu marido, haveria uma demanda maior por costureiras para remendar e cerzir.

Então qual era o problema com esses serviços domésticos? Era ela quem resistia a eles ou eles a ela? O meio do tecido estava puído, a solução era dobrar as bordas. "*Ça ira.*" Manon sorriu. Não lhe faltava senso de humor, como gostava de pensar.

Seu marido, já quase com 60 anos, tinha úlcera e problemas de fígado, e só não estava inválido devido a seus cuidados e força de vontade. Até setembro de 1791 ele era inspetor de produção, mas sob a nova organização seu cargo foi abolido. Os dois tinham aplaudido a morte do Antigo Regime, o que mostrava que não pensavam só em si mesmos. Mas era um aplauso seco, pois ninguém recebeu aposentadoria e não havia nada a esperar da vida a não ser pobreza.

Manon ficou adoentada, com febre, esgotada pelo verão de Paris, e enojada com o sangue do Champs-de-Mars.

— Foi demais para você, minha querida, você se tornou uma pessoa nervosa. Precisamos deixar tudo e voltar para casa, pois nada é mais importante que sua saúde. Em Le Clos você fica serena. Serena? Ela, serena? Depois de 1789?

Foi essa a razão de terem voltado para aquela região calma nas colinas de Beaujolais, com canteiros de legumes e trepadeiras desbotadas, onde as mulheres pobres chegavam à porta dos fundos para pedir conselhos e cataplasmas de ervas. Ali (ela lera muitos livros de Rousseau) vivia-se em harmonia com a natureza e com as estações. Mas a nação estava morrendo sufocada, e ela queria... queria...

Impaciente, afastou a cadeira da janela. Durante toda a vida ela foi uma espectadora, e esse papel não lhe trouxe nada, nem ao menos uma indiferença filosófica. O estudo e a autoanálise não lhe acrescentaram nada, muito menos a jardinagem, pensou. Uma mulher de 36 anos, esposa e mãe deveria sentir-se realizada. Deveria sentir certa calma, certo sossego interior, mas não. Mesmo depois de dar à luz sua filha, sentia sangue nas veias, não leite. Eu não sou passiva diante da vida e creio que nunca serei, pensou. Considerando os acontecimentos recentes, por que deveria?

Não cruzaria os braços diante do massacre ocorrido. Tinham acabado de chegar de Paris, precisavam voltar para lá. Precisavam conseguir uma pensão ou um novo cargo sob a nova ordem.

Roland não queria voltar. Mas Paris a chamava, ela pensou. Tinha nascido lá.

A LOJA DE SEU PAI localizava-se no Quai d'Horloge, perto da Pont-Neuf. Ele era entalhador — uma profissão de classe, com clientes de classe — e tinha maneiras adequadas à profissão: assertivo, mas complacente; artista e artesão, ou nem uma coisa nem outra.

O nome de batismo dela era Marie-Jeanne, mas todos a chamavam de Manon. Seus irmãos e irmãs tinham morrido. Devia haver alguma razão (ela conseguia pensar em oito ou nove) para o bom Deus tê-la poupado. Teria Ele algum objetivo particular? Manon observava os pais com cuidado, percebendo-lhes com seus olhos infantis as limitações e o cultivado verniz do refinamento. Eram excessivamente cuidadosos com ela, e quase a reverenciavam. Ela teve inúmeras aulas de música.

Quando tinha 10 anos seu pai comprou para a filha vários compêndios sobre a educação dos jovens, calculando que qualquer livro com "educação" no título era adequado para ela.

Era uma criança inteligente, bonita, para quem nada era bom demais. Por que a teriam deixado um dia sozinha na oficina? O menino (um aprendiz de 15 anos, alto para a idade, sardento, de mãos ásperas) sempre se mostrou educado, inofensivo. Era noite, ele trabalhava à luz de uma lâmpada, e ela deixou-se ficar por ali observando-o. Não se apavorou quando ele pegou seu pulso e segurou-o por um instante, brincando com seus dedos e sorrindo para ela com a cabeça inclinada. Depois empurrou sua mão para debaixo da bancada de trabalho.

Manon encostou a mão em uma coisa estranha, um pedaço de carne inchada e úmida que palpitava com vida própria. O menino apertou seu pulso e virou-se na cadeira para olhá-la. Foi então que ela percebeu onde tinha tocado.

— Não conte a ninguém — sussurrou ele, soltando-a. Suas sobrancelhas estavam cobertas pelos cachos que lhe caíam na testa. Ela saiu dali depressa e bateu a porta da oficina com força.

Ao descer a escada ouviu a mãe chamando, pedindo-lhe para fazer alguma coisa, que ela nunca soube o que era. Atordoada, com o estômago queimando, saiu para fazer o que a mãe pedia. Não contou nada, não sabia o que deveria contar.

Nas semanas seguintes voltou à oficina. Mais tarde achou difícil entender seus atos, pois não podia acreditar que fosse uma criança com tendências perniciosas. Sim, ela aproveitou a oportunidade. Dava pequenas desculpas a si mesma, como se tivesse decidido ignorar sua própria natureza. Era mera curiosidade, dizia seu lado adulto, a curiosidade natural de uma criança superprotegida. Mas seu lado adulto dizia também que criara desculpas naquela época e que agora as estava criando novamente.

Todas as noites o rapaz jantava em sua casa; como era muito novo e estava longe da própria família, a mãe dela se preocupava com ele. Manon não podia mostrar-se diferente em sua presença, pois seus pais poderiam ficar intrigados e começar a fazer perguntas. De qualquer forma, se perguntassem, ela diria a si mesma que não tinha feito nada errado. Começou a pensar se a vida era justa, se as pessoas não eram muitas vezes consideradas culpadas por erros que não tinham cometido. E, claro, durante a infância também era assim. Todos os dias havia tapas e injustiças. A vida adulta, pensou, será diferente, mais racional, e ela agora era quase uma adulta. Quanto mais velha ficava, mais arriscada a existência lhe parecia e menos compreensivas as pessoas eram. Uma voz interna lhe dizia: você não está errada, mas podem fazer com que pareça que está.

Um dia o menino lhe sussurrou:

— Eu não mostrei nada a você que sua mãe não tenha visto. — Ela levantou o queixo e abriu a boca para replicar contra sua impertinência, mas sua mãe entrou com um prato de pão e um de salada, e eles ficaram lado a lado, como boas crianças, crianças tímidas, com os olhos na toalha de mesa, agradecendo a Deus por terem salada, queijo e pão.

Na oficina, onde ela infiltrava-se furtivamente, havia tensão entre eles, como que um arame invisível tracionado com força. Será que ela o atormentava, entrando e saindo dali quando havia gente em volta para protegê-la? Pensava naquela carne estranha, branca e pulsante como em algo recém-nascido.

Um dia eles finalmente se viram sozinhos. Ela manteve certa distância, não queria ser apanhada daquele jeito de novo. Dessa vez ele aproximou-se por trás, quando ela olhava pela janela. Segurou-a por debaixo dos braços, puxou-a contra seus joelhos e sentou-se em uma cadeira colocada ali estrategicamente. Levantou sua saia e tocou-a entre as coxas. O braço sardento e forte prendeu seu corpo e ele fechou uma das mãos. Ela observou a mão dele. Ele a segurava como uma boneca, inanimada como uma boneca, com os lindos lábios entreabertos, enquanto ele ofegava e arfava a caminho da satisfação. Não que ela soubesse que ele estava tendo prazer, mas percebeu que atingira uma espécie de clímax, pois soltou-a de repente e murmurou palavras de gentileza, sem olhar nenhuma vez para seu rosto (ela lembrou-se mais tarde). Ele a tinha segurado por trás deliberadamente, para não ver se ela estava encantada ou horrorizada, se estava rindo ou apavorada demais para gritar.

Manon saiu correndo. Logo depois, assim que perguntaram o que havia de errado com ela, começou a contar a história aos borbotões. Lágrimas corriam-lhe pelo rosto enquanto contava, e suas pernas estavam tão fracas que ela afundou-se em uma cadeira. A expressão do rosto de sua mãe era de horror. Fez a filha levantar-se puxando-a pelos braços com força. Sacudiu-a, ela, a preciosa criança, e crivou-a de perguntas em voz aguda. O que ele fez? Onde ele tocou você? Conte-me tudo o que ele disse, todas as palavras, não tenha medo, conte para sua mãe (e a sacudia, com o rosto distorcido a centímetros do seu). Ele a obrigou a tocá-lo? Você está sangrando? Manon, conte, conte, conte.

Arrastada pela rua, ela foi choramingando até a igreja como se fosse uma criancinha de 3 anos. Quando chegaram, sua mãe tocou um sino para chamar o padre. Em casos de crime ou morte, o padre vinha depressa para dar a absolvição antes que a pessoa fosse amaldiçoada. E o padre veio... A mãe empurrou-a para um canto e deixou-a sozinha naquela penumbra com o velho padre asmático. Ele virou o ouvido bom para ouvir o soluço convulso da menina, e concluiu que ela fora violentada.

O curioso é que não despediram o jovem. Tinham medo do escândalo. Tinham medo de que o caso se tornasse conhecido e que pudessem atribuir a culpa a ela. Manon era obrigada a vê-lo todos os dias, mas ele não comia mais em sua casa. Sabia agora que era culpada. Não uma culpa que os outros lhe atribuíssem, mas um reconhecimento interior, que não podia ser expresso. Sua mãe dizia que poderia ter sido muito pior, que ela estava *intacta*, embora ela não conhecesse a palavra. Tente não pensar muito no que aconteceu, a mãe lhe disse, um dia, quando você crescer e se casar, não vai parecer tão ruim. Mas por mais que ela tentasse, e talvez tentar fosse parte do problema, continuava a pensar. Ficava corada, tremia, sacudia a cabeça com um movimento involuntário e encolhia-se.

Quando Manon tinha 22 anos sua mãe morreu. Passou a cuidar da casa de manhã e a estudar à tarde; especializou-se em italiano e botânica e progrediu na matemática. À noite lia Histórica Clássica; fechava os olhos sobre os livros, as mãos ainda nas páginas, sonhando com a liberdade. Pensava com insistência, forçava-se a insistir, no que havia de grande no Homem, no progresso e na nobreza do espírito, na irmandade e no autossacrifício, em todas as virtudes descarnadas.

Leu a *Histoire Naturelle* de Buffon; havia passagens que se forçava a omitir e páginas que virava rapidamente, pois continham informações que não queria ter.

Sete ou oito anos depois que o jovem deixou a oficina de seu pai, ela encontrou-o. Ele acabara de se casar, era um rapaz absolutamente comum. Foi um encontro rápido, sem tempo para conversas privadas; não que ela quisesse, mas ele sussurrou:

— Espero que você não me culpe. Eu não lhe fiz mal algum.

Em 1776 a vida de Manon mudou. Foi o ano em que os americanos proclamaram a independência, acontecimento que muito a impressionou. Teve pedidos de casamento, basicamente de comerciantes entre 20 e 30 anos. Foi gentil com eles, mas não lhes deu esperanças. Casamento era uma coisa em que ela evitava pensar. A família começou a desesperar-se.

Mas em janeiro daquele ano, conheceu Jean-Marie Roland. Era um homem alto, bem-educado, viajado, com a gentileza de um pai e a seriedade de um professor. Pertencia à baixa nobreza, e era o mais moço de cinco filhos; possuía algumas terras e o dinheiro que ganhava, nada mais. Na função de inspetor, viajara por toda a Europa. Sabia tudo sobre alvejamento e tintura, sobre fabricação de rendas e sobre o uso da turfa como combustível; e também sobre fabricação de pólvora, cura da carne de porco, polimento de lentes, física, comércio livre e Grécia Antiga. Ele percebeu a voracidade de Manon por conhecimento, ou melhor, por certo tipo de conhecimento. De início ela não notou os paletós empoeirados de Roland, as camisas puídas, os sapatos amarrados com fitas velhas em vez de presos com fivelas; quando notou, achou interessante conhecer um homem sem vaidade. A conversa deles era séria, cheia de rodeios e cortesias cautelosas.

Ele tinha beijado a ponta de seus dedos, mas só por gentileza. Nunca fez qualquer investida. Sentava-se em frente a ela na sala, como se fosse a estátua de são Paulo.

Eles trocavam cartas longas e interessantes, que levavam meio dia para serem escritas e uma hora para serem lidas. No começo escreviam ensaios críticos sobre assuntos de interesse geral. Depois de alguns meses escreveram sobre casamento: seu aspecto sacramental, sua utilidade social.

Ele foi para a Itália, onde ficou durante um ano, e descreveu suas viagens em uma obra em seis volumes.

Em 1780, depois de quatro anos de muita timidez e reflexão, eles se casaram.

Na noite do casamento não seria possível comunicarem-se por carta. Manon não sabia o que esperar; não se permitiu pensar no aprendiz de tempos atrás, nem criar uma teoria sobre o que acontecera naquele dia. Não estava preparada para o corpo dele, para o peito cavado com os pelos ralos e grisalhos; não estava preparada para a pressa com que ele se jogou sobre ela nem para a dor da penetração. A respiração dele mudou e ela perguntou:

— É isso...? — Mas o marido já tinha virado de lado, e dormia com a boca aberta no escuro.

No dia seguinte ele acordou e rolou sobre ela, preocupado:

— Você não sabia o que ia acontecer? Minha pobre Manon, minha querida Manon, se eu soubesse...

Um filho justifica um casamento (ambos pensaram). Eudora nasceu a 4 de outubro de 1781.

Manon tinha uma capacidade da qual muito se orgulhava: captar a essência de uma questão complicada em minutos. Se lhe dessem um tópico, as Guerras Púnicas, digamos, ou a fabricação de velas de sebo, em um dia ela dominaria o assunto; em uma semana seria capaz de abrir sua própria fábrica, ou de elaborar um plano de batalha para Cipião Africano. Gostava de ajudar o marido no trabalho, era um prazer para ela. Começou com humildade, copiando trechos que ele gostava de estudar. Depois tentou fazer índices, mostrando-se cuidadosa e competente, e aplicou sua memória e sua obstinada curiosidade aos projetos de pesquisa dele. Finalmente, como escrevia com fluência, graça e facilidade, começou a ajudá-lo com os relatórios e cartas. Deixe que eu cuido disso, dizia, posso rever o texto enquanto você escreve o primeiro parágrafo. Minha menina querida e inteligente, ele falava, como eu poderia viver sem você?

Mas eu preciso de mais que um elogio, ela pensou. Quero uma vida tranquila, mas quero também passar para um estágio mais importante. Conheço e respeito o lugar da mulher, mas quero o respeito dos homens. Quero o respeito e a aprovação deles, pois também faço planos, raciocino, tenho ideias sobre a situação da França. Ela gostaria de poder incutir essas ideias, por algum processo imperceptível, na cabeça dos legisladores da nação, como incutia na cabeça do marido.

Lembrou-se de um dia de julho: moscas zumbiam pelo quarto, o rosto amarelo de seu marido por cima dos lençóis brancos, e sua sogra, uma tirana de 85 anos, meneando a cabeça em um canto. Lembrou-se dela própria, com um vestido cinzento, cansada devido à doença e ao calor, atravessando os quartos com chá de ervas naquele dia de verão renitente.

— Madame?

— Calma. O que foi?

— Madame, notícias de Paris.

— Alguém caiu doente?

— Madame, a Bastilha caiu.

Ela deixou a xícara se estilhaçar a seus pés. Mais tarde achou que o fizera de propósito. Acordando de seu cochilo, Roland levantou a cabeça do travesseiro.

— Manon, aconteceu alguma calamidade?

No canto, o Antigo Regime acordou, reclamou da conturbação, e fixou com um olhar maligno sua nora descomedida.

Manon começou a escrever para jornais. Primeiro para o *Lyon Courier*, depois para o jornal de Brissot: o *Patriota francês*. (Seu marido e Brissot tinham se correspondido nos últimos dois anos.) Assinava-se "Uma senhora de Lyon" ou "Uma senhora romana". Em junho de 1790 recebeu uma charmosa, embora não muito legível, carta pedindo permissão para que um de seus artigos fosse republicado no *Révolutions de France et du Brabant*. Concordou imediatamente, sem conhecer o caráter do editor do jornal.

Em Paris veio a grande oportunidade, e ela usou-a e tornou-se útil aos patriotas. Até esse dia, acordava e dormia pensando nessa possibilidade, sonhava com isso em suas horas solitárias de estudo, sonhava quando estava grávida de Eudora, e quando observava os coveiros trabalhando no cemitério de Amiens. *O sarau de Mme. Roland.* Talvez em detalhe o sonho fosse frustrante; os homens eram sempre fracos, frívolos, teimosos, e ela tinha de morder os lábios para não intervir. Mas sua jornada começara, e em breve eles estariam voltando a Paris.

Ela mantivera-se a par da situação nesses últimos meses. Em uma gaveta trancada guardava cartas de Brissot, de Robespierre, daquele deputado jovem, grave e prepotente, François-Léonard Buzot. Por meio dessas cartas soube das consequências do Champs-de-Mars. Eles lhe contaram (ela detestava resumir, mas os acontecimentos eram muito velozes) que Luís, reempossado no trono, jurara defender a Constituição; e que Lafayette não era mais comandante da Guarda Nacional e saíra de Paris para assumir um posto no exército. Que a nova Assembleia Legislativa fora convocada e os antigos deputados foram barrados. Buzot voltara para casa em Evreux, mas não importava, eles ainda podiam corresponder-se e sem dúvida um dia se reencontrariam.

Seu amigo Brissot era agora deputado; querido Brissot, que trabalhava tanto. Robespierre não voltou para sua terra natal, permaneceu em Paris, reconstruiu o Clube dos Jacobinos, levou novos deputados para lá, introduzindo-os às regras e procedimentos dos debates que faziam sombra à própria Assembleia. Um homem esforçado, Robespierre, mas mesmo assim a desapontara.

No dia do massacre ela lhe enviou uma mensagem, oferecendo-se para escondê-lo em seu apartamento. Não teve resposta, e ouviu mais tarde que ele fora recebido pela família de um comerciante e que morava com eles agora. Sentiu-se traída porque esperava o perigo. Viu-se enfrentando um regimento, viu-se dominando a Guarda Nacional.

Durante esse exílio, Manon seguiu com algum interesse a carreira de M. Danton e seus amigos. Sentiu-se aliviada ao saber que ele estava na Inglaterra, e esperou que permanecesse lá. Mas procurou informações e soube que, ao ouvir um boato de anistia, ele voltou a Paris. Teve a coragem de se apresentar à Assembleia Legislativa, e no meio de uma das reuniões de eleição, segundo ela ouviu, um funcionário chegou com um mandado de prisão para M. Danton. Insultado verbal e fisicamente pela multidão que seguia Danton em todas as suas atividades, o funcionário foi levado à prisão de Abbaye, onde ficou encerrado por três dias na cela antes destinada ao outro.

A anistia foi declarada, mas Danton era malvisto pelos eleitores. Rejeitado, retirou-se para sua província a fim de pensar, e decidiu tornar-se promotor público adjunto. Por sorte, lá também seria barrado; ainda estava distante, ela esperava, o dia em que a França seria governada por bandidos.

Quanto ao futuro... Manon não gostava de pensar que em Paris o povo idiota aclamava mais uma vez o rei e a rainha simplesmente por eles terem assinado seus nomes na Constituição, como se tivessem esquecido os anos de tirania e violência, a traição na estrada para Varennes. Via com clareza que

Luís conspirava com as potências estrangeiras; haveria uma guerra, e seríamos tolos por não dar o primeiro golpe. (Virou o pano que tinha nas mãos e deu uma laçada no fio com a agulha de fazer nós.) Precisamos lutar como uma República, como Atenas e Esparta fizeram. (Pegou a tesoura.) Luís deve ser deposto. E, se possível, morto.

Então o reino dos aristocratas terminaria para sempre.

E que reino fora esse...

Certa vez, muitos anos antes, sua avó a levara a uma casa no Marais para visitar uma conhecida sua pertencente à nobreza. Um lacaio as fez entrar. Vestida com opulência, uma senhora de idade estava reclinada em um sofá, o rosto idiota coberto de ruge. Um cachorrinho levantou-se do meio de suas saias e latiu para elas, saltando; a senhora lhe deu uma palmada, e indicou um banco baixo para a avó se sentar. Por alguma razão, nessa casa, sua avó era chamada pelo nome de solteira.

Ela foi deixada de pé, em silêncio. Sua cabeça ainda queimava das torturas que sua avó infligira a seu cabelo no começo da manhã. A senhora mexia-se nas almofadas e falava em tom ditatorial, com uma voz estranha. Mandaram Manon dar um passo à frente, e ela fez uma reverência com seu vestido domingueiro engomado. Trinta anos depois ainda não se perdoava por aquela reverência.

— Ela é religiosa? — perguntou a senhora nobre, com olhos lacrimejantes.

O cachorro acalmou-se e farejou-a. Por cima do braço do sofá havia um tapete velho. Manon baixou os olhos.

— Tento cumprir com minhas obrigações.

Sua avó mudou de posição no banco. A senhora ajeitou sua touca de renda como se estivesse em frente a um espelho, voltou os olhos duros para Manon novamente e começou a lhe fazer perguntas sobre livros de colégio. Ela respondeu corretamente, com gentileza estudada, e a criatura deu um sorriso de escárnio.

— Você é bastante estudiosa, não é? Acha que é isso o que um homem exige da mulher?

A doutrinação terminou. Ainda de pé, sentindo-se fraca naquele quarto abafado, Manon teve de ouvir a enumeração de seus méritos e deméritos. Ela *já* tem bastante corpo, disse a senhora, como que sugerindo que quando crescesse seria gorda. Tem uma pele amarelada, que *talvez* melhore com o tempo.

— Diga-me querida, você algum dia comprou um bilhete de loteria? — a senhora perguntou.

— Não, madame, não acredito em jogos de azar.

— Como ela é puritana — disse a criatura, com a fala arrastada, esticando a mão ossuda e segurando o pulso fino da menina. — Quero que ela compre um bilhete de loteria para mim. Quero que escolha o número e me entregue o bilhete aqui pessoalmente. Acho que ela tem uma mão de sorte.

Na rua, Manon respirou o ar puro de Deus.

— Por favor, eu não preciso voltar lá, não é? — Queria correr para casa, retomar seus estudos e estar com pessoas normais.

Mesmo agora, quando alguém pronunciava a palavra "aristocrata", ou quando falavam "uma mulher nobre" ou "uma senhora com um título", vinha-lhe à cabeça a imagem daquela jogadora maligna. Lembrava-se não apenas de sua touca de renda, mas daqueles olhos duros e das palavras ásperas. Lembrava-se do cheiro forte de almíscar, do fedor impregnado naquele corpo decadente.

Bilhete de loteria! Não haveria jogo algum na República, pensou, não seria permitido.

PARIS:

— Veja — disse o juiz ao escriturário da Corte —, não me importa se é a João Batista que estão pagando. Estão infringindo as leis do jogo e vou lhes dar uma pena de seis meses. Por que acha que Desmoulins voltou a advogar?

— Por dinheiro — disse o escriturário.

— Pensei que Orléans pagasse bem.

— O duque está acabado — disse o escriturário, contente. — Mme. de Genlis foi para a Inglaterra, Laclos voltou para seu regimento, e suas amantes estão se aproximando de Danton. É claro que recebem dinheiro da Inglaterra.

— O quê? Você acha que os ingleses compraram o grupo de Danton?

— Acho que estão lhes pagando, mas isso é outra coisa. Eles são inescrupulosos. Já foi o tempo no país em que se subornava um homem e podia-se confiar em sua honestidade.

O juiz remexeu-se na cadeira. O funcionário estava se tornando aforístico, e quando isso ocorria, eles sempre voltavam tarde para casa.

— Ainda assim — disse o juiz. — Vamos ao assunto do dia.

— Ah, sim, maître Desmoulins. Ele seguiu a orientação do sogro e comprou títulos da cidade de Paris. E todos sabemos o que aconteceu com eles.

— De fato — disse o juiz.

— E com o jornal fechado pelas autoridades, ele precisa de outra fonte de renda.

— Ele dificilmente ficará pobre.

— Desmoulins tem dinheiro, mas quer mais. Nisso, é igual a todos nós. Ouvi dizer que está aplicando na bolsa. Enquanto espera ter algum lucro, pretende recuperar sua fortuna com os altos honorários advocatícios que pode cobrar hoje em dia.

— Ouvi dizer que ele detesta advogar.

— Mas agora é diferente, não é? Agora, se tiver dificuldades teremos de sentar e esperar que ele termine as frases. Estamos com um pouco de medo...

— Eu, não — disse o juiz, resoluto.

— E ele é um homem capaz.

— Não discordo.

— Quando os nobres virem a polícia interferindo em seus prazeres, acharão conveniente ter um dos seus para defender o caso. Arthur Dillon, De Sillery, esse grupo, estão contando com ele.

— E Desmoulins associa-se a eles abertamente... é de supor que os patriotas...

— Irão tolerar quase tudo dele. Afinal, de certa forma ele *é* a Revolução. Mas creio que há alguns boatos. Mas aqui é Paris, não Gênova.

— Creio que você também seja um jogador.

— Eventual — falou o escriturário com leveza. — Talvez, como maître Desmoulins, eu esteja interessado em limitar a interferência do Estado na vida privada do indivíduo.

— Concorda com ele? — perguntou o juiz. — Verei você em breve com as botas em cima da mesa, um sans-culotte com calças rústicas, barrete vermelho e uma lança encostada na parede.

— É possível — disse o escriturário. — Assim são os tempos.

— Eu tolerarei muita coisa, mas não permitirei que você fume cachimbo, como Père Duchesne.

CAMILLE fez um pequeno gesto de desculpa para seus clientes e sorriu para o juiz. O homem e a mulher entreolharam-se, encolhendo os ombros.

— Vocês não vão se livrar da prisão — o consultor jurídico lhes dissera —, então talvez usemos seu caso para discutir algumas questões mais amplas.

— Eu gostaria de pedir à corte...

— Levante-se.

O advogado hesitou, levantou-se, foi até o juiz e olhou-o bem de perto.

— Eu gostaria de pedir permissão para tornar pública minha opinião.

O juiz baixou a voz.

— Está pretendendo começar algum tipo de controvérsia pública?

— Sim.

— Isso pode ser feito sem minha permissão.

— É uma formalidade, não é? Eu sou um homem educado.

— Tem alguma discordância do veredicto dos fatos?

— Não.

— Da lei?

— Não.

— E então?

— Faço objeção ao uso do tribunal como instrumento do Estado moralizador e invasivo.

— É mesmo? — O juiz debruçou-se para a frente, gostava de discutir generalidades. — Como você parece ter varrido a Igreja do cenário, quem vai forçar os homens a ser o que devem ser se a lei não tiver essa atribuição?

— A quem cabe dizer o que os homens devem ser?

— Se as pessoas elegem seus legisladores, como hoje em dia fazem, não conferem a eles essa atribuição?

— Mas se as pessoas e seus representantes vêm de uma sociedade corrupta, como poderão tomar boas decisões? Como poderão formar uma sociedade moral se nunca viveram em uma?

— Nós realmente vamos voltar para casa tarde — disse o juiz. — Ficaremos aqui durante seis meses se tivermos de fazer justiça a essa pergunta. Como nos tornaremos bons, se somos maus?

— Costumávamos fazer isso pela mediação da graça divina. Mas a nova Constituição não tem esse papel.

— Você pode estar cometendo um erro — disse o juiz. — Pensei que todos vocês estivessem seguindo o caminho da regeneração moral da humanidade. Não lhe importa estar fora de consonância com seus amigos?

— Desde a Revolução temos permissão de discordar, não é verdade?

Ficou esperando uma resposta. O juiz estava desconcertado.

II. Danton faz sua própria descrição

(1791)

GEORGES-JACQUES Danton: "A reputação é uma meretriz, e as pessoas que falam sobre posteridade são hipócritas e tolas."

TEMOS UM PROBLEMA. Não consideramos que Danton fosse um dia se tornar o narrador de sua história. Mas o tempo passa, as questões se multiplicam e em pouco mais de dois anos ele estará morto.

Danton não escrevia. Talvez fosse para o tribunal com um maço de anotações; nós criamos essas ocasiões, fictícias, porém prováveis. Os registros desses casos foram perdidos. Ele não mantinha diários, e escrevia poucas cartas. A não ser, talvez, o tipo de carta que é rasgado após ser lido. Não confiava no comprometimento que o papel implicava, não lhe agradava a ideia de registrar para sempre suas opiniões temporárias. Estabelecia sua ação nas mesas do comitê tricolor, os outros preparavam as atas. Quando havia pontos para pressionar no Jacobinos, e a ira patriótica para descarregar no Cordeliers, o público esperava até sábado pela recapitulação, e lia sua elaborada invectiva dentro da encadernação cinzenta do jornal de Camille Desmoulins. Em momentos de excitação, e havia muitos deles, as edições extemporâneas do jornal eram publicadas juntas e distribuídas duas vezes por semana ou até mesmo diariamente. Segundo Danton, o aspecto mais bizarro do caráter de Camille era seu desejo de escrever em toda superfície em branco que encontrava. Se visse um pedaço de papel virgem, enchia-o com palavras pretas, depois outro e mais outro, até formar um caderno.

É claro que desde o massacre o jornal não era publicado. Camille dizia que estava cansado de prazos, ataques e erros dos empregados da gráfica, e passou a trabalhar por conta própria. Não era uma desvantagem, pois em uma semana ele era capaz de escrever quase tanto quanto Danton falava. Entre esse momento e o final de sua carreira, Danton fez uma grande quantidade de discursos, alguns com horas de duração, e todos de improviso. Talvez você possa ouvir a voz dele.

VOLTEI da Inglaterra em setembro. A anistia foi o último ato da antiga Assembleia Nacional. Devíamos inaugurar a nova era com um espírito de reconciliação, ou alguma outra tolice hipócrita. Vocês verão como a situação se desenvolveu.

Os acontecimentos do verão feriram os patriotas, literalmente em muitos casos, e eu retornei para uma Paris monarquista. O rei e sua esposa apareciam em público outra vez e eram aplaudidos. Eu não via razão para ressentimento, sou a favor da amabilidade. Mas devo dizer que meus amigos obstinados do Cordeliers pensavam de forma diferente. Estava longe o ano de 1788, quando os únicos republicanos que eu conhecia eram Billaud-Varennes e meu querido e incorrigível Camille.

Havia certo júbilo — prematuro — sobre a partida de Lafayette da capital. (Sinto muito, não me acostumo a chamá-lo de Mottier.) Se ele tivesse emigrado, eu ordenaria pessoalmente três dias de fogos de artifício e amor livre em nossa margem do rio; mas ele voltou para o exército, e quando vier a guerra, dentro de seis ou nove meses, seremos obrigados a transformá-lo em herói nacional outra vez.

Em outubro, nosso patriota repulsivo, Jérôme Pétion, foi eleito prefeito de Paris. O outro candidato era Lafayette. A esposa do rei detestava Lafayette de tal forma que moveu céus e terra para garantir a eleição de Pétion. Pétion, percebam, um republicano. Considero isso meu melhor exemplo da inaptidão política das mulheres.

É possível, naturalmente, que Pétion esteja na folha de pagamento de algum monarquista e eu não saiba. Quem pode saber nos dias de hoje? Ele continua convencido de que a irmã do rei apaixonou-se por ele na viagem de volta de Varennes. Tornou-se ridículo com essa história. Fiquei surpreso por Robespierre, que não suporta bobagens, não tê-lo reprovado. A propósito, o novo lema popular é: "Pétion ou morte!". Camille recebeu alguns olhares raivosos no Jacobinos por ter feito a observação audível: "Não há muita escolha".

A súbita ascensão de Jérôme deixou-o um tanto estonteado, e ele errou quando recebeu Robespierre em termos formais e forçou-o a participar de um banquete. Camille disse recentemente a Robespierre:

— Venha jantar, temos um champanhe maravilhoso.

E Robespierre replicou:

— Champanhe é o veneno da liberdade.

Que forma de falar com seu amigo mais antigo!

O fato de eu não ter vencido a eleição na nova Assembleia deixou-me desapontado. Isso ocorreu, desculpe-me se eu soar como Robespierre, porque havia um grande número de pessoas trabalhando contra mim, e por causa de nossa incapacidade de corrigir as leis restritivas. Se eu buscasse o apoio do homem do povo, poderia ser rei se quisesse.

E eu nunca faço declarações que não possa justificar.

Fiquei desapontado, por mim e por meus amigos. Camille, é claro, e especialmente Fabre tinham trabalhado duro por mim. Sou hoje em dia a única voz ativa de nossa causa. Pobre Fabre, mas ele é útil e capaz, a seu modo. E dedicado ao sucesso de Danton, a característica dele que mais me agrada.

Eu, por minha vez, gostaria de subir ao poder para servir a eles. Isto é, para ajudá-los a realizar suas ambições políticas e aumentar suas rendas. Não finjam estar chocados, ou pelo menos não mais que o necessário para manter as aparências. Garanto que todos agem da mesma forma, como dizem nossas esposas. Ninguém perseguiria o poder se não houvesse uma recompensa.

Depois das eleições fiquei em Arcis durante algum tempo. Gabrielle vai ter mais um filho em fevereiro, e precisava descansar. Não há nada para fazer em Arcis, a não ser trabalhar na terra, e ao que eu saiba essa atividade não agrada a minha esposa. Foi um bom momento para estar longe de Paris. Robespierre estava em Arras (reforçando seu sotaque provinciano, creio), e achei que se ele podia se ausentar, eu também podia. Paris não estava particularmente agradável. Brissot, que tem muitos amigos na nova Assembleia, angariava apoio para uma política de guerra contra os poderes europeus. Uma política tão assombrosamente perigosa e absurda que não consegui ser coerente ao argumentar com ele.

Vivem hoje em minha casa em Arcis minha mãe e meu padrasto, minha irmã solteira Pierrette, minha antiga babá, minha tia-avó, minha irmã Anne Madeleine, seu marido Pierre e os cinco filhos. A casa é barulhenta, mas é agradável saber que posso prover o sustento dos meus. Comprei mais cinco lotes de terra, incluindo alguns com florestas; arrendei uma de minhas fazendas e comprei mais gado. Quando estou em Arcis penso em não voltar mais para Paris.

Algum tempo depois, meus amigos da cidade decidiram que eu devia ter um cargo público. Queriam, precisamente, que eu me candidatasse a promotor público adjunto. Não que o cargo seja de grande importância, mas minha candidatura é uma forma de me anunciar, de dizer: *Danton está de volta.*

A fim de expor esse plano a mim, Camille e sua esposa vieram a Arcis, com malas cheias de recortes de jornal, cartas e panfletos, e várias semanas de fofocas acumuladas. Gabrielle recebeu Lucile com pouco entusiasmo. Estava grávida de seis meses, deselegante e um tanto cansada. Para a visita no campo Lucile providenciou um novo guarda-roupa, bastante simples; ela estava ainda mais bonita, porém, como disse Anne Madeleine, um pouco magra demais.

A família, que via os parisienses como gente absolutamente exótica, recebeu-os com reservada gentileza. Mas depois de dois dias Anne Madeleine simplesmente os adicionou a seu grupo de filhos, que eram alimentados e depois levados a passeios em marcha forçada pelo campo com a finalidade de dominar o espírito. Uma noite, depois do jantar, Lucile disse que desconfiava de que estava grávida. Minha mãe virou os olhos para Camille e disse que seria uma grande surpresa para ela. Eu soube que estava na hora de retornar a Paris.

— QUANDO VOCÊS VÃO voltar para cá? — perguntou Anne Madeleine ao irmão.

— Daqui a alguns meses, para mostrar o bebê.

— Quero dizer, voltar para sempre.

— Bem, a situação do país...

— O que isso tem a ver conosco?

— Em Paris eu tenho certa posição.

— Georges-Jacques, você só nos disse que era advogado.

— Essencialmente, sou.

— Nós achávamos que em Paris os honorários advocatícios eram muito altos, e que você devia ser o advogado mais conceituado da França.

— Nem tanto.

— Não, mas você é um homem importante. Não sabíamos o que você fazia.

— E o que eu faço? Se conversou com Camille, ele sempre exagera.

— Você não tem medo?

— Medo de quê?

— Você já teve de fugir uma vez. O que acontecerá da próxima vez que tudo der errado? Pessoas como nós têm seu momento, podemos nos manter no alto por um ano ou dois, mas isso não dura. Não seria natural que durasse.

— Estamos tentando alterar a natureza das coisas.

— Mas você não pode mudar-se definitivamente para cá? Você tem terras, tem o que quer. Volte com sua esposa, deixe as crianças crescerem com as minhas, como devem, e traga aquela jovem para ter o bebê aqui. Georges, o bebê é seu?

— O bebê dela? Meu Deus, não.

— Você a olha de uma forma especial. Bem, quem sou eu para saber o que acontece em Paris?

ENTÃO EU ME CANDIDATEI ÀS ELEIÇÕES, e fui vencido por um homem chamado De Gerville. Dias depois, De Gerville foi nomeado ministro do Interior e saiu de meu caminho. Houve novas eleições. Meu oponente dessa vez era Collot d'Herbois, o dramaturgo de pouco sucesso, a quem eu deveria considerar um companheiro revolucionário. Os eleitores podiam questionar minha capacidade para o cargo, mas Collot tinha o aspecto de um cão danado. Venci com grande maioria.

Interpretem como quiserem. Meus opositores tentaram me desacreditar a todo custo. Disseram que "houvera participação da corte". Como Luís Capeto detém a prerrogativa da nomeação ministerial, seria estranho se fosse o contrário.

Vou explicar a vocês: eles alegam que estou "na folha de pagamento da corte", uma alegação muito vaga, uma acusação vaga; e a não ser que possam ser mais precisos em relação a nomes, datas e quantias, não me sinto obrigado a apresentar qualquer defesa. Se perguntarem a Robespierre, ele dará testemunho de minha integridade. Hoje em dia essa é maior garantia; como ele tem medo de dinheiro, é conhecido como "o Incorruptível".

Se vocês estão a meu favor, interpretem a remoção de De Gerville como uma feliz coincidência. Se não, consolem-se pelo fato de que recentemente ofereceram a meu amigo Legendre uma grande soma para cortar minha cabeça. Entretanto, o próprio Legendre me contou; obviamente, rejeitando essa boa oferta ele enxerga uma vantagem maior em longo prazo.

Meu novo salário foi útil, e o status de proeminente figura pública não faz mal a ninguém. Pensei que agora poderíamos gastar um pouco de dinheiro sem sofrer críticas (eu estava errado, é claro), e mantive Gabrielle ocupada durante suas últimas semanas tediosas comprando tapetes, porcelanas e pratarias para nosso apartamento, que acabamos de redecorar.

Mas suponho que vocês não estejam interessados em nossa nova sala de jantar, que queiram saber quem são os participantes da nova Assembleia. Advogados, naturalmente, e latifundiários, como eu. Na ala da direita, os partidários de Lafayette. Na do centro, um imenso grupo descompromissado. Na ala da esquerda, nós. Meu bom amigo Hérault de Séchelles é deputado, e temos alguns recrutas para o Clube dos Cordeliers. Brissot está entre os que foram eleitos para Paris, e muitos de seus amigos provavelmente terão a atenção do público.

Vale aqui uma explicação sobre os "amigos de Brissot". Essa expressão é incorreta, pois muitos deles não o suportam. Mas ser do "grupo de Brissot" é um rótulo que consideramos útil. Na antiga Assembleia, Mirabeau costumava apontar para a ala da esquerda e gritar: "Silêncio, trinta vozes." Robespierre me disse um dia que o "grupo de Brissot" deveria sentar-se junto no Clube dos Jacobinos para que pudéssemos fazer o mesmo.

Nós queremos que eles silenciem? Não sei. Se pudéssemos superar essa questão absurda de guerra ou paz, o que não é pouco, não haveria muito para nos dividir. Eles simplesmente não são como nós, e como demonstram! Há muitos homens ilustres no partido da Gironda, dentre eles os grandes líderes da Ordem dos Advogados de Bordeaux. Pierre Vergniaud é um orador primoroso, o melhor da Casa, para quem gosta do tipo antigo de oratória, um pouco diferente do estilo arrebatado que usamos em nossa margem do rio.

O grupo de Brissot está tão fora da Assembleia quando dentro. Há nomes como Pétion, o prefeito, como mencionei antes, e Jean-Baptiste Louvet, o romancista, que hoje escreve para jornais, e François-Léonard Buzot, o jovem mal-humorado que se sentava com Robespierre na extrema esquerda da antiga Assembleia. Eles têm vários jornais, e cargos de influência na Comuna e no Clube dos Jacobinos. Por que gravitam em torno de Brissot, eu nunca consegui entender, a não ser que precisem de sua energia nervosa como força propulsora. Ele está aqui, ali, dá uma opinião repentina, faz uma análise esclarecedora, um editorial em um piscar de olhos. Está sempre organizando um comitê, inaugurando um projeto; está sempre criando um plano, seguindo uma trilha, pondo sua maquinaria em ação. Eu vi Vergniaud, um homem grande e calmo, observando Brissot por baixo das sobrancelhas espessas; ao ouvi-lo falar Vergniaud deixou escapar um suspiro e seu rosto tomou uma expressão de cansaço. Então compreendi. Camille me cansa da mesma maneira às vezes. Mas uma coisa é certa sobre Camille: mesmo nas piores circunstâncias, ele consegue nos fazer rir. Consegue fazer rir até mesmo o Incorruptível. Sim, vi isso com meus próprios olhos, e Fréron disse que viu também: lágrimas indecorosas de alegria escorrendo pelo rosto do Incorruptível.

Não é minha intenção sugerir que o grupo de Brissot seja um partido definido. Porém eles se veem muito nos salões. No verão passado costumavam encontrar-se no apartamento do insignificante Roland, um provinciano casado com uma mulher muito mais moça. Sua esposa seria atraente se não fosse pelo incessante fervor. É do tipo que gosta de estar rodeada de homens jovens e jogar uns contra os outros. Provavelmente trai o marido velho, mas creio que não é isso o que importa, não é seu corpo que ela deseja gratificar. Bem, assim eu suponho. Para meu alívio, não a conheço muito bem.

Robespierre costumava jantar com eles, portanto imagino que seja gente de alto nível. Perguntei se ele conversava muito, e sua resposta foi:

— Não dou uma só palavra, fico sentado em um canto roendo as unhas.

— Ele é engenhoso às vezes, Maximilien.

Robespierre me visitou no início de dezembro, logo depois que voltou de Arras.

— Estou incomodando? — perguntou, ansioso como sempre, olhando em volta da sala para assegurar-se de que não havia ninguém indesejável. Fiz um gesto para que entrasse.

— Você se importa com o cachorro?

Retirei depressa a mão que pousara em seu ombro.

— Não tenho intenção de levar o cachorro a todo lugar, mas ele me segue.

O cachorro — do tamanho de um asno — acomodou-se a seus pés, com a cabeça nas patas e os olhos no rosto dele. Era uma notável criatura de pelo tigrado, e seu nome era Brount.

— É meu cachorro de Arras — explicou Max. — Pensei em trazê-lo porque... Maurice Duplay disse que eu devo ter um guarda-costas, e não quero ninguém me seguindo o tempo todo. Então pensei que o cachorro...

— Tenho certeza de que ele o protegerá — eu disse.

— Ele é muito bem-comportado. Acha uma boa ideia?

— Bom, eu tenho Legendre.

— Sim. — Ele mexeu-se, inquieto, e o cachorro levantou as orelhas. Maximilien não captou meu senso de humor. — É verdade que havia um plano para assassinar você?

— Mais de um, que eu saiba.

— Mas você não se deixa intimidar. Danton, eu o respeito muito.

Fiquei perplexo, não esperava esse testemunho. Conversamos um pouco sobre a ida dele a Arras. Ele me falou sobre sua irmã Charlotte, uma calorosa defensora sua em público, mas cansativa na vida privada. Era a primeira vez que falava de sua vida pessoal. Tudo o que sei sobre ele, soube por intermédio de Camille. Imagino que, ao ver Paris administrada por novas pessoas, ele tenha passado a me considerar um antigo companheiro de armas. Fiquei feliz em saber que ele me perdoara pelas brincadeiras de mau gosto que fiz quando rompeu o noivado com Adèle.

— Então, o que você acha da nova Assembleia? — perguntei.

— Creio que este grupo é melhor do que o último — disse, com um tom pouco caloroso.

— Mas?

— Essa gente de Bordeaux se valoriza demais. Só me pergunto que motivos tem para isso. — Depois começou a falar sobre Lazare Carnot, um militar que conhecia havia anos e que era agora deputado. Foi o primeiro soldado que vi Robespierre elogiar, e provavelmente o único. — Tem visto Couthon? — perguntou.

Eu tinha. Couthon é um inválido e está sempre acompanhado de um criado para empurrá-lo em uma cadeira especial; quando há degraus, o criado levanta-o nas costas e carrega-o com as pernas arrastando no chão. Algum passante de boa vontade leva a cadeira para cima, o pobre homem é sentado de volta e eles seguem caminho. Apesar de inválido, fez uma carreira brilhante como advogado dos pobres, como Robespierre. Seu problema é na espinha e ele sente dores constantes, mas não é um homem amargo, segundo Robespierre. Só mesmo Robespierre poderia acreditar nisso.

Robespierre disse que estava preocupado com os fomentadores de guerra. Em outras palavras, com o grupo de Brissot.

— Você acabou de chegar da Inglaterra, Danton. Eles têm a intenção de declarar guerra à França? — Eu assegurei que apenas uma provocação extrema os levaria a isso. — Danton, uma guerra seria desastrosa, não é?

— Sem dúvida. Nós não temos dinheiro. Nosso exército é comandado por aristocratas que têm simpatia pelo inimigo. Nossa marinha é uma desgraça. E temos dissensões políticas internas.

— Metade de nossos oficiais, ou talvez mais, emigrou. Se tivermos uma guerra, teremos de ser defendidos por camponeses munidos de forcados. Ou lanças, se tivermos dinheiro para tanto.

— A guerra poderia beneficiar algumas pessoas — eu disse.

— Sim, a corte. Os nobres pensam que o caos causado pela guerra nos forçará a voltar à monarquia, e que quando nossa Revolução estiver enfraquecida e de joelhos, nos arrastaremos para eles pedindo que nos ajudem a esquecer que um dia fomos livres. Se chegássemos a esse ponto, eles não se importariam se as tropas prussianas queimassem nossas casas e massacrassem nossos filhos. Adorariam ver esse dia chegar.

— Robespierre...

Mas ele não se deixou interromper.

— Por isso a corte vai apoiar a guerra, até mesmo contra o próprio povo de Maria Antonieta. E há homens na Assembleia que se intitulam patriotas, e que aproveitarão qualquer chance para desviar a atenção da luta revolucionária real.

— Está se referindo ao grupo de Brissot?

— Sim.

— Por que acha que eles querem, como você diz, desviar a atenção?

— Porque têm medo do povo. Querem conter a Revolução, detê-la, pois receiam que o povo exerça sua vontade. Querem uma revolução que convenha a seus próprios fins. Querem forrar os bolsos. Vou dizer por que o povo é sempre a favor da guerra: porque se consegue dinheiro fácil através dela.

Fiquei atônito com a conclusão impiedosa; não que fosse uma informação nova para mim, mas era chocante que Robespierre, o homem de mente pura e motivos nobres, a tivesse exposto.

— Estão falando de uma cruzada para libertar a Europa. E dizem que é nosso dever difundir o evangelho da fraternidade — falei.

— Difundir o evangelho? Bem, pergunte a si mesmo, quem ama missionários armados?

— Quem?

— Eles falam como se tivessem um verdadeiro interesse pelo povo, mas na verdade querem uma ditadura militar.

Eu assenti. Concordava com ele, mas não gostei da forma como falou, se vocês me entendem, como se suas ideias não pudessem ser discutidas.

— Você não acha que Brissot e seus amigos podem ter boas intenções? Eles acreditam que uma guerra deixaria o país coeso, tornaria a Revolução segura, tiraria o resto da Europa de nossas costas.

— Você acredita nisso?

— Pessoalmente, não.

— Você é um tolo? Eu sou?

— Não.

— Não é um raciocínio claro? Com a França do jeito que está, pobre e desarmada, guerra significa derrota. E derrota significa um ditador militar que recuperará o que puder e estabelecerá uma nova tirania, ou significa um total colapso e a volta da monarquia absoluta. Pode também significar ambos, um após o outro. Em dez anos nenhuma de nossas conquistas estará de pé, e para seu filho a liberdade será o delírio de um velho. É o que acontecerá, Danton. Ninguém pode sinceramente declarar o contrário. E os que declaram não estão sendo sinceros, não são patriotas, e sua política de guerra é uma conspiração contra o povo.

— Você quer dizer, na verdade, que são traidores.

— Sim, potencialmente traidores. Portanto, devemos fortalecer nossa posição contra eles.

— Se pudéssemos vencer a guerra, você seria a favor dela?

— Eu odeio qualquer guerra — disse, com um sorriso forçado. — Odeio qualquer violência desnecessária. Odeio brigas, até mesmo desentendimentos entre as pessoas, mas sei que estou fadado a viver com isso. — Fez um gesto pequeno, como que pondo a controvérsia de lado. — Diga-me, Georges-Jacques, eu lhe pareço pouco razoável?

— Não, o que diz é lógico... só que... — Não soube como terminar a frase.

— A direita tenta me apresentar como um homem fanático. E vão acabar me tornando fanático.

Robespierre levantou-se, assim como o cachorro, que olhou para mim quando apertei a mão de seu dono.

— Eu gostaria de conversar informalmente — eu disse. — Estou cansado de falar com você em locais públicos, gostaria de conhecê-lo melhor. Não quer jantar conosco hoje à noite?

— Obrigado, mas tenho muito trabalho — falou. — Venha me ver na casa de Maurice Duplay.

Então ele desceu as escadas, o homem razoável, seguido por seu cachorro, que rosnava para as sombras.

Eu me senti deprimido. Quando Robespierre diz que é contra qualquer guerra, é uma reação emocional, e eu não sou imune às emoções. Compartilho sua desconfiança em relação aos soldados. Nós desconfiamos deles, ou talvez os invejemos, como fazem os que têm funções burocráticas. Dia após dia o movimento pró-guerra ganha força. Precisamos atacar primeiro, dizem, antes que sejamos atacados. Quando começarem a rufar os tambores, não haverá mais como argumentar com eles. Se eu tiver de me posicionar contra a maré, prefiro estar ao lado de Robespierre. Talvez eu faça algumas piadas sobre ele — talvez, não, a verdade é que faço —, mas conheço sua energia e conheço sua honestidade.

Porém, Robespierre sente, no coração, e depois senta-se e examina a lógica desse sentimento, na mente. E diz que a parte racional vem em primeiro lugar, e nós acreditamos nele.

Fui visitá-lo na casa de Duplay, mas primeiro pedi a Camille para fazer o reconhecimento. O mestre-carpinteiro escondeu Robespierre em sua casa quando ele estava em perigo, e nós todos presumimos que quando as coisas voltassem ao normal ele sairia de lá, mas não saiu.

Depois que se fecha o portão da rue Saint-Honoré o lugar parece quieto, quase rural. O pátio é repleto dos operários de Duplay, embora haja pouco barulho e o ar seja fresco. Maximilien tem um quarto no primeiro andar, simples, mas bastante agradável. Não notei a mobília, creio que não seja nada especial. Quando o visitei ele me mostrou uma estante grande, nova, bem-acabada e com certo estilo.

— Maurice fez esta estante para mim. — Ele ficou contente com o móvel. E por alguém ter se preocupado com ele.

Olhei os livros. Diversos Jean-Jacques Rousseau e alguns outros autores modernos. Cícero, Tácito, o de sempre, todos bastante manuseados. Fico imaginando: se entrarmos em guerra com a Inglaterra, terei de esconder meus livros de Shakespeare e de Adam Smith? Creio que Robespierre não lê as línguas modernas a não ser francês, o que é uma pena. Aliás, Camille tampouco se interessa pelas línguas modernas; está estudando hebreu e procurando alguém que lhe ensine sânscrito.

Camille me alertara sobre o que esperar dos Duplay.

— Há... algumas... pessoas... horríveis... lá — dissera. Mas naquele dia estava fingindo ser Hérault de Séchelles, então não o levei muito a sério. — Há, primeiro, o páter-famílias, Maurice, que tem entre 50 e 55 anos, é um pouco calvo e muito, muito sério. Ele só pode despertar o pior em nosso querido Robespierre. Madame é uma mulher caseira e jamais deve ter sido remotamente bonita. Eles têm um filho, também chamado Maurice, e um sobrinho, Simon; ambos jovens e, ao que parece, pouco brilhantes.

— Mas fale sobre as três filhas dele — pedi. — Vale a pena visitá-las?

Camille deu um gemido aristocrático.

— Uma é Victoire, cuja presença é difícil distinguir de um dos móveis. Não abre a boca...

— Não é de surpreender, se você estava com esse humor — disse Lucile. (Que, entretanto, se divertia.)

— A menor, Elisabeth, a quem chamam de Babette, é tolerável, para quem gosta de meninas simplórias. Quanto à mais velha, as palavras me falham.

Não falharam, é claro. Eléonore, ao que parecia, era uma jovem infeliz, desbotada e pretensiosa; estudava arte e preferia ser chamada pelo nome clássico de "Cornélia" que por seu próprio nome. Confesso que achei esse detalhe ridículo.

Para matar quaisquer ilusões restantes, Camille disse que achava que o dossel do quarto de Robespierre era feito com os vestidos velhos de Madame, pois era o tipo de tecido que ela escolheria para sua toalete pessoal. Camille descreveu isso por dias a fio, era impossível entender com clareza o que ele falava.

Eles são boas pessoas, suponho; lutaram para chegar à confortável situação que têm. Duplay é um patriota leal, discursa com sinceridade no Jacobinos, embora seja moderado. Maximilien parece à vontade com eles. Pensando bem, morar lá lhe traz vantagens financeiras. Abriu mão de seu cargo de promotor público assim que pôde, alegando que este interferia em seu "trabalho maior". Portanto, não tem mais escritório nem salário, e deve estar vivendo de economias. Ouvi dizer que alguns patriotas ricos, mas desinteressados, às vezes lhe mandam cheques. Sabem o que ele faz? Escreve mensagens gentis e os manda de volta.

As filhas: a tímida não é inofensiva, e Babette tem certo atrativo de menina de colégio. Eléonore, eu admito...

Elas fazem o possível para que Maximilien se sinta confortável. Já era hora de alguém fazer isso. É um conforto espartano, para nossos novos padrões. Deveríamos nos envergonhar da troça que fazemos dos Duplay com o que Camille chama de "comida simples e filhas simples".

Mais tarde conscientizei-me de uma coisa estranha na atmosfera da casa. Alguns de nós começaram a ter reservas quando a família passou a colecionar retratos de seu novo filho para decorar as paredes, e Fréron me perguntou se eu não achava uma grande vaidade de Robespierre permitir esse comportamento. Creio que todos nós tivemos nossos retratos pintados, até mesmo eu, que talvez fizesse qualquer artista torcer o nariz. Mas isso era diferente, quando nos sentávamos na saleta de Robespierre, encontrávamos não apenas seus próprios olhos, mas os dos retratos a óleo e carvão, e dos bustos em terracota. Todas as vezes que eu o visitava, não com tanta frequência, havia um novo retrato. Eu me sentia desconfortável, não só pelos quadros e bustos, mas pela forma como a família olhava para ele. Eles eram gratos por Robespierre ter aparecido em sua porta, mas isso não bastava mais. Eles o olhavam fixamente, o pai, a mãe, o jovem Maurice, Simon, Victoire, Eléonore, Babette. No lugar de Robespierre eu me perguntaria: o que essa gente realmente deseja? O que eu perderei se satisfizer o desejo deles?

Qualquer desânimo que pudéssemos ter sentido no final de 1791 foi afastado pelo espetáculo do retorno de Camille aos tribunais.

Ele e Lucile gastavam muito dinheiro. Mas, como a maioria dos patriotas, para não serem censurados publicamente tinham poucos criados e não andavam em carruagem própria. (Eu tenho minha carruagem; para mim, o conforto vem acima da desaprovação das massas.) Mas aonde ia o dinheiro? Eles recebiam muitos convidados, Camille jogava e Lolotte gastava em coisas que as mulheres gostam de comprar. Mas, em geral, a volta de Camille aos tribunais deveu-se menos à falta de dinheiro que à necessidade de uma nova arena para sua autopromoção.

Antes ele alegava que a gagueira era um obstáculo completo para sua atuação em um tribunal. Até a plateia habituar-se, é claro que o problema podia ser desconfortável, irritante ou embaraçoso. Mas Hérault dizia que Camille conseguia veredictos extraordinários dos juízes desnorteados. Naturalmente, eu observei que a gagueira de Camille ia e vinha. Ele para de gaguejar quando se encoleriza ou deseja impor uma opinião; e gagueja quando se sente manipulado e quando quer se apresentar como uma boa pessoa com dificuldade de gerenciar a vida. É sintomático de seu otimismo natural que, depois de oito anos de amizade, ele assuma a personalidade mais frágil comigo e espere que eu acredite. Não inteiramente sem sucesso: há dias em que fico tão aturdido com seu desamparo que lhe abro todas as portas.

Tudo correu bem até o ano-novo, quando Camille assumiu a defesa do casal ligado ao problema da casa de jogo na Passage Radziwill. Camille deplorou a intervenção do Estado no que considerava ser uma questão de moralidade privada, e não só publicou sua opinião como anunciou-a por toda a cidade. Brissot, um homem com lamentável tendência à intromissão, tanto em termos políticos quanto na vida privada, sentiu-se ultrajado com a questão. Atacou Camille verbalmente e fez com que um de seus partidários o atacasse na imprensa. Camille responderia à altura.

— Vou arruinar Brissot. Vou simplesmente escrever sua biografia. Não precisarei exagerar os fatos. Ele é um plagiador e um espião, e se até hoje não fiz essas revelações foi por sentimentalismo, para preservar nosso conhecimento de longa data.

— Bobagem — disse eu. — Foi por medo do que ele pudesse revelar sobre você.

— Quando eu acabar com ele... — disse Camille.

Foi nesse ponto que senti que devia intervir. Talvez nós não concordemos sobre a questão da guerra, mas se quisermos conseguir algum poder político formal, nossos aliados naturais são Brissot e os homens da Gironda.

Eu gostaria de lhes explicar melhor a vida privada de Camille. A fidelidade eterna prometida a Lucile durou três meses. Ainda assim, por causa de suas declarações incoerentes, várias vezes deduzi que ele não se interessava por qualquer outra mulher e que enfrentaria novamente todas as dificuldades por Lucile. Não há nada neles que denote a frieza irônica de casais cansados um do outro; na verdade, eles transmitem a vívida impressão de um jovem casal abastado, cheio de energia e que sabe se divertir. Lucile gosta de testar seu poder em qualquer homem atraente — e mesmo aqueles, como eu, que não podem ser descritos como atraentes. Tem Fréron nas mãos, e agora também Hérault. Lembram-se do general Dillon, aquele irlandês romântico tão ligado a Camille? Camille levou-o à sua casa depois de um jogo de cartas à noite e apresentou-o a Lucile, como se estivesse oferecendo a ela um maravilhoso presente; e realmente foi, pois Dillon e Hérault são considerados os homens mais bonitos de Paris, além de educados, galantes e todas essas bobagens. Fora o prazer que ela sente ao flertar com outros homens, imagino que alguém, talvez aquela atriz insolente, Rémy, tenha lhe dito que a forma de manter um marido infiel é deixá-lo com ciúmes. Se é essa a ideia, está fadada ao fracasso. Observem uma conversa recente.

LUCILE: Hérault tentou me beijar.

CAMILLE: Bom, você anda lhe dando esperanças. E você deixou?

LUCILE: Não.

CAMILLE: Por que não?

LUCILE: Porque ele tem queixo duplo.

O que eles são agora então? Um casal amável, frio, amoral, que decidiu facilitar a vida um do outro? Isso não é o que vocês pensariam se morassem em nossa rua, não é o que pensariam se morassem na casa ao lado. Eles estão jogando alto, parece-me, um observa o outro em busca de uma crise de nervos, um espera que o outro desista. A verdade é que quanto mais Lucile se envolve com seus vários admiradores, mais Camille parece se divertir. Por quê? Creio que a imaginação de vocês terá de suprir as deficiências da minha. Afinal, já o conhecem bem a esta altura.

E eu? Bem, suponho que gostem de minha esposa, como a maioria das pessoas. Nossas pequenas atrizes, Rémy e suas amigas, são gentis, agradáveis e facilmente ignoradas por Gabrielle. Nunca entram em nossa casa. O que Gabrielle teria a dizer a elas? Não são prostitutas, longe disso; ficariam chocadas se eu lhes oferecesse dinheiro. Gostam de ser convidadas para sair, de ganhar presentes e de ser vistas de braço dado com homens que aparecem nos jornais. Como diz minha irmã Anne Madeleine, pessoas como nós têm seu momento. Quando o tempo terminar e formos esquecidos, elas andarão de braço dado com outros homens. Eu gosto delas, gosto de quem vive sem ilusões.

Preciso deixar de ver Rémy em breve, apenas como um gesto de amizade a Fabre, Hérault e Camille.

Eu deveria dizer em minha defesa que fui fiel a Gabrielle durante longo tempo, mas os dias de hoje não comportam fidelidade. Penso em tudo que se passou entre nós, a ligação sincera e forte que senti e ainda sinto; penso na bondade dos pais dela, e no filho que enterramos. Mas penso também em seu tom de fria desaprovação e em seus silêncios. Um homem tem sua tarefa neste mundo, deve realizá-la como achar apropriado e (como as atrizes) deve adaptar-se aos tempos em que vive. Gabrielle não entende isso. O que mais me irrita é seu ar humilhado. Deus sabe que nunca a humilhei.

Então vejo essa ou aquela moça e, de tempos em tempos, as mulheres do duque. Vocês dirão: "Oh, não! Esse homem está se gabando outra vez." Com a Sra. Elliot, eu diria que tenho simplesmente uma relação de negócios. Discutimos política inglesa, a política inglesa aplicada às questões francesas. Mas hoje em dia o tom de Grace é muito caloroso, e seus olhos também. Ela é uma dissimuladora, acredito que me considere absolutamente repulsivo.

Agnès é diferente. Eu a visito quando o duque está fora da cidade. Quando o duque pensa que quero ver Agnès, em geral sai da cidade. O arranjo funciona tão bem que eu creditaria seu sucesso a Laclos, se aquele infeliz não tivesse caído em desgraça e se retirado para a província. Mas por que a amante de um príncipe de sangue — que poderia ser personagem de um romance, não acham? — se dobraria para conquistar um advogado de má reputação, gordo e feio como o diabo?

Porque o duque prevê um futuro no qual precisará de um amigo; e eu sou o amigo de quem ele irá precisar.

Mas acho difícil, confesso, afastar meus pensamentos de Lucile. Ela é uma mulher cheia de paixão, muito inteligente e perspicaz. Está criando uma reputação para si mesma. Dizem os boatos que é minha amante, e em breve será de fato; ao contrário dos outros admiradores, não aceito ser provocado.

Dentro de poucas semanas Gabrielle me dará outro filho. Nós celebraremos e nos reconciliaremos, o que significa que ela aceitará a situação. Depois que o filho de Lucile nascer — a propósito, é filho de seu marido —, Camille e eu chegaremos a um entendimento, que não será muito difícil para nós. Creio que 1792 talvez seja meu ano.

Em janeiro assumi o cargo de promotor público adjunto.

Falarei com vocês novamente, sem dúvida.

III. Três lâminas, duas de reserva

(1791-1792)

LUÍS XVI para Frederico Guilherme da Prússia:

Monsieur, meu irmão... acabei de escrever para o imperador, a imperatriz da Rússia e os reis de Espanha e Suécia propondo um congresso dos grandes poderes da Europa, apoiado por uma força armada, como o melhor meio de controlar as facções aqui, de restabelecer uma ordem mais desejável, e de evitar que o mal que nos atormenta ganhe terreno nos outros Estados da Europa... Espero que Suas Majestades... mantenham essa minha medida no mais absoluto segredo...

J.P. BRISSOT para o Clube dos Jacobinos, em 16 de dezembro de 1791:

Um povo que acabou de ganhar sua liberdade após 12 séculos de submissão precisa de uma guerra para consolidar-se.

MARIA ANTONIETA para Axel von Fersen:

Tolos. Não veem que isso é de nosso interesse.

AS DORES DE GABRIELLE começaram à noite, uma semana antes do previsto. Danton a ouviu se mover na cama e quando abriu os olhos ela estava parada ao lado dele.

— Começou. Chame Catherine, por favor. Acho que não vai levar muitas horas desta vez. — Ele sentou-se e pôs os braços em volta de seu corpo volumoso. A luz da vela tremulava sobre seu cabelo escuro. Gabrielle encostou sua cabeça contra a dele e sussurrou: — Por favor, depois disso deixe nossa vida se acertar.

Como as coisas tinham chegado àquele ponto? Ele não sabia.

— Você está fria, está muito fria — disse ele, recostando-a na cama e cobrindo-a. Então foi à sala e colocou um pouco mais de lenha nas cinzas da lareira.

Ele não tinha razão para continuar ali. Estariam presentes o cirurgião e a parteira, Angélique e Mme. Gély, do andar de cima. Falou com a esposa mais uma vez, parado à porta do quarto. Louise Gély sentou-se na cama e trançou o cabelo de Gabrielle. Ele perguntou à mãe da menina em voz baixa se era apropriado ela ficar ali. Louise ouviu e levantou os olhos para ele.

— Sim, M. Danton, é apropriado. E mesmo que não seja, todas nós temos de passar por isso, e eu já tenho 14 anos.

— Quando tiver 40 — disse sua mãe —, terá idade suficiente para ser arrogante. Volte para a cama.

Ele debruçou-se sobre Gabrielle, beijou-a e apertou sua mão. Deu um passo atrás para deixar Louise passar, mas ela roçou nele e olhou-o por um instante.

A madrugada já estava avançada quando o filho de Danton gritou ao chegar a este mundo, com o gelo batendo nas janelas e os ventos frios da guerra cortando as ruas vazias.

A 9 DE MARÇO o imperador Leopoldo morreu. Por um ou dois dias, até o novo imperador tornar-se conhecido, a paz parecia possível.

— O mercado de ações subiu — disse Fabre.

— Você está interessado no mercado de ações?

— Eu brinco, quando tenho dinheiro.

— PELO AMOR DE DEUS — disse a rainha. — Fugir na carruagem da filha de Necker? Refugiar-me no acampamento de Lafayette? É risível.

— Madame — disse o rei —, madame, disseram que é nossa última chance. Meus ministros me aconselharam a...

— Seus ministros são loucos.

— Poderia ser pior. Ainda estamos lidando com cavalheiros.

— Não poderia ser pior — disse a rainha, incrédula.

O rei olhou-a com tristeza.

— Se essa administração cair...

E caiu.

DIA 21 DE MARÇO.

— Então, Dumouriez — disse o rei —, você acha que pode manter um governo coeso? — Lembrou-se de que aquele homem tinha estado por dois anos na Bastilha. Charles Dumouriez fez uma reverência. — Não vamos... — disse o rei apressadamente. — Eu sei que você é jacobino. Eu sei.

— Eu sou um soldado — disse Dumouriez. — Tenho 53 anos. Sempre servi a Vossa Majestade fielmente. Sou o súdito mais leal de Vossa Majestade e...

— Sim, sim — disse o rei.

— ...e assumirei o Ministério das Relações Exteriores. Afinal, conheço a Europa. Servi como agente de Vossa Majestade...

— Não duvido de sua capacidade, general.

Dumouriez se permitiu um pequeno suspiro. Houve uma época em que o rei ouvia seus ministros. Agora Luís tinha cada vez menos apetite para os negócios de Estado, não apreciava os detalhes desagradáveis; era hora de explicações simples e decisões rápidas. Se o rei e a rainha tivessem de ser salvos, melhor seria não saberem muito, ou rejeitariam a ajuda dele, como rejeitaram a de Lafayette.

— Para o Ministério das Finanças, Clavière — disse.

— Ele era íntimo de Mirabeau. — O rosto do rei manteve-se inexpressivo; Dumouriez não sabia se isso recomendava o homem ou não. — E para o Ministério do Interior?

— É difícil. Os homens realmente capazes estão na Assembleia, e deputados não podem ser ministros. Conceda-me um dia, por favor.

O rei assentiu. Dumouriez fez uma reverência.

— General... — Ele ouviu a voz do rei atrás de si e girou nos calcanhares. — Você não está contra mim, está...?

— Contra Vossa Majestade? Porque eu frequento o Jacobinos? — Tentou olhar nos olhos do rei, mas este fixou-os em um ponto à esquerda de sua cabeça. — As facções sobem e caem. A tradição de lealdade permanece.

— Sim — disse o rei, com ar ausente. — Os jacobinos não são exatamente uma facção, mas um poder... como antigamente tínhamos a Igreja dentro do Estado, hoje temos o clube. Esse homem, Robespierre, de onde ele vem?

— De Artois, Majestade, foi o que ouvi dizer.

— Sim, mas em termos mais profundos... de onde ele *vem*? — Luís mexeu o corpo pesado na cadeira. Dos dois homens, ele parecia o mais velho. — Você, por exemplo, eu sei quem é. Você é o que chamamos de aventureiro. E M. Brissot é um homem volúvel, que apoia todas as ideias de seu tempo só porque são atuais. E M. Danton eu reconheço como um desses demagogos brutais que vemos nos livros de História. Mas M. Robespierre... Se ao menos eu soubesse o que esse homem quer, talvez pudesse lhe dar, e resolveria tudo. É uma questão misteriosa, não acha?

O general Dumouriez fez outra reverência. Luís não notou quando ele saiu.

NO CORREDOR CONTÍGUO, Brissot esperava seu general favorito.

— Você vai ter seu governo — Dumouriez lhe disse.

— Você parece deprimido — Brissot falou, sério. — Alguma coisa errada?

— Não, só os epítetos que Sua Majestade me deu.

— Ele foi ofensivo? Não está em posição de sê-lo.

— Mas eu não disse que ele foi ofensivo.

Os dois entreolharam-se por um instante. Não confiavam um no outro. Então Dumouriez tocou no ombro de Brissot, com ar esportivo.

— Um ministro jacobino, meu caro. Seria impensável pouco tempo atrás.

— E a questão da guerra?

— Não o pressionei. Mas posso lhe garantir hostilidades neste mês.

— Tem de haver uma guerra. O maior desastre possível seria a paz. Você concorda?

Dumouriez girou a bengala entre os dedos.

— Como não? Eu sou um soldado. Tenho de pensar em minha carreira. A guerra é uma maravilhosa oportunidade para todo tipo de coisa.

— TENTE — disse Vergniaud. — Tente dar à corte o maior susto que já tiveram. Não posso resistir à ideia.

— Robespierre... — Brissot chamou.

Robespierre parou.

— Vergniaud. Pétion. Brissot. — Depois de se dirigir a todos, pareceu satisfeito.

— Nós temos uma proposta.

— Eu sei qual é a proposta. Vocês propõem que nos tornemos escravos de novo.

Pétion levantou a mão em um gesto apaziguador. Estava mais gordo e mais forte do que quando Robespierre o conheceu, e tinha o sucesso estampado no rosto.

— Creio que não precisamos entrar em detalhes nos debates públicos — sugeriu Vergniaud. — Podemos ter conversas privadas.

— Conversas privadas não me interessam.

— Acredite — disse Brissot —, acredite em mim, Robespierre, nós gostaríamos que você ficasse a nosso lado na questão da guerra. A intolerável intromissão em nossos assuntos internos...

— Por que pensa em lutar contra a Áustria e a Inglaterra quando seu inimigo está bem aqui?

— Você quer dizer lá? — Com um movimento de cabeça Vergniaud indicou as acomodações do rei nas Tulherias.

— Lá, sim, e à nossa volta.

— Com nossos amigos no ministério — disse Pétion —, podemos lidar com eles.

— Preciso ir embora. — Robespierre passou entre eles.

— Ele está desenvolvendo uma desconfiança mórbida — falou Pétion. — Já fui amigo dele. Falando sem rodeios, agora temo por sua sanidade mental.

— Ele tem um seguidor — disse Vergniaud.

Brissot seguiu Robespierre e segurou-o pelo cotovelo. Vergniaud observou-os.

— Um bom cão de fila — falou.

— Como? — disse Pétion.

Brissot ainda escoltava Robespierre.

— Robespierre, estávamos falando do ministério, estamos lhe oferecendo um cargo.

Robespierre puxou a manga do casaco.

— Não quero cargo algum — disse sombriamente. — Não há nenhum cargo adequado para mim.

— QUARTO ANDAR? · – disse Dumouriez. — Roland empobreceu tanto a ponto de morar no quarto andar?

— Paris é uma cidade cara — Brissot disse, em tom de defesa, inchando o peito.

— Não precisa correr atrás de mim se não aguentar o passo — disse Dumouriez, irritado. — Eu posso esperar, não tenho intenção de entrar lá sozinho. Mas você tem certeza?

— Ele é um administrador experiente — disse Brissot, arfando —, e tem uma boa ficha de serviço, e atitudes firmes, uma esposa, grande capacidade, e máxima dedicação a nossos objetivos.

— Creio que entendi. — Mas Dumouriez não achava que eles tivessem muitos objetivos em comum.

Manon abriu ela mesma a porta. Estava um pouco despenteada e parecia muito, muito entediada.

O general Dumouriez beijou sua mão com a excessiva polidez do Antigo Regime.

— Onde está Monsieur? — perguntou.

— No momento está dormindo.

— Creio que pode explicar tudo para Madame — Brissot sugeriu.

— Creio que não — Dumouriez murmurou, virando-se para ela. — Por favor, acorde seu marido. Temos uma proposta que talvez interesse a ele. — Olhou em volta do quarto. — Mas vocês teriam de mudar de casa. Minha querida, você não quer ir empacotar suas porcelanas e pertences?

— NÃO — disse Manon. Ela parecia muito jovem, e estava a ponto de chorar de frustração. — Vocês estão brincando comigo. Como podem fazer isso?

O rosto do marido perdeu um pouco do tom acinzentado.

— Eu penso, meu amor, que M. Brissot não brincaria com um assunto tão sério quanto a composição do governo. O rei está me oferecendo o Ministério do Interior. Nós... eu... aceito.

VERGNIAUD também estava dormindo em seu apartamento na casa de Mme. Dodun, na Place Vendôme, número 5. Mas as pessoas saíam da cama por Danton. O que sabia de Danton o levava a uma relutante admiração, mas ele tinha um grande defeito: trabalhava demais.

— Mas por que esse Roland? — Danton perguntou.

— Porque não há mais ninguém — disse Vergniaud desalentado. Estava cansado do assunto. Estava cansado de explicar às pessoas quem era Roland. — Porque ele é maleável. E dizem que é discreto. Quem você acha que deveríamos escolher? Marat?

— Eles se dizem republicanos, os Roland. E você também, creio.

Vergniaud assentiu, impassível. Danton examinou-o. Com quase 40 anos, não era alto nem forte o suficiente para causar uma impressão forte. Seu rosto pesado e pálido era ligeiramente marcado pela varíola, e o nariz grande não combinava com os olhos pequenos e encovados, que pareciam pertencer a outro rosto. Não era um homem que se notasse na multidão, mas quando estava na tribuna da Assembleia ou no Clube dos Jacobinos, com a plateia em silêncio e as galerias esticando o pescoço, transformava-se. Tornava-se bonito, com sua voz suave e íntegra e o corpo poderoso. Quando discursava, tinha a presença de um aristocrata, uma centelha nos olhos castanhos.

— Notem — disse Camille um dia. — Essa é a centelha do respeito próprio.

— Oh, eu gosto de ver um homem fazendo o que sabe fazer — Danton falou calorosamente.

Para ele, dos amigos de Brissot, aquele homem era sem dúvida o melhor. Gosto dele, pensou, mas é preguiçoso.

— Um republicano no ministério... — disse.

— ...não é necessariamente um ministro republicano — Vergniaud terminou a frase deixada pelo meio. — Bem, veremos. — Folheou sem atenção alguns jornais que estavam em cima de sua mesa. Danton viu nisso certo desprezo por aqueles de quem falavam. — Você terá de visitá-los, Danton, se quiser subir na vida. Apresente meus cumprimentos a Madame. — Riu ao ver a expressão de Danton. — Estou começando a pensar que você está em situação vulnerável, tendo Robespierre como companhia. Ele deveria resignar-se à guerra. Sua popularidade nunca esteve tão baixa.

— Popularidade não vem ao caso.

— Não para Robespierre. Mas e você, Danton? Aonde pretende chegar?

— Ao topo, Vergniaud. Gostaria que você entrasse para nosso grupo.

— Quem é exatamente "nosso grupo"?

Danton ia começar a falar, mas parou, dando-se conta pela primeira vez dos nomes desacreditados que tinha a oferecer.

— Hérault de Séchelles — disse lentamente.

Vergniaud levantou uma das sobrancelhas.

— Só vocês dois? Messieurs Camille e Fabre d'Églantine perderam de repente sua confiança? Legendre está muito ocupado no açougue? Bem, atrevo-me a dizer que esses homens lhe são úteis. Mas não pretendo ligar-me a uma facção. Sou a favor da guerra, e fico com aqueles que também são. Mas não sou um brissotista, o que quer que isso possa significar. Sou um homem independente.

— Gostaria que todos nós fôssemos — disse Danton. — Mas você vai perceber que não funciona assim.

CERTA MANHÃ, no final de março, Camille acordou com uma ideia fixa. Conversara com alguns soldados — general Dillon, entre outros — e eles tinham dito que se haveria uma guerra, de que adiantava ir contra a opinião pública e a maré dos tempos? Não seria melhor pôr-se à frente de um movimento irresistível do que ser pisoteado mais tarde?

Ele acordou a esposa e lhe falou sobre isso.

— Estou nauseada — ela disse.

Às 6h30 da manhã Camille estava na casa de Danton, andando pela sala. Danton disse que ele era um tolo.

— Por que eu sempre tenho de concordar com você? Não tenho direito a pensamentos independentes? Posso pensar o que quiser desde que seja o mesmo que você pensa.

— Vá embora — Danton falou. — Não sou seu pai.

— O que significa isso?

— Significa que você parece um menino de 15 anos tentando arranjar uma briga. Por que não vai para casa por alguns dias e briga com seu próprio pai? Nós seríamos poupados das consequências políticas.

— Vou escrever...

— Você não vai pôr suas ideias no papel. Não abuse de minha paciência. Vá embora antes que eu faça de você o primeiro mártir brissotista. Vá falar com Robespierre, quem sabe ele o receba melhor que eu.

ROBESPIERRE estava doente. O tempo frio da primavera fez mal a seu peito, e seu estômago rejeitava tudo o que ele comia.

— Então você pretende abandonar seus amigos — disse ele, chiando um pouco.

— Isso não precisa afetar nossa amizade — Camille falou. Robespierre olhou para o lado. — Você me lembra... como é mesmo o nome daquele rei inglês?

— George — Robespierre lembrou logo.

— Eu diria Canuto.

— Você precisa ir embora — disse Robespierre. — Não posso discutir com você hoje. Devo guardar minhas forças para assuntos importantes. Mas se puser isso no papel, nunca mais vou confiar em você.

Camille saiu do quarto.

Eléonore Duplay estava do lado de fora. Camille sabia que ela tinha escutado a conversa, pois seus olhos tristes se tornaram brilhantes de repente.

— Ah, é Cornélia — ele disse. Nunca em toda a vida falara com uma mulher nesse tom, mas ela despertava a crueldade em qualquer um.

— Nós não teríamos deixado o senhor entrar se soubéssemos que o aborreceria. Não volte mais aqui. De qualquer forma, ele não o receberá.

Olhou-o de alto a baixo, como se dissesse que teria gostado se ele e Robespierre tivessem tido uma briga.

— Você e sua família horrível, Eléonore. Vocês pensam que são donos dele? Acham que porque ele concorda em ficar sob seu teto têm o direito de decidir quem o visita? Acham que vão mantê-lo afastado de seu amigo mais antigo?

— Você é muito seguro de si, não é?

— Com razão. Oh, Cornélia, você é tão transparente. Sei exatamente quais são seus planos. Sei exatamente o que você pensa. Pensa que ele vai se casar com você. Esqueça, minha querida. Ele não vai.

*

ESSE FOI O ÚNICO MOMENTO de satisfação do dia. Lucile esperava-o, triste, suas pequenas mãos pousadas sobre a barriga volumosa. A vida não parecia mais tão divertida. Chegara ao estágio em que as mulheres olhavam-na com simpatia, e os homens a ignoravam como se ela fosse um sofá velho.

— Chegou um recado de Max para você — disse ela. — Eu abri. Ele diz que lamenta pelo que ocorreu hoje de manhã, que foi impaciente, e pede que você o perdoe. E Georges esteve aqui. Ele disse: "Desculpe."

— Eu tive uma briga terrível com Eléonore. Aquela gente é predatória. Fico imaginando o que aconteceria se Danton e Robespierre discordassem.

— Você tem sua própria opinião.

— Sim, mas você vai perceber que não funciona assim.

A 26 DE MARÇO a rainha passou ao inimigo todos os detalhes dos planos de guerra da França. A 20 de abril a França declarou guerra à Áustria.

DIA 25 DE ABRIL DE 1792. Dia da execução científica e democrática de Nicolas-Jacques Pelletier, um ladrão de estrada.

Há uma multidão maior do que em uma execução comum, e um ar de antecipação. Os carrascos praticaram com bonecos; parecem animados e olham um para o outro com medo de cometer um erro. Mas não há nada a temer, a máquina faz todo o trabalho. Está montada em um cadafalso, uma grande estrutura com uma lâmina pesada. O criminoso sobe com os guardas. Ele não sofrerá, pois na França a era do barbarismo terminou. Foi substituída por uma máquina aprovada por um comitê.

Movimentando-se depressa, os carrascos rodeiam o homem, prendem-no em uma prancha e deslizam-na para a frente; a lâmina desce com uma pancada surda e o chão fica empapado de sangue. A multidão suspira, incrédula. Tudo acaba muito rápido, não há espetáculo. Eles não entendem como o homem pode estar morto. Um dos ajudantes de Sanson olha para ele, e o mestre-carrasco assente. O jovem levanta a sacola de couro onde a cabeça caiu e retira dali o ensanguentado conteúdo. Ele segura a cabeça no alto, exibindo lentamente para cada canto da multidão o rosto vazio, sem expressão. Basta. Eles estão satisfeitos. Mulheres levantam os filhos para que vejam melhor. O tronco do homem morto é disposto em uma grande cesta de vime para ser levado embora; a cabeça cortada é colocada entre os pés.

No total, considerando inclusive a exposição da cabeça (que nem sempre é necessária), o acontecimento não levou mais de cinco minutos. O mestre-carrasco calcula que o tempo poderia ser reduzido quase à metade se fosse necessário. Ele e seus ajudantes e aprendizes estão divididos com relação ao novo dispositivo. De fato, é conveniente e humano; seria difícil acreditar que o homem sentiu dor. Mas parece fácil demais, vão pensar que não é preciso uma habilidade especial, que qualquer um pode ser carrasco. Os profissionais sentem-se desvalorizados. No ano anterior a Assembleia debatera a questão da pena capital, e o popular deputado Robespierre defendeu sua extinção. Disseram que ele ainda mantinha essa opinião, e que esperava sair vencedor. Mas as profundas considerações de M. Sanson lhe dizem que M. Robespierre está em desarmonia com a opinião pública a esse respeito.

Orçamento apresentado por M. Guérdon, antigo mestre-carpinteiro do Parlamento de Paris.

Degraus	1.700 *livres*
Três lâminas (duas de reserva)	600 *livres*
Roldana e os sulcos de cobre	300 *livres*
Contrapeso de ferro (para a lâmina)	300 *livres*
Corda e cordame	60 *livres*
Construir o conjunto, testar e o tempo para discutir o dispositivo	1.200 *livres*
Modelo em pequena escala destinado a demonstrações, a fim de evitar acidentes	1.200 *livres*
TOTAL	5.360 *livres*

RECOMENDANDO EFUSIVAMENTE a nova invenção à Assembleia, o especialista em saúde pública, Dr. Guillotin, disse:

— Com essa máquina, posso cortar suas cabeças tão rápido que vocês nem sequer chegariam a sofrer. — (Risadas)

DANTON: Robespierre foi ao apartamento de Camille tarde da noite, procurando por ele. Eu estava lá com Lucile. Uma visita inocente. A empregada Jeanette ficou por perto, vigiando. O que será que pensam que posso fazer com uma mulher grávida de seis meses? E onde está Camille? Todos devem estar em casa quando Robespierre aparece. O jovem Maximilien ficou um pouco aborrecido. Lucile olhou para mim. Não sabia onde o marido estava.

— Posso sugerir alguns lugares — eu disse. — Mas não o aconselharia a visitá-los, Max, não pessoalmente.

Ele corou. Muito malicioso, pensei. Na verdade, achava que Camille devia estar do outro lado do rio, falando para um desses grupos excêntricos de mulheres com quem ele e Marat estavam envolvidos: Sociedade das

Jovens Senhoras pela Mutilação de Marqueses, Vendedoras de Peixe pela Democracia, esse tipo de coisa. E achava que, como o Incorruptível tinha um grande número de admiradoras, se chegasse quando as mulheres já estavam adorando Camille, talvez perdessem toda a moderação e começassem a atacar pessoas pelas ruas.

Ele perguntou se podia esperar. Era importante.

— O que não pode esperar até a manhã?

— Meus horários não são convencionais — explicou. — Nem os de Camille, como você sabe. Quando preciso dele, em geral está disponível.

— Não desta vez — disse eu. Lucile olhou-me com ar de súplica.

Esperamos durante uma hora ou mais; era muito difícil conversar sobre amenidades com Maximilien. Foi então que Lolotte convidou-o para ser padrinho de seu filho, o que o alegrou muito. Disse que como tal ele tinha o direito de escolher o nome, e ele falou que se fosse menino, como achava que seria, devia ter um nome inspirado, o nome de um grande homem, com as virtudes de um republicano, pois já falávamos da República como um estado de espírito, não como um fenômeno político. Considerou os gregos e os romanos, e decidiu homenagear o poeta Horácio.

— Mas, e se for uma menina? — perguntei.

Lucile disse com toda a gentileza que aprovava a escolha, mas eu imaginei-a dizendo mais tarde que não chamaria seu filho de Horace, usaria outro nome. Perguntou o que Robespierre achava de usar Camille como segundo nome. Ele sorriu e falou:

— Também é um nome muito honrado.

Nós dois nos entreolhamos. Àquela altura, eu já o deixara desconfiado de que o honrado original estivesse na rua com alguma meretriz.

Camille chegou por volta das 2 horas; quis saber qual de nós chegara antes. Ao ser informado, mostrou-se intrigado, mas não se exasperou. Lucile não perguntou onde ele estivera. E eu pensei: que esposa! Quando ia me despedir, Robespierre começou a falar sobre algum assunto da Comuna, como se estivéssemos no meio da tarde e palavras ásperas nunca tivessem sido inventadas.

ROBESPIERRE: Havia pessoas como Lucile. Rousseau disse. Pôs o livro de lado, mas marcou a página.

Uma prova do caráter agradável de uma mulher é que todos que a amam, amam também uns aos outros. Os ciúmes e a rivalidade dão lugar ao sentimento mais forte que ela lhes inspira. Eu nunca vi qualquer animosidade entre aqueles que a rodeiam.

Que o leitor pare por um instante, tente se lembrar de alguma mulher que mereça esse elogio, e ligue-se a ela se quiser atingir a felicidade.

Isso deve ser verdade. A vida seguia estranhamente calma na casa dos Desmoulins. É claro que podiam estar escondendo coisas dele. As pessoas tinham a tendência de esconder coisas dele.

Ele havia sido convidado para ser o padrinho da criança. Padrinho, ou qualquer outra função equivalente, pois ele achava que o bebê não seria batizado no ritual católico. Lucile o convidara na noite em que ele apareceu (tarde, quase meia-noite) e encontrou-a sozinha com Danton. Esperava que os boatos sobre os dois não fossem verdadeiros. Queria poder acreditar que não eram.

A empregada retirou-se assim que ele chegou, o que fez Danton rir com ar enigmático.

Ele tinha algumas coisas para conversar com Danton e podia ter falado abertamente na frente de Lucile; ela compreendia as situações, e suas opiniões mereciam ser ouvidas. Mas Danton parecia estar em um humor singular, entre agressivo e brincalhão. Robespierre não conseguiu entender aquele humor, e eles acabaram mantendo uma conversa sem sentido. Em certo momento, sentiu uma força quase física empurrando-o. Era Danton querendo que ele fosse embora. Em retrospecto, por ridículo que fosse, teve de segurar o braço da cadeira para firmar-se. Foi então que Lucile falou do bebê.

Robespierre ficou contente. É claro, pois ele era o amigo mais antigo de Camille. E achava improvável que um dia tivesse seus próprios filhos.

Eles tinham passado algum tempo discutindo o nome. Talvez estivesse sendo sentimental, mas lembrou-se de toda a poesia que Camille costumava escrever. Será que ele ainda fazia poesia? Oh, não, disse Lucile com um riso nervoso. Na verdade, sempre que ele encontrava um de seus antigos poemas, exclamava: "Pior que Saint-Just, pior que Saint-Just", e jogava o papel no fogo. Por um instante Robespierre sentiu-se profundamente insultado e magoado, como se seu julgamento tivesse sido posto em questão.

Lucile pediu licença e saiu para falar com Jeanette.

— Horace-Camille. Você acha que esse nome vai lhe trazer felicidade na vida? — especulou Danton.

Robespierre sorriu, com seu jeito seco. Tinha consciência de sua frieza. Se lembrassem dele na próxima geração, falariam de seu sorriso frio como falariam da cicatriz no rosto de Danton e de sua vitalidade. Aquele sorriso podia parecer sarcástico, condescendente ou desaprovador. Mas era o único que sabia dar.

— Creio que Horácio... foi um grande poeta e um bom republicano, se não levarmos em conta aquele verso no qual ele foi provavelmente forçado a lisonjear Augusto.

— Sim... — disse Danton. — Os escritos de Camille o lisonjeiam, Robespierre, embora eu esteja escolhendo mal o verbo.

— Como eu disse, é um nome honrado — falou Robespierre.

Danton recostou-se na cadeira, esticando as longas pernas.

— O que será que o honrado original está fazendo a esta hora? — disse, fazendo um sotaque cantado.

— Não sei.

— Você não sabe?

— Ora, o que imagina que esteja fazendo?

— Provavelmente algo impensável em um bordel.

— Não sei que direito você tem de pensar assim. Não sei aonde quer chegar.

— Meu querido Robespierre, não espero que você saiba aonde quero chegar. Ficaria muito chocado se você soubesse. E desiludido.

— Então por que insiste neste assunto?

— Eu realmente acredito que você não tem ideia de metade do que Camille apronta. Tem? — Danton parecia interessado.

— É uma questão privada.

— Você me surpreende. Ele não é uma questão pública? Não é um homem público?

— Sim, é verdade.

— Então deveria ser bom. Virtuoso, segundo você. Mas não é.

— Eu não quero saber...

— Mas eu insisto em lhe dizer. Para o bem público. Camille...

Lucile voltou para a sala, e Danton riu.

— Prometo lhe dar os detalhes em algum outro dia, Maximilien. Para sua consideração íntima.

[UMA SESSÃO NO CLUBE DOS JACOBINOS. M. Robespierre falando.]
NA PLATEIA: Déspota!
M. DANTON [*presidente*]: Silêncio. Ordem. M. Robespierre nunca exerceu qualquer despotismo aqui, a não ser o despotismo da razão pura.
NA PLATEIA: O despertar do demagogo!

M. DANTON: Eu não sou demagogo, e tenho estado em silêncio há bastante tempo, com grande dificuldade. Vou desmascarar aqueles que se gabam de ter servido ao povo. É chegada a hora de falar contra aqueles que nos três últimos meses vêm contestando a coragem de um homem cuja bravura a Revolução toda reconhece...

ROBESPIERRE para os jacobinos, a 10 de maio de 1792:
Quanto mais vocês me isolam e quanto mais cortam meus contatos humanos, mais justificativa eu encontro em minha própria consciência e na justiça de minha causa.

PASSAGENS da vida do Ministério Brissotista:

O general Dumouriez foi ao Clube dos Jacobinos, do qual era membro. Seu comportamento militar era adequado, e as ideias de uma mente questionadora e irrequieta revelavam-se em seu rosto. Sobre o cabelo recentemente empoado, usava uma boina de lã vermelha, o barrete da liberdade. Viera prestar seus respeitos no santuário do patriotismo (ou alguma outra metáfora superficial), e buscar conselhos e orientação fraternal.

Os ministros nunca haviam se comportado assim antes.

Os patriotas, ansiosos, observaram o rosto de Robespierre, que denotava desprezo.

M. Roland, ministro do Interior, foi às Tulherias para ser apresentado ao rei. Os cortesãos olharam-no horrorizados, em silêncio. Ele não sabia qual era o problema, suas meias tinham sido remendadas recentemente. O mestre de cerimônias puxou Dumouriez de lado e cochichou em seu ouvido:

— Como ele pode apresentar-se assim? Seus sapatos estão sem fivelas.

— Sem fivelas? — disse o general com senso de humor. — Oh, monsieur! Então tudo está perdido.

— MINHA QUERIDA MME. DANTON — disse Hérault de Séchelles —, que jantar excelente! Seria imperdoável se falássemos de política agora?

— Minha esposa é realista — disse Danton. — Sabe que a política paga os jantares.

— Já estou acostumada — disse Gabrielle.

— Você tem interesse nos assuntos públicos, minha querida? Ou os considera entediantes?

Ela não sabia o que dizer, mas sorriu para apagar qualquer provocação da única resposta que podia dar:

— Eu tiro o melhor proveito possível.

— É o que todos devemos fazer — disse Hérault, virando-se para Danton. — Se Robespierre insiste em ver somente o lado negro da questão, o problema é dele. Essas pessoas, brissotistas, rolandinos, girondinos, como quer que se chamem, estão no comando atualmente. Eles têm pouca coesão. Não se posicionam, a não ser para a guerra, que começou desastrosamente, devem concordar.

— Têm entusiasmo — disse Danton. — Debatem com habilidade, têm certa falta de dogmatismo. E aquela mulher horrível.

— Como aquela criaturinha tornou-se célebre?

Danton fungou, enojado.

— Nós jantamos juntos. Não gosto nem de lembrar.

Na noite anterior, ele e Fabre tinham passado duas penosas horas na casa do ministro do Interior. Dumouriez estava lá. De tempos em tempos ele murmurava:

— Preciso ter uma palavra em particular com você, Danton, entendeu? — Mas não encontrou oportunidade. Foi a esposa do ministro quem orquestrou a ocasião. O ministro, sentado à cabeceira, arriscou algumas observações, e Danton teve a impressão de que o verdadeiro ministro escrevia em uma mesa longe dali, enquanto um boneco de cera sentava-se à mesa, vestido com um casaco preto velho. Sentiu vontade de inclinar-se e enfiar-lhe um garfo na mão para ver se ele gritaria, mas resistiu à tentação e voltou a olhar para o prato. Serviram uma sopa indescritível, a um só tempo aguada e farinhenta, e um frango duro com nabos, que apesar de pequenos estavam velhos.

Manon Roland desceu a grande escada de mármore e viu o reflexo de sua figura roliça e bonita nas paredes de vidro veneziano. Mas o vestido que usava naquela noite de segunda-feira tinha três anos, com um grande fichu cobrindo-lhe os ombros.

Ela deixou claro que manteria os hábitos de uma pessoa comum. O comportamento aristocrático lhe era estranho. Não pensava em distribuir favores, e seus visitantes (somente convidados) teriam de observar suas regras. Os grandes salões podiam manter-se fechados e apagados, pois ela não pretendia frequentá-los. Tinha montado para si um escritório pequeno e simples, bem próximo ao do ministro. Passaria os dias ali, em sua mesa, oferecendo seus préstimos a ele. Se alguém quisesse vê-lo em particular, sem a inconveniente presença de funcionários e requerentes, seria fácil enviar um recado para que o ministro fosse a seu pequeno reduto e ali conversasse com o visitante, enquanto ela se sentava sem interromper, com os ouvidos atentos e as mãos dobradas no colo.

Mme. Roland criara suas regras, as regras pelas quais o ministério seria conduzido. Um jantar seria oferecido duas vezes por semana. A comida seria simples, sem acompanhamento de bebidas alcoólicas, e os convidados deviam sair às 21 horas. Iremos embora com prazer, Fabre cochichou. Nenhuma mulher seria recebida, pois com suas conversas e rivalidades triviais sobre roupas, desviariam os convidados do tom e dos objetivos elevados das reuniões.

Aquela segunda-feira em especial foi difícil. Robespierre recusou o convite. Pierre Vergniaud aceitou. Ela não gostava dele, e naquela época suas preferências pessoais contavam muito. Não divergia de Vergniaud em nenhum ponto político, mas ele era preguiçoso, reservando sua oratória para grandes temas e grandes ocasiões. Naquela noite, manteve os olhos vidrados de tédio. Dumouriez estava animado, mas na direção errada. Contou pelo menos uma anedota escandalosa, depois se desculpou com Madame. Ela aceitou as desculpas com um mero meneio de cabeça, e o general entendeu que seu trabalho no dia seguinte seria misteriosamente obstruído. Rápida e facilmente, ela se habituou aos hábitos do poder.

Fabre d'Églantine tentou conversar sobre teatro, mas ela voltou firmemente ao objetivo apropriado: as manobras militares e políticas do *ci-devant* marquês de Lafayette. Viu Fabre e Danton trocarem um olhar de impaciência e ficou contente por Jean-Baptiste Louvet estar sentado a seu lado. Em outros tempos desconfiara dele, em razão do romance que escrevera. Mas compreendia a posição dos patriotas sob o Antigo Regime, e muito podia ser desculpado em um jornalista tão promissor. Seu cabelo louro e fino esvoaçava quando ele se inclinava para ouvi-la. Um adepto. Um amigo de Mme. Roland.

Ela conversava com Louvet, mas seus olhos voltaram-se, contra sua vontade, para Danton. Foi Dumouriez quem insistiu que ela o convidasse.

— Ele é um homem que devemos cultivar. Tem muitos seguidores nas ruas.

— Sim, entre a plebe — falou ela com desprezo.

— A senhora acha que não devemos lidar com a plebe?

Então, ali estava Danton. Ele lhe dava calafrios. Aquele ar de jovialidade, aquele aspecto de franqueza e simplicidade mal encobriam a ambição evidente e monstruosa do homem. Oh, ele era apenas um bom homem, era apenas um homem simples, seu coração estava nas terras de sua província. Estaria mesmo? Ela olhou para as mãos confiantes de Danton descansando sobre a toalha, os dedos grossos esticados. Ele podia matar com aquelas mãos, podia quebrar o pescoço de uma mulher, ou asfixiar um homem.

E aquela cicatriz esbranquiçada que lhe cortava a boca? Como conseguira aquela cicatriz que lhe repuxava os lábios? Seu sorriso não era realmente um sorriso, mas um esgar. Qual seria a sensação de tocar aquela cicatriz?

Qual seria sua textura sob os dedos? Aquele homem tinha uma esposa. E também várias amantes, diziam. Dedos de mulheres tocavam aquela cicatriz, traçavam seu curso.

Danton percebeu que era observado. Mme. Roland desviou os olhos, e passou o resto da noite imaginando o que ele teria pensado. Com cautela, procurou novamente o rosto de Danton. Sim, olhe bem para mim, dizia o rosto dele: você nunca, em toda a sua insignificante vida, conheceu um homem como eu.

NA TERÇA-FEIRA DE MANHÃ, tudo o que Danton, exasperado, conseguiu dizer foi:

— Bom, qual de nós vai dormir com aquela puta? Porque claramente é isso o que ela quer.

— Por que pergunta? — disse Fabre. — Ela não tirou os olhos de você durante duas horas.

— As mulheres são peculiares.

— Falando em mulheres peculiares, ouvi dizer que Théroigne voltou. Os austríacos a soltaram. Não posso imaginar por quê, a não ser que tenham achado que ela traria má fama à Revolução.

— Eles não são tão sutis assim — disse Danton. — Deviam estar com medo de que ela lhes cortasse os colhões.

— Mas, voltando ao assunto, Georges-Jacques, se Madame está interessada, você deveria corresponder, você realmente deveria corresponder. Não seriam necessárias justificativas, você só precisaria dizer: "Minha querida Mme. Roland, todos estimamos seus talentos." Por que não lhe oferece alguma evidência sólida? Então ela influenciaria todos os seus amigos fidalgos a concordarem conosco. Faça isso, Georges-Jacques, ela é uma presa fácil. Não creio que se satisfaça com aquele marido velho. Ele dá a impressão de que vai morrer a qualquer instante.

— Creio que já morreu há alguns anos — disse Camille. — Creio que ela o embalsamou e empalhou, porque no fundo é uma sentimental. E creio também que todo o Ministério Brissotista está na folha de pagamento da corte.

— Robespierre — disse Fabre, meneando a cabeça de modo significativo.

— Robespierre não pensa assim — disse Camille.

— Não perca a calma.

— Ele pensa que são todos uns tolos, simplórios e traidores potenciais. Para mim, é pior que isso. A meu ver, não deveríamos nos relacionar com eles.

— Eles certamente pensam o mesmo sobre você. Dumouriez perguntou: "Onde está seu pequeno Camille, por que o deixou em casa quando ele poderia estar aqui, compartilhando conosco esse entusiasmo?" E Madame empinou o peito e suspirou com desdém.

— Acho que você está errado — disse Danton, muito sério. — Não me refiro a Dumouriez e ao resto, mas aquela mulher não pode ser comprada. Ela detesta Luís e sua esposa como se eles lhe tivessem causado um dano terrível. — Deu uma risada amarga. — Marat pensa que tem o monopólio do ódio?

— Então você confia neles?

— Eu não disse isso. Não acho que eles sejam más pessoas. É só o que posso dizer.

— O que acha que Dumouriez queria com você?

A pergunta pareceu animar Danton.

— Sem dúvida, tem uma tarefa para mim e está ansioso para saber meu preço.

IV. A tática do touro

(1792)

GABRIELLE: Eu só posso dizer o que ouvi, o que me contaram. Só posso confiar naqueles que conheço e, mesmo assim, pouco. Lembrando do verão, o que posso dizer que não pareça ridiculamente ingênuo?

Uma pessoa pode não possuir uma convicção ferrenha, mas sempre carregará características imutáveis, crenças e hábitos que jamais serão abandonados. Um mundo seguro que existirá enquanto precisar dele. Não se enganem.

Vou voltar ao tempo em que nosso novo bebê nasceu. O parto foi mais fácil que os dois outros, ou pelo menos mais rápido. Era mais um menino, saudável, bonito, com bons pulmões e o mesmo cabelo escuro e grosso de Antoine e do primeiro que perdi. Demos a ele o nome de François-Georges. Ganhei muitos presentes de meu marido: flores, porcelanas, joias, rendas, perfumes e livros, que nunca leio. Então, um dia isso me deixou triste. Comecei a chorar e a gritar com ele, dizendo que eu não tinha feito nada importante, que qualquer mulher podia ter um bebê, e que ele parasse de tentar me comprar. Fui tomada por uma crise de choro, e quando terminou meus olhos e minha garganta ardiam. Minha memória pareceu ter sido apagada, e se Catherine, minha empregada, não tivesse repetido todas as minhas palavras eu não teria acreditado.

No dia seguinte o Dr. Souberbielle veio à minha casa.

— Seu marido falou que a senhora não está muito bem. — Depois de me examinar ele declarou que eu estava apenas cansada. Dar à luz é um grande esforço. Em breve eu me sentiria melhor. Não, doutor, eu disse da forma mais gentil possível, acho que nunca me sentirei bem novamente.

Sempre que punha o bebê no peito, sempre que sentia o fluxo do leite, as lágrimas escorriam de meus olhos; minha mãe sugeriu, com ar muito sério, que eu devia entregá-lo a uma ama de leite, pois tanto eu quanto ele estávamos sendo prejudicados. Seria melhor que as crianças saíssem de Paris, para não nos acordarem todas as noites com seu choro.

É claro que quando você se casa, ela disse, vive os dois primeiros anos em outro mundo. Se tem um bom marido, um homem de quem gosta, sente-se muito contente consigo mesma. Consegue deixar de lado todos os seus problemas durante esse tempo; acha que não está sujeita às regras que governam as outras pessoas.

— Por que tem de haver regras? — perguntei. E me vi falando como Lucile. Ela diria exatamente: "Por que tem de haver regras?" — *Ela* também vai ter um bebê. E depois?

Minha mãe não precisou pedir esclarecimentos. Deu uma palmadinha em meu braço e falou que eu não era o tipo de mulher que criava problemas. Naqueles dias, era preciso que me dissessem isso várias vezes para que eu não me distraísse e criasse um problema. Minha mãe me deu outra palmadinha, dessa vez na mão, e falou sobre as mulheres de meu tempo. Vocês são românticas, ela avaliou, têm a ilusão de que quando o homem faz os votos de fidelidade pretende cumpri-los. Na época dela as mulheres sabiam o que esperar. Era preciso fazer um arranjo prático.

Ela mesma encontrou uma ama de leite para mim, uma moça agradável e cuidadosa de l'Isle-Adam. Agradável ela podia ser, cuidadosa também, mas eu não queria me separar do bebê. Lucile foi comigo conhecê-la para ver se serviria para seu próprio filho, e serviu. Que bom arranjo! E muito prático! Faltavam poucas semanas para ela dar à luz. Como a mimavam! Nunca vi nada igual. Nem lhe passou pela cabeça amamentar o bebê. Foi proibida pelo marido e pela mãe. Ela tinha compromissos inadiáveis e festas às quais não podia faltar. E o general Dillon iria preferir que seus seios se mantivessem pequenos e bonitos.

Eu não culpo Lucile, embora pareça que sim. Não é verdade que seja amante de Fréron, mas ele tem tal obsessão por ela que se sente infeliz e torna todos à sua volta infelizes. Com Hérault, ao que eu saiba, ela simplesmente segue a rotina social de sempre: atrai o homem, depois recua. Hérault parece cansado às vezes, como se já tivesse vivido esse tipo de experiência na corte. Em parte Lucile se fixa nele porque deseja se vingar de Caroline Rémy, que a deixou tão confusa quando ela era recém-casada e não conhecia os ardis. Fiquei aliviada ao saber que Lucile estava grávida! Achei que isso pelo menos adiaria as coisas. Mas não espero mais que um adiamento. Observo Georges. Observo quando a segue com os olhos. Não creio que alguém o recusaria. Se pensam que essa atitude é impossível para mim, é porque não o conhecem bem. Talvez só o conheçam através de seus discursos. Ou talvez tenham apenas passado por ele na rua.

Só uma vez cometi um erro. Foi quando conversei com a mãe de Lucile para tentar acalmar a situação, que parecia muito tensa.

— Ela... — Eu não estava certa do que desejava dizer. — Ela tem dificuldades com Camille?

Mme. Duplessis levantou as sobrancelhas, como sempre faz quando quer parecer inteligente.

— Não mais do que deseja.

Então, quando eu estava saindo, enojada com tudo aquilo e apreensiva com meu futuro, Mme. Duplessis esticou a mão, puxou-me pela manga e disse uma das poucas coisas verdadeiras que jamais ouvi de sua boca:

— Você sabe que a situação está fora de meu controle, não é?

Tive vontade de dizer: "Madame, a senhora criou um monstro", mas não seria justo com ela. Então falei:

— Que bom que ela está grávida.

Mme. Duplessis murmurou:

— *Reculer pour mieux sauter.**

Durante todo o verão, como ocorria desde o verão de 1788, nosso apartamento esteve repleto de pessoas entrando e saindo; nomes estranhos, rostos estranhos, alguns se tornando menos estranhos à medida que as semanas se passavam, e alguns, francamente, mais. Georges saía muito de casa, em horas bizarras; dava jantares no Palais-Royal, em restaurantes e em casa. Recebíamos pessoas que eles chamavam de brissotistas, embora o próprio Brissot não viesse com frequência. Falava-se muito, de forma pouco caridosa, da esposa do ministro do Interior, a quem chamavam de "Rainha Coco", uma brincadeira começada por Fabre. Outros chegavam tarde da noite, depois das reuniões do Jacobinos e do Cordeliers. Um deles era René Hébert, ou Père Duchesne, como o chamavam, nome tirado de seu jornal horrível. George dizia:

— Temos de aguentar esse tipo de gente. — Havia um homem chamado Chaumette, mal ajambrado e de feições duras. Ele detestava os aristocratas e também as prostitutas, e as duas coisas pareciam confundir-se com frequência em sua cabeça. Todos falavam da necessidade de armar a cidade inteira contra os austríacos e contra os monarquistas. — Quando chegar a hora — dizia Georges.

E eu pensava: ele fala como um homem que está no controle da situação, mas na verdade está fazendo seus cálculos, está pesando com cuidado as

* Do francês: é preciso recuar para avançar. (*N. do E.*)

possibilidades. Só uma vez ele cometeu um erro. No verão passado, quando tivemos de fugir. Vocês perguntarão: qual foi o erro, afinal? Foram apenas algumas semanas fora de Paris, depois veio a anistia, e as coisas voltaram ao normal. Mas imaginem a mim, naquela noite de verão em Fontenay, despedindo-me, tentando me controlar e parecer bem, sabendo que ele estava partindo para a Inglaterra e temendo que nunca voltasse. Isso mostra que as coisas sempre podem piorar, mesmo quando parece impossível. A vida nos reserva mais complicações do que formulamos ou imaginamos. Há várias formas de se perder um marido, em termos figurativos ou verdadeiros. Ao que parece, todas as formas aplicam-se a mim.

Os rostos chegam e vão... Billaud-Varennes, que foi funcionário de Georges em meio expediente, encontrou-se com o ator Collot, que Camille considera "a pior pessoa do mundo" (ele tem dito isso sobre muita gente nos últimos tempos). Os dois combinam bem, têm a mesma expressão dispéptica. Robespierre evita Hébert, é frio com Pétion e apenas educado com Vergniaud. Brissot fala, agitado: "Precisamos tentar controlar as personalidades". Chaumette não fala com Hérault, que acha que não perde nada com isso. Fabre examina todos com seu *lorgnette*. Fréron fala sobre Lucile. Legendre, nosso açougueiro, diz que despreza os brissotistas. "Eu não tenho instrução, mas sou um patriota tão bom quanto qualquer outro", fala. François-Robert é agradável com todos, pois pensa em construir uma carreira; todo o seu espírito de luta esvaiu-se no verão passado, quando ele foi preso.

M. Roland nunca nos visita. Nem Marat.

Na segunda semana de junho houve uma crise no governo. Luís não estava cooperando com os ministros e agia contra eles. A esposa de Roland escreveu ao rei uma carta terrível, lembrando-lhe de seu dever. Eu não teço comentários sobre o que está certo ou errado na questão, não cabe a mim, mas é claro que há insultos que um rei não pode aceitar sem perder a soberania. Luís deve ter pensado assim, pois demitiu o ministério.

Os amigos de meu marido falaram sobre o Ministério Patriótico. Disseram que era uma calamidade nacional. Eles têm uma forma de aproveitar as calamidades a seu favor.

O general Dumouriez não foi demitido. Ouvimos dizer que se mantinha em bons termos com a corte. Mas veio nos visitar. Fiquei envergonhada. Georges gritou com o general, disse que ia amedrontar a corte, e que o rei devia divorciar-se da rainha e mandá-la de volta à Áustria. Quando o general saiu, seus lábios estavam brancos. Um dia depois, pediu demissão e voltou para o exército. Georges era muito mais assustador que os austríacos, segundo Camille.

Depois veio a carta de Lafayette para a Assembleia, dizendo-lhes para acabar com os clubes, fechar o Jacobinos e o Cordeliers, ou... ou o quê? Ele marcharia para Paris com seu exército?

— Lafayette que mostre sua cara — disse Georges. — Vou fazê-lo em pedaços e jogar seus restos no quarto da rainha.

A Assembleia não ousou agir contra os clubes; mas só por ter pensado em agir, eu sabia que os patriotas se vingariam. Parece ser um padrão nessas crises. Louise Gély disse a meu marido:

— Vai haver um "dia", M. Danton?

— O que você acha? — Ele se divertiu com a pergunta. — Talvez fosse uma boa ideia fazermos uma segunda Revolução, não é?

Ela virou-se para mim com um estremecimento.

— Seu marido quer ser rei?

As entradas e saídas em nosso apartamento tinham de ser bem calculadas, para que Chaumette nunca se encontrasse com Vergniaud, e Hébert não cruzasse com Legendre. Isso é uma provação para mim, é uma provação para os empregados. Eu percebo a tensão no ar dizendo: "Amanhã, ou depois de amanhã"... Robespierre apareceu e ficou conversando sobre generalidades. Como sempre, parecia um manequim de alfaiate tirado de uma caixa, muito formal, muito bem barbeado, muito gentil. Vestia um paletó listrado verde-oliva e tinha um sorriso permanente nos lábios, um sorriso cheio de tensão. Segundo Camille, o sorriso o impede de ofender os outros. Perguntou pelo bebê, começou a contar uma história para Antoine e disse que terminaria em um ou dois dias. É estranho ver como esse homem, sempre tão limpo e decidido, gosta de crianças, gatos e cachorros. É o resto de nós que merece seu sorriso preocupado.

Já era bastante tarde. Pétion foi o último a sair. Eu não estava mais na sala. Ouvi meu marido abrir a porta do escritório e lhe dar um tapa no ombro.

— Vamos aguardar pelo momento certo — disse.

— Não tenha medo, não vou me precipitar. Vou mostrar minha cara, mas não muito cedo. Há tempo bastante para os acontecimentos seguirem seu curso natural.

Georges está sozinho agora, pensei, eles já se foram. Mas quando me aproximei da porta, fechada de novo, ouvi a voz de Camille.

— Pensei que você fosse adotar a tática do touro. A tática do leão. Foi o que você disse.

— Sim, vou. Mas só quando eu estiver pronto.

— Ninguém ouve os touros dizendo: "Quando eu estiver pronto".

— Sou perito em touros. Eles não dizem nada, por isso têm tanto sucesso.

— Eles não urram?

— Não os realmente bem-sucedidos.

Houve uma pausa, então Camille disse:

— Mas você não deixa nada ao acaso. Se quiser matar alguém, não deixará isso ao acaso.

— Por que eu iria querer o rei morto? Se o distrito de Saint-Antoine quer matá-lo, eles o farão. Amanhã ou em alguma data futura.

— Ou nunca. Isso é fatalismo. Os acontecimentos podem ser controlados. — Camille parecia calmo, e muito cansado.

— Eu prefiro não apressar as coisas — disse Georges. — Gostaria de me acertar com Lafayette. Não quero ter de lutar contra todas as frentes de uma vez só.

— Mas não podemos perder essa chance.

Georges bocejou.

— Se o matarem, mataram.

Eu me afastei, sem coragem para ouvir mais. Abri uma janela. Não me lembro de ter sentido tanto calor em um verão. Havia um pouco de barulho na rua, mas nada de especial. Uma patrulha da Guarda Nacional apareceu, diminuindo o passo quando se aproximou. Um deles disse claramente: "É a casa de Danton." Devia ser um elemento novo a quem estavam mostrando o lugar. Pus a cabeça para dentro, e os ouvi ir embora.

— Estou interrompendo vocês?

— Não — disse Camille —, estávamos apenas olhando um para o outro. Espero que não tenha ficado preocupada com o que acabou de ouvir atrás da porta.

Georges riu.

— Ela estava ouvindo? Eu não sabia.

— É como Lucile. Ela abre minhas cartas, depois fica nervosa. Minha pobre prima, Rose-Fleur Godard, é quem está causando problemas no momento. Escreve todas as semanas de Guise. Seu casamento não vai bem. Agora acha que devia ter se casado comigo.

— Eu a aconselharia a reconciliar-se com o marido — eu disse. Nós três rimos, por incrível que fosse. A tensão foi rompida. Olhei para Georges. Nunca vejo nele o rosto que horroriza as pessoas. Para mim, seu rosto é gentil. Camille parecia o menino que Georges levara ao café seis anos antes. Levantou-se e me beijou no rosto. Eu ouvi mal, pensei, entendi mal. Havia uma distância entre um político e um assassino. Mas quando ele saía, Georges disse:

— Pense nos pobres coitados.

— Sim. Sentados lá, esperando pelo assassinato — Camille replicou.

NO DIA DA REBELIÃO eu não saí à rua, nem Georges. Ninguém apareceu até o meio da noite. Depois ouvi as ocorrências do dia.

Milhares de pessoas de Saint-Antoine e Saint-Marcel, liderados por agitadores jacobinos e cordeliers, entraram armados nas Tulherias. Legendre era um dos líderes; insultou o rei diretamente, depois veio à minha casa, sentou-se na sala e começou a gabar-se. O rei e a rainha poderiam ter morrido sob suas lanças, mas não foi isso o que ocorreu. Disseram que ficaram durante horas no vão de uma janela, com o pequeno delfim e a irmã, e com a irmã do rei, Mme. Elisabeth. A multidão desfilou embaixo das janelas, rindo deles como se fossem aberrações mostradas em uma feira. Fizeram o rei pôr na cabeça um barrete da liberdade. Essas pessoas, vindas das sarjetas, passaram ao rei um vinho barato e o obrigaram a beber à saúde da nação. Essa loucura durou horas.

No final a família real ainda estava viva. Um Deus misericordioso protegeu-os; o homem que devia tê-los protegido — Pétion, o prefeito de Paris — só chegou à noite. Quando a decência não lhe permitiu que esperasse mais, ele foi às Tulherias com um grupo de deputados e enxotou a turba do palácio.

— E sabem do que mais? — disse Vergniaud. Eu lhe ofereci um copo de vinho branco frio. Eram 22 horas. — Quando todos se foram, o rei tirou o barrete vermelho da cabeça, jogou-o no chão e pisou em cima. — Vergniaud agradeceu o copo de vinho. — O curioso é que a rainha comportou-se com dignidade. É uma pena, mas o povo já não se opõe a ela como antes.

Georges estava enraivecido. Era um espetáculo à parte contemplar sua raiva. Tirou a gravata, andou pela sala, a garganta e o peito brilhando de suor, a voz sacudindo as janelas.

— Essa maldita Revolução foi uma perda de tempo. O que os patriotas ganharam com ela? Nada. — Olhou pela sala, como se fosse bater em alguém que o contradissesse. Lá fora, a distância, ouviu-se uma gritaria vinda do rio.

— Se for verdade... — começou Camille. Mas não conseguiu continuar, as palavras não saíram de sua boca. — Se foi tudo um desperdício, e acho que foi mesmo... — Pôs o rosto entre as mãos, exasperado consigo mesmo.

— Vamos, Camille — disse Georges —, não temos tempo a perder. Fabre, por favor, bata com a cabeça dele na parede.

— É o que estou tentando dizer, Georges-Jacques. Não temos tempo a perder. — Não sei se era uma ameaça, ou se Camille de repente viu o futuro, mas recobrou a voz; começou a dizer frases curtas e simples: — Precisamos começar de novo. Precisamos encenar um golpe. Precisamos depor Luís. Precisamos controlar a situação. Precisamos declarar a República. Precisamos agir antes que o verão acabe.

Vergniaud estava inquieto. Correu o dedo pelo braço da cadeira e olhou de um para o outro.

— Georges-Jacques, você disse que ainda não estava pronto, mas precisa estar pronto agora — disse Camille.

MANON FORA DO MINISTÉRIO. Uma frase de Danton lhe vinha à cabeça a toda hora: "As fronteiras naturais da França." Manon passava agora horas debruçada sobre os mapas dos Países Baixos, do Reno. Afinal, ela não tinha sido uma das maiores defensoras da política de guerra? Mas não era tão fácil encontrar as fronteiras naturais de um ser humano...

Eles a culpavam, é claro, aqueles patriotas imbecis; diziam que foi por causa de sua carta que Luís demitiu o ministério. Que bobagem! Luís só queria um pretexto, nada mais. Ela tinha de defender-se das acusações de ter interferido, se intrometido e orientado o planejamento de Roland. Era muito injusto, eles sempre trabalharam juntos, unindo seus talentos e energia; ela conhecia os pensamentos do marido antes dele próprio. Roland não perde nada, ela dizia, quando é interpretado por mim. Eles trocavam olhares. *Sempre* trocavam olhares. Ela tinha vontade de estapear a cara daqueles homens cheios de si.

Apenas Buzot pareceu compreender. Pegou sua mão e apertou-a.

— Não lhes dê ouvidos, Manon — sussurrou. — Os verdadeiros patriotas conhecem seu valor.

Eles voltariam ao ministério, essa era a opinião dela. Mas teriam de lutar por isso. A chamada "invasão" das Tulherias, a 20 de junho, foi um fiasco, foi uma piada. Foi mal administrada do começo ao fim, e má administração parecia ser a regra.

Naquelas tardes, sentava-se na galeria pública da Escola de Equitação e ouvia os debates de dentes cerrados. Certo dia entrou uma jovem em traje de equitação vermelho e uma pistola enfiada no cinto. Alarmada, Manon olhou em volta à procura de um atendente, mas ninguém se escandalizou, a não ser ela própria. A moça ria, rodeada de um grupo de adeptos; sentou-se em um banco com ar de proprietária e passou os dedos pelo cabelo encaracolado cortado rente como o de um homem. Sua claque aplaudiu Vergniaud, gritando seu nome e os nomes de outros deputados; depois jogaram maçãs uns para os outros, comeram-nas e cuspiram os caroços.

Vergniaud foi falar com Manon e ela congratulou-o pelo discurso, mas em tom reservado; ele já fora elogiado demais. Para a moça de vermelho, ele limitou-se a um cumprimento de cabeça.

— Aquela é Théroigne — explicou. — Você não a conhecia? Na primavera ela contou aos jacobinos sua experiência penosa na Áustria. Eles lhe cederam a tribuna. Não são muitas as mulheres que conseguem isso.

Então parou, como que arrependido do que tinha dito.

— Não se preocupe — Manon murmurou. — Não vou pedir que você me coloque na tribuna. Não sou uma dessas mulheres que desejam ocupar funções masculinas.

— E o que elas são, afinal? — perguntou Vergniaud. — Prostitutas.

Manon podia, é claro, ter lhe dado um soco no queixo. Mas ele estava lhe oferecendo uma tranquila readmissão à conspiração, uma reintegração. Então sorriu e disse:

— Prostitutas.

O BEBÊ DE LUCILE virou-se em sua barriga e chutou-a com força. Ela mal podia sentar-se em posição ereta, muito menos ser gentil com uma visita.

— Que inferno — disse, olhando para a roupa de Théroigne. — Não está sentindo calor com essa roupa vermelha? Não está na hora de dar a ela um descanso honroso? — Via-se que a bainha estava rasgada, cheia de poeira das ruas, e que o vermelho já não era tão forte como costumava ser.

— Camille está me evitando — queixou-se Théroigne, andando pela sala. — Mal trocou duas palavras comigo desde que voltei para Paris.

— Ele anda ocupado — Lucile falou.

— Oh, sim, tenho certeza de que está. Ocupado jogando cartas no Palais-Royal, ocupado jantando com os aristocratas. Como pode pensar em passar um momento com uma velha amiga se tem todo aquele champanhe para beber e todas aquelas prostitutas tolas e vazias com quem dormir?

— Incluindo você — murmurou Lucile.

— Eu, não. — Théroigne parou de andar. — *Nunca.* Eu nunca dormi com Camille, nem com Jérôme Pétion, nem com qualquer outro das duas dúzias de homens que os jornais mencionaram.

— Os jornais publicam qualquer coisa. Sente-se, por favor. Você está me deixando nervosa andando com essa roupa vermelha de um lado para o outro.

Théroigne não se sentou.

— Louis Suleau publicaria qualquer coisa. Como esse Atos dos Apóstolos imundo. Eu gostaria de saber por que Suleau não está preso. Por que não está *morto*?

Lucile pensou em fingir que estava entrando em trabalho de parto. Ensaiou um pequeno gemido, mas Théroigne nem sequer notou.

— Por que Camille pode escapar impune de qualquer coisa? Quando Suleau riu de mim, Camille riu com ele. Os dois escreveram libelos inventando mais amantes para mim, planejando me expor ao ridículo; mas ninguém diz a Camille que se ele é amigo de Suleau não pode ser um patriota. Como é possível, Lucile?

— Não sei — disse Lucile sacudindo a cabeça. — É um mistério. Você sabe que nas famílias um filho tem mais impunidade que outros, não é? Talvez seja assim também nas revoluções.

— Mas eu sofri, Lucile. Eu fui presa. Será que ninguém entende isso?

Oh, meu Deus, Lucile pensou, acho que Théroigne pretende ficar aqui a tarde toda. Quando se levantou, viu que ela estava à beira das lágrimas. Tomou seu braço e a guiou gentilmente para a chaise longue azul.

— Jeanette — Lucile chamou —, nós temos gelo? Traga uma bebida fresca, uma bebida doce. — Dentro da roupa vermelha, a pele de Théroigne estava quente e úmida. Você está doente? — perguntou. — Minha querida Anne, o que fizeram com você? — Ao passar um guardanapo dobrado nas têmporas da moça, teve a impressão de que era um anjo, uma santa, secando o rosto daquela mentirosa.

— Tentei falar com Pétion ontem — disse Théroigne —, e ele fingiu que não tinha me visto. Quero dar meu apoio ao grupo de Brissot, mas eles fingem que eu não existo. Eu existo.

— É claro — disse Lucile. — É claro que você existe.

Théroigne deixou a cabeça pender. As lágrimas secaram em seu rosto.

— Quando o bebê vai nascer?

— Na próxima semana, segundo o médico.

— Eu tive uma filha.

— O quê? Como? Quando?

— Mas ela morreu.

— Sinto muito.

— Ela teria... nem sei. Os anos passam, a gente se esquece. Ela morreu na primavera anterior à queda da Bastilha. Não, morreu em 1788, na verdade eu mal vi minha filha, deixei-a com uma mãe adotiva. Mandava dinheiro todos os meses de onde estivesse, da Itália, da Inglaterra. Mas isso não quer dizer que eu fosse insensível, Lucile, não quer dizer que eu não amasse minha filha. Eu amava. Ela era minha menininha.

Lucile ajeitou-se na cadeira com as mãos sobre a barriga volumosa. Parecia tensa. Algo no tom de Théroigne, algo difícil de localizar, sugeria que a história era inventada.

— Como se chamava sua menina?

— Françoise-Louise. — Théroigne olhou para as mãos. — Um dia eu iria buscá-la.

— Eu sei que iria. — Fez-se silêncio. — Quer me falar sobre os austríacos? É isso?

— Oh, os austríacos. Eles eram muito estranhos. — Jogou a cabeça para trás e deu um riso forçado; era alarmante como ela mudava de um assunto para outro, de um humor para outro. — Eles queriam saber a história de minha vida, desde que eu nasci. "Onde você estava na data tal, no mês tal, no ano tal?", perguntavam. Não consigo me lembrar, eu dizia. "Então vamos refrescar sua memória, mademoiselle." E vinham com um pedaço de papel que eu tinha assinado, um recibo, uma lista de lavanderia ou o comprovante de uma casa de penhores. Os papeizinhos me assustavam, como se minha vida toda, desde que aprendi a escrever, estivesse sendo espionada por aqueles malditos austríacos.

Lucile pensou que se metade daquilo fosse verdadeiro, eles deviam saber tudo sobre Camille. Ou sobre Georges-Jacques.

— Você sabe que isso não pode ser verdade.

— Como você explica então? Eles tinham um pedaço de papel da Inglaterra, um contrato que assinei com o professor de canto italiano, o homem que disse que ia me promover. E eu tive de assumir que a letra era minha, lembrava de ter assinado aquilo. O professor me daria aulas para melhorar minha técnica, e eu o pagaria com o dinheiro de meus concertos. Eu assinei aquele papel, Lucile, em uma tarde enevoada em Londres, no Soho, na casa do professor, na Dean Street. Então me diga, como aquele papel saiu da Dean Street, no Soho, e foi parar na mesa do comandante da prisão em Kufstein? Como pode ter chegado lá, a não ser que alguém tenha me seguido todos esses anos? — De repente riu de novo, aquele riso idiota e aflitivo. — Naquele pedaço de papel eu assinei meu nome, e embaixo dizia: "Anne Théroigne, Spinster"*. Os austríacos disseram: "Quem é esse inglês, esse Mr. Spinster? Você casou-se em segredo com ele?"

— Aí está — disse Lucile. — Eles não sabem tudo sobre você, não é? Como era essa prisão em Kufstein?

---

* *Spinster*, do inglês: solteira. (*N. do E.*)

— Fica no alto de um rochedo — disse Théroigne. Seu humor mudou de novo; agora estava calma, suave, como uma freira recordando sua vida passada. — Das janelas de meu quarto eu via as montanhas. No quarto havia uma mesa branca e uma cadeira branca. — Franziu as sobrancelhas, como se tentasse recordar. — Logo que me trancaram ali, comecei a cantar. Cantei todas as músicas que sabia, todas as árias, todas as cantigas. Quando terminei, comecei tudo de novo.

— Eles machucaram você?

— Não, de forma alguma. Eram gentis, eram... meigos. Sempre que me traziam comida perguntavam o que eu gostaria de comer.

— Mas o que queriam de você, Anne? — E teve vontade de acrescentar, você não é uma pessoa importante.

— Disseram que eu organizei os dias de outubro, e queriam saber quem tinha me pagado para isso. Disseram que fui a Versalhes montada sobre um canhão e que levei as mulheres até o palácio com uma espada na mão. Não é verdade, você sabe. Eu já estava em Versalhes. Tinha alugado um quarto para poder ir à Assembleia Nacional todos os dias e ouvir os debates. Eu saí para falar com as mulheres e com a Guarda Nacional. Mas quando elas invadiram o palácio eu estava na cama, dormindo.

— Imagino que alguém possa testemunhar sobre isso — disse Lucile. Théroigne olhou-a, sem compreender. — Não importa. Eu estava só brincando. Mas você já deve ter percebido, Anne, que desde a queda da Bastilha não importa o que você realmente tenha feito, e sim o que dizem que fez. Não é possível lembrar o passado dessa forma, não adianta nada. Quando a pessoa se torna uma figura pública, atribuem-lhe ações e palavras com as quais ela tem de conviver. Se dizem que você foi a Versalhes montada sobre um canhão, então eu temo que isso tenha se tornado verdade.

Théroigne olhou para ela.

— Eu fui? Fui.

— Não, quero dizer... — Que droga, Lucile pensou, ela não é muito brilhante, é? — Não, você *não foi*... oh, você não consegue entender?

Théroigne sacudiu a cabeça.

— Eles me perguntaram sobre o Clube dos Jacobinos. Perguntaram quem era pago para dizer o quê. Não sei nada sobre os jacobinos. Mas minhas respostas não agradaram a eles.

— Muita gente achava que você nunca mais seria vista.

— Já me disseram que eu deveria escrever um livro. Mas eu não tenho cultura, Lucile. Para mim, seria tão fácil escrever um livro quanto ir à lua. Você acha que Camille escreveria por mim?

— Por que os austríacos soltaram você, Anne?

— Eles me levaram para Viena. Eu estive com o chanceler, o primeiro-ministro do imperador, em seus aposentos privados.

— Está bem, mas você não respondeu à minha pergunta.

— Depois me levaram de volta a Liège, onde eu nasci. Pensei que estivesse habituada a viajar, mas aquelas viagens foram horríveis. Eles foram bons comigo, mas eu tinha vontade de me deitar na estrada e morrer. Quando cheguei a Liège me deram algum dinheiro e disseram que eu podia ir para onde quisesse. Então perguntei: até para Paris? E disseram que sim.

— Nós sabíamos disso — Lucile falou. — Foi publicado no *Le Moniteur* em dezembro passado. Nós guardamos o jornal, está por aqui em algum lugar, e dissemos: "Ela está voltando para casa." Ficamos surpresos. De tempos em tempos havia boatos de que você tinha sido enforcada pelos austríacos. Mas eles a soltaram e lhe deram dinheiro, não é? Por que será que Camille se mantém afastado de você agora?

Uma boa advogada. O caso foi encerrado. Mas era difícil acreditar no que todos pensavam, mas ninguém dizia: que aquela mulher tivesse concordado em agir como espiã. Sem as armas e a roupa vermelha, parecia inofensiva, desesperada, um tanto perturbada.

— Anne — disse Lucile —, você deveria pensar em sair de Paris. Ir para um lugar calmo. Até recuperar sua saúde.

Théroigne olhou-a.

— Você se esquece, Lucile, de que eu deixei os jornalistas me expulsarem daqui, de que eu deixei Louis Suleau me chutar para fora de Paris. Então o que aconteceu? Eu aluguei um quarto em uma hospedaria, Lucile, distante daqui, com passarinhos cantando, tudo de que eu precisava para me recuperar. Comia bastante e dormia muito bem. Certa noite acordei e vi homens em meu quarto, homens que eu não conhecia, que me arrastaram para fora, no escuro.

— Acho que você deveria ir embora agora — disse Lucile. O medo tocou o fundo de sua garganta, o medo tocou a boca de seu estômago, e pôs o dedo frio em seu bebê.

— LAFAYETTE está em Paris — disse Fabre.

— Foi o que ouvi dizer.

— Você sabia, Danton?

— Eu sei tudo, Fabre.

— Então quando vai cortá-lo em pedacinhos?

— Contenha-se, Fabre.

— Mas você disse...

— Palavras bombásticas são necessárias. Encorajam os outros. Estou pensando em passar alguns dias com a família de minha esposa em Fontenay.

— Entendo.

— O general tem planos de marchar contra os jacobinos e fechar o clube. Represália ao 20 de junho. Ele espera levar a Guarda Nacional. Nesse caso, ninguém poderá provar que eu estava envolvido com a rebelião...

— Entendo... — disse Camille.

— ...mas prefiro evitar a inconveniência. Não vai dar em nada.

— Mas certamente isso é sério.

Danton foi paciente.

— Não é sério, pois conhecemos os planos dele.

— *Como* conhecemos?

— Pétion me contou.

— Quem contou a Pétion?

— Maria Antonieta.

— Meu Deus!

— São uns idiotas, não é? Lafayette é a única pessoa ainda disposta a ajudá-los. Isso me faz imaginar se vale a pena negociar com eles.

Camille levantou os olhos.

— Negociar com eles?

— Negociar com eles, criança. Pegar o que pudermos.

— Você não está falando sério. Você não *negocia* com eles.

— Fabre, estou falando sério?

— Sim, está.

— E isso o preocupa, Fabre?

— Não em termos de escrúpulos. Mas me assusta, preocupo-me com as possíveis complicações.

— Não em termos de escrúpulos — repetiu Danton. — Isso o assusta. Escrúpulos. Que belo conceito. Se você mencionar essa conversa para Robespierre, Camille, cortarei relações com você. Meu Deus! — Afastou-se, sacudindo a cabeça.

— Mencionar o quê? — disse Camille.

O PLANO DE LAFAYETTE: uma grande revista na Guarda Nacional, onde o general inspecionará as tropas e o próprio rei estará presente para receber as saudações. Quando o rei se retirar, Lafayette falará aos batalhões. Ele não é o primeiro comandante, o mais glorioso, não tem a autoridade natural para reassumir o controle? Então, em nome da Constituição, em nome da monarquia, em nome da ordem pública, o general Lafayette recolocará a cidade em ordem. Mas não conta com grande apoio do rei. Luís tem medo do fracasso, medo das consequências, e a rainha diz friamente que prefere ser assassinada a ser salva por Lafayette.

Pétion é capaz de movimentar-se depressa quando quer. Uma hora antes de a revista começar, ele simplesmente a cancela: deixa que os arranjos se desorganizem e confia na confusão habitual para destruir qualquer plano maior. Assim, o general tem a oportunidade de andar pelas ruas com seus ordenanças, sendo aplaudido por patriotas antiquados. Tem a oportunidade de avaliar sua situação, de tomar a estrada que sai de Paris e dirigir-se para seu comando do exército na fronteira. No Jacobinos, o deputado Couthon é carregado para a tribuna a fim de denunciar o general como um "grande canalha"; Maximilien Robespierre chama-o de "inimigo da pátria"; Brissot e Desmoulins rivalizam-se com insultos ao herói. Os cordeliers voltam do curto feriado que muitos deles acharam sábio tirar e queimam a efígie do general, cunhando lemas e cuspindo no boneco uniformizado.

ANNETTE DISSE:

— Se Lucile sobreviver a isso, você vai ser bom? — Manhã de julho, sol brilhando no céu, uma brisa fresca. Camille olhou pela janela e viu a rue des Cordeliers, os vizinhos passando, a vida em seu curso habitual; ouviu as prensas trabalhando na Cour du Commerce, viu mulheres parando para conversar na esquina, tentou imaginar algum outro tipo de vida ou algum tipo de morte.

— Eu parei de fazer barganhas com Deus — disse. — Então, não tente barganhar comigo, Annette.

Annette achou-o extremamente infeliz; pálido, trêmulo, incapaz de aceitar o fato de que sua esposa precisava ter o bebê e que ia sofrer. Era incrível como Camille não podia ou não queria aceitar uma série de acontecimentos comuns. Vou interferir só um pouco, pensou Annette. Não era sempre que via Camille em desvantagem ultimamente.

— Você está brincando de casamento. Vocês dois estão. Casamento não é um jogo. — Ela esperou.

— Eu morreria se acontecesse alguma coisa a ela — disse Camille.

— Sim, quase posso acreditar que sim. — Levantou-se da cadeira, exausta. Fora dormir à meia-noite, mas tinha sido acordada às 2 horas.

Ia voltar para perto da filha agora. Lucile ainda estava bastante animada, pois não sabia como o parto seria difícil. Eu podia ter poupado minha filha?, pensou. É claro que podia. Podia ter seguido meu instinto há sete anos. Ela seria lembrada agora por Camille, se é que ele se lembraria dela, como uma mulher do passado, uma mulher por quem ele tivera de lutar muito. E ele teria saído de sua vida, seria alguém sobre quem se lia nos jornais. Mas ela prendeu-se à sua preciosa virtude, a filha casou-se com o Procurador-Geral da Lanterna e agora estava em trabalho de parto, e ela — indo e vindo da rue Condé à rue des Cordeliers — observava diariamente o tipo de caso amoroso destrutivo e repugnante que só se vê em livros. É claro que se poderia dar outros nomes ao relacionamento, mas ela chamava de caso amoroso. E achava que tinha vivido o suficiente para saber do que estava falando.

— Precisamos tirar você daqui — disse ela. — Vá dar uma volta, tomar um pouco de ar fresco. Por que não vai visitar Max? Ele tem bom-senso e sabedoria.

— Mm... — Camille parecia doente de tanta tensão. — Solteirões são sempre assim. Você me avisa imediatamente? No mesmo minuto?

— ANNETTE DISSE que eu precisava sair de casa, disse que eu dissemino o pânico. Espero que você não se importe de eu chegar a esta hora.

— Eu já o esperava — disse Robespierre. — Nós devemos ficar juntos, você e eu. Preciso sair e tomar algumas providências, mas volto dentro de uma ou duas horas. A família vai tomar conta de você. Quer descer e conversar com uma das meninas?

— Não — disse Camille. — Desisti de conversar com meninas. Veja aonde isso me levou.

Foi difícil para Robespierre sorrir. Deu um passo à frente e apertou a mão de Camille. Estranho, ele geralmente evitava tocar os outros. Camille imaginou que devia estar ocorrendo algum tipo de emergência psicológica.

— Max, você está em um estado quase pior que o meu. Se eu dissemino o pânico, você comunica o desastre.

— Vai dar tudo certo — disse Robespierre em tom pouco convincente. — Sim, sim, vai dar certo, eu sinto. Ela é uma jovem saudável e forte, não há razão para acreditar que alguma coisa possa sair errada.

— É desesperante, não é? Não consigo nem *rezar* por ela — disse Camille.

— Por que não?

— Não acredito que Deus ouça esse tipo de prece. São preces interesseiras, não é?

— Deus aceita todos os tipos de preces.

Os dois entreolharam-se, vagamente alarmados.

— Estamos aqui sob a Providência Divina. Tenho certeza disso — falou Robespierre.

— Eu não poderia dizer que tenho certeza. Mas acho a ideia reconfortante.

— Se não estivermos sob a Providência Divina, de que serve tudo isso? — Robespierre estava alarmado agora. — De que serve a Revolução? — Para Georges-Jacques ganhar dinheiro, pensou Camille. Robespierre respondeu a si próprio: — Servirá talvez para levar-nos ao tipo de sociedade que Deus pretende? Levar-nos à justiça, igualdade e completa humanidade?

Oh, meu Deus, pensou Camille. Max acredita em todas as palavras que está dizendo.

— Eu não diria que sei que tipo de sociedade Deus pretende. Parece-me que você foi a um alfaiate encomendar seu Deus, ou mandou que alguém o tricotasse, ou coisa parecida.

— Um Deus tricotado. — Robespierre sacudiu a cabeça, espantado. — Camille, você é uma fonte de ideias originais. — Pôs as mãos nos ombros de Camille, e eles se abraçaram de forma cautelosa. — Sob a Providência Divina continuaremos sendo tolos — disse Robespierre. — Eu volto dentro de duas horas, e então vamos conversar e discutir teologia e qualquer outra coisa para passar o tempo. — Se *alguma coisa* acontecer, mande-me um recado.

Camille ficou sozinho. Conversas dão voltas espantosas, ele pensou. Olhou em volta do quarto do amigo. Era um quarto simples, pequeno, com uma cama dura e uma mesa de madeira clara que lhe servia de escrivaninha, muito organizada. Havia apenas um livro sobre ela: um exemplar de *O contrato social* de Rousseau, o livro que Robespierre sempre carregava no bolso interno do paletó. Naquele dia esquecera-se de levá-lo. Sua rotina foi quebrada, ele estava transtornado.

Camille pegou o livro e olhou-o de perto. Aquele exemplar tinha alguma mágica especial transmitida para Robespierre. Tinha de ser aquele volume, e nenhum outro. Então lhe veio uma ideia. Brandiu o livro diante de uma plateia imaginária e falou com o sotaque do Artois de Robespierre:

— Vítima de uma bala de mosquete assassina, esse exemplar de *O contrato social* salvou minha vida. Notem, companheiros patriotas, como a bala fatal foi desviada pela lombada barata e imortal das palavras imortais do imortal Jean-Jacques. Sob a Providência... — Ia falar sobre os planos que ameaçavam a nação, planos, planos, planos, planos, planos, mas sentiu-se fraco e nervoso de repente e percebeu que precisava sentar-se. Puxou uma cadeira de assento de palha exatamente igual àquela em cima da qual ele falara para a multidão no Palais-Royal. Creio que eu não poderia viver com essa cadeira, pensou. Ela me assusta demais.

Ele tinha um discurso para escrever. Que autocontrole estupendo eu necessitaria para escrever, mas creio que o terei. Levantou-se e ficou olhando pela janela. Os operários de Maurice Duplay trabalhavam no pátio lá embaixo. Ao vê-lo, todos acenaram em sinal de cumprimento. Ele gostaria de descer para cumprimentá-los em pessoa, mas poderia encontrar Eléonore ou talvez Mme. Duplay, que o levaria para aquela sala de visitas e esperaria que ele conversasse e comesse alguma coisa. Camille detestava aquela sala, com seus vastos *artigos* — era o único nome que podia dar — de móveis de mogno, cortinas de veludo Utrecht vermelho-escuro, tapeçarias antiquadas e um fogão de esmalte que expelia calor carregado de fumaça. Aquela sala matava esperanças; imaginou-se pegando uma almofada vermelha e colocando-a decididamente sobre o rosto de Eléonore.

Então começou a escrever. Terminou um parágrafo. Apagou-o. Começou de novo. O tempo passou, ele supôs. Ouviu alguém arranhando na porta.

— Camille, posso entrar?

— Pode.

Oh, por que ficar nervoso assim?

— Está ocupado? — perguntou Elisabeth Duplay.

Ele pousou a pena na mesa.

— Tenho de escrever um discurso, mas não consigo me concentrar. Minha esposa...

— Eu sei. — Fechou a porta com suavidade. Babette. A menina simplória. — Você gostaria que eu ficasse aqui conversando?

— Seria muita gentileza sua — disse Camille.

Ela riu.

— Oh, Camille, como você é ácido. Na verdade, não acha que seria muita gentileza minha, acha que seria um tédio.

— Se eu achasse que seria um tédio, diria.

— Você tem reputação de homem charmoso, mas não vemos nada disso aqui em casa. Você nunca foi charmoso com minha irmã Eléonore, embora eu deva admitir que muitas vezes sou rude com ela; não deveria agir assim, pois sou a caçula, e em nossa família somos criadas para ser gentis com os mais velhos.

— Está certo — disse Camille, com toda a seriedade. Não conseguia entender por que ela continuava rindo. Mas de repente entendeu. Quando ela ria, ficava bonita. Aliás, ela era bonita. Diferente das irmãs.

Elisabeth sentou-se na beira da cama.

— Max fala muito de você. Seria ótimo conhecê-lo melhor. Acho que você é a pessoa que ele mais considera no mundo. Mas você é muito diferente, então por que acha que ele pensa assim?

— Deve ser meu charme — disse Camille. — É óbvio, não é?

— Ele é muito gentil conosco, você sabe. É como um irmão. Vai contra nosso pai para nos apoiar. Nosso pai é um tirano.

— Todos os filhos pensam o mesmo. — De súbito assustou-se com o que disse. Como trataria seu filho quando ele crescesse e tivesse vontade própria? O filho se tornando adulto e ele, um homem de meia-idade; parecia pouco provável. O que meu pai estaria fazendo na hora em que eu nasci? Aposto que estava trabalhando na *Enciclopédia de Direito*. Aposto que estava fazendo índices enquanto minha mãe gritava em agonia.

— Em que está pensando? — ela perguntou.

Camille não pôde deixar de sorrir. Ela estava sugerindo que gostaria de conhecê-lo melhor. As mulheres tinham uma hora especial para esse tipo de pergunta, em geral depois do ato sexual; decerto praticavam esse comportamento quando ainda estavam no colégio.

— Em nada — respondeu. (Seria bom que ela se acostumasse à resposta habitual.) Camille sentiu-se inquieto. — Elisabeth, sua mãe sabe que você está aqui?

— Pode me chamar de Babette. É meu apelido.

— Mas ela sabe?

— Não sei. Acho que saiu para comprar pão. — Passou uma das mãos pela saia e sentou-se mais para dentro da cama. — Isso importa?

— Os outros podem querer saber onde você está.

— Podem me chamar se precisarem de mim.

Fez-se uma pausa, e ela olhou-o fixamente.

— Sua esposa é muito bonita.

— É, sim.

— Ela gostou de ficar grávida?

— Gostou de início, mas depois achou entediante.

— Imagino que você tenha achado entediante também.

Ele fechou os olhos. Tinha quase certeza de que sabia o que estava acontecendo. Abriu os olhos de novo. Queria se certificar de que ela não se movera.

— Acho que preciso ir embora — disse.

— Mas, Camille — disse Babette, arregalando os olhos. — Se sair pode chegar aqui um recado sobre seu filho. E você quer saber imediatamente, não é?

— Sim, sim. Então talvez seja melhor não ficarmos aqui dentro.

— Por que não?

Porque creio que você está tentando me seduzir. Só não tirou a roupa ainda, mas não poderia ser mais clara. Provavelmente vai tirar em um minuto.

— Você sabe muito bem por que não — falou.

— As pessoas podem conversar nos quartos. Podem fazer festas nos quartos. E até mesmo conferências.

— É claro que podem. — Eu já deveria ter ido embora.

— Está com medo de fazer alguma coisa errada? Você me acha atraente?

Não. Eu não disse isso. Talvez ela chorasse, ficasse para sempre insegura, morresse solteira. Está bem, não se pode dizer isso, mas há coisas piores que são ditas.

— Elisabeth, você faz isso com frequência?

— Eu não venho aqui com frequência. Max está sempre ocupado.

Ah, que sutileza fina, ele pensou. O comportamento padrão de um exército de virgens de classe média e rosto redondo, do tipo de jovens que lhe causavam problemas quando ele tinha 16 anos. E mesmo hoje ele poderia ter problemas.

— Eu não quero você — falou com gentileza.

— Isso não importa.

— O que você disse?

— Disse que não importa. — Pulou da cama e avançou na ponta dos pés, sem fazer barulho. Parou em frente a ele e pousou uma das mãos em seu ombro. — Você está aqui. Eu estou aqui. — Soltou os grampos e sacudiu o cabelo. Um cabelo castanho, despenteado. E a cor em suas bochechas... — Você me quer agora? — Se ele descesse as escadas agora ela desceria atrás, e ele encontraria (ele conhecia aquelas terríveis reuniões) Eléonore e o sobrinho Maurice Duplay. Levantou-se e viu no espelho seu rosto irado, culpado e confuso. Ela levantou-se também e bloqueou a porta com o corpo, rindo: naquele instante deixou de ser o elemento mais insignificante da casa.

— Oh, isso é ridículo. É incrível. — Babette olhou-o de lado, como se fosse um caçador inspecionando a armadilha no início da manhã. — Não é o interlúdio romântico que você tinha em mente — disse Camille. — Você só quer ver sangue.

— Ah, então não temos nada em comum? — ela perguntou.

Elisabeth era ainda uma menina, mas com um corpo bem desenvolvido. Quando ele afastou-a da porta, o nó do fichu que cobria seus ombros se soltou e a peça caiu no chão. Camille imaginou se a costureira de Mme. Duplay sabia dos planos da jovem de exibir seus seios brancos e cheios de adolescente.

— Olhe o estado em que estou — ela disse, pegando a mão dele e colocando-a em seu pescoço nu. Ele pôde sentir a pulsação sob a pele. — Você me tocou *agora*. — A voz dela convidava à violência. Camille teve vontade de lhe dar um tapa, mas ela gritaria. Meu Deus, preciso avisar aos outros sobre ela, pensou, fazendo uma lista mental daqueles que deveria avisar.

— Podemos continuar. Estamos seguros. A porta está trancada. Podemos ir em frente.

Ele pegou o fichu do chão e colocou-o em volta dos ombros dela, segurando seus braços com força.

— Vou chamar suas irmãs — disse. — Acho que você não está bem.

Ela ficou perplexa, e disse em voz baixa:

— Você está me machucando.

— Não estou, não. Prenda o cabelo.

Estranha a expressão que teve tempo de ver no rosto dela. Não uma expressão de hesitação ou de raiva, mas de desgosto. Babette soltou-se das mãos dele e foi para a janela. Seu rosto estava vermelho e ela inspirava intensamente. Camille sacudiu-a.

— Pare com isso. Você vai acabar desmaiando.

— E você vai ter de se explicar. Eu posso gritar. Ninguém acreditaria em você.

No pátio lá embaixo a serra parou, e os homens olharam para a casa. Os rostos não eram muito nítidos, mas era possível imaginar os sulcos entre as sobrancelhas. Maurice Duplay veio andando lentamente na direção da casa; um segundo depois Camille ouviu uma voz de mulher fazendo-lhe uma pergunta, a voz de Duplay abafada, mas precisa. Um agudo grito de mulher. Em seguida ouviu passos subindo as escadas.

Camille ficou gelado. Ela pode dizer o que quiser, pensou, e eles acreditarão. Uma pequena multidão juntou-se no pátio. Eram os empregados de Duplay olhando para cima, com ar de expectativa.

A porta foi aberta e Maurice Duplay entrou, o mestre enérgico, de mangas arregaçadas. Estendeu os braços, o bom jacobino Duplay, e disse uma frase totalmente original, que ele nunca ouvira antes:

— Camille, você tem um filho. Sua esposa está passando bem e pede que você vá para casa agora mesmo.

Um mar de sorrisos na porta. Camille ficou parado, lutando para controlar o medo. Não precisa falar, disse uma voz dentro dele, todos vão pensar que você está contente e surpreso demais para falar. Elisabeth virou as costas para os dois. Com movimentos hábeis ajeitou as roupas.

— Minhas congratulações — disse ligeiramente. — Você deve estar se sentindo realizado.

— Maximilien tem um afilhado — disse Mme. Duplay, sorrindo. — Deus queira que um dia tenha seu próprio filho.

Maurice Duplay deu um forte abraço em Camille. Um abraço terrível, enérgico, patriótico, de jacobino para jacobino, o ombro carnudo apertando seu rosto. Camille teve vontade de contar o que acontecera, dizer que sua filha caçula era uma estupradora praticante. Não, pensou. Contar não vai resolver nada. Achou melhor não mencionar isso a ninguém, todos ririam dele. Achou melhor ir diretamente para casa ver Lucile, e dali em diante tomar muito, muito cuidado e ser muito, muito bom.

O PRIMEIRO CONSOLO foi que o parto levou menos tempo que o previsto: 12 horas desde que começou. O segundo foi ver aquela criança de cabelo preto, muito pequenina, deitada em seu braço. Lucile sentia um amor tão puro que mal conseguia falar. Fora alertada sobre todo tipo de coisa, pensou, mas ninguém jamais falara sobre esse sentimento. Estava cansada, mortalmente cansada, mal podia sustentar a cabeça.

Como as pessoas tinham opiniões diferentes! Durante cada contração sua mãe segurava suas mãos, estremecendo com a força das mãos dela, dizendo todo o tempo: tenha *coragem,* Lucile, tenha *coragem.* A parteira disse que ela podia gritar o quanto quisesse, mesmo que derrubasse o teto, que seu marido teria dinheiro para consertar o estrago. Não se pode agradar a todos. Todas as vezes que ela tentava gritar, uma nova contração lhe tirava o fôlego. Gabrielle Danton inclinou-se sobre ela e lhe disse alguma coisa, alguma coisa sensível, sem dúvida, e tinha certeza de que em certo ponto Angélique aparecera também, murmurando feitiços em italiano. Mas em certos momentos, durante alguns segundos, ela não sabia quem estava lá. Passava para outro mundo, um mundo implacável, com paredes vermelhas.

De forma deliberada e consciente, Camille afundou os acontecimentos recentes na cabeça. Segurando o frágil bebê contra o ombro, fez duas promessas: vou ser muito bom para você, e qualquer coisa idiota ou estranha que você quiser fazer eu aceitarei. Claude olhou para o bebê, sem esperar que Camille lhe deixasse segurá-lo.

— Com quem será que vai se parecer?

— Há muito dinheiro envolvido nisso — Camille disse

Claude fechou a boca e desistiu de dar os parabéns ao genro.

*

— POR QUE NÃO DERRUBAMOS o rei em 14 de julho? — inquiriu o *ci-devant* duque de Orléans.

— Oh, hum — disse o *ci-devant* conde de Genlis. — Você gosta muito de atitudes sentimentais. Vou falar com Camille e ver se ele pode organizar isso.

O duque não percebia o sarcasmo com facilidade e murmurou:

— Todas as vezes que você fala com Camille eu sou obrigado a gastar uma pequena fortuna.

— Você não sabe onde começa a voracidade. Quanto deu para Danton nos três últimos anos?

— Não sei ao certo. Mas se falharmos dessa vez, mesmo um pequeno tumulto estará acima de minhas possibilidades. Quando Luís cair... você acha que podem me afastar do trono desta vez?

De Sillery gostaria de mostrar que ele já tinha jogado fora sua chance uma vez (por ter dado ouvidos, ele diria, à minha esposa, Félicité, a cafetina), mas Félicité e sua filha Pamela haviam partido para a Inglaterra no outono anterior, sob a proteção do sempre útil e sempre prestativo Jérôme Pétion.

— Deixe-me pensar — falou. — Você comprou os brissotistas, os rolandinos e os girondinos?

— Não são todos a mesma coisa? — perguntou Philippe, alarmado. — Pensei que fossem.

— Tem certeza de que pode oferecer a Georges Danton mais do que a corte oferece? Mais do que ele ganharia com uma República?

— A situação chegou a esse ponto? — O duque parecia enojado, esquecido de seu próprio papel na Revolução.

— Não pretendo desencorajá-lo, mas soube que Danton quer que esperemos os voluntários de Marselha.

Os homens de Marselha são escolhidos a dedo, são patriotas leais, que marcham para a capital nas celebrações da queda da Bastilha; marcham cantando novas canções patrióticas, muito determinados. Serão pontas de lança para as Seções, quando chegar o dia.

— Os homens de Marselha... a quem eu pago no caso deles?

— A um jovem político local chamado Charles Barbaroux.

— Quanto ele quer? Podemos garanti-lo?

— Dane-se tudo isso. — De Sillery fechou os olhos, sentia-se cansado. — Ele está em Paris desde 11 de fevereiro. Teve um encontro com os Roland em 24 de março. — Laclos tinha um pequeno arquivo sobre a crescente importância de Barbaroux e o colocara em sua coluna de "conquistadores", com uma pequena estrela para ênfase. — Você nunca se pergunta se vale a pena? — disse De Sillery.

Essa era uma questão que Philippe não conseguia tirar da cabeça. Qualquer coisa teria valido a pena, qualquer conveniência, qualquer vergonha, qualquer massacre, se no final ele viesse a ser rei da França. Até o dia em que Félicité interferiu e perturbou-o. Mas na verdade ela tinha razão, não valia a pena ser rei e morrer rapidamente. Fazia anos que ele seguia essa linha, manipulado por todos à sua volta, mesmo contra sua vontade. Agora não havia tempo para outro trajeto, e ele estava quase falido.

— Que se dane Danton — disse. — Eu deixei que ele ficasse até com Agnès.

— Ninguém "deixa" Danton ter o que quer — disse Charles-Alexis. — Ele simplesmente toma.

— Mas precisa dar também — falou Philippe. — O povo vai querer alguma coisa. O que ele terá para dar?

— O direito de voto para todos os homens. Coisa que nunca tiveram antes.

— Eles vão gostar, suponho. Vão sair nas ruas para ganhar isso. — O duque suspirou. — Mesmo assim, o 14 de julho teria sido bom. — Lembrava-se do ano de 1789 como seus dias de opulência. E verbalizou essa lembrança.

— Sua juventude — falou Charles-Alexis.

*

EM 10 DE JULHO foi declarado estado de emergência. Por toda a cidade havia bandas militares e cabines de recrutamento com bandeiras tricolores. Da janela de seu quarto, Lucile podia ouvir Danton fazendo o próprio recrutamento, o mais barulhento em quilômetros. A primeira expressão que ela percebeu no rosto de seu bebê foi de exasperação. Quando se restabeleceu e pôde viajar, foi para a fazenda dos pais em Bourg-la-Reine. Camille apareceu no fim de semana e preparou um longo discurso.

O Conselho Geral da Comuna reuniu-se em 24 de julho para ouvi-lo. Era o manifesto de Danton: sufrágio universal e responsabilidade universal, os cidadãos de cada Seção podiam reunir-se a qualquer hora, podiam armar-se, podiam mobilizar-se contra subversão e ataque iminente. Quando Camille previu que a monarquia cairia dentro de alguns dias, Danton cruzou os braços, trocou olhares com seus colegas mais próximos e afetou surpresa.

— Obrigado — disse Pierre Chaumette. — Era o que queríamos ouvir.

René Hébert meneou a cabeça e esfregou as mãos gordas e brancas, em sinal de satisfação pela forma como as coisas caminhavam.

Do lado de fora do Hôtel de Ville havia uma grande multidão, e Camille foi veementemente aplaudido quando apareceu. Danton pôs a mão em seu ombro, para que essa popularidade fosse compartilhada com todos.

— Bem diferente de um ano atrás — Camille falou —, quando estávamos fugindo. — Acenou para a multidão e jogou um beijo. Todos riram, acotovelaram-se e empurraram para tocar nele, como se fosse um amuleto de sorte. Jogaram os barretes vermelhos para o alto e começaram a cantar o "Ça Ira" em uma das versões mais sanguinárias. Depois cantaram a nova canção: "A Marselhesa."

— Animais estranhos — disse Danton. — Esperemos que repitam isso dentro de uma ou duas semanas.

O DUQUE DE BRUNSWICK, comandante dos aliados, emitiu um documento, um manifesto, uma declaração de intenções. Conclamou o povo francês a largar as armas e não oferecer resistência às forças invasoras, que iriam restaurar a autoridade apropriada. Qualquer cidade que resistisse seria destruída. Todos os deputados, todos os soldados da Guarda Nacional e todos os funcionários públicos de Paris deviam considerar-se pessoalmente responsáveis pela segurança do rei e da rainha. Se alguma violência fosse dirigida à família real, eles iriam à corte marcial assim que os aliados entrassem em Paris. Sem esperança de perdão. Se o ataque de junho às Tulherias se repetisse, a cidade de Paris seria completamente destruída, e seus habitantes exterminados por pelotões de fuzilamento.

Danton postou-se com Caroline Rémy em uma janela alta do Palais-Royal. Lá embaixo, Camille lia a declaração dos aliados para a multidão.

— Ele não é bom? — perguntou Caroline. — Fabre fez realmente um trabalho maravilhoso.

— Brunswick nos deu o que precisávamos — disse Danton. — Diga ao povo que eles serão executados em massa e que os alemães irão atirá-los em valas comuns. O que eles têm a perder?

Passou uma das mãos em torno da cintura de Caroline, e ela acariciou seus dedos. Lá embaixo a multidão começou a gritar, mostrando sua resistência ao resto da Europa, em ondas de alegria, desafio e raiva.

[*ZOPPI está na rue des Fossés-Saint-Germain. Um dia na longa história da conspiração do café.*]

DANTON: Creio que todos vocês se conhecem.

LEGENDRE: Continue. Isso não é um jantar de gala.

DANTON: Para quem está em dúvida, este é Legendre. O nome desse cavalheiro alto é Westermann. Ele é originário da Alsácia, e nós nos conhecemos há algum tempo. É um ex-oficial do exército.

FABRE: [*para Camille*]: Faz tempo que ele serviu no exército. Um velhaco de pouca influência no Palais-Royal.

CAMILLE: É nosso tipo de pessoa.

DANTON: Este é Antoine Fouquier-Tinville.

LEGENDRE: Você me lembra alguém.

DANTON: Fouquier-Tinville é primo de Camille.

LEGENDRE: Vejo uma ligeira semelhança entre eles.

FABRE: Eu não vejo nada.

HÉRAULT: Talvez sejam primos muito distantes.

FABRE: Nem todos se parecem com seus parentes.

HÉRAULT: Talvez ele saiba falar.

FABRE: Talvez você tenha uma opinião a oferecer, primo de Camille.

FOUQUIER: Fouquier.

HÉRAULT: Meu Deus, você não espera que aprendamos seu nome, não é? Sempre o chamaremos de "primo de Camille". Será mais fácil para todos e mais humilhante para você.

FRÉRON [*para Fouquier*]: Seu primo é estranho.

FABRE: É um assassino em massa.

FRÉRON: É ligado ao satanismo.

FABRE: Está aprendendo sobre envenenamento.

HÉRAULT: E hebraico.

FRÉRON: Ele comete adultério.

HÉRAULT: Ele é uma maldita desgraça.

[*Pausa*]

FABRE: Está vendo? Ele não tem nem um mínimo da sensibilidade do primo.

FRÉRON: Onde está o orgulho da família?

FOUQUIER [*indiferente*]: Pode ser tudo verdade. Não vejo Camille há muito tempo.

FRÉRON: Em parte é verdade. O adultério e o hebraico.

FABRE: Talvez ele seja mesmo ligado ao satanismo. Eu o vi conversando com De Sade uma vez.

HÉRAULT: De Sade não é um satanista.

FABRE: Pensei que fosse.

HÉRAULT: Por que está aprendendo hebraico, Camille?

CAMILLE: Por causa de meu trabalho sobre os Pais da Igreja.

DANTON: Oh, Deus.

CAMILLE [*cochichando para Hérault*]: Note como os olhos dele são juntos. Sua primeira esposa morreu em circunstâncias misteriosas.

HÉRAULT [*cochichando*]: Verdade?

CAMILLE: Eu nunca invento mentiras.

DANTON: M. Fouquier se diz pronto a fazer qualquer coisa.

HÉRAULT: Ele é definitivamente parente de Camille.

LEGENDRE: Podemos continuar com o planejamento? [*Para Fouquier.*] Eles me tratam como um imbecil porque não tive educação formal. Seu primo faz observações derrogatórias sobre mim em línguas estrangeiras.

FOUQUIER: Línguas que você não conhece?

LEGENDRE: Sim.

FOUQUIER: Então como sabe do que ele está falando?

LEGENDRE: Você é advogado?

FOUQUIER: Sou.

DANTON: Eu diria que dentro de uma semana mais ou menos.

MOUSSEAUX, residência do duque de Orléans. Havia falta de cordialidade, para não dizer frieza, na mesa de jantar. Charles-Alexis parecia desconcertado, talvez pelo patê ou por sentir-se intimidado pelos nobres, o duque não sabia dizer. Seus olhos infelizes foram do peito do pombo desossado e recheado de aspargos e cogumelos a Robespierre, passando pelos convidados. Ele não mudou nada desde 1789, pensou o duque; o paletó impecável (na verdade, o mesmo), e o cabelo muito bem empoado. Nossa mesa deve ser muito diferente, pensou Philippe, da mesa de jantar do carpinteiro. Será que ele se senta ereto lá, come tão pouco, faz anotações mentais? Ao lado de seu copo de vinho havia um copo de água. O duque inclinou-se para a frente timidamente e tocou seu braço.

PHILIPPE: Eu sinto... que talvez as coisas tenham saído erradas... os monarquistas são muito fortes... o perigo é imediato. Pretendo ir para a Inglaterra, e peço que venham comigo.

DANTON: Eu cortarei a garganta de qualquer idiota que fugir agora. Está tudo organizado. Nós iremos em frente.

PÉTION: Meu querido Danton, existem certos problemas.

DANTON: E você é um deles. Seu grupo quer que o rei lhes devolva os ministérios, só então ficarão felizes. O interesse deles para aí.

PÉTION: Não sei o que você quer dizer com “meu grupo”. Não sou membro de nenhuma facção. Facções e partidos são perniciosos à democracia.

DANTON: Diga isso a Brissot. Não a mim.

PÉTION: A defesa do palácio está sendo organizada neste momento. São trezentos cavalheiros prontos a defendê-lo.

DANTON: Cavalheiros? Estou apavorado.

PÉTION: Só estou lhe dizendo.

DANTON: Quanto mais, melhor. Eles vão tropeçar uns nos outros quando desmaiarem.

PÉTION: Nós não temos cartuchos suficientes.

DANTON: Eu posso conseguir alguns para vocês na polícia.

PÉTION: O quê, oficialmente?

DANTON: Eu sou o promotor público adjunto. Posso cuidar de uma coisa simples como cartuchos, pelo amor de Deus.

PÉTION: Há novecentos elementos da Guarda Suíça no palácio, e me disseram que eles são soldados muito bons, leais aos Capeto, e que não desistirão.

DANTON: Não deixe que eles tenham permissão para estocar munição. Meu Deus, Pétion, esses são apenas aspectos técnicos.

PÉTION: Há o problema da Guarda Nacional. Nós sabemos que muitos dos soldados nos apoiam, mas eles não quebrarão a hierarquia, terão de cumprir ordens; estamos em uma situação completamente imprevisível. Cometemos um erro quando permitimos que o marquês de Mandat assumisse o comando. Ele é um absoluto monarquista.

[*Philippe pensa: teremos de parar de usar a palavra com esse sentido condenatório quando eu me tornar rei.*]

PÉTION: Teremos de retirar Mandat do comando.

DANTON: Como assim, retirar Mandat? Mate-o, homem, mate-o. Os mortos não voltam.

[*Silêncio.*]

DANTON: Aspectos técnicos.

CAMILLE DESMOULINS:

Para o estabelecimento da liberdade e a segurança da nação, um dia de anarquia fará mais que dez anos de Assembleias Nacionais.

MME. ELISABETH:

Não precisamos nos preocupar. M. Danton cuidará de nós.

V. Queimando os corpos

(1792)

DIA 7 DE AGOSTO:

— Foi embora? — disse Fabre. — Danton foi embora?

Catherine Motin revirou os olhos.

— Ouça-me mais uma vez, monsieur. Mme. Danton foi para a casa dos pais em Fontenay, e M. Danton, para Arcis. Se não acredita em mim, pode ir até a esquina e perguntar a M. Desmoulins. Eu acabei de ter essa conversa com ele.

Fabre saiu à rua, passou pela Cour du Commerce e entrou na rue des Cordeliers, chegando a outra porta do mesmo prédio. Ao subir as escadas imaginou por que Georges-Jacques e Camille não faziam uma abertura na parede. Realmente seria mais fácil se vivêssemos sob o mesmo teto.

Lucile estava sentada com os pés para cima lendo um romance e comendo uma laranja.

— Como vai? — disse, oferecendo-lhe um gomo.

— Onde ele está? — Fabre perguntou.

— Georges-Jacques? Foi para Arcis.

— Mas por quê, por quê, por quê? Minha mãe de Deus! Onde está Camille?

— Deitado em nossa cama. Creio que está chorando.

Fabre entrou no quarto com o gomo de laranja na boca e atirou-se em cima de Camille.

— Não, por favor, não faça isso — disse Camille, cobrindo a cabeça com as mãos. — Não bata em mim, Fabre, não vou aguentar.

— O que Danton está planejando? Vamos, você deve saber.

— Ele foi ver a mãe. A mãe. Eu só soube hoje de manhã. Nenhum recado, nenhuma carta, nada. Não consigo suportar.

— O gordo idiota — disse Fabre. — Aposto que planeja ficar afastado.

— Vou me matar — disse Camille.

Fabre saiu da cama e voltou para a sala de visitas.

— Ele não está raciocinando bem. Disse que vai se matar. O que faremos?

Lucile marcou a página e colocou o livro sobre a mesa. Ficou claro que não continuaria a ler.

— Georges me disse que voltaria, e não tenho razões para duvidar. Por que não se senta e escreve uma carta para ele? Diga que não pode agir sem ele, o que é verdade. Diga que *Robespierre diz* que não pode passar sem ele. E quando tiver terminado, vá procurar Robespierre e peça-lhe para vir aqui. Ele tem uma influência estabilizadora sobre Camille quando ele quer se matar.

É CLARO QUE A 9 de agosto, às 9 horas, Danton estava de volta.

— Não adianta se zangar comigo. Tenho meus assuntos para resolver. É um negócio perigoso, esse.

— Seus negócios foram resolvidos tantas vezes que é impossível contar — disse Fabre.

— Como vê, estou ficando mais rico.

Beijou a esposa no alto da cabeça e disse:

— Pode desfazer minhas malas, Gabrielle?

— Você ouviu bem? — disse Fabre. — Ele disse desfazer as malas ou refazer as malas?

— Achamos que você nos abandonaria de novo — Camille falou.

— Como "de novo"? — Segurou Camille pelo punho e arrastou-o para o meio do quarto, carregando o filho caçula Antoine em um dos braços. — Senti falta de vocês, meus queridos. Foram apenas dois dias. Por que ainda estão aqui? — perguntou para o menino. — Deveriam estar fora da cidade.

— Ele chorou para voltar para casa — explicou Gabrielle. — Só consegui acalmá-lo depois que prometi que ele o veria hoje. Minha mãe vem buscá-lo à tarde.

— Esplêndido, mulher, esplêndido. Cuidando das crianças na boca do canhão.

— Pare de ser tão cordial — pediu Camille. — Você me deixa enojado.

— É o ar do campo — disse Danton. — Estou cheio de energia agora. Você deveria sair de Paris com mais frequência. Pobre Camille. — Puxou a cabeça dele para junto de seu ombro e acariciou-lhe o cabelo. — Ele está com medo, com medo, com medo.

*

MEIO-DIA.

— Faltam apenas 12 horas agora — disse Danton. — Eu dei minha palavra.

DUAS HORAS DA TARDE. Marat chegou. Estava mais sujo que nunca. Como se, devido a seu trabalho, a pele tivesse ficado da cor de um papel de jornal de má qualidade.

— Há outros lugares onde poderíamos nos encontrar — disse Danton. — Não chamei você aqui. Não quero que minha mulher e meu filho tenham pesadelos.

— Você terá prazer em me convidar depois. Além do mais, quem sabe?, talvez eu me asseie melhor quando a República chegar. Agora... (Ele sempre deixava certo tempo para assuntos pessoais.) Agora... Tenho a impressão de que os brissotistas estão tentando fazer um acordo com a corte. Têm conversado com Maria Antonieta, isso eu posso provar. Nada que façam neste estágio pode nos prejudicar, mas a questão é o que faremos com eles depois.

Esta palavra era a toda hora introduzida na conversa: *depois.*

Danton sacudiu a cabeça.

— Acho difícil acreditar. A esposa de Roland não faria parte do acordo. Ela foi chutada do ministério, lembra? Não posso imaginá-la conversando com Maria Antonieta.

— Então estou mentindo?

— Eu admito que alguns deles estejam dispostos a negociar. Querem seus cargos de volta. O que só mostra que não existem brissotistas.

— Só quando nos convém — disse Marat.

QUATRO HORAS DA TARDE. Rue des Cordeliers.

— Mas você não pode simplesmente dizer "até logo" — falou Camille, horrorizado. — Não pode aparecer no meio de uma tarde ensolarada e dizer: "Tive muito prazer em conviver com você durante vinte anos, agora vou sair para ser morto."

— Mas você pode — falou Louis Suleau, vacilante. — Parece que pode.

O cronista do *Atos dos Apóstolos* tivera sorte. Nos anos de 1789 e 1790 poderia ter sido morto pelas multidões, as multidões que o Procurador-Geral da Lanterna tinha conduzido.

— Sempre que passo por um poste de luz — tinha escrito — vejo o poste vindo em minha direção, ambiciosamente.

Camille olhou-o em silêncio, atônito; mas já devia saber, já devia esperar por isso. Louis estivera na fronteira, nos acampamentos dos *émigrés;* por que teria voltado a Paris agora, se não por uma tendência suicida?

— Você também assumiu riscos — disse Louis. — Não preciso explicar por que se age dessa forma. Desisti de tentar fazer de você um monarquista. Pelo menos temos isso em comum: agimos de acordo com nossos princípios. Estou preparado para morrer em defesa do palácio, mas talvez o rei se saia bem. Talvez ainda cheguemos à vitória.

— Sua vitória seria minha morte.

— Eu não desejo isso — disse Louis.

— Você é um hipócrita. Deve desejar minha morte. Não pode seguir um caminho para depois renegar as consequências naturais.

— Não estou seguindo um caminho. Estou mantendo minha fé.

— Fé naquele idiota gordo e triste? Ninguém que deseja ser levado a sério pode morrer por Luís Capeto. É uma ideia absurda.

Louis olhou para o lado.

— Não sei... talvez no final eu concorde com você. Mas o confronto não pode mais ser evitado.

Camille fez um gesto de irritação.

— É claro que pode. Volte para seu apartamento e queime tudo o que acha que poderá incriminá-lo. Tenha muito cuidado, pois vai notar que enquanto a Revolução continuar haverá novos crimes. Faça uma maleta levando apenas o necessário, para não dar a impressão de que está indo a algum lugar. Depois me dê suas chaves e eu irei a sua casa na próxima semana. Não volte aqui, vários dos homens de Marselha virão jantar conosco. Procure Annette Duplessis e fique lá até que eu chegue. Uma vez em segurança, sente-se e prepare para mim um resumo claro de suas finanças, explicando que providências devo tomar nesse sentido. Mas esse resumo deverá ser ditado, não pode ser escrito com sua caligrafia; meu sogro anotará tudo e lhe dará orientação. Não assine, e guarde o papel em um lugar seguro. Nesse meio-tempo vou lhe arranjar um passaporte e alguns papéis. Você fala inglês, não é?

— Você realmente habituou-se a dar ordens. Parece que está acostumado a banir pessoas.

— Pelo amor de Deus, Louis.

— Obrigado, mas não.

— Então... — ele estava suplicando — se não vai fugir... volte aqui hoje às 21 horas. Eu posso transferir o jantar de hoje para amanhã. Você não será visto. Pelo menos terá uma chance.

— Mas, Camille, o risco que você correria... poderia ter graves consequências.

— Você não virá, não é?

— Não.

— Então por que prolongar o assunto?

— Porque tenho medo do que pode acontecer a você. Você não tem obrigação alguma comigo. Nós nos encontramos... não, nós nos *colocamos*, em lados diferentes. Eu nunca esperei, nunca sonhei que nossa amizade pudesse durar tanto nas presentes circunstâncias.

— Não é verdade. Você vivia rindo e dizendo que as pessoas estavam acima da política.

— Eu sei. "Liberdade, Alegria, Real Democracia." Eu acreditava em meu lema, mas não acredito mais. Não vai haver realeza alguma. Penso também que existirá pouca liberdade e que haverá sempre guerra e guerra civil. Portanto tampouco a alegria tem muitas chances. Você verá que daqui em diante, depois de amanhã, quero dizer, a lealdade pessoal contará muito pouco.

— Você está pedindo que em nome da Revolução, em nome do que você supõe que a Revolução seja, eu fique inerte enquanto uma pessoa que amo é destruída por sua própria estupidez?

— Não quero que você pense assim depois.

— Não vou deixá-lo fazer isso. Vou mandar prendê-lo hoje à noite. Não vou permitir que você se mate.

— Não estaria me fazendo um favor. Eu evitei a Lanterna até agora, e não quero ser tirado da prisão e linchado. Não é uma morte digna. Sei que você podia ter mandado me prenderem. Mas seria uma traição.

— A quê?

— Ao princípio.

— Eu sou um princípio para você, e você é um princípio para mim?

— Pergunte a Robespierre — disse Louis, deprimido. — Pergunte a esse homem tão consciente o que é mais importante: seu amigo ou seu país. Pergunte a ele qual é o peso de um indivíduo na atual circunstância. Pergunte a ele o que vem primeiro: seus antigos companheiros ou seus novos princípios. Pergunte a ele, Camille. — Levantou-se e continuou: — Eu não sabia se devia vir aqui, tive medo de lhe criar dificuldades.

— Ninguém pode criar dificuldades para mim. Não há autoridade alguma que possa fazer isso.

— É verdade, creio que estamos mesmo chegando a esse ponto. Sinto muito não ter conhecido seu filho.

Estendeu a mão, mas Camille lhe deu as costas.

— Padre Bérardier está na prisão, meu querido. Você pode mandar soltá-lo? — perguntou Louis.

Sem olhá-lo, Camille disse:

— Esse jantar com os homens de Marselha terminará por volta das 20h30, desde que eles não comecem a cantar. Depois vou estar com Danton, não sei onde. Pode ir ao apartamento dele a qualquer hora. Nem ele nem sua esposa o denunciariam.

— Não conheço Danton. É claro que já o vi, mas nunca conversei com ele.

— Não é preciso ter *conversado* com ele. Basta dizer que eu quero que você esteja seguro. Que você é um de meus caprichos.

— Quer olhar para mim?

— Não.

— Está fingindo ser a mulher de Ló?

Camille sorriu e virou-se. A porta foi fechada.

— CREIO QUE NÃO devo tentar voltar para Fontenay — disse Angélique. — Victor vai me receber. Você gostaria de ver seu tio?

— Não — respondeu Antoine.

Danton riu.

— Ele é um lutador, quer ficar.

— Eles estarão seguros na casa de Victor? — Gabrielle parecia doente, amarelada e tensa.

— Sim, sim, sim. Eu os deixaria ir se não ficassem seguros? Ah, Lolotte chegou.

Lucile atravessou a sala e pôs as mãos nos ombros de Danton.

— Não se preocupe. Nós venceremos. Eu sei que venceremos.

— Você tomou champanhe demais.

— Eu cedi à tentação.

Ele baixou a cabeça e falou em seu ouvido:

— Gostaria que você cedesse a mim. — Lucile afastou-se, rindo.

— Como pode rir? — disse Gabrielle.

— Por que não, Gabrielle? Tenho certeza de que todos nós estaremos chorando em breve. Talvez hoje à noite.

— O que vai levar? — Angélique perguntou ao menino em voz alta. — Vai querer levar seu pião? Acho que sim.

— Ponha um agasalho nele — disse Gabrielle automaticamente.

— Minha filha, o dia está abafado, é mais fácil ele sufocar de calor que sentir frio.

— Está bem, mãe. Eu sei.

— Leve Gabrielle para dar uma volta — disse Danton. — Ainda está claro.

— Não quero.

— Vamos — disse Lucile, puxando-a da cadeira. Angélique ficou aborrecida. Depois de todos aqueles anos sua filha ainda não sabia quando os homens queriam livrar-se das mulheres. Seria uma incapacidade ou uma objeção declarada?

Na porta, Angélique virou-se e disse:

— Creio que é inútil pedir que você tome cuidado, não é, Georges? — Meneou a cabeça para Camille e levou as duas mulheres para fora.

— Que maneira de falar — disse Danton. Da janela ficaram vendo seu filho atravessar a Cour du Commerce aos saltos, segurando as mãos da mãe e da avó. — Ele quer chegar à esquina sem tocar os pés no chão.

— Que boa ideia — disse Camille.

— Você não parece contente, Camille.

— Louis Suleau esteve em minha casa.

— Ah!

— Ele pretende juntar-se à resistência no palácio.

— Que idiotice.

— Eu pedi que venha para cá se mudar de ideia. Fiz a coisa certa?

— Arriscada, mas moralmente impecável.

— Algum problema?

— Nenhum até agora. Tem visto Robespierre?

— Não.

— Se vir, mantenha-o longe de mim. Não quero Robespierre por perto hoje à noite. Talvez tenha de fazer coisas que ofenderiam seu delicado senso de propriedade. — Fez uma pausa. — Podemos contar as horas agora.

NAS TULHERIAS os cortesãos preparavam a cerimônia do *coucher* do rei. Cumprimentavam-se formalmente, de forma respeitosa. Um nobre recebia as meias reais, que ainda guardavam o calor das panturrilhas; outro aristocrata encarregava-se de retirar a coberta da cama real; e um terceiro homem de boa linhagem entregava o camisão de dormir para o rei, como seu pai e seu avô antes dele, e ajudava Luís Capeto a vesti-lo sobre o torso volumoso.

Os nobres seguiram o rei, pondo-se em fila para entrar em seus aposentos. Mas Luís virou para eles o rosto pálido, gordo e angustiado, e bateu a porta.

Eles entreolharam-se, e só então perceberam a enormidade dos acontecimentos.

— Nunca houve um precedente para isso — murmuraram.

*

LUCILE tocou a mão de Gabrielle para confortá-la. Havia cerca de 12 pessoas no apartamento, e uma pilha de armas no chão.

— Traga mais luz — disse Danton para Catherine. Com a sala mais iluminada novas sombras dançaram no teto e nas paredes.

— Posso ficar aqui, Gabrielle? — Louise Robert perguntou, cobrindo os ombros com o xale como se estivesse com frio.

Gabrielle fez que sim.

— Essas armas precisam ficar na sala?

— Precisam. Não comece a arrumar tudo, mulher.

Lucile atravessou a sala, foi para junto do marido e eles começaram a conversar em voz baixa. De repente virou-se e chamou Georges; sua cabeça doía por causa do champanhe, e sentia um nó na garganta. Sem olhar para ela, Danton interrompeu a conversa com Fréron, pôs o braço à sua volta e puxou-a para perto.

— Eu sei, eu sei — disse a ela. — Mas você terá de ser forte, Lolotte, você não é uma menina tola, precisa cuidar das outras. — O rosto dele estava distante, e ela queria toda sua atenção, queria entrar finalmente em sua mente como uma prioridade, uma necessidade. Mas Danton não estava ali, sua cabeça estava nas Tulherias, no Hôtel de Ville, e de sua boca saíam palavras automáticas de conforto.

— Por favor, tome conta de Camille — ela disse. — Por favor, não deixe que nada aconteça a ele. — Danton olhou para ela, sombrio, considerando-a; queria dar-lhe uma resposta honesta. — Fique perto dele — ela disse. — Eu imploro, Georges.

Fréron pôs a mão em seu cotovelo, mas ela puxou o braço.

— Lolotte, nós cuidaremos uns dos outros. É o melhor que podemos fazer.

— Não quero nada de você, Coelho. Tome conta de si próprio — ela respondeu.

— Ouça. — Os olhos azuis de Danton fixaram-se nos seus, e ela pensou que ouviria as palavras familiares: "Vou falar com você como se falasse com uma adulta." Mas não foi o que ele disse. — Ouça, quando você se casou com Camille sabia quem ele era. Você precisa escolher entre uma vida segura e uma vida na Revolução. Acha que eu pediria a ele que se arriscasse sem necessidade? — Os olhos dele voltaram-se para o relógio, e ela os seguiu. Mediremos nossa sobrevivência pelas horas, pensou Lucile. O relógio foi um presente de casamento para Gabrielle, os ponteiros eram delicadas flores-de-lis. Em 1786 e 1787 Georges era conselheiro do rei. Naquela época, Camille estava apaixonado por sua mãe e ela tinha 16 anos. Danton tocou sua testa com os lábios marcados pela cicatriz. — A vitória não seria nada... — disse. Ele podia ter feito um pacto com ela, é claro. Mas não era esse tipo de homem.

Fréron pegou uma espingarda.

— De minha parte, não seria pena se tudo acabasse esta noite — disse, olhando para Lucile. — Vejo pouco sentido na vida que levo agora.

A voz de Camille soou pela sala, ácida, porém solícita:

— Coelho, eu não sabia que você se sentia assim, posso fazer alguma coisa para ajudar?

Alguém deu um riso forçado. Lucile pensou: não é minha culpa se ele está apaixonado por mim, deveria ter mais bom-senso. Não se ouve Hérault ou Arthur Dillon dizendo que a vida deles acabou, eles sabem quando um jogo é um jogo. Mas agora não é um jogo, não tem nada a ver com amor. Ela levantou a mão para Camille e sentiu que devia fazer uma saudação. Depois virou-se e entrou no quarto. Deixou a porta ligeiramente aberta. Um pouco de luz vinha dos outros cômodos, assim como estranhos trechos de conversa. Sentou-se em uma poltrona, recostou-se e cochilou. Um sono de pós-festa, cheio de sonhos fragmentados.

— A GRANDE CÂMARA DO CONSELHO, monsieur. — Pétion seguia para os aposentos reais, com a faixa oficial em volta do grande peito. Os aristocratas deixaram o caminho livre para ele.

Ao chegar às galerias externas, disse:

— Posso perguntar por que todos os cavalheiros estão de pé? — Por seu tom, parecia estar falando com macacos, não esperava resposta.

O primeiro macaco que deu um passo à frente tinha pelo menos 80 anos. Um macaco trêmulo, branco como papel, com condecorações da cavalaria no peito, que Pétion não soube identificar. Fez uma pequena reverência.

— Sr. Prefeito, nós não nos *sentamos* dentro ou perto dos aposentos reais. A não ser que especificamente comandados para tal. Você não sabia disso? — O velho lançou um olhar de desespero para os companheiros. Uma pequena espada de cerimonial estava pendurada em sua perna murcha. Todos usavam espadas, todos os macacos treinados. Pétion bufou e seguiu em frente.

O rei ficou aturdido; estava habituado a um sono longo, a horas regulares. Maria Antonieta manteve-se sentada, muito ereta, com o queixo dos Habsburgo apertado; ela era exatamente como Pétion tinha imaginado. Pierre-Louis Roederer, um alto oficial do *département* do Sena, estava de pé a seu lado. Segurava três sólidos volumes encadernados e falava com o marquês de Mandat, comandante da Guarda Nacional.

Pétion fez uma leve reverência, mas não em um sentido obsequioso.

PÉTION: O que está segurando, Roederer? Não vai precisar de livros de Direito esta noite.

ROEDERER: Achei que talvez fosse necessário declarar a lei marcial dentro dos limites da cidade, se o *département* tiver autoridade para isso.

MME. ELISABETH: E tem?

ROEDERER: Creio que não, madame.

PÉTION: Eu tenho essa autoridade.

ROEDERER: Sim, mas pensei em verificar, caso você fosse... detido.

REI [*com rudeza*]: Como em 20 de junho.

PÉTION: Esqueça seus livros de Direito. Jogue-os fora. Queime-os. Coma-os. Ou talvez queira guardá-los para usar como arma. Melhor que esses palitos de dentes que todos usam.

MANDAT: Pétion, você entende que é legalmente responsável pela defesa do palácio?

PÉTION: Defesa contra o quê?

RAINHA: A insurreição está sendo organizada sob seus olhos.

MANDAT: Nós não temos munição.

PÉTION: Como, nenhuma?

MANDAT: Não o suficiente.

PÉTION: Que imprevidência!

GABRIELLE sentou-se e ajeitou a saia. Lucile acordou ofegante.

— Sou eu — disse Gabrielle. — Eles já foram.

Louise Robert afundou-se no chão diante dela, segurou suas mãos e apertou-as com força.

— Eles vão tocar o sinal de alarme? — Lucile perguntou.

— Vão, em breve.

A antecipação deixou sua nuca rígida. Levou a mão ao rosto e as lágrimas escorreram entre seus dedos.

À MEIA-NOITE Danton voltou. Gabrielle deu um pulo, alarmada, quando ouviram os passos dele, e as duas correram com ela para a sala de visitas.

— Por que voltou tão cedo?

— Eu disse que voltaria. "Se tudo estiver correndo bem", eu disse, "vou voltar em torno da meia-noite." Por que nunca acreditam em nada do que digo?

— Então está tudo correndo bem? — perguntou Louise. Ele olhou-as irritado. Elas eram um problema.

— É claro. Eu estaria aqui de outra forma?

— Onde está François? Para onde você o mandou?

— Como posso saber onde ele está? Se não saiu de onde o deixei, está no Hôtel de Ville. E o prédio não está em chamas, não há tiroteio algum lá.

— Mas o que você está *fazendo*?

Ele resignou-se.

— Há um grande corpo de patriotas no Hôtel de Ville. Logo vão assumir o comando da Comuna existente, que passará a chamar-se Comuna Insurrecional. Depois disso terão o controle *de facto* da cidade.

— O que significa *de facto*? — perguntou Gabrielle.

— Significa que tomarão o controle agora e o legalizarão mais tarde — Lucile explicou.

Danton riu.

— É sua vez de cunhar frases, madame! É notável o que o casamento fez com você.

Louise Robert disse:

— Não nos trate com condescendência, Danton. Nós entendemos qual é o plano, só queremos saber se está funcionando.

— Vou dormir um pouco — disse Danton, encaminhando-se para o quarto de onde elas tinham acabado de sair e batendo a porta. Deitou-se completamente vestido e ficou olhando para o teto, esperando tocarem o sinal de alarme, esperando que aquele toque trouxesse para as ruas o povo em massa. O relógio bateu a primeira hora de 10 de agosto.

CERCA DE DUAS HORAS MAIS TARDE elas ouviram alguém batendo, e Lucile acompanhou Gabrielle até a porta.

Havia um pequeno grupo de homens do lado de fora. Tinham subido as escadas em completo silêncio. Um deu um passo à frente.

— Antoine Fouquier-Tinville. Danton, por favor. — Sua cortesia era automática e brusca, uma gentileza típica de tribunais.

Gabrielle pôs-se de lado.

— Quer que eu o acorde?

— Sim, precisamos dele agora, madame. Chegou a hora.

Ela mostrou o quarto. Fouquier-Tinville inclinou a cabeça para Lucile.

— Bom dia, prima.

Ela fez um gesto nervoso de reconhecimento. Fouquier tinha o mesmo cabelo grosso e escuro e a pele morena de Camille; mas o cabelo era liso, o rosto, duro, os lábios, finos e delineados para crises, para situações ruins que se tornavam piores. Era possível notar a semelhança familiar. Mas quem olhava para Camille tinha vontade de tocá-lo, o que não ocorria com quem via seu primo.

Gabrielle seguiu os homens até o quarto. Lucile virou-se para Louise Robert e abriu a boca para fazer uma observação comum, mas ficou chocada com a violência que percebeu em seu rosto.

— Se alguma coisa acontecer a François, eu mesma enfio a faca naquele porco.

Lucile arregalou os olhos. No rei? Não, Louise referia-se a Danton. Ela não soube o que dizer.

— Viu aquele homem? Fouquier-Tinville? Camille diz que todos os seus parentes são assim.

Ouviram a voz de Danton, intermitente, entre as outras:

— Fouquier... logo no início do dia... mas ESPERE... cheguem às Tulherias no momento certo. Pétion deve saber... o canhão nas pontes... diga-lhe que se apresse.

Saiu do quarto ajeitando a gravata e passando os dedos pelo queixo azulado.

— Georges-Jacques — disse Lucile —, como você está mal-arrumado. Parece um homem do povo.

Danton deu um riso forçado. Pôs uma das mãos no ombro dela e apertou-o com tanta força e tanta jovialidade que ela quase gritou.

— Vou agora para o Hôtel de Ville. De outra forma, eles continuarão vindo aqui... — Parou na porta. Não beijaria a esposa, pois ela cairia em lágrimas. — Lolotte, cuide das coisas por aqui. Tente não se preocupar demais. — Elas ouviram-no descer as escadas.

— TUDO BEM, homenzinho?

— Eu sou impermeável a balas e a seu sarcasmo — disse Jean-Paul Marat.

— Seu aspecto está ainda pior agora.

— A Revolução não me valoriza por minhas qualidades decorativas, Danton. Nem a você, creio. Homens de ação, é isso o que somos, não é? — Como sempre, Marat parecia divertir-se profundamente com alguma piada particular. — Mande Mandat para cá — disse.

— Ele ainda está no palácio? Mensagem para Mandat — disse Danton por cima do ombro dele. — Meus cumprimentos a ele, a Comuna exige sua presença urgentemente no Hôtel de Ville.

Da Place de Grève, o clamor da multidão aumentava. Danton despejou um pouco de conhaque em um copo e manteve-o na palma da mão. Soltou a gravata que se dera ao trabalho de apertar em casa, na Cour du Commerce. Sua pulsação estava acelerada e a boca, seca. Uma onda de náusea tomou conta dele. Tomou um gole do conhaque. A náusea se abrandou.

A RAINHA estendeu a mão e Mandat beijou-a.

— Não voltarei mais — disse. Era a coisa certa a dizer. — Ordem para o comandante do batalhão de plantão da Place de Grève. Ataquem pela retaguarda e dispersem a multidão que está marchando para o palácio. — Assinou a ordem. Seu cavalo estava esperando. O comandante de plantão recebeu a ordem em minutos. No Hôtel de Ville, Mandat foi diretamente para seu escritório. Mandaram-no fazer um relatório, mas não parecia haver autoridade alguma a quem se reportar. Pensou em trancar a porta, mas essa não seria a atitude de um soldado.

— Rossignol — disse Danton —, muito obrigado. Passou os olhos pela ordem de Mandat, que o comissário do distrito lhe entregara. — Vamos ao corredor pedir que Mandat explique para a nova Comuna por que ele lançou as forças armadas contra o povo.

— EU ME RECUSO — disse Mandat.

— Você se recusa?

— Essas pessoas não representam o governo municipal. Não são da Comuna. São rebeldes. São criminosos.

— Vou ignorar seus crimes — disse Danton, pegando Mandat pelo casaco e arrastando-o para fora da sala. Rossignol debruçou-se e confiscou habilmente o espadim do marquês; virou o cabo entre os dedos e fez uma careta.

Do lado de fora da sala, Mandat olhou para o alto, e ao ver uma fileira de rostos hostis, entrou em pânico.

— Agora não — disse Danton. — Agora não, meus amigos. Podem deixar isso a meu cargo, não preciso de ajuda. — Apertou o casaco de Mandat com mais força. — Continue a recusar-se, Mandat — disse, arrastando-o para a Sala do Trono, onde a nova Comuna estava reunida. E riu. Era como voltar a ser criança: a brutalidade permitida, os assuntos simples.

CINCO HORAS DA MANHÃ.

— Não há esperança — disse Maria Antonieta.

CINCO HORAS DA MANHÃ. Gabrielle começou a tremer e a ter calafrios.

— Vou vomitar — disse. Louise Robert foi procurar uma bacia e segurou-a diante dela. Lucile tirou o cabelo de seus ombros e testa. Quando a ânsia de vômito passou as duas ajeitaram-na no sofá e deixaram a bacia em um canto, à mão; enfiaram almofadas sob suas costas e molharam-lhe a testa com lenços ensopados em água de lavanda. — Bom, vocês já devem ter percebido que estou grávida de novo — Gabrielle disse.

— Oh, Gabrielle!

— As pessoas em geral dão os parabéns — ela disse em voz baixa.

— Mas tão cedo — Lucile murmurou.

— Bem, o que fazer? — disse Louise, dando de ombros. — Tem de escolher entre ficar grávida ou usar sobretudos ingleses.

— O que são sobretudos ingleses? — Gabrielle perguntou, olhando de uma para a outra.

— Oh, por favor! — Disse Louise com desprezo. — O que *de facto* significa? O que são sobretudos ingleses? Que nobre selvagem temos aqui, Lucile.

— Desculpem-me — falou Gabrielle. — Não consigo acompanhar a conversa.

— Nem adianta tentar — disse Lucile. — Rémy sabe tudo sobre sobretudos ingleses, mas não são coisas que homens casados usem. Especialmente Georges-Jacques, imagino.

— Não queremos saber o que você imagina, Mme. Desmoulins — disse Louise. — Não nesse contexto.

Uma lágrima escorreu dos cílios de Gabrielle.

— Não me importo de estar grávida, é verdade. Georges fica sempre muito contente. E vocês vão se acostumar com a ideia.

— Da forma como as coisas vão — disse Louise —, você vai ter oito, nove, dez filhos. Quando vai nascer o bebê?

— Em fevereiro, creio. Parece muito longe.

— VÁ PARA CASA. Durma por duas horas.

O terrível brilho das tochas às 3 horas da madrugada, as blasfêmias dos guerreiros por cima do rangido e do ribombar dos canhões em movimento.

— Dormir? — disse Camille. — Seria uma novidade. Eu encontro você no palácio?

Danton expirou o hálito de bebida em seu rosto.

— Não, por que no palácio? Santerre está no comando da Guarda Nacional, nós temos Westermann, que é um profissional, deixe com ele. Nunca poderei convencê-lo de que não há necessidade de correr riscos?

Camille encostou-se na parede e cobriu o rosto com as mãos.

— Advogados gordos sentados nas salas. É muito animador — disse.

— É bastante animador para qualquer pessoa normal — disse Danton. Sua vontade era perguntar: vai dar tudo certo, nós conseguiremos, veremos o sol nascer? — Oh, meu Deus, Camille, vá para casa. O que me contraria violentamente é esse seu cabelo amarrado com um pedaço de barbante.

O MARQUÊS DE MANDAT fora interrogado pela nova Comuna, e estava trancafiado em uma sala do Hôtel de Ville. Logo que clareou Danton sugeriu que ele fosse levado à prisão de Abbaye. Postou-se junto a uma janela e observou-o descendo os degraus, ladeado por um guarda forte.

Meneou a cabeça para Rossignol, que se debruçou na janela e matou Mandat com um tiro.

— VAMOS — disse Lucile. — Vamos mudar de ambiente. — As três pegaram suas coisas, trancaram as portas, desceram e saíram para a Cour du Commerce. Deram a volta para chegar ao apartamento de Lucile, para esperar em outro lugar. Não havia ninguém na rua; o ar estava fresco, quase frio. Em uma hora o calor começaria. Nunca me senti tão viva como agora, Lucile pensou; uma pobre mulher traída apoiada em meu ombro direito, uma bruxa esquálida encostada à minha esquerda. De um lado um peso morto, de outro, uma mulher leve como palha. Precisou coordenar seus passos ao subir as escadas.

A empregada Jeanette tentou parecer chocada quando as viu.

— Arrume uma cama para Mme. Danton — disse Lucile. Jeanette deitou-a e cobriu-a com uma colcha em um dos sofás da sala; Gabrielle, desejando ser mimada, deixou a cabeça cair nas almofadas enquanto Louise Robert tirava-lhe os grampos liberando o farto cabelo escuro e comprido para espalhar-se sobre o braço do sofá e cair no tapete. Lucile trouxe sua escova de cabelo e ajoelhou-se como uma penitente penteando as mechas embaraçadas. Gabrielle permaneceu de olhos fechados, fora de combate.

Louise Robert sentou-se na beira da chaise longue azul, afundou o corpo um pouco mais e puxou os pés para cima. Jeanette trouxe um cobertor para ela.

— Sua mãe não gosta muito deste móvel — disse a Lucile. — Mas sempre disse que um dia poderia ser de alguma utilidade.

— Se precisar de alguma coisa, pode me chamar — disse Lucile, que se encaminhava ao quarto e desviou-se para pegar uma garrafa de champanhe pela metade. Sentiu-se tentada a beber, mas supôs que a bebida estaria intragável. Parecia fazer uma semana que essas garrafas tinham sido abertas.

A mera ideia de beber aquilo deixou-a nauseada. Jeanette se aproximou por trás e ela deu um pulo.

— Deite-se agora, minha querida — disse a mulher. Não vai fazer diferença alguma tentar passar a noite acordada. — Sua boca contraída dizia: eu o amo também.

ÀS 6 HORAS O REI decidiu inspecionar a Guarda Nacional, e desceu para os pátios do palácio. Usava um casaco roxo apagado e levava o chapéu sob o braço. Foi uma atitude infeliz. Os nobres do lado de fora de sua suíte caíram de joelhos quando ele se aproximou e murmuraram as palavras de fidelidade; mas os soldados da Guarda Nacional insultaram-no e um artilheiro levantou o punho para ele.

RUE SAINT-HONORÉ.

— Quer tomar o café da manhã? — perguntou Eléonore Duplay.

— Acho que não, Eléonore.

— Max, por que não quer comer?

— Porque nunca como a essa hora — Robespierre respondeu. — A essa hora respondo minhas cartas.

Babette, com seu rosto redondo, estava na porta.

— Meu pai mandou isto para você. Danton está assinando as proclamações no Hôtel de Ville.

Robespierre deixou o documento em sua mesa de trabalho. Nem sequer tocou-o, mas seus olhos checaram a assinatura.

— Em nome da nação — DANTON.

— Então Danton pretende falar pela nação? — disse Eléonore, observando o rosto dele.

— Danton é um excelente patriota. Mas... pensei que fosse me chamar.

— Eles não ousam arriscar sua vida.

Robespierre levantou os olhos.

— Oh, não é isso. Creio que Danton não quer que eu, como diria?, estude seus métodos.

— Talvez, não — concordou Eléonore. O que importava? Ela diria qualquer coisa que o mantivesse seguro por trás dos muros dos Duplay, que mantivesse seu coração batendo até o dia seguinte e o seguinte e o seguinte.

ERAM TALVEZ 7h30 quando os patriotas apontaram os canhões para o palácio. Por trás dos canhões estavam todas as armas que a Comuna Insurrecional conseguiu encontrar: mosquetes, sabres, cutelos, e filas e filas de lanças consagradas. Os milhares de rebeldes cantavam "A Marselhesa".

Luís: O que eles querem?

Camille dormiu durante uma hora com a cabeça no ombro de Lucile.

— DANTON. — Roederer levantou os olhos ao ver aquele corpo bloqueando a porta. — Danton, você está bêbado.

— Bebi para me manter acordado.

— O que você quer? — O que quer comigo, era o que Roederer queria dizer, com o medo estampado no rosto. — Danton, eu não sou monarquista, como você talvez pense. Estava nas Tulherias porque recebi ordens de ir para lá. Mas espero que você e seus comandantes saibam o que estão fazendo. Você precisa compreender que a carnificina será terrível. Os suíços lutarão até o último homem.

— Assim me disseram — falou Danton. — Quero que você volte para lá.

— Volte? — Roederer disse, perplexo.

— Quero que tire o rei de lá.

— Tire de lá?

— Pare de repetir o que eu digo, imbecil. Quero que tire o rei de lá e force-o a abandonar a defesa. Quero que volte agora e diga a Luís e Maria Antonieta que eles morrerão dentro de poucas horas se não deixarem o palácio, que desistam de resistir e ponham-se sob a proteção da Assembleia.

— Quer que eu salve a família real? Será que compreendi bem?

— Creio que estou sendo bastante claro.

— Mas como vou fazer isso? Eles não me darão ouvidos.

— Você deve dizer-lhes que depois que a multidão entrar no palácio eu não poderei fazer mais nada. Nem o próprio demônio será capaz de salvá-los.

— Mas você *quer* salvá-los?

— Você está se tornando cansativo. Precisamos salvar o rei e o delfim a qualquer custo. Os outros importam menos, embora eu não goste de ver mulheres serem atacadas.

— Custo — o advogado repetiu. Alguma coisa parecia tomar forma em sua cabeça cansada. — Custo, Danton. Agora entendo.

Danton atravessou a sala, pegou Roederer pelo casaco e apertou-lhe a garganta.

— Você vai tirá-los de lá ou vai responder a mim. Estarei observando, Roederer.

Sufocado, Roederer estendeu uma das mãos e segurou o braço de Danton. A sala girava à sua volta. Vou morrer, pensou. Lutava para respirar e seus ouvidos estalavam. Danton jogou-o no chão.

— Esse foi o primeiro tiro de canhão. Estão atacando o palácio agora.

Roederer levantou os olhos, apoiou-se em um dos braços e observou o rosto selvagem de Danton.

— Agora tire-os de lá por mim.

— UMA ESCOVA DE ROUPAS, creio — disse Camille. — Devemos nos distinguir da ralé, como diz Danton. — Jogou a faixa tricolor por cima do ombro. — Estou apresentável?

— Poderia tomar uma taça de chocolate com uma duquesa. Se é que há ainda alguma para beber com você. Mas e agora? — Lucile não conseguiu manter o medo afastado por muito tempo.

Louise e Gabrielle esperavam notícias. Ele foi pouco comunicativo quando entrou.

— Georges-Jacques pretende permanecer no Hôtel de Ville para controlar as operações. François também está lá, trabalhando no escritório ao lado.

— Ele está seguro? — perguntou Louise.

— Bem, fora a possibilidade de um terremoto, de o sol escurecer, de a lua tornar-se vermelha como sangue, de o céu se enrolar como um pergaminho, e da chegada dos sete últimos anjos com as sete últimas pragas, riscos sempre presentes, admito, não vejo qualquer perigo para ele. Todos nós estaremos seguros, desde que vençamos.

— E no palácio? — Gabrielle perguntou.

— Oh, no palácio deve estar havendo uma carnificina.

MARIA ANTONIETA: Nós ainda temos uma defesa aqui.

ROEDERER: Madame, Paris inteira está marchando contra vocês. Vossa Alteza deseja ser responsável pelo massacre do rei, de si própria e de seus filhos?

MARIA ANTONIETA: Deus nos livre.

ROEDERER: O tempo urge.

LUÍS: Cavalheiros, peço que abandonem esta defesa vã e dispersem-se. Não há nada a fazer aqui, nem para os senhores nem para mim. Vamos.

RELATO DE Thomas Blaikie, jardineiro escocês empregado na corte francesa:

Tudo parecia preparado para a grande catástrofe do 10 de agosto, muitos desejavam uma mudança, e dizia-se que o povo viria de Marselha atacar as Tulherias; parecia uma coisa planejada, as Tulherias eram protegidas pela Guarda Suíça e muito mais suíços estavam sendo esperados para defender o rei. Na noite anterior fomos informados do que estava para acontecer, mas ninguém podia imaginar como acabaria; na noite do dia 9 cortei a perna com uma garrafa quebrada e fiquei mancando, então fui forçado a me sentar em nosso terraço localizado em frente ao Champs-Élysées e às Tulherias, onde ouvi o primeiro tiro de canhão. Eram mais ou menos 9 horas e os tiros e o tumulto continuaram. Dava para ver o povo correndo para baixo e para cima no Champs-Élysées; o horror do massacre aumentou e então o rei deixou seus guardas e foi para a Assembleia Nacional, e aqueles pobres coitados que tinham vindo defender o rei que desertara foram massacrados pela multidão. Se o rei tivesse ficado, uma grande parte das Seções estaria pronta para defendê-lo, mas quando descobriram que ele fora para a Assembleia, massacraram os guardas suíços... Muitos daqueles antropófagos passavam pela rua e paravam para nos mostrar partes dos suíços que tinham matado, alguns que eu conhecia... todos pareciam glorificar o que tinham feito e mostrar sua fúria sobre os corpos, cortando-os ou rasgando suas roupas como monumentos de triunfo. O povo parecia tomado de uma espécie de loucura... Seria impossível descrever todos os atos de horror que ocorreram naquele dia...

— CAMILLE — disse um jovem da Guarda Nacional que ele nunca vira antes, de olhos arregalados, muito nervoso, e com medo de ser agredido. — Nós atacamos uma patrulha monarquista que usava nossos uniformes, e trancamos todos na sala de guarda da Cour de Feuillants. Algumas pessoas estão tentando arrancá-los de lá. Nosso comandante pediu reforços para liberar o pátio, mas não veio ninguém. Não podemos resistir a eles por muito mais tempo. Você pode falar com a multidão, pode chamá-los à razão?

— De que adianta? — disse Fréron.

— As pessoas não devem ser mortas como cães, monsieur — disse o rapaz a Fréron com a boca trêmula.

— Eu vou — Camille falou.

QUANDO CHEGARAM ao pátio, Fréron apontou.

— Veja, é Théroigne.

— Sim. Ela vai ser morta — disse Camille, calmamente.

Théroigne assumira o poder, ali era sua Bastilha particular. A multidão hostil tinha uma líder agora; era tarde demais para salvar os prisioneiros da sala de guarda. Por cima dos gritos, por cima da voz da mulher, ouviam-se copos sendo quebrados e madeira sendo estilhaçada. Théroigne estava na liderança quando destroçaram a porta e usaram toda a força, como bestas em uma jaula, para arrebentar as barras de ferro das janelas. Mas eles estavam invadindo, não fugindo; confrontados com baionetas em uma passagem estreita, haviam recuado por um instante, mas agora arrasavam o prédio. Eram verdadeiros animais, usando como armas suas picaretas. Por trás da fileira da frente de atacantes o pátio estava coberto de simpatizantes do movimento, gritando e sacudindo punhos e armas.

Ao verem o uniforme da guarda, as faixas tricolores, parte da multidão lhes abriu caminho. Mas antes que chegassem à frente da aglomeração, o rapaz agarrou o braço de Camille e segurou-o.

— Não há mais nada que você possa fazer — disse.

Théroigne estava de preto, com uma pistola no cinto e um sabre na mão, e o rosto incandescente. Ouviu-se um grito: "Os prisioneiros estão chegando." Ela parou diante da porta, e quando os primeiros prisioneiros foram arrastados para fora, deu o sinal para os homens levantarem suas espadas e machados.

— Não há ninguém que possa deter essa mulher? — Camille perguntou. Desvencilhou-se do rapaz e enfiou-se na multidão, gritando para que o deixassem passar. Fréron o seguiu e segurou seu ombro. Camille empurrou-o com violência. A multidão recuou, fascinada pela expectativa de uma briga entre dois patriotas.

Mas os poucos segundos de interrupção terminaram; da fileira da frente ouviu-se um grito animalesco. Théroigne deixou o braço cair, como um carrasco público; os machados e as espadas começaram a trabalhar, e os prisioneiros foram chutados e arrastados, um por um, para a morte que os esperava.

Camille seguiu em frente; a Guarda Nacional vinha atrás dele. Louis Suleau foi o quarto prisioneiro a surgir. A um grito de Théroigne, a multidão parou, chegando até a recuar, esmagando os que vinham atrás; Camille ficou indefeso, imóvel, com as armas apontadas em volta, e viu Théroigne aproximar-se de Louis Suleau e lhe falar alguma coisa que só ele pôde escutar. Louis levantou a mão, como que dizendo: de que adianta isso agora? Aquele gesto ficou gravado na memória de Camille. Foi o último gesto dele. Camille viu Théroigne levantar a pistola, mas não ouviu o tiro. Em questão de segundos eles foram rodeados e mortos. O corpo de Louis, talvez ainda respirando, era impossível saber, foi arrastado para o meio da multidão e destroçado por armas e adagas. Fréron gritou para o rapaz da Guarda Nacional, e o jovem, vermelho de angústia e perplexidade, sacou o sabre e pediu passagem. Seus pés chapinharam sobre o sangue fresco.

— Você não podia ter feito nada — o rapaz dizia sem parar. — Por favor, Camille, eu devia ter vindo antes, eles eram monarquistas, você não podia ter feito nada.

LUCILE SAÍRA para comprar pão para o café da manhã. Não adiantava pedir a Jeanette para ir; à luz do dia, os nervos da mulher estalavam, e ela corria pelo apartamento como uma galinha sem cabeça, como disse Lucile.

Enfiou a cesta no braço e vestiu uma jaqueta, pois embora estivesse quente, queria levar um canivete no bolso. Ninguém sabia da existência desse canivete, ela mesma mal ousava pensar nele, mas o guardava para o caso de necessidade. Pense, dizia a si mesma. Eu podia estar morando na Rive Droite. Podia ter me casado com um funcionário do Tesouro. Podia estar sentada com os pés para cima, bordando uma rosa em um lenço de linho. Mas estou na rue des Cordeliers, indo buscar uma baguete, levando como proteção um canivete de oito centímetros.

Olhou nos olhos dos vizinhos familiares. Quem pensaria que em nossa Seção houvesse tantos monarquistas?

— Você é a meretriz de um assassino — disse um homem a ela. Ela sorriu ligeiramente, um sorriso particularmente enlouquecedor que aprendera com Camille, um sorriso provocativo e desafiador. Em sua imaginação, pôs o cabo do canivete na palma da mão e enfiou a lâmina no homem. Na volta, quando estava em frente à sua porta, outro homem reconheceu-a e cuspiu em seu rosto.

Lucile parou, limpou a saliva, subiu correndo as escadas e sentou-se com o pão no colo.

— Você vai comer isso? — Jeanette perguntou, torcendo as pontas do avental entre as mãos, angustiada.

— É claro que vou, depois de todo o trabalho que tive. Controle-se, Jeanette, traga café para mim.

Louise chamou-a da sala.

— Acho que Gabrielle vai desmaiar.

Mais tarde não se lembrava se tinha tomado o café da manhã ou não. Levaram Gabrielle para a cama, soltaram suas roupas e a abanaram. Lucile abriu uma janela, mas o barulho da rua era tanto que Gabrielle ficou ainda mais agitada; a janela foi fechada de novo, e elas aguentaram o calor. Gabrielle cochilou, Lucile e Louise ficaram lendo uma para a outra, fofocando e contando a história de suas vidas. As horas alongaram-se até Camille e Fréron chegarem em casa.

Fréron caiu em uma cadeira.

— Todos aqueles corpos... — disse, indicando certa altura a partir do chão. — Sinto muito por dizer isso, Lucile, mas Louis Suleau está morto. Sim, nós vimos tudo, ele foi assassinado diante de nossos olhos. — Fréron queria que Camille dissesse que ele tinha salvado sua vida, ou pelo menos dissesse que não o deixara fazer algo muito idiota. Mas Camille disse apenas:

— Pelo amor de Deus, Coelho, guarde isso para suas memórias. Se eu ouvir mais alguma coisa sobre esta manhã, sou capaz de matar você. E não será uma morte trivial.

Ao vê-lo, Jeanette controlou-se. O café foi feito, finalmente. Gabrielle veio cambaleando do quarto, fechando o corpete do vestido.

— Não vejo François desde o início da manhã — disse Camille para Louise. Falou com determinação, sem um traço de gagueira. — Não vi Georges-Jacques, mas ele está assinando decretos no Hôtel de Ville, portanto está vivo e bem. Luís Capeto e toda a sua família desertaram do palácio e estão na Escola de Equitação. A Assembleia encontra-se em sessão permanente. Creio que nem mesmo a Guarda Suíça conhece o paradeiro do rei, e tenho certeza de que os invasores do palácio não sabem que ele fugiu. Não sei se devemos lhes contar ou não. — Levantou-se e abraçou Lucile por um instante. — Preciso mudar de roupa, estou sujo de sangue seco, depois vou sair de novo.

Fréron olhou-o com ar sombrio.

— Acho que a reação dele virá mais tarde. Conheço Camille. Ele não foi feito para isso.

— Você acha que não? — disse Lucile. — Pois eu acho que ele tem prazer nessas situações. — Queria saber como Louis Suleau tinha morrido, como e por quê. Mas não era a hora apropriada. Como dizia Danton, ela não era uma menina tola; não, não, era a imagem do bom-senso. Maria Stuart, na parede, aproxima-se do carrasco público; atraente e bem-proporcionada, com um sorriso cristão no rosto. As almofadas de seda cor-de-rosa estão muito desbotadas, como Camille previra; a chaise longue azul tem um ar revelador, como um móvel que viu muito durante seu tempo. Lucile Desmoulins tem 22 anos, é esposa, mãe, dona de casa. No calor de agosto — uma mosca zumbindo no vidro, um homem assobiando na rua, um bebê chorando em outro andar — ela sente sua alma pequena, manchada e mortal. Em outros tempos teria feito uma oração para os mortos. Mas nesse momento, pensou, de que adiantaria rezar? Tenho de me preocupar com os vivos.

QUANDO GABRIELLE se sentiu forte o suficiente, disse que queria voltar para sua casa. As ruas estavam cheias e barulhentas. O porteiro tinha entrado em pânico e fechado o portão de entrada da Cour du Commerce. Gabrielle bateu no portão, tocou o sino, e gritou que a deixassem entrar em casa.

— Podemos passar pela padaria, se o padeiro deixar — disse ela —, entrar pela porta da frente e sair pela cozinha.

Mas ele não permitiu sequer que entrassem na padaria; gritou com elas e empurrou Gabrielle, deixando uma marca em seu peito e a obrigando a retornar para a rua. Arrastando Gabrielle, voltaram ao portão e encostaram-se a ele. Quando um grupo de homens se aproximou, Lucile enfiou a mão no bolso, sentiu o canivete, tocou-o com a ponta dos dedos e disse:

— Eu conheço vocês, sei seus nomes, e se derem mais um passo em nossa direção, suas cabeças vão acabar na ponta das lanças antes do cair da noite, e eu terei o maior prazer em ajudar a espetá-las.

Então o portão se abriu e elas foram puxadas para dentro; chegaram à porta da frente, subiram as escadas, entraram na casa de Danton. Lucile disse, mal-humorada:

— Desta vez não vamos sair daqui.

Gabrielle sacudia a cabeça, estava perdida, absolutamente exausta. Do outro lado do rio o tiroteio era pesado e constante.

— Minha mãe de Deus, pareço ter passado três dias em uma tumba — disse Louise Robert, olhando-se no espelho depois de afofarem os travesseiros e deitarem Gabrielle.

— Por que você acha que os Danton dormem em camas separadas? — sussurrou para Lucile, quando achou que Gabrielle não podia ouvir.

Lucile deu de ombros. Gabrielle disse, com voz arrastada:

— Porque ele bate com os braços durante a noite, sonha que está lutando... não sei contra quem.

— Seus inimigos? Seus credores? Suas inclinações? — Lucile perguntou.

Louise Robert remexeu na penteadeira de Gabrielle. Encontrou uma caixa de ruge e fez círculos vermelhos em suas faces, como costumavam fazer na corte. Ofereceu um pouco para Lucile, mas ela disse:

— Ora, sua insolente, você sabe que não preciso melhorar nada em meu rosto.

PASSAVA DO MEIO-DIA. As ruas ficaram em silêncio. Assim serão as próximas horas, pensou Lucile; assim será quando o mundo terminar e estivermos esperando a morte do Sol. Mas o Sol não morreu, brilhou finalmente sobre os tricolores, sobre os homens de Marselha, sobre as passeatas dos vitoriosos e sobre os leais e furtivos cordeliers, que tiveram o bom-senso de permanecer dentro de casa o dia todo e agora fervilhavam pelas ruas, cantando pela República, pedindo a morte dos tiranos, clamando pelo líder Danton.

Ouviram alguém batendo à porta. Lucile abriu-a logo, nada mais podia preocupá-la. Um homem grande estava apoiado ao umbral, ligeiramente oscilante. Era um homem da rua.

— Desculpe-me, monsieur — disse Louise Robert rindo —, creio que não fomos apresentados.

— Estão quebrando os espelhos do palácio — disse o homem. — Os cordeliers são os reis agora. — Jogou algo para Gabrielle, que ela pegou, constrangida. Era uma escova de cabelo, pesada, com fundo de prata. — Da penteadeira da rainha — disse.

Gabrielle passou os dedos sobre o monograma.

— "A" de Antonieta.

O homem deu um passo à frente e pegou Lucile pela cintura, levantando-a do chão. Ele cheirava a vinho, tabaco e sangue. Beijou o pescoço dela, um beijo cobiçoso, proletário. Depois recolocou-a no chão e voltou para a rua.

— Meu Deus — disse Louise. — Que legião de admiradores você tem, Lucile. Ele provavelmente esperou dois anos por essa chance.

Lucile passou o lenço no pescoço. Não foram meus admiradores que encontrei hoje de manhã, pensou. Sacudiu um dedo e baixou o tom de voz, em uma bem ensaiada imitação de Rémy:

— Eu apenas digo a eles: vamos meninos, parem de brigar por mim. Liberdade, igualdade, fraternidade, lembram?

A escova de cabelo da rainha ficou onde Gabrielle deixou, no tapete da sala de visitas.

DANTON VOLTOU PARA CASA no final da tarde. Ouviram sua voz ainda na rua. Voltou com Fabre, o gênio da era; com Legendre, o açougueiro; com Collot d'Herbois, a pior pessoa do mundo; com François Robert; e com Westermann. Voltou para casa com as armas penduradas nos ombros de Legendre e Westermann, o passo incerto, barba por fazer, exausto, cheirando a conhaque.

— Nós vencemos! — gritaram. Era um grito simples e, como os lemas, ia direto ao ponto. Abraçou Gabrielle com força, de forma protetora, e mais uma vez os joelhos dela cederam.

Ele sentou-a em uma cadeira.

— Gabrielle está com muita dificuldade para manter-se de pé — disse Louise Robert. Sua pele brilhava por baixo do ruge. François estava a seu lado.

— Saiam, todos vocês! — disse Danton. — Não precisam dormir um pouco? — Entrou em seu quarto e atirou-se na cama. Lucile seguiu-o. Tocou sua nuca e pegou-o pelos ombros. Ele gemeu. — Provoque-me em outra hora — falou. Deitou-se de costas, sorrindo. Oh, Georges-Jacques, Georges-Jacques, disse a si mesmo, a vida é apenas uma série de oportunidades maravilhosas. O que maître Vinot acharia de você agora?

— Onde está meu marido?

— Camille? — Ele sorriu mais ainda. — Camille está na Escola de Equitação, estabelecendo a próxima parte do plano de vida. Ele não é como os seres humanos, ele não precisa dormir.

— Quando vi Camille pela última vez ele estava em estado de choque — ela disse.

— Sim. — Parou de sorrir, seus olhos se fecharam e se abriram de novo. — Théroigne, aquela puta, matou Suleau a vinte metros de onde ele estava. Não vimos Robespierre o dia inteiro. Talvez esteja escondido no porão dos Duplay. — Sua voz começou a falhar. — Suleau estudou com Camille no colégio. Mundo pequeno. E Max também. Camille é muito esforçado, ele vai longe. Amanhã saberemos... — Fechou os olhos. — É só isso.

A ASSEMBLEIA começara a sessão às 2 horas. O debate foi assistido com interrupções a toda hora devido aos tiroteios e ao tumulto criado pela chegada da família real, aproximadamente às 8h30. No dia anterior fora votada a suspensão de qualquer discussão sobre o futuro da monarquia, mas parecia agora que os vestígios da instituição tinham sido deixados para trás no palácio devastado. A direita dizia que a suspensão do debate fora o sinal para a insurreição; a esquerda dizia que quando os deputados abandonaram o assunto tinham abandonado também qualquer reivindicação à liderança na opinião pública.

A família do rei e alguns de seus amigos ficaram espremidos em uma galeria normalmente reservada à imprensa, acima dos bancos dos deputados e atrás do tablado do presidente. Do meio da tarde em diante, requerentes e deputados acotovelavam-se pelos corredores e lotavam a câmara de debates. Os boatos que chegavam à Assembleia eram terríveis e bizarros. Os travesseiros e colchões do palácio haviam sido retalhados, deixando penas voando no ar. Prostitutas desincumbiam-se de seu trabalho na cama da rainha. (Como ajustar o boato das prostitutas ao dos colchões destruídos, ninguém parecia ser capaz de explicar.) Um homem foi visto tocando violino sobre um cadáver com a garganta cortada por ele. Centenas de pessoas foram mortas a facadas e pauladas na rue de l'Échelle. Um cozinheiro foi cozido. Os criados foram encontrados debaixo das camas e nas chaminés, jogados pelas janelas e empalados em lanças. Vários incêndios foram começados, e ouviram-se os duvidosos e habituais relatos de canibalismo.

Vergniaud, o então presidente da Assembleia, havia muito tempo desistira de distinguir a verdade da fantasia. Abaixo dele, no andar térreo da Casa, havia mais invasores que deputados. A toda hora as portas eram abertas, deixando entrar homens sujos e exaustos, cambaleando sob o peso de objetos que, não fossem levados à Escola de Equitação, teriam sido saqueados. É um disparate colocar urinóis incrustados e obras de Molière aos pés da nação, pensou Vergniaud. Um verdadeiro leilão de antiguidades. Vergniaud tentou soltar sua gravata discretamente.

Na galeria de imprensa, cheia e abafada, os filhos do rei caíram no sono. O rei, que desejava manter-se vigoroso, roía uma coxa de galinha e limpava os dedos no casaco roxo. Nos bancos abaixo dele um deputado colocou a cabeça entre as mãos.

— Saí para urinar — disse — e Camille Desmoulins me emboscou. Encostou-me a uma parede e me obrigou a apoiar Danton para papa ou coisa semelhante. Ao que parece, Danton vai acabar sendo candidato a Deus, ainda não decidiram; mas me disseram que se eu não votasse nele poderia acordar com a garganta cortada.

Alguns bancos mais adiante, Brissot conferenciava com o ex-ministro Roland. M. Roland estava mais amarelo que de costume, e apertava o chapéu empoeirado contra o peito, como se fosse sua última linha de defesa.

— A Assembleia deve ser dissolvida — disse Brissot. — Teremos de convocar novas eleições. Antes de esta sessão terminar precisamos nomear um novo gabinete, um novo Conselho de Ministros. Precisamos fazer isso agora, alguém tem de governar o país. Você retomará seu cargo no Ministério do Interior.

— Verdade? E Servan, e Clavière?

— Sim, de fato — disse Brissot. E pensou: eu nasci para formar governos. — Voltaremos à organização que tínhamos em junho, só que sem o veto real para estorvá-lo. E teremos Danton como colega.

Roland suspirou.

— Manon não vai gostar disso.

— Ela vai ter de aceitar.

— Que ministério queremos para Danton?

— Não importa muito — disse Brissot com frieza —, desde que ele fique em uma posição de comando.

— Chegamos a esse ponto?

— Se você tivesse ido às ruas hoje, não teria dúvida alguma.

— Por quê, você esteve nas ruas? — Roland ficou em dúvida.

— Sou bem informado — disse Brissot. — Muito bem informado. Eu soube que Danton é o homem deles. Estão gritando seu nome a plenos pulmões. O que acha disso?

— Eu me pergunto se será um começo apropriado para a República. — Roland respondeu. — Nós seremos atormentados pelas massas?

— Aonde Vergniaud está indo? — Brissot perguntou.

O presidente fez sinal para seu substituto.

— Por favor, abra caminho para mim — pediu gentilmente.

Brissot seguiu Vergniaud com os olhos. Era absolutamente possível que alianças, facções e pactos fossem propostos, estruturados e rompidos; se ele não fosse onipresente, se não tomasse parte de todas as conversas, acabaria perdendo seu status de homem mais bem informado da França.

— Danton é um grande velhaco — disse Roland. — Deveríamos convidá-lo para assumir o Ministério da Justiça.

Na porta, Vergniaud, diante de Camille, não conseguia se interessar por seu ritmo característico de oratória. As pessoas veem, dizia Camille, avaliam e compreendem perfeitamente. Pela primeira vez em seu furioso discurso de três minutos, vacilou:

— Diga-me, Vergniaud, estou começando a me repetir? — ele perguntou.

Vergniaud respirou fundo.

— Um pouco. Mas o que você tem a dizer é muito novo e interessante. "Termine o que começou", você disse. De que forma?

Camille fez um gesto amplo, englobando a Escola de Equitação e as ruas barulhentas lá fora.

— Não compreendo por que o rei não está morto. Muita gente melhor que ele morreu. E esses deputados supérfluos? E os monarquistas que foram empilhados nas prisões?

— Vocês não podem matar todos. — A voz do orador estava trêmula.

— Nós temos capacidade para isso.

— Eu disse "não podem", mas na verdade quis dizer "não precisam". Danton não exigiria mortes supérfluas.

— Será que não? Não sei. Não vejo Danton há horas. Suponho que tenha sido ele quem deu ordens para tirarem a família Capeto do palácio.

— É uma suposição razoável — disse Vergniaud. — Mas por que teria agido assim?

— Não sei. Talvez ela seja um humanitário.

— Mas você não tem certeza.

— Não tenho certeza nem de que estou acordado.

— Você deveria ir para casa, Camille. Está dizendo bobagens.

— Estou? Que bondade a sua. Se você estivesse dizendo bobagens eu faria anotações mentais.

— Não — disse Vergniaud, enfático. — Não faria, não.

— Sim — Camille insistiu. — Nós não confiamos em você.

— Entendo. Mas duvido que precisem gastar ainda mais energia amedrontando o povo. Você não pensou que poderíamos querer Danton de qualquer forma, não é? Não pelo que ele poderia fazer se lhe negássemos o poder, que decerto seria tão terrível quanto você faz crer, mas por acreditarmos que é o único homem capaz de salvar o país.

— Não — disse Camille. — Isso nunca me ocorreu.

— Você não acredita?

— Sim, mas habituei-me a acreditar sozinho. Há muito tempo. E o maior obstáculo sempre foi o próprio Danton.

— O que ele está esperando?

— Não está esperando nada. Está dormindo.

— Agora, ouça. Pretendo falar na Assembleia. Seria bom que a plebe fosse retirada.

— Até você subir ao poder hoje à tarde, eles eram o povo soberano. Agora são a plebe.

— Há requerentes aqui pedindo a suspensão da monarquia. A Assembleia vai decretá-la. E vai convocar uma Convenção Nacional a fim de criar uma Constituição para a República. Creio que agora você pode ir para casa dormir.

— Não até que eu ouça por mim mesmo. Se sair agora, tudo pode desmoronar.

— A vida tem seu aspecto persecutório — murmurou Vergniaud. — Tentemos ser racionais.

— Isso não é racional.

— Mas será — disse Vergniaud tranquilamente. — Meus colegas pretendem desligar o governo da esfera do oportunismo e preconceito e transformá-lo em um processo racional.

Camille sacudiu a cabeça.

— Eu garanto — disse Vergniaud. — Que cheiro horrível é esse?

— Creio... — Camille hesitou. — Creio que estão queimando os corpos.

— Vida longa para a República — disse Vergniaud, encaminhando-se para o tablado do presidente.

PARTE CINCO

Terror nada mais é que justiça, imediata, severa, e inflexível; não é tanto um princípio particular quanto uma consequência do princípio geral de democracia aplicado às mais urgentes necessidades de nosso país... O governo da Revolução é o despotismo da liberdade contra os tiranos.

Maximilien Robespierre

Em suma, durante esses reinados, a morte natural de um homem famoso era tão rara que se tornava um acontecimento, passado à posteridade pelos historiadores. Em um consulado, diz o analista, houve um pontífice chamado Pisão que morreu na cama, o que foi considerado uma maravilha.

Camille Desmoulins

I. Conspiradores

(1792)

— SOGRO! — Camille dá um grito de alegria e aponta para Claude. — Está vendo? Nunca jogue nada fora. Qualquer objeto, por mais usado e antiquado que seja, pode nos ser útil. Agora, cidadão Duplessis, diga em frases simples, em verso ou em canção cômica, como dirigir um ministério.

— Isso vai além de meus pesadelos — diz Claude.

— Eles não me deram um ministério, ainda não. Serão necessárias mais catástrofes para que isso aconteça. A novidade é que Danton é ministro da Justiça e guarda-selos, e Fabre e eu somos seus secretários.

— Um ator — diz Claude — e você. Não gosto de Danton, mas tenho pena dele.

— Danton é o líder do governo provisório, vou precisar dirigir o ministério por ele. Fabre não vai se importar. Preciso contar a meu pai, me dê um papel depressa. Não, espere, vou escrever sentado em minha grande mesa do ministério, em papel timbrado, e enviar com meu selo.

— Claude — diz Annette —, que maneiras são essas? Não vai lhe dar as congratulações?

Claude estremece.

— Um detalhe técnico. O ministro da Justiça é também o guarda-selos, mas é uma pessoa só. E sempre teve apenas um secretário. Sempre.

— Avareza! — diz Camille. — Georges-Jacques está acima disso! Vamos nos mudar para a Place Vendôme! Vamos morar em um palácio!

— Querido pai, não o leve a mal — implora Lucile.

— Não, você não compreende — Claude lhe diz. — Agora ele conseguiu. Agora ele é o Governo. Qualquer um que quiser fazer uma revolução terá de fazer contra ele.

A sensação de deslocamento de Claude é mais aguda que no dia da queda da Bastilha. A de Camille também, quando pensa no que Claude disse.

— Não, não é verdade. Há muitas boas batalhas à frente. Há o grupo de Brissot.

— Você gosta de uma boa batalha, não é? — diz Claude. Imagina-se em um mundo alternativo, conversando no café e dizendo: "Meu genro, o secretário". Mas a realidade é que desperdiçou sua vida; trinta anos de dedicação não o tornaram íntimo de um secretário, e agora é forçado a essa intimidade pelas insanas mulheres de sua família e pela forma como decidiram viver. Olhe para elas, correndo para dar um beijo no secretário. Ele poderia atravessar a sala e dar um tapinha na cabeça do secretário. Não viu o secretário sentar-se e baixar o rosto enquanto o ministro eleito, discursando sobre algum tema patriótico, passava distraído os dedos por seus cachos? O ministro fará o mesmo diante de sua equipe? Claude toma uma decisão simples contra qualquer demonstração de afeição. Olha fixamente para o genro e pensa que ele seria perfeitamente capaz de cometer violência. Lá está ele, cílios baixos, olhos no tapete. Em que estará pensando? Algo em que um secretário deveria pensar?

Camille olha para o tapete, mas imagina-se em Guise. A carta que pretende escrever já está escrita em sua mente. Invisível, flutua pela Place des Armes. Atravessa a porta fechada da casa branca e estreita. Insinua-se no escritório do pai. Ali, na mesa, está a *Enciclopédia de Direito;* a essa altura, será que já estaria nas últimas letras do alfabeto?

Sim, é o volume VI. Em cima dele está uma carta de Paris. De quem é essa caligrafia? É sua! A caligrafia inimitável da qual seus editores tanto reclamam! A porta abre e seu pai entra. Como ele está? Como sempre: magro, grisalho, severo e distante.

Vê a carta. Mas espere, pare, como ela chegou até ali, como foi colocada em cima da *Enciclopédia de Direito?* Implausível, a não ser que ele imagine toda uma cena da chegada da carta, sua mãe, Clément ou alguma outra pessoa levando-a lá para cima e conseguindo não passar os dedos nem os olhos nela.

Está bem, começando outra vez.

Jean-Nicolas sobe as escadas. Camille (em forma de fantasma) sobe atrás dele. Jean-Nicolas leva uma carta na mão. Olha para ela e reconhece a caligrafia semilegível e familiar do filho mais velho.

Quer ler a carta? Não em especial. Mas os outros moradores da casa chamam-no, perguntando quais são as novidades de Paris.

Ele abre o envelope e lê a carta com certa dificuldade, mas não se importa com a dificuldade quando lê a notícia.

Espanto! Glória! O melhor amigo de meu filho (bem, um de seus dois melhores amigos) foi nomeado ministro! Meu filho será seu secretário! Vai viver em um palácio!

Jean-Nicolas aperta a carta contra a camisa, dois centímetros acima do coração. Nós fomos injustos com esse rapaz! Na verdade, ele é um gênio! Vou sair imediatamente para dar a notícia a todos da cidade; eles sentirão náuseas de amargura, ficarão verdes e vomitarão com indisfarçável inveja. O pai de Rose-Fleur ficará doente de tristeza ao pensar que ela poderia agora ser esposa do secretário.

Não, não, Camille pensa: não será assim. Jean-Nicolas lhe mandará congratulações? Porá o chapéu sobre o cabelo grisalho para sair e contar as novas aos vizinhos? É claro que não. Vai olhar para a carta e dizer: não, oh, não! Vai pensar: que inimaginável tipo de comportamento resultou nesse favor a meu filho? E, orgulho? Ele não sentirá orgulho. Ficará desconfiado e aflito. Sentirá uma ligeira dor na nuca e irá para a cama.

— Camille, em que você está pensando? — Lucile pergunta.

Camille levanta os olhos.

— Estava pensando que não há como agradar a certas pessoas.

As mulheres lançam olhares venenosos para Claude, e agrupam-se em volta de Camille em adoração.

— SE EU TIVESSE FALHADO — diz Danton —, seria tratado como um criminoso.

Havia 12 horas que Camille e Fabre tinham-no acordado e lhe dito para assumir o comando da nação. Arrancado de um sonho desconexo de salas e mais salas, de portas e mais portas abrindo-se para outras salas, agarrou a mão de Camille em uma gratidão incoerente. Talvez não incoerente, e sim um toque de *nolo episcopari.** Um toque de humildade diante do destino? Não, estava cansado demais para fingir relutância. Ele comandava a França, e isso era natural.

Do outro lado do rio o problema urgente era onde colocar os corpos, vivos e mortos, da Guarda Suíça. Ainda se via a fumaça no palácio devastado.

— GUARDA-SELOS? — disse Gabrielle. — Você sabe o que está fazendo? Camille não conseguiria guardar dois coelhos em uma gaiola.

Robespierre estava sentado ali, impecável, como se tivesse sido tirado de uma caixa e colocado placidamente em uma cadeira de veludo no apar-

---

* Do latim: Não quero ser bispo. (*N. do T.*)

tamento de Danton. Danton avisou que não receberia ninguém, "ninguém exceto meus secretários de Estado", e preparou-se para ouvir as opiniões daquele homem indispensável.

— Espero que você me ajude — disse.

— É claro que vou ajudar, Georges-Jacques.

Muito sério e muito atento, Robespierre manteve a atitude habitual naquela manhã em que os outros acordaram sentindo-se diferentes.

— Ótimo — disse Georges-Jacques. — Então aceitaria um cargo no ministério?

— Desculpe-me, mas não posso.

— Como assim, não pode? Eu preciso de você. Muito bem, você tem os jacobinos para dirigir e tem uma cadeira na nova Comuna, mas nós todos temos de... — O novo ministro interrompeu a frase e fez um gesto com os punhos imensos.

— Se você quer um chefe para a Casa Civil, François Robert seria um ótimo nome.

— Estou seguro de que sim. — Você imaginou que eu o convidaria para um cargo público?, pensou Danton. É claro que não, queria convidá-lo para um cargo altamente remunerado, mas não-oficial, como meu conselheiro político, meu segundo par de olhos. Então, qual é o problema? Talvez você seja uma dessas pessoas talhadas para a oposição, não para o governo. É isso? Ou não quer trabalhar sob minhas ordens?

Robespierre levantou a cabeça e olhou para seu quase chefe.

— Você me dispensa? — Ele sorriu.

— Como quiser. — Danton se conscientizara de seu acento pseudorrefinado de advogado, e de sua outra voz, a voz usada nas ruas, tão ensaiada quanto a primeira. Robespierre tinha só uma voz, monótona, apática, comum; nunca tivera necessidade de fingir. — Agora você vai assumir o comando da Comuna? — Tentou dar à frase um tom de sugestão. — Fabre é membro, você deveria chamá-lo para trabalhar sob suas ordens.

Robespierre parecia divertir-se.

— Não sei bem se tenho o mesmo prazer que você tem em dar ordens.

— Seu primeiro problema é a família dos Capeto. Onde eles vão ficar?

Robespierre examinou as unhas.

— Alguém sugeriu que eles ficassem sob guarda no palácio do Ministério da Justiça.

— Ah, sim? E suponho que me dariam o sótão ou um armário de vassouras de onde eu despacharia os assuntos do Estado, não é?

— Eu fui contra. — Robespierre parecia interessando em ter suas suspeitas confirmadas.

— Eles deveriam ser trancados na antiga torre do Templo.

— É assim que a Comuna pensa. É um pouco triste para as crianças, depois de tudo o que tiveram na vida. — Maximilien, pensou Danton, você foi criança algum dia? — Ouvi dizer que vão tornar o lugar confortável. Eles poderão sair aos jardins, e talvez as crianças queiram ter um cachorrinho para levar a passeios.

— Não me pergunte o que elas querem — disse Danton. — Como eu poderia saber? De qualquer forma, há assuntos muito mais urgentes que os Capeto. Temos de pôr a cidade em pé de guerra. Temos de expedir mandados de busca, mandados de requisição. Temos de pegar todos os monarquistas que ainda estiverem armados. As prisões estão ficando repletas.

— Isso era inevitável. Imagino que aqueles que se opunham a nós na semana passada são hoje considerados criminosos. Devemos encontrar alguma classificação, precisamos defini-los de alguma forma. Se forem réus terão direito a julgamento; mas é uma questão complexa, pois não sei ao certo qual seria o crime deles.

— O crime foi não acompanhar os acontecimentos — disse Danton. — É claro que não sou um jurista ingênuo. Sei que as cortes comuns não servirão. Sou a favor de um tribunal especial. Você atuará como juiz? Nós acertaremos isso mais tarde. Agora, temos de informar às províncias o que está acontecendo. Alguma ideia?

— Os jacobinos querem expedir uma...

— Uma versão?

— É essa a palavra que quer usar? É claro... As pessoas precisam saber o que aconteceu. Camille escreverá e o clube publicará e distribuirá à nação.

— Camille é bom em versões — disse Danton.

— E precisamos pensar de antemão nas novas eleições. Na atual situação, não vejo como poderemos evitar que o grupo de Brissot volte.

Seu tom fez com que Danton levantasse os olhos.

— Você acha que não podemos trabalhar com eles?

— Acho que seria criminoso tentar. Danton, você precisa ver a tendência política dos brissotistas. Eles são a favor das províncias e contra Paris, são federalistas. Querem retalhar a nação em pequenas partes. Se isso ocorrer, se conseguirem, que chance o povo francês terá contra o resto da Europa?

— Uma chance muito reduzida. Ou nenhuma.

— Exatamente. A política deles tende à destruição da nação. Eles são traiçoeiros. Levam ao sucesso do inimigo. Talvez, quem sabe?, o inimigo os tenha inspirado.

Danton levantou um dedo.

— Espere. Você está dizendo que primeiro eles começarão uma guerra e depois nos levarão à derrota? Se quiser que eu acredite que Pétion, Brissot e Vergniaud são agentes dos austríacos, terá de me trazer provas, provas legais.

— E mesmo assim, pensou, não acreditarei.

— Vou fazer o possível — disse Robespierre, o aluno sério, entregando-se a uma tarefa. — Nesse meio-tempo, o que você vai fazer com o duque?

— Pobre Philippe — disse Danton. — Ele merece alguma coisa. Creio que devemos encorajar os parisienses a elegê-lo para a nova Assembleia.

— Convenção Nacional — Robespierre corrigiu. — Se for preciso...

— E Marat?

— O que ele quer?

— Marat não pede nada para si próprio, mas acho que devemos estar em bons termos com ele. Ele tem uma imensidão de seguidores entre o povo.

— Eu aceito isso — disse Robespierre.

— Você pode recebê-lo em sua Comuna.

— E a Convenção? Vão dizer que Marat é muito extremado, e Camille também; mas nós queremos os dois.

— Extremado? — disse Danton. — Os tempos são extremados. Os exércitos são extremados. Estamos em um momento de crise.

— Não duvido. Deus está conosco. Temos esse conforto.

Danton ficou pensando nessa declaração assombrosa.

— Infelizmente — disse por fim —, Deus ainda não nos forneceu lanças.

Robespierre virou o rosto de lado. Era como brincar com um porco-espinho, Danton pensou. Se o tocamos em um ponto desagradável, tudo o que nos resta é negociar com seus espinhos.

— Eu não queria essa guerra — disse Robespierre.

— Infelizmente a guerra está aí, e não podemos continuar a insistir em que não é nossa.

— Você confia no general Dumouriez?

— Ele não nos deu razão para desconfiança.

Robespierre torceu a boca.

— Isso não basta, não é? O que ele fez para nos convencer de que é um patriota?

— Ele é um soldado, presume-se que seja leal ao governo vigente.

— Essa presunção foi infundada em 1789, quando a Guarda Francesa investiu contra o povo. Eles seguiram seus interesses naturais. Dumouriez e todos os nossos outros belos oficiais aristocratas em breve seguirão os próprios interesses. E me pergunto sobre Dillon, o amigo de Camille.

— Eu não disse que a lealdade dos oficiais é garantida, disse que o governo presume que eles serão leais até que provem o contrário. Em quaisquer outros termos, seria impossível ter um exército.

— Posso lhe dar um conselho? — Os olhos de Robespierre estavam fixos no rosto de Danton, e este deduziu que não gostaria do conselho. — Você está começando a falar demais em "o governo". Você é um revolucionário, feito pela Revolução, e em uma revolução as antigas presunções não se mantêm. Em tempos de estabilidade e paz talvez seja possível para o Estado lidar com seus inimigos ignorando-os, mas em tempos como os nossos, temos de identificá-los e atacá-los. Imobilizá-los.

Imobilizá-los como?, Danton se perguntou. Discutir com eles? Convertê-los? Matá-los? Mas você não quer matar, não é, Max? Você não é a favor do assassinato. Então falou em voz alta:

— A diplomacia pode limitar a guerra. Enquanto eu estiver no gabinete farei o que puder para manter a Inglaterra a distância. Mas quando não estiver mais...

— Você sabe o que Marat diria? Diria: por que você estaria fora do gabinete?

— Mas eu pretendo fazer parte da Convenção. Lá é meu palco, lá é onde sou efetivo. Você não pode achar que meu lugar é preso atrás de uma mesa. E, como bem sabe, deputados não podem se tornar ministros.

— Ouça. — Robespierre tirou do bolso seu pequeno exemplar de *O contrato social.*

— Oh, ótimo, hora de contar histórias — disse Danton.

Robespierre abriu o livro em uma página marcada.

— Ouça isto: "A inflexibilidade das leis pode, em algumas circunstâncias, torná-las perigosas e causar a ruína de um Estado em crise... se o perigo for tal que torne o mecanismo das leis um obstáculo, deverá ser nomeado um ditador para silenciar as leis." — Fechou o livro e levantou os olhos, com ar questionador.

— É uma declaração de fato ou um preceito? — Danton quis saber. Robespierre não respondeu. — Não vou me impressionar só porque você leu algo em um livro. Nem mesmo um de Jean-Jacques.

— Quero prepará-lo para os argumentos que o povo jogará sobre você.

— Eu vi que essa passagem estava marcada. No futuro, não se preocupe em fazer rodeios. Pergunte diretamente o que deseja saber.

— Eu não vim até aqui para tentar você. Marquei a passagem no livro porque tenho pensado muito no assunto.

Danton olhou-o com ar inexpressivo.

— E qual é sua conclusão?

— Eu gosto... — Robespierre hesitou. — Gosto de pensar em todas as circunstâncias possíveis. Não devemos ser doutrinários. Mas o pragmatismo pode facilmente degenerar-se em falta de princípios.

— Os ditadores são mortos no final — disse Danton.

— E se antes de isso acontecer você tiver salvado seu país? "É necessário que um homem morra pelo povo."

— Esqueça, não tenho desejo algum de ser mártir. Você tem?

— É tudo hipotético, de qualquer forma. Mas você e eu, Danton... Você e eu não somos iguais — disse, pensativo.

— EU GOSTARIA de saber o que Robespierre realmente pensa sobre mim — disse Danton a Camille.

— Oh, ele o acha maravilhoso. — Camille deu o melhor sorriso possível no estado de nervos em que se encontrava. — Apenas não consegue elogiá-lo muito.

— Eu gostaria de saber o que Danton realmente pensa sobre mim — disse Robespierre.

— Oh, ele não consegue elogiá-lo muito. — O sorriso de Camille era um pouco tenso. — Mas ele o acha maravilhoso.

A VIDA VAI mudar. Já pensaram nisso? Não imaginam o quanto mudará.

Tudo o que é desaprovado passará a se chamar "aristocrata". Esse termo poderá ser aplicado a comidas, livros e peças de teatro, a modos de falar, a estilo de cabelo e a veneráveis instituições, como a prostituição e a Igreja Católica Romana.

Se "liberdade" era a palavra-chave da primeira Revolução, "igualdade" é a da segunda. "Fraternidade" é a qualidade menos assertiva, e deve caber onde puder.

Todas as pessoas são agora simples "cidadãos" ou "cidadãs". A Place Louis XV será chamada Place de la Révolution, onde será instalada a máquina científica de decapitação. Esta será conhecida como "guilhotina" em homenagem ao Dr. Guillotin, o famoso especialista em saúde pública. A rue Monsieur-le-Prince será chamada rue de la Liberté, a Place de la Croix-Rouge se tornará Place de la Bonnet-Rouge. Notre-Dame se tornará o Templo da Razão. Bourg-la-Reine será Bourg-la-République. E com o tempo a rue des Cordeliers se chamará rue Marat.

O divórcio será muito fácil.

Por algum tempo Annette Duplessis continuará a caminhar nos jardins de Luxemburgo. Uma fábrica de canhões será instalada lá; mas o alarido e o fedor patriótico se tornarão insuportáveis, e os refugos patrióticos serão jogados no Sena.

A Seção Luxemburgo se tornará a Seção Mutius Scaevola. Os romanos estão muito em voga. E também os espartanos. Os atenienses, um pouco menos.

Em pelo menos uma cidade da província, a ópera-bufa *As bodas de Fígaro* de Beaumarchais será proibida, como o rei um dia a proibiu, pois descreve um estilo de vida agora proscrito e requer o uso de roupas aristocráticas.

"Sans-culottes" é como os trabalhadores chamam a si próprios, porque usam calças, e não culotes. Com as calças usam um colete de algodão com largas listras tricolores, e uma jaqueta de lã grosseira até o quadril, chamada *carmagnole*. Na cabeça os sans-culottes usam um gorro vermelho, o barrete da liberdade. Qual a razão de a liberdade requerer um gorro é um mistério.

Para os ricos e poderosos, o objetivo é ser aceito como sans-culotte em espírito, sem assumir o uniforme ridículo. Só Robespierre e alguns outros provêm o sustento dos cabeleireiros desempregados da França. Muitos membros da nova Convenção passarão a usar o cabelo escovado para a frente e curto na testa, como as estátuas de heróis da antiguidade. Botas de montaria serão usadas em todas as ocasiões, mesmo em recitais de harpa. Os cavalheiros parecem prontos a perseguir uma coluna prussiana depois do jantar, em qualquer dia da semana.

As gravatas ficarão mais altas, como que para proteger o pescoço. As mais altas de todas na vida pública serão usadas pelo cidadão Antoine Saint-Just, da Convenção Nacional e do Comitê de Segurança Pública. Nos dias escuros e angustiantes de 1794 aparecerá uma obscena inversão feminina: uma fita vermelha fina usada em volta do pescoço branco nu.

Haverá controle econômico, os preços máximos serão estabelecidos pelo governo. Haverá as rebeliões causadas pelo café e pelo açúcar. Em um mês não haverá lenha, em outro não haverá sabão, ou velas. O mercado negro será um negócio florescente e aflito, por causa da pena de morte para açambarcadores e traficantes.

Haverá boatos persistentes sobre o regresso de *ci-devant émigrés*. Alguém viu um marquês trabalhando como engraxate, e a esposa, como costureira. Um duque empregou-se como criado em sua própria casa, que agora pertence a um banqueiro judeu. Há quem goste de pensar que esses boatos são verdadeiros.

Na Assembleia Nacional houve ocasiões deploráveis, em que cavalheiros nervosos empunharam seus floretes. Na Convenção e no Clube dos Jacobinos, socos e brigas com facas serão bastante comuns. O duelo será substituído pelo assassinato.

Para os ricos, isto é, para os novos-ricos, é possível viver tão bem como se vivia no Antigo Regime. Em uma conversa semiprivada no Jacobinos em uma noite em 1793, Camille Desmoulins disse:

— Não sei por que as pessoas dizem que não conseguem ganhar dinheiro hoje em dia. Eu não encontro dificuldades.

As igrejas serão espoliadas, as estátuas, desfiguradas. Santos de olhos frios erguem cotos de dedos em bênção truncada. Para salvar uma estátua da Virgem, basta colocar um gorro vermelho em sua cabeça e ela se torna a Deusa da Liberdade. É assim que todas as virgens se salvam; quem quer essas mulheres ferozes e politizadas?

Em razão das mudanças dos nomes das ruas, ficará impossível se orientar na cidade. O calendário será modificado também; janeiro é abolido, adeus ao junho aristocrata. As pessoas se perguntarão: "Que dia é hoje no calendário de verdade?"

1792, 1793, 1794. Liberdade, Igualdade, Fraternidade ou Morte.

A PRIMEIRA AÇÃO DE DANTON no Ministério da Justiça foi convocar seus funcionários públicos mais velhos. Examinou-os e um sorriso brotou em seu rosto.

— Eu os aconselho, cavalheiros, a optar por uma aposentadoria antecipada.

— VOU MORRER DE SAUDADES SUAS — disse Louise Gély para Gabrielle. — Posso visitar vocês na Place Vendôme?

— Place des Piques — Gabrielle corrigiu com um sorriso. — Sim, é claro que pode. Mas nós vamos voltar logo para cá, Georges assumiu o gabinete de emergência, e quando a emergência terminar... — Engoliu o resto da frase. Destino tentador, ela dizia.

— Você não deve ter medo — disse Louise, abraçando-a com carinho. — Deve pensar que enquanto seu marido estiver na cidade, os inimigos não entrarão.

— Bem, Louise... você é corajosa.

— Danton acredita nisso.

— Mas um homem pode realizar tantas coisas sozinho?

— Mas não é um só homem — disse. Às vezes era difícil não irritar-se com Gabrielle. — São muitos homens, com o melhor líder.

— Eu não sabia que você gostava de meu marido.

Louise levantou as sobrancelhas.

— Eu disse que gosto? Mesmo assim, é bondade dele fazer alguma coisa por meu pai.

M. Gély tinha um novo cargo no Ministério da Marinha.

— Ah, não foi nada — disse Gabrielle. — Ele arranjou emprego para todos os que foram seus funcionários, e... oh, para todos, mesmo. Até mesmo para Collot d'Herbois, de quem não gosta.

— E eles estão gratos? — Provavelmente não, pensou Louise. — Gente de quem ele gosta, de quem não gosta, gente sem importância... acho que seu marido daria emprego à cidade toda se pudesse. É interessante. Eu me pergunto por que ele mandou o cidadão Fréron para Metz.

— Oh, tem a ver com o Conselho Executivo de lá; suponho que precisem de ajuda para administrar a revolução deles.

— Metz fica na fronteira.

— Eu sei.

— Imagino que ele o tenha mandado para longe como um favor à cidadã Desmoulins. Fréron a seguia de forma incessante, não é? Observava-a e lhe fazia elogios. Danton não gosta disso. A vida será mais fácil para ele com Fréron fora daqui.

Gabrielle não estaria conversando sobre isso se tivesse escolha. Até mesmo essa criança nota, até mesmo essa criança de 14 anos sabe de tudo, pensou.

QUANDO A NOTÍCIA do golpe de 10 de agosto chegou aos quartéis militares, o general Lafayette tentou organizar seus exércitos para marchar sobre Paris e derrubar o governo provisório. Apenas um grupo de oficiais estava preparado para apoiá-lo. A 19 de agosto ele atravessou a fronteira próxima de Sedan e foi logo feito prisioneiro dos austríacos.

OS MEMBROS DO MINISTÉRIO da Justiça costumavam tomar o café da manhã juntos para preparar o plano do dia. Danton cumprimentou a todos, menos sua esposa, mas, de qualquer forma, já estivera com ela mais cedo. Essa teria sido a ocasião propícia para eles passarem a ter quartos separados, como ambos queriam, mas nenhum dos dois tinha coragem de tocar no assunto. Então eram mantidos os costumeiros arranjos conjugais: o casal acordava sob um dossel coberto de cortinas de veludo mais grossas que tapetes turcos.

Lucile usava uma roupa cinzenta naquela manhã, que lhe dava um ar de puritana maliciosa, Danton pensou. Imaginou-se debruçando sobre ela e beijando-a ardentemente na boca.

Nada afetava o apetite de Danton. Nem um momento súbito de desejo nem a emergência nacional nem a poeira histórica das cortinas do dossel. Lucile não comeu. Estava matando-se de fome para tentar voltar ao corpo de antes da gravidez.

— Você vai sumir — disse Danton.

— Lucile está tentando ficar igual ao marido — Fabre explicou. — Não admite, mas por alguma razão que só ela conhece, é isso o que está fazendo.

Camille tomou uma xícara de café. Sua esposa observou-o dissimuladamente quando ele abriu as cartas com os dedos finos e elegantes.

— Onde estão François e Louise? — Fabre perguntou. — Algo os deve estar atrasando. Como são estranhos, sempre acordando lado a lado, e sempre na cama.

— Basta! — disse Danton. — Teremos uma regra aqui, nada de conversas lúbricas antes do café da manhã.

Camille pousou a xícara na mesa.

— Para você pode ser antes do café da manhã, mas quase todos aqui estamos ansiosos para começar nossa cota diária de escândalos, calúnias e malícia.

— Esperemos que esta atmosfera agradável infiltre-se em nós com o tempo. Até mesmo em Fabre. — Danton virou-se para ele. — Será diferente de viver entre os cordeliers, que aplaudem sua depravação.

— Eu não sou depravado — Fabre reclamou. — Camille é depravado. A propósito, Caroline Rémy poderá se mudar para cá também?

— Não. De jeito algum — disse Danton.

— Por que não? Hérault não vai se importar, ele poderá vir aqui.

— Não me interessa se ele se importa ou não. Você acha que vai transformar este lugar em um bordel?

— Está falando sério? — Olhou para Camille como que pedindo apoio, mas Camille estava lendo suas cartas.

— Se você se divorciar de Nicole e se casar com Caroline, ela será bem-vinda.

— Casar com ela? Você não pode estar falando sério.

— Bom, se isso é tão impensável, ela não deve ser boa companhia para nossas esposas.

— Entendo — falou Fabre em tom beligerante, sem conseguir acreditar no que estava ouvindo. O ministro e seu colega, o outro secretário, tinham usado Caroline com bastante frequência naquele verão. — Há uma lei para vocês e outra para mim.

— Não sei a que está se referindo. Por acaso estou propondo manter uma amante aqui?

— Está — Fabre murmurou.

Camille deu uma gargalhada sonora.

— Por favor, entenda. Se você trouxer Caro para cá, os ministérios e a Assembleia saberão em uma hora e cairão sobre nós, sobre mim, com críticas severas e justificadas.

— Muito bem — falou Fabre, ressentido. — Mudando de assunto, quer saber o que Condorcet disse sobre sua nomeação no jornal de hoje, senhor ministro?

— Espero que você não nos venha com divagações brissotistas todas as manhãs — disse Lucile. — Não importa, continue.

Fabre desdobrou o jornal e leu:

— "O ministro deveria ser um homem em quem os agitadores responsáveis pela queda da monarquia depositassem confiança. Deveria ser alguém com autoridade suficiente para controlar os instrumentos desprezíveis dessa vantajosa, gloriosa e necessária Revolução." — Somos nós, Camille. — "Deveria ser um homem com grande eloquência, inteligência e caráter, que estivesse à altura de seu gabinete e dos membros da Assembleia Nacional convocados para tratar com ele. E só Danton apresentava todas essas qualidades. Eu votei nele e não lamento minha decisão." — Fabre se aproximou de Gabrielle e disse: — Então, impressionada?

— Há uma ponta de ressentimento — disse Camille.

— De ofensa — disse Lucile, tomando o jornal das mãos de Fabre. — "Convocados para tratar com ele." É como se você estivesse em uma jaula e eles o cutucassem com uma vara pelas grades, rangendo os dentes.

— Como se importasse se Condorcet lamenta sua decisão — disse Camille. — E como se tivesse alguma escolha. Como se a opinião dos brissotistas importasse a alguém.

— Você vai perceber que importa quando a Convenção Nacional for eleita — disse Danton.

— Eu gosto dessa parte de seu caráter — disse Fabre. — E se ele tivesse visto você arrastar Mandat pelo Hôtel de Ville?

— Vamos tentar esquecer isso — Danton disse.

— Eu considero aquele um de seus melhores momentos, Georges-Jacques.

Camille separou as cartas em pequenas pilhas.

— Nada de Guise — disse.

— Talvez estejam intimidados com o novo endereço.

— Acho que simplesmente não acreditaram em mim. Pensaram que fosse uma de minhas elaboradas mentiras.

— Mas eles não recebem jornais lá?

— Sim, mas não acreditam no que leem nos jornais depois que passei a escrever para eles. Meu pai acha que serei enforcado.

— Ainda pode ser — disse Danton em tom jocoso.

— Isso deve interessar a você. Uma carta de meu querido Fouquier-Tinville. — Passou os olhos pela bonita caligrafia do primo. — Rodeios, bajulação, humilhação, rodeios, meu queridíssimo Camille, rodeios e mais rodeios... "a eleição dos ministros patriotas... conheço todos eles pela reputação, mas eles não me conhecem..."

— Eu o conheço — disse Danton. — Um homem que pode nos trazer vantagens, que faz o que lhe mandam fazer.

— "Muito me agradaria se você apresentasse minhas recomendações ao ministro da Justiça e o sondasse sobre a possibilidade de um cargo para mim... como sabe, tenho uma família grande e minha situação financeira não vai bem..." — Camille deixou cair a carta em frente a Danton. — Eu apresento as recomendações de meu humilde e obediente servo, Antoine Fouquier-Tinville. Ele é conhecido na família como um competente advogado. Arranje um emprego para ele, se achar que deve.

Danton pegou a carta e riu.

— Que servilismo, Camille! Pense: há três anos, na primavera, ele gastaria algum tempo com você?

— É claro que não. Ele era meu primo distante até a queda da Bastilha.

— Ainda assim, seu primo pode nos ser útil no tribunal especial que vamos criar para julgar os derrotados. Não se preocupe, vou encontrar algo para ele.

— O que é aquilo? — Lucile perguntou, indicando uma pilha de cartas.

— São cartas desrespeitosas — disse Camille, balançando a mão. — São obscenas. — Ela notou que a mão do marido parecia transparente. — Eu costumava entregar essa correspondência a Mirabeau. Ele a guardava em arquivos.

— Posso ver? — perguntou Fabre.

— Mais tarde — disse Danton. — Robespierre também as recebe?

— Algumas. Maurice Duplay as seleciona. É claro que sua família é a presa perfeita para uma imaginação ávida. As filhas e os dois meninos. Maurice fica muito zangado. Sou mencionado com frequência, e ele se queixa comigo, como se eu pudesse fazer alguma coisa.

— Robespierre deveria se casar — disse Fabre.

— Casar não ajuda muito nessas horas. — Danton virou-se para sua esposa com ar de troça. — O que você vai fazer hoje, meu amor? — Gabrielle não respondeu. — Não anda muito entusiasmada, não é?

— Sinto falta de minha casa — disse Gabrielle, olhando para a toalha de mesa. Ela não gostava de tornar pública sua vida privada.

— Por que não vai gastar um pouco de dinheiro? — sugeriu Danton. — Esqueça um pouco sua casa. Vá à costureira, ou a algum outro lugar que tenha vontade de ir.

— Estou grávida de três meses. Não estou interessada em vestidos.

— Não seja desagradável com ela, Georges-Jacques — disse Lucile com suavidade.

Gabrielle jogou a cabeça para trás e olhou para ela.

— Não preciso de proteção, sua meretriz. — E levantou-se da mesa. — Com licença. — Eles a observaram sair da sala.

— Não ligue para ela, Lolotte — disse Danton. — Gabrielle está fora de si.

— Gabrielle tem o temperamento dos escritores de cartas — disse Fabre. — Vê tudo sob o pior ângulo possível.

Danton empurrou as cartas para Fabre.

— Mate sua imensa curiosidade. Mas leve tudo com você.

Fabre fez uma reverência extravagante para Lucile e saiu da sala, eufórico.

— Ele não vai gostar desse lixo — disse Danton. — Nem mesmo Fabre poderia gostar.

— Max recebe propostas de casamento — falou Camille de súbito. — Duas a três por semana. Ele guarda as cartas no quarto, amarradas com uma fita. E arquiva tudo.

— Essa é uma de suas fantasias — disse Danton.

— Não, garanto que não. Ele as guarda sob o colchão.

— Como você sabe? — perguntou Danton.

Eles começaram a rir.

— Não espalhe essa história — disse Camille —, pois Max vai saber de onde veio.

Gabrielle reapareceu na porta, mal-humorada e tensa.

— Quando vocês terminarem, gostaria de falar com meu marido por um instante. Se for possível.

Danton levantou-se.

— Assuma o Ministério da Justiça hoje — disse para Camille. — Vou cuidar do que Gabrielle chama de "assuntos estrangeiros". Sim, minha querida, o que você quer?

— Que droga — disse Lucile quando eles saíram. — Eu sou uma meretriz?

— Ela não quis dizer isso. Está muito infeliz, está muito confusa.

— Nós não facilitamos a situação, não é?

— O que você sugere?

As mãos deles tocaram-se ligeiramente. Não desistiriam do jogo.

OS ALIADOS estavam em solo francês.

— Paris é uma cidade tão segura — disse Danton à Assembleia — que eu trouxe meus filhos pequenos e minha mãe idosa para cá, para meu apartamento na Place des Piques.

Encontrou-se com o cidadão Roland nos jardins das Tulherias, e os dois passearam entre as árvores. A luz salpicava o rosto de seu colega. A voz do cidadão Roland estava trêmula.

— Talvez agora seja a hora de partir. O governo deve manter-se coeso a todo custo. Se tivermos de avançar além do Loire, então talvez... quando Paris for tomada...

Danton olhou-o com ferocidade.

— Cuidado quando falar em fugir, Roland; alguém pode ouvir. Vá então, meu velho, fuja. Se não tem estômago para uma luta, é melhor partir. Eu não vou a lugar algum, Roland, vou ficar aqui e governar. Paris nunca será tomada. Nós a queimaríamos antes.

Sabem como o medo é disseminado? Segundo Danton, existe um mecanismo para isso, um processo que faz parte do cérebro e da alma dos seres humanos. Ele espera que por esse mesmo processo, por meio dos mesmos caminhos, a coragem também possa ser disseminada. Se ficar no centro da situação, talvez possa influenciar nesse sentido.

Mme. Recordain sentou-se em uma cadeira de espaldar alto, observando a opulência do palácio do ministro da Justiça. Ela torceu o nariz.

Trincheiras começaram a ser cavadas em volta dos muros da cidade.

NAS PRIMEIRAS SEMANAS do ministério, o Dr. Marat os visitou com frequência. Ele não se lavava para essas ocasiões e recusava-se a marcar hora;

atravessando as galerias com passo nervoso, dizia que fora falar com "o ministro, o secretário", em um tom um tanto ofensivo, e atracava-se com qualquer um que tentasse detê-lo.

Naquela manhã dois funcionários antigos conferenciavam do lado de fora da porta de Desmoulins. Tinham uma expressão grave e um tom indignado. Não tentaram deter Marat. Ele merece você, dizia a expressão de ambos.

Era um salão magnífico, e Camille era o que menos chamava a atenção ali. As paredes eram cobertas de retratos de cores desbotadas pelo tempo e pela fumaça; os rostos dos ministros, com as perucas empoadas, eram semelhantes. Olhavam sem expressão para o ocupante da mesa que anteriormente fora deles, como que dizendo: não importa, estamos mortos agora. Não pareciam notar a figura de Camille em especial.

— Longwy caiu — disse Marat.

— Eu soube. Até me deram um mapa, porque não sei onde fica coisa alguma.

— Verdun será a próxima — disse Marat. — Ainda esta semana. — Sentou-se em frente a Camille. — Qual é o problema com seus funcionários? Estão parados lá fora murmurando.

— Este lugar é sufocante. Gostaria de estar dirigindo o jornal de novo.

Naquela época Marat não publicava seu próprio jornal da forma usual. Mas escrevia suas opiniões em cartazes e colava-os por toda a cidade. Era um estilo pouco sutil e sem conceitos definidos que, segundo Marat, não arrancava muitos elogios. Ele observou Camille e disse:

— Você e eu, meu querido, seremos fuzilados.

— Isso já me ocorreu.

— O que você vai fazer, já pensou? Vai perder o ânimo e pedir misericórdia?

— Creio que sim — disse Camille, de forma realista.

— Mas sua vida vale alguma coisa. E a minha também, embora muitos não concordem. Temos um dever com a Revolução a esta altura. Brunswick foi mobilizado. O que Danton diz disso? A situação é desesperadora, mas não despida de esperança. Ele não é tolo, imagino que sua esperança seja fundamentada. Camille, estou com medo. Os inimigos dizem que vão devastar a cidade. É provável que o povo sofra como nunca sofreu em toda a nossa história. Pode imaginar a vingança dos monarquistas?

Camille sacudiu a cabeça, como se dissesse que tentava não pensar nisso.

— Provence e Artois vão voltar. Maria Antonieta vai retomar o país. Os padres voltarão. As crianças que hoje estão no berço sofrerão pelo que seus pais fizeram. — Marat inclinou a cabeça para a frente, com o corpo curvo, os olhos fixos, como fazia quando falava na tribuna do Jacobinos. — Será um matadouro, o matadouro de uma nação. — Camille apoiou os cotovelos na mesa e observou Marat. Não podia imaginar o que esperava que ele dissesse. — Não sei como o avanço inimigo pode ser detido — disse Marat. — Deixo isso para Danton e para os soldados. Minha obrigação é com Paris, com os traidores que aqui existem, os subversivos, os monarquistas que infestam nossas prisões. Essas prisões não são seguras, você sabe muito bem; temos presos em conventos, em hospitais, não há lugares suficientes para eles nem uma forma de mantê-los seguros.

— É uma pena que tenhamos destruído a Bastilha — disse Camille. — Creio eu.

— E se eles fugirem? — Marat continuou. — Não estou fantasiando. O sistema carcerário exige certo consentimento da vítima, certa cooperação. Suponha que essa cooperação seja retirada. Quando nossas tropas entrarem na batalha, deixando a cidade com mulheres, crianças e políticos, os aristocratas sairão das prisões e localizarão os esconderijos de suas armas...

— Esconderijos de armas? Não seja idiota. Por que acha que a Comuna vem fazendo buscas de casa em casa?

— Você pode jurar que vasculharam tudo, que não sobrou nada?

Camille sacudiu a cabeça.

— Então o que quer que façamos? Que entremos nas prisões e matemos todos?

— Finalmente — disse Marat. — É aí que quero chegar.

— Matar a sangue-frio?

— Como quiserem.

— E você organizaria isso, Marat?

— Oh, não, aconteceria espontaneamente. O povo está tão aterrorizado, tão inflamado contra os inimigos...

— Espontaneamente? — disse Camille. — Muito provável mesmo. — Mas, ainda assim pensou: nós temos uma cidade em perigo iminente, temos um povo enraivecido, temos um mar de ódio não canalizado infiltrando-se nas instituições do Estado e varrendo as praças públicas. E temos vítimas, temos o foco para esse ódio, temos traidores prontos a serem usados. Sim, parece mais provável a cada minuto.

— Ora, Camille! — disse Marat. — Ambos sabemos como essas coisas são feitas.

— Já começamos levando os monarquistas a julgamento.

— Você acha que temos um ano ou dois? Temos um mês? Temos uma semana?

— Não. Não, eu entendo o que você quer dizer. Mas, Marat, nós nunca nos propusemos a esse tipo de ato. Isso é homicídio, sob todos os aspectos.

— Tire as mãos do rosto. Hipócrita. O que você acha que aconteceu em 1789? Foi o homicídio que fez você. Foi o homicídio que o tirou da sombra e o colocou onde está agora. Homicídio! O que é isso? É só uma palavra.

— Vou transmitir a Danton seu conselho.

— Sim. Faça isso.

— Mas ele não será conivente.

— Ele fará o que quiser. Vai acontecer de qualquer forma. Ou nós controlamos a situação até onde pudermos ou perderemos o controle. Danton deve ser mestre ou servo. O que ele escolherá?

— Ele sujaria seu nome. Perderia a honra.

— Oh, Camille — disse Marat brandamente. — A honra! — Sacudiu a cabeça. — Oh, meu pobre Camille.

Camille recostou-se na cadeira, olhou para o teto, observou os retratos alinhados na parede, aqueles ministros de olhar vago dentro das molduras gastas. Será que tinham esposas, filhos? Tinham sentimentos? Por baixo dos coletes bordados, as costelas se expandiam, os corações batiam? Os ministros olharam de volta para ele, mas não deram sinal algum. Os funcionários haviam se retirado. Camille podia ouvir o relógio marcando os minutos.

— O povo não tem honra — disse Marat. — Nunca pôde ter. A honra é um luxo.

— Suponha que os outros ministros impeçam?

— Outros ministros? Não me canse. Que outros ministros? São uns eunucos.

— Danton não vai gostar disso.

— Ele não precisa gostar — disse Marat com raiva —, precisa ver a necessidade. Seria fácil para ele, eu creio; até uma criança pode ver a necessidade. Gostar? Você acha que eu gosto? — Camille não respondeu. Marat fez uma pausa para pensar. — Bem, eu não me importo. Não me importo de modo algum.

AS PRELIMINARES para as eleições da Convenção já começaram. Ao que parece, a vida continua. O pão é assado para o dia seguinte, as peças de teatro são ensaiadas.

Lucile mandou buscar seu bebê; o choro dele ecoa pelas grandes suítes, sob os tetos pintados, entre os documentos e os livros de Direito encadernados em couro, onde nenhum bebê chorou antes.

Verdun cai a 1º de setembro. O inimigo, se decidir entrar em Paris agora, está a dois dias de marcha da cidade.

ROBESPIERRE anda pensando em Mirabeau e no que ele dizia, com um gesto amplo: "Mirabeau fará isso" ou "O conde de Mirabeau responderá...", falando de si próprio como de um personagem em uma peça sob sua direção. Robespierre está consciente dos olhos postos sobre ele: Robespierre age. Ou: Robespierre não age. Robespierre mantém-se quieto e observa os que o observam.

Ele recusou-se a atuar como juiz no tribunal especial de Danton, e percebeu o ar de aborrecimento no rosto dele.

— Você ainda é contra a pena de morte, meu amigo? — Porém o próprio Danton fora misericordioso. Houve muito pouco trabalho para o cidadão Sanson. Um oficial da Guarda Nacional foi executado pela nova máquina decapitadora, e também o secretário da Lista Civil, mas a sentença de morte de um jornalista aristocrata não foi levada a cabo. Camille passou as mãos pelos ombros cansados de Danton e disse que era um mau precedente executar jornalistas. Danton riu: "Como quiser. Não se pode invalidar o veredicto, então vamos adiar a execução. Perderemos o homem no sistema de qualquer jeito. Faça o que achar melhor, eu assino embaixo."

Era, em outras palavras, uma questão de arbitrariedade: a vida de um homem dependia, segundo Fabre, de Camille lembrar-se de ter tido sucesso em alguma troca de insultos em 1789, sentir-se magnânimo, depois fazer uma atuação barata junto a Danton para diverti-lo e adulá-lo até ele recobrar o bom humor no fim de um dia duro. (Um segredo, disse Fabre, que Camille poderia vender com lucro à esposa de Danton.) Fabre teve uma reação ácida ao incidente. Não que tivesse paixão por justiça, Robespierre pensou, mas porque não tinha meios semelhantes de conseguir o que queria. Seria ele, Robespierre, o único a sentir que a lei não devia ser usada dessa forma? Teve um instante de repulsa, uma hesitação intelectual. Mas esse sentimento vinha dos velhos tempos, de antes da Revolução. A justiça estava a serviço da política agora; nenhuma outra posição era compatível com a sobrevivência. Ele teria se enojado se ouvisse Danton gritar por mais cabeças cortadas, como fazia aquele Marat demoníaco. Mas faltava energia a Danton; ele era suscetível a lisonjas individuais, e não só da parte de Camille. Brissot. Vergniaud. Buzot. Condorcet. Roland. Roland e Brissot de novo. Em seus sonhos eles esperam, rindo, para pegá-lo. E Danton não reagirá...

Esses são os conspiradores; por que, ele perguntava (pois era um homem sensato), temer uma conspiração se ninguém mais a teme?

E respondia: temo o que no passado tive razão de temer. Os conspiradores interiores são o coração que estremece, a cabeça que dói, o estômago que não digere, e os olhos que cada vez mais têm dificuldade de aguentar a luz do sol. Por trás deles encontra-se o mestre-conspirador, a parte oculta da mente; pesadelos acordam-no às 4h30 da madrugada, e o que lhe resta é se revirar na cama até o dia raiar.

Com que objetivo o homem interior está conspirando? Tirar uma noite de folga e ler um romance? Ter mais amigos, ser um pouco mais amado? Mas as pessoas dizem: já viram os óculos coloridos de Robespierre? Esses óculos lhe dão um ar sinistro.

DANTON USAVA um casaco vermelho na Assembleia. Algumas pessoas aplaudiam, outras choravam. O barulho vindo das galerias podia ser ouvido do outro lado do rio.

Falou com a voz forte e ressonante, respirando como Fabre lhe ensinara. Duas torrentes de pensamentos lhe vieram rapidamente à cabeça. A primeira: planos criados, exércitos em formação de combate, manobras diplomáticas em ação; meus generais podem resistir por 15 dias, e depois (disse a si mesmo), depois vou agir, depois vou lhes vender a rainha se quiserem comprar, ou minha mãe, ou vou me render, ou cortar minha garganta.

A segunda: ações realizadas através da fala. Como as palavras podem salvar um país? As palavras criam mitos, ao que parece, e por esses mitos o homem luta para vencer. Louise Gély lhe dissera: "Você tem de dizer a eles o que fazer. Quando souberem que atitude tomar, como enfrentar a situação, será fácil." Tem razão, aquela criança... a situação é simples. Até mesmo uma menina de 14 anos a compreende. São necessárias palavras simples. Poucas e curtas.

Danton ergue o corpo e estica uma das mãos para a plateia.

— Aventurem-se. Aventurem-se sempre. E aventurem-se de novo. Assim vocês salvarão a França.

Naquele momento, alguém escreveu, aquele homem horrível ficou belo.

Danton sentiu-se como um imperador romano, presente em sua própria deificação. Deuses vivos andam pelas ruas agora; avatares carregam canhões, ícones lançam os dados.

LEGENDRE:

— O inimigo estava nos portões de Paris. Danton apareceu e salvou o país.

ERA MUITO TARDE. O rosto de Marat, à luz da vela, está lívido, esgotado. Fabre encontrou coisas de que rir. Está segurando uma garrafa de conhaque. A essa altura há umas 12 pessoas na sala. Eles não se cumprimentam pelo nome e evitam olhar-se. Talvez dentro de um ano não possam jurar quem esteve ali e quem não esteve. O líder de uma Seção plebeia senta-se junto a uma janela aberta, pois as pessoas não aprovam o cheiro de seu cachimbo.

— Não será um ato arbitrário — diz um homem da Comuna. — Teremos patriotas de confiança, homens das Seções, e lhes entregaremos listas completas. Eles poderão entrevistar cada prisioneiro, soltar todos os inocentes que ainda não soltamos e sentenciar os outros. O que acham?

— Acho bom — diz Marat. — Desde que haja uma única sentença possível.

— Você pensa que esta farsa vai trazer alguma vantagem? — pergunta Camille ao homem da Comuna. — Não acha que poderiam simplesmente atacar e massacrar as pessoas indiscriminadamente?

— Sem dúvida, é o que vai ocorrer no final — Marat diz. — Mas precisamos manter a aparência de organização. Mas depressa, cidadãos, temos de agir depressa. O povo está faminto e sedento de justiça.

— Oh, Marat — diz Camille. — Vamos pôr um fim a seus lemas.

O sans-culotte que estava fumando tirou o cachimbo da boca.

— Você não é muito bom nisso, Camille, é? Por que não volta para casa?

Camille aperta os papéis em cima de sua mesa.

— Este problema é meu e do ministro.

— Se ajudar em alguma coisa — diz o sans-culotte —, pense nesta situação como em uma extensão do que fizemos em 10 de agosto. Naquele dia começamos algo, agora estamos terminando. De que adianta fundar uma República se não pudermos tomar as medidas necessárias para mantê-la?

— Eu já disse isso a ele várias vezes — Marat fala com calma. — Já cansei de dizer. Que menino idiota.

No centro da mesa, como um prêmio, está o carimbo com a assinatura do ministro da Justiça. É tudo de que se precisa para soltar um homem ou uma mulher da prisão. É verdade que o cidadão Roland, como ministro do Interior, deveria ter alguma atuação nas ocorrências das prisões. Mas a sensação é de que Roland não sabe nem se importa; importa-se, mas não sabe; sabe, mas não se importa; importa-se, mas não ousa fazer qualquer coisa a respeito. O que importa para Roland? Mais uma decisão premente pode lhe causar um ataque cardíaco.

— Vamos voltar às listas — diz o cidadão Hébert.

As listas são muito longas. Há cerca de 2 mil pessoas nas prisões; é difícil estabelecer um número exato, muitos não foram contados. Quem tiver seu nome riscado da lista será solto naquela noite; os outros terão de correr o risco de apresentar-se diante de juízes improvisados.

Em certo ponto chegam ao nome de um padre, um certo Bérardier.

— Quero que ele seja solto — diz Camille.

— Um padre refratário que se recusou a jurar a Constituição...

— Solto — Camille repete, com ferocidade. Eles dão de ombros e carimbam a ordem. Camille é imprevisível, não convém frustrá-lo; além do mais há sempre a possibilidade de uma dessas pessoas ser agente secreto do governo. Danton preparou sua própria lista e entregou a Fabre. Camille pede para vê-la, mas Fabre recusa-se a entregá-la. Camille diz que Fabre talvez a tenha adulterado. Fabre pergunta quem Camille pensa que ele é. Ninguém responde. Fabre insinua que um advogado de meia-idade que foi solto a pedido de Camille era um de seus amantes no início da década de 1780, quando ele era muito bonito e não muito próspero. Camille retruca dizendo que pode ser verdade, mas que é melhor que salvar a vida de alguém por dinheiro, provavelmente o que Fabre vem fazendo.

— Fascinante — diz Hébert. — Vamos passar à próxima folha?

Os mensageiros esperam do lado de fora para levar a cabo as ordens urgentes de libertação. Será difícil, se a pena riscar um nome, associá-lo ao corpo correspondente, no dia seguinte ou no próximo. Não há senso do mal nessa sala, apenas cansaço e o gosto residual de pequenas disputas. Camille toma muito do conhaque de Fabre. Perto do raiar do dia, instala-se uma espécie de camaradagem.

É CLARO QUE HOUVE a questão de quem devia executar as vítimas; não seriam, obviamente, os homens com as listas nem o sans-culotte do cachimbo. Acharam aconselhável recrutar alguns açougueiros e prometer-lhes um pagamento pelo trabalho. A intenção não era desdenhosa ou macabra, era firme e humana.

Infelizmente, enquanto os boatos do plano contra os aristocratas espalhavam pânico pela cidade, os aprendizes chegavam. Eles não tinham habilidade, e os açougueiros perderam a paciência com seu pouco conhecimento de anatomia. A não ser que a intenção fosse torturar e mutilar.

Ao meio-dia havia uma exasperação total.

— Não adiantou ficarmos acordados a noite toda preparando as listas — diz Fabre. — Estou certo de que vão matar as pessoas erradas.

Camille pensa no que Marat disse: ou nós mesmos controlamos tudo ou perderemos o controle. À medida que chegam as notícias inomináveis, de hora em hora, parece que o pior dos dois mundos se insinua. Nunca mais teremos um só minuto sem culpa; nunca mais recuperaremos a reputação que tínhamos, apesar de não termos planejado nem desejado metade do que ocorreu. Nós simplesmente demos as costas, lavamos as mãos, fizemos uma lista, seguimos uma programação, e voltamos para casa para dormir enquanto as pessoas perpetravam os piores atos, e (na opinião de Camille) passavam de heróis a abutres, a selvagens, a canibais.

Pelo menos nos primeiros estágios houve alguma tentativa de ordem, alguma simulação, embora ridícula, de legalidade. Um grupo de sans-culottes de barretes vermelhos, armados, colocava o suspeito atrás de uma mesa imensa, enquanto lá fora no pátio os carrascos esperavam com cutelos, machados, lanças. Metade dos suspeitos era liberada, por motivos sentimentais ou por algum erro de identidade descoberto a tempo. A questão da identificação tornou-se mais confusa à medida que os dias se passaram; as pessoas alegavam que haviam perdido seus papéis ou que estes tinham sido roubados. Mas todos os prisioneiros estavam ali por alguma razão, e essa razão era contra o bem público, e todos os aristocratas pareciam iguais para os carrascos, eles não conseguiam distingui-los.

Alguns sabiam que estavam condenados; alguns tinham tempo para rezar, outros morriam reagindo e gritando, lutando até o último momento. Um assassino colérico gritou para o tribunal: "Usem a cabeça, nos deem uma chance. Nós não aguentamos mais." Os prisioneiros eram mandados embora pelos juízes: "Vá, você está livre." Do lado de fora havia um homem esperando para abatê-los. Liberdade foi a última coisa que conheceram.

NO MEIO DA TARDE, Prudhomme, o jovem jornalista, esperou a reunião de Danton terminar. Ele não sabia que Danton rira das representações do supervisor das prisões, nem que tinha praguejado contra a secretária particular de Roland. Desde 1791, no dia em que alguns soldados da Guarda Nacional pensaram que ele fosse Camille e quase o mataram, Prudhomme passou a interessar-se por Danton e seus amigos.

Os olhos de Danton pareciam inexpressivos.

— Os prisioneiros estão sendo massacrados — disse-lhe Prudhomme.

— Danem-se os prisioneiros. Eles que se cuidem — disse e saiu. Camille olhou bem para Prudhomme, sem conseguir, como sempre, desligar-se das marcas de varíola que lhe enfeavam o rosto.

— Está tudo bem — falou, sentindo-se nervoso e culpado, mais pelo efeito sobre Prudhomme que pela situação. — Foi tudo organizado. Não vão tocar em nenhum inocente. Se a Seção dele testemunhar a favor de um prisioneiro, ele será posto em liberdade. É...

— Camille — Danton parou, virou-se e gritou com ele. — Pelo amor de Deus, venha, estou com pressa.

Camille teve vontade de matar Danton. Ou de bater em Prudhomme. Então assumiu a atitude de quem não sabia nada sobre o assunto.

A PRINCESA de Lamballe foi assassinada na prisão de La Force e possivelmente estuprada. A multidão retirou a maior parte de seus órgãos internos e espetou-os em lanças, cortou sua cabeça e levou-a a um cabeleireiro. À ponta de faca obrigaram o homem nauseado a fazer um penteado no belo cabelo louro da princesa, depois marcharam em procissão para o Templo, onde a família real estava presa. Espetaram a cabeça em uma lança e ergueram-na do lado de fora das altas janelas.

— Venham cumprimentar sua amiga — diziam às mulheres lá dentro.

VOLTAIRE:

Em primeiro lugar a razão deve estabelecer-se na mente dos líderes; aos poucos ela desce e finalmente governa o povo, que não tem consciência de sua existência, mas ao perceber a moderação de seus governantes, aprende a imitá-los.

Nove formas de alguém dividir a culpa do pecado de outro:

Por deliberação
Por comando
Por consentimento
Por provocação
Por elogio ou lisonja
Por dissimulação
Por fazer parte do pecado
Por silêncio
Por defesa da má ação.

*

QUANDO ROBESPIERRE falou, os membros do Comitê de Vigilância da Comuna puseram as penas sobre a mesa e olharam-no. Não mexeram em seus papéis nem assoaram o nariz nem desviaram o olhar. Os que sentiram vontade de tossir se controlaram. Ergueram os ombros e assumiram uma expressão de seriedade. Robespierre esperava a atenção deles, e a teve.

Falou que havia um plano de levar o duque de Brunswick ao trono da França. Por incrível que parecesse, olhou em volta da sala e ninguém mostrou incredulidade, o comandante aliado tinha essas ambições, e os franceses o apoiavam. E citou o nome de Brissot.

Billaud-Varennes, ex-funcionário de Danton, falou a seu favor. Ou melhor, gemeu, pensou Max, que não gostava de Billaud. Esse homem alegava ter uma capacidade surpreendente: dizia ser capaz de reconhecer um conspirador só de olhar em seus olhos.

Os funcionários da Comuna emitiram mandados de prisão imediata para Brissot e Roland. Robespierre foi para casa.

Eléonore Duplay o encontrou quando ele atravessava o pátio e perguntou:

— É verdade que todos os presos estão sendo mortos?

— Não sei — Robespierre respondeu.

— Mas deveria saber, eles não podem fazer nada sem lhe perguntar — ela disse, horrorizada.

Robespierre esticou uma das mãos e afastou-a para o lado. Não para intimidá-la, mas porque queria ver sua expressão.

— Se isso fosse verdade, minha querida Eléonore, minha querida Cornélia, você choraria? Se pensasse nas pessoas que os austríacos estão matando agora, arrancadas de suas fazendas, queimadas dentro das próprias casas. Bem, por quem você choraria?

— Eu não questiono isso. Você não pode estar errado.

— Por quem choraria? — Ele respondeu a própria pergunta: — Por ambos.

DANTON PASSOU OS OLHOS pelos papéis em cima da mesa do promotor público. Permitia-se essa familiaridade nos negócios de todos. No final tudo acabava em suas mãos, de qualquer forma.

Ao ver os dois mandados ergueu os papéis e deixou-os cair na mesa de novo. Brissot. Roland. Ficou olhando fixamente para os papéis, e à medida que sua mente se organizava lentamente, começou a tremer dos pés à cabeça, como tremeu na manhã em que soube da morte do primeiro filho. Quem estivera na Comuna o dia inteiro? Robespierre. A voz de quem era lei ali? A dele e a de Robespierre. Quem fez com que esses mandados fossem emitidos? Robespierre. Seria possível solicitar as atas, sem dúvida, para ler e julgar as exatas palavras que tinham levado àquilo, seria possível avaliar a culpa. Mas seria tão impossível a Comuna ter feito isso sem Robespierre quanto Roland e Brissot serem presos e sobreviverem à noite. Preciso agir, disse Danton a si mesmo, preciso sair deste lugar.

Foi Louvet, o frágil romancista amigo de Manon Roland, que tocou o ombro dele.

— Danton, Robespierre denunciou Brissot...

— Eu sei. — Pegou os mandados e falou com Louvet em tom feroz. — Meu Deus, como vocês puderam ser tão tolos? Como eu pude? — Pôs os papéis debaixo do nariz do homem. — Pelo amor de Deus, homem, vá esconder-se em algum lugar.

Dobrou os mandados e enfiou-os dentro do casaco.

— Muito bem. Aquele nanico terá de me derrubar se quiser esses papéis de volta.

O rosto de Louvet estava vermelho.

— Há outra guerra agora — disse. — Ou matamos Robespierre ou ele nos mata.

— Não me peça para salvar você. Tenho de pensar em meu próprio esconderijo, e nos malditos alemães também.

PÉTION PEGOU os mandados e deixou-os cair na mesa, como Danton fizera.

— *Robespierre* autorizou esses mandados? — ficou repetindo. — Danton, ele sabe disso? Sabia que eles seriam mortos?

— É claro que sabe — disse Danton, pondo as mãos na cabeça. — Amanhã não vai mais haver governo. Só Deus sabe o que ele pensou que estava fazendo. Será que enlouqueceu desde que o vi ontem, ou foi intencional, calculado? Se foi, está se colocando como uma espécie de poder, e desde 1789 vem mentindo para nós, não diretamente, garanto, mas por implicação. Pétion, o que você acha?

Pétion parecia estar falando consigo mesmo, no pânico em que se encontrava.

— Acho... que ele é melhor que a maioria de nós, certamente melhor, mas com a pressão dos acontecimentos... — Parou. Ele era chamado de amigo de Brissot; tinham lhe dado esse rótulo apesar de sua antipatia pelo homem. Desde 10 de agosto os brissotistas governavam sob tolerância. Afirmavam ter convidado Danton para o governo, mas na verdade Danton lhes devolvera os cargos, e era ele quem impunha sua vontade em todas as reuniões de gabinete, esparramado na grande cadeira antes ocupada pelo corpo volumoso do Capeto. — Danton, Robespierre quer minha vida também? — Danton deu de ombros, não sabia o que responder. Pétion desviou o olhar, como que envergonhado de seus pensamentos. — Manon disse hoje de manhã: "Robespierre e Danton empunham a espada sobre nossas cabeças."

— E o que vocês responderam a essa cara senhora?

— Dissemos que Robespierre era um mero funcionário.

Danton levantou os olhos.

— Eu não empunho uma espada sobre vocês. Diga isso a ela. Mas existe uma espada. E não vou pôr meu pescoço sob ela.

— Não vejo o que fizemos para merecer isso — disse Pétion.

— Eu vejo. Bem, se eu fosse Robespierre, veria. Vocês estudaram sua própria vantagem política por tanto tempo que esqueceram por que razão queriam o poder. Eu não vou defendê-los, não em público. Camille vem me informando há meses sobre Brissot. E Marat também, a seu modo. E Robespierre vem falando. Nós pensávamos que ele se limitava a falar.

— Robespierre vai descobrir... que você agiu contra ele.

— Ele não é um ditador.

As feições de Pétion continuavam inexpressivas com o choque.

— Ele lhe seria grato por salvá-lo das consequências de uma ação mal considerada? Em um momento de ira?

— Ira? Ele nunca teve um momento de ira. Eu errei quando disse que ele tinha enlouquecido. Mesmo que Robespierre ficasse cinquenta anos em um calabouço, não enlouqueceria. Ele tem tudo que precisa dentro da cabeça. — Pôs uma das mãos estirada no ombro de Pétion por um instante. — Aposto como vai viver mais que nós.

QUANDO DANTON ENTROU em seu apartamento, de casaco vermelho, sua esposa olhou-o com frieza, sentindo-se traída; afastou-se dos braços estendidos dele e cruzou os seus sobre o corpo, como que para esconder o bebê que estava esperando.

— Logo você, Gabrielle? — ele perguntou. — Se ao menos soubesse! Se ao menos soubesse quantas pessoas eu salvei!

— Afaste-se de mim. Eu mal suporto estar sob o mesmo teto que você.

Ele chamou uma das empregadas e disse:

— Cuidem dela.

Dali foi para o apartamento de Desmoulins. Só Lucile estava lá, sentada quieta com o gato enroscado no colo. Tudo fora levado para a Place des Piques: o bebê, o gato, o piano.

— Eu gostaria de falar com Camille — disse Danton. — Não, não importa. — E caiu de joelhos ao lado da cadeira dela. O gato fugiu, com medo. Ele achou que já tinha visto aquele gato aproximar-se de Robespierre, ronronando; os animais não sabem de nada.

Lucile estendeu a mão delicada e tocou-lhe a bochecha e a testa com tanta suavidade que ele mal sentiu.

— Lucile, venha para a cama comigo. — Deus sabia que não era isso o que ele queria dizer.

Ela sacudiu a cabeça.

— Eu teria medo de você, Georges. E, além do mais, seria a sua cama ou a nossa? As próprias camas são muito intimidadoras. A sua tem a coroa, mas a nossa tem querubins. Estamos sempre debaixo de pequenos punhos e pés.

— Lucile, eu imploro. Eu preciso de você.

— Não, você não gostaria de quebrar a rotina. Você pede gentilmente e eu recuso; não é assim que deve ser? Hoje não é o dia. Depois você associaria o que aconteceu a Robespierre. E me detestaria, o que eu não poderia aguentar.

— Não, não detestaria. — Seu tom mudou abruptamente. — O que você sabe sobre Robespierre?

— É surpreendente o que podemos descobrir se pararmos para ouvir.

— Camille sabia então... sabia, devia saber o que Robespierre planejava.

Mais uma vez ela tocou seu rosto; aquele toque, e a suavidade de sua voz eram quase reverenciais.

— Não pergunte, Georges. É melhor não perguntar.

— Você não se importa? Não se importa com o que fizemos?

— Talvez sim, mas sei que sou parte disso. Gabrielle não aguenta, acha que sua alma foi amaldiçoada e a dela também. Mas quanto a mim... penso que quando vi Camille pela primeira vez, eu teria 12 ou 13 anos, devo ter pensado que estava diante do inferno. Não fica bem começar a reclamar agora. Gabrielle casou-se com um advogado jovem e gentil. Eu, não.

— Você não pode me persuadir, não pode dizer que sabia onde estávamos nos metendo.

— É possível saber. E não saber.

Danton segurou sua mão e apertou-a com força.

— Lolotte, isso não pode durar muito. Eu não sou Fréron, não sou Dillon, não sou um homem com quem você flerta, não vou permitir que se divirta à minha custa.

— E então?

— Eu quero ter você, e você sabe disso.

— Está me ameaçando, Georges?

Ele fez que sim.

— Creio que estou — disse, pensativo. — Devo estar. — E levantou-se.

— Bem, essa é uma nova fase de nossa existência — disse Lucile. Olhou-o com um sorriso doce e confiante. — Mas você negligenciou a arte da persuasão, Georges. Isso é o melhor que pode fazer para me seduzir? Você me olha e me agarra ocasionalmente. Por que não se entristece? Por que não suspira? Por que não me escreve um soneto?

— Porque sei o que acontece a seus admiradores. Dane-se, isso é ridículo.

Ele pensou: ela realmente me quer, essa cadela. Ela pensou: isso o alivia das preocupações.

Danton pegou seus papéis e voltou para o próprio apartamento. O gato voltou para o colo de Lucile; ela ficou olhando a lareira como se fosse uma velha solteirona.

Talvez 1.400 pessoas estejam mortas. Comparado a um campo de batalha, é muito pouco. Mas imagine, pensou Lucile, a vida é tudo para seu possuidor, a vida é tudo o que temos.

AS ELEIÇÕES para a Convenção Nacional foram conduzidas pelo sistema usual de dois turnos; quando os novecentos eleitores do segundo turno iam para a reunião no salão do Jacobinos, passavam por pilhas de cadáveres recentes na rua.

Havia repetidas votações até que um candidato conseguisse a maioria absoluta. O processo levava muito tempo. O candidato podia concorrer em mais de uma cidade do país, e não tinha de ser necessariamente cidadão francês. A variedade de concorrentes era tanta que os eleitores às vezes ficavam confusos, mas Robespierre estava sempre pronto a oferecer orientação. Abraçou Danton, desconfiado, quando este voltou de uma eleição com 91 por cento de votos a seu favor; na verdade não se pode dizer que foi um abraço, mas um puxão na manga. Apreciou os aplausos quando, em uma eleição direta, derrotou Pétion, que foi forçado a procurar um cargo provincial; considerava importante que os deputados de Paris formassem um sólido bloco antibrissotista. E ficou contente, embora angustiado, quando os eleitores de Paris votaram em seu irmão caçula, Augustin; teve certo receio de que o nome da família causasse uma influência indevida, mas, por outro lado, Augustin trabalhara muito pela Revolução em Arras, e estava na hora de mudar-se para a capital. Seria uma ajuda e um apoio para ele. Conseguiu dar um sorriso brilhante quando soube do desenrolar dos acontecimentos. Por alguns minutos, pareceu mais jovem.

O jornalista Hébert não obteve mais que seis votos em qualquer das eleições; mais uma vez o rosto de Robespierre pareceu abrir-se e os músculos tensos de seu rosto relaxaram. Hébert tinha alguns seguidores sans-culottes, mas diziam que comprara uma carruagem. Hébert *in propria persona* não era tão importante quanto seu personagem. Felizmente, Père Duchesne, o construtor de fornos, não fumaria seu cachimbo democrático nos bancos da Convenção.

Mas nem tudo corria bem... O cientista inglês Priestley parecia estar ganhando apoio em uma rebelião dos eleitores contra Marat.

— A necessidade agora não é de um talento excepcional — disse Robespierre — e certamente não de um talento estrangeiro. É de homens que se esconderam em porões em nome da Revolução. E até mesmo de açougueiros — acrescentou.

Seu tom não era de ironia. Legendre foi eleito com segurança no dia seguinte. E Marat também.

Seu *protégé*, Antoine Saint-Just, chegaria finalmente a Paris, e o duque de Orléans se sentaria ao lado de homens que em outros tempos tinham recebido seu dinheiro e patrocínio. O duque procurou um sobrenome e adotou o que o povo lhe deu, com certa zombaria; ele era agora Philippe Égalité.

Um indício de problema em 8 de setembro:

— Um intelectual brissotista arrivista, esse tal de Kersaint, conseguiu votos suficientes para impedir que Camille fosse eleito no primeiro turno. O que vamos fazer sobre isso? — perguntou Legendre.

— Não se preocupe — Danton acalmou-o. — É o melhor intelectual arrivista que você conhece? — Ele já esperava que os eleitores resistissem a entregar os problemas da nação a Camille. Kersaint não era, de forma alguma, o que ele chamava de intelectual, era um oficial da marinha da Bretanha e participara da última Assembleia.

Robespierre disse:

— Cidadão Legendre, se houver uma conspiração para impedir a eleição de Camille, eu a reprimirei.

— Espere um instante... — disse Legendre, irrequieto. Ele não mencionara uma *conspiração,* mas o temperamento do cidadão Robespierre era impressionável. — O que você fará?

— Proporei que antes do final das eleições seja dada uma hora, ou um dia, para uma discussão pública sobre os méritos dos candidatos.

— Ah, uma discussão — disse Legendre aliviado. Por um instante pensou que Robespierre estivesse planejando emitir um mandado de prisão contra Kersaint. Na semana anterior sabia-se com que tipo de homem se estava lidando; naquela semana, não mais. Isso o elevara em seu conceito, de certa forma.

Danton riu.

— É melhor você fazer uma lista dos méritos de Camille e distribuí-la. Nós não somos tão inventivos quanto você. Não sei como classificaria Camille, a não ser como "talento excepcional".

— Você quer Camille eleito? — Robespierre perguntou.

— É claro. Quero alguém com quem falar durante os debates monótonos.

— Então não fique sentado, rindo.

Camille disse:

— Eu gostaria que não discutissem sobre mim como se eu não estivesse presente.

Na eleição seguinte, o cidadão Kersaint, que antes recebera 230 votos, passou misteriosamente para apenas 36. Robespierre deu de ombros.

— Tentamos persuadir as pessoas, é claro. Só isso. Minhas congratulações, meu caro. — Por alguma razão, veio-lhe à cabeça uma imagem de Camille aos 12 ou 13 anos: um menino extravagante, violento, com tendência a ter crises de lágrimas.

Enquanto isso, os voluntários marchavam para a frente de batalha aos milhares, cantando. Levavam linguiças e pães enfiados na ponta das baionetas. As mulheres jogavam beijos e flores. Em outros tempos os sargentos eram obrigados a recrutar soldados nos vilarejos. Agora ninguém se escondia. Raspava-se o salitre das paredes dos porões para fazer pólvora. As mulheres ofereciam suas alianças ao Tesouro para serem derretidas. Muitas, é claro, se aproveitariam das novas leis para se divorciar.

— LANÇAS? — disse Camille.

— Lanças — Fabre repetiu irritado.

— Não quero parecer legalista ou um criador de intrigas, mas é atribuição do ministro da Justiça comprar lanças? Georges-Jacques sabe que temos um projeto de lei para lanças?

— Ora, você acha que posso correr ao ministro para discutir despesas menores?

— Se somarmos tudo — disse Camille, pondo o cabelo para trás —, veremos que gastamos muito nas últimas semanas. Fico preocupado quando penso que agora somos todos deputados, e que os novos ministros vão querer investigar como a verba foi utilizada. Eu não tenho ideia. Você tem?

— Qualquer coisa que cause dificuldade — Fabre explicou — é registrada como "fundo secreto". Assim ninguém faz perguntas, pois é secreto. Não se preocupe tanto. Tudo vai dar certo, desde que você não perca o Grande Selo. Você não perdeu, não é?

— Não. Eu o vi em algum lugar esta manhã.

— Ótimo, e quanto a nossos reembolsos? E aquele dinheiro que Manon Roland vai receber para seu ministério emitir boletins com notícias?

— Oh, sim. Georges-Jacques disse a ela para me pedir gentilmente que os edite.

— É verdade, eu estava lá. Ela falou que seu marido viria procurá-lo para ver se você é apropriado. Nosso ministro começou a gritar e bater com os pés no chão.

Ambos riram.

— Bem, então... — disse Camille. — Um mandado do Tesouro... — Suas mãos procuravam algo na mesa. — ...Claude me contou que eles não questionam nada que venha com a assinatura de Danton.

— Eu sei — disse Fabre.

— O que eu fiz com o carimbo da assinatura? Já sei, emprestei a Marat. Espero que ele devolva.

— Por falar na rainha Coco — disse Fabre —, você notou alguma alteração em seus modos ultimamente?

— Como poderia notar? Você sabe que sou proibido de vê-la.

— É mesmo. Bom, vou lhe contar... Há certa leveza em seu passo, certa cor em suas bochechas; o que significa isso?

— Que ela está apaixonada.

FABRE TEM AGORA cerca de 40 anos. É elegante, pálido, com olhos e mãos de ator. Começa a contar partes de sua autobiografia tarde da noite, sem qualquer ordem cronológica. Não é de admirar que nada o intimide. Em Namur, certa vez, auxiliado por oficiais do exército amigos seus, fugiu com uma menina de 15 anos chamada Catiche; fez isso, ele explica, para proteger a menina do próprio pai. Antes tivesse... Os dois foram presos; Catiche foi casada às pressas e ele foi sentenciado à morte por enforcamento. Como viveu para contar a história? Depois de todos esses anos, depois de tantas peripécias, ele mal se lembra. Camille diz:

— Georges-Jacques, nós dois vivemos de forma muito resguardada.

— Como monges — disse o ministro.

— Oh, não é bem assim — diz Fabre com modéstia.

Fabre segue o ministro quando ele passa pelos prédios públicos, as grandes mãos batendo em costas e mesas, combatendo todas as soluções conciliatórias, todos os métodos tentados e testados, todas as formas decentes de agir. O poder o veste como um sobretudo velho; seus olhinhos brilham se alguém tentar contestá-lo. Fabre alimenta seu ego de formas menos sutis, como ele gosta; os dois sentem-se bem juntos, bebem e discutem assuntos interdepartamentais. Quando chega a madrugada, Danton se vê sozinho com o mapa da Europa.

Queixa-se que Fabre é limitado, que perde tempo com ele. Mas Fabre não é exigente, e o ministro está habituado à sua companhia, e ele está sempre às ordens.

Naquela manhã o ministro estava pensativo, o queixo apoiado na mão.

— Fabre, você algum dia planejou um roubo? — Fabre olhou-o, alarmado. — Não — o próprio Danton respondeu, bem-humorado. — Eu sei que a criminalidade banal é um passatempo para você. Chegaremos a isso mais tarde. Preciso de sua ajuda para roubar as joias da coroa. Sente-se.

— Danton, pode me explicar melhor?

— Você tem direito a uma explicação, mas não quero ouvir "se" nem "mas", nem exclamações de incredulidade. Use sua imaginação. Agora, pense no duque de Brunswick.

— Brunswick...

— Poupe-me de sua diatribe jacobina, já ouvi isso. A verdade é que Brunswick, como homem, não nos é completamente antipático. O manifesto de julho não foi obra dele, foram os austríacos e prussianos que o fizeram assinar. Pense em Brunswick. É um homem inteligente. Um homem com ar petulante. Não tem lágrimas para gastar com os Bourbon. É também muito rico e um grande soldado. Mas para os aliados ele é o quê? Um mercenário.

— O que ele aspira a ser?

— Brunswick sabe tão bem quanto eu que a França não está pronta para um governo republicano. O povo talvez não queira Luís nem seus irmãos, mas quer um rei, pois a monarquia é o que conhece; mais cedo ou mais tarde a nação escolherá um rei, ou um ditador que se faça passar por rei. Pergunte a Robespierre se não acreditar em mim. Poderia haver circunstâncias nas quais, depois de uma Constituição estabelecida, vasculhássemos a Europa em busca de um títere razoavelmente imponente para defender essa Constituição. Brunswick provavelmente poria isso em outras palavras, mas não há dúvida de que ele gostaria de desempenhar o papel.

— Robespierre alegou isso. — (E você, Fabre pensou, fingiu não acreditar.) — Mas em julho, com o manifesto...

— Brunswick jogou fora suas chances. Ele é um palavrão para nós. Por que os aliados o fizeram assinar o manifesto? Porque precisavam dele. Queriam que o detestássemos, esmagando suas ambições e garantindo que se mantivesse a serviço deles.

— E conseguiram. Então?

— A situação não é... irreversível. Pensei na possibilidade de Brunswick ser comprado. Pedi ao general Dumouriez para iniciar negociações.

Fabre respirou fundo.

— Você não preza nossas vidas. Estamos agora nas mãos de Dumouriez.

— É possível, mas não é essa a questão. A questão é o resultado para a França, não os assuntos pendentes entre mim e o general. Porque... parece que Brunswick pode ser comprado.

— Bem, ele é humano, não é? Ele não é Robespierre nem o virtuoso Roland, como os jornais chamam o ministro do Interior.

— Não caçoe — disse Danton, dando um sorriso forçado de repente. — Entendo o que você quer dizer. Nós temos alguns santos de nosso lado. Quando eles estiverem mortos, a França poderá marchar nas batalhas com suas relíquias como proteção. Em vez de canhões, que temos tão poucos.

— O que Brunswick quer? Quanto?

— Suas exigências são específicas. Ele quer diamantes. Sabia que ele os coleciona? Nós sabemos o que os diamantes podem inspirar. Temos o exemplo, caro para nossos corações, da esposa do Capeto.

— Mas mal posso acreditar...

Danton interrompeu-o com um gesto.

— Nós roubaremos as joias da coroa, enviaremos a Brunswick apenas as pedras que ele cobiça e deixaremos que as outras sejam recuperadas. Para usar em ocasiões futuras.

— E isso pode ser feito?

Danton franziu as sobrancelhas.

— Você acha que eu me empenharia tanto se não pudesse? O roubo em si apresentaria poucos problemas para profissionais que tivessem nossa ajuda. Bastariam alguns pequenos deslizes por parte da segurança. E alguns erros na investigação.

— Mas tudo isso, a segurança das joias, a investigação, tudo isso teria de passar pela jurisdição de Roland.

— O virtuoso Roland entrará em nosso esquema. Depois que souber o suficiente para estar implicado no caso, não poderá nos trair sem trair a si mesmo. Eu o levarei a esse ponto, cuidarei para que tenha o conhecimento que não deseja. Mas na verdade, ele saberá muito pouco. Ocultaremos os detalhes, de modo que ele terá de adivinhar quem está envolvido e quem não está. Se a situação se tornar difícil, nós o culparemos. Afinal, como você diz, o departamento dele é responsável.

— Mas Roland diria simplesmente: "O culpado é Danton".

— Se vivesse o bastante para tanto.

Fabre olhou para ele.

— Você está diferente, Danton.

— Não, Fabre, eu sou um patriota rude, como sempre fui. O que estou comprando de Brunswick é uma batalha, uma batalha para nossos pobres soldados subnutridos e descalços. Estou errado?

— Os meios...

— Os meios eu estabelecerei para você, e não tenho tempo a perder discutindo os fins. Não quero jargões sobre justificação. A justificação é salvar o país.

— Para quê? — Fabre estava estupefato. — Salvar o país para quê?

O rosto de Danton ficou sombrio.

— Se um dia um soldado austríaco puser uma faca em sua garganta e perguntar: "Você quer viver?", você responderá: "Para quê?"?

Fabre desviou o olhar.

— Sim... — murmurou. — Sobreviver é a questão agora. E Brunswick estará disposto a perder uma batalha pondo sua reputação em jogo?

— Cuidaremos para que ele não perca prestígio. Ele sabe o que está fazendo. Eu também. Agora, Fabre, alguns criminosos profissionais. Já tenho contatos, que você deve seguir. Eles não devem saber para quem trabalham. Serão todos dispensáveis. Podemos deixar Roland orientar a polícia em certo nível de investigação inepta. Podemos esperar, é claro, que o assunto seja levado com muita seriedade. Pena de morte.

— O que vai impedi-los de falar na hora do julgamento? Porque talvez precisemos deixar a polícia pegar *alguém*.

— Esforce-se ao máximo para que eles não tenham nada a dizer. Teremos uma barreira entre cada camada dessa conspiração, e entre cada conspirador. Cuide disso. Ofusque o que puder. Se alguém começar a suspeitar do envolvimento do governo, a pista deve levar a Roland. Há duas pessoas em particular que não devem saber nada sobre isso. Uma é a esposa de Roland. Aquela mulher não conhece as práticas políticas e é muito indiscreta. O problema, ao que parece, é que ele não consegue esconder nada da esposa.

— A outra pessoa é Camille — disse Fabre. — Porque ele contaria para Robespierre, e Robespierre nos chamaria de traidores por negociar com Brunswick.

Danton assentiu.

— Não posso dividir as lealdades de Camille. E se ele fizesse a escolha errada?

— Mas ambos estão em posição de descobrir muita coisa.

— Esse é um risco que temos de correr. Eu posso comprar uma batalha, e ao fazê-lo, posso esperar virar o curso da guerra. Mas depois não poderei permanecer no gabinete pois estaria sujeito a chantagem, por parte de Brunswick ou mais provavelmente do...

— Do general Dumouriez.

— Exato. Eu sei que você gosta de dinheiro, Fabre. Mas pense bem. Não sei quanto você desviou do ministério nas últimas semanas, mas imagino que não tenha sido uma ninharia. Desde que suas ambições permaneçam em uma escala razoável, não serão impedidas. Agora deve estar pensando: como Danton pode me servir fora do gabinete? Fabre, a guerra é muito lucrativa. Você nunca mais ficará longe do poder. Informações internas... imagine só. Eu sei o quanto você vale para mim.

Fabre engoliu em seco e olhou para o lado, sem foco.

— Você nunca pensa, não se importa... por saber que tudo é baseado em mentiras?

— Essa declaração é perigosa. Não gosto disso.

— Não estou me referindo à sua parte, estava perguntando... quanto a mim... para ver se é possível comparar experiências — disse, com um sorriso desanimado. Pela primeira vez em todos os anos que Danton conviveu com ele, viu-o perplexo, misterioso, um homem sem controle da própria vida. Fabre levantou os olhos. — Não é nada. Esqueça o que eu disse.

— Você não pode se dar ao luxo de falar sem pensar. Ninguém poderá saber a verdade sobre isso, nem daqui a mil anos. Os franceses vão vencer a batalha, é o que basta. Seu silêncio é o preço do meu, e nenhum de nós dois o quebrará, nem mesmo para salvar nossas vidas.

II. Robespierricida

(1792)

— EU ME APAIXONEI por você na primeira vez em que a vi. — Oh, Manon pensou, não antes disso? Parecia-lhe que suas cartas, seus escritos, teriam estimulado uma sensibilidade no homem que, sabia agora, era o único que poderia tê-la feito feliz.

Não foi um processo rápido. Rios de tinta foram gastos entre eles quando estavam afastados um do outro; quando estavam juntos ou, digamos, na mesma cidade, raramente tinham um momento de privacidade. As várias horas de conversa nos salões era o que lhes cabia; eles usavam a linguagem dos legisladores antes de usar a do amor. Mesmo agora, Buzot não falava muito. Parecia perplexo, dividido, atormentado. Era mais jovem que Manon, e menos experiente com suas emoções. Tinha uma esposa, uma mulher feia e mais velha.

Manon aventurou-se a tocar um de seus ombros com a ponta dos dedos quando ele se sentou com as mãos na cabeça. Era consolador, e seus dedos pararam de tremer.

Precisavam ser discretos. Os jornais inventavam amantes para ela, Louvet era bastante citado. Até então ela reagira com desprezo; será que não tinham assuntos mais elevados para tratar? (Mas interiormente essas intrigas deixavam-na à beira das lágrimas; ela se perguntava por que recebia o mesmo tratamento daquela mulher peculiar e violenta chamada Théroigne, o mesmo tratamento que a Capeto recebia.) Os jornais ela ainda conseguia tolerar, o mais difícil eram as fofocas que circulavam no Ministério da Justiça.

Danton fazia comentários contra ela; dizia que seu marido era moralmente traído havia anos, e talvez até fisicamente. Mas como Danton poderia imaginar sua situação, como poderia avaliar e reconhecer as delicadas satisfações de um relacionamento entre uma mulher casta e um homem honrado? Era impossível pensar nele em qualquer contexto a não ser no físico. Ela vira sua esposa; depois que ele se tornou ministro levou-a uma vez à Escola de Equitação e deixou-a na galeria pública, ouvindo o burburinho dos deputados. Era uma mulher comum, estava grávida, e provavelmente não pensava em nada além do mingau de seus filhos. Ainda assim, era uma mulher. "Como ela aguenta aquilo?", perguntou-se em voz alta, "Como aguenta o corpo daquele gordo bruto em cima dela?"

Foi uma observação infeliz, que a chocou pela força de sua própria repulsa; no dia seguinte, é claro, a frase era repetida por toda a cidade. Ela corava ao pensar nisso.

O cidadão Fabre d'Églantine veio visitá-la. Cruzou as pernas e juntou as pontas dos dedos.

— Bem, minha querida — disse. Manon não gostou daquele terrível assomo de familiaridade. Aquela pessoa pouco séria, que se associava com mulheres marginalizadas pela sociedade, aquela criatura com afetações teatrais e observações de desprezo sussurradas estava ali para observá-la e voltar com informações. — O cidadão Camille está dizendo — ele continuou — que sua famosa frase sugere que você se sente, de fato, atraída pelo ministro, como ele sempre suspeitou.

— Não imagino como ele possa supor quais sejam meus sentimentos. Nós nunca nos encontramos.

— É verdade. E por que não quer conhecê-lo?

— Não teríamos nada a dizer um ao outro.

Ela vira a esposa de Camille Desmoulins na Escola de Equitação e na galeria pública do Jacobinos; parecia uma mulher bastante satisfeita, e diziam que também satisfazia Danton. Diziam que Camille tolerava o caso, ou até mesmo mais... Fabre notou que ela jogava a cabeça ligeiramente para trás. Sua mente devia ser um poço de fantasias; nem mesmo nós especulamos *em público* sobre o que nossos colegas fazem na cama, ele pensou.

Manon perguntou a si mesma: por que tenho de aguentar esse homem? Já que preciso me comunicar com Danton, ele não poderia ter mandado outro intermediário? Aparentemente, não. Talvez Danton não confie em tanta gente quanto seu modo expansivo sugere.

Fabre olhou-a com ar questionador.

— É uma pena, pois sua impressão é equivocada. Camille a agradaria muito mais que eu. A propósito, ele acha que as mulheres deveriam ter permissão de votar nas eleições.

Ela sacudiu a cabeça.

— Não concordo. A maioria das mulheres não entende nada de política. Elas não raciocinam — pensou nas mulheres de Danton —, não têm pensamentos construtivos. Seriam simplesmente influenciadas pelos maridos.

— Ou pelos amantes.

— Em seus círculos, talvez.

— Vou transmitir a Camille suas palavras.

— Por favor, não se dê a esse trabalho. Não desejo debater assunto algum com ele, nem de primeira nem de segunda mão.

— Ele ficará muito infeliz se souber que sua opinião a respeito dele caiu ainda mais.

— Você me considera uma tola? — disse ela em um tom áspero.

Ele levantou uma das sobrancelhas, como sempre fazia quando queria provocá-la, pois a tinha observado dia após dia, estudado seu humor e suas expressões.

Discrição. Porém era preciso haver honestidade, e François-Léonard concordava.

— Ambos somos casados, e eu vejo que é impossível... para você... fazer qualquer coisa que desonre seus votos...

— Mas *parece* certo — ela disse chorando. — Meu instinto diz que não podemos estar errados.

— Instinto? — Ele olhou para cima. — Manon, não é certo. Nós não temos o direito de ser felizes... ou antes: precisamos pensar com cuidado em que tipo de felicidade poderíamos ter... Não temos o direito de ter prazer à custa de outros. — Ainda assim, ela manteve os dedos pousados em seu ombro; mas não parecia convencida, sua expressão era de cobiça. — Manon? Você já leu Cícero? Já leu o que ele diz sobre o dever?

Se ela tinha lido Cícero? Se sabia qual era seu dever?

— Sim... — disse em voz baixa. — Eu leio bastante. E sei que as obrigações devem ser avaliadas, que ninguém pode ser feliz à custa de outro. Você acha que não pensei em tudo isso?

— Sei que pensou — ele falou, desconcertado. — Eu subestimei você.

— Sabe, eu tenho uma falha. — Fez uma pausa, esperando a contestação educada. — Minha falha é que eu falo abertamente, não tolero hipocrisia, não tolero essa gentileza que avilta a honestidade. Preciso falar com Roland.

— Falar com ele? Sobre quê?

Uma boa pergunta. Nada acontecera entre eles, no sentido que Danton e seus amigos dão a *alguma coisa acontecendo.* (Ela imaginou os seios pequenos de Lucile Desmoulins apertados entre os dedos de Danton.) Só a declaração precipitada dele e a resposta precipitada dela. Mas desde então ele mal a tocara, mal encostara em suas mãos.

— Meu querido — ela disse, tirando a mão de seu ombro —, isso vai além da esfera física. Como você diz, nesse sentido nada é possível para nós. E é claro que devo apoiar Roland; estamos em tempos de crise, sou sua esposa, não posso abandoná-lo. Porém não posso me permitir viver em dúvida sobre a verdadeira natureza das coisas. Faz parte de meu caráter, você precisa compreender.

Ele olhou para Manon e franziu as sobrancelhas.

— Mas Manon, você não tem nada para dizer a seu marido. Nada aconteceu. Nós apenas falamos sobre nossos sentimentos...

— Sim, falamos! Roland nunca me falou sobre os dele, mas eu os respeito, sei que ele os tem, deve ter, todos têm. Preciso contar a verdade a ele. Contar que conheci o homem que vou amar para sempre, explicar nossa situação, mas sem mencionar nomes. E dizer que nada aconteceu, que nada acontecerá e que permanecerei fiel a ele. Roland me compreenderá, saberá que meu coração é de outro.

Buzot baixou os olhos.

— Você é implacável, Manon. Será que já existiu outra mulher como você?

Duvido, ela pensou.

— Não posso trair Roland. Não posso deixá-lo. Meu corpo, você talvez pense, foi feito para o prazer. Mas o prazer nem sempre é o que conta. — Ainda assim ela pensou nas mãos de Buzot, mãos robustas em um homem tão elegante e bem tratado. Os seios dela não eram como os da esposa de Desmoulins, eram seios de uma mulher que amamentou, eram seios responsáveis.

Buzot disse:

— Você acha uma boa ideia falar com ele? Você acha... (Deus me ajude) que faz algum sentido?

Teve a impressão de que agira de forma errada. Mas era um homem sem experiência. Era virgem nesses assuntos, e sua esposa, com quem se casara por dinheiro, era mais velha e feia.

— SIM, SIM, SIM! — disse Fabre. — Há certamente alguém! Que bom descobrir que os outros não são melhores que nós.

— Não é Louvet?

— Não. Talvez Barbaroux.

— Oh, não. Ele tem má reputação. Atrações óbvias. — Camille deu um suspiro. — Rebuscadas demais e aparentes demais para Madame.

— Como será que o virtuoso Roland vai lidar com isso?

— Na idade dela... — disse Camille com nojo. — E ela é muito feia também.

— VOCÊ ESTÁ se sentindo mal? — perguntou Manon ao marido. Era difícil abrandar o tom de voz. Roland estava afundado na cadeira, e olhou-a como se sentisse dor. — Sinto muito. — Sentia por ele, quis dizer. Ela não tinha por que se desculpar, estava apenas expondo a situação para que não fosse necessário comportar-se de forma indigna, fingir ou encenar qualquer tipo de farsa. Esperou que ele falasse, mas como ele não disse nada, ela continuou: — Sabe por que eu não disse o nome dele, não é? — Roland assentiu. — Para não criar impedimentos em nosso trabalho. Obstáculos. Apesar de sermos pessoas inteligentes. Não sou o tipo de mulher que saiba conter as emoções. Mas minha conduta será incensurável.

Finalmente ele quebrou o silêncio.

— Manon, como vai Eudora, nossa filha?

Ela ficou chocada e irritada com a irrelevância da pergunta.

— Você sabe que ela está bem. Sabe que estão cuidando bem dela.

— Sim, mas por que ela nunca vem para cá?

— Porque o ministério não é lugar para crianças.

— Os filhos de Danton vivem na Place des Piques.

— Os filhos dele são pequenos, podem ficar com as babás. Eudora é diferente, precisaria de minha atenção, e no momento minha atenção está voltada para outros assuntos. Você sabe que ela não é bonita, não tem talentos, o que eu faria com ela?

— Ela tem só 12 anos, Manon.

Manon viu-o esfregar as mãos nodosas e começar a chorar, as lágrimas caindo-lhe em silêncio pelo rosto. Ele não gostaria que eu presenciasse isso, pensou. Com um olhar triste e enigmático saiu do quarto e fechou a porta com cuidado, como fazia quando ele estava doente, quando ele era o paciente e ela, a enfermeira.

Ele ouviu seus passos distanciarem-se, e então permitiu-se emitir um som, um som que lhe pareceu natural, tão natural quanto a fala: o berro de um animal sufocado, o berro do luto, vindo de um peito oprimido. E os berros continuaram; ao contrário da fala, não iam a lugar algum, não tinham um fim necessário. Chorou por ele mesmo, chorou por Eudora, e por todos aqueles que cruzaram o caminho dela.

*

ELÉONORE dissera à mãe que quando tudo terminasse talvez Max se casasse com ela.

— Creio que sim — respondera Mme. Duplay para confortar a filha.

Dias depois seu pai puxou-a para um canto, e com um gesto sério e desconcertado alisou o pouco cabelo que tinha na cabeça.

— Ele é um grande patriota — disse. — Creio que gosta muito de você. É um homem reservado na vida privada, não é? Não que eu quisesse que ele fosse diferente. É um grande patriota.

— Sim — ela concordou, irritada. Será que seu pai imaginava que seu orgulho por Max precisava ser fortalecido?

— É uma grande honra tê-lo morando conosco, portanto é claro que devemos fazer tudo o que pudermos... O fato é que, a meus olhos, você já está casada.

— Entendo o que você quer dizer.

— Confio em você... para fazer qualquer coisa que puder para tornar a vida dele mais confortável.

— Pai, você não me ouviu, eu disse que entendi.

FINALMENTE ela soltou o cabelo, deixando-o cair por cima dos ombros e nas costas. Afastou-o dos seios pequenos e inclinou-se para olhar-se no espelho. Era bobagem imaginar que com aquele rosto feio... Lucile Desmoulins os visitara no dia anterior para mostrar seu bebê. Foi muito bem recebida, ficaram todos conversando, ela entregou o bebê à tímida Victoire e sentou-se sozinha, pousando uma das mãos no braço da cadeira como uma flor de inverno tocada pela neve. Quando Max entrou, virou a cabeça e sorriu, e o rosto dele iluminou-se de repente. Devia ser uma afeição fraternal o que ele sentia por Lucile, mas para Eléonore, com toda a franqueza, parecia ser bem mais que isso.

Passou as mãos pela barriga chata e pelos quadris, e apreciou a suavidade de sua própria pele, imaginando o que as mãos dele sentiriam. Mas quando se afastava do espelho viu as linhas quadradas e sólidas de seu corpo. Quando se deitou na cama e pôs a cabeça no travesseiro, um resto de desapontamento ainda persistia. Esperou, com o corpo rígido em antecipação.

Ao ouvi-lo subir as escadas virou o rosto resolutamente para a porta. Durante um segundo terrível imaginou o cachorro dele entrando, atirando-se em cima dela, arfando e arreganhando os dentes, ganindo e passando as patas por seu cabelo limpo e escovado.

Mas a maçaneta da porta girou e ninguém entrou. Ele hesitou na soleira do quarto, como se fosse dar as costas e descer as escadas. Por fim, decidiu entrar. Seus olhos encontraram-se. Ele tinha nas mãos uma pilha de papéis soltos, e quando ia colocá-los sobre a mesa, ainda olhando para ela, alguns caíram no chão.

— Feche a porta — disse ela. Esperava que só tivesse de dizer isso, esperava que a compreensão fosse perfeita; mas suas palavras mais pareceram uma sugestão prática para evitar uma possível corrente de ar.

— Eléonore, você está certa do que quer?

Uma expressão de impaciência trespassou seu rosto, pois ela já se decidira. Ele levantou suas mãos e beijou-lhe as pontas dos dedos. Queria dizer com toda a clareza que não podiam fazer aquilo; quando se abaixou para pegar os papéis espalhados nc chão, seu rosto ficou vermelho e ele percebeu a total impossibilidade de pedir a ela que se levantasse e saísse do quarto.

Ao virar-se novamente, Eléonore estava sentada na cama e disse:

— Ninguém vai reclamar. Eles compreendem. Não somos crianças. Não vão dificultar as coisas para nós.

Será que não?, ele pensou. Sentou-se na beira da cama e tocou um dos seios de Eléonore, o bico endurecido na palma de sua mão. O rosto de Ro bespierre expressava preocupação com ela.

— Está tudo bem. Verdade.

Eléonore nunca fora beijada por ninguém. Ele beijou-a com toda a sua vidade, mas mesmo assim ela pareceu surpresa. Achou melhor tirar a roupa antes que ela começasse a lhe dizer que estava tudo bem. Tocou a pele macia e estranha dela. E então lembrou-se de uma moça que costumava visitar em Versalhes, de quem não teve dificuldade de se desligar porque ela não era boa em sentido algum. E desde então não teve dificuldade de manter-se afastado desse assunto. O celibato é fácil, mas o semicelibato é muito difícil, as mulheres não guardam segredos e os jornais têm ânsia por fofocas... Eléonore parecia não querer esperar. Encostou o corpo ao dele, mas o corpo estava rígido com a antecipação da dor. Ela sabe como funciona, ele pensou, mas ninguém introduziu-a à arte. Será que sabe que pode sangrar? Teve uma sensação de náusea.

— Eléonore, feche os olhos — disse-lhe em voz baixa — e tente relaxar um minuto até sentir-se... — Ia dizer "melhor", como se ela estivesse doente na cama. Acariciou seus cabelos e beijou-a de novo. Ela não o tocou, nem pensou nisso. Ele abriu um pouco suas pernas e falou: — Não quero que você tenha medo.

— Está tudo bem — ela disse.

Mas não estava. Ele não conseguiria penetrar seu corpo seco e rígido sem usar de uma brutalidade da qual não era capaz. Depois de um instante apoiou-se no cotovelo e olhou para ela.

— Não se apresse — falou, e deslizou uma das mãos para as nádegas dela. Eléonore, ele gostaria de dizer, não tenho muita prática, mas você não está sendo natural. Ela arqueou o corpo contra o dele. Alguém lhe tinha dito para lutar pelo que queria na vida, para cerrar os dentes e não desistir... pobre Eléonore, pobres mulheres. Inesperadamente, ele conseguiu penetrá-la sob um ângulo peculiar. Ela não emitiu um único som. Ele pôs a cabeça dela em seu ombro para não lhe ver o rosto e não saber se a tinha machucado. Ajeitou-se em uma posição mais confortável, com dificuldade, e pensou novamente: faz tempo demais, ou se faz sexo sempre, ou nunca. Então, é claro, tudo terminou rápido. Deu um ligeiro suspiro de alívio, soltou-a e deixou a cabeça cair no travesseiro.

— Eu machuquei você?

— Foi tudo bem.

Ele rolou de lado e fechou os olhos. Ela estaria pensando: então é isso, é disso que tanto falam? É claro que pensaria assim. Foi seu próprio desapontamento que ele não aguentou, uma sensação amarga na garganta. Há uma lição para tudo, pensou; quando os prazeres que nos negamos deixam de ser prazeres, somos duplamente destruídos, pois não só perdemos uma ilusão como nos sentimos frívolos. Era muito melhor com a menina de Versalhes, mas não havia como voltar àquela situação, não havia como superar a aversão pelo encontro casual. Deveria dizer a Eléonore: desculpe-me por ter sido tão rápido, acho que você não aproveitou. Mas de que adiantava, se ela não tinha nenhum ponto de referência e acabaria dizendo: "Foi tudo bem"?

— Vou me levantar agora — disse ela.

Ele pôs o braço à sua volta, beijou-lhe os seios e disse.

— Fique.

— Está bem. Se é o que você quer.

Ele examinou a cama e não viu sangue algum, ou pelo menos não notou nada. Possivelmente ela saberá que as coisas melhoram com a prática, pensou, entenderá que para algumas pessoas essa é uma parte importante da vida.

Ela finalmente relaxou um pouco e sorriu. Um sorriso de realização. Quem poderia imaginar em que estava pensando?

— Essa cama não é muito grande — falou.

— Não, mas... — Já que ela mencionara isso, ele teria de ser franco. Teria de dizer: Eléonore, Cornélia, por mais que eu aprecie a generosa e espontânea oferta de seu corpo, não tenho intenção de passar as noites com você, mesmo que toda a sua família nos ajude a mudar os móveis. Fechou os olhos outra vez. Tentou pensar em que desculpa daria a Maurice quando deixasse a casa, como enfrentaria as perguntas de Madame, sem dúvida seguidas de lágrimas. Pensou na recriminação que cairia sobre a cabeça confusa e inocente de Eléonore e na afronta a sua feminilidade. Além do mais, não queria morar em um quarto frio e vazio do outro lado do distrito, e encontrar-se com Maurice Duplay no Jacobinos, cumprimentá-lo a distância e evitar pedir notícias de sua família. Tinha quase certeza de que aquilo aconteceria de novo. Eléonore decidiria que era hora de subir as escadas e esperar por ele, e ele não teria como mandá-la sair, como não mandou da primeira vez. Imaginou a quem ela contaria, pois precisaria de conselho sobre sua frequência ao quarto dele. E desastrosas possibilidades passaram por sua cabeça quando tentou delimitar o círculo de suas amigas. Felizmente, Eléonore mal conhecia Mme. Danton.

Caiu no sono, e quando acordou ela não se encontrava mais lá. Eram 21 horas. Amanhã, pensou, estará caminhando na rua, sorrindo para todos, e fazendo visitas sem nenhuma razão especial.

NOS DIAS seguintes ele ficou doente de culpa. Na segunda vez ela estava mais calma, menos tensa, mas ela nunca demonstrou sentir prazer. Ocorreu-lhe que se a engravidasse, teriam de se casar às pressas. Talvez, quando a Convenção se reunisse e novas pessoas entrassem para a Casa, alguém gostasse dela; ele então seria generoso e a liberaria de qualquer compromisso ou vínculo.

Mas no fundo do coração sabia que tal não ocorreria. Ninguém gostaria dela. A família não deixaria que gostassem. Lembrou que havia divórcio agora, mas estava certo de que eles só se desligariam se um dos dois morresse.

CAMILLE, NO MINISTÉRIO, pensava em coisas irrelevantes. Pensava na noite que passara no apartamento de seu primo, De Viefville, antes de visitar Mirabeau. Barnave estivera lá e falara com ele com muita consideração. Camille gostara de Barnave, mas agora ele estava na prisão, acusado de conspirar com a corte. Naturalmente, era culpado. Camille suspirou e começou a desenhar pequenos navios na margem da carta encorajadora que escrevia aos jacobinos de Marselha.

Os membros da Convenção reuniam-se agora em Paris. Augustin Robespierre disse a Camille que ele não mudara nada. E Antoine Saint-Just... teria de ser paciente com Saint-Just e abandonar aquela desastrosa e ilógica animosidade.

— Tenho a impressão de que ele abriga pensamentos abomináveis na cabeça — disse a Danton.

E Danton, com senso de solidariedade, disse com sua voz cansada de advogado:

— Tente manter a paz, não seja uma decepção constante para Maximilien, está bem? Você vive lhe dando trabalho com suas indiscrições.

— E Saint-Just não tem indiscrições?

— Não parece ter.

— Isso o faz estimado, tenho certeza.

— Estimado — repetiu Danton, rindo. — Aquele rapaz me assusta com seu riso frio e intencional.

— Talvez esteja tentando ser agradável.

— Hérault terá ciúmes. As mulheres se interessarão por outro que não ele.

— Hérault não precisa se preocupar. Saint-Just não se interessa por mulheres.

— Você dizia o mesmo sobre o Santo Maximilien, mas agora ele tem a deliciosa Cornélia. Não é verdade?

— Não sei.

— Eu sei.

Essa era a fofoca do momento, além da suposta infidelidade da esposa de Roland e da vida familiar na Place des Piques. Era inacreditável que as pessoas se preocupassem com tais bobagens, pensou.

Em breve deveria deixar o gabinete, o que o deixaria feliz. Quanto a Roland, seus partidários decerto tentariam encontrar uma forma de ele continuar no Ministério do Interior, embora tivesse sido eleito para a Convenção. Mesmo depois do escândalo sobre as joias da coroa, o velho burocrata mantinha seu prestígio. E se ficasse no gabinete, por que Danton não ficaria, se era tão mais necessário à nação?

Não quero ficar aqui por muito mais tempo, pensou, ou vou acabar como Claude. Não quero falar na Convenção tampouco, eles não me ouvirão. Mas, disse a si mesmo, não é uma questão de querer.

O mais preocupante era pensar que ele próprio queria deixar o gabinete. Não desistira de seus sonhos, de suas ilusões, de abandonar Paris para sempre. Camille entrou sorrateiramente e encontrou-o solitário, à luz de uma vela, debruçado sobre as escrituras de sua propriedade de Arcis, examinando as pedras que a delimitavam, o curso d'água, a servidão. Quando levantou a cabeça, seus olhos refletiam uma imagem de casas, campos, bosques e regatos.

— Ah — disse, assustado. — Pensei que meu assassino tivesse chegado finalmente. — Estendeu a palma da mão sobre as escrituras. — Pensei que os prussianos estivessem aqui.

Fabre andava evasivo ultimamente, pensou Camille. Não que ele costumasse falar muito. Se tivesse de escolher entre dinheiro e fama revolucionária... Não, ele se recusaria a escolher, diria que queria ambos.

— Que interpretação devemos dar ao roubo das joias da coroa? — Camille perguntou a Danton.

O que devemos pensar? Ou o que devemos dizer? Viu Danton tentando digerir essa ambiguidade.

— Devemos dizer que Roland é culpado por seu descuido.

— Sim, ele devia ter providenciado uma segurança melhor, não é? Fabre esteve com a cidadã Roland no dia seguinte. Ele saiu às 10h30 e voltou às 13 horas. Será que a estava castigando?

— Como posso saber?

Camille lhe deu um olhar divertido.

— Depois que saiu, a cidadã foi diretamente para o marido e disse que estivera com o homem que roubou as joias da coroa.

— Como sabe disso?

— Talvez eu esteja inventando. Acha que estou?

— Pode ser — disse Danton.

— Não confie em Dumouriez.

— Não. Robespierre diz isso. Estou cansado do que ele diz.

— Robespierre nunca está errado.

— Talvez fosse melhor eu mesmo ir até a frente de batalha ver algumas pessoas. Resolver alguns assuntos.

Talvez o ar sereno fosse realmente uma indicação de medo. Deus sabia que ele era bastante vulnerável, embora fosse estranho usar essa palavra com relação a Danton. Era vulnerável a Dumouriez, e também aos partidários dos Bourbon que buscavam o cumprimento das promessas feitas... — Não há nada com que se preocupar. M. Danton cuidará de nós.

Camille deixou essa ideia de lado e pôs o cabelo para trás, nervoso e agitado, como se alguém estivesse a seu lado. Teve a impressão de ouvir a voz de Robespierre em um dia frio de primavera, em 1790: "Quando você se afeiçoa a uma pessoa, a razão voa pela janela. Pense no conde de Mirabeau por um instante, objetivamente, se puder. A forma como vive, suas palavras, suas ações me põem em guarda imediatamente; então penso melhor e descubro que esse homem se entregou por completo ao próprio engrandecimento. Por que você é incapaz chegar a essa conclusão? Por que é simples demais? Você não se rende a seus sentimentos em outros âmbitos, quando eles vão contra seus objetivos maiores; por exemplo, você tem medo de falar em público, mas fala assim mesmo. Nessas horas, é impiedoso com seus sentimentos."

Imaginem se ele ouvisse essa voz severa e persistente a seu lado um dia, falando da falta de probidade de Danton; ele tinha uma resposta, não lógica, mas suficientemente fria para suspender a lógica. Questionar o patriotismo de Danton era pôr em dúvida toda a Revolução. A árvore é conhecida por seus frutos, e Danton foi o causador do 10 de agosto. Primeiro criou a República dos Cordeliers, depois a República da França. Se Danton não é patriota, nós negligenciamos criminosamente os assuntos da nação. Se Danton não é patriota, nós também não somos. Se Danton não é patriota, tudo, desde maio de 1789, terá de ser refeito.

Essa ideia deixava até mesmo Robespierre cansado.

QUANDO A NOTÍCIA da vitória de Valmy chegou a Paris, a cidade entrou em delírio de alívio e alegria. Só mais tarde as pessoas começaram a se perguntar por que a França não buscara uma vantagem imediata, rechaçando Brunswick e destroçando sua retirada. A Convenção Nacional, reunida pela primeira vez, proclamara oficialmente a República Francesa; era o melhor dos presságios. Em breve não haveria inimigos em solo francês, pelo menos não inimigos estrangeiros. Os generais avançariam para Mainz, Worms, Frankfurt; a Bélgica seria ocupada, e Inglaterra, Holanda e Espanha entrariam na guerra. Com o tempo ocorreriam derrotas, e as traições, conspirações e meras indiferenças teriam uma consequência terrível; à medida que os elementos da Convenção diminuíam, tinha-se a impressão de ver nos bancos vazios a Morte, sorrindo, familiar e ágil.

No momento, o fenômeno mais espantoso da Convenção era a voz de Danton: era ouvida todos os dias, sobre todos os assuntos, e sua poderosa arrogância não cessava de surpreender. Evitando o banco ministerial, sentava-se nas fileiras mais altas, à direita da câmara, com os outros deputados de Paris e os mais ardentes das províncias. Essa área era denominada Montanha e, por extensão, os que a ocupavam eram os montanheses. Os girondinos, brissotistas, ou qualquer outro nome que lhes dessem, sentavam-se à direita do salão, e entre eles e os montanheses ficava a área da Planície, ou o Pântano, de acordo com a natureza daqueles que ali se sentavam. Com essa visível divisão, bastante ostensiva, parecia não haver motivo para discrição ou moderação. Dia após dia Buzot despejava na câmara abafada e sufocante as suspeitas de Manon Roland sobre Paris, a cidade tirana, a necrópole que sugava o sangue. Às vezes ela o observava da galeria pública, aplaudindo-o de forma impessoal; em público os dois comportavam-se educadamente como dois estranhos. Em particular eram menos estranhos, mas não menos educados. Louvet levava no bolso um discurso, que chamou de "Robespierricida", para ser usado na hora certa.

O ponto crucial da questão — em setembro, outubro, novembro — foi a tentativa dos brissotistas de governar; seu exército privado de 16 mil soldados trazidos das províncias, cantando pelas ruas, exigia o sangue dos supostos ditadores — Marat, Danton, Robespierre — que chamavam de Triunvirato. O ministro da Guerra enviou esse exército para a frente de batalha antes que houvesse conflito nas ruas, mas as linhas de combate da Convenção não estavam sob sua jurisdição.

Marat sentou-se sozinho, debruçado sobre suas malditas preocupações. Quando se levantou para falar, os brissotistas saíram rapidamente da câmara e os que permaneceram olharam-no com fascinada repugnância, murmurando entre si; mas à medida que o tempo passou deixaram-se ficar para ouvir, pois as palavras os interessavam intimamente. Marat falou apoiado na tribuna, jogando a cabeça para trás do pescoço curto e musculoso, precedendo suas observações com o riso irônico e demoníaco que cultivava. Estava doente, mas ninguém sabia o nome de sua doença.

Robespierre o conhecia. Superficialmente, é claro, sempre o conhecera, mas havia rejeitado um contato mais próximo. Quem falasse com Marat corria o risco de ser mal visto, acusado de impor seus escritos e alimentar sua ambição. Mas não era possível escolher; no clima em que viviam, os amigos eram contados nos dedos. Talvez, sob esse ponto de vista, o encontro dos dois não tenha sido um sucesso absoluto, tenha servido apenas para mostrar como os patriotas estavam divididos. O corpo de Robespierre, jovem e compacto, estava tenso dentro das roupas bem cortadas; suas emoções, ou as emoções vistas em seu rosto, foram enterradas com as vítimas de setembro. Marat olhou-o do outro lado da mesa, tossindo, com um lenço sujo enrolado na cabeça. Falou com paixão, levantando o punho imundo, demonstrando sua frustração.

— Robespierre, você não me compreende.

Robespierre observou-o friamente, com a cabeça virada para o lado.

— É possível — disse.

Dia 10 de outubro, dois meses depois do golpe. Sob o olhar de Robespierre o Clube dos Jacobinos "purgava-se" (ele falava lá todas as noites). Brissot e seus asseclas foram expulsos do corpo dos patriotas como dejetos imundos. Dia 29 de outubro, Roland de pé na Convenção. Seus partidários aplaudiram-no, mas o velho parecia uma marionete exangue, puxada pelos cordões do dever e do hábito. Sugeriu que Robespierre gostaria que se repetissem os massacres de setembro. À menção do nome de Robespierre, os girondinos começaram a berrar.

Robespierre levantou-se do banco da Montanha, foi para a tribuna com a pequena cabeça abaixada em sinal de beligerância. Gaudet, o girondino que era presidente da Convenção, tentou impedi-lo de falar. A voz de Danton foi audível por cima do barulho.

— Deixem-no falar. E eu exijo falar também, quando ele terminar. É hora de algumas coisas serem postas a limpo aqui.

VERGNIAUD [*com os olhos em Danton*]: Eu receava essa... a aliança deles. Venho receando isso há algum tempo.

GAUDET [*a seu lado*]: É possível lidar com Danton.

VERGNIAUD: Até certo ponto.

GAUDET: Quando corre dinheiro.

VERGNIAUD: É mais complicado que isso. Que Deus o ajude se você não é capaz de compreender que é mais complicado que isso.

GAUDET: Robespierre está na tribuna.

VERGNIAUD: Como sempre. [*Fechou os olhos, mas seu rosto pálido ganhou rugas de concentração.*] Esse homem não sabe falar.

GAUDET: Não em sua percepção.

VERGNIAUD: Ele não se exibe.

GAUDET: O povo gosta do estilo dele.

VERGNIAUD: Oh, sim, o povo. O Povo.

Robespierre estava excepcionalmente enraivecido, em virtude do insulto de Roland como opositor, aquele homem senil com sua esposa imoral e seus murmúrios incessantes e obsessivos sobre o ministério de Danton. E também em virtude das insinuações viperinas deles, cochichos e comentários na rua sobre setembro. Danton também ouvia esses comentários, via-se pela expressão de seu rosto.

A voz de Robespierre fez-se ouvir acima do vozerio que enchia o salão, carregada de desprezo.

— Nenhum de vocês tem coragem de me acusar pessoalmente.

Houve uma pausa, um pequeno silêncio entre os girondinos, mostrando sua covardia.

— Eu acuso!

Louvet deu um passo à frente, procurando dentro do casaco as páginas do "Robespierricida".

— Ah, o pornógrafo — disse Philippe Égalité. A voz do duque foi ouvida do alto da Montanha, seguida de uma risada geral. O silêncio retornou.

Robespierre pôs-se de lado e cedeu a tribuna a Louvet, com um sorriso paciente e hesitante. Olhou para o alto na direção dos deputados de Paris, e sentou-se em um lugar onde pudesse ser visto por Louvet, esperando que ele começasse o discurso.

— Acuso-o de caluniar com persistência os melhores patriotas. De espalhar suas calúnias na primeira semana de setembro, quando os rumores eram desesperadores. Acuso-o de ter degredado e proscrito os representantes da nação. — Fez uma pausa, pois os montanheses gritavam, era difícil continuar. Robespierre virou a cabeça e olhou para eles; o barulho arrefeceu e definhou até que o silêncio total foi restabelecido.

Louvet voltou a falar, mas sua voz, preparada para enfrentar os gritos da oposição, soou com o timbre errado. Ao ouvir a própria voz e ao dizer a si mesmo que não daria certo, tremeu. Agarrou-se à tribuna, com as palmas das mãos úmidas e escorregadias.

Sua vítima virou-se para ele; a luz bateu-lhe no rosto, ofuscando sua visão por trás das lentes dos óculos e deixando-o com ar inexpressivo. Louvet lançou-se à frente, como se fosse pular da tribuna.

— Acuso-o de ter se colocado como objeto de idolatria; de ter permitido que dissessem, em sua presença, que você era o único homem capaz de salvar a nação, e de ter dito o mesmo. Acuso-o de almejar a ser o poder supremo.

Não ficou claro se ele havia terminado ou simplesmente feito uma pausa, mas o fato é que os montanheses voltaram a gritar, com volume redobrado. Danton levantou-se lá no alto e começou a andar como se fosse resolver a questão com os punhos; seus amigos cercaram-no, e Fabre segurou seu chefe pelas costas em uma cena teatral de moderação. Louvet desceu da tribuna com os ombros arqueados. Robespierre levantou-se e voltou à tribuna com tranquilidade, indicando com um gesto que não os deteria, e com a voz fria e serena pediu à Casa tempo para preparar sua defesa. Danton teria ido à tribuna, destilado terror e arrasado com o caso; mas esse não era o método de Robespierre. Fez um sinal para Danton, com uma inclinação da cabeça, quase uma reverência, e saiu da câmara cercado por um bando de montanheses. Seu irmão Augustin pegou-o pelo braço e disse que os girondinos o matariam.

— Um mau momento — disse Legendre. — Quem imaginaria isso? Eu nunca imaginaria.

Danton estava pálido, com a cicatriz do rosto muito acentuada.

— Eles estão me incomodando — disse.

— Incomodando *você*, Danton?

— Sim. Quando atacam Robespierre estão me atacando, se o pegarem terão de me pegar também. Diga isso a eles. Diga a Brissot.

Disseram a Vergniaud, mais tarde.

— Eu não sou Brissot — disse Vergniaud. — E não sou brissotista. Pelo menos, penso que não. Essa palavra é usada como uma esmola aos pobres.

Mas não temos sido justos com Danton; sentimo-nos magoados com seu poder no ministério e fomos rudes com seus amigos. Algumas de nossas esposas fizeram observações pessoais. Nós exigimos que ele nos mostrasse suas contas, o que naturalmente deixou-o nervoso. Mas nunca pensei que guardasse rancor. Que inocência a minha. — Estendeu as mãos e continuou: — Ao que parece, na vida privada ele e Robespierre não simpatizam um com o outro. Isso importa? Ah, sim, no final importará.

Quanto a Louvet, esse foi seu grande momento, do qual se lembrava com as mãos úmidas de medo, perseguido pelas palavras do duque. Afinal, ele era apenas Louvet, o romancista frágil e desconsiderado, a pequena presa do tigre. Perguntou-se por que seus amigos, que eram absolutamente contra Robespierre, o deixaram fazer aquilo. A Planície viu Robespierre pôr-se de lado, sentar-se e pedir silêncio, sem despotismo. Mas só eu, pensou Louvet, saberei que terminei antes de começar, ao pé da tribuna; senti o estômago embrulhado ao dar meu sorriso de Judas.

— NÓS O CONSIDERAMOS como um filho — disse Mme. Duplay.

— Mas na verdade ele é meu irmão — disse Charlotte Robespierre. — Portanto tenho mais direito a ele que qualquer de vocês.

Mme. Duplay, mãe de tantos, poderia dizer que compreendia as filhas. Compreendia sua Victoire, mortalmente tímida, Eléonore, séria e desajeitada, e a linda Babette, com seu rosto infantil. E também compreendia Charlotte Robespierre. Mas não sabia o que fazer com ela.

Quando Maximilien disse que seu irmão Augustin viria para Paris, pediu seu conselho sobre a irmã. Pelo menos, foi o que Madame pensou que fizera. Parecia ter dificuldade de falar sobre ela.

— Como ela é? — perguntou, com uma curiosidade natural. Ele nunca falava sobre sua família. — É quieta como você? O que devo esperar dela?

— Não muito — ele respondeu, parecendo preocupado.

Maurice Duplay insistiu que a casa tinha espaço para eles. E na verdade havia dois quartos, no momento sem mobília, que nunca tinham sido usados.

— Não podemos deixar seu irmão e sua irmã ficarem com estranhos — disse Maurice. — Devemos permanecer todos juntos, como uma só família.

Finalmente os dois chegaram. Augustin causou uma boa impressão. Um rapaz agradável e capaz, pensou Madame, ansioso por ver o irmão. Abriu os braços para receber Charlotte, uma jovem de rosto doce, mas a irmã de Max lançou-lhe um olhar tão gélido que ela deixou os braços caírem de lado.

— Talvez fosse melhor irmos diretamente para nossos quartos — disse Charlotte. — Estamos cansados.

O rosto de Madame queimava quando ela os guiou pela casa. Nem orgulhosa nem exigente, estava habituada a ser tratada com deferência pelas filhas e pelos empregados do marido. Mas Charlotte tratou-a como se ela fosse uma mera serviçal.

Madame parou no umbral da porta.

— Tudo aqui é muito simples. Nossa casa é simples.

— Estou vendo — disse Charlotte.

O chão era encerado, as cortinas pareciam novas, e havia flores no vaso, colocadas pela pequena Babette para recebê-la. Mme. Duplay deixou Charlotte passar.

— Se pudermos fazer alguma coisa que possa deixá-la mais confortável, basta dizer.

Você poderia me deixar mais confortável se morresse, dizia o rosto enfurecido de Charlotte.

MAURICE DUPLAY preparou seu cachimbo e sentiu o odor do tabaco. Quando o cidadão Robespierre estava em casa, ou a ponto de chegar, ele nunca fumava, em respeito aos pulmões do patriota. Mas Augustin não se importava.

— É claro — disse Duplay lentamente. — Ela é sua irmã. Eu não devia criticar.

— Pode criticar se quiser — Augustin falou. — Preciso tentar lhe explicar a personalidade de Charlotte. Max nunca o fará. Ele é bom demais. Evita sempre pensar mal das pessoas.

— É mesmo? — Duplay ficou um tanto surpreso. O cidadão Robespierre era aberto, justo e imparcial; mas caridade não era seu ponto forte.

— Não me lembro de nossa mãe — disse Augustin. — Max se lembra, mas nunca fala sobre ela.

— Sua mãe morreu? Eu não fazia ideia.

Augustin ficou confuso.

— Ele nunca lhe falou sobre nossa família? Que estranho! — disse, sacudindo a cabeça.

— Supúnhamos que ele fosse brigado com a família. Uma briga séria. Não quisemos nos intrometer.

— Ela morreu quando eu era um bebê, e nosso pai nos abandonou. Não sabemos se está vivo ou morto. Se estiver vivo, será que ouviu falar do sucesso de Max?

— Creio que sim, se estiver em algum lugar do mundo civilizado. E se souber ler.

— Ele sabe ler — disse Augustin. — E me pergunto o que pensa sobre isso. Minhas irmãs foram criadas pelas tias e nós dois por nosso avô, até virmos para Paris. Charlotte teve de ficar, é claro. Mais tarde Henriette, nossa outra irmã, morreu. Ela e Max davam-se muito bem quando se encontravam, e Charlotte provavelmente sentia-se um pouco enciumada. Ela era uma criança quando começou a cuidar da casa para nós, o que a envelheceu, suponho. Mas ela não tem nem 30 anos. Ainda pode se casar.

Duplay deu uma tragada no cachimbo.

— Por que não tenta?

— Charlotte teve uma decepção amorosa. Você conhece o deputado Fouché, ele mora aqui por perto. Lembra-se dele? Um homem sem pestanas e de rosto esverdeado.

— Foi uma grande decepção?

— Não creio que minha irmã gostasse muito dele, na verdade, mas achou que tinha sido... Você sabe como é, algumas pessoas nascem com humor ácido e usam os infortúnios da vida como desculpa. Eu já fui noivo três vezes, sabia? Quando o compromisso ficava mais sério, minha noiva não podia imaginar ter Charlotte como cunhada. Então, ela dedicou-se inteiramente a nós dois. Não quer nenhuma outra mulher por perto. Ninguém tem o direito de fazer nada para os irmãos, a não ser ela.

— Entendo. Você acha que foi por isso que Max não se casou ainda?

— Não sei. Ele teve muitas chances. As mulheres gostam dele. Mas... talvez Max não seja o tipo de homem talhado para se casar.

— Não fale isso na cidade — Duplay sugeriu. — Não diga que ele não é o tipo de homem talhado para se casar.

— Talvez ele tema que todas as famílias acabem como a nossa. Não em termos superficiais... mas em termos mais profundos. Deveria haver uma lei contra famílias como a nossa.

— Acho que não devemos especular sobre o que seu irmão pensa. Se quisesse que soubéssemos, teria nos dito. Muitos filhos perdem os pais. Esperamos que você nos considere como sua família agora.

— Eu concordo, muitos filhos perdem os pais, mas o problema é que não sabemos se ele ainda existe ou não. É muito estranha a ideia de ele poder estar vivendo em algum lugar, até mesmo aqui em Paris, lendo sobre Max nos jornais. E se aparecer um dia? Nada é impossível. Poderia ir à Convenção, sentar-se na galeria, observar-nos... Se eu passasse por ele na rua não o reconheceria. Quando era menino esperava que ele voltasse... e ao mesmo tempo tinha medo de pensar nisso. Meu avô falava muito nele quando estava de mau humor. "Espero que seu pai tenha bebido até morrer", esse tipo de coisa. As pessoas viviam nos observando, procurando sinais. Hoje, em Arras, aqueles que não gostam do rumo que a carreira de Max tomou dizem: "O pai era um bêbado e um mulherengo, e a mãe também não era boa coisa." Os termos que usam são piores, na verdade.

— Augustin, você deve deixar isso para trás. Está em Paris agora, tem chance de recomeçar. Espero que seu irmão se case com minha filha mais velha. Ela lhe dará filhos. — Augustin contestou em silêncio. — E ele tem bons amigos.

— Você acha? Estou aqui há pouco tempo, mas minha impressão é de que ele basicamente tem associados. Sei que tem uma massa de admiradores, mas não é apoiado por um grupo de amigos, como Danton.

— É claro que há uma diferença de estilo entre eles. Mas os Desmoulins são amigos de Max. E o bebê de Camille é seu afilhado, sabia?

— Se for mesmo filho de Camille. Sinto pena de meu irmão. Nada do que ele tem é exatamente o que parece.

— EU TENHO SENSO de obrigação — disse Charlotte. — O que não é comum, a meu ver.

— Eu sei, Charlotte. — Max lhe falava com gentileza sempre que podia. — O que eu estou fazendo que não deveria?

— Não deveria estar morando aqui.

— Por que não? — Ele sabia bem por que não; provavelmente, pensou, ela também sabia.

— Você é um homem importante. É um grande homem. Deveria comportar-se como tal. As aparências são importantes. Danton tem razão. Ele se exibe, e as pessoas o adoram. Não estou aqui há muito tempo, mas já notei isso. Danton...

— Charlotte, Danton gasta muito dinheiro, que ninguém tem certeza de onde vem. — Havia uma sugestão em sua voz de que ela devia mudar de assunto.

— Danton tem estilo próprio — Charlotte insistiu. — Dizem que não tem escrúpulo de sentar-se na cadeira do rei nas Tulherias quando o gabinete se reúne.

— E preenche a cadeira inteira, sem dúvida — disse Robespierre secamente. — Se existisse uma mesa do rei, Danton poria os pés em cima dela. Há pessoas, Charlotte, mais bem equipadas pela natureza para esse tipo de coisa. Mas isso cria inimigos também.

— Há quanto tempo você se preocupa em fazer inimigos? Isso nunca lhe importou. Será que imagina que as pessoas vão estimá-lo mais porque mora em um sótão?

— Não sei por que você faz esse lugar parecer pior do que é. Sinto-me perfeitamente confortável aqui. Não há nada que eu queira que não tenha aqui.

— Estaria muito melhor se eu estivesse tomando conta de você.

— Charlotte, minha querida, você sempre tomou conta de nós... não pode descansar por um tempo?

— Na casa dos outros?

— Todas as casas pertencem a alguém, e a maioria tem mulheres dentro.

— Nós podíamos ter privacidade. Um apartamento bom e conveniente que fosse nosso.

Isso resolveria alguns problemas, ele pensou. O rosto de Charlotte estava vermelho, à espera de uma contradição. Ele ia abrir a boca para concordar, mas ela continuou.

— E há mais uma coisa.

Ele interrompeu o movimento.

— O que é?

— Essas meninas, Maximilien. Eu vi Augustin arruinar-se por causa de mulheres.

Então ela sabia. Sabia?

— Como ele se arruinou?

— Bem, teria se arruinado se não fosse por mim. E essa velha desgraçada não tem outro objetivo na vida senão mandar essas meninas para sua cama. Se conseguiu, não sei. Aquela Elisabeth, aquele horror, olha para os homens como se... não consigo descrever. Se qualquer coisa acontecesse a ela, eu não culparia o homem.

— Charlotte, o que está dizendo? Babette é uma criança. Nunca ouvi ninguém falar mal dela.

— Mas está ouvindo agora. E então? Posso procurar um apartamento para nós?

— Não. Continuaremos aqui. Não suporto morar com você. Você está tão cruel quanto sempre foi. — E tão louca também, pensou.

5 DE NOVEMBRO. São formadas filas durante a noite para se conseguir um lugar na galeria pública. Quem espera ver no rosto de Robespierre uma expressão de crise pessoal ficará desapontado. Como essas ruas e essas calúnias lhe são familiares agora! Sente que deixou Arras há vinte anos. Ele não estava nos Estados Gerais, pronto para o ataque? Faz parte de sua natureza, ele imagina.

Tem o cuidado de negar a responsabilidade pelos acontecimentos de setembro, mas não condena o morticínio. E abstém-se de palavras violentas, poupando Roland e Buzot, como se eles não existissem. O dia 10 de agosto foi ilegal, diz, assim como foi a tomada da Bastilha. Até que ponto somos responsáveis por esses acontecimentos da Revolução? Faz parte da natureza das revoluções infringir as leis. Não somos juízes de paz, somos legisladores de um novo mundo.

— Ah — diz Camille entre os montanheses. — Essa postura não é ética. É uma desculpa. — Fala em voz baixa, quase que para si mesmo; está surpreso com a violência de seus colegas.

— Ele está na política, na política prática — diz Danton. — Que bobagem é essa de postura ética?

— Não gosto da ideia de divisão entre crimes comuns e crimes políticos. Nossos inimigos podem usar esse conceito para nos matar, e podemos fazer o mesmo para matá-los. Não sei por que essa ideia. Devemos admitir que todos os crimes são iguais.

— *Não* — disse Saint-Just. — Logo você é quem diz isso, Procurador-Geral da Lanterna.

— Mas quando eu era o Procurador-Geral da Lanterna, dizia: certo, vamos à violência, é nossa vez. Nunca me desculpei dizendo que eu era um legislador do mundo.

— Ele não está dando desculpas — disse Saint-Just. — A necessidade não tem de ser desculpada ou justificada.

Camille virou-se para ele.

— Onde você leu isso, seu imbecil? Sua política é como aquelas fábulas infantis, com uma moral no fim. O que quer dizer isso? Você não sabe. Por que fala assim? Só para falar alguma coisa.

O rosto pálido de Saint-Just ficou vermelho de raiva.

— De que lado você está? — disse Fabre em seu ouvido.

Pare agora, ele disse a si mesmo. Você está contrariando a todos.

— De que lado? É isso que dizemos dos brissotistas, que o julgamento deles é destruído por interesses partidários. Não é?

— Meu Deus, você é um fardo — disse Saint-Just. Camille levantou-se, mais receoso de suas próprias palavras que das palavras deles, pensando que em minutos poderia estar entre os galhos escuros e as faces indiferentes dos jardins das Tulherias. Foi Orléans quem estendeu a mão e o deteve, com um sorriso gentil no rosto.

— Precisa ir agora? — disse o duque, como se uma festa estivesse acabando cedo. — Não vá. Você não pode sair no meio de um discurso de

Robespierre. — O duque, agindo em discordância com suas maneiras, puxou Camille para o banco a seu lado. — Fique quieto aqui — disse. — Se sair agora, as pessoas vão dar uma interpretação errada.

— Saint-Just me detesta — disse Camille.

— Ele não é um rapaz muito agradável, mas você não deve sentir-se excluído. Sinto que eu próprio fui mencionado na lista dele.

— Lista dele?

— Ele deve ter uma, não acha? É bem o seu tipo.

— Laclos tinha listas — disse Camille. — Oh, meu Deus, eu às vezes gostaria que voltássemos a 1789. Sinto falta de Laclos.

— Eu também, eu também.

Hérault de Séchelles estava na cadeira do presidente. Olhou para os colegas montanheses e levantou as sobrancelhas, um pedido para uma explicação posterior. Pareciam estar realizando uma sessão parlamentar privada; e Camille parecia estar lutando contra a Igualdade. Robespierre chegou ao ápice de seu discurso, deixando seus inimigos sem nada a dizer e sem ter para onde ir. Camille ia perder o final, não estaria lá para os aplausos. O duque pareceu liberá-lo, e ele encaminhou-se para a porta. Hérault lembrou-se do dia em que Camille saiu correndo de um tribunal, anos antes, muito antes que eles se conhecessem. Naquele dia saiu de cabeça erguida, aparentando um misto de desprezo e de júbilo. Agora estavam no inverno de 1792, e ele aparentava um misto de desprezo e medo.

ANNETTE não estava em casa; na hora em que Camille ia embora, Claude ouviu sua voz e apareceu.

— Camille? Você parece perturbado. Não tente fugir. Preciso falar com você. — Ele próprio parecia perturbado, com uma agitação discreta, semioficial. Dois jornais girondinos espalhavam-se pelo chão. — Veja o tom da vida pública nos dias de hoje! — disse para Camille. — Uma falta de dignidade! Danton precisa dizer essas coisas? O deputado Philippeaux quer que a Convenção exija a permanência dele no ministério, o que é razoável. E Danton recusa-se, o que é razoável. Mas resolve acrescentar que se a Convenção quiser que Roland permaneça no gabinete deve pedir à sua esposa primeiro. Uma sugestão grosseira e pessoal diante de tanta gente! Naturalmente eles farão ataques pessoais também. Agora estão falando sobre Lucile e Danton.

— Isso não é novidade.

— Como você permite que falem dos dois? É verdade?

— Pensei que você fosse imune aos jornais, depois do caso de Annette com o abade Terray.

— Aquilo foi uma armação ridícula, algo em que as pessoas acreditavam. Você não se importa com o que dizem de você?

— O que dizem?

— Simplesmente que Danton pode fazer o que quiser, que você não pode fazer frente a ele.

— E realmente não posso.

— Falam de outros homens além de Danton. Não quero que digam tais absurdos sobre Lucile. Você deveria fazê-la entender...

— Lucile gosta de ter certo tipo de reputação, mesmo que não mereça.

— Por quê? Se não é verdade, por que ela dá margem a boatos? Acho que você a negligencia.

— Não, não negligencio. Nós nos gostamos muito, na verdade. Claude, por favor, não grite comigo. Eu tive um dia terrível. Durante o discurso de Robespierre...

Um homem apareceu na porta. Os empregados eram muito informais naqueles dias.

— Monsieur, o cidadão Robespierre está aqui.

Robespierre não o visitava com frequência desde a farsa de seu noivado com Adèle. Mas era bem-vindo, e suas opiniões eram muito apreciadas. Claude apressou-se a cumprimentá-lo, o empregado saiu e fechou a porta.

— Robespierre. Que prazer vê-lo aqui! Será que pode nos ajudar a restabelecer uma comunicação?

— Meu sogro está possuído por um horror ao escândalo.

— Eu acho que você — disse Claude — está possuído pelo demônio.

— Vamos ver — disse Robespierre, inesperadamente de bom humor, quase rindo. — Será Asmodeu o espírito do mal?

— Asmodeu era um serafim no início — disse Camille.

— E você também. Agora, vamos ao assunto. Por que você saiu durante meu discurso?

— Por nada. Quero dizer, eu compreendi mal uma parte do que você disse, fiz uma observação e todos voaram em cima de mim.

— Eu sei. Estão muito arrependidos.

— Menos Saint-Just.

— Bem, Saint-Just tem opiniões muito determinadas, não vai permitir hesitação.

— Permitir? Pelo amor de Deus, não preciso da permissão dele. Ele declarou que eu sou um fardo. Que direito alguém tem de entrar em uma Revolução que já aconteceu e chamar o outro de fardo?

— Não grite comigo, Camille. Ele tinha o direito de expressar a própria opinião, creio eu.

— Eu não tenho?

— Ninguém lhe tirou esse direito, eles gritaram com você por hábito. Camille é morbidamente sensível — disse Robespierre a Duplessis.

— Eu gostaria que ele fosse mais sensível em certos aspectos — disse Claude, mostrando os jornais. Robespierre pareceu confuso. Tirou os óculos. Seus olhos estavam vermelhos. Claude pensou em sua paciência, em sua equanimidade, ele conseguia encontrar tempo para tudo.

— Você deve tentar reprimir esse boato — disse Robespierre. — Não exatamente reprimir, pois poderia parecer que há alguma verdade nisso. Todos vocês devem se comportar de forma muito discreta.

— Para não atrair a atenção para nossos pecados — disse Camille.

— Preciso levar Camille embora — disse Robespierre a Claude. — Não deixe os jornais estragarem sua paz de espírito.

— Você imagina que eu tenho muito a estragar? — Levantou-se para levá-los à porta. — Vocês vão para Bourg-la-Reine no fim de semana?

— Bourg-la-République — disse Camille. — Bons patriotas não descansam no fim de semana.

— Você pode descansar no fim de semana se quiser — disse Robespierre.

— Eu gostaria que você fosse conosco — disse Claude. — Mas suponho que não irá.

— *Estou* muito ocupado no momento. Esse problema com Louvet demandou muito do meu tempo — disse Robespierre.

Você não teria permissão de ir, pensou Camille, sem Eléonore e a mãe como sua dama de companhia, e Charlotte como dama de companhia da mãe, sem Babette, que gritaria se não fosse convidada, e sem Victoire, que não acharia justo ficar sozinha em casa.

— Quer que eu vá? — Camille perguntou a seu sogro.

— Sim. Lucile precisa tomar um pouco de ar fresco, e você precisa fazer uma pausa em suas brigas, suponho.

— Está me oferecendo uma pausa?

Claude deu um sorriso amarelo.

— O QUE VAMOS FAZER agora? — Camille perguntou.

— Vamos caminhar um pouco e ver se alguém nos reconhece. Creio que seu sogro está quase gostando de você.

— Acha?

— Está se habituando a você. Na idade dele as pessoas gostam de encontrar algum motivo para se queixar. No entanto, creio...

— Por que quer saber se alguém vai reconhecer você?

— É uma ideia. Ouvi dizer que as pessoas me consideram vaidoso. Você me considera vaidoso?

— Não, eu não usaria essa palavra.

— Para mim, eu pareço uma pessoa obscura.

— Obscura? — Esse é o prelúdio de uma chocante explosão de timidez, pensou Camille; Robespierre nunca aceitara a fama. E sua modéstia, se não fosse aplacada, tornava-se feroz. — Sinto muito se atrapalhei sua concentração quando você estava discursando.

— Não foi nada. Louvet foi esmagado. Eles vão pensar duas vezes antes de me atacar outra vez. Eu tenho a Convenção...

— Você parece cansado, Max.

— Pensando bem, estou cansado. Não faz mal. Alguma coisa foi conquistada. E você parece bem. Como se tivesse muito apetite sobrando para a Revolução.

— Deve ser a vida de devassidão que os amigos de Brissot dizem que eu levo. Isso me convém. — Um homem apressou o passo para olhá-los. Ele franziu as sobrancelhas. — Você quer que as pessoas o reconheçam? — Camille perguntou.

— Não. Mas gostaria de falar com você em particular. Não há quase lugar algum onde se possa ir sem ser ouvido.

A exuberância se esvaziava. Era comum agora ver Robespierre indisposto, sua boca crispada em uma linha apreensiva.

— Você acha que os outros estão sempre ouvindo suas conversas?

— Eu sei que estão. — (Se você vivesse com minha irmã Charlotte, pensou, não duvidaria.) — Camille, quero que você leve os jornais brissotistas mais a sério. Nós sabemos que eles são motivados por malícia, mas não lhes dê motivo para inventar boatos. Não fica bem, especialmente com a cidadã Danton doente, o marido estar sempre fora de casa, e vocês dois serem vistos com mulheres pela cidade.

— Max, eu passo quase todas as noites no comitê de correspondência dos jacobinos. E Gabrielle não está doente, só está grávida outra vez.

— Sim, mas quando falei com ela, no início da semana, não me pareceu bem. Ela e Georges nunca são vistos juntos, nunca aceitam convites juntos.

— Eles discutem muito.

— Sobre quê?

— Política.

— Pensei que ela não fosse esse tipo de mulher.

— Não é uma discussão abstrata. Ela não gosta da forma como estamos vivendo.

— Não quero lhe fazer um sermão, Camille...

— Quer, sim.

— Muito bem, então. Pare de jogar. Tente fazer Danton parar. Fique mais em casa. Faça sua mulher comportar-se de forma respeitável. Se precisar ter uma amante, escolha uma pessoa discreta e faça arranjos apropriados.

— Mas eu não tenho uma amante.

— Melhor ainda. A forma como vocês vivem, em certo sentido, é censurável para nossos ideais.

— Pare. Eu nunca me voluntariei a esses ideais.

— Ouça...

— Não, você é quem vai ouvir, Max. Desde que nos conhecemos você tenta me manter longe de problemas. Mas já devia saber que não adianta usar seu lado pomposo comigo. Há alguns meses você não estaria falando em "censurável para nossos ideais". Não tomava conhecimento disso. Você tem grande capacidade de ignorar o que não lhe convém. Mas agora quer fazer disso um cavalo de batalha. Ou melhor, eu sei quem é o responsável. É Saint-Just.

— O que está passando por sua cabeça com relação a Saint-Just?

— Tenho de lutar contra ele agora, enquanto ainda valer a pena. Ele me chamou de fardo. E eu deduzi que quer se ver livre de mim.

— Quer se ver livre de você?

— Sim, quer se ver livre de mim, incapacitar-me, mandar-me para Guise, onde minha gagueira boba não poderá mais encher seu coração de feroz indignação.

Os dois pararam por um instante e se entreolharam.

— Não posso fazer muita coisa sobre seus desentendimentos pessoais, posso?

— Exceto não ficar do lado dele.

— Não quero tomar uma posição. Não preciso. Tenho vocês dois em alta consideração, em termos pessoais e políticos... As ruas não estão parecendo malcuidadas agora?

— Estão. Aonde estamos indo?

— Quer ver minha irmã?

— Eléonore vai estar em casa?

— Estará na aula de desenho. Sei que ela não gosta de você.

— Você vai se casar com ela?

— Não sei. Como posso me casar? Ela tem ciúmes de meus amigos, de minhas ocupações.

— Não vai ter de se casar com ela?

— Com o tempo, talvez.

— Além disso, não... deixe para lá.

Muitas vezes ele sentiu vontade de contar a Robespierre o que lhe acontecera com Babette na manhã em que seu filho nasceu. Mas Max gostava tanto da menina, ficava tão mais à vontade com ela que com a maioria das pessoas, que lhe pareceu uma crueldade destruir essa confiança. Seria horrível ser desacreditado, e talvez fosse. Como contar exatamente o que fora dito e feito sem dar sua própria interpretação e submeter essa interpretação a outro julgamento? Era impossível. Então, na casa dos Duplay ele era gentil com todos, exceto com Eléonore, e muito cuidadoso; mas mesmo assim o incidente lhe vinha à mente. Certa vez começou a contar para Danton, mas parou a tempo; Danton certamente diria que era invenção dele e zombaria de sua vida fantasiosa.

Notou que Robespierre estava no meio de uma frase.

— ...e às vezes penso que a supressão da personalidade individual é o que se deve desejar, não o status de herói, uma espécie de extinção do indivíduo na História. Todo o registro da raça humana foi falsificado, foi criado por maus governos à sua conveniência, por reis e tiranos para lhes dar um bom nome. Essa ideia de História feita por grandes homens é bastante absurda quando se olha do ponto de vista do povo. Os verdadeiros heróis são aqueles que resistiram aos tiranos, e está na natureza da tirania não só matar os que se lhe opõem como apagar seus nomes dos registros, para que a resistência pareça impossível.

Um passante hesitou e olhou para ele.

— Com licença — disse. — Bom cidadão... o senhor é Robespierre?

Robespierre não olhou para o homem.

— Você entendeu o que eu falei sobre heróis? Não há lugar para eles. A resistência aos tiranos significa esquecimento. Eu abraçarei o esquecimento. Meu nome desaparecerá das páginas.

— Bom cidadão, perdoe-me — disse o patriota obstinado.

Os olhos de Robespierre pousaram sobre ele brevemente.

— Sim, eu sou Robespierre. — Pôs a mão no braço do cidadão Desmoulins e disse: — Camille, a história é uma ficção.

*

ROBESPIERRE: ...você não pode entender como as coisas eram para mim naquela época. Nos dois primeiros anos do colégio não fui exatamente infeliz, fui feliz de certa maneira; mas os outros me isolavam e eu acabei me fechando. Então Camille chegou. Acha que estou sendo sentimental?

SAINT-JUST: Acho.

ROBESPIERRE: Você não sabe como era.

SAINT-JUST: Por que toda essa preocupação com o passado? Por que não olhar para o futuro?

ROBESPIERRE: Muitos gostariam de esquecer o passado, mas não conseguem, não podem tirá-lo da cabeça por completo. Você é mais jovem que eu, naturalmente pensa no futuro. Não tem passado.

SAINT-JUST: Tenho um pouco.

ROBESPIERRE: Antes da Revolução você era estudante, estava se preparando para a vida. Nunca teve outro emprego. Você é um revolucionário profissional. Uma linhagem inteiramente nova.

SAINT-JUST: Eu pensei nisso.

ROBESPIERRE: Se eu pudesse explicar o que ocorreu quando Camille chegou... acho difícil me entender com os outros às vezes, ninguém se afeiçoa a mim facilmente. Eu não compreendia por que Camille se importava comigo, mas fiquei feliz com isso. Ele era como um ímã para as pessoas. Era exatamente o que é agora. Aos 10 anos já tinha essa espécie de... brilho.

SAINT-JUST: Você é fantasioso.

ROBESPIERRE: As coisas tornaram-se mais fáceis para mim. Camille sempre se queixou de que sua família não se importava com ele, o que eu nunca consegui perceber. E não podia imaginar por que essa preocupação, pois outras pessoas o amavam muito.

SAINT-JUST: Então você está dizendo que em razão de alguma associação à sua vida no passado, tudo o que ele faz está certo?

ROBESPIERRE: Não. Estou dizendo apenas que ele é uma pessoa extremamente complexa e que somos muito próximos. Camille é inteligente, você sabe. E também é um ótimo jornalista.

SAINT-JUST: Tenho dúvidas sobre o valor dos jornalistas.

ROBESPIERRE: Você não gosta realmente dele, não é?

III. O visível exercício do poder

(1792-1793)

DANTON PENSOU: os embaixadores me dão dor de cabeça. Durante parte do dia, diariamente, ele observava os mapas em silêncio, revirando o continente na cabeça, Turquia, Suécia, Inglaterra, Veneza... Mantenha a Inglaterra fora dessa guerra. Rogue e reze por neutralidade. Conserve a frota inglesa fora disso... porém, com agentes ingleses por todo lado, falar de sabotagem e falsificação... Sim, é claro que Robespierre tem razão, a Inglaterra é fundamentalmente hostil. Mas se entrarmos nesse tipo de guerra, será que sairemos ainda nesta vida? Não que esperemos ter uma vida longa, ele pensa com amargura.

Desde que deixou o gabinete, algumas dessas coisas não mais lhe competem diretamente. Mas ele tem o bastante com que se preocupar: a pressão pelo julgamento do rei, a estupidez e dissensão dos brissotistas. Mesmo depois do "Robespierricida", em certa medida ele acredita nas boas intenções deles. Não queria entrar nessa briga, mas não lhe deram escolha.

Em breve, talvez dentro de um ano, espera sair de Paris. Talvez esteja se iludindo, mas espera deixar tudo em outras mãos. Com os prussianos rechaçados, as casas e fazendas estão seguras para ele. Quanto às crianças, Antoine está ficando robusto e François-Georges é gordo e forte, não vai morrer. E vem um novo bebê. Em Arcis, Gabrielle começará a compreendê-lo melhor. O que quer que ele tenha feito, quaisquer que tenham sido suas divergências de opinião, ele sente que está ligado a ela. No campo voltarão a ser uma família comum.

Quando se embriaga, imagina esse futuro simples. Pena que Camille esteja sempre por perto, pois interrompe seus sonhos e deixa-o lamentoso ou irado com relação à armadilha do poder na qual pensa que caiu. Se em algumas horas acredita nesse futuro... em outras mal consegue compreender sua obsessão por Lucile, por causa das complicações que gera. Mas ainda assim continua...

— NÃO GOSTO DE PALÁCIOS. Estou contente por estar em casa — diz Gabrielle. Esse tipo de sentimento parece ser geral; Camille está contente por afastar-se de sua equipe, e sua equipe pensa o mesmo. Como diz Danton, agora podemos descobrir muitas outras coisas para nos preocupar. Lucile não compartilha inteiramente desse sentimento. Ela gostava de descer pelas grandiosas escadarias: o visível exercício do poder.

Pelo menos, agora não terá mais de conviver com Gabrielle e Louise Robert. Nas últimas semanas Louise vem aplicando sua imaginação de romancista ao *ménage*. E que imaginação têm os romancistas!

— Observem — ela diz — a expressão de prazer e interesse de Camille quando Danton critica Lucile em sua presença! Por que vocês três não vão viver juntos quando saírem daqui? Não é o que praticamente já está acontecendo?

— Vou poder tomar café com eles? — Fabre pergunta.

— Estou cansada desse drama que vocês representam — diz Louise. — Homem se apaixona pela mulher de seu melhor amigo, que tragédia, que terrível é ser humano. Tragédia? Vocês mal conseguem parar de sorrir.

Sim, era verdade, eles estavam sempre sorrindo, inclusive Danton. Felizmente Gabrielle não estava por perto no momento do arrebatamento da talentosa escritora. Gabrielle fora gentil com ela no passado, mas com o tempo tornara-se terrivelmente rabugenta. Ganhou muito peso com a gravidez, andava devagar, dizia que não conseguia respirar direito, e que a cidade a sufocava. Por sorte, seus pais tinham acabado de vender a casa em Fontenay, se mudado para Sèvres e comprado duas propriedades na área do parque. Uma para eles, e a outra a ser usada pela filha e pelo genro quando quisessem. Os Charpentier nunca foram pobres, mas Georges-Jacques provavelmente tinha juntado muito mais dinheiro; só não queria que soubessem o quanto estava ganhando.

Gabrielle quer fugir, pensa Lucile, mas fica sentada em silêncio em seu apartamento na rue des Cordeliers, na postura séria das mulheres grávidas. Às vezes chora, e Louise Gély desce as escadas para chorar com ela. Chora por seu casamento, por sua alma e por seu rei; Louise chora, ela supõe, por uma boneca quebrada ou um gatinho correndo na rua. Não aguento esse tipo de vida, ela pensa. Os homens são melhor companhia.

Fréron voltou a salvo de sua missão em Metz. Nunca se imaginaria, considerando seus artigos no jornal, que o Coelho fora um dia um cavalheiro. Ele era um bom escritor, estava em seu sangue, mas suas opiniões tornaram-se cada vez mais violentas, como se tivesse entrado para um concurso e quisesse vencer; às vezes era impossível distinguir seu trabalho do de Marat. Apesar de sua nova ferocidade, os outros admiradores de Lucile achavam que não tinham nada a temer dele. Porém, ouviram-na perguntar um dia, muito séria, se ele estaria sempre disponível caso ela precisasse de seus préstimos. Fréron respondeu que estaria a seu lado por toda a eternidade, e coisas assim. Como tinha status de antigo amigo da família, era convidado para passar os fins de semana na fazenda em Bourg-la-République. Lá, seguia-a por todo canto e tentava ficar sozinho com ela. Pobre Coelho. Suas chances eram nulas.

Era difícil às vezes lembrar que havia uma Mme. Fréron, e uma Mme. Hérault de Séchelles.

Hérault aparecia à noite, quando os jacobinos estavam em reunião. Maçantes, ele os chamava, terrivelmente maçantes. Na verdade, a política o fascinava, mas ele achava que não podia fasciná-la, então lhe fazia companhia.

— Estão discutindo o controle da economia — disse — e como acalmar os ridículos agitadores sans-culottes, com sua contínua reclamação sobre o preço do pão e das velas. Hébert não sabe se os ridiculariza ou se os leva a sério.

— Hébert está prosperando — ela sugeriu com suavidade.

— Na Comuna, Hébert e Chaumette são uma força... — Então ele interrompeu a frase, sentindo-se um tolo, percebendo que se desviara do assunto de novo.

Hérault era amigo de Danton, sentava-se com os montanheses, mas não conseguia deixar de lado seu jeito aristocrático.

— Não é só seu discurso e suas maneiras, todo o seu pensamento é aristocrático — ela lhe disse.

— Oh, não, não. Certamente não. Sou muito moderno. Muito republicano.

— Veja sua atitude comigo, por exemplo. Você não consegue tirar da cabeça que antes da Revolução eu teria simulado um desmaio de adoração se você simplesmente olhasse para mim. Se não tivesse me apaixonado, minha família teria me dado um empurrão. E talvez a adoração não fosse simulada. Era assim que as mulheres pensavam na época.

— Se isso for verdade — ele disse —, e é claro que é verdade, como isso afeta nossa situação hoje? — (Ele pensa: as mulheres não mudam.) — Não estou tentando exercer qualquer influência sobre você. Simplesmente quero que você tenha algum prazer na vida.

Ela pôs as mãos no coração.

— Altruísmo!

— Querida Lucile. A pior coisa que seu marido lhe fez foi torná-la sarcástica.

— Eu sempre fui sarcástica.

— Acho difícil acreditar. Camille manipula as pessoas.

— E eu também.

— Ele está sempre tentando convencer os outros de que é inofensivo, e quando eles levam uma facada nas costas têm um choque maior. Saint-Just, a quem eu admiro com reservas...

— Vamos mudar de assunto. Eu não gosto de Saint-Just.

— Por que não?

— Acho que não gosto de política. E ele me assusta.

— Mas a política dele é a de Robespierre; o que significa que é também a de seu marido e de Danton.

— Veremos. O principal objetivo de Saint-Just parece ser aperfeiçoar as pessoas, segundo um plano particular que ele tem dificuldade de transmitir aos outros. Você não pode acusar Camille e Georges-Jacques de tentar aperfeiçoar as pessoas. Aliás, muito pelo contrário, na maior parte do tempo.

Hérault ficou pensativo.

— Você não é nada tola, Lucile.

— Eu era. Mas absorvi a inteligência dos que me cercam.

— O problema de Saint-Just é que Camille o antagoniza.

— É claro que sim, em todos os níveis. Nós podemos ser contaminados pelo pragmatismo, mas é preciso um conflito de personalidades para fazer lembrar nossos princípios.

— Oh, querida, eu estava planejando uma sedução para hoje à noite. Mas parece que nos desviamos do caminho.

— Você devia ter ido para o Jacobinos — disse ela, com um lindo sorriso. Hérault ficou deprimido.

Sempre que o general Dillon estava em Paris visitava Lucile. Era um prazer ver aquele homem alto, de cabelo castanho, parecendo cada vez mais jovem. Valmy lhe fez bem, sem dúvida; não havia nada como a vitória para animar um homem. Dillon nunca falava sobre a guerra. Ele chegava à tarde, quando a Convenção estava reunida. Sua abordagem era tão interessante que se assemelhava a uma estratégia; Lucile acabava contando a Camille e ele concordava que era uma abordagem incrivelmente oblíqua. Enquanto o Coelho dava indiretas sobre as infidelidades de Camille, e Hérault dizia que ela devia estar infeliz e podia mudar essa situação, o general simplesmente sentava-se a seu lado e lhe contava histórias sobre sua vida na Martinica ou sobre as incríveis tolices da vida na corte antes da Revolução. Contou que sua filha, da idade exata de Lucile, fora aconselhada a não se expor de forma alguma à luz forte para preservar sua linda cútis e deixar a rainha invejosa. Contou a história de sua família franco-irlandesa, muito distinta e louca. Lembrou as idiossincrasias de sua segunda esposa, Laure, e de várias amantes belas e vazias do passado. Descreveu a fauna das Índias Ocidentais, o calor, o azul do mar, os morros cobertos de vegetação descendo até o mar, as flores profusas; descreveu o cerimonial imbecil em homenagem ao governador de Tobago, aliás, ele próprio. Em suma, contou como era agradável a vida de um membro de uma família antiga e refinada que nunca se preocupara com dinheiro nem com qualquer outra coisa, um homem muito bonito, educado e altamente adaptável.

Depois falou a Lucile que ela se casara com um homem muito especial. Ele identificava de longe, com bastante exatidão, os escritos de Camille. Explicou que pessoas sensíveis como Camille deviam poder agir como quisessem, desde que não fossem ações criminosas, ou pelo menos não muito criminosas.

Então, muitas vezes passava o braço em volta dela, tentava beijá-la e dizia: "Minha querida Lucile, deixe-me fazer amor com você". Quando ela se negava, ele olhava-a incrédulo e perguntava por que ela não aproveitava mais a vida. Decerto ela não pensava que Camille se importaria, não é?

Na verdade, esses cavalheiros não compreendiam, não sabiam nada sobre ela. Não sabiam da estranha tortura pela qual ela passava ao longo dos dias e das semanas. Com toda a frieza, perguntava-se: e se algo acontecesse a Camille? E se alguém o assassinasse? (Só Deus sabia que se ela fosse uma assassina ficaria tentada.) É claro que esses questionamentos internos existiam desde 1789, essa era sua preocupação permanente. Mas agora estava ainda mais obcecada por ele. Nada a preparara para isso; o que aprendera a respeito do amor, depois de um ano de delírio, foi que as emoções se apaziguam. Ninguém ao menos lhe sugerira que ela poderia se apaixonar tantas vezes quanto quisesse, até se cansar, até sentir-se espiritualmente doente e esgotada, como se perdesse sua essência dia após dia. Se Camille não estivesse ali, se estivesse sempre ausente, o que lhe restaria seria uma espécie de "semivida", arrastada pelo dever, doente e fria, a caminho da morte; seu lado importante já estaria morto. Se algo acontecesse a ele, eu me mataria, pensou; tornaria minha morte oficial para que eles pudessem pelo menos me enterrar. Minha mãe cuidaria do bebê.

É claro que Lucile não falava sobre esse programa de tortura, pois achariam uma bobagem. Camille, nessa época, estava quase transformando suas fraquezas em energias. Legendre recriminou-o por ele não falar mais na Convenção.

— Meu caro Legendre, nem todos têm seus pulmões — ele disse. Você é um tolo, um grosseiro, um presunçoso, seu sorriso dizia. Seus colegas montanheses confiavam nele para interpretar os delírios de Marat, com quem ele e Fréron viviam em bons termos. (Marat tinha um novo desafeto, um sans-culotte de boca suja, ex-padre, que se denominava Jacques Roux.)

— Você está dois séculos à frente de seu tempo — disse Camille a Marat. Este, mais lívido e asqueroso dia após dia, piscou para ele. Podia ser um elogio.

O desejo de Camille agora era uma Convenção sem os brissotistas, e o julgamento do rei e da rainha. Passou o inverno de 1792 ávido por esses acontecimentos. Quando estava em casa, Lucile sentia-se feliz; aprimorava suas imitações, agora quase perfeitas (segundo sua mãe e sua irmã). Quando não estava, ela sentava-se junto à janela e o esperava. Mas falava com todos sobre ele em um tom muito entediado.

Ninguém temia os aliados, pelo menos não naquele ano; apenas os oficiais da intendência, que supervisionavam a questão dos pães mofados e das botinas com solas de papelão, viam os camponeses cuspir nas notas do governo e esticar as mãos para pedir ouro. A República era mais nova que o filho de Lucile. Essa criança, com a visão ainda letárgica, observava o mundo com olhos redondos de obsidiana e sorria indiscriminadamente. Robespierre a visitava para ver como ia seu afilhado, e os velhos amigos de sua mãe apareciam à tarde, e contavam histórias bobas sobre seus próprios filhos quando eram bebês. Camille punha-o no colo e conversava baixinho com ele, garantindo-lhe que seu caminho na vida seria tranquilo, que seus menores desejos seriam atendidos, e que em razão de sua evidente inteligência natural, ele jamais precisaria partir para estudar em uma escola execrável. Lucile brincava com o filho, mostrava-lhe o gato, o céu, as árvores. Mas sentia que não queria encher a cabeça do bebê, embora tivesse vergonha desse sentimento; ela era uma inquilina com um contrato curto.

PARA CHEGAR À CASA onde Marat vive, é preciso seguir por um corredor estreito entre duas lojas e por um pequeno pátio com um poço no canto. À direita há uma escada de pedra com corrimão de ferro. Ele mora no primeiro andar.

Depois de se anunciar, o visitante tem de passar pela inspeção de uma ou de ambas as mulheres de Marat. E isso leva tempo. Albertine, a irmã, saída de uma infância inimaginável de Marat, é uma mulher raivosa, de cara amarrada. Simone Evrard tem um rosto oval, sereno, cabelo castanho, e boca grave e generosa. Naquele dia elas não suspeitam do visitante. O caminho está livre, o Amigo do Povo está sentado na sala de visitas.

— Eu gosto de ver como você corre para cá — diz, querendo dizer que não gosta nem um pouco.

— Não corri — disse Camille. — Cheguei até aqui bem devagar.

A companheira de Marat, Simone, põe uma cafeteira diante deles, com café amargo.

— Se forem discutir os crimes dos brissotistas — ela diz —, vão ficar aqui durante muito tempo. Avisem se precisarem de uma vela.

— Você está aqui por conta própria ou alguém o mandou? — Marat perguntou.

— Acho que você não gosta de receber visitas.

— Quero saber se foi Danton ou Robespierre que mandou você aqui.

— Creio que ambos apreciariam sua ajuda com os brissotistas.

— Brissot me deixa doente. — Marat sempre dizia isso: "Fulano me deixa doente". E deixava mesmo. — Ele sempre agiu como se fosse o dono da Revolução, como se a tivesse criado; considera-se um especialista em relações exteriores, só porque teve de sair do país inúmeras vezes para evitar ser preso. Nesse caso, eu é que deveria ser o especialista.

— Precisamos atacar Brissot sob todos os ângulos — disse Camille. — Sua vida antes da Revolução, sua filosofia, seus associados, sua conduta em todas as crises patrióticas, de maio de 1789 a setembro último...

— Ele me sabotou, você sabe, na edição inglesa de meu *Les chaînes de l'esclavage.* Conspirou com seus editores para plagiar meu trabalho, e eu nunca vi um só centavo.

Camille levantou os olhos.

— Meu Deus, você não quer que aleguemos isso contra ele, quer?

— E depois de sua viagem aos Estados Unidos...

— Eu sei, pessoalmente ele é intolerável, mas não é esse o caso.

— Para mim, é. Eu sofro bastante.

— Ele era espião da polícia antes da Revolução.

— Sim. Era, sim — disse Marat.

— Ponha seu nome ao lado do meu em um panfleto.

— Não.

— Coopere uma vez na vida.

— Os gansos voam em bandos — disse Marat, com determinação.

— Muito bem, então terei de fazer tudo sozinho. Só quero saber se ele tem alguma coisa contra você, alguma coisa realmente destrutiva.

— Minha vida foi conduzida nos mais altos princípios.

— Quer dizer que ninguém sabe nada sobre você.

— Tente não me ofender — disse Marat. Um conselho simples e útil.

— Está bem, para começar, podemos mencionar as ações dele antes da Revolução, as traições deliberadas a antigos futuros camaradas, os pronunciamentos monarquistas, que posso verificar em meus recortes de jornal; e também sua hesitação em julho de 1789...

— O quê?

— Bem, ele tem sempre aquele olhar sobressaltado, alguém terá notado sua hesitação. Depois mencionaremos seu envolvimento com Lafayette, sua participação na fuga da família dos Capeto e em seguida sua comunicação secreta com Maria Antonieta e o imperador.

— Muito bem. Muito bem até aqui — disse Marat.

— Continuando, falaremos de seus esforços para sabotar a Revolução de 10 de agosto, da falsa acusação de que certos patriotas estavam envolvidos em matanças nas prisões, e de sua defesa das políticas federalistas destrutivas. Vale lembrar também do envolvimento íntimo dele com certos aristocratas, como Mirabeau e Orléans.

— Você tem uma fé comovente na memória curta do povo. Afirmo que isso se justifica, mas embora Mirabeau esteja morto, Orléans ainda se senta conosco na Convenção.

— Eu estava pensando mais adiante, digamos, na próxima primavera. Robespierre acha que a posição de Philippe é insustentável. Reconhece que ele foi de algum serviço para o povo, mas diz que gostaria de ver todos os Bourbon fora da França. Gostaria que Philippe levasse sua família para a Inglaterra. E diz que nós poderíamos lhe enviar uma pensão.

— O quê? Poderíamos dar dinheiro a Philippe? Que novidade! — disse Marat. — Sim, na próxima primavera, você tem razão. Deixe os brissotistas soltos por mais seis meses, depois... ataque. — Marat parecia satisfeito.

— Espero que possamos acusar todos eles, Brissot, Roland, Vergniaud, de criar adiamentos e obstáculos ao julgamento do rei. E talvez até de tentar mantê-lo vivo. Outra vez, estou pensando mais adiante.

— É claro que pode haver outras pessoas que desejem adiamentos, obstáculos quanto à questão dos Capeto.

— Creio que podemos fazer Robespierre esquecer esse horror à pena de morte.

— Sim, mas não me refiro a Robespierre. Acho que Danton estará ausente nessa época. É bem possível que as atividades do general Dumouriez na Bélgica o levem para lá.

— Que atividades, em especial?

— Haverá decerto uma crise na Bélgica em breve. Nossas tropas estão libertando o país, estão anexando-o ou fazendo ambas as coisas? Para quem o general Dumouriez está fazendo suas conquistas? Para a República? Para a falecida monarquia? Ou talvez para si mesmo? Alguém terá de ir até lá para verificar essa situação, e deverá ser alguém com grande autoridade. Não vejo Robespierre deixando seu trabalho burocrático e chafurdando na lama com os soldados. Danton é muito mais indicado para esse tipo de coisa, impostura de alto nível, pilhagem, bandas militares, e todas as mulheres de um território ocupado.

A fala arrastada e lenta com que Marat pronunciou todas essas palavras causou um efeito especial.

— Vou falar com ele — disse Camille.

— Faça isso. Quanto a Brissot... sob certo aspecto é óbvio que ele conspirou contra a Revolução todo o tempo. Porém ele e seus asseclas entrincheiraram-se, e será preciso vigor para expulsá-los da vida pública.

Camille, já habituado ao modo de falar de Marat, levantou os olhos.

— Está pensando em expulsá-los da vida pública, não é? Nada pior que isso, suponho.

— Pensei que você estivesse começando a enfrentar a realidade — disse Marat. — Ou essa será uma esperança de seus dois sensíveis mestres? Robespierre sabia em setembro o que devia ser feito, na crise; mas a partir daí tornou-se muito escrupuloso.

Camille sentou-se com a cabeça apoiada em uma das mãos e torceu um cacho do cabelo com o dedo.

— Eu conheço Brissot há muito tempo.

— Nós conhecemos o mal desde que nascemos — disse Marat —, mas nem por isso o toleramos.

— Essa é apenas uma frase de efeito.

— Sim. Filosofia barata.

— É uma pena. Os reis sempre foram mortos por seus inimigos, mas nós tivemos de discutir com os nossos.

— Na frente de batalha os soldados morrem pelos erros que cometeram. Por que os políticos têm de ser mais bem tratados? Eles criaram a guerra. Merecem dez mortes cada um. De que podemos acusá-los senão de traição, e como podemos punir a traição senão com a morte?

— Entendo. — Camille começou a desenhar com a unha no tampo da mesa empoeirada, mas parou quando percebeu o que estava fazendo.

Marat sorriu.

— Houve um tempo, Camille, em que aristocratas tuberculosos apareciam aos bandos em minha casa para serem curados. Suas carruagens bloqueavam as ruas. Eu também tinha uma bela carruagem. Minha roupa era imaculada e eu era conhecido com um homem de boas maneiras.

— É claro — disse Camille.

— Você não era mais que um garoto na época, não sabe nada disso.

— Você curava tuberculose?

— Às vezes. Quando havia bastante fé. Agora me diga. Vocês que criaram o Cordeliers, ainda vão lá?

— Às vezes. Há outros dirigentes agora. Mas isso não é problema.

— Os sans-culottes assumiram.

— É verdade.

— E vocês passaram a esferas mais altas.

— Eu sei a que está se referindo. Mas nós ainda somos capazes de fazer um comício na rua. Não somos revolucionários de salão. Não é preciso viver na miséria...

— Basta — disse Marat. — Estou apenas preocupado com esses sans-culottes.

— Jacques Roux, aquele padre... Não é o nome verdadeiro dele, é?

— Oh, não... Será que você também acha que Marat não é meu nome verdadeiro?

— Não importa.

— Não importa mesmo. Mas idiotas como Roux desviam a mente dos outros. Em vez de pensar em purificar a Revolução, ele encoraja-os a pilhar armazéns.

— Há sempre alguém pronto a se fazer de protetor dos pobres — disse Camille. — Não sei de que adianta isso. A situação dos pobres não muda. Mas os que pensam que pode mudar são admirados na posteridade.

— É verdade. O que eles não percebem, o que não aceitam é que os pobres vão ser conduzidos como animais de carga por essa Revolução e por todas as outras. Onde estaríamos em 1789 se tivéssemos esperado pelos sans-culottes? Nós começamos a Revolução nos cafés e depois a levamos para as ruas. Agora Roux quer jogar tudo na sarjeta. Ele e toda aquela quadrilha são agentes dos aliados.

— Intencionalmente?

— Não importa se eles servem aos interesses dos inimigos porque são fracos ou porque são idiotas. O que importa é que servem. Sabotam a Revolução por dentro.

— Até mesmo Hébert está começando a falar contra eles. *Enragés*, como o povo os chama. Ultrarrevolucionários.

Marat cuspiu no chão. Camille deu um pulo.

— Eles não são ultrarrevolucionários. Não são revolucionários de espécie alguma. São atávicos. A ideia deles de aprimoramento social é de um deus no Céu jogando pão para o povo diariamente. Mas um idiota como Hébert não veria isso. Eu não gosto mais de Père Duchesne que você.

— Talvez Hébert seja um brissotista secreto.

Marat deu uma risada ácida.

— Camille, você está progredindo, está progredindo. Hébert difamou-o, creio, e você vai pedir a cabeça dele quando chegar a hora. Mas outros cairão antes disso. Vamos deixar o tempo passar e então ver o que podemos fazer para levar a Revolução ao rumo certo. Será que nossos mestres percebem como somos importantes? Você com seu sorriso doce, e eu com minha faca afiada.

HÉBERT, o Père Duchesne, na casa dos Roland:

Alguns dias atrás, cerca de seis sans-culottes foram em comissão à casa do velho Roland. Infelizmente chegaram quando o jantar estava sendo servido... Atravessaram o corredor e chegaram à antecâmara do virtuoso Roland, mas não conseguiram passar pela multidão de lacaios aglomerados ali. Vinte cozinheiros carregando belos fricassés gritaram:

— Cuidado, saiam da frente, estamos levando a entrada do jantar do virtuoso Roland. — Outros levavam os *hors-d'oeuvre* do virtuoso Roland, outros carregavam os assados do virtuoso Roland, outros ainda levavam os pratos de acompanhamento do virtuoso Roland.

— O que vocês querem? — perguntou o criado do virtuoso Roland à comissão.

— Queremos falar com o virtuoso Roland.

O criado levou a mensagem ao virtuoso Roland, que apareceu, de mau humor, boca cheia e um guardanapo na mão.

— A República deve certamente estar em perigo — disse — para que eu seja obrigado a deixar um jantar como esse... — Louvet, com seu rosto de *papier mâché* e olhos fundos, lançou olhares lascivos para a esposa do virtuoso Roland. Um dos elementos da comissão passou pela copa sem iluminação e derrubou a sobremesa do virtuoso Roland. Ao saber da perda da sobremesa, a esposa do virtuoso Roland arrancou sua peruca com raiva.

*

— HÉBERT está se tornando um tolo — disse Lucile. — "Quando penso naqueles nabos notórios que eram servidos para Georges-Jacques!" — Passou o jornal para Camille. — Será que os sans-culottes vão acreditar nisso?

— Vão, sim. Eles acreditam em todas essas palavras. Não sabem que Hébert tem uma carruagem. Pensam que ele é Père Duchesne, que fuma um cachimbo e constrói fornos.

— Ninguém pode contar a eles?

— Espera-se que Hébert e eu sejamos aliados. Colegas. — Sacode a cabeça. Não menciona que esteve à tarde na casa de Marat. Não gostaria de forma alguma que sua esposa soubesse em que ele anda pensando.

— E VOCÊ PRECISA IR? — pergunta Maurice Duplay.

— O que posso fazer? Ela é minha irmã, e acha que devemos ter uma casa nossa.

— Mas esta é sua casa.

— Charlotte não entende.

— Lembre-se de minhas palavras, ele voltará — diz Mme. Duplay.

CONDORCET, o girondino, sobre Robespierre:

Por que tantas mulheres seguem Robespierre? Porque a Revolução Francesa é uma religião, e Robespierre é um padre. É óbvio que seu poder vem todo do sexo feminino. Robespierre prega, Robespierre censura... Ele vive com pouca coisa e não tem necessidades físicas. Tem uma única missão: falar. E fala quase o tempo todo. Faz discursos bombásticos no Jacobinos quando consegue atrair alguns discípulos lá, e cala-se quando sua imagem pode ser prejudicada... Sua reputação de austero chega aos limites da santidade. É seguido por mulheres e pessoas fracas, e aceita com sobriedade a adoração e homenagens delas.

ROBESPIERRE: Já tivemos duas revoluções; uma em 1789 e outra em agosto passado. E parece que não fez muita diferença na vida das pessoas.

DANTON: Roland, Brissot e Vergniaud são aristocratas.

ROBESPIERRE: Bem...

DANTON: No novo sentido da palavra, quero dizer. A Revolução é uma grande batalha da semântica.

ROBESPIERRE: Talvez precisemos de outra revolução.

DANTON: Mas a faremos às claras.

ROBESPIERRE: De acordo.

DANTON: E seus pontos de vista conhecidos, seus escrúpulos sobre tirar a vida...?

ROBESPIERRE [*sem muita esperança*]: A mudança não poderia ser profunda sem ser violenta?

DANTON: Não consigo imaginar como.

ROBESPIERRE: Os inocentes sofrem. Mas talvez não haja inocentes. Possivelmente isso é apenas um clichê. Falamos sem sentir.

DANTON: E todos esses conspiradores?

ROBESPIERRE: Eles é que deviam estar sofrendo.

DANTON: Como saber quem é conspirador?

ROBESPIERRE: Levando-os a julgamento.

DANTON: E se *souber* que eles são conspiradores, mas não tiver prova para condená-los? E se você como patriota simplesmente *souber*?

ROBESPIERRE: Devemos ser capazes de provar no tribunal.

DANTON: E se não for possível? E se não pudermos usar nossa prova mais forte? E se forem segredos de Estado?

ROBESPIERRE: Teríamos de soltá-los, nesse caso. Mas isso seria desastroso.

DANTON: Seria, não é? E se os austríacos estivessem nos portões de Paris? Você entregaria a cidade a eles por respeito ao processo judicial?

ROBESPIERRE: Bem, suponho que eu teria... teria de alterar o padrão da prova no tribunal. Ou ampliar a definição de conspiração.

DANTON: Você o faria, não faria?

ROBESPIERRE: Seria um exemplo de um mal menor evitando um mal maior. Eu não costumo aceitar essa ideia simples, reconfortante e infantil, mas sei que uma conspiração de sucesso contra o povo francês poderia levar ao genocídio.

DANTON: Perverter a justiça é um grande mal por si só. Não há esperança de emendas.

ROBESPIERRE: Danton, eu não sei, não sou um teórico.

DANTON: Eu sei disso. Você é um homem prático. Eu sei tudo sobre os assassinatos que você está tentando tramar pelas minhas costas.

ROBESPIERRE: Por que você condena à morte mil pessoas e hesita no caso de dois políticos?

DANTON: Porque eu conheço Roland e Brissot. E não conheço as mil pessoas. Talvez seja falta de imaginação minha.

ROBESPIERRE: Se você não pudesse provar coisas no tribunal, suponho que poderia deter os suspeitos sem julgamento.

DANTON: Poderia mesmo? São vocês, idealistas, que se tornam os maiores tiranos.

ROBESPIERRE: Parece um pouco tarde para esse tipo de conversa. Eu tive de assumir a violência, e muito mais. Devíamos ter discutido isso no ano passado.

DIAS DEPOIS Robespierre estava de volta à casa dos Duplay; sua cabeça latejava das várias noites sem dormir, e uma mão gigantesca parecia apertar seus intestinos. Branco como cera e trêmulo, sentou-se com Mme. Duplay na salinha coberta por seus retratos. Não se parecia muito com nenhum deles. Achava que nunca mais se sentiria saudável.

— Tudo está como você deixou — ela disse. — Nós mandamos chamar o Dr. Souberbielle. Você está sob grande pressão, não pode tolerar nenhuma perturbação em sua vida. — Pôs uma das mãos em cima da dele. — Nós ficamos consternados com sua saída. Eléonore mal comia, e eu praticamente não falava. Você não deve nos deixar nunca mais.

Charlotte apareceu, mas disseram que seu irmão tinha tomado um remédio para dormir. Pediram-lhe para falar baixo e disseram que a avisariam quando ele pudesse receber visitas.

SÈVRES, último dia de novembro. Gabrielle acendera as lâmpadas. Os dois estavam sozinhos. As crianças tinham ido para a casa da avó.

— Você vai para a Bélgica? — perguntou. Era por isso que ele tinha aparecido naquela noite, para lhe dar a notícia e partir.

— Você se lembra de Westermann, não é? General Westermann?

— Sim. O homem que Fabre alega ser um ladrão. Você o trouxe aqui no 10 de agosto.

— Não sei por que Fabre diz que ele é um ladrão. De qualquer forma, não importa quem Westermann era, hoje é um homem importante, e veio da frente de batalha com uma mensagem de Dumouriez. Como você pode perceber, é um assunto urgente.

— Um emissário do governo não viria com a mesma pressa? Ele ganhou asas nos calcanhares porque foi promovido?

— Ele veio para nos mostrar quão grave é a situação. Creio que Dumouriez teria vindo em pessoa se sua presença não fosse imprescindível lá.

— Isso explica alguma coisa. Westermann é prescindível.

— Parece que estou falando com Camille — ele resmungou.

— É mesmo? Sabe que você também tomou emprestados alguns maneirismos dele? Quando eu o conheci você não gesticulava tanto. Dizem que quem tem um cachorro, depois de algum tempo, começa a se parecer com ele. Deve ser mais ou menos o mesmo. — Gabrielle levantou-se e foi para a janela olhar o campo coberto pela geada sob a lua minguante de novembro. — Agosto, setembro, outubro, novembro — ela disse. — Parece uma eternidade.

— Está gostando da casa nova? Sente-se confortável aqui?

— Sim. Mas não pensei que fosse ficar tão sozinha.

— Prefere voltar para Paris? O apartamento de lá é mais quente. Eu posso levá-la hoje à noite.

Ela sacudiu a cabeça.

— Estou bem aqui. Tenho meus pais — falou, e olhou para ele. — Mas vou sentir sua falta, Georges.

— Sinto muito, é inevitável.

Os cantos da sala estavam sendo tragados pela escuridão. O fogo brilhava, e sombras saltavam e mergulhavam no rosto de Danton, marcado pela cicatriz. Com cuidado ele manteve as mãos paradas, a mão esquerda na palma da direita, o corpo inclinado para a frente, os cotovelos nos joelhos.

— Nós sabemos há muito tempo que Dumouriez tem problemas. Ele não consegue suprimentos, e os ingleses abarrotaram o país com dinheiro falso. Dumouriez está brigando com o Ministério da Guerra, não quer que aqueles que estão seguros em Paris questionem o que ele faz na frente de batalha. E a Convenção não esperava vê-lo apoiando a ordem existente, esperavam que a Revolução fosse propagada. É uma situação complexa, Gabrielle. — Inclinou-se para a frente e colocou mais lenha no fogo. — Esta madeira é boa. Queima bem. — Uma coruja piou no bosque. O cão-de-guarda resmungou debaixo da janela. — Esse cachorro não é como Brount. Brount só observa, não faz barulho.

— Então é uma emergência? Dumouriez quer que alguém vá ver seus problemas *in loco*?

— Dois da comissão já foram. O deputado Lacroix e eu iremos amanhã.

— Quem é Lacroix?

— É... bem... é um advogado.

— Qual é o primeiro nome dele?

— Jean-François.

— Que idade ele tem?

— Não sei, cerca de 40 anos.

— É casado?

— Não sei.

— Como ele é?

Danton pensou por um instante.

— Não é um homem especial. Provavelmente vai me contar a história de sua vida na viagem. Eu lhe contarei quando voltar.

Ela sentou-se e virou a cadeira para proteger o rosto do calor e da luz intensa. Com metade do rosto na sombra, disse:

— Quanto tempo vai ficar fora?

— É difícil dizer. Posso voltar em uma semana. Pode ter certeza de que não vamos perder tempo, com o julgamento de Luís em andamento.

— Você está tão ansioso assim para assistir à morte dele, Georges?

— É isso o que você pensa de mim?

— Não sei o que pensar — ela disse, com um tom de cansaço na voz. — Tenho certeza de que, como a Bélgica e o general Dumouriez, tudo é mais complicado do que eu imaginava. Mas sei que terminará com a morte do rei, a não ser que alguém com sua influência fique do lado dele. A Convenção vai julgá-lo, e sei que você pode dominar a Convenção. Conheço seu poder.

— Mas o que não entende é a consequência de exercer esse poder. Vamos mudar de assunto, está bem? Só me resta uma hora.

— Robespierre está melhor?

— Está, pelo menos falou na Convenção hoje.

— E está na casa dos Duplay agora?

— Sim. — Danton recostou-se na cadeira. — Estão mantendo Charlotte longe dele. Ouvi dizer que ela mandou a empregada levar-lhe uma geleia e Mme. Duplay não deixou a moça entrar. Mandou um recado dizendo que não queria que Max fosse envenenado.

— Pobre Charlotte — disse Gabrielle com um meio sorriso. O rosto dele mostrou alívio. Ela desviara o assunto para coisas triviais e domésticas, para onde ele preferia vê-la.

— Só faltam dois meses. Ou talvez uma semana. — Estava referindo-se ao nascimento do bebê. Saiu da cadeira, atravessou o quarto e fechou as cortinas pesadas. — Você vai voltar pelo menos para passar o ano-novo comigo?

— Vou fazer o possível.

Quando Danton foi embora, ela recostou a cabeça em uma almofada e cochilou. O relógio marcava o avanço da madrugada, a brasa crepitava na lareira. Lá fora as asas da coruja batiam no ar frio, e pequenos animais gritavam na vegetação rasteira. Ela sonhou que era criança de novo, e que tomava sol de manhã. Depois os sons da perseguição entraram em seus sonhos, e ela transformou-se alternadamente no caçador e na presa.

ROBESPIERRE para a Convenção, em janeiro:

Não cabe uma defesa aqui. Luís não é réu, vocês não são juízes. Se Luís pode ser julgado, pode ser absolvido; e talvez seja inocente. Mas se puder ser absolvido, se for considerado inocente, o que será da Revolução?... Não há um veredicto a ser dado a favor ou contra um homem, há uma medida de segurança pública a ser adotada, um ato de Providência a ser cumprido... Luís deve morrer para que a nação possa viver.

IV. Chantagem

(1793)

RUE DES CORDELIERS, 13 de janeiro.

— Você acha que Mr. Pitt nos enviará algum dinheiro para o ano-novo? — perguntou Fabre.

— Ah, Mr. Pitt só nos manda lembranças — disse Camille.

— Os grandes dias de William Augustus Miles terminaram.

— Acho que estaremos em guerra com a Inglaterra em breve.

— Você não deve ver as coisas desse modo, Camille. Espera-se que você seja um patriota ardente.

— Não vejo como possamos vencer. Talvez o povo britânico não se insurja. Talvez prefiram uma opressão nativa a serem libertados pelos franceses. Agora — pensou nas decisões recentes da Convenção —, parece que nossa política é a anexação de territórios. Danton aprova, pelo menos no caso da Bélgica, mas para mim é a forma como a Europa sempre existiu. Imagine tentar anexar a Inglaterra. Os que obstruíssem a Convenção seriam enviados como delegados especiais a Newcastle-on-Tyne.

— Você não corre o risco de obstruí-los, meu caro. Durante todos os meus anos de cuidadoso treinamento, você nunca abriu a boca.

— Eu falei no debate sobre a anexação da Savoia. Disse que a República não devia comportar-se como um rei, apoderando-se de territórios. Ninguém me deu atenção. Fabre, você acha que Mr. Pitt realmente se importará se Luís for executado?

— Pessoalmente? Oh, não, ninguém se interessa por Luís. Mas eles pensam que é um mau precedente cortar "cabeças" de monarcas.

— Foram os ingleses que abriram o precedente.

— Eles tentam esquecer isso. E declararão guerra a nós, a menos que declaremos antes.

— Você acha que Georges-Jacques previu mal as coisas? Ele imaginava que poderia usar a vida de Luís como uma barganha, mantê-lo vivo enquanto a Inglaterra se mantivesse neutra.

— Não creio que se importem com a vida desse homem em Whitehall. Eles se importam com o comércio marítimo. Com dinheiro.

— Danton estará de volta amanhã — disse Camille.

— Ele deve estar angustiado por ter sido chamado pela Convenção. Mais uma semana e o julgamento do rei Capeto teria terminado, ele não precisaria comprometer-se de forma alguma. Além do mais, está se divertindo muito por lá! É uma pena que as histórias tenham chegado aos ouvidos de sua esposa. Ele devia ter ficado em Sèvres, longe das fofocas.

— Espero que você não tenha contado essas histórias a ela.

— Que interesse eu teria em fazer isso, em criar mais dificuldades para eles?

— Sua malícia costumeira bastaria.

— Eu não causo estragos. Isto é que é um estrago. — Pegou um papel na mesa de Camille. — Não entendo bem sua caligrafia, mas suponho que aqui diz em termos gerais que Brissot deveria enforcar-se.

— Bom, se sua consciência está limpa...

— Muito limpa. Estou até criando uma barriga, o que mostra como me sinto à vontade.

— Não é verdade. Suas mãos estão suadas. Seus olhos vão de um rosto a outro. Você parece um falsificador passando sua primeira moeda de ouro.

Fabre olhou para Camille com determinação.

— O que quer dizer com isso? — Camille deu de ombros. — Preciso saber o que você quer dizer com isso. — Fez-se uma pausa. — Duvido de que tenha falado sério — disse Fabre.

Lucile entrou e disse:

— Lá vão vocês de novo com suas conversas sem sentido, não é? — Pegou algumas cartas recém-chegadas.

— Fabre levou um grande susto.

— É a velha história. Camille está zombando de mim. Acha que eu não sirvo para ser o cão-de-guarda de Danton, muito menos seu confidente político.

— Não é isso. Fabre está escondendo alguma coisa.

— Mais de uma, imagino — disse Lucile. — E sem dúvida é melhor manterem-se escondidas. Olhe aqui, uma carta de seu pai. Eu não abri.

— Espero que não — disse Fabre.

— E uma de sua prima Rose-Fleur. Essa eu abri.

— Lucile tem ciúmes de minha prima. Ela foi minha noiva.

— Que curioso ela ter ciúmes de uma mulher, e logo dessa que está tão longe — disse Fabre.

— Você pode imaginar o que meu pai diz — falou Camille, lendo a carta.

— Posso, sim — disse Lucile. — "Não vote pela morte de Luís, abstenha-se. Você falou muitas vezes contra ele, e já publicou sua opinião sobre o caso. Julgou-o de antemão, o que é desculpável em uma polêmica, mas não em um júri. Recuse-se a participar do processo. Recusando-se estará se salvaguardando."

— No caso de uma contrarrevolução. Exatamente. Assim eu não poderia ser acusado de regicídio.

— O querido velho cheio de caprichos — disse Fabre. — Realmente, sua família é muito peculiar.

— Você acha Fouquier-Tinville peculiar?

— Não, tinha me esquecido dele. Ele tornou-se uma pessoa consequente. Um homem prestativo. Sem dúvida vai chegar em breve a um alto posto.

— Desde que se mantenha grato — falou Lucile em tom cortante. — Sua família não aguenta receber ordens de um indolente.

— Rose-Fleur me aguenta, e a mãe dela sempre esteve a meu favor. Mas o pai...

— A história se repete — disse Fabre.

— Seu pai não imaginaria como rimos dos escrúpulos dele aqui — disse Lucile. — Amanhã Danton vai voltar da Bélgica, e no dia seguinte vai votar a favor da condenação de Luís, sem ter ouvido uma linha de evidência. O que seu pai diria disso?

— Ficaria estarrecido — Camille respondeu, considerando o caso sob esse ângulo pela primeira vez. — E eu também. Na verdade, estou estarrecido. Mas, como vocês sabem, Robespierre diz que não haverá um julgamento no sentido exato da palavra. Será uma medida que precisaremos tomar.

— Pela segurança pública — Lucile acrescentou. Era uma expressão que estava sendo cunhada; nas últimas semanas estava nos lábios de todos. — A segurança pública. Mas, de certa forma, quaisquer que sejam as medidas tomadas, nunca nos sentiremos mais seguros. Por que será?

COUR DU COMMERCE, 14 de janeiro. Gabrielle estava sentada muito quieta, esperando que Georges terminasse de examinar a pilha de cartas que recebera enquanto estava fora. De repente ele apareceu no umbral da porta com seu corpo volumoso, pegando-a desprevenida. Seu rosto estava lívido.

— Quando chegou isto? — perguntou, mostrando-lhe uma carta.

Antoine tirou os olhos do jogo com que brincava no tapete.

— Ele está preocupado — disse a ela o menino.

— Não sei — Gabrielle respondeu, desviando os olhos da têmpora pulsante do marido. Parecia um estranho, e ela sentiu medo da violência contida naquele corpo maciço.

— Não se lembra? — falou, pondo a carta debaixo do nariz dela, como que pretendendo que ela lesse.

— Onze de dezembro. Foi há mais de um mês, Georges.

— Quando chegou isto?

— Desculpe, não sei dizer. Alguém me caluniou? — ela perguntou com voz fraca. — O que é, o que foi que eu fiz?

Ele amassou a carta com impaciência.

— Não tem nada a ver com você. Oh meu Deus, oh meu Deus, oh meu Deus.

Gabrielle lançou um olhar ao marido, prevenindo-o de que Antoine estava presente. O menino puxou sua saia e sussurrou:

— Ele está bravo?

Ela pôs o dedo nos lábios.

— Quem é o presidente da Convenção?

Ela tentou pensar; o gabinete mudara, mudava a cada 15 dias.

— Não sei. Desculpe, Georges.

— Onde estão meus amigos? Onde estão quando preciso deles? Robespierre saberia, basta ele estalar os dedos para conseguir o que quer.

— Não seja ridículo — disse Camille, entrando sem ser notado. — Eu sei que deveria estar na Escola de Equitação, mas não aguentei ouvir os discursos sobre Luís. Nós iremos lá mais tarde. Por que você... — Antoine levantou-se do chão, pisando em seus soldadinhos, e pulou no colo de Camille. — O que aconteceu, Georges? Você estava bem há uma hora.

Gabrielle olhou espantada de um para o outro.

— Ah, então você foi lá primeiro. Foi ver Lucile antes de vir me ver.

— Pare com isso — disse Danton em tom feroz. O menino começou a choramingar. Ele chamou Catherine e a criada entrou, esfregando as mãos. — Leve o menino. — Catherine consolou Antoine e tirou os dedos dele do cabelo de Camille. — Que acolhida! Eu saio por um mês e meus filhos apegam-se a outro homem.

Catherine levou o menino da sala. Gabrielle queria tapar os ouvidos para não ouvir os gritos dele, mas teve medo de que notassem. A raiva parecia exsudar dos poros de seu marido. Olhou para Camille e empurrou-o para o sofá ao lado dela.

— Olhe aqui — disse, jogando a carta em seu colo. — De Bertrand de Molleville, o ex-ministro, que está atualmente escondido em Londres. Leiam juntos. Vocês dois podem sofrer um pouco por mim.

Gabrielle pegou a carta, alisou-a no joelho e segurou-a à altura dos olhos míopes de Camille; ao perceber na primeira frase qual era o assunto, ele virou o rosto e levou as mãos finas à testa, segurando a cabeça como se fosse ocorrer um desastre iminente.

— Muito útil, Camille — disse Danton.

Aos poucos Gabrielle desviou os olhos do rosto horrorizado de Camille e voltou a ler a carta.

Creio, Monsieur, que não posso mantê-lo por mais tempo ignorante do fato que se segue. Entre uma pilha de papéis que o finado M. Montmorin deixou a meus cuidados no final de junho último, e que eu trouxe para o exterior comigo, encontrei um memorando detalhando várias somas pagas ao senhor pelo Ministério Britânico das Relações Exteriores; um relato completo, com datas de pagamento, as circunstâncias do recebimento, e os nomes das pessoas através das quais...

— Ah, sim — ele disse. — Eu sou precisamente o que você pensava.

Gabrielle correu os olhos pela página. "Tenho um bilhete escrito de seu próprio punho... Aviso que os dois documentos estão presos a uma carta que escrevi ao presidente da Convenção Nacional..."

— Georges, o que ele quer? — ela sussurrou.

— Leia — ele respondeu. — A carta e os dois documentos serão enviados a um amigo dele aqui em Paris para serem encaminhados ao presidente da Convenção caso eu não salve o rei.

Os olhos dela deslizavam sobre as palavras ameaçadoras: "...caso o senhor não se comporte sobre esse assunto como convém a um homem a quem o rei pagou sempre tão bem. Porém, se prestar esses serviços dos quais é capaz, tenha certeza de que serão bem recompensados."

— É uma chantagem, Gabrielle — disse Camille. — Montmorin foi ministro das Relações Exteriores de Luís, nós o forçamos a deixar o gabinete depois que o rei tentou fugir, mas ele manteve-se sempre no círculo íntimo de Luís. Foi morto na prisão em setembro. De Molleville foi ministro da Marinha de Luís.

— O que você vai fazer? — Ela esticou a mão para Danton, como que para confortá-lo, mas sua expressão era de aflição.

Danton afastou-se.

— Eu devia ter matado todos eles. Devia ter assassinado todos enquanto tinha chance.

Na sala seguinte, Antoine continuava a chorar.

— Eu sempre acreditei que você não tinha entrado de coração nessa Revolução — Gabrielle falou. — Que você era leal ao rei. — Danton virou-se e riu dela. — Mantenha-se fiel a ele. Você viveu do dinheiro dele, comprou terras, por favor seja fiel agora. Você sabe que é a coisa certa a fazer, e se não fizer... — Não soube terminar a frase. Não conseguia imaginar o que aconteceria. Seria uma desgraça pública? Ou pior? Ele seria julgado? — Você precisa salvar o rei. Não tem escolha.

— E você realmente acredita que eles me recompensariam, minha querida? Acredita realmente nisso? Uma criança saberia julgar melhor que você. Se eu salvar Luís, e isso é certo, eu posso salvá-lo, eles guardarão as provas em lugar seguro e me usarão com um títere. Quando eu não lhes for mais útil, quando perder minha influência, trarão à tona esses documentos, por despeito e para semear confusão.

— Por que não pede os documentos de volta como parte da barganha? — Camille perguntou. — E o dinheiro também? Se achasse que poderia se sair bem você faria isso, não é? Desde que recebesse o dinheiro.

Danton virou-se.

— Diga exatamente o que está pensando.

— Se houvesse uma forma de pôr esse esquema em funcionamento, salvar Luís, manter sua influência com os patriotas e ao mesmo tempo extrair mais dinheiro dos ingleses, você faria.

Em outros tempos Danton teria dito suavemente: "Eu seria um tolo se não o fizesse". Camille teria sorrido e pensado que ele sempre fingia ser pior do que era. Mas dessa vez Danton não deu resposta, não soube o que fazer, perdeu o controle de si mesmo. Camille se afastou, perplexo. Gabrielle levantou-se de repente e levou um tapa no rosto com tal força que caiu de costas no sofá.

— Oh, meu Deus — disse Camille. — Que coragem.

Danton cobriu o rosto com as mãos, arfando, contendo as lágrimas de humilhação e fúria. Não chorava desde o dia em que fora ferido pelo touro, desde que era menino e não conseguia controlar as lágrimas. Deixou as mãos caírem de lado, e viu que Gabrielle o olhava com os olhos secos. Abaixou-se a seu lado e disse:

— Nunca me perdoarei por isso.

Ela tocou o próprio lábio com cuidado.

— Você pode quebrar louça, mas não pessoas. Nós nem somos as pessoas certas. Só estamos aqui. — Ela apertou as mãos resistindo a levá-las ao rosto, para que ele visse o dano que causara.

— Eu não mereço você — disse Danton. — Perdão. Não era em você que eu queria bater.

— Eu também me ofenderia se você batesse em Camille.

Danton se afastou.

— Camille, um dia vou matá-lo — disse simplesmente. — Não, venha cá. Você está bem, tem uma mulher grávida para protegê-lo. Você me jogou na lama em setembro, quando os prisioneiros foram mortos. Está tudo organizado, disse a Prudhomme e a todos à sua volta, está tudo organizado, não há problema. Enquanto isso eu tentava negar que sabia desses planos. Esse horror foi necessário, mas pelo menos eu tive o bom-senso de fingir que não estava envolvido. Você fez uma encenação e assumiu a responsabilidade pelo Massacre dos Inocentes. Então não me olhe com desprezo nem me venha com moralismo agora. Você sabia. Sabia de tudo, desde o começo.

— Sim — disse Camille —, mas não esperava que você fosse apanhado assim. — Deu um passo atrás e sorriu. Gabrielle olhou-o fixamente.

— Oh, Camille — ela disse —, isso é muito sério.

— Vá lavar o rosto — disse Danton. — Sim, é sério, pois se esses documentos vierem a público, meu futuro não valerá um tostão e o seu tampouco.

— Acho que pode ser um blefe — disse Camille. — Como ele teria esse bilhete escrito de seu próprio punho?

— Esse bilhete existe.

— Então você foi um tolo, não é? Bem, é possível que De Molleville tenha visto em algum momento esses documentos, mas será que Montmorin participaria de uma coisa assim? Em lugar seguro, diz Molleville, mas o que pode ser mais seguro que a bagagem de um *émigré* atravessando o canal? Por que Montmorin enviaria o documento para Londres? Não lhe seria útil lá. Teria de ser mandado de volta. E ele não sabia que seria morto, não é?

— Talvez você esteja certo, é possível que esteja, mas só as alegações de Molleville já bastariam para me arruinar. Se forem circunstanciais. Se forem detalhadas. Há muito tempo dizem que eu trabalho para Pitt. Na verdade, nesse momento eles estarão me esperando na Convenção.

— Não adianta entrar em pânico, não é? Se for um blefe, se não houver documento algum, qualquer coisa que De Molleville diga terá pouco peso.

Só lhe resta esperar que seja um blefe. Mas de que presidente da Convenção ele estará falando? O presidente atual é Vergniaud.

Danton virou-se e disse:

— Meu Deus!

— Eu sei. Você nunca o subornou nem ameaçou. Como pôde ser descuidado a esse ponto?

— É melhor você ir agora — disse Gabrielle. — Vá falar a favor do rei.

— Ceder a eles? — disse Danton. — Prefiro morrer. Se eu entrar lá agora dirão que fui comprado, com tanta certeza como se os documentos tivessem vindo a público. De uma forma ou de outra, assim que eu virar as costas vou levar uma facada de um patriota. Pergunte a ele — gritou. — Ele mesmo me esfaquearia.

Gabrielle virou-se para Camille ao ouvir aquele absurdo.

— Sem dúvida me pediriam para ajudar nos planejamentos. Eu não gostaria de compartilhar de seu destino.

— Por que não volta para Robespierre? — perguntou Danton.

— Não, eu estou com você, Georges-Jacques. Quero ver o que você vai fazer.

— Por que não vai correndo lhe contar tudo? Ele cuidará de você. Ou será que tem medo de ter perdido a afeição dele? Não se preocupe. Com seus atributos, sempre encontrará alguém a quem apelar.

Gabrielle levantou-se.

— É assim que você mantém suas amizades? — Ela nunca falara com ele dessa forma. — Acabou de lamentar a ausência de seus amigos, mas quando eles aparecem você os insulta. Creio que está tentando se destruir. Creio que está conspirando com esse homem, De Molleville, para destruir a si próprio.

— Espere — falou Camille. — Preste atenção, Gabrielle, prestem atenção vocês dois antes que haja um massacre. Não estou habituado a ser a voz da razão, portanto não me ponham à prova. — Virou-se para Danton e disse: — Se Vergniaud tiver os documentos, você está acabado, mas será que ele esperaria tanto tempo? Hoje é o último dia para você intervir nesse debate. São as últimas horas. Ele é presidente há três dias, devemos nos perguntar por que não agiu até agora. Devemos nos perguntar, pelo menos, se esses papéis estão com ele ou se estão com algum presidente anterior. Qual é a data da carta?

— Dia 11 de dezembro.

— Defermon era o presidente então.

— Ele é...

— Um verme.

— Um moderado, Gabrielle — disse Danton. — Ele não gosta de mim, e depois de todo esse tempo, quatro semanas, teria dito alguma coisa, feito alguma coisa, não é mesmo?

— Não tenho certeza, Georges-Jacques. Talvez você não saiba o quanto assusta as pessoas. Por que não vai à casa dele e assusta-o mais um pouco? Se ele tiver os papéis, você terá tudo a ganhar. Se não tiver, não terá nada a perder.

— Mas se estiverem com Vergniaud...

— Então não fará diferença se você deixar Defermon apavorado gratuitamente. Nada fará diferença. Não pense nisso. E não espere. Talvez Defermon tenha uma consciência frágil. O fato de não ter falado até agora não quer dizer que não falará. Talvez esteja esperando a votação começar.

Fabre entrou, mas não ouviu as últimas palavras.

— Você está de volta, Danton! O que aconteceu aqui?

Sua impressão imediata foi de que finalmente ocorrera a briga inevitável. Soubera que Danton estava na cidade e que fora diretamente para o apartamento dos Desmoulins. Precisava descobrir como essa notícia tinha vazado, mas notou que o ambiente da sala estava carregado de violência. Não viu a carta de Molleville porque Gabrielle estava sentada em cima dela.

— Minha querida, seu rosto — disse.

— Eu me meti no meio da conversa.

— É sempre assim — Fabre pensou consigo mesmo. — Danton, ninguém diria que você foi o culpado. Está com cara de quem foi ofendido.

— Fabre, de que está falando? — Danton perguntou.

— Culpado? — disse Camille. — Nunca. Ele tem a inocência estampada no rosto.

— Que bom que você pensa assim — disse Fabre.

— Chegou uma carta... — disse Gabrielle.

— Cale a boca — Camille falou. — Antes que ele bata em você de novo. E dessa vez intencionalmente.

— Que carta? — Fabre perguntou.

— Nenhuma carta. Não chegou carta alguma — disse Gabrielle. — Espero que não, pelo menos. Como você sabe, Georges-Jacques, muita coisa depende da inteligência do emissário. A maioria das pessoas não é inteligente, você não acha?

— Você está tentando me despistar — Fabre reclamou.

Danton inclinou-se para beijar a esposa.

— Talvez eu ainda me salve.

— Você acha? — Ela disse, virando o rosto para não ser beijada. — Você está se destruindo.

Danton olhou-a com seriedade por um instante, virou-se para Camille e enfiou a mão em seus cabelos, puxando-lhe a cabeça para trás.

— Você não vai conseguir que eu peça desculpas. Fabre, você conhece um deputado tímido e apagado chamado Defermon? Pode procurá-lo em casa? Diga que Danton vai visitá-lo daqui a uma hora. Ele tem de estar lá. É Danton em pessoa que exige vê-lo. Não deixe de dizer isso. Vá logo.

— Só isso? Sem nenhum outro recado?

— Vá.

Fabre encaminhou-se para a porta e sacudiu a cabeça para Camille. Foi falando consigo mesmo pela rua: eles pensam que me enganam, mas eu vou descobrir o que aconteceu.

Danton entrou em seu escritório e bateu a porta; mais tarde ouviram-no movimentar-se por vários quartos do apartamento.

— O que vamos fazer? — Gabrielle perguntou.

— Com outras pessoas, um problema complexo requer uma solução complexa, mas com Georges-Jacques as soluções são em geral bastante simples e rápidas. É verdade o que eu disse, que ele infunde medo. Todos se lembram de agosto, quando ele arrastou Mandat para o Hôtel de Ville. Nunca se sabe o que ele pode vir a fazer. Tudo isso é verdade, Gabrielle. Dinheiro da Inglaterra, da corte, tudo isso.

— Eu sei. Não sou tão simplória, embora ele ache que sou. Georges tinha uma amante cara e uma filha quando se casou. Ele pensa que não sei. Por isso fomos tão pobres no início. Ele ficou com os clientes do novo amante de sua amante. Você sabia disso? É claro que sim, nem sei por que estou repetindo tudo para você. — Levantou os braços e ajeitou o cabelo em um gesto automático. Os dedos e o rosto estavam inchados por causa do tapa que levou do marido, e os olhos pareciam nebulosos e sem vida. — Eu o incomodei durante todos esses anos ao fingir manter alguma integridade. E você também, por isso ele está com raiva de nós dois, por isso está nos perseguindo. Nós sabíamos de tudo e não admitimos saber. Eu não sou uma santa, Camille, eu sabia de onde vinha o dinheiro, e usei esse dinheiro para tornar nossa vida mais confortável. Depois que uma mulher tem filhos, não lhe importa o que acontece, só pensa nos filhos.

— Então você não se importa com o rei?

— Com ele me importo, sim; mas no ano passado tive de ser muito tolerante, muito dócil, ou creio que Georges teria se divorciado de mim.

— Não. Ele nunca faria isso. Georges-Jacques é do tipo tradicional.

— Sim, como bem sabemos, suas paixões o dominam mais que seus hábitos. Dependeria, se Lucile fosse uma mulher tão fácil quanto aparenta ser. Mas ela nunca deixaria você. — Virou-se e tocou a sineta para chamar a criada. — Quando ele trouxe a carta, muito irritado, imaginei que eu tinha feito algo errado. Pensei que fosse uma dessas cartas anônimas de alguém me caluniando.

— Difamando — ele corrigiu automaticamente.

Marie veio da cozinha com o grande avental de linho, de cabeça baixa.

— Catherine subiu com o menino para o apartamento de Mme. Gély — disse, antes que lhe perguntassem.

— Marie, traga alguma garrafa da adega. Não sei qual. O que gostaria de beber, Camille? Qualquer coisa, Marie. — Deu um suspiro e falou: — As empregadas acabam nos conhecendo bem. Eu devia ter conversado com você antes.

— Acho que receava admitir que tínhamos uma dificuldade em comum.

— Oh, que você é apaixonado por meu marido? Eu sei há anos. Não fique tão perplexo, fale a verdade agora; se tivesse de descrever seus sentimentos por ele, de que outra forma o faria? Mas eu não estou mais apaixonada. Hoje conheci a pessoa que devia ter conhecido há muito tempo. Andei pensando que não sou uma criatura tão frágil, não precisava ter me casado com esse tipo de homem. Mas o que importa agora?

Danton apareceu, de chapéu na mão e sobretudo pesado no braço. Parou na frente deles, a exaltação diminuíra. Estava barbeado, usava um casaco preto e uma gravata de musselina branca lisa.

— Quer que eu vá com você? — Camille perguntou.

— Deus, não. Espere aqui.

Quando Danton saiu, Gabrielle perguntou em voz baixa:

— O que ele vai fazer? — Parecia ter se instalado uma conspiração entre os dois. Começou a beber, as mãos em concha no copo, muito quieta e pensativa, e cinco minutos depois tomou a mão de Camille.

Ele disse:

— Suponhamos que a carta esteja com Defermon. Suponhamos que ele tenha resolvido guardá-la durante um mês, até o julgamento de Luís, e que agora esteja pensando: "Se eu levar esta carta a sério, se ler seu conteúdo na Convenção, os montanheses vão me atacar. O deputado Lacroix é amigo leal de Danton desde que eles estiveram na Bélgica, e tem influência na Planície." Defermon verá que as únicas pessoas que ficarão com ele serão Brissot, Roland e seus partidários. Dirá que Danton esteve em sua casa, não como um homem culpado, e que diz que a carta é forjada, um truque. Ele mesmo vai querer acreditar nisso, pois acha que somos bandidos, e que se indispor com Danton pode significar assassinato. Você ouviu o recado que Danton deu para Fabre: "É Danton em pessoa que exige vê-lo." Defermon estará esperando por ele e pensando: "O que vou fazer? O que vou fazer?" Vai começar a sentir-se culpado, simplesmente porque a carta lhe foi enviada. Georges-Jacques lhe infundirá muito medo.

Caiu a noite. Eles continuaram sentados, de mãos dadas. Gabrielle pensou no autoritarismo do marido. Todos os dias, desde 1789, sua corpulência dominava a situação. Correu os dedos pelas unhas de Camille, sentindo seu pulso acelerado como o de um animalzinho acuado.

— Georges não está mais assustado.

— É verdade, mas eu venho da parte mais humilde da humanidade.

— Humilde? Pare de fazer cena, Camille. Você é humilde como uma serpente.

Ele sorriu e virou a cabeça de lado.

— Eu pensava que Georges não era um homem complicado. Mas ele é muito complicado e muito sutil, em essência. Seus desejos é que são simples. Poder, dinheiro, terras.

— E mulheres — Gabrielle acrescentou.

— Por que você disse ainda há pouco que ele estava se destruindo?

— Não estou certa agora do que queria dizer. Mas naquele momento, quando ele estava zangado, insultando-nos com aquele sorriso de escárnio, eu vi tudo com muita clareza. Vi a ideia que ele faz de si mesmo: podem me chamar de corrupto, mas estou agindo conforme as regras, nada pode me tocar. Mas as coisas não funcionam assim. Ele se esqueceu do que queria da vida. O meio tornou-se um fim. Ele não quer admitir, é um corrupto. — Gabrielle estremeceu e encheu o copo com o resto do vinho depositado na garrafa. — À vida, à liberdade e à busca da felicidade.

Danton chegou em casa. Catherine limpava o espermacete das velas altas nos castiçais de prata. Poças de luz amarela clarearam a sala. A grande sombra dele estendeu-se pela parede. Ajoelhou-se à beira da lareira e tirou alguns papéis do bolso.

— Está vendo? — disse. — Era um blefe. Você tinha razão. Foi quase um anticlímax.

— Depois da cena que você fez aqui — disse Camille —, vou considerar o Julgamento Final um anticlímax.

— A sincronia foi perfeita. A carta estava com Defermon, como você imaginou. O bilhete escrito por mim não estava anexado. Nem os recibos. Havia só isso. — Segurou os papéis junto ao fogo. — Só algumas denúncias de Molleville. Tudo para parecer o mais sinistro possível, alegações de que existem documentos, mas nenhuma evidência real. Fiquei enraivecido e disse a Defermon: "Então, você tem cartas dos *émigrés*? Está vendo como me caluniam?" E Defermon falou: "Você tem razão, cidadão. Oh meu Deus, oh meu Deus."

Camille observou as chamas engolirem os papéis. Ele não me deixou ler nada, pensou, o que mais De Molleville dizia? Gabrielle acha que nós sabemos tudo, mas é preciso ser muito bom para acompanhar Georges-Jacques.

— Quem foi o emissário que entregou a carta?

— O verme não sabia. O *concierge* não o reconheceu.

— Não teria sido fácil assim com Vergniaud, você sabe. Talvez não fosse possível. E esses documentos talvez existam em algum lugar. Talvez ainda estejam em Paris.

— Não importa — disse Danton. — Não posso fazer nada. Mas vou dizer uma coisa: quando De Molleville assinou aquela carta patética, assinou a sentença de morte de Luís. Não vou fazer nada pelo Capeto agora.

Gabrielle deixou a cabeça cair.

— Você perdeu — Danton disse a ela, tocando ligeiramente sua nuca. — Vá descansar. Precisa se deitar. Camille e eu tomaremos outra garrafa de vinho. Hoje desgastei minhas forças e meu tempo.

E amanhã todos vão se comportar como se nada tivesse acontecido. Danton andava sem parar pela casa. Não se recuperara por completo do choque que teve ao abrir aquela carta. Mas seu autocontrole parecia estar voltando, filtrando-se pelos músculos e nervos. Ele nunca mais se sentiria tão seguro. Estava em declínio. Sabia disso.

V. Um mártir, um rei, uma criança

(1793)

O JULGAMENTO DO REI terminou. Os portões da cidade foram fechados. Não se pode reinar impunemente, declarou a Convenção. Pelo mero fato de ter nascido, Luís é condenado à morte.

— Essa é a lógica da situação — diz Saint-Just com toda a calma.

Cinco horas da manhã. Em uma casa na Place Vendôme todas as velas estão acesas. Mandaram buscar cirurgiões, os melhores que a República pôde oferecer; mandaram buscar também o artista David para ver o rosto de um mártir, observar de instante a instante a morte extinguir as feições do homem, e imobilizá-las em um molde melhor. Esse é o primeiro mártir da República, que agora ouve alguns murmúrios, alguns perto, familiares, outros mais distantes; seus sentidos falham a cada momento, enquanto seu funeral é planejado na sala ao lado. Seu nome é Michel Lepelletier, um ex-nobre, hoje deputado. Não há nada que possa ser feito por ele, nada nesse mundo, de forma alguma.

David pega seu lápis. Lepelletier é um homem feio, não pode ser melhorado. As feições já estão se suavizando, um braço está caído e nu, como o braço de Cristo carregado para o túmulo. As roupas, cortadas de seu corpo, estão duras e pretas de sangue. David tateia a camisa, e torna a vestir mentalmente a figura moribunda na cama.

Algumas horas antes Lepelletier estava jantando no restaurante Feurier, no Jardin de l'Égalité (hoje chamado Palais-Royal), quando um homem se aproximou, um estranho com ar amigável, para congratulá-lo por sua firmeza republicana ao votar a favor da morte do Capeto. Afável, mas exausto depois de tantas noites de reuniões, o deputado recostou-se na cadeira; o estranho tirou do casaco uma faca de açougueiro e enfiou-a no torso do deputado, abaixo das costelas.

Lepelletier foi carregado para a casa de seu irmão, com os intestinos dilacerados, o sangue jorrando de um corte do tamanho de um punho.

— Estou com frio — ele murmura. — Estou com frio. — Colocam várias cobertas sobre seu corpo. — Estou com frio — ele sussurra.

Cinco horas da manhã. Robespierre dorme em seu quarto na rue Saint-Honoré, com a porta trancada e o ferrolho passado. Brount dorme do lado de fora, a boca entreaberta, as patas crispadas, sonhando com dias melhores.

Cinco horas da manhã. Camille Desmoulins sai da cama, bem acordado, como fazia anos antes em Louis-le-Grand. Danton quer um discurso para tentar forçar a renúncia de Roland ao ministério. Lolotte vira-se, murmura alguma coisa e estica a mão para ele. Camille ajeita as cobertas em volta de seu corpo, e lhe diz em voz baixa que continue a dormir. Danton não vai usar seu discurso. Vai segurar as páginas amassadas e falar com suas próprias palavras... Mas Camille não está escrevendo porque é preciso, mas para manter-se ativo e para passar o tempo até o sol raiar.

O frio corta como faca sua pele fina e escura. Ele movimenta-se em silêncio pelo quarto, molhando o rosto com água fria. Se fizer algum barulho, Jeanette acordará, acenderá o fogo e dirá que ele tem o peito fraco, o que não é verdade. E lhe trará comida que ele não conseguirá comer. Em primeiro lugar escreve uma carta para casa... "De seu filho, o regicida." Depois pega algumas folhas em branco para escrever o discurso. O gato de Lolotte põe a pata em sua pena, com olhos desconfiados; ele passa a mão sobre as costas arqueadas do animal e fica observando a chegada da madrugada nos subúrbios do leste. Sua vela pinga, e ele olha em volta, tomado de apreensão; está sozinho, em meio aos contornos escuros dos móveis e às gravuras das paredes. Tateia suavemente o cano da pequena pistola na gaveta de sua mesa com seus dedos frios. Uma chuva gelada cai sobre a lama das ruas.

Sete e meia da manhã. Agachados junto a um fogão em um quarto pequeno estão um padre e o último Luís.

— Lá no alto está um juiz incorruptível... dá para ouvir a Guarda Nacional começando a reunir-se... O que eu fiz contra meu primo Orléans para ele me perseguir dessa maneira?... Eu posso suportar tudo... Essas pessoas veem adagas e veneno por todo lado, receiam que eu me mate... estou ocupado, esperem um instante... dê-me sua última bênção e reze para que Deus me proteja até o fim... Cléry, meu criado, passe meu relógio e minhas roupas...

Dez e meia da manhã. O casaco é tirado dos auxiliares de Sanson e cortado em tiras. Na Place de la Révolution vendem-se tortas e pão de gengibre. O povo reúne-se em volta do cadafalso, empapando os trapos no sangue derramado.

Lepelletier, o mártir, recebe os últimos respeitos.
Luís, o rei, é coberto de cal virgem.

NO FINAL da primeira semana de fevereiro, a França entra em guerra com Inglaterra, Holanda e Espanha. A Convenção Nacional prometeu reforço armado a qualquer um que desejar erguer-se contra a opressão: *guerra aos castelos, paz às cabanas.* Cambon, do Comitê de Finanças, diz: "Quanto mais fundo penetrarmos em território inimigo, mais dispendiosa a guerra se torna."

Na França há escassez de comida e uma inflação galopante. Em Paris a Comuna luta com os ministros girondinos e tenta acalmar os militantes das Seções; o preço do pão é fixado em 3 *sous*, e o ministro Roland não para de reclamar dessa irresponsabilidade com o dinheiro público. Na Convenção, os montanheses são ainda uma minoria vociferante.

JACQUES ROUX, sans-culotte, na Convenção:

Temos de ter pão, pois onde não há mais pão não há mais lei, liberdade ou República.

Rebeliões em Lyon, Orléans, Versalhes, Rambouillet, Étampes, Vendôme, Courville, e na própria cidade.

DUTARD, empregado do Ministério do Interior, falando na Gironda:

Querem estabelecer uma aristocracia dos ricos, dos comerciantes e dos proprietários... Se eu pudesse escolher, preferiria o Antigo Regime; os nobres e os padres tinham algumas virtudes, esses homens não têm nenhuma. O que os jacobinos dizem? É preciso deter esses homens gananciosos e depravados; no Antigo Regime os nobres e padres criaram para si próprios uma barreira que não podia ser ultrapassada. Mas no novo regime não há limite para as ambições; eles deixam o povo morrer de fome. É preciso criar alguma barreira no caminho deles, a única coisa a fazer é chamar a multidão.

CAMILLE DESMOULINS, para o ministro Roland:

O povo é para você apenas o meio necessário para uma insurreição; depois de participar de uma Revolução, deve voltar para o pó e ser esquecido; deve aceitar a liderança daqueles que lhe são superiores, e que se dispõem a ter o trabalho de governá-lo. Sua conduta toda é marcada por esses princípios criminosos.

ROBESPIERRE para a Gironda:

Eles pensam que são cavalheiros, os verdadeiros beneficiários da Revolução. E que nós somos a escória.

10 DE FEVEREIRO. De manhã bem cedo Louise Gély levou Antoine para a casa do tio Victor. Os dois bebês, o filho dos Desmoulins e François-Georges, que acabou de completar um ano, viajarão com as amas de leite, que tentarão, em meio aos eventos previstos para o dia, impedir que eles sintam muita fome.

Louise voltou depressa para a Cour du Commerce e encontrou Angélique cuidando da casa. Sua mãe disse:

— Olhe aqui, mocinha, se for acontecer hoje à noite não queremos você por perto.

E Angélique falou:

— Não amarre a cara, menina, você fica feia.

Em seguida chegou Lucile Desmoulins. *Ela* jamais conseguiria ficar feia, pensou Louise com inveja. Lucile usava uma saia de lã preta e um colete elegante, e o cabelo preso com uma fita tricolor.

— Meu Deus — disse, jogando-se em uma cadeira e esticando as pernas para admirar as botas de montaria. — Se há uma coisa que eu abomino é um drama obstétrico.

— Aposto que se fosse possível você pagaria a alguém para ter os filhos por você, meu bem — disse Angélique.

— É claro que pagaria. Deveria haver uma forma melhor de se ter filhos.

As mulheres encontravam coisas para ocupar Louise, de forma que ela não participasse das conversas. Mas ouviu Gabrielle dizer que ela era "muito doce e muito prestativa". O rosto dela queimava. Não deveriam falar sobre ela.

Quando Lucile fez menção de sair, disse a Mme. Gély:

— Por favor, se precisarem de mim estarei de volta em meio minuto. — Seus olhos escuros estavam enormes. — Para mim, Gabrielle não parece a mesma. Disse que está com medo. Que gostaria que Georges-Jacques estivesse aqui.

— Não há nada a fazer — disse Mme. Gély em tom severo. — Os negócios dele na Bélgica não podem esperar.

— Mas vocês podem me chamar — disse Lucile.

Mme Gély fez que sim. A seus olhos, Gabrielle era uma moça boa e piedosa, que fora injustiçada, e Lucile era pouco mais que uma prostituta.

Gabrielle disse que queria descansar. Louise foi lá para cima, para o apartamento mal arrumado de seus pais. Já estava quase escurecendo. Sentou-se e pensou em Claude Dupin. Se Lucile soubesse das intenções sérias dele, e se soubesse que em breve ela poderia estar se casando, teria coragem de tratá-la como uma tola?

Sua mãe sorrira com ar indulgente, mas sentira-se triunfante. Que bom partido! Depois do próximo aniversário da filha, disse, começariam a falar em casamento. Com 15 anos era cedo demais. Só a aristocracia casava-se aos 15 anos.

Claude Dupin tinha apenas 24, mas era (já era, como dizia seu pai) secretário-geral do *département* do Sena. Louise achava difícil entusiasmar-se com isso. Mas ele era bonito também.

Levou-o para conhecer Gabrielle, que o achou muito educado e à vontade (não que tivesse intenção de intimidá-lo). Dava para sentir a aprovação nos olhos dela. Ficou feliz ao pensar que no dia seguinte poderia sentar-se com ela, conversar casualmente sobre Claude Dupin e perguntar qual era sua opinião sobre ele. Se Gabrielle o aprovasse, se gostasse tanto dele quanto parecia, talvez falasse com os pais a esse respeito e eles talvez dissessem que ela era madura para sua idade, e que poderia casar-se aos 15 anos. Por que esperar? A vida é muito curta.

Mas quando tudo ia bem, apareceram o cidadão Danton e seu grupo. Foram feitas apresentações.

— O menino-prodígio — disse o cidadão Fabre. — O famoso administrador infantil, uma maravilha saída do berço.

E olhou para Claude Dupin pelo *lorgnette*.

O cidadão Hérault deu um olhar glacial para Claude Dupin, parecendo incapaz de compreender quem ou o que ele era.

— Gabrielle, minha querida — disse, beijando-a. Sentou-se, serviu-se do melhor conhaque do cidadão Danton e, com a voz arrastada, começou a contar histórias sobre Luís Capeto, que conhecera intimamente.

Isso foi ruim, mas com o cidadão Camille foi ainda pior.

— Claude Dupin, há muito tempo tenho desejado conhecê-lo, tenho vivido por este momento. — Enroscou-se em um canto do sofá, pôs a cabeça no ombro de Gabrielle e ficou olhando fixamente para Claude Dupin, suspirando a toda hora.

O cidadão Danton submeteu Claude Dupin a um rápido interrogatório sobre os problemas do *département*; não era sua culpa, as coisas funcionavam assim. Claude Dupin meteu-se em brios, e suas respostas foram inteligentes e afirmativas; quando dizia alguma coisa particularmente relevante, o cidadão Camille fechava os olhos e estremecia, como que entusiasmado demais.

— Tão jovem e tão burocrático — Fabre murmurou.

Louise achava que se Gabrielle tivesse consideração por ela poderia sugerir que o cidadão Camille tirasse a cabeça de seu ombro e deixasse de lado o sarcasmo. Mas Gabrielle pôs o braço em volta do cidadão Camille, com um ar afetuoso demais.

Assim que eles entraram na sala, ela não pôde negar, Claude Dupin encolheu a seus olhos. Pareceu-lhe sem graça e comum. Depois que o cidadão Danton lhe fez o interrogatório, perdeu o interesse por ele. Daí em diante, Claude Dupin sentiu dificuldade em participar da conversa. Ela achou que era hora de ir e levantou-se. Claude Dupin levantou-se também.

— Não vá tão cedo! — disse o cidadão Fabre. — Vai cortar o coração de Camille.

O cidadão Danton forçou-a a fixar os olhos em seu rosto sério, mas deu um meio sorriso.

Louise cometeu a bobagem de contar à mãe que estava hesitante quanto a seus sentimentos.

— Não sei se Claude é... bem o que eu quero. Você me compreende?

— Não, não compreendo — disse a mãe. — Na semana passada você me pediu de joelhos para encomendar a festa de casamento, e agora diz que ele não é ninguém perto daquele estranho grupo que encontrou lá embaixo. Devíamos ter deixado você presa em casa, não devíamos ter permitido que se misturasse a essa gente.

Com muito cuidado, seu pai lembrou à sua mãe que devia seu sustento ao cidadão Danton.

LÁ EMBAIXO (Louise subia e descia a toda hora), chegaram o Dr. Souberbielle, para examinar Gabrielle, e a parteira. Angélique Charpentier viu-a na porta e mandou-a embora.

— Minha querida, você acha que quer ficar aqui, mas não quer. Por favor, acredite em mim. — Olhou em volta do quarto, muito senhora de si. — Tudo está correndo bem, no tempo devido. Agora vá para a cama. De manhã teremos um bebê lindo para você brincar.

Ao voltar ao quarto, sentiu-se enraivecida. Gabrielle é minha amiga. *Eu* sou a melhor amiga dela, não importa se tenho apenas 15 anos, devia estar lá com ela, é a mim que ela quer a seu lado. Onde será que o cidadão Danton está hoje, e com quem? Não tenho tantas ilusões como eles pensam.

Dez horas da noite. Sua mãe põe a cabeça no vão da porta.

— Louise, desça. Mme. Danton está perguntando por você. — Sua expressão mostrava que fazia aquilo contra seus princípios.

Com pressa, Louise tropeçou ao descer.

— O que está acontecendo?

— Não sei — disse sua mãe. — Você está preparada?

— É claro que estou.

— Quero avisar que ela não está bem. O trabalho de parto não está progredindo. Ela teve uma espécie de convulsão, não sei bem. As coisas não estão correndo como deveriam.

Louise foi correndo na frente da mãe, e encontrou a parteira saindo do quarto.

— A senhora vai deixar essa menina entrar? — a mulher perguntou. — Madame, não posso responder...

— Eu disse na semana passada que ficaria com ela — Louise gritou, desesperada. — Disse que se acontecesse alguma coisa eu cuidaria do bebê.

— É mesmo? Então você é uma tola, fazendo promessas que não pode cumprir. — Sua mãe levantou a mão e acariciou sua cabeça.

À MEIA-NOITE Louise saiu do apartamento de Gabrielle a seu próprio pedido, e voltou ao andar de cima. Estirou-se na cama, seminua. Os rostos fechados e solenes das mulheres apareciam por trás de suas pálpebras. Lucile esteve lá, agora não mais tão despreocupada. Ela sentou-se no chão, ainda com as botas de montaria, e segurou a mão de Gabrielle.

Louise dormiu. Deus me perdoe, pensou mais tarde, por ter dormido. Tudo o que aconteceu saiu de minha cabeça e eu tive um sonho alegre, inconsequente, que não me importei em contar a ninguém. A primeira movimentação na rua acordou-a. Era dia 11 de fevereiro. A casa parecia muito silenciosa. Ela levantou-se, lavou-se rapidamente e vestiu-se. Abriu a porta do quarto dos pais e olhou lá dentro; viu o pai roncando de um lado da cama e o lado de sua mãe intocado. Tomou meio copo de água morna, destrançou o cabelo depressa e penteou-se. Desceu a escada correndo, e encontrou Mme. Charpentier no patamar.

— Madame... — disse.

Angélique estava enrolada em sua capa, com os ombros caídos e os olhos no chão. Passou por Louise como se não a visse, com o rosto vincado e irado. No pé da escada parou e virou-se. Não disse nada, mas um instante depois achou que devia falar alguma coisa.

— Nós perdemos Gabrielle. Ela se foi, minha querida. Minha filhinha se foi. — E saiu para a chuva.

Dentro do apartamento a lareira não estava acesa. Em um banquinho, no canto, estava sentada a ama de leite dando de mamar ao bebê de Lucile.

Levantou os olhos ao ver Louise e cobriu o rosto do bebê com a mão, de forma protetora.

— Vá embora agora — disse a ela.

— Diga-me o que aconteceu — Louise pediu.

Só então é que a mulher percebeu que já vira Louise.

— Você é a menina lá de cima? Não sabia? Foi às 5 horas da manhã. A pobre senhora, ela sempre foi boa para mim. Que Jesus a proteja.

— E o bebê? — Louise perguntou, congelada. — Eu disse que cuidaria do bebê caso...

— É um menino. Não dá para dizer, mas creio que não vai viver muito tempo. Uma amiga, que mora a meu lado, ia levá-lo. Mme. Charpentier disse que concordava.

— Muito bem, se já combinaram tudo. Onde está François-Georges?

— Com Mme. Desmoulins.

— Vou buscá-lo.

— Ele vai ficar bem por uma ou duas horas, eu devo...

Oh, meu Deus, Louise pensou. Eu fiz uma promessa. Compreendeu que os bebês não eram elos morais, mas seres físicos, com exigências frágeis e impacientes a que ela não poderia atender.

— O marido de Mme. Danton vai chegar — disse a mulher. — Vai dizer o que deve ser feito e quem deve ir para onde. Não precisa se preocupar, minha querida.

— Não, você não compreende — disse Louise. — Madame disse que eu deveria cuidar deles. Promessas devem ser cumpridas.

LEVOU ALGUM TEMPO para o recado chegar. Tinham-se passado cinco dias quando Georges-Jacques voltou para casa, a 11 de fevereiro. Sua esposa foi enterrada, mas não tiveram tempo de retirar suas coisas do quarto; além do mais, tinham atendido aos desejos dele, como se soubessem que não deviam tomar decisões, como se pudessem prever a violência de sua raiva, culpa e sofrimento.

Seus vestidos continuavam pendurados no guarda-roupas, como vítimas de tortura. No Antigo Regime, as mulheres eram queimadas vivas e os homens despedaçados na roda; teriam sofrido mais do que ela sofreu? Ele não sabia. Ninguém lhe contou nada. Ninguém quis lhe dar detalhes. Nessa casa de morte, exalava das gavetas e das cômodas um leve aroma de flores. Os armários estavam em ordem. Ele encontrou o inventário que ela fizera das louças. Dois dias antes de sua morte, tinha quebrado uma xícara. Em Sèvres estavam fazendo agora uma nova xícara de café. Tomava-se o café admirando o desenho da cabeça decapitada do Capeto, com gotas douradas de sangue, e a mão dourada de Sanson na asa.

A empregada encontrou um lenço debaixo da cama onde Gabrielle morrera. Um anel que estava perdido apareceu na escrivaninha dele. Um comerciante chegou com o tecido que ela encomendara havia semanas. A cada dia, mais alguma evidência de uma tarefa inacabada, de um esquema incompleto. Ele encontrou um romance com uma página marcada.

E foi tudo.

VI. Uma história secreta

(1793)

O BEBÊ ainda estava vivo, mas Danton não quis vê-lo. Não fez comentários sobre as decisões que tinham sido tomadas. Cartas de condolências empilhavam-se em sua mesa, e enquanto as abria pensava: são todos hipócritas, todos sabem o que eu fiz a ela, mas escrevem como se não soubessem. Escrevem para se fazer presentes, para gravar seus nomes em minha memória.

A carta de Robespierre era longa e emocionante. Passava do pessoal ao político, bem típico de Max, e voltava ao pessoal, bem típico de Max. Sou mais que nunca seu amigo, dizia, e serei seu amigo até morrer. "Daqui em diante você e eu somos um só..." Mesmo naquela situação, Danton considerou a declaração exagerada.

Camille não escreveu. Ficou sentado, mudo, de cabeça baixa, e deixou Danton falar sobre o passado, derramar lágrimas e reclamar de uma ou outra desatenção sua. Não sabia por que estava na linha de fogo, por que sua carreira e seu caráter estavam sendo postos em dúvida, mas Danton pareceu aliviado por gritar com ele. Pouco depois sentiu-se exausto, e finalmente adormeceu. Achava que nunca mais seria capaz de dormir. Gabrielle parecia assombrar o escritório de paredes vermelhas, assombrar a sala de jantar octogonal onde seus auxiliares costumavam trabalhar no passado, assombrar o quarto onde eles se deitavam em camas separadas, a distância entre os dois aumentando a cada mês.

Pegou o diário dela, armou-se de coragem e abriu-o. Leu todas as páginas, e a mecânica de seu passado lhe foi desnudada. Não querendo que outra pessoa o lesse, queimou uma página de cada vez, vendo o papel carbonizar-se. Louise manteve-se ali em um canto, os olhos inchados e as feições indistintas. Ele não a mandou embora, mal notou sua presença. A 3 de março retornou à Bélgica.

MARÇO FOI quase um desastre. Na Holanda os soldados, esgotados, foram derrotados. Na Vendeia a insurreição tornou-se uma guerra civil. Em Paris as multidões saqueavam lojas e destruíam tipografias girondinas. Hébert exigia a cabeça de todos os ministros e todos os generais.

A 8 de março Danton subiu na tribuna da Convenção. Os patriotas nunca se esqueceram do impacto de seu aparecimento súbito, nem de seu rosto, marcado pelas noites insones e pela viagem exaustiva, pálido de tensão e sofrimento. Sua voz denotava mágoas complexas quando ele falou de traição e humilhação; quando parou de falar olhou para a plateia, consciente de si próprio por um instante, e tocou sua cicatriz. Nos exércitos ele presenciara atos de crueldade, incompetência, negligência. Os reforços deviam ser maciços e imediatos. Os ricos da França deviam pagar pela libertação da Europa. Um novo imposto devia ser votado naquele dia e coletado no dia seguinte. Para julgar os conspiradores da República seria necessário um novo tribunal, o Tribunal Revolucionário, sem direito a apelação.

Do meio da assistência alguém gritou: "Quem matou os prisioneiros?". A Convenção agitou-se, e versos do *septembriseur* ecoaram pelas paredes. Os deputados montanheses levantaram-se. O presidente pediu ordem aos gritos, tocando o sino. Danton manteve o rosto virado para as galerias públicas e os punhos cerrados. Assim que o barulho diminuiu, ele voltou a falar.

— Se tivesse havido um tribunal em setembro, os homens que foram censurados com tanta frequência e selvageria por esses acontecimentos não teriam manchado sua reputação com uma só gota de sangue. Mas eu não me importo com reputação ou bom nome. Podem me chamar de bebedor de sangue, se quiserem. Beberei o sangue dos inimigos da humanidade se disso depender a libertação da Europa.

Ouviu-se uma voz da Gironda:

— Você fala como um rei.

Danton ergueu a cabeça.

— E você fala como um covarde.

Ele discursara durante quase quatro horas. Lá fora uma multidão gritava seu nome. Os deputados levantaram-se e aplaudiram. Até Roland e Brissot levantaram-se, embora sua vontade fosse fugir dali. A seu lado, Fabre gritou:

— Essa foi sua suprema performance. — Os montanheses desceram para parabenizá-lo. Ele foi cercado pela imprensa e por seus partidários, e os aplausos ecoaram em seus ouvidos. Serpenteando por aqueles corpos compactos, como um verme em uma festa de casamento, chegou o Dr. Marat. Puxou Danton pela manga e olhou dentro de seus olhos injetados.

— Agora é seu momento, Danton.

— Momento para quê? — ele perguntou desanimado.

— Para a ditadura. Todo o poder é seu.

Danton virou-se. Naquele momento, uma ondulação magnética de deferência se fez sentir entre os deputados. Robespierre veio falar com ele. Cada vez que venho para casa, pensou Danton, vejo nele uma grandeza ainda maior. O rosto de Robespierre estava tenso, com músculos flácidos, ele parecia mais velho. Falou em voz baixa, com gentileza, porém hesitante.

— Eu desejava vê-lo, mas não queria ser um intruso. Não sou a melhor pessoa para pensar no que dizer, e nós nunca fomos tão íntimos que não precisássemos dizer nada. Suponho que a culpa tenha sido minha. E lamento.

Danton pôs a mão em seu ombro.

— Meu bom amigo, obrigado.

— Eu lhe escrevi, mas sei que essas cartas não servem de consolo. Mas quero que saiba que pode contar comigo.

— Eu sei.

— Não há rivalidade entre nós. Não temos diferenças políticas.

— Veja isso — disse Danton. — Ouça os aplausos para mim. Há poucas semanas estavam cuspindo em minha cara porque não pude apresentar as contas do ministério.

Fabre abriu caminho pela multidão.

— A Gironda vai dividir-se a respeito do Tribunal. Brissot vai apoiar você e Vergniaud também. Roland e seus amigos serão contra.

— Eles traíram o republicanismo — disse Danton. — Gastam suas energias tentando me destruir.

Os deputados continuavam a aglomerar-se à sua volta. Fabre cumprimentava-os à direita e à esquerda, como se fosse ele o homenageado. Collot, o ator, gritou, com o rosto congestionado de emoção:

— Bravo, Danton, bravo!

Robespierre retirou-se. Os aplausos continuaram. Lá fora, uma multidão gritava por ele. Danton ficou imóvel e passou uma das mãos pelo rosto. Camille lutou para chegar perto dele. Danton passou o braço em seus ombros e disse:

— Camille, vamos para casa.

*

LOUISE MANTINHA os ouvidos atentos agora. Assim que soube que Danton estava de volta a Paris, desceu e pôs Marie e Catherine para trabalhar. As crianças estavam na casa de Victor Charpentier, talvez fosse melhor ele não vê-las ainda. Ela ia lhe preparar um jantar de boas-vindas, a qualquer hora que ele chegasse; não queria que entrasse em uma casa vazia, só com as criadas. Sua mãe desceu cinco vezes para buscá-la.

— Que ideia é essa de meter-se com esse bruto? — falou. — Você não tem obrigação nenhuma com ele.

— Ele pode ser um bruto, mas sei que Gabrielle gostaria que eu fizesse tudo para ele sentir-se confortável.

Sentou-se na cadeira de Gabrielle, como que para impedir a chegada de seu fantasma. Dali, pensou, Gabrielle vira governos desabarem. Dali vira o trono oscilar e cair. Ela era simples, sem afetações, tinha hábitos de dona de casa. Mas convivera com aqueles homens sanguinários.

O relógio marcava meia-noite.

— Ele não vem mais — disse Catherine. — Queremos ir para a cama, mesmo que você não queira. Ele deve estar ali na esquina. Não vai voltar para casa esta noite.

Às 6 horas da manhã seguinte o cidadão Danton entrou em silêncio para buscar uma muda de roupa, e ficou chocado ao ver aquela menina pálida, afundada sem jeito na cadeira de Gabrielle. Pegou-a nos braços, colocou-a no sofá e cobriu-a com uma manta. Ela não acordou. Juntou o que precisava e saiu.

No apartamento de esquina Lucile estava acordada e vestida, fazendo café. Camille escrevia, preparando o esboço do discurso que Danton faria na Convenção no final do dia.

— Sinto aqui um ar calmo de trabalho. É isso que gosto de ver — disse Danton, passando os braços pela cintura de Lucile e beijando sua nuca.

— É bom ver você de volta à rotina — disse Camille.

— Sabem que aquela menina estava me esperando? A filha de Gély. Estava dormindo em uma cadeira.

— Verdade? — Lucile e o marido entreolharam-se. Não precisavam mais falar, sua comunicação era perfeita por outros meios.

10 DE MARÇO. O dia estava extremamente frio, tornando a respiração difícil. Claude Dupin apareceu e fez um pedido de casamento formal. O pai de Louise disse que embora ela fosse ainda muito jovem eles estavam dispostos a permitir que o casamento ocorresse dentro de um ano; as coisas estavam difíceis para ela, disse, e falou confidencialmente para Claude Dupin.

— Nós gostaríamos de mandá-la para um ambiente diferente. O que ela vê e ouve por aqui é demais para uma menina de sua idade. Perdeu uma amiga e ficou muito chocada. Os planos para o casamento tirarão sua cabeça disso.

Mas Louise disse a Claude Dupin:

— Sinto muito, mas não posso me casar com você. Pelo menos, ainda não. Você está disposto a esperar um ano? Eu fiz uma promessa à minha amiga que morreu, que cuidaria dos filhos dela. Se estivesse casada teria outras obrigações e seria obrigada a me mudar daqui. Creio que o cidadão Danton, sendo quem é, encontrará em breve outra esposa. Quando as crianças tiverem uma madrasta ficarei feliz de deixá-las, mas por enquanto, não.

Claude Dupin ficou perplexo. Achava que já estava tudo resolvido.

— Não consigo entender — disse. — Gabrielle Danton me parecia uma mulher sensata. Como pôde deixar você fazer uma promessa assim?

— Não sei por que falamos nisso, mas falamos — disse Louise.

Dupin meneou a cabeça.

— Muito bem, não posso dizer que entenda ou que goste dessa situação, mas se você quiser que eu espere, eu aceito. Promessa é promessa, por mais lamentável que seja. Mas, minha querida, faça uma coisa por mim: mantenha-se o mais longe possível de Georges Danton.

Louise preparou-se para a briga. Depois que Claude Dupin saiu, sua mãe caiu em lágrimas, e o pai sentou-se com ar solene, como se estivesse com muita pena de todos. A mãe chamou-a de idiota, sacudiu-a pelos ombros e disse que não acreditava na promessa; não é nada disso, falou, admita, diga a verdade, você deve estar encantada por um desses homens. Quem é ele, diga logo, é aquele jornalista, não é? Pode dizer o nome dele, Louise, ela falou, a casa não vai cair. Teve uma visão súbita e dolorosa de Gabrielle sentada no sofá, rindo com afetação para Claude Dupin. Gabrielle calorosa, viva, a mão inchada em torno do ombro de Camille. Lágrimas quentes escorreram por seu rosto. Você é uma promíscua, disse sua mãe, e deu-lhe um tapa.

Foi a segunda vez em um mês. Aqui em cima, ela pensou, está ficando como lá embaixo.

— ESTÁ INDO à Bélgica de novo? — ela perguntou a Danton.

— Espero que pela última vez. Estão precisando de mim na Convenção atualmente.

— E as crianças, vão voltar para casa?

— Vão. As criadas podem cuidar delas.

— Não vou deixá-las sozinhas com elas.

— Você já fez demais. Não devia estar fazendo o papel de babá. Devia estar se divertindo.

E ficou pensando o que uma menina respeitável de 15 anos fazia para se divertir.

— As crianças estão acostumadas comigo — disse Louise. — E eu gosto de cuidar delas. Pode me explicar o que vai fazer na Bélgica?

— Vou ver o general Dumouriez.

— Por que está sempre se encontrando com ele?

— Bem, é complicado. Algumas coisas que ele anda fazendo recentemente não parecem muito revolucionárias. Por exemplo, nós tínhamos Clubes dos Jacobinos espalhados por toda a Bélgica, e ele os está fechando. A Convenção quer saber por quê. Acham que o general deve ser preso, se não for um patriota.

— E ele não é um patriota? Então o que é? Partidário dos austríacos? Ou do rei?

— Não existe mais rei.

— Existe, sim. Ele vive na prisão. O delfim é o rei agora.

— Não, o delfim não é nada, é apenas um menino comum.

— Se isso for verdade, por que vocês o mantêm preso lá?

— Você tem muitos argumentos, menina! Segue os acontecimentos? Lê os jornais?

— Sim.

— Então sabe que os franceses decidiram não ter mais rei.

— Não. Paris decidiu. O que é bem diferente. É por isso que temos uma guerra civil.

— Mas, menina, deputados de toda a França votaram pelo final da monarquia.

— Mas eles não permitiram um referendo. Não tiveram coragem.

Danton não parecia contente.

— Esses são os pontos de vista de seus pais?

— De minha mãe. E meus também. Meu pai não tem pontos de vista. Gostaria de ter, mas não pode correr o risco.

— Você deve tomar muito cuidado. Seus pais são claramente monarquistas, e não é seguro ser monarquista hoje em dia. Deve tomar cuidado com o que diz.

— Uma pessoa não pode dizer o que quiser? Pensei que a liberdade de expressão estivesse na Declaração dos Direitos Humanos.

— Você pode expressar sua opinião, mas estamos em guerra; e suas opiniões não devem ser traidoras nem sediciosas. Sabe o que querem dizer essas palavras? — Ela fez que sim. — Você deve se lembrar de quem eu sou.

— Você não deixa ninguém esquecer isso, cidadão Danton.

— Venha cá, vou tentar explicar.

— Não.

— Por que não?

— Meus pais me proibiram de ficar sozinha com você.

— Mas você está sozinha comigo. Por quê? Acham que eu posso tornar você uma pequena jacobina?

— Não, não é com minha política que estão preocupados. É com minha virgindade.

Danton sorriu.

— Então é isso que pensam de mim?

— Pensam que você tem por hábito tomar o que quer.

— Pensam que não sou confiável para ficar sozinho com uma menina?

— Isso mesmo.

— Eu gostaria de dizer que nunca em toda minha vida forcei uma mulher. Apesar da provocação de uma linda criatura que mora na esquina; sua mãe sabe de quem estou falando. Agora me diga, eles acham isso só de mim? Ou falaram para você ter cuidado com Camille também? Posso garantir que se você estivesse sozinha em uma casa com Camille ele consideraria seu dever deflorá-la. Seu dever patriótico.

— Deflorar? Que expressão estranha! Pensei que Camille tivesse um caso com a sogra.

— De onde você tira essas histórias? — De repente ela fez sua raiva latente vir à tona. — Para dizer a verdade, me dá nojo saber que seus pais pensam tão mal de mim. Minha esposa morreu há um mês, será que pensam que sou um monstro?

É exatamente o que pensam, Louise disse a si mesma.

— Então você desistiu das mulheres?

— Provavelmente não para sempre. Por enquanto, sim.

— Acha isso muito moral?

— Acho que mostra respeito à minha esposa, que está morta.

— Devia ter mostrado esse respeito enquanto ela estava viva.

— É melhor não continuarmos essa conversa.

— Acho que devemos continuar. Quando você voltar da Bélgica.

ELE SAIU DE PARIS a 17 de março, com o deputado Lacroix. Àquela altura os dois se conheciam bastante bem, ele poderia ter dito a Gabrielle tudo que ela queria saber.

A 19 de março estavam em Bruxelas, mas quando encontraram Dumouriez ele acabara de perder uma batalha em Neerwinden. Estava em plena ação de retaguarda.

— Encontrem-se comigo em Louvain — disse.

— O que é a Convenção? — perguntou com raiva naquela mesma noite. — Trezentos idiotas guiados por duzentos patifes.

— Você terá ao menos de manter o decoro — sugeriu Danton.

O general olhou para Danton, e por um instante viu-se esfaqueado por ele; mas sem a toga romana, não lhe parecia honroso.

— Acho que devia pelo menos escrever uma carta à Convenção prometendo uma explicação detalhada de sua conduta, do fechamento dos Clubes dos Jacobinos, de sua recusa em trabalhar com os representantes deles.

— Que se danem! Eles me prometeram 30 mil homens. A Convenção que escreva uma carta para mim explicando por que esses homens se perderam no meio do caminho!

— Você sabe que há um movimento para prendê-lo? Os representantes do Comitê de Segurança Geral são beligerantes. O deputado Lebas falou contra você, e eu ouvi dizer que Robespierre o tem em alto conceito. E David também.

— Comitês? Eles que tentem! No meio de meus exércitos? O que David vai fazer, bater em mim com seu pincel?

— Não brinque, general. Pense no Tribunal Revolucionário. Acho que não haverá muita distinção entre fracasso e traição, e você acabou de perder uma batalha. É bom ter cuidado com o que diz, pois estou aqui para julgar sua atitude e reportá-la à Convenção e ao Comitê de Defesa Geral.

Ele ficou surpreso.

— Mas Danton, nós não temos sido bons amigos? Nós trabalhamos juntos. Pelo amor de Deus, não o estou reconhecendo. O que houve?

— Não sei. Talvez seja efeito da abstinência sexual prolongada.

O general olhou-o nos olhos, virou-se e murmurou mais uma vez, *Comitês!*

— Os Comitês são eficazes, general. Estamos começando a descobrir isso. Quando os membros trabalham juntos, e bastante, é surpreendente o que conseguem. Em breve estarão dirigindo a Revolução. Os ministros já agem sob sua vigilância. Não é tão importante ser ministro atualmente.

— É verdade que os ministros foram impedidos de ir à Convenção?

— Um impedimento temporário apenas. A multidão obstruiu-lhes o caminho para o Ministério das Relações Exteriores para que eles não interferissem no debate. O ministro da Guerra, talvez você goste de saber, teve uma atitude corajosa e marcial: fugiu pulando um muro.

— Isso não é brincadeira — disse o general. — É anarquia.

— Eu queria que minhas medidas passassem — disse Danton.

Dumouriez afundou-se em uma cadeira e pousou a cabeça na mão fechada.

— Cristo, para mim basta. Em minha idade é preciso pensar na aposentadoria. Diga-me, Danton, como estão as coisas em Paris? Como estão todos os meus queridos amigos? Marat, como vai?

— O mesmo de sempre. Um pouco mais amarelo, talvez, um pouco mais encolhido. Está tomando banhos especiais para abrandar a dor.

— Qualquer banho seria uma melhora — o general murmurou. — Mesmo banhos comuns.

— Esses banhos especiais o prendem em casa às vezes, mas não melhoram seu humor.

— Camille ainda fala com ele?

— Ah, sim. Temos uma linha de comunicação. É preciso, sua influência sobre o povo é inigualável. Hébert sonha ter um dia essa mesma influência. Mas, pensando bem, o povo não é tolo.

— E o jovem cidadão Robespierre?

— Parece mais velho. Trabalha demais.

— Não se casou com aquela palerma ainda?

— Não. Mas está dormindo com ela.

— Está? — O general levantou os olhos. — Já é um progresso, suponho. Mas ele poderia se divertir muito se quisesse... é uma tragédia, Danton, uma tragédia. Aposto como Robespierre não faz parte de nenhum desses comitês.

— Não. Foi eleito, mas recusa-se a participar.

— Estranho, não é? Ele não foi feito para a política. Nunca conheci alguém que evitasse tanto o poder quanto Robespierre.

— Ele tem muito poder. Mas não em termos oficiais.

— Ele me desconcerta. E desconcerta você também, suponho. Mas deixemos isso para lá. Como vai a bela Manon?

— Ainda apaixonada, segundo dizem. Mulheres apaixonadas deviam ser criaturas suaves, não é? Você precisava ouvir os discursos que ela escreve para seus amigos da Convenção.

— Seu bebê sobreviveu?

— Não.

— Sinto muito — disse. — Olhe, Danton. Há uma coisa que preciso lhe dizer. Mas quero ser correspondido.

— Eu também amo você.

— Agora é você que está brincando. Ouça. Preste atenção. Roland me mandou uma carta pedindo que eu entre em Paris com o exército, e restaure a ordem. E também, como ele diz, esmague certa facção. Referia-se aos jacobinos. Esmagar Robespierre. E você.

— Entendi. Você tem essa carta?

— Tenho. Mas não vou lhe dar. Não contei isso para você arrastar Roland diante de seu Tribunal Revolucionário. Contei para mostrar o que você deve à minha tolerância.

— Você teve vontade de tentar?

— Bem, cidadão... como vão seus amigos da Grã-Bretanha?

— Não sei de que está falando.

— Ora, Danton, você é inteligente demais para perder tempo. Tem contatos com os rebeldes *émigrés* da Inglaterra, e não corta esses vínculos porque eles podem ter sucesso. Tem amigos nos bancos da Gironda e na Casa dos Comuns. Tem ligações no exército e em todos os ministérios, e recebeu dinheiro de todas as cortes da Europa. — Levantou os olhos e apoiou o queixo na mão fechada. — Não houve uma torta assada na Europa nesses três últimos anos em que você não enfiasse o dedo. Qual é sua idade, Danton?

— Tenho 33 anos.

— Meu Deus. Suponho que a Revolução seja coisa para jovens.

— Por que está falando isso, general?

— Volte a Paris e prepare a cidade para a entrada de meus exércitos. Prepare-os para a monarquia, uma monarquia que será inteiramente sujeita à Constituição, é claro. O pequeno delfim no trono, Orléans como regente. Será melhor para a França, melhor para mim e melhor para você.

— Não.

— O que vai fazer então?

— Vou voltar a Paris e indiciar Roland e Brissot. Vou expulsá-los da Convenção. Robespierre e eu juntaremos nossos talentos e nossa influência e lutaremos por um acordo de paz. Mas se a Europa não aceitar a paz, pode estar certo de que a nação empunhará armas, liderada por mim.

— Você acredita nisso? Acredita que pode expulsar os girondinos da Convenção?

— É claro que posso. Talvez leve meses, e não semanas. Mas tenho recursos para isso. O campo está preparado para mim.

— Você nunca se cansa?

— Ando sempre cansado atualmente. Tenho tentado sair desse negócio sangrento desde que entrei.

— Não acredito em você — disse Dumouriez.

— Como quiser.

— A República tem seis meses, e está se despedaçando. Não tem a força de coesão da monarquia. Dá para ver, não é? Precisamos da monarquia para levantar o país, depois podemos vencer a guerra. — Danton sacudiu a cabeça. — Os vencedores ganham dinheiro — disse Dumouriez. — Pensei que você fosse aonde estivessem os mais ricos.

— Eu manterei a República — disse Danton.

— Por quê?

— Porque é a única coisa honesta que existe.

— Honesta? Com seu pessoal lá dentro?

— Pode ser que todos os componentes sejam corruptos, viciados, mas como um conjunto, sim, a República é um esforço honesto. Entre esses componentes estou eu, Fabre, Hébert, mas Camille também. Camille teria morrido pela República em 1789.

— Em 1789 Camille não tinha nada a perder. Agora tem dinheiro e poder, agora é famoso. Pergunte a ele se ainda está disposto a morrer.

— E a República tem Robespierre.

— Ah, sim, Robespierre morreria para fugir da filha do carpinteiro. Não tenho dúvida disso.

— Se você está determinado a continuar com esse cinismo, general, não há nada que eu possa fazer. Mas preste atenção, nós vamos criar uma nova Constituição. Será diferente de qualquer outra que o mundo já teve. Por meio dela todos terão direito de estudar e haverá trabalho para todos.

— Vocês nunca porão isso em prática.

— Não, mas até mesmo a esperança é uma virtude. E ainda assim, dará glória a nossos nomes.

— Nós chegamos a seu cerne, Danton. Você é um idealista.

— Preciso dormir, general. Tenho uma viagem pela frente.

— Quando você chegar a Paris irá diretamente à Convenção para me denunciar. Ou a um de seus comitês.

— Você devia me conhecer melhor. Eu não sou um delator. Mas não se iluda, outros o delatarão.

— Mas a Convenção estará à espera de seu relatório.

— Eu posso saborear essa espera até me sentir pronto.

O general levantou-se de súbito, aprumado e alerta.

— Boa noite, cidadão Danton.

— Boa noite, general.

— Mudou de ideia?

— Boa noite.

PARIS, 23 DE MARÇO.

— Sssh — disse Danton.

— Você finalmente chegou! — Louise falou.

— Sim. Sssh. O que estava fazendo?

— Olhando pela janela.

— Por quê?

— Tive a impressão de que você voltaria para casa.

— Seus pais me viram?

— Não.

— Oh, senhor — disse Marie, cobrindo a boca com as mãos. — Ninguém nos avisou de sua chegada.

— O que está acontecendo? — perguntou Louise em voz baixa.

— É um segredo. Você gosta de segredos, não gosta? As crianças estão dormindo?

— É claro que estão dormindo. Já passa das 21 horas. O segredo é sua presença aqui?

— Sim. Preciso de sua ajuda para me esconder.

Danton teve o prazer de ver aquele lindo queixo cair.

— Algum problema com você?

— Não. Mas se souberem que voltei terei de me apresentar diretamente à Convenção. Quero dormir pelo menos 24 horas, sem Escola de Equitação, sem comitês, sem qualquer tipo de política.

— É disso que você precisa, tenho certeza. Mas eles não querem saber o que o general Dumouriez disse?

— Saberão em breve. Então, vai me esconder?

— Não vejo como eu possa esconder um homem grande como você.

— Podemos tentar, não é?

— Podemos. Está com fome?

— Parece que estamos entrando em uma suposta domesticidade — ele disse, dando-lhe as costas abruptamente, caindo em uma cadeira e cobrindo os olhos com os dedos. — Não consigo pensar agora em uma forma de continuar... de levar avante minha vida. A única forma de honrar Gabrielle é me prender a ideias que ela não aprovava... dizer a mim mesmo que não tínhamos as mesmas opiniões, mas ela valorizava a verdade. Ao perseguir a verdade, afasto-me de qualquer coisa em que ela acreditava ou teria aceitado... — Louise notou que ele estava chorando. — Perdoe-me — ele disse.

Ela foi para trás da cadeira e pôs a mão no espaldar.

— Creio que você a amava, a seu modo.

— Eu a amava, do modo como todos amam. Houve um tempo em que pensei que não a amava mais, mas agora sei que é diferente.

— Se isso é verdade, cidadão Danton, por que passava tantas noites na cama de outras mulheres?

Ele olhou-a por um instante.

— Por quê? Por luxúria. Política. Para me sentir valorizado. Você deve me considerar um homem rude, insensível. Por que acha que tenho de tolerar esse tipo de inquisição?

— Não tive a intenção de ser cruel. Mas você não deve lamentar-se por algo que não existia. Vocês estavam mortos um para o outro.

— Não.

— Sim. Você não se conhece. Não se esqueça de que ela conversava comigo. Sentia-se sozinha e ameaçada; achava que você estava planejando divorciar-se.

Ele ficou horrorizado.

— Isso nunca me passou pela cabeça! Por que eu me divorciaria?

— É verdade, por que se divorciaria? Você tinha todas as vantagens de estar casado e nenhuma obrigação.

— Eu nunca me divorciaria de Gabrielle. Se soubesse que ela pensava isso... a teria tranquilizado.

— Você não via que ela se sentia amedrontada?

— Como podia ver? Ela nunca me disse nada.

— Você nunca estava aqui.

— Na verdade, nunca entendi as mulheres.

— Dane-se. Você se orgulhava disso, não é? Pois bem, estou farta de vocês, dos grandes homens e suas manifestações, não tenho palavras para dizer como me enojam. Às vezes eu ficava aqui com sua esposa enquanto você salvava o país.

— Nós temos de cumprir nossos deveres públicos.

— A maioria de vocês cumpre esses deveres públicos começando a beber às 9 horas da manhã e planejando ao longo do dia como passar o amigo para trás e fugir com sua mulher.

— Há uma exceção a isso — ele disse sorrindo. — Seu nome é Robespierre. Você não gostaria dele. Ora essa, nunca me ocorreu como você nos vê, um bando de bêbados e libertinos de meia-idade. Bem, Louise, o que acha que eu devo fazer?

— Se quiser salvar-se como ser humano, deve deixar a política.

— Como ser humano? Quais são as outras possibilidades?

— Creio que sabe o que quero dizer. Você não viveu como um ser humano nesses últimos anos. Precisa voltar a ser o homem que era antes... — disse, com um gesto.

— Eu sei. Antes da loucura. Antes da blasfêmia.

— Não ria.

— Não estou rindo. Mas seus julgamentos são muito severos, não são? Não sei se há esperança para mim. Se eu quisesse abandonar minha carreira, não saberia por onde começar.

— Podemos encontrar uma forma se você decidir.

— Podemos? Você acha mesmo?

Ele está rindo, pensou Louise.

— Se eu só o conhecesse pelos jornais, o consideraria um demônio. Teria medo de compartilhar o ar com você. Mas eu o conheço em pessoa.

— Estou vendo que você se propôs a uma tarefa. Quer me salvar de mim mesmo, não é?

— Eu prometi fazer isso.

Não se lembrava dos termos de sua promessa. Gabrielle lhe pedira para cuidar de seus filhos, mas teria pedido para cuidar de seu marido também?

NA MANHÃ SEGUINTE Louise deu ordens estritas às empregadas. Não deviam contar a ninguém que Monsieur estava em casa. Desceu cedo, antes da 7 horas, e encontrou-o acordado e vestido, lendo suas cartas.

— Vai sair, cidadão Danton?

Ele levantou os olhos e notou que ela estava desapontada.

— Não, vou ficar em casa. Mas não consegui dormir... há muita coisa em minha cabeça.

— E se chegar alguém e perguntar se você já voltou?

— Conte alguma mentira.

— Está falando sério?

— Sim. Preciso de tempo para pensar.

— Acho que não seria um pecado muito grave.

— Você se tornou muito liberal depois da noite passada.

— Não ria de mim. Não vou deixar ninguém entrar, e se encontrar alguém quando sair para fazer as compras...

— Mande Marie fazer as compras.

— Acho melhor Marie ficar em casa. Tenho medo de que ela o denuncie. Eu posso dizer que não vi você, que não sabemos quando vai voltar.

— É esse o espírito — disse, e voltou para suas cartas. Falava com gentileza, mas em um tom de cansaço e tédio.

Não sei como conversar com ele, pensou Louise. Gostaria de ser Lucile Desmoulins.

Às 9 horas Louise voltou, ofegante. Danton estava sentado diante de uma folha de papel em branco, com os olhos fechados.

— Não consigo escrever — disse, abrindo os olhos. — As palavras me vêm à mente, mas sem nenhuma emoção. Que bom que eu tenho um jornalista.

— Quando pretende reaparecer?

— Amanhã, creio. Por quê?

— Acho que não vai conseguir se esconder mais. Eu vi seu jornalista. Ele sabe que você está aqui.

— Como?

— Bem, ele não sabe, mas acha que está aqui. Eu neguei tudo, é claro. Felizmente consegui me controlar, mas ele não acreditou em nada do que eu disse.

— Então é melhor pedir desculpas e dizer, confidencialmente, que ele tem razão. Peça que ele me proteja dos malditos homens do comitê, e diga que ainda não decidi o que devo fazer com Dumouriez. Diga também que deixe tudo de lado e venha aqui à noite se embriagar comigo.

— Não sei se devo dar esse recado. É dissoluto.

— Se acha que isso é dissoluto, ainda tem muito a aprender.

NA MANHÃ SEGUINTE Louise acordou ainda mais cedo. Sua mãe saiu cambaleando do quarto, ajeitando seu xale.

— A essa hora! — disse. Sabia muito bem que as criadas de Danton estavam dormindo, não dentro do apartamento, mas no mezanino. — Você vai ficar sozinha com ele. E como vai entrar?

Louise mostrou a chave na palma da mão.

Entrou no apartamento sem fazer barulho, abrindo e fechando as portas que davam no escritório, onde Danton se encontraria se estivesse acordado. Mas decerto não estaria. Viu Camille na janela, de camisa, calças fofas, botas, cabelo despenteado. A mesa de Danton estava coberta de papéis escritos com a caligrafia de outra pessoa.

— Bom dia — ela disse. — Você está bêbado?

Notou que em uma fração de segundo ele tornou-se agressivo.

— Eu pareço bêbado?

— Não. Onde está o cidadão Danton?

— Eu acabei com ele. Levei três horas retalhando seu corpo. Pode me ajudar a entregar o que sobrou ao *concierge*? Francamente, Louise! Ele está dormindo, onde mais poderia estar?

— E está bêbado?

— Muito. Por que todo esse questionamento sobre bebedeira?

— Ele disse que era isso o que vocês iam fazer, embriagar-se.

— Entendo. E você ficou chocada?

— Muito. O que andaram escrevendo?

Ele foi até a mesa de Danton, sentou-se na cadeira e olhou-a de perto.

— Uma polêmica.

— Eu li alguns trabalhos seus.

— Bons, não é?

— Achei incrivelmente cruéis e destrutivos.

— Se meninas delicadas como você gostassem do que escrevo, eu não teria tido muito sucesso, não é?

— Acho que você não cumpriu o que tinham combinado. Acho que não ficou muito bêbado, se conseguiu escrever.

— Eu posso escrever em qualquer condição.

— Talvez isso explique um pouco. — Olhou as páginas, consciente dos olhos escuros e solenes fixos em seu rosto. Em volta do pescoço ele usava uma corrente de prata, mas o que pendia da corrente estava oculto nas dobras da camisa. Seria um crucifixo? Talvez as coisas não fossem tão más como pareciam. Sentiu vontade de tocá-lo, sentiu uma necessidade urgente de descobrir o que havia ali, e reconheceu de repente que passava por um instante de tentação, como diria seu confessor. Camille percebeu a direção daquele olhar e tirou de dentro da camisa um medalhão de prata. Dentro, mostrou sem falar, havia uma mecha de cabelo fino e encaracolado.

— De Lucile?

Ele fez que sim. Louise pegou o medalhão na palma da mão esquerda e os dedos da outra mão roçaram a nuca de Camille. Minha tentação se consumou, disse a si mesma. Pronto, terminou. De certa forma, sua vontade era amputar a própria mão.

— Não se preocupe — ele disse. — Seus sentimentos por mim passarão.

— Você é incrivelmente vaidoso.

— Bastante. E parece não haver razão para aprender a ser menos. Mas vocês, cidadãs, terão de aprender a controlar suas mãos.

Seu tom era tão mordaz que ela quase caiu em lágrimas.

— Por que está sendo tão desagradável comigo?

— Porque você começou perguntando se eu estava bêbado, o que não é considerado gentil nem mesmo nos padrões atuais, e também porque se alguém exibe sua força de madrugada é de se supor que esteja pronta para uma briga. Entenda, Louise, se pensa que está apaixonada por mim é melhor pensar de novo e acabar com isso o mais rápido possível. Não quero dúvida alguma nessa área. O que Danton tem permissão de fazer com minha mulher, e o que eu tenho de fazer com a dele são duas coisas muito diferentes. — Silêncio. — Não precisa ajeitar o rosto — disse Camille. — Você já ajeitou todo o resto.

Ela começou a tremer.

— O que ele disse? O que disse a você?

— Ele está encantado por você.

— Ele disse isso? O que ele disse?

— Por que eu lhe daria esse prazer?

— Quando ele disse isso? Na noite passada?

— Hoje de manhã.

— Que palavras usou?

— Não sei quais foram as palavras.

— Palavras são seu forte, não é? — disse ela aos gritos. — É claro que você sabe quais foram.

— Então ele falou: "Estou encantado por Louise."

Ela não acreditou, mas foi em frente:

— Ele falou sério? Como falou?

— Como?

— Sim, como?

— Como se fala às 4 horas da madrugada.

— E como se fala?

— Quando você se casar, terá a oportunidade de descobrir.

— Às vezes acho que você é mau. É uma palavra forte, eu sei, mas acho.

Camille baixou os olhos, com timidez.

— Eu tento, é claro. Mas, Louise, você não deve ser muito dura, pois terá de conviver comigo. A não ser que tente dizer não a ele, e não vai tentar, não é?

— Vou ver. Mas não acredito em você. A respeito de nada.

— Ele quer dormir com você. E só pode pensar em fazer isso casando-se. Um homem honrado, Georges-Jacques. Um homem honrado, pacífico e doméstico. Se eu tivesse essa ambição, seria bem diferente.

De repente deu um passo à frente, pôs os cotovelos sobre a mesa e as mãos sobre boca. Ela não sabia se Camille estava rindo ou chorando, mas logo ficou bem claro.

— Pode rir quanto quiser — falou friamente —, estou me acostumando com isso.

— Que bom, que bom. Quando eu contar a Fabre — disse entre soluços — sobre essa conversa, ele não vai acreditar. — Limpou os olhos e continuou. — Você vai ter de se acostumar com muita coisa, acho.

Louise olhou para ele.

— Não está sentindo frio?

— Estou — disse, levantando-se. — Acho bom eu me arrumar. Georges-Jacques e eu vamos ser eleitos para um comitê hoje.

— Que comitê?

— Você não quer saber os detalhes, quer?

— Mas como pode saber até a eleição ser realizada?

— Você tem muita coisa para aprender.

— Quero que ele deixe a política.

— Só por cima de meu cadáver — disse Camille.

Rompia a madrugada, impaciente. Louise sentiu-se desgastada com aquele encontro. Danton continuava dormindo.

DANTON FALOU na Convenção, e mais tarde no Clube dos Jacobinos.

— Mais de uma vez fui tentado a mandar prender Dumouriez. Mas, disse a mim mesmo: se eu der esse passo drástico e o inimigo aprender com isso, pensem o que aconteceria com seu moral. Se eles se beneficiassem com minha decisão, eu poderia ser considerado traidor. Cidadãos, deixo a cargo de vocês. O que teriam feito em meu lugar? O que você teria feito? — perguntou a Robespierre. Abril estava chegando, havia uma brisa fresca no ar da noite na rue Honoré. — Todos iremos até sua casa, Duplay. Quero apresentar meus respeitos à sua esposa.

— Será muito bem-vindo, cidadão Danton.

— É uma dessas situações em que teria sido melhor fazer *alguma coisa* — disse Saint-Just.

— Às vezes é melhor esperar para ver, cidadão Saint-Just. Já lhe ocorreu isso?

— Eu mandaria prendê-lo.

— Mas você não estava lá, não sabe. Não sabe o estado dos soldados, há muito a compreender.

— Não, é claro que não sei. Mas por que você pediu nossa opinião se não pensava em acatá-la?

— Ele não pediu sua opinião — disse Camille. — Ele não preza sua opinião.

— Eu mesmo irei à frente de batalha tentar desvendar esses mistérios — disse Saint-Just.

— Ótimo, falou Camille.

— Parem com essa infantilidade — Robespierre falou. — Bem, Danton, se você está satisfeito com sua própria opinião, se agiu de boa-fé, o que mais podemos pedir?

— Eu penso em pedir mais — retrucou Saint-Just.

Brount, preso por uma corrente, rosnou no pátio de Duplay. Robespierre aproximou-se e ele colocou as patas em seus ombros. Robespierre conversou um pouco com o cão, pedindo-lhe paciência até poder ter plena liberdade de novo. Eles entraram em casa. As mulheres Robespierre (como eram chamadas agora) estavam todas a postos. Madame parecia atenta e se comportava com uma benevolência intimidadora; seu objetivo de vida era encontrar um jacobino faminto, preparar-lhe alguma guloseima extravagante e depois dizer: "Eu dei de comer a um patriota!" Robespierre, a esse respeito, não lhe era muito útil. Desdenhava de seus melhores esforços.

Sentaram-se na sala de visitas onde estavam pendurados os retratos de Robespierre. Danton olhou em volta e viu Robespierre sorrindo abertamente, com meio sorriso, sério, de perfil, de frente, com ar combativo, com ar estudioso ou divertido, com um cachorro, com outro cachorro, sem cachorro. O próprio Robespierre parecia mais um item da exposição; manteve-se calado naquela noite, enquanto os outros falavam de Brissot, Roland e Vergniaud. Conversas intermináveis. O jovem Philippe Lebas foi para um canto e começou a cochichar com Babette. Não podia ser censurado por isso, pensou Danton. Robespierre olhou para ele e sorriu.

Outro caso amoroso nos intervalos do derramamento de sangue. Sempre se encontra tempo, sempre se encontra tempo.

QUANDO O MINISTRO DA GUERRA foi à Bélgica investigar a situação, Dumouriez mandou prendê-lo, juntamente com quatro representantes oficiais da Convenção, e entregou-os aos austríacos. Logo depois publicou um manifesto, anunciando que marcharia com o exército para Paris a fim de restaurar a estabilidade e a lei. Suas tropas amotinaram-se contra ele. Dumouriez atravessou a fronteira austríaca com o jovem general Égalité, Luís Philippe, filho do duque, e uma hora depois ambos foram feitos prisioneiros de guerra.

Robespierre para a Convenção:

— Exijo que todos os membros da família Orléans, conhecidos como Égalité, sejam levados ao Tribunal Revolucionário... E que o Tribunal seja responsável pelo processo contra outros cúmplices de Dumouriez... Preciso dar o nome de patriotas como messieurs Vergniaud e Brissot? Confio no bom-senso da Convenção.

A Convenção não demonstrou muito bom-senso, considerando as ocorrências que se seguiram. A Gironda tinha um arsenal de acusações contra Danton, como mentira, astúcia, desvio de verbas. Quando ele subia para a tribuna, a direita gritou seu insulto favorito: *bebedor de sangue*. O presidente pôs as mãos na cabeça e quase chorou, os adversários deram início a uma agressão corpo a corpo, e o cidadão Danton atracou-se com deputados que tentavam evitar que ele falasse em sua própria defesa.

Robespierre olhou da Montanha com uma expressão horrorizada. Danton chegou à tribuna, deixando para trás um monte de feridos. Parecia estimulado por aquela desordem.

— A luz do dia não me atemoriza — berrou para os bancos da direita. Philippe Égalité percebeu que os colegas de seus dois lados tinham se afastado, como se ele fosse Marat. Então surgiu o próprio Marat, mancando até a tribuna depois que Danton desceu.

Ao passar por Danton os olhos dos dois encontraram-se. Ele pôs a mão na pistola que estava no cinto, como que pronto para usá-la. Virando o corpo de lado, esticou um braço na borda da tribuna e observou sua plateia. Talvez, pensou Philippe Égalité, eu nunca mais o veja fazer isso.

Marat jogou a cabeça para trás e olhou em volta da câmara. Após uma longa pausa de efeito, riu.

— Esse homem faz meu sangue gelar nas veias — o deputado Lebas murmurou para Robespierre. — É como encontrar um fantasma em um cemitério.

— Sssh — disse Robespierre. — Ouça.

Marat subiu à tribuna e puxou o lenço vermelho enrolado no pescoço, mostrando que a graça terminara. Esticou o braço de novo e falou em um tom calmo e sem paixão. Sua proposta era muito simples: que a Convenção abolisse a imunidade parlamentar dos deputados para que pudessem ser julgados. A direita e a esquerda entreolharam-se, cada deputado imaginando seus inimigos pessoais caminhando em procissão para a máquina decapitadora do Dr. Guillotin. Dois deputados da Montanha, sentados separados, viraram-se e entreolharam-se por um instante, desviando depois o olhar, chocados. Ninguém olhava para Philippe. A proposta de Marat foi apoiada de ambos os lados.

Os cidadãos Danton e Desmoulins saíram juntos da Convenção, aplaudidos por uma multidão do lado de fora. Foram para casa. A tarde de abril estava fria e o céu, limpo.

— Eu gostaria de estar em algum outro lugar — disse Danton.

— O que vamos fazer com Philippe? Não podemos simplesmente entregá-lo a Marat.

— Podemos encontrar alguma fortaleza confortável na província para ele ficar por algum tempo. Estará mais seguro na prisão que solto aqui em Paris.

Os dois encontravam-se agora em seu próprio distrito, a República dos Cordeliers. As ruas estavam calmas; a notícia das ocorrências na Convenção em breve seriam conhecidas e também a notícia do terrível decreto da Convenção. Em outros pontos da cidade alguns deputados voltaram mancando para casa, para cuidar de suas contusões e ferimentos. Teriam tido um instante de loucura naquela tarde? O ar do cidadão Danton era de quem voltava de uma briga, mas esse ar era frequente nele.

Pararam em frente à Cour du Commerce.

— Quer subir para um copo de sangue, Georges-Jacques? Ou vamos abrir um borgonha?

Subiram, decididos a tomar o borgonha, e ficaram juntos até meia-noite. Camille anotou os pontos relevantes do panfleto que planejava escrever. Mas pontos relevantes não bastavam; cada palavra deveria corresponder a uma faca, e levaria algumas semanas para afiá-las.

MANON ROLAND estava de volta a seu pequeno apartamento na rue de la Harpe.

— Bom dia, bom dia — disse Fabre d'Églantine.

— Você não foi convidado a vir aqui.

— Eu sei — disse Fabre, sentando-se com as pernas cruzadas. — O cidadão Roland está em casa?

— Saiu para dar uma volta. Orientação médica.

— Como *está* a saúde dele? — Fabre perguntou.

— Não muito boa, infelizmente. Espero que esse verão não seja quente demais.

— Tempo quente, tempo frio, tudo causa problema aos inválidos, não é? Nós temíamos isso. Quando soubemos que o pedido de demissão do ministério do cidadão Roland estava em sua mão, alguém disse a Danton que ele não devia estar bem. E Danton disse... Não importa.

— Talvez você queira deixar um recado para meu marido.

— Não, não vim aqui especificamente para falar com o cidadão Roland, vim desfrutar alguns minutos de sua charmosa companhia. E encontrar o cidadão Buzot aqui é um prazer duplo. Vocês estão juntos com frequência, não é? Devem tomar cuidado ou poderão suspeitar de... conspiração — disse, com um riso de escárnio. — Mas creio que uma amizade entre um homem jovem e uma mulher mais velha pode ser bonita. É o que o cidadão Desmoulins sempre diz.

— Se não declarar o que veio fazer, vou expulsá-lo daqui — disse Buzot.

— É mesmo? Eu mal tinha notado que havíamos chegado a esse auge de hostilidade. Sente-se, cidadão Buzot, não é preciso usar de agressão física.

— Como presidente do Clube dos Jacobinos — Manon disse —, Marat apresentou à Convenção uma petição para proscrição de certos deputados. Um deles é o cidadão Buzot, que aqui está. Outro é meu marido. Eles nos querem diante de seu tribunal, 96 pessoas assinaram a petição. Não é o auge da hostilidade?

— Eu devo protestar — Fabre falou. — Os amigos de Marat assinaram, mas confesso que me assustei ao saber que ele tem 96 amigos. Danton não assinou. Robespierre tampouco.

— Camille Desmoulins assinou.

— Nós não temos controle sobre Camille.

— Robespierre e Danton não assinarão simplesmente porque foi Marat quem apresentou a petição. Vocês estão irremediavelmente divididos. Pensam que podem nos amedrontar, mas não vão nos tirar da Convenção, pois não têm número nem força para isso.

Fabre olhou-os pelo *lorgnette*.

— Gostaram de meu casaco? É um novo corte inglês.

— Você não vai conseguir nada e não representa ninguém. Danton e Robespierre receiam que Hébert aproprie-se das ideias deles, Hébert e Marat têm medo de Jacques Roux e de outros agitadores de rua. Você está apavorado pela possibilidade de perder sua popularidade, de não estar mais à frente da Revolução, por isso abriu mão de qualquer pretensão de conduta cavalheiresca decente. Os jacobinos são governados por sua galeria pública, e você faz o jogo deles. Mas tome nota do que digo: esses analfabetos andrajosos de quem vocês se aproveitam não são a França.

— Sua veemência me espanta — disse Fabre.

— Na Convenção há homens decentes do país inteiro, e vocês deputados de Paris não conseguirão intimidá-los. Esse tribunal, esse final da imunidade parlamentar, não funciona só para você. Nós temos nossos planos para Marat.

— Entendo — disse Fabre. — É claro que em certo sentido tudo isso foi desnecessário. Você poderia ter sido um pouco mais civilizada com Danton, e não deveria ter feito uma declaração dizendo que não gostaria de ter relações sexuais com ele. Ele é um bom homem, está sempre pronto a entrar em negociação, e não está interessado em derramamento de sangue. É que recentemente, com seus infortúnios pessoais, ele não tem estado tão calmo quanto era.

— Nós não queremos negociar — ela disse, furiosa. — Não queremos negociar com os que organizaram o massacre de setembro último.

— Que triste — Fabre falou, deliberadamente. — Pois até aqui foi uma questão de compromissos, mais ou menos aceitáveis, uma acomodação, e talvez, não vou negar, uma pequena entrada de dinheiro. Mas as coisas estão se tornando muito sérias.

— Já era hora — ela falou.

— Bem — ele falou, levantando-se —, devo enviar seus cumprimentos a alguém?

— Eu prefiro que não.

— Vocês têm muito contato com o cidadão Brissot?

— O cidadão Brissot conduz sua própria versão da Revolução, e Vergniaud também. Eles têm seus próprios seguidores e seus próprios amigos, é terrivelmente estúpido e injusto nos equiparar a eles.

— Creio que é inevitável, na verdade. Se vocês se veem, trocam informações, votam da mesma forma, por mais que seja coincidência, parecem uma facção para os que estão de fora. É isso o que os jurados pensariam.

— Visto sob esse prisma, vocês seriam julgados com Marat — disse Buzot. — Creio que você está sendo um pouco prematuro, cidadão Fabre. É preciso haver um caso para que haja um julgamento.

— Não tenha tanta certeza disso — Fabre replicou.

Na escada encontrou-se com o próprio Roland. Ele estava subindo para preparar uma petição, a oitava ou a nona, para que investigassem as contas do ministério de Danton. Tinha um ar desgastado e cheirava a infusões. Desviou os olhos opacos e preocupados dos de Fabre.

— Seu tribunal foi um erro — disse. — Estamos entrando em um tempo de terror.

BRISSOT lê, escreve, anda de um lado para outro, organizando seus pensamentos, dispersando sua boa vontade; propõe uma moção, dirige-se a um comitê, faz uma anotação. Brissot com seus grupinhos, suas facções, seus cochichos; com seus secretários e mensageiros, seus empregados, seus tipógrafos, sua claque. Brissot com seus generais, seus ministros.

— Quem é Brissot afinal? O filho de um pasteleiro.

Brissot, poeta, homem de negócios, conselheiro de George Washington.

Quem são os brissotistas? Uma boa pergunta. Quando se acusa os outros de um crime (especialmente de conspiração) e se recusa a julgá-los em separado, parecerá imediatamente que se trata de um grupo, um grupo coeso. Se disserem: você é um brissotista, você é um girondino, prove que não é. Prove que tem o direito a ser julgado separadamente.

Quantos são eles? Dez eminências: sessenta a setenta não entidades. Vejamos, por exemplo, Rabaut Saint-Étienne:

> Quando a Convenção Nacional for purgada desse tipo de homem e alguém perguntar o que era um brissotista, eu proporei que, para preservar um espécime perfeito, esse homem seja empalhado e mantido por inteiro no Museu de História Natural. Por essa razão me oponho a que ele seja guilhotinado.

Brissot: seus colaboradores e seus oradores, suas atas e seus memorandos, seus agentes e seus capachos.

Brissot: suas formas e seus meios, e seus meios para um fim, suas circunstâncias, suas manobras, seus *faux pas* e seus *bons mots*; seu passado, seu presente, seu mundo sem fim.

> Eu estabeleço como fato que os direitistas da Convenção, e principalmente seus líderes, são quase todos partidários da realeza e cúmplices de Dumouriez; que são dirigidos pelos agentes de Pitt, de Orléans e da Prússia; que pretendiam dividir a França em vinte ou trinta repúblicas federativas, que não deveria existir uma República. E mantenho que a história não apresenta um exemplo de conspiração comprovado com tanta clareza, com tantas probabilidades de peso, quanto a conspiração de Brissot contra a República Francesa.
>
> Panfleto de Camille Desmoulins: "Uma História Secreta da Revolução"

VII. Carnívoros

(1793)

NO ALTO da Escada da Rainha, nas Tulherias, há uma série de câmaras comunicantes, apinhadas de funcionários, secretários, mensageiros, oficiais do exército e fornecedores, funcionários da Comuna e dos tribunais; e de emissários do governo, de botas e esporas, esperando os despachos da última sala do conjunto.

Essa sala é hoje o escritório do Comitê de Segurança Pública. O Comitê existe para supervisionar o Conselho de Ministros e expedir suas decisões. A essa altura é chamado de Comitê de Danton, e todos se perguntam o que ele faz naquele santuário verde, com papel de parede verde, os cotovelos apoiados na grande mesa oval coberta por um pano verde. Danton considera essa cor negativa, perturbadora. Um candelabro de cristal no teto ilumina a sala, e as paredes espelhadas refletem seu pescoço taurino e a cicatriz do rosto. Às vezes ele olha os jardins pela janela. Na Place Louis XV, agora Place de la Révolution, a guilhotina está em funcionamento. Dessa sala, enquanto ele negocia a paz, imagina ouvir Sanson fazendo seu trabalho; ouve o rangido das peças móveis da máquina e o barulho surdo da lâmina. No momento são os oficiais do exército; pelo menos eles devem saber como morrer.

Em abril houve sete execuções, e decerto os números aumentarão. Os comitês de Seção estarão prontos para dar ordens de prisão, com acusações muito rápidas, como de patriota indiferente, simpatizante dos aristocratas, atuante no mercado negro, padres. Buscas nas casas, racionamento, recrutamento, passaportes, denúncias; é difícil saber onde os comitês de Seção terminam e os escritórios da Comuna começam. Houve um dia em que o Palais-Royal foi isolado pela polícia e todas as mulheres foram agrupadas. Suas carteiras de identidade foram tomadas, e durante pouco mais de uma hora ficaram se queixando aos gritos em volta de seus captores, com o rosto desesperançado sob a maquiagem; depois suas identidades foram devolvidas e lhes disseram que podiam ir aonde quisessem. O pequeno Terror de Pierre Chaumette.

Dali ele tem de observar os austríacos e os prussianos, os ingleses e os suecos; os russos e os turcos e o faubourg Saint-Antoine; Lyon, Marselha, Vendeia e a galeria pública: Marat no Clube dos Jacobinos e Hébert no Cordeliers; a Comuna, os comitês de Seção, o Tribunal e a imprensa. Às vezes pensa em sua esposa morta. Não pode imaginar o verão sem ela. Está muito cansado. Começa a afastar-se do Jacobinos e das reuniões noturnas do Comitê. Está deixando sua reputação escorrer pelos dedos; alguns dizem que ele está desanimando, outros dizem que *não se atreveria* a fazer isso. Às vezes Robespierre vai visitá-lo, em pânico, com crises de asma, torcendo as mangas e os colarinhos das roupas muito bem-cuidadas. Segundo Lucile, ele está se tornando uma caricatura de si mesmo. Quando Danton não está em casa, na companhia da pequena Louise, está com Desmoulins, praticamente vivendo com o casal, como Camille em outros tempos viveu com ele.

Sua corte a Lucile tornou-se uma formalidade, um hábito. Ele começa a perceber como ela é diferente daquelas mulheres simples e ocupadas, imprescindíveis ao conforto doméstico. Certo dia, depois de uma longa e cuidadosa leitura de Rousseau, ela anuncia que vai viver uma vida bucólica, afastada da capital; leva o filho, que chora ao ser separado da avó, para o campo e faz planos para sua educação. Com o cabelo solto nas costas e um grande chapéu de palha na cabeça, faz um pouco de jardinagem para aproximar-se da natureza, lê poesia à tarde no balanço do jardim, debaixo de uma macieira, e vai para a cama às 21 horas.

Dois dias depois o choro do afilhado de Robespierre começa a desesperá-la. Distribui ordens para buscarem ovos frescos e salada, e reaparece na rue des Cordeliers, preocupada com suas aulas de música e querendo saber se o marido a deixou. Você está com uma cara péssima, diz a ele. O que andou comendo? Com quem andou dormindo? Durante uma semana vai a festas e fica acordada até tarde, e o bebê volta para a casa da avó acompanhado da enfermeira.

Voltando ao estado de espírito anterior, deixa-se ficar deitada na chaise longue azul, tão absorta em seus devaneios que ninguém ousa interrompê-la, ninguém ousa dar uma palavra. Um dia sai de seus sonhos e diz: Georges-Jacques, às vezes eu penso que fantasiei a Revolução por completo, parece muito improvável para ser verdade. E será que fantasiei também Camille? Será que ele é um fantasma que invoquei do fundo de minha natureza, uma outra personalidade fantasmagórica que traz à tona meus desgostos?

Danton pensa nisso e depois nas próprias criações: a perda de dois filhos e uma mulher morta por falta de amor, segundo sua consciência; seus planos de paz falharam, e surgiu o Tribunal.

O Tribunal localiza-se no Palais de Justice, em uma câmara adjacente à prisão da Conciergerie, um salão gótico revestido de mármore. Seu presidente, Montané, é um homem moderado, mas quando for necessário será substituído. No próximo outono terão um espetáculo à parte na figura do vice-presidente Dumas, um homem de rosto vermelho, cabelo vermelho, que às vezes vai trabalhar alcoolizado. Preside a sessão com duas pistolas carregadas em cima da mesa, e seu apartamento na rue de Seine é uma verdadeira fortaleza.

O Tribunal tem um grupo de jurados, patriotas comprovados, escolhidos pela Convenção. Souberbielle, o médico de Robespierre, é um deles; transita discretamente entre a sala do tribunal, seu hospital e seu paciente particular mais famoso. Maurice Duplay também é um jurado. Não gosta desse trabalho e nunca fala sobre ele em casa. O cidadão Renaudin, um fabricante de violinos, causa uma súbita explosão de violência nos jacobinos certa noite, um dos incidentes gratuitos e deprimentes que acontecem a toda hora nesses dias. Levanta-se diante do cidadão Desmoulins para discutir, perde a cabeça, avança para cima dele e derruba-o no chão. Agarrado pelos seguranças e arrastado à força bruta, sua voz é ouvida até mesmo por cima do murmúrio indignado das galerias públicas: "Da próxima vez eu o matarei, da próxima vez eu o matarei."

O promotor público é Antoine Fouquier-Tinville, um homem moreno e rápido, que assume uma postura moralista; não é um patriota ostentoso como seu primo, mas muito mais trabalhador.

O Tribunal muitas vezes absolve, pelo menos no início. Vejamos Marat, por exemplo. Ele é indiciado pela Gironda, o cidadão Fouquier faz um julgamento superficial, e a sala do tribunal fica coalhada dos maratistas das ruas. O Tribunal dá o caso como nulo, e uma multidão, cantando, carrega o acusado até a Convenção e o Clube dos Jacobinos, onde sentam o pequeno demagogo sorridente na cadeira do presidente.

Em maio a Convenção Nacional muda-se da Escola de Equitação para o antigo teatro das Tulherias, que é remodelado para esse fim. Lá se vão os cupidos cor-de-rosa de covinhas, os camarotes vermelhos arredondados, o pó-de-arroz e o perfume, o farfalhar de sedas. O novo ambiente é composto de linhas e ângulos retos, estátuas de gesso com coroas de gesso, louros de gesso e carvalho de gesso. Uma tribuna quadrada para o orador, e por trás três imensas bandeiras tricolores penduradas quase na horizontal; ao lado, *memento mori*, o busto de Lepelletier. Os deputados sentam-se em fileiras em semicírculo, sem mesas para escrever. O presidente tem uma sineta, um tinteiro e um livro de anotações, que lhe são úteis quando 3 mil insurretos vêm dos faubourgs em bandos e ocupam o andar abaixo. A luz do sol insinua-se pelas frestas das janelas pesadas; nas tardes de inverno veem-se rostos indistintos nos bancos hostis. Quando as lâmpadas são acesas, o efeito é horrível, como se estivessem deliberando em catacumbas e a acusação fosse proferida por bocas invisíveis. Em uma luz ainda mais pálida, ouvem-se os gritos das galerias públicas.

Nessa nova câmara as facções reagrupam-se em seus antigos lugares. Legendre, o açougueiro, grita para um brissotista: "Vou matar você!" E o deputado retruca: "Mas primeiro terá de fazer passar uma lei provando que sou um boi." Um dia um brissotista cambaleia ao subir os nove degraus da tribuna. "É como subir para o cadafalso", reclama. Encantada, a esquerda grita para ele que sempre é bom ensaiar. Um deputado cansado põe a mão na cabeça e quando vê que Robespierre o observa tira a mão depressa.

— Não, não — diz —, ele vai imaginar que estou pensando em alguma coisa.

Com o passar do ano, certos deputados — e outros altos representantes da vida pública — aparecem com barba por fazer, sem casaco ou sem gravata, ignorando os hábitos de homens educados quando a temperatura sobe. Parecem gente do povo, que começa as manhãs lavando-se rapidamente na bomba do pátio e parando no bar da esquina de casa para um gole de bebida alcoólica, a caminho do trabalho manual de dez horas. Mas o cidadão Robespierre é o avesso de tudo isso; continua a usar seus sapatos com fivelas e o casaco listrado verde-oliva. Será o mesmo que usava no primeiro ano da Revolução? Ele não é pródigo em casacos. Já o cidadão Danton abre o colarinho engomado que incomoda seu pescoço grosso, e o cidadão Saint-Just usa a gravata cada vez mais alta e mais dura, mais bonita de se olhar. Usa também um brinco em uma só orelha, mas lembra menos um corsário que um banqueiro ligeiramente desarrumado.

Os comitês de Seção ocorrem em igrejas desativadas. Motes republicanos são pintados em preto nas paredes. Esses comitês distribuem uma carteira de cidadania, com endereço, emprego, idade e aparência, e enviam uma cópia para o Hôtel de Ville.

As vendedoras ambulantes vão de porta em porta com grandes cestas de tecidos de linho; debaixo dos tecidos levam ovos e manteiga, muito mais desejáveis. Os lenhadores estão sempre em greve por uma remuneração mais justa, a lenha custa o dobro do que custava em 1789. Frangos podem ser comprados à meia-noite, por alto preço, em uma viela nos fundos do Café du Foy.

Uma criança passou pelo mercado levando um pão; uma mulher com um penacho tricolor no chapéu jogou a criança no chão, pegou o pão, cortou-o em pedacinhos e jogou fora, dizendo que como não tinha pão, não queria que ninguém tivesse. As cidadãs do mercado mostraram-lhe a estupidez de sua ação, e ela as xingou de aristocratas. Em breve todas as mulheres com mais de 30 anos seriam guilhotinadas.

ROBESPIERRE sentou-se apoiado nos travesseiros. Convalescente agora, parecia jovem de novo. Seu cabelo crespo castanho-avermelhado não fora empoado. A cama estava coberta de papéis. O quarto cheirava a casca de laranja.

— O Dr. Souberbielle disse que não devo comer laranjas. Mas eu não consigo comer outra coisa. Disse também que se eu continuar viciado em frutas cítricas, não se responsabiliza por minha saúde. Marat me mandou um bilhete... Cornélia, minha querida, pode me dar um pouco de água fria? Mas bem fria, sim?

— É claro — diz ela, pegando a jarra.

— Muito bem — diz Camille.

— Tenho pensado nas coisas cada vez mais difíceis que desejo. Sempre lhe disse que as mulheres são uma inconveniência.

— Sim, mas sua experiência era apenas acadêmica na época.

— Traga sua cadeira para mais perto. Não posso falar muito alto. Não sei o que vamos fazer na nova câmara, só sei que o lugar era ocupado por um teatro, nada mais. As únicas pessoas que poderemos ouvir são Georges-Jacques e Legendre. Já era bastante ruim em Versalhes, depois veio a Escola de Equitação, e agora esse... estou com dor de garganta há quatro anos.

— Não fale sobre isso. Preciso fazer um discurso no Jacobinos hoje à noite.

Seu panfleto contra Brissot já estava sendo impresso, e o clube votaria naquela noite se deveria ser reimpresso e distribuído. Mas eles queriam ver e ouvir Camille. Robespierre compreendeu essa exigência.

— Eu não posso ficar doente — ele disse. — E Brissot, ele tem sido visto?

— Não.

— E Vergniaud?

— Também não.

— Estão quietos demais, devem estar arquitetando alguma coisa.

— Sua irmã Charlotte chegou lá embaixo. Por que estou conseguindo ouvir tudo hoje?

— Maurice mandou os homens pararem de trabalhar por causa de minha dor de cabeça. Isso é bom. Eléonore vai ter de ficar lá embaixo para não deixar Charlotte subir.

— Pobre Charlotte.

— É, mas pobre Eléonore também. Por falar nisso, peça a Danton para não ser tão rude com ela. Sei que Eléonore é muito feia, mas toda moça tem o direito de esconder isso daqueles que não a conhecem. Danton fica espalhando sua feiura por aí. Peça que ele não fale mais sobre ela.

— Mande esse recado por outra pessoa.

— Por que Danton não vem me ver? — Robespierre perguntou irritado. — Diga que eu falei que ele tem de fazer esse Comitê funcionar. Eles são todos patriotas, precisam ser mobilizados. A única coisa que pode nos salvar agora é uma forte autoridade central, os ministros são meras cifras, a Convenção é dividida em facções, o Comitê é que terá de agir.

— Calma — disse Camille. — Pense em sua garganta.

— A Gironda está tentando tornar o país ingovernável, incitando as províncias contra nós. O Comitê deve ficar alerta, os ministros não devem fazer nada sem a aprovação do Comitê. Danton deve receber diariamente um relatório por escrito de cada *département*... O que é, não acha uma boa ideia?

— Max, não sei se você está frustrado porque quer fazer um discurso, mas deveria estar de repouso absoluto, não é? É claro que não nos incomoda que o Comitê tenha esse poder, desde que seja dirigido por Danton. Mas o Comitê é eletivo, não é?

— Se ele quiser manter-se eleito, conseguirá. A propósito, como vai ele em termos pessoais?

— Chocado.

— Espero que pense em se casar de novo.

Maurice Duplay abriu a porta.

— Sua água — falou em voz baixa. — Desculpe. Eléonore, isto é, Cornélia, está lá embaixo entretendo sua irmã. Você não quer vê-la, não é? É claro que não. Como vai a dor de cabeça?

— Não estou com dor de cabeça — disse Robespierre bem alto.

— Sssh. Temos de ajudá-lo a melhorar — sussurrou para Camille. — É uma pena ele perder o discurso desta noite, mas eu estarei lá. — Camille cobriu o rosto com as mãos. Duplay lhe deu uma palmadinha no ombro e saiu na ponta dos pés. — Não o faça rir — falou da porta.

— Isso é ridículo — disse Robespierre, e começou a rir.

— O que você ia dizer sobre Marat? Ele lhe mandou um bilhete?

— Sim, Marat também está muito doente e não pode sair de casa. Você ouviu falar de Anne Théroigne?

— O que ela fez agora?

— Estava fazendo um discurso nos jardins das Tulherias quando foi atacada por um bando de mulheres, mulheres grosseiras da galeria pública. Théroigne ligou-se a Brissot e sua facção, por alguma razão que só ela conhece. Não posso acreditar que Brissot esteja feliz com isso. Ela escolheu a plateia errada, talvez tivessem pensado que se tratava de alguma mulher da moda imiscuindo-se na área delas. Ao que parece, Marat estava passando.

— E entrou na briga?

— Ele salvou-a. Afastou as mulheres e mandou-as parar com aquilo; um raro cavalheirismo do doutor, não é? Elas poderiam tê-la matado.

— Eu gostaria de que tivessem conseguido — disse Camille. — Desculpe-me por falar assim, mas não consigo me controlar. Nunca me esquecerei do que aquela puta fez no 10 de agosto.

— Oh, sim, o caso de Jean Suleau. Nós fomos amigos durante todos aqueles anos, mas ele acabou do lado errado, não foi? — Robespierre deixou a cabeça cair no travesseiro. — E ela também.

— É muita insensibilidade de sua parte falar assim.

— Poderia ter acontecido conosco. Se seguíssemos nossos critérios, nossas consciências, e se isso nos levasse a certos caminhos, talvez tivéssemos consequências. Brissot, afinal, pode estar agindo de boa-fé.

— Mas eu acabei de escrever um panfleto. Brissot conspira contra a República...

— Então você se convenceu. E vai convencer os jacobinos hoje à noite. Certamente, o grupo dele errou, agiu de forma idiota e negligente, e devemos expulsá-los da vida política.

— Mas, Max, você queria que eles fossem mortos em setembro. Tentou sugerir isso.

— Pensei que fosse melhor os descartarmos antes que fizessem mais estragos. Pensei nas vidas que poderíamos ter salvado... — Mexeu as pernas e alguns papéis caíram no chão. — Minha opinião foi considerada. E Danton — deu um ligeiro sorriso — desconfia de mim desde então. Ele acha que sou um animal imprevisível, com a chave de minha própria jaula.

— Mas agora você diz que Brissot pode estar agindo de boa-fé.

— Camille, você está julgando os resultados, não as intenções. Possivelmente ele não é culpado do que você vai acusá-lo hoje à noite, mas vou deixá-lo fazer o que quer. Quero essas pessoas fora da Convenção, mas eu, pessoalmente, ficaria feliz se não fôssemos além disso. O estrago já está feito, não podemos refazer o passado perseguindo-os. Mas outros não verão a situação da mesma forma. Não se pode esperar que vejam.

— Você os salvaria então, se pudesse?

— Não. Há períodos revolucionários em que viver é um crime, e as pessoas devem se entregar se for necessário. Talvez minha cabeça também seja exigida. Se essa hora chegar, não vou lutar.

Camille estava de costas para ele, correndo as mãos pelas prateleiras construídas por Maurice Duplay. Na parede acima, viu um curioso emblema esculpido por ele: uma águia grande e esplêndida com as garras estiradas, como a águia romana.

— Que heroísmo, mesmo estando doente — disse Camille lentamente. — A prudência é a serva da razão. É uma blasfêmia o homem raciocinar de forma contraditória, e recomendar em nome da prudência o que é proibido em nome da moralidade.

— Você diz isso, mas foi corrompido — disse Robespierre, cansado.

— Por dinheiro?

— Não. Há mais formas de se corromper alguém. Pode-se corromper por amizade. Suas ligações são muito... muito veementes. Seus ódios são muito súbitos, muito fortes.

— Está falando de Mirabeau, não é? Você nunca vai deixar de tocar nesse assunto. Eu sei que ele me usou, e me usou para propagar sentimentos nos quais não acreditava. E agora você está fazendo o mesmo. Não acredita em uma palavra do que me "deixa" dizer. É muito difícil aceitar isso.

— De certa forma — Robespierre falou pacientemente —, se não quisermos acabar como Suleau e essa mulher, Théroigne, temos de evitar as ciladas de nossas crenças pessoais, e nos considerar apenas como instrumentos de um destino que já foi traçado. Você sabe que teria havido uma Revolução mesmo antes de nascermos.

— Não acredito nisso — disse Camille. — Acreditar é uma injúria a meu lugar no universo. — Começou a catar os papéis do chão. — Se você quiser aborrecer Eléonore, isto é, Cornélia, fique jogando papéis no chão e peça para ela pegá-los, como os bebês fazem. Lolotte sai de perto quando me vê fazer isso.

— Obrigado, vou tentar — ele disse, em meio a uma crise de tosse.

— Saint-Just veio visitar você?

— Não. Ele não tem paciência para doenças.

Robespierre tinha olheiras fundas e arroxeadas. Camille lembrou-se de sua irmã, meses antes de morrer, mas recusou-se a continuar pensando nisso.

— Está bem. Você e Danton não têm problemas. Eu vou ter de gaguejar durante duas horas no Jacobinos, e provavelmente serei derrubado outra vez pelo fabricante de violinos e pisoteado por todo tipo de artesãos. Mas Danton passa as noites com a nova namorada e você fica em casa com febre. Se somos um instrumento do destino, como você diz, e qualquer um serve, por que você não tira férias?

— Nosso destino individual é de nosso interesse. Se eu tirasse férias, Brissot, Roland e Vergniaud começariam a planejar minha decapitação.

— Você disse que não se importaria. Aceitaria com toda a calma.

— Sim, mas há coisas que quero fazer antes. E as férias não seriam muito agradáveis se eu ficasse pensando nisso, não é?

— Santos não tiram férias — disse Camille. — E eu prefiro pensar que embora sejamos instrumentos do destino, ninguém pode nos substituir, pois somos como santos, agentes de um propósito divino, impregnados da graça de Deus.

Charlotte estava de saída também. Fora mais maltratada do que merecia, Camille pensou. Eles ficaram na rue Honoré, e ela seguiu caminho, com lágrimas escorrendo por seu rosto insolente e felino.

— Ele não me trataria assim se soubesse como me senti — ela disse. — Aquelas mulheres monstruosas estão transformando-o em algo que nenhum de nós reconhece mais. Ele hoje é um presunçoso, pensa em si próprio o tempo todo, considera-se maravilhoso. Eu sei que meu irmão é maravilhoso, mas não precisa ficar se gabando. Ele já não possui bom-senso ou senso de proporção.

Camille levou-a para a rue des Cordeliers. Annette estava lá. Olhou longamente para Charlotte e ouviu seus problemas. Ela sempre parecia, naquela época, uma pessoa pronta a dar conselhos mas nunca dava.

Naquela noite, todos tinham lugares reservados na galeria do Jacobinos

— Será um triunfo — disse Lolotte. No final da tarde, ele começou a entrar em pânico, como um gato dentro de um saco.

Que tipo de medo era aquele? Suas brigas com fabricantes de violinos não eram problema. O que detestava era a sensação da grande ocasião; a hora aproximando-se, os minutos passando, ele juntando papéis e dirigindo-se à tribuna, com uma perceptível onda de animosidade assim que saísse de seu lugar. Claude dissera: "Você é o Governo agora." Mas não era verdade. A maioria dos deputados do centro e da esquerda pensava que ele não devia ser membro da Convenção, que sua opiniões extremadas e sua defesa da violência deviam excluí-lo. Quando ele se levantava para falar, gritavam: "Procurador-Geral da Lanterna" e "*septembriseur*". Em certos dias isso o animava, alimentava sua arrogância; em outros, sentia-se doente e frio. Como podia saber de antemão que tipo de dia era aquele?

O dia em que a Gironda apresentou sua acusação contra Marat foi um dos maus dias. Seus asseclas superlotavam os bancos; quando se olhava para a Montanha, era surpreendente ver quantas pessoas estavam ausentes. Quem falará por Marat, aquele homem louco, venenoso e repelente? Camille falará. E deviam estar esperando por isso, pois o barulho foi orquestrado. Nós levaremos Marat a julgamento, gritavam, *e você irá com ele.* E gritavam também: *Seu bebedor de sangue.* Desça da tribuna, gritavam, antes que saia arrastado daí. Depois de quatro anos de Revolução, Camille sentia-se mais ameaçado que no Palais-Royal, quando a polícia invadiu o local.

Ficou ali o máximo que pôde, mas o presidente fez um gesto indicando que não havia nada a ser feito. O que os deputados sentiam por Marat era um misto de aversão e ódio, e transferiam esses sentimentos a Camille. E ele teve consciência, deve-se sempre ter consciência, de que os deputados não iam às reuniões desarmados. Danton os teria enfrentado, dominado e forçado a engolir seus insultos; mas ele não tinha essa capacidade. Parou de falar e contentou-se em olhar para os bancos barulhentos; meneou a cabeça para o presidente, pôs o cabelo para trás, e disse a si mesmo: "Bem, Dr. Marat, o primeiro sangue foi derramado por eles."

Quando voltou para os bancos da Montanha, tremendo, nem Danton nem Robespierre estavam lá, não quiseram envolver-se no assunto. François Robert, que temia Marat e detestava-o, desviou o olhar. Fabre olhou para ele, levantou as sobrancelhas e mordeu o lábio. Antoine Saint-Just deu um meio sorriso.

— Esse sorriso lhe custou muito esforço, não é? — disse Camille com raiva. Estava desesperado para sair dali, respirar um ar menos hostil, mas se fosse embora de repente a direita teria acrescentado a fuga à sua lista de triunfos. E diriam que não só tinham silenciado o partidário de Marat como o haviam mandado embora da câmara.

Após um intervalo ele saiu para os jardins das Tulherias. Quatro anos em salas mofadas e abafadas, quatro anos de contenção e medo. Georges-Jacques achava que a Revolução era uma oportunidade para ganhar dinheiro, mas agora a Revolução estava exigindo seu próprio preço. A maioria de seus colegas entregou-se ao álcool, alguns ao ópio; outros desenvolveram uma quantidade de doenças estranhas e súbitas, outros ainda passaram a cair em lágrimas indignas a um homem no meio de um dia de negócios. Marat tinha insônia, seu primo Fouquier, o promotor público, confidenciou-lhe que era perseguido todas as noites por sonhos de pessoas mortas passando por ele na rua. Pelo padrão geral, ele enfrentava a coisa bastante bem, mas não estava preparado para um problema como o daquele dia.

Em certo momento percebeu que era seguido por dois homens. Tomando uma decisão, virou-se e encarou-os. Eram dois soldados que guardavam a Convenção Nacional. Os soldados estavam a três passos de distância. Pôs a mão no coração e ficou surpreso com o tom calmo de sua própria voz.

— É claro que vocês vieram me prender. Suponho que sejam ordens da Convenção.

— Não, cidadão, não é isso. Se tivéssemos vindo prendê-lo seriam mais de dois soldados. Vimos o senhor andando por aqui sozinho e lembramos como o cidadão Lepelletier foi atacado e morto.

— É mesmo. Mas vocês não puderam fazer muito. A não ser que quisessem ficar heroicamente na frente dele — disse, esperançoso.

— Poderíamos pegar alguém — disse o soldado. — Um assassino. Estamos sempre à espreita desses conspiradores, como diz o cidadão Robespierre. — Hesitou, virou-se para o colega, tentando lembrar o que devia dizer. — Agora, podemos lhe oferecer uma escolta, cidadão deputado, para um lugar mais seguro?

— O túmulo — disse Camille. — O túmulo.

— Agora, pode tirar a mão dessa pistola que está no bolso de seu casaco? — falou o segundo soldado. — Está me deixando nervoso.

Esse dia, e naquele segundo de desespero, não foi um dia do qual gostasse de se lembrar. À noite, no Jacobinos, ele estaria entre amigos. Danton estaria lá, e se sentaria em seu lugar costumeiro, a seu lado. Ficaria calado, impassível, sabendo que não pode falar ou zombar por nervosismo. Em um dado momento ele caminharia lentamente até a tribuna, pois os patriotas sairiam de seus lugares para abraçá-lo; dos cantos escuros da galeria, onde os sans-culottes se reuniam, haveria aplausos e gritos de encorajamento. Depois silêncio. E quando ele começasse, pensando de antemão no que diria, para controlar a gagueira, para encadear as palavras, estaria pensando: não é de admirar que isso tudo seja tão confuso, ninguém sabe o que o outro está dizendo. Ninguém sabia em Versalhes, ninguém sabe agora; quando estivermos mortos, depois de alguns anos ninguém mais vai tentar nos ouvir, e alguém dirá: que importa? Nós escolhemos nosso próprio lugar nos silêncios da História, com nossos pulmões fracos e nossos problemas de fala, e nossas salas planejadas para outra atividade.

COUR DU COMMERCE.
GÉLY: Tenha piedade de nós, monsieur.

DANTON: Piedade? Para que desejam piedade? Pessoalmente, eu acho que vocês têm muita sorte.

GÉLY: Nós temos apenas essa filha.

MME. GÉLY: Ele quer matar nossa filha como matou a primeira esposa.

GÉLY: Cale a boca.

DANTON: Deixe-a falar. Deixe-a libertar os pensamentos que reprimiu.

GÉLY: Nós não compreendemos o que o senhor deseja dela.

DANTON: Eu tenho carinho por ela.

MME. GÉLY: O senhor podia ao menos ter a gentileza de dizer que a ama.

DANTON: A meu ver, o amor vem com os anos.

GÉLY: Há mulheres mais apropriadas.

DANTON: Isso cabe a mim decidir, não é?

GÉLY: Ela tem só 15 anos.

DANTON: E eu tenho 33. Casamentos assim acontecem todos os dias.

GÉLY: Nós pensávamos que o senhor fosse mais velho.

DANTON: Ela não está se casando comigo por minha aparência.

GÉLY: Por que não uma viúva, uma mulher mais experiente?

DANTON: Experiente em quê? Se vocês pensam que tenho esse apetite sexual gigantesco, saibam que é um mito, na verdade sou bastante normal.

MME. GÉLY: Por favor.

DANTON: Talvez seja melhor mandar essa mulher sair da sala.

GÉLY: Eu quis dizer experiente em cuidar de uma família.

DANTON: Meus filhos são ligados a ela, e ela a eles. Pergunte a Louise. E eu não quero uma mulher de meia-idade, quero ter mais filhos. Ela sabe cuidar da casa. Minha esposa lhe ensinou.

GÉLY: Mas o senhor recebe convidados importantes. Ela não saberia lidar com eles.

DANTON: Qualquer coisa que eu decidir serve para eles.

MME. GÉLY: O senhor é o homem mais arrogante do mundo.

DANTON: Se tem tanta pena de meus amigos, pode sempre descer e ajudar sua filha. Se sentir-se qualificada para isso. Ela pode ter tantas empregadas quanto quiser. Podemos nos mudar para um lugar maior, seria uma boa ideia; nem sei por que continuo aqui, talvez por hábito. Eu sou um homem rico. Tudo que ela quiser, basta pedir. Os filhos dela terão o mesmo direito à minha herança que os de meu primeiro casamento.

GÉLY: Ela não está à venda.

DANTON: Louise pode ter uma maldita capela particular e um padre só para ela, se quiser. Desde que seja um padre leal à Constituição.

LOUISE: Monsieur, não vou me casar em uma cerimônia civil. É melhor lhe dizer logo isso.

DANTON: Não entendi, minha querida.

LOUISE: Quero dizer que posso fazer tudo isso no Hôtel de Ville, mas quero um casamento de verdade também, com um padre de verdade que não tenha feito juramento.

DANTON: Por quê?

LOUISE: Caso contrário, não seria um casamento digno. Estaríamos vivendo em pecado e nossos filhos seriam ilegítimos.

DANTON: Que bobinha! Você não sabe que Deus é revolucionário?

LOUISE: Um padre digno.

DANTON: Você sabe o que está pedindo?

LOUISE: De outra forma não me caso.

DANTON: Você deve repensar sua exigência.

LOUISE: Estou tentando forçar você a fazer a coisa certa.

DANTON: Eu agradeço, mas quando você for minha esposa vai fazer o que eu mandar, e é bom começar desde já.

LOUISE: É a única condição que estou exigindo.

DANTON: Louise, não estou habituado a aceitar condições.

LOUISE: Então este é um bom começo.

TENDO FALHADO na ofensiva contra Marat, os deputados girondinos criaram um novo comitê para investigar as pessoas que, segundo eles, prejudicavam a autoridade da Convenção Nacional. Esse comitê prendeu Hébert, mas com a pressão das Seções e da Comuna, ele foi libertado. A 29 de maio, o Comitê Central das Seções entrou em "sessão permanente", termo que denotava a época de crise. A 31 de maio o toque de alarme soou três vezes de manhã, e os portões da cidade foram fechados.

Robespierre:

— Convido o povo a manifestar-se na Convenção e a expulsar os deputados corruptos... Declaro que, tendo recebido do povo a missão de defender seus direitos, considero meu opressor qualquer um que me interromper ou se recusar a me ouvir, e declaro que liderarei uma revolta contra o presidente e todos os membros que tentarem me silenciar. Declaro que eu mesmo punirei os traidores, e prometo ver todos os conspiradores como meus inimigos pessoais...

O girondino Isnard, presidente da Convenção:

— Se houver qualquer ataque aos representantes da nação, declaro a vocês, em nome de todo o país, que Paris será completamente destruída;

o povo buscará nas margens do Sena resquícios de Paris e não encontrará nada.

— ULTIMAMENTE NINGUÉM TEM DORMIDO em casa — disse Buzot. — Não é seguro. Já pensou em sair daqui agora?

— Não, ainda não pensei — Manon respondeu.

— Você tem uma filha.

Ela pôs a cabeça sobre uma almofada e esticou o pescoço em um movimento lânguido.

— Isso não vai influenciar minhas ações — disse, fechando os olhos.

— Influenciaria, para a maioria das mulheres.

— Eu não sou a maioria das mulheres. Você sabe disso. — Abriu os olhos e continuou: — Pensa que eu não tenho sentimentos? Não é isso. Mas há mais em jogo aqui que meus sentimentos. Não vou sair de Paris.

— As Seções estão se insurgindo.

— Você está com medo?

— Estou com vergonha das coisas terem chegado a esse ponto. Afinal, nós trabalhamos muito e tivemos esperanças.

O instante de langor acabou. Manon sentou-se, com o rosto iluminado.

— Não desista! Por que está falando assim? Temos a maioria na Convenção. O que Robespierre pensa que pode fazer contra nossos números?

— Você não deve subestimar as atitudes de Robespierre.

— Pensar que eu lhe ofereci abrigo em minha casa, na época do Champs-de-Mars! Eu o estimava. Considerava-o um porto seguro de tudo que era lógico, razoável e decente.

— Você não foi a única a ser enganada por ele — Buzot falou. — Robespierre nunca perdoou as vítimas de suas ofensas, nem as gentilezas que recebeu delas, nem os talentos que alguns tinham e ele não. Você fez a escolha errada, minha querida, devia ter estendido a mão a Danton.

— Aquele patife me enoja.

— Não falei em sentido literal.

— Quer que eu diga o que Danton pensa? Vocês parecem não saber. Aos olhos dele, meu marido, Brissot e todos vocês são um bando de intelectuais exaustos com boas maneiras. Para ele, os homens são cínicos de estômago forte, aduladores, carnívoros, homens que destroem por amor à destruição. Por isso trata vocês com desprezo.

— Não, Manon, não é verdade. Ele ofereceu-se para negociar. Ofereceu uma trégua. Nós recusamos.

— É o que você diz, mas na realidade sabe que não é possível negociar com ele. Ele impõe os termos e espera que vocês os aceitem. No final, age a seu modo.

— É possível que você esteja certa. Então não resta muito mais, não é? E nós, Manon, não temos nada.

— Se não temos nada — ela disse —, então Danton não tem o que tirar de nós.

MANIFESTAÇÕES ARMADAS do lado de fora da Convenção. Dentro, os delegados das Seções com a lista de deputados que pretendiam expulsar e banir. Mas a maioria não se dividiu. Robespierre ficou branco como a folha de papel que escorregou de sua mão; subiu à tribuna para pedir apoio, fazendo uma pausa elaborada entre cada frase. Vergniaud desafiou-o:

— Acabe com tudo, então!

Robespierre jogou a cabeça para trás.

— Sim, vou acabar com vocês.

Dois dias depois a Convenção foi rodeada por uma imensa multidão, calculada em cerca de 80 mil pessoas, quase todas armadas; na frente vinha a Guarda Nacional, com baionetas caladas e um canhão. A reivindicação do povo era a expulsão de 29 deputados, entre eles Buzot, Vergniaud, Pétion, Louvet, Brissot. Ao que parecia, os soldados e os sans-culottes pretendiam prender os deputados até que eles concordassem com os termos. Hérault de Séchelles, o presidente do dia, tirou um grupo de deputados da câmara e levou-os em fila para uma área ao ar livre, achando que com esse gesto dissolveria a hostilidade mútua. Os canhoneiros ficaram a postos. Do alto do cavalo, o comandante deles dirigiu algumas palavras ao presidente da Convenção, Hérault de Séchelles, para que ele entendesse que era considerado um patriota, mas que o povo não seria tapeado.

Hérault sorriu, com ar distante. Ele e seus colegas estavam dando um toque final na Constituição Republicana, o documento que outorgaria à França liberdade para sempre. "Nós entendemos perfeitamente a situação", observou, de forma quase inaudível. Andando à frente da longa fila, levou os homens encurralados de volta à câmara. Vários sans-culottes perambulavam pelos bancos, trocando elogios com os deputados da Montanha, que sabiam exatamente o que estava ocorrendo, mas não se preocuparam em agir.

O deputado Couthon, o santo da cadeira de rodas, tomou a palavra:

— Cidadãos, todos os membros da Convenção devem estar agora seguros de sua liberdade. Vocês marcharam em favor do Povo. Encontraram homens bons, generosos, incapazes de ameaçar a segurança de seus delegados, e indignaram-se com os conspiradores que desejam escravizá-los. Agora que reconhecem sua liberdade de deliberação, apresento uma acusação formal contra os membros denunciados.

Robespierre pôs a cabeça entre as mãos. Estaria rindo do súbito disparate que o santo acabara de dizer? Ou estaria se sentindo mal? Ninguém ousou perguntar. Parecia que de cada crise ele saía mais fortalecido.

MANON ROLAND passou o dia na antecâmara do presidente, esperando, a cabeça coberta por um xale preto. Vergniaud dava-lhe as más notícias de hora em hora. Ela tinha preparado uma palestra para ser lida na Convenção, mas cada vez que a porta se abria, chegava-lhe aos ouvidos um barulho horrível. Vergniaud disse:

— Veja por si mesma qual é a situação. Ninguém pode dirigir-se aos deputados enquanto continuar esse tumulto. Você, como mulher, deve ser um pouco mais respeitada, mas francamente... — E sacudiu a cabeça.

Ela esperou. Na próxima vez em que ele entrou, disse:

— Daqui a uma hora e meia, talvez, mas não posso prometer nada. Nem posso prometer que tipo de recepção você terá.

Uma hora e meia? Ela já estava fora de casa havia muito tempo. Não sabia onde estava o marido. Mas como tinha esperado o dia todo, ficaria um pouco mais para acabar com aquilo.

— Não tenho medo, Vergniaud. Talvez eu possa dizer coisas que você não pode. Avise a seus amigos. Diga-lhes que se preparem para me apoiar.

— A maioria deles não está aqui, Manon.

Ela olhou-o, perplexa.

— Onde estão então?

Ele deu de ombros.

— Nossos amigos têm fibra. Mas creio que não têm energia.

Manon saiu e foi para a casa de Louvet. Como não o encontrou lá, voltou para casa. As ruas estavam apinhadas, a carruagem atravessava lentamente a multidão. Ela mandou o cocheiro parar, desceu e pagou-lhe. Andou rapidamente, cada vez mais rápido, com o rosto coberto pelo manto preto, como uma personagem de romance correndo para encontrar seu amante.

No portão o *concierge* pegou-a pelo braço. Monsieur trancara a casa e fora para o apartamento do locador, nos fundos. Ela bateu na porta. Roland já tinha saído, disseram. Para onde? Para uma casa no final da rua.

— Madame, descanse um pouco, ele está seguro lá, tome um copo de vinho.

Ela sentou-se diante da lareira vazia; já era junho, e a noite estava quente. Trouxeram-lhe um copo de vinho.

— Não tão forte, dissolva com um pouco de água — ela disse. Mesmo assim, sua cabeça começou a girar.

Roland não estava na casa indicada, mas ela o encontrou na casa ao lado, andando de um lado para outro. Ela ficou surpresa, pois tinha imaginado seu corpo ossudo dobrado em uma cadeira, tossindo, tossindo.

— Manon, precisamos sair daqui. Eu tenho amigos, tenho planos. Vamos sair desta maldita cidade hoje à noite — ele disse.

Trouxeram-lhe uma xícara de chocolate com creme.

— Que bom está este chocolate! — ela falou. O sabor aliviou sua garganta, a garganta onde as palavras tinham morrido.

— Entendeu? Não é hora de falsos heroísmos, de ficarmos até o final. Sou forçado a tomar providências para me salvar, pois em uma data futura talvez precise voltar para reassumir o gabinete. Devo me preservar se quiser ser de alguma utilidade para a nação. Entendeu?

— Entendi. Mas eu devo voltar à Convenção hoje à noite.

— Manon, pense em sua segurança, pense na segurança de sua filha...

Ela pôs a xícara na mesa.

— Que estranho. Não é tarde, mas parece ser. — Suas vidas esvaíam-se. Os dois pareciam inquilinos de uma casa sendo esvaziada; quando os transportadores terminassem a mudança, sobraria o chão nu, pedaços de louça quebrada, rastros de poeira. Pareciam os últimos clientes de um café, quando os relógios marcam as horas de forma ameaçadora e os garçons começam a pigarrear, como que dizendo: terminem a conversa agora, paguem a conta e saiam no frio da noite. Manon levantou-se e atravessou a sala. Beijou-o no rosto, sentindo com os lábios seus ossos protuberantes. Roland manteve-se imóvel.

— Você me traiu? — ele perguntou. — Você me traiu?

Ela pôs o dedo em seus lábios, encostou o rosto no dele, sentindo por um instante o ligeiro odor de seus pulmões doentes.

— Nunca — respondeu. — Cuide-se agora. Evite beber e não coma carne que não seja bem cozida. Não toque em leite, a não ser que venha de um lugar limpo. Coma peixe branco ensopado. Tome uma infusão de valeriana quando se sentir agitado. Mantenha o peito e a garganta quentes, não saia na chuva. Tome uma bebida quente para ajudá-lo a dormir. Escreva para mim.

Fechou a porta com cuidado e saiu. Nunca mais o veria.

VIII. Contrição imperfeita

(1793)

— CREIO QUE não tínhamos um... objetivo firme — disse Danton. — A prisão domiciliar provou não ser eficaz. Precisamos nos lembrar disso no futuro. Sei que a madamezinha está segura, mas preferia ter apanhado seu marido, além de Buzot e alguns outros que estão agora a caminho de um cantinho aconchegante na província.

— Exílio — disse Robespierre. — Marginalidade. Não considero a condição de um fugitivo confortável. De qualquer forma, eles se foram.

— Para criar problemas.

— Os criadores de problemas das províncias são quase sempre monarquistas. — Robespierre começou a tossir. — Droga. — Secou os lábios com o lenço. — A maioria de nossos girondinos refugiados é regicida. Mas tenho certeza de que vão tentar nos dar trabalho.

Danton estava frustrado. Quem conversava com Robespierre tentava falar as coisas certas; mas o que era certo nesses dias? Quem se dirigia ao militante encontrava um pacifista de ar reprovador. Quem se dirigia a um idealista via-se na companhia de um político profissional alegre e animado. Quem pensava nos meios devia pensar nos fins; quem pensava nos fins devia pensar nos meios. Quem fizesse uma suposição via essa suposição derrubada; a convicção de ontem não valia mais nada. Qual era a queixa de Mirabeau sobre Robespierre? *Ele acredita em tudo o que diz.* Devia haver uma camada em Robespierre, um estrato profundo, onde todas as contradições eram solucionadas.

Brissot estava a caminho de Chartres, sua terra natal; de lá iria para o sul. Pétion e Barbaroux tinham seguido para Caen, na Normandia.

*

— ESTE SÓTÃO onde você mora... — disse Danton ao padre, consternado. Segundo sua experiência, os padres sempre pensavam em seu conforto.

— Não é de todo mau agora que o inverno terminou. Melhor que a prisão, de qualquer forma.

— Você já esteve na prisão? — O padre não respondeu. — Eu me pergunto, padre, por que você se veste como um bancário ou como um lojista respeitável? Você não é um sans-culotte?

— Nos lugares aonde vou, visto-me de forma mais discreta.

— Você dá aulas para os burgueses?

— Não exclusivamente.

— E acha que eles são adeptos da ordem antiga? Isso me surpreende.

— Os trabalhadores têm muito medo de autoridade, M. Danton, quem quer que a represente. E estão muito ocupados, como sempre, em enfrentar as necessidades da vida.

— E em consequência são espiritualmente degradados, é isso o que quer dizer?

— Monsieur não veio aqui para discutir política com um padre. O senhor conhece minhas funções. Eu presto obediência a César, o resto não me compete.

— Mas você não me considera César, não é? Alega que está acima da política, mas escolhe seu César.

— Monsieur veio aqui para que eu ouça sua confissão antes do casamento com uma filha da Igreja. Por favor, não discuta, pois nessa questão não pode vencer nem perder. O caso lhe é desconhecido, eu sei.

— Posso saber seu nome?

— Eu sou o padre Kéravenen. Fui da igreja Saint-Sulpice. Agora podemos começar?

— Há muitos anos não me confesso. Se não me falha a memória, por metade de minha vida.

— Mas o senhor ainda é jovem.

— Sou, mas minha vida foi cheia de incidentes.

— Quando somos crianças, aprendemos a fazer um exame de consciência todas as noites. O senhor deixou de fazer isso?

— Um homem precisa dormir.

O padre deu um sorriso triste.

— Talvez eu possa ajudá-lo. O senhor é filho da Igreja, suponho que não tenha se ligado a qualquer heresia; talvez tenha sido negligente, mas reconhece que a Igreja é a Igreja verdadeira, o caminho da salvação?

— Se houver salvação, não vejo outro caminho.

— O senhor acredita em Deus, monsieur?

Danton pensou.

— Sim, mas... eu acrescentaria uma lista de condições.

— Meu conselho é que paremos por aqui. Não nos cabe acrescentar condições. Seu próprio culto, suas próprias obrigações como católico... o senhor cumpriu ou negligenciou?

— Eu recusei.

— Mas cuidou do bem-estar espiritual daqueles que estão sob sua guarda?

— Meus filhos são batizados.

— Ótimo. — O padre pareceu encorajado. Olhou para cima, e seu olhar perspicaz pegou Danton de surpresa.

— Vamos examinar a área de seus possíveis delitos? Assassinato?

— Não exatamente.

— Pode dizer isso com plena consciência?

— Esse é um sacramento da Igreja? Mais parece um debate na Convenção Nacional.

— O senhor tem razão — disse o padre. — E os pecados da carne?

— Os de sempre, padre. Adultério.

— Quantas vezes?

— Eu não mantenho um diário como se fosse uma garota apaixonada, padre.

— E se arrepende disso?

— Do pecado? Sim.

— Porque isso ofende a Deus?

— Porque minha esposa morreu.

— O que o senhor expressa é uma contrição imperfeita, originada de nossa apreensão de punição e dor, e não uma contrição perfeita, originada do amor a Deus. Entretanto, é o que a Igreja exige.

— Eu conheço a teoria, padre.

— E tem firme propósito de mudar?

— Pretendo ser fiel à minha segunda esposa.

— Podemos passar agora a outras questões: inveja, talvez, raiva, orgulho...

— Ah, os pecados capitais. Eu assumo os sete, com exceção da preguiça. Fui sempre muito trabalhador. Se tivesse um pouco mais de preguiça, talvez não pecasse tanto em outras direções.

— E calúnia...

— Essa é uma questão política, padre.

— Mais uma vez, monsieur, quando somos crianças aprendemos os dois pecados contra o Espírito Santo: presunção e desespero.

— Minha tendência atualmente é ao desespero.

— O senhor sabe que não estou falando de questões mundanas, e sim de questões espirituais. Desespero de salvação.

— Não tenho esse tipo de desespero. Quem sabe? A misericórdia divina é muito estranha. É o que digo a mim mesmo.

— Monsieur, o senhor lhe deu o crédito por ter vindo aqui hoje e dado o primeiro passo em seu caminho.

— E o que existe no fim do caminho?

— No fim do caminho está o rosto de Cristo crucificado.

Danton estremeceu.

— Então vou receber a absolvição?

O padre inclinou a cabeça.

— Eu não sou muito penitente.

— Deus se dispõe a ir além do limite. — Dizendo isso, levantou a mão, fez o sinal da cruz e murmurou uma frase. — É um começo, M. Danton. Eu lhe disse que estive na prisão, mas tive a sorte de fugir, em setembro passado.

— E onde esteve depois disso?

— Não importa. Mas saiba que estarei aqui quando precisar de mim.

— NO JACOBINOS na noite passada...

— Não me diga, Camille.

— Eles perguntaram: onde está Danton? Faltou de novo!

— Ando ocupado com o Comitê.

— Sim. Às vezes. Mas nem sempre.

— Pensei que você não aprovasse o Comitê.

— Eu aprovo você.

— E então?

— Se continuar desse jeito, não será reeleito.

— Você não se lembra de que logo que se casou queria um pouco de tempo para si mesmo? E que Robespierre costumava aparecer e repreendê-lo porque você estava negligenciando seus deveres públicos? Bem, acho que deve ser o primeiro a saber. Vou me casar com a filha de Gély.

— Imagine! — disse Camille.

— Planejamos assinar o contrato de casamento dentro de quatro dias. Pode verificar o contrato? Em meu estado de espírito pretensamente irresponsável, eu poderia pôr as palavras na ordem errada. E você sabe como um erro pode custar caro.

— Por quê, há alguma coisa diferente nesse contrato?

— Vou deixar minhas propriedades para ela. Todas. Vou fazer isso ainda em vida.

Fez-se longo silêncio, interrompido por Danton.

— Nunca se sabe. Se eu sofrer um acidente, tudo irá parar nas mãos do Estado. Se perder a cabeça, não haverá razão para perder minhas terras também. Por que está com esse ar de raiva?

— Arranje outro advogado — Camille gritou para ele. — Eu me recuso a tomar parte em seu Declínio e Queda. — Bateu a porta e saiu.

Louise veio do apartamento de cima. Olhou-o, com ar muito solene, e pôs a mãozinha na mão dele.

— Para onde Camille foi?

— Foi ver Robespierre, creio. Ele sempre vai à casa de Robespierre quando nós brigamos.

Talvez, pensou Louise, um dia ele não volte. Não falou em voz alta, pois seu futuro marido era um homem sensível sob vários aspectos.

— Você e Camille se conhecem muito bem — disse apenas.

— Intoleravelmente bem. Então, meu amor, quero lhe dizer uma coisa; não é sobre política, é apenas uma palavra de advertência. Se eu um dia chegar em um quarto e encontrá-la sozinha com Camille, eu a matarei.

— Se você um dia me encontrar sozinha com Camille, um de nós estará morto.

— DESEJO-LHE muitas felicidades, Danton — disse Robespierre. — Camille falou que você enlouqueceu, mas, meu Deus, suponho que saiba o que está fazendo. Por favor, perdoe-me, mas preciso lhe dizer uma coisa: sua atitude com os deveres públicos nos dois últimos meses não tem sido absolutamente o que a República espera de você.

— E suas doenças cada vez mais frequentes, Robespierre?

— Não posso evitar.

— Eu não posso evitar me casar. Preciso ter uma mulher.

— Nós sabemos que precisa — Robespierre murmurou —, mas é necessário usar todo o seu tempo com elas? Não pode se satisfazer e voltar para o trabalho?

— *Satisfazer-me?* Meu Deus, você tem uma opinião terrível a meu respeito! Eu preciso de um lar: uma esposa, filhos à minha volta, uma casa bem organizada. Pensei que você, mais que qualquer um, compreendesse.

— Verdade? Pensei que ninguém imaginaria que eu pudesse compreender, já que sou um solteirão.

— Você é quem sabe. Pensei que valorizasse a vida familiar, era essa minha impressão. De qualquer forma, compreendendo ou não, desagrada-me essa implicação de que tudo que eu faço é de domínio público.

— Não precisa zangar-se.

— Às vezes tenho vontade de fazer as malas e sair amanhã mesmo desta cidade, voltar a minhas origens, cuidar de minha terra...

— Sentimental — disse Robespierre. — Você pode fazer isso, Danton, sabe muito bem. Se precisar ir, vá. Preferimos que fique conosco, mas ninguém é indispensável. Vá me ver antes de ir embora, está bem? Podemos beber alguma coisa ou algo do tipo.

Robespierre resistiu à tentação de olhar para trás, para onde Danton estava. É divertido atormentá-lo, pensou, causar essas explosões rudes. Não é de surpreender que Camille tenha passado dez anos atormentando-o.

CAMILLE DEITOU-SE na cama de Robespierre e olhou para o teto, com as mãos por trás da cabeça. Robespierre sentou-se na mesa.

— Parece um casamento peculiar — disse.

— Sim. Há dezenas de mulheres com quem ele poderia se casar. Ela não é assim tão bonita, e não vai lhe trazer dinheiro algum. Ele está apaixonado por essa menina, perdeu o senso de proporção. E a família dela é monarquista e fanaticamente religiosa.

— Desculpe-me, mas eu ainda estava pensando no que falamos sobre a questão Dumouriez. Continue.

— Ah, sim. Louise está pondo todo tipo de ideias na cabeça dele.

— Eu nunca pensaria que uma menina daquela idade pudesse pôr ideias na cabeça de Danton.

— No momento ele está muito susceptível.

— Quer dizer, com ideias monarquistas?

— Não exatamente, mas está abrandando. Disse que não queria que Maria Antonieta fosse a julgamento. É claro que ele racionaliza isso, diz que ela é nosso último trunfo de barganha, que seus parentes europeus teriam mais boa vontade de aceitar termos de paz se ela estivesse viva.

— Seus parentes não se importam com a vida dela. Se Maria Antonieta não for a julgamento, a existência do Tribunal é uma farsa. Ela entregou nossos planos militares para os austríacos, é uma traidora.

— Georges disse também que não adianta caçar o grupo de Brissot, pois eles já estão fora da Convenção. Aliás, você falou a mesma coisa.

— Só estritamente em particular, Camille. Era uma visão pessoal minha, não uma recomendação para a nação.

— Minhas visões pessoais e minhas visões públicas são as mesmas. Eles irão a julgamento, se depender de mim.

— E se depender do Dr. Marat. — Robespierre virou algumas páginas do que estava folheando. — As iniciativas de paz de Danton não parecem obviamente bem-sucedidas, não é?

— Não, ele gastou por volta de 4 milhões na Rússia e na Espanha. Em breve haverá paz a qualquer preço. Esse é um aspecto dele que as pessoas não conhecem. Paz e tranquilidade.

— Ele ainda tem contato com aquele inglês, Mr. Miles?

— Por quê?

— Só estava imaginando.

— Creio que os dois jantam juntos de tempos em tempos.

Robespierre pegou seu pequeno volume de Rousseau e começou a folheá-lo distraidamente, virando as páginas com o polegar.

— Diga-me uma coisa, Camille, seja inteiramente honesto comigo. Você acha que Georges-Jacques tem se comportado escrupulosamente em relação aos contratos do exército?

— Como posso responder a isso? Você sabe como ele se financia.

— Percentagens, propinas... sim, nós temos de aceitá-lo com todas as suas falhas, mas não posso imaginar o que Saint-Just diria se me ouvisse. Talvez dissesse que eu sou conivente com a corrupção, o que é de fato outra forma de ser corrupto... Você acha que podemos salvar Danton de si mesmo? Pegar alguns peixes pequenos?

— Não — disse Camille, virando-se de lado e olhando para Robespierre, com a cabeça entre as mãos. — Peixes pequenos levam a tubarões, quaisquer que sejam. Danton é valioso demais para ser posto em posições difíceis.

— Eu detestaria ver Danton perder seu valor. Quanto a seu contrato de casamento, estou preocupado. É claro que significa apenas uma coisa: ele receia que em certo ponto no futuro ele próprio vá a julgamento.

— Você disse quase a mesma coisa. Que em certo ponto você poderia, a despeito de si próprio, tornar-se um obstáculo para a Revolução. Que estava preparado para isso.

— Oh, *mentalmente* preparado; alguma humildade faria bem a todos nós, mas eu não chegaria ao ponto de ajeitar meus negócios antecipadamente. O que precisamos fazer é tentar ao máximo afastar Danton de envolvimentos perigosos.

— Não vejo nenhuma perspectiva de um divórcio imediato.

Robespierre sorriu.

— Onde eles estão hoje?

— Em Sèvres, com os pais de Gabrielle. Todos ótimos amigos, terrivelmente íntimos. Vão comprar um chalé onde poderão ficar absolutamente sozinhos, e nenhum de nós saberá onde fica.

— Por que ele mencionou isso então?

— Ele não mencionou. Foi Louise que fez questão de me contar. — Camille sentou-se. — Preciso ir embora. Tenho um compromisso à noite. Mas não para jantar com Mr. Miles.

— Com quem?

— Ninguém que você conheça. Pretendo me divertir bastante. Você lerá a notícia no jornal sensacionalista de Hébert. Ele deve estar criando o menu nesse momento.

— E isso não o incomoda?

— Hébert? Não, eu gosto de vê-lo arrasado pelo peso acumulado de sua insignificância.

— Quando você falou na Convenção na última vez, um idiota gritou: "Você janta com aristocratas." Isso não significa nada, mas...

— Eles podem chamar de aristocrata qualquer um que seja inteligente. Qualquer um que tenha bom gosto.

— Você conhece esses *ci-devants*, só estão interessados no poder que você detém.

— Ah, sim. Mas não Arthur Dillon, ele gosta de mim. Desde 1789 as pessoas só se interessam por mim em razão de meu poder. Antes disso ninguém me dava atenção.

— Todas as pessoas que valiam a pena se interessavam por você. — Um momento intenso. Os olhos de Robespierre, com o azul esverdeado fugidio, pousaram nele. — Você esteve sempre em *meu* coração.

Camille sorriu. Sentimentalismo. Afinal de contas, era a moda da época. Ocorreu-lhe que na verdade isso era mais tranquilizante que ouvir os gritos de Georges-Jacques. Robespierre, com ar bem-humorado, lhe deu adeus. Mas depois que Camille saiu, sentou-se e pensou. Virtude foi a palavra que lhe veio à mente, ou melhor, *vertu,* no sentido de força, honestidade, pureza de intenção. Será que Camille entendia essas palavras? Às vezes parecia compreender muito bem, e ninguém tinha mais *vertu* que ele. O problema é que se considerava uma exceção a toda regra. Falou de coisas naquele dia que, mais tarde, perceberia que não deveria ter falado. Mas ele, Max, ouviu muito bem. Se Camille não tivesse contado, ele não saberia do contrato de casamento de Georges-Jacques. Danton deve andar muito angustiado com alguma coisa. Um homem como ele não se preocupa com ninharias. Um homem como ele não confessa que está preocupado. Um homem como ele só se vê ameaçado quando sente que tem uma culpa imensa, ou um acúmulo de ameaças e medos...

Culpa, é claro, deve ser isso. Ele abusou da confiança daquela boa mulher, e ela era a mãe de seus filhos. Depois que ela morreu, foi tomado de tal tristeza que pensei que não se recuperaria. Então lhe escrevi uma carta, expondo meus pensamentos e meu coração, deixando de lado as reservas, as suspeitas, as dúvidas: "Você e eu somos um só". Admito que foi uma declaração exagerada. Eu devia ter sido mais cuidadoso, porém estava emocionado... Ele sem dúvida achou certa graça. Sem dúvida pensou (não, deve ter dito em voz alta, em tom de caçoada): o que aconteceu a esse homenzinho? Como ousa dizer que eu e ele somos um só? Como *Robespierre*, o solteirão, que só tem ligações furtivas e mesmo assim as nega, como *Robespierre* pôde imaginar que sabe o que eu sinto?

Então Robespierre diz a si mesmo, com as mãos sobre a mesa: Danton é um patriota. Nada mais é necessário, não importa se as maneiras dele me irritam. Danton é um patriota.

Levanta-se da mesa, abre uma gaveta e pega um de seus caderninhos de anotações. Abre a primeira página, molha a pena no tinteiro e escreve DANTON. Gostaria de acrescentar: não leiam isso, é meu caderno particular. Embora não pretenda saber muito sobre as pessoas, sabe que todos tentariam ler aquilo, farejando e esmiuçando, tomados de curiosidade. Franziu as sobrancelhas. Então, que leiam... ou quem sabe seria melhor não deixar ninguém pôr os olhos naquele caderno? A contragosto, começou a registrar a conversa que Camille teve com ele.

MAXIMILIEN Robespierre:

Em nosso país desejamos substituir moralidade por egoísmo, probidade por código pessoal de honra, princípios por convenções, deveres públicos por obrigações sociais, império da razão por tirania da moda, desprezo ao vício por desprezo ao infortúnio, amor à glória por amor ao dinheiro, boas pessoas por boa sociedade, mérito por intriga, grandeza do Homem pela insignificância do Grande, um povo magnânimo, poderoso e feliz por um povo frívolo e infeliz; em outras palavras, todas as virtudes e milagres da República por todos os vícios ridículos da monarquia.

CAMILLE Desmoulins:

Até hoje se pensa, conforme os legisladores de tempos atrás, que as bases necessárias de uma República eram as virtudes; a eterna glória do Clube dos Jacobinos será ter fundado uma República com base em vícios.

*

DURANTE O MÊS DE JUNHO, desastres na Vendeia. Em momentos diferentes, os rebeldes tomam Angers, Saumur, Chinon; são derrotados com dificuldade na batalha de Nantes, onde ao largo da costa a marinha inglesa espera para apoiá-los. O Comitê de Danton não está ganhando a guerra nem pode prometer a paz. Se no outono continuarem a chegar notícias de desastre e derrota, os sans-culottes farão justiça com as próprias mãos e derrubarão o governo e seus líderes eleitos. Essa é pelo menos a impressão na câmara (esteja Danton presente ou ausente) do Comitê de Segurança Pública, cujos procedimentos são secretos. Por baixo do tricórnio preto, o emblema de seu gabinete, o cidadão Fouquier parece mais abatido a cada dia; folheia as pilhas de papéis em cima de sua mesa, e planeja atividades para os dias seguintes, com um ar tão desgastado quanto o da própria República.

Se for necessário um desvio de atenção, por que não prender um general? Arthur Dillon é amigo de deputados eminentes, aspirante ao posto de comandante da frente de batalha do Norte; comprovou seu valor em Valmy e em meia dúzia de ações a partir daí. Na Assembleia Nacional era um liberal, agora é republicano. Então não é lógico que devia ser preso em 1º de julho, sob suspeita de passar segredos militares ao inimigo?

FOI DECIDIDO que a saúde de Claude exigia longas caminhadas diárias. Seu médico tomou parte dessa decisão, dizendo que exercício não fazia mal a ninguém; se um dos piores membros da Convenção quisesse ter um caso com a sogra, não lhe cabia interferir.

Annette tinha uma vida bem menos interessante do que em geral se pensava. Todas as manhãs ocupava-se com o jornal da província, examinava os artigos e recortava o que merecia consideração. Abria as cartas do genro, sentada a seu lado, anotava nos envelopes o que devia ser feito, enviado ou dito, perguntava se as cartas podiam ser respondidas ou se deviam ser jogadas diretamente na lareira da sala. Quem pensaria, ela disse, que eu ia acabar como sua secretária? Faz quase dez anos que não vamos para a cama, enganando cruelmente o resto da família. Tentaram lembrar a data exata, em certo ponto de 1784, em que Fréron apareceu na sala de Annette e lhe apresentou Camille. Naquela época ela não se preocupava em anotar as coisas.

Se conseguissem lembrar, pensaram, deviam dar uma festa. Qualquer desculpa para uma festa!, disse Annette. Ficaram em silêncio por um instante, pensando nesses dez últimos anos, depois voltaram a falar sobre a Comuna.

Lucile chegou inesperadamente, sem se fazer anunciar.

— Francamente! — disse sua mãe. — Entrar assim de repente, quando estamos tendo uma discussão íntima sobre Hébert...

Lucile não riu. Começou a falar. De início Camille entendeu a esposa dizer que Dillon fora morto em ação; sentiu um vazio, uma tristeza, e foi sentar-se na mesa ao lado da lareira, vendo a lenha queimar. Um minuto ou dois depois é que entendeu a mensagem. Dillon estava preso, o que eles iam fazer?

O *joie de vivre* desapareceu da manhã de Annette.

— É uma complicação — disse ela, sem conseguir ver o fim daquela situação. Quem estaria por trás dessa prisão? Um dos malditos comitês? O Comitê de Segurança Geral, que todos chamavam de Comitê da Polícia? A prisão era dirigida realmente contra Arthur Dillon ou contra Camille?

Lucile disse:

— Você precisa tirar Dillon de lá. Se ele for condenado... — seu rosto mostrava que ela sabia o que uma condenação significava — vão dizer que você forçou a carreira de Dillon. E você forçou mesmo.

— Condenado? — Camille levantou-se. — Não haverá condenação porque não haverá julgamento. Vou quebrar o pescoço do filho da puta do meu primo.

— Não vai, não — Annette falou. — Modere sua linguagem, sente-se de novo e pense com calma.

Impossível. Camille sentiu-se insultado; não o insulto frio e simulado do político, mas um sentimento verdadeiro, como quem pergunta: *Sabem quem eu sou?*

— Seu nome foi para a lama de novo — Annette murmurou para a filha. O insulto chegaria à Convenção, mas antes, à casa de Marat.

A COZINHEIRA deixou-o entrar. Por que Marat tem uma cozinheira? Como se dessem muitos jantares. Provavelmente esse título "cozinheira" oculta um passatempo revolucionário mais energético.

— Não tropece nos jornais — disse a mulher, mostrando grandes montes de papel em uma passagem mal-iluminada. Depois de avisá-lo do perigo foi para junto de suas patroas, sentadas em um semicírculo como que se preparando para uma assembleia. Por que não limpam este lugar?, ele se perguntou irritado. Mas as mulheres de Marat não eram ligadas às artes domésticas. Simone Evrard estava lá com a irmã Catherine; a irmã de Marat, Albertine, fora visitar a família na Suíça. Camille perguntou à cozinheira se Marat tinha uma família completa: pai, mãe, esse tipo de coisa. Ela disse que sim, que era uma família normal. Estranho, jamais pensei que Marat fosse como todo mundo, pensei que tivesse nascido há milhares de anos, como Cagliostro. Posso falar com ele?

— Ele não está bem — disse Catherine. — Está tomando um de seus banhos especiais.

— Mas eu preciso vê-lo com urgência.

Simone levantou-se e disse:

— É sobre Dillon? Venha comigo. Ele estava rindo disso.

Marat estava dentro de uma banheira em um quarto pequeno e quente, com uma toalha nos ombros e um pano enrolado na cabeça. O lugar cheirava a remédio forte. Seu rosto estava inchado, e a pele, em geral amarela, tinha uma tonalidade azulada. Uma prancha indo de lado a lado da banheira servia de mesa.

Simone indicou uma cadeira com assento de palha.

Marat levantou os olhos das provas que estava corrigindo.

— A cadeira é para você se sentar, Camille. Não para subir e fazer um discurso.

Camille sentou-se, evitando olhar para Marat.

— Não é estético? — disse Marat. — Uma obra de arte. Eu devia estar em uma exposição. Com o número de pessoas que aparece por aqui, já me sinto em uma exposição.

— Que bom que você encontrou um motivo para rir. Em sua situação eu não estaria alegre.

— Oh, Dillon. Vou lhe dar cinco minutos para falar desse assunto. Considerando que Dillon é uma aristocrata de nascimento, deve ser guilhotinado...

— Ele não tem culpa de sua origem.

— Há certos defeitos que não têm solução, mas não podemos fazer concessões para sempre. Considerando que Dillon é amante de sua esposa, você mostrará seu lado pervertido se tentar fazer alguma coisa por ele. Considerando que isso é da alçada dos comitês, vá falar com eles. E Deus o abençoe, meu filho. — Marat bateu com o punho na prancha de escrever. — Reclame com eles — disse.

— Acho que se Dillon for levado ao Tribunal sob essas acusações absurdas, mesmo sendo totalmente inocente poderá ser condenado. Você acha possível?

— Sim. Ele tem inimigos muito poderosos. O que você esperava? O Tribunal é um instrumento político.

— O Tribunal foi criado para substituir a lei do povo.

— Foi o que Danton alegou. Mas vai além disso. Há algumas brigas raras surgindo, você sabe. — Marat olhou para cima. — Quanto a você, se tomar para si a defesa desses *ci-devants,* vai acabar em perigo.

— E você? — Camille perguntou com calma. — Está pior? Você vai morrer?

Marat bateu do lado da banheira.

— Não assim... vou me arrastar pela vida.

CENAS NA Convenção Nacional. Desmoulins e Lacroix, amigos de Danton, gritaram um com o outro nos bancos, como se estivessem em um comício de rua. Desmoulins atacou o Comitê de Danton. De pé na tribuna, foi vaiado dos dois lados da Casa. Da Montanha, o deputado Billaud-Varennes gritou:

— É um escândalo, não o deixem continuar, está sujando o próprio nome.

Mais uma traição. Estava se tornando habitual. Fabre seguiu-o e falou:

— Anote isso — disse.

— Vou anotar.

A carta que Dillon lhe enviou da prisão tornou-se pública, ele leu para os deputados. Eu não fiz nada que não fosse pelo bem de meu país, dizia Dillon.

— Um panfleto — disse Camille. — Que título devo dar?

— "Uma carta para Arthur Dillon." Todo mundo gosta de ler cartas dos outros. — Fabre meneou a cabeça na direção da câmara da Convenção. — Vingue-se um pouco deles enquanto estiver metido nisso. Inicie algumas campanhas.

O que estou fazendo, o que estou fazendo?, Fabre pensou. A última coisa que queria era envolver-se no problema de Dillon.

— Por que Billaud disse que estou sujando meu próprio nome? Eu sou alguma instituição, por acaso? — Camille disse.

Ele sabia que a resposta era sim. Ele *era* a Revolução. Agora, aparentemente, achavam que a Revolução tinha de ser protegida de si própria.

Um deputado mais velho, com ar sério, aproximou-se, puxou-o de lado e convidou-o para tomar um café. Você conhece Dillon bem?, perguntou. Sim, muito bem. E você sabe... bom, não quero incomodá-lo, mas você precisa saber... sobre Dillon e sua esposa. Camille meneou a cabeça. Estava escrevendo mentalmente um parágrafo. Você não merece isso, disse o deputado. Merece coisa melhor, Camille. É a velha história, suponho; você está ocupado com problemas públicos, a moça está entediada, é volúvel, e você não é bonito como Dillon.

Então ainda havia bondade no mundo; aquele homem tenso, paciente, metido em uma situação que não entendia, pegando a história sensacionalista pelo meio, queria ajeitar a vida de um rapaz. Teria sido traído vinte anos atrás? Quem sabe? Camille ficou comovido. Obrigado, disse gentilmente. Quando saiu do café e dirigiu-se para casa a fim de escrever, sentiu aquele fluido singular correndo por suas veias, como nos velhos tempos do *Révolutions*, o poder das palavras movimentando-se em sua corrente sanguínea como uma droga. Nas duas semanas seguintes ficou fora de si. Quando não estava escrevendo ou gritando com alguém, a vida parecia escoar-se dele; sentia-se como um fantasma passivo. Foi possuído de estranhas fantasias; a linguagem do debate público deu uma virada violenta e inesperada.

"Depois de Legendre", escreveu, "o membro da Convenção Nacional que mais valoriza a si próprio é Saint-Just. Pode-se ver por seu comportamento que ele sente que sua cabeça é a pedra angular da Revolução; ele porta-a como se fosse o Santo Sacramento."

Mais tarde Saint-Just leu esse parágrafo, que alguém marcou com tinta verde. Não demonstrou muita raiva nem deu o sorriso de escárnio dos romances baratos.

— Como o Santo Sacramento — disse. — Vou fazê-lo portar sua cabeça como são Dionísio.

— Que bom — Camille disse, ao saber. — Para Antoine, é uma observação bem espirituosa. Será que vai ficar mais inteligente quando crescer?

Foi procurar um livro na estante e perguntou a Lucile:

— Onde está aquele poema horrível de Saint-Just, o poema épico em vinte tomos? Há um verso que começa com "Se eu fosse Deus". Vamos ver como continua, tenho certeza de que me dará oportunidade para alguma brincadeira.

De súbito parou e sentou-se, ou melhor, caiu em uma cadeira.

— O que estou fazendo? Saint-Just e eu estamos supostamente do mesmo lado. Somos jacobinos, somos republicanos...

— Vou procurar para você — disse Lucile calmamente.

— É melhor não.

Começou a ter visões: visões do santo patrono da França, que andou várias léguas com a cabeça cortada na mão. Viu Denis na Place de la Grève, andando pelo calçamento de pedras, decapitado, mas sem sangue aparente, e a cabeça balançando em sua mão esquerda era de Camille. Viu-o de novo, agora entrando na casa de Duplay para encontrar-se com Robespierre; viu-o esperando do lado de fora do Clube dos Jacobinos, um patriota recém-chegado, modesto e provinciano, esperando uma apresentação ao grande mundo.

Depois de um ou dois dias ocorreu-lhe que a única coisa a fazer era matar Saint-Just. Poderia encontrar-se com ele sozinho, a qualquer hora, em um local conveniente, e lhe dar um tiro ou uma facada (para não ser ouvido). Via de antemão a dor nos olhos aveludados de Saint-Just.

Precisaria de um plano: a conspiração de Saint-Just contra a República, que ele detectara com o instinto do patriota impecável e experiente. *Eu sou a Revolução*. Quem não acreditaria que ele havia matado Saint-Just em uma explosão de raiva patriótica? Ele era conhecido por não saber controlar seu mau gênio. Para evitar perguntas constrangedoras teria de usar uma faca pequena, que não aparecesse sob as roupas.

Não seja idiota, disse a si mesmo. Saint-Just não vai matar você nem você vai matá-lo.

Foi ao Comitê de Guerra, onde era secretário, e escreveu uma carta para casa, delicada e informal, pedindo ao pai para não mencionar tanto o nome de Rose-Fleur em suas cartas, pois Lucile estava louca de ciúmes.

Mesmo assim a fantasia voltou à sua cabeça, não conseguia livrar-se dela. Pensou no ferimento de Lepelletier, o corte feito pela faca de um açougueiro, que o deixou em agonia por toda a noite antes de morrer. Ele teria de ser rápido, teria de dar um golpe único e certeiro, pois Saint-Just era muito maior e mais forte que ele. No Jacobinos, quando ouvia a voz sonora do rapaz, sorria para si mesmo. Sonhava com seu plano na Convenção, quando Saint-Just subia à tribuna; fazia movimentos no ar com a mão esquerda, como que cortando alguma coisa.

DIA 13 DE JULHO:

— Alguém de Caen — disse Danton. — Parece que Pétion e Barbaroux estiveram lá nessas últimas semanas. É uma conspiração dos girondinos. Posso garantir que não estive à frente disso.

Camille disse:

— Ouvi uma pessoa na rua gritar *assassination*... tive medo de que eu... em um instante de... não, nada, deixe para lá.

Danton olhou-o por um segundo.

— De qualquer forma, isso acaba com a Gironda. Assassinos e covardes. Parecem um bando de mulheres.

UMA MULTIDÃO AGLOMERAVA-SE na rua estreita, uma massa quase silenciosa e impassível, com os olhos voltados para duas janelas feericamente iluminadas no apartamento de Marat. Era 1 hora da manhã, o céu estava estranhamente claro e fazia bastante calor. Camille fez sinal para afastar o sans-culotte que guardava a escada com corrimão de ferro. O homem não se moveu imediatamente.

— Nunca vi você de perto — disse, examinando Camille. — Como Danton aceitou a notícia?

— Está chocado.

— Até parece. Daqui a pouco vai dizer que ele está com pena.

Camille estava acostumado a ouvir a multidão chamá-lo pelo nome. Mas essa familiaridade era diferente, mais desagradável.

— Muita gente está dizendo que Danton e Robespierre o calaram para sempre — disse o homem. — Outros dizem que foram os monarquistas, e outros, que foi Brissot.

— Eu o conheço — Camille falou. — Vi você correndo atrás de Hébert. O que está fazendo aqui?

Ele sabia; o homem já estava tentando abocanhar seu legado.

— Ah, Père Duchesne tem seus interesses. O Povo vai precisar de um novo Amigo. Não será nenhum de vocês...

— Talvez Jacques Roux?

— Você com Dillon, aquele porco imundo...

Camille empurrou-o e passou. Legendre já estava na casa, com a faixa tricolor amarrada de qualquer jeito em torno de seu corpo volumoso. O chão parecia tremer sob seus pés, como se os gritos das mulheres ainda ecoassem pelas janelas; mas estava tudo calmo agora, a não ser por soluços abafados vindos de trás de uma porta. Você não comeu nada hoje, disse Camille para si mesmo, por isso as paredes parecem líquidas, por isso o ar está estranho.

A assassina estava sentada na sala, com as mãos bem atadas, e por trás da cadeira havia dois homens com lanças. À sua frente havia uma mesinha coberta com um pano branco, e por cima seus pertences: um relógio de ouro, um dedal, um carretel de linha branca, algumas moedas soltas. Um passaporte, uma certidão de nascimento, um lenço com bainha de renda, uma faca de cozinha enrolada em papelão. No tapete empoeirado sob seus pés estava um chapéu preto com três fitas verdes brilhantes.

Camille encostou-se na parede e observou-a. Ela tinha esse tipo de pele fina e translúcida que fica marcada com facilidade, capta todas as nuances da luz. Era uma moça de seios fartos, alimentada com manteiga e creme fresco de fazenda; o tipo de mulher que sorri na igreja, enfeitada com fitas e cheirando a flores nos domingos depois da Páscoa. Eu a conheço bem, ele pensou, conheci você quando era criança. O resto de um penteado elaborado caía-lhe pelo rosto; o tipo de penteado que uma moça da província usaria antes de sair para cometer um crime.

— Você vai fazer a moça corar — disse Legendre —, pode fazê-la corar facilmente. Mas corar pelo crime, ela não vai. Agradeço à Providência por estar vivo, pois ela esteve em minha casa hoje cedo. Ela nega, mas esteve lá. Ficaram desconfiados, e não a deixaram entrar. Ela nega, mas eu era sua primeira escolha.

— Meus parabéns — disse Camille. Ele sabia que a moça sentia dor nas mãos atadas com força.

— Ela não vai corar — disse Legendre — por ter assassinado nosso maior patriota.

— Se era isso que tinha em mente, não pensaria em gastar seu tempo com você.

Simone Evrard estava do lado de fora da porta do quarto onde o corpo se encontrava, encostada na parede, arrasada, com o rosto molhado de lágrimas, mal se sustentando de pé.

— Tanto sangue, Camille — ela disse. — Como vamos conseguir limpar todo esse sangue do chão e das paredes?

Quando ele abriu a porta ela tentou impedi-lo. O Dr. Deschamps olhou rapidamente por cima do ombro, e um de seus assistentes deu um passo à frente com o braço esticado para barrar a entrada de Camille.

— Preciso ter certeza... — Camille murmurou. Deschamps virou a cabeça de novo. — Perdão, cidadão Desmoulins. Não sabia que era você. Quero avisar que o que vai ver não é nada agradável. Estamos embalsamando o corpo, mas nesse calor... com a condição do corpo depois de quatro, cinco horas — o médico limpou as mãos na toalha —, é como se ele estivesse em decomposição ainda em vida.

Ele pensa, disse Camille a si mesmo, que estou aqui pela Convenção, por uma questão de protocolo. O Dr. Deschamps pôs a mão em seu ombro.

— Foi instantâneo — disse. — Ou quase. Ele só teve tempo de gritar. Não pode ter sentido nada. Foi aqui que a faca entrou — disse, indicando o lugar. — No pulmão direito, através da artéria, atingindo o coração. Não conseguimos fechar sua boca, por isso tivemos de cortar a língua. Tudo bem? Ele ainda está irreconhecível. Agora, é melhor sair daqui. Vou queimar as ervas aromáticas mais fortes que encontrar, mas não é um cheiro para leigos.

Do lado de fora Simone continuava encostada na parede, com a respiração rouca.

— Eu disse para darem um sedativo a essa mulher — falou Desmoulins irritado. — Quer que eu assine alguma coisa? Não, está bem, já têm uma escolta oficial? Não sei por que toda essa bobagem, todos sabem que Marat está morto. Um dos jacobinos vomitou em cima de meus assistentes. Você parece que vai desmaiar, é melhor ir lá para fora o mais rápido possível. Faça alguma coisa pela esposa dele, ou quem quer que ela seja, está bem?

A porta fechou-se, e Simone desabou nos braços de Camille. Do quarto vizinho vinham vozes.

— Eu era esposa dele — Simone murmurou. — Ele não se casou comigo na igreja, não me levou ao Hôtel de Ville, mas jurou por todos os deuses que eu era esposa dele.

O que é isso, Camille pensou, será que ela quer me falar de seus direitos?

— Você vai ser reconhecida como viúva — disse. — Ninguém atualmente presta muita atenção a essas formalidades. É tudo seu agora, a gráfica e o jornal da próxima edição. Tenha cuidado. Creio que o Estado fará as despesas do funeral.

Lá fora na rua Camille olhou para trás uma vez, para as janelas onde as sombras de Deschamps e seus assistentes movimentavam-se na luz. Começou a chover. Ele ouviu um trovão a distância, talvez caindo sobre Versalhes. A multidão continuava ali, paciente, ombro a ombro, esperando pelo que aconteceria em seguida.

DAVID ENCARREGOU-SE das providências a serem tomadas. O corpo foi colocado em um caixão de chumbo e fechado em um grande sarcófago de pórfiro roxo, tirado da Coleção de Antiguidades do Louvre. Mas para a procissão do funeral, a ideia era carregar o morto em um ataúde forrado com tecido tricolor (empapado em álcool). O braço desnudo de um cadáver melhor substituiu seu próprio braço sustentando uma coroa de louros; meninas vestidas de branco e com ramos de ciprestes na mão rodeavam o ataúde.

Depois deles vinham a Convenção, os Clubes, o Povo. A procissão começou às 17 horas e terminou à meia-noite, à luz de tochas. Marat foi enterrado como preferiu viver, embaixo da terra, o túmulo parecendo um porão projetado com blocos de pedra e cercado de ferro.

O coração, embalsamado à parte, foi colocado em uma urna, que foi levada pelos patriotas do Clube dos Cordeliers para ser guardada ali para sempre, até o mundo acabar. "Sagrado coração de Marat", lamentava o povo.

AQUI JAZ MARAT
O AMIGO DO POVO
MORTO PELOS INIMIGOS DO POVO
A 13 DE JULHO
DE 1793

A CONDUTA de Robespierre na procissão do funeral foi comentada por um observador. Ele parecia, segundo a testemunha, estar conduzindo o corpo para um depósito de lixo.

IX. Índias Orientais

(1793)

DIA 25 DE JULHO. Danton descansou as costas pesadas na cadeira, jogou a cabeça para trás e deu uma risada estrondosa. Louise encolheu-se. Vivia preocupada com os móveis, embora Danton sempre lhe assegurasse que eles tinham dinheiro suficiente para substituí-los.

— No dia em que me despedi do Comitê, vi uma coisa que pensei que nunca veria: vi Fabre d'Églantine sem fala. — Danton estava ligeiramente bêbado, a toda hora inclinava-se sobre a mesa para apertar a mão de sua nova mulher. — Então, Fabre, continua sem fala?

— Não, não — disse Fabre hesitante. — É verdade que fiquei mudo, mas não desejaria a ninguém ter de sentar-se em um comitê ao lado de Saint-Just. E é verdade, como você diz, que Robert Lindet foi eleito e que é um patriota sólido em quem se pode confiar. Hérault também foi eleito, e ele é nosso amigo...

— Você não está convencido. Olhe aqui, Fabre, eu sou *Danton*, você consegue entender? O Comitê pode precisar de mim, mas eu não preciso do Comitê. Agora, gostaria de fazer um brinde a mim mesmo, já que ninguém teve essa gentileza. A mim, o recém-eleito presidente da Convenção. — Levantou o copo para Lucile. — Agora, mais brindes — pediu. — Ao meu amigo general Westermann, que ele tenha sucesso na luta contra os rebeldes da Vendeia.

Danton teve sorte, pensou Lucile, de conseguir devolver o comando a Westermann depois da última derrota; e Westermann teve sorte de estar em liberdade.

— Ao Sagrado Coração de Marat — disse Danton. Louise dirigiu ao marido um olhar de desagrado. — Desculpe-me, minha querida, não tive intenção de blasfemar, estou apenas repetindo o que é dito nas ruas pelo povo iludido. Por que a Gironda perseguiu Marat? Ele já estava semimorto. E se aquela puta agiu por conta própria, como disse, é prova de que as mulheres não têm senso político, como eu sempre falei. Ela devia ter ido atrás de Robespierre ou de mim.

— Não fale assim — Louise pediu, achando difícil imaginar uma faca de cozinha cortando aquelas camadas sólidas de músculos e gordura.

Danton olhou para a mesa.

— Camille — ele disse —, uma gota de tinta usada por você vale mais que todo o sangue do corpo de Marat.

Serviu mais uma rodada de bebida a todos. Ele vai tomar outra garrafa, Louise pensou, e talvez caia no sono logo.

— E à Liberdade. Levante o copo, general.

— À Liberdade — disse o general Dillon comovido. — Que tenhamos uma longa vida em liberdade para poder gozá-la.

DIA 26 DE JULHO. Robespierre sentou-se com a cabeça baixa e as mãos cruzadas sobre os joelhos, a imagem da infelicidade.

— Está vendo? Eu sempre resisti a esse envolvimento, sempre me recusei a ter um cargo oficial — disse.

— É mesmo — Camille concordou. Sua cabeça doía por causa da noite anterior. — A situação muda.

— Está vendo?... — Robespierre desenvolvera um tique facial aflitivo: a toda hora interrompia o que estava dizendo e punha a mão na bochecha. — Está claro que uma autoridade central firme... com o inimigo avançando em cada frente... Você sabe que eu sempre defendi o Comitê, sempre tive consciência de sua necessidade...

— Sim, pare de se desculpar. Você venceu uma eleição, não cometeu um crime.

— E existem facções, digamos, Hébert ou Jacques Roux, que não desejam que a França tenha um governo forte. Aproveitam-se do descontentamento natural dos homens do povo, exploram-nos e criam todos os problemas possíveis. Adotam medidas que só podem ser chamadas de ultrarrevolucionárias, medidas que as pessoas decentes consideram desprezíveis e ameaçadoras. Levam a Revolução ao descrédito. Tentam matar a Revolução pelo excesso. É por isso que os chamo de agentes do inimigo. — Levou a mão ao rosto de novo. — É uma pena Danton ser tão cronicamente negligente.

— É claro que ele não considera o Comitê tão importante quanto você considera.

— Lembre-se de que não fui eu quem procurou esse cargo. O cidadão Gasparin adoeceu e a função foi passada a mim. Espero que não comecem a usar o nome de Comitê de Robespierre. Eu serei um entre muitos...

O melhor amigo seu fora do Comitê. O outro melhor amigo dentro. Camille estava habituado a ser a plateia experimental dos discursos que Robespierre preparava, isso acontecia desde 1789. Desde aquele momento carregado de emoção na casa dos Duplay, em que ele disse: "Você sempre esteve em meu coração", ele sentiu que se esperava mais dele. Robespierre estava se tornando uma pessoa em cuja companhia era impossível relaxar um só instante.

Dois dias depois, o Comitê de Segurança Pública concedeu-se o poder de emitir mandados de prisão.

JACQUES ROUX, cujos seguidores aumentavam, anunciou que o novo autor de seu jornal era o "fantasma de Marat". Hébert avisou aos jacobinos que se Marat precisasse de um sucessor — e os aristocratas, de uma nova vítima — ele estaria pronto.

— Aquele homenzinho sem talento — disse Robespierre. — Como ele ousa?

A 8 de agosto Simone Evrard apareceu na Convenção e denunciou com veemência certas pessoas que estavam levando os sans-culottes à perdição. Todas as opiniões dela, disse, tinham sido expressas pelo mártir, seu marido, em suas últimas horas de vida. Foi um discurso fluente e confiante; embora ela parasse em certos momentos para examinar mais de perto suas anotações, tentando decifrar a letra pequena e irregular do cidadão Robespierre.

UMA SEMANA DEPOIS, mais um membro ingressou no Comitê de Segurança Pública: Lazare Carnot, o engenheiro militar que Robespierre conhecera na Academia de Arras.

— Normalmente não me dou bem com militares — disse Robespierre. — Eles são muito ambiciosos e têm prioridades estranhas. Mas são um mal necessário. Carnot — acrescentou em um tom distante — sempre soube do que estava falando.

Mais tarde Carnot ficou conhecido como o Organizador da Vitória, e Robespierre como o Organizador de Carnot.

Quando o presidente do Tribunal Revolucionário foi preso (acusado de ter conduzido mal o julgamento da assassina de Marat), seu substituto foi o cidadão Hermann, anteriormente do Tribunal de Arras. Durante todos aqueles anos ele foi o único a reconhecer que o que Robespierre dizia fazia sentido.

— Eu o conheci quando era rapaz — disse à Mme. Duplay.

O presidente anterior foi levado pelos guardas enquanto o Tribunal estava em sessão. Fouquier-Tinville gostou do drama, seu primo não era o único dramático da família.

QUANDO O MINISTRO do Interior demitiu-se, os dois candidatos ao cargo eram Hébert e Jules Paré, agora advogado de renome. Paré foi nomeado.

— Nós todos sabemos por quê, é claro — disse Hébert. — Ele foi funcionário do escritório de Danton. As pessoas tornam-se tão importantes que não precisam mais trabalhar, e deixam seus subordinados exercerem o poder em seu nome. No Ministério de Relações Exteriores há outro funcionário seu, Desforgues. Paré e Danton são amigos inseparáveis. Assim como Danton era de Dumouriez — acrescentou.

— Aquele tampinha detestável — disse Danton. — Não basta para ele ter seus asseclas no Ministério da Guerra e seu suposto jornal distribuído para as tropas?

Exprimiu suas opiniões com firmeza no Clube dos Jacobinos e recebeu aplausos. Ao deixar a tribuna, Robespierre levantou-se para falar.

— Ninguém tem o direito de fazer a menor crítica contra Danton. Quem tentar desacreditá-lo deve primeiro apresentar uma pessoa à sua altura em termos de energia, força e zelo patriótico.

Mais aplausos, e alguns membros puseram-se de pé. Danton foi ovacionado. À vontade no banco, *sem* gravata e com a barba por fazer, inclinou a cabeça. Robespierre foi ovacionado também. Ajeitando os punhos da camisa, um gesto em substituição ao sinal da cruz, balançou a cabeça para seus admiradores e deu um sorriso tímido para os membros do clube. Em seguida, possivelmente só por existir, o cidadão Camille foi aplaudido. É disso que ele gosta, não é? Ele estava sempre em foco, era o queridinho da Revolução, o *enfant terrible* cujos caprichos eram sempre satisfeitos. Possivelmente em algum dos bancos escondia-se Renaudin, o fabricante de violinos; mas no momento o único perigo era o entusiasmo dos patriotas, atacando-o com abraços. Pela segunda vez Camille recebeu um abraço de Maurice Duplay. Lembrou-se da primeira vez, em sua casa, quando conseguiu escapar de Babette.

— Por que está com esse ar tão preocupado? — Danton perguntou.

— Estou preocupado em preservar essa harmonia entre vocês. — Fez um pequeno gesto para mostrar que estava preservando uma harmonia pequena e frágil como um ovo.

*

NO FINAL DE AGOSTO deu-se o recrutamento. O general Custine (*ci-devant* conde de Custine) foi decapitado, o que encorajou os outros. No dia 26, Elisabeth Duplay casou-se com o deputado Philippe Lebas, um jovem com poucos atrativos, mas bom republicano, de natureza agradável, leal e firme.

— Finalmente! — disse Camille. — Que alívio! — Robespierre ficou surpreso. Aprovou o casamento, mas disse que ela tinha apenas *17* anos.

Os fregueses que faziam fila em frente às padarias impacientavam-se. O pão era barato, mas escasso e de má qualidade. O deputado da Montanha, Chabot, discordou de Robespierre a respeito da nova Constituição, e sacudiu alguns documentos na frente dele.

— Essa Constituição não elimina a mendicância da República. Não garante pão aos indigentes.

Robespierre ficou atônito. O desejo do fundo de seu coração era exatamente garantir pão aos indigentes. Qualquer outro objetivo poderia esperar ou ser esquecido. Esse era simples, podia ser atingido. Mas ele não conseguia solucionar esse problema básico por causa de todos os problemas banais que se interpunham no caminho.

— Gostaria que não tivéssemos mais pobres no país — disse —, mas estamos trabalhando dentro dos limites possíveis.

— Você quer dizer que o Comitê, com todos os poderes que lhe foram conferidos...

— Vocês conferiram alguns poderes ao Comitê, mas muitos problemas, fizeram perguntas que não podemos responder de modo algum. Vocês nos deram, por exemplo, um exército recrutado para manter. Esperam tudo do Comitê, mas têm inveja de seus poderes. Se eu pudesse realizar o milagre da distribuição dos pães e peixes, vocês decerto diriam que tínhamos ido além de nosso mandato. — Elevou a voz para que todos os presentes pudessem ouvir. — Se não há pão, culpem o bloqueio inglês. Culpem os conspiradores.

Com isso, afastou-se. Não gostava de Chabot. Tentava não se importar muito com seu aspecto, era voz geral que ele lembrava um peru, vermelho e inchado. Chabot fora monge capuchinho, embora fosse difícil imaginá-lo observando seus votos de pobreza e castidade. Ele e o deputado Julien eram membros de um comitê formado para reprimir a especulação ilegal. Foram nomeados, supôs Robespierre, com base no provérbio: "Para caçar ladrões é preciso ser ladrão". Infelizmente, Julien era amigo de Danton. O que Camille escreveria sobre isso? Diziam que Chabot estava pensando em se casar. A noiva era judia, irmã de dois banqueiros chamados Frei, pelo menos era esse o sobrenome que usavam, que haviam se refugiado em Paris para fugir dos Habsburgo. Com esse casamento Chabot se tornaria um homem rico.

— Você não gosta de estrangeiros, em princípio — disse Camille a ele.

— Não parece um mau princípio quando estamos em guerra com o resto da Europa. O que esses ingleses, austríacos e espanhóis querem em Paris? Eles decerto são leais a seus governos. São homens de negócios, dizem. E eu me pergunto que tipo de negócios. Por que ficam aqui, se nossa moeda está desvalorizada e eles estão à mercê dos sans-culottes? Nesta cidade pressionada pelo povo, são as lavadeiras que determinam o preço do sabão.

— O que você acha deles?

— Acho que são espiões, sabotadores.

— Você não entende de finanças, não é?

— Não. Não posso entender de tudo.

— Há sempre muito dinheiro a ganhar em situações ruins.

— Cambon é o consultor financeiro do governo. Vou pedir explicações sobre isso a ele.

— Mas você já tirou suas conclusões. E creio que vai concordar em prender essas pessoas sob suspeita.

— Estrangeiros inimigos.

— É o que você diz agora, mas será que eles são o único problema? Toda lei carcerária deturpa a justiça.

— Você precisa entender...

— Eu sei — disse Camille. — Emergência Nacional, medidas extraordinárias. Você não pode dizer que tenho sido fraco com nossos opositores. Nunca vacilei, aliás, por que você está protelando o julgamento do grupo de Brissot? Mas de que adianta combater os tiranos da Europa se nós mesmos nos comportamos como tiranos? De que adianta tudo isso?

— Camille, não é tirania; talvez não precisemos exercer os poderes que temos ou talvez eles sejam exercidos por alguns meses apenas. Tudo isso é para nossa autopreservação, nossa sobrevivência como nação. Você disse que nunca vacilou, mas eu vacilei e vacilo todo o tempo. Acha que sou um sanguinário? Pensei que confiasse em mim para agir de forma correta.

— Eu confio, creio que sim. Mas você controla o Comitê ou é apenas um testa de ferro deles?

— Como posso controlá-los? Não sou um ditador.

— Não finja surpresa — Camille observou. — Se não está no comando, Saint-Just o está enganando? Só devo pedir para que você não deixe a situação fugir a seu controle. E se considero isso tirania, não vou me calar. Tenho esse direito.

— Você percebe que a Revolução chegou a uma triste depuração; os subalternos são hoje ministros, e só alguns antigos amigos me entendem. Até setembro o Tribunal não condenou mais que 36 dos 260 acusados. Essa proporção vai começar a mudar. O número de acusados aumenta, mas o sistema judicial é precário; em certo momento os que estão presos sentem que se conhecem há muito tempo.

Camille sabia que naquele verão tomara uma decisão errada; devia ter deixado Arthur Dillon ser julgado pela República. Ao mesmo tempo, demonstrou seu poder. Mas sentia-se isolado nessas manhãs agora mais frescas, quando a lenha era trazida para o inverno, quando o sol pálido crestava as folhas caídas nos jardins públicos. Sem nenhum objetivo específico, fez uma anotação a esmo entre seus papéis:

> Píteas disse que na ilha de Thule, que Virgílio chamou de Ultima Thule, a seis dias de viagem da Grã-Bretanha, não havia terra nem mar, mas uma mistura dos três elementos; não era possível entrar aí a pé nem de navio. Falou disso como uma coisa que tinha visto.

2 DE SETEMBRO DE 1793. Discurso da Seção Sans-Culotte (anteriormente conhecida como Jardin-des-Plantes) para a Convenção:

> Vocês sabem que não há base de propriedade a não ser a extensão das necessidades físicas?... Deve ser fixada uma quantia máxima para fortunas pessoais... ninguém deve ter mais terras do que podem ser cultivadas com um número estipulado de arados... O cidadão não deve poder ter mais que uma loja ou oficina... os operários, comerciantes ou fazendeiros devem poder ter o essencial para ganhar a vida e também coisas que possam concorrer para sua felicidade...

ANTOINE SAINT-JUST:

A felicidade é a nova ideia da Europa.

A 2 DE SETEMBRO chegou a Paris a notícia de que a cidade e a marinha de Toulon haviam se rendido ao inimigo. Era um ato de traição sem precedentes. A França perdeu 16 fragatas, e 26 dos 65 grandes navios de guerra. Nessa época, no ano anterior, o sangue corria pela sarjetas das ruas.

— OLHE — DISSE DANTON. — Use isso. — O barulho no salão da Convenção era intenso, pontuado de gritos ocasionais. — Você tem o controle. — Seus dedos movimentaram-se como se estivessem apertando uma coisa: uma garganta, talvez? — Como um criminoso de setembro, nunca me senti tão popular.

Robespierre começou a dizer alguma coisa.

— Você vai ter de falar — disse Danton.

Estavam em uma das salas pequenas, vazias e empoeiradas, que tinham acesso à câmara de debates. Estavam sozinhos ali, mas não parecia, devido ao tumulto e à proximidade da multidão; quase era possível farejá-los. Camille e Fabre encostaram-se na parede úmida. Dia 5 de setembro de 1793, os sans-culottes estão fazendo uma manifestação entre seus representantes, ou talvez provocando um tumulto.

— Por que está encostado na porta, Danton?

— Para impedir a entrada de Saint-Just — disse Danton rapidamente. Não gostava de explicar. Robespierre abriu a boca, mas Danton falou de novo: — Foram Hébert e Chaumette que organizaram isso.

Robespierre sacudiu a cabeça.

— Muito bem, talvez seja verdade. Talvez os sans-culottes tenham se organizado por conta própria, um precedente que me desagrada. Precisamos nos manter a par dos acontecimentos. Ponha as exigências deles em um pacote e lhes devolva como um presente da Montanha. Controles econômicos, preços máximos, muito bem. Prisão de suspeitos, muito bem. E paramos aqui, não haverá interferência na propriedade privada. Sim, Fabre, eu sei o que os homens de negócios pensarão sobre o controle da economia, mas é uma emergência, precisamos ceder, e por que devo me justificar para você?

— Nós temos de apresentar um alvo móvel para a Europa — disse Robespierre com calma.

— O que você disse?

Nada. Robespierre fez um sinal com a mão, tenso e impaciente.

— Está bem, continue.

— Amanhã é dia de reeleição no Comitê. Queremos acrescentar os nomes de Collot d'Herbois e Billaud-Varennes. Eles estão nos causando muitos problemas, nos criticando todo o tempo. Não há nenhuma outra forma de mantê-los calados. Sim, eu sei que é uma política covarde. Precisamos que nossa espinha se enrijeça, não é? O Comitê quer você de volta.

— Não.

— Por favor, Danton — pediu Fabre.

— Eu darei todo o apoio que for preciso. Solicitarei uma extensão de seus poderes. Diga o que quer da Convenção que eu providenciarei. Mas não vou me sentar a seu lado. Esse tipo de coisa me exaure. Não fui feito para comitês. Gosto de trabalhar por conta própria, tenho instinto e gosto de segui-lo, detesto as malditas programações, as atas e os procedimentos.

— Sua atitude é muito exasperante — Robespierre gritou.

O barulho lá fora aumentava. Danton meneou a cabeça.

— Deixe-me resolver a questão por você. Sou provavelmente o único que pode se fazer ouvir no meio dessa multidão.

— Você me ofende — disse Robespierre, mas suas palavras foram perdidas no ar. — O povo — gritou — é sempre bom, e se eles obstruem a Revolução, como no caso de Toulon, devemos culpar seus líderes.

— Por que está falando sobre isso? — Danton perguntou.

Fabre afastou-se da parede.

— Ele está tentando articular uma doutrina — disse com um risinho. — Acha que chegou a hora de fazer um maldito sermão.

— Se ao menos houvesse mais *vertu* — Robespierre gritou.

— Mais o quê?

— *Vertu*. Amor ao país. Autossacrifício. Espírito cívico.

— Nós apreciamos seu senso de humor, é claro — disse Danton, apontando na direção do barulho. — A única *vertu* que esses idiotas compreendem é o tipo que eu demonstro todas as noites para minha mulher.

Robespierre franziu o rosto, como uma criança à beira das lágrimas, e seguiu Danton pela passagem escura.

— Você gostaria de que ele não tivesse dito isso, não é? — Fabre perguntou, puxando Camille da parede.

ANOTAÇÕES PARTICULARES de Maximilien Robespierre: "Danton riu da ideia de *vertu*, e comparou-a ao que ele faz todas as noites com a mulher."

QUANDO DANTON começou a falar, os manifestantes aplaudiram, e os deputados levantaram-se e aplaudiram também. Ele teve de esperar um pouco para continuar. Sua expressão era ao mesmo tempo de choque e gratificação. E pensou: o que eu fiz de certo agora? Mais uma vez exortou, fez concessões, unificou, endossou, salvou o dia. No dia seguinte, quando foi eleito mais uma vez para a presidência do Comitê, Robespierre foi à sua casa. Com ar muito grave, sentou-se na beira da cadeira e recusou-se a beber qualquer coisa.

— Vim aqui insistir que você cumpra com seu dever. Se é que essa palavra faz algum sentido.

Danton estava de bom humor.

— Não precisa sair, Louise. Você nunca esteve pessoalmente com o cidadão Robespierre, não é?

— Estou cansado desses escárnios — Robespierre falou, nervoso, e sua pálpebra esquerda começou a tremer. Tirou os óculos e apertou os olhos com as mãos.

— É bom acalmar-se — disse Danton. — Pense em Camille, a vida toda lutando contra sua gagueira. Embora eu confesse que isso lhe dá muito charme.

— A Convenção talvez invalide sua eleição. Talvez ordene que você se junte a nós.

— Eu pretendo ser um espinho na carne de todos os comitês — disse Danton animado.

— Não tenho nada mais a dizer, não é? As pessoas estão pedindo julgamentos, expurgos, mortes. E você prefere afastar-se.

— O que quer que eu faça? Que dê meu sangue pela República? Já disse que vou apoiar você.

— Você quer ser o ídolo da Convenção. Quer levantar-se e fazer grandes discursos para cobrir-se de glória. Bem, há muito mais por trás disso.

— Você vai ficar doente se continuar assim.

— Você me culpa por pedir apoio a Saint-Just. Pelo menos ele não faz dos próprios prazeres a pedra fundamental da Revolução.

— Quem disse que eu faço?

— Espero que tente ser civil comigo em público.

— Serei bastante afetuoso — Danton prometeu.

Robespierre saiu e entrou em um veículo oficial. Dois homens grandes entraram com ele.

— Guarda-costas — disse Danton, observando da janela. — Foram impostos a ele. Devem ter suspeitado de que Robespierre planejava pôr seu cachorro no Comitê de Segurança Pública. Na verdade, ele gostaria de ser assassinado — falou, esticando a mão para Louise. — Seria a glória da vida infeliz que construiu para si mesmo.

NO DIA da manifestação, o líder sans-culotte Jacques Roux foi preso. Por algum tempo não tomaram qualquer atitude contra ele, mas quando foi finalmente chamado ao Tribunal, suicidou-se em sua cela. Em setembro foi instituído o Terror como forma de governo. A nova Constituição foi suspensa até o final da guerra. A 13 de setembro Danton propôs que todos os comitês fossem renovados, e que no futuro seus membros fossem nomeados pelo Comitê de Segurança Pública. Houve um momento em que ele e Robespierre mantiveram-se unidos, como que para receber em conjunto os aplausos da Montanha.

— Tudo bem? — Danton perguntou a Robespierre.

— Sim, tudo bem — Robespierre respondeu com calma.

O decreto passou. O momento passou. Agora, pensou Danton, precisamos fazer uma reverência e sair do palco. A fadiga, como um parasita, parecia enroscar-se em seus ossos como uma flor.

Na manhã seguinte descobriu que mal podia levantar a cabeça do travesseiro. Não se lembrava de nada do dia anterior. Sua memória desapareceu e foi substituída por uma dor aguda e pulsante. Alguns incidentes passaram-lhe pela cabeça, desconexos, alguns de anos atrás. Ele não sabia em que dia estavam. Pensou ter visto Gabrielle entrar no quarto, olhar para ele e ajeitar o travesseiro. Só mais tarde lembrou-se de que Gabrielle estava morta.

Vários médicos foram vê-lo e discutiram entre si, como se suas vidas dependessem disso. Quando Angélique chegou, Louise estava enroscada no canto do sofá. Angélique mandou as crianças para a casa do tio e preparou leite quente para ela. Depois dispensou os médicos. Só Souberbielle permaneceu no quarto.

— Ele precisa sair de Paris. Um homem assim precisa respirar seu próprio ar. Georges passou toda a sua vida adulta remando contra a maré. Abusou de sua força, estragou sua saúde.

— Ele vai melhorar? — Louise perguntou.

— Sim, mas precisa recuperar-se fora da cidade. A Convenção deve lhe conceder uma licença. Cidadã, posso lhe dar um conselho?

— É claro.

— Enquanto seu marido estiver doente, não fale dos negócios dele com ninguém. Não confie em ninguém, não pense que estão interessados verdadeiramente nele.

— Eu não confio.

— Não entre em discussões. Todos sabem, cidadã, que você gosta de emitir sua opinião. Mas quando o faz, aumenta a tensão de seu marido.

— Eu só falo quando minha consciência exige. Talvez essa doença seja providencial. Ele precisa desistir da Revolução.

— Não é assim tão simples. Minha querida, você tinha 12 anos quando a Bastilha caiu.

— Gabrielle era uma fraca.

— Não era isso o que eu pensava dela. Ela confinou-se em seu ambiente.

— Eu quero salvar meu marido de si mesmo.

— Estranho. Robespierre tem a mesma ambição — disse o médico.

— O senhor conhece Robespierre?

— Bastante bem.

— Ele é um bom homem?

— É honesto e escrupuloso, e tenta salvar vidas.

— Ao custo de outras vidas.

— É às vezes inevitável. Ele lastima isso.

— O senhor acha que ele *gosta* de meu marido?

O médico deu de ombros.

— Não sei. São homens completamente diferentes. Isso importa?

É claro que importa, ela disse a si mesma, ao levá-lo na porta. Os médicos foram substituídos pelas noras de Angélique, mulheres fortes e decididas que ela mal conhecia. Mandaram-lhe subir e dormir em seu antigo quarto. Ela saiu e sentou-se na escada. Gostaria de ver Gabrielle voltar a seu ambiente.

— Você não está grávida, está? — sua mãe perguntou.

Ela podia ver como a cabeça de sua mãe funcionava: se alguma coisa der errado, se ele piorar, se morrer, quanto tempo levaremos para libertá-la disso?

— Se eu não estou grávida — disse Louise —, não é por falta de tentativas.

Sua mãe estremeceu.

— Ele é um selvagem — disse.

David, do Comitê da Polícia, fez uma visita oficial a Danton com outro deputado. Angélique mandou-os embora. Quando saíram, com certas ameaças grosseiras, usando de sua autoridade, Angélique falou um palavrão em italiano. Eles não pretendem facilitar as coisas quando ele se recuperar, ela disse.

NO APARTAMENTO dos Desmoulins, Fabre entrou em pânico.

— Se tivermos de fixar preços, precisamos fixar salários também. O que quero saber é o seguinte: qual é a tarifa oficial para um espião? Por favor, como podemos ganhar uma batalha quando tantos elementos robustos da população são empregados para espionar o Comitê?

— Estão espionando você?

— É claro que sim.

— Já contou a Robespierre?

Fabre olhou para ele, irritado.

— Contar como? Contar o que a ele? Meus problemas são tão complicados que fico acordado à noite tentando entendê-los. Estou sendo assediado. Estou sendo colocado em situações difíceis. Você acha que aquela menina intrometida vai me deixar ver Georges?

— Não. De qualquer forma, por que ele o ouviria? Se você não pode contar a Robespierre, por que Georges iria se preocupar?

— Há razões para isso.

— O nome dele também está envolvido?

— Não. Ele tem certas obrigações comigo.

— Eu pensaria o oposto, e pensaria que uma de suas obrigações seria mantê-lo fora de quaisquer consequências de sua inepta atuação na bolsa de valores.

— É mais que isso, é...

— Fabre, não me conte. Prefiro não saber.

— Não vai adiantar nada se você disser isso para a polícia.

Camille pôs o dedo nos lábios. Nesse momento Lucile entrou.

— Eu ouvi tudo — disse.

— São as táticas chocantes de Fabre. Ele perde a cabeça.

— Que frase infeliz — disse Lucile.

Fabre deu um pulo da cadeira.

— Você está me perseguindo. Suas mãos não são tão limpas assim. Meu Deus. — Pôs as mãos na garganta. — Quando você cair entre dois bancos, Camille, ninguém vai ajudá-lo a se levantar. Vão rir de você.

— Ele fala de forma metafórica — disse Lucile.

— Tudo... — Fabre fez um gesto com as mãos como se algo explodisse — está se despedaçando como uma fruta podre. — De repente ficou frenético. — Pelo amor de Deus, Camille, interceda por mim junto a Robespierre.

— Está bem — disse Camille depressa. Queria acalmá-lo, fazê-lo parar com aquela cena diante de Lucile. — Fale mais baixo, as empregadas podem ouvi-lo. O que quer que eu diga a Robespierre?

— Se meu nome vier à baila — disse Fabre, arfando —, diga que eu sempre fui... sempre fui um patriota.

— Sente-se a acalme-se — Lucile sugeriu.

Fabre olhou em volta, distraído, e pegou o chapéu.

— Preciso ir. Minhas desculpas, Lucile. Não precisa me levar até a porta.

Camille seguiu-o.

— Philippe — falou baixinho —, há muitos peixes pequenos, como diz Robespierre, que têm de ser apanhados antes de você. Não se preocupe tanto. Tente aguentar.

Fabre abriu a boca.

— Por que me chamou por meu primeiro nome?

Camille sorriu.

— Cuide-se.

Camille voltou para junto de Lucile.

— Por que você estava falando baixo? — ela perguntou.

— Consolação.

— Por favor, não esconda nada de mim. O que ele fez?

— Em agosto... você ouviu falar da Companhia das Índias Orientais? Que bom, pois nós ganhamos muito dinheiro com essa companhia. Lembra que o preço das ações caiu e depois subiu? Foi uma questão de comprar e vender na hora certa.

— Meu pai mencionou isso. Disse que achava que você se saiu muito bem. Ele tem certo respeito por suas informações internas, mas diz que na época dele eles seriam simplesmente chamados de ladrões. É claro que na época dele não havia membros respeitáveis e virtuosos na Convenção Nacional para ajudar uns aos outros.

— Posso imaginar seu pai dizendo isso. Ele sabe como tudo aconteceu?

— Provavelmente. Mas não tente me explicar. Só estou interessada nas consequências.

— A empresa ia ser liquidada. Discutiu-se na Convenção como isso deveria ser feito. Talvez a liquidação não tenha sido executada exatamente como a Convenção pretendia. Não sei.

— Na verdade você sabe, não é?

— Não os detalhes. Parece que Fabre burlou a lei, coisa que não fazíamos nos negócios anteriores, ou está a ponto de burlar.

— Mas ele falou como se você estivesse ameaçado, e Danton também.

— Danton pode estar implicado. Fabre disse que a investigação dos negócios dele talvez lhe cause problemas.

— Decerto — disse Lucile, tentando falar com muito tato — Danton não se esquivaria, quer dizer, ele não tem o hábito de culpar os outros, tem?

— Fabre é amigo dele. Quando estávamos no ministério, tentei avisá-lo de que Fabre estava passando dos limites estabelecidos. E ele disse: "Fabre é meu amigo, nós dois passamos muita coisa juntos. Sabemos muito um sobre o outro".

— Então Georges vai protegê-lo?

— Não sei. Não quero que nenhum dos dois me conte nada. Se me contarem, me sentirei na obrigação de contar a Robespierre, que se sentirá na obrigação de contar ao Comitê.

— Talvez você deva contar a Robespierre. Se houver perigo de que ele seja implicado, seria melhor revelar tudo.

— Mas assim eu estaria ajudando o Comitê. E não é essa a minha intenção.

— Se o Comitê for nossa única chance de um governo firme, não é uma irresponsabilidade não ajudá-lo?

— Eu abomino governos firmes.

— Quando os julgamentos vão começar?

— Em breve. Danton não poderá interferir agora, ele está muito doente. E Robespierre não o fará, não por conta própria.

— Mas nós continuamos a favor dos julgamentos, não é?

— Como não? Monarquistas, brissotistas...

LEI DOS SUSPEITOS. Suspeitos são aqueles que: de alguma forma ajudaram a tirania (tirania real, tirania brissotista...); que não podem provar que cumpriram com seus deveres cívicos; que não passam fome, mas não têm meios visíveis de sustento; que não receberam certificados de cidadania da Convenção ou de seus representantes; que pertencem a uma família aristocrata e não deram prova de fervor revolucionário constante e extraordinário; ou que emigraram.

Será alegado mais tarde (pelo cidadão Desmoulins) que 200 mil pessoas são detidas em razão dessa lei. O Comitê de Observação de cada Seção é incumbido de preparar listas de suspeitos, arquivar seus documentos e mantê-los em local seguro. Esses locais serão chamados "Prédios Nacionais", conventos, castelos desabitados, armazéns vazios. Collot d'Herbois teve uma ideia melhor. Sugeriu que os suspeitos fossem levados para casas minadas, que seriam explodidas mais tarde.

Desde que se tornou membro, Collot não critica mais o Comitê de Segurança Pública. Quando ele entra nas câmaras do Comitê, o cidadão Robespierre sai por outra porta, quando pode.

DECRETO da Convenção Nacional: "O governo da França é revolucionário até haver paz... O Terror é a ordem do dia."

ANTOINE SAINT-JUST: "Devem ser punidos todos aqueles que têm atitude passiva com relação à Revolução, e que não fazem nada por ela."

— ENTÃO MUDARAM O CALENDÁRIO — disse Danton. — Isso é demais para um inválido.

— Sim. A semana agora tem dez dias — disse Camille. — Há mais ordem assim, e é muito bom para o esforço de guerra. Nossas datas têm início na República, portanto estamos em 1º de março do ano II. Mas solicitaram a Fabre a criação de alguns nomes ridículos e poéticos para os meses. Ele planeja que o primeiro se chame Vendemiário. Então hoje seria dia 19 Vendemiário.

— Em minha casa, continua a ser 10 de outubro.

— É melhor você aprender logo. Teremos de usar o novo calendário em cartas oficiais.

— Eu não pretendo escrever cartas oficiais — disse Danton.

Ele não estava mais de cama, mas falava e andava com lentidão; a toda hora deixava a cabeça cair no encosto da cadeira e cerrava os olhos por um instante.

— Fale sobre a batalha de Dunquerque — disse. — Quando me ausentei do mundo, estava sendo considerada a grande vitória da República. Agora, segundo ouvi dizer, o general Houchard está preso.

— O Comitê e o Ministério da Guerra acharam que ele podia ter causado mais dano aos inimigos. Estão acusando-o de traição.

— Porém foi o Comitê que o nomeou. Houve cenas na Convenção, suponho.

— Sim, mas Robespierre teve a melhor atuação.

— Ele se tornou um ótimo membro do Comitê.

— Ele assumiu o cargo e faz tudo muito bem.

— Vou ter de aceitar a situação. Disseram que já posso viajar. Você irá me ver em Arcis assim que tiver alguns dias de folga?

— Não há dias de folga.

— Eu conheço essa frase horrível. Você anda vendo Robespierre com muita frequência.

— Georges, você soube do deputado Julien?

— Não.

— Louise passa alguma notícia para você?

— Creio que nada do que Julien tenha feito possa ter importância para ela. Acho que ela nem sabe que ele existe.

— A polícia invadiu o apartamento dele e apreendeu seus papéis.

— E? — perguntou, abrindo os olhos.

— Chabot me levou para um canto e disse que tinha queimado tudo. Imagino que houvesse uma mensagem que eu deveria entregar a você.

Danton esticou o corpo para a frente e ficou atento.

— E Fabre?

— Fabre está em pânico.

— Ele tem um temperamento muito agitado.

— Eu também, Georges-Jacques, eu também. O que posso fazer? Creio que Fabre cometeu uma fraude. Quando a Companhia das Índias Orientais foi liquidada, parece que certos documentos foram falsificados em favor da companhia. Esses documentos eram decretos da Convenção, e só um deputado poderia fazer isso. Chabot está envolvido, e talvez mais uma meia dúzia de outros. Eles próprios não sabem, creio, quem fez a falsificação. Julien pode culpar Chabot, Chabot pode culpar Julien. Eles têm segredos um para o outro.

— Mas Fabre confessou alguma coisa a você?

— Ele tentou, mas não deixei. Disse que preferia não saber. O que estou lhe contando é só o que consegui depreender. A polícia levará muito tempo para chegar a alguma conclusão. E mais tempo ainda para conseguir provas.

Danton fechou os olhos.

— A colheita vai chegar — disse. — Não temos nada a fazer senão nos manter aquecidos no inverno.

— Há outras coisas que você deve saber.

— Diga logo.

— François Robert está com problemas. Ela não lhe conta nada?

— Louise não saberia que isso também era importante. Ele está envolvido no problema da Companhia das Índias Orientais?

— Não, é a coisa mais ridícula, foi acusado de negociar no mercado negro. Oito barris de rum. Para sua loja.

— Pelo amor de Deus — disse Danton, batendo no braço da cadeira. — Você lhes oferece uma chance de fazer História e eles preferem manter-se comerciantes.

Louise entrou.

— Você não deve deixá-lo nervoso.

— Eu forro os bolsos deles. Não peço que trabalhem demais. Ofereço-lhes cargos no gabinete e concordo com seus pequenos caprichos. Só peço o voto deles, um discurso ocasional, e que se decidirem entregar-se a crimes triviais não me envolvam.

— O rum é um crime trivial, mas a Companhia da Índias Orientais, não. Ainda assim, François Robert é nosso associado. Isso se reflete em nós. Por favor, mande que sua mulher saia da sala.

— Disseram para você manter-se calmo — ela disse, contrariada.

— Pode nos deixar, Louise. Vou me acalmar. Já estou bem calmo agora.

— O que estão tentando me esconder?

— Ninguém está tentando esconder nada de você — disse Camille. — Daria muito trabalho.

— Ela é uma criança. Não compreende. Não sabe quem são essas pessoas.

— Foi nossa própria Seção, os Cordeliers, que denunciou François. A Convenção considerou, como você, que foi um crime trivial. Recusaram-se a suspender sua imunidade. Caso contrário as penalidades seriam severas. Ele e Louise terão de sumir até que tudo seja esquecido.

— Que forma de terminar a vida — disse Danton, com uma expressão irritada. — Lembro daqueles dias depois da queda da Bastilha, o *Mercure Nationale* sendo rodado nos fundos da loja, a pequena Louise com o narizinho empinado para o ar, interpelando o tipógrafo. François era um bom rapaz. Eu dizia: "Faça isso e aquilo, amarre alguns tijolos em suas botinas e atire-se no Sena", e ele respondia: "Vou cuidar de tudo logo, Georges-Jacques; vou sair agora, está precisando de alguma coisa da rua?" Meu Deus, que forma de terminar a vida. Quando você o vir, diga que eu agradeço se ele esquecer que me conhece.

— Eu nunca o vejo — Camille falou.

— Nossa própria Seção, Camille. Eu devia ter deixado o Jacobinos com Robespierre e ficado em meu próprio lado do rio. Devia ter usado meu poder em meu próprio distrito. Quem é o dirigente agora? Hébert. Nós, velhos cordeliers, devíamos ter nos mantido juntos.

Fizeram silêncio por um instante. Nós, velhos cordeliers... Fazia quatro anos que a Bastilha caíra, quatro anos e três meses. Parecia fazer vinte. Danton sentado ali, obeso, com as sobrancelhas permanentemente franzidas, não tinha ideia do que ocorria em seus órgãos internos. A asma de Robespierre tinha piorado, e era notável que ele estava ficando calvo. A pele fresca de Hérault não era mais tão fresca, e o queixo duplo de Lucile prometia uma meia-idade não tão bonita. Fabre estava com problemas respiratórios, as dores de cabeça de Camille tornaram-se piores e seu rosto, cada vez mais magro. Ele olhou para Danton e disse:

— Georges-Jacques, você conhece um homem chamado Comte? Basta dizer sim ou não.

— Sim. Eu o empreguei como agente na Normandia, a trabalho do governo. Por quê?

— Porque ele veio a Paris e fez uma declaração. Disse que você se ligou ao grupo de Brissot para pôr o duque de York no trono.

— O duque de York? Oh, meu Deus — disse Danton com amargura. — Pensei que só Robespierre fosse capaz de sonhar com algo tão absolutamente fantástico quanto o duque de York.

— Robespierre ficou muito perturbado.

Danton levantou os olhos lentamente.

— Ele deu crédito a isso?

— Não, é claro que não. Disse que era uma conspiração para desacreditar um patriota. É uma boa coisa ainda termos Hérault no Comitê. Hérault mandou prender Comte antes que ele fizesse um estrago maior. Foi por causa disso que David veio visitá-lo, em nome do Comitê da Polícia. Uma mera formalidade.

— Entendi. "Bom dia, Danton, você é um traidor?", "Certamente não, David, volte para seu cavalete de pintura", "Vou fazer isso, deixei um croqui por terminar. Melhoras para você". Esse tipo de formalidade? Suponho que para Robespierre seja combustível para suas chamas. Alimenta sua ideia de conspirações gigantescas, não é?

— Sim. Comte deve ser um agente britânico. Nós raciocinamos juntos e usamos a imaginação, supondo que pudesse ser verdade. Como esse personagem de ficção, Comte, esse funcionário subalterno, poderia saber dos planos de um homem como Danton? Foi assim que Robespierre e eu raciocinamos.

— Sei o que você quer dizer, Camille — disse Louise em um tom ameaçador. — Por que não pergunta diretamente a ele se há alguma verdade nisso?

— Porque é absurdo — disse Camille, perdendo a paciência. — Porque eu tenho outras lealdades, e se for verdade eles o matarão.

Louise deu um passo atrás e levou a mão à garganta. Camille viu sua dificuldade imediatamente: ela queria e não queria que ele morresse.

— Louise, não leve isso a sério — disse Danton. — Saia agora e veja se nossas malas estão prontas. — Sua voz parecia cansada. — Você precisa aprender um pouco mais para distinguir as coisas; essa história é ridícula. Como diz Robespierre, é uma calúnia.

Ela hesitou.

— Nós vamos mesmo para Arcis?

— É claro. Escrevi para eles nos esperarem.

Ela saiu da sala.

— Preciso ir — disse Danton. — Preciso recuperar minha saúde. Sem isso não sou nada.

— É claro que precisa ir — disse Camille, desviando os olhos do rosto dele. — Você está evitando os grandes julgamentos, não é?

— Venha cá — disse Danton, estendendo a mão para ele. Camille fingiu não ver aquele gesto. — Estou cansado da cidade, estou cansado do povo. Por que não vem comigo tomar um pouco de ar puro? — E pensa: eu o perdi, eu o perdi, eu o perdi para Robespierre e aquele clima rarefeito de perpétuo calafrio.

— Vou escrever para você — disse Camille. Atravessou a sala e tocou os lábios no rosto de Danton, sentindo que era o mínimo que podia fazer.

*

JÁ ERA TARDE quando eles chegaram a Arcis, e estava ficando frio. Assim que seus pés tocaram o chão, Danton sentiu o sol escoando, o solo perdendo o calor do verão. Deu o braço a Louise.

— Foi aqui que eu nasci — disse.

Enrolada na capa de viagem, ela olhou pensativa para a mansão em meio à escuridão do rio.

— Não ali — ele falou. — Não nessa casa. Mas perto. Vamos entrar — disse para as crianças. — Vamos nos encontrar com a vovó. Lembram dela?

Perguntas bobas. Em certo sentido Georges sempre achava que seus filhos eram mais velhos do que na verdade eram, esperava que tivessem grandes lembranças. François-George tinha um ano quando sua mãe morreu; agora era uma criança grande e forte, pendurada na madrasta, envolvendo seu peito frágil com os calcanhares. Antoine, exausto de tanta excitação, pendurou-se no pescoço do pai como uma criança tentando salvar-se em um naufrágio.

O marido de Anne Madeleine acendeu uma tocha. E lá estava ela. Foi a primeira visão que Louise teve daquelas irmãs alarmantes: correndo e tropeçando como meninas de colégio.

— Georges, Georges, meu irmão Georges! — disse, atirando-se para ele. Ele abraçou-a com força. Ela tirou o cabelo dos olhos, deu-lhe dois beijos no rosto, soltou-se, pegou o filho que estava mais perto e levantou-o para seu irmão vê-lo bem. Essa era Anne Madeleine, que o livrara das patas do touro.

E ali estava Marie-Cécile. O convento a dispensara, ela estava em casa, onde devia estar; seu irmão não dissera que cuidaria dela? Ainda tinha aquela atitude de freira, as mãos dobradas por baixo das mangas de um hábito que não existia mais. E ali estava Pierrette, alta, sorridente, rosto redondo, uma solteirona mais matrona que a maioria das mães de Paris; o último bebê de Anne Madeleine estava em seu colo. Elas rodearam Louise e apertaram-na, como se quisessem sentir o corpo roliço e viçoso de Gabrielle.

— Minha pombinha! — disseram rindo. — Você é tão jovem!

As irmãs entraram na cozinha.

— Que coisinha triste! Com um ar tão sério! Nem sequer tem seios ainda!

— Vocês não acharam que ele traria Lucile? Aquela moça de olhos escuros? Não acharam que ele a tinha tirado daquele marido de olhos escuros?

— Não, aquele casal de má índole foi feito um para o outro. — E as irmãs puseram-se a rir. A visita dos Desmoulins fora um ponto alto na vida delas; estavam loucas para vê-los de novo ali, criando um *frisson* metropolitano.

Começaram a imaginar a cena entre Georges-Jacques e sua mãe.

— É um conforto ver você de novo antes de morrer — disse Marie-Cécile, imitando-a.

— Morrer? — disse Anne Madeleine. — Sua velha trapaceira, você não vai morrer. Vai viver mais que eu, posso jurar.

— E como Georges-Jacques pragueja! — disse Pierrette. — Como! Você acha que ele anda em má companhia?

Na sala de visitas da mansão, os olhos azuis de Mme. Recordain brilhavam na penumbra.

— Saia desse ar frio da noite, filha. Sente-se aqui ao meu lado. — Dedos examinadores passaram pela cintura dela. Dois meses! E ainda não está grávida! A mocinha italiana que morreu cumprira seu dever com Georges-Jacques; agora temos uma dessas parisienses magrelas nas mãos.

Como que temendo que esse exame ocorresse, as irmãs apareceram. Rodearam o irmão, ofereceram-lhe vários tipos de comida, alisaram sua cabeça e contaram histórias familiares. Eram mulheres do campo, com roupas estranhas, deselegantes e práticas.

"SERIA MELHOR se você é que tivesse divulgado isso", foi o que Fabre imaginou que Lucile diria. No dia em que Danton saiu de Paris ele foi sozinho para seu apartamento e lutou para não martelar as paredes, como um menino que não teve o que lhe foi prometido. Pegou de novo o bilhete lacônico, gentil e não comprometedor que Danton lhe mandara antes de partir, rasgou-o em tiras finas e queimou-as uma a uma.

Depois de um encontro exaustivo e polêmico no Clube dos Jacobinos, ele avistou Robespierre e Saint-Just andando lado a lado no salão. Saint-Just não frequentava as reuniões noturnas com assiduidade, considerava-as inúteis, embora não dissesse, e chamava os participantes de "vendedores" de opinião. Não estava muito interessado na opinião dos outros. Dentro de poucos dias se juntaria ao exército na Alsácia. Estava ansioso por esse dia.

— Cidadãos — disse Fabre. — Posso ter uma palavra com vocês?

Saint-Just ficou nitidamente irritado. Robespierre pensou no lindo calendário e deu um sorriso amarelo.

— Por favor — Fabre insistiu. — É de extrema importância. Poderíamos ter uma conversa privada?

— É um assunto longo? — Robespierre perguntou de forma gentil.

— Olhe, Fabre, estamos ocupados — falou Saint-Just. Robespierre sorriu de novo ao ouvir o tom de Saint-Just, como que dizendo: *Max é meu amigo, não vamos brincar com você.* Imaginou que Fabre daria um passo atrás e observaria Saint-Just por seu *lorgnette.* Mas não, ele estava pálido, com ar apressado, solicitando a atenção deles. A rudeza de Saint-Just deixou-o sem ação.

— Preciso consultar o Comitê. É assunto para eles.

— Então não grite.

— Só conspiradores cochicham. — Vendo sua chance, Fabre recuperou-se de repente em grande estilo. — Em breve toda a República vai saber de minha notícia.

Saint-Just olhou-o com desprezo.

— Nós não estamos no palco — falou.

Robespierre olhou para Saint-Just, chocado.

— Você tem razão, Fabre. Se sua notícia se relaciona à República, deve ser difundida. — Ao mesmo tempo, olhou em volta para ver quem tinha ouvido o que ele dissera.

— É uma questão de segurança pública.

— Então ele deve ir ao Comitê.

— Não — disse Saint-Just. — A agenda desta noite nos manterá acordados até a madrugada. Não há uma única questão que não seja de extrema urgência. Não há nada que possa ser adiado, e eu, cidadão Fabre, preciso estar sentado em minha mesa amanhã às 9 horas.

Fabre ignorou-o e pegou Robespierre pelo braço.

— Quero revelar uma conspiração. — Os olhos de Robespierre arregalaram-se. — Mas não ocorrerá da noite para o dia; se agirmos com energia amanhã, teremos tempo suficiente. O jovem cidadão Saint-Just precisa descansar. Não está habituado a trabalhar até tarde, como os patriotas mais velhos.

A declaração foi um erro. Robespierre olhou-o com ar gélido.

— Eu fui informado, cidadão Fabre, que a maior parte de seu trabalho é realizada em casas de jogo que os patriotas da Comuna desconhecem, na companhia do cidadão Desmoulins e de várias mulheres de reputação duvidosa.

— Pelo amor de Deus — disse Fabre —, vocês têm de me levar a sério.

Robespierre considerou-o.

— É uma conspiração complexa?

— As ramificações são extensas.

— Muito bem. O cidadão Saint-Just e eu estaremos no Comitê de Segurança Geral amanhã.

— Eu sei.

— Isso lhe convém?

— O Comitê da Polícia seria mais conveniente, pois apressaria a questão.

— Entendo. Podemos nos encontrar...

— Eu sei.

— Entendo. Boa noite.

Saint-Just mudou o peso do corpo de um pé para o outro.

— Robespierre, você é esperado. O Comitê estará esperando por você.

— Eles não vão me esperar — disse Robespierre. — Começarão a sessão antes que eu chegue. Ninguém deve esperar por mim. Ninguém é indispensável.

— Esse homem não é digno de confiança — Saint-Just falou. — É teatral. É louco. Não tenho dúvida de que essa conspiração é fruto da uma imaginação ativa demais.

— Ele é amigo de Danton e um patriota comprovado — Robespierre corrigiu. — E um grande poeta. Estou inclinado a crer no que ele disse. — Seu rosto estava lívido, e ele não usava o *lorgnette.*

PARECIA tudo muito verossímil. Teso, calado, imóvel, com as palmas das mãos sobre a mesa, Robespierre assumiu o interrogatório. Passou do canto para o centro da mesa, em frente a Fabre; os membros do Comitê afastaram suas cadeiras para lhe dar lugar e fizeram silêncio para ouvir suas intuições. Robespierre pedia a Fabre que parasse, fazia uma anotação, secava a pena, colocava-a de lado deliberadamente, esticava os dedos no tampo da mesa e olhava para Fabre, como que indicando que ele deveria continuar a falar.

Fabre afundou-se na cadeira.

— Dentro de um mês, quando Chabot for procurá-lo para dizer que existe uma trama, espero que se lembre de quem foi o primeiro a lhe dar esses nomes.

— Você o interrogará — disse Robespierre.

Fabre engoliu em seco.

— Cidadão, sinto muito ser o agente de sua desilusão. Você devia achar que muitas daquelas pessoas eram patriotas leais, não é?

— Eu? — Robespierre levantou os olhos e esboçou um sorriso. — Eu já tenho os nomes desses estrangeiros em meu caderno de anotações. Qualquer um pode ter acesso a esse caderno. Já sabia que eles eram corruptos e perigosos, mas agora você está falando de conspiração sistemática, de dinheiro vindo de Pitt; acha que eu não vejo com clareza, com mais clareza que qualquer de vocês? A sabotagem econômica, as políticas extremistas que eles advogam entre os jacobinos e os cordeliers, as blasfêmias, os ataques intolerantes à religião cristã, que perturbam as pessoas de bem e afastam-nas da nova ordem. Acha que eu não sei que tudo isso está relacionado?

— Eu devia ter percebido que você faria essa conexão por si próprio. Pretende emitir ordens de prisão?

— Creio que não. — Robespierre olhou em volta da mesa, esperando que não houvesse contradição. — Como agora temos pleno conhecimento das manobras deles, podemos deixá-los ir adiante com os planos por uma ou duas semanas. — Olhou em volta de novo.— Assim, descobriremos todos os seus cúmplices. Purificaremos a Revolução de uma vez por todas. Já ouviram o bastante? — Um ou dois deles menearam a cabeça, com ar tenso, sem saber o que fazer. — Eu não, mas não queremos tomar mais o seu tempo. — Levantou-se, batendo com a ponta dos dedos nos papéis. — Vamos — disse para Fabre.

— Vamos? — Fabre repetiu, surpreso.

Robespierre fez um sinal com a cabeça para a porta. Fabre levantou-se e seguiu-o. Sentia-se fraco e trêmulo. Robespierre entrou em uma pequena sala quase sem móveis, como a que tinham usado no dia do último tumulto.

— Você trabalha aqui com frequência?

— Quando a ocasião exige. Gosto de trabalhar em um lugar privado. Pode sentar-se, a cadeira não está empoeirada.

Fabre imaginou um exército de serralheiros, limpadores de janelas e mulheres idosas com vassouras na mão cuidando dos sótãos e porões dos prédios públicos para manter limpos os esconderijos de Robespierre.

— Deixe a porta aberta para que ninguém tente nos escutar às escondidas — disse Robespierre, jogando suas anotações em cima da mesa, um gesto típico de Camille. — Você parece nervoso — comentou.

— O que... o que mais quer que eu lhe conte?

— O que quiser. Pontos menos importantes podem ser esclarecidos agora. Os nomes verdadeiros dos irmãos Frei.

— Emmanuel Dobruska e Siegmund Gotleb.

— Não é de surpreender que tenham mudado de nome, não é?

— Por que não perguntou isso na frente dos outros?

Robespierre ignorou-o.

— Dizem que aquele homem, Proli, secretário de Hérault, que frequenta o Jacobinos, é filho natural do chanceler Kaunitz da Áustria. É verdade?

— Sim. Bem, possivelmente.

— Hérault é uma anomalia. É aristocrata de nascimento, mas nunca foi atacado por Hébert.

Fabre pensou em Hérault, e sua mente voltou no tempo ao Café du Foy. Estava lendo sua última obra, *Augusta*, no Italiens, quando entrou aquele rapaz enorme, de ar rude que ele desenhara na rua dez anos antes, com o terno preto típico dos advogados. O rapaz falava arrastado, como gente da classe alta, e fazia comentários sobre Hérault. Dizia que seu aspecto era impecável, que ele era muito viajado e admirado por todas as damas da corte. A seu lado estava aquele infeliz egoísta de olhos grandes, que se tornara o grande interesse de metade da cidade por causa de um caso extraconjugal. Os anos passam... *plus ça change, plus c'est la même chose*...

— Fabre, você está me ouvindo? — perguntou Robespierre.

— Oh, muito bem.

Robespierre inclinou-se para a frente e trançou os dedos. Fabre, saindo das profundezas de 1787 e 1788, começou a suar. Ouviu o que Robespierre dizia e o sangue gelou-lhe nas veias.

— Como Hérault nunca é atacado por Hébert, sinto que eles devem ter uma aliança comum. O grupo de Hébert não é composto apenas de fanáticos mal orientados, eles têm contato com todos os elementos estrangeiros que você denunciou. O objetivo de seus discursos e ações violentas é criar medo e repulsa. Sua meta é fazer a Revolução parecer ridícula e destruir sua credibilidade.

— Eu compreendo — disse Fabre, olhando para o lado.

— Junto com esses atos vêm as tentativas de desacreditar os grandes patriotas. Como, por exemplo, as alegações contra Danton.

— É claro — disse Fabre.

— Eu me pergunto por que esses conspiradores aproximaram-se de você.

Fabre sacudiu a cabeça, com ar pensativo e sombrio.

— Eles já tiveram algum sucesso, no próprio núcleo da Montanha. Imagino que isso os encoraje. Chabot, Julien... todos homens confiáveis. Naturalmente, quando esses fatos forem examinados eles alegarão que eu estou implicado.

— Nossa ordem para você — disse Robespierre, juntando as pontas dos dedos — é observar essas pessoas, especialmente as que são suspeitas de crimes financeiros.

— Sim... Ordens de quem?

— Do Comitê — Robespierre respondeu, surpreso.

— É claro, eu devia saber que você falava em nome de todos. — Inclinou-se para a frente e continuou: — Cidadão, eu peço que não deem ouvidos a nada que Chabot disser. Ele e seus amigos são muito convincentes.

— Você acha que sou algum idiota, Fabre?

— Como assim?

— Pode ir agora.

— Obrigado. Creia em mim. No próximo mês vocês verão que tudo irá se desencadear.

Robespierre despediu-o com um gesto, da forma peremptória própria a um déspota constituído. Do outro lado da porta Fabre pegou um lenço de seda e secou o rosto. Fora a manhã mais desagradável de sua vida, afora a manhã de 1777, quando ele foi sentenciado à morte, mas de certa forma, mais fácil do que esperava. Robespierre acatara todas as sugestões, como se fossem meras conclusões confirmadas. E repetia a toda hora: "Essa trama inimiga." É claro que estava interessado na política, mal tomara conhecimento da Companhia das Índias Orientais. Será que tudo se desencadearia, como ele garantiu? Ah, sim, podemos contar que Hébert irá vociferar, serão descobertas as mentiras e os roubos de Chabot, e Chaumette assediará os padres e fechará igrejas; e cada vez que falarem estarão se condenando pelas próprias palavras. Todas as tendências que Robespierre considerava interligadas e conspiratórias talvez realmente o fossem. Era uma pena ele suspeitar de Hérault. Eu devia avisá-lo, pensou, mas de que adiantaria? A vida era muito precária para os aristocratas; talvez seus dias já estivessem contados.

O principal é que Robespierre *confia em Danton.* E eu sou íntimo de Danton, pensou Fabre. Talvez eu fique a salvo, tendo contado o que ele queria ouvir.

Saint-Just sorriu quando o viu. Ele está a meu favor, pensou. Depois notou a expressão de seus olhos.

— Robespierre está aí? — perguntou.

— Sim, acabei de sair da sala dele.

Saint-Just passou por ele, imprensando-o contra a parede. Lembrou-se de Robespierre dizendo: "Deixe a porta aberta para evitar que ouçam nossa conversa". Saint-Just bateu a porta ao entrar. Fabre começou a cantarolar. Estava trabalhando em uma nova peça chamada *L'Orange de Malte*, e de repente lhe veio à cabeça transformá-la em opereta.

Dentro da sala, Robespierre falou:

— Pensei que estivesse se preparando para sua viagem à fronteira.

— Amanhã.

— O que acha de tudo isso?

— Da trama de Fabre? Encaixa-se em todas as suas ideias preconcebidas. Será que ele sabe disso?

Robespierre controlou-se.

— Você tem dúvidas?

— Qualquer pretexto nos livrará dos estrangeiros, especuladores e hebertistas — disse Saint-Just. — Desde que você tenha em mente que o próprio Fabre não deve ser isento de culpa.

— Então você não confia nele.

Saint-Just riu de forma moderada.

— Esse homem é perito em mentiras. Lembra-se de que ele passou a usar o nome "d'Églantine" em comemoração a um prêmio que recebeu na Academia de Toulouse? — Robespierre fez que sim. — No ano em que alegou ter recebido o prêmio, não houve premiação.

— Entendo. — Robespierre olhou para o lado, com um olhar gentil e matreiro. — Você não pode estar enganado?

Saint-Just ficou rubro.

— É claro que não. Andei indagando e verifiquei os registros.

— Sem dúvida — disse Robespierre pacientemente — ele achou que merecia o prêmio. Sem dúvida achou que tinha sido passado para trás.

— A vida desse homem é toda baseada em mentiras!

— Talvez seja baseada em ilusões. — Robespierre sorriu com um ar distante. — Afinal, apesar do que eu disse no outro dia, Fabre não é um grande poeta. É um poeta medíocre. É um assunto trivial, Saint-Just. Quanto tempo você gastou pensando nisso? — A satisfação desapareceu do rosto de Saint-Just. — Como você sabe — Robespierre continuou —, eu mesmo gostaria de ganhar um prêmio literário, algo importante, não um prêmio local, em Toulouse ou em algum outro lugar.

— Mas esses prêmios eram instituições do Antigo Regime — Saint-Just parecia magoado. — Isso acabou, terminou. Aconteceu antes da Revolução.

— Mas acontecia naquela época.

— Você é ligado demais às maneiras e aparências do Antigo Regime.

— Essa é uma acusação muito séria — disse Robespierre.

Saint-Just pareceu querer voltar atrás. Robespierre levantou-se da cadeira. Tinha cerca de 15 centímetros a menos que seu interlocutor. — Deseja substituir-me por alguém mais revolucionário?

— Isso não me passa pela cabeça.

— Sinto que você gostaria de me substituir.

— É um engano seu.

— Se tentar me substituir, eu descobrirei uma participação sua nessa trama e pedirei sua cabeça na Convenção.

Saint-Just levantou as sobrancelhas.

— Você está iludido. Eu vou voltar para o exército.

Robespierre ainda falava quando ele saía da sala.

— Eu sei da história desse prêmio de Fabre há anos. Camille me contou. Nós rimos muito. O que importa? Serei eu a única pessoa que sabe o que é importante? Serei eu a única pessoa com algum senso de proporção?

MAXIMILIEN ROBESPIERRE: "Nos dois últimos anos, 100 mil homens foram mortos por traição e tibiez; nossa atitude com relação aos traidores será nossa derrocada."

PALAIS DE JUSTICE.

— Você parece infeliz, primo — disse Camille.

Fouquier-Tinville deu de ombros, com ar mal-humorado.

— Nós estivemos no tribunal durante 18 horas. Ontem começamos às 8 da manhã e terminamos às 23 horas. É exaustivo.

— Imagine então como se sentem os prisioneiros.

— Realmente não posso imaginar — disse o promotor público com sinceridade. — A noite está bonita? Quero sair para tomar um pouco de ar.

Fouquier não sentia nada quando sentenciava mulheres a penas capitais, mas tinha sensibilidade quanto aos questionamentos que seus atos geravam. A guilhotina conferia certa dignidade à morte; o sofrimento vinha antes. Ele gostava de ver seus prisioneiros em melhores condições do que estava essa: desgastada e precisando de cuidados médicos. Providenciara um homem para ficar a postos no caso de ela precisar de água, mas até então a prisioneira não tinha pedido nem água nem sais aromáticos. Passava de meia-noite; a essa altura, o júri não levaria muito tempo para chegar ao veredicto.

— Hébert, ontem... — disse abruptamente. — Foi uma confusão terrível. O que ele tem a ver com isso? Só Deus sabe por que resolvi chamá-lo. Eu me orgulho de meu trabalho. Sou um homem da família, não quero ouvir esse tipo de coisa. A mulher mostrou dignidade em suas respostas. Recebeu a simpatia da multidão.

Hébert alegara no dia anterior que, além de outros crimes, a prisioneira abusara sexualmente de seu filho de 9 anos; que o levara para a cama e ensinara-o a masturbar-se. Os guardiães do menino pegaram-no masturbando-se, disse Hébert, e perguntaram onde ele havia aprendido aquilo. Foi a mamãe quem me ensinou, o menino respondeu, assustado. Hébert apresentou evidência documentada: o menino assinara por vontade própria uma declaração. Sua letra trêmula deu ao cidadão Fouquier uma inquietação momentânea.

— Nós todos temos filhos — ele murmurou.

O cidadão Robespierre foi tomado de raiva.

— Aquele idiota do Hébert! Alguma vez na vida já se viu uma alegação tão ridícula em um tribunal? Se depender disso, ele acabará salvando a mulher.

Que tipo de advogado seria o cidadão Robespierre quando exercia a profissão?, pensou Fouquier. Um coração mole, decerto.

Estava voltando-se para o primo quando o presidente Hermann apareceu, vindo do escuro para a luz de velas que banhava os advogados, mostrando a cadeira da prisioneira e o lugar vazio onde as testemunhas haviam se sentado. O presidente levantou o dedo para que Fouquier o seguisse.

— Dê uma palavra com Chauveau-Lagarde — disse Fouquier. — Pobre-diabo, ele defendeu a assassina de Marat também. Duvido que sua carreira um dia venha a se recuperar.

Lagarde levantou os olhos.

— Camille, o que você está fazendo aqui? Eu não estaria aqui se pudesse ir para outro lugar. — Mas ficou contente em vê-lo. Estava cansado de tentar conversar com sua cliente. Ela não cooperava.

— Onde mais eu poderia estar? Nós esperamos muito tempo por este dia.

— Sim, se lhe convém.

— Creio que convém a todos nós ver a traição ser punida.

— Você está prejulgando. O júri ainda não se pronunciou.

— Não há chance de a República perder este caso — Camille falou, sorrindo. — Eles dão a você os melhores trabalhos, não é?

— Nenhum advogado de Paris tem mais experiência com defesas impossíveis. — Lagarde tinha 28 anos, e sempre apresentava seus casos de uma perspectiva positiva. — Eu pedi clemência. O que mais poderia fazer? Ela foi acusada de ser quem era. Foi acusada por ter existido. Não havia defesa para as acusações. Mesmo que houvesse, ela foi indiciada na noite de domingo e disseram que eu deveria estar no tribunal na manhã seguinte. Pedi três dias a seu primo. Nenhuma chance. Quando o marido dela foi julgado, os tempos eram mais calmos. E quando ela for para o cadafalso, irá em uma carroça.

— A carroça fechada era pouco democrática, a meu ver. As pessoas têm o direito de presenciar os acontecimentos.

Lagarde olhou-o de lado.

— Que gente dura essa de sua região. — Mas era possível compreendê-los, pensou, nestes tempos difíceis eram bastante determinados: o inexpressivo Fouquier, o advogado dos advogados, e seu parente volúvel de alto posto que lhe arranjara o emprego. Eram considerados por alguns preferíveis a certos funcionários da República. Preferíveis a Hébert, com sua linguagem obscena, sua brancura estranha. Houve momentos na sessão do dia anterior em que ele sentiu-se mal fisicamente.

— Eu sei em quem você está pensando — disse Camille. — Essa expressão passa comumente pelo rosto das pessoas. Creio que Hébert pôs a mão no dinheiro do Ministério da Guerra, e se eu tiver provas disso, ele será um de seus próximos clientes.

— O júri está voltando — disse Fouquier, apressado. — Minha comiseração de antemão, Lagarde.

A prisioneira foi levada à sua cadeira. Em certo momento permaneceu no escuro, em outro, a luz bateu em seu rosto desgastado.

— Ela parece velha — disse Camille. — Parece não ver bem onde está pisando. Não sabia que sua visão era tão ruim assim.

— Não posso ser culpado por isso — disse o promotor público. — Mas, sem dúvida, quando eu morrer me culparão. Com licença, primo, por favor.

O veredicto foi unânime. Inclinando-se para a frente, Hermann perguntou se a prisioneira tinha algo a dizer. A ex-rainha da França sacudiu a cabeça. Seus dedos mexiam-se impacientes no braço da cadeira. Hermann pronunciou a sentença de morte.

A corte levantou-se. Os guardas levaram a prisioneira para fora. Fouquier não a viu saindo. Seu primo ajudou-o a organizar sua pilha de papéis.

— Amanhã será um dia fácil — disse Fouquier. — Leve isso. Você decerto pensou que o promotor público teria um funcionário disponível para ajudá-lo.

Hermann meneou a cabeça gentilmente para Camille, e Fouquier lhe deu boa noite. Os olhos de Camille seguiram a viúva do Capeto arrastando os pés para fora da sala.

— Realmente não parece grande coisa o auge de nossas ambições: cortar a cabeça de uma pobre mulher.

— Você é mesmo volúvel, Camille. Nunca antes ouvi você ter uma boa palavra com relação à mulher austríaca. Vamos. Eu em geral preservo a dignidade em meu cargo oficial, mas preciso de um pouco de ar. A não ser que você esteja indo ver Robespierre.

Fouquier tinha orgulho do primo quando estavam juntos em público. Especialmente quando o via com Danton. Notava os comentários privados dos dois, as piadas, os olhares de esguelha, e quase sempre o braço poderoso de Danton em volta de seu primo, ou via o primo em uma assembleia no final da noite, fechando os olhos perigosos e recostando-se confortavelmente no ombro de Danton. Com Robespierre não era assim, é claro. Robespierre nunca tocava ninguém. Sua expressão era distante, arredia. Mas Camille provocava nele uma sensação de vida e amabilidade; eles tinham lembranças em comum, e possivelmente também faziam comentários privados. Diziam, embora ele considerasse uma heresia, que tinham visto Camille fazer Robespierre rir.

Camille sacudiu a cabeça.

— Robespierre estará dormindo a essa hora. A não ser que o Comitê ainda esteja reunido. Será que um dia você vai perder algum caso seu?

— Que Deus me defenda. — Fouquier deu o braço ao primo e eles saíram na madrugada fria. Um policial cumprimentou-os. — O próximo peixe grande é Brissot e todo aquele bando que nós finalmente conseguimos pegar. Baseio minha acusação em seus escritos, em sua "História secreta" e no artigo sobre Brissot depois daquela briga a respeito de seu caso com o jogo. Bom material: vou usar algumas frases suas, se você não se importar. Espero que vá ao tribunal para receber o crédito.

Vieram à cabeça de Camille os dias após a queda da Bastilha: Brissot em seu escritório, encostado na mesa, Théroigne entrando e dando um beijo em sua bochecha seca. Ele era meu amigo, pensou Camille; depois, com o caso do jogo nos vimos de repente em lados opostos. Ele tomou o assunto de forma pessoal e *eu não suporto críticas.* Ele sabe isto sobre si mesmo: que se inflama ou se retrai, entra na ofensiva ou... ou o quê?

— Antoine — disse ao primo —, creio que conheço todo tipo de ataques. Mas não conheço forma alguma de defesa.

— Ora essa — disse o promotor. Ele não tinha ideia do que o primo estava falando, mas não era nada de novo. Esticou a mão e mexeu no cabelo dele. Camille afastou a cabeça como se uma vespa o tivesse tocado. Fouquier não pareceu se importar. Estava de bom humor, ansioso pela garrafa de vinho que se prometera tomar quando o dia acabasse. Tentava não beber durante casos importantes. Mas sentia que o sono poderia traí-lo ou trazer seus pesadelos de volta. Talvez seu primo, com quem passava muito pouco tempo, quisesse conversar um pouco. Para dois meninos da província, pensou, estamos nos saindo extremamente bem.

LOGO DEPOIS das 11 horas da manhã seguinte Henri Sanson entrou na cela da prisioneira para prepará-la. Era filho do homem que executara seu marido. Ela usava um vestido branco, um xale leve, meias pretas e sapatos de salto alto cor de cereja, que enquanto esteve presa preservara com cuidado. O carrasco amarrou-lhe as mãos nas costas e cortou seu cabelo que, segundo sua criada, ela pensou que deveria manter bem penteado para apresentar-se ao juiz e aos jurados. Ela não se moveu, e Sanson teve o cuidado de não deixar a navalha tocar sua pele. Em poucos segundos as longas madeixas, que tinham sido cor de mel e agora eram grisalhas, estavam caídas pelo chão da cela. Ele pegou o cabelo e levou para ser queimado.

A carroça esperava no pátio. Era uma carroça comum, usada antes para carregar lenha, agora com tábuas servindo de bancos. Ao ver a carroça ela perdeu a compostura; ficou sem ar, mas não gritou. Pediu que o carrasco soltasse suas mãos por um instante, foi até o canto, agachou-se ao lado da parede e urinou. Suas mãos foram atadas de novo e ela foi levada para a carroça. Debaixo do cabelo cortado rente e da touca branca lisa, seus olhos cansados buscavam piedade nos rostos à sua volta. O percurso ao cadafalso durou uma hora. Ela não disse uma só palavra. Quando subiu os degraus, algumas mãos ajudaram-na a equilibrar-se. Seu corpo começou a tremer e as pernas falsearam. Aterrorizada, pisou no pé do carrasco.

— Desculpe-me, senhor — murmurou. — Não era minha intenção. — Um instante depois do meio-dia sua cabeça rolou no chão: "a maior alegria de todas as alegrias de Père Duchesne".

X. A visita do marquês

(1793)

O REI E A RAINHA estavam mortos, os tiranos. Seria de esperar que houvesse um sentimento interno de liberdade, mas Lucile constatou que não o sentia. Insistira que Camille lhe contasse os detalhes das últimas horas da rainha, ansiosa por saber se ela merecia um lugar na História, mas ele relutou em falar. No final disse que, como ela já sabia, nada o levaria a assistir a uma execução. Hipócrita, Lucile pensou. Você deveria ir ver os resultados de seus atos. Ele olhou-a com firmeza e falou que sabia como as pessoas morriam. Fez uma reverência, como se usava no Antigo Regime, com certo mau gosto e ironia, pegou o chapéu e saiu. Camille raramente brigava com Lucile, mas vingava-se com ausências misteriosas que duravam entre dez minutos e vários dias.

Voltou uma hora depois e perguntou à mulher se poderiam dar um jantar. O prazo era longo, disse Jeanette com rispidez, mas boa comida e em quantidade suficiente só se encontrava com dinheiro e procurando no lugar certo. Camille desapareceu de novo, e foi Jeanette, durante as compras, que descobriu o que eles estavam celebrando. A Convenção soube naquela tarde que os austríacos tinham sido derrotados em uma longa e sangrenta batalha em Wattignies.

Então, naquela noite brindaram à vitória recente e aos novos comandantes. Falaram sobre o progresso contra os insurgentes da Vendeia, e do sucesso contra os rebeldes de Lyon e Bordeaux.

— A meu ver a República está prosperando a olhos vistos — disse Camille a Hérault.

— As notícias são boas. — Mas Hérault parecia preocupado; pedira que o Comitê o mandasse à Alsácia para encontrar-se com Saint-Just, e talvez partisse no dia seguinte.

— Por que fez isso? — Lucile perguntou. — Aqui ficará monótono sem você. Que bom que pôde vir hoje, pensei que estivesse no Comitê.

— Não tenho sido muito útil ultimamente. Eles me informam o mínimo possível. Sei dos acontecimentos pelos jornais.

— Eles não confiam mais em você? — Lucile perguntou, alarmada. — O que aconteceu?

— Pergunte a seu marido. Ele é confidente do Incorruptível. — Um instante depois Hérault levantou-se, agradeceu e explicou que precisava fazer preparativos de última hora. Camille levantou-se também e beijou-o no rosto.

— Volte logo. Vou sentir muita falta de nossa troca velada de insultos.

— Duvido que eu volte logo — disse Hérault, com a voz tensa. — Pelo menos na fronteira posso fazer algum trabalho útil, posso ver os inimigos e saber quem são eles. Paris está se tornando um centro de abutres.

— Desculpe — disse Camille. — Acho que sou um desperdício de tempo para você. Pode devolver meu beijo?

— Aposto — disse alguém em volta — que se vocês dois subissem juntos ao cadafalso continuariam discutindo.

— Creio que eu ganharia a discussão — Camille falou. — Mas não sei quem seria executado primeiro. Meu primo é quem decide a ordem das execuções.

Fabre colocou seu copo na mesa com força e olhou para eles, vermelho.

— Essa conversa não tem graça. É de extremo mau gosto e nem ao menos é engraçada.

Fez-se silêncio, e Hérault despediu-se de todos. Depois que saiu a conversa retomou um tom de alegria forçada, liderada por Fabre. O jantar terminou cedo. Mais tarde, na cama, Lucile perguntou.

— O que aconteceu? Nossas festas nunca foram um fracasso, nunca.

— Decerto é o fim da civilização que conhecemos — disse Camille, e acrescentou com ar cansado: — Provavelmente porque Georges não está presente. — Virou-se de lado, mas ela sabia que ele estava acordado, ouvindo os sons da cidade à noite, pesquisando a escuridão com seus olhos escuros.

Alguma coisa está errada, Lucile pensou. Pelo menos, desde que Saint-Just saíra de Paris, Camille estava mais com Robespierre. Robespierre o entendia, ele descobriria o que estava acontecendo e lhe contaria.

No dia seguinte foi fazer uma visita a Eléonore. Se ela era mesmo amante de Robespierre, não parecia mais feliz por isso e, certamente, não mais atraente. Não demorou a direcionar a conversa para Camille.

— Ele consegue tudo o que quer de Max — reclamou —, ninguém mais consegue. Max é muito gentil e está sempre ocupado. — Inclinou-se para a frente, tentando comunicar sua aflição. — Acorda cedo e cuida de suas cartas, depois vai à Convenção e em seguida às Tulherias, para resolver problemas do Comitê. Às 22 horas há sessão no Comitê e ele volta para casa muito tarde.

— Maximilien propôs a si mesmo uma vida muito dura. Mas o que você esperava? Essa é sua forma de ser.

— Ele nunca se casará comigo. Diz que vamos nos casar assim que a crise atual terminar. Mas essa crise não terminará, não é, Lucile?

Semanas antes Lucile e a mãe tinham visto Anne Théroigne na rua. As duas demoraram a reconhecê-la. Ela não era mais uma mulher bonita. Estava magra e a pele de seu rosto era flácida, como se tivesse perdido alguns dentes. Ao passar por elas, seus olhos brilharam, mas não as cumprimentou. Lucile achou-a patética, uma vítima dos tempos.

— Ninguém a acharia atraente agora — disse Annette sorrindo. Embora os anos tivessem passado para ela, a maioria dos homens ainda a olhava com interesse.

Novamente, Annette encontrava-se com Camille à tarde. Ele muitas vezes ausentava-se da Convenção agora. Muitos montanheses estavam fora em alguma missão, e muitos deputados da direita, que haviam votado contra a morte do rei, tinham abandonado seus cargos e deixado Paris. Mais de setenta deputados assinaram um protesto contra a expulsão de Brissot, Vergniaud e o restante do grupo; eles estavam na prisão agora, e só a influência de Robespierre os mantivera fora das garras do Tribunal. François Robert tinha caído em desgraça, e Philippe Égalité esperava julgamento; Collot d'Herbois encontrava-se em Lyon punindo os rebeldes. Danton gozava o ar puro do campo. Saint-Just e o marido de Babette, Philippe Lebas, estavam no exército; a carga do trabalho do Comitê recaía muitas vezes sobre Robespierre nas Tulherias. Camille e Fabre cansaram-se de contar as cadeiras vazias. Não havia ninguém que lhes agradasse, e ninguém com quem quisessem debater. E Marat estava morto.

Théroigne apareceu na rue des Cordeliers poucos dias depois da festa. Suas roupas caíam soltas no corpo, ela parecia suja e desesperada.

— Quero ver Camille — disse. Desenvolvera o hábito de virar a cabeça para o lado quando falava com alguém, como se estivesse monologando e não quisesse ser interrompida.

Camille, sentado ali perto, olhando para o espaço, ouviu sua voz.

— Como você se deteriorou, minha querida — ele disse. — Se esse é seu charme feminino do momento, prefiro você como era antes.

— Suas maneiras continuam refinadas — disse Théroigne, olhando para a parede. — Que gravura é essa? A mulher vai ser decapitada?

— É Maria Stuart, a personagem histórica favorita de minha esposa.

— Que estranho — ela disse, com voz inexpressiva.

— Sente-se — Lucile falou. — Aceita alguma coisa? Uma bebida quente? — Foi tomada de pena de Théroigne; alguém precisava alimentá-la, escovar seu cabelo, dizer a Camille que não falasse assim com ela. — Quer que eu saia da sala?

— Não, tudo bem. Pode ficar, se quiser. Ou pode ir. Não faz diferença.

Quando ela foi mais para perto da luz, Lucile pôde ver as cicatrizes em seu rosto. Meses atrás ela levara uma surra de um grupo de mulheres na rua. Como sofrera, Lucile pensou. Deus me defenda. Sentiu a garganta apertada.

— O que vou pedir não vai levar muito tempo. Você sabe o que eu penso, não é?

— Nem sei se você pensa — Camille falou.

— Você sabe quais são minhas simpatias. O grupo de Brissot vai ser julgado esta semana. Eu pertenço a esse grupo. — Não havia emoção em sua voz. — Acredito no que eles defendem e no que tentaram fazer. Não sou a favor da política de vocês e não gosto de Robespierre.

— É mesmo? Foi para isso que veio aqui?

— Quero que você vá imediatamente ao comitê da Seção e me denuncie. Eu o acompanharei. Não vou negar nada que disser sobre mim. Vou repetir exatamente o que acabei de dizer.

— Anne, o que aconteceu com você? — Lucile perguntou.

— Ela quer morrer — Camille falou sorrindo.

— Sim, quero — Théroigne murmurou, com o mesmo tom apático.

Lucile atravessou a sala para tocá-la, mas Théroigne empurrou suas mãos. Camille lançou-lhe um olhar feroz. Ela olhou de um para o outro.

— É muito fácil — Camille falou. — Basta sair nas ruas e gritar "Viva o rei" e você será presa imediatamente.

Anne levantou a mão ossuda e tocou a sobrancelha, deixando ver a marca branca deixada por um corte profundo.

— Eu fiz um discurso e aconteceu isso. Bateram-me com um chicote, chutaram-me no estômago e pisaram em mim. Achei que ia morrer. Mas seria uma forma deplorável de morrer.

— Tente o rio — Camille sugeriu.

— Por que não me denuncia? Vamos à Seção agora. Você gostaria de fazer isso. Assim se vingaria de mim.

— Sim, quero me vingar, mas por que você teria o benefício de uma morte civilizada? Eu posso detestar o grupo de Brissot, mas não quero os nomes deles ligados a uma escória como você. Não, Théroigne, você pode morrer na rua, como Louis Suleau morreu. Busque sua morte onde for, pelas mãos de quem quiser. Tomara que leve muito tempo para morrer.

A expressão de Théroigne não mudou. Humildemente, seus olhos baixaram e ela pediu mais uma vez.

— Eu imploro a você.

— Vá embora — disse Camille.

Ela inclinou a cabeça, virou o rosto e foi andando devagar para a porta. Lucile gritou para Théroigne voltar.

— Ela vai tirar a própria vida. — Ficou apontando para ela de forma estúpida, como que para se explicar melhor.

— Não vai, não — disse Camille.

— Oh, você é mau! — Lucile murmurou. — Se existe um inferno, você vai queimar lá. — A porta fechou-se, e Lucile atravessou a sala. Queria magoá-lo, em nome da criatura fantasmagórica que saíra na chuva. Com expressão distante, ele segurou-a pelos pulsos e a fez parar. Lucile sentiu o corpo sacudir-se e as lágrimas rolarem por seu rosto. — Desculpe-me — disse. — Eu sei que você não podia atender ao pedido dela, mas deve haver alguma outra forma de ajudá-la e fazer com que ela deseje viver. Todos devem querer viver.

— Isso não é verdade. Todos os dias há gente sendo retirada das ruas. Eles esperam a patrulha aparecer e começam a gritar a favor do delfim, ou a pedir que Robespierre seja guilhotinado. Há inúmeras formas de morrer. Théroigne só precisa escolher uma delas.

Lucile soltou-se das mãos dele, correu para o quarto e bateu a porta com força. Estava arfando, o coração lhe subia para a boca. Com todas as paixões desesperadas em nossos corpos e mentes, ela pensou, um dia essas paredes vão rachar, um dia essa casa vai desabar. Restará apenas o solo, ossos e mato, e eles lerão nossos diários para descobrir como éramos.

DIA 9 BRUMÁRIO, Palais de Justice. Brissot parecia ter envelhecido. Estava mais lívido e curvado, com a calvície acentuada. De Sillery parecia velho; onde estava sua fixação pelo jogo agora? Não apostaria no resultado daquilo, certamente. Às vezes tentava lembrar-se de como viera a ser um brissotista. Devia estar sentado ao lado de Philippe; Philippe, aquele sortudo, teria mais uma semana de vida.

Inclinou-se para a frente.

— Brissot, você se lembra? Nós fomos testemunhas do casamento de Camille.

— É verdade. Mas Robespierre também foi, não é?

Vergniaud, que nunca se preocupara com roupas, vestia-se de forma irrepreensível naquela noite, como que para mostrar que a prisão e o julgamento não o haviam dobrado. Seu rosto estava inexpressivo; ele não diria nada, não daria essa satisfação a seus carcereiros. Onde estaria Buzot agora? E o cidadão Roland? Onde estaria Pétion? Estaria vivo ou morto?

O relógio bateu 22h15. Lá fora estava escuro e chovia. O júri voltou. De repente eles foram rodeados pelos funcionários do tribunal. O cidadão Fouquier, acompanhado de seu primo, atravessou o salão de mármore iluminado; havia 22 veredictos a pronunciar, 22 sentenças de morte a ler até poderem ir para casa, cear e tomar uma garrafa de vinho.

Camille estava muito pálido, nervoso, com a voz trêmula. Durante seis dias Fouquier citou as declarações de seu primo para os jurados, suas acusações de conspiração federalista, de tramas monarquistas. Ocasionalmente, quando uma nova frase famosa chegava aos ouvidos deles, o acusado virava-se e olhava para Camille. Era como se tivessem ensaiado aquilo e sem dúvida tinham. Fouquier já encomendara a carroça; em se tratando de tantos acusados, era preciso cuidar dos detalhes.

Havia alguma coisa teatral nessa cena, pensou Fouquier, ou digna do pincel de um artista: os ladrilhos pretos e brancos, o brilho das velas, os pingos de chuva na bandeira tricolor. A luz incidiu sobre o rosto de Camille. Ele pegou uma cadeira para sentar-se. O primeiro jurado levantou-se. Um funcionário retirou de um arquivo um maço com os pedidos de morte. Por trás, o promotor público falou baixinho:

— Camille, o que aconteceu?

De repente, nas fileiras dos acusados, ouviu-se um grito agudo. Os acusados se levantaram em um pulo, os guardas cercaram-nos, os funcionários do tribunal jogaram os documentos na mesa e saíram de seus lugares. Um dos acusados, Charles Valazé, escorregara para trás no banco. No meio da multidão, as mulheres gritavam, procurando saber o que ocorrera; os guardas lutaram para manter os espectadores afastados.

— Que forma de morrer — disse um jurado.

Vergniaud, ainda impassível, fez um gesto para o Dr. Lehardi, um dos acusados. Lehardi ajoelhou-se ao lado do corpo caído e retirou uma longa adaga empapada de sangue até o cabo. O promotor público tomou imediatamente a arma de sua mão.

— Terei de tomar alguma providência sobre isso. Esta adaga poderia ter sido usada em mim — disse Fouquier.

Brissot sentou-se no banco e afundou o queixo e o peito. O sangue de Valazé corria agora sobre os ladrilhos pretos e brancos. Abriu-se um espaço. Valazé, pequeno e morto, foi erguido por dois policiais e carregado para fora.

O drama ainda não terminara. O cidadão Desmoulins, ao tentar sair do tribunal, desmaiou.

DIA 17 BRUMÁRIO. Dia da execução de Philippe, conhecido como cidadão Égalité. Em sua última refeição ele comeu duas costeletas e várias ostras e bebeu uma garrafa quase inteira de Bordeaux. Para subir ao cadafalso usava um colete branco de piquê, uma casaca verde e calças de couro até os joelhos, indumentária muito britânica.

— Então, meu bom homem — disse para Sanson —, vamos acabar logo com isso, está bem?

O CARRASCO. Suas despesas subiram de forma absurda depois que o Terror foi instaurado. Ele tinha agora sete homens a seu serviço, pagos com seu salário, e em breve teria de alugar uma dúzia de carroças por dia. Antes trabalhava com dois ajudantes e uma só carroça. O dinheiro que podia oferecer não atraía ninguém para esse tipo de trabalho. Era preciso pagar do próprio bolso ajudantes para amarrar os clientes e grandes cestas de vime para levar os corpos depois de tudo terminado. De início achavam que a guilhotina seria um serviço limpo e fácil, mas com vinte a trinta cabeças a cortar por dia, surgiam problemas em grande escala. Será que os poderosos tinham noção de quanto sangue saía de uma única pessoa decapitada? O sangue estragava tudo, apodrecia as coisas, especialmente as roupas de Sanson. Os espectadores não percebiam, mas às vezes ele ficava respingado de sangue até os joelhos.

Era um trabalho pesado. Quando o condenado tentava acabar com a própria vida antes da execução, era um verdadeiro tumulto; a vítima podia estar desmaiada devido à ingestão de um veneno ou à perda de sangue, e o carrasco tinha dificuldade de posicioná-la debaixo da lâmina. Recentemente, o cidadão Fouquier insistira que eles decapitassem um cadáver, o que todos consideraram um trabalho inútil. Havia também o problema dos aleijados ou deformados; para amarrá-los à plataforma o carrasco suava um bocado, e as multidões (que não conseguiam ver muita coisa) se cansavam e começavam a assobiar e a vaiar. Nesse meio-tempo formava-se uma fila, e os condenados do fim da fila começavam a gritar ou desmaiar. Se todos os clientes fossem jovens, homens estoicos e fortes, ele teria poucos problemas, mas era incrível como havia poucos nessa categoria. Os cidadãos que moravam na vizinhança se queixavam de que ele não colocava serragem suficiente para absorver o sangue, tornando o cheiro insuportável. A máquina em si era silenciosa, eficiente, confiável, mas ele tinha de pagar a alguém para afiar a lâmina.

Tentava tornar a operação mais rápida e mais eficiente. Fouquier não podia reclamar. No caso dos brissotistas, 21 mais o cadáver, por exemplo, tudo levou exatamente 36 minutos. Não havia um auxiliar para marcar o tempo, mas um espectador simpático marcou em seu relógio para que Sanson pudesse comprovar sua eficiência em caso de reclamações.

Nos tempos idos o carrasco era estimado, era respeitado. Havia uma lei especial para evitar que alguém o ofendesse. Ele tinha uma plateia regular, que assistia a seu trabalho e reconhecia os pequenos problemas que surgiam. O povo vinha para as execuções por vontade própria, mas às vezes apareciam algumas velhinhas tricotando para o esforço de guerra; percebia-se que eram pagas para se sentarem ali, pois ficavam ansiosas para ir embora e receber seu pagamento. Os soldados da Guarda Nacional, que tinham de estar presentes, sentiam-se mal depois de alguns dias.

Em outros tempos o carrasco mandava rezar uma missa especial pela alma do condenado, mas agora seria impossível. Os condenados passaram a ser meros números de uma lista. Antes a morte tinha individualidade, para os condenados era um fim especial. Para eles o carrasco acordava cedo, rezava e vestia-se de vermelho, assumia uma expressão marmórea e punha uma flor na lapela. Mas agora os condenados vinham em carroças de gado, com a boca caída como a dos bois e os olhos opacos, atordoados e passivos diante da velocidade decorrida entre o momento do julgamento e a hora da morte; não era mais uma arte, era como trabalhar em um matadouro.

"ESCREVO ESTAS PALAVRAS ouvindo gargalhadas no quarto ao lado..."

Desde seu primeiro dia na prisão, Manon escreveu. Precisava registrar uma justificação, um credo, uma autobiografia. Depois de algum tempo seu pulso doía, os dedos enrijeciam com o frio, e ela tinha vontade de chorar. Sempre que parava de escrever e permitia-se lembrar do passado em si, e não no meio de expressá-lo, sentia um grande vazio. Deitava-se na cama de sua cela, olhando para a escuridão, preparando-se conscientemente para o heroísmo. "...não soubemos de nada", escrevia.

Todos os dias esperava que viessem lhe dizer que seu marido fora capturado, que estava detido em alguma cidade da província, ou a caminho de Paris para ser julgado com ela. E se Buzot fosse preso? Talvez não lhe dissessem nada. Esse é o preço da discrição, é o prêmio pela boa conduta; eles tinham sido tão discretos e se comportado tão bem que nem mesmo os amigos mais íntimos imaginavam que os dois tivessem uma relação pessoal.

Seu quarto na prisão era despojado e frio, mas limpo. As refeições lhe eram levadas diariamente, mas ela decidira morrer de inanição. Foi diminuindo a quantidade de comida aos poucos, até que um dia tiveram de levá-la para uma cela que servia de enfermaria. Ao ser informada de que teria permissão de testemunhar no julgamento de Brissot, voltou a comer para ganhar forças.

Seria um truque da parte deles? Era impossível saber. Enquanto o julgamento estava em processo ela foi levada para uma saleta lateral do Palais de Justice, sob escolta. Mas não chegou a ver o acusado, os juízes ou os jurados. Um de seus guardiães lhe deu a notícia do suicídio de Valazé. Uma morte leva a outra. O que Vergniaud dissera da moça calma e de pele macia que assassinara Marat? "Ela nos matou, mas nos ensinou a morrer."

Seu próprio julgamento foi adiado, talvez porque esperassem capturar Roland e colocá-los lado a lado. Um deles pediria misericórdia, é claro; mas sua vida não valia o sacrifício de tudo pelo qual ela vivera. Além do mais, não havia misericórdia. Viria de Danton? De Robespierre? Camille Desmoulins teve uma atitude pouco característica no julgamento de Brissot. Tinha dito, muitos ouviram, segundo contaram seus guardiães: "Eles eram meus amigos e foram mortos em razão de meus escritos." Mas sem dúvida ele arrependeu-se do arrependimento quando foi levantado do chão pelas mãos dos jacobinos.

No dia em que Manon foi transferida para a Conciergerie, percebeu que nunca mais veria sua filha ou seu marido. As celas ficavam abaixo do salão do Tribunal; era o último estágio, e mesmo que Roland fosse preso agora, ela estaria morta quando ele chegasse a Paris. Manon foi levada diante do Tribunal a 8 de novembro, 18 Brumário, pelos cálculos daquele charlatão Fabre d'Églantine. Usava um vestido branco, o cabelo vermelho caído nos ombros e iluminado pela luz da tarde. Fouquier foi eficiente. Ela foi colocada na carroça naquela mesma noite. O vento cortante deu cor às suas bochechas, e ela tiritou de frio sob o tecido fino do vestido. Estava escurecendo, mas ela viu a máquina ao longe, a sinistra geometria do gume da lâmina.

UMA TESTEMUNHA OCULAR:

— Robespierre aproximou-se devagar... Usava óculos que provavelmente serviam para esconder os espasmos do rosto pálido. Seu discurso era lento e comedido, com frases tão longas, que todas as vezes que parava e levantava os óculos, achavam que não teria nada mais a dizer; mas então ele lançava um olhar geral à plateia, repunha os óculos e acrescentava mais frases, todas anormalmente longas.

Agora, quando Robespierre aparecia por trás dos outros eles pulavam de susto e de culpa. Como se o medo que ele muitas vezes sentia fosse transferido para os que estavam à sua volta. Ele sabia que normalmente seus passos não eram fortes, então ficava imaginando uma forma de anunciar sua presença, talvez tossir ou dar um encontrão em um móvel. Sabia que pensavam que ele estava ali ouvindo, e todas as dúvidas e pensamentos de revolta transpareciam em seus rostos.

Nas reuniões do Comitê, Robespierre em geral sentava-se em silêncio; não queria forçar suas opiniões, mas quando se abstinha de comentários sabia que suspeitavam que ele os vigiava e fazia suas anotações. E realmente as fazia, anotava tudo. Às vezes, quando emitia sua opinião, Carnot o contradizia secamente, e Robert Lindet o observava com ar muito grave, como se tivesse reservas. Então ele cortava a palavra de Carnot e fazia-o calar-se. Será que esse homem pensava que tinha algum tipo de privilégio porque o conhecia há muitos anos? Seus colegas entreolhavam-se. Outras vezes, pegava papéis na pasta de Carnot, queixas de comandantes cujos homens estavam com disenteria ou sem sapatos, ou cujos cavalos morriam por falta de forragem. Lia tudo aquilo depressa e colocava os papéis sobre a mesa, como um jogador mostrando suas cartas; depois olhava para Carnot e perguntava se seu cargo estava sendo desempenhado da melhor forma possível. Carnot mordia o lábio inferior.

Quando seus colegas falavam, Robespierre sentava-se com o queixo fino apoiado no polegar e no indicador e o rosto voltado para o teto. Não havia nada de novo que pudessem lhe dizer sobre a política do dia a dia, sobre más e boas publicidades, sobre manipulação da Convenção para obter a maioria. Lembrava-se de seus dias de escola, trabalhando com afinco na sombra de alunos mais brilhantes; lembrava de Arras, onde era atormentado pelas reivindicações de sua família, criticado pelos magistrados locais, excluído, em razão de sua política, do clube dos advogados.

Ele não era como Danton, não queria voltar para casa. Ali era sua casa, sob as lâmpadas da meia-noite ou nas ruas chuvosas. Mas às vezes, enquanto os outros falavam, via-se por um instante em outro lugar; pensava nos campos verde-acinzentados e nas praças das cidades tranquilas, nas fileiras de choupos vergando sob o vento de outono.

*

DIA 20 BRUMÁRIO. Um "Festival da Razão" foi realizado no prédio público anteriormente conhecido como Notre-Dame. Os adornos religiosos, como eram chamados, tinham sido arrancados e um templo grego de papelão, construído na nave. Uma atriz do Opéra personificava a deusa da razão, e foi levada ao trono enquanto a multidão gritava o "Ça Ira".

Pressionado pelos hebertistas, o bispo de Paris apareceu diante da Convenção e anunciou seu ateísmo militante. O deputado Julien, outrora um pastor protestante, aproveitou a ocasião para anunciar também seu ateísmo.

Declaração do deputado Clootz (um radical, um estrangeiro): "O homem religioso é um animal depravado. Assemelha-se aos animais criados para serem tosquiados e assados, e usados por mercadores e açougueiros."

Robespierre saiu da Convenção e foi para casa. Seus lábios estavam pálidos e os olhos enfurecidos. Alguém vai sofrer, pensou Eléonore.

— Se não existe Deus — ele disse —, se não existe um Ser Supremo, o que as pessoas que vivem a vida toda na miséria e na necessidade devem pensar? Esses ateístas acham que podem acabar com a pobreza, acham que a República pode ser transformada em um céu na terra?

Eléonore afastou-se dele. Sabia que não ganharia um beijo.

— Saint-Just pensa assim — ela disse.

— Não podemos garantir pão para todos. Não podemos garantir justiça. Devemos também tirar suas esperanças?

— Parece que você só quer um Deus porque Ele preenche as lacunas de sua política.

Robespierre olhou para ela e disse pausadamente:

— Talvez você tenha razão. Mas Antoine acha que tudo pode ser obtido pelo desejo, todo indivíduo que se aprimorar pode tornar-se uma pessoa melhor, uma pessoa com mais *vertu,* e à medida que os indivíduos mudarem, a sociedade mudará também. Isso levará... quanto tempo? Uma geração? O problema, Eléonore, é que as pessoas não conseguem perceber isso quando se atolam em detalhes, preocupam-se o tempo todo em fornecer botinas para o exército, e pensam: *todos os dias eu fracasso de alguma forma.* E tudo parece um gigantesco fracasso.

Eléonore pôs uma das mãos no braço dele.

— Não é um fracasso, meu querido. É o único sucesso que jamais existiu no mundo.

Robespierre sacudiu a cabeça.

— Não consigo ver a situação em termos tão absolutos hoje em dia, gostaria de poder; sinto às vezes que estou perdendo minha direção. Danton compreende, ele sabe como se explicar. Diz que em certos momentos cometemos erros, em outros, temos algum sucesso, isso é política.

— Cínico — disse Eléonore.

— Não, é o ponto de vista dele, a forma como vê as coisas: temos princípios gerais que nos guiam, mas devemos tirar o máximo de cada oportunidade que aparece. Já Saint-Just pensa de maneira diferente: em sua opinião, devemos ver em cada circunstância particular uma chance de propor nossos princípios. Tudo para ele é uma oportunidade de expressar a causa principal.

— E qual é seu ponto de vista?

— Oh, eu estou meio perdido — disse, jogando as mãos para o lado. — Mas nessa instância sei exatamente o que penso. Não vou aceitar essa intolerância, não vou aceitar esse fanatismo, não deixarei que a fé eterna das pessoas simples lhes seja tirada por diletantes que não têm ideia do que a fé significa. Eles chamam os padres de fanáticos, mas na verdade são eles os fanáticos, tentando impedir que a missa seja rezada.

Você "não vai aceitar", ela pensou. Isso significa enfrentar o Tribunal, se eles não mudarem de atitude. Ela não tinha tendência a pensar em um Deus, pelo menos não em um Deus beneficente.

Em seu quarto Robespierre escreveu uma carta a Danton, depois corrigiu-a minuciosamente, como corrigia tudo, e reescreveu, esclarecendo melhor suas intenções, expressando sua causa. A carta não o satisfez, ele rasgou-a e escreveu outra. Queria pedir a Danton que fosse a Paris para ajudá-lo a esmagar Hébert. Queria dizer que precisava de ajuda, mas não queria ser tratado com condescendência; precisava de um aliado, mas não queria ser dominado.

O segundo rascunho tampouco foi satisfatório. Por que não pensou em pedir a Camille para escrever a carta? Camille exporia sua ideia de forma simples, expusera de forma simples naquela manhã. "Não precisamos de procissões, rosários e relíquias, mas precisamos, quando a vida fica muito ruim, de uma perspectiva de consolo; precisamos, quando a situação piora, pensar que em longo prazo há alguém que pode tentar nos perdoar."

Ficou sentado de cabeça baixa. Você precisa sorrir, não era isso que o padre Bérardier diria? Ali estavam eles, depois de tudo dito e feito, dois bons católicos. Não importa se Camille não vai à missa há anos, não importa se Camille considera uma semana perdida se passar seus dias sem romper com todos os mandamentos da Igreja. É estranho, realmente, como o homem para onde começou. Ou talvez seja claro. Lembrou-se de que Camille apanhara do padre Proyart por ter levado para a missa as *Vidas* de Plutarco.

— Eu só queria me animar um pouco — ele tinha dito.

Naqueles dias Plutarco era considerado animador. Não era de admirar que Camille se soltasse quando se afastou dos padres. Eles queriam que fôssemos mais que humanos. E eu continuei a lutar, *tentando* ser o que eles queriam, embora não soubesse que estava fazendo isso, embora pensasse que estava vivendo inteiramente sob outro credo.

Seu bom humor não durou muito. Começou um terceiro rascunho. Como se pode escrever para Danton? Pegou seu cadernos de anotações sobre Danton e o releu. Não se sentiu melhor quando terminou, sentiu-se mais deprimido.

JEAN-MARIE ROLAND estava escondido em Rouen. No dia 10 de novembro, quando soube da execução da esposa, saiu de seu esconderijo e andou cerca de 5 quilômetros até a cidade, carregando sua espada. Parou em uma estradinha deserta, junto a um pomar de maçãs, e sentou-se debaixo das árvores. Aquele era o lugar, não fazia sentido andar mais.

O chão era duro como ferro, o tronco da árvore estava frio, o inverno chegara; a primeira visão de seu próprio sangue amedrontou-o, deixou-o nauseado. Mas aquele *era* o lugar.

O corpo foi encontrado pouco depois por um passante, que primeiro pensou que fosse um velho dormindo. Era impossível dizer quantas horas havia que estava morto, ou se levara muito tempo para morrer, atravessado pela lâmina fina.

A 11 de novembro, em um dia de forte chuva, o prefeito Bailly foi executado; por solicitação popular foi instalada uma guilhotina para a ocasião no Champs-de-Mars, onde em 1791 Lafayette atirara contra o povo.

— CAMILLE — disse Lucile —, está aí um marquês que deseja falar com você. — Camille levantou os olhos de *A cidade de Deus*, de santo Agostinho, e tirou o cabelo dos olhos.

— Impossível — disse.

— Então é um antigo marquês.

— Ele tem um ar respeitável?

— Sim, muito. Tudo bem? Vou deixar vocês sozinhos.

De repente, depois de todos aqueles anos, ela não teve apetite para falar em política. As últimas palavras de Vergniaud rolavam em sua cabeça: "A Revolução, como Saturno, está devorando seus próprios filhos." Aquelas palavras tornaram-se um dos lemas e frases lapidares da época. (A autoridade de pai não vale nada? Não sei por que as pessoas dizem que não conseguem ganhar dinheiro hoje em dia. Eu não encontro dificuldades. Eles eram meus amigos e foram mortos em razão de meus escritos.) Surgiam em seus sonhos todas as noites, vinham-lhe aos lábios durante as conversas, o discurso comum dos últimos cinco anos. (Foi tudo organizado. Não vão tocar em nenhum inocente. Eu abomino governos firmes. Não precisamos nos preocupar. M. Danton cuidará de nós) Ela não ia mais aos debates da Convenção, sentar-se na galeria pública comendo doces com Louise Robert. Foi uma vez ao Tribunal e ouviu o primo Antoine intimidando suas vítimas; uma vez foi o bastante.

— Algum erro de identidade — disse De Sade a Camille. — Eu devia ter enviado minhas credenciais de funcionário da Seção des Piques. Não pensei bem. Isso é suficiente para denunciar uma pessoa como suspeito. — Estendeu uma de suas mãos pequenas e macias e pegou o livro de Camille. — Leitura religiosa. Meu querido. Isso não tem a ver com...?

— Meu desmaio? Oh, não. É minha distração costumeira. Estou escrevendo um livro sobre os patriarcas da Igreja.

— Cada um faz sua escolha — disse o marquês. — Nós, autores, devemos cuidar uns dos outros, não acha?

De Sade estava com cerca de 50 anos, era pequeno, rechonchudo, cabelos grisalhos já escasseando, e olhos azuis pálidos. Engordara, mas ainda caminhava com elegância. Usava roupas escuras, carregava uma pasta cheia de papéis amarrada com uma fita tricolor vistosa, e sua expressão era a do político terrorista.

— Ilustrações obscenas? — perguntou Camille, indicando a pasta.

— Meu Deus — disse de Sade, chocado. — Você se considera meu superior em termos morais, não é, M. Procurador-Geral da Lanterna?

— Bem, sou superior à maioria das pessoas em termos morais. Conheço toda a teoria e tenho todos os escrúpulos éticos. Pode me devolver o Santo Agostinho, por favor?

De Sade procurou uma mesa e colocou o livro com a capa virada para baixo.

— Você me enerva. Achei que gostaria de falar sobre essas mágoas que vem sentindo — disse, puxando uma cadeira para sentar-se. Camille parecia satisfeito.

Camille pensou um instante.

— Não... creio que não. Mas você pode falar sobre as suas, se quiser.

— A Bastilha — de Sade falou. — Foi uma faca de dois gumes, não foi? Pense na queda da Bastilha. Você se tornou famoso. Meus parabéns. É a prova de que os perversos prosperam e que até mesmo os semiperversos levam grande vantagem. É também um grande passo à frente da humanidade, o que quer que a humanidade seja. De minha parte, fui tirado daqui antes da confusão começar, e com tal pressa que me esqueci de levar o manuscrito de meu novo romance. Saí da prisão na sexta-feira da Paixão, depois de 11 anos, Camille, e não consegui encontrar meus papéis. Foi um grande golpe para mim, posso lhe afirmar.

— Qual era o título de seu romance?

— *Os 120 dias de Sodoma.*

— Meu Deus, já se passaram mais de quatro anos, você não teve tempo de refazê-lo ainda?

— Não todos os 120 dias — o marquês respondeu. — Foi uma proeza de minha imaginação, que nesses dias enfraquecidos é difícil reproduzir.

— O que você veio fazer aqui, cidadão? Não veio falar de seus romances, decerto.

O marquês suspirou.

— Vim arejar minhas ideias. Falar sobre os tempos, você sabe. Eu gostei do que aconteceu no julgamento de Brissot. Pensar que você voltou a si depois do desmaio nos braços de todos aqueles homens fortes. Então, o que pensa agora? Pensa que teria sido possível evitar a morte do grupo de Brissot?

— Eu não pensava assim, mas agora penso; podíamos ter contornado a situação.

— Mesmo depois da morte de Marat?

— Creio que há pelo menos uma chance de aquela moça ter matado Marat por conta própria. Ela disse que o matou. Mas ninguém quis ouvi-la. O julgamento de Brissot levou dias. Eles tiveram permissão de falar. Chamaram testemunhas. Foi tudo publicado nos jornais. Foi a pressão de Hébert que levou o processo a termo, ou ainda poderíamos estar discutindo.

— Então foi isso — disse De Sade.

— Mas no futuro os réus não terão esse direito. É considerado não-operante e não republicano. Tenho medo das consequências de julgamentos abreviados. Creio que estão matando pessoas que não deveriam ser mortas. Mas a matança continua.

— E os julgamentos — disse De Sade. — Os julgamentos nos tribunais. Você sabe que aprovo o duelo, a vendeta, o crime passional. Mas essa máquina do Terror funciona sem paixão alguma.

— Perdão, não sei ao certo do que está falando.

— Você sabe, seus primeiros escritos eram absolutamente impiedosos, completamente despidos de conceitos convencionais, eu tinha esperança em você. Mas agora você está começando a voltar atrás. Arrependido. Não está?

Eu fui secretário do comitê de minha Seção em setembro, sabia? Não no setembro último, no setembro em que nós matamos os prisioneiros. Havia algo puro, revolucionária e absolutamente condizente na forma com que o sangue fluía, a velocidade, o medo. Mas agora temos o veredicto dos jurados, o corte do cabelo, as carroças. Temos argumentações de advogados antes da morte. A natureza deveria visitar a morte, não deveria ser uma coisa contra a qual se argumenta.

— Ainda não entendi por que veio me visitar.

— Suponho que para você, pelo menos em seu presente estado de espírito, é o único processo legal que torna isso aceitável. Mais aceitável se o julgamento for justo, e menos aceitável se as testemunhas forem intimidadas e o julgamento for abreviado. Mas para mim é tudo inaceitável. Quanto mais eles discutem, pior. Não posso mais continuar. — Fez-se uma pausa. — Está escrevendo alguma coisa? Quer dizer, além de seu trabalho teológico? — Seus olhos tímidos e pálidos pareciam os de uma lebre velha temendo uma armadilha.

Camille hesitou.

— Estou pensando em escrever. Preciso saber o apoio que terei. É difícil. Sabemos que existem conspirações, nossa vida toda está sendo tragada por elas. Não ousamos falar abertamente com nossos melhores amigos, nem confiar nas nossas esposas, pais ou filhos. Não parece melodramático? É como Roma no reinado do imperador Tibério.

— Não sei — falou de Sade. — Mas se você diz, provavelmente é. Eu estive em Roma, sabia? Uma perda de tempo. Construíram pequenas capelas em volta do Coliseu, estragaram o lugar. Vi o papa. A vulgaridade encarnada. Mas creio que Tibério foi pior. — Levantou os olhos e perguntou: — O que você faria com minhas opiniões?

— Sobre o papa?

— Sobre o Terror.

— Se eu fosse você, guardaria essas opiniões para mim mesmo.

— Mas não foi o que fiz. Falei em uma reunião de minha Seção que o Terror precisava ser detido. Decerto vão me prender em breve. Então veremos o que estamos vendo. Meu querido cidadão Camille, não são as mortes que eu não tolero. São os julgamentos do tribunal.

DANTON VOLTOU PARA PARIS a 20 de novembro, trazendo no bolso cartas de Robespierre, Fabre e Camille. A de Robespierre tinha um tom histérico, a de Fabre era lamentosa, e a de Camille era simplesmente estranha. Resistiu à tentação de dobrá-las e guardá-las como relíquias.

Depois que se instalaram no apartamento, Louise olhou-o com ar acusador.

— Você está pensando em sair.

— Não é todo dia que o cidadão Robespierre exige minha companhia em suas reuniões.

— Durante todo o tempo você pensou em Paris. Aposto como estava louco para voltar.

— Olhe para mim — ele disse, pegando as mãos da mulher. — Eu sei que sou um bobo. Quando estou aqui quero estar em Arcis. Quando estou em Arcis quero estar aqui. Mas você precisa compreender que a Revolução não é um jogo que eu possa largar quando quiser. — Seu tom de voz era muito sério; ele segurou-a pela cintura e puxou-a. Meu Deus, como a amava! — Em Arcis evitávamos falar nisso, falávamos de coisas mais simples. Mas não é um jogo e não é tampouco algo no que me engajo apenas para meu próprio proveito ou gratificação. — Seus dedos tocaram os lábios dela com muita leveza, impedindo-a de falar. — Em outros tempos era. Mas temos de pensar com muito cuidado agora, minha querida. Temos de pensar com muito cuidado sobre o que acontecerá com o país. E conosco.

— Então era isso que você estava fazendo. Pensando com cuidado.

— Sim.

— E vai ver Robespierre agora?

— Não diretamente. — Levantando o queixo, já de bom humor, afastou-se dela. — Preciso estar bem informado antes de vê-lo. Robespierre insulta todos os que não estão a par dos acontecimentos.

— E isso o incomoda?

— Não muito — respondeu alegremente, beijando-a. Os dois vinham se entendendo melhor, embora ele sentisse, e isso o magoava, que ela o temia. — Você não está nem um pouco contente de voltar?

— Creio que sim. Voltar para nossa própria rua. Georges, eu não poderia viver com sua mãe. Temos de ter nossa própria casa lá.

— Teremos.

— Vai pensar no assunto? Não vamos ficar muito tempo em Paris, não é?

Ele não respondeu.

— Não vou demorar — falou.

No tempo que levou para chegar até a esquina, cumprimentou meia dúzia de pessoas, bateu nas costas de vários conhecidos e apressou-se para que ninguém o detivesse em uma conversa. À noite, a cidade inteira saberia que ele estava de volta. Quando entrava no prédio de Desmoulins percebeu algo com o canto do olho: cortada na pedra, tinham colocado uma placa com as palavras RUE MARAT.

Por um instante teve vontade de voltar para casa, subir as escadas, dizer aos empregados que não desfizessem as malas pois eles voltariam para Arcis de manhã. Olhou para as janelas de cima iluminadas. Se eu subir, pensou, nunca mais me libertarei. Se eu subir vou me comprometer com Max a ajudá-lo a acabar com Hébert e talvez governar com ele. Vou me comprometer a livrar Fabre da situação em que ele se encontra, embora só Deus saiba como poderei fazê-lo. Vou me colocar mais uma vez sob ameaça de assassinato, recomeçarei as hostilidades sangrentas, as denúncias.

Seu olhar era duro. Não podia ficar parado ali pensando nos últimos cinco anos de sua vida só porque haviam mudado o nome da rua, não podia deixar isso alterar seu futuro. Não, pensou, e viu claramente pela primeira vez que era uma ilusão largar tudo e cuidar da fazenda em Arcis. Tenho mentido para Louise: uma vez dentro, não se pode mais sair.

— GRAÇAS A DEUS — disse Lucile. — Estava pensando em ir buscar você.

Seus lábios tocaram o rosto de Danton. Ele estava preparado para lhe fazer perguntas sobre Camille e Robespierre, mas em vez disso falou:

— Como você está linda. Acho que tinha me esquecido de sua beleza.

— Em cinco semanas?

— Eu não me esqueceria, realmente. — Pôs os braços em volta dela. — Foi muita gentileza sua estar tão ansiosa por me ver. Foi uma pena vocês não terem ido a Arcis, eu queria muito que fossem.

— Mas Louise e sua mãe não queriam.

— Pelo menos teriam alguma coisa em comum.

— Entendo. O relacionamento das duas é assim tão ruim?

— Um desastre. Louise é jovem demais, muito urbana e tem ideias diferentes. E você, como vai?

— Oh, meu Deus, confusa. — Tentou afastar-se, mas ele enlaçou sua cintura com força. Ela era forte, uma lutadora, parecia não ter medo de nada.

— Não está grávida, Lolotte?

Ela sacudiu a cabeça.

— Graças a Deus, não.

— Quer que eu lhe dê mais um filho?

Lucile levantou as sobrancelhas.

— Você tem uma linda esposa agora para cuidar, creio eu.

— Posso acomodar mais de uma mulher em minha vida.

— Pensei que tivesse desistido.

— Absolutamente não. É um ponto de honra.

— Mas tinha, antes de sair de Paris.

Minhas forças foram recuperadas, ele pensou.

— Não adianta tentar mudar, não é? Não se pode deixar de amar uma mulher.

— Você não me ama. Só tem vontade de se deitar comigo e contar aos outros depois.

— É melhor que não me deitar com você e contar aos outros depois, como fazem.

— Sim. — Ela encostou a cabeça no peito dele. — Eu tenho sido muito boba, não é?

— Muito boba. Você é irrecuperável. Nossas esposas nunca pensarão bem de você. Seja honesta uma vez na vida e vá para a cama comigo.

— Foi para isso que veio?

— Não exatamente, mas...

— Que bom. Não tenho intenção de ceder a você, e além do mais, Camille acabou de entrar e se atirar em nossa cama; deve estar fazendo considerações selvagens.

Ele beijou-a na cabeça.

— Olhe para mim. — Então lembrou que pedira isso à sua esposa meia hora antes. — Diga o que está errado.

— Tudo está errado.

— Vou consertar tudo.

— Por favor.

CAMILLE ESTAVA com a cabeça enfiada nos braços.

— É você, Lolotte? — perguntou, levantando os olhos. Danton sentou-se a seu lado e mexeu em seu cabelo. — Ah, é Georges.

— Não está surpreso?

— Nada me surpreende — disse Camille abatido. — Não pare de mexer em meu cabelo, é a primeira coisa boa que me acontece em um mês.

— Então vamos ao assunto.

— Recebeu minha carta?

— A carta não fazia muito sentido.

— Não, provavelmente não. Posso entender.

Virou-se para o lado e sentou-se na cama. Danton levou um susto. Em cinco semanas, a maturidade espúria dos últimos cinco anos desaparecera; quem o olhava através dos olhos de Camille era o menino amedrontado de 1788.

— Philippe está morto.

— O duque? Eu sabia.

— Charles-Alexis está morto. Valazé esfaqueou-se bem em minha frente.

— Ouvi falar. Eles me deram a notícia. Mas esqueça disso por um instante. Fale sobre Chabot e aquelas pessoas.

— Chabot e dois amigos seus foram expulsos da Convenção. Estão presos. O deputado Julien fugiu. Vadier tem feito perguntas.

— É ele agora? — O chefe do Comitê de Segurança Geral se tornara conhecido pela terrível eficiência na caça aos suspeitos. As pessoas o chamavam de o Inquisidor. Era um homem de cerca de 60 anos, de rosto comprido e amarelo, olhos compridos e amarelos e mãos ossudas. — Que tipo de perguntas? — Danton perguntou.

— Sobre você. Sobre Fabre e seu amigo Lacroix.

A triste confissão de Fabre estava no bolso de Danton. Ele tinha feito... ele próprio não parecia saber o que tinha feito. Sim, alterou um documento do governo com sua própria letra, e a alteração foi publicada como parte do texto; mas alguém alterou a alteração... Dava cansaço só de pensar nisso. A possível conclusão é que Fabre é um falsário, um criminoso *comum*, não um tipo refinado. Todas as indicações são de que Robespierre não tem ideia do que está ocorrendo.

Voltou sua atenção para Camille.

— Vadier pensa, obviamente, que vai descobrir alguma coisa muito comprometedora a seu respeito, Georges. Eu tenho evitado Fabre. O Comitê da Polícia deteve Chabot. Ele denunciou uma conspiração, é claro. Disse que poderia chegar à sua fonte. Ninguém acreditou na informação. Fabre foi encarregado de apresentar um relatório sobre o caso.

— Sobre a Companhia das Índias Orientais? Fabre? — Isso está se tornando um completo absurdo, pensou Danton.

— Sim, e sobre suas ramificações políticas. Robespierre não está interessado em trapaças na bolsa de valores, está interessado em quem se encontra por trás dessas trapaças e de onde vêm as ordens.

— Mas por que Chabot não denunciou Fabre imediatamente, por que não disse que ele estava metido nisso desde o início?

— O que teria a ganhar? Se fizesse isso, ambos seriam julgados. Então Chabot calou-se, achando que Fabre poderia lhe ser grato e eximi-lo de culpa em seu relatório. Mais um acordo, como você vê.

— Chabot realmente pensa que Fabre vai continuar livre?

— Eles esperam que você use sua influência para mantê-lo livre.

— Que confusão — disse Danton.

— E está tudo pior agora. Chabot acabou denunciando Fabre, e *todos*, a única sorte é que ninguém acredita mais no que ele diz. Vadier me interrogou.

— Interrogou *você*? Ele está se excedendo um pouco.

— Vadier é muito informal. Um bom patriota conversando com outro. Falou que ninguém imagina que eu tenha agido de forma desonesta, mas que eu talvez tenha sido um pouco esperto. A ideia era que eu falasse sobre isso e me sentisse muito melhor depois.

— O que você disse?

— Quase nada. Abri os olhos e disse: esperto eu? Minha gagueira estava ruim naquele dia. Usei o nome de Max várias vezes durante a conversa. Vadier tem horror a irritá-lo. Ele sabia que se me pressionasse eu me queixaria.

— Muito bem-feito — disse Danton em tom soturno. E viu a dificuldade em que ele se encontrava; não era apenas uma questão do que fez com Fabre, mas a questão maior da consciência de Camille.

— Estou mentindo para Robespierre — disse Camille. — Pelo menos indiretamente. Não gosto de agir assim. Minha posição ficará enfraquecida, e dificultará o que quero conseguir no futuro.

— E o que é?

— Acho que tenho notícias piores. Hébert anda dizendo que Lacroix encheu os bolsos na Bélgica quando vocês estavam juntos em missão. Diz que pode provar. E também persuadiu os jacobinos a requererem à Convenção a volta de Lacroix e Legendre da missão na Normandia.

— O que ele alega que Legendre fez?

— Ele é seu amigo, não é? Fui procurar Robespierre e disse que precisamos acabar com o Terror.

— Você disse isso?

— Ele falou que concorda plenamente comigo. É claro que concorda, Max detesta esse morticínio, eu é que levei muito tempo para ver isso... Eu disse também que Hébert está poderoso demais. Está apoiado pelo Ministério da Guerra e pela Comuna, faz seu jornal circular pelas tropas, e *não* vai concordar em acabar com o Terror. Isso mexeu com o orgulho de Robespierre. Ele disse que, se quiser, acabará com o Terror, nem que tenha de cortar a cabeça de Hébert. Muito bem, eu disse, pense nisso durante 24 horas, depois decidiremos o que fazer com ele. Voltei para casa e escrevi um panfleto contra Hébert.

— Você não aprende, não é?

— Como?

— Você lastimou o fim da Gironda e sua participação nisso.

— Mas agora se trata de *Hébert* — disse Camille sem compreender. — Não me confunda. Hébert é o obstáculo para acabarmos com o Terror. Se o matarmos, não precisaremos matar mais ninguém. De qualquer forma, 24 horas depois Robespierre começou a contemporizar. Seu tom era indeciso. Quando fui lá ele falou: "Hébert é muito poderoso, mas está certo a respeito de algumas coisas, e pode ser muito útil se nós assumirmos o controle." — Aquele idiota de duas caras, pensou Danton, o que estará planejando agora? — "Talvez seja melhor", ele disse, "chegarmos a uma conciliação. Não queremos mais derramamento de sangue desnecessário." Pela primeira vez senti falta de Saint-Just. Achei que ele agiria, mas depois... — Fez um gesto exasperado. — Saint-Just talvez conseguisse pressioná-lo a entrar em ação.

— Entrar em ação? — disse Danton. — Ele não tem ideia do que é ação. Derramamento de sangue desnecessário, oh, meu Deus! Violência, coisa deplorável. Robespierre me cansa com sua retidão. Aquele idiota é incapaz de fritar um ovo.

— Oh, não fale assim — disse Camille.

— Então o que ele pretende fazer?

— Ele não emite sua opinião. Vá procurá-lo, e aceite o que ele disser. Não discuta.

Danton lembrou que era isso o que costumavam falar sobre ele. Abraçou Camille e sentiu o corpo do amigo estranho e fraco, feito de sombras e ângulos. Camille enfiou a cabeça em seu ombro.

— Já lhe ocorreu que Max sente por você o mesmo desprezo que você sente por ele?

— Ele sente desprezo por mim?

— É um sentimento que lhe vem facilmente.

— Não, isso nunca me ocorreu.

— Bem, nem todos são levados por seus apetites, e os que não têm apetites sentem-se superiores, naturalmente. Robespierre tenta de todas as maneiras lhe fazer concessões. Não é um homem tolerante, mas é caridoso. Ou talvez não seja caridoso, mas seja tolerante.

— Eu me canso de analisar o caráter dele — disse Danton. — Como se minha vida dependesse disso.

DANTON PRETENDIA voltar para perto de Louise em uma hora. Ficou parado na esquina da Cour du Commerce. Habituara-se a conversar com ela, a contar tudo o que acontecera e o que fora dito, e a esperar por seus comentários. Dizia-lhe coisas que nunca teria dito a Gabrielle; sua falta de envolvimento e falta de conhecimento tornavam-na valiosa para ele. Mas agora não havia nada a dizer. Sentiu um grande peso dentro dele. Olhou o relógio. Era possível, mas não provável, que o Incorruptível estivesse em casa àquela hora; enquanto caminhasse para a outra margem do rio pensaria no que deveria dizer. Olhou para sua própria janela iluminada e saiu noite afora.

As lanternas estavam sendo acesas, presas por cordas ao longo das vielas estreitas entre as casas, ou penduradas em suportes de ferro. Havia mais luzes agora do que antes da Revolução: luzes contra os conspiradores, contra os falsificadores, contra a noite escura do duque de Brunswick. Em 1789, quando enforcaram um aristocrata, ele perguntara: "Vocês acham que a luz brilhará mais forte depois?" E Louis Suleau expressou sua surpresa por ainda estar vivo: "Sempre que passo por um poste de luz, vejo-o vir em minha direção ansiosamente."

Dois meninos com jeito de camponeses e nariz escorrendo passaram por ele, vendendo coelhos para o povo da cidade; os coelhos eram carregados de cabeça para baixo, presos em uma vara, feixes sangrentos apanhados nas armadilhas do campo. Alguém irá roubá-los, Danton pensou, e eles ficarão sem dinheiro e sem os coelhos na vara; os corpos peludos dos bichinhos eram magros, com pouca carne balançando sobre os ossos. Duas mulheres discutiam na porta de uma cozinha com as mãos nos quadris. O rio era um canal sujo, manchado de amarelo e cinza, descendo pela noite de inverno. As pessoas saíam às pressas das ruas para se proteger da cidade e da noite em casa.

A carruagem que passou era nova e bonita; mesmo na penumbra era possível notar o polimento da pintura. Ele viu um rosto pálido e redondo dentro da cabine. O cocheiro parou os cavalos a seu lado com um rangido pesado dos arreios, e a voz chiada do dono se fez ouvir.

— Meu querido Danton, é você?

Danton parou de mau grado. A respiração dos cavalos era úmida na penumbra seca.

— Hébert, é você?

Hébert esticou a cabeça para fora.

— É você mesmo. Seu corpo é inconfundível. Meu querido Danton, está ficando tarde, o que está fazendo no meio das ruas com esse ar democrático? Aqui não é seguro.

— Será que não sei tomar conta de mim mesmo?

— É claro que sim, mas não percebe que há gangues de ladrões armados por aqui? Posso levá-lo a algum lugar?

— Não, a não ser que esteja preparado para voltar para o lugar de onde veio.

— É claro.

— Está bem. — Falou para o cocheiro. — Sabe onde fica a casa de Robespierre?

Teve a satisfação de ouvir um ligeiro tremor na voz de Hébert.

— Quando você voltou?

— Há duas horas.

— E a família vai bem?

— Hébert, você é um homem muito desagradável — disse Danton, ajeitando-se no banco acolchoado da carruagem —, não adianta fingir que é gentil.

— Entendo — disse Hébert com um riso nervoso. — Danton, talvez você tenha ouvido falar de alguns discursos que fiz.

— Atacando meus amigos.

— Não leve para esse lado — Hébert falou, em tom de censura. — Afinal, se eles não fizeram nada que os envergonhe... só estou lhes oferecendo uma chance de mostrar que são bons patriotas.

— Eles já mostraram.

— Mas ninguém deve temer que sua conduta seja averiguada, não é? A verdade, Danton, é que não quero que você imagine que eu o estava criticando.

— Creio que você não ousaria.

— Aliás, pensei que uma aliança tática entre nós...

— Seria mais fácil eu fazer uma aliança tática com uma esponja.

— Pense nisso — Hébert falou, sem rancor. — A propósito, Camille não anda em boa forma, não é? Desmaiando daquele jeito.

— Vou dizer a ele que você está preocupado.

— Ele escolheu um momento inoportuno. Andam dizendo, e é compreensível, que está arrependido de sua participação no caso de Brissot. Coração mole, como o querido Marat dizia. Mas parece muito incongruente com sua conduta passada. 1789. Os linchamentos. É isso. E agora... como vou dizer? O cidadão Robespierre está cheio de subterfúgios este mês. Difícil de lidar. Tome cuidado.

— Obrigado, Hébert, pela carona.

Danton desceu da carruagem e Hébert pôs o rosto pálido para fora.

— Convença Camille a tirar férias — disse.

— Ele tiraria um dia de folga para ir a seu enterro.

O sorriso hipócrita congelou.

— Isso é uma declaração de guerra?

Danton deu de ombros.

— Como quiser. Pode seguir em frente — disse ao cocheiro. Na rua, teve vontade de gritar obscenidades ao Père Duchesne, procurá-lo e lhe dar um soco na cara. As hostilidades começam aqui.

— ENTÃO, sua irmã está gostando da vida de casada? — Danton perguntou a Eléonore.

Eléonore corou.

— Acho que sim. Mas Philippe Lebas não é das pessoas mais interessantes.

Que mulher pobre, invejosa e decepcionada, pensou Danton.

— Eu mesmo posso achar o caminho — disse.

Não ouviu resposta ao bater na porta. Foi entrando devagar e enfrentou o olhar beligerante de Robespierre. Ele estava sentado em sua escrivaninha, com pena, tinta e o caderno de anotações.

— Fingindo não estar aqui?

— Danton. — Robespierre levantou-se e corou ligeiramente. — Desculpe, pensei que fosse Cornélia.

— Que modo de tratar sua namorada! Sente-se, relaxe. O que estava escrevendo? Uma carta de amor para alguém?

— Não, aliás eu... deixe para lá. — Fechou o caderno, sentou-se de novo e juntou as mãos em atitude de prece. — Eu poderia ter acabado com você na semana passada, Danton. Chabot veio me ver. Eu... o que você pensava de Chabot?

Danton notou o verbo no passado.

— Acho que ele é um bufão de cara vermelha, com um barrete da liberdade na cabeça e um pequeno cérebro por baixo.

— Esse casamento dele, você sabe... Os irmãos Frei serão presos amanhã. O casamento foi uma cilada para ele.

— O dote — disse Danton.

— Isso mesmo. Os supostos irmãos são milionários. E Chabot gosta muito disso, é susceptível a dinheiro. E por que não? Já passou muita pobreza no mosteiro.

Danton olhou Robespierre bem de perto. Será que ele está afrouxando? Possivelmente.

— Eu tenho pena da moça, a judia.

— Sim, mas dizem que ela não é irmã de nenhum dos dois. Dizem que foi tirada de um bordel em Viena.

— As pessoas dizem de tudo, não é? Eu sei de uma coisa: a empregada de Chabot teve um filho dele e foi abandonada. E foi esse homem que falou com tanta contrição aos jacobinos em setembro passado sobre os direitos dos filhos ilegítimos.

Nunca se sabe o que pode transtornar Robespierre, pensou Danton: traição, peculato ou sexo.

— De todo modo, Chabot veio ver você, como estava dizendo.

— Sim. — Robespierre sacudiu a cabeça, divertido com a condição humana. — Trouxe um pacote, dizendo que continha 100 mil francos.

— Você devia ter contado.

— Era papel velho, ao que eu saiba. Ficou falando sobre os conspiradores, e eu disse: "Você tem alguma evidência documentada?" Ele disse: "Tenho, mas está tudo escrito com tinta invisível". — Robespierre riu. — Depois disse: "Esse dinheiro me foi dado para subornar o Comitê de Segurança Pública, e eu achei que o melhor a fazer seria entregar a você. Posso ter um salvo-conduto? Acho melhor esse dinheiro sair do país." — Robespierre olhou para Danton. — Deplorável, não é? Nós o prendemos às 8 horas da manhã seguinte. Está em Luxemburgo agora. Cometemos o erro de lhe dar pena e tinta, então todos os dias ele escreve metros e metros de justificações e envia para o Comitê da Polícia. Seu nome aparece muito, creio.

— E não em tinta invisível? — Danton perguntou. — Por falar nisso... — Tirou a carta de Robespierre do bolso e jogou-a na mesa entre eles. — Bem, meu velho amigo, que história é essa de acabarmos com Hébert?

— Ah, Camille e eu nos encontramos e tivemos uma crise de pânico.

— Entendo. Então vim até aqui porque vocês tiveram uma crise de pânico.

— Estraguei suas férias? Desculpe-me, mas você está bem melhor, não está?

— Lutando. Estou tentando descobrir onde está a luta.

— Sabe... — Robespierre limpou a garganta —, acho realmente que até o ano-novo nossa posição poderá ser bem favorável. Desde que tenhamos Toulouse de volta. Aqui em Paris temos de nos livrar desses fanáticos antirreligiosos. Seu amigo Fabre está fazendo um bom trabalho com os chamados homens de negócios. Amanhã pretendo obter quatro expulsões do Jacobinos.

— Quais?

— Proli, aquele austríaco que trabalhava para Hérault. E três amigos de Hébert. Se forem expulsos do clube ficarão paralisados. E servirá de advertência aos outros.

— É bom lembrar que recentemente a expulsão do clube tem sido um prelúdio de prisão. Mas Camille diz que você é a favor de acabar com o Terror, é verdade?

— Eu não diria exatamente isso; creio que em dois meses poderemos relaxar, mas ainda há inúmeros agentes estrangeiros que devemos eliminar.

— E afora isso, você seria a favor da volta ao processo judicial normal e da preparação de uma nova Constituição?

— Ainda estamos em guerra, esse é o problema. Guerra feia. Sabe o que a Convenção disse? "O governo da França é revolucionário até haver paz."

— Terror é a ordem do dia.

— Talvez seja a palavra errada. Até parece que o povo está apavorado. Mas não é assim. Os teatros estão abertos como sempre.

— Para representar dramas patrióticos. Esses dramas são enfadonhos.

— São mais saudáveis que o que o teatro costumava apresentar.

— Como você sabe? Você nunca vai ao teatro.

Robespierre piscou.

— Parece, logicamente, que devem ser. Não posso supervisionar tudo. Não tenho tempo de ir ao teatro. Mas voltando ao ponto, você deve entender que em meu foro íntimo não gosto do que vem acontecendo, mas tenho de admitir que foi politicamente necessário. Se Camille estivesse aqui negaria isso, mas ele é um teórico e eu preciso trabalhar no Comitê e me resignar... o melhor que puder. A meu ver... externamente nossa situação está muito melhor, mas internamente ainda temos emergências; ainda temos os rebeldes da Vendeia e uma capital cheia de conspiradores. A Revolução tornou-se muito perigosa.

— Você sabe o que quer?

Robespierre olhou-o com ar indefeso.

— Não.

— Não pode imaginar?

— Não sei o que fazer. Eu pareço estar rodeado de gente que diz ter todas as soluções, mas a maioria delas envolve morticínio. Há mais facções agora do que antes de destruirmos Brissot. Estou tentando mantê-las afastadas umas das outras, fazer com que parem de se destruir.

— Se quisesse acabar com as execuções, que apoio teria do Comitê?

— Robert Lindet ao certo, provavelmente Couthon e Saint-André, talvez Barère, se bem que nunca sei o que ele está pensando. — Contou nos dedos. — Collot e Billaud-Varennes seriam contra qualquer política de moderação.

— Meu Deus — disse Danton pensativo. — O cidadão Billaud, o homem inflexível do Comitê. Ele costumava ir ao meu escritório, em 1786 e 1787, e eu dava algumas defesas para ele preparar, para que conseguisse manter corpo e mente juntos.

— Sem dúvida ele nunca o perdoará.

— E Hérault? Você esqueceu-se de citá-lo.

— Não, não me esqueci. — Robespierre evitou os olhos dele. — Creio que você sabe que ele não goza mais de nossa confiança. Espero que tenha cortado relações com ele.

Deixe para lá, Danton pensou, deixe para lá.

— E Saint-Just?

Robespierre hesitou.

— Ele veria isso como uma fraqueza.

— Você não tem ascendência sobre ele?

— Talvez. Ele tem tido grande sucesso em Estrasburgo. Pensa que está trabalhando de forma correta. E para quem esteve no exército, algumas poucas mortes em Paris não são importantes. Os outros... provavelmente posso controlar.

— Então livre-se de Collot e Billaud-Varennes.

— Impossível. Eles têm apoio do grupo de Hébert.

— Então livre-se de Hébert.

— E voltaremos para a política do Terror. — Robespierre levantou os olhos. — Danton, você não falou sobre sua própria situação nisso. Precisa emitir uma opinião.

Danton riu.

— Você não estaria tão confiante se me conhecesse melhor. Vou esperar o momento propício. E sugiro que você faça o mesmo.

— Você sabe que será atacado assim que aparecer em público, não é? Hébert insinuou certas coisas sobre sua aventura na Bélgica. Creio que sua doença foi considerada mítica. Diziam que você tinha emigrado para a Suíça com sua fortuna adquirida de forma duvidosa.

— Precisamos de um pouco de solidariedade, então.

— Sim. Vou defender você, é claro, em todas as oportunidades. Peça a Camille que escreva alguma coisa. Seria bom, não é? Para tirar sua cabeça de tudo isso. Eu disse a ele para ficar longe dos julgamentos. Camille é muito emotivo, não é?

— Você diz isso como se fosse uma surpresa. Como se o tivesse conhecido na semana passada.

— Suponho que o grau dessa emotividade sempre me surpreende. Os sentimentos de Camille são incontidos. Como desastres naturais.

— Isso pode ser útil, ou pode ser um inconveniente.

— É uma opinião cínica, Danton.

— Verdade? Talvez seja mesmo.

— Talvez você veja com cinismo a afeição de Camille por você.

— Não, sou muito grato. Eu aproveito o que passa por meu caminho.

— É um traço que temos observado em você — disse Robespierre, com interesse.

— Você usou um plural majestático?

— Não, eu me referia a Camille e a mim.

— Vocês falam sobre mim?

— Falamos sobre todos. Sobre tudo. Mas você sabe disso. Ninguém é mais íntimo do que nós.

— Eu aceito sua repreensão. Tanto a sua quanto a minha amizade com Camille são de primeira ordem. Que todas as amizades dele tenham sido assim!

— Não vejo como poderiam ter sido.

— Não, você tem prazer em ser obtuso.

Robespierre pôs a mão no queixo.

— Eu sou. Tive de transigir muito para manter a amizade com Camille. Como tudo o mais em minha vida. Passo os dia falando: "Não me diga" e "Varra isso para baixo do tapete antes de eu entrar na sala."

— Eu não tinha ideia de que você sabia tanto sobre si próprio.

— Eu sei. Não sou hipócrita, mas transmito hipocrisia para os outros.

— Você precisa, é claro. Robespierre não mente, não trapaceia, não rouba, não se embebeda, não fornica, demais. Não é um hedonista nem oportunista, não quebra suas promessas — disse Danton com um largo sorriso. — Mas de que adianta toda essa correção? As pessoas não tentam imitar você. Elas simplesmente colocam uma venda em seus olhos.

— Elas? — Robespierre falou em eco. — Diga "nós", Danton. — E ao falar isso sorriu.

ANOTAÇÕES PARTICULARES DE Maximilien Robespierre:

> Qual é a nossa meta?
> O uso da Constituição para benefício do povo.
> Quem provavelmente se opõe a nós?
> Os ricos e os corruptos.
> Que métodos eles empregam?
> Calúnia e hipocrisia.
> Que fatores encorajam o uso desses meios?
> A ignorância do povo comum.
> Quando as pessoas serão educadas?

Quando tiverem o suficiente para comer, e quando os ricos e o governo pararem de subornar as línguas traiçoeiras e os escritores para enganá-los; quando seus interesses forem identificados com os interesses do povo.
Quando será isso?
Nunca.

FABRE: Então o que você vai fazer?

DANTON: Não quero que você se sinta humilhado. Isso se refletiria em mim.

FABRE: Mas seus planos... você deve ter planos.

DANTON: Tenho, mas você não deve anunciar que Danton tem planos. Quero uma reconciliação com a direita da Convenção. Robespierre diz que precisamos nos unir, acabar com as facções, e ele está certo. Patriotas não devem se desentender.

FABRE: Você espera que eles o perdoem por mandar decapitar seus colegas?

DANTON: Camille vai iniciar uma campanha na imprensa em favor da clemência. No final eu pretendo negociar a paz, a suspensão do controle da economia e uma volta ao governo constitucional. É um grande programa, e não podemos levá-lo a cabo em um país caindo despedaçado, portanto, precisamos fortalecer o Comitê. Manter Robespierre e expulsar Collot, Billaud-Varennes e Saint-Just.

FABRE: Você admite agora que estava errado? Você jamais devia ter deixado o Comitê no verão passado.

DANTON: Sim, devia ter ouvido você. Primeiro tenho de admitir meus erros, depois começar a resgatá-los. Todos nós erramos ao tratar Hébert como um escritor assalariado sem talento. Antes de percebermos nosso erro, ele já tinha no bolso ministros e generais, para não mencionar o povo. Precisamos de coragem para interromper esse processo, e sorte.

FABRE: Depois acabarão com o Terror?

DANTON: Sim. As coisas foram longe demais.

FABRE: Concordo. Quero o hálito quente de Vadier longe de meu pescoço.

DANTON: É só isso o que ele significa para você?

FABRE: Vamos, Danton. O que ele significa para você? Não quero crer que você esteja afrouxando. Está chegando à maturidade?

DANTON: Talvez esteja. De qualquer forma, trabalho duro para fazer meus interesses particulares coincidirem com os interesses nacionais.

FABRE: Você quer governar o país de novo, Georges-Jacques?

DANTON: Não sei. Ainda não decidi o que quero.

FABRE: Deus, é melhor decidir logo. Você vai enfrentar todas essas pessoas. É perigoso. Precisa estar bem atento ou vai arruinar todos nós. Não sei, você não parece muito entusiasmado. Não parece o Danton dos velhos tempos.

DANTON: É Robespierre. Ele me confunde. Tenho a sensação de que joga dos dois lados o tempo todo.

FABRE: Bom:... mantenha Camille nos eixos.

DANTON: Sim, estive pensando... se Camille tiver algum problema, quer dizer, mais problemas, Robespierre terá de apoiá-lo e defendê-lo, o que significa que irá se comprometer.

FABRE: Que boa ideia.

DANTON: Por mais que Camille faça, Robespierre sempre consertará a situação para ele.

FABRE: Podemos contar com isso.

FABRE D'ÉGLANTINE: Quando seu nome incorpora uma mentira, você está sempre procurando certificar-se de sua realidade, sempre procurando buscar fontes de autoestima.

Quando o problema da Companhia das Índias Orientais estourou, me mantive afastado e subi meu preço. Quando o preço chegou a um nível justo, cometi um crime. Mas um pequeno crime! Tenham paciência comigo. Posso pedir sua indulgência, sua boa-fé por um instante? Quero que saibam que não foi só pelo dinheiro.

Queria que dissessem: como você é poderoso, Fabre! Queria ver quanto pagariam pela proteção que eu poderia lhes dar. Não era minha capacidade financeira que estavam comprando. Camille disse que minha cabeça é cheia de maquiagem e roteiros de teatro, que não tenho espaço para o cérebro; de minha parte sempre me surpreendo ao ver como a vida se assemelha a uma peça encomendada de teatro. Eles queriam minha influência, o status de amigo íntimo de Danton. Indiretamente, tenho certeza, achavam que estavam comprando Danton também. Afinal, meus colegas de especulação lidaram com ele antes. Não quero crer que o problema da Companhia das Índias Orientais tenha sido isolado. A fraude foi apenas uma extensão lógica de uma prática astuciosa, apenas mais um passo da especulação financeira e dos contratos fraudulentos do exército. Só que esse pequeno passo foi dado do lado errado da lei; e para gente como eu, nos tempos atuais, é ruim estar do lado errado da lei, qualquer que seja. Agora o poeta idiota está de um lado, e do outro estão Danton e Camille, o companheiro inseparável do Incorruptível, como se fossem dois meninos de colégio com ar de superioridade.

Não vejo nada de bom vindo daí. Em certo momento, Danton e eu abdicamos do interesse próprio. Quando digo momento quero dizer exatamente isso, os segundos em que uma decisão foi tomada; não estou dizendo que depois tenhamos agido de forma diferente ou melhor. Quando planejamos a forma de vencer em Valmy, dissemos que nunca falaríamos sobre isso, nem mesmo para salvar nossas próprias vidas.

A partir do momento em que concordamos um com o outro que havia *uma coisa* que não faríamos, andamos a passos trôpegos para nossa destruição, como dois bêbados nas primeiras horas da manhã. Pois cada convicção que ele tem custa ao oportunista o dobro; cada vez que ele deposita sua confiança, ele sangra um pouco. Valmy mudou a situação da República; a partir daí os franceses puderam manter-se de cabeça erguida na Europa.

Mas Danton jamais abandonaria seus amigos. Se isso parecer um sentimentalismo, me desculpem. Em outras palavras, talvez faça mais sentido para vocês, cada caminho que eu trilhei nos últimos anos leva sempre a Danton. Todas as acusações de Hébert contra Lacroix sobre a missão na Bélgica aplicam-se também a Danton. Hébert sabe disso. Vadier vai me pegar. E quer Danton também. Por quê? Suponho que Danton ofenda o senso de propriedade dele. Vadier é um moralista e Fouquier também, creio. Uma tendência que eu deploro. Só Deus sabe os riscos que corremos, só Deus sabe tudo o que Danton fez. Deus e Camille. Deus se manterá calado.

Quando comecei a denunciar conspirações para desviar a atenção sobre mim, como podia saber que Robespierre acreditaria em tudo que eu dissesse? Ele estava procurando uma conspiração no centro do patriotismo, e eu, Deus me defenda, lhe apresentei uma. Supondo que realmente exista, e todas as palavras e ações parecem comprová-la, pode-se pensar o seguinte: e se Robespierre estiver certo, e eu for o tolo, e se uma pequena trapaça que eu imaginei tramada em um café do Palais-Royal for realmente uma conspiração gigantesca gerada em Whitehall?

Não, não quero pensar nisso. Eu poderia enlouquecer.

De certa forma gostaria que viessem me prender. Pode parecer absurdo, mas a prisão é a única forma de me impedir de fazer coisas que complicarão ainda mais a situação. Minha cabeça dói quando penso nisso; vamos em frente, esse sempre foi meu lema, durante toda a minha vida. Talvez seja uma técnica de Vadier, ou talvez estejam esperando até encontrarem mais alguma coisa, alguma coisa pior; ou esperando até que Danton assuma minha defesa.

Se as coisas continuarem como estão, creio que nunca terminarei *L'Orange de Malte*. É uma boa peça, com alguns versos de muito boa qualidade. Talvez fosse o grande sucesso que nunca cheguei a ter.

Danton, nesses últimos dias, mais parece um urso empalhado que alguém planejando tomar a frente da nação. Parece muito impressionado com as execuções. Passa horas pensando; se alguém pergunta o que está fazendo ele responde: pensando.

Quanto a Camille, eles nunca o acusarão de corrupção, creio que nem sequer tentarão. Segundo o Coelho, ele e Duplessis passam várias tardes em sua fazenda aconchegante falando de negócios, mas tudo estritamente legal. É o único ponto de contato deles.

Mas aqui estou eu, fazendo fofocas de novo. A verdade é que quando vejo Camille com ar tão aflito, exibindo sua sensibilidade absurda, tenho vontade de agarrá-lo, sacudi-lo e dizer que eu também estou sofrendo. Robespierre arrancaria os cabelos e vomitaria se soubesse que De Sade se intrometeu em seus assuntos. A não ser que Danton faça alguma coisa com urgência, mas não ouso esperar nada.

Não tenho me sentido bem nessas duas ou três últimas semanas. Dizem que teremos um inverno ameno. Espero que sim. Tenho uma tosse terrível. Pensei em me consultar com o Dr. Souberbielle, mas não sei se quero ouvir seu veredicto. Quer dizer, veredicto médico; ele é jurado do Tribunal, mas sobre esse veredicto eu não teria escolha.

Não tenho apetite e sinto dores no peito. Mas talvez isso não importe em breve.

DANTON PARA A CONVENÇÃO, pedindo pensão do Estado para os padres que perderam seu meio de vida:

Se um padre não tem como se sustentar, o que esperam que ele faça? Ele morrerá, se ligará aos rebeldes da Vendeia, ou se tornará seu inimigo irreconciliável... Vocês devem dosar alegações políticas com racionalidade e juízo... Não deve haver intolerância nem perseguição. [*Aplausos.*]

DANTON: Vou chamar Chaumette e fazer com que engula seu Culto da Razão. Precisamos pôr um fim a essas tolices antirreligiosas. Todos os dias na Convenção temos de ouvir um desfile triste de clérigos contorcendo suas almas como se fossem roupa lavada; abjurar sua fé lhes toma tanto tempo quanto rezar uma longa missa solene. Há um limite, e eu mostrarei a eles que esse limite já foi atingido.

CAMILLE: Enquanto você estava fora, os sans-culottes apareceram com um crânio, dizendo que era de são Dionísio. Disseram que era uma relíquia horrível de um tempo de superstições e que queriam desfazer-se daquilo. Fiquei com ela. Precisava mostrar a Saint-Just.

DANTON: Imbecis.

LOUISE: Eu não imaginava que o cidadão Robespierre fosse um homem religioso.

DANTON: E não é, em sua forma de entender o assunto. Mas não gosta de perseguição e não quer um alto grau de ateísmo na política. Porém uma coisa lhe seria muito mais gratificante do que dirigir a Revolução: ele gostaria de ser papa.

CAMILLE: Vulgaridade encarnada! A meta dele é mais alta!

DANTON: São Maximiliano?

CAMILLE: Ele não fala mais sobre Deus, fala sobre o Ser Supremo. Creio que sei quem é o Ser Supremo.

DANTON: Maximilien?

CAMILLE: Sim.

DANTON: Você vai acabar tendo problemas por rir dos outros. Saint-Just diz que quem ri dos chefes de governo é suspeito.

CAMILLE: Que destino é reservado àqueles que riem de Saint-Just? A guilhotina é boa demais para eles.

VADIER (sobre Danton):

Vamos acabar com o resto deles, e deixar aquele peixe gordo empalhado para o final.

DANTON (sobre Vadier):

Vadier? Vou comer seu cérebro e cagar em seu crânio.

ROBESPIERRE para o Clube dos Jacobinos. O discurso em voz baixa e as pausas sem sentido tornaram-se uma técnica ensaiada e hipnótica:

"Danton, eles acusam-no de ter... emigrado, fugido para a Suíça, carregando os espólios de sua... corrupção. Alguns chegam a dizer que você estava à testa de uma conspiração para levar Luís XVII ao trono, sob a condição de... você ser feito regente... Eu... observei as opiniões políticas de Danton, pois por várias vezes nós discordamos, e observei-as bem de perto e, às vezes... com hostilidade. É bem verdade que... ele demorou para suspeitar de... Dumouriez, contra o qual não se mostrou implacável... Brissot e seus cúmplices. Mas pelo fato de nós nem sempre... termos visto as coisas sob a mesma ótica.. devo concluir que ele estava traindo seu país? Ao que eu saiba Danton sempre serviu a França com zelo. Se está sendo julgado aqui eu estou sendo julgado... também. Que todos aqueles que têm alguma coisa a dizer contra Danton deem... um passo à frente agora. Que se levantem, os que são mais... patriotas... que nós."

*

— VOCÊ PODERIA me dar alguns minutos de atenção? — Fouquier-Tinville perguntou. Sua atitude dizia que ele não tinha tempo a perder. — Assunto de família, você sabe.

— Verdade? — disse Lucile.

Fouquier pensou: como ela é linda; boa demais para qualquer um de nossa família.

— Posso me sentar? Um incidente lamentável...

— O que aconteceu? — ela perguntou, pondo a linda mão na garganta, ele percebeu, com prazer.

— Não, não. Não aconteceu nada com ele, não no sentido que você teme.

Como ele podia saber o que ela temia, pensou, sentando-se ao lado do promotor público.

— Você se lembra do nome Barnave, não é? Era um deputado da Assembleia Nacional. Foi preso por algum tempo e guilhotinado hoje de manhã. Tinha negócios secretos com Maria Antonieta.

— Sim. Eu o conheci. Pobre Tigre.

— Você sabia da afeição de seu marido por esse traidor?

Lucile levantou os olhos de repente.

— Por favor, deixe seu tom jurídico de lado. Não estou no banco dos réus.

Fouquier levantou as mãos para o alto.

— Não tive intenção de amedrontar você.

— Não me amedrontou.

— Então, desculpe se eu a ofendi. Mas é um fato comprovado que Barnave era um traidor.

— O que eu posso dizer? Traição é deslealdade, então deve ter havido algum estado de confiança e lealdade anterior. Barnave nunca fingiu ser um republicano. Camille o respeitava, e acho que o respeito era mútuo.

— É difícil para meu primo decidir quem deve respeitar?

— Sim, acho que realmente é.

— Apesar da capacidade dele?

— As pessoas não respeitam os escritores, não é? Acham que são prescindíveis. Como dinheiro.

— Não creio que jornalistas políticos devam sacrificar-se pela arte. A não ser pela veracidade. Ainda assim, isso é trivial.

— Não concordo. Nós nunca tivemos uma discussão antes.

— Bem, talvez não seja trivial, mas não tenho tempo para pensar nisso. — A Revolução, pensou, encheu-se de repente de mulheres polêmicas. Aqui está essa beleza, de pele clara, equipada com todo o repertório de maneirismos de seu marido; e falam também da tola Eléonore Duplay, e da menina de Danton. Que bobas, pensou, a forma de salvar o pescoço é manter-se longe disso, e como mulheres elas têm uma desculpa. — Mas, ao que parece, seu marido não aguentou ver Barnave ir para o cadafalso sem falar com ele. Apareceu na Conciergerie no instante em que ele ia entrar na carroça. Ninguém soube disso, e eu cuidei para que a notícia não se espalhasse. Mas não pude deixar de notar que Camille sentiu grande aflição e lamentou a punição apropriada do traidor.

— Cidadão Fouquier, uma pessoa não pode sentir aflição e lamentar a morte de um homem que conheceu em tempos mais felizes? Há alguma lei proibindo isso?

Fouquier olhou-a, como se a avaliasse.

— Vi os dois se abraçarem. Não pude deixar de ver. É claro que não dei nenhuma interpretação a isso. Vou lembrar que os acusados devem vir de mãos atadas, não sei como isso foi omitido. Não é questão do que é permitido. É questão da impressão que tais atos transmitem. Muita gente não conseguiria deixar de dar uma interpretação a essa mostra de amizade a um traidor.

— Você tem coração? — ela perguntou em voz baixa.

— Eu faço meu trabalho, minha querida — ele respondeu depressa. — Você deve dizer a meu priminho, por mim, que sua atitude é muito perigosa. Uma compaixão mal-orientada não justifica essa demonstração extravagante de sentimentalismo.

— Por que ele deveria esconder sua tristeza?

— Porque está comprometendo seus amigos. Se esses amigos desejam mudar de posição, sem dúvida gostariam de declarar isso por si próprios.

— Talvez eles deem essas declarações em breve. — Eu não devia ter dito isso, pensou; mas ele me deixa muito irritada com essa expressão fechada, essa hipocrisia. Só se preocupa em perder seu emprego.

Fouquier sorriu com um ar estranho.

— Se falarem de comum acordo, eu me surpreenderei. Qualquer relaxamento do Terror dividirá o Comitê. Só o Comitê está mantendo a unidade: a receita pública, os exércitos, os suprimentos de alimentos.

— A composição do Comitê deveria ser mudada.

— É mesmo? Esse é o plano de Danton.

— Você está espionando para alguém?

Fouquier sacudiu a cabeça.

— Não sou agente de ninguém. Sou agente da lei. Todas as conspirações passam por minhas mãos. O Comitê consegue sua presente unidade reagindo a essas ameaças. Não sei o que ocorreria se a política de conspiração fosse modificada. Além disso, alguns membros estão, a esta altura, naturalmente habituados às conspirações como a uma instituição. A guerra, é claro, é a maior razão da existência do Comitê. E dizem que Danton deseja a paz.

— E Robespierre também. Ele sempre desejou a paz.

— Mas eles podem trabalhar juntos? Robespierre exigiria o sacrifício de Lacroix e Fabre. Danton não concordaria em trabalhar com Saint-Just. E daí por diante. *Elogiar* um ao outro é muito bom. Mas vamos ver como se sairão quando ultrapassarem os elogios.

— Sua visão é impiedosa, primo — ela disse com calma.

— Todas as minhas visões são impiedosas — disse Fouquier. — Talvez seja a natureza de meu trabalho.

— O que você aconselharia meu marido a fazer? Supondo que ele estivesse disposto a seguir seu conselho?

Os dois sorriram ao perceber a improbabilidade daquilo. Fouquier pensou um instante.

— Creio que eu o aconselharia a fazer exatamente o que Robespierre diz, nada menos e, certamente, nada mais.

Fez-se uma pausa. Lucile estava agitada; ele apresentara, pela primeira vez, certas possibilidades. Surpreendeu-se ao ouvir sua voz perguntar:

— Você acha que Robespierre pode sobreviver?

— Você está perguntando se eu acho que ele é bom demais para viver? — Fouquier levantou-se. — Não faço previsões. Isso basta para tornar uma pessoa suspeita. — Beijou-a no rosto, como um tio faz a uma sobrinha pequena. — Concentre-se em sua própria sobrevivência, minha querida. É o que eu faço.

DANTON: [*na Convenção Nacional*]: Devemos punir os traidores, mas devemos distinguir entre erro e crime. A vontade do povo é que o Terror seja a ordem do dia, mas deve ser dirigido contra os inimigos reais da República e apenas contra eles. O homem cujo erro é a falta de vigor revolucionário não pode ser tratado com um criminoso.

DEPUTADO FAYAU: Danton, sem intenção, é claro, empregou certas expressões que eu considero ofensivas. Em uma época em que as pessoas precisam endurecer o coração, Danton pede que mostrem *misericórdia*.

MONTANHESES: Ele não pediu isso! Ele não pediu isso!

PRESIDENTE: Ordem!

DANTON: Eu não usei essa palavra. Não sugeri mostrar leniência a criminosos. Eu peço uma ação vigorosa contra eles. Eu denuncio os conspiradores!

EM LUXEMBURGO, o ex-capuchinho Chabot não deixou que o estado da nação pesasse em seu espírito. Sentia falta de sua noiva, era verdade, mas era preciso dormir, beber, comer. A 17 de novembro comeu pão, sopa, quatro costeletas, uma galinha, uma pera e algumas uvas. No dia 18, pão e sopa, carne cozida e seis cotovias. No dia 19 trocou as cotovias por uma perdiz. No dia 7 de dezembro, outra perdiz; no dia seguinte, uma galinha assada com trufas.

Escreveu versos e posou para uma miniatura pintada pelo cidadão Bénard.

XI. Os velhos cordeliers

(1793-1794)

OUTRO DIÁRIO terminado: não um dos cadernos vermelhos, mas dos marrons, insignificantes. Os primeiros trabalhos eram muito embaraçosos, pensou Lucile; e passou a rasgar algumas páginas e queimá-las, despedaçando os cadernos.

Atualmente, o que punha nos diários oficiais, como os chamava, era muito diferente do que escrevia nos cadernos de notas marrons. O tom dos diários oficiais tornou-se cada vez mais medíocre, com um pensamento ocasional ou uma passagem admirável para chamar a atenção ou desorientar. Os diários privados eram para os pensamentos sombrios e precisos: pensamentos não palatáveis, registrados em letra minúscula. Quando um caderno era terminado, ela o colocava em um pacote lacrado, e só retirava o lacre quando terminava mais um livro, talvez um ano depois.

Em um dia frio e enevoado, com som de passos abafados nas ruas e os grandes prédios distantes tremeluzindo, Lucile foi ao altar principal da Saint-Sulpice onde se casara três anos antes. Nas paredes estava escrito em letras vermelhas: ESTE É UM PRÉDIO NACIONAL: LIBERDADE, IGUALDADE, FRATERNIDADE OU MORTE. A virgem tinha nos braços uma criança sem cabeça, e seu rosto estava destruído.

Se eu não tivesse conhecido Camille, ela pensou, talvez levasse uma vida mais comum. Ninguém teria encorajado minhas fantasias. Ninguém teria me ensinado a pensar. Quando eu tinha 11 anos, todas as possibilidades de uma vida comum estendiam-se à minha frente. Aos 12, Camille veio à nossa casa. E me liguei a ele na primeira vez em que o vi.

Sua vida estava reescrevendo-se para ela; era nisso que acreditava.

No apartamento, Camille trabalhava com uma luz precária. Estava vivendo apenas de álcool e dormindo três horas por noite.

— Você vai estragar seus olhos — disse Lucile automaticamente.

— Meus olhos já são estragados — falou, pondo a pena sobre a mesa. — Olhe, é um jornal.

— Então você vai fazer o jornal.

— É na verdade uma série de panfletos, e serei o único autor. Desenne vai imprimir para mim. No primeiro número, este aqui, falo apenas sobre o governo inglês. Vou mostrar que depois do discurso recente de Robespierre em louvor a Danton, qualquer um que o critique passa um recibo público pelo dinheiro de Mr. Pitt. — Parou de escrever a última frase. — Não será realmente controverso, mas será outro revés para os detratores de Danton, e preparará o caminho para um pedido de misericórdia nos tribunais e para a libertação de alguns suspeitos.

— Mas, Camille, você vai ousar fazer isso?

— É claro, se tiver o apoio de Danton e Robespierre. Não acha?

Lucile juntou as mãos.

— Se eles estiverem de acordo. — Não tinha contado a Camille sobre a visita de Fouquier.

— Eles estão — Camille falou calmamente. — Mas Robespierre é cauteloso, precisa ser pressionado.

— O que ele disse sobre o caso Barnave?

— Não houve um "caso Barnave". Eu fui me despedir dele. Não achei que ele devia ser executado e lhe disse isso. — Foi o que Fouquier não ouviu, ela pensou. — Não que eu o tenha ajudado por absolvê-lo, mas me senti bem ao ser perdoado por qualquer parte que tenha tido em sua execução.

— E o que Max falou?

— Creio que compreendeu. Não era realmente da conta dele. Eu conheci Barnave no apartamento de meu primo De Viefville, em Versalhes. Nós mal nos falamos, mas ele me notou, como se achasse que me veria de novo. Naquela noite decidi procurar Mirabeau. — Fechou os olhos. — A impressão vai custar 50 mil.

À tarde Louise apareceu. Sentia-se solitária, embora não admitisse. Não queria a companhia da mãe, que ficaria lá o tempo todo se ela não saísse de casa. Angélique levara as crianças por alguns dias; sem elas, e especialmente quando seu marido não estava em casa, ela se tornava de novo a menina tímida subindo e descendo as escadas. A reação de Danton à sua falta de ocupação foi: "Vá gastar algum dinheiro." Mas ela não queria nada para si própria e hesitava em fazer mudanças no apartamento. Não confiava no próprio gosto e achava que seu marido talvez preferisse a casa do jeito que Gabrielle a deixara.

Um ano e meio antes ela fora apresentada como esposa de Danton nos salões e ouvira os comentários mordazes, sentada com todo o formalismo entre as esposas dos ministros e deputados de Paris, mulheres fúteis de 30 a 35 anos, que liam todos os livros recentes e falavam dos casos amorosos dos maridos com voz monótona e arrastada. Com Gabrielle não tinha sido assim, havia bastante discussão inteligente entre as visitas que ela recebia. Louise ficava calada ou emitia suas opiniões com franqueza excessiva. As coisas sobre as quais eles falavam pareciam tão triviais que ela achava que deviam ter significado duplo, do qual não era informada. A única alternativa era entrar no jogo; em consideração a seu status deram-lhe um manual de regras.

Portanto, e ela não poderia ter previsto isso, o apartamento da esquina era o lugar mais confortável para se estar. Naqueles dias a cidadã Desmoulins limitava-se à vida em família e recebia apenas alguns amigos íntimos; não podia preocupar-se com as idiotices da sociedade, dizia. Louise ia àquela sala de visitas todos os dias, e tentava reconstruir o passado recente a partir das conversas que ouvia. Lucile nunca lhe fazia perguntas pessoais, mas ela própria não conhecia outra forma de perguntar. Às vezes falavam sobre Gabrielle em tom carinhoso, naturalmente, como se ela ainda estivesse viva.

Naquele dia Louise disse:

— Você está muito desanimada.

— Preciso terminar de escrever isso — disse Lucile. — Depois venho falar com você e tentaremos nos divertir.

Louise brincou um pouco com o bebê, um verdadeiro bonequinho, que não poderia de forma alguma ser filho de Danton. O menino já falava bastante, a maior parte em uma linguagem ininteligível, como se soubesse que era filho de um político. Quando o levaram para dormir, Louise pegou seu violão e dedilhou algumas notas baixinho.

— Acho que não tenho nenhum talento — disse para Lucile, franzindo as sobrancelhas.

— Você deve se concentrar quando estiver tocando e tocar as músicas mais fáceis. Mas eu não posso criticar, pois nunca pratico.

— Não pratica hoje em dia. Você costumava ir a exposições de arte e concertos à tarde, mas agora fica aqui sentada lendo e escrevendo cartas. Para quem escreve?

— Para várias pessoas. Eu me correspondo muito com o cidadão Fréron, um velho amigo da família.

Louise ficou alerta.

— Gosta muito dele?

Lucile achou graça.

— Gosto mais quando ele está longe.

— Você se casaria com ele se Camille morresse?

— Ele já é casado.

— Mas poderia divorciar-se. Ou sua esposa poderia morrer.

— Seria coincidência demais. Que conversa é essa sobre morrer?

— Há centenas de doenças. Nunca se sabe.

— Eu costumava pensar assim logo que me casei, quando tudo me assustava.

— Mas você não seria viúva para sempre, não é?

— Seria, sim.

— Camille não gostaria disso decerto.

— Não sei por que acha que ele não gostaria. Camille é muito egoísta.

— Se você morresse, ele se casaria de novo.

— Uma semana depois — disse Lucile. — E se meu pai morresse também. Em sua fantasia, com gente morrendo aos pares, seria bem provável.

— Deve haver outros homens com quem você gostaria de se casar.

— Não posso pensar em nenhum. A não ser Georges.

E assim terminou a conversa, quando achou que Louise fora longe demais, lembrando-lhe com certa brutalidade de onde elas estavam. Não gostava de fazê-lo, mas sabia que outras pessoas tinham menos escrúpulos. Louise ficou ali, na luz cinzenta e azul, tentando tocar peças difíceis demais para ela. Camille estava trabalhando. O único som que se ouvia no apartamento eram os acordes dissonantes e as notas trocadas.

Às 16 horas Camille chegou com uma pilha de papéis e sentou-se no chão em frente à lareira. Lucile juntou os papéis e começou a ler. Depois de um instante, levantou os olhos.

— Está muito bom — disse, com certa timidez. — É a melhor coisa que você já fez.

— Quer ler, pequena Louise? São coisas bonitas sobre seu marido.

— Eu gostaria de me interessar por política, mas ele não quer que eu me envolva.

— Talvez não se importe se você tiver mais informações — disse Camille, irritado. — São seus preconceitos bobos e vulgares que ele não quer ouvir.

— Camille — falou Lolotte em tom suave —, ela é uma criança. Como espera que saiba das coisas?

Às 17 horas Robespierre apareceu e cumprimentou Louise como se ela fosse uma adulta.

— Como vai, cidadã Danton? — Beijou Lucile no rosto e fez carinho no cabelo de Camille. Trouxeram o bebê para a sala, e ele levantou-o do chão e disse: — Como vai, afilhado?

— Não lhe pergunte nada — falou Camille. — Ele faz discursos de cinco horas, como Necker costumava fazer, tão incompreensíveis quanto os dele.

— Não sei — disse Robespierre, pondo a cabeça do menino em seu ombro. — Ele não me parece um banqueiro. Será que vai fazer parte da Ordem dos Advogados de Paris?

— Vai ser poeta e morar no campo — Camille decidiu. — Em geral é uma vida muito boa.

— É bem provável — Robespierre falou. — Não sei se seu padrinho velho e maçante conseguirá mantê-lo na linha. — Entregou o menino ao pai e, sentando-se ereto em uma cadeira ao lado da lareira, passou para assuntos sérios. — Quando as provas estiverem prontas, diga a Desenne para mandálas direto a mim. Posso ler no manuscrito, mas detesto decifrar sua letra.

— Então vai precisar corrigir as provas, ou demorará muito. Não mexa muito em minha pontuação.

— Ah, Camille d'Églantine — disse Robespierre em tom de zombaria. — Ninguém está interessado na pontuação, só no conteúdo.

— É fácil ver por que você nunca ganhará um prêmio literário.

— Pensei que tivesse se entregado de coração a esse jornal, pensei que estivesse apaixonado pela ideia.

— Estou apaixonado, e pela pontuação também.

— Quando sairá o segundo número?

— Os números sairão a cada cinco dias, espero: 5 de dezembro, 10 de dezembro, o antigo Natal, e assim por diante, até o trabalho ser completado.

Robespierre hesitou por um instante.

— Mas mostre-me tudo, está bem? Não quero que me atribua coisas que eu não disse e me imponha opiniões que não tenho.

— Acha que eu faria isso?

— Faria e faz. Olhe seu filho, virando os olhos para você. Ele conhece seu verdadeiro caráter. Como vai chamar o jornal?

— Pensei em *O velho cordelier*. Era uma expressão que Georges-Jacques usava: "Nós, os velhos cordeliers".

— Gostei do nome. Põe os novos cordeliers, o grupo de Hébert, em seu devido lugar. Os novos cordeliers não representam nada, não defendem nada; são simples opositores, criticam as ações dos outros e tentam destruí-las. Mas os velhos cordeliers sabiam que tipo de revolução queriam, e correram riscos por ela. Naqueles dias não pareciam tão heroicos, mas hoje parecem.

— Era nessa época que o chamavam de "Vela de Arras", cidadão Robespierre? — perguntou Louise.

— Nessa época! — disse Robespierre. — A menina fala como se estivéssemos no reinado de Luís XIV. Foi seu marido que lhe contou isso?

— Sim, eu não aprendo nada por mim mesma.

Camille e sua esposa entreolharam-se, como que dizendo: vamos estrangular a menina agora ou mais tarde?

— É verdade — Robespierre falou. — Deram-me esse nome porque chamavam Mirabeau de "Tocha da Provence". A ideia — acrescentou sem piedade — era mostrar minha própria insignificância.

— Sim. Georges me explicou isso. Por que você acha então que aquela época foi heroica?

— Por que você acha que todos os heróis são homens que fazem grande rebuliço no mundo?

— Não tinha pensado nisso. Talvez por causa dos livros.

— Alguém deveria orientar sua leitura.

— Ela é uma mulher casada — disse Camille. — Não precisa mais ser educada.

— Estou vendo que vocês não gostam de ser lembrados disso — Louise falou. — Não tive intenção de ofender ninguém, me desculpem.

Robespierre sorriu, sacudiu a cabeça e afastou-se; não tinha tempo para aquela menina agora.

— Camille, lembre-se do que eu disse. Aja com cuidado. Não podemos tirar o poder do Tribunal. Se o fizermos teremos outro setembro. O povo tomará as rédeas da lei, uma situação nada agradável, como já vimos. O governo deve ser forte, não pode ser experimental. Caso contrário, o que os patriotas que estão na frente de batalha pensarão? Um exército forte merece um governo forte como base. Nossa meta deve ser a unidade. A força pode derrubar um trono, mas só a prudência pode manter uma República.

Camille fez que sim, já imaginando os conceitos básicos de um futuro discurso. Sentiu-se culpado por ter rido de Max e dito que ele desejava ser Deus; ele não era Deus, Deus não era tão vulnerável.

Quando Max saiu, Camille disse:

— Estou me sentindo como um ovo na boca de um cachorro. — Olhou para Louise e falou: — Espero que você tenha sido suficientemente repreendida. Se não foi, por favor, vá para casa e peça a seu marido que lhe dê uma surra.

— Oh, meu Deus — disse Louise. — Pensei que tudo aquilo fosse coisa do passado.

— Ninguém esquece realmente esse tipo de coisa.

Danton entrou um instante depois.

— Ah, o velho cordelier em pessoa — disse Lucile.

— Aí está você — ele falou para Louise. — Nosso amigo acabou de sair?

— Você sabe muito bem que sim — Camille falou. — Deve ter se escondido lá embaixo até ele ir embora.

— Nós trabalhamos juntos melhor quando estamos longe um do outro. — Caiu em uma cadeira, esticou as pernas, olhou para Camille e perguntou abruptamente: — Qual é o grande problema?

— Bem... ele ficou me dizendo para tomar cuidado, como se eu não devesse fazer nada que ele próprio não faria, mas não disse o quê.

Camille continuava sentado no chão, e Lucile ajoelhou-se a seu lado com o bebê entre eles, olhando para Georges-Jacques. Como se estivessem sempre esperando que alguém com um lápis e um bloco na mão viesse retratá-los, Louise pensou com raiva. Quando pensava em Lucile com sua fileira de amantes... Era irritante a facilidade com que eles faziam uma encenação.

— Max não gosta de se sentir encurralado com uma ideia ainda não formada — disse Camille. — Mas há certos riscos que temos de correr. Não me importo em ser o primeiro a me arriscar. Isso seria um sentimento heroico, Louise?

Ela falou em um tom cortante:

— Sua vocação é ser herói, não é?

E todos riram de Camille.

DIA 5 DE DEZEMBRO

— Aos velhos cordeliers — disse Fabre, erguendo o copo. Seu rosto estava vermelho e magro. — Que o segundo número seja tão bem aceito quanto o primeiro.

— Obrigado. — Camille parecia realmente modesto; pelo menos baixou a cabeça e os olhos, um sinal externo da glória interna. — Não esperava que fosse um sucesso. Podia-se pensar que o povo esperava por isso... Estou encantado com o apoio do público.

O deputado Philippeaux, um dos misteriosos deputados que estavam sempre em missão, que Camille mal conhecia até uma semana antes, inclinou-se para frente e cumprimentou-o.

— O número está maravilhoso! Como você sabe, eu escrevi meu próprio panfleto, mas sinto que se você tivesse visto as coisas que vi teria feito um trabalho muito melhor. Você sabe... — continuou, ajeitando a gravata elegante — você sabe atingir o coração do leitor, eu apelo só para a consciência. Eu presenciei um verdadeiro morticínio. — A linguagem forte não lhe vinha com facilidade. Ele fazia parte da Planície, não da Montanha, e emitia suas opiniões com cuidado; até agora.

— Ah, morticínio — disse Fabre. — Nosso menino aqui não aguenta isso. Um brissotista com uma pequena espada escondida em seus documentos de defesa foi o bastante para ele. Camille não aguentaria uma atrocidade, creio eu. Decerto desmaiaria. Mas de forma refinada.

Incrível como Fabre era maleável. Camille também. Uma pequena parte sua estava inerte; o resto estava pronto para a briga, tentando ao máximo levar os outros a uma verdadeira fúria, ou a uma calma aceitação. Ele sentia-se leve, muito jovem. O artista Hubert Robert (cuja especialidade, infelizmente, eram ruínas pitorescas) o perseguia naqueles dias; o artista Boze lhe endereçava grandes olhares, e ocasionalmente ia até ele, e puxava seu cabelo. Em seus momentos mais difíceis ele pensava: prepare-se para ser imortalizado.

O principal é que as restrições tinham saído de moda. O que diziam agora é que a Revolução não seguia em uma direção implacável, sua política e linguagem tornavam-se cada vez mais totais e simplistas; a Revolução era flexível, sutil e elegante. Mirabeau dizia: "A Liberdade é uma puta que gosta de ser fodida em um colchão feito de cadáveres." Camille sabia que isso era verdade, mas encontraria uma forma mais gentil de apresentar a ideia ao leitor.

Podia ser ele mesmo agora... quer dizer, o mais diferente possível de Hébert. Não precisava fazer concessões à linguagem da rua, não precisava falar de forma bombástica, não precisava apresentar-se como herdeiro de Marat; mas ainda pensava no corpo volumoso de Simone em seus braços, e na mulher esguia que matara seu amigo. Precisava esquecer Marat e a desgraça que ele semeou; criaria um novo ambiente, como a distante ilha de Thule, muito simples, muito brilhante, absolutamente transparente e suave. O ar de Paris era como sangue ressecado; com as novas ideias de Camille (e a permissão e aprovação de Robespierre) as pessoas respirariam gelo, seda e vinho.

— A propósito — disse o deputado Philippeaux — você sabia que De Sade foi preso?

— O DEPUTADO PHILIPPEAUX, de volta de sua missão, atacou a forma como a guerra estava sendo conduzida. Os comandantes da Vendeia — disse

Robespierre, virando a página da publicação de Philippeaux — são os comandantes que Hébert tem no bolso, objetos legítimos de suspeita. Excetuando Westermann, que é amigo de Danton. Infelizmente — interrompeu para pegar uma pena — o deputado Philippeaux não para aqui. — Baixou a cabeça e sublinhou certas frases. — Ele leva as acusações ao Comitê, pois o Comitê é o supremo responsável pela guerra. Em sua opinião, a guerra poderia terminar muito mais cedo se não fosse mantida para rechear os bolsos de alguns.

— Philippeaux tem estado muito com Danton e Camille — disse um membro do Comitê. — Não é uma acusação, é uma mera observação.

— É o tipo de tese que agradaria a Camille — disse Robespierre. — Você acredita nisso? Eu não sei.

— Você questiona a boa-fé de seus colegas do Comitê?

— Sim, questiono — Robespierre respondeu. — Mas estou convencido da necessidade de manter o Comitê funcionando. Têm chegado notícias de Lyon sobre os atos de nosso amigo Collot. Dizem que ele recebeu ordens de punir os rebeldes, as interpretou mal e massacrou o povo.

— É o que dizem.

Robespierre juntou os dedos.

— Collot é um ator, não é? Um produtor de teatro. Houve uma época em que se satisfazia encenando peças sobre terremotos e assassinatos múltiplos. Agora pode encenar seus sonhos. Quatro anos de Revolução, cidadão... e por todo lado a mesma cobiça, trivialidade e egoísmo, a mesma indiferença brutal ao sofrimento alheio, e a mesma diabólica sede de sangue. Eu simplesmente não consigo saber o que vai dentro das pessoas. — Apoiou a testa na mão, e seu colega olhou-o espantado. — Enquanto isso, o que Danton faz? Estará encorajando o deputado Philippeaux?

— Ele faria isso, se visse alguma vantagem temporária. O Comitê deve silenciar Philippeaux.

— Não é preciso. — Enfiou a ponta da pena na página impressa. — Viu que ele atacou Hébert? Hébert cuidará disso por nós. Que ele seja de alguma utilidade pelo menos uma vez.

— Mas você permitiu que Camille atacasse Hébert em seu segundo número do jornal — disse o membro do Comitê. — Jogando uns contra os outros? Você é esperto, não é?

DECRETO NA CONVENÇÃO NACIONAL:

O Conselho Executivo, os ministros, generais e todos os órgãos constituídos estarão sob a supervisão do Comitê de Segurança Pública.

CAMILLE: Não vejo por que eu deva esperar aplausos pelo terceiro número. Qualquer um poderia ter feito esse número. Não foi mais que uma tradução. Eu estava lendo Tácito, sobre o reinado do imperador Tibério, e comentei com De Sade que meu texto era igual ao dele. Fui verificar, e realmente era. "Nossas vidas agora são o que o analista descreve: famílias inteiras sendo exterminadas pelos carrascos, homens cometendo suicídio para não serem arrastados nas ruas como criminosos comuns; homens denunciando os amigos para salvar a própria pele; deterioração de todos os sentimentos humanos, transformação da piedade em crime." Eu me lembro de quando li isso pela primeira vez, anos atrás, e Robespierre se lembrará também.

Não havia muito a acrescentar, bastava mostrar o texto ao público, substituindo, na imaginação, os nomes romanos por nomes de homens e mulheres franceses, nomes de pessoas que vocês conhecem, vizinhos que vivem em sua rua, pessoas cujo fim vocês presenciaram e que em breve podem compartilhar.

É claro que tive de mexer um pouco na redação, dar mais realce, como diria Hébert. Não mostrei a Robespierre. Talvez seja um choque para ele. Mas um choque salutar, não acham? Se ele reconhecer esse estado de coisas, terá de pensar em sua própria participação. Parece ridículo comparar Robespierre a Tibério, é claro que não é o que estou dizendo; mas com certo tipo de homem à sua volta — sim, estou me referindo a Saint-Just — não sei o que ele poderá se tornar.

Tácito faz uma descrição do imperador: "Sem piedade, sem raiva, fechando-se resolutamente à entrada de emoção."

Isso me pareceu familiar.

O *VIEUX CORDELIER*, nº 3:

Depois que as palavras se tornaram crimes contra o Estado, o passo seguinte foi transformar em ofensas meros olhares, sofrimento, compaixão, suspiros, e até mesmo silêncio.

Foi um crime contra o Estado Libonius Drusus ter pedido que os videntes dissessem se ele um dia seria rico... Foi um crime contra o Estado um dos descendentes de Cássio pendurar um quadro de seu ancestral em casa. Mamercus Scaurus cometeu um crime ao escrever uma tragédia na qual certos versos podiam ter duplo sentido. Foi um crime contra o Estado a mãe do cônsul Furius Geminus ter pranteado a morte do filho... Era necessário regozijar-se com a morte de um amigo ou parente para poder escapar da própria morte.

Um cidadão era popular? Talvez resolvesse criar uma facção. Suspeito.

Esse cidadão tentou retirar-se da vida pública? Suspeito.

Você é rico? Suspeito.
Você é aparentemente pobre? Pode estar escondendo alguma coisa. Suspeito.
Você é melancólico? O estado da nação deve perturbá-lo. Suspeito.
Você é alegre? Deve estar se regozijando com as calamidades nacionais. Suspeito.
Você é filósofo, orador ou poeta? Suspeito.

— VOCÊ NÃO ME MOSTROU isso — disse Robespierre, com voz inexpressiva. A brisa jogou as últimas folhas secas do ano em seu rosto. Ele pegou uma delas e segurou-a entre o indicador e o polegar para que os veios ficassem bem expostos à luz da tarde. O dia estava bonito, com um pôr do sol rosado; os últimos raios tocavam o rio de uma maneira mais sinistra que pitoresca.

— Como sangue — disse Camille. — É o que o texto sugere. Eu não escondi nada. Você provavelmente tem livros de Tácito em sua estante.

— Você está sendo dissimulado.

— E você deve admitir que o texto é muito adequado. Se não fosse, não teria chamado a atenção do público. Sim, é um retrato da forma como vivemos agora.

— E você revelou isso à Europa? Não podia se refrear? Quer se tornar a leitura favorita do imperador? Espera uma mensagem de congratulação de Mr. Pitt? Fogos de artifício em Moscou? — Robespierre falava com calma, como se as perguntas fossem razoáveis. — Agora responda. — Pôs as palmas das mãos na balaustrada de pedra da ponte, olhou para Camille, e esperou a resposta.

— O que estamos fazendo aqui? Está ficando frio — disse Camille.

— Prefiro conversar ao ar livre. Lá dentro não se pode guardar segredos.

— Está vendo? Você está sendo consumido pela ideia de conspiração. Vai querer guilhotinar também paredes de tijolo e batentes de portas?

— Não estou sendo consumido por nada, a não ser pelo desejo de fazer o melhor por meu país.

— Então acabe com o Terror — disse Camille, estremecendo. — Você tem a liderança moral. É o único que pode fazer isso.

— E ver o governo despencar à nossa volta? Extinguir o Comitê? — Sua voz não passava de um sussurro. — Não posso. Não posso correr esse risco.

— Vamos caminhar um pouco. Mude o Comitê — disse Camille. — É só o que eu peço. Collot e Billaud-Varennes não são pessoas com quem você deva se associar.

— Você sabe por que eles estão aqui. São nossa concessão para a esquerda.

— Eu sempre me esqueço que não somos de esquerda.

— Quer que sejamos responsáveis por uma insurreição?

Camille parou e olhou o rio.

— Sim, se for necessário. Sim. — Tentava deter o pânico que se apoderava dele, deter as batidas aceleradas de seu coração. Robespierre não estava habituado a oposição, e ele não estava habituado a opor-se a Robespierre. — Vamos lutar por isso de uma vez por todas.

— É esse o desejo de Danton? Mais violência?

— Max, o que você pensa que está sendo feito todos os dias na Place de la Révolution?

— Prefiro sacrificar aristocratas que nos sacrificar. Sou leal à Revolução e aos homens que a fizeram. Mas você está difamando-a diante de toda a Europa.

— Você acha que lealdade é encobrir os fatos, fingir que a razão e a justiça prevalecem? — O rio estava escuro, e o vento da noite chegava, entrando pela roupa como mãos frias e insistentes. — Por que fizemos a Revolução? Pensei que fosse para combater a opressão. Pensei que fosse para nos libertar da tirania. Mas isso é tirania. Mostre uma tirania pior na história do mundo. Já houve quem matasse pelo poder, por ganância e por ânsia de sangue, mas mostre outra ditadura que mata com eficiência, mas se encanta com a virtude e ostenta seus ideais sobre túmulos abertos. Nós dizemos que fazemos tudo para preservar a Revolução, mas a Revolução nada mais é agora que um cadáver que ainda vive.

Robespierre não olhou para ele, mas segurou-o pelo braço.

— Tudo que você disse é verdade — murmurou —, mas eu não sei como agir. Vamos para casa.

— Você disse que não podíamos conversar dentro de casa.

— Não há muito mais a dizer, não é? Você já disse tudo.

HÉBERT, o Père Duchesne:

Aqui, meus bravos sans-culottes, está um bravo homem de quem esqueceram. Foi realmente uma ingratidão da parte de vocês, pois esse homem declara que sem ele não teria havido uma Revolução. Era conhecido como Senhor Procurador-Geral da Lanterna. Vocês devem achar que estou me referindo ao famoso cortador de gargantas que pôs os aristocratas para correr; mas não, o homem de quem estamos falando se declara a mais pacífica das criaturas. A seu ver, ele não tem mais fel que um pombo; é tão sensível que nunca ouve a palavra "guilhotina" sem estremecer. É uma grande pena ele não ser um orador, senão provaria ao Comitê de Segurança Pública que não tem ideia de como ajeitar as coisas; mas se não pode falar, M. Camille pode escrever, para a grande satisfação dos moderados, aristocratas e monarquistas.

PROCEDIMENTOS do Clube dos Jacobinos:

CIDADÃO NICOLAS [*intervindo*]: Camille, você está prestes a ser guilhotinado!
CIDADÃO DESMOULINS: Nicolas, você está prestes a fazer uma fortuna! Um ano atrás seu jantar nada mais era que uma maçã assada, agora você é o impressor do governo.
(Risadas.)

HÉRAULT DE SÉCHELLES voltou da Alsácia em meados de dezembro. O trabalho estava feito. Os austríacos tinham batido em retirada e a fronteira estava segura; Saint-Just voltaria em uma ou duas semanas, coberto de glória.

Foi visitar Danton, mas ele não estava em casa. Deixou um recado, combinando uma reunião, e Danton não apareceu. Foi à casa de Robespierre, e os Duplay mandaram-no embora.

Ficava em uma janela das Tulherias, observando as carroças fazer seu percurso de morte; às vezes as seguia até o final do trajeto e misturava-se à multidão. Ouviu falar de esposas que denunciavam os maridos ao Tribunal, e maridos que denunciavam as esposas; mães que ofereciam os filhos à Justiça Nacional e filhos que traíam os pais. Viu mulheres com bebês recém-nascidos amamentando até a carroça chegar. Viu homens e mulheres escorregarem e caírem sobre o sangue derramado de seus amigos, e os carrascos erguerem-nos pelos braços amarrados. Viu cabeças pingando sangue sendo levantadas para a multidão olhar.

— Por que você se força a ver essas coisas? — alguém lhe perguntou.

— Estou aprendendo a morrer.

DIA 29 FRIMÁRIO, Toulon entregou-se aos exércitos republicanos. O herói do dia foi um jovem oficial da artilharia chamado Bonaparte.

— Se as coisas continuarem como estão com os oficiais — disse Fabre —, em três meses Bonaparte terá a cabeça cortada.

Três dias depois, 2 Nivoso, as forças do governo esmagaram os últimos rebeldes do exército da Vendeia. Os camponeses armados foram considerados marginais e fuzilados prontamente; não restou nada a não ser a caçada humana sangrenta pelos campos, matas e pântanos.

Na sala verde de espelhos prateados, os membros variados e facciosos do Comitê de Segurança Pública acertavam suas diferenças. Estavam ganhando a guerra e mantendo uma paz precária nas ruas de Paris. "Com esse Comitê, a Revolução está na marcha certa", dizia o povo.

ESTAVA ESCURO. Eléonore pensou que não houvesse ninguém no quarto. Quando Robespierre virou a cabeça ela levou um susto. Seu rosto estava branco nas sombras.

— Você não vai ao Comitê? — perguntou com cuidado. Ele virou a cabeça para o lado, e olhou para a parede de novo. — Quer que eu acenda a lâmpada? Por favor, fale comigo. Nada pode ser tão ruim assim.

Foi para trás da cadeira dele e ao pôr a mão em seu ombro sentiu-o rígido.

— Não me toque — Robespierre falou.

Eléonore retirou a mão.

— O que eu fiz de errado? — perguntou, esperando uma resposta. — Você está sendo infantil. Não pode ficar sentado aí no frio e no escuro.

Nenhuma resposta. Ela saiu depressa do quarto, deixando a porta entreaberta. Voltou um instante depois com uma vela comprida, para pôr fogo na lenha e nos gravetos empilhados na lareira. Ajoelhou-se, para cuidar das primeiras chamas, o cabelo escuro caindo nos ombros.

— Não quero luz — ele disse.

Eléonore inclinou-se, colocou mais um graveto no fogo e abanou a brasa.

— Sei que você vai deixar o fogo morrer se eu não tomar conta — ela disse. — Você sempre faz isso. Eu acabei de voltar da aula. O cidadão David elogiou meu trabalho hoje. Quer ver? Está em minha pasta lá embaixo. — Olhou para ele, ainda ajoelhada, com as mãos nas coxas.

— Levante-se daí. Você não é minha empregada — ele disse.

— Não? — ela retrucou, com voz fria. — O que sou então? Seria contra seus princípios falar com uma empregada como você fala comigo.

— Cinco dias atrás eu propus à Convenção a instalação de um Comitê de Justiça para examinar os veredictos do Tribunal e estudar os casos dos prisioneiros ou suspeitos. Achei que isso era preciso, mas aparentemente não era. Acabei de ver o quarto número de *O velho cordelier*. Olhe aqui. — Empurrou os panfletos por cima da mesa. — Leia.

— Não consigo ler nesta luz. — Acendeu as velas e levantou uma delas para ver o rosto dele. — Seus olhos estão vermelhos. Você andou chorando. Não pensei que chorasse por ser criticado pela imprensa. Pensei que estivesse acima dessas coisas.

— Não é crítica — ele disse. — Não é crítica, esse é o problema, é outra coisa, são as alegações, são as alegações contra mim. Meu nome é citado. Olhe. — Apontou para o ponto da página. — Eléonore, quem tem sido mais misericordioso que eu? Setenta e cinco dos partidários de Brissot estão na prisão. Eu lutei nos comitês e na Convenção pelas vidas desses homens. Mas isso não basta para Camille, não basta. Ele quer me forçar a entrar em uma... uma espécie de tourada. Leia isso.

Ela pegou o panfleto e colocou uma cadeira na mesa dele para ter mais luz. "Robespierre, você foi meu colega de colégio, deve lembrar-se do que nos ensinaram na aula de história e filosofia: o amor é mais forte e mais duradouro que o medo." *O amor é mais forte e mais duradouro que o medo.* Olhou para ele, depois para o papel impresso. "Você chegou bem perto disso com a medida que foi passada, por sua sugestão, na sessão de 30 Frimário. Foi proposto um Comitê de *Justiça.* Então por que a *misericórdia* deve ser vista como um crime na República?"

Eléonore levantou os olhos.

— A prosa — disse Robespierre — é muito direta, sem exageros, sem espirituosidade. Cada palavra tem sua importância. Antigamente ele valorizava uma palavra ou outra. Esse era seu estilo.

"Retire da prisão 200 mil cidadãos considerados 'suspeitos'. Na Declaração dos Direitos do Homem não há uma cláusula de prisão por suspeita.

"Você parece determinado a acabar com a oposição usando a guilhotina, mas é uma incumbência sem sentido. Quando destrói um opositor no cadafalso, faz mais dez inimigos em sua família e entre seus amigos. Veja o tipo de gente que foi posta por trás das grades: mulheres, velhos, revoltosos, o restolho da Revolução. Acredita mesmo que eles constituem um perigo? Os únicos inimigos que restaram à sua volta foram os que estão doentes demais ou são covardes demais para lutar; todos os homens bravos e capazes fugiram para o exterior, ou morreram em Lyon ou na Vendeia. Os que restaram não merecem sua atenção. Creia em mim, a liberdade seria estabelecida com mais firmeza, e a Europa se ajoelharia a seus pés, se você criasse um Comitê de Misericórdia."

— Já leu o suficiente? — perguntou a ela.

— Sim. Estão tentando forçar você. Danton está por trás disso, não é?

Robespierre não falou de início. Depois passou a sussurrar, sem ir ao ponto principal.

— Quando éramos crianças, eu disse a Camille que cuidaria dele. Você precisava nos ver, Eléonore, sentiria pena de nós, creio eu. Não sei o que teria sido de Camille se não fosse eu. — Enfiou o rosto nas mãos. — Ou de mim, se não fosse ele.

— Mas vocês não são mais crianças — ela falou com delicadeza. — E essa afeição do passado não existe mais. Ele está do lado de Danton.

Robespierre levantou os olhos. Seu rosto estava transparente, e ele gostaria que o mundo fosse transparente também, pensou Eléonore.

— Danton não é meu inimigo. É um patriota, e eu arrisquei minha reputação defendendo-o. Mas o que ele fez nessas quatro últimas semanas? Alguns discursos. Uma retórica grandiosa que o engrandece aos olhos do público, mas não significa nada. Ele considera-se o decano da Revolução. Não arriscou nada. Jogou meu pobre Camille na fornalha enquanto ele e seus amigos ficam ociosos, matando o tempo.

— Não se aborreça, não adianta nada. — Evitou o rosto dele e voltou novamente os olhos para o panfleto. — Camille sugere que o Comitê abusou de seus poderes. Parece claro que Danton e seus amigos se veem como um governo alternativo.

— Sim. — Levantou a cabeça e deu um sorriso forçado. — Danton me ofereceu um emprego certa vez. E sem dúvida me ofereceria de novo. Eles esperam que eu me ligue a eles.

— Ligar-se a esse bando de trapaceiros? Você se ligaria a eles como se ligaria a bandidos que o tivessem sequestrado para pedir um resgate. Tudo o que querem é usar seu nome, usar seu crédito de homem honesto.

— Sabe de que eu gostaria? Gostaria que Marat estivesse vivo. A que ponto eu cheguei para desejar isso! Mas Camille ouviria Marat.

— Isso é uma heresia — disse Eléonore, baixando a cabeça sobre o jornal. Ela lia com uma lentidão desesperadora, pensou Robespierre, pesava cada palavra. — Os jacobinos o expulsarão.

— Eu impedirei.

— O quê?

— Eu disse que impedirei.

Ela sacudiu o jornal na frente dele.

— Eles vão culpar você. Acha que pode proteger Camille?

— Proteger Camille? Oh, meu Deus, até o dia de hoje eu teria morrido por ele. Mas sinto agora que talvez tenha o dever de me manter vivo.

— Dever a quem?

— Ao povo. Caso o pior aconteça com eles.

— Eu concordo. Você tem o dever de se manter vivo. Vivo e no poder.

Ele virou a cabeça para o lado.

— Com que facilidade as frases saem de seus lábios. Parece que cresceu com elas, Eléonore. Collot voltou de Lyon, sabia? Terminou seu *trabalho*, como ele diz. Seu caminho de retidão é muito claro, direto e amplo. É fácil ser um bom jacobino. Collot não tem dúvidas ou escrúpulos na cabeça; na verdade, não sei se tem alguma coisa lá. Acabar com o Terror? Ele pensa que nem começamos ainda.

— Saint-Just estará aqui na semana que vem. E não vai querer saber de seus dias de colégio, Max. Não vai aceitar desculpas.

Robespierre levantou o queixo, em uma atitude de orgulho cego.

— Camille não vai apresentar desculpas. Eu o conheço. Ele é mais forte do que você pensa; não de forma visível ou evidente, mas eu o conheço. Ele tem uma vaidade blindada, e por que não? Tudo teve origem no dia 12 de julho, naqueles dias anteriores à queda da Bastilha. Ele sabe exatamente o que fez, exatamente os riscos que correu. Eu correria esses riscos? É claro que não. Não faria sentido, ninguém olharia para mim. Danton correria? É claro que não. Ele era um sujeito respeitável, um advogado, um pai de família. E aqui estamos nós agora, Eléonore, quatro anos depois, ainda admirados com o que foi feito em uma fração de segundo.

— Bobagem — ela disse.

— Não. Tudo que é importante é decidido em uma fração de segundo. Ele postou-se diante de milhares de pessoas e sua vida mudou. Tudo depois disso, é claro, foi um anticlímax.

Eléonore levantou-se e foi para o outro lado do quarto.

— Você vai vê-lo agora?

— Agora? Não. Danton virá aqui. Eles provavelmente estão dando uma festa.

— E por que não? — disse Eléonore. — Sei que o clima das superstições terminou, mas hoje é dia de Natal.

— É INCRÍVEL — disse Danton, virando a cabeça para trás e entornando outro copo de vinho. Não parecia um decano da Revolução. — Há manifestantes em frente à Convenção reivindicando um Comitê de Misericórdia. Estão reunidos em grupos em frente à livraria de Desenne exigindo outra edição. O preço de capa era de início 2 *sous,* agora estão revendendo por 20 francos. Camille, você é um desastre inflacionário.

— Mas eu deveria ter avisado Robespierre. Sobre o conteúdo da revista, quero dizer.

— Pelo amor de Deus — disse Danton, com uma atitude arrogante e vigorosa, o líder popular de uma nova força política. — Alguém deve ir buscar Robespierre. Alguém deve arrastá-lo até aqui. Chegou a hora de deixá-lo bêbado. — Pôs a mão no ombro de Camille. — Chegou a hora de a Revolução relaxar um pouco. O povo está cansado de mortes, e a reação a seus panfletos é a prova.

— Mas o Comitê deve mudar este mês. E você deve assumir.

Em volta deles, a conversa foi retomada. Todos estavam de acordo com as declarações perceptivas de Danton.

— Não vamos apressar as coisas — disse Danton. — No próximo mês agiremos. Criaremos um espírito de mudanças. Não queremos forçar o assunto, queremos que as pessoas passem a pensar como nós por livre vontade. — Camille olhou para Fabre. — Por que você não está feliz? — Danton perguntou a Camille. — Acaba de ter o maior sucesso de sua carreira. Eu ordeno, em nome da República, que você se sinta feliz.

Annette e Claude chegaram logo depois. Annette tinha um ar desconfiado e reticente, mas Claude parecia estar se preparando para fazer um grande discurso.

— Ah, eu não lhe fiz muita justiça no passado, não é? Mas agora desejo lhe dar os parabéns, do fundo do coração. Foi um ato de grande coragem.

— Por que diz isso? Acha que vão querer cortar minha cabeça?

Fez-se um silêncio súbito, absoluto e prolongado. Ninguém falou, ninguém se moveu. Pela primeira vez em anos Claude achou possível olhar dentro dos olhos de Camille.

— Oh, Camille, quem iria querer fazer mal a você?

— Muita gente — disse Camille, em um tom remoto. — Billaud, porque eu sempre ri dele. Saint-Just, porque tem ânsia de liderança e eu não o seguirei. Todos os membros do Clube dos Jacobinos que querem meu sangue desde que defendi Dillon. Dez dias atrás eles falaram de meu desmaio no julgamento de Brissot. Que direito tinha eu de desmaiar sem informar ao clube? E Barnave. Eles queriam saber como ousei ir até a Conciergerie falar com um traidor.

— Mas Robespierre o defendeu — disse Claude.

— Sim, ele foi muito gentil. Disse a todos que eu era dado a explosões emocionais. Disse que me conhecia desde meus 10 anos e que eu sempre fui assim. Sorriu para mim quando desceu da tribuna, com um olhar cortante. Gravou sua avaliação em mim como uma marca de ourives.

— Foi mais que isso — disse Lucile. — Ele lhe fez elogios calorosos.

— É claro. O clube ficou emocionado, envaidecido. Robespierre permitiu que eles tivessem uma pequena percepção de sua vida privada, uma comovente evidência de sua natureza humana — disse Camille.

— O que quer dizer com isso? — Claude perguntou.

— Bem, vou voltar à minha antiga convicção. Ele é claramente Jesus Cristo. Chegou a aceitar ser adotado por um carpinteiro. O que será que vai fazer na próxima reunião, quando exigirem minha expulsão?

— Mas nada acontecerá enquanto Robespierre estiver no poder — disse Claude. — É impossível. Ora essa. É impossível.

— Está dizendo que eu tenho proteção. Mas é irritante ser protegido.

— Não vou aceitar essas palavras! — Danton falou, pondo o copo na mesa e dobrando o corpo para a frente. Estava bastante sóbrio agora, embora alguns minutos atrás não estivesse. — Você conhece minha política, sabe o que estou tentando fazer. Agora que os panfletos atingiram seu objetivo, sua tarefa é conservar Robespierre de bom humor e manter a boca fechada. Não há necessidade de correr riscos. Dentro de dois meses toda a oposição moderada estará a meu lado. Tudo que terei a fazer é existir.

— Mas meu caso é problemático — Camille murmurou.

— Você acha que não posso proteger meus seguidores?

— Estou cansado de ser protegido — gritou Camille. — Estou cansado de satisfazer você e aplacar Robespierre, de correr entre os dois ajeitando as coisas e administrando suas personalidades devoradoras, suas vaidades e arrogâncias monstruosas. Estou farto de tudo isso.

— Nesse caso — disse Danton — seu uso no futuro será muito limitado, muito limitado mesmo.

O COMITÊ de Justiça que Robespierre propusera foi vítima da franqueza revolucionária de Billaud-Varennes no dia seguinte. Ele disse aos jacobinos abruptamente, na frente de Robespierre, que a ideia era imbecil.

Naquela noite Robespierre não conseguiu dormir. Não era a derrota que o atormentava, mas a humilhação. Não se lembrava de seus desejos expressos terem sido um dia escarnecidos; ou melhor, lembrava-se indistintamente, como algo de uma encarnação anterior. A Vela de Arras iluminara outro mundo.

Ficou sentado sozinho em seu quarto, junto à janela, observando os ângulos escuros do telhado e as estrelas. Teve vontade de rezar, mas não conseguia formular nenhuma palavra que pudesse comover ou ao menos atingir a divindade que tinha sua vida nas mãos. Levantou-se três vezes para ver se a porta estava trancada, com a chave na fechadura e os trincos passados. A escuridão foi diminuindo, já era possível ver na rua as sombras dos transeuntes. *No reinado do imperador Tibério...* Fantasmas de almas passadas pediam para entrar, com rostos brancos como cera, deixando um rastro de odores estranhos e de sombras longas e furtivas de animais de circo.

*

NO DIA SEGUINTE CAMILLE foi à casa dos Duplay. Perguntou a Eléonore como ia seu trabalho e se ela andava bem de saúde.

— Lucile disse que quer vir visitar você, mas não sabe qual seria a hora mais conveniente, que não atrapalhasse suas aulas. Por que você nunca vai nos ver?

— Eu irei um dia — ela disse, sem muita convicção. — Como está seu menino?

— Está ótimo. Maravilhoso.

— Ele é como você, Camille. Parece com você.

— Que gentileza sua, Cornélia, você é a primeira pessoa que me diz isso em 18 meses. Posso subir?

— Max não está em casa.

— Oh, Cornélia. Você sabe que ele está.

— Está ocupado.

— Ele pediu que você não deixasse ninguém entrar, ou só a mim?

— Ele precisa de tempo para organizar seus pensamentos. Não dormiu nada na noite passada. Estou preocupada.

— Max está muito zangado comigo?

— Não está zangado. Creio que está... chocado. Por você ter dito que ele é responsável pela violência, e o acusado publicamente.

— Eu disse que me reservaria o direito de lhe dizer quando o país se tornasse uma tirania. Nossas consciências são de domínio público, de que outra forma eu devia lhe dizer isso?

— Ele está alarmado por você ter se colocado em uma situação tão ruim.

— Vá dizer que estou aqui.

— Ele não quer ver você.

— Vá dizer, Eléonore.

— Está bem — ela falou, vencida.

Deixou-o esperando ali, com um nó na garganta. Parou um instante no meio da escada para pensar, depois continuou e bateu na porta.

— Camille está aqui.

Ouviu o rangido da cadeira, mas nenhuma resposta.

— Você me ouviu? Camille está lá embaixo, insiste em ver você.

Robespierre abriu a porta. Eléonore sabia que ele tinha ouvido tudo muito bem. Estava suando. Que absurdo, pensou.

— Não deixe Camille subir. Eu já disse. Já disse. Por que você não presta atenção ao que eu digo? — Estava tentando falar com muita calma.

Ela deu de ombros.

— Está bem.

Robespierre segurou na maçaneta e alisou-a, abrindo e fechando a porta.

— Vou dizer a ele — ela falou, virando a cabeça e olhando para a escada, como se achasse que Camille poderia subir correndo e tirá-la do caminho. — Se vai aceitar ou não, é outra questão.

— Meu Deus. O que ele pensa? O que ele espera?

— Pessoalmente não vejo sentido em não deixá-lo subir. Vocês dois sabem que ele o colocou em uma situação muito difícil. Você sabe que vai defendê-lo, e acho que ele também sabe. A dúvida não é se você vai suavizar suas divergências. É claro que vai. Você arriscará sua própria reputação para defender Camille. Todos seus princípios são jogados pela janela quando você se vê diante de dele.

— Isso não é verdade, Eléonore — Robespierre falou com calma. — Não é verdade, você está dizendo isso por puro ciúme. Não é verdade e ele precisa perceber. Precisa pensar. Como ele está? — perguntou, agora com voz agitada.

Os olhos dela encheram-se de lágrimas.

— Como sempre.

— Não parece nervoso? Não está doente?

— Não, parece o mesmo de sempre.

— Meu Deus — falou Robespierre, tirando a mão suada da maçaneta e limpando-a com a manga da camisa. — Preciso lavar as mãos.

A porta foi fechada com vagar. Eléonore desceu, secando o rosto com o punho da manga.

— Pronto, falei com Max. Mas ele disse que não quer ver você.

— Suponho que ache que está fazendo isso para meu próprio bem, não é? — disse Camille, com uma risada nervosa.

— Você deveria entender os sentimentos de Max. Tentou usar a afeição dele por você como uma armadilha para forçar um apoio quando você apresentasse ideias políticas das quais ele discorda.

— Ele discorda de minhas ideias políticas? Desde quando?

— Talvez desde a derrota que sofreu ontem. Isso é você quem deve concluir. Ele não me conta nada, e eu não entendo nada de política.

Os olhos de Camille pareciam vazios.

— Muito bem, posso existir sem o beneplácito dele — disse, encaminhando-se para a porta. — Até logo, Cornélia, creio que não a verei muito daqui em diante.

— Por quê? Para onde vai?

Ao chegar ao portão Camille virou-se de repente, puxou-a, passou a mão em seu seio e beijou-a nos lábios. Dois operários os observaram.

— Pobre de você — disse Camille, empurrando-a delicadamente contra o muro. Eléonore observou-o ir, com as costas da mão sobre os lábios. Nas horas seguintes ainda sentia a pressão da mão dele em seu seio e dizia a si mesma, com culpa, que nunca tivera realmente um amante.

UMA CARTA para Camille Desmoulins, 11 Nivoso, ano II:

Não sou fanático nem entusiasta nem homem de fazer elogios; mas se sobreviver a você pretendo mandar fazer uma estátua sua com a seguinte inscrição: "Homens perversos teriam nos forçado a aceitar a liberdade manchada de lama e sangue. Camille nos fez amar a liberdade esculpida em mármore e coberta de flores."

— É claro que não é verdade — ele disse para Lucile —, mas vou guardar esta carta com cuidado no meio de meus papéis.

— VEJO QUE VOCÊ FEZ um esforço enorme para vir falar comigo — disse Hérault. — Podia ter se virado e seguido em outra direção. Começo a pensar que está sendo caridoso comigo, como foi com Barnave. A propósito, sabia que Saint-Just está de volta?

— Oh!

— Talvez seja melhor não antagonizar tanto Hébert, não é?

— Meu quinto panfleto está em preparação — disse Camille. — Vou livrar o público dessa obscenidade idiota, ainda que seja a última coisa que faça.

— Talvez seja mesmo a última — disse Hérault sorrindo, mas sem prazer. — Sei que você goza de uma posição privilegiada, mas Robespierre não gosta de derrota.

— Ele é a favor da clemência. Muito bem, houve um revés. Mas encontraremos outro meio.

— Como? Creio que parecerá mais que um revés para Robespierre. Ele não tem uma base de poder, você sabe, a não ser na opinião dos patriotas. Tem poucos amigos. Colocou alguns antigos funcionários seus no Tribunal, mas não tem nenhum ministro no bolso, nenhum general, negligenciou a todos. Seu poder existe inteiramente em nossa cabeça, e estou certo de que ele sabe disso. Se foi derrotado uma vez, por que não duas, por que não sempre?

— Por que está tentando me amedrontar?

— Para me divertir — disse Hérault com frieza. — Nunca pude compreendê-lo muito bem. Você joga com a afeição que Robespierre lhe tem, porém ele sempre diz que devemos deixar nossos sentimentos pessoais de lado.

— Todos dizemos. É a única coisa a ser dita. Mas nunca agimos dessa forma.

— Camille, por que você fez isso?

— Não sabe?

— Não tenho ideia. Suponho que quisesse ficar à frente da opinião pública de novo.

— É o que pensa? Andam dizendo que é uma obra de arte, que nunca escrevi nada melhor. Você acha que estou orgulhoso com minhas vendas?

— Eu estaria, se fosse minha obra.

— Sim, os panfletos são um grande sucesso. Mas o que me importa o sucesso agora? Estou cansado de ver injustiça, ingratidão e injúria se acumulando.

Caso precisemos, será um belo epitáfio, pensou Hérault.

— Diga a Danton, se valer de alguma coisa, e talvez o prejudique, que a campanha por clemência tem minha simpatia e apoio.

— Danton e eu não estamos em bons termos.

Hérault franziu as sobrancelhas.

— Não estão em bons termos? Camille, o que está tentando fazer consigo mesmo?

— Oh... — disse Camille, pondo o cabelo para trás.

— Foi grosseiro com a esposa dele de novo?

— Não, nada disso. Meu Deus, nós sempre deixamos de lado nossos sentimentos pessoais.

— Então por que brigaram? Alguma trivialidade?

— Tudo que eu faço é trivial — disse Camille, com uma hostilidade súbita. — Não vê que sou uma pessoa fraca e trivial? Então, Hérault, há alguma outra mensagem?

— Só acho que ele está protelando em excesso.

— Tem medo de que a política de clemência chegue tarde demais para você?

— Cada dia que passa é tarde demais para alguém.

— Ele provavelmente tem boas razões. Todas essas coalizões obscuras... Fabre acha que eu sei tudo sobre Georges, mas não é verdade. Não creio que eu conseguiria saber tudo, e você? Na verdade, creio que ninguém conseguiria.

— Às vezes você fala exatamente como Robespierre.

— É uma longa ligação. É com isso que estou contando.

— Recebi uma carta hoje de manhã de meus colegas do Comitê — disse Hérault. — Estou sendo acusado de vazar nossos procedimentos secretos para os austríacos. — Sua boca retorceu-se. — A evidência documental precisará de um pequeno adendo antes de ir ao tribunal, mas isso não será problema para Saint-Just. Ele tentou me arruinar na Alsácia. Não sou idiota, mas achei difícil manter-me na dianteira. Não que fizesse diferença.

— É seu destino.

— Isso mesmo. Estou indo agora pedir minha demissão do Comitê. Pode contar a Georges. Ah, desejo a ele um feliz ano-novo.

SAINT-JUST: Quem está pagando para Camille escrever isso?

ROBESPIERRE: Não, você não compreendeu. Ele ficou tão abalado com o andamento das coisas...

SAINT-JUST: Camille é um bom ator, não há como negar. Ele quase o convenceu.

ROBESPIERRE: Por que tem de achar que Camille faz tudo com más intenções?

SAINT-JUST: Pense bem, Robespierre. Ou ele tem más intenções e é um contrarrevolucionário, ou afrouxou politicamente e é um contrarrevolucionário.

ROBESPIERRE: Isso é muito didático. Você não estava aqui em 1789.

SAINT-JUST: Temos um novo calendário agora, 1789 não existe mais.

ROBESPIERRE: Você não pode julgar Camille. Não sabe nada sobre ele.

SAINT-JUST: As ações delem falam por si sós. E eu conheço Camille há anos. Ele deixou a vida correr até começar a trabalhar com prostituição literária. Camille se vende a quem pagar mais, é por isso que ele e Danton têm tanto em comum.

ROBESPIERRE: Não vejo como você possa chamar de prostituição literária pedir clemência.

SAINT-JUST: Não? Pode explicar por que ele tem sido o convidado mais requestado nos jantares dos aristocratas neste último mês? Pode explicar por que pessoas como aquela mulher Beauharnais lhe enviam cartas de agradecimento e admiração? Pode explicar por que ocorreu uma desordem civil?

ROBESPIERRE: Não foi uma desordem civil. Foram peticionários legais na Convenção.

SAINT-JUST: Com o nome dele na boca. Ele é o herói do momento.

ROBESPIERRE: Bem, é a segunda vez que isso lhe acontece.

SAINT-JUST: Há quem use de egocentrismo para fins muito sinistros.

ROBESPIERRE: Como?

SAINT-JUST: Como conspiração contra a República.

ROBESPIERRE: Quem conspira? Camille não conspirou com ninguém.

SAINT-JUST: Danton conspirou. Com Orléans. Com Mirabeau. Com Brissot. Com Dumouriez, com a corte, com a Inglaterra e com todos nossos inimigos estrangeiros.

ROBESPIERRE: Como ousa dizer isso?

SAINT-JUST: Você tem coragem de romper com ele? Leve-o ao Tribunal para que responda a essas acusações.

ROBESPIERRE: Veja um exemplo. Ele associou-se a Mirabeau. Suponho que seja a isso que está se referindo. Mirabeau caiu em desgraça, mas quando Danton o conheceu ele era considerado um patriota. Não era crime ter ligações com ele na época, e não podemos transformar isso em crime retrospectivamente.

SAINT-JUST: Você não participou da cegueira geral com relação a Mirabeau, ao que eu saiba.

ROBESPIERRE: Não.

SAINT-JUST: Então, decerto avisou Danton.

ROBESPIERRE: Ele não me ouviu. Isso não é crime tampouco.

SAINT-JUST: Não? Eu suspeito de um homem que, digamos, deixe de *detestar* os inimigos da Revolução. Se não foi um crime, foi muito pior que descuido. Havia dinheiro envolvido. Com Danton sempre há. Aprenda. Aceite que dinheiro é a altura e a profundidade do patriotismo de Danton. Onde estão as Joias da Coroa?

ROBESPIERRE: Roland era responsável por elas.

SAINT-JUST: Roland está morto. Você se recusa a aceitar o óbvio. Existe uma conspiração. Esse pedido de clemência não passa de um artifício para disseminar a divergência entre os patriotas e arrecadar alguma boa vontade. Pierre Philippeaux é parte da trama, com seus ataques ao Comitê, do qual Danton é o cabeça. Espere e verá. O próximo número de *O velho cordelier* detonará o verdadeiro ataque contra Hébert, porque eles têm de tirá-lo do caminho para tomarem o poder. Eu também atacarei o Comitê. Minha opinião é que eles planejam um golpe militar. Eles têm Westermann e Dillon.

ROBESPIERRE: Dillon foi preso outra vez, acusado de uma trama para resgatar o delfim. Acho pouco provável.

SAINT-JUST: Camille não poderá salvá-lo desta vez. Não que as prisões sejam seguras.

ROBESPIERRE: Oh, as prisões! O povo diz que se o suprimento de carne não melhorar, vão destruir as prisões e assar os prisioneiros para comê-los.

SAINT-JUST: O povo está degradado, em seu atual estado de educação.

ROBESPIERRE: O que você espera? Eu esqueci de me preocupar com o suprimento de carne.

SAINT-JUST: Acho que você está se desviando do assunto.

ROBESPIERRE: Danton é um patriota. Mostre alguma prova contra ele.

SAINT-JUST: Robespierre, você é um homem muito obstinado. Que tipo de prova deseja?

ROBESPIERRE: Como você sabe que cartas Camille tem?

SAINT-JUST: Quando eu estava lhe passando a lista daqueles com quem Danton conspirou, esqueci de incluir Lafayette.

ROBESPIERRE: Então foram quase todos, não é?

SAINT-JUST: Sim, creio que quase todos.

NA PRIMEIRA SEMANA do novo ano, certos papéis foram entregues a Robespierre, provando sem dúvida alguma o envolvimento de Fabre na fraude da Companhia das Índias Orientais; um caso que o próprio Fabre, com a cooperação do Comitê da Polícia, vinha investigando há mais de dois meses. Durante meia hora Robespierre ficou olhando os papéis, tremendo de raiva e humilhação, lutando para se controlar. Ao ouvir a voz de Saint-Just teve vontade de sair da sala, mas havia apenas uma porta na sala.

SAINT-JUST: E o que vai dizer agora? Camille devia saber alguma coisa sobre isso.

ROBESPIERRE: Ele estava protegendo um amigo. Não devia ter feito isso. Devia ter me contado.

SAINT-JUST: Fabre realmente tapeou você.

ROBESPIERRE: As conspirações das quais falou são verdadeiras.

SAINT-JUST: Ah, sim. Todos os homens que Fabre citou comportaram-se conforme ele previu. O que devemos pensar de alguém tão próximo do centro da traição?

ROBESPIERRE: Sabemos o que pensar agora.

SAINT-JUST: Fabre esteve do lado de Danton todo o tempo.

ROBESPIERRE: E daí?

SAINT-JUST: Não se mostre mais inocente do que o normal.

ROBESPIERRE: Vou expulsar Fabre do Clube dos Jacobinos na próxima reunião. Eu confiei nele, e ele me fez de bobo.

SAINT-JUST: Todos fizeram você de bobo.

ROBESPIERRE: Preciso começar a pensar de novo. Tenho sempre muito boa vontade com as pessoas.

SAINT-JUST: Posso lhe apresentar certa quantidade de provas.

ROBESPIERRE: Eu sei o que chamam de provas nos dias de hoje. Boatos, denúncias e uma retórica vazia.

SAINT-JUST: Está determinado a persistir no erro?

ROBESPIERRE: Você parece um padre, Antoine. É o que eles dizem quando estamos nos confessando, lembra? Eu errei em meu curso de ação, concordo. Levei em consideração o que as pessoas fazem e dizem, quando deveria ter olhando dentro de seus corações. Vou descobrir todos os conspiradores agora.

SAINT-JUST: Quem quer que seja. Por mais crédito que tenham na Revolução, devem ser investigados. A Revolução está congelada. Eles a congelaram com essa bobagem sobre moderação. Manter-se imobilizado na Revolução é andar para trás.

ROBESPIERRE: Você está misturando suas metáforas.

SAINT-JUST: Eu não sou escritor. Tenho mais do que frases para oferecer.

ROBESPIERRE: Referindo-se a Camille de novo.

SAINT-JUST: Sim.

ROBESPIERRE: Ele foi desencaminhado.

SAINT-JUST: Essa não é minha visão, nem a visão geral do Comitê. Acreditamos que ele é responsável por suas ações, e sentimos que não deve escapar ao que merece em razão de quaisquer sentimentos que você possa ter por ele.

ROBESPIERRE: De que está me acusando?

SAINT-JUST: De lassidão.

ROBESPIERRE: Eu não cheguei onde estou por lassidão.

SAINT-JUST: Lembre-nos disso.

ROBESPIERRE: Sua conduta será investigada, como se ele fosse qualquer outra pessoa. Camille é apenas um indivíduo... Oh, meu Deus, como gostaria de evitar isso.

O QUINTO NÚMERO de *O velho cordelier* foi publicado em 5 de janeiro, ou 16 Nivoso. Atacava Hébert e sua facção, comparava seus escritos a um esgoto aberto, acusava-o de corrupção e cumplicidade com o inimigo. Atacava Barère e Collot, membros do Comitê de Segurança Pública.

PROCEDIMENTOS do Clube dos Jacobinos (I):

CIDADÃO COLLOT [*na tribuna*]: Philippeaux e Camille Desmoulins...

CIDADÃO HÉBERT: Justiça! Exijo uma audiência.

PRESIDENTE: Ordem! Sugiro aos membros da reunião que o quinto número seja lido em voz alta.

JACOBINO: Todos já o lemos.

JACOBINO: Eu deveria me envergonhar de admitir que li um panfleto aristocrata.

JACOBINO: Hébert não quer que seja lido, não quer que a verdade seja espalhada.

CIDADÃO HÉBERT: Não, não, de forma alguma o jornal deve ser lido em voz alta! Camille está tentando complicar tudo. Está tentando desviar a atenção dele próprio. Está me acusando de usurpar verba pública, acusação completamente falsa.

CIDADÃO DESMOULINS: Eu tenho provas comigo.

CIDADÃO HÉBERT: Oh, meu Deus! Ele quer me assassinar!

PROCEDIMENTOS do Clube dos Jacobinos (2):

PRESIDENTE: Chamamos Camille Desmoulins para justificar sua conduta.

JACOBINO: Ele não se encontra aqui.

JACOBINO: Para alívio de Robespierre.

PRESIDENTE: Vou chamar o nome dele três vezes, para que ele tenha oportunidade de vir justificar-se perante a sociedade.

JACOBINO: É uma pena que ele não tenha um frangote que cacarejasse o nome de Camille três vezes. Seria interessante ver o que Danton faria.

PRESIDENTE: Camille Desmoulins...

JACOBINO: Ele não está aqui. Achou melhor não vir.

JACOBINO: Não adianta chamar seu nome mais de uma vez se ele não está aqui.

CIDADÃO ROBESPIERRE: Então nós discutiremos...

CIDADÃO DESMOULINS: Eu *estou* aqui, na verdade.

CIDADÃO ROBESPIERRE [*em voz alta*]: Eu disse que começaremos a debater sobre os crimes do governo britânico.

JACOBINO: É sempre um assunto seguro.

CIDADÃO DESMOULINS [*na tribuna*]: Suponho... suponho que você vá dizer que eu estava errado. Admito que estivesse, sobre os motivos de Philippeaux, talvez. Cometi muitos erros em minha carreira. Devo pedir à sociedade que me oriente porque eu realmente... realmente estou perdido.

JACOBINO: Eu sabia que ele perderia o controle.

JACOBINO: É sempre uma tática segura.

JACOBINO: Olhe para Robespierre, já está de pé.

CIDADÃO ROBESPIERRE: Eu exijo falar.

CIDADÃO DESMOULINS: Mas Robespierre, deixe-me...

CIDADÃO ROBESPIERRE: Quieto, Camille, eu quero falar.

JACOBINO: Sente-se, Camille, você só vai arranjar mais problemas.

JACOBINO: Isso mesmo, saia do caminho e deixe que Robespierre o salve. Maravilhoso, não?

CIDADÃO ROBESPIERRE [*na tribuna*]: Cidadãos, Camille nos prometeu abandonar seus erros e pôr de lado todas as heresias políticas que enchem as páginas desses panfletos. Ele vendeu grande quantidade de exemplares, e os aristocratas, com sua falsidade e traição, lhe fizeram inúmeros elogios, e isso lhe subiu à cabeça.

JACOBINO: Ele parou com seus artifícios, com suas longas pausas.

CIDADÃO ROBESPIERRE: Esses escritos são perigosos, pois perturbam a ordem pública e enchem nossos inimigos de esperança. Mas devemos fazer distinção entre o autor e sua obra. Suas intenções são boas, mas ele cercou-se de pessoas péssimas e foi induzido ao erro. Devemos repudiar esses escritos, com os quais nem mesmo Brissot teria ousado concordar, mas devemos manter Camille conosco. Eu exijo que, simbolicamente, os pontos ofensivos de *O velho cordelier* sejam queimados diante desta sociedade.

CIDADÃO DESMOULINS: *Queimar não é a solução.*

JACOBINO: É verdade! É uma citação de Rousseau!

JACOBINO: Teríamos de viver para ver isso!

JACOBINO: Robespierre arruinado por seu deus Jean-Jacques! Ele está verde.

JACOBINO: Eu não gostaria de viver com os problemas gerados por tal inteligência.

JACOBINO: Ele talvez não tenha de viver com isso.

CIDADÃO ROBESPIERRE: Oh, Camille, como pode defender esses escritos, que são um deleite para os aristocratas? Camille, se você fosse outra pessoa, acha que o trataríamos com tanta indulgência?

CIDADÃO DESMOULINS: Não o compreendo, Robespierre. Alguns de meus escritos condenados você mesmo leu quando ainda estavam em prova. Como pode dizer que só os aristocratas leem meu trabalho? A Convenção e toda esta sociedade leram. Serão todos eles aristocratas?

CIDADÃO DANTON: Cidadãos, gostaria de sugerir que sigam suas deliberações com calma. E lembrem-se: se atacarem Camille, estarão atacando a liberdade de imprensa.

CIDADÃO ROBESPIERRE: Está bem. Então não queimaremos os panfletos. Talvez quem se prenda a seus erros com tal tenacidade esteja mais do que desencaminhado. Talvez em breve vejamos por trás de sua fachada arrogante os homens a mando de quem ele vem escrevendo.

[*Fabre d'Églantine levanta-se para sair.*]

CIDADÃO ROBESPIERRE: D'Églantine. Não saia.

JACOBINO: Robespierre tem algo a lhe dizer.

CIDADÃO FABRE D'ÉGLANTINE: Eu posso me justificar...

MEMBROS DA SOCIEDADE: Guilhotina para ele! Guilhotina para ele!

LUCILE DESMOULINS para Stanislas Fréron:

23 Nivoso, ano II

...Volte, volte rápido. Não há tempo a perder. Traga todos os cordeliers que puder encontrar, precisamos muito deles. [Robespierre] percebeu que quando não pensa e age de acordo com as visões de certas pessoas, deixa de ser todo-poderoso. [Danton] está enfraquecendo, está perdendo o controle. D'Églantine foi preso e mandado para Luxemburgo; as acusações contra ele são graves...

Eu não rio mais; não brinco que sou um gato; não toco mais piano; não tenho sonhos. Sou hoje uma máquina e nada mais.

XII. Ambivalência

(1794)

ESSA É A NOSSA situação agora. Danton pediu que a Convenção desse uma audiência a Fabre, mas seu pedido foi recusado. E então?, disse Danton. Ele não quer admitir que no momento não é o mestre da Convenção, que Hébert é quem tem o poder nas Seções.

— E então? Eu não sou como Robespierre, esfregando as mãos a cada derrota. Durante todo esse tempo eu ganhei, perdi, ganhei novamente. Houve uma época — disse a Lucile — em que ele tinha só derrotas.

— Sem dúvida é por isso que tem preconceito contra elas.

— Não importam seus preconceitos. Aquele maldito Comitê está olhando para mim agora por cima do ombro. Basta um erro para eles saírem e eu entrar.

Conversa machista. Mas esse não era o homem que ela conhecia. Alguns diziam que a saúde de Danton não era mais a mesma, mas para Lucile ele parecia bastante bem. Outros diziam que a felicidade evidente do segundo casamento deixara-o mais frouxo; mas ela sabia o quanto valiam essas bobagens românticas. Para ela, era o primeiro casamento que o estava afetando. Depois da morte de Gabrielle ele perdera uma característica: uma dureza profunda. Era difícil explicar, e ela esperava estar errada. A seu ver, essa dureza seria necessária.

A outra situação é a seguinte: Robespierre fez Camille reintegrar-se no Clube dos Jacobinos, forçando-o a humilhar-se na tribuna, quase chorando perante a sociedade aturdida. Em seu jornal, Hébert deblaterava sobre o "homem desencaminhado" que protegia Camille, por razões pessoais e insondáveis. Em particular, dava risadinhas.

O Clube dos Cordeliers procurava uma injunção para impedir que Camille usasse o nome deles em seus panfletos. Não que fosse necessário, pois Desenne recusou-se a imprimir os números seguintes, e nenhum outro impressor ousou tocar neles, por mais lucro que pudessem ter com as publicações.

— Vamos visitar Robespierre — disse Danton a Lucile. — Vamos. Pegue seu filho e vamos até lá criar uma grande cena. Uma reconciliação. Levaremos Camille também e faremos com que ele peça desculpas adequadamente. Vocês assumirão a postura de Família Republicana e Maximilien ficará devidamente edificado. Eu serei conciliatório de todas as formas práticas e lembrarei de não lhe bater nas costas do jeito caloroso que ele acha tão terrível.

Lucile sacudiu a cabeça.

— Camille não irá. Está muito ocupado escrevendo.

— Escrevendo o quê?

— A verdadeira história da Revolução, segundo ele. A secreta "História Secreta".

— O que pretende fazer com isso?

— Provavelmente queimar. Para que mais serviria?

— INFELIZMENTE, tudo que eu digo parece piorar as coisas.

— Não sei por que fala isso, Danton. — Robespierre estava lendo seu Rousseau e tirou os óculos. — Não vejo como o que você diga a essa altura... — Interrompeu a frase, como era seu estilo. Por um instante seu rosto pareceu vazio e atormentado; depois recolocou os óculos e a expressão tornou-se de novo dura e opaca. — Tenho apenas uma coisa a lhe dizer: corte relações com Fabre, repudie esse homem. Caso contrário, não poderei ter mais contato com você. Se aceitar minha sugestão, voltaremos a conversar. Aceite a orientação do Comitê como um todo e garantiremos pessoalmente sua segurança.

— Meu Deus — disse Danton. — *Minha segurança?* Está me ameaçando?

Robespierre olhou-o com ar especulativo.

— Vadier, Collot, Hébert e Saint-Just estão — sugeriu.

— Prefiro garantir minha própria segurança, Robespierre, com meus próprios métodos.

— Seus métodos podem me arruinar — disse Robespierre, fechando o livro. — Cuide para que não arruínem Camille também.

De súbito Danton sentiu-se irritado e disse:

— Cuidado para Camille não arruinar você.

— O que quer dizer com isso?

— Hébert anda falando sobre Camille, rindo disfarçadamente, e dizendo que a amizade de vocês não é comum.

— É claro que não é uma amizade comum.

Ele não estaria entendendo ou recusava-se a entender? Era uma de suas armas essa obtusidade profissional cultivada.

— Hébert está fazendo outras indagações sobre a vida privada de Camille. — Robespierre estendeu a palma da mão para Danton, um gesto tão teatral que bem poderia ter sido ensinado por Fabre. — Deviam fazer uma estátua sua nessa posição — disse Danton. — Ora, ora, você sabe do que estou falando. Eu sei que você não estava aqui na época de Annette, mas posso garantir que seu amigo nos ofereceu muita diversão, tardes lânguidas e semirrespeitáveis na sala de visitas de Annette, e noites na Ilê de la Cité, cometendo atos pervertidos. Você nunca conheceu maître Perrin, não é? Houve outros, é claro — disse Danton rindo. — Não precisa se preocupar, ninguém pensa que Camille se encantaria por você. Ele gosta de homens grandes, feios e dedicados a mulheres. Camille só deseja o que não pode ter. Pelo menos é essa a minha opinião.

Robespierre esticou a mão para pegar a pena, mudou de ideia e deixou a mão sobre a mesa.

— Você andou bebendo, Danton?

— Não. Ou melhor, não mais do que bebo normalmente a essa hora do dia. Por quê?

— Pensei que estivesse bêbado. Eu estava procurando uma desculpa para você. — Por trás das lentes azuis seus olhos piscaram. A súbita ausência de emoção parecia ter colado os traços finos de seu rosto aos ossos. — Creio que você se desviou do assunto. Estávamos falando sobre Fabre. — Mais uma vez sua mão buscou a pena, ele não conseguia se controlar. (Anotações privadas de Robespierre: "Danton falou com desprezo sobre Camille Desmoulins, atribuindo-lhe um vício secreto e vergonhoso.") — Então, tomou uma decisão? — Sua voz era despida de inflexão, como se fosse Deus falando em uma rocha.

— O que devo dizer? O que espera que eu faça? Não posso *repudiar* Fabre, que palavra mais idiota.

— É verdade que ele tem uma associação íntima com você. Não será fácil desvencilhar-se dele.

— Ele é meu *amigo*.

— Seu amigo? — disse Robespierre com um sorriso. — Eu sei como você valoriza seus amigos, mas ouso dizer que ele não tem os defeitos de Camille. A segurança do país está em jogo, Danton. O patriota deve pôr a segurança de seu país acima da esposa, dos filhos ou dos amigos. Não há lugar hoje para sentimentos pessoais.

A respiração de Danton estava entrecortada e lágrimas vieram-lhe aos olhos. Esfregou o rosto com os dedos úmidos e tentou falar, mas teve dificuldade.

(Anotações privadas de Maximilien Robespierre: "Danton teve uma atitude ridícula, forjou lágrimas teatrais... na casa de Robespierre.")

— Isso é desnecessário — disse Robespierre. — E inútil.

— Você é um aleijado — Danton falou finalmente, com voz monocórdia e cansada. — Não é Couthon que é aleijado, é você. Será que não sabe, Robespierre, não sabe que há algo errado com você? Nunca se pergunta o que Deus omitiu em sua criação? Eu costumava contar piadas à sua custa, costumava dizer que você era impotente, mas é mais que seus colhões que lhe falta. Não sei se você é real, vejo-o andar e falar, mas será que existe vida aí dentro?

— Eu tenho vida — disse Robespierre, baixando os olhos. Juntou as pontas dos dedos, como se fosse uma testemunha nervosa. — Eu tenho vida. A meu modo.

— O QUE ACONTECEU, Danton?

— Nada. Nós não temos a mesma opinião a respeito de Fabre. A entrevista não deu resultado — falou, fechando o punho na palma da outra mão.

CINCO E MEIA DA MANHÃ, na rue Condé. Annette ouviu baterem com força nas portas do andar debaixo e cobriu a cabeça, sem querer saber o que ocorria. Um instante depois sentou-se e viu, assustada, que estava absolutamente alerta. Saiu da cama perguntando-se: o que aconteceu, o aconteceu agora?

Alguém gritava na rua. Ela pegou seu xale e ouviu as vozes alarmadas de Claude e a da empregada, Elise. Elise era uma jovem da Bretanha, de rosto brilhante, supersticiosa, desajeitada, e falava um francês imperfeito; enfiou a cabeça pela porta e disse:

— É o pessoal da Seção. Querem saber se a senhora está com seu amante aqui, como disseram; não vá contar mentiras, eles não nasceram ontem.

— Meu amante? Estão procurando Camille?

A jovem estava de avental, segurando um pedaço de vela acesa; quando Annette passou por ela a vela escorregou de sua mão e caiu apagada no chão. A menina reclamou.

— Essa vela era minha, não sua.

Na escuridão, Annette deu de encontro com alguém. Uma mão segurou-a pelo pulso. Ela sentiu o cheiro de vinho velho no hálito do homem.

— O que temos aqui? — disse o homem. Ela tentou desvencilhar-se. — Temos a dona da casa, quase sem roupa.

— Agora chega, Jeannot — disse outra voz. — Depressa, precisamos de alguma luz.

Alguém abriu as persianas. A luz das tochas da rua iluminou a casa. Elise apareceu com mais velas. Jeannot encostou-se na parede, com ar malicioso. Vestia as roupas grosseiras e largas dos sans-culottes; o barrete vermelho com uma faixa tricolor estava puxado até as sobrancelhas. Parecia tão imbecil que, em outras circunstâncias, seria motivo de riso para Annette. Agora meia dúzia de homens andava pela sala, olhando em volta, esfregando as mãos frias e praguejando. Esse é o Povo, ela pensou. O amado Povo de Max.

O homem que falara com Jeannot deu um passo à frente. Era um garoto com rosto de rato, vestido com um casaco preto surrado, trazendo uma pilha de papéis nas mãos.

— Saúde e Fraternidade, cidadã. Somos representantes da Seção Mutius Scaevola. — Mostrou a folha de cima da pilha de papéis, e ela viu a palavra “Seção Luxemburgo” riscada, e o novo nome em tinta ao lado. — Eu tenho aqui — e mostrou os documentos — um mandado de prisão para Claude Duplessis, funcionário público aposentado, residente neste endereço.

— Isso é uma imbecilidade — disse Annette. — Houve algum engano. Quais são as acusações contra ele?

— Conspiração, cidadã. Temos ordem de revistar a casa e levar qualquer papel suspeito.

— Como ousam entrar aqui a essa hora...

— Quando Père Duchesne tem uma de suas cóleras — disse um dos homens — nós não esperamos o sol raiar.

— Père Duchesne? Entendi. Querem dizer que Hébert não tem coragem de atacar Camille, então manda você e seu bando aterrorizar a família dele. Passe esses papéis para cá, quero ver o mandado.

Puxou os papéis da mão do homem, que deu um passo para trás, na defensiva. Um dos sans-culottes agarrou a mão de Annette e tirou seu xale, deixando parte de seus seios à mostra. Com toda a força ela soltou-se dele, pegou o xale de volta e enrolou-o no pescoço. Estava trêmula, mas com muito mais raiva que medo, o que esperava que ele notasse.

— Você é Duplessis? — o funcionário perguntou, olhando por cima do ombro.

Claude conseguira se vestir. Parecia estonteado, mas foi possível sentir um ligeiro cheiro de queimado vindo do quarto.

— Estão me procurando? — Sua voz tremia um pouco.

O funcionário mostrou o mandado.

— Depressa. Não podemos ficar parados aqui. Esses cidadãos querem terminar a busca para poderem voltar para casa e tomar o café da manhã.

— Eles merecem tomar o café da manhã — disse Claude —, mas deram-se o trabalho de invadir uma casa pacífica de madrugada e amedrontar minha esposa e meus empregados. Para onde estão pensando em me levar?

— Faça sua mala rápido — disse o funcionário.

Claude meneou a cabeça e virou-se.

— Claude! Claude, lembre-se de que eu te amo — disse Annette, seguindo-o.

Ele olhou por trás do ombro e fez que sim. Um bando irreverente seguiu-o até o quarto, mas a diversão durou pouco, pois enquanto eles zombavam da situação Claude bateu a porta e deixou-os do lado de fora; Annette ouviu a chave virar na fechadura, e os homens tentaram empurrar a porta com os ombros.

Annette virou-se para o funcionário.

— Como é seu nome?

— Não importa.

— Imagino que não, mas vou descobrir. Você vai sofrer. Comece sua busca. Não vai encontrar nada que lhe interesse.

— Que tipo de gente é essa? — ouviu um dos homens perguntar a Elise.

— Ateus, monsieur, e muito presunçosos.

— Ela é realmente amante de Camille?

— Todo o mundo sabe disso — falou Elise. — Eles passam horas trancados no quarto. Lendo jornais, como ela diz.

— E o que o velho diz disso?

— Nada — disse Elise.

Os homens riram.

— Talvez tenhamos de levar você até a Seção, para responder algumas perguntas — disse um deles. — Aposto que vai dar boas respostas. — Esticou a mão, levantou o avental dela e beliscou um de seus mamilos. Elise deu um grito, com um misto de horror e de dor.

Como se não bastasse o que estão fazendo, pensou Annette. Pegou o funcionário pelo braço e disse:

— Controle seus homens. Será que têm também mandado para molestar minhas empregadas?

— Ela fala como a irmã da mulher do Capeto — disse Jeannot.

— Isso é um ultraje, podem saber que dentro de algumas horas essa invasão será discutida na Convenção.

Jeannot cuspiu na lareira, com péssima mira.

— Um monte de advogados — disse. — Revolução? Isso? Só quando os imbecis estiverem todos mortos.

— No ritmo atual — disse o funcionário — não vai demorar muito.

Claude voltou, seguido de dois sans-culottes. Estava de sobretudo e calçava as luvas novas com muito cuidado.

— Imagine, eles me acusaram de queimar papéis. E insistiram em interpor-se entre mim e a janela. Há um cidadão lá embaixo com uma lança. Como se alguém de minha idade fosse pular da janela de um primeiro andar e privar-se do prazer da companhia deles. — Um dos homens pegou-o pelo braço, mas Claude desvencilhou-se. — Eu posso andar sem ajuda. Agora, por favor, permitam que me despeça de minha esposa.

Pegou a mão dela com sua mão enluvada e beijou-a.

— Não chore. Não chore, minha Annette. Mande um recado para Camille.

Do outro lado da rua uma carruagem nova e brilhante esperava-os. Um par de olhos olhou para fora, e a cortina foi cerrada cautelosamente.

— Que coisa mais desagradável — disse Père Duchesne, o construtor de fornos. — Escolhemos a noite errada ou escolhemos o boato errado? Há vários outros boatos, tão bons ou ainda melhores. Teria valido a pena acordar cedo para tirar Camille de sua cama confortável e incestuosa, e ver se ele poderia ser levado à violência. Esperava prendê-lo por violação da ordem pública. Mas isso já vai lhe dar um susto. Por trás de quem irá se esconder dessa vez?

ANNETTE CHEGOU à rue Marat uma hora depois, perturbada.

— E eles desarrumaram a casa toda — ela terminou. — E a pobre Elise. Ela pode ser absolutamente insatisfatória, mas não vou ficar vendo minhas empregadas serem agarradas por rufiões das ruas. Lucile, me dê um copo de conhaque, por favor. Estou precisando. — Quando a filha saiu da sala ela murmurou: — Oh, Camille, Camille. Claude andou queimando alguns papéis. Todas as cartas que você escreveu para mim viraram fumaça, creio eu. Ou então o comitê da Seção pegou-as.

— Entendo. Bom, espero que sejam bastante castas.

— Mas eu quero essas cartas — disse, com lágrimas nos olhos. — Não posso ficar sem elas.

Ele passou os dedos em seu rosto.

— Eu escrevo outras.

— Eu quero aquelas, aquelas! Como posso perguntar a Claude se ele as queimou? Se queimou, deve saber onde eu guardava e que cartas eram. Será que leu alguma?

— Não. Claude é um homem honrado. Não é como você e eu — disse, sorrindo. — Vou perguntar a ele, Annette. Assim que o trouxermos de volta para casa.

— Você parece animado, marido — disse Lucile, voltando com o conhaque.

Annette olhou para ele. Parece mesmo, pensou, será que Camille é indestrutível? Bebeu o conhaque de um gole só.

O DISCURSO DE CAMILLE na Convenção foi curto, audível e alarmante. Alguém murmurou que parentes de políticos podiam ser tão suspeitos quanto qualquer um; mas a maioria da plateia parecia saber precisamente sobre o quê ele estava falando quando descreveu a invasão da casa dos Duplessis. Camille disse que tinham sorte de não ter acontecido uma coisa assim com eles, mas que em breve poderia acontecer.

Olhando em volta dos bancos vazios, os deputados sabiam que ele tinha razão. Todos aplaudiram quando ele se referiu às depredações incontroláveis de um ex-bilheteiro de teatro; e concordaram quando ele deplorou que um sistema pudesse deixar uma coisa abominável assim florescer. Quando saiu, Danton levantou-se e pediu o fim das prisões.

Nas Tulherias, Camille disse:

— Apresente meus cumprimentos ao cidadão Vadier e diga que o Procurador-Geral da Lanterna está aqui. — Vadier foi retirado de uma sessão do Comitê da Polícia por seus funcionários. — Se fechar meu jornal vai ter de me prestar satisfações — disse Camille sorrindo gentilmente e empurrando Vadier contra a parede.

— Procurador-Geral da Lanterna! — disse Vadier. — Pensei que tivesse se arrependido de tudo isso.

— Talvez seja nostalgia — disse Camille. — Ou hábito. Pense o que quiser, mas saiba que não vai se ver livre de mim até que eu lhe faça certas perguntas.

Vadier parecia mal-humorado e empinou o longo nariz de Inquisidor. Jurou pelo Ser Supremo que não sabia de nada do que se passara. Admitiu que era possível que tivessem perdido o controle dos funcionários da Seção, mas afirmou que não tinha conhecimento de nenhuma prova contra Claude Duplessis, funcionário público aposentado. Olhou para Camille com um ar alarmado e francamente irritado.

— É uma idiotice de Hébert — disse, quando estava saindo — dar chance aos companheiros de Danton de mostrar sua força.

Robespierre apareceu piscando e preocupado com o Comitê de Segurança Pública, convocado com urgência. Se apressou para apertar a mão de Camille, deu uma série de ordens a uma secretária e declarou que sua intenção era ver Père Duchesne no inferno. Os presentes notaram seu tom, a pressa e, acima de tudo, o aperto de mão. Memorizaram os sinais de seu rosto, para serem decifrados e interpretados mais tarde; imediatamente — com as sobrancelhas levantadas, o olhar um pouco mais longo que o normal, uma das narinas apertadas como que cheirando o vento político — imediatamente e de forma imperceptível, as alianças começaram a se desfazer. Ao meio-dia a expressão de Hébert tornou-se menos complacente; na verdade, ele estava perdendo, e manteve-se assim até bem depois de Claude Duplessis ser solto, até algumas semanas depois, quando ele próprio ouviu uma patrulha no início da manhã e descobriu que não tinha amigos.

O NOVO CALENDÁRIO não estava funcionando. No mês Nivoso não havia neve, e a primavera começava antes do Germinal. Chegava incrivelmente cedo, as floristas juntavam-se nas esquinas das ruas e as costureiras ocupavam-se com vestidos patrióticos simples para o verão de 1794.

Nos jardins de Luxemburgo pendiam folhas verdes das árvores, intempestivas, entre as fundições de canhões. Fabre d'Églantine observava a mudança da estação de sua cela no Prédio Nacional, outrora o palácio de Luxemburgo. Os dias frios e brilhantes tornavam pior sua dor no peito. Todas as manhãs ele examinava-se no belo espelho que mandara buscar em casa, e notava que seu rosto estava mais fino e os olhos estranhamente brilhantes, com um brilho que não tinha nada a ver com suas perspectivas.

Ouviu dizer que as iniciativas de Danton não tinham prosperado, que Danton não fora ver Robespierre. Danton, vá ver Robespierre, ele falava para os muros de sua prisão, com raiva, com súplica, com insistência. Às vezes ficava acordado ouvindo o barulho do grupo dantonista nas ruas, seguido de silêncio. Camille estava em bons termos com Robespierre novamente, disse seu carcereiro; disse também que ele e sua esposa não acreditavam que Camille fosse um aristocrata e achavam que o cidadão Robespierre era um verdadeiro amigo dos trabalhadores. Que sua boa saúde era a única garantia do açúcar nas lojas e da lenha a preços razoáveis.

Fabre tentou lembrar-se de todas as coisas que fizera por Camille, e viu que não eram muitas. Mandou buscar sua coleção completa da *Enciclopédia* e seu pequeno telescópio de marfim, e preparou-se para esperar a morte natural ou não natural.

DIA 17 PLUVIOSO. Não estava chovendo. Robespierre falou na Convenção, apresentando a base de sua política futura e seus planos para a República da Virtude. Ao sair do salão foi seguido de sussurros consternados. Ele parecia mais cansado que o normal, depois das horas passadas na tribuna; seus lábios estavam exangues, os olhos, escuros e encovados de exaustão. Alguns sobreviventes de outros tempos lembraram a súbita decadência de Mirabeau. Mas na sessão seguinte do Comitê, Robespierre apareceu pontualmente, olhando de rosto em rosto para ver quem estava desapontado.

Dia 22 Pluvioso. Robespierre acordou à noite com dificuldade para respirar. Nos intervalos de pânico forçou-se a sentar em sua escrivaninha, mas não se lembrava do que queria escrever; uma onda de náusea fez com que ele caísse de joelhos no chão. Você não vai morrer, dizia, lutando para expelir o ar preso nos pulmões, não vai morrer, dizia a cada aspiração. Você já teve essa sensação antes.

Quando a crise passou, ele obrigou-se a sair do chão. Não vou me levantar, dizia seu corpo; você acabou comigo, me matou, recuso-me a servir a um mestre assim.

Deixou pender a cabeça. Se eu ficar aqui, pensou, vou me deitar e dormir no chão exatamente onde estou, vou sentir um calafrio, e tudo estará terminado.

Você não devia ter me tratado como um escravo, disse seu corpo, abusando de mim com jejuns, castidade e poucas horas de sono. O que vai fazer agora? Diga a seu intelecto para tirá-lo do chão, diga à sua cabeça para colocá-lo de pé amanhã.

Ele segurou a perna de uma cadeira, depois as costas, e observou suas mãos passando pela madeira; estava quase dormindo. Sua mão estava infinitamente distante. Sonhou com a casa do avô. Não há barris para a cervejaria esta semana; toda a madeira foi usada nos cadafalsos. Ansiosamente, ele procurou no bolso uma carta de Benjamin Franklin, que dizia: "Você é uma máquina elétrica".

Eléonore encontrou-o nas primeiras horas da manhã. Ela e o pai ficaram de guarda na porta. Souberbielle chegou às 8 horas. Disse muito devagar, muito distintamente, como que para uma pessoa surda, que não podia responder pelas consequências. Robespierre fez que sim, mostrando que entendera. Souberbielle inclinou-se para ouvir o que ele dizia.

— Devo fazer meu testamento?

— Creio que não — disse o médico, animado. — A propósito, você tem muito para deixar? — Robespierre sacudiu a cabeça, fechou os olhos e deu um ligeiro sorriso. — Eles nunca têm nada de muito sério — disse Souberbielle. — Isto é, em termos de doença. Em setembro achamos que perderíamos Danton. Muitos anos de trabalho duro e pânico podem acabar com um homem forte como ele, mas o cidadão Robespierre não é forte. Não, é claro que ele não vai morrer. Ninguém morre realmente de doenças, a vida só fica mais difícil. Quanto tempo? Ele precisa descansar, precisa afastar-se de tudo. Eu diria um mês. Se sair do quarto antes disso, não me responsabilizo.

Os membros do Comitê vieram visitá-lo. Ele levou um instante para identificar as pessoas, mas viu logo que eram do Comitê.

— Onde está Saint-Just? — murmurou. Àquela altura murmurava o tempo todo. Não lute para respirar, dissera o médico. Os membros do Comitê entreolharam-se.

— Ele esqueceu — disseram. — Você esqueceu — falaram para ele. — Saint-Just está na fronteira. Voltará dentro de dez dias.

— E Couthon? Não puderam carregá-lo pela escada?

— Ele está doente. Couthon também está doente.

— Está morrendo?

— Não. Mas sua paralisia piorou.

— Ele vai voltar amanhã?

— Não, amanhã, não.

Então quem vai dirigir o país?, perguntou a si mesmo. Saint-Just.

— Danton... — começou a dizer. Não lute para respirar. Se ficar calmo a respiração voltará, o médico dissera. Pôs a mão no peito, em pânico. Não conseguia seguir aquele conselho. Não era sua experiência de vida. — Vocês vão deixar Danton me substituir?

Eles entreolharam-se de novo. Robert Lindet inclinou-se sobre ele.

— É isso que você quer?

Robespierre sacudiu a cabeça com veemência. Ouviu a voz arrastada de Danton dizendo: "Você nunca se pergunta o que Deus omitiu em sua criação?" Seus olhos buscaram os olhos sólidos daquele advogado normando, um homem sem teorias, sem pretensões, desconhecido do povo.

— Não — disse finalmente. — Não para governar. Ele não tem *vertu*.

O rosto de Lindet era inexpressivo.

— Por algum tempo não estarei com vocês — Robespierre explicou. — Depois voltarei.

— Essas palavras são familiares — disse Collot. — Ele não lembra onde as ouviu. Não se preocupe, nós não pensávamos que já fosse hora de sua apoteose.

Lindet falou delicadamente:

— Sim, sim, sim.

Robespierre olhou para Collot. Ele está se aproveitando de minha fraqueza, pensou.

— Por favor, deem-me uma folha de papel — murmurou. Queria fazer uma anotação: assim que melhorasse, Collot deveria ser *eliminado.*

Os membros do Comitê falaram muito gentilmente com Eléonore. Disseram que não acreditavam que a recuperação de Robespierre levasse um mês, como o Dr. Souberbielle dissera. Ela percebeu que se por acaso Maximilien morresse, ela seria tratada como a viúva Robespierre, como Simone Evrard era a viúva Marat.

Os dias se passaram. Souberbielle lhe deu permissão de receber mais visitas, ler e escrever, mas somente cartas pessoais. Podia receber as notícias do dia, se não fossem perturbadoras. Mas todas as notícias eram perturbadoras.

Saint-Just voltou. Estamos indo muito bem no Comitê, disse. Vamos esmagar as facções. Danton ainda fala em negociar a paz?, Robespierre perguntou. Sim, respondeu Saint-Just. Mas só ele pensa assim. Bons republicanos falam de vitória.

Saint-Just tinha agora 26 anos. Era um homem muito bonito, muito vigoroso. Falava com frases curtas. Fale do futuro, disse Robespierre. Ele falou então de sua República Espartana. Para desenvolver uma nova raça de homens, disse, as crianças seriam tiradas dos pais aos 5 anos para serem treinadas como fazendeiros, soldados ou legisladores. As meninas também?, perguntou Robespierre. Oh, não, elas não importam, podem ficar em casa com as mães.

As mãos nervosas de Robespierre mexeram-se sob as cobertas. Ele pensou em seu afilhado com um dia de vida, com a cabeça apoiada nos dedos longos do pai; seu afilhado, algumas semanas antes, agarrando a gola de seu casaco e falando. Mas estava muito fraco para discutir. Diziam agora que Saint-Just estava ligado a Henriette Lebas, irmã de Philippe, marido de Babette. Mas ele não acreditava, não acreditava que ele se ligasse a qualquer pessoa.

Esperou Eléonore sair do quarto. Estava mais forte agora, sua voz podia ser ouvida. Fez um gesto para Maurice Duplay.

— Quero ver Camille.

— Acha que é uma boa ideia?

Duplay mandou o recado. Por estranho que fosse, Eléonore não pareceu nem contente nem descontente.

Quando Camille entrou, eles não falaram em política nem nos anos recentes. Só uma vez Camille mencionou Danton. Ele virou a cabeça de lado, com um gesto de obstinação. Conversaram sobre o passado, o passado comum dos dois, com a forçada alegria que as pessoas assumem quando há um corpo morto na casa.

Fora isso, ele sonhava com a República da Virtude. Cinco dias antes de cair doente definira seus termos. Queria uma República de justiça, de comunidade, de sacrifício. Via um povo livre, gentil, bucólico e culto. As negras superstições tinham se apagado da vida das pessoas, eram água salobra desaparecendo no solo. Em seu lugar florescia o culto racional e alegre ao Ser Supremo. Todos eram felizes, os corações não eram destruídos e os corpos não eram atormentados por perguntas sem respostas, ou desejos sem resoluções. Os homens falavam com gravidade e perspicácia sobre assuntos do governo, instruíam os filhos e cultivavam a própria terra para ter o que comer. Cachorros e gatos, os animais do campo, eram respeitados por sua própria natureza. Meninas com coroas e roupas macias de linho claro movimentavam-se tranquilamente entre colunas de mármore branco. Viu o brilho escuro e profundo dos bosques de oliveiras, e o céu esmaltado de azul.

— Olhe isso — falou Robert Lindet, desenrolando o jornal e tirando dele um pedaço de pão. — Sinta, prove — disse. O pão se esfarelou facilmente em seus dedos. O cheiro era ácido e rançoso. — Achei que você talvez não soubesse, pois está vivendo de sua dieta costumeira de laranjas. Há muito pão no momento, mas é de má qualidade. O povo não pode viver disso. Não existe leite, e os pobres usam muito leite. Quanto à carne, dão-se por satisfeitos quando conseguem um osso para a sopa. As mulheres começam a fazer fila no açougue às 3 horas da manhã. Nesta semana a Guarda Nacional teve de apartar brigas. — Passou a mão no rosto e prosseguiu: — Se continuar assim, não sei o que acontecerá.

— O povo morria de fome todos os anos no Antigo Regime. Lindet, onde estão todos esses alimentos? A terra ainda produz.

— Danton diz que congelamos o mercado com nossos regulamentos. Diz também, e é verdade, que os camponeses têm medo de trazer seus produtos para as cidades, pois podem transgredir algum regulamento e terminar sendo linchados como especuladores. Nós requisitamos alimentos onde podemos, mas eles escondem a mercadoria, preferem que apodreça. O grupo de Danton diz que se suspendêssemos os controles, os produtos voltariam.

— E o que você acha?

— Os agitadores das Seções apoiam os controles. Dizem ao povo que é a única forma de fazer as coisas. É uma situação impossível.

— Então...

— Espero sua orientação.

— O que Hébert tem a dizer?

— Com licença, dê-me o jornal. — Robespierre sacudiu-o e os farelos de pão caíram no chão. — Leia aqui.

"Os açougueiros que tratam os sans-culottes como cachorros e lhes dão apenas ossos para roer deviam ser guilhotinados como todos os inimigos do povo."

O lábio de Robespierre contraiu-se.

— Muito construtivo — disse.

— Infelizmente, o povo não ganhou muito em sabedoria desde 1789. Esse tipo de sugestão parece uma solução para eles.

— Há muita inquietação?

— De certo modo. Não estão exigindo liberdade. Não parecem estar interessados em seus direitos agora. Camille e a libertação dos suspeitos eram o assunto principal na época do Natal. Mas agora só pensam no suprimento de alimentos.

— Hébert vai explorar isso — disse Robespierre.

— Há muita agitação e tumulto nas fábricas de armas. Não podemos ter greves. O exército já está com déficit de suprimentos.

Robespierre levantou a cabeça.

— Os agitadores devem ser cercados nas ruas, nas fábricas, por todo lado. Eu sei que o povo tem queixas, mas não podemos abrir mão de tudo agora. O povo deve sacrificar-se pela nação. Vai dar certo, em longo prazo.

— Saint-Just e Vadier no Comitê da Polícia mantêm as coisas sob rígido controle. Infelizmente — Lindet hesitou — sem uma decisão política de alto nível não podemos enfrentar os verdadeiros desordeiros.

— Hébert.

— Ele iniciará uma insurreição se puder. O governo cairá. Leia o jornal. Há um movimento no Cordeliers...

— Não me diga — falou Robespierre. — Eu conheço isso muito bem. A linguagem bombástica para estimular a coragem, e as reuniões nas salas dos fundos. Só Hébert consegue contrabalançar a influência de Danton. Aqui estou eu, impotente, vendo tudo ir pelos ares. O povo deixaria de ser leal ao Comitê, após ter sido salvo da invasão e o alimentado da melhor forma possível?

— Eu gostaria de poupá-lo disso — falou Lindet. Enfiou a mão no bolso e pegou um pequeno cartaz dobrado. Era um aviso oficial, informando as horas e os salários das oficinas do governo. Havia um rasgão em cada canto, onde o papel estivera colado na parede.

Robespierre esticou a mão. O aviso tinha as assinaturas reproduzidas de seis membros do Comitê de Segurança Pública. Abaixo dos nomes, rabiscadas em letras vermelhas, vinham as seguintes palavras:

CANIBAIS. LADRÕES. ASSASSINOS.

Robespierre largou o cartaz na cama.

— Será que os Capeto foram tão maltratados assim? — Recostou a cabeça no travesseiro. — É meu dever caçar esses homens que desencaminharam e traíram essa pobre gente e puseram ideias perversas em suas cabeças. Juro que de agora em diante não deixarei a Revolução fugir ao meu controle.

Depois que Lindet saiu, ele ficou sentado por um longo tempo, apoiado nos travesseiros, observando a luz da tarde correr pelo teto. Escureceu. Eléonore subiu com velas, pôs lenha na lareira e juntou os papéis soltos pelo quarto. Empilhou livros e colocou-os na estante, colocou água na jarra e fechou as cortinas. Tudo terminado, foi para o lado dele e tocou seu rosto com carinho. Robespierre sorriu.

— Está se sentindo melhor?

— Muito melhor.

De repente ela sentou-se ao pé da cama, como se tivesse perdido as forças, deixou cair os ombros e pôs as mãos no rosto.

— Nós pensamos que você fosse morrer. Você parecia um cadáver quando o encontramos no chão. O que aconteceria se você morresse? Nenhum de nós aguentaria.

— Mas eu não morri — disse, em tom agradável e decisivo. — E vejo com mais clareza agora o que tem de ser feito. Vou à Convenção amanhã.

Dia 21 Ventoso, ou 11 de março no calendário antigo. Trinta dias depois do afastamento de Robespierre da vida pública. Ele sentia-se como se nos anos passados tivesse vivido em uma concha, com pouca luz e pouco som; como se a concha tivesse sido aberta durante sua doença, e a mão de Deus o tivesse retirado dali, puro e limpo.

DIA 12 DE MARÇO

— O mandato do Comitê foi estendido pela Convenção para mais um mês. Não houve oposição — Robert disse em tom muito formal, como se estivesse fazendo um anúncio em uma revista.

— Mmm — Danton murmurou.

— Não haveria mesmo, não é? — Camille ficou andando pela sala. — Não haveria oposição alguma. Os membros da Convenção levantavam-se e sentavam-se para o aplauso das galerias. Gente levada pelo Comitê, imagino.

Lindet suspirou.

— Você tem razão. Nada acontece por acaso. — Seus olhos seguiram Camille. — Você ficará contente com a morte de Hébert? Suponho que sim.

— A decisão já foi tomada? — Danton perguntou.

— O Clube dos Cordeliers convocou uma insurreição, por um "dia". Assim como Hébert em seu jornal. Nenhum governo em cinco anos se posicionou por uma insurreição.

— Mas Robespierre nunca tinha estado à testa do governo antes — disse Camille.

— Exatamente. Ou ele pressente a coisa antes que comece, ou a esmaga com a força das armas.

— Homem de ação — disse Danton, rindo.

— Você também foi — disse Lindet.

Danton esticou o braço.

— Eu sou a oposição.

— Robespierre ameaçou Collot. Se ele tivesse mostrado um mínimo de aprovação à tática de Hébert, estaria preso agora.

— O que isso tem a ver comigo?

— Faz uma semana que Saint-Just se encontra diariamente com Robespierre. Você precisa compreender que Robespierre o respeita, Saint-Just nunca dá um passo em falso. Talvez em longo prazo eles tenham alguma divergência de opinião, mas não estamos preocupados com teoria no momento. Para Saint-Just, se Hébert for condenado, Danton também será. Ele fala em... equiparar o tratamento das facções.

— Eles não ousariam. Eu não sou uma facção, Lindet. Estou no cerne da Revolução.

— Danton, Saint-Just o considera um traidor. Está procurando provas de seu envolvimento com o inimigo. Quantas vezes vou ter de lhe dizer isso? Por mais absurdo que pareça, é o que ele pensa. É o que vem dizendo ao Comitê. Collot e Billaud-Varennes o apoiam.

— Mas Robespierre, não — disse Camille depressa. — E é Robespierre que importa.

— Você deve ter brigado com ele na última vez em que o viu, Danton. Ele tem um ar de quem está tentando decidir-se. Não sei o que falta, algum pequeno detalhe. Não fala contra você, mas não o defende como costumava fazer. Estava muito quieto na sessão de hoje. Os outros acham que ainda não se recuperou por completo, mas é mais que isso. Ele anotou tudo o que foi dito e ficou observando o tempo todo. Se Hébert cair, você deve ir.

— Ir?

— Deve partir.

— É o melhor conselho que tem para me dar, amigo Lindet?

— Quero que você sobreviva. Robespierre é um profeta, um sonhador, e eu me pergunto se já houve profetas no governo. Quando ele sair, quem manterá a República se você não estiver disponível?

— Sonhador? Profeta? Você é muito persuasivo — disse Danton. — Mas se eu achasse que aquele eunuco de rosto esbranquiçado tinha planos para mim, quebraria seu pescoço.

Lindet afundou-se em uma cadeira.

— Eu não sei. Camille, será que você pode fazer Danton entender?

— Minha posição é um tanto... ambivalente.

— Essa é uma ótima palavra para você — observou Danton.

— Saint-Just falou contra você no Comitê hoje, Camille. E Collot e Barère também. Robespierre deixou-os falar, depois disse que você foi influenciado por personalidades mais fortes. Barère declarou que estava cansado de ouvir isso, e que tinha algumas provas do Comitê da Polícia, de Vadier. Robespierre pegou os papéis e colocou-os em sua mesa, prendendo-os com os cotovelos. Depois mudou de assunto.

— Ele sempre faz coisas assim?

— Surpreendentemente, sim.

— Vou apelar para o povo — disse Danton. — Eles devem ter alguma ideia do tipo de governo que desejam.

— Hébert está apelando para o povo — Lindet falou. — O Comitê considera isso uma insurreição planejada.

— Ele não tem meu status na Revolução. Nem de perto.

— Acho que o povo não se importa com isso — falou Lindet. — Acho que não ligam para quem afunda ou nada, seja você, Hébert ou Robespierre. Eles estão exaustos. Vão aos julgamentos para se divertir. Melhor que ir ao teatro. O sangue é verdadeiro.

— Você parece desesperado — disse Camille.

— Não tenho nenhuma tendência ao desespero. Só fiscalizo o suprimento de alimentos, por ordem do Comitê.

— Você é leal ao Comitê.

— Sim. Por isso não virei mais.

— Lindet, se eu sobreviver a isso, vou me lembrar de seus bons trabalhos.

Robert Lindet meneou a cabeça e fez uma pequena reverência, com ar jocoso e tímido. Ele era de outra geração, não fora feito pela Revolução. Obstinado e alerta, sua preocupação era sobreviver de um dia ao outro; de segunda a terça-feira, era tudo o que pedia.

UMA VIOLENTA RETÓRICA nas Seções; uma pequena manifestação no Hôtel de Ville. A 23 Ventoso Saint-Just enviou um relatório à Convenção falando de um plano, entre certos faccionários conhecidos inspirados no estrangeiro, para destruir o governo representativo e deixar Paris à míngua. A 24 Ventoso, nas primeiras horas do dia, Hébert e seus associados foram retirados de casa pela polícia.

ROBESPIERRE: Estou perplexo por ver que objetivo nossos amigos achavam que essa reunião teria.

DANTON: Como vai o julgamento?

ROBESPIERRE: Sem problemas. Esperamos terminar amanhã. Não está se referindo ao julgamento de Hébert? Fabre e Hérault irão ao tribunal dentro de poucos dias. Não lembro a data exata, mas Fouquier saberá.

DANTON: Por acaso está tentando me amedrontar, voltando sempre ao mesmo ponto?

ROBESPIERRE: Acha que tenho alguma coisa contra você? Só lhe pedi para cortar relações com Fabre. Infelizmente há pessoas dizendo que se Fabre for julgado você também deveria ser.

DANTON: E o que você diz?

ROBESPIERRE: Suas atividades na Bélgica talvez tenham sido suspeitas. Mas eu culpo basicamente Lacroix.

DANTON: Camille...

ROBESPIERRE: Nunca mais fale de Camille para mim.

DANTON: Por que não?

ROBESPIERRE: A última vez que nos encontramos você falou dele ofensivamente. Com desprezo.

DANTON: Como quiser. O problema é que em dezembro você estava pronto para admitir que o Terror deveria ser abrandado, que pessoas inocentes...

ROBESPIERRE: Não gosto dessas frases emotivas. Com "inocentes" você quer dizer "pessoas que por uma razão ou outra eu aprovo". Essa não é a regra. A regra é o que o tribunal pensa. Nesse sentido, nenhum inocente sofreu.

DANTON: Meu Deus! Não acredito no que estou ouvindo. Dizer que nenhum inocente sofreu!

ROBESPIERRE: Espero que não vá mostrar lágrimas nos olhos de novo. É o tipo de talento de Fabre e seus atores, mas não lhe cai bem.

DANTON: Vou apelar a você pela última vez. Você e eu somos os únicos capazes de dirigir este país. E você não suspeita mais de mim do que eu de você. Há pessoas à nossa volta que gostariam que destruíssemos um ao outro. Vamos tornar a vida dura para elas. Vamos criar uma causa comum.

ROBESPIERRE: Não há nada de que eu gostaria mais. Deploro as facções. E deploro também a violência. Mas preferiria destruir as facções com violência que ver a Revolução cair em mãos erradas e ser pervertida.

DANTON: Está se referindo a mim?

ROBESPIERRE: Você fala muito em inocência. Onde estão todas essas pessoas inocentes? Creio que nunca as conheci.

DANTON: Quando você se depara com a inocência, vê culpa.

ROBESPIERRE: Suponho que se eu tivesse sua moral e seus princípios, o mundo seria diferente. Eu nunca veria a necessidade de punir ninguém. Não haveria criminosos. Não haveria crimes.

DANTON: Oh, meu Deus, não aguento você e sua cidade por nem mais um instante. Estou levando minha esposa e meus filhos para Sèvres, se precisar de mim já sabe onde me encontrar.

SÈVRES, 22 DE MARÇO, 2 Germinal.

— Então, chegaram — disse Angélique. — Vão poder aproveitar o bom tempo. — Deu um beijo nos netos, lançou um olhar a Louise e pôs o braço em sua cintura para abraçá-la. Louise beijou-a no rosto por obrigação. — Por que não vieram todos? — perguntou Angélique. — Quer dizer, Camille e a família? Os mais velhos poderiam ter vindo também, há muito espaço aqui.

Louise não podia imaginar Annette Duplessis sendo considerada uma pessoa mais velha.

— Queríamos ficar um pouco sozinhos — disse.

— É mesmo? — disse Angélique, dando de ombros. Era um desejo que ela não compreendia.

— Meu amigo Duplessis já se recuperou daquele triste incidente? — M. Charpentier perguntou.

— Ele está bem — falou Danton. — Mas anda envelhecido ultimamente. Você não envelheceria se tivesse Camille como genro?

— Você também me deixou grisalho, Georges.

— Como os anos voaram! — disse Angélique. — Lembro de Claude como um homem bonito. Um pouco burro, mas bonitão. — Deu um suspiro. — Gostaria de que os últimos dez anos voltassem, você não, filha?

— Não — Louise respondeu.

— Ela tinha 6 anos na época — falou Danton. — Mas eu gostaria que voltassem, e como! Agiríamos de forma diferente.

— Você não teria necessariamente essa percepção então — disse sua esposa.

— Eu me lembro de uma tarde, em 1786 ou 1787 — disse Charpentier — em que Duplessis chegou ao café e eu o convidei para jantar. Ele disse que estavam com trabalho demais no Tesouro, mas que marcaria uma data assim que a crise presente terminasse.

— E então? — Louise perguntou.

Charpentier sacudiu a cabeça e sorriu.

— A crise ainda não terminou.

Dois dias depois o tempo fechou. Ficou úmido e frio, e o céu escureceu. Ventava e a lareira esfumaçava a casa. Chegavam visitas de Paris em ritmo constante. Eram feitas apresentações apressadas: deputado fulano, cidadão beltrano da Comuna. Fechavam-se no escritório com Danton e conversavam rapidamente, mas do outro lado da porta todos ouviam os ânimos exaltados. Os visitantes sempre diziam que tinham de voltar para Paris, que não podiam passar a noite ali. Demonstravam uma terrível indecisão e certa arrogância, que Angélique identificou como o prelúdio da crise.

Ela passou a falar apenas o necessário. Seu genro ficava sentado em silêncio por longo tempo, com ar mal-humorado, os ombros largos caídos.

— O que eles querem — disse finalmente — é que eu volte e use minha influência. Quer dizer... planejam fazer com que a Convenção me apoie. E Westermann me mandou uma carta. Lembra-se de meu amigo, o general Westermann?

— Um golpe militar — ela disse, com uma expressão preocupada no rosto moreno envelhecido. — Georges, quem vai sofrer? Quem vai sofrer dessa vez?

— É isso. Esse é o problema. Se eu não puder remediar essa situação sem derramamento de sangue, terei de passar a responsabilidade a outra pessoa. É como me sinto atualmente. Não quero participar de mais matanças, não quero acrescentar mais esse peso a minha consciência. Não me sinto seguro o suficiente de *nada* para arriscar uma única vida. É tão difícil entender? — Angélique sacudiu a cabeça. — Meus amigos de Paris não entendem. Acham que é um escrúpulo tolo, um capricho, ou certa preguiça, uma paralisia da vontade. Mas a verdade é que já trilhei esse caminho e cheguei ao final.

— Deus o perdoará, Georges — ela murmurou. — Sei que você não tem fé, mas rezo todos os dias por você e Camille.

— Reza para quê? Para nosso sucesso político? — perguntou, olhando-a nos olhos.

— Não, peço a Deus que os julgue com misericórdia.

— Entendo. Ainda não estou pronto para um julgamento. Pode incluir Robespierre quando fizer seus pedidos ao Todo-Poderoso. Se bem que eles dois decerto se falam em particular, com mais frequência do que imaginamos.

MEIO DA TARDE, outra carruagem passou sacudindo e rangendo pelo campo enlameado, sob a chuva. Em um quarto, no andar de cima, as crianças gritavam a plenos pulmões. Angélique estava aflita, e seu genro conversava com o cachorro molhado a seus pés.

Louise esfregou a vidraça para ver lá fora.

— Oh, não — falou, saindo do quarto torcendo a barra da saia, gesto ao qual se habituara.

A água escorria pelas roupas de viagem de Legendre, o açougueiro.

— Que tempo esse! — ele disse. — Mais seis passos e eu me afogaria.

— Não me dê falsas esperanças — disse uma figura encharcada atrás dele.

Legendre virou-se, rouco, vermelho, lançando perdigotos enquanto falava, e dirigiu-se ao companheiro de viagem.

— Você está parecendo um rato.

Angélique chegou mais perto, segurou o rosto de Camille nas mãos e encostou o próprio rosto em seu cabelo molhado. Murmurou alguma coisa sem sentido em italiano, e sentiu o cheiro de lã molhada de suas roupas.

— Não sei o que vou dizer a ele — Camille falou em voz baixa, com certo horror. Angélique passou o braço em seus ombros. Lembrou-se de repente, com muita nitidez, da luz do sol incidindo obliquamente nas mesinhas de mármore, ouviu gente conversando, sentiu o aroma de café fresco, o cheiro do rio, e o suave perfume de cabelo empoado. Presos um ao outro, balançando-se ligeiramente, olharam-se, paralisados de pavor, enquanto as nuvens carregadas e a torrente desoladora os envolviam como uma mortalha.

Legendre sentou-se pesadamente.

— Quero que você acredite que Camille e eu não viríamos ao campo juntos sem uma boa razão. Portanto, o que vim dizer, direi. Não sou um homem educado...

— Ele não se cansa de dizer isso — falou Camille. — Imagina que ainda não saibamos.

— É um problema que precisa ser enfrentado de cabeça erguida, não adianta fingir que aconteceu com imperadores romanos.

— Então continue — Danton falou. — Dá para imaginar como foi sua viagem.

— Robespierre está pedindo seu sangue.

Danton, diante da lareira com as mãos entrelaçadas nas costas, deu um sorriso forçado.

Camille pegou uma lista de nomes e passou para ele.

— A fornada de 4 Germinal — disse. — Treze execuções ao todo. Os líderes dos cordeliers, Proli, amigo de Hérault, dois banqueiros, e Père Duchesne, é claro. Se tivesse levado junto os fornos que construía, pareceria uma verdadeira parada de carnaval. Mas ele não tinha um ar colérico quando morreu. Estava gritando.

— Me atrevo a dizer que você também gritaria — disse Legendre.

— Tenho certeza de que sim — disse Camille em um tom frio. — Mas minha cabeça não vai ser cortada.

— Eles jantaram juntos — Legendre explicou.

— Você jantou com Robespierre? — Camille fez que sim. — Muito bem. Creio que não conseguiria comer na presença daquele homem. Decerto vomitaria.

— A propósito — disse Camille — você sabia que Chabot tentou envenenar-se? Pelo menos, é o que parece.

— Tinha em sua cela um vidro de Charras e Duchatelle — disse Legendre. — O vidro dizia "somente para aplicação externa", e ele bebeu.

— Mas Chabot bebe qualquer coisa — disse Camille.

— Então ele sobreviveu? O golpe não deu certo?

— Olhe, você não pode ficar rindo e escarnecendo dos outros — disse Legendre. — Não há tempo a perder. Saint-Just importuna Robespierre dia e noite.

— Quais serão as acusações dele contra mim?

— Todas. Desde apoiar Orléans até tentar salvar Brissot e a rainha.

— O de sempre — disse Danton. — E o que você me aconselha?

— Na semana passada teria dito: resista e lute. Mas agora digo que se salve. Saia daqui enquanto é tempo.

— Camille?

Camille olhou-o com ar infeliz.

— Nós estamos em bons termos. Robespierre estava muito afável. Na verdade, bebeu um pouco demais, o que só faz quando está... tentando calar suas vozes internas, se é que isso não vai parecer muito fantasioso. Perguntei por que ele não falava com você. Max tocou a testa e disse: porque ele está *sub judice*. — Virou a cabeça de lado e continuou. — Você devia pensar em ir para o exterior.

— Para o exterior? Oh, não. Quando fui para a Inglaterra em 1791, você ficou no jardim em Fontenay me repreendendo. — Sacudiu a cabeça. — A França é minha nação. Eu ficarei aqui. Não se pode carregar o país nas solas dos sapatos.

O vento uivava nas chaminés; os cachorros latiam pelos campos, de fazenda em fazenda.

— Depois de tudo o que você falou sobre posteridade! — Camille murmurou. — Você parece estar falando para a posteridade agora. — A chuva passou a um chuvisco penetrante, ensopando as casas e os campos.

EM PARIS AS LANTERNAS eram acesas nas ruas; as luzes brilhavam através da água, indistintas, difusas. Saint-Just estava sentado em frente a um fogo precário, com uma luz fraca. Afinal, ele era um espartano e os espartanos não precisam de conforto em casa. Começou a escrever seu relatório, sua lista de acusações; se Robespierre visse essa lista agora tentaria rasgá-la, mas dentro de alguns dias precisaria muito dela.

Em certos momentos ele parava e olhava por trás do ombro, com a sensação de que havia alguém no quarto; quando se permitia olhar, via que não era nada. É meu destino formando-se nas sombras do quarto, pensou. É o anjo da guarda que eu tinha quando era criança. É Camille Desmoulins olhando por cima de meu ombro, rindo de minha gramática. Fez uma pausa. E lembrou que não existiam fantasmas vivos. Controlou-se, baixou a cabeça e retomou o trabalho.

A pena arranhava o papel. Sua letra era minúscula. Escreveu um grande número de palavras na página.

XIII. Absolvição condicional

(1794)

COUR DU COMMERCE, 31 de março, 10 Germinal.

— É você, Marat? — O vulto preto moveu-se ligeiramente. — Perdão — disse Danton, pondo a mão na cabeça. — Que bobagem perguntar isso.

Sentou-se em uma cadeira, sem conseguir tirar os olhos daquele farrapo humano que era a cidadã Albertine. Suas roupas eram trapos, cobertas e xales, não pertenciam a nenhum estilo ou moda que ele conhecesse. Ela falava com sotaque de um país que não se encontrava no mapa.

— Em certo sentido você não está enganado. — Levantou a mão cadavérica e enfiou-a entre os trapos, onde devia estar o coração. — Eu carrego meu irmão aqui — disse. — Nunca estamos separados.

Por um instante Danton não conseguiu falar.

— O que posso fazer por vocês? — disse finalmente.

— Nós não queremos nada — ela falou com voz seca. Fez uma pausa como se estivesse ouvindo alguma coisa. — Ataque agora — disse.

— Com respeito a...

— Robespierre. Ele está na Convenção agora.

— Eu já tenho assombrações suficientes — Levantou-se e andou pelo quarto, tomado de medo ao ouvir suas próprias palavras. — Não quero o peso da morte dele em minha consciência.

— É a sua vida ou a dele. Você precisa ir à Convenção agora, Danton. Precisa ver o patriota andar e falar. Precisa julgar seu humor e preparar-se para uma luta.

— Muito bem, eu vou. Se isso lhe agradar. Mas creio que você está errada, cidadã, não acredito que Robespierre ou qualquer outro membro do Comitê ousasse agir contra mim.

— Não acredita que eles ousassem? — disse ela em tom de zombaria. Aproximou-se dele e levantou o rosto amarelo de lábios grandes. — Você me conhece, não é? — perguntou. — Diga, cidadão, quando foi que nós erramos?

RUE HONORÉ.

— Você está tomando meu tempo — disse Robespierre. — Eu avisei quais eram minhas intenções antes de a Convenção reunir-se. Os documentos de Hérault e Fabre estão nas mãos do promotor público. Os mandados de prisão do deputado Philippeaux e do deputado Lacroix podem ser expedidos. Mas nenhum outro.

A voz de Saint-Just tremeu, e ele deu um soco na mesa.

— Se deixar Danton em liberdade você mesmo será preso amanhã, e decapitado antes do final da semana.

— Nao há necessidade disso. Acalme-se. Eu conheço Danton. Ele sempre foi um homem cauteloso que pesa as situações. Não vai tomar nenhuma iniciativa a não ser que seja forçado a isso. Deve saber que você está reunindo provas contra ele. Está sem dúvida preparando-se para refutá-las.

— Sim, refutar com o poder das armas, essa será sua ideia. Fale com Philippe Lebas. Fale com o Comitê da Polícia. Fale com os patriotas do Clube dos Jacobinos. Todos dirão o que estou lhe dizendo agora. — Seu rosto pálido ficou vermelho, os olhos escuros brilhavam. Ele está se divertindo, pensou Robespierre desgostoso. — Danton é um traidor da República, é um assassino, nunca soube se comprometer. Se não agirmos hoje ele não deixará nenhum de nós vivo para lhe fazer oposição.

— Você se contradiz. Primeiro fala que ele nunca foi republicano, que se acomodou com todos os contrarrevolucionários, de Lafayette a Brissot. Depois diz que ele nunca se comprometeu.

— Você está sofismando. Será que pensa que Danton pode ficar em liberdade na República?

Robespierre baixou os olhos e pensou. Compreendia a natureza daquela República à qual Saint-Just se referia. Não era a República limitada pelos Pirineus e o Reno, mas a República do espírito; não era a cidade em carne e osso, mas o baluarte da virtude, o domínio da justiça.

— Não tenho certeza. Não consigo me decidir — disse, virando-se. — É você, Philippe?

Philippe Lebas apareceu no portal entre a salinha e a sala de visitas de Duplay.

— Tenho uma informação que o ajudará a se decidir — ele disse.

— Informação de Vadier? — perguntou Robespierre com ceticismo. — Do Comitê da Polícia?

— Não, de Babette.

— Babette? Ela está aqui? Não entendo aonde você quer chegar.

— Pode vir aqui um instante, por favor? Não vai demorar muito. — Robespierre hesitou. — Pelo amor de Deus — disse Lebas em tom exaltado. — Você queria saber se Danton tinha condição de viver. Saint-Just, venha ouvir uma coisa.

— Muito bem — disse Robespierre. — Mas na próxima vez prefiro não ter essas discussões em minha própria casa.

Todos os Duplay estavam presentes na sala, muito tensos. Robespierre olhou-os e sentiu o rosto formigar.

— O que é isso? Não estou entendendo — disse.

Ninguém respondeu. Babette estava sentada sozinha na mesa grande, como que presidindo uma sessão. Ele inclinou-se e beijou-a no rosto.

— Se eu soubesse que você estava aqui teria terminado há mais tempo essa discussão idiota. E então?

Todos continuaram em silêncio. Não sabendo o que fazer, ele puxou uma cadeira e sentou-se ao lado dela. Babette lhe deu a mão. Estava grávida de cinco ou seis meses, seu rosto estava redondo, avermelhado e bonito. Era apenas alguns meses mais velha que a mulher de Danton, e sempre que ele a via sentia certa aflição.

Maurice se sentara em um banquinho ao lado da lareira, de cabeça baixa, como se tivesse ouvido alguma coisa humilhante. De repente pigarreou e levantou a cabeça.

— Você tem sido um filho para nós — disse.

— Imagine! — Robespierre falou sorrindo e apertando a mão de Babette. — Isso está começando a parecer o terceiro ato de uma peça horrível.

— Foi uma provação para a menina — disse Duplay.

— Está tudo bem — falou Babette, deixando cair a cabeça e corando; seus olhos muito azuis estavam semiocultos pelas pálpebras. Saint-Just encostou-se na parede.

Philippe Lebas postou-se por trás da cadeira de Babette e enroscou os dedos no encosto. Robespierre olhou para ele.

— Cidadão, o que aconteceu?

— Você estava debatendo o caráter do cidadão Danton — disse Babette em voz baixa. — Eu não sei nada sobre política, não é assunto para mulheres.

— Se quiser aprofundar-se em política, pode fazer isso. Em minha opinião, as mulheres têm tanto discernimento quanto os homens. — Olhou para Saint-Just esperando uma contestação. Mas Saint-Just apenas sorriu.

— Acho que você gostaria de saber o que me aconteceu.

— Quando?

— Deixe-a contar a seu modo — Duplay falou.

Babette puxou a mão, juntou os dedos no tampo polido da mesa e seu rosto refletiu-se na superfície quando começou a falar.

— Lembra-se de quando eu fui a Sèvres, no outono passado? Minha mãe achou que eu precisava de um pouco de ar puro e me mandou para a casa da cidadã Panis.

A cidadã Panis era a respeitável esposa de um deputado de Paris, Etienne Panis, um bom montanhês, com uma ficha de excelentes serviços no dia 10 de agosto, quando a monarquia foi derrubada.

— Sim — disse Robespierre. — Não da data exata, foi em outubro, novembro?

— O cidadão Danton estava lá com Louise. Achei que seria uma boa ideia procurá-la. Temos quase a mesma idade, e talvez ela se sentisse solitária e quisesse conversar com alguém. Pensei em tudo que ela tinha de suportar.

— Como assim?

— Alguns dizem que seu marido se casou com ela por amor, e outros dizem que se casou para Louise cuidar de seus filhos e da casa, enquanto ele fazia companhia à cidadã Desmoulins. Mas a maioria diz, é claro, que a cidadã Desmoulins gosta mais do general Dillon.

— Babette, não desvie o assunto — disse Lebas.

— Fui visitar Louise, mas ela não estava em casa. E o cidadão Danton estava. Ele sabe ser muito... agradável e charmoso quando quer. Senti certa pena daquele homem, era ele que parecia precisar de alguém com quem falar. Talvez Louise não fosse muito inteligente. Ele me pediu para lhe fazer companhia.

— Ela não sabia que eles estavam sozinhos na casa — disse Lebas.

— É claro que não, não havia como saber. Nós conversamos sobre vários assuntos. Eu não tinha ideia do que estava para acontecer.

— E o que aconteceu? — Robespierre parecia impaciente.

Babette olhou para ele.

— Não se zangue comigo.

— Não estou zangado. Dei essa impressão? Desculpe. A coisa é... Danton fez alguma observação ao longo da conversa que você acha que deve me contar? Você é uma boa menina, e está cumprindo com sua obrigação. Ninguém a culpará por isso. Diga o que ele falou para que eu possa avaliar a situação.

— Não, não — disse Mme. Duplay em voz baixa. — Maximilien é um homem muito bom, não tem ideia de metade das coisas que acontecem no mundo.

Robespierre não gostou da interrupção.

— Vamos, Babette. — Pegou a mão dela de novo, ou melhor, pôs as pontas dos dedos em sua mão.

— Vamos, diga o que aconteceu — falou Duplay em tom áspero.

— O cidadão Danton pôs o braço à minha volta. Eu não quis criar um caso, as pessoas precisam crescer, não é mesmo? E pôs a mão dentro de meu vestido. Lembrei que ele vivia entre gente respeitável, embora dissessem que ele se derramava para a cidadã Desmoulins em público; mas o que fazia com ela não levava a consequência alguma, pois ele não chegava ao extremo. Mesmo assim tentei me desvencilhar. O cidadão Danton é um homem muito forte, como vocês sabem, e as palavras que disse para mim... não posso repetir...

— Acho que deve repetir — falou Robespierre, em um tom gélido.

— Disse que queria me mostrar que um homem experiente com mulheres podia ser melhor que um intelectual virgem como Robespierre. Depois tentou... — Cobriu o rosto com os dedos entrelaçados. Sua voz era um filete quase inaudível agora. — É claro que eu reagi. Ele disse que minha irmã Eléonore não era tão moralista, que sabia bem do que os republicanos gostavam. A essa altura creio que desmaiei.

— Há necessidade de continuar? — disse Lebas, postando-se às costas da cadeira de Robespierre.

— Não fique atrás de mim — disse Robespierre em tom cortante. Mas Lebas não se moveu. Robespierre olhou em volta da sala, tentando encontrar um canto, um ângulo, um lugar vazio onde pudesse pousar os olhos. Mas de todos os lados a família Duplay o vigiava. — Quando você recobrou os sentidos, onde estava?

— Estava na sala. — Sua voz tremia. — Minhas roupas estavam amassadas, minha saia...

— Sim — disse Robespierre. — Não precisamos dos detalhes.

— Não havia mais ninguém na sala. Eu me recompus, levantei-me e olhei em volta. Como não vi ninguém, saí correndo pela porta da frente.

— Sejamos bem claros, está me dizendo que Danton a estuprou?

— Eu reagi o máximo que pude. — Ao dizer isso, começou a chorar.

— E o que aconteceu depois?

— Depois?

— Decerto você voltou para casa. O que a esposa de Panis disse?

Babette levantou os olhos e uma lágrima rolou por seu rosto.

— Disse que eu não devia contar nada a ninguém, pois podia criar uma terrível confusão.

— E você não contou.

— Até agora não. Achei que devia... — Voltou a chorar. De súbito Saint-Just saiu de junto da parede, inclinou-se sobre Babette e lhe deu uma palmadinha no ombro.

— Babette — Robespierre falou. — Agora seque as lágrimas e preste atenção. Quando isso aconteceu, onde estavam as empregadas de Danton? Ele não passa sem elas, devia haver mais alguém na casa.

— Não sei. Eu gritei e gritei, mas ninguém apareceu.

Mme. Duplay falou, hesitante, depois de manter-se em silêncio por tanto tempo:

— Como você vê, Maximilien, o que aconteceu foi muito ruim, mas há um outro problema...

— Tenho certeza de que ele pode contar nos dedos — disse Saint-Just.

Só um instante depois foi que Robespierre compreendeu.

— Então, Babette... naquela época você não sabia...

— Não. — Baixou a cabeça de novo. — Como poderia saber? Talvez eu já estivesse grávida, não posso ter certeza. Espero que sim, espero que a criança não seja dele.

Falou bem alto. Todos tinham pensado nessa hipótese, mas ao ouvirem sua voz ficaram chocados.

Só ele, Robespierre, manteve o controle. Resistir à tentação é importante agora; tentação de demonstrar emoção.

— Babette, o que vou perguntar agora é muito importante. Alguém sugeriu que você me contasse essa história?

— Não. Como seria possível? Até hoje ninguém sabia de nada.

— Bem, Elizabeth, se você estivesse no tribunal eu lhe faria muitas perguntas.

— Mas isso não é um tribunal — disse Duplay. — É sua família. Eu salvei sua vida na rua há três anos, e a partir daí cuidamos de você como se fosse nosso filho. Sua irmã, seu irmão Augustin e você eram órfãos, não tinham ninguém para protegê-los, nós fizemos tudo ao nosso alcance por você.

— Sim. — Derrotado, Robespierre sentou-se à cabeceira da mesa, de frente para Elizabeth. Mme. Duplay aproximou-se para segurar a filha. Elizabeth começou a soluçar, em tom forte como aço.

Saint-Just limpou a garganta.

— Sinto muito por levar você daqui agora, mas o Comitê da Polícia vai reunir nosso Comitê dentro de uma hora. Preparei um relatório preliminar referente a Danton, mas precisa ser complementado.

— Duplay — Robespierre falou —, você entende que esse assunto não deve ir ao tribunal. Na verdade, não há necessidade; diante das outras acusações será considerado trivial. Você não vai fazer parte do júri no julgamento de Danton. Vou dizer a Fouquier para dispensá-lo. Não seria justo. — Sacudiu a cabeça. — Não, não seria correto.

— Antes de sairmos — disse Saint-Just —, não quer subir e pegar aquele seu livro de anotações?

TULHERIAS, 20 horas.

— Vou ser muito franco com você, cidadão — disse o Inquisidor. Robespierre transferiu a atenção do rosto comprido e pálido de Vadier para as mãos peculiares que mexiam obsessivamente nos papéis sobre a mesa oval com toalha verde. — Vou ser franco com você, em nome de seus próprios colegas e de meus colegas do Comitê da Polícia.

— Por favor, continue. — Seus lábios estavam apertados e o peito lhe doía. Sentia gosto de sangue na boca. Sabia o que eles queriam.

— Você concorda comigo que Danton é um homem poderoso e talentoso — disse Vadier.

— Sim.

— E um traidor.

— Por que está me perguntando? O Tribunal determinará isso.

— Mas o julgamento em si é perigoso.

— Sim.

— Então devemos tomar todas as precauções.

— Sim.

— Todas as circunstâncias que possam influenciar de forma desfavorável o curso do julgamento devem ser examinadas.

Vadier considerou o silêncio de Robespierre um consentimento. Lentamente, como animais primitivos, os dedos do Inquisidor se fecharam e ele deu um soco na mesa.

— Então como espera que deixemos esse jornalista aristocrata em liberdade? Se a atitude de Danton desde 1789 foi de traição, como você exime de culpa seu associado íntimo? Antes da Revolução, os amigos dele eram o traidor Brissot e o traidor d'Églantine. Não me interrompa. Ele não tinha ligação com Mirabeau, mas de repente mudou-se para sua casa em Versalhes. Durante meses, os meses em que Mirabeau planejava sua traição, não se separou dele. Era pobre, desconhecido, e de repente começou a frequentar os jantares de Orléans. Foi secretário de Danton quando ele era ministro da Justiça. É hoje um homem rico, ou pelo menos vive como tal, sua vida particular não está em discussão.

— Sim — disse Robespierre —, e em 12 de julho ele liderou o povo revoltoso e a Bastilha caiu.

— Como pode desculpar esse homem? — Vadier gritou. — Uma pessoa com quem o povo mal-orientado talvez tenha alguma... alguma ligação sentimental? — disse, em tom de repulsa. — Acha que pode deixá-lo em liberdade enquanto seu amigo Danton estiver sendo julgado? Só porque uma vez, cinco anos atrás, ele foi subornado para falar a uma multidão?

— Não é por isso — falou Saint-Just com calma. — A razão é que Robespierre tem uma ligação emocional com ele. Seus sentimentos pessoais lhe importam mais que o bem-estar da República.

— Camille fez você de bobo por muito tempo — disse Billaud.

Robespierre levantou os olhos.

— Isso é uma calúnia, Saint-Just. Para mim, o mais importante é o bem-estar da República. Não posso mudar de atitude.

— Vou dizer apenas o seguinte: — os dedos amarelos de Vadier fecharam-se de novo — nada, nem mesmo seu ego admirável e patriótico, pode opor-se à vontade do povo. Todos estamos contra você. Você está sozinho. Precisa curvar-se à decisão da maioria, ou aqui e agora, nesta sala, sua carreira estará terminada.

— Cidadão Vadier — disse Saint-Just —, assine o mandado de prisão e passe em volta da mesa.

Vadier pegou uma pena, mas a mão de Billaud esticou-se como uma cobra saindo de uma toca e ele assinou seu nome com um floreio.

— Billaud queria ser o primeiro — explicou seu amigo Collot.

— Danton era um chefe muito tirânico? — perguntou Robert Lindet.

Vadier pegou o documento de volta, assinou e empurrou-o pela mesa.

— Rühl?

Rühl, do Comitê da Polícia, sacudiu a cabeça.

— Ele está senil — disse Collot. — Devia ser afastado do governo.

— Talvez seja apenas surdo. — O indicador de Billaud apontou para o documento. — Aqui, meu velho.

— Por eu ser velho, como dizem, não podem me intimidar ameaçando acabar com minha carreira. Não creio que Danton seja um traidor. Portanto, não vou assinar.

— Sua carreira talvez termine mais cedo do que você pensa, então.

— Não importa — disse Rühl.

— Então passe o papel — disse Lebas com raiva. — Está gastando o tempo da República.

Carnot pegou o documento e olhou-o, pensativo.

— Eu assino pela unidade dos comitês. Por nenhuma outra razão. — Assinou e passou o papel para Lebas. — Em algumas semanas, cavalheiros, vão desejar ter Danton para reorganizar a cidade por vocês. Se abrirem um processo contra ele, passarão a uma nova fase da História para a qual creio que estão mal preparados. Creiam, cavalheiros, estarão apelando para a magia negra.

— Depressa — disse Collot, tirando o papel da mão de um membro do Comitê da Polícia e assinando seu nome. — Pronto, Saint-Just, rápido, rápido.

Robert Lindet pegou o mandado de prisão e passou-o ao vizinho. Saint-Just apertou os olhos.

— Não vou assinar — Lindet falou.

— Por que não?

— Não sou obrigado a expor minhas razões a você.

— Então somos forçados a interpretar da pior forma possível essas razões — disse Vadier.

— Sinto muito que sejam forçados a isso. Eu sou encarregado dos suprimentos. Estou aqui para alimentar os patriotas, não para assassiná-los.

— Nós não precisamos de unanimidade — disse Saint-Just. — Seria desejável, mas vamos em frente. Há apenas duas assinaturas faltando, creio, além daqueles que se recusaram a assinar. O cidadão Lacoste é o próximo, depois peço o favor de passar o papel ao cidadão Robespierre e colocar a tinta um pouco mais perto dele.

OS COMITÊS de Segurança Pública e Segurança Geral decretam aqui que Danton, Lacroix (do *département* Eure-et-Loire), Camille Desmoulins e Philippeaux, todos membros da Convenção Nacional, serão presos e levados para Luxemburgo, sendo lá mantidos em confinamento sigiloso e solitário. E ordenam que o prefeito de Paris execute o presente decreto imediatamente após seu recebimento.

COUR DU COMMERCE, 21 horas.

— Um instante — disse Danton. — Apresentações.

— Danton...

— Apresentações. Minha querida, este é Fabricius Pâris, velho amigo meu, e funcionário do Tribunal.

— Encantado em conhecê-la — disse Pâris apressadamente. — Seu marido foi quem arranjou meu emprego.

— E é por isso que está aqui. Como você vê, Louise, eu inspiro lealdade. Então?

Pâris estava agitado.

— Você sabe que vou todas as noites ao Comitê pegar as ordens para o dia seguinte. — Virou-se para Louise. — Ordens para o Tribunal, que são entregues a Fouquier. — Meneou a cabeça. — Quando cheguei lá, as portas estavam trancadas. Isso nunca havia acontecido antes. Disse a mim mesmo que eu, como bom patriota, devia saber o que estava acontecendo. Eu conheço o prédio. Fui até uma porta dos fundos e encontrei, me desculpem, uma fechadura...

— Desculpo — disse Danton. — E pôs o olho no buraco da fechadura, depois o ouvido, e viu e ouviu Saint-Just me denunciando.

— Como sabe?

— É lógico.

— Danton, eles estavam sentados em silêncio, ouvindo todas as mentiras ali pronunciadas.

— O que exatamente ele tinha em mente? Você sabe? Houve algum mandado de prisão?

— Não vi. Saint-Just estava falando em denunciar você perante a Convenção, em sua presença.

— Não poderia ser melhor — Danton falou. — Ele quer equiparar sua oratória à minha, não é? E sua experiência? E seu nome na Revolução? — Virou-se para a esposa. — Perfeito. Exatamente como eu queria. O imbecil resolveu me enfrentar em minha própria área. Pâris, não podia ser melhor.

Pâris olhou-o, incrédulo.

— Você queria que a situação chegasse a esse ponto?

— Eu crucificarei aquele mocinho cretino e presunçoso e terei o maior prazer em enfiar os pregos em suas mãos.

— Suponho que vá sentar-se e escrever seu discurso — Louise falou.

Danton riu.

— Minha mulher ainda não conhece meus métodos. Mas você conhece, não é, Pâris? Não preciso escrever um discurso, meu amor. Está tudo dentro de minha cabeça.

— Bom, pelo menos escreva de antemão os comentários para os jornais. Complete com "aplausos calorosos" e assim por diante.

— Você está aprendendo — disse Danton. — Pâris, Saint-Just mencionou Camille?

— Eu não esperei, assim que ouvi isso vim direto para cá. Creio que ele não está em perigo.

— Fui à Convenção hoje à tarde, mas não fiquei. Ele e Robespierre estavam conversando.

— Foi o que ouvi dizer. Disseram que estão muito amigos. É possível então...? — Ele hesitou. Como perguntar a alguém se seu melhor amigo o traiu?

— Amanhã na Convenção farei com que Camille confronte Saint-Just. Imagine só. Nosso homem, a imagem da retidão, parecendo ter acabado de devorar um bife, e Camille fazendo uma ou duas piadas sobre ele e falando sobre 1789. Um golpe baixo, mas as galerias vão aplaudir. Isso levará Saint-Just a perder a calma. Não será fácil, pois ele cultiva aqueles modos de estátua grega. Mas *garanto* que Camille conseguirá enfurecê-lo. Assim que nosso homem começar a gritar, Camille se encolherá com ar indefeso. Robespierre se porá de pé, e nós todos criaremos uma dessas imensas cenas emocionais. Eu sempre ganho nessas horas. Vou até lá agora, ou talvez seja melhor planejarmos isso amanhã. Preciso deixar Camille sozinho. Ele recebeu más notícias de casa. Uma morte na família.

— Seu precioso pai?

— Não, sua mãe.

— Sinto muito — disse Pâris. — Uma má hora. Talvez ele não esteja tão interessado em fazer brincadeiras. Danton, você não pode considerar um curso de ação menos arriscado?

RUE MARAT, 21h30.

— Eu podia ter ido para casa — disse Camille. — Por que meu pai não me disse que ela estava doente? Ele estava aqui. Sentado na cadeira onde você está sentado agora. E não deu uma palavra.

— Talvez quisesse poupar seus sentimentos. Talvez achasse que ela fosse melhorar.

Um dia, no final do ano anterior, um estranho aparecera na porta, um homem distinto, de seus 60 anos, reservado, distante, com uma impressionante cabeleira grisalha. Lucile levou muito tempo para descobrir quem era.

— Meu pai nunca poupou meus sentimentos — disse Camille. — Nunca soube o que é poupar sentimentos. Aliás, nunca soube o que é um sentimento.

Foi uma breve visita, de um ou dois dias. Jean-Nicolas o visitou porque vira *O velho cordelier*. Queria dizer ao filho que o admirava, que sentia que ele tinha agido da forma correta finalmente; que sentia sua falta, e gostaria que ele visitasse a família às vezes.

Mas ao tentar dizer isso, sentiu-se absolutamente constrangido, como se fosse uma menina de 13 anos corando de vergonha. Sua voz estancou na garganta e ele ficou olhando para o filho, mudo, o filho de quem em geral preferia não falar.

Foi um dos piores momentos de minha vida, pensou Lucile. Fabre estava lá, lamentando-se, como sempre; mas ao ver o velho Desmoulins em tal situação, percebeu que seus olhos estavam cheios de lágrimas. Lucile viu-o secar as lágrimas, e Camille viu também. Melhor se *eles* tivessem chorado, disse Fabre mais tarde; não têm bastante razão para chorar? Quando Jean-Nicolas desistiu de se pronunciar, pai e filho abraçaram-se em um gesto formal e frio. Aquele homem tem algum defeito, Fabre falou. Talvez alguma coisa errada em seu coração.

Havia, é claro, outro aspecto da visita, que nem mesmo Fabre mencionou. Era a pergunta: *Será que você vai sobreviver a isso?*, o que não puderam, tampouco, mencionar naquela noite. Camille disse:

— Quando penso em Georges-Jacques e sua mãe, é estranho. Ela pode ser uma bruxa enfadonha, mas eles estão sempre em bons termos, estão sempre ligados. E você também, com sua mãe.

— É praticamente a mesma pessoa — disse Lucile, em tom ácido.

— Sim, mas pense em mim; é difícil acreditar que eu tenha alguma ligação com minha mãe, talvez Jean-Nicolas tenha me encontrado debaixo de uma árvore. Passei a vida toda tentando agradá-lo e nunca consegui, mas nunca desisti. Olhe, pai, estou com 10 anos, pai, leio Aristóteles como minhas irmãs leem canções de ninar. Sim, mas por que Deus nos deu um filho com problemas de fala? Olhe, pai, passei em todos os exames possíveis, está contente? Sim, mas quando vai ganhar algum dinheiro? Olhe, pai, sabe aquela Revolução sobre a qual você fala há tempos? Fui eu que a gerei. Oh, sim, muito bonito, mas não é bem o que tínhamos em mente para você; e o que os vizinhos vão dizer? — Camille sacudiu a cabeça. — E pensar que passei anos de minha vida escrevendo cartas para esse homem. Podia ter usado esse tempo para aprender aramaico. Feito alguma coisa útil. Trabalhado com Marat, em seu sistema de roleta.

— Ele tinha uma roleta, não é?

— Pelo menos era o que dizia. Tornou-se uma figura tão deplorável que as casas de jogo não o deixavam entrar.

Ficaram sentados em silêncio por um instante. O assunto sobre a mãe de Camille foi esgotado. Ele não a conhecia, ela não o conhecia, e foi essa falta de conhecimento que tornou a notícia de sua morte tão sofrida; o sentimento de ter imaginado uma segunda chance, e perdido.

— Apostadores. Fico pensando em Hérault. Ele está na prisão há 15 dias. Mas sabia que seria preso. Por que não fugiu? — disse Lucile.

— Hérault é muito orgulhoso.

— E Fabre. É verdade que Lacroix será preso?

— É o que dizem. E também Philippeaux. Não se pode desafiar o Comitê e continuar vivo.

— Mas, Camille, você os desafiou. Vem atacando o Comitê há cinco meses.

— Sim. Mas eu tenho Max. Eles não podem tocar em mim. Bem que gostariam. Mas não podem, sem ele.

Lucile ajoelhou-se junto ao fogo e estremeceu.

— Amanhã preciso mandar alguém à fazenda buscar mais lenha.

COUR DU COMMERCE.

— O deputado Panis está aqui — disse Louise, amedrontada ao ver aquele homem na porta.

Faltavam 15 minutos para a 1 hora, madrugada de 12 Germinal. Danton estava de roupa de dormir.

— Perdão, cidadão. Os empregados foram para a cama e nós já estávamos indo também. Chegue junto do fogo, está frio lá fora.

Ajoelhou-se em frente às achas de lenha.

— Largue isso — Panis falou. — Estão vindo prender você.

— O quê? — disse Danton, virando-se. — Você está mal informado. Fabricius Pâris esteve aqui antes.

— Não sei o que ele contou, mas não estava na reunião dos dois comitês. Lindet estava. Foi ele quem me mandou aqui. Há um mandado de prisão contra você. Querem lhe negar uma audiência perante a Convenção. Sua presença está vetada permanentemente. Você irá diretamente para a prisão e de lá para o Tribunal.

Danton manteve-se em silêncio por um instante. O choque deixou seu rosto branco como cera.

— Mas Pâris ouviu Saint-Just dizer que desejava me enfrentar diante da Convenção.

— Falou, sim. Mas o que você acha? Eles o derrotaram. Sabiam o risco que ele corria e não estavam preparados para deixá-lo seguir com seu desejo. Eles não são novatos, sabem que você pode criar um tumulto nas galerias públicas. Saint-Just ficou furioso, disse Lindet. Saiu da sala e... — Panis olhou para o lado.

— E o quê?

Panis tapou a boca com a mão.

— Jogou o chapéu no fogo.

— O quê? — disse Danton. Os olhos do deputado fixaram-se nos dele, e os dois começaram a rir, com uma alegria silenciosa, contida e imprópria.

— O chapéu foi tragado pelas chamas. E suas anotações teriam o mesmo destino se um dos chamados patriotas não as tivesse arrancado de sua mão quando estava a ponto de jogá-las ao fogo. Ele não ia querer se ver privado de seu momento de glória, pode estar certo. De forma alguma.

— Seu chapéu! Camille devia ter estado lá para ver isso! — disse Danton.

— Camille apreciaria essa cena melhor que qualquer um.

De súbito Danton se lembrou de sua própria situação. Sem pilhérias, pensou, sem pilhérias.

— Mas você estava dizendo que eles assinaram um mandado? Robespierre também?

— Sim. Lindet disse que você deve usar sua chance, sua última chance. Pelo menos saia de casa, pois vão chegar aqui a qualquer momento. Eu preciso ir agora, vou até a esquina avisar Camille.

Danton sacudiu a cabeça.

— Deixe-os dormir, deixe que descubram isso de manhã. Será uma situação cruel para Camille. Ele terá de enfrentar Robespierre e não saberá o que dizer.

Panis olhou para ele.

— Meu Deus, você ainda não percebeu? Ele não vai dizer nada a Robespierre. Será preso com você.

Louise sentiu-se desfalecer. Danton afundou-se em uma cadeira e cobriu os olhos com as mãos.

DUAS HORAS DA MADRUGADA.

— Eu vim, na esperança de não encontrá-lo mais aqui — disse Lindet. — Pelo amor de Deus, Danton, o que está tentando fazer? Vai deixar que eles o destruam?

— Não posso acreditar — Danton falou, vendo o fogo morrer — que ele tenha mandado prender Camille; hoje à tarde vi os dois conversando amigavelmente, sorrindo. Oh, que hipócrita!

Louise vestiu-se apressadamente. Sentou-se longe deles e escondeu o rosto nas mãos. Tinha visto a vontade e a força escoarem-se do rosto de seu marido. Lágrimas escorreram entre seus dedos. Mas no fundo de sua cabeça, uma mensagem martelava insistentemente: você ficará livre, você ficará livre.

— Pensei que me deixariam ir à Convenção. Lindet, ninguém os lembrou de que a Convenção terá de concordar com a nossa prisão, que terá de suspender nossa imunidade?

— É claro. Robespierre lembrou-os. Billaud disse que conseguiriam o consentimento depois que você estivesse seguro por trás das grades. Estavam muito assustados, Danton. Trancaram as portas e agiram como se esperassem que você irrompesse na sala a qualquer instante.

— Mas, Lindet, o que ele disse? Sobre Camille?

— Senti pena de Robespierre — Lindet respondeu abruptamente. — Eles o destruíram. Não lhe deram outra escolha. E o pobre-diabo acha que tem de manter-se vivo pela República. Que vida poderá ter depois disso?

— Marat foi indiciado perante o Tribunal — disse Danton. — Os girondinos o prenderam, ele foi julgado, e a coisa estourou na mão deles. O Tribunal absolveu-o. O povo carregou-o pelas ruas em triunfo. Ele saiu dali mais forte que nunca.

— Sim — disse Lindet. Mas naqueles dias o Tribunal mantinha sua independência, pensou. Marat foi julgado. Você acha que vai ter um julgamento?

Mas não disse nada. Ficou observando Danton, vendo-o armar-se de coragem.

— Eles não podem me amordaçar, não é? Podem me prender, mas terão de me deixar falar. Tudo bem, estou pronto para enfrentá-los. — Lindet levantou-se e Danton lhe deu um tapa no ombro. — Veremos como esses vagabundos ficarão quando eu terminar com eles.

RUE MARAT, 3 horas da madrugada. Camille começara a falar, em um murmúrio, mas com fluência, sem hesitação, como se parte de sua cabeça estivesse livre. Lucile parou de chorar; sentou-se a seu lado e observou-o, em um estado de hipnose que demonstrava extrema emoção. No outro quarto, seu filho dormia. Não havia um único som nas ruas; um único som no quarto, a não ser esse murmúrio; uma única luz, a luz de uma vela. Como se estivéssemos à deriva no universo, Lucile pensou.

— Em 1789 pensei que algum aristocrata me notaria. Eu seria um mártir da liberdade, seria muito bom, a notícia apareceria em todos os jornais. Depois pensei, em 1792, que os austríacos me fuzilariam, tudo terminaria rapidamente e eu seria um herói nacional. — Pôs a mão na garganta. — Danton diz que não se importa com o que as pessoas que virão depois de nós pensem dele. Eu gostaria que tivessem uma boa opinião sobre mim. Mas acho que não vou conseguir, não é?

— Não sei — disse Lindet.

— Depois de tudo o que passou, não quero morrer do lado errado do patriotismo, ser acusado de contrarrevolucionário. Robert, você me ajudaria a fugir?

Lindet hesitou.

— Não há mais tempo.

— Eu sei que não há tempo, mas você me ajudaria?

— Não, creio que não — disse Lindet em voz baixa. — Seríamos ambos sacrificados. Sinto muito, Camille.

Na porta, Lindet pôs um braço em volta de Lucile.

— Vá ficar com sua mãe e seu pai. De manhã não haverá lugar para você aqui. — Depois virou-se e disse: — Camille, estava falando sério? Está realmente preparado para fugir? Não vai se desesperar, vai fazer o que eu disser?

Camille ergueu os olhos.

— Oh, não. Não quero realmente fugir. Estava apenas testando você.

— Em que sentido?

— Não importa — disse Camille. — Você passou no teste. — Deixou a cabeça cair de novo.

Robert Lindet tinha 50 anos, e a idade se mostrava em seu rosto ressecado. Lucile imaginou como alguém conseguia sobreviver a isso.

— O SOL DEVE ESTAR QUASE RAIANDO — disse Lucile. — Ninguém apareceu ainda.

Ela esperava, a esperança tomou conta de sua garganta como um estrangulador, fazendo seu coração pular, que Robespierre tivesse conseguido reverter a decisão, tivesse encontrado coragem e falado com eles.

— Eu escrevi para o Coelho — ela disse. — Não contei para você. Pedi que ele voltasse para nos dar apoio.

— Ele não respondeu?

— Não.

— Deve achar que quando eu estiver morto se casará com você.

— Foi o que Louise falou.

— O que Louise sabe sobre essas coisas?

— Nada. Camille? Por que o chama de Coelho?

— As pessoas ainda tentam descobrir por que eu o chamava de Coelho?

— Sim.

— Não há razão alguma.

Ela ouviu as botas nas ruas calçadas de pedra e ouviu a patrulha parar. Podia ser apenas uma patrulha regular, era a hora de eles passarem. Como o coração se ilude!

— Pronto — disse Camille, levantando-se. — Que bom que Jeanette passou a noite fora. A campainha da rua está tocando.

Lucile ficou no meio do quarto, com as pernas bambas como se fosse uma boneca de pano. Não conseguia falar.

— Está me procurando? — Camille perguntou. Lucile observou-o. Lembrou-se do dia 10 de agosto, quando Suleau foi morto; ele veio para casa tomar banho e voltou para as ruas tumultuadas. — Você deve perguntar quem eu sou — disse ao funcionário. — Deve dizer: Você é Camille Desmoulins, jornalista, deputado da Convenção Nacional? Talvez haja dois Camilles muito semelhantes.

— Olhe, é muito cedo — disse o homem. — Sei muito bem quem você é e que não há dois Camilles. Aqui está o mandado de prisão, se estiver interessado em ver.

— Posso me despedir de meu filho?

— Só se formos com você.

— Não quero acordá-lo. Não posso ficar um instante sozinho?

Os guardas ficaram de guarda nas janelas e portas.

— Na semana passada, um homem foi beijar a filha e estourou os miolos. Outro homem pulou de uma janela no quarto andar e quebrou o pescoço.

— Vocês não podem entender por que ele fez isso — disse Camille. — O próprio Estado teria lhe quebrado o pescoço.

— Não crie problemas — disse o homem.

— Sem problemas — Camille prometeu.

— Leve alguns livros — disse Lucile, surpresa de ver sua voz sair, muito segura. — Vai ser monótono lá.

— Sim, vou levar.

— Vamos rápido — disse o funcionário, pondo as mãos em Camille.

— Não — Lucile falou, agarrando-se ao marido e abraçando-o. Os dois se beijaram.

— Cidadã, solte seu marido agora — disse o funcionário. Mas ela apertou-o com mais força ainda e desprendeu a mão que segurava seu braço. Quando o funcionário a afastou, ela cerrou o punho e lhe deu um soco no queixo. Sentiu o impacto no próprio corpo, mas não sentiu nada quando bateu com a cabeça no chão. Fui esmagada como se fosse uma mosca ou um passarinho, pensou.

Finalmente se viu sozinha. Tinham levado Camille da sala e arrastado-o escada abaixo até a rua. Sentou-se. Não sentia seu corpo doer. Pegou uma almofada no sofá e apertou-a contra o peito como que se embalando, com olhos inexpressivos. O grito que pretendia dar e as palavras de amor que pretendia dizer ficaram trancados em sua garganta, presas ali como ferro. Embalou-se um pouco mais. E agora? Precisava vestir-se, escrever algumas cartas e enviá-las. Precisava ver todos os deputados, todos os membros do Comitê. Sabia que tinha de começar a agir. Mas continuou a embalar-se. Havia um mundo e havia o mundo do teatro das sombras; havia um mundo de liberdade e ilusão e o mundo real, onde vemos, ano após ano, nossos entes queridos serem acorrentados. Ao levantar-se do chão, sentiu os grilhões em sua carne. Eu pertenço a você, pensou, *pertenço a você.*

VIRANDO A ESQUINA, na Cour du Commerce, Danton leu o mandado com certo interesse. Estava com pressa. Não perguntou se podia despedir-se dos filhos e deu um beijo rápido na cabeça da esposa.

— Quanto mais cedo eu for, mais cedo estarei de volta — disse. — Vejo você daqui a um ou dois dias. — Saiu para a rua, escoltado.

OITO HORAS DA MANHÃ nas Tulherias.

— Você queria nos ver — disse Fouquier-Tinville.

— Ah, sim — falou Saint-Just com um sorriso.

— Pensávamos que vínhamos ver Robespierre — disse Hermann.

— Não, cidadão presidente, sou eu. Alguma objeção? — Não os convidou a se sentarem. — Hoje cedo prendemos quatro pessoas: Danton, Desmoulins, Lacroix e Philippeaux. Preparei um relatório caso precise apresentá-lo à Convenção no final da tarde. Vocês, de sua parte, começarão a preparar o julgamento; deixem tudo o mais de lado, é uma questão de urgência.

— Pare um instante — disse Hermann. — Que tipo de procedimento é esse? A Convenção ainda não concordou com essas prisões.

— Podemos considerar isso uma formalidade — falou Saint-Just, levantando as sobrancelhas. — Você não vai querer ficar contra mim, não é, Hermann?

— Ficar contra você? Devo lembrar-lhe qual é a nossa posição. Todos sabem, mas não podem provar, que Danton recebia subornos. Outra coisa que todos sabem, e a prova está à nossa volta, é que Danton derrubou o Capeto, fundou a República e nos salvou da invasão. Quais serão as acusações contra ele? Falta de fervor?

— Se você tem dúvida — disse Saint-Just — de que há assuntos substanciais alegados contra Danton, fique à vontade para folhear esses documentos. — E empurrou os papéis na mesa. — Verá que algumas seções estão nas mãos de Robespierre e outras, em minhas mãos. Pode ignorar as passagens escritas pelo cidadão Robespierre relacionadas a Camille Desmoulins. São meras desculpas. Aliás, quando terminar de ler vou apagá-las.

— É um monte de mentiras — disse Hermann, lendo. — Não faz sentido, é uma armação completa.

— É o de sempre — disse Fouquier. — Conspirou com Mirabeau, com Orléans, com o Capeto, com Brissot. Já tratamos disso antes; aliás, foi Camille que nos contou. Na próxima semana, se tivermos um veredicto rápido, talvez possamos acrescentar "conspirou com Danton". Assim que um homem morre torna-se crime capital tê-lo conhecido.

— O que devemos fazer quando Danton começar a falar para a galeria pública? — Hermann perguntou.

— Se precisarmos amordaçá-lo, o faremos.

— Que dramático! — disse Fouquier. — Os quatro réus são todos advogados, não?

— Vamos, cidadão, tenha coragem — disse Saint-Just. — Você sempre se mostrou capaz. Quer dizer, sempre se mostrou fiel ao Comitê.

— Sim. Você é o governo — Fouquier replicou.

— Camille Desmoulins é seu parente, não é?

— Sim. Pensei que fosse seu parente também.

Saint-Just ficou sério.

— Creio que não. Seria aflitivo pensar que isso poderia influenciá-lo.

— Eu cumpro meu dever — Fouquier disse.

— Então, tudo bem.

— Sim. E agradeceria se não ficasse repetindo isso.

— Você gosta de Camille? — Saint-Just perguntou.

— Por quê? Pensei que tivéssemos concordado que isso não vem ao caso.

— Foi só uma pergunta. Não precisa responder. Mas não está esquecendo que é uma questão de urgência, não é?

— Oh, sim — falou Hermann. — O Comitê trabalhará sem parar até que essas cabeças sejam cortadas.

— O julgamento deve ter início amanhã ou depois de amanhã. De preferência amanhã.

— O quê? — disse Fouquier. — Você está louco?

— Não é uma pergunta apropriada — disse Saint-Just.

— Mas, homem, e as provas, e as acusações...

Com a ponta dos dedos, Saint-Just pegou o documento à sua frente.

— As testemunhas — disse Hermann.

— É preciso haver testemunhas? — Saint-Just suspirou. — Suponho que sim. Então providenciem-nas.

— Como podemos intimar as testemunhas até sabermos quem eles querem chamar?

— Eu aconselho que não sejam permitidas testemunhas de defesa — falou, virando-se para Hermann.

— Uma pergunta — disse Hermann. — Por que não manda alguns assassinos acabarem com eles dentro das celas? Meu Deus, não sou dantonista mas o que estão fazendo é crime.

— Vamos — disse Saint-Just irritado. — Você se queixa de falta de tempo e usa o tempo com perguntas frívolas. Não estou aqui para conversas frívolas. Você sabe muito bem que é importante fazer tudo aos olhos do público. Além dos quatro nomes já citados, Hérault e Fabre também devem ser réus, certo?

— Os papéis estão prontos — Fouquier disse em um tom ácido.

— O trapaceiro Chabot e seus associados, Basire e Delaunay, ambos deputados...

— Sim — falou Fouquier. — É bom misturar os políticos com os falsários e ladrões. Se um deles for julgado por fraude, o público pensará que todos os outros devem ser.

— Permite que eu continue? Com eles um bando de estrangeiros: os irmãos Frei, o banqueiro espanhol Guzman, o comerciante dinamarquês Diedrichsen. Ah, e o fornecedor do exército, o abade d'Espanac. As acusações serão de conspiração, fraude, açambarcamento, especulação financeira, ligação com potências estrangeiras; deixo a seu cargo, Fouquier. Não há escassez de provas contra nenhum deles.

— Só contra Danton.

— Isso é problema seu agora. A propósito, cidadãos, sabem que papéis são esses?

Fouquier baixou os olhos.

— É claro que sim. Mandados em branco assinados pelo Comitê. É uma prática perigosa, se me permite dizer.

— Perigosa, não é? — Saint-Just pegou os papéis e colocou um nome em cada. — Querem ver os mandados agora? — Levantou-os no ar entre o indicador e o polegar para fazer a tinta secar. — Este aqui é seu, Hermann; e este, cidadão promotor, é seu. — Sorriu de novo, dobrou os papéis e enfiou-os no bolso do casaco. — Caso alguma coisa saia errada no julgamento — disse.

CONVENÇÃO NACIONAL: a sessão foi aberta com tumulto. O primeiro a levantar-se foi Legendre. Seu rosto estava pálido. Talvez o barulho da rua o tivesse acordado cedo.

— Na noite passada alguns membros desta Assembleia foram presos. Danton foi um deles, quanto aos outros, não tenho certeza. Exijo que os membros da Convenção que foram detidos sejam trazidos ao tribunal da casa, para serem acusados ou absolvidos por nós. Estou convencido de que as mãos de Danton são tão limpas quanto as minhas...

Um sussurro correu pelo salão. As cabeças viraram-se, e o presidente Tallien levantou os olhos quando os membros do comitê entraram. O rosto de Collot parecia flácido, morto; só deu sinal de si quando os procedimentos do dia começaram. Saint-Just usava um casaco azul com botões dourados e segurava diversos papéis. Um murmúrio de alarme varreu os bancos. Ali estava o Comitê da Polícia: Vadier com o rosto desapontado e descorado e os olhos baixos, e Lebas com a expressão séria. No silêncio criado, como o grande ator dramático que atrasa sua entrada, entrou o cidadão Robespierre, o próprio Incorruptível. Hesitou no corredor entre os bancos enfileirados, e um de seus colegas cutucou-o nas costas.

Ao subir na tribuna manteve-se calado e dobrou as mãos sobre o caderno de anotações. Passaram-se alguns segundos. Seus olhos vagaram pelo salão e pousaram naqueles em quem não confiava.

Enfim começou a falar, com calma e uniformidade. O nome de Danton foi citado, como se houvesse algum privilégio nisso. Mas não haveria privilégio algum no futuro; os ídolos caídos seriam esmagados. Fez uma pausa e colocou os óculos na testa. Seus olhos fixaram-se em Legendre com um olhar glacial. Legendre apertou as mãos enormes de açougueiro, mãos que cortavam gargantas e abatiam bois, até os nós dos dedos ficarem brancos. Em um instante estava de pé, murmurando: vocês interpretaram mal minhas intenções, interpretaram mal minhas intenções.

— Quem mostra medo é culpado — disse Robespierre. Desceu da tribuna, com um sorriso e um esgar na boca fina e pálida.

Saint-Just leu durante as duas horas seguintes o relatório sobre os planos da facção dantonista. Imaginara, quando escreveu aquilo, que teria o réu à sua frente. Se Danton estivesse ali, aquela leitura seria interrompida pelos gritos de seus correligionários nas galerias e por seus próprios gritos de justificação. Mas Saint-Just falou olhando para o espaço, e fez-se silêncio. Leu sem paixão, quase sem inflexão, os olhos nos papéis que segurava com a mão esquerda. Ocasionalmente levantava o braço direito, depois deixava-o cair do lado, seu único gesto, um gesto grave e mecânico. Em certo momento, perto do final, levantou o rosto jovem para a plateia e falou diretamente para eles: "Depois disso, só restarão os patriotas."

RUE MARAT.

— Meu amor, quer vir comigo visitar seu padrinho? — disse Lucile para o filho. — Pensando bem, é melhor não. Leve-o para minha mãe — falou com Jeanette.

— A senhora devia lavar o rosto antes de sair. Seu rosto está inchado.

— Robespierre deve esperar que eu chore. Deve prever isso. Não vai notar como estou. Ele não nota.

— Seu apartamento está em pior estado que o nosso, se é que isso é possível — disse Louise.

As mulheres ficaram na sala de visitas destruída de Lucile. Todos os livros estavam empilhados sobre o tapete, com as lombadas rasgadas, as gavetas e os armários estavam abertos e devidamente saqueados. As cinzas da lareira tinham sido remexidas minuciosamente. Lucile levantou-se e ajeitou a gravura de Maria Stuart.

— Levaram todos os papéis. Cartas. Tudo. Até mesmo o manuscrito dos Patriarcas da Igreja — disse.

— Se Robespierre concordar em nos ver, o que vamos dizer? O que devemos dizer?

— Você não precisa dizer nada. Eu falo.

— Quem pensaria que a Convenção os entregaria desse modo, sem nenhum protesto?

— Eu pensaria. Ninguém, exceto seu marido, consegue enfrentar Robespierre. Há cartas aqui para serem entregues a cada membro do Comitê de Segurança Pública — disse a Jeanette. — Menos a Saint-Just, não adianta escrever para ele. Essas outras são para o Comitê da Polícia, essa é para Fouquier, e essas, para vários deputados, estão todas endereçadas. Precisam ser entregues imediatamente. Se eu não tiver resposta, e Maximilien não me receber, terei de pensar em uma nova tática.

NO PALÁCIO DE LUXEMBURGO, Hérault assumiu o papel do anfitrião gentil. Afinal, aquele lugar fora um palácio, não fora projetado para servir de prisão.

— Secreto e solitário vocês vão ver que não é — disse Hérault. — De vez em quando eles nos trancam, mas em geral vivemos de uma forma deliciosamente sociável; aliás, nunca vi nada como isso desde os tempos de Versalhes. A conversa é inteligente, as maneiras são as melhores possíveis; as senhoras penteiam o cabelo e mudam de roupa três vezes por dia. Há jantares. Podemos pedir qualquer coisa que quisermos, menos armas. Mas é preciso cuidado com o que se diz. Pelo menos metade das pessoas daqui é informante.

No lugar que Hérault descrevia como "nosso salão", os presos inspecionavam os recém-chegados. Um *ci-devant* olhou para o corpo robusto de Lacroix e disse:

— Esse sujeito daria um ótimo cocheiro.

O general Dillon tinha bebido e pediu desculpas.

— Quem é você? — perguntou a Philippeaux. — Não o conheço, não é? O que você fez?

— Critiquei o Comitê.

— Ah.

— Ah — Philippeaux repetiu. — E você é o... de Lucile. Oh, Deus, desculpe-me, general.

— Tudo bem. Não me importo com o que você pensa. — Atravessou a sala e passou os braços em volta de Camille. — Agora que estão todos aqui vou ficar sóbrio, juro. Eu o avisei. Não avisei? Meu pobre Camille.

— Sabem de uma coisa? — disse Hérault. — A Comissão de Artes apossou-se de todas as minhas primeiras edições, aqueles ladrões.

— Ele disse — o general falou, apontando para Hérault — que não tem intenção de defender-se das acusações que lhe farão. Que tipo de atitude é essa? Acha que é a coisa apropriada a fazer, pois ele é um aristocrata. E eu também. Além disso, sou um soldado. Não se preocupe, não se preocupe — disse para Camille. — Nós vamos sair daqui.

RUE HONORÉ.

— Como pode imaginar — disse Babette —, há muitos patriotas com Maximilien, ele não pode ser incomodado.

Lucile colocou uma carta na mesa.

— Num gesto humanitário, Elisabeth, entregue isso nas mãos dele.

— Não vai adiantar. — Ela sorriu. — Ele já se decidiu.

No andar de cima Robespierre estava sentado sozinho, esperando que as duas mulheres fossem embora. Quando saíram o sol apareceu por trás de uma nuvem, e Lucile e Louise caminharam ao longo do rio em uma linda tarde de primavera.

DA PRISÃO DE LUXEMBURGO, Camille Desmoulins escreveu para Lucile Desmoulins:

Descobri uma brecha na parede de minha cela. Pus o ouvido ali e escutei alguém gemendo. Disse algumas palavras e ouvi a voz de um homem doente, com dor. Ele perguntou meu nome. Quando lhe disse, o homem deu um grito: “Oh, meu Deus”, e caiu para trás na cama. Foi então que reconheci a voz de Fabre d’Églantine.

— Sim, sou Fabre, mas o que você está fazendo aqui? A contrarrevolução chegou?

*

INTERROGATÓRIO PRELIMINAR na prisão de Luxemburgo.

L. Camille Desmoulins, advogado, jornalista, deputado da Convenção Nacional, 34 anos, residente à rue Marat. Na presença de F.J. Denisot, juiz adjunto do Tribunal Revolucionário; F. Girard, deputado e escrivão do Tribunal Revolucionário; A. Fouquier-Tinville; e G. Liendon, deputado e promotor público.

Ata do interrogatório:

P. O réu conspirou contra a nação francesa, pretendendo restaurar a monarquia e destruir a representação nacional e o governo republicano?

R. Não.

P. Teve um advogado de defesa?

R. Não.

Nomeamos, então, Chauveau-Lagarde.

LUCILE E ANNETTE foram aos jardins de Luxemburgo e ficaram olhando a fachada, esperando ver alguma coisa. O filho nos braços da mãe começou a chorar, querendo ir para casa. Em algum lugar, em uma das janelas, estava seu Camille. Na cela mal iluminada havia uma mesa, onde ele ficava sentado durante quase o dia todo, rascunhando uma defesa às acusações das quais ainda não fora notificado. A brisa de abril levantou o cabelo de Lucile, movimentando-o como ao cabelo de uma afogada. Ela virou a cabeça, ainda esperando ver alguma coisa. Ele não podia vê-la, ela não podia vê-lo.

CAMILLE DESMOULINS para Lucile Desmoulins:

Ontem, quando o cidadão que levou minha carta para você voltou, eu perguntei:

— Então, viu minha esposa? — Falei como costumava falar com o abade Laudréville; e me peguei olhando para ele como se alguma coisa sua tivesse se prendido nele ou nas roupas dele...

A PORTA DA CELA FECHOU-SE.

— Ele disse que sabia que eu viria. — Robespierre apoiou-se na parede e fechou os olhos. Seu cabelo não empoado tinha um brilho vermelho à luz da tocha. — Eu não devia estar aqui. Não devia ter vindo. Mas eu queria... não consegui me controlar.

— Então não houve acordo — disse Fouquier. Seu rosto denotava impaciência e escárnio; era impossível dizer a quem era dirigido esse escárnio.

— Não houve acordo. Ele disse que Danton nos deu três meses. — À luz obscura, seus olhos azul-esverdeados procuraram os de Fouquier.

— É uma coisa que eles dizem.

— Por um instante achei que ele tivesse pensado que eu lhe ofereceria uma chance de fugir antes do julgamento.

— É mesmo? — disse Fouquier. — Você não é esse tipo de pessoa. Ele deve saber isso.

— Deve saber, não é? — Saiu de perto da parede, esticou as mãos e passou os dedos pelo reboco. — Adeus — murmurou. Os dois foram andando em silêncio. De súbito Robespierre parou. — Ouça. — Por trás de uma porta fechada ouviram o murmúrio de vozes, e por cima dessas vozes uma risada solta. — É Danton — disse Robespierre em voz baixa, perplexo.

— Vamos — disse Fouquier. Mas Robespierre continuou ouvindo.

— Como ele pode? Como pode rir?

— Vai ficar aqui a noite toda? — perguntou Fouquier. Com o Incorruptível ele sempre fora cauteloso e correto, mas onde estava o Incorruptível agora? Esgueirando-se pelas prisões com acordos, ofertas e promessas. Viu um homem jovem e baixo, entorpecido, tremendo de infelicidade, com os olhos úmidos de lágrimas. — Transfira o grupo de Danton para a Conciergerie — disse Fouquier por cima do ombro. Depois virou-se para Robespierre. — Você vai superar isso.

Pegou o Vela de Arras pelo braço e saíram pela noite.

PALAIS DE JUSTICE, 13 Germinal, 8 horas da manhã.

— Vamos direto ao assunto, cavalheiros — disse Fouquier a seus dois deputados promotores. — Temos no banco dos réus hoje um grupo disparatado de falsários, trapaceiros e vigaristas, e meia dúzia de políticos eminentes. Se olharem pela janela verão a multidão; aliás, não é preciso ver, é possível ouvir. São pessoas, se mal conduzidas, podem virar para o lado errado e ameaçar a segurança da capital.

— É uma pena não haver uma forma de excluí-los — disse o cidadão Fleuriot.

— A República não tem cláusula para julgamentos privados — disse Fouquier. — Vocês sabem muito bem que é importante fazer essas coisas aos olhos do público. Porém, não deve sair nada nos jornais. Quanto ao nosso caso, é inexistente. O relatório que Saint-Just nos entregou... é um documento político.

— Quer dizer, são mentiras — sugeriu Liendon.

— Sim, substancialmente. Em minha opinião, Danton é suficientemente culpado para ser executado, o que não quer dizer que seja culpado das coisas que lhe imputam. Não tivemos tempo de preparar um caso coerente contra esses homens. Não há testemunhas que possamos chamar sem o perigo de que deixem escapar alguma coisa extremamente inconveniente para o Comitê.

— Acho sua atitude derrotista — Fleuriot observou.

— Meu caro Fleuriot, todos sabemos que você está aqui para espionar para o cidadão Robespierre. Mas nosso trabalho é usar os detestáveis truques forenses, não os lemas e as frases convenientes. Agora, por favor, considere a oposição.

— Suponho que por "oposição" você não esteja se referindo a esses infelizes escolhidos como advogados de defesa — disse Liendon.

— Duvido que eles ousem falar com seus clientes. Danton é conhecido do povo, é o orador mais poderoso de Paris, e também um advogado muito melhor que vocês dois. Quanto a Fabre, não precisamos nos preocupar. Seu caso teve muita publicidade, que lhe foi sempre desfavorável, e ele está muito doente, não poderá nos dar trabalho. Hérault é um problema diferente. Se resolver argumentar poderá ser muito perigoso, pois não temos quase nada contra ele.

— Creio que você tem certo documento ligado à mulher do Capeto, não é?

— Sim, mas tive de fazer alterações e não desejo que seja usado. Não devemos subestimar o deputado Philippeaux. Ele é menos conhecido que os outros, mas creio que é absolutamente intransigente, e parece não ter medo de nada que possamos lhe fazer. O deputado Lacroix é um homem de cabeça fria, uma espécie de jogador. Nosso informante disse que até agora ele vê a situação como uma brincadeira.

— Quem é nosso informante?

— Na prisão? Um homem chamado Laflotte.

— Tenho medo de seu primo Camille — disse Fleuriot.

— Nosso informante fez algumas observações úteis. Descreveu-o como histérico e desesperado. Ao que parece, ele alega que o cidadão Robespierre visitou-o em segredo em Luxemburgo e ofereceu sua vida para testemunhar a seu favor. Uma história absurda, é claro.

— Ele deve estar maluco — disse Liendon.

— Sim — disse Fouquier. — Talvez esteja. Nosso objetivo desde a primeira hora do julgamento deverá ser enervá-lo, intimidá-lo e aterrorizá-lo; não será particularmente difícil, mas é essencial que ele seja impedido de fazer qualquer tipo de defesa, pois o povo que se lembra de 1789 é ligado a ele. Agora, Fleuriot, quais são nossas vantagens?

— Tempo, cidadão.

— Precisamente. O tempo está ao nosso lado. Desde o julgamento de Brissot, se depois de três dias o júri declarar-se satisfeito, o julgamento poderá ser encerrado. O que isso sugere, Liendon?

— Cuidado ao escolher os jurados.

— Vocês dois estão ficando realmente bons. Vamos resolver esse ponto, então? — Fouquier pegou a lista dos jurados regulares do Tribunal Revolucionário. — Trinchard, o marceneiro, Desboisseaux, o sapateiro; parecem dois plebeus leais.

— Homens confiáveis — disse Fleuriot.

— E Maurice Duplay, quem poderia ser mais firme?

— Não. O próprio cidadão Robespierre vetou sua presença no júri.

Fouquier mordeu o lábio.

— Nunca entenderei esse homem. Então... Ganney, o peruqueiro, é sempre cooperativo. Suponho que precise de trabalho, não deve haver muita demanda por perucas. E Lumière. — Marcou outro nome. — Talvez ele precise de um encorajamento. Mas nós resolveremos.

Liendon olhou por cima do ombro do promotor público.

— E Leroy-10-de-Agosto?

— Excelente — Fouquier falou. Pôs uma marca sobre o nome do homem que um dia fora Leroy de Montflobert, marquês da França. — E agora?

— Teremos de incluir Souberbielle.

— Ele é amigo de Danton e de Robespierre.

— Mas creio que tem os princípios certos. Senão, poderemos ajudá-lo a desenvolver esses princípios — disse Fleuriot.

— Para equilibrar, teremos Renaudin, o fabricante de violinos — disse Fouquier.

Fleuriot riu.

— Excelente. Eu estava no Clube dos Jacobinos na noite em que ele jogou Camille no chão. Mas qual foi a causa da briga? Eu nunca soube.

— Só Deus sabe — falou Fouquier. — Renaudin é sem dúvida um louco. Tente se lembrar, se tiver de se dirigir ao meu primo na corte, de não chamá-lo pelo primeiro nome? — Franziu o rosto ao olhar a lista. — Não sei quem mais poderá ser absolutamente fiel.

— Ele? — disse Liendon, apontando.

— Oh, não, não. Ele gosta de argumentar, e não queremos argumentação. Não, creio que teremos de nos arranjar com um júri de sete pessoas. Eles não estão em posição de reclamar. Andei falando como se isso fosse uma espécie de concurso. Mas não estamos aqui fazendo um jogo com possibilidade de perder. Nos vemos no tribunal às 11 horas.

*

— MEU NOME É DANTON. É um nome bastante conhecido da Revolução. Sou advogado, nasci em Arcis, na província de Aube. Em poucos dias meu domicílio será esquecido. Minha residência será a História.

Primeiro Dia.

— Parece distintamente pessimista — disse Lacroix para Philippeaux.

— Quem são essas pessoas?

— Fabre você conhece, é claro, este é Chabot. Encantado por vê-lo tão bem, cidadão. Diedrichsen, esse é Philippeaux. Estes são Emmanuel Frei e Junius Frei, você deve ter conspirado com eles.

— Prazer em conhecê-lo, deputado Philippeaux — disse um dos irmãos Frei. — O que você fez?

— Critiquei o Comitê.

— Ah.

Philippeaux contou as cabeças.

— Nós somos 14. Eles vão julgar toda a fraude da Companhia das Índias Orientais. Se houvesse justiça, o julgamento levaria três meses. Nós teremos três dias.

Camille Desmoulins levantou-se.

— Contesto — disse, indicando o júri. Fala o mais rápido possível, na esperança de não gaguejar.

— O caminho é por intermédio de seu advogado — disse Hermann laconicamente.

— Estou me defendendo — Desmoulins replica. — Faço objeção a Renaudin.

— Baseado em quê?

— Ele ameaçou minha vida. Posso chamar uma centena de testemunhas.

— Essa é uma objeção frívola.

O RELATÓRIO do Comitê da Polícia sobre a questão da Companhia das Índias Orientais foi lido durante duas horas. Em seguida vieram as acusações, durante mais uma hora. Por trás das divisórias, nos fundos do tribunal, os espectadores empilharam-se junto das portas, do lado de fora e nas ruas.

— Disseram que a fila do povo vai até Mint — Fabre murmurou.

Lacroix virou a cabeça na direção dos falsários e falou:

— Que ironia!

Fabre passou a mão no rosto. Estava afundado na cadeira normalmente reservada ao réu principal. Na noite anterior, quando os prisioneiros foram transferidos para a Conciergerie, mal conseguia andar, dois guardas ajudaram-no a subir na carroça fechada. Ocasionalmente uma de suas crises de tosse abafava a voz de Fabricius Pâris, que aproveitava a oportunidade para respirar; seus olhos voltavam a toda hora para o rosto impassível de seu patrão, Danton. Fabre pegou um lenço e segurou-o na boca. Sua pele estava úmida e exangue. A toda hora Danton virava-se para olhar para ele, depois para Camille. No banco dos jurados alguns raios de sol incidiram sobre o chão de mármore branco e preto. A tarde foi se extinguindo, e formou-se um halo sobre a cabeça de Leroy-10-de-Agosto. No Palais Royal os lilases estavam floridos.

DANTON:

— Isso precisa parar. Exijo ser ouvido agora. Exijo permissão de escrever para a Convenção. Exijo ter uma comissão nomeada. Camille Desmoulins e eu desejamos denunciar práticas ditatoriais do Comitê de Segurança...

Os aplausos abafaram sua voz. Gritaram o nome dele, bateram palmas, bateram com os pés no chão e cantaram "A Marselhesa". O tumulto alastrou-se pelas ruas e tornou-se tão grande que o sino do presidente não podia ser ouvido; em uma encenação frenética, ele sacudiu o sino para o réu, e Lacroix sacudiu o punho para ele. Não entrem em pânico, não entrem em pânico, disse Fouquier; quando Hermann conseguiu se fazer ouvir, resolveu suspender a sessão. Os prisioneiros foram levados para suas celas no andar de baixo.

— Filhos da puta — disse Danton, sucinto. — Vou cortar todos eles em pedaços amanhã.

— VENDIDO? EU, *VENDIDO*? Um homem como eu não tem preço.

Segundo Dia.

— Quem é aquele?

— Oh, não, mais um — disse Philippeaux. — Quem é aquele homem?

Danton olhou por cima do ombro.

— É o cidadão Lhuillier, o ministro da Justiça... ou pelo menos era. Cidadão, o que está fazendo aqui?

Lhuillier vai para o banco dos réus. Não falava, parecia atordoado.

— Fouquier, o que você diz que esse homem fez?

Fouquier olhou para o réu, voltou a olhar a lista que tinha nas mãos, e conferenciou em voz baixa com os promotores.

— Mas você *disse* isso... — Fleuriot insistiu.

— Eu mandei que ele fosse intimado, não mandei que fosse preso. Você faz tudo a seu modo!

— Ele não sabe o que fez — Philippeaux falou. — Não sabe. Mas daqui a pouco vai lembrar-se de alguma coisa.

— Camille — Hérault falou —, acho seu primo um incompetente. Ele é uma desgraça para o Direito Criminal.

— Fouquier — seu primo perguntou —, como você arranjou esse cargo?

O promotor público mexeu nos papéis.

— Que droga! — Aproximou-se da mesa do juiz. — Que merda — falou para Hermann. — Mas não deixe que eles saibam, ou vão acabar rindo de nós.

Hermann suspirou.

— Estamos todos sob muita pressão, mas gostaria que você usasse uma linguagem mais decorosa. Deixe-o lá, no último dia eu me dirijo diretamente aos jurados para informar que não há provas suficientes e terão de absolvê-lo.

O vice-presidente Dumas cheirava a bebida. A multidão nos fundos do salão movimenta-se, impaciente, cansada de tanta demora. Outro prisioneiro foi trazido.

— Meu Deus! — diz Lacroix. — É Westermann.

O general Westermann, herói da Vendeia, postou o corpo volumoso diante dos réus.

— Quem são essas pessoas? — perguntou, mostrando Chabot e seus amigos.

— Diversos criminosos — disse Hérault. — Você conspirou com eles.

— Eu? — Westermann elevou a voz. — Você acha, Fouquier, que eu sou algum militar imbecil, um retardado? Eu era advogado em Estrasburgo antes da Revolução, e sei como as coisas devem ser feitas. Não tive direito a um advogado de defesa. Não me fizeram um interrogatório preliminar. Não fui acusado.

Hermann levantou os olhos.

— Isso é uma formalidade.

— Viemos todos para cá — disse Danton secamente — por meio de uma formalidade.

Ouviram-se risadas pesarosas entre os réus. A observação foi passada para os fundos do tribunal. O público aplaudiu, e filas de patriotas sans-culottes tiraram os barretes vermelhos da cabeça, cantando o "Ça Ira" e gritando (confusamente): "*à la Lanterne*".

— Preciso chamá-lo à ordem — diz Hermann aos gritos para Danton.

— Chamar-me à ordem? — Danton explodiu. — Ao que parece, eu é que devo chamá-lo à decência. Tenho o direito de falar. Todos temos o direito de ser ouvidos. Dane-se você, eu fundei este Tribunal. Tenho de saber como funciona.

— Não está ouvindo este sino?

— Um homem sendo julgado não presta atenção a sinos.

Das galerias o canto tornou-se mais alto. Fouquier mexeu os lábios, mas não se ouvia o que dizia. Hermann fechou os olhos, e todas as assinaturas do Comitê de Segurança Pública dançaram sob suas pálpebras. Só 15 minutos depois a ordem foi restabelecida.

HERMANN: Danton, a Convenção acusa-o de prestar favores indevidos a Dumouriez; de não revelar a verdadeira natureza e as intenções dele; e de incentivar e apoiar seus planos de destruir a liberdade, como a entrada em Paris com uma força armada para esmagar o governo republicano e restaurar a monarquia.

DANTON: Posso responder a essa acusação agora?

HERMANN: Não. O cidadão Pâris leu o relatório do cidadão Saint-Just, quer dizer, o relatório que o cidadão enviou para a Convenção e o Clube dos Jacobinos.

DUAS HORAS. Os réus estavam agora separados em dois grupos; os seis políticos e o general tentavam manter distância entre eles e o grupo dos ladrões, mas era difícil. Philippeaux ouvia atentamente e tomava notas. Hérault parecia perdido em seus pensamentos, não era possível saber se ouvia o que acontecia no tribunal. Em certos momentos o general cochichava no ouvido de Lacroix para que ele lhe esclarecesse uma coisa ou outra, mas poucas vezes Lacroix conseguiu ajudá-lo.

Na primeira parte da leitura a multidão ficou inquieta. Mas quando as implicações do relatório tornaram-se mais claras, um profundo silêncio tomou conta do salão, vagueando pela escuridão como um animal que volta para sua toca. O tique-taque dos relógios marcou a primeira hora do relatório; Hermann limpou a garganta, e por trás de sua mesa, de costas para os réus, Fouquier esticou as pernas. De súbito Desmoulins teve uma crise nervosa. Pôs uma das mãos no rosto, imaginando o que estava fazendo ali, e jogou o cabelo para trás em um gesto angustiado. Olhou rapidamente para os que estavam à sua direita e à sua esquerda. Colocou o punho na palma da outra mão e apertou a boca nos nós dos dedos; tirou a mão do rosto e segurou com força o banco dos dois lados até as unhas ficarem brancas com a pressão. Máxima do cidadão Robespierre, útil em casos criminais: aquele que mostra medo é culpado. Danton e Lacroix seguraram as mãos dele sub-repticiamente.

Pâris estava terminando, sua voz extinguiu-se nas frases finais. Colocou os documentos na mesa e as folhas formaram um leque. Estava exausto, se tivesse de ler muito mais teria perdido o controle e chorado.

— Danton — disse Hermann —, pode falar agora.

Ao levantar-se, Danton ficou imaginando o que Philippeaux teria registrado em seu caderno de anotações. Não havia uma alegação que ele pudesse contradizer aos gritos, um ataque do qual pudesse se defender. Se ao menos houvesse um acusação específica... como, você, Georges-Jacques Danton, a 10 de agosto de 1792, conspirou e traiu... Ele teria de justificar sua carreira inteira, uma vida inteira, sua vida na Revolução, para opor-se àquele amontoado de mentiras e insinuações, àquele aborto da verdade. Saint-Just devia ter feito um exame minucioso dos escritos de Camille contra Brissot, pois a técnica fora aperfeiçoada. E pensa rapidamente no elegante, malicioso trabalho que Camille fizera durante sua carreira.

Quinze minutos depois Danton encontrou a alegria e o prazer de soltar a poderosa voz pelo salão do tribunal. O longo silêncio terminara. A multidão aplaudiu de novo. Em certos momentos ele parava e era engolido pelo barulho; depois respirava fundo e voltava à carga com toda a força. Lembrou das instruções que Fabre lhe dera. Imaginou sua voz como um instrumento físico de ataque, poderoso como batalhões, como lava da boca de um vulcão inextinguível, queimando, fervendo, enterrando-os vivos. *Enterrando-os vivos.*

Um jurado interrompeu:

— Pode nos esclarecer por que, em Valmy, nossas tropas não perseguiram o exército prussiano?

— Lamento não poder esclarecer essa dúvida. Sou advogado. Questões militares são um livro fechado para mim.

A mão de Fabre soltou-se do braço da cadeira.

Em certos momentos Hermann tentava interrompê-lo em pontos cruciais, mas Danton dominava-o com desprezo. A cada derrota do tribunal a multidão aplaudia, assobiava e gritava zombarias. Os teatros estavam vazios, ali era o único espetáculo da cidade. Era mesmo um verdadeiro espetáculo, e Danton sabia disso. Eles estavam a seu favor agora; mas se Robespierre resolvesse falar, não o aplaudiriam também? Père Duchesne era o ídolo deles, mas foi vaiado quando pediu misericórdia dentro da carroça.

Depois da primeira hora sua voz tornou-se ainda mais forte. A essa altura não havia mais esforço físico. Como um atleta, seus pulmões faziam o que tinham sido treinados para fazer. Só que agora ele não estava argumentando ou forçando um ponto de debate, estava lutando para salvar a própria vida. Era isso o que tinha planejado, era isso o que esperava: o confronto final. Mas à medida que o dia foi passando ele começou a ouvir uma voz interior dizendo-lhe que tinham permitido esse confronto porque a questão já estava decidida: ele era um homem morto.

— Mandem entrar meus acusadores — gritou Danton. — Mostrem-me uma prova, uma prova parcial ou mínima que seja. Desafio meus acusadores a virem falar cara a cara comigo. Tragam esses homens que eu os mandarei de volta à obscuridade da qual nunca deveriam ter emergido. Venham, seus impostores imundos, eu tirarei as máscaras de seus rostos e os entregarei nas mãos do povo para serem vingados.

Mais uma hora. Danton queria tomar um copo d'água, mas não parou para pedir. Hermann estava debruçado sobre seus compêndios de direito, observando-o, com a boca entreaberta. Danton sentia-se como se toda a poeira de sua província tivesse lhe penetrado na garganta, toda aquela área amarelada além de Arcis.

Hermann passou um bilhete para Fouquier. "DENTRO DE MEIA HORA VOU SUSPENDER A DEFESA DE DANTON."

Finalmente, negando enquanto pôde, ele soube enfim que sua voz perdia a força. E ainda havia a luta do dia seguinte, não podia ficar rouco. Pegou um lenço e secou a testa. Hermann levantou-se.

— A testemunha está exausta. Suspenderemos a sessão até amanhã.

Danton engoliu em seco e elevou a voz em um último esforço:

— Amanhã continuarei minha defesa.

Hermann fez que sim, em tom de concordância.

— E amanhã teremos nossas testemunhas.

— Amanhã.

— Vocês têm a lista das pessoas que desejamos chamar.

— Temos nossas listas.

Os aplausos da multidão eram sólidos. Danton olhou para trás. Viu os lábios de Fabre moverem-se e inclinou-se para conseguir entender o que ele dizia.

— Continue a falar, Georges. Se parar agora, não o deixarão falar de novo. Continue agora... é nossa única chance.

— Não posso, preciso descansar minha voz. — Sentou-se, ficou olhando para a frente e tirou a gravata. — O dia terminou.

*

DIA 14 GERMINAL, noite, nas Tulherias.

— Você provavelmente concorda comigo — disse Robespierre — que não chegou muito longe.

— O tumulto tinha de ser ouvido para se poder acreditar — disse Fouquier, andando pela sala. — Tivemos medo de que a multidão os arrancasse de nossas mãos.

— Creio que pode se acalmar. Isso nunca aconteceu antes. E o povo não tem afeição especial por Danton.

— Com todo o respeito, cidadão Robespierre...

— Eu sei que nos dias de hoje o povo não tem afeição especial por ninguém. Eles gostam do espetáculo. Só isso.

— Mas é impossível fazer progresso. Durante sua defesa Danton apelou o tempo todo para a multidão.

— Foi um erro. O interrogatório é que era necessário. Hermann não devia ter permitido que ele falasse.

— Não o deixem voltar a falar — disse Collot.

Fouquier inclinou a cabeça, e lembrou-se da frase de Danton: "*Os três ou quatro criminosos que estão arruinando Robespierre*".

— Sim, sim, é claro — disse a eles.

— Se as coisas não melhorarem amanhã — Robespierre falou — envie uma nota para nós. Veremos o que poderemos fazer.

— O que poderiam fazer?

— Depois do julgamento de Brissot introduzimos a regra dos três dias. Mas era tarde demais. Não há razão para não usarmos novos procedimentos quando precisamos deles, Fouquier. Não queremos que isso leve tempo demais.

Arruinado, corrupto, Fouquier pensou, o sangue do salvador secou, eles arrasaram seu coração.

— Sim, cidadão Robespierre — disse. — Obrigado, cidadão Robespierre.

— A mulher de Desmoulins tem causado muito problemas — disse Saint-Just de súbito.

Fouquier levantou os olhos.

— Que tipo de problema Lucile pode causar?

— Ela tem dinheiro. Conhece muita gente. Tem andado pela cidade desde que eles foram presos. Parece estar desesperada.

— Comece às 8 horas amanhã — disse Robespierre. — Quem sabe assim despista a multidão.

*

CAMILLE DESMOULINS para Lucile Desmoulins:

Andei durante cinco anos pelos precipícios da Revolução sem cair, e ainda estou vivo. Sonhei com uma República que o mundo inteiro teria adorado; nunca imaginaria que os homens pudessem ser tão desumanos e tão injustos.

— EM UM DIA COMO ESTE, há um ano, eu fundei o Tribunal Revolucionário. Peço perdão a Deus e aos homens.

Terceiro Dia.

— Vamos passar ao exame de Emmanuel Frei — disse Fouquier.

— Onde estão minhas testemunhas?

Fouquier fingiu surpresa.

— A questão de testemunhas é com o Comitê, Danton.

— Com o Comitê? O que o Comitê tem a ver com isso? É meu direito legal. Se não trouxeram minhas testemunhas, exijo continuar minha defesa.

— Mas os que foram acusados com você precisam ser ouvidos.

— Precisam? — Danton perguntou, olhando para eles. Fabre estava morrendo. Era duvidoso se a guilhotina poderia cortar seu pescoço antes que alguma coisa se rompesse dentro de seu peito e o afogasse no próprio sangue. Philippeaux não tinha dormido na noite anterior. Falou durante horas sobre o filho de 3 anos, a lembrança da criança paralisou-o. A expressão de Hérault deixava claro que ele devia ser visto como *fora de combate;* não faria acordos com esse tribunal. Camille encontrava-se em estado de colapso emocional. Insistia em dizer que Robespierre fora à sua cela e oferecera sua vida para testemunhar a seu favor; sua vida, sua liberdade e sua reabilitação política. Ninguém o viu, mas Danton achava que podia ser verdade.

— Muito bem, Lacroix. Vamos, homem.

Lacroix levantou-se imediatamente. Tinha o ar tenso de um participante de um jogo perigoso.

— Há três dias entreguei uma lista de minhas testemunhas. Mas nenhuma delas foi convocada. Peço que o promotor público explique, na presença do povo que vê meu esforço para limpar meu nome, por que minha solicitação legal foi recusada.

Calmo e frio, Fouquier disse em um tom inocente:

— Isso não tem nada a ver comigo. Não tenho objeção a suas testemunhas serem convocadas.

— Então dê uma ordem para que sejam. Não é suficiente saber que você não tem nenhuma objeção.

De súbito sentiu-se a violência no ar. O primo Camille postou-se ao lado de Lacroix, apoiado em seu ombro.

— Eu coloquei Robespierre em minha lista de testemunhas. — Sua voz tremia. — Pode convocá-lo? Pode convocá-lo, Fouquier?

Sem falar nem mover-se de seu lugar, Fouquier deu a impressão de que estava a ponto de atravessar a sala e derrubar Camille no chão, o que não surpreenderia ninguém. Arfando, Camille voltou para seu lugar. Mas Hermann entrou em pânico de novo. Hermann é um advogado de péssima categoria, pensou Fouquier. Se é só isso que a Ordem de Advogados de Artois tem a oferecer, então ele, Fouquier, poderia ter chegado ao topo. Mas ele estava no topo.

Com um gesto de impaciência, aproximou-se dos juízes.

— A multidão está ainda pior que ontem — disse Hermann. — Os prisioneiros também. Não vamos prosseguir.

Fouquier dirigiu-se ao réu:

— É hora de cessar esta algazarra. É um escândalo para mim, para o Tribunal e para o público. Vou pedir instruções à Convenção para prosseguir esse julgamento e as atenderemos ao pé da letra.

Danton encostou-se em Lacroix.

— Talvez seja o momento decisivo. Quando souberem desta farsa, talvez voltem a si e nos deem uma audiência. Tenho amigos na Convenção, muitos amigos.

— Acha mesmo que tem? — disse Philippeaux. — O que quer dizer é que tem gente lá que lhe deve favores. Mais algumas horas disso e eles não terão obrigação de lhe pagar. E como podemos saber se Fouquier lhes contará a verdade? Ou o que Saint-Just encontrará para amedrontá-los?

ANTOINE FOUQUIER-TINVILLE para a Convenção Nacional:

Nossa sessão foi extremamente turbulenta desde o início. Os réus insistem, de forma violenta, em ter testemunhas de defesa. Estão conclamando o público a testemunhar o que chamam de recusa de suas justas reivindicações. Apesar da firme posição tomada pelo presidente e por todo o Tribunal, as reiteradas exigências deles estão tolhendo o caso. Além do mais, declaram abertamente que enquanto as testemunhas não forem convocadas persistirão nessas interrupções. Portanto, solicitamos a vocês uma orientação judicial com relação à nossa resposta à exigência de testemunhas, pois a lei não nos permite nenhuma desculpa legítima para recusar isso.

TULHERIAS. Robespierre bateu os dedos nervosos no tampo da mesa. Não estava satisfeito com a situação.

— Saia — disse ao informante Laflotte.

Assim que a porta fechou, Saint-Just disse:

— Creio que isso aqui basta.

Robespierre olhou a carta de Fouquier, mas seus olhos não apreenderam nada. Quando Saint-Just falou de novo, a ansiedade em seu tom de voz fez com que Robespierre o olhasse nos olhos.

— Eu irei à Convenção informar que foi impedida uma conspiração perigosa.

— Você acredita nisso? — Robespierre perguntou.

— Em quê?

— Em uma conspiração perigosa. Eu não compreendi essa história sobre Lucile. Está sendo contada na prisão? É verdade? Será uma ideia que Laflotte teve quando estava vindo para cá? Ou... será que você pôs na boca de Laflotte o que queria ouvir?

— Informantes sempre dizem o que queremos ouvir. Isto aqui basta — disse Saint-Just impaciente. — Precisamos disso, é exatamente do que precisamos.

— Mas é verdade? — Robespierre persistiu.

— Nós saberemos quando ela for julgada. Nesse ínterim, as circunstâncias nos forçam a agir. A história me parece plausível. Ela tem sido vista pela cidade desde a manhã das prisões, como se estivesse tramando alguma coisa. Lucile não é boba, é? Afinal de contas, Dillon era seu amante.

— Não.

— Não?

— Lucile não tem amantes.

Saint-Just riu.

— Essa mulher é conhecida.

— São fofocas sem fundamento.

— Mas todos falam nisso — insistiu, em tom exuberante. — Quando estavam na Place des Piques, ela vivia vergonhosamente como amante de Danton. E envolveu-se também com Hérault. Todos sabem.

— Eles acham que sabem.

— Você só vê o que quer ver, Robespierre.

— Lucile não tem amantes.

— Então Dillon é o quê?

— Amigo íntimo de Camille.

— Está bem, então. Dillon é amante dele. Não faz diferença para mim.

— Meu Deus — disse Robespierre. — Você está se excedendo.

— A República deve ser servida — disse Saint-Just em tom apaixonado. — Esses sórdidos envolvimentos privados não me interessam. Quero apenas dar ao Tribunal os meios de acabar com eles.

— Preste atenção — disse Robespierre. — Agora que começamos não podemos voltar atrás, se hesitarmos eles ficarão contra nós, aproveitarão a situação e nos porão onde estão agora. Sim, repetindo sua frase elegante, precisamos acabar com eles. Vou deixá-lo fazer como quiser, mas não tenho de admirá-lo por isso. — Olhou para Saint-Just com olhos frios. — Muito bem, vá à Convenção. Diga que descobriu através do informante Laflotte que existe uma trama nas prisões. Que Lucile Desmoulins, financiada por... financiada por potências inimigas, juntamente com o general Dillon, conspirou para libertar os prisioneiros de Luxemburgo, iniciar uma rebelião armada em frente à Convenção e destruir o Comitê. Depois peça à Convenção para passar um decreto silenciando os prisioneiros e levar o julgamento à conclusão, hoje ou amanhã de manhã.

— Tenho um mandado de prisão aqui para Lucile Desmoulins. Daria mais convicção à questão se você o assinasse.

Robespierre pegou a pena e pôs sua assinatura no papel, sem olhar.

— Não importa — disse. — Ela não vai mesmo querer viver. Saint-Just? — O rapaz virou-se e olhou-o por trás da mesa, com as mãos entrelaçadas, pálido, compacto, contido. — Quando isto tudo terminar e Camille estiver morto, não vou querer ouvir seu epitáfio para ele. Não quero que ninguém pronuncie o nome dele, será terminantemente proibido. Quando estiver morto vou querer pensar nele sozinho.

TESTEMUNHO de Fabricius Pâris, funcionário do Tribunal Revolucionário, apresentado no julgamento de Antoine Fouquier-Tinville, 1795:

Até mesmo Fouquier e seu ilustre associado Fleuriot, atrozes como são, mostraram-se chocados com esses homens, e o depoente achou que eles não teriam coragem de sacrificá-los. Não sabia do meio odioso que estava sendo empregado para esse fim e que uma conspiração estava sendo fabricada em Luxemburgo, por meio da qual... os escrúpulos da Convenção Nacional foram vencidos e obteve-se o decreto da proscrição. Esse decreto fatal chegou pelas mãos de Amar e Voulland [do Comitê]. O depoente estava na área das testemunhas quando eles chegaram, trazendo escritos no rosto raiva e terror, de tanto que temiam que suas vítimas escapassem da morte. Cumprimentaram o depoente, e Voulland lhe disse: “Pegamos os canalhas, estavam conspirando em Luxemburgo.” Mandaram chamar Fouquier, que se encontrava no tribunal. Fouquier apareceu imediatamente, e Amar lhe disse: “Temos aqui uma coisa que vai tornar sua vida mais fácil.” Fouquier deu um sorriso. “Ele queria muito isso”, disse. E voltou para o tribunal com ar de triunfo...

— VÃO ASSASSINAR MINHA MULHER.

O grito de horror de Camille ecoou por todo o tribunal. Ele tentou investir contra Fouquier, mas Danton e Lacroix o contiveram. Lutou, gritou alguma coisa para Hermann e caiu em soluços. Vadier e David, do Comitê da Polícia, cochicharam para o júri. Seus olhos evitaram o réu. Fouquier começou a ler o decreto da Convenção Nacional:

O presidente usará de todos os meios legais para fazer respeitada sua autoridade e a autoridade do Tribunal Revolucionário, e para impedir qualquer tentativa por parte dos réus de tumultuar a ordem pública ou perturbar o curso da justiça. É decretado que todos os acusados de conspiração que resistirem ou insultarem a justiça nacional serão proscritos e julgados sem qualquer formalidade adicional.

— Pelo amor de Deus — murmurou Fabre. — O que quer dizer isso?

— Quer dizer — explicou Lacroix com voz inexpressiva — que de agora em diante eles comandam totalmente a forma do julgamento. Se chamarmos nossas testemunhas, pedirmos para ser interrogados, pedirmos para falar, o julgamento será encerrado imediatamente. Em outras palavras: a Convenção Nacional nos assassinou.

Quando terminou a leitura o promotor público levantou a cabeça lentamente para Danton. Fabre estava com o corpo dobrado na cadeira. Suas costelas ergueram-se, e um sangue vivo espalhou-se pela toalha com a qual cobria a boca. Hérault pôs a mão em seu ombro e ajeitou seu corpo da melhor forma possível. Seu ar aristocrata mostrava desprezo; ele não tinha escolhido suas companhias, mas pretendia adaptá-las a seus padrões, se pudesse.

— Creio que o prisioneiro precisa de assistência — disse Fouquier a um servente. — Desmoulins também parece estar entrando em colapso.

— A sessão está suspensa — disse Hermann.

— Os jurados — disse Lacroix. — Ainda temos esperança.

— Não — Danton falou. — Não há mais esperança. — Levantou-se, e pela última vez naquele dia sua voz ecoou pelo tribunal; mesmo agora parecia impossível que ele fosse morto. — Eu serei Danton até morrer. Amanhã dormirei na glória.

*

RUE MARAT. Lucile escrevera outra vez a Robespierre. Ao ouvir a patrulha do lado de fora, rasgou a carta e foi até a janela. Os soldados estavam arregimentando-se. Será que acham que tenho um exército aqui?, ela pensou.

Quando chegaram à porta ela pegou a mala, já arrumada com os poucos pertences de que poderia precisar. Seus pequenos diários foram destruídos; o verdadeiro registro de sua vida foi eliminado. O gato esfregou-se nela, e Lucile abaixou-se para passar-lhe os dedos no dorso.

— Quietinho. Não se preocupe — disse.

Jeanette gritou quando os homens entregaram o mandado de prisão. Lucile sacudiu a cabeça para ela.

— Você terá de despedir-se de meu filho, de minha mãe, de meu pai e de Adèle por mim. Mande lembranças minhas a Mme. Danton, e diga que desejo que ela tenha mais sorte do que teve até agora. Creio que não adianta darem uma busca — disse, voltando-se para os homens. — Vocês já levaram tudo o que poderia interessar ao Comitê e muita coisa que não interessava. Vamos embora. — E pegou a mala.

— Madame, madame. — Jeanette pendurou-se no braço do policial. — Quero dizer só uma coisa antes que a levem.

— Rápido, então.

— Uma moça esteve aqui. Veio de Guise. Olhe. — Correu até a escrivaninha. — Deixou isso, para mostrar onde está hospedada. Ela queria ver a senhora, mas é tarde demais.

Lucile pegou o cartão, que dizia: "Cidadã du Tailland" em letra de forma. Embaixo vinha escrito entre parênteses: "Rose-Fleur Godard".

— Madame, o estado da moça era lastimável. O velho está doente, ela viajou sozinha de Guise até aqui. Disse que tinham acabado de saber das prisões.

— Então ela veio — disse Lucile baixinho. — Rose-Fleur. Tarde demais.

Colocou a capa por cima do braço. A noite estava quente, e a carroça que ia transportá-la era fechada, mas talvez na prisão estivesse frio. Todas as prisões deviam ser frias, não é?

— Adeus, Jeanette, cuide de si mesma. Esqueça-se de nós.

UMA CARTA PARA Antoine Fouquier-Tinville:

Réunion-sur-Oise, antiga Guise
15 Germinal, ano II

Cidadão e compatriota,

Camille Desmoulins, meu filho, é um republicano de coração por princípio e por instinto. Já era republicano de coração e por escolha antes de 14 de julho de 1789, e tem se mantido assim desde então...

Cidadão, faço-lhe apenas um pedido: investigue e faça com que os jurados investiguem a conduta de meu filho.

Saúde e fraternidade de seu compatriota e concidadão, que tem a honra de ser pai do primeiro e mais determinado dos republicanos...

Desmoulins

— EI, LACROIX. Se eu deixasse minhas pernas para Couthon e meus colhões para Robespierre, o Comitê começaria vida nova.

Quarto Dia.

O interrogatório dos irmãos Frei teve início. Durou 10 ou 11 horas. Hermann manteve o decreto da Convenção nas mãos. Observou os prisioneiros, e os prisioneiros observaram-no. Os sinais da noite que tinham passado mostravam-se em seus rostos. Hermann viu o texto de uma carta que o animou, do Comitê para o comandante da Guarda Nacional.

"Não, enfatizamos, não prendam nem o promotor público nem o presidente do Tribunal."

PERTO DO MEIO-DIA Fouquier dirigiu-se a Danton e a Lacroix.

— Tenho várias testemunhas disponíveis para depor contra vocês dois. Porém não vou convocá-las. Vocês serão julgados unicamente com base em provas documentadas.

— O que ele quer dizer com isso? — Lacroix perguntou. — Que provas documentadas? Onde estão?

Danton não respondeu, mas levantou-se.

— Desde ontem não podemos mais esperar o cumprimento das formas próprias da lei. Mas você prometeu que eu poderia retomar minha defesa. É meu direito.

— Seus direitos, Danton, estão suspensos. — Hermann virou-se para o júri. — Vocês ouviram o suficiente?

— Sim, ouvimos o suficiente.

— Então o julgamento está encerrado.

— Encerrado? Como assim, encerrado? Você não leu nossas declarações. Não chamou uma única de nossas testemunhas. O julgamento nem começou.

Camille levantou-se ao lado dele. Hérault tentou segurá-lo, mas pisou em falso e não conseguiu agarrar seu braço. Camille deu dois passos na direção dos juízes e levantou os papéis.

— Insisto em falar. Ao longo de todos esses procedimentos vocês me negaram o direito de falar. Não podem condenar os outros sem ouvir sua defesa. Exijo ler minha declaração.

— Você não pode ler.

Então Camille amassou os papéis com as duas mãos e jogou na cabeça do presidente, com mira precisa. Lamentavelmente, Hermann abaixou-se. Fouquier ficou de pé.

— Os prisioneiros insultaram a justiça nacional. Pelos termos do decreto, podem agora ser removidos do tribunal. O júri vai retirar-se para considerar seu veredicto.

Por trás das divisórias, a multidão já começava a dispersar-se para poder assistir ao percurso da morte e tomar lugar junto ao cadafalso. Na noite anterior Fouquier expedira uma ordem para que trouxessem três carroças no meio da tarde.

Dois funcionários entraram para ajudar Fabre.

— Precisamos levá-los para baixo, cidadãos, enquanto o júri está ausente.

— Tirem as mãos de mim, por favor — disse Hérault, com uma gentileza ferina. — Vamos, Danton, não adianta ficar aqui. Vamos, Camille, espero que você não faça uma cena.

Mas Camille pretendia fazer uma cena. Apareceu um funcionário do tribunal, que sabia, era um artigo de fé para ele, que os condenados não reagiam.

— Por favor, venha conosco. Por favor, calma. Ninguém quer machucá-lo, mas se não vier com calma, vai ser machucado.

Danton e Lacroix tentaram convencer Camille, mas ele prendeu-se desesperadamente ao banco.

— Não quero machucá-lo — disse o oficial de forma abjeta. Uma parte da multidão voltou para observar a cena. Camille deu um riso de escárnio para o oficial. O homem tentou empurrá-lo, em vão. Chegaram reforços. Os olhos de Fouquier pousaram em seu primo.

— Pelo amor de Deus, dominem esse homem, levam-no para fora daqui — gritou Hermann, jogando um livro no chão em um gesto de irritação. — Levem todos daqui.

Um dos funcionários agarrou os cabelos longos de Camille, puxou sua cabeça violentamente, e seu grito de dor foi ouvido. Um instante depois jogaram-no no chão. Lacroix virou o rosto, enojado.

— Quero que Robespierre saiba disto — falou Camille quando o arrastavam pelo chão de mármore. — Quero que se lembre disto.

— Bem — disse Hermann para Fouquier — metade do Comitê está na sala dos jurados, é melhor irmos para lá também. Se ainda houver hesitação, mostre-lhes os documentos do Ministério Britânico das Relações Exteriores.

Do lado de fora do tribunal, Fabre quase perdeu as forças por completo.

— Parem — sussurrou. Os dois funcionários que o ajudavam puseram as mãos debaixo de seus cotovelos e encostaram-no na parede. Ele lutava para respirar. Três homens passaram arrastando o corpo inerte de Camille. Seus olhos estavam fechados e a boca sangrava. Ao vê-lo assim Fabre começou a chorar. — Seus filhos da puta, seus filhos da puta.

FOUQUIER OLHOU OS membros do júri. Souberbielle evitou seu olhar.

— Creio que é o fim — disse para Hermann. Meneou a cabeça para Vadier e disse: — Satisfeito?

— Estarei satisfeito quando as cabeças deles forem cortadas.

— A multidão é grande, mas passiva — disse Fouquier. — É como disse o cidadão Robespierre, no final eles não têm aliança alguma. Está terminado.

— Vamos trazê-los de volta ao tribunal e começar tudo de novo?

— Não, acho que não — Fouquier respondeu, passando uma folha de papel para um dos funcionários do tribunal. — Mande-os para a sala do lado de fora do tribunal. Essa é a sentença de morte. Leia enquanto os homens de Sanson estiverem cortando seus cabelos. Tirou o relógio do bolso e disse: — Quatro horas. Ele deve estar pronto.

— POUCO ME IMPORTO com essa sentença. Não quero ouvir isso. Não estou interessado no veredicto. O povo julgará Danton, não vocês.

Danton continuou a falar por cima da voz do funcionário para que nenhum dos homens ouvisse a sentença de morte. No pátio em frente à sala dos prisioneiros, os assistentes de Sanson brincavam uns com os outros.

Lacroix sentou-se em um banquinho de madeira. O carrasco cortou a gola de sua camisa e cortou depressa o cabelo que cobria a nuca.

— Um inconsciente — disse um guarda. — Um inconsciente.

Por trás da grade de madeira que separava os prisioneiros do pátio, o mestre-carrasco levantou a mão para mostrar que tinha entendido. Chabot foi coberto com uma manta. Seu rosto estava azul. Ele estava entrando em coma. Só seus lábios se moviam.

— Esse homem mandou buscar arsênico — disse o guarda. — Bom, não se pode impedir que as encomendas dos prisioneiros entrem aqui.

— Eu também pensei nisso — disse Hérault para Danton. — Mas depois achei que cometer suicídio nessas circunstâncias seria uma admissão de culpa; e se insistem em cortar a cabeça de um cadáver, como fazem, é de um gosto questionável. Devemos dar exemplo para o povo, não acha? — Sua atenção concentrou-se na parede do outro lado, onde os ânimos estavam exaltados. — Meu querido Camille, de que adianta isso? — Hérault perguntou.

— Você está nos dando muito trabalho — disse um dos guardas. Finalmente conseguiram amarrar Camille com uma corda bem justa. Pensaram em deixá-lo inconsciente, mas se fizessem isso Sanson se irritaria e os chamaria de malditos amadores. A camisa dele se rasgou nas costas quando tentaram dominá-lo para cortar o cabelo, e as tiras penduraram-se por seu ombro. Uma marca escura espalhava-se visivelmente por baixo de seu malar esquerdo. Danton ajoelhou-se a seu lado.

— Precisamos amarrar suas mãos, cidadão Danton.

— Só um segundo.

Danton abaixou-se e tirou do pescoço de Camille o medalhão que tinha dentro uma mecha de cabelo de Lucile. Pôs o medalhão nas mãos atadas dele, e sentiu seus dedos apertarem-no.

— Pode me amarrar agora.

Lacroix cutucou-o.

— Aquelas meninas belgas... bem que valeu a pena, não é?

— Valeu a pena, mas não pelas meninas belgas.

HÉRAULT estava um pouco pálido quando entrou na primeira carroça. Afora isso, seu rosto não denotava qualquer expressão.

— Estou contente de não ter de fazer esse percurso com os ladrões.

— Só os revolucionários da melhor qualidade na carroça — disse Danton. — Vai conseguir chegar lá, Fabre, ou teremos de enterrar você *en route*?

Fabre levantou a cabeça com esforço.

— Danton. Eles tiraram meus papéis, sabia?

— Sim, é isso que eles fazem.

— Eu só queria terminar *L'Orange de Malte*, só isso. Fiz alguns versos muito bonitos. Agora o Comitê tem o manuscrito, e aquele idiota do Collot vai dizer que é de sua autoria. — Danton deu um tapinha em sua cabeça e começou a rir.

Pont-Neuf, Quai de Louvre. A carroça balançava e sacudia. Danton afastou os pés para equilibrar-se melhor e poder amparar o corpo de Camille. As lágrimas de Camille escorriam por sua camisa. Não chorava por si próprio, mas por Lucile; talvez por suas almas gêmeas, pela eternidade de suas cartas, pelo repertório de seus gestos, sutilezas e brincadeiras, tudo perdido agora, desaparecido. E chorava por seu filho.

— Você não precisa seguir os padrões de Hérault — disse Danton.

Observou os rostos na multidão que, silenciosa e indiferente, atrasava a marcha das carroças.

— Tentemos morrer com dignidade — sugeriu Hérault.

Camille levantou os olhos e saiu de seu coma de tristeza.

— Oh, foda-se — disse para Hérault —, pare de ser tão aristocrata.

Quai de l'École. Danton olhou as fachadas dos prédios.

— Gabrielle — murmurou, olhando para o alto como se esperasse ver alguém: um rosto por trás de uma cortina, uma mão dando adeus.

Rue Honoré. A rua interminável. No final da rua, quando passaram pela fachada da casa dos Duplay, começaram a praguejar. Mas Camille tentou falar para as multidões. Henri Sanson olhou por cima do ombro, apreensivo. Danton pendeu a cabeça, e murmurou para ele:

— Calma agora. Vamos deixar essa vil ralé em paz.

O sol estava se pondo. Estará escuro quando tivermos morrido, pensou Danton. No fundo da carroça, vestido como um sans-culotte, o abade Kéravenen fazia em silêncio as preces para os mortos. Quando a carroça virou na Place de la Révolution, levantou a mão e deu a absolvição condicional.

HÁ UM PONTO ALÉM do qual, segundo a convenção e a imaginação, não se pode passar; talvez o ponto fosse aquele, quando as carroças descarregaram seu conteúdo no cadafalso, carne ainda viva e respirando, em breve, carne morta. Danton imaginou que como era o mais importante dos condenados seria deixado para o final, com Camille a seu lado. Pensou menos na eternidade que na forma de manter junto o corpo e a alma do amigo nos 15 últimos minutos antes de a Lâmina Nacional os separar.

Mas é claro que não foi assim. Por que seria como se imaginava? Arrastaram Hérault primeiro, ou melhor, tocaram em seu cotovelo e conduziram-no para seu fim.

— Adeus, meus amigos — disse Hérault, apenas isso. Imediatamente depois pegaram as mãos de Camille. Fazia sentido. Acabar rapidamente com alguém que podia tumultuar a multidão.

De repente Camille acalmou-se. Era tarde demais para Hérault ver que seu exemplo fora benéfico, mas Camille meneou a cabeça para Henri Sanson.

— Como diria Robespierre, é preciso sorrir. O pai desse homem me processou por calúnia. Não sou eu o injustiçado agora?

Ele sorriu. O estômago de Danton estava embrulhado com o cheiro de carne viva e carne morta. Viu Camille falar com Sanson e viu o homem tirar o medalhão das mãos dele. O medalhão era para Annette. Ele não se esqueceria de entregá-lo; os últimos desejos eram sagrados, e Sanson era um profissional honrado. Durante dez segundos Danton olhou para o espaço. Depois ficou observando tudo, cada floração brilhante do sangue da vida. Observou todas as mortes, até chegar sua vez.

— Ei, Sanson.

— Cidadão Danton?

— Mostre minha cabeça para o povo. Vale a pena o trabalho.

RUE HONORÉ. Um dia, há muito tempo, a mãe de Maximilien estava sentada junto à janela, fazendo renda. A luz da manhã incidia sobre os dois. Ele viu que as aberturas na renda, os espaços entre os fios que formavam os desenhos, é que eram importantes, e não os fios em si.

— Mostre-me como se faz isso, quero aprender — ele disse.

— Meninos não fazem renda — a mãe falou, com o rosto tranquilo, voltando a trabalhar. Ele sentiu a garganta apertada por ter sido excluído.

Agora, sempre que olha para um pedaço de renda, embora seus olhos estejam ruins, parece ver cada fio do trabalho. Na mesa do Comitê essa imagem vem à sua cabeça, e força-o a lembrar-se da infância distante. Vê a mulher no banco da janela, com o corpo inchado, a gravidez da morte. Vê a luz incidir sobre sua cabeça pendente, e abaixo de seus dedos o desenho aberto, que não vai a lugar algum, que voa para longe.

The Times, 8 de abril de 1794:

Quando houve a última reconciliação entre Robespierre e Danton, comentamos que esses dois famosos revolucionários se reconciliaram mais por medo que tinham um do outro que por afeição mútua; e acrescentamos que isso só duraria até o mais hábil dos dois encontrar uma oportunidade de destruir seu rival. A hora, fatal para Danton, por fim, chegou... Não compreendemos por que Camille Desmoulins, tão abertamente protegido por Robespierre, foi esmagado por esse ditador.

Nota

LUCILE DESMOULINS e o general Dillon foram julgados por conspiração e executados a 24 Germinal. Maximilien Robespierre foi executado sem julgamento a 10 Termidor, ou 28 de julho pelo calendário antigo. Foram executados também seu irmão Augustin, Antoine Saint-Just e Couthon. Philippe Lebas suicidou-se com um tiro.

Louise Danton casou-se com Claude Dupin, e tornou-se uma baronesa no Império.

Anne Théroigne morreu em 1817, no asilo de la Salpêtrière.

Charlotte Robespierre, que nunca se casou, recebeu uma pequena pensão de Napoleão. Eléonore permaneceu sendo a viúva Robespierre. O pai de Maximilien, descobriu-se mais tarde, morrera em Munique em 1777.

Legendre morreu em 1795. Robert Lindet sobreviveu e prosperou. Os filhos de Danton voltaram para sua província e cultivaram a terra.

Stanislas Fréron desertou da causa. Após a queda de Robespierre, perseguiu jacobinos e liderou grupos de vândalos e rufiões pelas ruas. Morreu no Haiti, em 1802.

Jean-Nicolas Desmoulins e Claude Duplessis morreram poucos meses depois da queda de Robespierre. O filho de Camille foi criado por Annette e Adèle Duplessis. Estudou no antigo Collège Louis-le-Grand e foi aceito na Ordem dos Advogados de Paris. Morreu, também no Haiti, com a mesma idade que seu pai. Adèle Duplessis morreu em Vervins, na Picardia, em 1854.

Este livro foi composto na tipologia ClassGaramond BT,
em corpo 10,5/14, impresso em papel off-white 70g/m²,
no Sistema Cameron da Divisão Gráfica
da Distribuidora Record.